中国中央电视台年鉴

2006

主　编　赵化勇

副主编　程　宏
　　　　苏　峰
　　　　唐世鼎

中国广播电视出版社
CHINA RADIO & TELEVISION PUBLISHING HOUSE

编 辑 说 明

一、《中国中央电视台年鉴》以翔实的图文资料，记录中央电视台在宣传报道、技术装备、党政工作、事业建设、产业经营等各个方面的基本情况，反映电视事业的发展变化，是一本实用性较强的工具书。

二、本年鉴1994年创刊，每年编印一卷。主体是记录和反映中央电视台上一年度的宣传情况和各项成果。2006年刊为第十三卷。

三、本卷设：图片纪事、特载、概况、专辑、机构、频道·栏目·节目、央视国际网络、获奖·表彰、观众调查、规章制度选载、文论辑览、央视研发、电视书报刊及音像出版物、新技术设备、产业经营、同港澳及台湾交流与合作、对外交流与合作、人物、统计、大事记、附录及索引等22个栏目。

四、随着中央电视台深化改革，不断创新，《中国中央电视台年鉴》的内容更为丰富，形式更加新颖。本卷突出反映了2005年中央电视台以邓小平理论、"三个代表"重要思想、科学发展观和构建社会主义和谐社会的指导思想统领新闻宣传工作，认真贯彻党的十六大精神，坚持团结稳定鼓劲、正面宣传为主的方针，坚持"三贴近"原则，努力提升重大宣传报道水平和舆论引导能力，实现了宣传创新、事业发展、技术领先、经营扩大、管理改进的新突破，并取得了许多新成果和新经验。本卷在编排方面求新求实，尽量减少资料性不强的材料，增加有创意、有价值的新条目，增加了特别电视节目选介等内容，同时对照片和图表的编排也作了较大的改进与扩充。

五、《中国中央电视台年鉴》编辑工作得到了全台各级领导和各中心特约编辑、资料员以及出版单位的大力支持。在此，一并表示感谢。

中国中央电视台年鉴（2006）

编 辑 委 员 会

中国中央电视台年鉴（2006）

编 辑 部

图书在版编目（CIP）数据

中国中央电视台年鉴·2006/赵化勇主编；《中国中央电视台年鉴》编辑部编—北京：中国广播电视出版社，2006.9
ISBN 7-5043-4937-2

Ⅰ.中... Ⅱ.①赵...②中... Ⅲ.中央电视台—2006—年鉴 Ⅳ.G229.24-54

中国版本图书馆CIP数据核字（2006）第084548号

CCTV

中国中央电视台年鉴（2006）

主　　编　赵化勇
编　　者　《中国中央电视台年鉴》编辑部
责任编辑　沈楚瑾
装帧设计　雅　启　大盟文化
出版发行　中国广播电视出版社
社　　址　北京市西城区真武庙二条9号（邮政编码：100045）
经　　销　全国各地新华书店
印　　刷　深圳中华商务联合印刷有限公司
开　　本　787毫米×1092毫米　1/16
字　　数　980（千）字
印　　张　33.25
插　　页　7.25印张
版　　次　2006年9月第1版　2006年9月第1次印刷
书　　号　ISBN 7-5043-4937-2/G·1880
定　　价　180.00元

2006年新年前夕，国家主席胡锦涛通过中央电视台、中央人民广播电台、中国国际广播电台，发表题为《携手建设持久和平 、共同繁荣的和谐世界》的新年贺词。

国家主席胡锦涛在会见2005年春节联欢晚会主创人员时为剧组签名留念。(后排右一为春节联欢晚会总导演郎昆。)

2005 年春，全国人大常委会委员长吴邦国在访问澳大利亚途中与中央电视台记者合影。

2005年五一劳动节，温家宝总理考察青藏铁路时与新闻记者们合影。

全国政协主席贾庆林亲切看望在西藏自治区庆典活动中劳累致病的中央电视台记者。

国家副主席曾庆红出访哈萨克斯坦时与新闻记者们合影。

2005年夏，黄菊副总理在大兴安岭考察时与中央电视台记者合影。

2005年11月28日，中共中央政治局常委、中央纪委书记吴官正、中宣部副部长、广电总局局长王太华到中央电视台观看《唱响正气歌——全国新创廉政歌曲文艺晚会》，会前与中央电视台台长赵化勇握手。

2005年8月23日，中共中央政治局常委李长春参观第三届国际影视博览会暨2005年中国广播影视节目展。

2005年9月26日，中共中央政治局常委罗干在出席新疆维吾尔自治区成立50周年庆典会前接受中央电视台记者采访。

中央电视台新台址

赵化勇
台分党组书记
台长
总编辑

张长明
台分党组副书记
副台长

罗　明
台分党组副书记
副台长

胡　恩
台分党组成员
副台长

何宗就
台分党组成员
副台长

李晓明
台分党组成员
副台长

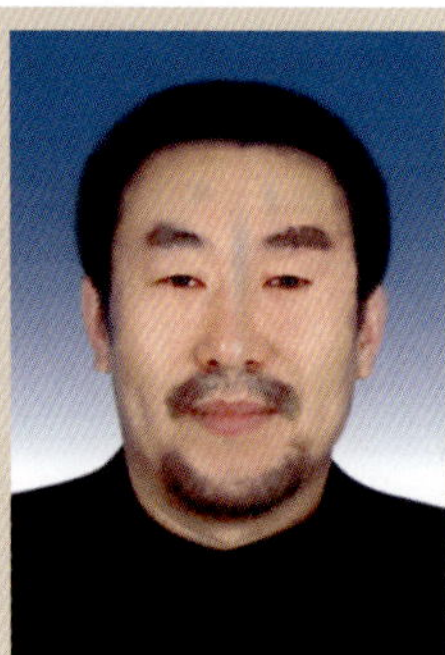

高　峰
台分党组成员
副台长
中央新闻纪录
电影制片厂厂长

孙玉胜
台分党组成员
副台长

张海鸽
台分党组成员
纪检组组长

刘国良
台分党组成员
总会计师

李培森
台分党组成员
中国电视剧制作中心
主任

李　建
台分党组成员
中国国际电视总公司
总经理

王晞建
台分党组成员
北京科学教育电影
制片厂
党委书记

孙冰川
台分党组成员
副总编辑

丁文华
总工程师

张华山
副总编辑

袁正明
副总编辑

程　宏
副总编辑

李　挺
副总编辑

1 Major events of the year

重大宣传报道圆满成功，重大突发性事件报道把握适度

坚持团结稳定鼓劲、正面宣传为主的方针，努力提升重大宣传报道水平和舆论引导能力。春节联欢晚会广受好评；连宋访问大陆报道热情庄重，全球322家电视机构转播了中央电视台国际频道的直播节目；纪念中国人民抗日战争暨世界反法西斯战争胜利60周年报道，根据中央精神，多角度、全方位报道“首都各界向人民英雄纪念碑敬献花篮”、纪念中国人民抗日战争暨世界反法西斯战争胜利60周年大会和“伟大胜利——纪念中国人民抗日战争暨世界反法西斯战争胜利60周年大型主题展览”等，隆重推出大型文艺晚会《为了正义与和平》、《爱我中华》、《中华情》，并制作播出《抗战》、《不能忘却的历史》、《八路军》、《为了胜利》等一批系列专题节目和影视剧，产生良好效果；“神舟六号”载人航天飞行直播报道规模空前、全程记录，创造了中国电视直播史上布点最广、跨度最大、演播室最多、直播时间最长的新纪录，极大地弘扬了载人航天精神。同时，庆祝西藏与新疆自治区成立40周年、50周年，台湾光复60周年，第十届全国运动会，第四届澳门东亚运动会等重大事件报道，以及防控禽流感和突发事件、自然灾害等报道及时充分、准确客观、把握适度，有效发挥引领舆论的作用，受到海内外广泛关注和积极评价。

新西藏

十二集大型文献纪录片
抗战

2 Major events of the year

主题报道效果突出，典型宣传生动鲜活

始终坚持正确舆论导向，努力深化电视新闻改革，按照“三贴近”的原则，不断增强正面宣传的吸引力、感染力。围绕科学发展观，先后推出“东部新跨越”、“中部崛起”、“东北振兴”、“西部大开发”、“创新中国”、“社会公德”等主题系列报道与专栏，为构建和谐社会营造良好的舆论氛围；深入报道保持共产党员先进性教育活动，开办《实践“三个代表”重要思想 保持共产党员先进性》、《时代先锋》、《永远的丰碑》等专栏和系列报道；典型报道创新内容、创新形式，成功报道宋鱼水、张云泉、王顺友、侯祥麟、王书田、杨业功等数十位先进典型，在社会上引起强烈反响。

时代先锋

1号接待员

永远的丰碑
—抗日英雄谱—

时代先锋

创新中国
11月25日
CCTV 综合频道 新闻频道
《新闻联播》《焦点访谈》《东方时空》《实话实说》
敬请关注

3 Major events of the year

积极实施“频道品牌化”战略，全台收视份额创五年新高

按照“频道品牌化”建设目标，各频道深挖潜力，整合资源，优化结构，突出特色，电视剧频道、英语频道、经济频道、体育频道和科教频道相继改版成功，呈现出各频道相互竞争、相互补充、形成合力的新格局；继续扩展名牌节目优势，打造荧屏亮点，先后举办电视小品、舞蹈、京剧大赛，海峡两岸知识大赛和《梦想中国》、《感动中国》、《品牌中国》、《平安中国》、《中国经济大讲堂》等系列活动，节目品牌效应迅速强化；努力创新电视剧创作、生产和播出管理的新机制，推出《亮剑》、《任长霞》、《京华烟云》等一批制作精良、影响广泛的好作品。全台收视份额强劲上升，并保持较高水平，全年平均收视份额达到34.14%，创五年新高。2005年，中央电视台首次入选世界品牌500强（位列341）。

平安中国
平安的家

中国经济
大讲堂

知识大赛

感动中国

任长霞
二十一集电视连续剧
21 Episodes TV Series
REN CHANG XIA
领衔主演/刘佳
传部宣传教育局/公安部宣传局/河南电视台/中央电视台中国电视剧制作中心/联合录制

4 Major events of the year

大力拓展电视外宣新途径，扩大国际影响力

配合“走出去”工程，中央电视台牵头联合八家地方台组成的长城（亚洲）平台于2月1日正式开播，对台宣传取得突破性进展。长城（北美）平台运作一年来订户数量持续增长，突破3万户，有效扭转美国华语市场“台强我弱”的现状。中文国际频道、英语国际频道和西法语频道在海外落地、入户取得重大进展，CCTV-4完整频道已在全球100多个国家和地区实现落地，覆盖境外华语观众1500多万户；CCTV-9已在美国、英国、法国、俄罗斯等40个国家和地区实现落地入户，境外用户4350万户；CCTV-E&F在美国、古巴、智利、毛里求斯等6个国家实现完整频道落地，进一步扩大中国电视媒体的国际影响力。与此同时，以央视网络电视互动直播平台为基础，中央电视台电视节目成功进入台湾，充分体现对台宣传的主动性。按照“国家水平、国际盛会”的标准，首次成功承办中国国际广播影视博览会、北京亚太青少年电视节、亚广联大学生机器人大赛等国际性活动，实现社会效益和经济效益“双丰收”，产生良好国际影响。

中国中央电视台
CHINA CENTRAL TELEVISION
CCTV
中国中央电视台
CHINA CENTRAL TELEVISION
CCTV
Chen Yun
CCTV

Asia-Pacific Children & Youth TV Festival
北京亚太青少年电视节

中国国际影视节目展
China International Film & TV Programs Exhibition
CCTV

5 Major events of the year

全方位开拓产业经营，全年总收入实现新突破

加快电视产业发展，坚持以“客户为中心”的服务宗旨，巩固优势，继续深度开发广告业务，2006黄金资源广告招标总额达到58.69亿元，创历史新高；全面拓展网络电视、付费电视等多种经营业务，不断培育新的经济增长点，逐渐形成以广告经营为主，新媒体业务、传统业务多业并举的产业经营新格局。积极探索经营管理新举措，首次推出《中央电视台经营业绩考评工作管理办法》。全台事业收入94亿元，企业收入30亿元，全年总收入达到124亿元。

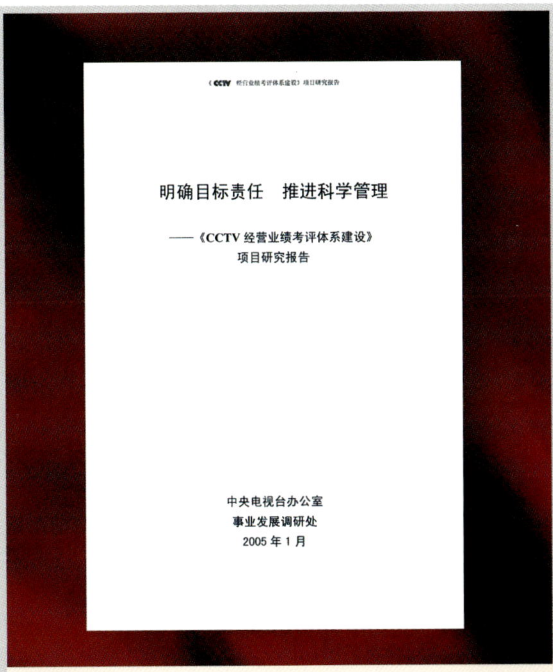
《CCTV 经营业绩考评体系建设》项目研究报告
明确目标责任　推进科学管理
——《CCTV 经营业绩考评体系建设》
项目研究报告
中央电视台办公室
事业发展调研处
2005 年 1 月

相 信 品 牌 的 力 量
CCTV
中央电视台2006
黄金资源广告招标说明会

6 Major events of the year

加大电视技术革新，安全播出创十年最好成绩

积极适应电视媒体数字化、网络化的发展趋势，成功研发CCTV节目生产管理系统，并已全面上线运行；依托品牌资源，以央视国际网络为基础，8月8日正式启播CCTV网络电视新闻频道、娱乐频道；国内第一个数字高清频道——中央电视台高清影视频道9月1日正式试播；以专业蓝光盘、中心存储、网络制播等关键技术为基础的网络制播系统，首次大规模应用在“十运会”报道中，实现节目全程无磁带制作和播出；音乐频道于12月1日率先成功试播立体声节目；中央电视台节目资料数据下载点12月13日正式开通，这是中央电视台媒体资产管理数字化应用的开端。安全播出常抓不懈，全台19套常规频道全年总播出时间15.26万小时，总事故率1.49秒／百小时；付费频道总播出时间7.76万小时，总事故率0秒／百小时；通信、动力系统等继续保持安全运行无事故，这是自1995年以来中央电视台安全播出取得的最好成绩。

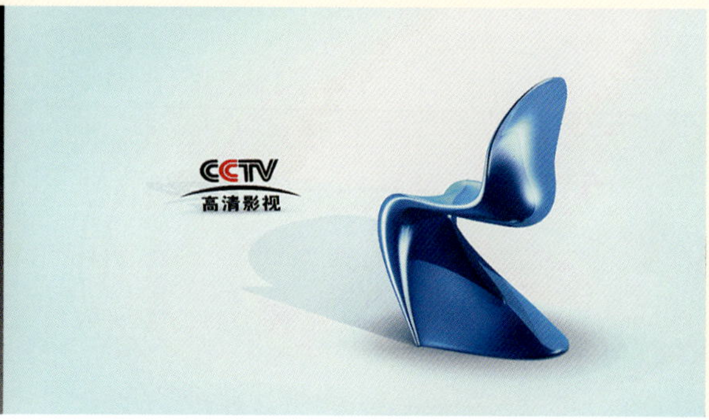

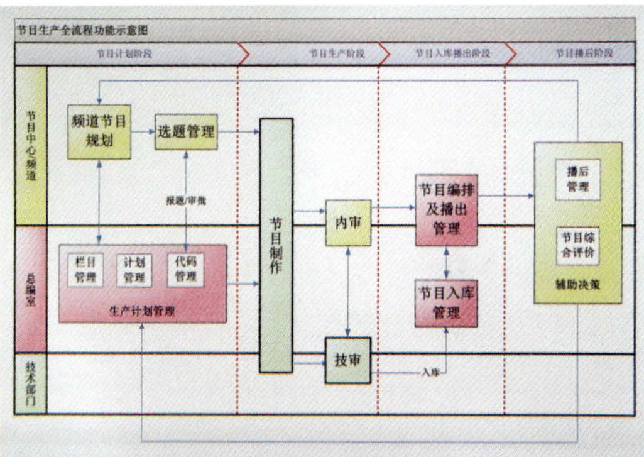
节目生产全流程功能示意图
节目计划阶段
节目生产阶段
节目入库播出阶段
节目播后阶段
节目中心频道
总编室
技术部门
频道节目规划
选题管理
报题/审批
栏目管理
计划管理
代码管理
生产计划管理
节目制作
内审
技审
入库
节目编排及播出管理
节目入库管理
播后管理
节目综合评价
辅助决策

电视决策
工作日报
每周重要

“四费控制”简报

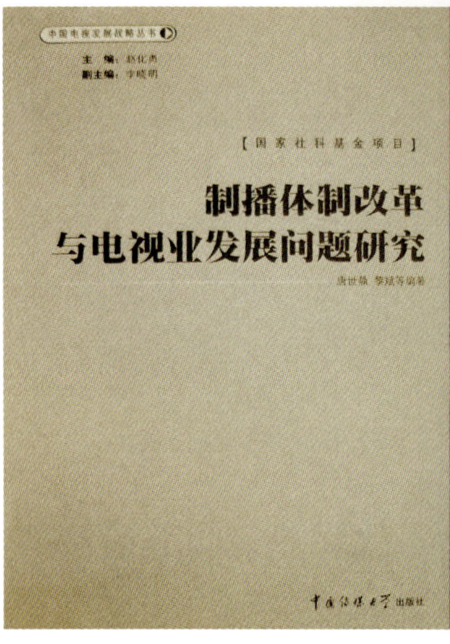
【国家社科基金项目】
制播体制改革
与电视业发展问题研究
中国传媒大学出版社

CCTV
中央电视台
版权管理规定培训手册
总编室 节目版权管理处
2005-11-22
Copyright © CCTV 2005
内部资料 注意保密

Major events of the year

7 不断深化管理改革，积极探索机制创新

以“管理执行年”为契机，加强内部管理，深化人事制度和财务制度改革，整体管理水平和管理效率提升明显。完善各项管理制度，相继推出媒体资产管理、版权管理、编外人员管理、播音员主持人管理、经费预算管理，以及公文运转、电子邮件和舞美、灯光、服装制作、外租办公用房管理规定等，加强对餐费等四项费用比例控制，制定安全播出应急预案。强化实施管理举措，编外人员实现企业化管理，栏目制片人竞聘上岗全面展开，中层干部竞争上岗有序推进，进一步增强内部活力。积极探索台内机制创新，首次完成国家社科基金项目“制播体制改革与电视业发展问题研究”等重点课题。

CHINA CENTRAL TELEVISION YEARBOOK

8 Major events of the year

党员先进性教育和民主评议行风持久深入，队伍建设取得新成绩

坚持开展职业道德和职业精神教育，进一步强化队伍建设。上半年，扎实有效地开展了保持共产党员先进性教育活动，圆满完成了学习教育和电视宣传各项任务。下半年，积极深入开展民主评议行风活动，开门纳谏，广征意见，着力解决广大群众反映的突出问题，社会各界反响良好。2005年，中央电视台再次获得“全国精神文明建设工作先进单位”荣誉称号，连续12年被评为“首都文明单位标兵”，张兴、徐少兵等六位同志被评为“全国优秀新闻工作者”。

9 Major events of the year

新台址工程稳步推进，工程建设进入全面实施阶段

2月28日，中央电视台新台址建设工程施工总承包合同签署，新台址建设开始进入全面实施阶段。在把握好施工安全、工期保证、质量达标、造价控制四个关键环节的前提下，新台址建设工程电视文化中心（TVCC）和主楼（CCTV）分别于3月16日和4月28日相继正式开工。目前，新台址建设工程主楼(CCTV)正在进行底板施工，电视文化中心(TVCC)结构已出地面，主楼和电视文化中心的桩基施工业已全部完成。

10 Major events of the year

顺利完成中国有线划转工作，继续开拓新业务新领域

7月20日，根据广电总局党组的决定，中央电视台完成中国有线电视网络有限公司、广播影视信息网络中心划转工作，这是事关电视事业产业发展的一项重大举措，有利于实现优势互补、共同发展，有利于星网结合、安全传输，有利于开发新业务、拓宽发展新领域，必将加快数字电视发展进程，对中央电视台节目在全国范围的有效落地产生重要的推动作用。目前，中国有线、网络中心的资产清理工作报告已经完成，人员划转安置工作有序进行。

国家开发银行 中国有线电视网络公司
开发性金融合作协议签字仪式

14:54:14

信息网络中心 中国有线电视网络公司全体员工大会

1. 开门办春晚

①②在《"金鸡报晓"——2005年春节联欢晚会》上，中国残疾人艺术团表演的舞蹈《千手观音》感动了无数的中国人。

③舞蹈《年年有余》。

④小品《功夫》。

⑤开场歌舞《盛世大联欢》。

2. 连、宋大陆行报道

↑ 2005 年 4 月 29 日，胡锦涛总书记与连战举行正式会谈。这是 60 年来国共两党最高领导人的首次正式会谈，中央电视台对会谈全程进行了直播。

↑ 2005 年 5 月 2 日，中央电视台记者专访到大陆访问的中国国民党主席连战。

↑ 台湾亲民党主席宋楚瑜接受央视记者采访。

↑ 2005 年 10 月 25 日，“中华情”——纪念台湾光复 60 周年大型文艺晚会。

↑《赠台大熊猫遴选特别节目》正在拍摄中。

3．新疆、西藏庆典报道

↑2005年10月1日，中央电视台对新疆维吾尔自治区成立50周年庆祝大会进行了现场直播。

↑2005年9月1日，拉萨各界隆重集会庆祝西藏自治区成立40周年。中央电视台对庆祝大会进行了现场直播。

↑2005年10月1日，中央电视台对新疆维吾尔自治区成立50周年庆祝大会进行了现场直播。图为新闻中心记者在现场紧张工作。

↑“放歌西藏”——庆祝西藏自治区成立40周年大型电视文艺晚会。

↑新疆自治区成立50周年庆典大会现场。

↑中央电视台记者正在摄制《西藏自治区成立40周年特别节目》。

4. 中国人民抗日战争暨反法西斯战争胜利60周年报道

↑ 2005年9月3日，中央电视台全程现场直播了纪念中国人民抗日战争暨世界反法西斯战争胜利60周年大会。

↑ 2005年9月3日，中央电视台对“首都各界向人民英雄纪念碑敬献花篮”仪式进行现场直播。

↑ 电视剧《八路军》拍摄现场。

↑ 中央电视台记者在人民英雄纪念碑前拍摄海陆空三军敬献花篮场面。

5. “神六”航天飞行报道

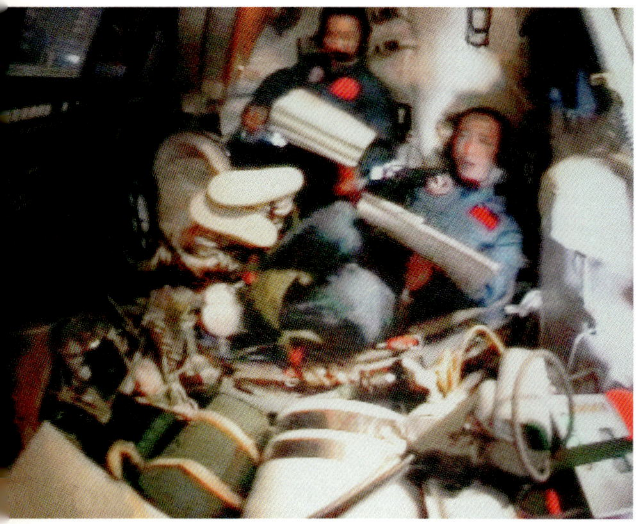

↓ 2005 年 10 月 17 日凌晨 3 时 45 分，中央电视台记者在“神六”飞船返回舱前现场报道。

↑ 2005 年 10 月 12 日晚，中央电视台对“神舟六号”航天员与地面控制中心通话进行直播报道。

→“航天精神颂”——中央电视台“心连心”艺术团在酒泉卫星发射中心慰问演出。

↓在“神舟六号”发射升空的前两秒钟，中央电视台新闻中心总演播室内，工作人员在紧张地忙碌着。

→北京航天飞行控制中心的负责人高挑大拇指，连声称赞中央电视台对“神六”的报道“振奋了航天精神，大长了国人的士气”。

6. 体育赛事转播技术质量高

→2005 年 10 月 29 日至 11 月 6 日，第四届东亚运动会在澳门举行。中央电视台记者在采访刘翔。

↓音频工作人员在比赛场地调整话筒位置。中央电视台为训练出一支能制作一流国际公共信号的专业录音师队伍而努力。

↑第四届东亚运动会是中央电视台首次在境外作为主播台承担大型综合性运动会的公用信号转播制作任务。转播效果得到国际同行专家的一致赞扬。

←技术人员在安装水下摄像机。

↑导播在工作现场精心组织安排。

↑中央电视台承担了为第 48 届世界乒乓球锦标赛提供国际公共信号的任务。由于信号规范，技术质量好，受到国际乒联好评。

7. “六一”晚会《感动未来》

↑ 2005 年 6 月 1 日，“六一”联欢晚会《感动未来》现场直播，全国人大常委会副委员长何鲁丽、顾秀莲、乌云其木格，国务委员陈至立、全国政协副主席郝建秀等出席观看。

←四岁女孩孔莹表演豫剧《穆桂英挂帅》选段。

↑歌舞《吉祥三宝》。

→杂技《晃圈》，曾荣获第 17 届蒙特卡洛国际杂技节最高奖——“金 K 奖”。

↓晚会结束时，国家领导人等与“六一”晚会全体演员合影留念。

8．“中央电视台”首次入选世界品牌500强

中央电视台15个频道平均收视份额达到34.14%，比2004年提高4.4个百分点，创五年新高。全年共有322天收视份额超过30%，比2004年多出169天。观众每天收看中央电视台节目的时间为人均52分钟，比2004年增加7分钟。中央电视台的品牌价值得到国际社会广泛认可，2005年首次入选世界品牌500强(居341位)，并入选英国《金融时报》评选的中国十大世界级品牌。

2005年中央电视台各频道全年满意度

名次	频道	满意度	名次	频道	满意度
1	CCTV–1	89.83	9	CCTV–10	86.89
2	CCTV–3	89.20	10	CCTV–7	86.55
3	CCTV–新闻	88.88	11	CCTV–6	86.07
4	CCTV–5	88.34	12	CCTV–11	85.84
5	CCTV–4	88.28	13	CCTV–少儿	84.01
6	CCTV–2	87.71	14	CCTV–9	81.69
7	CCTV–8	87.69	15	CCTV–音乐	79.91
8	CCTV–12	87.43			

2005年中央电视台各频道全年平均收视份额（%）

名次	频道	市场份额%	名次	频道	市场份额%
1	CCTV–1	10.31	9	CCTV–12	1.32
2	CCTV–8	4.66	10	CCTV–4	1.13
3	CCTV–6	4.30	11	CCTV–7	0.84
4	CCTV–3	3.12	12	CCTV–10	0.63
5	CCTV–5	2.11	13	CCTV–11	0.52
6	CCTV–新闻	1.73	14	CCTV–9	0.02
7	CCTV–少儿	1.72	15	CCTV–音乐	0.01
8	CCTV–2	1.72			

2005年中央电视台栏目满意度排名前十位

名次	栏目	全年满意度	名次	栏目	全年满意度
1	新闻联播	91.20	6	新闻早8点	89.61
2	今日说法	89.90	7	快乐驿站	89.13
3	同一首歌	89.84	8	非常6+1	89.08
4	幸运52	89.80	9	天网	88.97
5	焦点访谈	89.80	10	星光大道	88.96

9. 央视国际网站在全球电视台网站中排名第5位

目前，央视国际网每天播出视频节目118小时，覆盖150多个国家和地区。网站日均访问页次3000万，点击量2.8亿，在全球6000多万家互联网站中排名进入100强，在全球电视台网站中排名第5位。

↑国家广播电影电视总局副局长田进、中央电视台台长赵化勇点击开播CCTV网络电视。

↑2005年10月，中央电视台在西安举办第四届全国省市级电视台互联网站发展研讨会。

↑中央电视台网络在线工作人员在认真研究工作。

↑网络电视新闻频道页面。

↑网络电视艺术频道页面。

10. “先进性教育”形式多样，感人至深

↑ 2005 年 2 月 22 日，“中央电视台共产党员先进事迹报告会”召开。

↑ 2005 年 3 月 29 日，中央电视台举办“挺进最高点　相聚党旗下”报告会。

↑ 2005 年 1 月 6 日，中央电视台召开了“编辑、记者、播音员、主持人学习‘职业道德准则’座谈会”。

↑ “讲述 CCTV”感动了无数的电视人。

↑ 2005 年 12 月，中央电视台“荧屏之声”合唱团参加中纪委举办的“廉政歌曲晚会”。

CHINA CENTRAL TELEVISION YEARBOOK

CCTV
GHI

↑中央电视台副台长李晓明、台办公室主任唐世鼎检查广播影视博览会准备情况。

↑台办公室主任唐世鼎在台办公室工作会上讲话。

↑台领导、台办公室领导参加事业发展调研处工作会议。

↑台办公室召开每周工作例会。

↑召开全台信息工作会议，表彰信息工作先进集体和先进个人。

↑台办公室荣获中宣部舆情信息工作先进单位和全国广电系统信息工作先进单位一等奖。

↑总编室2005年度工作总结表彰大会。

↑赵化勇台长现场启动下载按钮，进行台内第一单下载。

↑中央电视台媒体资产节目资料数据下载演示汇报会。

↑在下载演示的现场，胡恩副台长（前排左二）、程宏副总编辑（后排右一）、总编室主任苏峰（前排左一）、总编室副主任倪代光（后排左二）在观摩指导。

↑2005年8月8日，央视国际网络新闻频道、娱乐频道正式开播。

↑ 2005 年 11 月 16 日，中央电视台对全台节目制片人进行了版权知识培训。

↑ 2005 年 12 月 22 日，中央电视台召开了观众座谈会。

↑磁带标识色制度确保播出安全，提升了节目资料的管理水平。

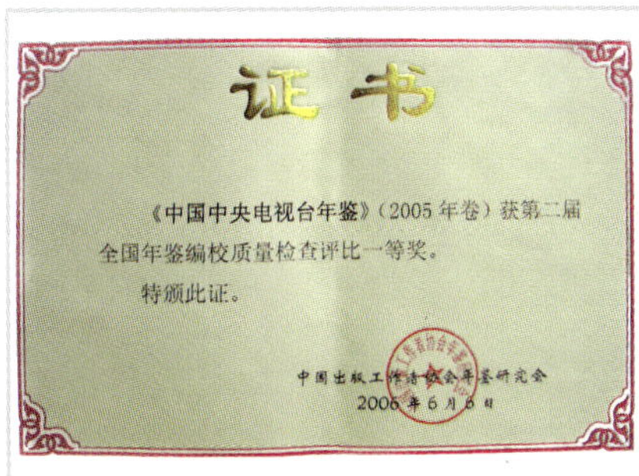
证书

《中国中央电视台年鉴》（2005 年卷）获第二届全国年鉴编校质量检查评比一等奖。

特颁此证。

中国出版工作者协会年鉴研究会
2006 年 6 月 5 日

↑《中国中央电视台年鉴》（2005年卷）荣获第二届全国年鉴编校质量检查评比一等奖。

↑宣传规划处特别节目组在拍摄内参片。

CHINA CENTRAL TELEVISION YEARBOOK

↑纪念抗日战争胜利60周年，中央电视台领导与抗战老同志合影。

←2005年12月27日，人事办公室杨晓民主任在2005年年终总结会上讲话。

↑中央电视台竞聘上岗栏目制片人工作交流会。

↑2005年度央视人才派遣工作座谈会。

↑人事改革办公室组织编外人员管理实务培训班。

↑中央电视台第五期《情境领导艺术》培训班。

↑财经办 2005 年度工作总结暨表彰会。

←财经办公室主任赵刚。

↑综合业务处部分人员在研究工作。

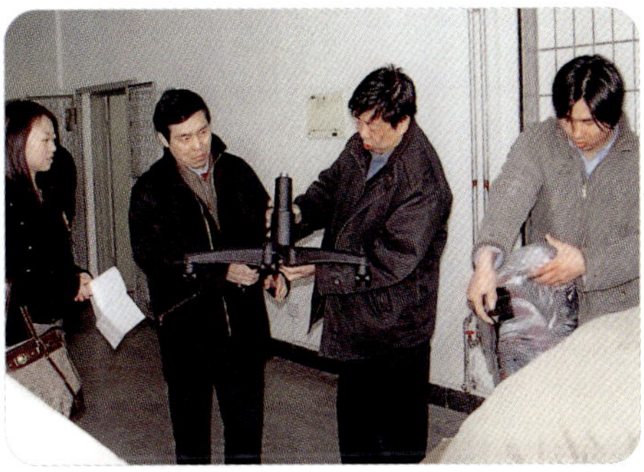

↑财产物资处在为技术部门紧急采购一批设备，正在调试安装。

↑中央电视台财务处大会计室。

↑计划统计处的部分同志在商量工作。

↑中央电视台机关党委专职副书记郭秀英。

↑2005年中央电视台再次获得“全国精神文明建设工作先进单位”荣誉称号。

↑中央电视台工会联合会第二届一次会员代表大会。

↑2005年11月，中央电视台“实践成才敬业奉献”座谈会召开。

→2005年3月，中央电视台团委召开了“CCTV‘在党旗下成长’团员青年座谈会”。

↑2005年6月9日“中央电视台先进性教育活动领导班子整改情况通报会”召开。

↑2005年2月28日在“中央电视台无偿献血活动”现场，赵化勇台长、张长明副台长、何宗就副台长等台领导看望了参加献血的台里职工。

↑2005年 中央电视台多次组织了“救助贫困母亲”、“扶贫济困送温暖”等活动。

↑中央电视台青年足球队参加广电总局第8届足球赛，荣获冠军。

↑首届“CCTV杯”羽毛球赛。

↑中央电视台新闻节目中心主任梁晓涛就“新闻改革 展望前景”讲话。

↑在2005年“两会”报道中，新闻节目中心精心布局，多角度、全方位围绕热点打造亮点，满足社会各界信息需求，受到广泛赞誉。

↑记者在“两会”开幕前现场播报。

↑ 2005年12月，为纪念长征胜利70周年制作的特别节目《长征——不朽的魂》。这是摄制组在江西瑞金街头采访。

↑ 2005年，《新闻联播》等重要新闻栏目推出了大型系列文献短片《永远的丰碑》，在社会上引起强烈反响。

↑ 2005年，《新闻联播》、《焦点访谈》推出了《落实科学发展观》大型系列主题报道。

↑中央电视台圆满完成春节台商包机两岸直航、首航仪式的电视直播任务。

↑2005年5月22日，中央电视台对珠穆朗玛峰重新测高登顶过程进行了全程现场直播，中央电视台台旗第一次飘扬在世界最高峰顶。

↑2005年5月10日，在故宫钟表馆拍摄大型纪录片《故宫》。

↑2005年8月，中央电视台记者在浙江温岭现场报道台风“麦莎”登陆实况。

↑在西藏自治区成立40周年宣传报道中，新闻节目中心推出一系列配合报道。图为记者在青藏铁路海拔最高点进行采访。

↑2005年12月1日，美国华裔“神探”李昌钰博士来到《法治在线》栏目与主创人员进行交流。

CHINA CENTRAL TELEVISION YEARBOOK

→2005年9月16日至20日，中央电视台推出《"碗礁一号"海底考古》大型直播节目。这次直播首次实现了深海现场实时报道。入潜的女记者也成为中国新闻界第一名作深海直播的女性。

↑图为深海抽开泥沙中显露出的瓷器。

↑2005年2月，春节特别节目《社区警务站》录制现场。

↑《军情连连看》栏目演播室录制现场。

↑2005年9月在山西李家山，中央电视台记者在拍摄《中国人在二十一世纪——黄河人家》。

↑2005年8月，暑期特别节目《非常夏令营》录制现场。

←“2005 CCTV 杯”全国英语演讲比赛会上，海外节目中心主任盛亦来（左一）与北京外国语大学校长（右一）为第一名获奖选手颁奖。

←2005 年 12 月 12 日，大型电视系列片《澜沧江—湄公河》在昆明举行了隆重的开机仪式，六国制片人将分别取自六国境内澜沧江、湄公河的水注入沙盘之中，形成“六水合一”，预示着合作的成功。

→2005 年 9 月 25 日，在北京钓鱼台国宾馆，举行了英语频道开播五周年暨西法语频道开播一周年庆典酒会。美国驻华使馆新闻参赞到会发言。

→《再说长江》摄制组在青海长江源地区进行拍摄。

←《欢聚一堂》栏目的特别节目《相聚张家港》在紧张的录制中。

→在《海峡两岸知识大赛》中，中央电视台主持人鲁健（左）、台湾中天电视台主持人和家馨（右）在与选手交流。

←2005年8月12日，由广电总局局长王太华（左六）率领的中国广播电视代表团参加了CCTV-9在新西兰的开播仪式。

→2005年2月，CCTV-9在菲律宾落地的签字仪式在北京举行。

↓2005年12月12日，中央电视台《人物聚焦》栏目制片人在意大利都灵领取欧洲卫星电视评审委员会颁发的特别奖——“热鸟奖”。

←“2005CCTV杯”全国英语演讲比赛上，主持人在介绍选手。

←《快乐中国——学汉语》摄制组在拍摄新疆伊犁当地艺人演唱柯尔克孜族英雄史诗《马纳斯》。

→2005年6月，为庆祝香港回归祖国暨特别行政区成立8周年，海外节目中心记者赴香港采访。图为摄影师在两位技术人员的保护下站在船头进行拍摄。

↑中央电视台社教节目中心 2005 年工作年会。

←社教节目中心主任张宁在科教频道改版新闻通气会上讲话。

↑2005年5月,《直击中国艾滋病二十年》系列节目录制现场，主持人采访卫生部部长高强。

↑2005年夏,《天网》栏目编导跟随边防军拍摄系列节目《灵与肉》。

↑《可可西里大穿越》记者深入可可西里无人区，拍摄科研人员地质考察情况。

↑2005年7月，CCTV大型文化考察活动《玄奘之路》召开新闻发布会。

↑ 2005年6月,《再上太空》摄制组在拍摄航天员开关舱门的训练。

↑ 2005年12月,《健康之路》栏目推出周末版节目《健康之路,亲密爱人》,成功拉动了栏目收视率。

↑ 2005年12月,新创栏目《状元360》录制现场。

↑ 2005年9月,《中华民族》栏目制作了《边疆大穿越:新疆》节目,这是在拍摄中。

↑ 2005年1月,《百家讲坛·清十二帝疑案》的演播室录制现场。

↑《讲述》栏目在《讲述CCTV》演播室现场与主持人讨论节目方案。

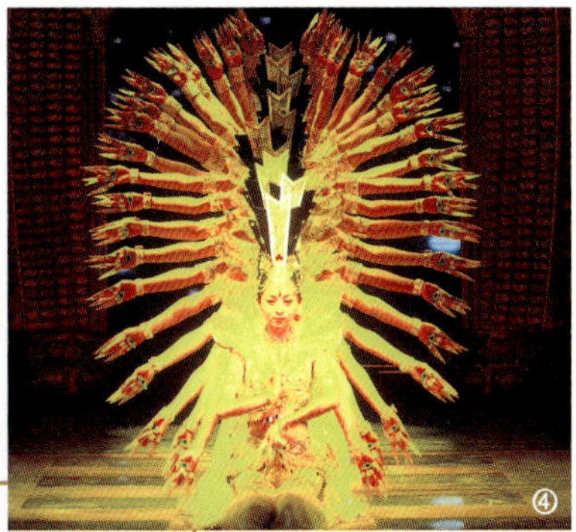

①2005年春节戏曲晚会，在中央电视台800平方米演播室，副台长胡恩（前中）、副总编辑张华山（右）、文艺节目中心主任朱彤（左）在指导工作。

②金鸡报晓——2005年春节联欢晚会。

③春节联欢晚会上，宋祖英在演唱歌曲——《飞》。

④春节联欢晚会上，中国残疾人艺术团表演舞蹈——《千手观音》。

⑤《中华情——纪念台湾光复60周年》大型文艺晚会，中宣部、统战部、国台办等单位领导在直播现场观看演出。

⑥《中华情——纪念台湾光复60周年》大型文艺晚会，歌舞《百家姓》正在演出。

→《可爱的一朵玫瑰花》在第三届CCTV杯电视舞蹈大赛上获得一等奖。

←《别》在第三届CCTV杯电视舞蹈大赛上获得国标舞一等奖。

↑《军中蛟龙》在第三届CCTV杯电视舞蹈大赛上获得群舞一等奖。

↑在第三届CCTV杯电视舞蹈大赛上，焦洋获得芭蕾舞一等奖。

↑第五届青年京剧演员电视大赛上，《盗仙草》表演者苑瑞芳获得荧屏奖。

↑第五届青年京剧演员电视大赛上，《战金山》表演者颜蓓等获得荧屏奖。

↑《星光大道》河南解放军某部参赛选手。

↑《星光大道》参赛选手扎约与拉祜族自治县小学生同台演唱歌曲。

↑《我爱祖国的蓝天》主持人刘璐采访战士。

↑《吉祥颂歌——中央电视台“心连心”艺术团赴四川阿坝慰问演出》，郁钧剑与当地群众一起演唱歌曲。

↑《想挑战吗》栏目在录制嘉宾郭跃华、陈新华的对抗。

↑《文化访谈录》栏目纪念电影百年特别节目，主持人马东在采访著名电影导演谢晋。

↑2005年10月17日，"神六"成功发射并圆满返回，中央电视台当晚现场直播了"神舟寰宇　五星圆梦"庆祝晚会。

↑第七届CCTV——MTV音乐盛典上，周迅在演唱。

↑在《正大综艺》十五周年庆典节目现场，主持人李秀媛和谢佳勋在表演舞蹈。

↑在《2005全国主持人大联欢》，辽宁电视台王旭、中央电视台阿丘等在表演小品。

↑《2005全国主持人大联欢》，各地主持人欢聚一堂。

→ 广告经济信息中心主任兼经济频道总监郭振玺参加《2005梦想中国》庆功会。

↑ 2005年8月14日，国务院副总理曾培炎在经济频道《全民节约 共同行动》大型主题活动上发表重要讲话。

↑ 全国人大常委会副委员长许嘉璐在《中国经济大讲堂》发表演讲。

↑ 图文电视部与解放军总参气象水文局续签合作协议。

↑ 2005年6月18日，中央电视台广告部举行通过ISO9001质量管理体系认证颁证仪式。

↑2005年11月18日，由图文电视部、《鉴宝》栏目和中国文物信息咨询中心文物鉴定室联合主办的《藏品鉴宝会》举行剪彩仪式。

↑2005CCTV“中国经济年度人物评选”颁奖典礼现场。

↑第六届CCTV模特电视大赛总决赛决出的冠军王玉（中）、亚军菲茹孜（左）、季军宋珊珊（右）。

↑第六届CCTV模特电视大赛，首次设立了男模比赛。图为获得冠、亚、季军的男模选手。

↑2005年《梦想中国》总决赛现场。

↑中央电视台2006黄金资源广告招标会现场。

↑2005年12月23日，在海南三亚举办的“中央电视台2006年重点节目资源及广告信息发布会”。

↑ 2005 年 8 月 25 日，“2005 体育电视国际论坛”在北京举行。中央电视台体育节目中心主任江和平作主题讲演。

↑ 在十运会期间，体育节目中心主任江和平和北京奥林匹克转播有限公司首席运营官马国力就转播报道进行交流。

↑ 2005 年 6 月 16 日，中央电视台与十运会组委会正式签约，成为组委会战略合作伙伴。

↑ 2005 年 9 月 21 日，北京奥林匹克转播有限公司和中央电视台等 8 家中国广播电视机构在北京签署备忘录。

↑ 2005 年 11 月 11 日，为纪念北京奥运会倒计时 1000 天暨 2008 年奥运吉祥物揭晓，体育频道制作推出了 3 个小时的直播特别节目《吉祥北京》。

↑ 主持人在《吉祥北京》节目演播室现场。

↑2005年10月29日至11月6日，第四届东亚运动会在澳门举行，图为中央电视台第一批体育前方报道团出发。

↑在第四届东亚运动会上，中央电视台作为主播台承担了大型综合性运动会的公用信号转播制作任务，这是部分公用信号制作人员合影。

↑ 2005年11月28日至12月10日，西亚运动会在卡塔尔首都多哈举行。中央电视台高质量的公用信号制作水平受到组委会的赞誉。图为导播在现场对摄像人员提出拍摄要求。

↑第四届东亚运动会上，体育记者在现场采访。

↑在西亚运动会上，摄像人员在认真工作。

↑西亚运动会上，各国工作人员合影。

↑国际版《城市之间》栏目的四国主持人。

↑《城市之间》栏目标识

↑《CCTV 体坛风云人物》直播现场。

↑2005 年 11 月，在澳大利亚墨尔本，主持人孙正平正在播报 2005 年世界体操锦标赛。

↑世界女排大奖赛时，导演和技术人员在转播车上紧张地工作。

↑大型特别节目《谁将解说北京奥运》决赛现场。

↑ 2005年10月12日至23日，第十届全运会在江苏南京等十个城市举行。图为中央电视台记者在紧张的拍摄中。

↑ 2005年世界大力士冠军总决赛直播后，全体报道人员与冠亚军合影。

↑ 2005年7月，皇家马德里足球队到中国进行比赛，中央电视台制作了《皇马中国行》专题节目。图为主持人黄健翔采访卡洛斯。

↑ 主持人韩乔生在解说十运会的比赛情况。

↑ 《天下足球》栏目制作播出了8个世界顶级足球俱乐部的专题节目，图为演播室正在录制节目。

↑中央电视台青少节目中心主任余培侠(右)在研究工作。

↑全国人大常委会副委员长、全国妇联主席顾秀莲同志出席《春蕾绽放——春蕾计划十五周年专题晚会》录制现场。

↑儿童电视剧《梅香的承诺》拍摄现场。

↑《梅香的承诺》获2005年北京亚太青少年电视节最佳故事片奖。图为颁奖晚会。

↑小同学们自己在拍摄DV短片。

↑小同学们拍摄的DV短片，获得美国“艾美奖”入围奖。

↑青少节目中心的编导们参加"亚广联儿童电视节目交换会议"。

→"首届全国少儿歌手电视大赛"获奖小歌手。

↑青少栏目《新闻袋袋裤》制作2005年春节特别节目。

←《银河剧场周末版》春节特别节目《金鸡报晓过大年》录制现场，魔术师的表演吸引了全场小朋友。

↑2005年9月10日，中央电视台少儿频道和美国尼克儿童频道合作，推出《孩子的选择》欢乐盛典。图为孩子们喜爱的台湾艺人林志颖与北京的小观众们见面。

↑《孩子的选择》欢乐盛典中，小观众们兴奋地向台上的主持人、演员喷射"绿黏液"。

↑中央电视台青少节目中心举办的频道全国落地推广《大手牵小手》活动之一——《走进峨嵋 相约未来》。

↑《中国动画精品版》主持人小鹿姐姐和三维主持人跳跳龙。

↑《智慧树周末版》主持人金龟子、毛毛虫、阿偶、笨笨熊在节目录制现场。

↑《大风车周末版》节目之一——《猜谜乐翻天》。

↑《芝麻开门》栏目，主持人芝麻哥哥、芝麻糖和同学们在录制现场。

↑“六一”晚会节目之一——“我爱童谣”。

↑《智慧树》栏目组织学龄前儿童摄制节目。

↑学龄前儿童们在外景地录制《智慧树》节目。

↑2005年8月28日,《第四届亚太大学生机器人大赛》直播现场。

↑参加机器人大赛的各国队员们在作准备。

↑《大风车》栏目请来嘉宾潘长江与小朋友们互动表演。

↑2005年10月13日,《梦想未来》直播现场。

↑2005年，中央电视台第六次获得“金帆奖”团体总分第一名。

↑技术管理办公室技术业务处组织地方台及视频、IT公司举行广电科技发展“十一五”规划座谈会。

↑2005年9月，技术管理办公室工程管理处组织召开2006年度技术项目立项审定会。

↑新增付费频道网络制作系统获中央电视台2005年度优秀技术项目奖。

↑高清数字电视播出实验，在中央电视台有线电视网中获得成功。

↑技术人员对新增卫星接受系统进行验收测试。

↑2005年5月20日，中央电视台赵化勇台长率领在京的领导成员在第一录音棚，与参加电视立体声（含环绕声）节目制作研讨会的与会代表一同审听部分体育、音乐会和大型纪录片《再说长江》的立体声节目样片。

↑2005年2月25日，中央电视台副台长何宗就在2005年专业电视设备展示暨技术交流会上讲话。

↑2005年12月21日，技术制作中心召开了中电网络制作推介会。

↑技术制作中心主任李宏虹（右二）检查更新改造后的800平方米高清演播室的使用情况。

↑2005年11月，中央电视台重点工程项目“P2经济频道节目制作网络系统”投入试运行，该系统扩大了节目生产力，达到720分钟/周的生产力，覆盖了经济频道60%的栏目。

↑为了加强全台舞美制景、灯光、服装的管理，2005年制定了相关的管理制度和规范标准。图为制作部负责人在终审定稿。

↑2005年十运会转播前，播出传送中心主任黄平刚（左一）在检查网络节目制播系统的准备情况。

↑2005年10月，中央电视台技术人员在酒泉发射基地“航天员记者见面会”现场做直播前的技术准备工作。

↑2005年5月18日，播出传送中心圆满完成“世界财富论坛”现场直播报道。

↑2005年9月，在“西藏自治区成立40周年”庆典前夕，中央电视台技术人员在进行摄像机布线工作。

↑为圆满完成“步步高登长城”电视直播报道任务，技术人员在长城上冒严寒安装微波设备。

↑2005年5月，俄罗斯举行纪念反法西斯胜利60周年盛大阅兵仪式，中央电视台总控部人员为转播仪式的信号传输作准备。

↑2005年9月1日，中央电视台分党组成员、纪检组组长、机关党委书记、台民主评议行风领导小组常务副组长张海鸽同志向全台通报民主评议行风活动情况。

↑2005年3月，纪检组副组长、监察室主任黄瑞刚同志在纪检监察工作会上部署工作。

↑2005年7月13日，中央电视台召开民主评议行风活动动员大会。

↑2005年3月3日，中央电视台召开2005年廉政工作会议，部署全台党风廉政建设反腐败工作。

↑2005年11月24日，中央电视台举办了第三届“荧屏杯”廉政教育小品比赛决赛。

↑2005年8月2日，中央电视台召开民主评议行风各部委座谈会。中央纪委、总政治部、国务院新闻办公室等部门代表应邀出席会议。

↑《讲述CCTV》先进事迹报告会感动了许许多多电视工作者。

↑审计处处长续建勇（左一）带队与被审计单位人员交换工作意见。

↑2005年，中央电视台审计处被国家审计署评为2002～2004年度全国内部审计先进单位。

↑审计人员在体育节目中心召开审前动员会。

↑中国电视报社社长吴继尧（中）、副社长郭卫翔（左）、赵成璧（右）在研究改版方案。

↑中国电视报社2005年年中工作会议现场。

↑电视报社领导与2005年第三季度优秀获奖记者合影。

↑社长吴继尧（左四）为2005年度新招聘的同志讲报史和工作要求。

←《中国电视报》“绿鸟鸡杯”我最喜爱的春节联欢晚会节目评选活动抽奖现场。

↑2005年5月25日，中共中央政治局委员、公安部部长周永康在中南海接见了《任长霞》摄制组主创人员，高度赞扬电视剧拍得好，并号召全体公安战线向任长霞同志学习。

↑电视剧制作中心主任李培森（中）在拍摄现场。

↓电视剧《记忆的证明》在拍摄中。

↑电视剧《任长霞》拍摄现场。

→中国电视剧制作中心向新疆、西藏捐献《生命的颜色》、《富起来的人》、《江山》、《我不是差等生》四部电视剧。

↑中国电视剧制作中心主任李培森（右二）、副主任李汀（左二）、苟鹏（左三）、张子扬（左一）在拍摄现场。

↑中国电视剧制作中心召开 2005 年工作总结表彰大会。

→电视剧《老娘泪》艰苦的拍摄现场。

↓电视剧《独奏》获 2005 年亚广联电视评奖入围奖。

→中国电视剧制作中心在“保持共产党员先进性”活动中举行“从我做起”演讲会。

←新影厂纪念抗日战争胜利六十周年座谈会。

↓新影厂音像出版社社长职位竞聘答辩会。

↑中央电视台副台长、中央新闻纪录电影制片厂厂长高峰在全厂廉政工作会议上讲话。

→新影厂摄影师在拍摄驻新疆武警官兵。

↑新影时尚文化中心建设项目合作公司成立。

↑老故事频道第一次股东大会合影。

←《名段欣赏》栏目在拍摄中。

→《佳片有约》栏目在拍摄中。

↑工作人员在检查修剪影片。

←2005年11月30日，新影厂向延安人民捐赠两辆小轿车。中央电视台副台长、新影厂厂长高峰（右）把车钥匙交给延安代表。

↑资料员正在整理中央资料素材。

↑编目人员正在采集画面资料。

→2005年4月，北京科学教育电影制片厂书记王晞建（右三）、厂长薛继军（右二）视察新开拓的磁带资料编目项目。

↓2005年第8届四川国际电视节《雷鸣之夜》获特别奖、亚洲创作奖、最佳导演奖；《老三》获特别奖。

→《老三》剧照。

↑《雷鸣之夜》工作照。

↓2005年，《角逐超高空》荣获中国纪录片学会颁发的纪录片学术奖、长系列片十佳奖。

↑北京科学教育电影制片厂举办2006年春节联欢晚会。

↑2005年7月，大型文化考察活动《玄奘之路》新闻发布会，薛继军厂长在会上发言。

↑2005年，《大家》栏目发起“大家校园行——华中科技大学同济医学院巡讲报告会”。

↑2005年，第八届中国电影“华表奖”评比中，《公证帮你办》获得优秀科教片奖。

→《圆明园》——“万字坊”剧照。

↑电影频道节目中心主任阎晓明（右三）在音乐剧《电影之歌》庆功宴上，与主创人员一起切蛋糕。

↑电影频道（CCTV–6）热烈庆祝开播十周年。

↑2005年10月18日，电影频道节目中心在香港举办“中国电影频道（香港CMC）”落地启播仪式。

↑电影频道第五届电视电影百合奖评委会的评委们正在评奖。

↓何琳在本片中的出色演技荣获第三十三届国际艾美奖“最佳女演员奖”。

→大型多媒体音乐剧《电影之歌》剧照。

↓ 2005年8月23日，中共中央政治局常委、中央宣传思想工作领导小组组长李长春（左一）参观了在北京展览馆召开的“中国国际影视节目展”，中央电视台台长赵化勇（左二）向李长春同志介绍展会情况。

↓ “中国国际影视节目展”开幕式。

↓ 2005年6月2日，在杭州中国国际动漫节期间，中视鸿运视听制作公司与日本万代株式会社谈判合作事宜。

↑ 2005年6月12日，广电总局局长王太华（右三）参观上海电视节节目展，中央电视台台长赵化勇（右二）、中国国际电视总公司总经理李建（左一）陪同参观。

↑ 上海电视节节目展大厅。

↑ 2005年12月，中视海外电影剧场推介会召开。

CHINA CENTRAL TELEVISION YEARBOOK

↑2005年11月11日，中国国际电视总公司李建总经理（前左一）会见日本万代株式会社社长一行。

↑2005年12月4日，“北京之夜”纪录片推介会。

↑中央电视台广告部和未来广告公司在第十二届中国广告节上联合设展。

↑2005年7月21日至23日，“中国国际数码互动娱乐产品及技术应用展览会”在上海召开。这是中央电视台展台前。

↑深圳中视国际电视公司和当地文化局联合举办的“打击盗版万人签售”的活动现场。

↑深圳中视国际电视公司开展了大规模的全员培训，这是培训现场。

中国国际电视总公司
2005 年合作拍摄的电视剧

↑《白蛇传》

↑《结婚吧，我会更爱你》

↑《临界 20 天》

↑《苍茫天山》

↑《阴阳关·阴阳梦》

↑《赵树理》

↑2005年9月，中央卫星电视传播中心在福州召开全国代理工作会。

↑2005年，中央卫星电视传播中心发展了三名新党员。这是中心主任薛大力（中）与新党员在党旗下合影。

↑2005年8月，卫传中心领导到厦门乡镇调查加扰电视收视情况。

↑2005年3月，卫传中心召开了完成任务总结会。

→2005年10月，卫传中心举办了“歌颂祖国诗歌演唱会”。

↑2005年2月23日至4月2日，中国爱乐乐团举行了中国音乐史上空前规模的环球巡演。巡演凯旋时，胡恩团长（中）、苏峰副团长（左一）到机场迎接并讲话。

↑“中国爱乐乐团成立五周年”庆典音乐会上，指挥家郑小瑛在演出前给乐队排练。

↑2005年10月15日，中国爱乐乐团参加了第八届北京国际音乐节，受邀的香港乐团艺术总监艾杜·迪华特担任指挥，这是在演出前的排练中。

↑2005年5月17日，中国爱乐乐团演出了“和谐之声”交响音乐会。

←中国爱乐乐团参加了“2005年新年音乐会”演出。

↑2005年，中视传媒股份有限公司与文化部艺术服务中心继续联合主办WCG中国区锦标赛，中视传媒股份有限公司董事、总经理高小平出席WCG活动并致词。

↑2005年6月29日，中视传媒股份有限公司在山东威海召开了2004年度股东大会。

↑2005年9月11日，中国首个高清电视频道——央视高清影视频道试播。中视传媒股份有限公司董事、总经理高小平向出席新闻发布会的嘉宾介绍高清电视节目。

↑由中视传媒股份有限公司投资拍摄的数字电影《银饰》在2005年东京国际数字电影节上获得“最佳技术奖”。

↑中视传媒股份有限公司投资制作的30集电视剧《大宋奇案》剧照。

→中视电影《生死劫》先后获得美国纽约、旧金山、印度喀拉拉邦、意大利米兰等地区国际电影节的“最佳故事片大奖”、“金雀奖”、“金片盘奖”等。

目 录

图片纪事

特 载

概 况

专 辑

机 构

频道·栏目·节目

央视国际网络

获奖·表彰

观众调查

规章制度选载

文论辑览

央视研发

电视书、报、刊及音像出版物

新技术设备

产业经营

同港、澳及台湾交流与合作

对外交流与合作

人　物

统 计

大事记

附 录

索 引

CCTV 2006 YEARBOOK

Contents

(Organizational Chart)

CCTV Editorial Board
CCTV Technical Board
CCTV Administration Board
CCTV Business Management Board
Party Branch Discipline Inspection Panel, Supervision Office, CCTV Discipline Committee
CCTV General Office
Chief Editorial Office
Human Resource Office
Finance Office
CCTV Party Committee
News Programming Center
Overseas Service
Social & Educational Programming Center
Cultural Programming Center
Advertising & Economic Info Center
Sports Programming Center
Children's Programming Center
Technology Management Office
Technical Production Center
Broadcasting & Transmission Center
CCTV New Site Project Office
Audit Office
Weekly TV Guide Office
China TV Drama Production Center
China News & Documentary Film Studio
Beijing Science & Education Film Studio
China International Television Corporation
Central Satellite TV Broadcasting Center
Central Digital TV Media Co. Ltd.
China Philharmonic Symphony Orchestra
Production Center for Satellite Movie Channel
Zhongshi Media Holdings

Channels, Shows, Programming

WWW.CCTV.COM

Awards & Honors

T E Z A I

特 载

特 载

一、党和国家领导人讲话摘编

深刻认识构建和谐社会的重大意义

2005年2月19日，中共中央总书记、国家主席、中央军委主席胡锦涛在中共中央举办的省部级主要领导干部提高构建社会主义和谐社会能力专题研讨班开班式上作了重要讲话。他指出，构建社会主义和谐社会，是我们党从全面建设小康社会、开创中国特色社会主义事业新局面的全局出发提出的一项重大任务，适应了我国改革发展进入关键时期的客观要求，体现了广大人民群众的根本利益和共同愿望。要在推进社会主义物质文明、政治文明、精神文明发展的历史进程中，扎扎实实做好构建社会主义和谐社会的各项工作。

胡锦涛指出，实现社会和谐，建设美好社会，始终是人类孜孜以求的一个社会理想，也是包括中国共产党在内的马克思主义政党不懈追求的一个社会理想。根据马克思主义基本原理和我国社会主义建设的实践经验，根据新世纪新阶段我国经济社会发展的新要求和我国社会出现的新趋势新特点，我们所要建设的社会主义和谐社会，应该是民主法治、公平正义、诚信友爱、充满活力、安定有序、人与自然和谐相处的社会。

胡锦涛强调，构建社会主义和谐社会，同建设社会主义物质文明、政治文明、精神文明是有机统一的。要通过发展社会主义社会的生产力来不断增强和谐社会建设的物质基础，通过发展社会主义民主政治来不断加强和谐社会建设的政治保障，通过发展社会主义先进文化来不断巩固和谐社会建设的精神支撑，同时又通过和谐社会建设来为社会主义物质文明、政治文明、精神文明建设创造有利的社会条件。

胡锦涛指出，构建社会主义和谐社会，必须坚持以邓小平理论和“三个代表”重要思想为指导，坚持社会主义的基本制度，坚持走中国特色社会主义道路；必须树立和落实科学发展观，坚持以经济建设为中心，坚持“五个统筹”，促进社会主义物质文明、政治文明、精神文明建设与和谐社会建设全面发展；必须坚持以人为本，始终把最广大人民的根本利益作为党和国家工作的根本出发点和落脚点，在经济发展的基础上不断满足人民群众日益增长的物质文化需要，促进人的全面发展；必须尊重人民群众的创造精神，通过深化改革、创新体制，调动一切积极因素，激发全社会的创造活力；必须注重社会公平，正确反映和兼顾不同方面群众的利益，正确处理人民内部矛盾和其他社会矛盾，妥善协调各方面的利益关系；必须正确处理改革发展稳定的关系，坚持把改革的力度、发展的速度和社会可以承受的程度统一起来，使改革发展稳定相互协调、相互促进，确保人民群众安居乐业，确保社会政治稳定和国家长治久安。为了促进社会主义和谐社会建设，要切实保持经济持续快速协调健康发展，发展社会主义民主，落实依法治国的基本方略，加强思想道德建设，维护和实现社会公平和正义，增强全社会的创造活力，加强社会建设和管理，处理好新形势下的人民内部矛盾，加强生态环境建设和治理工作，做好保持社会稳定的工作。

胡锦涛强调，各级党委和政府要加强和改善对构建社会主义和谐社会各项工作的领导，把构建社会主义和谐社会摆在全局工作的重要位置，建立有效的领导机制和工作机制，认真研究解决重大问题和突出问题，不断认识和把握新形势下和谐社会建设的特点和规律。

（摘自2005年2月20日《人民日报》第一版）

高度重视 加强领导 加快建设节约型社会

中共中央政治局常委、国务院总理温家宝在全国做好建设节约型社会电视电话会议上强调，加快建设节约型社会，事关现代化建设进程和国家安全，事关人民群众福祉和根本利益，事关中华民族生存和长远发展。要从全局和战略的高度，充分认识加快建设节约型社会的极端重要性和紧迫性，迅速行动起来，在全国范围内大张旗鼓、深入持久地开展资源节约活动，加快推进节约型社会建设，促进我国经济社会全面协调可持续发展。

温家宝说，人口众多、资源相对不足、环境承载能力较弱，是中国的基本国情。在全面建设小康社会进程中，经济规模将进一步扩大，工业化不断推进，居民消费结构逐步升级，城市化步伐加快，资源供需矛盾和环境压力将越来越大。加快建设节约型社会，是缓解资源供需矛盾的根本出路，是贯彻落实科学发展观、走新型工业化道路的必然要求，是保持经济平稳较快发展、全面建设小康社会的迫切需要，是保障经济安全和国家安全的重要举措。各地方、各部门一定要充分认识新形势下加快建设节约型社会的极端重要性和紧迫性，以高度的历史责任感和使命感，切实用大力气抓好建设节约型社会工作。

温家宝指出，建设节约型社会，既要有长远的规划和部署，又要做好近期安排。今明两年，要着力抓好以下几个方面的重点工作。(一) 大力节约能源。抓紧启动节约和替代石油、热电联产、余热利用、建筑节能、绿色照明等重点节能工程，突出抓好钢铁、有色、电力、建材等重点耗能行业和重点企业的节能。引导商业和民用节能，执行公共建筑夏季空调室内温度最低标准。(二) 大力节约用水。加大城市节水设备和器具的推广力度，推进污水处理及再生利用，继续抓好农业节水灌溉和旱作节水农业，严格控制超采、滥采地下水。(三) 大力节约原材料。加强重点行业原材料消耗管理，提高原材料利用率。推行木材节约代用，节约包装材料，解决社会反映强烈的食品和用品过度包装问题。(四) 大力节约和集约利用土地。坚持实行最严格的土地保护制度，促进农村建设用地和城市建设用地、交通基础设施建设用地的节约集约利用，严格限制毁田烧砖。(五) 大力推进资源综合利用。推进矿产资源和工业废物的综合开发利用、再生资源回收利用和生活垃圾资源化利用。(六) 大力发展循环经济。全面推行清洁生产。在重点行业、重点领域、重点产业园区和城市开展循环经济试点。

温家宝强调，加快建设节约型社会，必须采取综合措施，建立强有力的保障和支撑体系。(一) 加强宏观指导和规划，建立节约型国民经济体系。要选择和形成有利于节约资源的生产模式和消费模式。把加快建设节约型社会作为国民经济和社会发展总体规划和各类专项规划的重要内容。(二) 依靠科技进步和创新，构建资源节约的技术支撑体系。加大对资源节约和循环利用关键技术的攻关力度。推广应用节约资源的新技术、新工艺、新设备和新材料。大力支持资源节约和发展循环经济的重大项目建设。(三) 着力深化改革，建立节约资源的体制机制和政策体系。充分发挥市场机制和经济杠杆的作用，注重运用价格、财税、金融手段和产业政策、投资政策、消费政策、外贸政策，促进资源的节约和有效利用。(四) 强化监督管理，坚决制止一切浪费资源的行为。建立资源节约的统计制度和信息发布制度，促进各行各业改进工作，堵塞浪费资源的漏洞。(五) 加强法制建设，完善资源节约的法律法规体系。制定更加严格的节能、节材、节水、节地等各项国家标准，建立高耗能、高耗材、高耗水的落后工艺、技术和设备强制淘汰制度。加大资源保护和节约的执法力度。

温家宝要求，要切实加强领导，明确任务，落实责任，协调配合，形成合力。中央和国家机关要首先带头，各级政府和所有公务员都要率先垂范，厉行节约，反对浪费。要深入开展资源"国情"教育，在全社会树立节约意识、节约观念，倡导节约文化、节约文明，广泛开展内容丰富、形式多样的资源节约活动，积极创建节约型城市、节约型政府、节约型企业、节约型社区，务求建设节约型社会工作取得实实在在的效果。

(摘自新华社2005年6月30日电)

宣传要为"十一五"目标提供强大精神支撑

2005年12月8日，中共中央政治局常委李长春在全国宣传部长会议上强调，宣传思想战线要高举邓小平理论和"三个代表"重要思想伟大旗帜，深入贯彻十六大和十六届三中、四中、五中全会精神，贯彻中央经济工作会议精神，全面落实科学发展观，解放思想、实事求是、与时俱进，牢牢把握正确导向，贴近实际、贴近生活、贴近群众，创新内容、创新形式、创新手段，不断提高宣传思想工作的水平，为实现"十一五"规划的各项任务，为全面建设小康社会、构建社会主义和谐社会提供强大的精神支撑。

李长春指出，十六大以来，宣传思想战线自觉与以胡锦涛同志为总书记的党中央保持一致，认真贯彻中央重大决策部署，紧紧围绕经济建设这个中心，服务全党全国工作大局，唱响主旋律，打好主动仗，坚持"三贴近"原则，在继承中创新，在巩固中提高，宣传思想工作始终保持着积极健康向上的良好态势。

李长春全面分析了宣传思想工作面临的国际国内形势，并强调，党的十六届五中全会提出了"十一五"时期经济社会发展的宏伟蓝图。今后五年，是全面建设小康社会的关键时期，是加快发展、深化改革、扩大开放的关键时期，也是维护社会稳定、促进和谐社会建设的关键时期。这就对宣传思想工作提出了更高要求。全面落实科学发展观，实现"十一五"的宏伟目标，需要宣传思想工作深入宣传十六届五中全会精神，营造良好的氛围，发挥统一思想、扩大共识的作用，使"十一五"规划的总体目标、指导方针和重大举措深入人心，把中央的部署化为亿万人民的行动。

李长春指出，2006年是实施"十一五"规划的开局之年，是全面落实科学发展观的重要一年。宣传思想战线要进一步增强责任感使命感，以良好的精神状态，以扎实的工作作风，认真做好明年的宣传思想工作。要深入学习宣传贯彻邓小平理论和"三个代表"重要思想，深化拓展马克思主义理论研究和建设，巩固发展全党全国人民团结奋斗的共同思想基础；深入学习宣传贯彻科学发展观，用科学发展观武装各级干部，努力营造以科学发展观统领经济社会发展全局的浓厚氛围，推动经济社会发展切实转入科学发展的轨道；大力宣传贯彻十六届五中全会精神，广泛开展形势政策宣传教育，动员和激励全国各族人民为实现"十一五"宏伟目标而奋斗；牢牢把握正确舆论导向，着眼于团结鼓劲，为构建社会主义和谐社会创造良好环境；大力弘扬伟大的民族精神和时代精神，全面推进思想道德建设，扎实开展群众性精神文明创建工作；深化文化体制改革，加快发展文化事业和文化产业，满足人民群众日益增长的精神文化需求；加快大外宣格局建设，广泛开展对外文化交流，充分展示我良好的国际形象；精心组织实施人才培养工程，以提高思想政治素质和创新能力为重点，切实加强领导班子和队伍建设。

李长春指出，这几年的实践充分证明，党委重视宣传思想文化工作，不仅宣传思想文化工作搞得好，而且会使全局工作更加主动。面对"十一五"时期的新形势新任务，各级党委要更加自觉地重视宣传思想文化工作，摆在重要位置，切实抓紧抓好，努力形成党委统一领导、党政各部门、社会各方面、各地区齐抓共管、各负其责的工作体制，形成大宣传格局。要始终坚持正确的政治方向，增强政治敏锐性和政治鉴别力，在重大原则问题上旗帜鲜明、立场坚定。要深入实际、深入群众，了解新情况，研究新问题，总结新经验，使宣传思想工作深深扎根于群众的实践之中，更加适应不断变化的客观实际。要进一步解放思想、与时俱进，加大创新力度，建立起适应社会主义精神文明建设要求和社会主义市场经济体制要求的思想观念、体制机制和方式方法。

（摘自2005年12月9日《人民日报》第一版）

二、中宣部和广电总局领导讲话摘编

宣传工作要在科学求实依法上下工夫

2005年8月23日，中共中央政治局委员、书记处书记、中宣部部长刘云山在全国宣传部长座谈会上强调，认真贯彻落实科学发展观，适应构建社会主义和谐社会的要求，进一步深化拓展创新宣传思想工作，为构建社会主义和谐社会打牢共同思想基础、营造和谐舆论环境、提供强大精神动力、培育文明道德风尚、创造良好文化条件，是当前宣传思想战线的重要任务。

刘云山指出，以人为本是落实科学发展观、构建社会主义和谐社会的核心，宣传思想工作要把以人为本作为一个重要的原则，始终把实现最广大人民的根本利益作为出发点和落脚点，以满足人民群众精神文化需求为最终目的，以最广泛地吸引群众参与为基本途径，以提高服务群众的能力为紧要任务，以实现和保障群众的文化权益为基本职责，以群众满意不满意、高兴不高兴为检验标准。

刘云山指出，宣传思想工作必须按照构建社会主义和谐社会要求进一步开阔视野，努力拓展内容，拓展对象，拓展渠道。要毫不动摇地坚持马克思主义在意识形态领域的指导地位，用一元化的指导思想整合和引领多样性的思想文化，倡导积极的，支持有益的，改造落后的，抵制腐朽的。要在始终坚持以经济建设为中心的同时，进一步加大民主法制、精神文明、社会建设、公平正义、诚信友爱、生态文明的宣传力度，推动社会全面进步和人的全面发展。要更加关注新的社会群体和困难群体，不断扩大工作的覆盖面、影响力。要把宣传思想工作更好地融入到行政管理、行业自我管理之中，在管理中注入人文因素，增加思想含量，引导各行各业的人们积极投身社会主义和谐社会建设。

刘云山强调，适应构建社会主义和谐社会的新形势，必须坚持贴近实际、贴近生活、贴近群众，在科学、求实、依法上下工夫，大力推进宣传思想工作的改进创新。要树立科学的态度，掌握科学的方法，认真研究在构建社会主义和谐社会过程中面临的新情况新问题，从中找出规律性认识，努力实现由经验型向科学化转变。要大力弘扬求真务实精神，大兴求真务实之风，深入群众，面向基层，努力改进思想作风、工作作风和文风，反对形式主义。要坚持依法治国与以德治国相结合，在社会主义法治建设中贯通思想道德力量，在社会主义道德建设中体现社会主义法治精神，加强宣传文化领域立法工作，加大执法力度，善于运用法律手段推进工作。

（摘自新华社2005年8月23日电）

要在全社会大力宣传和普及科学发展观

2005年9月28日，中共中央政治局委员、书记处书记、中宣部部长刘云山出席学习贯彻科学发展观理论研讨会并讲话。他在讲话中指出，科学发展观是我们党从新世纪新阶段党和国家事业发展全局出发提出的重大战略思想，与邓小平理论和“三个代表”重要思想关于发展的思想一脉相承，深刻揭示了我国经济社会发展的客观规律，充分体现了全面建设小康社会的内在要求，进一步丰富了党的执政理念，是与时俱进的马克思主义发展观，是统领我国经济社会发展全局的根本指针，是我们党治国理政、富民安邦的行动纲领。我们一定要充分认识树立和落实科学发展观的重大意义，不断增强贯彻落实的自觉性和坚定性。

刘云山指出，学习贯彻科学发展观，要深刻领会和全面把握科学发展观的深刻内涵和基本要求。要深刻认识科学发展观是解放和发展生产力的发展观，是以人为本、造福人民的发展观，是全面协调可持续的发展观，是经济、政治、文化和社会建设整体推进的发展观，是坚持和平发展的发展观。学习贯彻科学发展观，最重要的是运用科学发展观指导实践、推动工作，使科学发展观真正成为指导经济社会发展的世界观、方法论。要把科学发展观贯穿于经济社会发展的全过程，落实到经济社会发展的各个环节。要把学习贯彻科学发展观同促进经济社会发展的实践结合起来，同构建和谐社会的各项工作结合起来，同推动干部作风的进一步转变结合起来。要把学习贯彻科学发展观的成果转化为促进发展的科学思路，转化为正确的方针政策，转化为领导发展的实际能力，转化为干部群众的自觉行动。

刘云山指出，要进一步深化对科学发展观的理论研究，为树立和落实科学发展观提供有力的理论支撑。要结合我国新的发展实践，把自然科学、社会科学、人文科学等方面的知识、方法、手段协调和集成起来，坚持基础研究和应用研究相结合、分学科研究和跨学科研究相结合，深入研究和回答树立和落实科学发展观的重大理论和实际问题，不断推出有深度有价值的研究成果。要把科学发展观研究纳入马克思主义理论研究和建设工程，把科学发展观研究的最新成果及时体现到哲学社会科学学科建设和教材建设之中。

刘云山指出，要广泛开展宣传教育，为树立和落实科学发展观营造良好的舆论氛围。要大力宣传以科学发展观为指导深化改革、加快发展的生动实践，宣传各地各部门贯彻落实科学发展观的新思路、新举措，总结推广学习贯彻科学发展观的好经验、好典型。要在全社会大力宣传和普及科学发展观，使科学发展观深入人心，引导广大干部群众牢固树立正确的生产观、生活观，推动形成科学发展、文明生活的良好社会风尚。

（摘自新华社2005年9月28日电）

认清形势　加大力度　进一步做好广播影视对外工作

中宣部副部长、国家广电总局局长　王太华

一、正确认识和把握广播影视对外工作的形势与任务

广播影视对外工作是服务于全党全国工作大局和我国总体外交，服务于广播影视宣传改革发展整体需要的一项重要工作。中央高度重视广播影视对外工作，胡锦涛、温家宝、贾庆林、李长春、刘云山等中央领导同志多次就广播影视对外工作作出重要批示；2003年的全国宣传思想工作会议和2004年的中央对外宣传工作会议，都对广播影视的对外工作进行了重点部署，明确提出广播影视对外工作的重点就是要大力推进广播影视走出去，将中国的声音传到世界各地，同时又要有效抵御西方敌对势力通过广播影视对我的西化、分化和渗透。为此，广播影视必须要做到七个适应：一要适应全党和全国人民全面建设小康社会、构建社会主义和谐社会、实现中华民族伟大复兴的要求；二要适应社会主义市场经济体制不断完善、社会主义市场经济不断发展的要求；三要适应广大人民群众不断增长的精神文化生活需要的要求；四要适应科学技术发展日新月异、尤其是数字技术快速发展的要求；五要适应国内相关行业和国际同类行业竞争的要求；六要适应抵制西方敌对势力在意识形态领域对我西化、分化和渗透的要求；七要适应广播影视自身不断发展、变化的客观规律的要求。在世界多极化和经济全球化的背景下，加快我国改革开放和社会主义现代化建设、实现全面建设小康社会的宏伟目标，迫切需要营造良好的国际舆论环境。一方面，我们要“走出去，引进来”，加大广播影视对外宣传力度，扩大对外合作交流，将中国的声音传到世界各地，将世界各国的优秀文化引进来为我所用。另一方面，我们又要根据国际舆论西强我弱的基本态势，针对西方敌对势力加紧对我西化、分化和渗透的图谋，积极开展国际舆论斗争，严防敌对势力利用广播影视对我意识形态领域进行渗透，构筑起防止西方敌对势力西化、分化和渗透的坚强防线。既坚持改革开放、扩大对外交流合作，又始终保持清醒的政治头脑、强化防范意识。对此，我们必须认识清楚、全面理解、准确把握。

最近几年，中央和地方各级广电部门认真贯彻落实中央的部署和要求，大力实施“走出去”工程，积极拓展对外交流与合作，切实加强涉外行业管理，广播影视对外工作的各个方面都取得了显著成绩。特别是去年汇聚中央电视台和地方电视台一批精品节目的中国

长城卫星电视平台在美国开播和我国第一座海外自建自管的无线广播发射台在阿尔巴尼亚正式投入使用，大大强化了我国广播电视节目在海外的有效落地和覆盖效果。中央电视台国际频道节目信号已基本覆盖全球，并在美、英、法等104个国家和地区以及境外200多家高档酒店实现整频道有效落地；中国国际广播电台23个语种的节目已实现在北美、欧洲、非洲、拉美的40多个重点国家和地区的大中城市直接落地；广播电视节目和影片在国际影视节（展）上频频获奖，海外销售形势越来越好；我国广播影视机构与国外广播影视机构的友好合作与交往日益增多。广播影视对外工作的影响不断扩大、水平不断提高、效果不断增强。但是，我们也要清醒地看到，与中央的要求相比，与形势发展的要求相比，我们的工作还有很大的差距，我国广播影视在海外的影响同中国特色社会主义伟大事业的要求和我国的国际地位还不相适应。我们必须切实增强紧迫感、责任感和使命感，认清形势，统一思想，抓住机遇，奋发进取，把广播影视对外工作更好地向前推进。

二、抓住重点，加大力度，推进各项工作的落实

1. 进一步加大“走出去”工程的力度

大力实施广播影视“走出去”工程，是新形势下加强广播影视对外工作的重要战略任务，是广播影视对外工作的重中之重。广播影视“走出去”工程要在已有成绩的基础上，进一步抓好以下几点：

一要突出工作重点。要紧紧围绕推动广播电视频道及节目的海外有效落地和电影走向世界开展工作。具体来说，就是要着力扩大中国国际广播电台节目在美国、加拿大、英国、法国、俄罗斯等重点国家城市电台的直接落地；扩大中央电视台第四套、第九套和西班牙语法语频道在海外的落地入户；积极推进部分省市广播电视节目在中亚、东南亚、台湾地区和朝鲜半岛的落地工作；扩大国产电影在海外的票房和市场份额。

二要改进工作方式。要在继续利用好广播影视对外宣传原有渠道的基础上，积极拓展互联网等现代信息传播技术的新渠道，为广播影视“走出去”提供新的手段和途径。要高度重视和进一步加强国际台的国际在线和中央电视台的央视国际等广播电视重点互联网站建设，大力发展在线广播和在线电视。积极采用在国外租机播出和购买电台播出时段，以及向转播我节目的境外机构提供设备等方式，推动我节目的海外落地。同时要强化“走出去”的市场运作。长城卫星电视北美平台引入市场机制，采用招投标等方式运作，取得了很好的效果，受到了中央领导的肯定，今后要继续加以推广。要在强化市场运作的同时，加大政府支持力度，着力培养一批能够参与国际竞争的广播影视市场主体和知名品牌。

三要形成合力。“走出去”工程的实施不能各自为政、各搞一套，要切实加强统筹协调，形成合力。要在继续发挥中国国际广播电台、中央电视台、中国电影集团公司等“国家队”优势的同时，充分调动地方广电部门的积极性，共同实施“走出去”工程。地方广电部门要进一步强化对外意识和走出去的意识，切实把“走出去”作为自己的重要职责和任务，积极主动、想方设法参与“走出去”工程的实施。要进一步完善中央和地方的合作机制，认真总结中央和地方联合特别是建立长城卫星电视平台的经验，不断推出新举措，形成上下合力，扩大广播影视在海外落地的成果。

四要务求实效。实施“走出去”工程，关键是要取得实际效果。这里特别要重视和处理好抓好节目落地和提高节目质量的关系。节目没有落地，再好的节目也不能在海外的听众、观众中产生影响和效果。另一方面，节目落了地，但节目本身质量不高、针对性不强，缺少吸引力、感染力，海外听众、观众不爱听不爱看，也不会产生好的效果。要使我们的广播、电视落地节目对当地听众、观众有吸引力，“本土化”是非常有效的方式。这方面要加强研究和探索。因此，要把抓节目落地和抓节目质量放到同等重要的位置上，真正做到两加强、两促进。要积极采取有效措施，加强我对外广播电视节目在国（境）外落地效果的监测，加强海外听众、观众反馈信息的收集整理，做到各方面都心中有数，保证走出去工程的各个项目都能够落到实处、见到实效。

2. 切实加强广播影视涉外管理

加强广播影视涉外管理，不仅是促进我国广播影视事业发展壮大的要求，更是严防境外敌对势力渗透、维护国家主权和信息安全的需要。对此，必须有清醒的认识，从政治的、大局的、战略的高度重视和做好这项工作，不断提高管理水平和工作效率，确保任何时候、任何情况下不出任何问题。

当前，要重点抓好以下三个方面的管理：

一要进一步加强广播电视节目、电影、电视剧、动画片进口的管理。这一直是广播影视涉外管理工作的重点。做好这项工作必须注意三点：第一要严格进口的审批审查管理。广播电视节目、电影、电视剧、动画

CHINA CENTRAL TELEVISION YEARBOOK

片的进口，必须由广电总局指定或许可的单位进行，并且要严格审批程序和内容审查把关，严查各种非法进口活动。第二要强化进口影视产品的总量控制和结构优化。要通过内容审查鉴定、技术标准认定和总量管理等方式，对广播电视节目、电影、电视剧、动画片等进口的数量和品种结构进行调控，改进进口影视产品内容单一、题材产地过于集中等问题。第三要加强进口节目和影片的播映管理。总局前几年出台的黄金时段不得播放进口影视剧的规定，在实践中已经取得了很好的效果，有力地促进了国产电视剧的发展，今后要继续认真执行。要从政策上进一步采取措施，加大对国产影片放映的扶持力度，严查各种违规、盗版播映境外节目、电影、电视剧、动画片的行为。

二要进一步加强中外合作制作电影、电视剧、动画片的管理。中外合作制作电影、电视剧、动画片，是广播影视领域中外合作的一个重要方面。加强这方面的管理，目的就是要有利于促进中外广播影视的合作交流，维护国内电影、电视剧、动画片的正常生产秩序，促进我国广播影视业繁荣发展。因此，在合拍电影、电视剧、动画片的立项、审查、国内发行放映和播出等方面，必须严格按规定办，强化许可证制度，坚决查处违规合拍以及“假合拍”的行为。

三要进一步加强境外卫星电视频道落地的管理。这两年，按照中央的统一部署，由广电部门牵头，联合公安、国家安全、工商、信息产业、海关等部门开展了境外卫星电视集中整治活动，取得一定成效。今后，广电要继续牵头做好这项工作。要进一步完善机制、落实措施、加大工作力度，把境外卫星电视有效治理的工作不断引向深入。第一，要加强对境外卫星电视频道在境内有限落地的审批控制。第二，要采取技术手段，切实加强对现有境外卫星电视有限落地频道的管理。第三，要严禁个人或单位非法设置、使用卫星电视接收设施，严禁通过有线广播电视网络、互联网络等各种信息网络非法传送境外卫星电视节目，严禁擅自在境内开展境外电视频道和有关接收设备的推广介绍活动。

3．进一步加强对外交流合作

近年来，随着我国广播影视事业产业的发展和对外交往的不断扩大，中央和地方每年有大量的广播影视出国团组，并接待大量的国外广播影视来访团组，广播影视国际双边、多边交流与合作十分活跃。特别是近两年来，党和国家领导人出访经常把广播影视国际合作项目作为重点内容之一，使之成为我整体对外工作不可或缺的重要方面。应该说，中央和地方的广播影视国际交流与合作成绩是显著的，是富有成效的，需要进一步推进和加强。但也要看到，目前在外事审批管理中还存在一些问题，主要表现为有些出访项目针对性不强、收效甚微；有的地方把关不严，甚至违反规定组织双跨团组或参加社会上的出访团组，造成很坏影响；一些地方事先不向总局报批，就擅自与外方签订重大合作事项协议。“外事无小事”，广播影视行政主管部门一定要进一步强化外事纪律观念，完善外事审批程序，加强外事审批管理，保证外事工作健康发展。

三、几点要求

1．加强学习

广播影视的跨地域、国际化发展趋势十分明显，新技术新业务发展很快，网络广播电视、卫星广播电视正在冲击传统的广播电视，也给我们的涉外广播电视管理带来一系列挑战。在这种情况下，我们既要发展壮大自己的广播影视，又要堵住国外不良文化的侵袭和渗透，必须加强学习培训，全面提高队伍政治和业务素质。要切实加强政治理论学习，坚持用邓小平理论和“三个代表”重要思想武装头脑、指导工作、推动实践。要切实加强外事政策法规的学习，掌握国家有关外事政策特别是广播影视外事工作的政策法规，确保严格按规定办事。要切实加强业务学习，深入了解掌握国际国内广播影视发展的最新趋势，特别是广播影视新技术新业务的发展趋势，不断提高自己的工作能力和水平，掌握工作主动权。

2．严格纪律

广播影视对外工作涉及到国家形象、声誉和利益，必须严格外事纪律和宣传纪律，进一步规范广播影视对外工作行为。要针对目前在外事审批管理中存在的问题，采取措施切实加以纠正，对于严重违反外事纪律的行为，一定要严肃查处。

3．加强沟通

广播影视对外工作系统性很强，而目前广播影视实行的又是条块结合、以块为主的管理体制，加强沟通非常重要。不仅中央和地方，而且地方广电部门之间，在开展广播影视对外工作中，都要加强沟通，做到相互配合，统筹协调，形成合力。各地有关广播影视对外工作的规划、具体工作安排和工作进展情况，取得的成绩和存在的问题，以及对工作的意见和建议，都要及时向总局报告。总局也要积极主动地做好协调服务工作，要有计划、有重点地到各地开展一些调研，了解沟通情况、听取意见和建议。

（本文是作者2005年7月13日在全国广播影视对外工作会议上的讲话摘要）

采取有效措施 创造良好环境 推动国产影视动画产业健康快速发展

中宣部副部长、国家广电总局局长 王太华

一、认真学习中央指示精神，切实增强发展国产影视动画产业的责任感和使命感

党中央、国务院关于加强未成年人思想道德建设的指导意见和中央领导同志的重要指示，为我国影视动画产业发展指明了方向，提出了要求，明确了任务。概括起来有以下几点：一是影视动画作为一种独特的艺术形式，在推进社会主义精神文明建设、加强未成年人思想道德教育中具有重要作用。二是影视动画作为民族文化走向世界的重要载体，大力发展影视动画有利于塑造中国动画的国际品牌，占领国际市场。三是影视动画作为新兴的文化产业，具有物质产品生产和精神产品生产有机结合，消费群体广泛、市场需求量大、产品生命周期长、高附加值等特点，发展影视动画能够培育和形成新的经济增长点，促进国家经济结构调整，推进广播影视产业发展，催生高新技术、扩大劳动就业。四是发展国产影视动画产业，必须解放思想，深化改革，扩大开放，创新体制机制，在坚持正确导向的前提下，大力推进产业化、专业化、市场化、国际化。五是各级党委、政府和有关部门要从加强和改进未成年人思想道德建设，促进物质文明、政治文明、精神文明建设和和谐社会建设的高度，重视国产影视动画的发展，加大政策资金的引导、扶持力度。我们一定要认真学习领会中央文件和中央领导同志的重要指示精神，进一步提高对发展国产动画产业重要性和紧迫性的认识，切实增强责任感、使命感，采取有效措施，创造良好的发展环境，推进国产影视动画产业有一个大的发展。

二、国产影视动画产业发展取得了初步成效

2004年以来，广电总局认真落实中央关于进一步加强和改进未成年人思想道德建设的意见和中央领导同志关于发展国产影视动画产业的重要指示，大力推动国产动画产业发展，取得了初步成效，主要表现在以下方面：

一是加大政策支持，促进动画创作繁荣。2004年4月，总局在充分调研的基础上，制定颁发了《关于发展我国影视动画产业的若干意见》，明确了国产影视动画产业发展的指导思想、创作方向、发展思路和管理模式，促进了国产影视动画以较快速度发展。2004年下半年到2005年上半年，总局批复了全国电视动画片题材剧目323部、36038集、近40万分钟，一大批影视动画片已经面世或正在制作。此外，大型电影动画片已立项17部，数量大大超过往年。

二是搭建国产影视动画播出平台，有效拉动市场需求。总局批准了北京、上海、湖南三家动画上星频道并已顺利开播。到2004年底，中央电视台少儿频道已经在全国31个省（区、市）、296个省辖市落地；总局批准开办的省级和副省级电视台少儿频道已有29个，其中19个已经开播；59家省级、副省级和省会城市电视台开设动画栏目175个。这些都有效地扩大了国产动画的市场需求，拉动了价格提升，改变了过去国产动画片播映价格偏低、甚至无偿播放的局面。

三是建立国家动画产业和教学研究基地，扩大动画生产和教学规模。总局在充分调研的基础上，制定了国家动画产业基地和动画教学研究基地的设立标准，建立了首批9个国家动画产业基地；在中国传媒大学、北京电影学院、吉林艺术学院动画学院、中国美术学院建立了首批4个国家动画教学研究基地。

四是产业运作意识增强，产业结构不断完善。在借鉴国际动画发展经验的基础上，国产动画产业的市场开发初见成效，已经从单一的电视市场拓展到复制品、衍生品市场，创造了良好的经济效益。许多动画项目从开始运作就以市场为导向，努力打造完整的产业链。

五是举办中国国际动漫节，大力培育动画市场。总局决定每年举办一次中国国际动漫节。2005年首届中

国国际动漫节作为国内第一次大型的影视动画节目交易活动，受到国内外影视动画界人士的普遍关注和参与。据组委会介绍，动漫节共设了600多个展位，其中境外动画制作经营厂商占20%。

六是影视动画产业发展得到各地党委政府的高度重视和支持。总局发展国产动画产业的一系列政策措施，引起了各地的广泛关注，得到了各地党委、政府的高度重视和支持，一些省市的主要负责同志亲自过问本地动画产业发展情况，一些城市已经把国产动画产业作为新的经济增长点。

三、当前国产动画产业发展面临的主要问题

一是数量需要进一步增加；二是制作质量需要进一步提高；三是市场环境需要进一步优化；四是政策扶持需要进一步强化；五是动画产业结构需要进一步调整。

四、采取有效措施，推动国产动画产业健康快速发展

(1) 牢牢把握动画创作的正确导向。要认真执行国产动画片题材规划制度，从题材比例、制作总量、选题类别、创作倾向尤其是思想道德倾向等方面，对申报题材立项的动画片目进行审查规划，力求国产动画创作生产导向正确、结构合理、题材多样、质量上乘。要认真执行国产动画片发行许可制度，加强审查把关，防止具有不良倾向和渲染暴力、色情、迷信的动画产品进入流通和播出领域。

(2) 继续扩大国产动画片的播出规模。中央电视台少儿频道、上星动画频道、省级和副省级电视台少儿频道及各级电视台动画栏目，要继续加大国产动画片的播出力度，不断增加播出数量。要鼓励和支持各级电视台在黄金时段播放优秀国产动画片。总局下一步将作出规定，明确在收视率高的时段必须播放国产动画节目。要继续实行播放国产动画片的广告奖励政策，奖励时段的广告收入专款专用，用于购买和制作国产动画节目。

(3) 充分发挥国家动画基地的示范作用。总局将继续审批符合条件的动画产业制作机构和院校作为国家动画产业基地和动画教学研究基地，以提升我国动画产业的整体实力和竞争力。国家动画产业基地要制作出更多导向正确、艺术精湛、制作精良、形式多样的优秀国产动画片，使基地成为规模化的大型动画企业旗舰，带动国产动画产业健康快速发展。国家动画教学研究基地要加大资金、人力、物力的投入，优化办学条件和教学设施，形成产、学、研互相结合、互相促进的良好机制，多出动画作品和人才。

(4) 积极争取政策支持。要认真研究和促进落实国产动画产业发展的财政、税收、技术、人才、投融资等政策措施，积极争取并有效使用国家有关部门和地方政府给予的各项优惠扶持政策。要吸引国内各类资本广泛参与国产动画产业的发展，建立政府引导、企业主体、金融支撑的动画产业投融资体系，支持符合条件的动画企业申请上市。要建立公开、公平、公正的动画产业市场准入机制，鼓励和支持国内资本特别是民营资本以独资、合资、合作、联营、参股等方式进入国产动画产业领域。

(5) 积极实施“走出去”战略。要充分发掘中华民族优秀传统文化资源，创作生产更多具有深厚中华文化底蕴、鲜明中华民族风格的国产动画精品，提高国产动画自主品牌和自有技术的出口能力，培育一批具有较强竞争力的国际名牌动画产品，进入国际影视动画市场。要认真学习、借鉴国外先进的动画创作理念、制作技术、研发方式和运营模式，提高我国动画的创作生产水平和经营能力。要鼓励和支持中外合作拍摄动画片。

(6) 切实加强对引进动画产品的管理。要加强对引进境外动画片在总量、题材、内容和产地等方面的宏观调控。引进的动画作品必须能够代表世界各民族的优秀文化、具有较高的艺术和制作水平。防止引进忽视中华民族优秀文化传统和生活习惯、格调低下、内容庸俗的境外动画产品，防止以国产动画片、合拍动画片的名义引进境外动画片。

(7) 加强动画人才的培养和使用。要鼓励高校开设动画专业或动画课程，改进动画人才培养结构和培养方式，从培养单一动画绘制人才向重点培养动画原创、制片、经营、管理人才转变，鼓励有条件的企业和社会力量与教育机构合作，积极培养应用型动画人才。同时，强化在职教育和岗位培训，努力提高动画从业人员的业务素质和职业道德水平。要建立和完善动画人才培养机制、选人用人机制、人才评价机制、人才激励机制等相关制度。

(8) 切实加强动画知识产权保护工作。要建立完善动画研究、创作、开发、生产、销售全过程的知识产权保护体系，严厉查处生产、销售、播映盗版动画产品的

不法活动；要完善动画市场竞争规则，维护依法经营、公平交易、诚实守信的市场秩序，为发展动画产业营造良好的市场环境。要建立动画企业信用档案和动画市场信用制度，规范动画企业经营活动。要进一步严肃播出纪律，规范供片渠道，严禁播出盗版或版权过期的境内外动画节目。

(9) 建立和完善影视动画产业政策法规体系。要按照社会主义精神文明建设的要求，遵循影视动画发展规律，遵循社会主义市场经济规律，建立有利于推进动画产业发展、维护动画企业合法权益的影视动画产业政策法规体系，并在实践中不断予以完善，推动影视动画产业的规范、健康发展。

(10) 建立科学、协调、高效的影视动画工作机制。各级广播影视部门要切实增强政治意识、大局意识和责任意识，把繁荣发展国产动画产业作为义不容辞的责任，摆上重要工作日程，切实加强组织领导，加大工作力度，有效整合资源，建立协调顺畅、高效运行的工作机制，相互支持，形成合力，为国产动画产业繁荣发展共同努力奋斗！

（本文是作者2005年6月1日在全国影视动画工作会议上的讲话摘要）

树立新闻媒体良好形象的制度保证

国家广电总局副局长　赵 实

中宣部、国家广电总局、新闻出版总署联合颁布的《关于新闻采编人员从业管理的规定（试行）》，是新时期、新阶段进一步加强新闻队伍职业道德建设，规范新闻采编人员行为，树立新闻媒体良好形象，促进党的新闻事业健康发展的一项重要举措。《规定》具有很强的指导性、针对性、规范性和操作性，为从根本上杜绝新闻报道中存在的不良倾向和不良风气提供了严密的制度保证。认真贯彻落实这一管理规定，对于确保广播影视新闻报道舆论导向正确，深入开展“三项学习教育”活动，全面提高广播影视新闻队伍素质，增强广播影视的公信力和影响力，促进新闻采编人员以高度的社会责任感、使命感做好新闻工作，具有重要意义。

一、认真学习贯彻

总局直属单位特别是中央三台和全系统各部门、各单位都要全面动员，精心组织，认真学习《规定》的重要内容，深入领会《规定》的重要意义，严格遵守《规定》的各项要求，把《关于新闻采编人员从业管理的规定（试行）》、《广播影视新闻采编人员从业管理的实施方案（试行）》与《广播电视编辑记者职业道德准则》和《广播电视播音员主持人职业道德准则》结合起来贯彻落实，紧密结合全党开展的保持共产党员先进性教育活动和深化“三项学习教育”活动，进一步提高思想认识，继续发扬广播影视新闻采编人员的优良传统，认真查找存在的突出问题，更好地履行新闻工作者的重要职责和使命。

二、精心组织宣传

各级广播影视管理部门和各级广播电台、电视台、广播影视报刊、新闻网站等单位切实做好《规定》的宣传报道工作，在重点新闻、专题和其他节目中加大《规定》的宣传力度，着力报道新闻单位和新闻采编人员认真学习领会文件精神，坚持严谨的采访作风和工作作风所取得的实效；着力报道严格遵守新闻纪律和职业道德的典型人物和事迹；对违规违纪行为和虚假新闻、低俗之风、有偿新闻等不良行为予以揭露和批评，为《规定》的贯彻落实营造良好的舆论环境。同时，在专题节目中对《规定》作适当的解读式访谈，让群众了解《规定》。

三、加强教育培训

各级广播影视管理部门和各级广播电台、电视台、广播影视报刊、新闻网站等单位，都要高度重视做好广播影视新闻采编从业人员的教育培训工作。要将《规定》的学习贯彻作为“三项学习教育”活动的重要内容统一列入议事日程，制定具体培训规划，加大投入，分期分批，分级分类，切实做好《规定》的学习贯彻和教育培训工作。通过教育培训，重点解决广播影视新闻采编人员的指导思想问题，解决职业责任、职业精神、职业道德、职业作风和职业纪律问题，努力建设一支政治强、业务精、纪律严、作风正、高素质的广播影视新闻采编队伍。

四、努力改进提高

各级广播影视管理部门和各级广播电台、电视台、广播影视报刊、新闻网站等单位，认真贯彻落实《规定》的各项要求，努力改进和提高广播影视宣传工作。一要提高广播影视宣传引导水平，力求取得明显实效。必须确保新闻宣传导向正确，新闻报道真实客观，坚持深入实际、深入生活、深入群众，落实贴近实际、贴近生活、贴近群众的原则，坚持边学习边整改边提高，重点要抓好各项制度的建设和整改措施的落实，特别是力求在治理群众反映强烈的问题上取得明显效果，力求在提高广播影视宣传引导水平、树立广播影视良好形象上取得效果，力求在提高节目质量和提供优质服务上取得效果。二要努力改进新闻报道。要进一步改进新闻宣传，进一步改进会议和领导同志活动的报道，进一步改进突发事件、重大群体性事件和社会热点问题的报道。要加强和改进舆论监督工作，要强调建设性监督、科学监督和依法监督，使舆论监督有利于促进问题的解决，有利于促进党和政府改进工作，有利于促进改革发展和社会稳定。三要努力改进文风。要多用鲜活通俗的语言、生动典型的事例、喜闻乐见的形式、疏通引导的方法，做好广播影视新闻报道工作。要善于把握时机、把握分寸，因势利导、潜移默化，力求用鲜活的语言、用身边的事例说明深刻的道理。要适应群众的口味、满足群众的需要，深入浅出、入脑入耳、可亲可信。四要正确处理和把握好相关的政策性报道。要认真贯彻中央对外工作方针，坚持以我为主、以正面宣传为主、以事实说话为主，全面客观地向世界介绍我国的真实情况，着力维护国家利益和形象。要认真把握党的民族宗教政策，既要理直气壮地宣传马克思主义唯物论和无神论，又要宣传马克思主义的祖国观、民族观、宗教观和文化观，同时要尊重少数民族的风俗习惯和宗教信仰。要尊重公民的人格尊严，维护公民的姓名权、肖像权、名誉权、荣誉权和隐私权。采编涉及未成年人的负面报道，要遵守法律，维护未成年人的权益，同时，不安排未成年人参与可能损害他们性格和情感的节目。要认真把握违法违纪案件报道，既要把握好度，也要把握好量，避免产生不良的政治效果。对司法审判的报道，要考虑社会效果，化解社会矛盾，维护社会稳定。要认真核实消息来源，仔细辨别事实真相，谨慎选择报道角度，精心组织采访活动，确保新闻报道真实全面客观公正。

五、强化管理监督

各级广播影视管理部门和各级广播电台、电视台、广播影视报刊、新闻网站等单位，严格按照《规定》要求，采取措施，加强管理，完善制度，落实责任，广播影视新闻机构要自觉接受社会和广大人民群众的监督。

广播影视新闻采编人员采访报道的新闻和节目要实行实名制，即在采访报道中必须使用真实姓名，切实对所采访的报道、制作的节目、撰写的文章负起责任。要坚决杜绝虚假不实报道。广播影视新闻采编人员从事新闻报道活动中遇到与自己有利害关系的人和事时，必须实行回避制度；广播影视机构各级分支机构和派出机构的主要负责人（记者站站长等）要实行任期轮岗制和任职回避制。要坚决杜绝各种有偿新闻行为，严格实行新闻报道与经营活动分开的规定。广播影视编辑记者、播音员主持人不得将自己的名字、声音、形象用于任何带有商业目的的文章、图片及音像制品；不得私自从事未经批准的节目主持、录音、录像、配音工作及以个人营利为目的的社会活动；不得以编辑记者、主持人播音员等身份拉广告，或为自己谋取私利。

要做好广播电视编辑记者、播音员主持人资格认定工作，切实加强广播影视新闻采编队伍的建设和管理。要规范证件管理和使用，各级广电部门要继续做好对已在岗并符合条件的广播电视编辑记者、播音员主持人的执业资格审核认定工作，保证审核质量。要确保考试的公正性、严肃性和权威性；健全执业资格注册、颁证制度。要严格执行延续及变更注册的程序和要求，建立持证人员的不良记录档案，建立网络查询监控系统。对使用假证件或冒充新闻采编人员的要严肃查处。广播电视新闻单位要向社会公布监督电话，方便群众监督。对违规违纪的广播影视新闻采编人员要按照有关规定和纪律严肃查处。

广播影视全系统要将深入贯彻《规定》作为一个重要契机，进一步教育和引导广播影视新闻采编人员大力弘扬新闻职业精神，严格遵守新闻职业道德，正确履行新闻工作职责，不辜负党的重托和人民的希望，努力做好广播影视新闻宣传工作，确保舆论导向正确，积极促进广播影视事业的繁荣发展。

（本文是作者在中央主要新闻单位贯彻落实《关于新闻采编人员从业管理的规定（试行）》座谈会上的发言摘要，摘自2005年4月8日《人民日报》第十一版）

以数字化为引领　推动广播影视全面协调可持续发展

国家广电总局副局长　张海涛

目前我国广播影视有两大重中之重的工作：一是加快广播影视数字化进程，推动广播影视由模拟向数字转换，推动广播影视由传统媒体向现代媒体转变，最大限度满足人民群众日益增长的精神文化和资讯信息需求。二是按照科学发展观、构建和谐社会的要求，加强农村广播影视工作，推动农村广播影视公共服务体系建设，不断提高广播电视村村通水平，满足广大农民群众听广播、看电视的基本需求。

一、充分认识广播影视数字化面临的形势

1. 充分认识推进数字化的重要性、必要性和紧迫性

数字化是科技进步的必然趋势，是广播影视发展的必然选择。数字化是国家交给广电系统的重要任务，是广播影视应对挑战的重要举措。随着数字技术的日益成熟及其在社会各领域里的广泛应用，数字化已经跨越技术本身而成为国家信息化、社会信息化的重要标志，成为提升国家综合竞争力的重要内容。如何用最短的时间、最低的成本、最安全的方式实现我国广播电视由模拟向数字的平稳转换，是对我们广电系统智慧能力的重大考验，是一个世界性的课题和世界性的难题，对于全球数字化进程具有重大意义。

2. 充分肯定数字化推进工作取得的成绩

经过几年的努力，数字化的理念已经深入人心，数字化的行动已经全面展开，数字化已经成为全系统全行业发展的共识。我国省级以上电台、电视台已基本实现数字化，正进入网络化应用、媒体资产管理的新阶段，我国电影数字制作基地和数字影院的条件初步达到国际水平。特别是近两年来，有线电视数字化取得了突破性进展，初步走出了一条有中国特色的有线电视数字化发展之路。具体表现在：一是建立了有线数字电视技术体系；二是探索了模拟向数字整体转换的模式；三是创造了良好的外部环境和政策环境。

3. 充分认识推进数字化的艰巨性和长期性

数字化不是延长线上的变化，而是方式的改变，要求我们的思想观念、生产方式、管理方式、体制机制要与之相适应。同时数字化又涉及到节目制作、播出、传输、分配、接收各个环节，涉及到千家万户的根本利益。因此，推进数字化是一项长期的艰巨任务，是一项具有开创意义的大事。

二、全力以赴推进广播影视数字化进程

根据我国的基本国情，我们制定了中国广播影视数字化“三步走”发展战略。

1. 全力以赴加快有线电视数字化整体转换

一是要进一步增强责任感、使命感和紧迫感，把数字化作为当前广电发展的重中之重切实抓好；二是要聚精会神抓数字化，贵在行动，重在实践；三是要始终坚持因地制宜，一切从实际出发的方针；四是要始终坚持调动、爱护、保护、发挥各方面积极性，发挥各自优势的原则；五是要始终坚持开放融合、共赢和谐的发展理念，探索数字化、网络化、产业化有效结合的发展之路。

2. 积极开展地面数字电视频率规划

我国政府承诺2008年奥运会采用数字高清晰度电视转播。在国家发改委等部门的大力组织和协调下，我国地面数字电视国家标准正抓紧制定。开展地面数字电视，必须在确保现有模拟广电覆盖正常运转的前提下，再提供数字电视等新服务。由于模拟的频谱资源已经饱和，要再建立一个数字网全面提供服务的难度很大，投入很大。开展地面数字电视，搞好频率规划是根本保证，也是一项基础性的工作。

3. 做好直播卫星的相关技术、运营和政策准备

国家计划2006年发射我国的直播卫星，目前我们正与有关部门一道抓紧做好技术、运营和政策等方面的准备工作。国家发射直播卫星，目的是想通过直播卫星形成新的市场需求，带动电子产业和信息产业的大发展。开展卫星直播业务，对模拟有线电视将是很大的冲击。模拟有线电视只有尽快完成数字化整体转换，才能在频道数量上与直播卫星相竞争。

4．大力推进广播影视内容数字化

节目内容的数字化是广播影视数字化的重要方面，是发挥广播影视节目内容优势，为广播影视内容产业的发展创造了条件。一要大力推进台内数字化、网络化和媒体资产管理；二要大力推进高清晰度电视的制作；三要全面推进电影数字化，建立数字电影技术新体系和发展新模式。

5．以开放的姿态统筹各种技术手段的应用

面对数字电视、直播卫星、数字电影、高清晰度电视、数字声音广播、移动多媒体广播、IP电视、媒体资产管理等新技术，我们要积极主动地学习新技术，掌握新技术，审时度势地应用新技术、推广新技术，根据新技术带来的融合竞争、开放合作的新变化，结合我国的实际，统筹各种技术手段的应用，及时调整和完善广电的管理政策和发展战略，发挥广电的优势，积极主动地探索与其他行业合作的途径和方式，推动我国广播影视健康有序协调的发展。

三、切实加强农村广播影视工作

我们要始终贯彻“事业建设的重点是覆盖、覆盖的重点是农村”的方针，自觉把指导思想、工作重点转移到搞好农村覆盖、切实为“三农”服务上来，按照多予、少取、放活的方针，全面加强农村广播影视工作。

1．要充分认识加强农村广播影视工作的重要性、必要性和紧迫性

我们要自觉把工作的指导思想、工作思路、工作方法、工作责任、管理体制、运行机制等转变到适应胡锦涛总书记提出的要求上来，把思想统一到党中央、国务院关于做好村村通工作的重要决策上来，把力量凝聚到党中央、国务院关于村村通工作的各项部署上来，把加强农村广播影视工作作为广播影视为“三农”服务的重中之重切实抓紧抓好抓实。

2．要加大工作力度，确保今年村村通广播电视工作任务圆满完成

2005年村村通广播电视工作任务主要有四项：一是建设的任务，要在年底前完成93926个盲村的建设任务；二是巩固的任务，“返盲”的村要恢复开通，巩固覆盖成果；三是提高的任务，要提高入户率，增加节目套数，已通广播电视的地区要由初级水平转变成长期通、户户通的较高水平，并且逐步做到能够收看到8套以上电视节目；四是建立长效机制。村村通工作要从单纯的工程建设转到工程建设与机制建立相结合上来，由阶段性、突击性的任务转变成日常工作、长期任务。要理顺管理体制，建立维护队伍，落实维护经费，健全规章制度，加强运行维护，加强监督管理，确保广播电视村村通、长期通、户户通。

3．要积极建立农村广播影视公共服务体系

一是建立农村公共服务体系要由政府主导；二是建立农村公共服务体系，要从实际出发，因地制宜，多种技术手段并用。

（本文是作者2005年3月29日在中国国际广播电视网络信息展览会（CCBN）主题报告会上的讲话摘要，摘自《现代电视技术》2005年第四期）

坚决抵制低俗之风　全面提高广播电视播音主持队伍素质

国家广电总局副局长　胡占凡

一、我国广播电视播音主持工作的现状和认识

就全国广播电视播音主持工作，特别是全国广播电视综艺、文艺类节目而言，最基本的判断是节目水平不断提高，播音员、主持人不断成熟。播音主持成为当前非常红火的行当，不仅社会影响大，老百姓欢迎，而且播音员、主持人的一举一动万众瞩目。播音主持的作用也早已不是当年一般的节目报幕员的作用了，已经上升为一个节目的核心，成为节目、栏目的支撑。应该说，经过十多年的发展，我们的播音主持正在走向成熟。

同时，我们的广播电视节目主持人对整个电视文艺的发展，起了很重要的作用。由于我们有了一大批优秀的播音主持，才造就了一大批在全国观众当中，甚至在海外有广泛影响的节目、栏目、甚至频道、频率。观众听众才有期待感、约会意识。在造就名牌栏目方面，主持人功不可没。反过来，由于我们广播电视影响力日

益扩大，由于有一大批著名的节目栏目，也造就了一大批明星主持人、播音员，两者之间是良性互动的关系，是互相促进的关系，这是我们发展广播电视，提高节目质量一个非常重要的渠道和办法。

二、当前广播电视播音主持存在低俗、媚俗的问题

目前，我国的广播电视播音员、主持人共有两万多人，人数多、规模大，恐怕在全世界也是独一无二的。其中文艺娱乐节目播音员、主持人就有一万多人，占了半壁江山。人数一多，问题就多了、复杂了。当前最突出的问题就是从当初的假主持走向了另外一个极端：主持人任意发挥、口无遮拦、信马由缰，低俗、媚俗。无论是广播还是电视，都存在这个问题。无论从促进广播电视文艺节目的繁荣，从维护电台、电视台的声誉，还是从塑造播音主持的自身良好形象出发，都需要解决低俗化的问题。

三、要坚决抵制低俗化，全面提高播音主持队伍素质

第一，要有正确的基本定位。

首先，我们的广播电视是党、政府、人民的喉舌工具，我们播音主持最终代表的是党、政府和人民的声音。这一点是毫不动摇的。这是中国的国情决定的，也是没有任何讨论余地的。我们的广播电视在老百姓中有很强的公信力和权威性。老百姓、特别是广大的基层群众，始终把我们广播电视传达的声音作为党和政府的声音。他们从娱乐报纸、从互联网上得来的消息，还要拿到广播电视来验证。因此，我们的播音员、主持人必须清楚：不管是什么节目，文艺节目、专题节目，甚至电视剧、广告，所体现的都不是哪一个播音主持人个人的东西，播音主持的喉舌工具意识首先要培养，要建立、要强化。

其次，播音主持工作是沟通党、政府和群众、社会之间的桥梁、纽带。现在很多节目强调互动，一方面通过播音员、主持人，正确地传达党和政府的声音；另一方面通过播音员、主持人全面地准确地反映老百姓的呼声，反映社会的动向。播音主持工作通过这种黏合作用把两者紧紧连接在一起。

再次，播音员、主持人是倾听群众心声、为大众提供服务的使者。播音主持是最直接面对听众、观众的，直接倾听听众观众心声、同时作出判断、作出解读、作出引导的。这些内容，后台的编辑只能给你提供一个思路、出一个框架和策划，节目运行起来，就靠播音员、主持人现场来操作和控制。广播电视直接服务大众，倾听群众呼声的另一个重要方面就是我们开办有很多情感类的节目、倾诉性的节目。这类节目服务性非常强，引导性非常强，对主持人的要求也更高。从某种程度上要求我们主持人达到心理医生水平。播音员、主持人在这种情况下为大众服务、倾听他们的呼声，其直接程度任何人任何其他方式都代替不了，编辑代替不了、策划代替不了，没有办法事先策划，也不知道听众要说一些什么问题，只能凭着主持人政策水平、政治水平、文化修养、日常生活的积累，凭着感悟和素养去应对。从这些意义上说，我们的播音员、主持人是当之无愧的为大众服务的使者。

第二，要有使命感和社会责任感。

现在，很多播音员主持人对于使命感和社会责任感的意识太单薄，主要原因一是教育不够，觉悟不够，二是一些文艺娱乐节目实行制播分离，不光节目由社会公司制作，主持人也是社会上的甚至是临时找的，从而使问题变得非常复杂。但不管是系统内，还是系统外，不管是我们自己做的节目，还是社会公司做的节目，只要这个节目在广播电视里播出，就要符合广播电视的标准和要求。无论是台领导、审稿人、把关人，还是播音员、主持人，这个意识都要非常明确，不管节目来源于哪里，不符合节目标准是不行的。

责任感和使命感缺失的另一个表现是现在很多主持人，把主持变成了自我表现，自我炫耀。有的播音员、主持人，受了港台不良节目的污染，明明普通话说得挺好，硬要装港台腔，还有的主持人说话硬是要装得像幼儿园儿童。这些肤浅低级的表现方式，只能暴露这些主持人对自身水平的不自信，只能暴露这些主持人缺少真才实学和真正魅力，才黔驴技穷，以低级模仿来取悦那些层次不高的受众。这是典型的媚俗。老百姓意见很大。

还有一种现象更为恶劣，有一些播音员、主持人把节目、栏目当成自己成名致富的渠道。不真正为大众服务，把节目、栏目做阶梯，靠主持节目扬名，靠主持节目致富。广播电视非常容易一夜成名，有些人成名之后、羽翼丰满之后，就不受约束了。我们的播音员、主持人一定要珍惜这个岗位、珍视自己的名节、珍惜自己的声誉，要有崇高的使命感和责任感。

第三，要加强学习、加强修养、提高品位。

一要学习政治。新闻本身就是政治，即使是纯娱

乐也和政治有千丝万缕的联系，所以不要以为主持娱乐节目就和政治无关。学习政治，首先加强理论修养，就是读书。理论修养除了马列主义、毛泽东思想、邓小平理论、“三个代表”这些基本理论以外还有很多，包括哲学修养，科学的思维方式，辩证的思维方式，还是都包含在马克思主义的基本理论修养之内。

学习政治还要学习党的路线方针政策，要关心时事。你要传达党、政府和公众的观点，就首先要知道党和政府在强调什么、关心什么，哪些是要提倡的，哪些是要抑制的，必须心里有数，特别是做沟通交流节目的，做情感类节目的，涉及一些价值导向、娱乐导向的，尤其重要。

二要把握正确的导向。不管什么节目，导向都是第一位的。导向有政治导向和价值导向，对文艺娱乐节目的主持人来说，主要的还是价值导向。导向问题对文艺娱乐节目主持人来说主要侧重在价值观念上。人生观、世界观要积极向上，要健康，低级趣味不是我们这个健康社会所允许和需求的。

三要学知识、提高业务水平，增加播音员主持人的知识素养。现在学业务这个风气总体上比较淡，从表现出来的结果看，问题很多。从语法到发音，可以说是破绽百出，很不讲究。另外还有一个突出的问题就是主持人的知识贫乏。一些访谈节目，由于我们的播音主持自身的修养不够，不能成为嘉宾谈话的对手，水平完全不在一个层次上，嘉宾谈的问题主持人接不上，甚至听不懂，主持人提问题也提不到要害处，主持人和嘉宾之间不能够产生共振，结果变成了嘉宾和主持人各说各的，导致节目的失败。我们的播音员主持人应该加强学习、缩小这个差距。

提高素养、提高修养不是一日之功，虽然知识修养是看不见的，但是结果是明显的，另外也靠积累，积沙成塔，集腋成裘，学习对年轻人来说是永恒的任务。

四要学做人，要修身自律，加强道德修养。我们绝大多数播音主持很聪明，很有灵气，一点就透。很多人出问题不是出在不聪明上，而是出在品德上，出在做人上。如果把播音主持这个行当当成一个发财的机会、当成一个成名的机会、当成一个自我表现的机会，就很容易走偏。大家经常听到一些播音员、主持人形象不佳有劣迹、有绯闻，比如说在钱上的问题，生活作风上的问题，在对待公众的态度上的问题等，这都是做人上的问题，会导致非常严重的后果。

第四，提高素质、抵制低俗之风是我们广播电视行业长期的任务。

广播电视主持人低俗的问题，是当前群众反映最突出的问题，所以我们现在要集中力量解决低俗问题。通过政府管理、依法行政、社团组织自律的方式等，各个方面齐抓共管。但是这个问题的解决不是一日之功，要做长期的工作。产生低俗化的一个重要原因是片面追求收视率。很多节目、栏目有低俗化问题，不是播音员主持人要低俗，而是台里面节目、栏目要求这样做。不低俗不搞笑，没有收视率不行，这里有被迫的问题。我们要扭转这种观念，不能以收视率作为唯一标准，要把社会效益放在第一位，把积极、健康、向上作为首要的标准。我们的节目必须有收视率，没有人看不是等于没有办吗？所以一定要有广泛的收视率。但是把收视率作为唯一标准这是不正确的，是绝对不行的。另外一个产生低俗化的原因就是实行制播分离以后，很多社会上的主持人放任自流、疏于管理。电台、电视台要想办法把住审查的环节，不能因为是社会公司做的，标准就可以降低。产生低俗化的再一个原因就是各广播电视机构放松了对队伍的建设，包括集中的学习、培训，日常的政治理论的学习，宣传口径的传达，组织纪律的要求等等。

存在的这些问题不容忽视，中国广播电视协会播音主持委员会要把解决这些问题作为一个重要任务，扎扎实实做些工作。前一段时间发的《倡议书》，社会反响非常好，办培训班、发布自律公约都非常好。除了这些具体措施之外，一定要马上着手考虑建立长效机制，这个是治本之策。按下葫芦起来瓢不行，抓一阵好一阵不行，必须有一个长久的办法，稳定的机制。初步的思路就是实行警告制，对播音主持存在的问题，由协会提出警告，可以警告节目、栏目，也可以警告播音主持人。各地要认真重视，要切实改进。如果警告无效，就启动行政手段，严重的就停办节目、栏目，播音员、主持人下岗。要认真研究警告的依据，警告的科学性和权威性。我相信，只要我们加强教育，并且同制度建设结合起来，就能够有效地解决低俗化问题，就能全面提高我们播音主持队伍的水平。

（摘自《中国广播电视学刊》2005年第九期）

建设高素质人才队伍 提升广播影视综合实力

国家广电总局副局长 雷元亮

一、人才资源是广播影视改革、发展的第一推动力

建设高素质人才队伍，是提高广播影视业发展水平的基础性、决定性工作。发展广播影视业，关键在人，关键在于建设一支数量充足、素质优良、结构合理的广播影视人才队伍。这支队伍素质的高低，直接影响广播影视宣传和舆论引导水平；直接影响能否为广大人民群众提供健康丰富的精神文化产品，满足人民群众日益增长的精神文化生活需求；直接影响能否为改革发展稳定和构建社会主义和谐社会创造良好的思想舆论环境。建设高素质人才队伍，是应对广播影视竞争的迫切需要。我国的广播影视正面临着来自境外媒体和国内其他行业的日益激烈的竞争，竞争的实质和核心是人才的竞争。要紧紧围绕广播影视改革发展，创新人才工作机制，优化人才工作环境，着力营造有利于优秀人才大量涌现、健康成长的良好氛围；要加大工作力度，促进人才结构优化，加快人才布局调整；要大力加强人才培养培训工作，全面提高人才队伍素质。建设高素质人才队伍，必须牢固树立和落实科学的人才观。要牢固树立人才资源是第一资源的观念、人人都可以成才的观念、以人为本的观念。

二、加强人才的能力建设是人才队伍建设的首要任务

要根据各类人才成长的规律特点和广播影视业发展的需要，研究提出人才资源能力建设标准，探索人才培养的机制、内容和方法，全面提高广播影视人才队伍的实践能力和创新能力。重点要培养和提高各类管理人才的开拓创新能力、依法行政能力、科学管理能力、应对复杂局面能力。培养和提高编辑记者、播音员主持人、演艺人员、工程技术运行维护人员的专业素养和能力。培养和提高技术工人的岗位业务知识和专业技能。

要充分发挥教育培训在人才能力建设中的基础性作用。培训工作要加强针对性，要根据个人的知识结构、岗位的专业需要来安排，同时要改革创新人才培训内容和方式，从通用型知识培训向能力型知识培训转变，从偏重课堂培训向课堂培训与实践锻炼相结合转变。探索建立培训考核激励机制以及国家、单位、职工个人多渠道出资开展培训的经费保障机制，把广播影视行业建成学习型行业。

三、建设高层次人才队伍是广播影视人才开发工作的重中之重

进一步加强领导干部队伍建设。抓人才工作和队伍建设，首先要抓好领导干部队伍建设。要始终把培养选拔优秀年轻干部作为长期战略任务抓紧抓好，培养造就一批“政治强、业务精、纪律严、作风正”的后备干部队伍。进一步加强专业技术人才队伍建设。要积极探索建立重要栏（节）目首席记者、首席编辑、首席播音员主持人等制度，培养一批适应广播影视需求的、具有广泛影响力的名记者、名编辑、名播音员主持人、名导演、名演员。积极探索建立重大工程技术项目总设计师、总工程师负责制，重要科研或课题学科带头人责任制，培养造就一批具有领先水平、具有较高知名度和影响力的高级专家。建立高层次专业技术人才库，健全专家咨询制度，聘请国内有关知名专家为广电行业重大决策提供咨询、对重大技术规划和发展纲要进行审核。进一步加强经营管理人才队伍建设。要制定激励政策，吸引优秀人才充实经营管理队伍。努力培养了解国内外广播影视产业发展状况，熟悉文化产业政策和市场经济规律，精通媒体经营的经营管理人才。采取选送中青年经营管理人员参加学习培训、挂职锻炼等方式，锻炼队伍，提高经营管理水平。

四、创新工作体制、机制是广播影视人才开发的重要保障

建立和完善依法管理的执业资格管理制度。广播电视编辑记者、播音员主持人、工程技术运行维护人员

是广播电视行业的要害、关键岗位，直接影响舆论导向、节目质量、宣传效果和播出安全。对要害、关键岗位人员实行职业资格管理，是提高专业技术人员队伍素质，加强广播影视人才队伍建设的重要手段。要认真贯彻《行政许可法》和中央有关文件要求，做好落实《广播电视编辑记者、播音员主持人资格管理暂行规定》(总局26号令)的各项工作，精心组织好编辑记者、播音员主持人资格考试，加强执业资格注册的管理工作。总局正在起草的《广播影视传输保障法》，将对广播影视传输覆盖要害、关键岗位的工程技术运行维护人员实行职业资格认定制度。

建立和完善广纳群贤、人尽其才、能上能下、充满活力的用人机制。以扩大民主、加强监督为重点，进一步深化领导干部选拔任用制度改革，严格按照规定的原则条件、程序纪律选拔任用干部。进一步完善民主推荐、民主测评、民主评议、任前公示以及考察预告等制度。建立健全干部选拔任用和监督管理的科学机制，推进干部工作科学化、民主化、制度化。在全系统继续推行公开选拔、竞争上岗等干部选拔任用制度改革，在行政机关实行领导干部任前公示、任职试用期制，试行领导干部任期制。在事业单位实行领导干部聘任制、任期制，进一步探索和完善领导干部任期管理办法。改革和完善广播影视企业经营管理人才选拔任用方式，对国有资产出资人代表依法实行委派制或选举制，对广播影视经营管理人才进行聘任制和合同化管理。全面推行事业单位岗位管理，完善广播影视人员聘用制度，探索适应广播影视发展需要的岗位设置原则、设置方法和岗位评价体系，提出设岗指导性意见。探索研究广播影视关键要害岗位的岗位职责、考评要素、考评标准。逐步规范聘用制度，打破人员身份界限，健全岗位管理制度、收入分配制度、社会保险制度和辞退解聘制度等各项配套措施，建立完善单位用人的自我约束机制，维护用人单位和聘用人员双方的合法权益。加快编制外聘用人员管理规范化、制度化进程，推进实行劳务派遣和人事代理制度。

建立和完善以能力和业绩为导向的科学的人才评价机制。逐步完善领导干部考核制度，针对广播影视系统内机关、事业、企业不同类型、不同层次领导干部的岗位特点、岗位职责，研究建立和完善体现科学发展观和正确政绩观的实绩考核评价标准和机制。按照科学的发展观、人才观和正确的政绩观要求，考虑不同情况下领导班子和成员的差异，探索以宣传舆论导向、安全播出、事业发展、队伍建设、党风廉政建设等为主要内容的实绩考核评价标准，体现干部实绩考核的针对性、科学性和可操作性。完善定期考核和日常考核制度，丰富年度考核内容，健全考核工作责任制。对企业经营管理干部的考核重在市场和出资人认可，逐步完善反映经营业绩的财务指标和反映综合管理能力等非财务指标相结合的考核体系，围绕任期制和任期目标责任制，突出对经营业绩和综合素质的考核。以打破专业技术职务终身制为重点，改革和完善职称评审办法，采用更加客观公正的评价指标和评审办法，实行职称评聘公开。健全广播影视行业职业技能鉴定管理制度，加强对广电职业技能鉴定站的管理，加快制定广电行业特有技能工种职业标准，逐步建立和完善广播影视行业职(执)业资格认定体系。

建立和完善激发人才积极性和创造性的激励机制。要充分考虑广播影视行业不同类别、不同层次人才需求，充分发挥事业留人、待遇留人、感情留人的综合作用。研究采编播、工程技术、艺术高层次人才评选、管理、奖励制度，逐步建立具有行业特色、体现工作绩效的内部收入分配制度，使分配向关键岗位和优秀人才倾斜。逐步建立市场机制调节、企业自主分配、职工民主参与、政府监控指导的企业薪酬制度。积极参加社会基本保险，逐步建立重要人才单位投保制度。同时，要努力提高广播电视发射、转播台站等艰苦岗位和关键岗位人员待遇。

建立和完善合理有序的人才流动机制。加强干部交流工作，积极推动系统内中央和地方之间、东西部之间的干部交流和学习，积极推动广播影视干部到基层挂职锻炼工作。建立和完善干部轮岗锻炼制度，在机关、事业单位、企业单位之间推动干部交流锻炼，相互学习，增长才干。采用多种形式，鼓励和支持人才向西部地区、基层和艰苦地区等广播影视发展最急需的地方流动。做好对口支援新疆、西藏及其他地区的工作。加强西部地区人才培训工作，在政策、经费上向西部地区尤其是西部少数民族地区倾斜。鼓励专业技术人才通过兼职、定期服务、咨询等方式进行柔性流动，逐步打破单位、部门、身份、地区界限。

(摘自《中国广播电视学刊》2005年第十期)

高度重视 狠抓落实 切实加强广播影视对外工作

国家广电总局副局长　田进

一、必须高度重视广播影视对外工作

1．加强广播影视对外工作是新时期提高建设社会主义先进文化能力和加强我国对外文化工作的重要内容

广播影视对外工作作为党对外宣传文化工作的重要组成部分，是为党和国家工作大局服务的全局性、战略性的工作。虽然多媒体和互联网的出现，对传统传媒带来了很大的冲击和影响，但广播影视仍然是世界各国人民获取信息、学习知识、娱乐休闲的重要途径，尤其是广播电视时效性强、信息量大、声情并茂、受众广泛，是传播先进文化的重要阵地、是对外文化交流的主力军。因此，必须按照党的十六大和十六届三中、四中全会的要求和新时期形势发展的需要，适应国家整体外交和对外宣传工作的需要，进一步加强和改进广播影视对外工作，把中国的声音传向世界各地，努力树立中国的良好国际形象，营造更有利于我国发展的国际舆论环境。

2．加强广播影视对外工作是增强我国广播影视国际影响力，实现"成为世界重要一极"目标的重要保证

同我国改革开放和现代化建设发展水平相比，我国广播影视在国际舆论中的影响力仍然偏弱，与我国日益提高的国际地位不相适应。因此，我们必须从思想上高度重视广播影视对外工作，从行动上不断加强广播影视对外工作，使我广播影视对外工作水平不断提高，国际影响力和竞争力不断增强，"成为世界重要一极"的目标尽快实现。

3．加强广播影视对外工作是反西化、反分化、反渗透，维护国家安全，守好舆论阵地的迫切要求

二、要全面完成广播影视对外工作任务

1．大力推进"走出去"工程各项工作任务的落实

第一，广播方面的主要任务就是逐步建成国际台英语、华语和多语种环球广播网，实现在世界各地黄金收听时段英语、华语和当地官方语言广播的全球覆盖。一是继续扩大本土发射信号的有效覆盖，改善本土发射信号的收听效果；二是巩固利用好阿尔巴尼亚广播发射基地，改善我广播节目对欧洲、北非和北美地区的有效覆盖；三是加快落实古巴、加拿大租机项目，扩大对中南美洲和北美的广播有效覆盖；四是根据我外交总体布局，因地制宜，针对不同对象地区和国家制订最佳落地方案。同时，继续在一些重点国家、周边国家和发展中国家的重点城市租用调频、中波时段，也可以采用向转播我节目的境外机构提供有关设备和培训等形式，扩大节目的有效落地和影响力。

第二，电视方面的主要任务是扩大和巩固电视海外整频道落地工作。一是在巩固发展长城卫星电视北美平台、亚洲平台的基础上，进一步向欧洲、非洲地区扩展，争取在未来二至三年内逐步实现"长城卫星电视平台"在上述地区的开播和落地；二是积极推动CCTV－9在澳大利亚、新西兰、加拿大、意大利等国家的落地项目；三是继续做好CCTV－9、CCTV－4在一些主要国家高档酒店的落地工作；四是推动CCTV西班牙语法语双语频道在西班牙、墨西哥等拉美西语国家和欧洲、非洲法语国家、地区的有效落地；五是各有关省市要继续办好在长城北美平台、长城亚洲平台上的电视频道。总局将对在欧洲、非洲建立长城平台进行深入调研，拿出操作方案；六是可采用提供发射设备和培训等方式，实现我电视频道在发展中国家有效落地。

第三，大力推动影视文化企业和产品走出去。一是要着力培养一批能够参与国际竞争的影视文化市场主体，不断扩大国际影视市场占有份额；二是要完善和落实促进我国影视文化产品出口的政策法规，鼓励我影视产品出口；三是鼓励影视制作机构努力推出高水准、适合海外受众欣赏口味的影视作品和节目；四是组织参加有较大影响的国际影视节展，在重点国家和地区举办中国影视节展活动，积极开展广播影视节目交易；五是做好出口影视作品的译制工作。

第四，切实加大电影"走出去"力度，争取经过五年的努力，在世界各主要国家和地区都能看到中国电

影，在各重要国际电影节上都有中国电影参展或参赛。一要充分发挥中国电影海外推广中心的作用，组织各电影制片单位参加国际知名电影节市场，并设立展台集中宣传推广中国电影；二要积极鼓励、支持各制片单位以各种方式将影片销往世界各地，争取每年有20部左右的影片在海外发行；三要以欧美地区和周边国家及港澳台地区为重点，精心策划、拓展渠道，努力办好中国电影展，扩大影响，培育海外电影观众，拓展海外电影市场，促进国产影片的海外发行；四要进一步加强国产影片的外文译制工作，每年选择一批优秀国产片译制成不同文种的字幕拷贝，选送参加各种电影节、展及用于各种海外推广工作。

第五，进一步发挥各地优势，搞好地方广播影视"走出去"工程。近年来，地方广播影视"走出去"工作有特色、有亮点，但也存在参差不齐的现象。要做好这项工作，关键是要从各地的实际出发，抓准时机，充分利用各种渠道，把自己的节目打出去。一是各地可充分利用对外友好城市的关系，同国外友好城市的电台电视台合作、交换节目；二是可以有计划、有目的地邀请国（境）外有影响的电视媒体到本地拍摄采访，在外方的主流电视台播出；三是通过合拍、协拍纪录片和电视剧、到国（境）外举办电视周等方式，扩大"走出去"的渠道；四是边境地区的地方台要充分利用地域优势，努力扩大在周边国家的节目落地，如内蒙古的广播电视节目在蒙古落地、西藏卫视藏语频道进入了尼泊尔最大的有线电视网，都收到了很好的效果。广西、云南等边疆省份也可以加快步伐，积极考虑推动面向周边国家的"走出去"工程。

第六，大力加强广播影视节目海外营销和宣传推广力度。一要组建海外节目营销网络和专业化队伍；二要遵循国际市场规则，加强与境外频道代理机构、运营商和各类传媒公司的合作，多方式、多渠道寻求落地机会；三要借鉴境外、尤其是港台地区媒体机构的海外营销经验，统一规划、合理布局，在海外建立营销点，逐步建立起全球营销网络；四要招募和培养一批懂外语、会经营、了解海外市场、熟悉落地和销售业务的专门人才。

2．进一步加强广播影视涉外行业管理

(1) 严格节目引进播出管理。一是境外电视剧、影视动画片的引进和以卫星传输方式引进境外卫视节目，要经省局受理，提出详细、明确的初审意见后，报广电总局批准。二是要加强对引进电视剧、动画片及电视节目的内容审查和总量控制，严禁非法引进、盗版播出和网上非法传播。三是电影进口、发行业务，要由广电总局指定的进口、发行单位专营，实行总量控制，优化品种结构。四是与境外合作制作电影、电视剧和动画片要经广电总局批准。CEPA实施后，对内地与港澳合拍剧的立项、报批和审查等程序，仍按《中外合作制作电视剧管理规定》(总局41号令)、《电视剧审查规定》(总局40号令）的有关规定执行。五是要严格执行备案制度，各播出机构必须对引进的各类专题节目重新进行编辑，不得作为固定栏目播出，不得出现境外频道标识或宣传境外频道的相关文字和图像等内容。六是要进一步树立知识产权意识，严厉查处和打击违法、违规、侵权播出境外节目的行为，坚决防止内容有害的境外影视节目通过广播电视途径传播。

(2) 加强境外卫星电视管理。一要认真履行监督管理职责，特别是要坚决制止辖区内有线电视网传送境外卫星电视频道。要确保辖区内允许播放的境外卫星电视接收用户信号全部来自于中央监管平台。二要总结一些地方查处打击大案、要案、创建"无小耳朵社区"的经验，研究对卫星电视接收活动的长效监管机制。三要积极配合信产部门实行定点、定量、定向生产销售，研究建立卫星电视接收设施需求预报和订购证明管理制度。四要积极配合法制部门，尽快修订国务院129号令。五要加强整治工作信息上报工作，及时发现和处理问题苗头。

3．进一步加强对外交流、完善外事审批管理

一要进一步加强外事纪律观念，"外事无小事"，要以高度的政治感和责任感来对待外事工作。二要加强出访项目的计划性、针对性、实效性，可去可不去的项目就不去，可以缩短的访问日程要缩短。三要加强对护照申办、使用的管理，一般不得使用因私护照执行因公出访任务。四要严格把关，坚决杜绝因公出国旅游的现象。未经批准，不得组织双跨团组或参加一些社会上组织的出访团。五要加强对邀请境外演职人员参加广播电视节目制作的审批和管理。六要严格在国内举办涉外影视展、国际影视节等活动的管理，该报批的要报总局批准，对参展节目（影片）和参展机构要严格把关。七对涉及与外方合作的重大事项，事先要报总局审批。

（本文是作者2005年7月13日在全国广播影视对外工作会议上的讲话摘要）

三、中央电视台领导讲话摘编

进一步提高引导社会舆论的能力

中央电视台台长 赵化勇

一、牢牢把握正确舆论导向，正确引导社会舆论

正确的舆论导向是新闻工作的生命，也是提高社会舆论引导能力的灵魂。党中央反复强调，新闻舆论是关系党和国家前途命运的工作；舆论导向正确是党和人民之福，舆论导向错误是党和人民之祸；社会舆论把握和引导得好，可以对我们开展工作起到重大推动作用，促进社会稳定、人民团结、事业兴旺。新闻媒体是党和人民的喉舌，是党宣传群众、组织群众、团结和动员群众的强有力的工具。我们必须牢牢掌握舆论工作的领导权和主动权，牢牢把握正确的舆论导向，巩固和发展全国各族人民共同奋斗的思想基础，为改革开放和社会主义现代化建设，为全国建设小康社会、开创中国特色社会主义事业新局面，提供强有力的思想保证和舆论支持。

在当代信息社会，电视事业规模越来越大，掌握和传递信息越来越迅速，更直接、更广泛地影响着整个社会活动和人们的思想意识，在新闻传播手段越来越现代化的今天作用更大，影响更广泛。中央电视台作为国家电视台，在引导社会舆论方面承担着重要责任，已成为影响国家生活、社会舆论和群众情绪的最重要媒体之一。

正确引导社会舆论，就要坚持团结稳定鼓劲、正面宣传为主，这是新闻宣传工作必须长期遵循的一个基本方针。实践证明，坚持这个基本方针，新闻宣传就能保持正确的舆论方向，就能切实做到为全党全国工作大局服务。当前我国经济发展、政治稳定、民族团结、社会进步，人民安居乐业，国际地位显著提高，迫切需要新闻工作者充分反映全面建设小康社会的大好形势。唱响时代的主旋律，就要高举邓小平理论和“三个代表”重要思想的伟大旗帜，深入宣传党的基本理论、基本路线、基本纲领和基本经验，深入宣传中央的重大决策、重要部署，深入宣传社会主义物质文明、政治文明和精神文明的协调发展，及时反映各条战线发展的新思路、改革的新突破、开放的新局面、工作的新举措，形成积极、健康、向上的主流舆论。

二、按照“三贴近”要求，不断增强引导社会舆论的本领

贴近实际、贴近生活、贴近群众是用“三个代表”重要思想统领宣传思想工作的必然要求，是宣传思想工作增强针对性、实效性和吸引力、感染力的实现途径，是新世纪新阶段加强和改进宣传思想工作的重要突破口，是宣传思想战线必须长期坚持的工作原则。电视宣传只有贴近实际、贴近生活、贴近群众，才有生命力、影响力、感召力，才能深入人心，得到社会认可，发挥应有的作用。

深化新闻报道改革。有效改进会议和领导同志活动的报道，努力改进编排方式，不断改进报道方法，聚焦群众关心的内容，解决实际问题的内容，有政策性、对工作有指导性的内容，进一步提高新闻的时效性、现场感和同步性，加大直播节目的时间和强度，实现直播常态化。要在新闻性上下工夫，摆脱会议报道冗长、呆板的模式，有效地提升节目的权威性、时效性，增强传播效果。

完善突发性事件新闻报道快速反应机制。伊拉克战争、非典疫情、禽流感等国内外重大新闻事件报道，检验了中央电视台参与国际事件和国内重大突发事件报道的能力和水平。在此基础上，我们要完善突发性事件报道机制，严格把关，快速反应，“先发制人、先声夺人”，力争做到始终以第一时效引领舆论，在激烈的国际传媒竞争中充分显示中国的声音，使正确的信息抢先占领各种媒体和传播渠道，有效提升中央电视台的公信度和社会影响力。

积极开展舆论监督。舆论监督是社会发展的客观要求，符合新闻宣传的内在规律，反映人民群众的强烈

愿望，也是党和政府的工作手段。中央电视台在强化《焦点访谈》、《新闻调查》、《今日说法》、《经济半小时》等品牌栏目监督职能的基础上，不断强化责任意识，努力开拓舆论监督空间，围绕和服务党中央、国务院重点工作部署，按照以事实为依据、与人为善，反映群众愿望、有利于解决问题的要求，弘扬正气，针砭时弊，理顺情绪，化解矛盾，维护党和政府的良好形象，维护社会安定团结。

积极实施“走出去”工程，进一步提高营造有利于我国发展的国际舆论环境的能力。进一步提高引导社会舆论的能力，不仅要提高引导国内舆论的水平，而且要增强对外宣传的针对性、实效性和亲和力、说服力。要不断创新对外宣传的内容、方法和手段，坚持贴近中国发展实际，贴近国外观众对我国信息的需求，创作一批既有中国风格和中国气派，又符合国外受众心理和鉴赏习惯的精品力作，多角度弘扬中华文化，全方位展现我国各族人民良好的精神风貌。

三、抓住机遇、深化改革，增强和壮大引导社会舆论的实力

作为国家电视媒体，坚持正确舆论导向是我们始终不渝的追求和始终不变的责任。然而，提高引导社会舆论的能力需要一定的物质支撑，电视事业和产业实力的强弱及发展能力的大小，将直接影响和制约其引导社会舆论的能力。只有在服务和促进经济社会全面发展的同时，抢抓机遇，深化改革，努力实现电视事业和产业更大的发展，才能占据主动，不断提升引导水平。

产业经营实现由计划主导型向市场主导型转变。随着市场经济的发展，市场成为电视产业经营赖以生存的基本环境。要按照产业的经济规律以及市场的规则和需求，确定中央电视台产业经营发展的方向，努力革除旧体制下形成的思维模式和运作方式，转变“等靠要”观念，认识市场、分析市场、适应市场、占领市场，推动电视经营产业化改造和现代企业制度的建立。

实现由粗放型外延式经营向集约型内涵式经营转变。实践证明，粗放经营的模式已远不能适应电视产业的发展，必须进一步提升电视产业的经营水平。具体说，就是用专业的智慧、专业的能力和专业的操作实行专业化的经营，精细了解和掌控传播市场的终端“客户资源”(广告商、受众群体等)，抢占传媒经营中最为关键的“制高点”。

挖掘潜力，巩固广告经营优势。现在乃至今后相当长的一段时期内，广告经营是各电视台的经济命脉。中央电视台广告营销确立了“以客户为中心”、“面向市场需求、面向客户需要”、“抓大而不放小”等广告经营策略，建立科学规范的营销体系，实现与客户的共赢。今后，仍要积极创新营销模式，深度开发广告资源，深入挖掘广告创收潜力，确保广告创收稳步增长，力争实现质的提升和新的突破，继续在国内保持领先优势。

发挥优势，积极探索扩大产业经营的新领域、新渠道。经过四十多年的发展，中央电视台拥有人才优势、技术优势、资金优势、品牌优势、节目优势和传播优势，这是得天独厚的资源优势。充分利用和发挥这种优势，就要积极拓展新的经济增长点，重点推进付费数字电视，启动视频点播业务。利用中央电视台丰富的节目资源，积极开发“网络电视”，进一步延展电视经营产业。要发展高新媒体经营产业，利用央视国际网络，全面开发互联网业务，开发网上视音频及增值业务，开发网络广告资源，丰富网页信息和功能，办出网站特色，提高点击率，扩大市场影响。同时，要利用节目资源优势，研制开发与高新技术相结合的新的产业。

四、深入开展“三项学习教育”活动，建设一支引导社会舆论的高素质队伍

实施人才强国战略，是增强党的执政能力、巩固党的执政地位的必然要求。贯彻落实十六届四中全会精神，进一步提高引导社会舆论的能力，归根到底要靠人才、靠队伍。电视从业人员的政治素质、业务素质如何，直接影响电视宣传和舆论引导水平的高低，因此，要通过深入开展“三项学习教育”活动，加大对干部职工教育和培训的力度，切实解决从业人员新闻观、职业精神和职业道德等思想作风问题，提高其把握舆论导向的能力和水平。

规范管理是提高队伍素质的有力保障。只有健全科学的规章制度、规范管理，才能确保队伍不偏离正确的方向。近年来，我们把建章立制作为一项重要工作，修订完善节目、技术、行政、经营等方面的规章制度，提出了“想管、敢管、会管”的管理思想，严肃纪律、严格考核；同时，搭建“人人可以成才”的平台，“以政策留人、以感情留人、以适当的待遇留人”，积极营造优秀人才脱颖而出的环境，努力建设一支坚持中国特色社会主义新闻理论，具有崇高职业精神，懂经营、善管理，掌握先进技术的复合型电视队伍，为进一步提高引导社会舆论的整体素质和水平奠定坚实的基础。

(摘自《电视研究》2005年第一期)

"十五"的足迹

中央电视台台长　赵化勇

2001年至2005年，是中央电视台极不平凡的五年，也是成就辉煌的五年。这五年，中央电视台始终坚持"与人民同行、与祖国同在、与世界同步、与时代同进"，电视宣传工作进一步加强，改革创新力度进一步加大，事业产业发展进一步加速，新技术应用和技术设备更新进一步加快，科学管理和队伍建设进一步加深，实现前所未有的新突破、新发展、新跨越，向国际化强势传媒的目标不断迈进，得到党中央、国务院和全国亿万电视观众的充分肯定和高度评价。

"十五"期间，我们取得的主要成就有：

一、电视宣传改革逐步深化，频道品牌建设效果突出

五年来，中央电视台遵循电视传播规律，深入实践"三贴近"，加快推进电视宣传改革，努力创新报道内容、方法和手段，积极改进会议和领导同志活动报道，电视镜头更多地对准群众，电视报道更多地反映广大群众的意愿，宣传报道的针对性、实效性和吸引力、感染力得到进一步增强，中央电视台的公信力和影响力得到进一步凸显，确立了在国内媒体中的绝对权威和主导地位。

按照"频道专业化、栏目个性化、节目精品化"的目标，中央电视台从1999年起全面推行频道专业化改革，成功开办科学教育频道、戏曲频道、新闻频道、少儿频道、音乐频道、西法语频道和社会与法频道（由西部频道置换），形成由一个综合频道和15个专业频道相互补充的频道格局。截至目前，共有16个常规电视频道，12个数字付费电视频道、1个高清数字频道、2个海外播出平台（长城北美平台、长城亚洲平台）以及多个网络电视频道，电视栏目达到400个，节目信号覆盖全球，在120多个国家和地区落地。随着专业化频道战略布局的基本完成，中央电视台于2005年年初开始实施"频道品牌化"战略，相继创新节目形态、深度改版栏目和频道，努力将资源优势转化为整体的市场优势，全台收视份额大幅度上扬，传播效果明显增强，频道的群合力和竞争力得到强化。

二、技术创新力度空前，继续保持领先优势

五年来，积极开展技术创新，注重挖潜增效，开发重要技术项目，增强技术制作、服务、协调能力，促进电视数字化、网络化发展，继续保持国内乃至国际的技术领先优势。节目播出能力迅速提升，播出系统全部实现数字化。电视信号传输形成无线与有线、卫星与地面相结合的传播覆盖网。节目制作能力明显增强，正逐步实现节目制作播出全流程网络化。大型赛事提供公共信号达到国际水准。高清电视和付费数字电视技术居国内领先优势。安全播出创十年最好成绩。

三、管理改革步伐加快，队伍建设成效明显

五年来，积极推进行政、宣传、人事、财务管理改革，基本形成适应事业发展的内部新机制。全方位健全规章制度，建立较为完整的内部信息发布体系，完成多项国家重点调研课题，成功举办一系列国内外有影响的大型活动，对外交流与合作空前活跃。行政管理系统创新发展，整体服务水平不断提高，努力实现从管理型向服务型的转变，促进行政管理从传统式粗放管理向现代化集约管理的转变。先后在英语国际频道、戏曲频道和经济频道试点推行频道制改革，全面实施栏目管理公开和栏目末位淘汰制度，栏目自身建设和节目质量得到提高，宣传管理实现从单一节目管理机制向系统科学管理体系转变。全台2049名固定职工全部转为聘用制职工，4000多名编外人员办理企聘手续，124个栏目制片人竞聘上岗，50名处级干部进行内部交流调整，内部收入分配向关键岗位和特殊岗位倾斜，人事管理实现从单一的用工模式向多种用人制度转变。稳步推进内部成本核算，改变预算申报制度、预算分配体系、报账周期，财务管理实现从事业财务管理模式向成本管理转变。深入开展"三项学习教育"、先进性教育和民主评议行风等活动，电视从业人员的整体素质得到进一步提高，队伍结构呈现年轻化、知识化、专业化

发展趋势。以编外人员入党、入会、入团为突破口，党组织建设得到全面加强，播音员主持人等重要岗位和一线青年入党比例分别达到71%和86%。初步建立教育、制度、监督并重的惩治和预防腐败体系，队伍的政治纪律、宣传纪律和廉洁自律意识得到有效强化。审计监督发挥突出作用，保障了电视事业稳步、快速的发展。精神文明建设成绩显著，两度被评为全国先进，连续12年获得首都文明单位标兵。

四、事业产业齐头并进，实力和竞争力壮大增强

五年来，事业规模不断扩大，新台址工程建设全面实施，中国广播电视音像资料馆建成启用，网络电视、数字电视、高清电视等新兴电视业务相继推出，中国有线顺利划转，长城北美平台和亚洲平台成功开播，事业发展呈现良好势头，2005年全台总资产（含剧中心、艺委会）规模到达181.2亿元，比2001年增长66.9亿元。产业经营发展强劲，广告收入持续增长，2005年达到86亿，比2001年净增29.69亿元。台属企业发展迅猛，中国国际电视总公司形成以影视传播业为主体、多元经营的格局，新影厂、科影厂、剧中心等成为中央电视台重要的节目制作和产业开发基地。“十五”期间，全台形成以广告收入为主，经营收入为有效补充的收入结构，总收入保持年均12%的高速增长态势。五年来，累计上缴国家税费30.9亿元，广电总局56.3亿元，两项合计87.2亿元，为广电事业发展和我国经济发展作出了积极贡献。

通过对“十五”期间中央电视台工作的全面回顾，我们深刻认识并总结归纳出“十五”期间一贯实施的基本策略，这也成为今后做强做大的基本经验。

第一，坚持正确舆论导向是首要任务。五年来，我们牢牢把握正确舆论导向，坚持团结稳定鼓劲、以正面宣传为主的方针，大力传播先进文化，努力丰富人民群众的精神文化生活，为全面建设小康社会、构建社会主义和谐社会、实现中华民族伟大复兴营造了良好的舆论环境，同时也成为最具品牌竞争力、公信力和影响力的国内国际重要传媒之一。

第二，坚持科学发展是做强做大的内在要求。中央电视台坚持科学发展观，实事求是，解放思想，在抓好宣传主业的同时，搞好产业经营，实现“事业和产业两个轮子一起转”；在抓好宣传报道的同时，重视技术创新、规范管理和队伍建设，确保“两手抓，两手都要硬”；在巩固广告经营优势的同时，发展新兴媒体业务，培育新的经济增长点；在扩大国内媒体竞争优势的同时，积极拓展国际市场份额，打造世界级品牌媒体。中央电视台事业产业的不断壮大，正是一贯坚持科学发展的具体体现。

第三，坚持改革创新是电视事业产业快速发展的强劲动力。“十五”期间是中央电视台深化改革、加快创新最重要的时期。五年来，我们坚持不懈地推进改革创新，不断刷新我们事业产业发展的一个个纪录，进一步巩固在国内电视传媒的“龙头”地位。

第四，坚持团结协作是完成重大宣传报道的基本保证。规模化、系列化成为当今重大电视报道的主要特点，中央电视台在重大宣传活动特别是国家重大政治事件的宣传报道中，成立统一指挥协调的组织机构，聚合全台各部门力量，建立协作报道制度，已经成为非常有效的机制。

第五，坚持人才兴台是巩固竞争优势的长远策略。面对媒体竞争全球化、国际化，中央电视台始终树立“人才就是财富，人才就是效益，人才就是竞争力，人才就是发展后劲”的观念，加紧实施“新世纪人才工程”，推动管理转型，为优秀人才脱颖而出创造条件。同时克服“重使用、轻培养，重业务、轻素质”的倾向，建立发现人才、吸引人才、培养人才、使用人才的绿色通道，为中央电视台五年来继续保持资源优势和竞争优势提供智力支持和人才保证。

第六，坚持倡导“绿色收视率”是实施“品牌化”战略的前提条件。中央电视台作为国家电视台，坚持把社会效益放在首位，在实施“三化”和品牌化战略中坚定“绿色收视率”理念。既努力提高收视率和收视份额，又杜绝媚俗和迎合，坚守品位，抵制低俗，有效体现节目的思想性和导向性，实现收视率的科学、健康、协调、可持续增长，增强了中央电视台的品牌价值。同时，积极倡导“绿色收视率”，强调打造精品节目、名牌栏目和品牌频道，为最终实现“中央电视台”品牌化创造了有利的条件。

（本文根据作者在中央电视台2006年工作会议上的报告摘编）

强化四优观念 不断开创电视外宣新局面

中央电视台副台长 张长明

观察和思考中央电视台近几年电视外宣的具体实践，强化外宣节目质量观念，强化对外合作观念，强化市场观念和强化人才观念是有效促进电视外宣方式、方法变革的重要手段，是配合中央开展国际舆论斗争，进一步增强中国在国际事务中的声音，努力开创中央电视台电视外宣新局面的重要举措。

一、强化节目质量观念，塑造优质的外宣品牌

在外宣工作中，由于国家与国家之间国情不同和文化差异，海外观众对我国电视节目十分挑剔，这就需要我们在节目质量上下真工夫，精益求精，塑造精品。要做到这一点，一要加强针对性。首先要针对海外观众的收视心理和收视习惯，要用外国人熟悉、容易接受的方式来表达，让海外观众自愿接受，爱看、入心，进而产生共鸣；其次要有的放矢，要了解外国人关心的问题。针对性除内容的针对性以外，还有表达的针对性，要体现亲和力，从平和的视角和姿态，贴近平常人。针对性也要体现在坚持以我为主，以正面宣传为主，反映我国各项建设的新进展、新成就，宣传我国对外方针政策和国际主张，并与国际反华势力进行有针对性的斗争，做到目标明确、行动迅速，从而掌握国际舆论斗争的主动权。二要加强客观性。客观性是对外宣传的基本准则。三要加强精品意识，走品牌化发展之路。二十年来的经验表明，不进行节目创新，不提高节目质量，不打造品牌栏目、品牌频道，电视外宣就没有出路。

二、强化合作观念，寻求优良的合作伙伴

有选择地借助外力，积极进行国际合作，不仅可以充分利用国际资源，提高节目制作水平，而且也有助于实现外宣工作的跨越式发展，这是我们在外宣工作中总结出的一条重要经验。我们与美国CNN、新闻集团、时代华纳、德国电视二台等国际大台保持了友好的合作关系，在节目制作、技术设备、人才培训等方面进行密切交流。目前，中央电视台已同世界130多个国家和地区的媒体建立了合作关系，仅CCTV−9完整频道落地的签约合作项目就达75项。实践证明，加强对外合作是“走出去”的重要手段。

三、强化市场观念，创造优越的竞争环境

在国际舞台上，电视媒体竞争是商业化的环境，我们进行电视外宣工作，这是一个不能回避的现实，因此，提高电视节目的商业运作能力，适应海外媒体竞争法则并为我国电视外宣工作创造出优越的国际环境，也是电视外宣工作的重要内容之一。实际上，随着近年来外事工作的发展，电视外销作为经济外事的一个内容，已经成为促进电视外宣工作的一种手段，与电视外宣工作形成了一个相辅相成、密不可分的整体。因此，将电视外宣、节目外销协调规划、统一部署、形成合力非常重要。

四、强化人才观念，建设优秀的外宣队伍

媒体竞争，说到底是知识的竞争、人才的竞争，外宣工作做的好坏，最终要看人才的数量和质量，因此，加强人才建设是做好电视外宣工作的重要前提。近几年来，中央电视台在加强员工培训、培养的同时，不断吸纳、引进国际优秀人才，电视外宣队伍的规模、素质和水平都有了显著提高。一是不拘一格选人用人，除每年按计划从国内重点大学招收优秀毕业生充实节目一线外，还采取借用、项目制、劳务派遣等现代人才使用方式，广泛使用社会优秀人才，积聚电视外宣工作的人才优势，给优秀人才脱颖而出创造条件、搭建平台。二是充分利用国际智力资源，聘请外籍人士担任部分栏目的主持人或出镜记者，一些外籍专家也在不同程度上参与了节目的策划和制作，目前，在中央电视台服务的外籍员工已经达到70人。三是聘请长期工作在外交、外事战线的资深人士担任外宣顾问，组建电视外宣顾问团。

为了进一步做好电视外宣工作，2006年我们将在全台实施专业频道品牌化战略的同时，继续加快中文国际频道、英语频道和西法语频道的品牌化建设步伐。我们相信，在中央的高度重视和中宣部、外宣办的具体领导和指导下，中央电视台的外宣工作必将跃上一个新台阶，不断开创新的局面。

（本文是作者在2005年全国电视对外宣传协作会上的讲话摘要）

落实科学发展观 积极引导社会舆论

中央电视台副台长 罗 明

中央电视台2005年“落实科学发展观”系列报道以统一认识为前提，以创新为手段，在增强报道的贴近性、思辨性和可视性上狠下工夫，在采访、报道过程中力争实现宣传价值与新闻价值的有机统一，烘托了“科学发展观”的主题，引导了社会舆论，为下一步贯彻落实科学发展观的宣传报道打下了坚实的基础。

一、2005年“落实科学发展观”宣传报道情况

2005年中央电视台各频道、各栏目结合“十六届五中全会”、“全国创新科技大会”、“中央经济工作会议”、“创建节约型和环境资源友好型社会”、“构建和谐社会”、“自主创新”、“自主品牌宣传”等宣传重点，制作、播出了大量关于“落实科学发展观”主题的宣传报道节目。截至第三轮宣传报道结束，《新闻联播》栏目在头条或第一板块以“中部崛起”、“东北振兴”、“西部大开发”等为主题共播出106期相关报道，《焦点访谈》、《央视论坛》、《新闻会客厅》等栏目均结合栏目自身特色，针对不同受众群共制作了22期节目，中央电视台经济频道在《经济信息联播》等重点栏目内陆续播发了近百期节目，此外，中央电视台科教频道等也制作了大量优秀的专题节目和纪录片节目。在各频道多档栏目的相互配合与呼应下，“落实科学发展观”的主题成为了中央电视台宣传报道的热点与亮点。

二、2005年“落实科学发展观”宣传报道的成就与特点

1. 优化组织，狠抓落实，形成全台合力

中央电视台频道众多，频道与频道之间存在不同的定位，面向的受众也有所不同，每个频道都具有自己独特的优势，在报道中也有着不同的着眼点，因此，在2005年“落实科学发展观”大型宣传报道活动中，着力组织协调不同频道的系列报道与专题报道，发挥各自的优势与特色，使频道的优势互相补充、交叉覆盖，形成全台最大合力，充分发挥电视媒体的特色，营造以科学发展观统领经济社会发展的舆论氛围。

同时，中央电视台还加强了组合报道的优势，《新闻联播》、《焦点访谈》、《经济信息联播》、《中国财经报道》、《走近科学》、《科技博览》等栏目相关报道互相配合，形成对于热点问题的多角度报道，提升了传播效果。

另外，为了使落实科学发展观系列报道引起关注，激发观众的收视期待，还精心编排了主题报道节目，加强了新闻节目的节目预告，其中既有栏目中的预告，也有独立的在频道中播出的预告片。通过节目预告，有效地提高了主题报道节目的收视率，扩大了收视范围，使“落实科学发展观”宣传报道在更多的观众群中获得共鸣。

2. 创新思路，从人出发，强化宣传效果

在2005年“落实科学发展观”大型宣传报道的策划与创作过程中，中央电视台强化突出了“人文视角贯穿新闻制作的全过程”的特色，在选题上更多地从人出发，优先考虑节目和普通百姓之间的内在联系，在表现上更多地从具体人物的行为、方法、见解、情感、心态等角度挖掘事件的价值和意义，把科学发展观与普通百姓的生活紧密联系在一起，通过这种带有强烈故事性的报道对“落实科学发展观”进行宣传，拉近了观众与节目中人物之间的距离，获得了良好的传播效果。

例如《新闻联播》中播出过的《浙江安吉：船村会做加减法》，抓住安吉村的支部书记与乡里的分管干部之间的关系从矛盾尖锐的“冤家”转变为愉快合作的好朋友的冲突过程，展示了处理人与自然和谐发展过程中的矛盾与发展变化，以冲突为主线，以故事为形式，进一步地烘托出科学发展观的主题。

而《走近科学》栏目播出的专题片《不可能完成的任务》则是在党中央大力号召创建“节约型社会”、掀起全民节约运动高潮期间，为观众讲述了民间发明人聂永培致力于发明滴水计量的高灵敏度水表的发明故事，希望唤起更多人的节水意识，同时通过节目推动我国自主创新的成果为其他行业和领域发展提供动力。节目播出后，获得了观众的一致好评。

如何在个体记录和全局展现上建立联系，是正面报道需要思考的一个问题。以前的新闻节目中，从个体人物联系全局的"拓展方式"较为单一，常规的模式只有"像某某这样的例子在某某市还有很多"一种。在2005年"落实科学发展观"宣传报道中，中央电视台新闻节目努力开发全新的"拓展方式"，设置了"全景"和"聚焦"两种形式，在扩充报道容量的同时提升了全片节奏，吸引了更多观众的关注。

此外，在2005年"落实科学发展观"宣传报道中，记者们还大胆尝试，突破以往常用的单线叙事结构，而更多地选用平行、交叉等多线叙事结构来丰富主题。例如《新闻联播》中播出的新闻《安徽：淮河一家人》一片，以平行蒙太奇的手法使身处不同环境、不同地点的主人公实现了对话，将治淮决策者思路的形成与人民群众的愿望紧密地联系起来，揭示了治淮新思路"以人为本"的内涵。《焦点访谈》栏目也不断创新，在《清河三问》一片中设计了主持人问答式的结构，片中制作了虚拟的动画主持人"敬一丹"，不仅给人以耳目一新的感觉，而且适应了青少年观众的视听习惯，拓展了报道的受众群。记者们还以设置悬念的方式来增强报道吸引力，采用倒叙的手段，先设置悬念，吸引观众的注意力，然后再慢慢地揭开悬念，满足了观众心理需求。例如《新闻联播》中播出的《青岛：铬渣山的变迁》、《海南保亭：水泥厂为何不扩建了？》、《天津节能：从罚款单到诊断书》、《青海：盐湖引水的故事》等节目就是采用这种报道方式的优秀典型。

3．精选题材，多重角度，生动揭示落实科学发展观的重大意义

在2005年"落实科学发展观"大型主题宣传活动中，中央电视台精心组织了几套全面的系列报道，精选不同角度的题材，通过从各个角度的新闻报道综合展现"落实科学发展观"精神在全国各地的成果。

例如在新闻栏目中挖掘各地域的特色，通过赋予一个特定的称呼和内涵，统领相关报道，编排了"中部崛起"、"东北振兴"、"西部开发"三个主题："中部崛起"集中报道中部六省的新探索新实践，见证落实科学发展观给中部六省经济和社会生活带来的巨大变化；"东北振兴"系列通过七个人物的故事折射东北老工业基地新的发展历程；"西部开发"系列以"商机"作为突破口，介绍西部把开发中遇到的问题变成商机的新做法、新经验。通过展现不同地域在落实科学发展观过程中的优秀典型，以不同的风格和角度，充分体现出在科学发展观指引下，全国各地经济建设、社会发展方面的新成就、新面貌，并以细致入微的叙述，形象生动地展现出科学发展观给人们带来的影响。

全台各栏目之间通过有效的组织配合，在短时间内进行突击报道，也取得了很好的效果。例如《新闻联播》、《经济信息联播》、《经济半小时》三个栏目先后报道播出了《重庆工业：重组带来新生机》、《甘肃：资源型企业走出围城》、《陕北：工业反哺农业 带动老区发展》等多篇头条综合报道，对我国在贯彻科学发展观过程中有突出特色的三个城市进行了集中报道，为宣传贯彻科学发展观形成了强大的声势。

三、2006年"落实科学发展观"报道设想

2006年，中央电视台将把"落实科学发展观"阶段性重点宣传与日常报道相结合，以"内容表现真实可信、形式结构新颖活泼、组织运作高质高效"作为基本创作思路，分三阶段对"建设创新型国家"、"建设节约型社会"、"建设和谐社会"三大重点展开宣传，并将根据中宣部要求，酌情考虑大型节目设计。

以《新闻联播》、《经济信息联播》等优秀精品栏目为代表的新闻类栏目将继续发挥在全国各地设立记者站、委派特约记者等优势，加强与地方电视台的合作，采取调查式、体验式相结合的办法，突出报道的故事性和可视性，并结合日常报道，更快速、更有效地对全国各地在落实科学发展观过程中取得的成就进行宣传报道。

《焦点访谈》、《央视论坛》、《新闻会客厅》等栏目将结合栏目自身特色，以不同的节目形式、不同的观察角度制作相关的专题节目，配合相关的新闻报道，创造"落实科学发展观"主题的宣传热点。

《科技博览》、《走近科学》等栏目也已经有多个专题片、纪录片正在制作或者已经完成，这些节目将为观众更深刻地阐释"科学发展观"的深刻内涵。

在社会经济建设方面，中央电视台拟以"加快建设国家创新体系"、"科教兴国战略和人才强国战略"、"自主创新型企业"为主题，制作新闻、专题和访谈类节目。

（本文是作者在"落实科学发展观"大型系列主题宣传活动总结暨动员策划大会上的讲话摘要）

发挥优势　再谱新篇

中央电视台副台长　胡恩

中国广播电视学会已经更名为中国广播电视协会，这是中国广播电视事业发展史上具有里程碑意义的事件。中广协会的建立，顺应了时代发展的要求，也是与国际接轨的必然需求。

中央电视台分会是中广协会的四大分会之一，同时还是中广协会中18个专业委员会的会长单位。因此，总结中央电视台分会的工作经验，探索学会改协会后的工作规律很有必要，这对于中央电视台、对于中广协会、对于我们的广播电视事业的发展都会大有裨益。

一、中央电视台分会工作的回顾

近几年来，中央电视台在台分党组的领导下，不断优化频道结构，加快频道专业化的发展，积极推进频道品牌化的建设工作，推进人事和财务制度的改革，进一步强化了经营管理。

台内的研究部门会同中广协会的同志，整合研究力量，做了大量非常重要也很有价值的工作。比如新频道的推出、频道的改版、栏目和节目的评估、评选以及一些重要课题成果的应用转化等。从而为推进电视产业经营的发展、深化改革和机制创新作出了重要贡献。

中央电视台任会长单位的18个专业委员会的交流和研讨工作积极踊跃，大大促进了节目的精品化。

另外，中央电视台还与这18个专业委员会在出版图书、制作光盘、培训、异地采访、办刊、办网站、节目交换等方面开展了卓有成效的交流与合作。

二、中央电视台分会工作的展望

(1) 中央电视台分会要在中广协会的领导下，围绕中央电视台2005年工作会议精神，落实“管理执行年”的各项要求，其中包括：围绕一个中心任务，即电视宣传要紧紧围绕党和国家工作大局，坚持科学发展观，构建和谐社会，确保正确舆论导向；实现两个转变，即推进节目中心制管理向频道制管理的转变和由频道专业化向专业频道品牌化方向的转变；深化四项改革举措，即以增强时政新闻的贴近性和感染力为目标开展新闻改革，以培育和塑造品牌频道为核心的频道品牌化改革，以量化经营指标和效益为企业评估依据的经营改革，以定岗定编减员增效为重点的人事管理改革；强化以频道制管理为核心的节目体制管理，以巩固优势、增加新经济增长点为核心的产业经营管理等等。

(2) 中央电视台分会要借助18个专业委员会的沟通渠道，密切和地方电视台的联系和协作，推进电视业界的资源整合、联动与协作。

(3) 中央电视台分会要积极适应学会更名为协会后角色和职能的转变，为中国广播电视协会的发展注入新的活力。学会改为协会之后，最主要的任务有两项：一是理论研究，二是行业自律。我们从事理论研究的同志，为广电事业的发展，为节目质量的提高，为广电队伍的建设和从业人员素质的改善，从智力支持的角度做了大量的工作。但新情况层出不穷，形势也在不断变化，尤其是当前国内外电视传媒的竞争日趋激烈，有中国特色的广电业在市场化、产业发展的进程当中并无现成的道路可走，需要不断探索和创新。这就需要我们的理论工作者及时总结经验和教训，增强敏锐性，提出富有前瞻性和预见性的意见和建议，使协会充分发挥政府与企事业单位之间的桥梁与纽带作用，推动整个行业的健康发展。

制定行业标准、行业规则和行业自律公约，建立职业操守，开展从业人员培训、职业道德教育和行业维权，组织与国外同行业的交流合作等等，这不仅标志着中国广电行业正在与国际接轨，更是提高自身管理水平的必然要求。我们的电视协会到底在多大程度上能够维护本行业的根本利益，如何发挥政府与行业间的中介作用，是今后一个时期内需要不断实践和探索的新课题。

目前，党中央大力提倡科学发展观，建立和谐社会。我们中央电视台分会将在“三个代表”重要思想的指引下，秉承“与人民同行，与祖国同在，与世界同步，与时代同进”的宗旨，配合中国广播电视协会提出的“两个重点，即理论建设、行业自律和维权；五个平台，即理论建设平台、社团管理平台、节目评估平台、咨询开发平台、行业自律和维权平台”的工作目标，为推动整个电视业的发展贡献自己的智慧和经验，为构建和谐社会谱写更加辉煌的篇章。

（摘自《电视研究》2005年第五期）

中央电视台高清电视发展及管理模式

中央电视台副台长　何宗就

中央电视台自1999年国庆50周年庆典之际在国内第一次试验用高清电视进行实况转播开始，依靠自身力量在高清晰度电视技术和制作艺术方面进行了6年多持续不断的探索和积累，获得了不少宝贵经验，为在2005年成功开播央视高清频道奠定了坚实的技术基础。

1999年，中央电视台通过装备6讯道高清晰度电视转播车和简单播出系统、ENG采录和自编设备，以60i格式在国庆50周年庆典之际成功进行了我国第一次高清电视转播试验。2002年，完成主控全带宽数字矩阵系统改造和台域光缆传输系统建设，建立400平方米高清晰度电视演播室和后期电编合成、非线性编辑和5.1环绕立体声制作机房，改造了6讯道转播车，形成了比较完整的1080/50i格式高清晰度电视节目制作链。2005年，完成800平方米高清演播室建设，并正进行10讯道高清转播车和网络化后期高清制作系统建设，完成后将可形成每天2.5小时高清节目制作量。100平方米体育演播室高清改造也在同步展开，为下一步制播高清体育节目打下了基础。从2006年开始，根据北京市政府对国际奥委会关于高清电视转播的承诺，中央电视台将积极开展体育高清转播的各项准备，为2008年北京奥运会高清转播积累经验。同时，以高清电视制播体系为基础的中央电视台新台址电视工艺系统建设也将陆续展开，未来的央视新台将成为主要面向高清制作播出的电视台。

在较好的技术基础之上，近年来中央电视台有关节目部门及公司积极开展高清电视节目的制作，制作了大量优秀的高清节目，特别是在专业人才储备等方面，始终走在中国高清电视制作的最前沿。正是有了这些节目的积累，我国第一个数字高清频道——央视高清频道才得以在2005年9月1日成功开始试播。节目来源主要利用央视储备的1600多小时高清电视剧，再从欧美日韩收视最好的影视剧中挑选符合中国观众口味的节目。央视高清频道目前每天播出节目15小时，2006年1月1日正式播出后将增加至每天播出18小时。

在节目编排方面，央视高清频道也对观众的收视习惯进行了深入分析和研究，按照观众的习惯合理编排节目。在技术方面，由于我国高清晰度电视的标准尚未完善，作为第一个面向全国实际播出的高清电视，中央电视台对国内外相关技术及标准情况进行了认真研究和全面评估，最终决定在央视高清频道采取以下技术路线：在节目格式方面，完全遵守国家广电总局颁布的高清晰度电视演播室标准，所有节目均采取1080i/50Hz的格式，图像宽幅比为16∶9。在压缩编码方面，我国数字电视目前采取MPEG-2标准，在音频环绕声方面临时采用了Dolby AC3，高清电视的最终技术体制将按广电总局正式颁布的有关标准实施。在传输方面，根据广电总局发展有线数字电视的总体规划，采取DVB-C标准通过有线电视网入户。

从我国高清电视的长远发展和未来与国际接轨考虑，我们特别为央视高清频道特别定制了用户接收终端——机顶盒到电视机之间的数字视频接口必须采取HDMI接口。

中央电视台此次开播的高清频道采取了公司化运营方式，由中央电视台控股的上市公司中视传媒负责内容提供和频道集成，中央电视台下属的中数传媒负责技术保障、地网对接和市场运营。为使高清消费者能够通过真正的高清电视机欣赏央视高清节目，保证央视高清的品牌形象，以利于高清电视在我国的长远发展，结合我国国情，提出了“高清频道与电视机厂商捆绑销售”的全新商业模式。

2006年是高清电视发展至关重要的一年，借助世界杯高清转播的良好契机，中视传媒计划围绕以下几个重点方面拓展央视高清频道的工作：加强节目质量和频道编排，增强频道核心竞争力；继续突出频道的影视特色，力争播出内容70%是影视节目，频道编排理念上继续打造精品时段，对于晚8点档播出的电视剧强调首播和独家；利用德国世界杯的高清转播，扩大高清频道的影响，普及高清电视知识，使高清频道的用户有较大幅度的增长；充分发挥中央电视台的品牌栏目优势和800平方米高清演播室等设备资源，对适合在高清频道播出的栏目逐步进行高清化改造；培养和储备频道运营专业人才，为今后运营更多频道打下基础。

（本文是作者2005年12月23日在数字高清发展规划论坛暨SONY第四届“高清杯”颁奖典礼上的发言摘要）

电视产业经营的核心问题

中央电视台副台长　李晓明

一、确立电视产业在现代市场体系中的位置

电视产业是文化产业的一个重要组成部分。按照联合国教科文组织对文化产业的定义，文化产业是"按照工业标准生产、再生产、储存以及分配文化产品和服务的一系列活动"。按照这一定义，我们可以把电视产业定义为：按照工业标准生产、再生产、储存以及分配电视产品和服务的一系列活动，即指从事电视产品与服务的生产经营活动以及为这种生产和经营提供相关服务的行业。

从理论上讲，要通过产业发展的方式发展电视业，就必须按照市场经济的效益最大化原则对频道、节目、设备、资金、人力资源等要素进行配置，但事实上这在我们的电视业还无法完全做到。这主要是由电视业的特殊性质决定的。

1．电视业的二重属性

从产业属性上讲，广播电视主要提供人们在信息服务、文化娱乐、科学教育等方面的需求，属于第三产业。但由于电视业具有的政治、经济二重属性，它是一种特殊的第三产业。其他产业以追求经济效益为最高目标，而电视产业的发展目标是在坚持社会效益第一的前提下，实现社会效益和经济效益的统一，不能把经济效益当作根本的、唯一的目标。

在市场化和产业发展的过程中，其他产业的开放度越来越高，而电视作为具有强烈政治属性的特殊产业，世界各国都对本国的电视传媒业的经营实行严格的准入许可证制度，对生产制作、传输播映、市场营销等主要环节实行严格的行业管理。

电视产业的特殊性，决定了中国电视业在产业发展过程中，不能简单地通过行政命令，以整齐划一的整改方式将其完全推向市场。而需要构建起一个符合电视业发展规律的现代市场体系之后，电视产业才可能健康有序地发展。

2．现代市场体系对电视业发展的要求

从经济学的角度考虑，现代市场体系要求有良好的市场竞争环境和健全的企业制度。但长期以来，中国电视传媒实行的是公益事业单位管理体制。劳动人事管理与财务管理、分配制度都沿袭了事业体制下的做法。电视经营过程中存在着"政事不分"、"企事不分"、"管办不分"的现象，全国收视市场和广告市场无序竞争现象时有发生，这些因素都在不同程度上阻碍了产业发展。我国要发展电视产业，必须逐渐解决这些由事业体制和机制所形成的制约。

3．文化体制改革给电视产业带来的发展机遇

从党的十六大到十六届三中全会、四中全会，党和国家提出了文化体制改革的总体目标和要求，把深化文化体制改革、解放和发展文化生产力，发展文化事业文化产业放在突出重要的位置。

2004年，国家广电总局颁布了第44号令，《中外合资、合作广播电视节目制作经营企业管理暂行规定》于2004年11月28日起正式实施。外资的进入将使广播电视行业的竞争进一步加剧，广播电视业的"生态环境"将发生变化，不同的价值观念也必将发生一些碰撞。

二、理顺电视产业各产业链条间的关系

1．现代电视的产业链

一个产业的全面发展，不能离开一个完整的产业链。在电视业中，存在着由资源供应、制作、节目流通、播出、传输、用户服务、市场经营等环节构成的产业链。

考察国际传媒产业的发展，从外部市场看，它们有一个面向全球的、完善的节目营销体系，同一个节目，可以在全球市场同时销售；从内部体系看，它们不仅大都有自己的电影、电视、报纸、刊物、广播、网络等传媒公司，同时还和广告业、娱乐业、旅游业全面整合，多层次开发媒体产品的价值。

反观国内，电视产业链在我国的现状是下游的受众资源，广告资源配置完全按市场机制配置，中下游资源配置市场化程度还很低，还需进一步推进改革步伐。电视和其他媒体之间的资源共享链条没有建立起来，各业务环节之间，也未按产业链的内在要求形成有效的利益互动机制，而主要是按照行政手段分配任务角色，条块分割，资源分散，频道、网络、节目等资源配置按行政级别和行政区域分配，各种生产要素无法流

动。在节目营销领域，全国性的大市场尚且没有成型，国际市场的进入和占领就更显乏力。因此，我们的节目从生产、播出到销售，更多的还处在自产自销、粗放式经营的格局中。

为了改变这一现状，中央电视台近年进行了一系列的改革，目前已基本建立起一个产业链的雏形。我们通过中国国际电视总公司组建了一系列的专业公司，从事节目的规划、投资、制作、宣传推广、广告代理、国内外版权代理销售以及后续产品的开发。在新成立的中央数字平台的运作中，开始尝试严格按照中国数字付费电视产业链的清晰布局，相关各方完全按照商业模式操作。

2．电视产业链中的关键环节

在考察电视产业链的各个环节时，我们注意到整个产业链上存在两个核心的链条：渠道和内容。随着广电产业发展进程的加快，以及数字电视、卫星直播电视和网络电视的全面开通，频道资源和传播渠道将大大增加，渠道在电视产业中的支配地位会越来越削弱，未来决定电视产业兴衰的关键将是内容。

三、凸显内容经营在电视产业链上的核心地位

1．内容生产的格局转换

目前，中国电视媒体每年的播出总量为2000多万小时，首播量为870万小时。国有媒体自制能力却不到100万小时，缺口达700多万小时。随着数字电视和网络电视的全面开通，还将产生出大量的频道资源，这个缺口会进一步加大。为了保证节目市场的供给，在内容生产领域，未来将出现以下趋势的转变：

(1) 内容结构和资源配置市场化。由于节目的市场化程度提高，市场竞争压力加大，电视台内部的营利压力增强。除了那些担负重要公益服务责任的频道栏目，其余的内容结构和资源配置都将面向市场，以受众的需求为中心加以重新配置。

(2) 投资主体多元化和产权结构多样化。过去，投资电视节目内容生产的主要是一些专业的影视机构、文化公司，但随着近年来国家逐渐放宽对社会资本进入影视传媒产业的限制，各种类型的资本纷纷涌入。制作主体多元化的格局，使电视业从渠道到内容，到产权结构都在发生变化。过去节目由电视台制作，电视台播出，节目版权、产生的收益都是电视台的，但现在随着投资、制作形式的多样化，作为电视台主要资产的节目版权可能出现多家共有、多家共享的局面。

(3) 由小生产模式向大生产格局转变。过去，电视台对内容资源只重生产，不重经营，节目在电视台内部自产自销。既无后续利用的设想，也无衍生产品的开发，属于单打一的小生产模式。电视进入产业运作轨道之后，内容的生产将转为面向全国市场乃至全球市场的大生产格局。与这种大生产格局相适应的，是一批内容提供商、内容运营商操作下的全球化的大市场。内容资源的价值也必然将得到全面的拓展和充分的实现。

2．内容价值维度的全面拓展

在过去，衡量电视节目价值的主要指标是社会效益，节目的市场价值及其经济效益则放在较次要的位置。在电视的产业经营中，这种错位的价值观将逐步得到调整。在强调节目社会效益的同时，节目的市场价值也将得到高度重视，并且会从多维度、多层面去开发。

CCTV在内容方面有着得天独厚的优势：我们现在不仅拥有超过40万小时的电视节目资源，并且拥有中央新闻纪录电影制片厂、北京科学教育电影制片厂、中国电视剧制作中心等一批实力雄厚的节目生产基地，对这些节目内容价值的多层面开发，我们也作了一些有益的探索。

(1) 从多次销售中获取收益。即节目在播出后，再次以录像带、VCD、DVD等介质向其他电视机构或普通观众发行。

(2) 从多个市场上获取收入。当前，我国电视业的主要收入来源依赖于广告市场，单一的收入来源导致行业恶性竞争，产业发展不平衡。随着新技术的进一步运用，电视业的收入市场将出现新的营利模式。央视的内容产业已和付费数字电视和网络电视实现结合，开始向电视产业的付费市场迈进。网络电视和付费电视的开通，表明CCTV单纯依赖广告经营的模式开始发生根本性的改变，内容资源的价值出现了新的实现途径。

(3) 从多项服务中提升价值。除广告收入和收视费以外，增值服务也是电视业普遍的收入营利模式。我国电视业界在这方面才刚刚起步，中央电视台也作了相应的尝试。

3．面向全球市场的内容经营对策

(1) 以国际眼光、开放姿态，通过引进节目、合资合作等手段打造内容资源优势。

(2) 引入国外的创投理念，学习借鉴国外先进科技和管理经验。

(3) 强势出击，增强中华文化在西方主流世界的传播影响力。

（摘自《电视研究》2005年第三期）

携起手来　共同迎接纪录片的春天

中央电视台副台长　高　峰

一、发展纪录片具有重要意义

第一，发展纪录片是提高国民精神文化素质的需要。

纪录片本身真实纪录人文、自然和社会发展，它具有重要影像史料价值、社会认知价值、文化传承价值和艺术研究价值。这四个价值充分体现出发展纪录片是提高国民精神文化素质的需要。

一是影像史料价值是纪录片的第一个价值。中央新闻纪录电影制片厂资料库42000本胶片一共是420000分钟，总共七八千小时的历史纪录。从民国到抗战，到解放战争，再到新中国建立，直至现在。这种对历史价值的纪录，是纪录片的功能所赋予的。

二是社会认知价值。纪录片承载着一种思维方式，我们通过纪录片这个载体，去抒发我们的情感和思想。一部好的纪录片首先是它要能够使心理不平衡的人感觉到平衡，这才是好的纪录片。还有一种纪录片，它使本来心理平衡的人看到后，感到不平衡，这是更出色、更优秀的纪录片，充分体现出纪录片的社会认知价值。

三是文化传承价值。无论是国内还是国外，认识西方文化也好，认识非洲文化也好，都是通过纪录片得到最深刻的认识。

四是艺术欣赏价值。我们总是能够从纪录片中感悟到一些真、善、美的东西，即使它反映的不是大恨大爱、江河风光，哪怕只是一个小人物，你都能够从中感悟到人性的美。

第二，发展纪录片是提高对外文化传播能力的需要。

首先，纪录片有一个特点：它在形式上和内容上的国际化程度很高。纪录片不分国别，也不分民族，任何一个民族和国家都有一批观众认同纪录片。纪录片的国际文化交流适应性很强，而且具有独特的对外文化传播能力。其次，在内容上，纪录片传播中华民族的文化、传播新中国时代风貌。所以，我们应提高对外文化传播能力，这也是国家的需要。

第三，发展纪录片是影视文化产业发展的需要。

首先，电影和电视纪录片本身具有公益性和商业价值的双重价值，而且生命周期长。其次，纪录片本身能够促进影视节目的调整和优化，促进影视产品的国际化进程。

二、健全与完善纪录片的行业组织

第一，我们应该壮大纪录片的创作队伍，这是纪录片委员会工作的首要前提。另外，中广协会的任务是组织、领导、团结全国广电系统的人去共同发展广播电视事业，扩大中广协会的规模，这是中广协会工作的职能所决定的。我们作为中广协会下属的电视片研究会，应该壮大纪录片的创作队伍，这是我们工作必须要做的，只有这样，电视纪录片才能够提高。

第二，开启和扩大纪录片市场。把纪录片经营起来，这是纪录片委员会将来要做的具体事情。纪录片委员会应该是一个组织大家闯市场的平台，既然有这么一个概念的存在，我们就应该努力去扩大和开启它。

第三，培养更多的专业化人才。在普及和扩大纪录片队伍的同时，应该重点培养专业化人才。这里的专业化人才，不是指能拿摄像机去拍摄纪录片的就是专业化人才。许多纪录片创作者本身就是某一地区、某一领域的学者，他们即使不拍纪录片也要在这个领域生存。获得法国凯撒电影节优秀导演奖、优秀摄影奖的片子《微观世界》，它的两个摄影师一个是昆虫学家，另一个是植物学家。这种专业化人才运用影视手段对本职工作加以纪录，这种纪录片会更有深度。我们应该更多地去扶持纪录片的专业化人才，至少应该有这些侧重，这样和国际交流时，自己就有了和世界对话的基础。

三、努力开创纪录片发展的新局面

第一，纪录片委员会应该加强服务意识，把纪录片委员会作为为大家服务的平台。

第二，加强纪录片委员会的内部合作，建立纪录片市场的供求关系。

第三，加强与国际纪录片行业的广泛联系。

（本文是作者在中广协会纪录片委员会2005年工作年会上的演讲摘要）

以开放的思维迎接一个时代的来临

中央电视台副台长　孙玉胜

高清晰度电视的到来，对于中国电视的发展具有划时代的意义。高清电视是中国数字电视、特别是中国数字付费电视的一剂强力兴奋剂，它将推动整个数字付费电视事业的发展，这种推动作用和影响力将超出我们的想象。

目前中国付费电视发展的一大障碍就是免费电视太多，当五十多个开路的央视和省台的卫视频道呈现在我们面前的时候，推广付费电视就非常困难。

但经过一年的运营，我们找到了区别于目前免费电视的内容建设的方式和方法，找到了符合中国国情的付费电视营销手段。

一年多来的实践更使我们坚信，在免费电视如此发达的情况下，要使我们的广电产业化成功推进，要不断满足付费电视订户个性化和专业化的收视需求，我们必须在技术上和免费电视拉开档次，所以高清晰度电视就成为我们期望的一个焦点、一个起点、一个支点。

中国电视业有着不同于世界其他国家的发展轨迹，有着中国的特殊国情，任何一个国家都没有像中国这样，在标清层面拥有这么多的免费电视。在电视强调公共服务几十年后，广电总局提出电视要产业化，电视要做强做大，这就要求我们向电信学习，要寻找新的经济增长点。一段时期以来，电视依靠广告维持收入，没有任何其他的经济增长点，如果把高投入的高清频道再作为免费电视去分摊现在的广告份额，再把这个千载难逢的新增长点的机会错过的话，对于广电做强做大将产生严重影响。

谈到电视承载的公共服务功能，我认为现有的五十多个卫视频道和几百个地方频道已经足够了，这么多的频道作为我们舆论宣传的阵地，完全可以胜任。高清电视作为一种奢侈品，我感觉应该从付费电视开始，这不但是从“中数传媒”公司运营的角度来看，也是为整个广电产业的发展着想。

2004年，中央数字电视传媒有限公司向国家广电总局申请了两个高清频道，都已获得批准。按照预先的计划，中央电视台将在2005年适当的时候开播高清晰度付费电视频道，具体的开播时间取决于三个条件。

第一个条件是节目储备情况如何；第二个条件是运营模式能不能确定下来；第三个条件是能和节目、运营模式适配的相关技术是否已经非常成熟。

关于节目，“内容为王”是大家公认的颠扑不破的信条。但在目前的高清电视领域，我觉得出现了很奇怪的现象，我们一直在强调节目先行，强调内容为王，但是前几天我们作了一项调查，数据显示，在中国还没有高清频道的情况下，中国内地的四个知名电视机厂家去年已经卖出能支持高清电视的电视机50万台。没有节目，电视机已经走在了我们前面，而且步伐非常矫健。从这个奇怪的现象我们可以反推过去，如果我们有了高清频道，中国的高清电视机发展会成什么样的状态！

所以，中央电视台高清频道的开播，对于中国的高清电视机产业，对于整个高清电视产业链的发展会起到非常巨大的推动作用，因此，内容为王不可能在高清电视里面失去效力，而只会起到更大的拉动和推动作用。

中央电视台的第一个高清频道应该是一个综合性的娱乐频道，现阶段我们还无法把新闻性的节目加入到高清频道里面来，因为新闻性的素材现在还无法高清化，所以频道定位是一个综合的娱乐频道，具体的节目构成大致有几个方面：

第一个方面，目前中央电视台正在对一些演播室进行高清设备的改造，我们准备把中央电视台现有十六套免费电视里面著名的品牌性栏目进行高清化的改造，直接录制高清版，同时套裁标清版。

第二个方面，这个高清频道中将要有电影、将要有电视剧；高清的影视剧将使订户拥有高保真的实时家庭影院；另外还有一些特别节目，像央视的春节联欢晚会，我们已经连续好几年有春节联欢晚会的高清版；同时高清版的纪录片应该也在我们选择范围之内。

第三个方面，这个高清频道中还会有精彩的体育赛事，2006年有世界杯足球赛，而且这届在德国举办的世界杯将全程提供高清信号，央视要在高清频道中转播本届世界杯。

中央电视台目前已获得两个高清频道的创办权，

想在2005年开播一个，条件更加成熟的时候再开播另外一个。节目有了，就关系到它的运营，在《十年——从改变电视的语态开始》一书中，我把电视定性为技术媒体，因为我感觉在目前并存的所有媒体里面，哪一个媒体也没有像电视这样，从信号采集到发行到户每个环节都离不开技术。而且我现在还发现，电视不仅仅是一个技术媒体，随着它的技术含量越来越高，它的运营方式也越来越复杂。

在模拟电视时代，电视主要依靠广告挣钱，我们只要想方设法通过各种方式发射模拟信号就行了。进入数字电视时代，增加了我们的营利渠道，有了付费电视，有了机顶盒，所以数字电视的运营要比模拟电视复杂得多。

高清电视的运营要比一般的数字电视更加复杂，所以关于高清频道的运营我们把它分成了两个方面。

第一个方面是它的基本运营特征，所谓基本运营特征，就是把它理解为普通的数字付费电视频道，它需要集成、压缩、复用，需要机顶盒，需要智能卡。

此外，高清频道作为商业运营还有特殊的一面，在数字电视的推进过程中最大的障碍就是机顶盒的单谁来买。在论证高清运营方案时，我们跟个别的生产高清电视机的厂家探讨过这个问题，由于目前高清电视机的价格比较高，所以它的利润空间很大，我们希望高清电视机的厂家能承担起高清机顶盒的配送，也就是我们说的"捆绑销售"。我们设想的模式就是，高清电视机厂家在销售电视机的同时配送高清机顶盒、配送智能卡，这样解决入户门槛的问题。就此议题，我们跟有关厂家座谈过，他们也非常愿意。他们接受这种运营方案的条件就是节目方必须要提供一个像样的高清频道，要有像样的节目。

就高清频道与普通数字付费电视运营方面的差别，我们和网络运营商在谈这个话题的时候也是不谋而合，虽然高清频道占用的频点带宽要比普通数字频道多，相当于六个普通数字频道，但如果高清电视机厂家愿意采取这样的运营方式，目前我们接触的大多数的有线电视网都愿意拿出带宽将高清频道落地，而且非常有信心。

高清电视的热潮现在已经扑面而来，高清电视机的出现，尤其在中国的热销会使我们中国的电视进入一个新的时代，这个新的时代可以改变我们的生活，改变我们的生活方式，同时也会改变我们电视行业的运营思维。

所以，我们应该用一种开放的思维、开放的胸怀来运营高清电视，迎接高清电视时代的到来！

（本文是作者在中国高清电视发展论坛上的讲话摘要，摘自《现代电视技术》2005年第五期）

为确保12月1日音乐频道立体声顺利开播，音频部积极配合编导完成音乐频道立体声开播前的节目技审和入库工作。图为技术制作中心音乐资料复制间。

GAIKUANG

概　况

概　况

中央电视台2005年十件大事

一、重大宣传报道圆满成功，重大突发性事件报道把握适度

坚持团结稳定鼓劲、正面宣传为主的方针，努力提升重大宣传报道水平和舆论引导能力。春节联欢晚会广受好评；连宋访问大陆报道热情庄重，全球322家电视机构转播了中央电视台国际频道的直播节目；纪念中国人民抗日战争暨世界反法西斯战争胜利60周年报道，根据中央精神，多角度、全方位报道“首都各界向人民英雄纪念碑敬献花篮”、纪念中国人民抗日战争暨世界反法西斯战争胜利60周年大会和“伟大胜利——纪念中国人民抗日战争暨世界反法西斯战争胜利60周年大型主题展览”等，隆重推出大型文艺晚会《为了正义与和平》、《爱我中华》、《中华情》，并制作播出《抗战》、《不能忘却的历史》、《八路军》、《为了胜利》等一批系列专题节目和影视剧，产生良好效果；“神舟六号”载人航天飞行直播报道规模空前、全程记录，创造了中国电视直播史上布点最广、跨度最大、演播室最多、直播时间最长的新纪录，极大地弘扬了载人航天精神。同时，庆祝西藏自治区成立40周年，新疆自治区成立50周年，台湾光复60周年，第十届全国运动会，第四届澳门东亚运动会等重大事件报道，以及防控禽流感和突发事件、自然灾害等报道及时充分、准确客观、把握适度，有效发挥引领舆论的作用，受到海内外广泛关注和积极评价。

二、主题报道效果突出，典型宣传生动鲜活

始终坚持正确舆论导向，努力深化电视新闻改革，按照“三贴近”的原则，不断增强正面宣传的吸引力、感染力。围绕科学发展观，先后推出“东部新跨越”、“中部崛起”、“东北振兴”、“西部大开发”、“创新中国”、“社会公德”等主题系列报道与专栏，为构建和谐社会营造良好的舆论氛围；深入报道保持共产党员先进性教育活动，开办《实践“三个代表”重要思想 保持共产党员先进性》、《时代先锋》、《永远的丰碑》等专栏和系列报道；典型报道创新内容、创新形式，成功报道宋鱼水、张云泉、王顺友、侯祥麟、王书田、杨业功等数十位先进典型，在社会上引起强烈反响。

三、积极实施“频道品牌化”战略，全台收视份额创五年新高

按照“频道品牌化”建设目标，各频道深挖潜力，整合资源，优化结构，突出特色，电视剧频道、英语频道、经济频道、体育频道和科教频道相继改版成功，呈现出各频道相互竞争、相互补充、形成合力的新格局；继续扩展名牌节目优势，打造荧屏亮点，先后举办电视小品、舞蹈、京剧大赛，海峡两岸知识大赛和《梦想中国》、《感动中国》、《品牌中国》、《平安中国》、《中国经济大讲堂》等系列活动，节目品牌效应迅速强化；努力创新电视剧创作、生产和播出管理的新机制，推出《亮剑》、《任长霞》、《京华烟云》等一批制作精良、影响广泛的好作品。全台收视份额强劲上升，并保持较高水平，全年平均收视份额达到34.14%，创五年新高。2005年，中央电视台首次入选世界品牌500强（位列341）。

四、大力拓展电视外宣新途径，扩大国际影响力

配合“走出去”工程，中央电视台牵头联合八家地

方台组成的长城（亚洲）平台于2月1日正式开播，对台宣传取得突破性进展。长城（北美）平台运作一年来订户数量持续增长，突破3万户，有效扭转美国华语市场"台强我弱"的现状。中文国际频道、英语国际频道和西法语频道在海外落地、入户取得重大进展，CCTV-4完整频道已在全球100多个国家和地区实现落地，覆盖境外华语观众1500多万户；CCTV-9已在美国、英国、法国、俄罗斯等40个国家和地区实现落地入户，境外用户4350万户；CCTV-E&F在美国、古巴、智利、毛里求斯等6个国家实现完整频道落地，进一步扩大中国电视媒体的国际影响力。与此同时，以央视网络电视互动直播平台为基础，中央电视台电视节目成功进入台湾，充分体现对台宣传的主动性。按照"国家水平、国际盛会"的标准，首次成功承办中国国际广播影视博览会、北京亚太青少年电视节、亚广联大学生机器人大赛等国际性活动，实现社会效益和经济效益"双丰收"，产生良好国际影响。

五、全方位开拓产业经营，全年总收入实现新突破

加快电视产业发展，坚持"以客户为中心"的服务宗旨，巩固优势，继续深度开发广告业务，2006黄金资源广告招标总额达到58.69亿元，创历史新高；全面拓展网络电视、付费电视等多种经营业务，不断培育新的经济增长点，逐渐形成以广告经营为主，新媒体业务、传统业务多业并举的产业经营新格局。积极探索经营管理新举措，首次推出《中央电视台经营业绩考评工作管理办法》。全台事业收入94亿元，企业收入30亿元，全年总收入达到124亿元。

六、加大电视技术革新，安全播出创十年最好成绩

积极适应电视媒体数字化、网络化的发展趋势，成功研发CCTV节目生产管理系统，并已全面上线运行；依托品牌资源，以央视国际网络为基础，8月8日正式启播CCTV网络电视新闻频道、娱乐频道；国内第一个数字高清频道——中央电视台高清影视频道9月1日正式试播；以专业蓝光盘、中心存储、网络制播等关键技术为基础的网络制播系统，首次大规模应用在"十运会"报道中，实现节目全程无磁带制作和播出；音乐频道于12月1日率先成功试播立体声节目；中央电视台节目资料数据下载点12月13日正式开通，这是中央电视台媒体资产管理数字化应用的开端。安全播出常抓不懈，全台16套常规频道全年总播出时间12.6万小时，总事故率1.80秒／百小时；10套付费频道总播出时间7.5万多小时，总事故率0秒／百小时；通信、动力系统等继续保持安全运行无事故，这是自1995年以来中央电视台安全播出取得的最好成绩。

七、不断深化管理改革，积极探索机制创新

以"管理执行年"为契机，加强内部管理，深化人事制度和财务制度改革，整体管理水平和管理效率提升明显。完善各项管理制度，相继推出媒体资产管理、版权管理、编外人员管理、播音员主持人管理、经费预算管理，以及公文运转、电子邮件和舞美、灯光、服装制作、外租办公用房管理规定等，加强对餐费等四项费用比例控制，制定安全播出应急预案。强化实施管理举措，编外人员实现企业化管理，栏目制片人竞聘上岗全面展开，中层干部竞争上岗有序推进，进一步增强内部活力。积极探索台内机制创新，首次完成国家社科基金项目"制播体制改革与电视业发展问题研究"等重点课题。

八、党员先进性教育和民主评议行风持久深入，队伍建设取得新成绩

坚持开展职业道德和职业精神教育，进一步强化队伍建设。上半年，扎实有效地开展了保持共产党员先进性教育活动，圆满完成了学习教育和电视宣传各项任务。下半年，积极深入开展民主评议行风活动，开门纳谏，广征意见，着力解决广大群众反映的突出问题，社会各界反响良好。2005年，中央电视台再次获得"全国精神文明建设工作先进单位"荣誉称号，连续12年被评为"首都文明单位标兵"，张兴、徐少兵等六位同志被评为"全国优秀新闻工作者"。

九、新台址工程稳步推进，工程建设进入全面实施阶段

2月28日，中央电视台新台址建设工程施工总承包合同签署，新台址建设开始进入全面实施阶段。在把握好施工安全、工期保证、质量达标、造价控制四个关键环节的前提下，新台址建设工程电视文化中心（TVCC）和主楼（CCTV）分别于3月16日和4月28

日相继正式开工。目前，新台址建设工程主楼(CCTV)正在进行底板施工，电视文化中心(TVCC)结构已出地面，主楼和电视文化中心的桩基施工业已全部完成。

十、顺利完成中国有线划转工作，继续开拓新业务新领域

7月20日，根据广电总局党组的决定，中央电视台完成中国有线电视网络有限公司、广播影视信息网络中心划转工作，这是事关电视事业产业发展的一项重大举措，有利于实现优势互补、共同发展，有利于星网结合、安全传输，有利于开发新业务、拓宽发展新领域，必将加快数字电视发展进程，对中央电视台节目在全国范围的有效落地产生重要的推动作用。目前，中国有线、网络中心的资产清理工作报告已经完成，人员划转安置工作有序进行。

（台办公室提供）

中央电视台2005年概况

一、宣传状况

中国中央电视台现开办有16套开路播出的电视节目，16个常规频道为综合频道、经济频道、综艺频道、中文国际频道、体育频道、电影频道、少儿·军事·农业频道、电视剧频道、英语国际频道、科教频道、戏曲频道、社会与法频道、新闻频道、少儿频道、音乐频道、西班牙语法语频道，内容几乎涵盖社会生活的各个领域。同时开办了9个数字电视付费频道，2个网络电视频道和1个高清晰度电视播出频道。付费电视频道包括风云足球、第一剧场、风云剧场、世界地理、风云音乐、怀旧经典、高尔夫·网球、央视精品、国防军事等。

2005年，中央电视台先后组织了一系列重大宣传报道活动，科学发展观、连宋访问大陆、纪念中国人民抗日战争暨世界反法西斯战争胜利60周年、西藏与新疆自治区大庆、“神舟六号”载人航天飞行、第十届全国运动会等。在这些重大报道活动中，中央电视台均坚持了正确的舆论导向，组织制作播出了主题鲜明、特色突出的电视节目，在广大电视观众中引起强烈反响，充分发挥了国家电视台主力军的作用。

2005年中央电视台30个播出频道（其中12个频道为24小时播出）播出总量为230248小时，平均每天播出631小时（包括北美长城平台节目、10个付费频道和1个高清节目频道），自制节目比例达73.9%。

2005年中央电视台继“专业化”后开始实施“品牌化”战略，大大推动了节目生产和频道自身建设，并已经初见成效。形成以第一套节目为龙头，综合频道、专业频道门类日趋齐全，专业频道特色日益彰显，相互支持、互为补充的覆盖国内国际的频道格局。全台目前正在播出的栏目总数为390个，加上付费电视的82个，总共为472个。其中包括大量为观众喜闻乐见、耳熟能详、制作精良的名牌栏目，并保持较强的创新能力，引领全国电视节目制作的潮流。

在节目创作方面，中央电视台高度重视节目质量，鼓励多出精品，先后推出一大批思想性、艺术性强，深受观众喜爱的优秀节目，不仅成为观众收视热点，而且在社会各界产生广泛影响，“春节联欢晚会”、多个电视大赛等许多固定制作播出的节目已经成为著名品牌，不同题材、弘扬民族精神和时代主旋律的电视剧作品深受观众好评。中央电视台每年均有多个节目荣获国内、国际重要奖项。

二、技术状况

中国中央电视台拥有世界先进水平的技术设备和设施，播出设备包括数字录像机机械手自动播出系统8套、硬盘服务器数字播出系统44套，支持18套常规频道和10套付费频道节目（含高清1套）的播出，播出文件能自动上传至中国广播电视音像资料馆归档；制作设备、设施包括：演播室29个、摄录设备总数672套（数字标清ENG设备548套、高清摄录设备15套、模拟摄录设备109 套）、对编设备253套、便携编辑机60套、编辑合成系统105套、非线性编辑系统53套、三维动画创作系统7套、图像合成创作系统10套、新闻共享网络系统中精编工作站80台、粗编工作站286台、音棚2个、配音译配机房26个、转播车8辆、中继航拍直升机1架、DSNG（数字卫星新闻采集系统）

8套、微波系统54套、海事卫星传送系统4套等。采录制作设备已实现全面数字化，节目播出实现自动化，并率先在国内开展了高清晰度电视、交互式电视播出试验，建设了先进的新闻共享系统。

中央电视台的安全播出是一项重要的政治任务。中央电视台近些年来播出事故率连续下降，1998年播出事故率为31.60秒／百小时，1999年为22.17秒／百小时，2000年为19.08秒／百小时，2001年为5.09秒／百小时，2002年为8.75秒／百小时，2003年为3.86秒／百小时，2004年为2.52秒／百小时，2005年为1.49秒／百小时，屡次刷新历史最好成绩。

三、队伍状况

截至2005年末，全台和直属单位职工总数近万人，台本部现有正式聘用职工2529人（大学本科以上学历人员1541人占61%，大学本科人员1276人占50%，拥有硕士学位人员236人占9%，拥有博士学位人员29人占1%）；台本部编外人员总数4905人（研究生以上学历230人占4.7%、大学本科学历2163人占44.1%）；台本部离退休人员583人。中央电视台拥有国内一流的播音员、主持人队伍，深得全国广大电视观众厚爱。播音员、主持人在业务上接受台播音员主持人指导委员会指导，执行严格的出镜管理制度。2003年起，中央电视台定期评选出该年度10名优秀播音员、主持人，给予特殊津贴奖励。此特殊奖励政策将延伸至优秀的制片人、编导人员。

中央电视台历来重视党的建设和精神文明工作。目前，全台及直属单位共有党员4317人，18个台属中心党总支、4个二级党委、199个党支部。中央电视台于2002年、2005年两次获得“全国精神文明建设先进单位”，2003－2004年度获得“中直机关文明单位”，连续12年获得“首都文明单位标兵”和“广电总局精神文明标兵单位”荣誉称号，是全国新闻界“精神文明示范点”、“全国社会治安综合治理先进工作单位”、“首都绿化美化花园式单位”、“北京市卫生红旗单位”、“全国新风婚育进万家活动先进单位”、“北京市献血文明单位”、“北京市交通安全先进单位”。

四、经营创收情况

12年来，中央电视台每年11月对来年第一套节目黄金段位广告招标。目前该活动已成为企业界对来年经济发展预期的展示，因而被经济分析人士评价为“中国经济的晴雨表、风向标”。2005年11月18日成功进行了2006年中央电视台黄金资源广告招标，招标总额达58.69亿元，再创历史新高。全台事业收入94亿元，企业收入30亿元，全年总收入达到124亿元。

五、传播效果

在国内收视市场，中央电视台的收视份额基本保持在全国收视市场的30%左右。据统计，2005年中央电视台15个常规频道总体收视份额达34.14%，创五年来新高；观众人均每日收看中央电视台节目的时间为52分钟（人均每日收看电视时间为154分钟）；中央电视台各频道的观众满意度也占据着全国卫星频道满意度排行的前12位。

2005年2月1日，中央电视台牵头联合八家地方台组成的长城（亚洲）平台正式开播，对台宣传取得突破性进展。长城（北美）平台运作一年来订户数量持续增长，突破3万户，有效扭转美国华语市场“台强我弱”的现状。与此同时，以央视网络电视互动直播平台为基础，中央电视台电视节目成功进入台湾，充分体现对台宣传的主动性。这标志着中国电视对外宣传跃上了一个新台阶，中央电视台外宣工作在理念和运作方式上发生了重大变化。

（台办公室提供）

2005年中央电视台频道建设概况

中央电视台一直致力于搭建规模化的频道建设格局，架构全方位的电视传播体系，为广大观众提供更专业、更多样化的服务，满足人民群众的信息和文化需求。

1999年以来，中央电视台根据“频道专业化、栏目个性化、节目精品化”的发展战略，率先在全国推进频道专业化。中央电视台现有16套开路播出的电视节目，包括综合频道、经济频道、综艺频道、中文国际频道、体育频道、电影频道、少儿·军事·农业频道、电视剧频道、英语国际频道、科教频道、戏曲频道、社会与法频道、新闻频道、少儿频道、音乐频道、西班牙语法语频道。栏目总数达到390个，日平均播出量346.2小时，内容几乎涵盖社会生活的各个领域。2005年，16套电视节目中除西法语频道以外的15个频道总体收视份额达34.14%，比2004年提高4.4%，创五年来新高；全年共有322天日收视份额超过30%，比2004年多出169天。中央电视台节目全国人口覆盖率达到95.9%，观众总数超过11.88亿。2005年广告总收入为86.1886亿元人民币。

2005年，按照“频道品牌化”建设目标，中央电视台各频道建设和改革稳步发展，各频道深挖潜力，整合资源，优化结构，突出特色，电视剧频道、英语频道、经济频道、体育频道和科教频道相继改版成功，各频道相互竞争、相互补充，形成合理的新格局。电视剧频道改版突出了电视剧特色，清理频道、减少庞杂，实现24小时打通播出，充分体现电视剧频道“精品多多、好戏连看”的特点；经济频道通过实施科学改版、强化经济定位、打造个性品牌、创新节目编排，在导向、效益、影响力等方面都取得了较大成绩；体育频道于2005年9月5日实施改版，实现24小时播出，实行动态的节目编排模式，并提高了制作水平；科教频道于2005年12月26日推出新版，突出“服务社会、服务受众”的理念，坚持“教育风格、科学品质、文化定位”的方向，加大了对频道的整体设计力度，在内容形式、编排手段和包装推广方面进行了一系列调整、改进和提高。

（总编室宣传规划处提供）

播送中心全力以赴确保“人大”“政协”两会转播任务的胜利完成。图为人民大会堂新闻发布厅直播现场。

ZHUANJI

专　辑

专 辑

赵化勇台长向社会公开行风承诺书

按照国家广电总局、国务院纠风办的部署，中央电视台将认真组织开展民主评议行风活动，诚恳地接受广大人民群众的评议和监督，制定改进措施，进一步增强全台职工的职业道德水准，切实转变工作作风，不断加强队伍建设，推进中央电视台的事业建设和改革发展，为完成党和国家的宣传任务提供有力保障。

在广播电视系统深入开展民主评议行风活动，是国家广电总局推进行业行风转变的重要举措，也是去年以来，继深入开展“三项学习教育活动”、“保持共产党员先进性教育活动”之后，开展的又一项学习教育活动，意义重大，影响深远。中央电视台是国家电视台，是党、政府和人民的喉舌，对内传播党和政府的声音，对外树立国家和民族的形象。我们深知所肩负的责任。中央电视台将积极投身民主评议行风活动，以此促进全台职工进一步弘扬职业精神、恪守职业道德，增强贯彻执行党的新闻方针的自觉性、坚定性，加强自律，维护电视新闻工作者的良好社会形象，求真务实，取信于民。

在此，我谨代表中央电视台向社会公开承诺：

(1) 坚持正确导向，为党和国家的工作大局服务。始终与党中央保持高度一致，不断增强政治意识、大局意识、责任意识，实践“三个代表”重要思想，宣传科学理论，传播先进文化，弘扬社会正气，倡导科学精神，充分发挥国家电视台的正确引导作用。

(2) 坚持为社会的发展进步服务，为广大观众服务。始终从稳定大局出发，从党和国家、人民的根本利益出发，真实、全面、客观、公正地报道新闻事实，弘扬科学、文明、进步的理念，全面推进建设小康社会的进程。坚持贴近实际、贴近群众、贴近生活，丰富节目内容，提高节目质量，满足群众的精神文化需求。

(3) 恪守职业道德，做遵纪守法的模范。始终在国家法律规定范围内进行采访报道活动，维护公民的合法权益，维护司法尊严，遵守各项政策，保守国家机密。同时，严格自律，敬业奉献，公正廉洁，加强正反两方面的宣传教育，强化规章制度的执行力度，采访报道和活动组织更加透明和公开，维护电视工作者的良好形象和中央电视台的社会声誉。

(4) 抵制不正之风，自觉接受监督。坚决抵制低级庸俗、虚假新闻、铺张浪费之风，坚持高品位、高标准，不谋求个人与小集体的私利，坚决杜绝有偿新闻。诚恳地接受社会各界的监督、批评，欢迎群众举报中央电视台所属单位和个人的违规违纪行为，一经核实，我们将严肃查处。中央电视台纪检监察部门举报电话：68506639。

欢迎社会各界对我们给予监督。

2005 年 7 月 5 日

中央电视台向观众开门纳谏受到称赞

中央电视台认真贯彻中央精神，开展民主评议活动，连续三天召开了民主评议行风座谈会，向社会各界约四十名代表开门纳谏，征求意见，受到称赞。

有朋自远方来

为了更广泛地听取意见，央视特地在座谈会上邀请了不同领域的代表，分别是中纪委、总政治部、国务院新闻办公室等各部委代表，《光明日报》、《经济日报》、《工人日报》等各大媒体代表，以及来自全国各地的普通观众代表。这其中最引人注目的是那些来自最基层的观众代表。他们没有一个是央视的“关系户”，有很多人曾经多次打电话对央视提出过批评建议。一位来自山东的代表说：“听说我要上北京来开这个座谈会，身边的很多人就问我，咋就选上你了呢？其实我不仅跟央视非亲非故，反而多次打电话提意见，没想到电视台让我来北京参加这个座谈会，心里觉得真是感动。”这些观众代表个个都是有备而来。一位吉林省的观众代表甚至自己深入农村进行调查，征求老百姓对央视的意见和建议，把他们的心声带到了北京。

我们一直在努力

中央电视台分党组成员、副台长胡恩及台分党组成员、纪检组组长、机关党委书记张海鸽代表中央电视台分党组在会上向代表们介绍了中央电视台的基本情况和行风建设的主要内容。他们表示，近年来中央电视台积极探索有效的纠风工作机制，在建立和完善个人自律机制、台内管理机制、社会监督机制、投资运行机制、思想教育机制、违纪行为查办机制、纠查考评机制、激励约束机制、综合监管机制等方面加强行风建设取得了显著成效，但与党和政府的要求相比，与广大人民群众的期待相比，还有很多问题需要改进。因此，这次民主评议行风活动，对中央电视台进一步加强行风建设，促进各项工作具有重要意义。

代表们对中央电视台的行风建设情况给予了充分肯定，认为中央电视台作为国家电视台，多年来坚持正确的宣传舆论导向，服务于党和国家的中心工作大局，宣传党和国家的声音，满足人民群众的精神文化生活，为我国政治、经济、社会、文化等各项事业的发展作出了重要贡献，体现了国家主流媒体的权威性和公信力。而中央电视台这次召开民主评议行风座谈会，主动、虚心、诚恳地接受各界评议，正是充分体现了中央电视台对行风建设的重视以及加强行风建设的决心。

这样一种感动

不积跬步无以至千里，不积小流无以成江河。央视在观众心目中的形象，是无数央视人形象的叠加，尤其是一些曾经和央视工作人员进行过合作的代表更是深有感触。“如果说以前对央视记者的感觉是尊重，现在我的心中更增添了一份敬重。”来自国家工商总局的代表动情地说，“央视社会新闻部的一位记者为了揭露传销集团的内幕，深入其中卧底。我们委派了一名政法干部陪同保护。那位记者在犯罪集团内部一待就是七天，那里环境恶劣、危险重重，后来连我们的政法干部都感觉到有些吃不消。没想到这位记者却坚决不撤离，在非常艰苦的环境下冒着生命危险拍摄了大量素材，将这个传销团伙的罪行大白于天下。”在三天的座谈会上，这样的例子不胜枚举，敬业、奉献、能打硬仗，成了代表们评价央视人用得最多的词语。

一位来自广西南宁的家庭主妇说：“我的孩子是央视少儿频道的忠实小观众，少儿频道以前播放的公益广告中，有一段公交车上小孩不给老人让座的反面教材，没想到其中的台词一下子就成了孩子的口头禅，我用了很长时间才让孩子改掉了这个坏毛病。后来我抱着试试看的心理给中央电视台反映了这个情况，没想到这条广告很快就做了修改，让我特别感动”。

他山之石可以攻玉

在三天的座谈会上，面对着代表们的交口称赞，央视却多次鼓励代表们多提意见多挑毛病。于是，主持人的形象和素质成了大家的热门话题。来自中国新闻社的代表提出：主持人是央视的脸面，一些著名主持人更是在社会上形成了一定的明星效应，他们的一言一行都会影响到观众对央视的评价。因此，所有的主持人都应该更加清楚自己身上的责任，严格自律，让央视继续成为新闻界的模范和榜样。

除此之外，与会各界人士还提出，央视应继续加强记者、编辑、主持人文化底蕴的培养，在法制、体育、经济等专业报道中要进一步提高专业知识和政策水平，大幅度加强对基层的报道力度，充分发挥舆论监督作用，提高节目质量，增强服务意识，加强队伍管理，实现“三贴近”，把体现党和国家的意志与反映人民群众的心声紧密结合起来。

对于代表们对中央电视台提出的宝贵意见和建议，台领导胡恩、张海鸽表示了衷心的感谢，并要求台属各部门对代表们提出的意见进行认真梳理，及时整改、抓好落实，并希望所有代表们能够继续支持和关注中央电视台的发展，欢迎随时提出批评意见。据悉，央视还将开展一系列对外开放、自觉接受监督的活动，在工作中吸取社会各方意见，认真整改，使中央电视台行风建设和各项事业的发展更上一个台阶。

（摘自2005年8月15日《中国电视报》记者 王茂华）

胡恩副台长在2006年年鉴工作会议上的讲话

《中国中央电视台年鉴》已经走过了12年辉煌的历程，现在已经在全国成为一种非常权威、影响很大的资料工具书。在全台认真落实科学发展观，努力开创电视宣传和事业发展新局面的形势下，我们在这里召开《中国中央电视台年鉴》编纂工作会议，回顾总结年鉴一年来的工作，研讨交流新形势下年鉴的编纂工作思路和对策，很有意义。刚才，程宏副总编，还有苏峰、王甫几位同志对年鉴工作都提了新要求，年鉴编辑部的同志也对下一步的年鉴工作提出了具体的业务上的要求，我觉得这是搞好我们未来年鉴工作非常重要的要求和目标。

随着我国社会主义市场经济的不断发展和信息化步伐的不断加快，作为全面信息载体之一的《中国中央电视台年鉴》面临着新的形势，出现了许多新情况、新问题。国家广电总局的领导也对2006年年鉴工作作出了具体的指示，提出要“坚持权威性、公认性，紧跟广播电视最新发展变化和前进的脚步，要编出特色”。面对目前所呈现出的机遇与挑战并存的局面，借此机会，我想讲几点意见，供大家互勉。

一、中央电视台事业进入全新发展阶段

当前，我们的宣传工作、事业发展、经营创收都步入了一个全新的发展阶段，面临着很好的形势和机遇，主要表现在以下几个方面：

第一，中央和社会各界的高度重视。通过年鉴2005年卷的图片内容，可以明显地看到中央各级领导对我们亲切的关怀和对舆论宣传工作和央视事业发展的大力支持。根据每天各大媒体对央视工作动向的大量报道，也反映出了社会各界对我们事业发展的密切关注，比如每年一度的广告招标活动被誉为“中国经济走势的晴雨表和风向标”。

第二，科学发展观、可持续发展战略指导思想为做好新时期舆论宣传工作指明了发展方向。经过多年来的理性思考、辛勤探索，我们逐渐形成了可持续发展广播电视产业的新思路。2005年2月26日，赵化勇台长代表台分党组，提出“专业频道品牌化”的发展战略，这是继“频道专业化、栏目个性化、节目精品化”这“三化”战略实施多年之后，发展战略的一次重大升级。在打造“专业频道品牌化”的同时，我们还积极开拓了数字付费电视、网络电视等多种传播渠道，在改变经营思路，逐步改变依靠单一的广告销售模式等方面也进行了大胆开拓……所有这些都充分体现了科学发展观的要求，体现了对电视产业发展规律的深刻认识和正确把握，为搞好新时期的舆论宣传工作指明了发展方向。

二、高度重视，强调“三性”，共同促进年鉴编纂工作再上新台阶

近几年，中央电视台事业进入了一个全新的发展阶段。作为舆论宣传、技术发展、产业经营、精神文明和文化建设工作的编年史和大型资料性工具书，年鉴必须采取综合措施，全方位提高编纂水平，以更好地服务于事业发展大局。

我希望全体同志高度重视，做好年鉴工作。所有在座的同志都是年鉴特约编辑、资料员。大家在完成好自己的本职工作的基础上，还要给中央电视台年鉴供稿，付出了大量的心血。对于年鉴我们还要强调“三性”，即权威性、真实性、实用性。权威性毋庸置疑，中央电视台年鉴应该成为中央电视台的“史记”。“史记”这个说法分量很重，“史记”在我们的历史典籍当中具有举足轻重的权威性作用——我想把它作为一个比喻的话，它说明了《中央电视台年鉴》在台的发展史当中的重要的、不可替代的这种历史典籍的作用。所以，这就要求年鉴一定要具有权威性。事实上，这12年来的年鉴，无论是国内的研究者，还是中央电视台自己的同事，回顾十几年前的事情，大家都会不约而同地去翻阅年鉴，从年鉴当中来寻找当年的大事记，寻找当年的风云人物，我们的年鉴确确实实体现了权威性。所以，我们还要秉承这样一个宗旨，使《中央电视台年鉴》继续保持权威性。上一年度国家对电视的权威性的政策、方针，从年鉴当中我们都可以寻找到。同时，也能找到中央电视台上一年度自身的大事、要事，包括重要的人物、重要的改革、重要的方针、重要的政策。这样，经

过若干年以后，回过头来看，每年的年鉴就成为中央电视台完整的发展史。不光记录了中央电视台的历史，也记录了我们在座的同志正在创造的历史，同样它也会成为国内外研究中国电视发展史的一部重要的参考书。刚才王甫同志有段话讲得很好，就是“我们的年鉴应当成为有参考和实用价值的重要参考书”，这个定位还是比较准确的。所以，我们首先应该保持它的权威性。

第二个就是“真实性”。作为一部史书，它的权威性是建立在它的真实性之上的。年鉴是在记录历史，也在书写历史，历史要求它要真实，不能说没有做的事情。它不是文学作品，它是一部大事记。所以，要求它要真实：无论是国家的方针、政策，还是中央电视台曾经走过的风风雨雨，或是我们共同经历过、共同参与过的重大宣传报道和经历过的改革，或是我们分享改革胜利的果实，所有这些我们所提供的一切资料记载都应该是真实的。只有是真实的，它才有长久的生命力，才能经得起历史的考验，才有长久的参考价值和借鉴价值，真实是我们年鉴工作的最基础也是最重要的要求。这就要求在座的各位要收集我们的第一手资料，一定是鲜活的资料，而不是经过编造的资料。当然后期的加工编纂是必要的，但是这个后期加工和编纂也必须是在真实的基础上。比如刚才体育节目中心的同志谈到的，为年鉴提供的资料要是最鲜活的第一手资料，而不是那种人为地进行设计后摆拍的。可能有些照片从纯技巧的角度来说质量不是很高，但它是我们一线的同志们真实工作的记录。越是这样，我们年鉴的真实性才不会被人们所质疑，它才有长久的、顽强的生命力。

第三个就是要有“实用性”。年鉴是权威的，是真实的，它记录了国家的方针政策，记录了我们全台同志在一年当中亲历的重大事件和我们创造的丰硕成果。若干年后，对后来者，对我们自己，它都有非常大的参考价值。无论是我们写个人的总结，还是写中央电视台的传记，还是对我们整个国家的电视发展史，包括我们大量的高等院校在谈中国的电视传媒发展史上，肯定离不开借鉴和使用年鉴所提供的大量的、有用的数据和资料。所以，它应该成为一本有参考使用价值的专业工具书。为了达到这样一个目标，刚才很多同志在总结中都谈到了，有两点我非常赞同：第一，我们还是要进一步规范体例。既然是一本年鉴，它确实要有一个规范的体例。事实上12年来我们已经形成了自身的规范体例，我觉得这种规范体例确确实实是国内外公认的年鉴的史书体例，不能太随意。第二，我们要创新内容。刚才很多同志也谈到了，规范体例并不意味着我们在规定的体例下不能创新。随着时代的发展和我们业务的发展，在规范体例的基础上也要不断创新，更重要的是要创新内容。台的事业在不断地创新、不断地发展，党和政府每年也对我们的广播电视有新的要求，所以，在内容上要不断地创新。这就要求我们的资料员按照编辑部的统一部署，每年要给我们年鉴提供新的内容，一个是文字上，一个是图片上，一定要有新的东西。文字表述要尽可能生动活泼。年鉴需要用数字来说话，需要用言简意赅的文字来诠释，因为毕竟年鉴不是文学作品。但是，我们还是要把看起来枯燥、严肃的文字尽可能地用活泼、生动的文字来表述出来，这就要求我们年鉴编辑部在把握权威性、把握体例规范的基础上，尽可能使我们的年鉴做到图文并茂，生动活泼，使这本工具书让人们爱不释手，而不是束之高阁。

三、增强做好年鉴编纂工作的紧迫感、责任感和使命感

年鉴创刊以来的编辑出版工作使我们积累了宝贵的经验，也看到了差距和问题，我们要本着认真负责的精神，进一步增强责任感和紧迫感，积极应对竞争和挑战，努力做好年鉴编纂工作。

为了做好年鉴工作，我向在座的特约编辑和资料员提出两点希望：第一，希望从事这项工作的同志要有高度的责任感和使命感。从事这项工作的绝大部分同志虽然是兼职，但是中央电视台记录历史的重任是放在了在座各位同志的肩上，通过你们，依靠全台的同志们共同来完成。在座的资料员和特约编辑们承载着一个资料收集、整理，包括按照编辑部的统一要求进行书写、编纂这样一个重要任务。这个工作我们不光是在记录历史，也是在书写、记录我们正在创造的历史，同时更重要的是给我们未来的电视人展示中央电视台的发展史。这项工作要求我们既要对前人负责，也要对我们自己负责，也要对未来的电视人负责。它是记录中央电视台辉煌历史的一个非常重要的工作。希望从事这项工作的每一位同志都要有一种神圣的责任感和重要的使命感。第二，希望从事这项工作的同志要工作到位，责任到人。大家都有本职工作，做年鉴工作是兼职，但我们承担了这项工作，实际上就已经寄托了全台同志的希望，我们有责任把中央电视台正在发生的、或者已经发生的重要的事件、重要的人物、重要的改革通过图文并茂的方式记载下来，传承下去，让更多的人了解它，让未来的电视人在我们今天已经取得的成就的基

础上进一步发展我们的事业。从这一点上来看，就要求我们每一位同志要工作到位，责任到人。有一句话大家经常说，叫“细节决定成败”。我们的年鉴工作要大量地收集资料，有很多可能看起来不太起眼的一些细节的东西恰恰需要引起我们高度的关注。所以希望大家一定要按照编辑部的统一部署和要求，把资料工作、把文字工作、把图片工作认真抓好、抓细、抓实。同时希望大家在我们年鉴资料的收集和编纂过程中有什么好的建议，及时向我们编辑部提出，使年鉴工作能够在现有的基础上有一个新的提高和发展。

还有17天就到狗年的新春了，一年一度年鉴编辑部和全体同志在这里举行这样一次聚会，既是总结又是部署，我也想借此机会祝我们全体同志在新的一年中工作顺利，阖家幸福。

程宏副总编辑在2006年年鉴工作会议上的讲话

这个会，既是一个表彰会，又是一个总结会，也是一个动员会。说是表彰会，刚才大家已经听到了总编室苏峰主任宣读了过去一年作出优异成绩的一些单位和个人名单，还有三位代表从各自的角度介绍了他们做这项工作的体会和经验，所以说它是表彰会。总结会呢，王甫主任和年鉴编辑部的老王同志刚才都对编辑部过去一年的工作作了非常简练、明确的总结。中央电视台年鉴在广电系统的国家级评奖中是最高的，这与全台特约编辑、资料员和编辑同志们的辛勤工作是分不开的。动员会呢，大家知道，这个会后，我们新一年度的供稿工作就开始了，3月下旬就是截稿日期，因此，希望大家和以往一样，从这个会后就尽快地进入状态，抓紧组稿。当然，大家都非常忙，春节前是全台一年中最忙碌的日子，同时又给大家增加了这样一项工作。这项工作又非常重要，大家知道，12年来的中央电视台年鉴，一千多万字的汇集，这是非常浩瀚、非常重要、非常光荣的一项工作。现在全台共有29个频道，为世界上最大的电视台已是不争的事实。每天300多个小时的节目，台内会发生许多新鲜事件，所以记录每年方方面面的创新工作应是年鉴内容的核心，这是区别于其他年鉴的特色。而这些特色，都是通过在座的全台各部门上百位同志之手，把所在部门具有典型性的、代表性的一些事件汇集起来，最后融入我们的台史，融入到我们的社会发展史当中去。所以我说这项工作是非常光荣的一项工作。大家不要轻视她，也不要觉得这项工作很平常。我们常说，平凡的工作当中包含着一些非凡的意义，我觉得年鉴工作就有这样的意义。每当大家翻阅年鉴的时候，或者经过很多年，我们偶然翻阅一本旧书的时候，其中的照片，其中的记录，尤其是这些记录跟我们还有关系的时候，往往会有深深的感慨，这样的感慨就是由于年鉴的记录触动了我们内心的一些记忆。所以这是留给后人、留给整个中国社会的发展这种变化的记忆，我们想到这儿就会觉得年鉴的工作是非凡的工作。因此，利用这个机会，向各位在座的特约编辑、各部门的领导再次表示感谢。

我想提一些要求，年鉴编纂要从四个方面抓好工作。一要抓住首次发生、反映事物发展方向、发展新阶段的新事。二要抓住具有里程碑性质、具有标志性的资料。三要抓住全台管理体制方面的重大改革。四要抓住社会关注的热点、焦点、难点、闪光点和生长点的电视宣传成效。另外，就是希望每年的这项工作要有一点创新，文字风格能够更加生动、准确，选择的图片像体育节目中心的同志讲的，要有代表性，有生动的含义。不要都是摆拍的，摆拍的价值就会减弱很多。工作当中即兴抓拍的照片，史料价值就能够很好地凸现出来。希望大家在选择材料的时候，能够多用心，而且要有公正的立场。面对大量的经验，面对图片，选择哪一张，这个公正的立场非常重要。最典型的、最能说明本部门的工作业绩、创新经验的材料才能够最终被我们选取和登载。做到以上的要求，需要年鉴的特约编辑、资料员有敏锐的头脑、较高的心智与才智，有为他人做嫁衣的精神，提供的稿件才能做到在文字的表达上有智慧的升华，整体年鉴的质量也才能达到高质量，达到精品图书的要求。后面还有胡台长代表台里对年鉴工作作指示。我想，春节快到了，再次对大家的工作表示感谢，同时希望大家在新的一年里，能够以创新的精神展开我们的工作，事业有成。

中央电视台党风廉政建设和反腐败工作情况

张海鸽

在中央电视台先进性教育活动征求意见中，大家对党风廉政建设工作提出了八条意见，我们概括为四个方面：一是反腐倡廉关键在党员领导干部，要加强对领导干部的监督，而且要有制度和措施上的保证；二是规章制度的执行力不够，应加强监督检查；三是廉政教育还要加大力度，要充分利用查处的违纪案件进行纪律教育；四是加大惩处力度，发挥群众监督作用。群众建议的四个方面非常好，是我们过去着重抓的重点工作，2005年中央提出的《建立健全教育、制度、监督并重的惩治和预防腐败体系实施纲要》也包括了这几个方面。我们要集中力量进行调查研究，制订中央电视台的《实施细则》，进一步落实群众提出的建议。

结合中央电视台廉政建设情况和大家提出的建议，我通报情况如下：

一、党风廉政建设的机构框架

坚持台分党组统一领导、党政齐抓共管、纪检监察组织协调、部门各负其责、依靠群众支持和参与的领导机制和工作机制。

中央电视台设有党风廉政建设领导小组，组长是台长赵化勇同志，成员为台分党组成员；下设有党风廉政建设协调小组，组长由纪检组组长担任，小组成员由台办室、总编室、人事办、财经办、机关党委、技管办、纪检组监察室、机关纪委、审计处等职能管理部门组成。协调小组各成员单位分别根据各自的职能、职责，承担具体工作任务。

台廉政建设专门机构是纪检组、监察室、机关纪委，一套人马，三块牌子。纪检监察部门有教育、监督、保护、惩处四项职能。财务纪律监督的专门机构是审计处，职责是加强和改善内部管理，提高经济效益和社会效益，促进党风廉政建设和从源头上防治腐败。

此外，还有大量的专兼职纪检监察干部在从事党风廉政建设和反腐败工作。党员群众的积极参与和大力支持是我们反腐败的重要力量。

二、党风廉政建设的基本情况

过去几年我们坚持围绕“以宣传工作为中心、服从和服务于宣传中心”的指导思想，全台廉政建设成效明显，表现在领导高度重视，自律意识牢固，廉政教育深入人心，制度措施逐步完善，违法违纪现象逐渐减少，源头治理腐败措施得力，队伍建设和宣传工作得到有力的政治保障。

（1）领导重视。台分党组作为全台党风廉政建设责任制的第一主体，在廉政建设工作中发挥了核心作用。赵化勇台长提出了台廉政建设的“四不”目标：要通过宣传教育和正面引导，使人不想腐败；要通过增加职工收入保障群众生活，使人不需腐败；要通过建立健全规章制度，使人不能腐败；要通过严肃查处违纪违法行为，使人不敢腐败。台里实行的“一把手”工程，增强了中央电视台各单位“一把手”对党风廉政建设和反腐败工作的重视。

（2）廉洁自律。这几年，领导干部廉洁自律工作主要抓了四项：一是对领导干部的配偶、子女个人经商办企业情况进行了专项调查，并制定了《中央电视台领导干部配偶、子女经商办企业有关规定》；二是对执行廉洁自律各项规定情况进行专项检查；三是对用公款购买商业保险进行了专项清理；四是提高领导干部廉洁自律专题民主生活会的质量。

（3）廉政教育。在开展廉政宣传教育工作上坚持三统一，即宣传教育与电视业务工作相统一，宣传教育与电视业务管理相统一，宣传教育与电视生产经营相统一；在廉政宣传教育方法上坚持了四结合，即普遍教育与专题教育相结合，经常性教育与集中培训教育相结合，正面教育与反面教育相结合，传统方法与创新手段相结合。特别是在2004年在廉政宣传教育活动中加大了正面宣传教育的力度，组织了《感动CCTV》先进事迹电视报告会活动。

（4）制度建设。近年来，台纪检监察部门制定了《关于重申和严格执行廉洁自律有关规定的通知》等规定，目前，我们正在对现有的廉政规章制度进行修改和完善，并加大执行力度。

（5）查办案件。2000年至2004年间，中央电视台共接到各种举报653件，我们按程序给予相应处理。

（6）预防腐败。从源头上预防和治理腐败工作，我们制定了《中央电视台关于党风廉政建设责任制的规定》，并于2003年8月在全台全面推行栏目管理公开工作。

（7）审计监督。目前审计监督的工作内容主要由三部分构成：一是以节目制作经费为主的事业经费审计，包括对电视栏目、大型活动和电视剧的审计；二是对以总公司为主的企业公司的资产、负债及损益审计，这其中还包括对各级公司经理的经济责任审计；三是对各类工程项目的审计，主要是基建工程、技术改造工程和维修改造工程的预决算审计，也包括新台址的工程审计。近年来，审计处强化了制度建设。

三、党风廉政建设的成效及问题

近几年，全台的党风廉政建设和反腐败工作开展得比较顺利，成效明显。表现在：党员干部的廉政意识、责任意识得到了加强，干部和群众的遵纪守法意识得到了提高；中央电视台的廉政建设工作受到了中央纪委和广电总局领导的充分肯定；通过审计，关口前移，对促进廉政建设起到了积极作用并产生了直接的管理效果和经济效果。

但是，在党风廉政建设方面还存在一些问题，如有些部门领导干部对党风廉政建设重要性认识还不到位，认为宣传是硬任务，廉政抓不抓关系不大；有些领导干部的廉政意识、责任意识不强；普遍存在规章制度执行不力的问题等等。

四、今后工作重点和整改措施

一是要认真贯彻中央《建立健全教育、制度、监督并重的惩治和预防腐败体系实施纲要》，加强对权力运行的制约和监督。二是以领导干部为重点加强反腐倡廉教育，把廉政教育贯穿于领导干部的培养、选拔、管理、使用等各个方面。三是建立健全反腐倡廉各项制度，结合台里管理执行年重点抓执行力。四是加强对权利运行的监督，建立健全对“一把手”和班子监督制约机制，强化决策管理监督。五是惩治腐败，必须从严，要加大惩治力度。六是搞好民主评议行风工作。七是加强效能监察工作。八是加强审计工作力度。

（摘自《电视生活报》2005年第八期）

立足前沿　引领发展　迈向产业化　国际化

——2005中国国际广播影视博览会综述

唐世鼎　陈礼东

由国家广播电影电视总局、中国广播影视集团主办，中央电视台承办的2005中国国际广播影视博览会于8月23日至28日在北京举行。这是自2003年以来我国第三次举办的国家级、国际性广播影视盛会，也是首次由中央电视台承办的声势盛大、规模空前的广博会。综观本次广博会有如下几个突出特点：

一、中央领导同志高度重视

2005广博会得到中央领导的亲切关怀和充分肯定，李长春、刘云山等同志亲赴北京展览馆参观影视节目展。李长春同志就发展和繁荣文化事业与文化产业作出重要指示。他强调广播影视业要牢牢把握世界高新技术发展的趋势和动向，广泛运用现代高新技术发展的最新成果，大力推动广播影视向数字化、网络化、产业化发展，进一步丰富内容，改进服务，最大限度地满足人民群众多方面、多样化的精神文化需求。要深化影视制作企业改革，重塑国有影视产品制作的市场主体，培育一批实力雄厚、具有较强竞争力和影响力的大型影视企业和企业集团，使之成为影视产品市场的主导力量和战略投资者。要大力发展民营影视产品生产制作企业，形成以公有制为主体、多种所有制共同发展的影视产业格局。繁荣影视节目的创作生产，要推出一批弘扬真善美、发扬民族文化优秀传统的精品力作，占领市场，赢得观众，实现社会效益和经济效益的统一。要加快实施“走出去”战略，加强与海内外广播影视的交流合作，扩大我国广播影视产品在国际市场的份额，增强广播影视节目在海外的覆盖面和影响力，推动中华文化走向世界。

二、规模宏大，交易活跃，盛况空前

在2005广博会期间，举办了中国国际影视节目展、北京国际广播电影电视设备展、中国广播影视“飞天奖”和“华表奖”颁奖晚会、BIRTV主题报告会和体育电视国际论坛、广播影视人才论坛等大型活动。展销推介与专题论坛相结合，经贸活动与文化交流相结合，互动互补，交易活跃，取得了经济效益和社会效益的双丰收。

三、创新拓展，主题鲜明，亮点突出

2005广博会结合国际、国内广播影视业发展的新趋势和新特点，在主题、内容和形式上进行了创新和拓展，呈现出诸多亮点。

1．精心策划，推出鲜明的主题词和统一的标识

本届广博会以“荟萃中外影视佳作，展示高清数字魅力，领略百年电影风采，鼎力北京奥运盛事”为主题，体现了对时代特征的把握和对未来发展的引领作用。广博会标识则充分体现了广播影视特色：画面整体为一话筒形状，代表广播；标识中的胶片象征电影；标识中的红绿蓝三色及“TV”字母寓意电视。其中的数字还体现了广播影视数字化趋势和高科技内涵。整个标识形状既像地球，表示广博会面向海内外开放和具有的国际影响力；也像眼球，突出广博会打造亮点、吸引受众的窗口特征。2005广博会还统一推出了宣传形象片和中英文会刊、会徽、宣传活页等，树立了广博会的整体形象和风格。

2．各项活动创新力度大，内涵丰富，特点突出

一是影视节目展增幅明显，亮点多。节目展具有五大亮点，引起与会者的广泛关注。它们是：凸显抗战系列题材剧目、少儿剧目云集、现实主义题材剧目增多、高清手机节目首次亮相、推出网上展台和网上直播访谈。这五大亮点基本反映了一年来影视节目精品和创作市场的现状与走势，推动了国内外影视节目交易和“走出去”工程。网上展台则体现了本届展会科学化、人性化的操作理念，基本满足了海内外参展商的各项需求，为未能赴京参展的机构和各界人士提供了了解展会的平台，有效地增强了参展商与受众的互动。

二是技术设备展立足前沿高端，引领市场需求和高新技术发展。本次展会把握世界广电领域高新技术的最新发展趋势，推出高清电视、数字电视、网络电视、手机电视、网上广播等高端、前沿技术领域的展台，并首次推出高清数字影院、中国影视数码剪辑大赛、数字新媒体高峰论坛和CCGF数字图像中国节活动等，引起观众的极大兴趣。

三是三大论坛突出权威性、前瞻性和高端品格，促进了传播理念的创新。

第一论坛是BIRTV主题报告会。在会上，张海涛同志展望了未来广播影视高新技术发展趋势及其深远影响，并就中国政府在“十一五”期间规划建立广播影视技术新体系、实现广播影视数字化以及发展高清电视等问题进行了重点阐述。

第二论坛是中国广播影视人才论坛。在会上，国家广电总局副局长雷元亮、中国国际广播电台台长王庚年、中央电视台副台长张长明和来自全国省级广电厅局（集团、总台）负责人等，着眼于广电事业未来发展和人才队伍建设现状，从不同层面、多角度阐述了广播影视人才资源开发管理、人才队伍建设的问题。

第三论坛是体育电视国际论坛。紧密围绕2008年北京举办奥运会这个主题，五百余位嘉宾就“体育电视经营模式”、“拓展全球赞助市场”、“体育电视转播传输渠道”、“新体育传媒市场需求”等问题展开深入研讨。

四是颁奖盛典契合时代精神，引领文化市场创作走向。“飞天奖”和“华表奖”颁奖盛典是2005广博会的压轴大戏。两大评奖活动坚持先进文化的前进方向，坚持思想性、艺术性、观赏性的统一，评选出一批弘扬民族精神和时代精神，积极反映现实生活，深受广大群众喜爱的获奖作品，充分体现了在过去的一年里，我国影视创作在“双百方针”和“三贴近”原则指导下取得的丰硕成果。

四、精心组织，提高服务质量，打造展会品牌

1．成功与否看组织，水平高低看服务

2005广博会得到中央领导、国家广电总局和中央电视台各级领导的高度重视。组委会办公室为与会嘉宾和参展厂商提供专业、细致、周到的服务。秘书组和宣传推广组及时发布信息，通过多种途径加大广博会宣传力度。

2．立足产业化与国际化，改进提高，持续发展

通过认真总结2005广博会取得的经验，笔者认为，今后举办广博会要在以下方面有所改进和提高：

一是按照高起点、高水平，产业化、国际化的要求，做大做强品牌。广博会应进一步引入和完善市场运作机制，围绕会展经济“一条龙”搞开发，为广博会构建一整套国际化商业运作的科学经营管理体系，促进国际合作与交易，提升国际竞争力，做大做强广博会品牌。

二是树立服务至上的理念，进一步提高服务水平。会展经济实质上是服务经济，服务质量和水平直接决定了会展经济的层次和未来发展前景。广博会在增强贴近性和服务性方面还有很多拓展和提高的空间，如

增加外语服务人员、英文资料，增设行业内具体领域的论坛，以及扩大与会人员的广泛性、代表性和参与性等。同时，展览分类应更明确、具体，处理好交易和展示的关系，并在广播、电影和电视之间取得一定的平衡，使广博会真正成为厂商与用户之间的桥梁，成为展示中国广播影视业改革发展水平的窗口，成为具有国际化标准的高水平展览会。

三是借鉴国际会展业经验，办出特色，办出水平。应有针对性地提高广博会的专业水平和国际化程度，特别要进一步明确广博会的主题和定位，区别于国内其他广电领域交易展示会，并在林林总总的世界广电行业交易展示会中脱颖而出，办出特色，打造不可替代的独特品牌，提高规格和影响力，推动节目与设备的互动、艺术与技术的融合，促进国内和国际之间的交流。

四是建立长效工作机制，促进广博会品牌可持续发展。中央电视台台长赵化勇指出，广博会首次由中央电视台承办，无疑是一份沉甸甸的责任。目前国家广电总局已决定今后每年固定由中央电视台承办，从长远发展角度来说，可考虑成立专门的组织落实机构，建立长效工作机制，提前策划，及早筹备，统一协调，专人操办，确保各项工作万无一失和市场运营工作的充分展开。

（摘自《电视研究》2005年第十一期）

构建央视人力资源管理新体系

杨晓民

20世纪90年代以来，随着事业单位改革的不断深入和传媒业的迅猛发展，在电视行业的持续性变革和中央文化体制改革的大背景下，中央电视台的人事管理工作发生了一些变化：一是工作重心逐步从以物质管理为核心过渡到对人的关注上，强调管理中的人本主义和促进人的全面发展；二是人事工作内容由盖图章、查档案等事务性工作向战略性管理转变，人事工作手段逐步引进先进的调查、分析和评估等工具；三是人事部门的职能逐步由维持、辅助型管理上升为战略型管理。总之，人事部门正在向决策机构的智囊团、组织变革的推动者、业务部门的人力资源顾问和协作者的角色演变。

2004年，赵化勇台长从事业发展的战略高度，提出了实施中央电视台“新世纪人才工程”的战略构想。在这一构想的推动下，中央电视台不断加快改革步伐，引进现代人力资源管理的原则、方式和手段，明晰了新世纪人才工程的目标，确定了电视台人力资源管理新体系的基本内容，继续推动组织结构、用工方式、岗位管理、干部晋升、评价机制、薪酬激励、员工培训、制度建设等人事管理中八个方面的转型，不断促进中央电视台人事管理向现代人力资源管理转变。

一、推动组织结构变革，推进中心制向频道制管理转变

长时期以来，由于事业单位的性质，中央电视台实行了“台——中心——部（处）——科组（栏目）”四级的管理模式。从组织理论上说，这种组织结构属于直线职能制的管理模式，它是以行政管理为指向，而不是以节目生产为目标的。随着中央电视台事业的发展，这种管理模式的不适应性越来越明显，迫切需要向一种既能提高组织效率，加强组织创新能力，又能简化组织管理层次，优化组织管理流程的新型组织模式转变。在组织模式的选择上，作为国家电视台，必须考虑两重因素：一方面，要保证电视台的国有属性不变，确保国家意志的顺畅实现；另一方面，作为与产业紧密结合的经济运行组织，电视台的组织构架必须遵循市场经济运行规律。在现有的可选择的组织模式中，“频道——栏目”两级管理体制是能够达到上述目标的最佳选择，可以简化管理层级、优化生产流程、提高工作效率、降低运行成本。

中央电视台的扁平化管理改革进程大致可以分为三个阶段。一是方案的提出和试点摸索阶段。1998年，频道制管理进入中央电视台的组织变革视线，频道制管理方案初见雏形。2000年和2001年，分别在英语频道（CCTV-9）和原西部频道（CCTV-12）实施了频道制管理改革试点。二是总结经验，逐步推进阶段。2003年，在总结英语频道和原西部频道的频道制管理经验的基础上，取消了原经济部和信息部，初步在经济频道（CCTV-2）建立起了频道制的管理框架。三是深化改革、全面实施阶段。2005年，中央电视台确定了加快频道制管理改革的战略方针，频道制管理改革

步伐加快，出台了频道制管理草案，从管理原则、治理方式、组织结构、岗位设定、宣传管理、人员配置、节目生产等方面对频道管理进行了再造。在推进过程中，我们对经济频道的频道制管理进行了完善，将原有的13个职能组整合为8个，还根据调整后的组织结构，对经济频道管理层主要岗位的职责进行了详细描述。

按照中央电视台确定的频道制管理改革进度，经济频道的频道制管理改革完成后，青少节目中心、体育节目中心将实施频道制改革，到2006年底，全台各频道将完成频道制改造，实现节目生产系统组织结构的转型。

二、推行劳务派遣制度，完善两种用工新体系

在事业体制下，中央电视台原有的用工形式为固定工制、聘用职工制和临时工制等几种用工形式相混合的模式，属于身份管理的范畴。1994年以来，通过新入台人员的聘用制管理、原固定职工的聘用制改革和编外人员规范化管理改革，逐步建立起相对稳定和相对流动相结合、长期和弹性相结合的两种用工新机制：一是台聘人员的聘用制管理；二是编外人员规范化管理。

2003年中央电视台依据“人员分类、规范管理”的原则，以劳务派遣制度和公司化管理为主渠道，进行编外人员管理改革。通过改革，基本上解决了编外用工的劳动关系、薪酬货币化透明发放、基本社会保障这三个核心问题。2005年，又重点在完善管理、保障权益、拓展发展空间三个方面进行了改革深化工作：一是通过建立编外人员劳务费监控系统，组建编外人员工会，给予编外人员借用磁带、固定资产等资格，完善编外人员招聘和人才储备库等措施，加强了编外人员的管理和保障工作。二是积极推动编外人员参加制片人竞聘上岗，全台共有30余名编外人员担任栏目制片人、行政职能部门科组负责人。三是组织1300余名编外人员申报编辑记者证，拓宽了编外人员的职业发展渠道。四是打通编外人员出口，将全台编外人员流动率提高到5%左右，一批不符合岗位要求的人员被退回劳务派遣公司，真正发挥了劳务派遣用工灵活、高效的制度优势。

今后，中央电视台人员管理的目标仍然是在坚持规范化管理和岗位管理的前提下，不断提高人员综合素质，拓宽各类人员的职业生涯发展空间。同时，通过规范的考核制度，提高人员流动率，真正建立起一种能进能出、规范合理、效率优先、兼顾公平的人员管理机制。

三、实行岗位管理，建立岗位管理体系

近几年，中央电视台通过编外人员管理改革、经济频道岗位管理改革和播音员主持人管理改革，建立了编外人员岗位管理体系，推出了关键人才管理办法，并准备在岗位首席制方面进行一些探索。

（1）编外人员岗位管理体系：在节目系统、技术系统和行政后勤系统内，分别设置了4类212个岗位，并对这些岗位进行了岗位分级和岗位名称规范，在此基础上初步实行岗位薪酬制，岗变薪变。

（2）经济频道岗位管理改革：2005年，经济频道岗位管理改革工作启动，经过对频道内部23个栏目组及13个职能科组进行深入调研、分析，对其现有的51个岗位进行了优化，整合至13个，并按照现代人力资源的一般原则，进行了岗位设置，明确了岗位职责，核定了人员编制总量。

（3）关键岗位人员管理：播音员主持人是电视媒体的关键岗位，是岗位管理体系的核心内容之一。近几年来，中央电视台逐步建立起以播音员主持人选拔机制、管理机制、激励机制和屏幕形象指导为主要内容的关键岗位人员管理体系。

（4）探索岗位首席制度：岗位首席制度是以员工职业生涯发展和岗位管理为两大支撑点，从纵向上来讲，每一岗位系列都包括从基础岗位到首席岗位的阶梯状分布，首席编辑、首席记者等岗位居于每一岗位序列的顶端；从横向上来讲，不同岗位序列间同一层级所享受的待遇和责权利相同。岗位首席制的详细方案目前正在论证之中。

四、建立竞争、择优、公平、公正的人才选拔任用机制

截止到2005年6月底，全台已经有63个栏目完成了制片人竞聘上岗工作，其中社会与法频道实现了全频道的制片人竞聘上岗；党办副主任和团委书记竞争上岗工作也正在加快展开。根据全台制片人竞聘上岗的推进计划，到2006年，全台现有的264个栏目将全部实现制片人竞聘上岗。

五、改进人才评价方法，建立人才评价新机制

中央电视台初步建立起以新入台人员招聘、关键

人才岗位评优和干部绩效考核为基础内容的人才评价机制。

（1）新入台人员选拔招聘。在近两年的录用应届大学毕业生、企聘职工等新入台人员招聘中，除针对不同职位的任职要求组织专项笔试、结构化面试和压力面试之外，还采取了无领导小组讨论、职业倾向测试等测评工具，对候选人的职业潜能、性格特征和优秀特质进行识别，并在此基础上进行人员甄选，取得了良好的效果。

（2）进行“十大”岗位评优。在修订《中央电视台优秀播音员主持人评选办法》的基础上，推出了《中央电视台优秀编辑记者评选办法》、《中央电视台优秀制片人评选办法》、《中央电视台优秀技术人员和岗位能手评选办法》等岗位评优办法，逐步建立以“十大”系列评选为核心的关键人才岗位评优体系。

（3）建立健全干部业绩考核办法。通过出台、修订《职工考核管理办法》、《处级领导干部聘任暂行办法》等规章制度，完善了干部定期考核和日常考核制度，初步建立起科学的干部考核体系。近三年来，依据干部任免权限和干部业绩考核结果，全台共提拔、调整处级领导干部110名。

六、推进薪酬改革，完善职工薪酬保障机制

近几年来，中央电视台不断通过机制创新，在编外人员薪酬体系、台聘职工奖金管理和职工保障三方面进行了积极探索，取得了较好的改革效果。其一，通过岗位管理改革，在编外人员中初步建立了以岗位为基础的基本工资体系和以业绩为基础的绩效薪酬体系。其二，规范台聘人员奖金管理，按照业绩和贡献奖优罚劣。其三，不断完善职工保障体系。

七、建设充分、完备、高效的人才培养、培训机制

在认真研究广电行业管理工作新形势和国家电视媒体员工培训先进经验的基础上，引进现代人力资源培训手段，按照充实、提高、发展的思路，大规模、滚动式地开展多层次的职工教育培训工作，初步形成了以职工岗位培训为核心、素质教育为平台、涉外培训为特色、干部锻炼培训为补充的职工教育培训新模式，从而扩充了职工教育培训的规模，提高了质量，促进了职工教育培训工作的多维度发展。

（1）岗位培训。在培训体制上，建立了“台——中心——部门”三级培训管理体系，实行统一规划、分级负责、分层培训。

（2）素质培训。开办“双周论坛”，邀请各学科、各领域的名家、学者到台内举办讲座。

（3）涉外培训。2004年，中央电视台启动了员工涉外培训项目，采取“请进来，走出去”的培训方式，突破了职工培训本地化、局部化的局限，向人才培训的体系化、层次化、规模化和国际化、现代化迈进。

（4）干部锻炼培训。目前，全台几十名干部分别在上级机关交流锻炼或者到边疆地区锻炼；同时，还建立了青海锻炼基地，组织近年入台人员分批次赴青海锻炼。

八、搭建电视台人力资源管理制度平台

一是根据事业发展的需要，出台新规定、新办法。依据现有的干部人事政策和现代媒体人力资源管理的一些内在规律，制定了《中央电视台人员招聘管理规定》、《中央电视台编外人员管理暂行办法》、《中央电视台科级以上干部竞争上岗工作管理制度》等一系列规章制度，梳理出一个从人员聘用到干部选拔的程序，基本上构筑出现代人力资源管理的结构性框架。

二是对以往发布的、且仍在有效期的现行规章制度进行了清理、修订；同时，拟定《中央电视台规章制度人事分册》。

三是重点加强人才评价、职工保障制度建设。修订了《中央电视台优秀播音员主持人评选办法》，推出了《中央电视台职工休假、休疗暂行办法》等一系列规章制度，健全、完善了职工评价、激励、保障体系。

电视台人事制度改革是一项系统性工程，需要在台分党组集体领导下，综合筹划、整体推进。同时，就人力资源管理这一领域而言，电视人力资源管理体系的建设也是摆在我们面前的一个新课题，需要在引进人力资源管理专业知识的基础上，结合电视管理的基本原理、电视台节目生产播出特点以及电视事业、产业的发展趋势，按照中央文化体制改革和干部人事制度改革精神，进行全面而细致的研究，探索既能促进电视事业发展，又符合电视产业规律的新办法、新机制。总之，新世纪人才工程和电视人力资源管理体系的构建，是中央电视台在人事管理改革实践中所进行的积极探索和有益尝试。

（摘自《电视研究》2005年第十期）

中央电视台的“两会”报道着力创新受到好评

一年一度的“两会”已经在全国人民的政治生活中起到了越来越重要的作用，也是中央电视台每年的一项重大宣传任务。中央电视台在2005年的“两会”报道中，一些主打频道，以全新的创意和报道形式，出现了很多值得关注的亮点，受到社会各界的好评。

重点突破 彰显个性

在2005年的“两会”报道中，央视新闻节目中心精心布局，围绕“贴近性”进一步创新思路，在对“两会”重要新闻事件快速反应的同时，围绕热点打造亮点，多方位地满足了受众的信息需要，受到各界广泛赞誉。

一、坚持正确导向，准确把握敏感话题

“两会”召开之前，新闻节目中心在对“两会”报道总体思路进行反复研讨的基础上，围绕“两会”热点制定了以“构建和谐社会”、“科学发展观”为主要内容的报道方案。

报道中，注重将会内热点与会外焦点相结合，通过新闻、专题、特写、评论等形式，配合当前正在进行中的形势教育宣传，强化了对热点问题的解读，有效发挥了主流媒体的舆论引导作用。其中，新闻频道重点围绕“构建和谐社会”这一本次“两会”中的亮点，从六大构建要素逐一切入，在代表、委员审议讨论报道中重点加以表现，并首次在《共同关注》、《每周质量报告》、《法治在线》等常规栏目中推出配合报道，以微观与宏观相结合的报道视角，对这一重要理论的现实意义和远景目标进行了充分报道，有效体现了“两会”的宣传重点。3月3日，全国政协十届三次会议开幕当天，一档政协专题报道首次将“构建和谐社会”与政协“促进发展的第一要务”、“团结民主两大主题”和“政治协商、民主监督、参政议政三大职能”结合起来，体现出一种阐述的新视角。

二、以全天24小时播出为主线，全线出击，重点突破

新闻频道以全天24小时播出为主线，对新闻节目整体编排实行了优化布局。新闻节目突出“两会”重要新闻的主要地位和实时报道的优势，辅以其他国际国内动态消息，体现了新闻节目信息量大、速度快、内容广的特性。依托主线，新闻频道在白天的节目采取大时段推进的方式，在上午、下午开设了《“两会”之窗》特别节目，作为白天时段“两会”报道的一个主窗口。《“两会”之窗》涵盖了直播、消息、进行式报道、新闻背景、新闻综述等多种体裁，并广纳各类专家的分析评述，突出了新闻频道的独家视角。此外，新闻频道对晚间黄金时段进行了重点设计，在对常规新闻专题节目形态创新的同时，新增了《“两会”客厅》、《“两会”之声》、《“两会”观察》等全新结构的专题栏目，满足了不同观众对“两会”信息的不同需求。

1.《新闻联播》实现了新突破

“两会”期间，《新闻联播》在严格控制节目时长的基础上，积极改进报道文风，通过优化编排结构，在确保重点的同时，增大了节目的信息量。

《新闻联播》的“两会”节目编排形态日趋成熟稳健。在对程序性活动报道中，实现了程序性报道内容准确，镜头处理到位规范。整个会议期间，对领导人活动和会议报道时长的控制，成为“两会”报道史上做得最好的一次。

在“规范动作”之外，《新闻联播》依据“两会”热点，大量采用新闻特写的手法，丰富了“两会”报道的信息量。其间，《新闻联播》播出的《为了数千万农民工的权益》、《让9亿农民得到更多实惠》、《大账小账看宏观调控》、《“两会”凸显务实新风》等报道，抓住了党和政府关心、“两会”重视与人民群众普遍关注之间的契合点，设计出了精彩的节目内容，以生动性和可视性营造看点，突出了报道的贴近性，优化了传播效果。

在坚决控制版面时长的基础上，《新闻联播》将“两会”作为开展形势教育宣传的一个重要契机，在对会内审议报道提炼相关新闻的同时，配合报道了《江苏、辽

宁、安徽经济开局良好，亮点频现》、《多重“利好”引力大，各地春耕春播形势喜人》、《广东、山东、河北、浙江：高新技术带来年初经济快速增长》等大量动态性的经济建设成就报道。为配合“保持共产党员先进性教育活动”宣传，《新闻联播》还播出了四期人大代表、政协委员谈党员先进性教育，并在《时代先锋》专栏中推出了一系列典型人物，使先进性教育活动宣传在“两会”期间得以延续和加强。

2．实施统筹布局，改进新闻节目生产流程和传播形式

与以往不同的是，这次针对“两会”报道增设了新闻统筹组，负责对新闻频道各档整点新闻进行统筹布局。

在新闻频道重点时段和重点新闻节目中，都开设了相应的小专栏作配合报道。其中，《新闻早8点》推出《“两会”早知道》，对当天“两会”重要内容进行预告；《新闻30分》挂标推出“代表议案”和“委员提案”，对关系国计民生的议案、提案进行集中解读；《今天》推出了《“两会”· 人物》、《“两会”· 特写》等专栏，在对当天“两会”重要信息进行盘点梳理的基础上，注重从新闻视角挖掘“两会”看点。不同时段的新闻编排讲究精巧设计，从信息传播的结构和效果上互为补充，使观众在新闻频道任何一档新闻节目中，都能对当天最新的“两会”信息有所了解。此外，新闻频道在整点新闻内，全方位引入“实时空”直播概念，保证了“两会”期间重要的动态新闻都能在第一时间进行报道。

三、线上出击，点上开花，多种节目形态彰显个性

1．《“两会”之窗》全新的节目形态与个性化的风格成功塑造了“两会”报道新形象

针对“两会”报道，《“两会”之窗》在充分研究受众心理的基础上，对节目形态进行了一系列新的探索。

一是对30多个代表团和政协委员审议讨论情况进行了直播和实况播出，并对会议期间所有的记者招待会进行了直播报道，播出总量突破50个小时。

二是确立了记者现场报道＋背景短片＋审议讨论现场＋演播室嘉宾点评的形式，极大地扩充了节目信息量，主题性的编排更强调了节目的导读功能。其间，《“两会”之窗》在对每个人大代表团分组审议进行实况报道前，新增了记者现场报道和省情背景介绍，为随后播出的代表团审议实况进行了提前预热和铺垫，增强了报道的进程感，使观众对自己关注的议题形成了强烈的期待。同时围绕百姓的关注点，节目组对每期节目都设置了不同的主题，并通过邀请不同的嘉宾展开评论，以深入浅出的解读，使观众在轻松的谈话氛围中加深了对主题的理解和领会，使亮点更加清晰。

三是使观众真正拥有了在第一时间“参与”“两会”的感觉。部分境外媒体记者评价说，作为了解中国“两会”信息的一个渠道，《“两会”之窗》中大量直播的新闻信息及时传递了中国通过“两会”展示的治国、外交方略，体现了中国政治透明、尊重民众知情权的国际形象。

2．以深度访谈、谈话、评论类栏目为点，加强了新闻的深度解读

《焦点访谈》推出了“两会”专题系列报道，分别以保持经济平稳较快发展、加强改革开放、建设和谐社会、政府自身建设四个方面全面阐述、解读《政府工作报告》。

报道采用双视窗的形式模拟总理和百姓对话，从百姓最关心的问题入手，展示总理《政府工作报告》对人民群众的关心，社会热点问题与《报告》的呼应让节目富有亲近感。从《报告》中提炼出关键词作为节目的重要结构，关键词与人大代表的详细解读相结合，方便了观众对《报告》的理解。

《央视论坛》推出特别节目《岩松“两会”观察》，由名主持白岩松当家，以主持人兼观察员的双重身份，对全天新闻看点精雕细琢，用媒体自己的观点显示了栏目与众不同的鲜明个性，增强了新闻的深度和广度。

这种多元化的节目建构模式，突出了“热评”、“快评”等新闻评论的特点，能够多点、全面观察“两会”新闻，凸显新闻评论的个性化表达和人性化色彩，实现了新闻评论栏目构建“两会”电视评论的突破，令人耳目一新。

《新闻会客厅》推出特别节目《“两会”客厅》，“两会”期间共播出14期，总计长度为420分钟。《“两会”客厅》以“重量级、近距离、新语态”的节目特色，一改以往“两会”人物访谈一对一的形式，首次以带观众的演播室互动结构，增强了节目的互动功能及亲和力。

作为全新的尝试，《“两会”客厅》所强调的“重量级”是指突出嘉宾的重要身份，“两会”期间做客演播室的全是省部级以上的高官；“近距离”是指在形式上强调高官与群众面对面进行交流；“新语态”则一改以往“两会”谈话类节目比较死板、沉闷的问题，采用比较新鲜生动的表达方式。

观众对新形态的专题节目反响热烈，收视率稳步提高。上述节目在中央电视台播出后，其他新闻媒体纷

纷转载，形成二次传播效应，扩大了央视的影响力。

3．全面引入“实时空”直播概念，极大地丰富了频道的看点

“两会”期间，中央电视台综合频道和新闻频道等频道对十届全国人大三次会议开幕式、李肇星外长答中外记者问、十届全国人大三次会议闭幕式和温家宝总理会见中外记者等四场重要活动进行了并机直播，并为国际和国内电视新闻媒体提供了高质量的直播公用信号。

针对四场重要直播任务，新闻节目中心依据会议内容设计了周密的方案，对领导人步入会场、大会现场反应等镜头的设计都精确到秒，制定了详细的分工预案。在对节目流程严密排查的基础上，直播前后方还对一些不确定因素，设计了多套应急方案。观众评价说，央视四场重要直播从容、大气，体现了国家电视台的权威、风范与实力。

“实时空”直播概念的全面介入，直播事件递进式报道结构，成为新闻频道专业化运作的一大亮点。

（新闻节目中心　冯旭宏）

提高质量　突出特色

央视中文国际频道（CCTV-4）以创新精神向海内外观众有效传达中国“两会”重要信息，以高水平的电视语言和精彩的现场报道赢得观众，以多元手段深度剖析社会热点话题，较好地体现了求真务实的时代精神，实践了“提高质量，突出特色，控制规模”的报道理念。

一、提前启动策划，确定报道主题

中央电视台海外节目中心新闻部在春节前就提出策划在先、科学布局、有序组织的思路。经过研究讨论，大家取得了围绕社会热点话题组织“两会”报道、不做花样文章的共识。为此，相关人员在春节期间就开始了对社会热点话题的调查和研究，并结合地方“两会”热点问题进行了分析和预测。春节过后，马上组织多次专家讨论，对预选的二十多个热点问题进行了理性的推敲和梳理，筛选出：和谐社会、《反分裂国家法》、环境保护、反腐败、能源安全、社会保障、“三农”问题、中部崛起等海内外都非常关注的热点话题。事实证明，这些问题不仅是代表、委员热议的话题，也是中国百姓关注度最高的问题，当然也是海内外媒体争相报道的内容。

二、科学布局，整合时段

CCTV-4全天24小时都有新闻播出，因此如何根据播出时间和受众需求合理安排“两会”新闻和日常新闻也是我们要研究的课题。经过讨论，我们确立了把晚间的黄金栏目《中国新闻》和《今日关注》打造为“两会”报道的主战场，午间的《中国新闻》和早间的《新闻60分》以及《财经报道》，根据各自特点设计有关“两会”的小栏目，滚动新闻抢发大会最新动态的布局思路。

各档栏目中“两会”新闻各有侧重，互为补充，既保证“两会”会议新闻及时播出、主题式“两会”报道形成规模，又保证其他国内新闻和国际新闻有足够的版面，以满足观众对其他信息的需求。

2005年“两会”期间，中央电视台发挥频道优势，突出直播特色，圆满完成了“两会”报道任务。图为央视记者在人民大会堂外采访。

三、会内会外立体配合，多元手段推出主题报道

为了避免往年“两会”报道中“你说、我说、大家说”的现象，使报道更务实、更深入、更易于被海内外观众接受，我们在设计报道形式时，提出了“主题包”的概念，也就是对每个主题的阐述分为记者调查，代表委员观点，议案、提案如何关注，专访相关部门官员，外国人看“两会”热点等几个层面，从而组合成一个完整的立体的“主题包”。

例如：3月7日，“主题包”的关键词是环境保护，由首钢即将搬迁等五条新闻组成。

其中，“记者调查”是我们专门派记者赶赴江苏进行采访的，因为江苏在“环保风暴”中被叫停的项目最多，记者到被叫停的企业江阴夏港电厂实地采访拍摄，采访了该厂的副总经理和副总工程师以及江苏省发改委主任、环境监察局局长。记者从这些企业被叫停的原因、整改过程到重新开工进行了深入调查，使观众对“环保风暴”的前因后果有了完整的了解，也对中国正在加大环境保护的力度有了实际的认识。

再如：3月10日“主题包”的关键词是能源安全，由外国人看“两会”、中国可再生能源的市场前景将越来越广阔等五条新闻组成。

从上面报道可以看出，我们在设计“两会”报道时跳出了会场，采用会内会外结合的形式，力求在会议报道中突出新闻性和电视特点，用事实说话，用画面说话。我们先后派出了五组记者分赴上海、江苏、浙江、广东和安徽，就构建和谐社会、“三农”问题、环境问题等热点话题深入农村、工厂和社区实地采访，获取了第一手资料。播出形式采用几条新闻有机组合，从多种角度层层递进，使每一个主题的解读既实实在在又具有深度。

四、访谈类节目深入浅出剖析“两会”热点

2005年“两会”报道，CCTV-4没有开设专门的栏目，而是在新闻栏目内，把“两会”报道得更务实、更深入。这样，大量“两会”热点、重点的解读任务就落在了《今日关注》栏目上。

1．《鲁健上“两会”》

为了使鲁健的主持品牌和《今日关注》的节目品牌更紧密地结合，我们推出了《鲁健上“两会”》，长达11天的《今日关注·“两会”特别报道》全部由鲁健主持。

主持人上“两会”也是我们的一个尝试，目的是让主持人更深入地参与重大新闻事件的采访，更切实地感受中国政治民主建设进程，获取第一手的访谈资料，当然也提升了《今日关注》的品牌形象。

2．省部级高官解读热点

《今日关注·“两会”特别报道》每天也是围绕热点话题展开：政协参政议政作用、胡锦涛对台工作四点意见、《政府工作报告》解读、构建和谐社会、环境问题、《反分裂国家法》、社会保障、“三农”问题、中部崛起等，这些话题受到海内外普遍关注，既关乎国计，又与民生紧密相连。河南省省委书记徐光春、浙江省省长吕祖善、安徽省省长王金山、最高人民法院副院长万鄂湘、中央党校副校长李君如等先后走进演播室与鲁健面对面，他们对诸多热点问题进行了深入浅出的解析，观众也从中了解到国家、政府如何采取措施解决问题。

3．记者调查，代表提问

访谈节目容易给人“坐而论道”、不痛不痒的印象，为此我们派出记者远赴浙江的普通社区、安徽的偏远农村就构建和谐社会、“三农”问题进行社会调查，当那些鲜活的事例呈现在省长们眼前时，演播室氛围更加活泼，对他们的访谈也更加有的放矢。

另外，在访谈节目中还动用了地方电视台开到北京的小型卫星车，与正在驻地的代表实现了卫星连线，代表们直接向省长提出问题，与正在演播室的省长进行真正的互动。

五、突出电视语言特点，强化会议新闻可视性

1．发扬“围追堵截”老传统

在人大开幕式后对部长们“围追堵截”进行采访，已经成了CCTV-4“两会”报道的一大亮点，由于具有强烈的现场感和权威性，每每播出都会受到好评。单是一条三分钟左右的新闻，背后付出的却是很大的努力。由于这次的“两会”热点更加集中，记者对部长们的采访也更具针对性：高强承诺要让农民看得起病，汪光焘说采取措施平抑房价，李肇星则表示要更好地保护海外公民的权益等等。寥寥数语，部长们透露出工作的重点，也坦陈面临很大压力。观众们看到了平易近人的部长，同行们看到的是一条鲜活的新闻。

2．摘编报告突出新闻性和电视性

往年的《报告》摘编，基本按照《报告》的框架摘编，全面却容易流于空洞。而这次我们主要摘发温家宝总理《政府工作报告》中新闻和民众关注度高的事情，这样其实也是为观众解读了《报告》的要点。另外，我们对《报告》摘编还进行了电视化的处理，即采用字版加活动视窗的“画中画”模式，视窗里是报告人的活动画面，视窗旁边是变换的字幕。它的好处是《报告》要点清晰便于理解，画面活泼利于收视。

3．外国媒体评价“两会”更显客观

在每天午间的《中国新闻》中有一个很受欢迎的板块《媒体链接》，在“两会”期间，我们将其部分内容打造为《媒体链接·聚集“两会”》，每天用十分钟时间介绍世界各大媒体对中国“两会”的报道和评价，其中大部分媒体都关注《反分裂国家法》，而且很多媒体

的报道表示了理解与支持。这样传递的信息更为全面，也很好地体现了对外报道的平衡原则。除此之外，我们还选择国内媒体关于民生问题的一些“两会”特稿，例如：食品安全、看病难等。因为这些话题虽然备受民众关注，但如果作为“主题包”设计却未必合适。因此在《媒体链接》中谈论民生话题是一个巧妙的选择，与“主题包”的内容互为补充。可以说，《媒体链接·聚集“两会”》使我们整个“两会”特别报道更完整、涵盖面更宽、手段更多元化。

（海外节目中心范昀、战丽萍）

实现有效传播　报道五大创新

对于一个主流媒体来说，研究如何让“影响力”转化为“注意力”（收视率），即让主流新闻实现有效传播，更是一个十分现实而重要的课题。

在2005年的“两会”报道中，CCTV-2成功地打出了一套“组合拳”，成规模地推出一批品牌节目，让“两会”报道在全国各媒体的竞争中成为一道引人注目的风景线。根据央视—索福瑞提供的收视数据，“两会”期间，CCTV-2的收视份额较2004年同期提升了53%，成为主流新闻进行有效传播的生动案例。

具体说来，CCTV-2的“两会”报道在以下五个方面体现出了强烈的创新意识，推出了“两会”报道形成有效传播。

一、品牌

CCTV-2是较早意识到品牌化传播的权威媒体，并在众多媒体并未完全意识到这点之前，大规模地进行品牌化建设的，其节目因为有了品牌而区别于同类节目，使观众能够识别从而收看。

在整个“两会”报道过程中，CCTV-2围绕品牌在节目设计上不断创新。将《“两会”特别报道》变为一个品牌——《“两会”接力站》，并通过各个时段的强力宣传，使这个富有个性的名称迅速被观众记住，从而形成节目的品牌影响力。在节目中，“两会”的动态新闻集合成一个板块，成为一个新的品牌——《“两会”新闻网》，然后品牌和品牌之间展开接力；《小丫跑“两会”》、《马斌读“两会”》、《总编说“两会”》，让人们感觉到《“两会”接力站》，站站都精彩。从这些变化可以看出，节目的制作人员具有强烈的品牌意识，并形成了较强的品牌设计能力，在编排、包装、形态、内容上用多种手段凸显品牌的内在价值，形成了良好的传播效果。

在品牌化的战略中，《小丫跑“两会”》格外突出。在“两会”报道中，经济频道采取了“人性化品牌传播”的策略，放大名牌主持王小丫的亲和力，以“软形态”带动“硬内容”，用个性化、人性化、感性化、生活化拉近“两会”报道与普通观众的距离。通过小丫的活动，把“两会”渗透到百姓生活之中，又把百姓的视角带入“两会”。《小丫跑“两会”》不仅成为电视观众的“两会”新闻收视焦点，同时成为其他媒体报道转载的一大热门。在《小丫跑“两会”》的带动下，《马斌读“两会”》、《总编说“两会”》等同一概念下延伸出来的品牌迅速被观众认可，从而形成“两会”品牌群，实现了特色传播和有效传播。

二、“会外会”

对于所有参加“两会”报道的主流媒体来说，“两会”报道的主战场，毫无疑问是在人民大会堂，在代表、委员驻地。但是，CCTV-2“两会”报道的战略重点开始发生变化。《小丫跑“两会”》已经开始向会外延展，《马斌读“两会”》、《总编说“两会”》更是着力于“二线报道”。这还不够，CCTV-2还拿出晚间一个小时的黄金时段，开辟“两会”报道的第二战场——《春天的约会》，形成“会外会”的报道模式。

在新闻主战场之外，CCTV-2着重经营、重兵打造“会外会”的节目形式；制作团队是在业界分量十足的《对话》栏目组，播出时间为晚上10点的黄金时段，主持人是陈伟鸿和王小丫双主持，王小丫是为“两会”而增加的“新元素”，仅凭这些新投入，《春天的约会》一播出，就引起了“两会”代表、委员的关注与重视。

在节目理念上，《春天的约会》发挥“会外会”的重要功能，即收集民意，上交“两会”，取得一举两得的效果：一方面，节目在代表、委员中获得热烈的响应；另一方面由于这些热点问题来自于普通群众，节目一开始就受到没有参加“两会”的普通观众的热切关注，成为连接普通观众和“两会”代表、委员的一座桥梁。在节目展开的过程中，通过一个个具体实例来阐释政策，通过与主题相关的当事人、一般百姓、“两会”代表、委员以及政府部门负责人的现场互动，就各类民生问题建言献策。节目借鉴了《艺术人生》对现场情绪的渲染与钢琴配乐的手法，吸收了《实话实说》的亲切风格和平民化视角，同时保持了《对话》的理性、建设性的精神气质和理想主义情怀。在节目结束时，主持人把现场记录下来的“提（议）案”用红丝带扎上，亲手递交给现场的代表、委员，成功地塑造了“会外会”的“两会”节目形式。

三、民生视角

和前两年的“两会”报道不同，CCTV-2彰显经济特色定位的策略也发生了变化：逐渐从专业的经济、高端的经济、难懂的经济报道转变为反映社会热点的经济、普通群众关心的经济、好看易看的经济报道。

一是选题方面，节目的选题高度重视观众来电来信。《小丫跑“两会”》的每期选题来自于观众来信来电，以致小丫信箱在“两会”期间收到近10万条短信。这些来电来信经过比较分析后，形成了节目主题，像食品安全、煤矿安全、民工待遇、城市贫困、房价车价、城市就业和农业税费改革等，都是政府和百姓上下关心的热点焦点话题。

二是处理手法，对于观众不易懂的经济题材，节目组想尽各种办法将经济新闻做得好看、易懂。在一些节目的文字处理上，常常使用“百姓话”，以百姓易懂、易记为目的。如《总编说“两会”》中，一首“救护车一响，老母猪白养；住上一次院，一年活白干”的民间顺口溜，生动反映了农民兄弟怕得病、怕看病的社会现状，给观众留下了深刻的印象。

四、节目元素创新

CCTV-2在“两会”报道中，进行了以下几方面的创新：

1．总体串联和形态的“动感”

总体表现形态用动词设框，强调动态风格。《“两会”接力站》的总名称就把几个板块衔接设定为一场紧张激烈的比赛，其中“一网打尽”“两会”资讯的《“两会”新闻网》、搜罗海内外报刊的《马斌读“两会”》、调动全国主流媒体的《总编说“两会”》，都突出动作，更不用说在会场内外奔忙的《小丫跑“两会”》了。

2．“主持人开场秀”，强化接力概念，浓郁人气

每天《“两会”接力站》的开场，四大特色板块的主持人王小丫、史小诺、马斌、计渝都会一起站立出现在演播室中，在轻松的对谈中，把一天的要点精彩地提炼出来，制造新闻的悬念，增强了主持人的亲和力和节目热闹、兴奋的气氛，3月8日的开场主持人之间甚至有换位等动作。这在央视的新闻节目中是比较少见的。

3．开辟《“两会”之最》板块，抓细节、重趣味

《“两会”之最》是每天的《“两会”新闻网》中必有的段落，抓住新闻的细节，以轻松、风趣的语言，配以节奏明快的音乐，定格当天发生在“两会”的趣闻轶事，将原本相对枯燥的“两会”报道处理得充满趣味性和人情味，吸引了观众的眼球。如《最激烈的拼抢》抓住了上会记者摔跤的场面，《最爱考记者的委员》充分展现了著名经济学专家吴敬琏的个性。

五、频道制运作

CCTV-2整合多个栏目，不仅解决了同一题材在不同栏目的分配问题，而且整合出新的频道力量，多层次、多角度地协同作战，频道化运作，成系列投放、整合资源，以规模传播实现频道整体效应。

在机制上，CCTV-2日渐形成了一个着眼于频道整体效益，提前进行频道规划的新机制。在“两会”期间，每天上午、下午频道两次编前会，由中心领导统一把关，确定当日主题，随时进行动态调控；统一调度上会记者，共同作战，在播出编排上打破了日常栏目概念，以最有利于频道传播的方式进行整合。

在频道规模传播的效应下，节目的再传播也获得空前提升。10多家中央经济媒体、31家地方晚报都不同程度地宣传了CCTV-2的“两会”报道。

（广告经济信息中心刘保平、徐立军）

2005年3月14日，国务院总理温家宝在十届全国人大三次会议记者执招待会上答中外记者问，中央电视台进行了全程现场直播。图为新闻节目中心记者在现场向总理提问。

央视“两会”报道的主要特点

一、多元、立体、集中的报道样式

大概从3月4日开始，电视新闻中就已经弥漫着关于“两会”消息大战的浓浓硝烟，各大电视媒体整装待发，随时等待抢到第一手的独家新闻，这在客观上实现了媒介的议程设置功能。从某种程度上讲，电视媒体对“两会”的充分关注与大篇幅报道引起了受众对“两会”的极大兴趣，通过电视媒体的报道，“两会”已经成为社会各阶层的受众政治生活和日常生活中不可缺少的一个组成部分。这大概是近几年来“两会”报道的一个重要成果。央视对2005年的“两会”报道较之往年，具有报道形式更加多样、报道内容更加立体的特点。

中央电视台新闻频道和经济频道这两大主打新闻资讯的频道，整合了原有的栏目资源，搭建了新的更加立体式的报道平台。新闻频道在2004年“两会”报道中曾在晚间使用了直播式的综合报道形式，2005年换成了“整点播消息，半点说观点”的模式。在晚间时段的整点先以简明新闻的形式播报“两会”的最新动态，然后再用《东方时空》(18：10)、《焦点访谈》(19：38)、《新闻会客厅·“两会”客厅》(20：30)、《央视论坛·岩松“两会”观察》(22：30)等专题评论节目对“两会”期间值得关注的议题进行不同层面的解读和评论。而经济频道在晚间不仅同2004年一样打通了9点段的《经济信息联播》和《经济半小时》，而且还以《“两会”接力站》的形式，在篇幅和形式上进行了大规模的创新。《“两会”新闻网》、《小丫跑“两会”》、《马斌读“两会”》、《总编说“两会”》四大板块各有特色、各有侧重，形成了集中报道的多元和立体格局，也体现了“频道时代”的电视制作特点。

在当今的媒介竞争时代，“内容为王”是经历了实践检验的铁律，对观众而言，他们最在意的是媒介所传播的信息。电视媒介以其“声画和谐”的最直观的形式受到现代社会受众的格外青睐，而“两会”电视报道所体现出的集中、多元、立体式的报道能够满足不同受众群众的多维需要，不仅可以为受众传播有关“两会”这一重要国家政治活动的相关信息，而且还可以引导受众去认识“两会”，去评价“两会”，甚至把自己的意见反映到“两会”中去。

二、平民化的解读视角

“平民化”如今已经不能算是一个“两会”报道的关键词了，代表和委员们在“两会”上竞进诤言，为百姓解决问题，这已经成为近年来“两会”的一个优良传统。然而，以平民化的视角去解读“两会”信息，以平民化的视角去观察“两会”代表和委员却是央视“两会”报道的一大亮点。“平民化解读”主要体现在以下几个方面：

1. 代表、委员平民化

在往年的“两会”报道中，这些代表、委员虽然也常常被请进演播室畅谈国是，但是主要还是以面对主持人进行“高端对话”似的单一形式。这种居高临下的座谈方式使代表与受众间产生很大的距离感。然而在2005年的“两会”报道节目中，《新闻会客厅·“两会”客厅》率先采用了一种把代表、委员和观众一同请进演播室进行多向交流的形式，收到了非常好的效果。一方面，代表、委员可以近距离地与现场观众进行交流，倾听百姓心声，接受百姓的质疑；另一方面，这种“亲民”的形象可以帮助代表、委员更好地在百姓中树立威信和获得支持。这种节目样态将《新闻会客厅》的栏目形式和以往“两会”报道的经验有机地结合起来，同时加入了很多新鲜的元素，令场上气氛活跃和轻松。例如：在“两会”期间《新闻会客厅》播出的节目——《打造中国酷省——访黑龙江省省委书记宋法棠》中，主持人沈冰与嘉宾——黑龙江省省委书记宋法棠在座谈中，把黑龙江省巧妙地和当前社会时髦词“酷”联系了起来，把国家大省的发展这样一个高屋建瓴的话题用一种社会人士耳熟能详的语言和方式娓娓道来，谈笑间使观众对黑龙江省下一步的发展有了新的认识和期待。再比如在《构建和谐之路——访江苏省省委书记李源潮》这期节目中，编导和主持人设计了让嘉宾李源潮书记用画漫画的方式阐述江苏省将如何协调富人与穷人的利益以构建和谐社会的想法，博得了全场的喝彩。这种把代表、委员平民化的形式真正地使受众对“两会”这一国家政治盛事产生了一种发自内心的参与热情。

2. 解读、评论平民化

在“两会”上，代表和委员们讨论的都有关系国计民生的议题，这些议题有的不仅抽象，而且过于专业，关于这些议案的报道对于广大非专业的受众来讲很难完全理解其内容和效果。不过央视的报道中，无论是记者、主持人，还是评论员、嘉宾，都试图以一种平民化的视角去观察“两会”，以最通俗易懂的百姓语言来阐释和分析“两会”的议案。这样，即使是一个普通的中等文化的市民也能了解“两会”在讨论些什么，究竟会给自己的生活带来什么样的变化，这将会在很大程度上增强公民的主人翁意识和参与意识，同时引起更多更广泛的关注。

“两会”报道的这个特点也被媒体界的代表和委员们所察觉，《经济日报》常务副总编辑罗开富委员认为，2005年的“两会”报道“一个是‘实’，而且报道大都从老百姓生活的角度入手，如对科学发展观、着力推进改革开放、构建和谐社会的报道等等，让人感觉更客观，更亲切；另一个是‘简’，对程序性报道简化了”。新华通讯社副社长徐锡安委员认为，“媒体对‘两会’的报道最突出的特点是：把人民群众想了解的和想说的话都说出来了，因此也引起了群众的更大关注。党和政府所营造的舆论场和民间舆论场更加接近，这其实也是这两年新闻报道改进的一个鲜明体现。”

举例来说，在“两会”期间的《央视论坛·岩松“两会”观察》节目中，著名节目主持人白岩松以“‘两会’观察员”的身份每天为观众总结出给人印象十分深刻的一个关键词、一件事、一个细节和一句话。比如在2005年3月10日的节目中，他为观众总结出的“一个关键词”是“早春”，比喻中央的政策制定正处在一个早春时节，一方面政策是好的，另一方面也要注意乍暖还寒，防止中央好的政策不能落地，应当让春天稳步前进。“一件事”是江苏的何达平代表原本提交一份关于推迟淘汰热轧矽钢片产品的建议，然而由于调研证明这种产品能耗偏高，经过代表讨论最终放弃这个倡议的事，它体现了局部与整体之间的关系。也许从一个局部的角度来说何代表的意见是有道理的，但是把它放到一个整体来看，不合理性就非常明显。这是一个整体否定局部的很好的案例。“一个细节”是政协委员姜德明的一张普通打印纸制成的简陋名片和36份精心打印的议案和建议之间的对比，反映了委员对议案的认真态度。“一句话”是委员们建议春节假期应当至少向前挪一天。

以上的“一个关键词”、“一件事”、“一个细节”、“一句话”将“两会”期间每天的关注点活灵活现地勾勒了出来，使得电视评论节目更加贴近了大众的收视期待，同时又对“两会”传递出的信息进行了艺术的概括与信息重组，体现电视解读、评论平民化的传播特点。

三、直播和互动等传播手段的大规模应用

电视作为一种大众传播媒介，虽然具有报刊、广播等媒介不具备的独特魅力，但是也已经越来越受到网络、短信等新兴媒介的冲击与挑战。因此，电视应在媒介的“时效性”与“互动性”的属性与功能上大做文章，开发或者强化很多适应传播需要的报道形式，这在2005年的“两会”报道中直接表现为直播和网络、短信互动的空前大规模应用。

2005年“两会”电视报道将演播室访谈评论与记者现场报道的形式充分结合并予以最广泛的应用。中央电视台新闻频道和经济频道在“两会”报道节目中竭尽所能地全面使用了直播手段，比如新闻频道的整点新闻、《央视论坛》、特别节目直播（如闭幕式记者招待会），经济频道的《“两会”接力站》。

另外，网络和短信反馈的大量介入也是这次“两会”报道的一个新的亮点。虽说电子邮件反馈这种形式在往年的报道中也曾出现（比如《经济半小时》的《小丫信箱》）然而这次的报道中出现了前所未有的现象，即这些网络和短信言论不仅是以反馈的形式出现在电视传播的过程中，而且还作为传播内容介入了电视传播活动。这些来自受众的言论在电视传播中起到了巨大的作用，一方面，为代表、委员们提供了新鲜的议案素材和反馈；另一方面，对正在发生的时事评论也有助于其他受众形成多角度的见解和认识。

（摘自《电视研究》2005年第五期。作者：中国传媒大学播音主持艺术学院 丹尼）

一次对正面宣传的有益探索

——中央电视台“落实科学发展观”系列报道创新谈

回望2005年“落实科学发展观”系列主题宣传活动，很直观的感受就是“突破”：既有报道形式、传播方法的突破，更有宣传理念的突破。

一、规模传播 强势引导，做强做大正面宣传

2005年“落实科学发展观”系列报道的一个显著特点就是规模传播。在全年报道中，注重发挥“多档配合、媒体联动、渠道互补”所形成的规模效益，通过长期、持续的“浸润”的方式，将科学发展的理念传达给观众，使其成为社会舆论的主流，被越来越多的人接受，为中心工作的开展营造了良好的氛围。

1．多档配合 相互呼应

从3月20日起，以新闻频道、经济频道、综合频道为主，在多档栏目共同出击，在重点时段连续、密集地推出了“落实科学发展观”系列报道，截至第三轮报道结束，在《新闻联播》中播出106集报道，基本安排在头条或第一版块播出;《焦点访谈》、《央视论坛》、《新闻会客厅》制作了22集节目，经济频道在《经济信息联播》等重点栏目陆续播发41期节目。在各频道多档栏目的配合与相互呼应下，“落实科学发展观”的主题成为了频道内的热点与亮点。

2．媒体联动 互为补充

在2005年的主题宣传中，《新闻联播》栏目开创了“媒体声音”，在主题报道后集中对中央五家媒体的报道进行报告，增强了报道整体影响力。此外，新闻频道《媒体广场》开辟专门版面，集纳其他媒体关于“落实科学发展观”的报道的观点，从互补的视角对落实科学发展观所产生的现实意义和深远影响进行集中解读。

3．拓宽渠道 放大声音

随着宣传活动的深入，不断丰富传播渠道和宣传手段，在第一、二轮报道中，央视国际网站设立了“落实科学发展观”专版，其中既有本台各栏目的报道和视频点播，也有其他媒体的报道，实现了资源共享、交叉传播。从第三轮“落实科学发展观”系列主题开播起，央视又继续创新宣传方式，增强了传统媒体与网络媒体的互动、网上舆论与社会舆论的互动。在节目推出的当天，新闻节目中心就联合央视国际网站和新浪网，就“自主创新”、“区域协调”、“资源节约”、“现代农业”、“环境保护”、“深化改革”六个专题，分设若干个子问题，广泛征集各方见解以及网民最感兴趣的话题、最关注的问题，得到网民的积极响应。这种互动方式，对提高报道的针对性和扩大社会关注面起到了良好作用。

二、注重受众心理，提升主题报道的吸引力、感染力、影响力

1．突出热点 提升吸引力

——选题抓得住，抓得准。在报道的选材方面，这三轮报道都注重选择具有新闻价值与宣传价值的题材，表现那些关系国计民生的重点问题和大众关注的热点问题，这样的题材本身具有“明星”效应，比如在第三轮报道中“自主创新篇”中选用“神六”、“龙芯”，使主题宣传有了更强的贴近性。

——以“有用性”换“注意力”：关键是个“观”字。比如，在第三轮报道“资源节约篇”中，无论是《山东莱钢节水“保卫战”》，还是《山西：煤矿“刮锅底”偿还资源债》、《氯碱厂诞生记》，都注意到不把启示仅仅停留在技术、方法层面，而是努力展现发展的原动力，突出观念上的进步，给人以启示。

2．突出关联 增强感染力

此次“落实科学发展观”系列报道特别注重转化，把“领导要求”、“领导观点”通过新闻规律、受众视角“转化”为与百姓密切关联的故事。在报道中要更多地从具体人的行为、方法、见解、情感、心态、命运等角度开掘事件的价值、意义，把“科学发展”的观念与百姓生活、人物命运紧紧相连。

在这样的宣传理念下，人物真正走到了主题报道的前台，不少观众记住了依靠新模式撬开节能大市场的“蔡小斌”；记住了丢掉棒棒走进工厂的“游义明”；记住了在云南知识产权洗礼中经历了落花时节的大姐大。观众在人物的故事中，真实地体味了主人公的快乐与烦恼，也因此记住了蕴藏在故事中的道理。

3．突出判断 打造影响力

在一般的主题报道中，媒体表达观点的方式通常

是“借嘴说话”，我们在策划阶段就意识到，对于“科学发展观”这样重大的主题，光靠“借嘴说话”显然不够，更需要加以判断。判断本身就是引导，就是一种点拨，让普通百姓也能理解“科学发展”的真正内涵。为此，在第一轮设置了“记者感言”，变夹叙夹议的线性说理方式为非线性方式，将观点完全与事实分开，在充分讲故事的基础上直接发言。在第二轮的报道中又将“一言”变为群言，设计了“心语”、“感述”、“直言”三个板块，在观点平台中充分集纳百姓、官员、记者等不同群体的多方观点，注重发言主体的多元化，避免一言堂，保证了报道的平衡与公正。在第三轮中，设置“新视角”，由新闻人物结合新形势来阐释观念的变化，更增加了判断的针对性。随着“落实科学发展观”报道的不断地推进，记者对于判断的“针对性”也有了更加深入的认识和把握。比如，在第三轮“落实科学发展观”报道中，《海南：南湾猴岛的新主人》一片，主要记述了三亚地区在旅游开发过程中生态观念的转变。在故事中观念冲突发展到最高潮时，新闻的关键人物提出“在南湾猴岛这个岛上，只有猕猴才是这里真正的主人，游客感到应该是客人，那么作为管理者应该是什么呢？是仆人和管家，不能因为旅游开发而破坏了猴子的生存环境。”

三、以创新的形式来宣传理论创新

在此次“落实科学发展观”系列报道中，主创人员越来越深入地认识到，对于新闻宣传工作者而言，要进一步改进和加强宣传的力度和效度，就要创新思想观念，通过思想认识的新飞跃来实现工作思路的新突破；就要创新工作方法，不断拓展宣传思想工作的渠道和空间。

1．为承载内容、深化主题所进行的创新

——“链接”、“全景”、“聚集”板块：有效地解决了主题报道点与面的问题，开拓了线性传播中电视报道的有限空间，同时也加快了报道的节奏。

——“记者感言”、“感述”、“心语”、“直言”、“新视角”：承载了记者、主官、百姓的观点和思考，这样的方式使报道的思辨性大大提升，同时又因其独立性使观点与事实有效区分。

——“关键词”、“新数字”：以最新事实、数据来对报道主题进行进一步的阐释、深化，不仅加深了观众对报道主题的认识，也提升了系列报道的时效性。

——“新起点”：针对“五中全会和‘十一五’规划”特别设计，用数字、事实来表现地方和行业未来发展方向，在思想性与新闻性的结合中体现前瞻性。

2．为增强可视性所进行的创新

——创立视听结合的“开篇词”，既统领全局，又服务受众。在“落实科学发展观”系列报道中，以鲜活的同期声、精彩的典型画面和画外音对东、中、西部的总体情况进行集中介绍，对同一主题下的各篇报道起到统领作用。增强了开篇的可视性，也有助于受众对报道主题形成整体认识。

——大量引入“动画、漫画、字版”等表现手段，调动一切电视手段，丰富画面构成，博采众家之长的方式来保证报道的生动活泼，通俗易懂，使许多不易言表的内容一目了然，并给人留下深刻印象。

3．为加强推介、提升关注度所进行的创新

——利用央视国际、新浪网展开“留言征集”活动。

——在新闻频道中播出宣传片，吸引日间观众的注意，扩大报道的覆盖面。第三轮“落实科学发展观”的宣传片，突破以往只起到节目预告作用的传统模式，以记者感言的方式，紧密围绕“落实科学发展观”主题报道的六个方面，让记者讲述他们在一线采访时的真情实感，用具代表性的故事，简洁生动地阐述政策精神，成为区别于客观新闻报道的人性化宣传方式，是联播报道的软性补充，以情动人，丰富了政策宣传语言，取得了较好的传播效果。

四、效果与收获

1．形成了统一思想、服务大局、鼓舞启迪的宣传效果

不少观众在来信来电中表示，“落实科学发展观”报道“从多个角度真实地展示了科学发展观的理论精髓和对于实践的指导，立意深远，形式可人，有助于帮助人们认清我国目前的发展形势，凝聚力量，加快发展”。

2．为各地、各部门相关工作的开展创造了良好的舆论环境

11月9日《落实科学发展观 转变经济增长方式——区域协调篇：三峡库区橘子红》在央视《新闻联播》提要播出后，得到重庆市委书记黄镇东、市长王鸿举、市委宣传部、重庆市科委等负责人的高度赞扬，他们表示，这是一篇及时又切中要害的报道。

11月15日《科学发展观 资源节约篇：丁所长快乐的2005年》播出后，北京市水利科学研究院的李其军所长认为，报道生动地展示了北京水务工作取得的成就，给科研、技术人员很大的鼓舞，对他们继续推进科研攻关项目和推广新技术，将起到很大作用。

江苏省委办公厅和南京市委对《新闻联播》12月8日播出的深化改革篇《从"制造模范街"到"设计模范街"》这篇报道给予充分肯定和高度评价。南京市委书记罗志军表示，报道抓住了南京市正在进行的从发展制造业向发展服务业转变这一中心环节，对于全市统一认识、鼓舞士气起到了很好的舆论促进作用。

3．记者在报道理念及业务上实现了跨越

参加"落实科学发展观"系列报道的记者都感到在业务能力和宣传理念上得到了很大的提升，不少记者由衷地感叹，原以为正面宣传就是板起面孔，现在发现生动活泼、贴近群众更能实现传播效果；以前认定电视长于形象而短于逻辑，不适宜传播理论与思想，而今知道电视媒体可以创新形式，来宣传理论创新和思想观念的嬗变；从前习惯用事实说话，这次知道有些正面宣传的题材更需要旗帜鲜明，体现媒介的立场。

（根据新闻节目中心冯旭宏提供的材料摘编）

全面 权威 现代

——评析央视国际频道"连、宋大陆行"特别报道

在台湾国民党主席连战、亲民党主席宋楚瑜大陆行的所到之处，新闻大战随处可见。中央电视台国际频道（CCTV-4）的报道格外引人注目。据央视—索福瑞媒介研究数据显示，自2005年4月26日起，央视国际频道的收视率迅速飙升，比平时高出4倍左右，收视率在全国49个卫星频道中排名第三，显示出巨大的竞争优势。

央视国际频道在长达18天的连、宋大陆行特别报道中，凸显了全面、权威、现代的特点，较好地满足了广大观众对连、宋大陆行的知晓欲和关注欲。

一、全面：全程跟踪、全息展示、全维互动

4月26日至5月13日，央视国际频道对连战率领的国民党大陆访问团和宋楚瑜率领的亲民党大陆访问团的大陆之行进行了全面的报道，主要体现了以下几个特点：

1．全程跟踪

连、宋大陆之行时间安排很紧，活动点较多。但是由于事件本身重大的历史和现实意义，连、宋在大陆的一举一动都是观众关心的。要较好地满足观众的收视欲望，首要的就是做到全程跟踪报道。纵观央视国际频道的报道，基本上发挥了电视的这一巨大优势。从连、宋启程就有央视记者在台北桃园机场的现场报道。连、宋每到一地，飞机降落前就开始直播，然后介绍当地的接待情况、连、宋的行程等，都通过视频或电视连线方式进行报道，并配以动画效果把行程路线演示出来，较好地调动了观众追看的兴趣，使大陆观众在电视机前"陪伴"着连、宋走完全程。

2．全息展示

央视国际频道对连、宋大陆行的直播报道充分发挥了电视立体信息传播的优势，使各种符号系统的运用呈现出多元交融、相映生辉的特征。连、宋的每一次重要活动，包括祭拜、参观、演讲、会见等，央视国际频道都用现场直播进行了全息的展示。如中共中央总书记胡锦涛与连战握手的那一刻，电视全息展示的优势被发挥得淋漓尽致。现场记者的庞大阵容，红地毯上连战的步态，胡总书记和连战握手的特写，镁光灯令人炫目的闪烁和"劈劈啪啪"爆竹般的快门声，胡总书记

在连战、宋楚瑜访问大陆期间，中央电视台实施了全程直播，在新闻频道内推出20场、总时长近30个小时的直播节目；为台内多个频道，以及包括台湾、港澳地区在内的90个国家和地区的300多家电视台提供了高质量的公用信号。

与连战的亲切寒暄等，都以真切的呈现带给观众一种极具冲击力的全息感受，让人们情不自禁地在这一历史时刻热血涌动。此外，大量双视窗的运用，使现场画面与记者电话报道或嘉宾探讨的声音得到了互相补充。

3. 全维互动

连、宋大陆行是台湾与大陆一次来之不易的具有历史意义的互动。而这场互动由于传播媒介的广泛参与，在一定意义上变成了一场海峡两岸群情激荡的联欢和庆祝。首先是传播方式上的互动，央视国际频道每天对连、宋大陆行的特别报道基本上都采用了演播室主持人＋嘉宾＋前方记者连线的报道方式。其次是主持人与处在不同地点的记者的互动，把同一时间不同地点的情况串在一起，使新闻报道完成一次跨时空的重新架构。第三是在连、宋足迹经过的地方，都有自发的迎送的人群，现场观众与访问团成员产生了互动。这些互动被电视荧屏展现出来，唤起更多电视观众的关注。

二、权威：现场报道、深度解读、信息多元

在这次连、宋大陆行的报道中，央视国际频道通过以下几个方面的出众表现，在观众心目中树立了报道的权威性。

1. 记者现场报道

“事件发生时我在场”是新闻节目原创性的体现，也是一个媒体尊严和综合能力的体现。在连、宋大陆行的报道中，央视国际频道在每一站、每一事件的现场都有自己的记者。而且在中山陵、北大、清华等重要的活动场所，现场报道阵容强大、视角多样，体现了高度的权威性。现场记者任永蔚、陈轩石还曾驻站台湾。他们不仅介绍一些基本的现场信息，还深入联系相关背景，甚至给出事态分析。正是现场记者和随团记者的轮番报道和演播室有效配合呼应，将现场记者的作用发挥到极致。

2. 专家深度解读

央视国际频道在连、宋大陆行特别节目中，始终把邀请专家学者到演播室解读作为报道的重要组成部分。通过这些解读，较好地开掘了报道的广度和深度。如在连战祭拜中山陵的直播中，央视国际频道邀请的专家有的曾在南京上学和生活，对连战选择南京作为访问第一站的意义分析，对孙中山曾四次到台湾鲜为人知故事的叙述等，都让观众在看连战登陵的过程中展开联想，呈现出报道的深层内涵。

3. 信息多元交融

连、宋大陆行在海内外有着极高的关注度。作为一个权威性的媒体，要把海内外各方面的反映都予以关注和报道。央视国际频道在这一点上的表现尤为突出。首先，采访对象是方方面面的；其次，对其他媒体报道的介绍，既有台湾电视的原生态新闻录像，又有央视驻台记者对台湾平面、网络媒体报道的分析和解读；既有港澳媒体的报道，又有对美国、日本等媒体报道的评论；第三，既有对两个政治公报内涵的深层解读，又有对连、宋行程中细节或花絮的轻松谈笑；既有对两岸经济、文化发展的宏观观照，又有对人情、风俗的微观比较。信息的多元交融，使国际频道的观众就像进入“信息超市”一样得到满足。

三、现代：直播包装、媒介整合、频道运作

自2003年伊拉克战争报道以来，央视国际频道对于新闻直播手段的运用可谓日臻娴熟，新闻的现场直播已经逐渐成为常态。

1. 直播包装新闻

直播包装新闻就是把直播当作一种包装新闻的手段，通过对新闻事件进行直播，对事件相关的新闻元素进行创造性整合，达到信息传播效果的最大化。

在这次连、宋大陆行的特别报道中，国际频道用直播包装新闻的运作手段让观众时刻感受到扑面而来的现代气息。如在连战拜谒中山陵的特别节目中，提前开始的直播节目在连战抵达之前就通过记者连线、专家介绍、路线示意图、资料短片等表现手段，对相关的背景知识和活动安排等新闻进行了整合包装。尤其是资料短片《南京中山陵》、《连战与南京的不解之缘》等背景的介绍，使观众对连战此行的意义有了更深入的理解。同样给人留下深刻印象的还有关于秦兵马俑的短片《复活的军团》。它运用了现实与虚拟相结合的手法，借用电影资料镜头，回顾了发掘过程，展示了兵马俑和秦代历史的辉煌。那种浸润着历史沧桑感的文化气息，很好地衬托了连战大陆行“文化寻根之旅”的意蕴和内涵。这些知识性的短片在直播中提升了新闻报道的播出效果，同时也放大了短片本身的传播价值。新闻的传播过程，实际上也是一个理解的过程。

2. 媒介整合传播

在连、宋大陆行特别报道中，央视国际频道很好

地整合了报纸、网络、电话等其他媒介新闻；对港澳台电视的内容也作了重组编排，使信息来源更加多元，让大陆观众看到了台湾电视新闻节目的别样风格，而且使央视国际频道呈现出海纳百川的包容与大气，体现了媒体间的互动和交流。特别值得称道的是，通过直播报道把两岸电视媒体的记者、主持人、评论员连接在一起，在同一时间的直播平台上就同一主题进行面对面的交流和对话，使两岸媒体间的融合提升到一个新的境界。这种整合传播的优势是其他媒介所没有的。

3．频道机制运作

直播必然形成对正常节目播出的干扰和中断，因此要求有与之配套的频道化运作机制。首先，要求建立一个大编辑部，作为整个频道的中枢；以频道为管理单元，由大编辑部来对新闻资源进行统一协调、配置，统一策划选题、调度记者，统一进行新闻素材采集工作；将同一内容不同报道角度的节目由频道统一管理起来。要充分体现节目制播的整体性，要对同一事件进行立体化、多层次、多落点的动态递进报道，从而产生规模传播的社会效应。

其次，要求频道中各栏目的设置应该服从频道的整体定位，在栏目的设置中体现关联性和互补性。同时，建立更符合电视频道运作规律的“大时段”负责制。必要时打通栏目时间，推出长达一两个小时的大型报道，对一个新闻事实进行及时的、连续的、多层次、多角度、有规模的挖掘报道。央视国际频道除了上午的《新闻60分》、中午的《中国新闻》采用了长达一小时的大时段新闻编排外，还打通了晚间的《中国新闻》和《今日关注》两个栏目，并根据内容需要从容延长播出时间，使连、宋大陆行报道形成及时、动态、递进的多个落点。报道内容显得充分、丰富，而且各时段的报道互相呼应，关联性强。在重点活动的报道中，央视国际频道用三四个小时连续展开报道，充分显示了频道的品牌影响力。

（摘自《电视研究》2005年第七期。作者：杜志红、范昀）

与“神六”同行　与新闻同步

——央视直播“神六”发射圆满成功综述

我国载人航天飞船“神舟六号”于2005年10月12日成功发射升空进入预定轨道，经过115小时32分钟的太空飞行，顺利完成一系列空间科学实验后，于10月17日凌晨飞船返回舱顺利着陆，航天员费俊龙、聂海胜安全返回，宣告“神六”发射取得圆满成功。在连续6天时间里，中央电视台新闻报道以特别节目的形式，进行了全程直播报道，在第一时间、第一现场，多层次、多角度，全面、深入、客观地报道了“神六”载人航天飞行激动人心的全过程。

这次直播报道是我国首次对载人航天飞行发射进行全过程的直播，在中央电视台直播史上规模是空前的，在报道策划和组织、报道力量的动员、嘉宾参与、演播室数量、报道布点、报道复杂程度、时间跨度、报道形式、互动性和嘉宾权威性等许多方面都实现了新的突破。

一、打造大型新闻直播报道的新高度

1．报道时间长而不怠

央视新闻频道从10月12日6∶55起，打破正常的节目编排，贯通各时段和各栏目，正式启动对“神六”载人航天飞行不间断的直播特别报道。CCTV－1在7∶00～12∶00与新闻频道并机播出，节目播出后立即在国内外产生了热烈的反响。鉴于此，CCTV－1打破了预定的节目编排，临时增加了15∶00～19∶00与新闻频道的并机播出。

从10月12日早6∶55到10月17日晚24∶00，新闻频道“神六”直播特别节目共播出22场（段），总时长为74小时10分。其中，CCTV－1并机播出13场（段），总时长为29小时57分。

除直播特别节目外，新闻频道还在专题栏目和新闻节目中播出了大量相关报道，较好地配合了直播特别节目，起到了营造氛围、提供知识的作用。关于“神六”主题的专题节目在7个专题栏目中共播出36期，累计时长为29小时39分30秒（其中重播12小时10分钟）；各档新闻节目共播出新闻200多条，总时长为376分钟。

10月12日至17日，在“神舟六号”载人航天飞行的115小时32分钟内，新闻频道推出的直播特别报道和相关新闻、专题报道的总时长，创造了央视对同一事件报道规模最大、直播时间最长的纪录，并连续刷新新闻频道开播以来的最高收视纪录。

2．报道内容多而不散

在6天的直播报道过程中遇到许多复杂多变的情况，也面临着许多不确定的因素，但在各部门的通力合作下，大家共同努力，保证了报道质量，各环节把握恰到好处。

10月15日下午直播胡锦涛总书记和航天员“天地对话”时，在北京航天飞行控制中心直播现场，总书记同现场人员握手后，临时发表了即席讲话。在事先安排的日程里并没有这项内容，现场工作人员观察仔细，反应敏捷，迅速把镜头跟上，在没有专门录音话筒的情况下，利用摄像机随机话筒转播声音信号，播出效果很好。其间，胡锦涛总书记同站成几排的150多人一一握手，这样的场面以前也没有经历过，但现场拍摄和后期切换衔接流畅，有序到位，加上主持人准备比较充分，画外音内容丰富、贴切，使直播节目播出十分顺利。

10月17日，《“神六”回家》直播特别节目以第一时间、第一现场报道了“神六”返回地面的最新动态，把整个报道活动推向了最高潮。

从17日凌晨3时起，央视新闻节目中心总演播室与北京航天飞行控制中心分演播室、内蒙古主着陆场、酒泉卫星发射中心、喀什测控站及处于南太平洋和南大西洋的“远望”二号和三号航天远洋测量船等直播报道点保持实时联络，第一时间发布了飞船安全返回的最新动态；返回舱成功着陆后，央视记者迅速捕捉到大量空中和地面的珍贵镜头。其中，央视记者作为第一个抵达现场的电视记者，在第一时间对两位航天员进行了独家采访，这也是费俊龙和聂海胜返回地面后，首次发布太空之行的感想。

围绕“神六”的成功着陆，当天推出时长达20个小时的直播节目，对“神六”返回、航天员自主出舱、北京西郊机场和航天城欢迎仪式、“神六”返回新闻发布会及各界的热烈反应，进行了充分报道。这些报道立即引起国内外观众和舆论的热烈反响。

3．报道形式活而不乱

由于本次直播存在诸多不确定因素，新闻节目中心采取实时动态调整的方案，随时优化节目布局，有效激发了观众的收视兴趣。根据报道进程和报道重点的变化，采取了不同的报道形式。这些报道形式主要以现场直播为主，演播室直播为辅，演播室对现场直播进行串联和解读，并大量进行了记者现场采访，或连线国内外专家和采用专题新闻短片、精彩回放、动漫模拟、字版和图版ppt演示、MTV等报道形式，做到活而不乱。

（1）演播室

在长达74小时10分钟的直播特别节目中，央视总演播室对北京航天飞行控制中心、酒泉卫星发射中心等地发回的画面从容调度，顺利完成了不同现场中党和国家领导人镜头的切换，完整记录了“神六”从发射升空到变轨、穿舱等各阶段的全过程，画面衔接流畅，镜头捕捉到位。

在对“神六”动态保持实时关注的同时，直播特别节目还辅以嘉宾访谈、三维动画、背景短片、实物演示，对航天员的培养、选拔、产生以及“神六”成功发射的重大意义等一系列观众关心的问题，进行了深入浅出的解读。新闻频道汇集“‘神六’精彩瞬间”等镜头，对航天员出征仪式、飞船发射过程进行穿插展示，画面令人振奋，鼓舞人心。《面对面》栏目专访“神六”两位航天员特别节目，通过探访他们成长的足迹，生动刻画了中国航天人无私无畏的英雄精神。“神六”发射成功后，新闻频道迅速播出了航天员家乡民众、北京航空航天大学等高校学子以及参与“神六”研制工作的科研人员等各方面的热烈反应，结合国际媒体对“神六”报道的关注，突出反映了“神六”发射成功所产生的深远社会影响。

（2）专题片

介绍航天员的资料、相关知识、动漫模拟飞行的专题片和及时制作的新闻短片，填补了现场无法提供新闻背景和精彩画面不连续的不足，起到了很好的解读和深化主题作用。

（3）新闻和专题报道

以《新闻联播》、《焦点访谈》为代表的各档新闻及专题节目，充分发挥新闻时段优势，以综合性和全面梳理的特点，对“神六”展开深入报道，全面展示了中国航天事业发展的巨大成就。

其中，《新闻联播》开设的《航天员的第一次》报道专栏，以新闻特写的方式记录了“神六”发射以来具有重大历史意义的每一个精彩瞬间，节目播出当天就受到中宣部领导的好评；《新闻30分》与北京航天飞行控制中心分演播室进行对接，在第一时间报道“神六”的最新动态。在此期间《焦点访谈》分别以《“神六”飞天举世瞩目》、《太空生活全记录》等为题，对“神六”展开了深入细致的报道，《实话实说》等专题节目也都推出了一系列的配合报道。

大量的专题和新闻报道，以立体的视角丰富了新闻的资讯信息，提供了有关新闻背景、专业知识，对于"神六"发射的重要科学意义进行了很好的解读和深化，有力地提升了直播特别节目的报道效果。另外，对于社会各界、全国各地、国内外的热烈反响的新闻报道，营造了良好的报道氛围，十分鼓舞人，有很强的感染力。

4．互动板块引导观众理性参与

在直播特别报道过程中，央视新闻频道联合央视国际、新浪等门户网站，并联动央视国际网络电视互动平台，开通了"网友提问"、"寄语'神六'"等互动平台，吸引了众多网友的热情参与。尤其是在几大网站开辟的"'神六'提问"板块，使观众有了直接参与节目的机会，受到广大观众的欢迎。每天，形象组都会在第一时间，根据直播主题和主持人、嘉宾的专长特点，从上万条观众留言中筛选出精品帖，经过审核，由主持人在节目中口播，专家予以详细解答。与观众的实时互动，拉近了演播室与受众之间的距离，培养了大批忠实观众，并且通过网友之间的交流，扩大了收视群，留言数量与日俱增。

在直播特别报道中间的几天，由于信息的重复，演播室内的话题开始紧缺，回答观众的问题，与观众交流，成为增强节目互动性、提高收视率的有力保证之一。观众互动环节，不仅成为融入节目的重要环节，更成为航天知识的科普热线，得到了领导、嘉宾的一致肯定，对此主持人白岩松深有感触，多次在节目中说：在我们互动平台留言的观众越来越多，问题也越来越专业了。

5．加强直播中的协作

在新闻频道多天的直播特别节目中，有不少协作完成的内容，其中既包括与地方电视台的合作，也包括与港澳台等地区以及国外演播室的合作。

在10月14日午后的直播时段中，引入了15分钟的宁波电视台演播室直播报道。宁波电视台主持人李飒清秀自然的主持风格，现场两位滔滔不绝、表述自然的小嘉宾，以及主持人与小嘉宾的平等对话都给人留下了深刻印象。

这样的合作还分别运用于对费俊龙、聂海胜两位航天员家乡的报道以及西安测控中心、喀什测控站、青岛测控站的报道。

此外，《东方时空》的特别节目《两岸看"神舟"》也给人带来耳目一新的感觉。台北电视节目主持人卢秀芳、记者杨钊与央视电视节目主持人、记者有着各自不同的风格，也在节目中增加了一些"跳跃因素"。这样横向打开的方式，为持续直播报道提供了丰富的信息源，同时也增加了一些新"变量"。

在直播过程中，新闻频道还连线了两个"太空俱乐部第一等会员国"——美国、俄罗斯演播室的信号，分别与美籍华裔科学家和在太空中进行过16次行走的俄罗斯宇航员进行交流，用他们的自身体验和不同立场的专业分析，为节目带来了世界航天技术先进国家对"神舟六号"的评价和所在国航天事业的新计划。

同样，在直播中连线央视在国外驻站记者也是不可缺少的一个环节。在整个报道中，250演播室与各地演播室之间进行对话，让处于不同演播室的嘉宾通过系统进行问答，在不同演播室之间实现了互动，强化交流，突破了以往直播中一个演播室唱"独角戏"的状态，也改变了不同演播室之间完全脱节的现象。

6．主持人、记者、嘉宾表现出色

在直播特别报道中，主持人、记者、嘉宾的抢眼表现使得节目熠熠生辉，尤其是主持人、记者之间默契的配合和巧妙的串联使得节目高潮迭起、精彩不断。

主持人白岩松保持了一贯沉稳大气的风格，自始至终呈现出良好的直播状态，点评非常到位，话虽不多，但总能"挠"到观众心中的"痒处"。

在10月16日下午和晚上的节目时段中，主持人崔永元出现在演播室中，带着一贯的幽默，将许多话题变得举重若轻。例如在与冀惠彦的连线中，崔永元一上来就问他在现场"心理状态是否稳定"，而这是航天员必备的一个心理要素，冀惠彦笑答"不稳定"，然后解释原因。主持人和记者之间这样一逗乐儿，既活跃了现场气氛，也让观众感受到"神六"飞船回收时那种"箭在弦上"的紧张氛围。在为数不多的几次出镜中，崔永元都以他特有的轻松提问方式将问题变得更浅显易懂，而演播室显然也多了很多笑声，这样更易于带动观众的收视情绪。

北京航天飞行控制中心报道点的出镜记者张泉灵，现场掌控能力较强，轻松自如，富有亲和力和感染力，营造比较好的现场采访气氛。在西安测控中心喀什站的记者李宇用自己的口语化语言娓娓道来，有现场观察，有感受，有细节，有观众感兴趣的内容，不空洞。

从总体上看，央视此次直播特别节目报道时间长而不怠、内容丰富而不散、形式多样而不乱、互动性强而不失理性引导，整个报道主题鲜明、重点突出、节奏紧凑、结构严谨，使连续6天的直播特别节目呈现出丰富、明晰的层次和结构紧凑、严谨的动态过程，显示了很高的报道水准。

二、报道组织工作的新突破

本次直播报道规模空前，报道力量强大，参与节目制作的高级别嘉宾众多，演播室数量大、距离远，报道布点多而广，新闻现场分散、转换频繁，报道对象复杂而专业、时间跨度大而不分昼夜等等，这些对于直播特别报道的组织工作来说，都形成了巨大的挑战和考验。

1．特别直播报道的组织是一个浩大的工程

此次直播特别报道的复杂和浩大首先体现在直播点分布广上。这次报道在国外7个国家和国内十几个省、市、自治区设置了26个报道点、8个演播室，仅10月12日一天演播室引用的直播信号就达到了19路之多，全部直播特别节目达187场次。这26个直播点在报道中的地位和作用随事件进程和报道进程不断变化。其中，央视设在远望二号、三号远洋航天测量船上的独家报道点，首次实现了从太平洋、南大西洋作现场报道。如在“神六”发射前后，“第一直播点”是酒泉发射中心和北京航天飞行控制中心，“神六”顺利成功发射之后，西安、喀什、青岛、“远望”二号等几个测控站成为“第二直播点”。在整个报道过程中，26个纵横跨度上万公里的直播点都发挥了各自的作用，丰富了报道内容，完善了报道结构，深化了报道主题。

10月17日上午，在对飞船着陆现场进行直播报道的同时，与着陆场信号相呼应，节目对吴邦国、贾庆林、黄菊、吴官正等党和国家领导人观看飞船返回实况并向航天员致贺电等内容进行了现场直播，并迅速对相关消息和贺电全文组织滚动字幕播出；与此同时，北京西郊机场、北京航天城报道组，采取多种直播设备互动、定位设备与微波游动机位相结合的方式，多点、多角度地记录了各界举行的欢迎仪式和庆祝活动；继而以直播作为主要手段，央视当天联合全国29家地方电视台，对包括航天员家乡在内的各地庆祝活动进行了现场报道。

其次，众多高层次嘉宾的参与，提高了直播特别节目的质量，营造了良好的收视点；同时也给报道的组织协调工作提出了更高的要求。直播期间，新闻节目 中心在第一时间请来承担“神六”任务的权威专家作为演播室直播嘉宾，这些重量级专家走进直播室与主持人和观众交流，带来了有关“神六”和我国航天事业的最新信息，对增加节目的厚重感发挥了不可替代的作用。

10月12日至17日，“神舟六号”太空飞行115小时32分钟内，中央电视台推出报道时长110小时的节目。其中，总长74小时10分钟的直播节目，以设在8个国家纵横超过上万公里的26个直播点、8个演播室、36个重量级嘉宾参与的阵容，创造了本台同一事件直播报道规模最大、布点最多、直播时间最长的纪录，并刷新了新闻频道开播以来最高收视纪录。

2．精心策划、组织和充分准备是报道成功的前提

从2005年4月份开始，新闻节目中心就组织近20名记者、编辑深入航天系统进行采访拍摄、调查研究，先后制作出了百集“神六”专题报道和近20集反映我国航天事业成就的宣传性报道，前者总时长为300多分钟，后者总时长为50分钟。

“神六”直播特别节目方案的策划从7月中旬开始，8月初拿出第一个总体方案，此后不断丰富、完善。由于“神六”发射的具体日期不确定，新闻节目中心根据总装的发射日程安排不断调整节目方案。到特别节目播出时，总体方案修改已达几十次之多，最后形成了7万多字的报道方案。方案针对“神六”飞船发射、运行、返回各个阶段可能出现的种种情况都有相应的预案，仅飞船发射阶段，就备有5种预案。

3．领导正确有力全员齐心共进确保报道成功

为高质量完成这次宣传报道任务，新闻节目中心有880多名记者、编辑、摄像、技术人员和后勤方面的职工投入其中。从国庆节开始到整个直播报道过程中，在办公地点的走廊内，夜间几乎到处可见就地打盹儿的员工；在参与“神六”报道的人员里面，流行着这样的见面语：连续几夜没睡了？几天没回家换衣服了？瘦多了……可以说，“神六”直播特别节目的成功，是各级领导运筹帷幄、英明指挥的结果，也是所有参与报道的员工克服各种困难、呕心沥血、艰苦奋战的结果，充分显示了央视新闻节目中心团队作战、整体运作的巨大力量。

三、直播特别报道影响巨大，社会反响强烈

截至10月17日24：00，央视已圆满完成“神六”载人航天飞行新闻报道任务，全程记录了我国航天领域这一具有里程碑意义的重大事件，弘扬了航天人勇于探索、认真严谨的科学精神和爱国情怀。对此，中央领导和有关部门领导给予了高度肯定，各界民众也纷纷赞誉央视“神六”直播特别报道“振奋民族精神，大长国人志气”。

台湾岛内多数主流电视新闻频道，引用了央视发布的节目信号，密切关注“神六”报道，在第一时间对“神六”发射进程进行了直播或转播。台湾东森电视台因与央视《东方时空》栏目合作开设了《两岸看“神舟”》报道专栏，由此成为岛内媒体关注的热点。

香港有线电视、无线电视、亚洲电视、凤凰卫视等电视台纷纷推出“神舟六号”特别报道，采用央视新闻频道的信号，对飞船发射、胜利返回的场面、北京航天城举行的欢迎仪式，以及国务院新闻办举行的记者招待会进行了直播和滚动报道。

央视“神六”宣传报道以先进开放的报道思路、新颖独到的报道模式、全面快速的现场报道、充分细致的前期准备以及融洽活跃的演播室气氛，全面、深入地展示了我国航天事业取得的辉煌成就，向全世界展现了我国蒸蒸日上的大好形势和中华民族的良好形象，极大地显示了国力，振奋了民心，鼓舞了士气。

（摘自《电视研究》2005年第十二期。作者：建辉、旭宏、春雨）

见证历史 我们在现场

2005年10月17日，“神舟六号”飞船成功着陆，航天员费俊龙、聂海胜圆满完成任务，平安回到北京航天城。在北京航天飞行控制中心的新闻中心，各大媒体的记者在坚持了6天连续报道之后，即将散去。临别之时，北京飞控中心新闻中心的负责人对我们中央电视台国际频道的记者说了这样一句话：“你们是我见到的最敬业、最职业、最专业的记者。”三个“最”虽然让我们感到受之有愧，但是其中的理解和赞许，却是基于一个事实，那就是中央电视台国际频道“神六”特别报道四人报道组在此次报道中发挥了巨大作用。在历时6天的特别报道中，我们几个人始终在现场忙碌着，既要采访、制作新闻和访谈节目，又要承担直播连线任务，同时还要负责与台里演播室及现场有关方面之间进行沟通协调的工作，头绪很多，任务艰巨。在有关各方的充分理解和大力支持下，我们也发挥航天人特别能吃苦、特别能战斗的精神，出色地完成各项报道任务。

一、第一时间，力求最快最新

时效是新闻的生命，尤其是在重大新闻事件特别报道中，跟进追踪更需及时，在此次“神舟六号”报道中，央视国际频道现场特别报道创造了以下几个第一：第一个准确报道了“神舟六号”定于10月17日凌晨返回地面的消息；第一个准确报道了飞船定于凌晨4时33分着陆的消息。在飞船返回过程中，我们在北京飞控中心看着大屏幕显示的画面以及各测控站传回的信息，利用电话与演播室连线，第一时间报道了航天员在飞船穿过黑障之后向指挥中心报告“状态良好”的消息；随后又在“神六”飞船打开降落伞后，第一时间报道了航天员报告“自我感觉良好”的消息。由于这两个节点对于飞船安全着陆至关重要，尤其是航天员的身体状况更令世人牵挂，而我们快速及时的连线报道在第一时间让观众长舒了一口气。

“神舟六号”从发射到圆满回收历时6天，要保持观众对于这一重大新闻事件的连续关注，就必须及时地把最新进展，包括航天员的最新情况告知观众。央视国际频道在这6天的追踪报道中，前方的记者都以视频连线或电话连线的形式及时发回最新报道。比如在飞船遨游太空期间，观众最为关心的就是航天员的工作和生活状况。由于航天员从太空中传回的图像不能同步直播，为了达到快速传播的效果，我们的记者就在北京飞控中心现场通过直播连线形式，及时插播航天员

在太空舱中的画面。

二、第一现场，力求生动形象

对于电视媒介而言，最能体现新闻力量的，莫过于“现场”。电视现场报道的魅力在于让观众如同身临其境。我们特别强调记者的现场报道，把观众带进现场，感受现场。比如在介绍酒泉卫星发射中心时，记者如同导游引领着观众，从航天员居住的公寓到发射塔架，沿着航天员走过的路径一路走来，一边走一边介绍，特别是在介绍航天员乘坐电梯进入发射塔架和进入飞船座舱时，记者亲历现场进行模拟演示，让观众先睹为快。

对于观众来讲，在火箭腾空而起和飞船着陆的背后，一切都是神秘和新鲜的。作为现场记者，就有责任揭开这块神秘的面纱。我们引领观众走进发射场的发射测试大厅，采访“零号指挥员”，感受发射前的紧张气氛；在飞船返回之前，我们又引领观众走进北京飞控中心大厅，采访“与航天员距离最近”的总调度，以了解飞船返回时的第一道指令是如何发出的，认识那些与航天员命运息息相关的科研人员。记者走动式的现场播报方式，不仅使静止的环境动起来，也增强了观众的现场参与感。在直播报道垂直转运飞船火箭时，场面十分壮观，随着船箭组合体的进程和摄影镜头的及时跟进，强烈的现场感让观众如同置身其中，共同见证了这一令人激动兴奋的时刻。

三、挖掘独家题材，报道独家新闻

“神舟六号”的发射和返回举世关注，对于媒体来说，这是一次“新闻大战”。10月初“神六”还未发射，网上的相关报道已是铺天盖地，各种信息(包括有的猜测)掺杂其中。作为主流媒体，央视从10月12日飞船发射的当天才开始播发大量的报道。由于各家信息来源的途径大同小异，所以报道内容的同质性现象相当严重。在这种情况下，如何做到独具慧眼，用独到的视角报道新闻，就显得更为重要。比如航天员费俊龙、聂海胜乘坐“神舟六号”飞船遨游太空时，我们独辟蹊径，采取了一篇新闻特写《为战友加油》，用现场报道的方式，带领观众走进北京飞控中心，去看看他们的战友——那些曾经与他们一起入选航天员梯队，但这次没能上天的航天员在干什么。通过这篇新闻特写，观众看到了幕后的航天员虽然这次失去了一次机会，但依然保持良好心态，满怀对战友的祝福和牵挂之情，每天在地面上24小时值班，为翱翔太空中的战友进行技术和心理的支持，从一个侧面展现了航天员大队坚强集体的风采。

四、捕捉关键人物，增强现场采访的权威性

记者在现场，比任何人都更接近新闻真实本身。为了获取新闻信息，在现场需要眼观六路、耳听八方，但关键还在于要能够通过采访典型新闻人物，挖掘更多有价值的信息。“神舟六号”载人飞行不同于其他重大新闻事件，专业性较强，而最有发言权的莫过于载人航天工程七大系统的总设计师和总指挥们。在飞船的发射、运行、回收阶段，各大系统的主要负责人都在现场，对于在第一线的记者来说是难得的采访机会。但是同时也面临各种困难，如现场指挥大厅不允许记者进入，在这种情况下，要采访到最权威的人物，就需要事先的成功预约和现场的随机应变能力。在“神六”飞船发射前，我们就先后与火箭系统总指挥、发射场系统总设计师以及首飞航天员杨利伟都打好招呼，与他们预约进行采访。所以在“神六”发射成功，中央领导讲完话离开指挥大厅的第一时间，我们便进入大厅对事先预约的三位新闻人物进行采访。此时，他们正沉浸在成功发射的喜悦之中，而我们的采访又如此及时，所以他们的喜悦与兴奋就自然而然地传递给观众。

同样，在“神六”飞船成功着陆后，在北京飞控中心大厅里，大家都不约而同地欢呼雀跃，相拥而泣，相关人员还三五成群拥到台前集体合影，飞控中心大厅顿时沸腾了，成了欢乐的海洋。连续苦战了6天的科研人员心中的石头终于落地，那种兴奋之情溢于言表，如同泉水喷涌而出。这时我们又在第一时间进入大厅，采访了载人航天工程总设计师王永志和副总指挥胡世祥、张庆伟。这三位肩负重任的重量级人物在此之前可以说压力最大，然而此时面对我们的采访，他们也抑制不住发自内心的兴奋，不仅总结了取得成功的原因，还展望了今后中国载人航天工程的发展规划，强烈的现场感以及充满权威和颇具分量的每一句话给观众留下了极其深刻的印象。

五、抓住人物特点，凸显细节的感染力

对于新闻事件的报道，任何时候都要关注人的命运，讲述人的故事，这是最容易打动观众的。载人航天工程是个庞大而复杂的系统工程，作为一项重大的科

研活动，它本身所具有的专业性，使得与它相关的报道很容易显得枯燥。在具体报道中，突破固有的思维模式，给观众更鲜活的信息，这是我们现场记者力求做到的。我们在给观众梳理新闻事件的时候，除了深入浅出地讲清科学道理之外，还努力抓住人物特点，通过人性化的新闻点让观众了解航天工程这样一个复杂的系统。当所有的目光都集中在前台时，我们常常带领观众走进幕后，认识新闻背后的人。比如，在飞船发射时，那壮观辉煌的瞬间让人为之激动，但是人们常常不够关注那位发出倒计时指令的“零号指挥员”。于是我们就带领观众走进发射中心大厅，并采访了“零号指挥员”郭宝欣。郭宝欣这次已经是第六次担任“神舟”号飞船发射的指挥员了。他应记者的要求，具体介绍了每次发射前他几点到岗，需要做哪些工作，心情最为紧张是什么时候，经历最为惊心动魄的事件是什么，以及目睹飞船成功升空后的心情，等等。观众听了“零号指挥员”郭宝欣的讲述，不仅认识了他，同时对飞船的发射也有了一个更形象和具体的了解。

中共中央总书记、国家主席胡锦涛与航天员的天地通话，让世界人民看到了党和国家领导人对于航天事业的关心和支持。通过直播报道，广大观众还会发现，在天地通话中一位很重要的人物那就是负责呼叫航天员、为航天员下达指令的“总调度”。这位27岁的年轻“总调度”在接受记者采访时现场模拟了他呼叫航天员的口令，讲述他们是如何通过训练达到与航天员默契配合的。他充满朝气和自信的言谈，令人印象深刻。而透过这位“总调度”，观众对于天地通话的奥秘又多了一些感性的认识。

六、锲而不舍，以坚忍执著的敬业精神赢得理解和支持

“神舟六号”载人航天飞行的报道不同于其他重大事件报道，有很严格的要求，由于它持续6天，任务本身所面临的风险性和不可预知性，使记者报道的相关人物在飞船成功着陆之前都保持低调，采访变得十分困难和敏感。在这种情况下，现场记者要获知信息，报道信息，就必须付出更大的努力，不仅要善于发现和捕捉新闻点，还要有钻劲和韧劲，不能轻言放弃，要抓住一切可能的机会，把采访进行到底。为了采访一些总指挥和总设计师，我们从酒泉发射中心一直追到北京飞控中心，虽然一次次被拒绝，但被采访对象终于被我们的执著所感动，接受了我们的专访。为了保持报道的延续性，在北京飞控中心的几天内，我们每天都在清晨五点多钟便赶到现场，一直忙碌到晚间十点钟才离开，这样做主要是为了确保不落下任何新闻点，不放过任何有价值的采访。首飞航天员杨利伟在接受我们的采访时说：“你们做记者的也真不容易。”而对于我们这些能够参与“神舟六号”的报道，有幸到第一线的记者来说，这又是一次非同寻常的经历。

（摘自《电视研究》2005年第十二期。作者：任永蔚）

中央电视台圆满完成抗战胜利60周年纪念活动的宣传报道

2005年9月2日至4日，新闻节目中心以新闻、专题、直播等多种节目形态并进的报道攻势，圆满完成了“中国人民抗日战争暨世界反法西斯战争胜利60周年”5场重要纪念活动的宣传报道任务，赢得中央领导高度评价。

新闻节目中心于半年前便全面展开相关报道筹备工作，并重点针对5项重要纪念活动制订了详尽的报道方案。在“首都各界向人民英雄纪念碑敬献花篮”直播中，组成了以时政新闻部为主，会集中心各部优势兵力共同参与的报道组，先后投入189人次，根据仪式进程，进行了两次带机演练、三次单机专项实拍，对仪式每一项内容的画面表现、声音拾取都进行了精确至秒、细致入微的设计。其间，报道组从视觉效果和仪式感出发，向中办等领导部门提出设计方案并被采纳。直播中，报道组在活动现场设置了16台机位，并首次调用40米高的云梯车，配合地面两台摇臂、两台斯坦尼康等机位，全景展示了现场庄严肃穆、恢宏大气的活动实况。其中，国家领导人与抗日老战士及国际友人瞻仰人民英雄纪念碑等画面的精确捕捉，唤起了人们对英雄先烈的无限哀思与崇敬，极大地丰富了直播节目的感染力，礼兵抬巨型花篮呈V字形队列前行的画面设计，更突出了纪念抗日战争胜利60周年的精巧寓意。在随

后进行的“抗战胜利60周年纪念大会”直播中，国家领导人搀扶抗日老战士步入会场、胡锦涛主席铿锵有力的现场讲话，都给观众留下了极其深刻的印象。

新闻频道9月3日推出了时长200分钟的特别节目，对“首都各界向人民英雄纪念碑敬献花篮”及“抗战胜利60周年纪念大会”进行了全程直播。节目通过连线前方记者对现场活动动态及背景介绍，辅助嘉宾解读和一系列背景短片，生动回顾了中国抗日战争作为世界反法西斯战争重要组成部分所发挥的突出作用，并通过对抗日战争战略步骤的分析，从侵略——战争、屈辱——荣光，重点介绍了抗战精神的现实意义。直播结束后，新闻频道迅速集锦纪念活动中的经典画面，在频道各档新闻节目中滚动播出，进一步扩大了传播的覆盖面。

为了突出纪念主题，9月3日对新闻频道整体编排进行了特别设计，突出了宣传的合力。设计打破新闻与专题之间的界限，统一聚焦“抗战胜利60周年”这一主题，以历史与现实的交替，对不同报道内容实现了相互融合、互为补充。当天，《新闻联播》延长为50分钟，新闻频道《午夜新闻》拓展为1个小时，次日《新闻早8点》扩充为50分钟。超大篇幅、重要版面的精心布局，突出宣传了中央举行的各项重要纪念活动，并快速跟进报道了海内外对胡锦涛主席在纪念大会上讲话的强烈反响。

2005年5月8日至5月10日，新闻节目中心与播送中心联合作战，圆满完成了胡锦涛出席“俄罗斯纪念卫国战争胜利60周年庆典”报道任务。5月9日，新闻频道对“俄罗斯纪念卫国战争胜利60周年庆典”进行了现场直播。历时3个小时的直播特别节目中，新闻频道与设在莫斯科的分演播室相互对接，在对庆典活动场内外动态消息等一时间关注的同时，邀请有关军事和俄罗斯问题专家，围绕“发扬反法西斯合作精神，促进世界和平与发展”展开探讨，并通过胡锦涛主席抵达莫斯科后专门看望俄罗斯老战士，以及“在苏联参战的中国人”、“中国在二战中的作用”等一系列反法西斯战争的背景资料，突出了“牢记历史，不忘过去，珍爱和平，开创未来”的节目主题，拓宽了直播事件信息的外延。与此同时，新闻频道调动本台驻德国、法国、比利时等地记者展开现场报道，以全方位、多时空的连线，集中介绍了欧洲各国对反法西斯战争的总结与反思，展示了世界人民反对战争，珍惜和平的美好愿望。

以《新闻联播》为主的各档新闻节目在头条位置，以重要篇幅对胡锦涛主席出席庆典活动进行了充分报道。报道选用胡锦涛主席大量现场同期，再次表明了中国愿同世界各国一道共护和平、同促发展的主张，生动展示了中国的和平形象。在庆典活动报道之外，前方报道组还对胡锦涛主席在莫斯科期间与俄罗斯总统、法国总统、罗马尼亚总统、韩国总统、土库曼斯坦总统之间举行的会谈进行了及时、充分的报道。与此同时，《焦点访谈》、《国际观察》、《央视论坛》等专题节目也都以不同的视角，对胡锦涛出席俄罗斯纪念卫国战争胜利60周年庆典活动进行了深入报道。

配合“中国人民抗日战争暨世界反法西斯战争胜利60周年”纪念活动，新闻频道先后推出了大型纪录片《转折之战》、《儿女英雄传》、《对日诉讼》。与专题节目同步，新闻频道在《新闻早8点》、《新闻30分》、《今天》栏目中，分别开设了“二战回眸”、“二战随想”、“二战启示录”报道专栏，通过大量珍贵的史料镜头再现了反法西斯战争中的血雨腥风，表达了全世界人民珍惜和平的共同心愿。在“九·一八”纪念日当天，新闻频道推出了时长一个小时的直播特别节目《牢记历史 勿忘国耻——“九·一八”事变74周年特别节目》。节目在对沈阳等地举行的纪念活动进行直播报道的同时，以日本侵华路线和抗战发展历程为串联，依次报道了东北、北京、上海、南京、武汉、重庆、昆明等地举行的各类纪念活动，辅助专家对“九·一八事变”、“华北事变”、“七·七事变”的解读和梳理，揭露了日本侵华战争所犯下的累累罪行，突出展示了中国人民在14年抗战历程中浴血奋战、百折不挠的民族气概。节目以真挚的情感和强烈的震撼力，得到观众一致好评。新闻频道在当天各档整点新闻内开设了“牢记历史 勿忘国耻”的报道专栏，对东北、华北、华东、西南等地举行的各类纪念活动进行了动态跟进。《新闻联播》、《东方时空》等新闻及专题节目，之前广泛寻访亲历抗战风火硝烟的老战士，以历史与现实相结合的报道手法，突出宣传了血火淬炼的抗战精神。

（新闻节目中心　冯旭宏）

生动再现 理性解读

——央视"纪念世界反法西斯战争胜利60周年"节目评析

2005年是抗日战争胜利暨世界反法西斯战争胜利60周年。央视这一次"纪念世界反法西斯战争胜利60周年"系列特别节目是一个大手笔，准备的时间早而充分，动用的人力资源多而面广（包括央视自身的工作人员及特邀的主持人还有嘉宾），各频道各显神通（包括新闻频道、综合频道、中文国际频道、电影频道、电视剧频道、科教频道等），几乎是全线出击，形成了"大合唱"的雄浑气势。所有这些，不但是简单的纪念，而是回归到同一个永恒的主题——以史为鉴，共创和平，共谋发展。

央视纪念反法西斯战争胜利60周年节目充分展现了电视媒体声画并茂、影响力大的优势，以恢宏的气势和周密的安排形成了不忘历史、反对战争、爱好和平、共谋发展的舆论强势。连续密集的新闻报道把主要的着眼点放在纪念活动上，着眼现实；大量的二战题材的电影与电视剧再现当年，返观历史；理性的分析与评说是深入的思考，总结教训，以史为鉴，教人正确看待历史与现实。这一时期的电视节目不断在现实与历史的时间表中切换，体会和平的可贵与战争的残酷无情，所有的这些，都放在当前的这一环境下，具有一定的现实意义。

一、新闻报道：第一时间，第一现场

央视纪念世界反法西斯战争胜利60周年充分利用了新闻频道各个时间档滚动新闻，对各地的大型纪念活动进行及时报道。据笔者的粗略统计，5月9日左右，关于纪念世界反法西斯战争胜利60周年的新闻几乎在每个时间档的新闻节目中都有，密集度高且更新及时，并随时把正在发生的新闻事件现场切换到直播室，让观众在第一时间知晓关于这一纪念活动的新闻。新闻报道在5月9日红场的纪念活动直播中达到高潮。内容也是涉及诸多方面——从政治到经济到文化层面。空间变化大——英、美、法、德、俄等国家之间不停转换。报道体裁有消息、通讯、现场报道，也有大量的深度报道。

世界各国在纪念世界反法西斯战争胜利60周年方面的动态，在央视新闻节目中都有第一时间的报道，而且现场感强烈。这在全程直播莫斯科红场世界反法西斯战争胜利60周年纪念活动的实况方面得到了体现。

5月9日这一天，来自世界各地的60多位国家元首聚集在俄罗斯首都莫斯科红场。共同纪念世界反法西斯战争胜利60周年，中国国家主席胡锦涛代表中国政府和人民出席了这一纪念活动。这一天的纪念活动是历史事件，也是历史性的时刻，央视倾注了大量的人力、物力，通过周密部署连续三天进行了全程直播——央视著名主持人水均益等人在莫斯科红场，从5月7日起连续三天对这次承载了全世界人民珍惜和平美好愿望的纪念活动进行现场直播。在新闻频道的《国际观察》直播特别节目中，他带领电视观众寻访二战留下的历史和精神，深刻反思战争给人带来的苦难，同时节目也以理性和客观的态度关注现实世界，深入解析世界各地对此纪念活动的反应和动向。

在这一次直播活动中，给人们留下了两个印象深刻的高潮。

在莫斯科演播室，水均益邀请了参加过二战的苏联老兵讲述当年的悲壮故事，把本次特别节目《胜利的怀念》推向了第一个高潮。由他们讲述的莫斯科保卫战、斯大林格勒保卫战等以悲壮著称的战役，不仅把过去与现在连接在了一起，更把人类为和平和正义而战的心路历史再现出来，看到他们充满真情实感的讲述与回忆，观众深受感染。

毛泽东的孙子毛新宇作为嘉宾同时现身北京演播室，把本次节目推向了第二个高潮。毛新宇的父亲毛岸青和叔叔毛岸英都曾经是二战中苏联战场的亲历者，而毛新宇本人现在也在进行军事方面的研究。他在节目中所讲述的鲜为人知的关于他叔叔毛岸英在前苏联参加卫国战争的许多内幕故事，也成为全世界反法西斯战争胜利的一个动人佐证。

除此之外，为了保证本次直播顺利进行，央视还调动了一批驻世界各地优秀记者进行现场报道，沟通了北京、莫斯科、柏林等地，形成全方位、多时空的连线，全面展示世界人民反对战争珍惜和平的大全景。

二、影视展播：生动再现重大历史

纪念世界反法西斯战争胜利的影视节目是央视在本次纪念活动中的又一重头戏。央视电视剧频道与电影频道及综合频道推出的一系列电影、专题片与电视剧，从再现历史的角度反映二战，把那段尘封的残酷历史与当前进行的各项纪念活动形成对照，让人们在时空穿梭中真真实实地认识六十多年来的风云变幻，加深了对战争的认识和对和平的珍视。

1.《二战电影地图》

这部全程实地采访、摄制的“纪念世界反法西斯战争胜利60周年”主题的电视节目，具有震撼性的现场效果与贴近现实的文化价值。总长达210分钟的7集电视系列专题片，从5月2日至8日，每天中午12：30引领观众到英国、法国、德国、意大利、埃及、俄罗斯、美国等第二次世界大战主要参战国家，踏访敦刻尔克、诺曼底、阿拉曼、西西里、圣彼得堡等著名的二战战场，凭吊纳粹集中营与大屠杀纪念馆。

这部大型电视系列专题片还介绍了众多中国观众耳熟能详的各国二战电影。既有《拯救大兵瑞恩》、《最长的一日》、《伦敦上空的鹰》等美国好莱坞拍摄的鸿篇巨制，也有《攻克柏林》、《解放》、《斯大林格勒保卫战》、《这里的黎明静悄悄》等前苏联卫国战争影片，还有在世界电影史上占有重要地位的《罗马：不设防的城市》、《大独裁者》、《美丽人生》、《辛德勒的名单》等艺术经典，这些影片引领观众，重温战火纷飞的战争年代，反思历史教训，缅怀为人类和平付出牺牲的无名战士，思考世界和平与发展的时代主题。

2．二战题材经典影片系列展播

在5月9日至16日，央视电影频道推出了惊心动魄的二战题材经典影片系列展播。这其中有观众百看不厌的经典老片《老枪》（法国）、《瓦尔特保卫萨拉热窝》（前南斯拉夫）、《虎口脱险》（法国），也有近两年来颇受关注的新片《布谷鸟》（俄罗斯）、《狙击手》（前苏联）。

这场人类历史上规模最大的战争虽然以纳粹德国、法西斯意大利和军国主义日本的战败告终，但时隔一个甲子的岁月，我们依然能够清晰地看到它深长的阴影，感受到这场人类最大的浩劫带给我们的创伤。重温老电影，给我们带来了深沉隽永的人文思考，关于和平，关于未来……

三、历史解读：从感性到理性

对历史事件的纪念是为了提醒人们记住历史，以史为鉴。央视对世界反法西斯战争胜利的纪念，并没有停留在再现的感性层次上，而是通过一系列节目将对历史的解读和深入分析，上升到理性高度，体现了与纸质媒体不一样的“电视的深度”。二战结束已经60年了，可是并不是所有的人都真实地了解它。关于第二次世界大战，其实还有许许多多的未解之谜。为了更深刻地认识这一人类历史上少有的战争，让人们更真切地认识并反思它，央视科教频道的《百家讲坛》栏目推出的大型系列节目《二战人物》，由长期从事外国军事思想和军事历史研究工作、现执教于中国人民解放军国防大学的法学博士马骏主讲，5月10日至13日主讲的《罗斯福》（上、下）、《朱可夫》（上、下），5月17日至20日主讲的《希特勒》（上、下）、《隆美尔》（上、下），给了观众一个新颖的解读视角。在这几期节目中，他讲述并评说了这些二战人物的是非成败，功过得失。

这样的一些历史事件与人物和他们的故事在事后的传播过程中，一再被传奇化甚至于扭曲，而这一深入的、理性的挖掘与廓清，既是回顾历史，也是一定程度上的还原历史的真实面貌。

在其他一系列访谈节目中，各位嘉宾的评说与讲解，也同样富于启发和教育意义。

总体来看，央视这次纪念世界反法西斯战争胜利60周年特别策划活动规模宏大，气势不凡，收效也是明显的，较好地体现并实践了中宣部部长刘云山在4月25日全国宣传部长座谈会上提出的要求，再次展现了一个国家级大台的水准与风范。

（摘自《电视研究》2005年第九期。作者：徐景华）

《新西藏》和《沧桑巨变——新疆》受到好评

为配合西藏自治区成立40周年和新疆自治区成立50周年纪念活动，中央电视台社教节目中心文化专题部与中央文献研究室联合摄制了大型电视纪录片《新西藏》和《沧桑巨变——新疆》，分别于2005年8月31日和9月30日在一套播出后，引起社会各界强烈反响。

纪录片《新西藏》采用走进西藏的拍摄视角，沿着新西藏50年的发展历程，着重表现西藏自和平解放以来在生活水平、社会面貌等各个方面发生的巨大变化，并从几个侧面反映中央政府和西藏自治区为改善人民生活条件所作的努力。这档节目的语言流畅，富有感染力。解说词、影视语音和结构语言都有一种一贯其中、一泻千里的畅快感，画面语言也富有诗情画意。

在节目制作中，总导演摄制组一行行程5000多公里，先后穿越10多座海拔5000多米的雪山，进行全方位拍摄采访。《新西藏》采用纪实和政论相结合、历史与现实相辉映的结构，通过翔实权威的重要采访、感人的故事细节和精美的音画组合，在文献纪录片的艺术表现上进行了大胆的探索。

纪录片《新西藏》通过电视这一现代传媒形式，充分展现了半个多世纪以来，中国共产党领导西藏各族人民在社会主义建设过程中所取得的伟大成就和辉煌业绩，反映了社会主义新西藏民族团结一家亲，共同保卫和建设祖国边疆的新型民族关系；反映了和平解放以来，西藏从黑暗走向光明、从落后走向进步、从贫穷走向富裕、从专制走向民主、从封闭走向开放的发展历程。西藏自治区领导看过后说，这部电视片主题鲜明，观点正确，脉络清晰，用真情实感和发生巨变的事实向世界展现了欣欣向荣的社会主义新西藏。

大型电视纪录片《沧桑巨变——新疆》，时长50分钟，全景反映、宣传新疆自治区成立50年以来，在中国共产党的领导下在政治、经济、文化、社会各方面发生的巨大变化，特别是改革开放以来新疆经济发展、民族团结、社会稳定，社会主义现代化建设取得辉煌成就，展现了一个富饶的、美丽的、朝气蓬勃的新疆。

由于新疆的面积占整个国土面积的六分之一，与50年前相比，变化之大实在是超出了摄制组的想象，不仅体现在城市，也体现在乡村，因此，摄制组加强与新疆电视台的联合，根据以往团队操作大型节目的经验，在极短的时间内，共同组成了7个联合摄制组，包括一个航拍小组，有条不紊地将所需要的内容素材全部拍摄。该片被台领导称为精品，播出后取得收视率前十名的好成绩。

新疆自治区的领导对该片给予了高度评价，认为该片是反映新疆改革历程、宣传新疆发展成就的重要作品。真实反映了在全国兄弟省市的支援下，新疆人民努力奋斗，经济发展，社会进步，人民安居乐业的兴旺景象。

（根据社教节目中心提供材料综合整理）

中央电视台《永远的丰碑》播出一年综述

从2005年2月1日开始，在中宣部和中央保持共产党员先进性教育领导小组的统筹下，中央各新闻单位同步开展了《永远的丰碑》大型主题宣传活动。中央电视台根据电视宣传的特点，将这一宣传定位为大型系列文献性短片，先在《新闻30分》和新闻频道《今天》节目中以专栏形式播出，后从6月16日列入《新闻联播》中播出。一年来，这一主题宣传在社会各界引起了强烈反响。每天都有许多观众热情来信来电，称赞在改革开放的新时代，党和人民没有忘记革命先烈的牺牲与贡献，他们的革命精神值得认同与回归！还有许多观众认为，这次大规模的宣传，使我们了解了几百位先烈，看到了共产党人的群像，是对党史人物和中国革命史的大普及。一些观众还认为，《永远的丰碑》是一幅中国共产党人追求理想信念的壮丽画卷，是一首高昂激越的英雄史诗。

为搞好这一宣传，中央电视台《永远的丰碑》节目组的编辑记者做了大量艰苦细致的工作。

《永远的丰碑》是宣传中国革命史的一次创新

这一节目从开播至今，已播出370多个革命先烈、英雄群体及模范人物，其中在《新闻联播》中播出240多集，播出时间总计长达2000余分钟，成为中央电视台《新闻联播》节目开办以来，挂栏目播出持续时间最长、播出集数最多的一个节目。

在播出版的基础上，中央电视台还组织人力，将每位先烈和英雄群体的事迹编辑制作了4至5分钟的专题片，并与文字解说一并编辑成书，配套出版光盘，目前已完成250多人的专题，光盘已出版3部（92人）。

多年来，中国共产党的英雄人物、先锋模范的事迹很多保存在党史研究室里，展览在纪念馆里，分散在各地图书资料馆里，大部分鲜为人知。

这次宣传使一大批革命先烈的感人事迹首次在中央电视台《新闻联播》中得到宣传，也是首次被编辑制作成电视专题片传播到社会各界。这是中央电视台适应新的形势在中国革命史的宣传中从内容到形式上的一次创新。

运用大量鲜为人知的感人故事和细节感动观众

《永远的丰碑》新闻播出时间为1分半钟，专题时间也仅为4至5分钟，要在这样短的时间内让观众了解熟悉每一位革命先烈，并为之感动，实非易事。节目组的编辑记者不畏艰难、不怕苦，精心研究结构，认真进行文字的撰写和画面的拍摄、背景资料的挑选，日夜加班，编辑制作。

成功的人物电视片离不开故事和细节的描写。细节能给观众带来极大的感染力和说服力。特别是列入《永远的丰碑》的宣传对象，大部分牺牲在战争年代，今天的观众对他们的了解很少，有的根本就没有听说过。为此，节目组特别注重选取一些鲜为人知的感人细节穿插其中。从370多位革命先烈和英雄群体那里，节目组千方百计挖掘了上千个感人故事和细节，并且有选择地、恰到好处地运用了这些故事和细节，增加了人物的真实性和立体感，使每个人物在有限的时间内给观众留下活生生的、深刻的印象。

杨靖宇是人们熟悉的东北抗联领导人。这次宣传中，节目组收集、阅读了他10多万字的革命史料。这位故乡在河南确山县的共产党员，1927年在大革命的浪潮中义无反顾地组织了确山农民暴动，成立了河南省第一个农会，组建了红25军鄂豫皖特别大队，并担任了中共豫南特委书记。1928年4月，他到上海中共中央训练班学习。1929年春天，杨靖宇奉命调到东北从事地下工作。之后代理中共东北省委军委书记，创建了东北抗联第一军，转战在白山黑水间打击日寇。他1928年离开家乡到上海时，小女儿出生才5天，儿子才3岁。之后赴东北至1940年牺牲，他一心扑在抗日上，与家中12年音讯不通，母亲与妻子在战乱中病饿而死。这种超常的革命坚定性多么震撼人心啊！

杨匏安，人们并不熟悉的一位中国共产党早期的理论家、革命家，他是广东党组织最早的一批党员之一，在华南地区最早系统地宣传介绍马克思主义。1929年他来到上海，被调到中共中央机关工作，1931年7月被捕。杨匏安被捕后，每天都有国民党要人以高官厚禄为许诺到狱中劝降，杨匏安始终回答："死可以，变节是不可能的！"最后蒋介石出面把电话打到狱中要杨匏安接，他却将电话摔到墙上。蒋介石恼羞成怒，下令将他处决。这些共产党员真正体现了对党的事业忠贞不渝的坚定信念。编辑记者从史实中精选并突出展示了他们的这些生动事迹，在观众中引起了巨大的共鸣。

看看陈延年、陈乔年兄弟吧：陈延年，陈独秀长子，1922年在法国勤工俭学中与周恩来、赵世炎一起组建了中国少年共产党，走上革命道路。1925年之后曾任中共广东省委书记、中共江浙区委书记、江苏省委书记。1927年6月，陈延年在上海被捕，敌人对他用尽酷刑，丝毫不能动摇他的革命意志，几天后他被反动派押赴刑场以乱刀砍死。陈延年牺牲后不到一个月，弟弟陈乔年来到上海任中共江苏省委组织部长，他踏着哥哥的血迹，在白色恐怖中与时任江苏省委书记的王若飞并肩战斗，一年后也在上海英勇就义。像这样为中国革命英勇献身的父子、夫妻、兄弟、姐妹不计其数。《永远的丰碑》中宣传的革命夫妻就有：陈铁军、周文雍夫妇，江竹筠、彭咏梧夫妇，阮啸仙、高恬波夫妇，李翔梧、刘志敏夫妇，陈觉、赵云霄夫妇等。什么叫抛头颅洒热血？什么叫前仆后继？看了电视片《永远的丰碑》，人们就有了深刻的理解。

在宣传中，节目组的编辑记者还浓墨重彩地展示了共产党人无私无畏、不计个人名利，甚至隐姓埋名为革命奋斗的博大胸怀与情操。如果今天我们要问：革命先烈中马尚德是谁？李坤泰是谁？很多人可能答不上来。而他们却分别是杨靖宇、赵一曼的真实姓名。他们到东北后以化名参加革命活动和抗日斗争，直至牺牲。新中国成立之初，组织上以他们的化名分别在河南、四川查找他们的亲人，而家乡的亲人则以他们的真名向组织上查询两人的下落，历经曲折，两方面的情况才被核实为一体，人们才知道了他们的英雄事迹。张露萍，这位原名余硕卿的四川进步女青年，出生在富裕家庭，到延安后为防家人找到她的下落改名黎琳，并加入中国共产党。抗大毕业后她被党组织派往重庆，化名张露萍打入敌人内部从事地下工作，1945年在贵州息烽集中营被国民党反动派杀害。直到上世纪80年代，她的真实身份才被确认。这就是共产党人的高风亮节！这些今天看来仍然是新闻的细节，都被充实在电视宣传中。

千方百计拼接历史画面语言

对电视宣传而言，必须有足够的画面语言为重要的宣传元素。但是大部分革命先烈工作、牺牲在战乱年代，至今时代久远，历史时间跨度大，留下的史料、遗物、图片都比较少。有的仅有一张照片，有的甚至连一张照片都没有。但播出时，大部分人物的画面比较丰满。很多观众打电话询问这些真实资料是怎么找到的。

其实，这并没有什么秘密可言。为了确保节目的史料的真实姓、生动性，编辑人员抱着对革命先烈负责、对历史负责、对观众负责的态度，针对许多先烈缺少遗留照片的情况，动脑筋从各个渠道，如大海捞针般查找拍摄资料。北京找不到，就求助各省市有关部门找，国内找不到，就求助国外有关机构找。至今，节目组收集、整理、拍摄的相关资料总计达1万多分钟。还先后为抗联女战士安顺花、战斗英雄高成山、劳动模范张树贵、印尼华侨烈士周斌等10多位烈士找到了照片资料，丰富了电视的画面。

7月份在宣传共产党员、印尼华侨、抗日英雄周斌时，有关编辑仅在国家图书馆的一本书中查找到他一张1寸大小的照片，为了使人物尽可能饱满、鲜活，节目组通过浙江电视台查找到了周斌的儿子周京瓯的联系电话，遗憾的是他家里也没有其他照片。节目组只好请乐清电视台拍摄了周斌在乐清市的出生地和旧居。然而，周斌1939年从抗大毕业后回到印尼联络华侨从事抗日活动，并牺牲于苏门答腊岛，现有的史料难以反映他的革命活动。后来，节目组又通过国务院侨办，与我国驻印度尼西亚大使馆取得了联系，请他们帮助找到了周斌曾当过教员的印尼苏门答腊岛火水山华侨小学旧址以及1953年这所学校“复学”时师生的合影，并通过外交邮件传到北京。编辑们把这些图像用特技手法编辑起来，增强了表现力，使周斌的宣传不仅有丰富的画面和文字解说，还查清了他的出生年月，使宣传一目了然。

在编辑我党早期工人运动领袖苏兆征的电视片时，有关编辑在阅读史料时发现，1925年，苏兆征当选为全国总工会执行委员会委员，组织过举世闻名的省港大罢工，在全国威信极高。1927年3月，苏兆征一行北上武汉工作，受到武汉各界50万人的隆重集会欢迎。为了真实反映苏兆征的革命风采，责任编辑四处奔波，查找这方面的历史画面，功夫不负有心人，在国家图书馆资料库中，竟真地查找到了已刻入光盘的、苏兆征在一次工人大会上讲话的电影胶片记录片段，虽然清晰度差一些，却格外珍贵。编辑就把这段十几秒钟的资料作为电视片的开头，使苏兆征的宣传也产生了很好的效果。

其实，在已宣传的300多位革命先烈与英雄群体中，编辑们几乎对每一位都付出了这样艰辛的努力，很多曲折真是一言难尽。

《永远的丰碑》中很多英烈人物的革命经历不仅跨越了多个时期，而且跨越了多个地区，时间、空间变化很大，搜集资料难度很大。为了拍摄有关的遗址、遗迹，节目组编辑与各省区市100多家电视台协作，委托他们协助拍摄。各地电视台的同行们表现出很大的热情，常常花费大量精力、体力，牺牲自己的休息时间，帮助寻找、拍摄烈士的足迹。6月份，在宣传党的早期农民运动领导人罗学瓒时，因他的革命活动遍及湖南、山东、浙江等地，经节目组多方联系，最终在湖南、长沙、湘潭、浙江、杭州等6家省市电视台的协助下，才把罗学瓒的有关资料比较完整地收集起来。

有的先烈只有一张照片，编辑们就在这一张照片上做足文章，运用镜头的推拉摇移，以及叠化、镶嵌、移动等特技处理，增加画面的表现力。实在没有照片的，就找画家画几幅画，然后拍摄他的出生地、旧居、革命活动地和牺牲地，将这些历史的碎片融入他们涉及的历史背景或历史事件中，丰富了镜头语言，增强了人物的真实性和立体感。

（摘自《中国电视报》作者：张月奎）

中央电视台圆满完成第十届全运会报道任务

第十届全国运动会于2005年10月12日至23日在江苏省南京等13个城市举行，中央电视台派出了历史上最大的综合运动会报道团，前后方密切配合，不仅圆满完成了报道任务，而且达到了奥运练兵的目的。十运会体育频道平均收视份额达到了3.79%，10月20日最高收视份额达到5.16%，最高收视率达2.60%。

回顾十运会的报道工作，有以下几个特点：

一、领导重视　规模空前

第十届全运会不仅仅是一项体育赛事，也是凝聚全国各族人民的一个载体，因此，十运会报道被列为重点工作之一，各级领导都给予了高度重视。为作好报道工作，台领导多次听取有关十运会报道准备情况的汇报。10月8日，报道团大部队出发前，赵化勇台长对十运会报道明确提出了四点要求：一要高度重视、二要精心准备、三要及时充分、四要播出安全。孙玉胜副台长在前方坐镇指挥，何宗就副台长、李挺副总编都在前期亲临现场进行考察，比赛期间，宋宜纯副总工程师全程为节目保驾护航。

为报道好十运会，中央电视台前方派出了456人的强大报道团，其中371人直接参加十运会报道，85人参与全运会开闭幕式、游泳、跳水以及女子举重的国际公用信号制作。在南京IBC国际广播中心租用了700平米的工作区，搭建了一套播出延时系统，这是转播体育赛事租用的最大工作区域。

十运会期间，体育频道和两个付费频道全程播出。体育频道共播出163.5小时，其中直播赛事42场，录播51场，播出新闻1432分钟。付费频道播出185小时，直播赛事103场。一、四、五、九套并机播出十运会开幕式，香港卫视也同时播出。一、五套并机播出闭幕式，这是历届全运会所没有的。另外，CCTV-5的十运会报道也同步在香港有线电视台播出。

为十运会制作的国际公用信号包括：开、闭幕式4小时，跳水40小时，女子举重28小时，游泳12小时。

二、报道及时　随机应变

对十运会报道是立足于2008年奥运会的报道理念，是经过精心设计的赛前、赛中、赛后的立体化报道。

8月8日，一、五套并机直播十运会点火仪式。9月12日，全运会倒计时30天，体育频道推出前期特别系列报道《走江苏看十运》，一改以往单一的专题片表现手段，结合比赛所在的13个城市的特点，派出报道组和移动卫星车分南、北两路，全面介绍13个城市的比赛场馆、历史文化、风土人情和体育文化等等。13期特别报道为十运会预热收到了很好的效果，也得到了十运会组委会新闻宣传部和当地政府的高度评价，江苏省委表示要把《走江苏看十运》节目作为省委礼品制成DVD。

赛中的报道，进一步突出为服务观众意识，强调报道的信息化。在转播方面，十运会的赛程和比赛时间变化较大，突发事件较多，客观上为播出组提供了一次难得的锻炼应变、应急能力的机会，赛事安排的调整、突发事件的插播，播出组都及时作了处理，既保证突发事件的报道及时播出，又保证了节目形态的从容流畅和完整，这样一种动态编排方式，将最精彩的赛事呈现给了广大观众。在新闻报道上，首次安排了4档新闻，涵盖早中晚午夜4个时间段，其中早间新闻是首次在大型运动会报道中设立，新闻中首次增设了“体育与天气”板块，既普及了天气与运动的常识，又为运动员和观众提供了服务，除四档新闻时段外，还有2档《十运快报》，由演播室总主持人播报。在信息方面，比赛转播中，及时飞字幕播报赛场的相关信息，基本做到了不漏一块奖牌，不漏一条重大信息，另外，还设计制作了“十运新秀”与“奥运冠军”的成绩对比，引领观众对2008年奥运会的遐想。在包装上，一是采用全天滚动、随时更新的节目预告，二是重点比赛的实时跟进式包装，这种包装方式使大家对2008年奥运会包装方式和设备需求有了新的认识。在谈话节目中，通过《相约南京》，突出北京2008年奥运会的希望之星，通过《团长访谈》邀请有代表性的体育局长，反映全国各地的体育格局以及全民健身情况。

除了这些常规的报道，对突发事件的报道也充分体现了中央电视台的权威性、时效性。10月15日，在组委会信号制作系统已经拆除的情况下，紧急调用在常州的移动卫星车，及时准确转播了十运会女子柔道+78公斤级孙福明让金之后的重赛。10月21日12点，在《午间新闻》中第一个披露了十运会马拉松冠军孙英杰尿检呈阳性的消息，随后的直播节目中，又两次插播了国家体育总局有关此事的新闻发布会。“孙福明让金事件”和“孙英杰兴奋剂事件”真正考验了我们的判断能力和编采实力。这些报道都获得了正面效果并得到了国家体育总局的充分肯定。

三、网络制播 成效明显

对这次体育盛会的电视报道，中央电视台前方的播出系统，由传统的磁带编播改为首次全流程大规模应用了网络制播系统。该系统涵盖了采录、收录、场记、编辑、编音、审片、播出等各环节，以专业蓝光盘、中心存储、实时场记、网络制播等关键技术为基础，实现了节目的全程无磁带制作和播出。大型运动会上全流程使用网络制播系统在全世界尚属首次，编播人员与技术人员面对巨大的压力，大家团结一致，众志成城，克服困难，为推动电视新技术的应用作出了贡献。

从10月1日开始，技术人员就放弃了国庆7天长假，加班加点连续奋战，搭建新系统，10月8日交付节目人员使用。节目人员分期分批到达IBC后，积极配合，许多人都是在到达南京的当天连夜进行培训，开幕之前，在技术部门的指导下多次进行全流程模拟演练。为保证安全播出，节目部门还准备了充足的预案。如制作不同长度的磁带备播，及时调整播出安排、演播室应急方案；在后延时系统也作了多种备播方式。根据新系统的特点，播出组还及时调整岗位设置，每一个岗位分兵把守，责任到人，确保了在系统制作和播出遇到突发情况时的安全播出。十运会期间，网络系统播出时长为3900分钟，其中，播出新闻为535条，总时长共计874分钟；录播赛事、专题和广告片花等节目时长共计3055分钟，系统收录赛事554场，时长为981小时，完成实时场记328场。播出时长占全天总时长的比例基本在40%以上，并于闭幕式当日达到峰值69.52%。目前，从整个网络系统的使用来看，在新闻方面较为成功，在转播方面还可以进一步改进和完善。

本次报道还首次设立移动演播室和异地分演播室。经过《走江苏看十运》积累的经验，本次移动演播室先后到镇江、常州、无锡、苏州、扬州、江阴等城市直播了《十运星站》节目，共计直播7次，580分钟。在组委会的大力配合下，我们还在无锡建立了分演播室，共完成了5场赛事720分钟的直播，2场赛事的录播，7次赛事单边采访，150分钟的现场新闻报道，邀请到了蔡振华、刘国良等乒乓球界的重要人物担任现场解说和嘉宾主持。移动演播室和分演播室的使用为2008年奥运会设立综合转播中心积累了经验。

现场单边注入点虽然8年前就开始使用，但这次报道是使用单边注入点最多的一次。一共设立了13个单边点，在开幕式报道中第一次使用了两个以上的单边点，并首次将单边点的现场报道大量运用于新闻报道中，共计32次，平均每天两次以上，更突出了新闻现场和新闻时效。可见，经过多年的实践，我们对这一节目形态的理解更为充分、使用更加娴熟了。

四、创新机制 实现双赢

在十运会报道权问题上，中央电视台与组委会结成了全新的合作伙伴关系。双方就十运会的电视宣传报道、电视转播、赛事及其衍生的电视节目中的广告、赛场场地广告牌以及地方电视版权资源开发等事宜进行全面合作。事实证明这是一种双赢的合作模式，也是成功报道十运会的一个重要因素，这种合作方式为今后的全运会以及2008年北京奥运会的合作提供了重要的借鉴。

（体育节目中心提供）

2005年10月29日至11月6日，第四届东亚运动会在澳门举行。这是中央电视台首次在境外作为主播台承担大型综合性运动会的公用信号转播制作任务。图为摄像师在游泳比赛现场工作。

中央电视台圆满完成第四届东亚运动会报道任务

2005年10月29日至11月6日，第四届东亚运动会在澳门举行。这是中央电视台首次在境外作为主播台承担大型综合性运动会的公用信号转播制作任务。中央电视台提出了很高的目标：按照2008奥运目标实战练兵，公用信号达到国际水平；运行机制实现专业化；同时宣传澳门，宣传“一国两制”在澳门的成功实践。经过努力，我们完全实现了预定目标。10月29日，中央电视台体育频道和文艺频道并机全程直播了开幕式，受到国际社会的广泛关注。在东亚运动会期间，提供了196场次公用信号，达260小时，共有8个国家的11家电视台以及一家国际性的卫星电视台使用了中央电视台制作的公用信号。体育频道转播赛事共72小时，制作播出新闻总条数为410条，总时长约469分钟；专题共47个，总时长约198分钟。平均收视率0.37%，最高收视率2.16%，平均收视份额3.72%。

中央电视台对东亚运动会的报道以及15个大项公用信号的制作，得到了来自赛事组委会、东亚各国广播者、国家体育总局以及普通观众的高度评价。

综合来看，本届东亚运动会的报道存在以下几个特点：

一、以2008年奥运为目标实践练兵，公用信号达到国际水准

此次东亚运动会采用了三方合作的方式，即主播台为CCTV和澳门广播电视公司，吸纳广东台、武汉台、天津台（提供所负责转播项目的人员和设备），共同承担东亚运动会的电视转播制作任务。其中中央电视台和三个地方电视台负责开、闭幕式和15个大项的国际公用信号的制作。

本次东亚运公用信号制作工作强度大。直到大部队到达澳门后，组委会才提出增加信号制作量的需求。任务量大大超过了预期，有些项目每天要工作10个小时以上。另外，比赛场地条件复杂，增加了工作难度。田径赛场与部分足球比赛共用一个体育场。遇到一天中两个项目都有比赛的情况时，制作人员要在短时间内数次更换机位。在田径赛的转播中，12讯道的转播车无法顾及到颁奖典礼，所以工作人员需要每天平均10次移动机位来完成颁奖典礼的信号提供。游动机位的摄像师平均每半天就要携带20多公斤重的摄像机绕田径场行进4至6圈。所有公用信号制作队伍的队员克服了种种困难，锻炼了连续作战的能力，兢兢业业，毫无怨言，圆满地完成了制作任务，展现了中央电视台的制作实力。

在15个大项的国际公用信号制作过程中，公用信号制作队伍严格按照奥运信号制作理念进行操作，坚持高标准严要求。经过近十天的努力，完成制作任务。

与以往的大型赛事报道不同，这次我们还承担了为东亚运组委会制作并提供国际集锦的任务。我们按照国际标准，每日2档，每档30分钟，把制作好的国际集锦传送到东亚其他国家和地区的电视机构。从10月29日至11月6日，总计传送国际集锦17档，总时长为540分钟。

本着为报道2008年奥运会练兵的态度，公用信号和国际集锦制作人员努力在实践中摸索，积累经验，他们专业的信号制作水平和严谨的工作态度得到了东亚运组委会和亚洲其他国家电视机构的称赞，在国际同行中树立了中央电视台的品牌，创下了良好的口碑，为今后在国际转播中与国外广播机构的合作奠定了良好的基础。

二、展现澳门风采，突出“一国两制”的成功实践

本届东亚运动会是澳门回归后在澳门举办的最大规模的综合性赛事，是一个向世界展现澳门政治、经济、风景、人文的绝佳机会。因此，中央电视台不仅将此次运动会作为竞技赛事加强报道，更视为一项重要的政治任务来执行。体育频道多次派出报道组在前期赴澳门拍摄反映澳门风土人文的纪实片，编辑成20集、每集10分钟的专题片《澳门纪事》，在中央电视台体育频道中播出，成功地为东亚运动会造势、预热。组委会对此专题片非常满意，订制了多套DVD，作为东亚运动会的官方宣传影片，并将专题片安排在澳门航空公司的航班上播放，有效地推广了东亚运。东亚运动会开幕前夕，体育频道组织力量，制作了一期名为《东亚进行时》的特别节目，多角度地报道了澳门的经济社会发展。站在讲政治的高度报道体育赛事，这也是以往的报道中不常见的。组委会主席萧威利对中央电视台的报道予以充分的肯定，认为中央电视台的报道不仅推广

了东亚运动会，而且生动地介绍了澳门。

三、放大赛事亮点，节目实行动态编排

为了让国内广大观众及时收看到东亚运精彩赛事转播，体育频道在东亚运动会期间打破常规编排，采用动态编排方式，及时对播出方案进行动态管理和调整，本着直播优先、赛事优先、大众优先的原则，平均每天播出时间由原定的7小时增至8小时，新增节目量9.5小时，取得了令人满意的明显的收视效果。播出组和节目编排组细致安排，精心落实，确保节目调整而不出任何纰漏，保证了前后方衔接顺畅和安全播出。

自10月26日播出以来，各档新闻播出正常，新闻重复使用率很低，每档新闻播出的都是东亚运动会的最新消息。新闻的内容丰富，重点突出，体现了东亚运动会团结友好、重在参与的主旨。及时、准确、全面地反映了东亚运动会的赛况。

精心的节目编排和丰富的新闻报道，使得赛事内容相对并不精彩的东亚运动会成为了收视亮点，收视效果超过了预期的目标。国家体育总局局长刘鹏及本次东亚运中国代表团副团长崔大林都对中央电视台的报道和支持，表示满意和感谢。

四、大型赛事转播运行机制更加成熟

此次东亚运动会中央电视台和三个地方电视台加起来共派出551人的报道队伍，这也是迄今为止派出的最大规模的境外报道团。在港澳办、总局外事司和台外事处的配合下，及时地办理了500多人的港澳通行证及东亚运动会工作证，妥善安排食住行，制定了符合内地和澳门地区双边的政策，实现了真正的公平、公正、透明，为今后境外大型报道活动提供了经验。

在连续作战方面，东亚运动会也成为了一个良好的范例。东亚运动会与南京的十运会相隔不足一周，这给人员和设备的调度都带来很大的困难。这就要求技术和节目人员发扬连续作战的精神。部分编辑记者在经历了紧张繁重的十运会报道后，于10月24日返京，10月25日，他们又马不停蹄地抵达澳门，以全新的面貌开始了新一轮的报道工作，持续30多天在外征战。技术人员也是在结束了十运会的报道后连夜拆卸系统，将设备打包装车，空运到澳门，连夜搭建系统，26日全部完成。虽然紧张忙碌，却有条不紊。事实证明，中央电视台处理大型赛事转播运行机制更加成熟。

中央电视台东亚运动会电视转播的成功，为今后承担海外大型体育赛事的电视转播迈出了扎实的一步，体现了中央电视台节目、技术队伍的业务水平，检验了应对国际体育赛事转播的制作平台的能力，为应对2008年北京奥运大赛的报道锻炼和培养制作队伍，在机制上适配国际化制作提供了宝贵的经验。

（体育节目中心提供）

2005年3月至6月底，中央电视台珠峰登顶测高报道组首次实现在海拔6700米作现场报道。

中央电视台成功报道2005珠峰登顶测高

2005年5月22日，新闻频道推出时长四个半小时的特别节目《2005重测珠峰》，对中国珠峰测量队登顶测高进行了全程直播，翔实记录了珠峰测量史上的这一壮举。以电视直播的方式对珠峰测高的每个环节作详尽展示，不仅在世界上尚属首次，更突出体现了我国本次测量活动的科学性和权威性。

从当天清晨8∶30开始，本台珠峰测高报道组以实时连线、动态跟进的方式，在珠峰地区行动指挥部、测量交会点、探测气球释放点等地，对冲顶行动展开全程关注。11∶08，高山摄像组4人携带两台高清晰数字摄像机，冒着9级大风和近零下30度的严寒，随测量队成功登上珠穆朗玛峰峰顶，并迅速完成微波设备架设工作，将极具视觉冲击效果的第一现场，在第一时间从峰顶直接传至大本营，并实时回传到北京，率先发布了中国珠峰测量队成功登顶的消息，对测量队的峰顶设置觇标、架设仪器等测量工作细节进行了全面展示。配合登顶直播信号，新闻频道连线指挥部最新动态，以及东绒布、西绒布、中绒布等6个交会测量点联机观测的最新情况，以通俗的表述方式，对测量工作进展作了介绍。以演播室为中心，节目在大量引入珠峰现场信号的同时，穿插演播室话题和背景资料片，并依据测量工作进程，及时调整更换嘉宾，以丰富立体的资讯架构、动态递进的话题设计，全方位满足了观众的收视需要。由于珠峰地区气候多变，直播存在诸多不确定的因素，新闻节目中心前后期各部门协同作战，制订了多套预案，为直播顺利完成提供了充分保障。

为直播节目同步，央视国际网站对登顶全部进行了网上直播，并开设专门的论坛，对网民留言在节目中由演播室专家现场解答，强化了节目的知识性和互动功能。在以《新闻联播》为主的各档新闻节目内，对珠峰测量队成功登顶进行了充分报道；《焦点访谈》等专题节目也以《会当凌绝顶》为题，对整个测量活动作了全面介绍。

中央电视台自3月中旬率先启动珠峰测高报道以来，引起海内外的广泛关注。配合共产党员先进性教育活动，新闻节目中心党总支在前方报道组设置了临时党支部。在党员群体的带动下，由新闻采访部选派的10人报道组在未接受过专业高山训练的情况下，克服恶劣的自然环境和严重的高原反应给工作和生活带来的不利影响，挑战自我，以专业化的分工协作精神，对以珠峰重新测高为主题的一系列科考活动，创新形式，进行了全面的报道，发回了大量优秀作品。配合前方，后方也组建了精干的后期队伍，对报道实施精编处理，配合相关知识解读，有效提升了报道的传播效果。

（新闻节目中心　冯旭宏）

央视播出《故宫》引起强烈反响

大型历史文献纪录片《故宫》于2005年10月26日在中央电视台第一套隆重播出。本片第一次全面揭示了故宫这个世界上最大的宫殿，历经明、清、民国和中华人民共和国四个历史时期长达600年的历史风云。为拍摄本片，创作人员历时3年，行程4万公里，出动摄制人员2800人次、各类文史专业协助人员2100人次、超过1200场的拍摄，共拍摄高清晰度磁带700余盘、拍摄素材超过38000分钟。

3年中，记录者的镜头，不仅将宫城的每一个角落都进行了地毯式的扫描，而且，数代为故宫服务的“故宫之家”、享誉海内外的学术泰斗、曾经的皇亲国戚、历史事件的目击者，都进入记录者的视野。

央视有关负责人认为，此次与故宫博物院合拍的纪录片《故宫》是中央电视台实施重大品牌工程的一次全新尝试。故宫博物院首次向媒体全部开放，也是其自建院以来投入人力最多的一次重要活动。人们评价说，这是一次全面打破以往纪录片拍摄纪录和制作惯例的鸿篇巨制，无论是投入的规模、创作的艺术水准、使用设备的先进，还是拍摄区域的广泛、拍摄文物的级别、专业观点的权威，都可以称为前所未有、气势恢宏。

展示非凡 精益求精

在《故宫》的拍摄中，从色彩、影调、光线、镜头的运动轨迹等画面的各个元素，总导演都要求精心设计、仔细打磨。

视觉上的惊喜是《故宫》一开篇就呈现出的特点。星光璀璨的夜空，镜头随着两颗流星滑落云层，天空渐明，云雾散去，华北平原带着古老的河道出现在画中；镜头减速下降，推进到华北平原北段，标示燕、蓟的古地图叠现在华北平原相应的位置上，旁边出现相应的名称和公元年号；镜头保持很缓慢的下降速度，画面中古地图先后叠现出汉、唐、金中都、元大都、明、清北京的城市轮廓图像，出现相应的名称和公元年号……这段动画真实地再现了当年故宫建造的星云布局格式，同时再现了故宫建造的时空变化以及北京城市的位置环境与变迁。

为了这段开篇画面，仅搭建和恢复故宫当年的三维模型，就花费20名制作人员一个多月的时间。无论是什么样的画面，拍摄人员都要求精益求精，达到非凡的视觉效果，因为他们认为："平庸而常见的画面效果对我们就意味着失败！"

富于变化 开拓创新

《故宫》的节目形式包括访谈、纪实内容的拍摄、建筑空镜和风光空镜拍摄、静物的拍摄、史料图片的拍摄、真实再现、三维电脑动画等。"在每种形式的运用中都需要有创新。"总导演周兵表示，这种创新可以体现在节目的各个环节和元素中。比如每一个画面，每一处的灯光造型，一组镜头的剪辑，一个再现场景的设计，一集节目的结构方式、叙事手法等。

拍摄人员在片中运用了大量的延时拍摄，让这个四平八稳的建筑在静中有动，人们可以在十秒中看到从春天变成夏天，从夏天又到秋天，继而转为冬天。让沉闷的建筑群富于生命，让它在四季的变化中、一日内的光影变化中鲜活起来。除此之外，人们惊喜地发现，除了常规的拍摄手法，还能在片中欣赏到传统纪录片中第一次运用的情景再现、情绪性的景象处理等创作手段。"用勇气、智慧和耐心开拓前人未走过的路！"这是对《故宫》拍摄者最基本的要求。

音效震撼 直击人心

在《故宫》中，除了精美的画面，声音也是重头戏。《故宫》在内容方面主要不仅体现的是建筑的魅力，更体现其背后的人文内涵，和中国人连绵不绝的文明传承，让观众在其中去解读历史的真相，在无言的建筑和文物中感悟隐含在历史中的思想和情感。

"航拍"遗憾 创作无限

《故宫》的创作者实话实说，拍摄时他们感觉压力很大，压力不是来自外界，而是来自内心，为了对得起这样一次难得的创作机会，每个人都显示出百分之百的敬业精神。故宫最美丽的季节是冬季，主体拍摄时间则主要集中在了2004年冬天最寒冷的那段日子里，为了避开旅游人群，拍摄时间为早晚，后半夜常常有连日作战的工作人员裹着军大衣在古老宫殿的水泥地面上酣睡。在故宫拍摄，最累的就是走路，在这座世界上最大的皇宫中他们经常迷路，为了能真正俯拍到这座神圣的宫殿的全貌，《故宫》摄制组曾经设计了"鸟瞰"计划，但是由于种种原因，没有完成真正的航拍，改用动画制作，这也成了《故宫》拍摄人员心中的一大遗憾。

作品如期播出，是创作人员最为兴奋的时刻，在艰辛的创作过程中，总导演周兵说过：创新是无止境的，只要你愿意，就能达到。于是，就是这群人在这座古老的宫殿中费尽心力，创造了很多纪录片中的奇迹。就《故宫》电视创作领域而言，无论是画面、声音、内容还是表现形式，导演们一直在试图着"改变"；而就文化传承而言，他们一直探寻着中华民族文明的核心，希望通过自己的镜头让它薪火相传。

（摘自2005年10月31日《中国电视报》记者 张维）

故宫掠影

经典文化的经典传播

——专家学者谈央视大型纪录片《故宫》

12集大型历史文献纪录片《故宫》在央视综合频道热播后，收视率达到3.09%，同时段收视份额占到9.36%，在央视收视排行中位列第五。为了满足观众希望再次重温这部大型纪录片的要求，《故宫》在新闻频道重播。在京举行的纪录片《故宫》研讨会上，众多专家学者就《故宫》一片提出了自己的看法，深刻挖掘了其背后的文化内涵。

经典文化的经典传播

专家们说，《故宫》的拍摄和播出引发了一种思考，也是中国博物馆界和中国文物界一直思考的一个问题：如何才能寻找到一种非常好、非常有效的弘扬和传播中国文化遗产的传播方式？

“到目前为止，从博物馆、文物界的角度来看，类似这样的合作成果的推广是最好的，影响是最大的。”故宫博物院副院长李文儒欣喜地表示，故宫博物院和央视的合作是两个不同领域的经典品牌的对接，这种对接造就了一种“经典文化的经典传播”，也只有这种方式才能最有效、最快、最好、最本真、最直观地传播中国文化遗产。

“经典文化的力量，加上经典传播方式，才有可能打造成中国民族文化的品牌。”李文儒说，中国经典文化本身具有超强的、永恒的凝聚力、穿透力和吸引力，“中国的历史太悠久了，民族的文明太辉煌了，但是传播太欠缺了，无论是对国人还是对世界。”加上片中很多首次披露和面世的历史细节、馆藏文物，看过此片的人，都会被这种力量所击中，无论是有没有去过故宫的人，都会产生“再去故宫看一次”的冲动。

纪实中的浪漫主义情怀

中国传媒大学的朱羽君教授一谈起《故宫》就喜形于色，她盛赞这是大众传播中的一道文化盛宴：“我所能想象到的，想在屏幕上看的那种非常有文化的、庄重的东西都看到了。央视的大投入、大制作，给予了片子一个非常大的气度，可以说，它是大众传播里的文化盛典。”专家们说，《故宫》的策划非常成功，做到了超脱的感觉，它超脱了繁琐的帝王、朝代变更，直接走到一个新的高度，即故宫自身的生命力，片子的制作人员把故宫本身当作一个生命体看待。“这是非常好的，策划人把它作为一个形象、一个生命载体，再赋予历史的事件。故宫变得有了生命，在自己的脚步中，随着历史走过来，不拘泥于历史的细节，有一种超脱感，这是第一个很成功的地方。”也是因为这种“超越”，使《故宫》着重于精神的表现，如建筑的精神、绘画的精神，玉的精神，故宫建筑自身体现的民族文化的精神，使片子的内涵挖掘得很深刻。

“另外，视觉的冲击力相当大。”研究屏幕视觉形象的朱羽君表示，片子中有大量的电脑动画，它们满足了人们对历史的想象，在镜头拍摄方面，纪实和高科技的完美结合，使单纯的纪实也被赋予了浪漫主义色彩。红墙绿瓦拍过的人太多了，但是在《故宫》中都是用特殊的角度来表现，比如宫城上的蓝天云彩，用了延时摄影的方法，让云彩在瞬间无限度地翻滚，故宫的浪漫精神也被传达开。“我们正需要这些，长期以来，纪实里缺少浪漫精神，缺少想象力，太务实了。”

而在《故宫》片子中，故宫是一个生命的载体，“光影是它的呼吸，云彩是它的气息，它有脚步，有叹息，也有情感。”专家认为，《故宫》在创造新的视觉表达方面作出了贡献，人们不仅需要一种平民化的影像，而且同样需要能够表达中华民族文化精神的浪漫主义影像结构，在这方面，《故宫》创造出了一个好的样板。

中华文化的大幸

专家们注意到，剧组的创作人员从上到下都很年轻，“《故宫》由这么年轻的创作组做起来，是中华文化的大幸。”中央戏剧学院艺术系主任路海波对《故宫》剧组表示了祝贺。片子从策划到完成整整两年，素材带总长度接近4万分钟，在场专家一致认为，《故宫》的创作应该继续下去。“《故宫》已经给我们制造了一个非常高的标本，相信近4万分钟的素材再作开发，无论从文化、社会价值的意义、还是从主流媒体传播的意义上，都会有广阔的前景，我期待着有更丰富内容的产品的推出。”作为全国中小学语文教材审定小组成员的《现代传播》主编胡智锋甚至建议从《故宫》中挑出部分精彩内容进入中小学教材，他表示，《故宫》提高了主流媒体的公信力、影响力，此片所作出的有益的探索，把主流媒体应该承担的文化责任、尊严感、自尊带到了一个新的高度。

在最后，部分专家也客观地提出了关于《故宫》的一些建议，比如拍摄中宏观有余，微观不足，可以更深入挖掘细节；有几集的影像稍显重复，期待更加丰富等等。

（摘自2005年11月29日《中国电视报》记者 张维）

中央电视台《高清影视》试播情况综述

一、概述

开播情况

2005年9月1日，中国第一个数字高清频道——央视《高清影视》频道在杭州落地试播，2006年1月正式播出，每天的播出时间达到18小时，并实现杜比5.1环绕立体声音效。

央视《高清影视》频道节目分为七大类，包括电视剧、电影、电视电影、音乐节目、时尚节目、体育节目和纪录片。其所拥有的高清节目的质量和数量在国内独占鳌头，高清节目储备量达到2600小时，每年计划新增800小时。

经营实体

央视《高清影视》频道由中视传媒股份有限公司负责频道内容提供、频道集成和编播，中央数字电视传媒有限公司负责技术保障、地网接入、市场开拓和销售。

至2006年春节，央视《高清影视》频道已经在全国58个城市落地，并通过整体捆绑销售模式，启动了市场销售工作。央视《高清影视》频道的开播成为中国高清电视产业发展的里程碑，标志着中国数字付费电视又迈出了新的一步。

二、高清产业链

制作

在高清节目源格式方面，国际上常用的几种图像格式为1280×720p、1920×1080i和1920×1080p三种。央视《高清影视》频道目前采用的图像格式为1920×1080i/50Hz，其电视画面可以提供相当于标清电视画面5倍的信息量，相当于目前PAL-D制模拟电视画面清晰度的2~3倍，具有极高的图像分辨率和清晰度，且采用16:9的宽屏图像显示模式，更符合人眼的视觉感受。在音频方面，央视《高清影视》频道采用了杜比AC-3编码技术，可输出5.1声道的声频信号。5.1环绕声包括了5个全频带声道和1个低频效果声道，使观众充分融入到眼前的影像世界中，体会到身临其境的感觉。

传输

央视《高清影视》频道采用目前国际上比较成熟的MPEG-2编码格式，其传输模式与标清节目相同，采用“卫星＋有线”的方式，即中央节目平台通过亚洲四号卫星向全国传送高清节目信号，各地网络运营商通过卫星接收央视《高清影视》频道，并通过当地的HFC网络传输到用户终端。目前，高清节目源还比较稀少，高清节目的版权保护尤为重要，央视《高清影视》频道定位为付费电视节目，因此在节目的加密管理方面，继续采用“两级CA”的运营模式，以充分保护高清节目版权。

接收

为有效保证用户在购买央视《高清影视》后能够真正体验到高清节目的高品质、高清晰，央视确定高清电视机的水平清晰度和垂直清晰度都要达到720电视线以上，并以此为依据对与央视合作的电视机厂商的高清电视机产品进行测试，现有9家电视机厂商的21款产品通过央视的测试。

高清机顶盒作为用户收看高清节目的必备接收设备，其品质的好坏也同样直接影响用户观看高清节目的效果。央视根据实际所需提出了适配《高清影视》频道的高清机顶盒技术要求，并联系国内多家机顶盒厂商开发高清机顶盒。

广大用户可以通过符合央视技术要求的高清电视机和高清机顶盒收看央视高品质的《高清影视》频道。

三、营销模式

捆绑合作销售

针对我国目前高清用户和高清电视运营网络环境的实际情况，我们创造性地将高清频道与高清电视机捆绑销售，通过优势互补，与地方有线电视网络公司和高清电视机厂商合作打造出一个多方共赢的中国高清电视产业链发展模式，并于2005年底前和松下、日立、海信等国内外著名企业形成合作伙伴关系，在全国范围内推广央视《高清影视》频道。这一创新模式立足于向广大高清用户提供从节目播出到用户接入的端到端全程高清节目服务，其所释放的能量可满足各个环节的利益诉求，冲毁了现实存在于产业链各环节的壁垒，实现了物流、信息流和资金流的顺畅流通，对国内高清市场的发展起到非常积极的促进作用。

（中央数字电视传媒有限公司供稿）

进一步提高电视台信息工作水平

当今社会是信息时代。电视台作为传播信息的现代媒体，做好信息工作是在电视台整体工作中处于基础性的工作。笔者探讨了电视台的内部信息工作认为，信息是领导决策的基础和依据，是内部沟通与交流的重要手段，是对外树立形象的窗口和平台。

一、中央电视台信息工作迈上新台阶

近年来，中央电视台坚持改革创新，不断探索宣传报道的新形式，事业发展和产业经营进入了一个新的发展阶段。与此同时，全台立足于新形势面对新任务，高度重视信息工作，按照“围绕宣传中心，突出重点工作，服务决策大局”的原则，进一步开拓信息服务领域，努力提高信息质量，取得了显著的成效。主要表现在：

1．搭建了一个信息服务平台

目前，中央电视台开办了内容丰富、形式多样的内部信息刊物。其中台办公室就办有《工作日报》、《中央电视台简报》、《电视决策参考》、《CCTV事业发展季报》、《调研信息》等。这些刊物反映了全台宣传工作和事业发展、管理改革等最新动态，有的内容还面向全国电视台领导发送，形成一个多层次、多渠道的信息交流平台。

2．信息质量有了很大提高

近年，中央电视台信息报送数量持续增长，信息质量大大提高。从《工作日报》来看，2002年采编稿件4000篇，2003年达4500篇，2004年达5000篇。同时，有些信息受到中央领导高度重视，并做出重要批示，成为台领导了解情况、研究问题，进行决策部署的重要依据。

3．建立规范有效的信息管理制度

近年来，由中央电视台办公室牵头，先后出台了一系列管理制度。特别是2004年12月，在总结全台信息工作实践经验的基础上，推出了《中央电视台信息工作管理规定》，使全台的信息工作有章可循，有力地促进了信息工作的制度化、规范化管理。

4．形成了运转有序的信息网络

目前，中央电视台共有信息员113名。同时，在台内各单位先后设立了信息报送点，各单位信息员按照程序，每日通过计算机网络及时报送信息，形成了高效的信息网络。全台的信息工作现正逐渐从被动走向主动、从封闭走向开放、从分散发展到系统规范，信息工作整体水平大为提高。

二、与时俱进做好信息工作

1．以科学发展观拓展信息工作的视野

当前要牢固树立和落实科学发展观，坚持以人为本，全面、协调、可持续发展。以此来指道全台的信息工作，要做到：

一是以人为本。在信息工作中，人是关键性的因素。要改变过去只重视节目宣传信息的倾向，加大体现人本思想、人文关怀的内容。另外，关于人事改革、激励机制、岗位管理、员工学习培训等都是员工关注的热点，应加大宣传力度。

二是全面发展。电视台各方面的工作要统筹兼顾，全面发展。要重视技术、行政管理、人事财务管理、经营以及党建、精神文明建设等方面的信息。

三是协调发展。电视台的各方面工作要互相配合，不能脱节。要统筹事业和产业的发展；统筹软件和硬件的发展；统筹对内和对外的发展。要使信息报道面更加广泛，各个方面相适应。

四是持续发展。要把握好信息工作发展方式，实现由规模数量向质量效益的转变；还要有战略眼光、超前意识，对未来发展的前瞻性信息要特别重视。

2．提高信息工作的专业化水平

电视台信息工作总体思路概括起来包括以下原则和特点：

一是围绕宣传中心。电视台信息工作要围绕宣传工作中心任务，包括坚持正确的舆论导向，搞好重大宣传报道，推出电视精品节目，深化宣传改革，加强和改进舆论监督，提高舆论引导水平和宣传艺术水平。积极推进“走出去”工程，搭建对外宣传平台，改进外宣报道方式及频道·栏目·节目的创新举措等，都应成为信息报道的重要内容。

二是突出重点工作。电视台在不同的时期，不同的阶段有不同的工作重点和目标任务。信息工作要及时反映全台每个时期、每个阶段在宣传、经营、管理、技术等方面的重大举措、最新进展和工作重点。

三是发挥各自优势。电视台不同部门有不同的特点、优势，因此要从实际情况出发，有针对性、创造性地开展信息工作，减少大话、套话，发挥各自优势，体现鲜明个性。

信息工作特别要突出服务决策大局的特征。决策前，注重收集整理信息，发现苗头性、倾向性的问题，引起领导同志关注并采取相应决策；决策中，注重报道与正在论证和决策事项相关的信息，为科学决策提供支持；决策后，收集反馈及贯彻情况，帮助领导判断和完善决策。

要不断提高信息报送的质量，增强时效性、针对性、前瞻性和权威性；对重大事件、重要活动、重点工作信息要在“第一时间”发布；对阶段性重要工作要开辟信息专栏，集中发布；另外，要改进文风，善于用事实说话，尽量保持原汁原味，改变信息报道机关化、公文化、概念化、模式化的倾向。

3．发挥整体优势，建立联动机制

作为强势媒体，中央电视台目前信息资源极为丰富，要充分利用、挖掘、整合全部信息资源，加大宣传力度，创造有利于全台事业发展的内部外部环境，为电视台事业发展赢得更大的空间。

要重点扩大全台舆情信息的采集范围，利用台内现有信息刊物，作为舆情信息的重要来源。要在台内和台属部门设立舆情信息直报点。特别是发挥工作在一线的记者密切联系基层的优势，实现由单一的电视工作动态信息向社会舆情信息转变。要努力涵盖思想动态、热点难点、社会思潮、网上舆情等更宽领域的信息收集，认真贯彻落实党的十六届四中全会提出的“建立社会舆情汇集和分析机制，畅通社情民意反映渠道”的要求。

目前全台信息出口多，口径不统一。要明确信息工作的主管机构和统一出口。同时，进一步整合台内信息刊物，建立跨系统、跨部门的统一信息平台。如《CCTV事业发展季报》通过阶段性的总结，使分布在各业务和职能部门的信息统一汇总，增强公共服务的职能，有效地消除“信息孤岛”，打破部门壁垒，整合全台的信息资源，为领导提供科学的决策支持信息。

另外，要创新信息载体，打造统一对外信息平台。要通过创办中央电视台对外宣传月刊，及时反映全台重大活动和事件，打造央视品牌，塑造媒体文化，宣传团队精神，树立良好的对外形象。要进一步完善对外公开发布信息机制，加强与其他媒体的沟通、协作，大力宣传CCTV的先进人物、典型事迹，坚持正面宣传为主，维护全台良好的社会声誉。

4．加强领导，把信息工作任务落到实处

做好信息工作，领导重视是关键。各单位要立足大局，从为上级机关提供决策参考，促进电视改革和发展的高度，不断增强信息报送的自觉性。要把信息工作摆上重要议事日程，形成主要领导亲自抓、主管领导重点抓、办公室（综合部）主任具体负责、有关部门紧密配合的工作体制。要重视信息员的队伍建设。对信息员精神上予以鼓励，物质上予以奖励，提供必要的设备保障，工作上创造便利。在新的形势下，要有“花钱买信息”的意识，加大对信息工作的投入，调动信息工作人员的积极性。

对已经建立的信息管理制度，要认真贯彻，狠抓落实。同时要结合新情况，及时完善工作制度，如信息员工作职责，信息工作目标管理制度，信息员联席会议制度，突发时间应急信息报送制度等。各级领导要严格信息报送程序，加强审核把关，杜绝政治性差错，确保信息处理的快捷、高效。

当前，电视台宣传、改革、发展的任务十分繁重，信息工作面临新的更高要求；同时信息工作政治性、政策性强，影响决策，关系全局，责任重大。因此，必须全神贯注、全力以赴，不断加强和改进电视台信息工作，力争取得新进展，开创新局面。

（中央电视台办公室　唐世鼎）

《永远的丰碑》——电视艺术的成功之作

在江姐、刘胡兰、王杰、雷锋等一个个耳熟能详的人物从电视片《永远的丰碑》中再度向人们走来时，观众仿佛在与久违的老朋友见面，亲切而令人难忘。笔者参与该片的创作，体会尤为深刻。

一、电视化、艺术化、形象化的“丰碑”

《永远的丰碑》作为政治思想教育的专题片，编导者没有进行简单的图解和空洞的说教，而是运用电视化、艺术化、形象化的手段，通过视觉化的艺术形象来表现丰富的思想内涵，使观众看后受到启迪与教育。该片把画面语言作为重要元素，借助音乐、解说、剪辑、特技等电视艺术手段，增加了无限的视觉表现力，并物化为声画合一、图文并茂的作品。

该片克服了叙事镜头的单调、沉闷，增加了镜头的信息量和表现力，提高了全片的审美价值。如欧阳海在拦惊马的瞬间，编导将一幅火车前的惊马图画与一个飞速行进的动感铁轨画面叠在一起，通过蒙太奇手法，增加了惊马撞火车的真实感和紧迫感，使欧阳海拦惊马的壮举显得更加惊心动魄和难能可贵。

《永远的丰碑》中的解说词文字简洁朴实，叙述客观准确，抒情不惜笔墨。在《两弹一星元勋———邓稼先》中，解说词没有采用悼词和碑文式的平铺直叙，而是从人物个性出发，讲述邓稼先最生动的故事。

运用音乐是电视片的艺术和技术手段，但音乐的运用不能信手拿来。专题片的配乐要与内容、风格相一致。在《永远的丰碑》创作中，音乐参与了电视片意境的营造和对主人公形象的塑造。如对孟泰、史来贺和邓稼先的配乐就比较成功。这三个人分别代表了工人、农民和知识分子。孟泰和史来贺的配乐选用了五六十年代工农业生产纪录片中的典型音乐，邓稼先的配乐则选取了一段小提琴独奏曲。由于配乐切合人物的身份与年代，因此很容易把观众带到特定的历史情景之中，有助于观众了解时代背景，体验人物内心世界。

电视同期声是电视语言的一种。《永远的丰碑》中的许多人物虽然都已逝去，但编导并没有完全放弃同期声、效果声的运用。在邓稼先一片中，由于原素材的现场声音与解说的配音混在一起，要想使原子弹爆炸的现场效果声相对完整，编导将原素材开头很少一点未被混合的现场声逐步连接起来运用到片中，最终获得了满意的效果。

二、节目制作的特点

《永远的丰碑》总体风格短小精悍、高度浓缩。每片只有一分三十多秒，编导充分发挥节目“短”的特点，通过精编精选，给观众留下深刻的印象。

1. 塑造人物的真情实感

信息的选择就是素材的选择，下功夫选择和挖掘素材是搞好一部片子的关键。在《永远的丰碑》人物信息选择中，编导努力挖掘和提炼每个人物独特的闪光点。如老英雄孟泰曾为抢救他人而负伤，编导没有选取这件事，而是突出勤俭节约的孟泰精神，增加体现人物主线的情节，即鞍钢最初恢复生产的三个轧钢炉的材料都是靠孟泰等工人们捡回来的。

尽管《永远的丰碑》篇幅有限，但编导还是力图用情感拔动观众的心弦。如人们可以看到毛岸英那件冬天当长袖衫，夏天改短袖的破衬衣。抗美援朝战争打响，他立即申请赴朝参战。这些事使观众真切地感受到一个领袖的儿子始终与普通百姓一样质朴。

2. 注重细节

《永远的丰碑》准确、生动的细节描写，是成功塑造人物典型形象的重要手段。如董存瑞、黄继光、雷锋、王杰这些人物，在创作中并没有将他们神话，而是选择既能体现主体内容，又能反映个性风采的片段来展现人物形象。如编导用2/3的篇幅讲欧阳海如何拦惊马。董存瑞舍身炸碉堡的英雄壮举这个细节占了全片的95%以上。

3. 强化记忆指标

寻找节目与观众的共鸣点，让观众尽快熟悉节目中的人物是《永远的丰碑》创作的一个手法。如杨子荣出场前，一段京剧《智取威虎山》的唱腔率先响起。提起邓发许多人都比较陌生，但要说斯诺几乎无人不晓。为此，邓发的开篇就从斯诺谈起。69年前，埃德加·斯诺就是由这位中共中央候补委员邓发护送，安全进入陕北苏区的。像这样引导观众认识人物的手法，片中还有许多。

该片有一些强化记忆的指标。如人物照片一般要占屏幕的2/5左右，照片出现的次数一般不少于5次等。经过这样的强化处理，对观众熟悉和了解人物有较大的帮助。

（中央电视台新闻中心　央　姬）

《中国中央电视台年鉴》成功出版12周年

记辉煌录得失，汗水足迹印编年，

思继往为开来，央视荧屏有史鉴。

正如《中国中央电视台年鉴》的一位热心读者写的藏尾诗一样，《中国中央电视台年鉴》迈着辉煌的足迹，走过了璀璨光彩的12个春秋。《中国中央电视台年鉴》从1994年正式创刊出版，到2005年正好是一个“生肖年”。12年来，年鉴以1200万字、约5000幅彩色图片、2000幅黑白图片，忠实地记录了中央电视台作为国家电视台，从改革开放、创新发展，到跨世纪地壮大、成长为世界级大台的进程。其间，《中国中央电视台年鉴》曾在中国版协年鉴研究会举办的中央级年鉴评奖中，荣获综合一等奖、编校一等奖、5个专项奖；在中国广播电视学会评比中获学术专著二等奖，并获得中国版协年鉴研究会及我国年鉴方面众多专家的一致好评。《中国中央电视台年鉴》编辑部多次被评为广电年鉴系统的先进单位。

翻开历年《中国中央电视台年鉴》的“史册”，清晰地记录了中央电视台事业蒸蒸日上的发展轨迹。

1．从年鉴中看中央电视台节目全球覆盖及落地入户进展情况

（1）1995年卷第9页（图配文）。中央电视台第一、二、三套节目通过“中星5号”卫星传送覆盖全国，第四套节目通过“亚洲1号”卫星和俄国“ST—14号”卫星传送覆盖亚洲、太平洋广大地区。

（2）1998年卷第14页（图配文）。中央电视台通过租用泛美4号、泛美5号、热鸟2号和银河4号卫星……使中央电视台的节目实现了对欧洲、北美洲、澳洲、拉丁美洲和非洲的覆盖……中央电视台节目已覆盖全球98%的地区，并逐步进入外国主流社会。

（3）2000年卷第11页（图配文）。中央电视台积极实施“走出去”战略，2001年CCTV—4和CCTV—9在欧洲地区大面积落地。与时代华纳、新闻集团签署合作协议，中央电视台英语频道进入西方主流社会，实现历史性突破。截止到2001年底，全球有96个国家和地区的108家电视机构定期转播第四、第九套全部节目，另有49个国家和地区的电视机构不定期使用第四、第九套部分节目。

（4）2005年卷第238～330页（摘文字）。根据中央及台领导的指示精神，频道宗旨从过去的“让世界了解中国，让中国走向世界”转变为“全球的触角、中国的眼光、世界的窗口”，2004年开办了西语、法语频道，全面改版英文国际频道，进一步改革改进了中文国际频道，搭建了北美长城平台，实现在美国的播出，其中的17个频道中有6个频道由中央电视台全面主办。2004年还完成了全球落地项目66项，覆盖的用户总数超过5000万。

从以上《中国中央电视台年鉴》中记录的图片和文字，清楚地看出中央电视台节目是如何走出国门、覆盖全球并逐步扩大落地入户数量，跻身于世界电视之林的历程。

全年播出时间对比（小时）

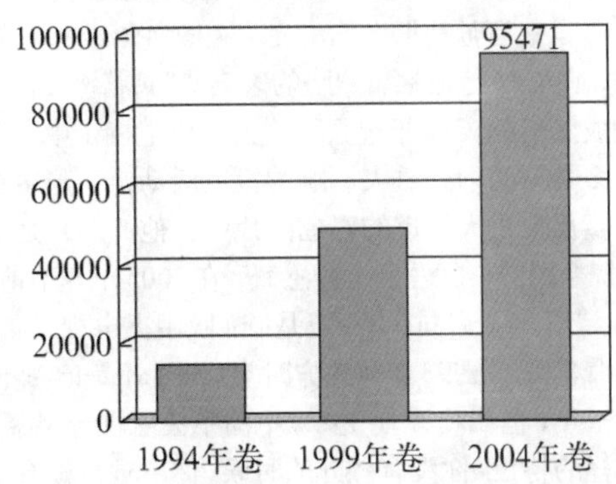

日均播出时间对比（小时）

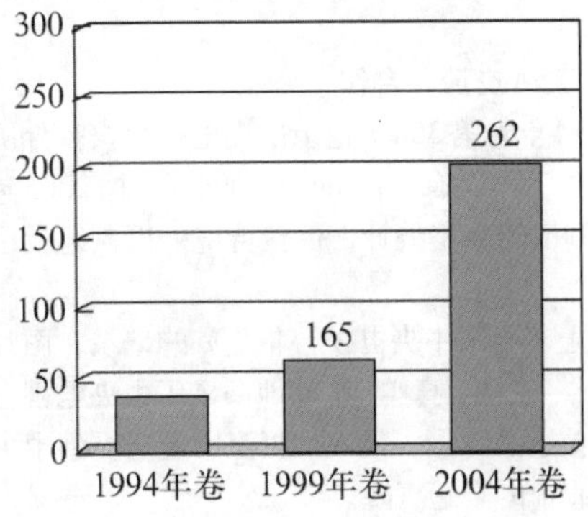

CHINA CENTRAL TELEVISION YEARBOOK

播出事故率对比（秒/百小时）

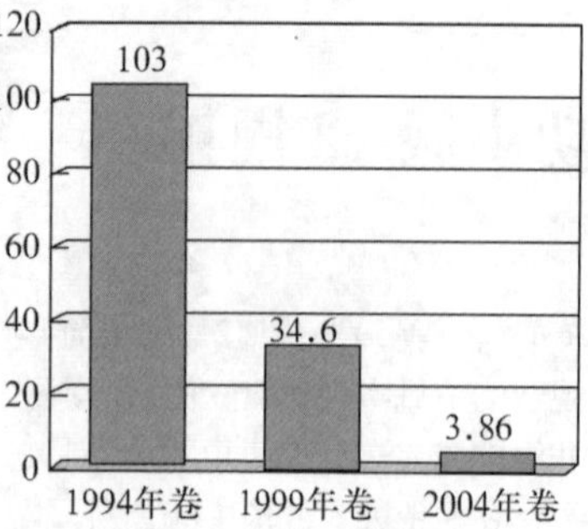

广告经营收入对比（亿元）

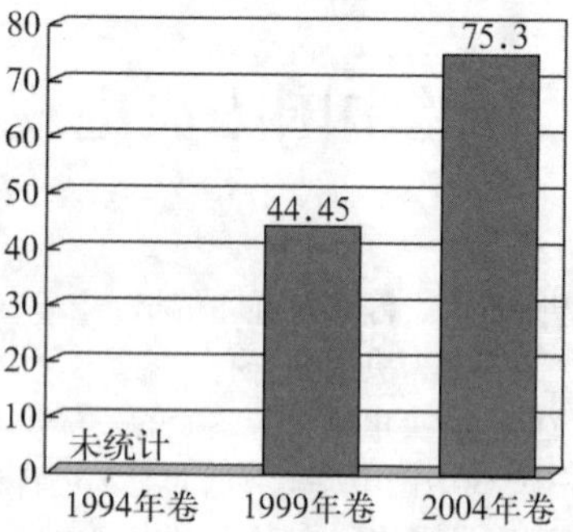

年鉴卷数	频 道	栏 目	拥有电视观众	人口覆盖率	观众反馈
1994卷	4套	86个	8亿人	82.3%	20万件
1999卷	8套	202个	10亿人	89.01%	443.1万件
2004卷	14套	394个	11.15亿人	94.4%	980万件

2．从历年年鉴的数字与表格中感受中央电视台事业大跨步前进的身影

图表内容只列举到2004年（见第47页），而在2005年卷第40页，记录了中央电视台开办的频道总数已达到：开路频道16个，还有10个付费频道和28个网络电视频道。

在技术上，安全播出再创佳绩，全年共播出119652小时，总事故率只有2.50秒／百小时，是1995年以来10年间最好成绩。

3．经营创收

1997年以前的各年卷中对这一部分没有记录，那时社会上人们的市场经济观念还比较薄弱。从1999年卷第13页记录1998年中央电视台创收达45亿元，2002年卷第15页记录2001年创收达51.77亿元，2004年卷第18页记录2003年创收达102亿元，2005年卷第37页记录广告纯收入达80亿元，全年总收入突破110亿元。

4．对外交流与合作

1994年卷第306页记录中央电视台接待外国摄影队和合拍工作仅有2个，而到2004年，据2005年卷第331页列出的表格统计，仅接待境外摄制组就已达到37个。

以上《中国中央电视台年鉴》的记录，图片、文字、数字、表格，真实、生动地凸显了中央电视台事业大踏步前进的身影，使人们更深切地感受到中央电视台勇往直前的豪迈气魄。

以下两位中央电视台职工的话更让我们有所感触：

在中央电视台新闻节目中心，有一个被大伙儿戏称为“皇家摄影队”的部门——时政新闻部。这个部门专门负责报道党和国家领导人在国内外的重大活动。这个部门元老级的记者王连生深情地给我们讲述了一件事：1994年6月13日，江泽民总书记在人民大会堂东门外广场等候接见外宾时，曾接过王连生的摄像机掂了掂，问：“机器有多重？”王连生答：“30斤左右。”江总书记关切地说：“能不能再轻便一些？”（当时情景的照片刊登在1995年卷第4页上）2005年春节前的一天，现任时政采访部主任的王连生抱着新的摄像机愉快地说：“江总书记当年的关怀已经实现了，现在摄像机的重量比以前减轻了一半。”

1993年《东方时空》开播，马上受到全国人民的关注与欢迎。《东方时空》的子栏目《东方之子》的主持人白岩松当时是那么的清瘦（见1994年卷第25页）。现在，白岩松已是家喻户晓的著名“国嘴”，人也显得更加成熟丰满。12年过去了，白岩松主持了中央电视台许多具有国内外重大影响的报道活动。无形中在历年年鉴反映重大报道的彩色图片中，他的照片是最多的。抚今思昔，白岩松十分感慨，在2005年春节前夕，他说：“12年了，2005年，不是咱们《中央电视台年鉴》的本命年吗？1993年《东方时空》开办，和年鉴创办是同一年，也属鸡。”他说：“《中国中央电视台年鉴》就有这样的特色：你没有翻开的时候，你不觉得她有多伟大，只做一本的时候她的价值也很轻。但是当她做了12本、24本、甚至100本的时候，当她10年、20年、30年之后，年鉴的分量就出来了，《中国中央电视台年鉴》一直在做的就是记录中央电视台的历史。在我们共同的本命年里，我们应该互相恭喜，希望《中国中央电视台年鉴》和《东方时空》的本命年都能够顺顺当当、红红火火。”

中央电视台的职工形象地把《中国中央电视台年鉴》比喻成中央电视台每年常换常新的一件华服，比喻成是中央电视台这座大厦最丰富、最全面而绚丽的玻璃幕墙，看到它就看到了中央电视台前进的全貌。《中国中央电视台年鉴》能够得到全台职工这样的称赞，起到这么重要的作用，首先得益于开创之初，中央电视台领导和台年鉴编辑委员会确定的十分鲜明的办刊宗旨：《中国中央电视台年鉴》以丰富、真实的图文资料；准确、系统、客观地反映上一年度本台坚持正确导向、改进新闻宣传、提高舆论引导水平、提升竞争力、开拓进取，在宣传报道、技术装备、党政工作、产业经营等各项事业建设上全面发展的新成果、新特色、新经验，为各级领导提供事业发展的决策参考，为本台工作人员和国内外电视同行、社会各界人士提供翔实的参考资料和信息。它是中央电视台的“传世之作“，历史愈久，价值弥珍。在12年的办刊中，《中国中央电视台年鉴》编辑部始终遵循这一宗旨，适应信息时代和全台事业的发展，多次改革创新，加强总体策划，调整年鉴框架结构，注重整体设计，不断充实编辑内容，年年办，年年新，体现年鉴编撰的普遍规律，不故步自封，不断努力开拓，永保年鉴旺盛的生命力。1996年卷作过一次调整，2000年卷又下决心，“动了大手术”，作了较大修订，年鉴框架突出了年度特色，突出了主题资料，篇幅占到65%以上，突出了专业特色，辅助资料也很齐全。北京大学教授、年鉴专家肖东发认为：“《中国中央电视台年鉴》内容既有宏观又有微观，既有现代也有历史，既有中国也有世界，既有横向也有纵向，可以说是全方位、立体化、多角度地记录了中央电视台的改革与发展。可以说总体设计日臻成熟稳定，更加科学规范。”

从2003年起，年鉴又在彩色图片和内容上作进一步的调整、补充、完善。这一年，赵化勇台长指示：“年鉴要更多地反映全台的大事。”台年鉴编委会也要求“将年鉴做成精品”。遵照这一指导思想，年鉴编辑部具体在两方面加以落实。首先，在“彩色图片记事”上多选用全台的大事。突出全台的电视宣传报道，突出电视管理改革力度，突出电视新技术的推进，打破以往按中心、部处编辑而搞平衡的老格局，不用资料价值不大的例行照片，将优秀照片版面放大，照片的说明精练集中，切实改变版面“豆腐块”、“集邮册”式的排列，形成重点突出、豪华精美、气派大方的艺术风格，彻底改变了年鉴专家们指出的“卷首彩图画面过小的老问题”。其次，在每年台内选定的10件大事图片之外，又增加了“宣传亮点”栏目。专门在全台宣传报道上的重大事件中选择20至30件予以刊登，如：香港、澳门回归，伊拉克战争，抗击“非典”，登上南极冰盖最高点，“神五”、“神六”升天……一系列重大事件的报道，都刊登了真实、精美、翔实的照片，一样都不能少，从而更加生动、形象地展示中央电视台在国内国际所有重大事件的报道中不可替代的位置与作用。在文字的设计上，随着全台事业的突飞猛进，在原有21个栏目的设置上又增加了“产业经营”和“央视研发”，合并了个别内容相近的栏目，总栏目为22个。在“产业经营”栏目，增加了中央电视台新成立的台经营管理委员会，还有广告、总公司、中视传媒、中数传媒……一系列实业方面的重大发展以及令人瞩目的经济创收成果。在“央视研发”栏目，收集刊登了历年中央电视台宏观上为电视事业制订的战略规划，为全台工作运作调研写就的改革创新的具体项目成果，其中还有国家级的科研课题：国家社科基金重点项目《中国特色的电视产业运营模式研究》等。

《中国中央电视台年鉴》封面设计有过3次变动，现在的样式更加气派，装帧更加考究，印刷质量上乘精美，完全符合国家级大台的地位与身份。这一点得到所有年鉴专家和台内外读者的好评。拿到手里的每一部《中国中央电视台年鉴》，无论从内容到形式，都称得上是一部精品。有年鉴专家著文称：《中国中央电视台年鉴》“封面装帧豪华大方，版式设计严谨得体。卷首80多页的彩色图片、卷后的附录索引、图文并茂的正文以及中英文目录，可以说应有尽有。”

《中国中央电视台年鉴》能够取得这样好的成绩，是因为有台领导和各级部门领导的重视与支持，有一支精干、团结、素质较高的编辑队伍，并且在编辑部周围组建起了一个有较高的政治、业务、文化素质和对年鉴热心负责的资料员和撰稿人队伍，这是一个常年稳定有序的信息资源网。2004年，在每年一次的全台年鉴工作会议上，时任副台长的王庚年形象地称赞这支队伍是中央电视台的“司马迁”，是在完成我国电视事业中一部具有历史与现实意义的“史记”。正是这些热情积极、主动又不计报酬、富有战斗力的“司马迁”大军的共同努力，才谱写出了一年年、一本本辉煌灿烂的中国中央电视台的“史记”。

“记辉煌录得失”是《中国中央电视台年鉴》的使命。然其自身也需要顺应时势，不断地创新、修正与完善。鉴于中央电视台的威望与作用在国内外的不断提升，具有专业性、权威性的《中国中央电视台年鉴》也越来越为社会各界乃至海内外人士所需要，扩大信息量、扩大读者面、扩大发行量 ，显得日益紧迫；在内容的规划上，将有年度特色的大事要事、重要信息划出来放在卷首，更加突出重点，便于读者阅读；为了增强“鉴”的警示作用，要敢于反映“重大案例”方面的问题，如早已被公安机关公开处理的“赵安事件”、“冯骥事件”亦应登录在内；目前，社会上所有重要部门都成立了研发中心，在战略发展上高屋建瓴，高瞻远瞩，中央电视台也早已成立了有关科研部门，这方面的成果在年鉴上已有所反映，分量还是应再加大；出版光盘版、网络版也是一个时代的发展趋势，年鉴尽管已出了一部分光盘，但要做到常规化，建立一个便捷完善的网络运行体系，还需要相当大的投入与努力。2005年11月，广电总局副局长胡占凡在广电年鉴工作会议上指出：年鉴要有时代感，要贴近实际，要办出特色；内容上要加强产业发展、改革举措等方面的反映；多用表格说明问题，一目了然；要出光盘，便于阅读与检索……上级领导的重视与关心为年鉴今后的发展指明了努力的方向。

总之，为了使《中国中央电视台年鉴》跻身国际图书精品行列，为了国内外电视同行以及热爱她的读者阅读的实用与方便，从事年鉴编撰工作的所有同仁，还有许许多多的工作要做，还要付出更多的精力与辛苦，同时也需要我国年鉴研究领域的专家给予更多的指导与帮助。“思继往为开来”，展望中央电视台美好的前景，《中国中央电视台年鉴》也必将在全台职工的共同努力下，再接再厉，再创辉煌！

（《中国中央电视台年鉴》编辑部　习亚起）

《中国中央电视台年鉴》编辑部全体工作人员

JI GOU

机构

机 构

2005年中央电视台机构设置

中央电视台分党组书记赵化勇，分党组副书记张长明、罗明。成员：胡恩、何宗就、李晓明、高峰、孙玉胜、张海鸽、刘国良、李培森、李建、王晞建、孙冰川。

中央电视台台长、总编辑赵化勇，副台长张长明、罗明、胡恩、何宗就、李晓明、高峰、孙玉胜，分党组纪检组组长张海鸽，总会计师刘国良、总工程师丁文华。副总编辑孙冰川、张华山、袁正明、程宏、李挺。

中央电视台机关党委书记张海鸽。

中央电视台经营管理委员会主任赵化勇。

中央电视台技术委员会主任何宗就。

中央电视台行政管理委员会主任李晓明。

中央电视台下设16个中心、室（副司局级）。

1.办公室

下设：秘书处、保卫处、外事处、法规处、行政处、房管处、事业发展调研处。

2.总编室

下设：宣传规划处、节目播出管理处、节目资料管理处、节目版权管理处、观众联系处、研究处、网络宣传部、音像资料馆。

3.人事办公室

下设：干部管理处、劳动工资处、培训职称处、驻外记者站管理处、离退休人员管理处。

4.财经办公室

下设：综合业务处、计划统计处、财务处、财产物资处、基建处。

5.机关党委

下设：党委办公室、团委、工会联合会、精神文明协调处。

6.新闻节目中心

下设：综合部、时政新闻部、新闻采访部、社会新闻部、地方新闻部、新闻编辑部、新闻评论部、新闻频道编辑部、军事节目部、新闻制作部。

7.海外节目中心

下设：综合部、英语频道编辑部、西法语频道编辑部、海外新闻部、海外专题部、海外编辑部、海外联络部、对台编辑部。

8.社教节目中心

下设：综合部、频道编辑部、教育专题部、科技专题部、文化专题部、社会专题部、法制专题部。

9.文艺节目中心

下设：综合部、文艺部、国际部、影视部、戏曲·音乐部。

10.广告经济信息中心

下设：综合部、广告部、图文电视部。

11.体育节目中心

下设：综合部、体育编辑部、体育新闻部、体育竞赛部。

12.青少节目中心

下设：综合部、青年部、少儿部、动画部。

13.技术管理办公室

下设：技术业务处、质量管理处、工程管理处、信息通信处、动力处。

14.技术制作中心

下设：综合部、录制一部、录制二部、录制三部、制作部、音频部。

15.播出传送中心

下设：综合部、播出部、转播部、传送部、总控部。

中央电视台 2005 年机构设置图

- 分党组 台领导
  - 分党组纪检组
    - 台直属部门
      - 监察室 机关纪委
      - 审计处
      - 中国电视报社
  - 办公室
    - 秘书处
    - 保卫处
    - 外事处
    - 法规处
    - 行政处
    - 房管处
    - 事业发展调研处
  - 总编室
    - 宣传规划处
    - 节目播出管理处
    - 节目资料管理处
    - 节目版权管理处
    - 观众联系处
    - 研究处
    - 网络宣传部
    - 音像资料馆
  - 人事办公室
    - 干部管理处
    - 劳动工资处
    - 培训职称处
    - 驻外记者站管理处
    - 离退休人员管理处
  - 财经办公室
    - 综合业务处
    - 计划统计处
    - 财务处
    - 财产物资处
    - 基建处
  - 机关党委
    - 党委办公室
    - 团委
    - 工会联合会
    - 精神文明协调处
  - 新闻节目中心
    - 综合部
    - 时政新闻部
    - 新闻采访部
    - 社会新闻部
    - 地方新闻部
    - 新闻编辑部
    - 新闻评论部
    - 新闻频道编辑部
    - 军事节目部
    - 新闻制作部
  - 海外节目中心
    - 综合部
    - 英语频道编辑部
    - 西法语频道编辑部
    - 海外新闻部
    - 海外专题部
    - 海外编辑部
    - 海外联络部
    - 对台编辑部
  - 社教节目中心
    - 综合部
    - 频道编辑部
    - 教育专题部
    - 科技专题部
    - 文化专题部
    - 社会专题部
    - 法制专题部
  - 文艺节目中心
    - 综合部
    - 文艺部
    - 国际部
    - 影视部
    - 戏曲·音乐部
  - 广告经济信息中心
    - 综合部
    - 广告部
    - 图文电视部
  - 体育节目中心
    - 综合部
    - 体育编辑部
    - 体育新闻部
    - 体育竞赛部
  - 青少节目中心
    - 综合部
    - 青年部
    - 少儿部
    - 动画部
  - 技术管理办公室
    - 技术业务处
    - 质量管理处
    - 工程管理处
    - 信息通信处
    - 动力处
  - 技术制作中心
    - 综合部
    - 录制一部
    - 录制二部
    - 录制三部
    - 制作部
    - 音频部
  - 播出传送中心
    - 综合部
    - 播出部
    - 转播部
    - 传送部
    - 总控部
  - 新台址建设工程办公室

16.新台址建设工程办公室：下设：综合业务处、工程处、前期市政处、合同造价处、财务资产管理处、技术处。

台直属机构：台纪检组监察室、机关纪委、审计处、中国电视报社。

台直属单位：中国电视剧制作中心、中央新闻纪录电影制片厂、北京科学教育电影制片厂、中国国际电视总公司、中央卫星电视传播中心、中央数字电视传媒有限公司、中国有线电视网络公司、中国爱乐乐团。

台属16个中心（室）的主任分别是：台办公室主任唐世鼎；总编室主任苏峰；人事办公室主任杨晓民；财经办公室主任赵刚；机关党委专职副书记郭秀英；新闻节目中心主任梁晓涛；海外节目中心主任盛亦来；社教节目中心主任张宁；文艺节目中心主任朱彤；广告经济信息中心主任郭振玺；体育节目中心主任江和平；青少节目中心主任余培侠；技术管理办公室主任徐威；技术制作中心主任李宏虹；播出传送中心主任黄平刚；新台址建设工程办公室主任徐威（兼）。

中国电视剧制作中心主任李培森，中央新闻纪录电影制片厂党委书记兼厂长高峰，北京科学教育电影制片厂党委书记王晞建、厂长薛继军，中国国际电视总公司总经理李建，中央卫星电视传播中心主任薛大力，中央数字电视传媒有限公司总经理沈向军，中国有线电视网络有限公司总经理沈向军；中国爱乐乐团团长胡恩（兼）。

中央电视台台本部，即台16个中心(室)加上监察室、审计处、中国电视报社等3个直属部门，共有各类员工8227人。其中，台聘人员2508人，企聘等各类编外人员4262人。

中央电视台编辑委员会

中央电视台实行的是以编委会为核心的宣传管理体制，编委会是中央电视台宣传工作的最高决策机构。编委会在台分党组和台长的领导下，按照中央的宣传方针、政策和广播电影电视总局编委会的部署，负责全台节目规划的制定、审查、各频道栏目的设置、栏目出台前的论证、重大选题的立项审批、重要节目的审查、重大宣传战役的部署等。编委会还有责任对各个节目中心和节目制作单位的舆论导向、节目内容和制作水平进行监督、检查和评估。

编委会由下列人员组成：

赵化勇、张长明、罗　明、胡　恩、高　峰、孙玉胜、孙冰川、张华山、袁正明、程　宏、李　挺、苏　峰、梁晓涛、盛亦来、张　宁、朱　彤、郭振玺、江和平、余培侠、吴继尧、李　汀、郭本敏、薛继军、汪文斌

列　席：王建宏、倪代光、罗　琴、张海潮

台总编室为编委会的办事机构。

中央电视台技术委员会

中央电视台技术委员会(简称技委会)是中央电视台最高技术决策机构，其成员由主管技术的台领导及技术系统的部分负责人和专家组成。中央电视台技术委员会的主要职责是：研究把握电视台未来电视技术的发展方向；对新技术、新设备的引进作出规划和决策；审查批准电视技术工程项目；审定系统配备计划和关键设备购置计划；审定电视技术标准；审定大型活动的技术方案；审定科研项目立项。另外，技委会还为台领导重大决策和全台管理工作提供技术依据和发挥参谋作用。

技委会由下列人员组成：

主　任：何宗献

副主任：丁文华

委　员（按姓氏笔画排序）：

丁文华、于　志、米绍行、何宗献、肖月桃、李宏虹、李建成、李　勇、李树声、李跃山、宋宜纯、陈泽时、陈　默、季小军、张宝安、郭　忱、高东生、徐　威、黄平刚、梅剑平、曹　青、程　星、路晓俐、缪暑金

秘　书：王　丹

中央电视台行政管理委员会

中央电视台行政管理委员会是中央电视台行政管理工作的决策机构。行政管理委员会在台分党组领导下，负责审议职能部门提交的全台性重大事项，协调宣传、技术系统与职能部门之间的工作，研究人、财、物资源配置，制定行政办公、安全保卫、后勤服务方案等。台办公室是行政管理委员会的日常办事机构。

行管会由下列人员组成：

李晓明、张海鸽、刘国良、许二春、唐世鼎、杨晓民、赵　刚、郭秀英、黄瑞刚

中央电视台经营管理委员会

中央电视台经营管理委员会是中央电视台经营工作的决策机构。经营管理委员会在台分党组领导下，对全台的产业经营进行整体规划，整合全台经营资源，对台内经营部门和台属企业单位进行经营业绩评估、考核、监督，促进国有资产保值增值。台办公室是经营管理委员会的日常办事机构。

经营管理委员会成员：

赵化勇、罗　明、李晓明、高　峰、张海鸽、刘国良、李培森、李　建、徐　威、许二春、薛大力、薛继军、沈向军、唐世鼎、苏　峰、赵　刚、郭振玺、高建民、夏洪波、张小毛、高小平

分党组纪检组、监察室、机关纪委

1994年10月，经中央纪委同意，原广播电影电视部党组批准，设立中央电视台分党组纪检组并同监察室合署办公。2000年9月根据中央纪委及中央纪委驻广电总局纪检组、监察局、总局机关纪委的工作部署，中央电视台纪检组、监察室与机关纪委合署办公。

分党组纪检组、监察室、机关纪委主要职责和任务是：在中央纪委监察部驻广播电影电视总局纪检组、监察局的管理及台分党组的领导下，检查本台各部门和所属单位的党组织与党员领导干部执行党的路线、方针、政策和决议的情况，对台分党组及其成员和其他党员领导干部实行党章规定范围内的监督；检查本台党员领导干部违反党纪的案件以及所属单位的重要违纪案件，并根据有关规定提出处理意见，按照《中国共产党纪律处分条例》对所查案件中的党员作出处理决定；配合有关部门对党员和党员领导干部进行党风党纪教育；指导本台和所属单位党的纪律检查工作；监督检查本台各部门和所属单位工作人员贯彻执行国家法律、法规和政策、决定、命令的情况；调查处理本台各部门和所属各单位工作人员违反政治纪律、宣传纪律、组织纪律、财经纪律的检举、控告；受理本台各部门的所属各单位党员领导干部及其他工作人员不服行政处分、党纪处分的申诉。

台分党组成员、纪检组组长张海鸽，纪检组副组长、监察室主任黄瑞刚，机关纪委专职副书记兼监察室副主任赵玉东，监察室副主任范浩。本届机关纪委于2004年12月在中央电视台第七次党代会上换届选举产生，为中央电视台第六届纪委会，由13名委员组成。纪委书记郭秀英(兼)。

台办公室

台办公室是台分党组和台领导的日常办事机构，是组织协调全台行政管理工作的主管部门，是中央电视台对外联络的主要窗口。主要任务是：管理全台的文秘、信息、法规、安全保卫、外事、行政后勤和房屋分配与修缮工作；组织协调全台宣传、技术、行政、经营工作的重大活动；督促检查台领导交办的日常工作的完成情况，提出全台行政管理工作改进意见和建议。下设秘书处、保卫处、外事处、法规处、行政处、房管处、事业发展调研处。中央电视台书画院挂靠在台办公室。台办公室主任唐世鼎，副主任汪文斌、刘建中、李欣雁，党总支专职副书记王瑞山。

秘书处

秘书处是隶属于台办公室的一个综合职能部门，承办台分党组和台领导交办的日常事务。负责台办公室承担的全台性宣传、技术、行政、经营等方面重大活动的协调工作，以及全台文秘、信息、会务、联络、调研、档案、公关、收发等承上启下的工作；主办全台《工作日报》、《中央电视台简报》等内部刊物。保证全台政令畅通，运转有序。下设秘书一科、秘书二科、秘书三科、档案科、摄影科、收发科。副处长田忠卿、柏杨。

保卫处

保卫处成立于1981年8月。是中央电视台的一个职能部门。其主要任务是负责中央电视台的安全保卫工作，包括治安、内保、警卫、消防、交通管理、综合治理等项任务。配备有先进的消防监控系统及先进的治安闭路电视监控系统。保卫处设治安科、警卫科、消防科、消防中心科、交通管理科。保卫处处长刘建中(兼)，副处长吴雪民、高进印。

外事处

外事处成立于1984年，是中央电视台的一个职能部门，主要职责是接待国外及港、澳、台地区的电视

界人士来访；安排台领导的外事活动；负责管理在中央电视台工作的外国专家；审核中央电视台各部门出国任务，办理出国手续及保管护照，组织协调涉外合作项目，签订合作协议及其他有关的外事管理工作。下设欧美大科、亚非拉科、接待科。外事处处长张永富，副处长迟洪业。

法规处

法规处成立于1998年6月，是隶属于台办公室的一个职能部门，负责全台的法律事务工作。法规处的主要职责有：审议和管理本台与外单位签署的合同、协议等法律文件；代理本台进行诉讼和仲裁；参与起草、制订、修改全台的各项规章制度；参与本台的投资、租赁、资金转让、拍卖、招投标及下属企业改制等涉及本台重要权益的经济活动；进行本台相关版权事务的管理；进行名牌栏目的商标注册等。法规处处长仇刚。

行政处

行政处是中央电视台职能管理部门之一，隶属于台办公室。承担着全台行政办公、后勤保障、服务接待、医疗保健、文字印刷、车辆管理、绿化美化等工作。同时，承担着中央电视台的交通安全委员会办公室、绿化委员会办公室、爱国卫生委员会办公室的日常管理工作。行政处下设综合科、管理科、行政科、接待服务科、交通科、文印科、医疗保健科、影视之家管理科等8个科室。2005年12月，隶属于行政处的职工食堂转制成立了“央视后勤服务发展(北京)有限责任公司”。行政处处长武小川，副处长胡志发、安俊、毛劲松。

房管处

房管处成立于1998年6月，隶属台办公室，负责全台房产管理工作。主要职责是：根据国家及广电总局的有关规定逐步落实房改政策。负责全台房屋及其产权资料的积累、立卷、归档工作；负责全台办公用房的调整管理和维修改造；负责全台职工宿舍的物业监督管理和大、中修及改造工程。下设维修科、物业管理科、房管科、综合科。房管处处长刘威，副处长杨怀文。

事业发展调研处

事业发展调研处成立于2000年6月，是隶属于台办公室的战略研发部门，主要职能：(1)发展战略研究：立足全台整体，对中央电视台事业发展的体制改革、机制创新和宏观战略进行调研分析，承接台领导交办的重大专项课题的组织实施，为台领导决策提供科学依据和理论参考，开办内参《调研信息》，每年还推出《CCTV事业发展年度分析报告》；(2)行业动态分析：密切监测国内外电视行业的发展动态，并结合台内宣传、管理、经营、技术等方面的业务数据进行对比分析，并加工提炼，为台领导提供及时、准确的决策支持信息，开办有《电视观察》(周刊)、《CCTV事业发展季报》等内部信息刊物；(3)媒体公关服务：关注央视整体品牌建设和媒介公关工作，组织承办相关重大活动及文稿撰写等。事业发展调研处下设策划组、课题组、内刊组、信息组、秘书组。事业发展调研处副处长黎斌、李琼(兼)。

(中央电视台书画院)

中央电视台书画院是中央电视台联系中国书画界的窗口，成立于1992年10月，隶属于台办公室。以“弘扬中国书画艺术，繁荣电视屏幕”为使命，先后举办过一系列全国性书画展和书画理论与创作研讨会，收藏有上千幅当代名人、大师、大家字画作品。依托国家电视台的优势和丰富的电视资源，利用电视的强大吸引力和艺术表现力，全面、充分展示中国书画艺术的魅力。拥有一批国内著名的书画大师作为艺术顾问，并通过举办电视展播、社会展览、笔会研讨、评奖比赛、电视宣传和出版画册等活动，向海内外电视观众和书画爱好者全面介绍书画家的优秀作品和学术成就，具有广泛的社会影响力。名誉院长赵化勇，院长赵立凡，副院长唐世鼎，副秘书长冷建军。

(央视后勤服务发展北京有限责任公司)

央视后勤服务发展(北京)有限责任公司，简称央视后勤服务公司，成立于2005年12月1日，其前身为台办公室行政处食堂科。公司现有财务部、行政人事部、采购部、质检部、餐饮一部至六部等10个职能、生产及销售部门。公司为全台及总公司职工提供包括盒饭、自助餐、零点餐、咖啡西点、主副食、零食饮料、烟酒茶叶、鲜花及送餐在内的全面的餐饮服务。公司本着为全台事业发展服务、为全台宣传播出服务、为全台职工工作服务的宗旨，在为职工提供优质餐饮服务的同时，探索在机制上创新后勤服务，建设能够充分保证中央电视台宣传任务和事业发展的后勤保障系统。在职员工270人。总负责人武小川。

总编室

中央电视台总编室是编委会的执行机构，按照编委会的要求负责处理日常宣传业务，定期向编委会报告工作并提供决策性建议。总编室的日常工作是在编委会的领导下，根据中央的批示精神，负责组织管理全台的宣传工作。总编室下设宣传规划处、节目播出管理处、节目资料管理处、版权管理处、观众联系处、研究处、网络宣传部、音像资料馆。现有正式职工105人。总编室主任苏峰，副主任王建宏、倪代光、罗琴，党总支专职副书记许唐生。

宣传规划处

宣传规划处是中央电视台负责宣传管理工作的职能部门，负责组织、管理中央电视台宣传规划，制订全年宣传计划和重点选题计划；负责审定各部门栏目选题；负责全台节目预算分配、各类节目数据的统计与分析；协调全台节目引进工作；负责全台电视剧、引进节目的证件发放管理工作；负责中央电视台内参节目的选题、编辑、报送工作；负责组织我台优秀节目参评国际评奖活动；负责管理全台节目声讯信息的开设工作；负责审看重点电视剧、译制片，以及外部委送播的专题片。宣传规划处下设：规划组、综合管理组、节目引进组、特别节目组、审片组。宣传规划处处长肖文俊，副处长杨明、汪恒。

节目播出管理处

节目播出管理处成立于1998年，是总编室负责节目编排、节目宣传、频道包装和频道管理的职能部门。负责全台每周各套节目表的编排、召集全台有关部门讨论即将登报的一周各套节目的栏目表、日常节目的更改协调、下达节目播出指令并审定各套节目的栏目表；对全台重点节目、优秀栏目和频道特色进行宣传和包装；完成固定专题栏目《收视指南》、《请您欣赏》的拍摄和编辑工作；对全台入库待播节目进行技术整备，对台外制作的所有拟用节目进行技术审查。下设节目组、宣传一组、宣传二组、包装组、导视组和技审科。节目播出管理处处长霍振恒，副处长陈忠。

节目资料管理处

节目资料管理处是中央电视台媒体资产节目资料的主管部门。主要负责向中央电视台各频道播出的节目提供备播磁带，为编导制作节目提供空白磁带，负责全台节目资料磁带和胶片的收集、鉴定，检索数据的整理著录、保管、利用、保护工作，并负责中央电视台节目生产管理系统的日常维护工作。下设节目资料收集科、节目数据整理科、保管利用科和综合技术科。截至2005年底，库存节目、素材磁带和胶片总量共计49.9万盘(盒)。节目资料管理处处长强西京，副处长史冠翔、王亚平。

节目版权管理处

节目版权管理处成立于2004年6月，是中央电视台负责节目版权管理工作的职能部门。主要职责有：负责制订中央电视台节目版权管理规章制度，对节目实行版权三级分级管理；制订中央电视台各类节目规范化格式合同及标准版权文档；协调中央电视台在节目规划、节目生产、节目购买、节目再利用、节目销售等环节中的版权事务；开展版权相关业务的咨询服务、培训等工作；处理中央电视台在版权方面与著作权人、表演者等权利人的纠纷；建立中央电视台节目版权管理数据库；清理库存节目资料的版权项。节目版权管理处处长石村。

观众联系处

观众联系处是专门负责联系观众和对观众进行调查研究的部门。主要工作是提供全台季度、年度收视分析报告；组织参与全台频道、节目综合评价和栏目末位警示淘汰工作；为全台各中心、频道、栏目提供相关收视率数据统计分析和评价应用；搜集、汇总整理、分析日常观众来信、电话、电子邮件。每周发布收视率报告、近期收视动态和观众反映，并在台办公例会上通报；组织专家对全台重点频道和栏目进行收看，及时汇总编辑出版《收看反映》；设计并开展栏目评价，组织召开观众座谈会；定期开展大型或专项的观众调查研究项目；委托并指导央视市场研究股份有限公司及央视－索福瑞媒介研究有限公司进行电视节目收视率调查和电视节目满意度调查。承担全台屏幕语言文字差错的搜集、核对、统计工作。观众联系处设有观众信息管理科、数据分析科和综合科。观众联系处处长虢亚冰，副处长刘建鸣。

研究处

研究处成立于1983年4月，其主要任务有：负责电视理论研究；编辑、出版、发行电视理论核心刊物《电视研究》、《中国中央电视台年鉴》以及各种电视学术专著；采集、编辑电视图文信息，组织国内外优秀电视节目的观摩研讨会，举办电视沙龙，推介海外热播节目，促进新节目研发；编辑出版《报刊早读》、《央视资讯》等内部刊物，为台领导和处级以上干部提供国内外媒体和电视事业产业发展的信息；每年组织50多项全台各类节目评奖，并组织协调全台18家专业学术委员会的学会活动。研究处下设研发一组、研发二组、书刊编辑组、学术活动组和通联组。研究处处长王甫，副处长张利生。

网络宣传部

总编室网络宣传部是中央电视台在国际互联网上进行节目宣传的管理部门，负责中央电视台上网节目制作、发布的统一管理和中央电视台节目网上对外合作的管理，并负责中央电视台国际互联网站央视国际网络的运营和管理。央视国际网络的前身为中央电视台国际互联网站。1996年12月建立并试运行，是我国最早发布中文信息的网站之一，是我国重点新闻网站。2001年5月25日，中央电视台分党组决定，成立中央电视台网络宣传部，将网站正式列入总编室序列，明确为节目宣传部门。

网络宣传部现有综合管理科、事业发展科、视频制作、视频播出、系统开发、技术支持、发展规划等科组，及综合、新闻、电视指南、科教、文艺、经济、体育、文化8个节目编辑室。编辑室下设总编组、首页组和电视指南、新闻、法治、经济、证券、农业、科技、教育、留学、健康、旅游、国家地理、军事、视听在线、主持人、综艺、音乐、电影、电视剧、舞蹈、戏曲、环球、体育、F1、篮球、足球、运动休闲、奥运、高尔夫、广告、网评天下、电视批判、线上故事、在线主持、少儿、动画、文化、书画、历史、民俗、时尚、生活、汽车、台湾、中国电视在线、英语、西班牙、法语等48个网上专业频道。

截至2005年12月31日，网络宣传部共有台正式职工4人，企聘员工132人。网络宣传部主任刘连喜，副主任刘平、王秀云。

音像资料馆

音像资料馆成立于2003年4月，音像资料馆承担着面向电视技术和事业发展的未来，构筑高科技、高水平、高质量、高效率的媒体资产管理平台，为不断增长的节目制作和播出服务的现实责任，也承担着改善音像资料存储环境抢救音像资料的历史责任。

音像资料馆适应广播电视技术网络化、数字化发展进程的需要，采用国内外的先进技术和设备，结合现代化的管理手段，实现音像资料馆从采集到应用全流程的科学高效管理。音像资料馆工艺技术系统集音像资料的收集、整理、存储、编目、检索、交换和下载服务等功能于一体，并对入库管理的音像资料在技术层面进行修复、加工和数字化处理；负责为全台采购和借阅图书资料、管理图书书库、阅览室和数字阅览室。采用了大量国内外先进技术和设备。二期工艺系统工程扩建完成后，音像资料馆每年可完成10万小时的节目、素材数字化和数据编目生产。

局域网的所有计算机终端都可进入系统进行查询检索，在台内8个节目制作生产区开通了数据直接下载功能，通过国际互联网开通了远程查询检索服务系统。

音像资料馆下设业务组、技术组、图书科、综合组。音像资料馆馆长崔屹平，副馆长赵严、武金鑫。

人事办公室

人事办公室成立于1998年1月，是中央电视台负责干部人事管理工作的行政职能部门。在台分党组的领导下，负责全台机构设置、事业编制管理、职工考核、奖惩、干部考察、任免、职工出国（境）政审、组织播音员、主持人上岗审核、人员配置、编外人员管理、劳动工资、福利保险、职工教育培训、专业技术职称评聘、驻外记者站管理、离退休人员管理以及干部人事改革等工作。人事办公室下设干部管理处、劳动工资处、培训职称处、驻外记者站管理处和离退休人员管理处。人事办公室主任杨晓民，副主任麻宁、杜书星。

干部管理处

干部管理处成立于1998年5月。其主要职能：负责全台机构设置和事业编制的管理；负责人员聘用、调配和应届毕业生招聘、军队转业干部安置工作；组织对职工的考核奖惩；根据台分党组的要求对科、处级干部进行考核任免；协助总局人教司考察台司局级干部；组织干部交流、选派优秀中青年干部参加党校学习；负责全台播音员、主持人管理，对其屏幕形象进行整体设计与指导；负责全台编辑、记者、播音员、主持人职业资格审核申报工作；负责因公出国（境）人员的政审工作；负责国家备案人员因私出国（境）的审批工作；管理全台人员档案；管理台属单位领导班子成员；指导台属企事业单位人事管理工作；协调相关人事事务。干部管理处副处长晋延林（主持工作）、王峥。

劳动工资处

劳动工资处成立于1998年5月。其主要职能：贯彻、执行劳动工资、劳动保护、劳动保险及职工福利等方面的法律、法规、政策。制定、实施全台劳动工资管理办法及薪酬改革方案；审核全台工资总额，调整职工工资、津贴、补贴及生活补助等标准；制定全台奖金规范管理与发放办法，出台奖金管理相关制度改革方案；负责职工考勤管理；建立并完善职工养老、医疗、失业等社会保险制度，参加有关商业保险；办理职工退休、缓退及提前退休手续；组织、实施职工休疗；负责残疾人的安置和就业保障金的缴纳；组织工人技术等级及技师考评聘用；核发去世职工的丧葬费、抚恤金及遗属补助；审核、发放职工困难补助；制定全台人力成本核算办法，核算奖金人力成本、工资人力成本和职务津贴人力成本；维护、开发并完善人事计算机管理系统；向上级机关、台领导及有关部门提供人事管理数据和信息；核定职工出生年月、参加工作时间、大学学龄、工龄，以及各类假期、休疗标准等；统计、上报干部年报、工资年报等各类统计报表。劳动工资处处长杨一龙，副处长王德利。

培训职称处

培训职称处成立于1998年5月，其主要职能是负责全台职工的教育培训、职称评聘工作。包括制定中长期职工教育规划和年度培训计划，管理教育经费、教学设备及培训场地，组织管理职工岗前培训和在职教育工作，负责组织专业技术职务的评审和聘用工作，核定、推荐政府津贴人员的工作。培训职称处副处长聂红江（主持工作）、乔维平。

驻外记者站管理处

驻外记者站管理处成立于2005年5月。其主要职能：负责驻外记者站的机构设置和人员编制的报批；负责驻外记者站人员的选拔、培训与轮换的报批；统筹和协调驻外记者站的新闻宣传等各项业务工作；负责修订和监督实施《中央电视台驻外记者站管理暂行办法》；负责驻外记者站的预算报批和经费开支的审核；负责驻外记者站固定资产购置与报废的申报；负责驻外记者的年度考核工作；负责驻外记者职称评定的申报；办理驻外记者配偶随任及探亲等手续；组织本台职工的涉外培训；办理本台职工公派留学的申报。驻外记者站管理处副处长张欣、刘铁岭。

离退休人员管理处

离退休人员管理处于1998年成立，是在人事办公室直接领导下负责管理全台离、退休干部工作的职能部门。其主要职责是：认真贯彻落实中央和国务院有关离退休人员的方针政策；根据有关规定和台里的实际情况，落实离退休人员的政治待遇和生活待遇。全台现有离退休人员627人，其中离休人员75人，退休人员552人（其中街道11人），建立了8个老干部活动站。根据居住情况划分了15个片，建立了离退休人员党总支和15个离退休人员党支部。离退休人员管理处处长高广远，副处长吴卫勇。

财经办公室

财经办公室于1998年6月组建，是中央电视台计划、财务、基建、物资的主管部门，为全台宣传任务的完成和事业的健康发展提供保障。其主要任务是：根据国家财经法规、方针政策和总局的有关规章制度，负责编制全台事业发展规划并组织实施，负责经费预算的收支管理、基本建设管理、国有资产的监督管理等工作。财经办公室下设综合业务处、计划统计处、财务处、财产物资处、基建处。财经办公室主任赵刚，副主任黄伟，党总支专职副书记刘贵良。

综合业务处

综合业务处的前身是经营管理处。2001年上半年更名为综合业务处。其主要职责是：审核、汇总台属企业统计报表及相关业务报表；负责财经办公室公文处理工作、信息工作和档案工作；统筹、协调日常行政事务；内部考核与业务交流，精神文明与综合治理以及领导交办事项等。综合业务处下设综合科、企业管理科、业务管理科。综合业务处处长赵万一。

计划统计处

计划统计处于1998年5月15日正式成立，其主要职责是：负责台事业经费预算分配和调整方案的编报、监督检查工作；负责编制、上报、下达电视事业的年度基本建设计划，指导和监督计划的实施；负责办理固定资产投资项目立项的相关手续，负责收集、审核、汇编电视事业各类统计资料并对统计资料进行分析。计划统计处下设计划科、统计科、综合科。计划统计处处长高祥林，副处长王霞。

财务处

财务处成立于1998年5月。其主要职责和任务是：负责中央电视台财务预算收支和管理；组织经费供应的保障和财务核算；负责成本结转、内部转账、成本分析、各类报表的编制及各项财务规章制度的建立等。财务处下设财务综合科、财务管理科、财务二科、财务三科、财务四科、财务五科、财务六科、财务七科、财务八科。财务处副处长高华中。

财产物资处

1987年7月成立物资处，1991年改称财产物资处，1993年7月，原技术管理中心所属的设备科、器材科整建并入财产物资处。财产物资处主要职责是：负责全台固定资产管理及有关设备材料的购置工作，为电视宣传提供可靠的物资保障；根据台年度计划安排编报年度固定资产购置计划并组织实施。财产物资处下设设备科、管理科、供应科、综合科。财产物资处处长米绍行，副处长王冀林。

基建处

基建处于1998年5月成立，其主要职责是：按照国家基本建设的有关法律法规、方针政策以及中央电视台基建管理方式，负责全台基本建设项目的管理工作。主要包括负责建立健全台基本建设管理制度；组织编制中央电视台基本建设中长期规划；按国家规定和台内制度要求，规范建设项目的建设程序，逐级汇编全台年度基本建设项目预算，建立与项目部的信息、数据反馈渠道，工程档案资料的归集建档等各项管理和服务。基建处下设工程管理科、技术管理科、综合科、基建财务科。基建处处长赵频，副处长林岚。

机关党委

中央电视台机关党委在广播电影电视总局机关党委的直接领导和台分党组的指导下进行工作。是中央电视台思想政治工作和党务工作的主管部门。领导党委办公室、台工会联合会、台共青团委员会、台精神文明协调处的工作。台机关党委下设4个基层党委（中国电视剧制作中心党委、中央新闻纪录电影制片厂党委、北京科学教育电影制片厂党委、中国国际电视总公司党委），16个中心（室）党总支，202个正式党支部。中央电视台共有党员4201人。本届党委于2004年12月9日在中央电视台第七次党员代表大会换届选举产生，为中央电视台第七届党委会，由27名委员组成，设常委13名。张海鸽任机关党委书记，郭秀英任机关党委专职副书记，张长明、唐世鼎、程宏、杨晓民、许二春、郭秀英、李挺、李宏虹、郭本敏、赵布光、高建民、李汀、梁萍为党委常委。

党委办公室

党委办公室是台机关党委的具体办事机构。负责全台党员干部、职工政治理论教育、党的方针政策教育、经常性思想政治工作、党的组织发展、基层党组织建设、党员管理及党的统战工作。具体承办机关党委宣传载体《党内通讯》、《电视生活报》、《台职工闭路电视》、《宣传橱窗》、《摄影画廊》的编辑、出版、制作、发行、播出等工作。党委办公室主任梁萍，副主任张景卫。

团委

台团委在台机关党委的直接领导和总局机关团委的指导下，负责全台团员和青年工作。截止到2005年，中央电视台共有共青团员2030人，5个基层团委，11个团总支，89个团支部，5个直属支部。本届团委于2004年12月22日在中央电视台第十次团员代表大会上换届选举产生，为第十届团委，由27名委员组成，设常委13名，吴克宇任团委书记，郑漠任团委副书记，武金鑫任副书记（兼职）。

工会联合会

2004年通过会员代表大会选举产生第二届工会联合会，由31名委员组成，设常委15人。下属26个中心工会。主要任务是：按照《中华人民共和国工会法》和《中国工会章程》，履行工会“维护、参与、教育、建设”四项职能；坚持“一个中心，两个服务，三个建设”（围绕宣传中心开展工作；全心全意为繁荣屏幕服务，为全台职工服务；不断加强自身的组织建设、制度建设和廉政建设）的工作定位；创建“职工之家”，发挥党联系广大职工群众的桥梁纽带作用。工会联合会主席任海，副主席马静。

精神文明协调处

精神文明协调处成立于2002年7月30日，负责全台的精神文明建设工作，是台精神文明建设委员会的日常办事机构。其主要职责是：按照台分党组的要求，在台机关党委的直接领导下，在首都精神文明建设委、中直机关精神文明建设委、广电总局精神文明建设委的指导下，负责协调精神文明范畴的全台职工的思想道德建设、党风廉政建设、环境秩序建设、文化建设、大型公益活动和扶贫济困送温暖等一些精神文明创建活动。承办全台计划生育、无偿献血、校外教育、警民共建等工作，并根据上级有关精神，对全台卫生绿化、交通安全、综合治理工作进行协调监督。精神文明协调处处长田应坪，副处长闫丽萍。

新闻节目中心

新闻节目中心成立于1988年，承担着中央电视台第一套节目新闻资讯及新闻频道采、编、播任务，开办有《新闻联播》、《新闻30分》、《晚间新闻》、《焦点访谈》、《东方时空》等28档新闻节目与20个专题栏目；创办有“感动中国”年度人物评选、“全国十大优秀警察”评选、“魅力中国”系列评选、“中国电视十大国际新闻和国内新闻”评选等品牌性评选活动；负责重大活动特别节目制作及直播公用信号的提供，并通过新闻信息资源共享系统向全台各频道和节目部门提供新闻素材。中心所属新闻频道影响力日益扩大，节目品质不断提升，在2005年全国上星频道观众满意度调查中位居第三；直播常态化的实现，在电视观众中逐步形成了“有大事看新闻频道”的收视习惯，2005年新闻频道全年直播超过300小时，被誉为“直播年”。

新闻节目中心下设10个部门：综合部、时政新闻部、新闻采访部、社会新闻部、地方新闻部、新闻编辑部、新闻评论部、新闻制作部、军事部、新闻频道编辑部。新闻节目中心主任梁晓涛，副主任庄殿君、王晓真，新闻节目中心党总支专职副书记郭书兰。

综合部

综合部成立于1998年5月，是在原新闻中心办公室基础上组建的。下设秘书科、经费管理科，负责新闻节目中心的文秘、后勤、协调、保障工作。综合部主任郭书兰。

时政新闻部

时政新闻部成立于2000年8月，是在新闻采访部时政组的基础上组建的。时政新闻部长期担负党中央、国务院大型会议及中央领导同志时政活动的新闻报道工作。时政新闻部设有记者一组、时政记者二组、时政记者三组、统筹策划组四个组。时政新闻部主任王连生，副主任王晶、周建国、吕大庆。

新闻采访部

新闻采访部成立于1989年7月，以原新闻中心政文部为基础组建。主要职责是为中央电视台一套和新闻频道全天各档新闻栏目采制新闻。在承担政经、科技、社会等各类报道的同时，尤其在大型活动报道、重大主题报道和深度报道中担当主力军。下设经济、金融、科技、农业、综合、《共同关注》栏目和统筹等7个科组。新闻采访部主任高丽萍，副主任肖振生。

社会新闻部

社会新闻部成立于1998年5月，是新闻频道一支骨干前期采访队伍，同时负责新闻频道《法治在线》和《每周质量报告》栏目的采访、编辑和播出。社会新闻部的采编立足于社会民生、社会法制、社会经济和社会文化，突出新闻的时效性和事件性，注重服务性和贴近性。社会新闻部分为记者一组、记者二组、记者三组、记者四组、政法栏目记者组、策划组、摄像组、办公室等9个科组。社会新闻部主任谷云龙，副主任李风、李毅。

地方新闻部

地方新闻部成立于1998年5月21日，主要职责是组织全国各省、市电视台向中央电视台各新闻栏目供稿。及时向各省、市台通报有关的宣传精神，协调中央电视台与全国各省级、计划单列市电视台之间的新闻业务关系。负责编辑、审看全国各省、市电视台传送来的稿件及本部门派出人员与地方台合作采编的稿件，按照正确的舆论导向和舆论规律对各省、市电视台向中央台传送的主要稿件进行策划和组织，确保地方上发生的重大新闻和日常新闻能够及时在中央电视台各档新闻栏目中播发。协调召开全国电视新闻系统年会和全国通联工作会议。地方新闻部现设有编辑一组、编辑二组、编辑三组、新闻社区栏目组和通联组5个组。除了向联播、午间、晚间及各档整点新闻供稿外，还独立承担每天25分钟、每周6期的《新闻社区》栏目的策划、组稿、编辑和播出任务，承担全台地方新闻的传送及台新闻共享系统地方新闻的一级编目工作。地方部全天24小时都有人值班，现有台聘人员13人，编外人员59人。地方新闻部主任陆伟昌，副主任杨华。

新闻编辑部

新闻编辑部是新闻频道核心编播系统，负责每天24档整点新闻(含《新闻联播》)、3档日播分类新闻、2档周刊的编播工作以及国际新闻的全部编译工作。《新闻联播》、《新闻30分》、《6：00新闻》、《7：00新闻》、《媒体广场》（6：30）和《新闻早8点》在中央电视台综合频道并机播出。另外，新闻编辑部还承担了《媒体广场》（7：15）、《晚间新闻》（22：00）在综合频道的编播工作。新闻编辑部每天承担各类新闻的播出总量近800分钟。2005年编辑部播出特别节目累计206场，约320小时。

新闻编辑部下设新闻联播组、国内、国际白班时段组、国内国际、晚间时段组、《本周》和《世界周刊》专栏组。国内、国际分别设置主编组，协助完成23档新闻（《新闻联播》除外）稿源的统筹和节目审看监播工作。播音组、播出组、资料组、亚广联、国际直播策划组作为公共系统，为整个部门乃至新闻中心提供专业化服务。此外，新闻编辑部还承担了新闻中心大量公共系统工作，包括新闻频道宣传片、天气·资讯播出、演播室录制以及新闻播出带24小时管理、新闻共享系统硬盘收录编目等工作。

新闻编辑部现有正式及台聘人员68人，企聘人员182人。新闻编辑部主任盖晨光，副主任侯明古、李昕、杜宝风。

新闻评论部

1993年12月21日，新闻中心在原来的《观察与思考》、《今日世界》两个栏目组以及当年刚刚创办的《东方时空》栏目组的基础上成立了新闻评论部，其主要任务是承担新闻评论类节目的采访与制作。经过十多年的努力创新，新闻评论部已由初期的《东方时空》、《焦点访谈》两个栏目，发展到今天拥有《新闻调查》、《实话实说》、《面对面》、《国际观察》、《央视论坛》、《社会记录》、《中国周刊》、《新闻会客厅》、《小崔说事》、《高端访问》、《纪事》、《电影传奇》、《沟通》、《纪实十分》16个栏目，每天在中央电视台一套和新闻频道的播出总量近600分钟（含重播），人员300多，下辖25个科组。

新闻评论部先后有多部作品获国际奖，10多部作品获中国新闻奖一等奖，20多部作品获中国广播电视新闻奖。其中《焦点访谈》、《实话实说》、《东方时空》被评为全国“名栏目”；一大批记者荣获全国各种光荣称号，共有6名主持人9人次夺得“金话筒”奖，主持人白岩松当选党的十六大代表，敬一丹连续两届（九届、十届）当选全国政协委员。白岩松、梁建增、水均益分别当选全国“十大杰出青年”，敬一丹、水均益获得全国五一劳动奖章，王志荣获全国青年“五四”奖章等。现任领导班子主任梁建增，副主任陈虻、关海鹰、赵微、孙克文。

新闻频道编辑部

新闻频道编辑部成立于2004年5月27日。新闻频道编辑部主要负责新闻频道的节目运营和协调工作。承担着新闻频道的整体节目规划、策划与播出、节目包装、推介、评价等；同时承担着新闻频道重大节目、特别直播的组织协调。新闻频道编辑部同时负责《天气·资讯》、《约会新七天》、《字幕新闻》等节目制作和播出。

新闻频道编辑部下设规划组、策划组、形象组、评价调研组。新闻频道编辑部主任许强。

军事节目部

军事节目部是中央电视台专门从事军事宣传报道的采访和编辑部门，由中央电视台和解放军总政治部双重领导。其前身是1966年4月成立的军事组。该部负责军事新闻的报道和《军事天地》、《人民子弟兵》等栏目的节目摄制。近几年相继完成了香港、澳门回归、神舟1号—6号飞船、重大军事演习、98抗洪与历次抢险救灾、建国50周年国庆阅兵、世纪初年走边关、抗击“非典”、伊拉克战事、中俄联合军事演习以及全军历年的重大活动、重大事件和重大典型的报道。同时，中央电视台许多重大题材的纪录片如《让历史告诉未来》、《长征，生命的歌》、《中华之门》、《望长城》、《中华之剑》、《毛泽东》、《长征，英雄的诗》、《背负民族的希望》、《邓小平》、《新中国》、《孙中山》都是以军事部为主创作的，这些节目全部在全国评比中获大奖，多部获“五个一工程”奖。军事部在全军各大军区、军兵种、四总部和武警部队设有17个记者站。原有正式编制23人，现有正式人员15人。军事部主任赵元贵，副主任冀惠彦。

新闻制作部

新闻节目中心新闻制作部成立于1989年。承担了新闻中心所有节目的制作和全天的新闻滚动播出任务，已形成一套完整的录播、制作合成技术系统。其中有非线性编辑系统、新闻节目包装系统、新闻共享系统、MIDI音乐音响合成系统。2000年至2001年新闻中心进行数字化改造，改造后的新闻播出、制作系统使新闻节目技术质量有了很大提高。该部设有中心科、录制科、制作科、新闻美编科、照明科、电讯科和新闻频道播出科。

2003年5月1日中央电视台开播新闻频道，新闻制作部承担了新闻频道的技术制作播出。现有正式职工62人，公司聘用职工71人。新闻制作部主任张宝安，副主任袁辉、包布和。

海外节目中心

海外节目中心是中央电视台对外宣传节目的制作编播部门。其主要任务是：承担中国电视对外宣传报道的主要任务，负责中文国际频道（CCTV-4）、英文国际频道（CCTV-9）和西法语国际频道（CCTV-E&F）的新闻、专题、文艺、涉台、体育等类节目的制作和编排播出；承担对外大型系列节目的制作播出；促进3个频道的电视节目在世界各地落地播出；向中国驻外使、领馆以及海外电视台、电视机构提供和传送中、外文电视节目；协同全国各地方电视台制作播出对外宣传电视节目；承担国际电视交流、接待外国来华摄制组和海外观众联络工作；定期为美国《国际日报》等境外媒体编发《中国电视》专版。海外中心下设综合部、英语频道编辑部、西法语频道编辑部、海外新闻部、海外专题部、海外编辑部、海外联络部、对台编辑部。海外节目中心主任盛亦来，副主任杨刚毅，党总支专职副书记王丹浩。

综合部

综合部是海外节目中心的综合管理部门。主要负责中心的办公业务、信息反馈、重大节目协调策划，负责中文、英语、西法3个国际频道的播出编排、频道宣传和包装、广告经营管理、后勤服务等工作。中心党总支、团总支、工会联合会的日常工作也由综合部承担。综合部下设秘书科、节目组和广告经营管理科。综合部主任吴淑环。

英语频道编辑部

中央电视台英语频道（CCTV-9）是一套全英语24小时播出的国际新闻频道。自2000年9月创立以来，CCTV-9始终致力于为全球观众提供迅捷、客观、权威的新闻报道。CCTV-9以其独创的中国视角，全面、深入、鲜活地呈现了中国的经济发展、社会面貌、文化习俗和风土人情。经过2003年5月、2004年5月、2005年9月三次改版，CCTV-9以崭新的形象出现在世界观众面前。目前CCTV-9的国际新闻报道更为突出，滚动新闻、深度报道、专家分析和专题报道相互支撑。依靠丰富的全球资源，CCTV-9汇集了不同的“声音”和观点，在风云变幻的国际事务中，更清晰地表达了中国的立场。CCTV-9拥有国际化的团队，越来越多的国际专业人士加盟其中，在这个独特而广阔的平台上共同打造着国际化的新闻频道。通过多种手段，CCTV-9的播出信号实现了全球覆盖，CCTV-9的节目可以通达世界的任何角落。CCTV-9是观众了解中国、关注世界的窗口。英语频道总监由海外中心主任盛亦来兼任，总监助理王晰、杨福庆、麻静。

西法语频道编辑部

2004年10月1日，中央电视台正式开播西法语频道，这是中央电视台继CCTV-4（中文国际频道）和CCTV-9（英文国际频道）之后开办的第三个国际频道，标志着中国电视对外宣传又跃上了一个新台阶。西法语频道是一个24小时播出的新闻综合频道，以中国视角客观、公正地报道发生在中国和世界各地的新闻，以外国人感兴趣的内容展示现代中国，让西班牙语和法语国家的人民通过这一窗口了解中国，认识世界。在节目编排方面，采用西班牙语和法语交替播出方式，每8小时为一播出区间，其中，西班牙语和法语节目各占4小时。各时段内，新闻实行滚动播出，专题节目首播一次，重播两次。频道采用数字压缩技术进行播出，传输信号通过泛美8号、9号、10号，银河3C和亚洲3S等卫星覆盖全球。各档新闻节目向西语、法语观众及时传播发生在中国、亚洲和世界的重大新闻；访谈、专题和文艺节目透析中国政治、经济、历史、文化、民俗等各个社会层面，展示中国的社会、政治和经济发展成就；教学节目向观众传授中国优美的语言和闻名于世的中国菜肴，从中了解中国的灿烂文化。西语频道总监野露露，法语频道总监陆金龙。

海外新闻部

海外新闻部成立于1993年，是在原第四套节目部基础上调整、充实组建的。海外新闻部承担着中央电视台国际频道对外新闻的采访制作、播出工作，同时还承担国际频道对重大新闻事件直播的报道任务。海外新闻部目前有6个栏目：《中国新闻》、《新闻60分》、《环球时讯》、《今日关注》、《财经报道》、《简明新闻》，每天18档新闻滚动播出，日播出量435分钟。海外新闻部还负责国际频道每周国新办、国台办新闻发布会直播。海外新闻部下设采访工作室、编辑工作室、评论工作室、地方新闻组、国际新闻组、包装资料组、播音组、策划组、财经节目组。海外新闻部主任范昀，副主任马勇、王未来、王跃华。

海外专题部

海外专题部是海外中心专题节目制作部门，承担着《走遍中国》、《中华医药》、《名将之约》、《东方时尚》等栏目和大型电视纪录片《再说长江》、《澜沧江——湄公河》等节目的制作任务；同时，每年还承担若干上级指令性节目的采访编辑制作任务以及对外电视易地采访活动的组织工作。海外专题部现有正式职工47人，企聘人员53人。海外专题部主任王广令，副主任刘文、吴晟炜。

海外编辑部

海外编辑部组建于1991年，原名对外节目部。主要负责国际频道的文艺、戏曲、教育、体育、综艺类节目。下设5个栏目组：《中国文艺》、《同乐五洲》、《中华情》、《体育在线》、《快乐中国—学汉语》，并负责中央电视台"中秋晚会"、"中英文双语元旦晚会"及配合推广四、九套节目在海外落地的"手拉手晚会"的制作和播出。现有正式职工22人，企聘人员27人，外单位借用人员5人。海外编辑部主任赵树清，副主任王有才。

海外联络部

海外联络部成立于1998年6月，主要承担对外节目的磁带管理、向海外寄送节目磁带、国内联络、观众联络、国际联络、开发海外落地项目、接待境外电视摄制组、定期编发《对外宣传通讯》、编辑并向美国《国际日报》等境外报刊传送《中国电视》专版。同时还负责电视外宣的节目评奖等活动。海外联络部还下设对外联络组、观众联络组、节目交流组和信息编辑组。海外联络部主任景春寒，副主任苏大清、陈龙城。

对台节目编辑部

对台节目编辑部成立于1991年9月，1992年5月改名为中央电视台第四套节目编辑部，1997年6月重新恢复对台部。对台节目编辑部主要负责涉及台湾新闻性节目及各类专题、服务节目的制作，节目主要是以台湾的观众为对象。对台节目编辑部有7个栏目组和1个特别节目。7个栏目组分别是：《海峡两岸》栏目组、《天涯共此时》栏目组、《互动星期天》栏目组、《台湾百科》栏目组、《闽南话时间》栏目组、《两岸万事通》栏目组、《国宝档案》栏目组和特别节目。特别节目负责一年一次的《海峡两岸知识大赛》节目。对台节目编辑部主任李海明，副主任郭清华。

社教节目中心

社教节目中心成立于1990年3月，承担着中央电视台第10套节目——科教频道、第12套节目——社会与法频道和一套、二套部分精品栏目的节目制作工作，播出的节目类型包括新闻类、专题类、电视剧等。社教节目中心崇尚团队精神，注重人性化管理，节目制作遵循"有用、好看"的创作宗旨，以大力宣传"科教兴国"、"依法治国"、"以德治国"重要方略，积极推广社会教育、推进精神文明建设和政治文明建设、构建和谐社会为己任。中心下设综合部、频道编辑部、教育专题部、科技专题部、文化专题部、法制专题部、社会专题部7个部门。社教节目中心主任张宁，副主任王进友、冯存礼、吴明训、魏斌，党总支专职副书记杨菁。

综合部

社教中心综合部成立于1998年6月，负责中心公文信息的上传下达，中心人员、经费协调管理和大型会议组织及后勤保障等综合管理工作；承担科教频道的编排、播出，频道节目导视的制作和特别节目制作等宣传管理工作；同时完成中心领导交办的各项临时性工作。2005年，制作了《翰墨春秋》等特别节目。综合部下设办公室、宣传规划组、编辑组、节目组、制片组和管理组。综合部主任王玉清，副主任周利明（援藏）。

频道编辑部

频道编辑部成立于2004年9月22日，是社教节目中心对社会与法频道统一实施频道策划、编排、推广、评估及大型节目制作的节目管理部门。2005年，主要策划实施了大型媒体行动《平安中国》宣传季，推出了大型系列节目《灵与肉》和《罪与罚》。频道编辑部下设办公室、策划组、编排组、推广组、评估组和制片科及《天网》、《法治视界》、《剧场》栏目。频道编辑部主任童宁，副主任杜守仁、肖晓琳。

教育专题部

教育专题部成立于2001年7月，前身为科教部，是以传播先进教育理念、科学文化知识为宗旨，专门编辑制作教育专题类节目的部门。2005年，推出了《奠基中国》等大型特别节目。部门下设办公室、制片科，《夕阳红》、《希望—英语杂志》、《百家讲坛》、《家庭》、《天天饮食》、《法律讲堂》、《人与社会》（2005年12月《当代教育》与《交流》改版整合后新推出栏目）。教育专题部副主任魏淑青、阚兆江。

科技专题部

科技专题部成立于2001年7月，是以弘扬科学精神，普及科学知识为宗旨，负责科技类节目制作、播出和协调的部门。2005年，完成科学探险系列报道《挺进南极冰盖最高点》，推出大型报道《可可西里大穿越》等大型特别节目。科技专题部下设办公室、特别节目组、策划组、制片科，《科技博览》、《走近科学》、《科学世界》、《状元360》、《科技之光》栏目。科技专题部主任刘民朝，副主任李福成、王晓斌。

文化专题部

文化专题部成立于2001年4月，是中央电视台专门制作重大题材纪录片、文献片、系列专题片以及文化类节目的部门。2005年，承制了文献片《陈云》、纪念郑和下西洋600周年的纪录片《1405——郑和下西洋》、反映我国未成年人思想道德建设的大型政论片《托起明天的太阳》等。部门下设办公室、制片科、特别节目组、高清晰组，《探索·发现》、《人物》、《见证》、《绿色空间》、《第10放映室》、《子午书简》栏目。文化专题部副主任孙素萍、陈建军。

社会专题部

社会专题部成立于2001年7月，前身为专题部，是负责健康向导、民族文化、女性世界、职工生活、情感交融和公益活动等社会类节目制作和播出的部门。2005年，还完成了《讲述DV大赛》、系列节目《十人十年》、《健康之路》三下乡等特别节目制作。部门下设办公室、综合业务科；《半边天》、《健康之路》、《健康之路周刊》、《中华民族》、《当代工人》、《讲述》、《心理访谈》、《公益行动》栏目。社会专题部主任熊文平，副主任李虹、李欣。

法制专题部

法制专题部成立于2004年9月22日，以“依法治国”、“以德治国”和“构建社会主义和谐社会”为宣传宗旨，是承担法制新闻节目和专题节目制作与播出的部门。2005年，制作了《平安中国》、《和谐社会万里行》、《12·4法治的力量》等大型特别节目。部门下设办公室，《中国法治报道》、《今日说法》、《道德观察》、《大家看法》、《第一线》、《忏悔录》、《庭审现场》栏目。法制专题部主任董石才，副主任时间、王新中、钱蔚。

文艺节目中心

文艺节目中心成立于1994年3月。它承担着中央电视台第一套节目中文艺类节目，第三、八、十一、十五套所有节目的制作、编播任务；承担着国内电影、电视剧的制作播出任务；承担着国外引进影视剧的译制、编辑制作和播出任务。其主要节目形态包括影视剧、音乐、舞蹈、曲艺、杂技、戏剧、戏曲等各类文艺节目。中心下设综合部、文艺部、国际部、戏曲·音乐部、影视部。现有正式职工210人，企聘职工226人。文艺节目中心主任朱彤，副主任张晓海、王进，中心党总支副书记高菊莲。

综合部

文艺节目中心综合部成立于1998年5月，是中心的综合组织协调部门和处理日常事务的办事机构。主要负责中心的行政管理、公文文秘、节目经费管理、中心内部人事管理等工作；同时负责第三、八、十一、十五套节目的管理、编排、包装、串播和节目预告以及部分宣传包装性栏目的制作。负责的主要栏目有《与您相约》、《幕后》、《魅力12》、《节目预告》等。下设秘书组、经营管理组、频道包装组、节目组。现有正式职工7人，企聘职工26人。综合部主任江则理，经营管理组组长万钢，频道包装组组长陈大平，节目组组长王冰冰，《与您相约》栏目制片人李国红，《幕后》栏目制片人赵宇，《魅力12》栏目制片人李罡。

文艺部

文艺部成立于1962年，早在建台初期，便以文艺组的编制出现。它承担着中央电视台各类文艺节目的录制播出工作。文艺部目前所设的栏目有《欢乐中国行》、《曲苑杂坛》、《音画时尚》、《神州大舞台》、《梦想剧场》、《南腔北调》、《舞蹈世界》、《演艺竞技场》、《综艺快报》、《民歌中国》、《音乐告诉你》、《快乐驿站》、《艺苑风景线》。文艺部下设大型节目组、编辑组、制片科、摄像科。文艺部主任张晓海，副主任齐宪役、陈临春。

国际部

国际部成立于1987年4月，主要承担外国电视节目的引进、译制以及国际节目的采编工作。目前所设栏目有15个：《正大综艺》、《人与自然》、《动物世界》、《世界各地》、《国际艺苑》、《世界影视博览》、《外国文艺》、《环球影院》、《周日影院》、《海外剧场》、《佳艺影院》、《佳艺剧场》、《联合对抗》、《经典》、《音乐故事》等。该部下设《正大综艺》组、《联合对抗》组、《人与自然》组、《动物世界》组、《国际艺苑》组、《世界各地》组、音乐组、编导组、编译组、制片组等10个科组。现有正式职工51人，企聘职工17人。国际部主任秦明新，副主任张小妹。

影视部

影视部全称为电影电视剧编辑管理部，是中央电视台电影、电视剧播出的主管部门，成立于1984年。部门下设编审一组、编审二组、编审三组、制片组、宣传栏目组，宣传栏目组负责制作的《影视同期声》、《影视俱乐部》、《影视金曲》3个栏目是电视剧频道的主要宣传推介节目。影视部主任汪国辉，副主任傅思。

戏曲·音乐部

戏曲·音乐部成立于1995年12月，主要承担中央电视台戏曲、音乐类节目，配合重大活动文艺宣传及重大节假日大型晚会的录制工作。所制作的节目在中央电视台一套、三套、十五套、十一套中播出。2005年度由戏曲·音乐部承制的栏目有26个，其中CCTV-1播出的栏目有：《艺术人生》、《点播时间》；CCTV-3播出的栏目有：《艺术人生》、《星光大道》、《想挑战吗》、《中国音乐电视》、《新视听》、《电视诗歌散文》、《激情广场》、《文化访谈录》、《挑战主持人》；CCTV-音乐播出的栏目有：《CCTV音乐厅》、《风华国乐》、《风华国乐·周末版》、《音乐人生》、《走进歌剧》、《影视留声机》、《星光舞台》、《每日歌曲》；CCTV-11播出的栏目有：《CCTV空中剧院》、《过把瘾》、《九州大戏台》、《戏苑百家》、《梨园擂台》、《戏曲采风》、《跟我学》、《点播时间》、《名段欣赏》。目前戏曲·音乐部下设《艺术人生》栏目组、《星光大道》栏目组、《想挑战吗》栏目组、《电视诗歌散文》栏目组、《中国音乐电视》栏目组、《新视听》栏目组、晚会节目组、音乐组、摄像组、制片组、戏曲组、地方戏曲组。有台聘职工62人，企聘职工100人。戏曲·音乐部主任郎昆，副主任金越、王志军（2005年8月免职）。

广告经济信息中心

广告经济信息中心成立于1996年5月24日，其主要任务有：负责全台广告创收、图文电视经营、承担中央电视台第二套节目（经济频道）的制作和播出。第二套节目通过亚太1A、鑫诺1号卫星覆盖全国，每天平均播出21小时左右。广告经济信息中心下设综合部、广告部、图文电视部，以及《经济半小时》、《经济信息联播》、《生活》、《对话》、《开心辞典》、《幸运52》、《非常6+1》、《第一时间》、《经济与法》等25个栏目，每年推出“3·15”晚会、《中国经济年度人物评选》、《梦想中国》等特别节目。经济频道作为全台频道制改革试点，积极探索管理体制改革，由频道直接对栏目进行管理。广告经济信息中心主任兼经济频道总监郭振玺，中心副主任兼经济频道运营总监韩建群，中心党总支专职副书记郑健，经济频道节目副总监韩青、刘保平、任学安，经济频道节目总监助理李勇、许文广、郑蔚。

综合部

综合部成立于1998年6月。是中心综合组织协调和处理日常事务的办事机构。主要负责中心的行政管理、运营协调、重要活动的组织协调、后勤保障等工作；同时负责中央电视台第二套节目的导视、频道形象包装宣传推广、频道品牌管理等工作。综合部下设秘书组、运营协调组、频道品牌管理组、制片协调组。综合部主任张政。

广告部

中央电视台广告部成立于1987年7月，其前身是1979年10月成立的广告科。广告部全面负责中央电视台商业广告的销售、播出、管理工作。广告部现下设编播运行管理科、频道资源管理组、时间资源管理组、客户服务组和办公室，同时还设有策略研究、整合传播、监播管理、合同管理、人力资源财务管理、制作等小组。其中，编播运行管理科主要负责广告资源售前、售后的业务处理、信息平台的建设与维护；频道资源管理组是频道广告资源管理与销售的部门；时间资源管理组是综合频道时段广告资源销售及招标时段的整合销售部门；客户服务组是广告部客户服务及部分重点资源、重大项目的推广部门；广告部办公室是广告部综合协调与服务的执行部门；策略研究组是本部的研发部门，主要为广告营销提供策略支持；整合传播组是广告部广告资源价值传播和为客户提供增值服务的宣传部门；监播管理组主要负责出具央视电视播出情况的监播及核查报告；合同管理组是广告部广告合同执行的监管部门；人力资源财务管理组是广告部人事、财务（财务支出手续）管理的重要部门；制作组是广告部影像资料的设计与制作部门。广告部主任夏洪波，副主任何海明、陈荣勇、李怡。

图文电视部

图文电视部是中央电视台负责图文电视及数据广播的信息采编、播发、管理的专业部门。1998年5月正式组建，隶属广告经济信息中心，是中国最大的数据广播机构之一。图文电视部利用VBI技术在中央电视台第一套节目的逆程频道资源开展数据广播和图文电视业务，并于2002年9月23日全面启动“央视宽带数据广播系统”。利用DVB技术传送的信息经亚太6号卫星与CCTV-1、CCTV-2、CCTV-7、CCTV-10、CCTV-11、CCTV-12共6套电视节目一同覆盖全国播出，信息内容主要为公共信息、证券实时行情、气象信息等。在发展传统业务的同时，图文电视部作为经济频道的运营服务平台，充分发挥机制优势，积极参与广告经济信息中心各项运营事务，在节目延伸服务领域与《鉴宝》、《非常6＋1》、《开心辞典》等名牌栏目合作，开创了《藏品鉴定会》，开发了经济频道部分品牌栏目纪念品并销售经营，承担了广告部各类宣传品的设计、印刷、光盘制作等业务。图文电视部下设7个科组：部办、信息科、业务科、市场科、技术播出科、物资科、财务科。图文电视部主任陈超英。

体育节目中心

体育节目中心成立于1998年5月，是中央电视台专业体育电视节目的主创部门，担负着中央电视台体育频道策划、选题、采编、制作和播出任务，同时负责制作播出两套付费电视——风云足球频道、高尔夫·网球频道。

2005年体育中心确立近、中、远期目标，近期目标是完成收视指标和创收指标；中期要做好2008年北京奥运会的报道；远期要实现体育的产业化。6月6日，体育中心奥运策划组正式成立，就2008年北京奥运会的报道方案进行深入探讨。9月5日，顺利完成体育频道改版，实现24小时播出。9月21日，孙玉胜副台长代表中央电视台与北京奥林匹克电视转播公司签署了2008年央视参与北京奥运会七个项目信号制作的备忘录，确定足球、篮球、排球、乒乓球、羽毛球、网球和现代五项七个项目由中央电视台提供国际公用信号。2005年体育节目中心还圆满完成十运会、东亚运动会等重大宣传任务。

中心下设综合部、体育新闻部、体育竞赛部、体育编辑部。现有台聘职工82人，企聘人员300人，借用人员11人。2005年，江和平接替马国力担任体育节目中心主任，副主任有岑传理、周经、张兴、杨斌，党总支专职副书记王庆忱。

综合部

综合部成立于1998年5月，是体育节目中心的综合管理部门和日常办事机构，主要任务是协助中心领导完成重大宣传任务的组织协调和行政管理工作；公文运转、国际赛事的外事协调、信息、档案管理以及预算调控等日常工作。下设制片组，负责体育节目中心大型体育报道活动的后勤保障工作。现有台聘职工2人，企聘职工5人，借用职工1人。综合部主任冉素霞。

体育编辑部

体育编辑部成立于2004年8月，主要职能是负责体育频道的整体编排、策划、包装和宣传任务，并担负着体育频道所有足球节目的采访、编辑、制作和播出（公共信号制作除外），同时还承担着中央数字电视传媒有限公司风云传播的两套付费电视《风云足球频道》和《高尔夫·网球频道》的节目编排、部分制作、播出任务。体育编辑部拥有很多名牌栏目：《足球之夜》、《天下足球》、《实况足球》、《巅峰时刻》等。体育编辑部现有台聘职工10人，企聘职工85人。本部门负责人为副主任方钢、张斌。

体育新闻部

体育新闻部成立于1998年5月，负责国、内外重要体育赛事的新闻专题报道和体育题材纪录片的策划、制作与播出工作，现有11个栏目：《体育新闻》、《体育世界》、《体坛快讯》、《体育晨报》、《午夜体育新闻》、《体育人间》、《北京2008》、《精彩F1》、《赛车时代》以及新闻频道《体育报道》、一套《晚间体育新闻》。其中，《体育晨报》、《午夜体育新闻》为2005年新增栏目。2005年有台聘职工37人，企聘职工156人。体育新闻部副主任许伟、张伟。

体育竞赛部

体育竞赛部自1998年5月成立以来，主要负责国内外重大体育赛事的转播和有关体育竞赛节目的编播工作。现有8个栏目：《现场直播》、《实况录像》、《健身房》、《棋牌乐》、《NBA赛场》、《全明星猜想》、《顶级赛事》、《直播周末》。此外还负责付费频道——高尔夫·网球频道每天18个小时左右的节目制作。体育竞赛部下设信号制作、播出、栏目和播音4个组。台聘职工27人，企聘职工82人。体育竞赛部副主任程志明、郁洁。

青少节目中心

青少节目中心成立于1998年6月，是中央电视台青少年儿童节目的主创部门。负责青少年儿童节目的规划、制作和播出。组织摄制青少年儿童题材新闻、专题、文艺和儿童电视剧、国产动画片等具有欣赏、教育意义的电视节目。2003年12月28日，开办了少儿频道，同时，还承担着一、七套的节目制作播出任务。中心设有《中国动画精品版》、《动漫世界》、《动画城》、《大风车》、《智慧树》、《动感特区》、《成长在线》、《同一片蓝天》、《快乐体验》、《公德行动》、《东方儿童》、《三星智力快车》、《金苹果》、《异想天开》、《第二起跑线》、《芝麻开门》等20多个栏目，每天播出节目总量20多个小时。中心下辖综合部、青年部、少儿部、动画部等4个部。现有正式职工128人。青少节目中心主任余培侠，副主任张小军、赵文江。

综合部

综合部是青少节目中心的日常办事机构。承办中心内部公文的撰写、传递、保管、归档等工作；收集整理信息资料，为中心领导提供决策依据；管理中心内部财产物资；处理中心外事工作的程序性事务；检查、督促台各项规章制度和中心所布置任务的贯彻执行。下设秘书组、少儿艺术组（银河少年电视艺术团）。现有正式职工9人。综合部副主任常清。

青年部

青年部1998年6月成立，隶属于中央电视台青少节目中心，是承担制作以14岁至35岁青年为主要收视对象的节目部门。现有《金苹果》、《三星智力快车》、《选择》、《异想天开》、《周末异想天开》、《第二起跑线》栏目，《动感特区》为2003年12月少儿频道新开办的栏目。除制作日常播出的中学生节目、大学生节目和社会青年节目外，青年部每年还承担制作中央电视台的重点节目，如："国际大专辩论会"、"国际大学生机器人电视大赛"、"世界著名大学"等一批大型节目。同时每年还要承担录制一些临时性的重要节目。现有正式职工29人。青年部主任潘超，副主任徐彬。

少儿部

少儿部负责以14岁以下儿童为收视对象的节目的制作与播出。下设《大风车》栏目组、社会节目组、摄像组和制片组。开设有《大风车》、《同一片蓝天》、《银河剧场周末版》和少儿频道新开办的《智慧树》、《音乐快递》、《周末音乐快递》、《童心回放》等栏目。少儿部还承担一些大型综艺晚会节目的摄制任务，其中包括"六一"国际儿童节联欢晚会、中国儿童音乐电视大赛、全国少儿戏曲大赛、全国少儿艺术大赛和儿童自拍电视作品大赛等一批大型活动及节目。现有正式职工43人。少儿部主任王英，副主任李央。

动画部

动画部是中央电视台动画片生产的专业部门，是国内最大的动画片制片单位。其业务范围包括：动画片的创作、制作、动画技术引进、动画设备规划等。

2005年动画部完成了4000分钟动画片的生产，至此动画部已累计生产了34000分钟的动画节目，其中《西游记》、《哪吒传奇》代表了当今中国动画的最高水准，获得了优异的市场反响。《动画城》栏目是央视一套品牌节目，除了播出自己的动画节目外，还有一些独具动画特色的小板块，成为动画爱好者的乐园。动画部的动画制作区主要承担长篇系列动画节目的制作，拥有国内第一流的技术设备，包括：非线性编辑系统Jaleo；特效合成制作系统Flame、Avid/DS；三维动画制作系统Softimage-XSI、Maya、3D-Max；动画捕捉系统Vicon；二维动画制作系统USAnimation、Toonz。动画部下设：创作一组、创作二组、创作三组、动画城编辑组、制片组、项目策划组、动画合成科、卡通动画科。动画部主任范玲，副主任李捷、蔡启华。

技术管理办公室

技术管理办公室成立于1991年4月，原称技术管理中心，1994年6月更为现名。是中央电视台技术主管台领导和技术委员会的办事机构，是技术系统的运行管理、监督检查归口部门。负责处理技术系统运行及管理工作,协助台领导做好技术系统各项协调工作。根据技委会的要求，负责制订技术事业发展规划，承办和落实台领导、技委会下达的任务，为台领导提供重大技术问题的决策依据。技术管理办公室负责制定大型宣传报道的技术方案，编制技术事业发展经费预算方案和专业技术设备修购计划以及技术项目更新、改造、建设计划，组织研究论证和处理解决有关技术业务问题，统计汇总各类数据，协调管理全台节目生产能力，负责技术质量管理以及计算机、通信系统和供配电、动力系统的开发建设、运行和维护，负责技术交流、专业培训、技术会展的组织和管理工作。技术管理办公室下设技术业务处、质量管理处、工程管理处、信息通信处、动力处。技术管理办公室主任徐威，副主任缪暑金、曹青（2005年7月调离），党总支专职副书记张国琛。

技术业务处

技术业务处是技术管理办公室的办事机构。负责落实和承办技术管理办公室交办的各项工作。拟定全台技术事业发展规划；组织并参与重大宣传报道活动和大型电视节目制作相关技术方案的制定和组织协调工作；拟定中央电视台技术工作的各种规章制度和规范；组织和安排技术系统职工业务培训工作，承办相关的高新技术交流、业务研讨和新设备应用等技术交流活动；全台各类技术性刊物和专著的编印出版工作；全台技术图书及电子阅览室的管理工作；负责承办全台科技出国、对外技术交流以及其他学术交流活动的汇总和报批；协助领导负责部门事业经费预算的管理和使用；协助专业干部的业务考核和职称评聘工作的组织和实施，技术管理办公室的办公秩序和行政事务的管理；协调、安排技术主管台领导的公务活动：办公业务、信息收集、公文运转和保密及技术系统的日常协调、联络工作；协助领导组织和召集技术系统的各类会议，编写技术系统的各类文件、报告等。技术业务处处长田敬改，副处长韩强。

质量管理处

2001年4月由科技处更名为质量管理处。主要职责是对全台节目制作、播出、传送全部流程进行技术质量监测和评估，负责节目技术质量和评奖工作，并组织直播过程中的监看和收录工作；负责节目技术质量监测管理，台重大宣传活动直播前派专人进行技术指标测试；承担台内有线电视安全播出；负责电视技术设施、设备的日常维修和定期检修，以及管理委托维护、运行公司、维修经费等项业务。负责制定全台技术维护规章制度、维护规范、技术维护工作的考核、评比、总结等。下设：质量管理科、综合管理科、技术科、维修科、有线电视科。质量管理处处长李建成，副处长李岩、朱真铁。

工程管理处

工程管理处于2001年3月组建，主要负责全台技术项目立项申报和立项审核的组织，项目资金的年度预算编制，设备选型论证的组织，设备购置方案审核、报批，设备购置的政府采购、招标协调工作。负责对技术项目系统集成的管理，组织项目测试、验收及质量评比。负责大型宣传活动临时设备的协调、周转，非成套临时设备的租用。负责新技术引进与推广。负责广电总局下达的广播电视行业标准制定的牵头和组织协调工作。负责技术项目与设备资料的保管、查询。现设有工程科、设备科、技术科，共有职工14人。工程管理处处长路晓俐，副处长梅剑平。

信息通信处

信息通信处成立于1996年1月，由原新技术应用开发室和动力通讯处中的通讯部分组成。负责中央电视台信息应用系统、计算机网络系统、通讯系统和通讯线路的规划、建设、运行管理和维护；负责为全台电视宣传、行政办公、节目制作等工作提供信息和通讯业务的技术保障和服务；为全台节目生产管理系统、自动化办公系统和其他计算机应用系统提供技术服务和支持；负责全台计算机技术和通讯技术的引进、应用、开发工作；负责管理全台非技术制作的计算机设备和软件；负责管理全台通讯业务和技术设备；负责协调和处理与信息和通讯相关的各项工作；负责全台通讯业务、计算机网络和信息应用系统业务经费的管理；负责制定通讯和计算机网络、信息应用等方面的规章制度。信息通信处处长徐进，副处长丁亚建、顾军、琚宏伟。

动力处

动力处（原名动力中心、动力通讯处）成立于1985年1月19日。它担负着中央电视台的供电运行及能源管理、安全检查、空调制冷、供暖、供蒸汽、给排水、排烟通风、室内外照明、电梯、移动通讯等专业设备及系统的常年每天24小时运行值班及设备的维护和检修任务，是中央电视台完成电视宣传任务的一个重要技术保障和技术服务部门。动力处下设综合科、供电科、空调科、工程维修科、寻呼科、机电管理科。现有正式职工63人。动力处处长高东生，副处长毕戈。

技术制作中心

技术制作中心成立于1991年3月。是中央电视台最主要的集前期采录、后期制作、演播室直播、录像、视音频技术、灯光、舞美和服装、化妆、道具为一体的电视节目制作单位。承担着社教节目中心、文艺节目中心、青少节目中心、广告经济信息中心、海外节目中心、总编室所属各个栏目的节目直播和制作，以及新闻节目中心和体育节目中心所属部分栏目的节目制作。负责全中心事业发展规划、工程项目审批和新技术开发，以及设备设施的运行和维护管理。技术制作中心下设综合部、录制一部、录制二部、录制三部、音频部、制作部6个处级部门。现有正式职工302人，编外人员672人。技术制作中心主任李宏虹，副主任陈默、李树声、车临，党总支专职副书记李萍。

综合部

综合部是中心实行技术管理、节目制作管理和行政管理的机构。综合部下设综合业务科、节目制作管理科和技术管理科。综合业务科负责中心的文秘、信息、档案、保密和日常行政工作；节目制作管理科负责统一调度中心内各种技术设备、设施和各种制作手段，落实各编播部门节目制作和全台部门使用大型演播室现场直播和录像；协调台外实况转播和录像的制作任务，以及节目制作使用技术设备、设施有偿服务的数据统计；技术管理科负责本中心固定资产、设备大修、系统测试、技术质量和技术人员专业培训等管理工作。综合部现有正式职工（包括中心领导）12人，编外人员7人。综合部主任俞勤。

录制一部

录制一部是中央电视台惟一承担台内大型直播录像节目的部门，面向全台，提供各类电视节目的前期拍摄和技术保障，演播室现场直播、录像，节目后期编辑、后期合成。承担海外中心4套中国新闻全天24小时直播，9套英语新闻全天24小时直播，广经中心2套新闻资讯直播，体育中心早间版块及文艺中心资讯类节目的直播。拥有各类型演播室24个，前期ENG设备310多套，多媒体25套，全功能后期合成编辑系统42套及数字自编机房80套。拥有大屏幕电视墙、大型摄像机、升降臂、摄像机减震器等特种设备。录制一部下设12个科组，分别是录制一科、录制二科、录制三科、录制四科、录制六科、录制七科、录制八科、录制九科、后期制作一科、后期制作五科、采编一科、采编二科。录制一部主任刘畅，副主任崔建、栗小斌。

录制二部

录制二部成立于1998年，是中央电视台最大的电视节目后期视频制作部门。主要承担文艺、社教、青少、军事、体育、经济、英语、海外新闻、付费频道等各类节目的后期制作，演播室（包括虚拟演播室）录像合成；前期ENG拍摄；胶转磁和格式／带式转换；频道和各类栏目、节目的整体包装及平面宣传的设计与制作；三维电脑动画和虚拟演播室场景的设计制作与合成；高清晰度电视节目的拍摄与制作。主要分为4个制作区域：台内制作区，中电一、二、三制作区，京门制作区，影视包装制作区。目前机房和设备为43

个标清电编机房、76个标清多媒体机房、11套多媒体上下载、11套多媒体初编、2套多媒体字幕转码、30套标清数字自编、16套标清数字ENG、14套三维动画制作设备、6套高端数码合成、1套标清胶转磁彩色校正、1个格式／带式转换机房、第18、第19两个演播室（主要从事全台虚拟场景的节目录像）、1个高清电编机房、1个高清下变换、13个高清多媒体机房、5套高清自编、18套高清ENG。下设6个科组，分别是影视制作科、后期制作二科、后期制作三科、后期制作四科、录制五科、后期制作六科。现有正式职工50人，派遣公司聘用人员142人。录制二部主任李勇，副主任崔建伟、颜枫。

录制三部

录制三部前身为海外制作部（1991年成立），2004年12月划入技术制作中心，更名为录制三部。主要承担西法频道节目的制作播出、海外中心各类节目的后期制作、节目包装、虚拟演播室录像、外寄节目的带式／制式转换工作。目前拥有5个小型演播室，15个电编合成机房，17套多媒体制作设备，20套自编设备，1个大型制式／格式转换机房。具有全年24小时不间断的节目制作播出和技术支持能力。下设9个科组：综合科、制作一科、制作二科、制作三科、制作四科、制作五科、制作六科、制作七科、复制科。现有正式职工49人，企聘员工108人。录制三部主任李志平，副主任陈玉良、张军农。

制作部

制作部成立于1983年，其主要任务是承担全台各节目部门的舞美、灯光、服装、化妆、道具设计及经费核算管理。负责一号演播厅、1000平方米、800平方米、600平方米、400平方米×2.250平方米×3及18、19、33等共12个演播室的管理及台外多个演播室舞美、灯光设计。全年累计制作各类节目1000多台。制作部下设业务管理科、美术设计科、灯光一科、灯光二科、灯光技术科、灯光管理科、服装化妆科、道具装置科。该部现有正式职工78人，编外人员81人。制作部主任王保国，副主任刘军。

音频部

音频部成立于1991年3月，是中央电视台电视节目音乐、音响的专业制作部门。人员由音乐编辑、录音师、工程师三个系列组成。其业务范围包括：电视音乐策划、创作编辑，音乐资料搜集管理；承担技术制作中心12个演播室的节目音频制作；四套、九套、西、法语频道的新闻节目24小时直播；2个大型音乐录音棚的音乐节目录制；12个音频后期制作机房（棚）的音频编辑、配音、合成制作；高清节目的前、后期音频制作和编辑；3辆外出录音车的音频制作，及室内、外大型演出的现场扩声；配合视频转播车进行体育赛事、综艺节目和各类EFP转播的声音制作；并承担电视演播室、录音棚、录音室的建声、电声工程需求设计。音频部下设8个科组：业务管理科、设备管理科、音频制作一科、音频制作二科、音频制作三科、音频制作四科、音乐录制科、音乐编辑科。音频部主任郭忱，副主任刘中胜、赫大原。

播出传送中心

播出传送中心负责中央电视台除新闻频道外的15套常规频道、10套数字付费频道、3套北美平台频道、1套高清频道和图文电视信息数据的安全播出；国内外新闻、体育、文艺等重大宣传报道活动的电视实况转播、传送和录制；卫星和光缆干线网的协调和运行管理；移动和固定卫星地球站的运行业务；全台主同步信号同步基准的提供；利用电视信号向全台和全国提供标准时间和标准频率；受理海外电视媒体在华的卫星传送业务及提供相应的技术支持；全中心事业发展规划、工程项目审批及新技术引进。播出传送中心设综合部、播出部、转播部、传送部和总控部。播出传送中心人员编制为375人，现有正式职工160人，编外聘用人员215人。播出传送中心主任黄平刚，副主任梁迎利、陈泽时，党总支专职副书记彭香联。

综合部

综合部是播出传送中心的日常办事机构，协助中心领导进行技术业务协调和行政事务的管理，为中心所属各业务部门提供全方位的技术业务管理和行政保障等方面的服务。负责本中心的文秘、信息、档案、保密等日常行政工作；负责本中心大型综合节目转播报道的组织协调工作；负责技术设备（设施）有偿服务收费管理及安全播出、设备使用率等数据统计工作；承办中心工程建设、技术开发和引进等项目的规划和报批，协助中心领导组织工程实施、管理和验收；负责中心固定资产、设备和物资的统计、管理和调配；负责组织安排中心各运行系统、设备的年度测试及设备的代维管理等工作；协助组织中心内部人员的业务技术培训；负责中心内部的治安、消防、保卫、综合治理等项工作以及协助中心领导做好精神文明建设工作。现有正式职工4人，编外聘用人员4人。综合部主任谢和平。

播出部

播出部是负责中央电视台电视节目播出运行、管理的技术部门。现拥有16套机械手自动播出数字系统、24套硬盘播出系统及2套高清晰度电视播出系统。其主要任务是：负责播出线上的整个播出流程运行管理；承担全台除新闻频道外的15套常规频道、3套北美长城平台电视频道、10套付费频道的电视节目安全播出运行以及高清影视的试运行工作。播出部下设6个科组：节目备播科、播出协调科、播控一科、播控二科、播控三科和技术保障科。现有正式职工142人，编外聘用人员99人。播出部主任李跃山，副主任陈光、李键、黄建新。

转播部

转播部是中央电视台承担台外综合类电视节目实况转播、录像任务的技术部门。主要业务范围：承担各节目部门台外日常的电视节目转播制作，含直播、实况录像、专场录像（类别有：新闻、文艺、体育、经济、专题等）；参与台内大型重大转播活动技术方案的设计，并根据方案完成大型活动中的转播部分方案实施工作；承担台对外国际间交流节目的外场转播制作（含：直播、实况录像、专场录像）；为台内各节目部门提供前期特种设备和技术支持。转播部下设7个科：转播一科、转播二科、转播三科、转播四科、转播五科、特种设备科、声音技术科。转播部主任于志，副主任陈明、姜柏宁。

传送部

传送部成立于1998年6月1日。负责提供移动卫星地球站（DSNG）和微波中继等传输技术服务。承担全台外出节目转播中的部分工作和节目回传任务；遇重大事件和突发性事件（如灾害等）发生时，承担特别节目报道的信号传输任务；在大型综合性转播报道中，承担传输系统构建和协调任务；为来华海外电视媒体在中国回传新闻提供卫星传送设备及相应的技术支持；负责体育节目中心体育新闻和日常节目制作的技术工作；负责体育综合业务系统的技术工作；为中央电视台与云岗地球站、沙河地球站之间播出节目的光缆传送提供微波备用通道。下设卫星传送科、微波科、节目制作一科、节目制作二科、节目制作三科。现有正式人员50人，编外聘用人员49人。传送部主任肖建生，副主任刘开平、韩东光。

总控部

总控部成立于1998年6月，是中央电视台电视节目信号交换的枢纽，负责全台进、出节目信号的分配、调度和运行管理，其主要任务负责全台内外进、出节目信号的调配，提供全台各种标准信号；承担台内、外信号交换的收录和监测；按规定受理涉外的技术申请和安排；负责节目播出和传送当中对外事务处理和解释工作；负责通过卫星、光缆及微波干线转播、传送及收录节目，负责管理中央电视台外围的光缆线路和固定卫星地球站收发系统：对外办理公共传输网络和卫星传送及相关的线路安排；负责国内外卫星公共传输网费用的预算、结算的管理工作。总控部设有运行一科、运行二科、运行三科和管理科。总控部主任程星，副主任刘韵音、智卫。

新台址建设工程办公室

新台址建设工程办公室从2001年11月开始筹建，2003年6月，经台分党组研究决定，新台址建设工程办公室作为台直属机构，视同“中心（室）”一级机构对待。2005年5月经台分党组研究决定，新台址建设工程办公室正式成为台中心级编制。新台址建设工程办公室是中央电视台新台址建设工程项目的建设管理部门，其主要任务是：根据国家建设工程法律法规以及有关政策的规定，全面负责新台址建设工程市政协调、工程技术、工程招标管理、工程合同管理、工程造价管理、工程物资管理、电视工艺设计与系统建设、研究培训等工作。新台址建设工程办公室下设综合业务处、工程处、前期市政处、合同造价处、财务资产管理处、技术处。新台址建设工程办公室主任徐威，副主任王世荣、季小军。

综合业务处

综合业务处是负责新址办后勤和综合业务实施的部门。其主要任务是：负责中央电视台新台址建设工程办公室后勤保障工作，对新址园区的安全、消防、服务接待、职工食堂、办公环境治理等提供安全保障；配合新台址建设工程的开展进行中央电视台业务运行和发展战略研究，对一系列全局性和战略性的问题进行研究论证，并提出可实施方案。综合业务处下设业务科。综合业务处处长王国佑，副处长邓炯慧。

工程处

工程处负责工程项目建安实施管理工作，其主要任务是：负责同工程设计单位、施工单位、监理单位之间沟通和协调工作；根据新台址建设工程的需求方案和工程建设的质量、进度的要求，对各类建筑施工、安装、调试及试运行等进行全程管理，以投资、质量、工期最优为实现目标，完成新台址建设工程项目的建设。工程处下设结构科、机电科、强电科、弱电科。工程处副处长胡德斌、刘宁。

前期市政处

前期市政处负责新台址建设工程前期市政协调工作。其主要任务是：负责与国家政府部门、北京市市政部门、建设工程项目主管部门、审批部门之间的沟通与协调工作；负责工程消防、人防、园林、绿化、交通等方面的工程前期报批手续与沟通工作；负责施工场地移交、现场拆除、周边拆迁、树木伐移等施工准备工作。前期市政处下设协调科。前期市政处处长曹建新，副处长叶秋实。

合同造价处

合同造价处负责新台址建设工程招投标管理、合同管理和造价管理工作。其主要任务是：根据工程的整体进度，组织、实施工程项目招标；组织合同谈判及合同签订；督促合同履行；控制工程造价。合同造价处下设合同管理科、招投标管理科。合同造价处处长贺萍，副处长赵磊。

财务资产管理处

财务资产管理处负责新台址建设工程财务管理工作。其主要任务是：严格执行国家制定的会计制度，遵守和维护国家财经纪律；负责新台址建设工程预算的全过程管理，在经济核算方面与工程建设的各乙方单位做好结算工作并为业主委员会及新址办领导决策提供有关财务分析数据；负责新台址建设工程的物资采购和物资管理；根据工程建设实施过程中提出的建筑安装设备、电视工艺设备、剧场设备、酒店设备、办公设备以及其他相关设备设施的需求，制定设备采购计划。财务资产管理处下设固定资产管理科。财务资产管理处处长张小群。

技术处

技术处负责新台址建设工程电视工艺设计工作和工艺系统建设工作。其主要任务是：按照电视工艺的要求和标准，负责制定新台址各楼宇的技术需求方案；制定与电视业务相关的需求方案，编制可行性分析报告中电视工艺部分，组织整体电视工艺系统的设计；全程配合建筑设计工作和施工过程，并从电视工艺的角度审核建筑设计成果。技术处下设综合科、技术科、视频科、音频科、制作科。技术处处长杨健，副处长耿晓卫、何瑾。

审计处

审计处成立于1989年8月，是中央电视台经济活动监督部门，在台长或分管台领导的直接领导下负责全台的内部审计工作。其主要任务和职责是依据国家法律、法规和政策对下列事项进行审计监督：全台会计核算单位的财务收支、财务制度的执行情况；全台境内外经济组织的经济活动、经济效益、经济指标的完成情况；台内重大经济活动资金的投入、使用及经济效益情况；内部控制制度的建立健全情况及执行效果；所属单位的厂长、经理任期经济责任审计、所属单位的撤销及合并；国有企业资产、负债、损益情况；重要经济合同、契约的签订执行情况；基建及维修工程预决算的审计。独立行使内部审计的职权，对台长负责并报告工作。现有职工8人。审计处处长续建勇，副处长孙玲娣。

中国电视报社

《中国电视报》于1981年1月1日正式创刊，名为《电视周报》；1986年易名为《中国电视报》；1994年创办《中国电视报》(北京版)。2002年4月创办《中国电视报》(国际版)。2005年，《中国电视报》单期最高发行量突破365万份，全年累计发行报纸6400万份，成为业内发行量最大的报纸，也是宣传央视节目最权威、最得力的报纸。《中国电视报》的主要任务：通过宣传央视节目，整合节目资源，增加自采稿件，提供延伸服务，报道影视动态，达到扩大节目宣传、提高节目收视率、增加央视广告创收、服务广大观众的目的。中国电视报社作为台直属部门，台聘、企聘人员共计91人，下设11个科（组）：记者组、专题组、影视组、节目组、国际组、美摄组、技术科、排版科、广告科、发行科、综合科。中国电视报社社长吴继尧，副社长郭卫翔、赵成璧。

中国电视剧制作中心

中国电视剧制作中心是中央电视台所属的专门从事电视剧创作生产的单位，成立于1983年10月18日。

中国电视剧制作中心是一个具有国家级规模、拥有各专业高级人才、用现代化设备装备起来的、制作体系齐全的专业电视剧生产机构，以大批精品力作建构了自己的品牌形象，被誉为电视剧制作业的"国家队"。

中国电视剧制作中心的主要任务是：向中央电视台提供各类思想性、艺术性、观赏性俱佳的优秀电视剧目，弘扬主旋律，体现多样化，努力推动中国电视剧精品化创作，为广大电视观众服务。

中国电视剧制作中心自成立以来，共生产了400多部近4000集电视剧，在这些作品中，有家喻户晓的四大古典名著、大型古装历史剧、重大革命历史剧、近现代历史剧、现实题材剧、儿童剧、戏曲、音乐电视剧、与海外合拍剧等，从主题内容到表现形式都堪称多样化，为国内外广大观众所熟悉和喜爱。剧中心每年都有多部作品获得国家级的"五个一工程"奖、"飞天奖"、"金鹰奖"等各种电视剧权威奖项，不同程度地体现了"思想精深、艺术精湛、制作精良"的业界高水准。特别是近年来，为配合中央电视台重大宣传任务而制作播出的电视剧，赢得了广大电视观众的好评，取得了比较好的收视率，得到了上级领导的充分肯定，也体现出中国电视剧制作中心的实力。

中国电视剧制作中心自成立至今的20多年里，培养锻炼了一支能够适应时代需要的人才队伍，现有工作人员280人，其中正高级专业职称30人，副高级专业职称72人，中级专业职称99人，有许多知名编导及专业人士在国内享有盛誉。中国电视剧制作中心下设办公室、党委办公室、人保处、计财处、文学部、生产处、技术处、制作部、涿州影视基地。中国电视剧制作中心主任李培森，副主任李汀、苟鹏、张子扬。通讯地址：北京市宣武区广安门外大街2号。邮政编码：100055。电话：（010）63456351。

中央新闻纪录电影制片厂

中央新闻纪录电影制片厂（简称新影厂）是我国唯一生产新闻纪录电影的专业厂，成立于1953年7月7日，其前身是成立于1938年的延安电影团，1958年毛泽东主席亲笔为新影厂题写了厂名。新中国成立后，它就以纪录影片的方式记录着共和国发展的历史进程。1993年整建制划归中央电视台领导后，转向以制作电视节目、译制片、纪录影片、影视剧并存的影视结合的生产模式，成为"中央电视台新影制作中心"。此后，坚持电影、电视两条腿走路的方针，积极探索走向市场的发展道路。有着50多年历史的中央新闻纪录电影制片厂正以雄厚的影像资料为品牌，以扎实的创作能力为基础，引进世界一流的技术设备，开发新的经济增长点，传承历史，开拓前行。

雄厚的影像资料：中央新闻纪录电影制片厂在涉及共和国的重大活动、历史事件等方面具有权威的拍摄地位，创作了大量共和国历史上最重要、最具有文献价值的新闻纪录片，现保存了约42000本胶片、42万分钟长度的纪录电影资料，还有大量库存的影片素材，具有极大的发掘潜力，已经成为共和国的历史影像档案馆。这些影片真实地记录了辛亥革命、大革命、抗日战争、解放战争、朝鲜战争等历史事件；孙中山、毛泽东、周恩来、邓小平、宋庆龄等历史伟人；解放区建设、土地改革、攀登珠穆朗玛高峰、南极、北极科考、和平建设等祖国建设的历史脚步。资料内容涉及政治、经济、军事、外交、工业、交通、农牧、文教、卫生、科技、体育、地理风光、古迹名胜、民族民俗、戏剧、人物等各个方面。这些珍贵的影像资料成为百年中国的完整纪录。

扎实的创作能力：新时代对影视创作提出了更高的要求，新影一方面面向社会吸纳具有创新思想和创新能力的影视人才，一方面不断提高自身队伍的创作能力。目前，新影有在职职工近500人，其中影视制作专业人员300多名，有高级职称者近百人，具有硕士、博士学位的数十人。

建厂50多年来，新影厂共有120多部纪录影片荣获政府奖、"华表奖"；44部纪录片获"金鸡奖"、"百花奖"；46部纪录片在国际上获奖；近60部影视纪录片获"五个一工程"奖、"金桥奖"、"童牛奖"等奖项。此外，新影摄制的《黄山观奇》、《百万农奴站起来》、《莫让年华付水流》、《征服世界最高峰》、《南极我们来了》、《周恩来外交风云》、《越过太平洋——江泽民主席'97访美纪行》等7部纪录影片入选《新中国舞台影视艺术精品选》。近年来，新影厂出品的主要纪录电影有《周恩来外交风云》、《中国1949》、《国庆纪事》、《钢琴梦》、《走近毛泽东》、《小平您好》、《灾难时刻》、《为了胜利》、《百年光影》等。

先进的技术设备：中央新闻纪录电影制片厂有较完善的影视制作设施和先进的技术设备。现有400平方米音乐棚、300平方米综合摄录棚、160平方米演播室及电影混录棚；有电视对编、合成机房，还有多媒体机房、非线性编辑机房、音频工作站机房，英、法、西文字幕译制机房以及电影摄、录、缩放等全套设备。2005年，新影引进了具有国际先进水平的胶转磁高清设备，其中美国REVIVAL图像修复工作站具备修复影片脏点、划痕、变色、图像抖动、药膜脱落、擦除画面特技钢丝等功能，此设备目前在中国内地仅此一台；达芬奇校色系统主要用于视频校色，可对影片偏色、胶片退色进行校色，对广告和MTV画面进行特技变色处理；THOMSON胶转磁设备可将16mm、35mm胶片输出转录为高清或标清磁带；美国AVID DS高清非线编辑系统主要用于高清节目的编辑、包装、特技制作。

新的经济增长点：数字时代的到来，数字电视的兴起，促使新影厂选择进入数字电视领域作为下一步又一个重要发展方向。目前，新影厂开办了两个数字频道：《证券·资讯频道》和《老故事频道》。《证券·资讯频道》将依托电视媒体优势，在证券资讯与金融服务等方面，为证券用户提供更权威、更专业、更周到的电视资讯服务。《老故事频道》是国内首家专业历史频道。《老故事频道》将以中央新影典藏的影像资料为核心节目资源，整合国内及国际历史资料和制作资源，倾力打造铭刻人类记忆的影像博物馆。

中央新闻纪录电影制片厂在建立"学习型企业、技术型企业、资源型企业、拓展型企业"理念的指引下，产值利润连年递增，2005年底企业资产总额达到2.3亿元，实现了资产的保值和资源的增值。2006年是新影实现企业迅速跨越的关键一年，新影将继续遵循整合资源、经营历史、注重学习的思路，发挥新影的人才、资源优势。

新影厂领导和下设机构及负责人有：中央电视台分党组成员、副台长、新影厂党委书记、厂长高峰，副厂长王盟盟、干颖力、郭本敏、傅红星。

厂办公室主任李书珍、党委办公室主任王丽（女）、监察室主任伍伟、人事处处长金铠、财务处副处长孟亚东（女）、审计处处长杜丽萍（女）、工会副主席刘福旺、行政处副处长穆军、保卫处处长才俊良、离退办副主任王建维、基建房产管理部副主任赵恒、经营办主任王洪涛、时政部主任陆黎、事业发展部主任赵捷、总编室副主任张辉、总编室副总编辑周东元、总编室副总编辑陈华生、总编室副总编辑张伟绪、总编室历史节目部主任王燕（女）、总编室地理节目部主任郭蓝冰（女）、总编室文化节目部主任王一岩（女）、总编室综艺节目部主任吴琦、总编室儿童节目部主任赵平洋、总编室戏曲节目部主任郑富权、总编室影视剧部主任王美彪、影视资料部主任马维民、制作部副主任朱海锋、技术处处长张美堂（女）、音像出版社社长吕木子（女）、老故事频道节目总监朱勤效、老故事频道制作总监周艳（女）、证券资讯频道节目总监傅伟（女）、证券资讯频道制作总监刘奕奕（女）。地址：北京市海淀区北三环中路67号。邮政编码：100088。电话：（010）62010932、82077500。传真：（010）62011573。网址：www.cndfilm.com.cn。

北京科学教育电影制片厂

北京科学教育电影制片厂（简称科影厂）创建于1960年3月12日，是我国目前规模最大的科教影视节目制作基地。

40多年来，科影厂拍摄了1400多部科教影片，内容涉及农业、科技、教育等等领域，为普及科学知识，推动文化进步作出了卓越的贡献。科影人一贯秉承了严谨、求实、开拓、创新的工作作风，摄制了一大批脍炙人口的优秀作品，有180余部（次）的影片获得国内外各类主流影视节奖项。其中有73部影片获得中国政府颁发的"华表奖"优秀科教片奖；18部影片获得中国电影"金鸡奖"优秀科教片奖；83部影片在各类国际影视节上获奖。

科影厂于1995年整建制划归中央电视台，成为中央电视台科教节目制作中心，走向了影视并举的发展道路。每年除拍摄一定数量的电影定制片之外，还定期策划拍摄大型科教类电影。2005年，科影厂摄制的中国电影百年献礼影片——《圆明园》受到了中共中央政治局委员、书记处书记、中宣部部长刘云山，中宣部副部长李从军，广电总局局长王太华，副局长赵实、张海涛和中央电视台台长赵化勇等各级领导的肯定。

目前，科影厂的自办栏目有《大家》、《发现之旅》、《神奇之窗》、《百科探秘》和《运动空间》，合办栏目有《走近科学》、《科技博览》和《走遍中国》。2005年，科影厂制作完成了366小时的电视节目和12部24本农业科教影片，平均每天为中央电视台各频道提供1小时以上的节目。科影厂的各个栏目稳步成长，《大家》栏目凭借其准确的定位和优秀的品质，被科教频道确定为频道骨干名牌栏目，并跻身一套，成为央视一套黄金时段7个精品栏目之一，被评为2005年台优秀栏目一等奖。《发现之旅》栏目开创了本土化发现类娱乐性纪录片节目样式，越来越被国内外同行所认可，并得到广大观众的喜爱。科影厂制作的《揭秘锁蛇人》节目，收视率达到1.15%，创科教频道开播以来最高收视率。电影《公证帮你办》在第十一届中国电影“华表奖”评比中获优秀科教片奖；《雷鸣之夜》获第八届四川国际电视节自然环境类评委特别奖、亚洲制作奖和最佳导演奖；《老三》获自然环境类评委特别奖；《杀机四伏的天空》获纪录片协会奖——系列片十佳奖；《隐蔽战线》获纪录片协会奖——长篇十优奖；《孤岛蛇国》获银河奖一等奖第一名；《杀人烟雾》获银河奖二等奖第一名；《人参劫》获银河奖二等奖。

科影厂党委书记王晞建，厂长薛继军，副厂长安为民、张晓光，党委副书记兼工会主席赵布光。下设厂长办公室、党委办公室、工会办公室、总编辑室、人事处、财务处、生产技术处、行政处、保卫处、离退休处和动画部等处级建制部门。全资子公司有：科影广告公司、科影音像出版社和科影文化传媒公司。目前，在职员工492人，其中有高级职称者75名，中级职称者182名。通讯地址：北京市西城区新街口北大街74号。邮政编码：100035。电话总机：(010) 66184449。传真：(010) 66132888。

中国国际电视总公司

中国国际电视总公司是中央电视台全额投资的大型国有独资公司，成立于1984年，1997年进行资产重组和机构调整后，一直保持持续稳定的高速增长，是目前中国内地规模最大、赢利能力最强的传媒公司。

中国国际电视总公司是中央电视台节目版权的全球营销代理，是中国电视节目外销联合体唯一的对外版权代理商，是中国内地唯一经政府主管部门批准的从事境外卫星节目代理业务的公司，拥有电视节目引进权。中国国际电视总公司形成了以传媒产业为核心的多元化产业经营体系，业务涵盖节目制作、节目发行、音像出版、广告经营、市场调查、技术开发、实业投资、旅游服务、网络电视、移动电视、电视购物、国际传播、动画产业、体育产业、演艺传播、平面媒体等方面，形成了完整的产业链。总公司下设办公室、人力资源管理部、计划财务部、战略与投资管理部、资产经营部、法律事务部、审计部为职能管理部门，下辖六大事业部和若干直属单位的框架结构。

中视影视事业部：以生产制作电视节目为主营业务的企业集群。

中视发行事业部：以节目营销、音像出版为主营业务的企业集群。

中视广告事业部：以广告经营为主营业务的企业集群。

中视发展事业部：媒体产业孵化器，围绕媒体产业进行营销、开发、孵化与推广。

中视技术事业部：以电视技术服务及电视技术开发为主营业务的企业集群。

中视旅游实业事业部：围绕媒体产业进行商贸和旅游开发的企业集群。

中国国际电视总公司总裁李建，常务副总裁高建民、沈向军，副总裁冷敏述、赵健、张海潮、庞建，总会计师张小毛，总裁助理马润生、张大光、魏平、郑加强、黄艳荣、曹青、石宪法。地址：北京市羊坊店路9号京门大厦。通讯地址：北京市3831信箱。邮政编码：100038。电话：(010) 63950016。传真：(010) 63957106。网址：http://www.citvc.com。

中视影视事业部

中国国际电视总公司节目制作部

节目制作部（公司）成立于1998年3月，是中国国际电视总公司的全资公司，现为中国国际电视总公司中视影视事业部的龙头企业，行使影视事业部的管理职能。节目制作部（公司）是负责影视节目制作的主要部门，独立经营，自负盈亏。主要业务领域包括：各类电视节目的独立策划、拍摄、制作及播出协调，向中央电视台及海内外各种电视媒体提供精品电视剧、大型系列片、国际合拍业务；与台内节目部门联合制作节目；承接、制作中央电视台各类节目、栏目；管理摄制组及编辑记者人员；广告业务的代理及制作；策划投资拍摄、制作电视剧、纪录片和专题系列片；接待境外摄影队，开展国际交流，合作制作各类电视节目。该公司在克服了电视剧制作社会大环境带来不利的影响下，充分发挥各部门的主观能动性，积极开拓与社会各界的电视剧制作业务，自公司成立至今制作了一批在社会上引起较大反响的优秀电视剧和专题节目，如《钢铁是怎样炼成的》、《红色康乃馨》、《嫂娘》、《花非花》、《我这一辈子》、《奔腾向海洋》、《风声鹤唳》、《共和国外交风云》、《歌声飘过80年》、《风帆》、《张学良》、《小康之家》、《聚宝盆》、《汗血宝马》、《红粉世家》、《名扬花鼓》、《宝莲灯》、《一帘幽梦》、《这里的黎明静悄悄》等，多次获得中国电视"飞天奖"、中国电视金鹰奖和中宣部"五个一工程"奖。在电视剧制作上取得了较好的社会效益和经济效益，为扩大和提高"中视影视"的影响及品牌起到了重要作用。2005年度公司负责接待的来自美、英、德、法、日、俄、丹麦、西班牙、比利时等国家的摄影队共计46个，人员300余人，为配合"走出去"工程的宣传作出了重要贡献。现公司下设办公室、财务部、制片部、第一工作室、第二工作室、国际合拍部。公司总经理魏平，副总经理贾晓晨。公司地址：北京市海淀区羊坊店路9号京门大厦7层。邮政编码：100038。电话：(010) 63961643。传真：(010) 63961642。电子信箱：jmzz@office.citvc.com。

中视影视制作有限公司

中视影视制作有限公司是由原中视影视文化发展有限公司更名而来。2003年8月底，随着台影视部制作业务的改革，经台领导批准，台影视部4位同志调入中国国际电视总公司，经总公司领导批准"中视影视"公司开始正式运作。现为总公司中视影视事业部所属公司之一，是负责各类影视节目制作的专业性公司，独立经营，自负盈亏。公司下设4个制片人工作室、1个影视经纪工作室和综合部、办公室。公司主要经营项目：负责各类影视节目的策划、投资、拍摄和制作，通过市场运作方式向中央电视台及海内外各种电视媒体提供精品电视剧、大型纪录片、专题片、电视栏目等；与优秀的影视演员、导演、制片人、编剧等签约，代理演员经纪。2005年，公司拍摄了一批题材多样、风格各异的电视剧，在央视共播出《大宋提刑官》、《前门楼子九丈九》、《杨靖宇将军》、《家风》、《士官不是官》、《水浒少年2》、《杨门女将》等9部电视剧；其中《大宋提刑官》、《家风》在2005年度央视一套黄金档排名前十名。《范府大院》、《西圣地》、《趟过女人河的男人》、《月牙与阳光》等剧于2006年播出。《欢乐农家》获第25届中国电视剧"飞天奖"优秀系列剧奖，《杨门女将》获第25届中国电视剧"飞天奖"优秀戏曲电视剧奖。年生产能力500多集。公司的发展目标是：今后要在电视剧生产方面抓住好的题材，精心策划，全力打造精品，扩大公司品牌和影响。联合台里和社会上制作力量，采取不同形式，形成规模生产，集约化经营，为中央电视台和节目市场提供优秀节目。在影视经纪方面，将以良好的机制，吸收和吸引社会专业影视创作人员加盟，通过有计划的商业策划和演员包装活动，提升签约演员的知名度和价值，塑造良好的品牌形象。吸纳优秀导演、编剧、制片人、演员等专业影视人才，投资制作出思想性、艺术性和观赏性都比较好的低成本、高利润的影视节目。现有员工25人。公司负责人张华。地址：北京市海淀区羊坊店路9号京门大厦8层。邮政编码：100038。电话：(010) 63972977、51862780。电子信箱：cftcd@office.citvc.com。

中国国际电视总公司中视演艺中心

中视演艺中心成立于1996年6月，是中国国际电视总公司所属的具有演出资质的演艺机构。主要从事文化经纪代理业务，包括文化部报批、组织大型文艺活动，承办国内外各种文艺演出、大型晚会及文化交流活动（包括企业庆典、娱乐场所演出、品牌形象宣传、组织会议等），对电视创作人员、演艺人员及演艺事业爱好者提供研讨、培训、进修、比赛等机会，签约、包装歌手，承办各项与电视艺术有关的比赛；承办各类型电视转播及电视录播，与中外电视机构联合拍摄、制作综艺节目，策划、组织承办各项大型招商，进行广告宣传，展位设计等。中心负责人魏平、韩凤侠。地址：北京市海淀区羊坊店路9号京门大厦705室。邮政编码：100038。电话：(010) 68508471、63957027、68500771。传真：(010) 63961641。电子信箱：yanyi@citvc.com。

中视经济影视中心

中视经济影视中心(CCTV ECONOMIC MOVIE & TELEVISION CENTER）成立于1993年4月，是中央电视台下属机构，主要从事影视制作、影视发行、节目交换、信息交流等业务，它以崭新的运作方式实现经济活动与影视艺术的统一。中视经济影视中心下设两个职能部门（行政部、财务部）和四个业务部门

（节目部、企划部、发行部、制作部）。中视经济影视中心拥有国内一流的电视前、后期制作系统及数字三维特技、多媒体制作、非线性编辑等设备，同时，中心拥有一支经验丰富的制作队伍。中视经济影视中心拥有中央电视台二套情景喜剧《欢乐家庭》，每周5期，每期45分钟。中视经济影视中心与国内众多电视台及其行政代理机构开展广泛的业务合作，与众多海外影视制作机构建立了良好的合作关系，为他们提供广泛的咨询业务，并为其在国内的拍摄任务提供协助和支持。在立足国内影视制作的同时，也努力与国外电视机构开展合作，把电视节目的制作领域从国内发展到国外，建立广泛的国际合作关系。中视经济影视中心将凭借自身独特的优势、大胆的创新意识、顽强进取的精神与企业携手向前，与世界各国电视同行努力合作，创造一个良好的国际文化合作环境。中心负责人任达清。现有员工24人。地址：海淀区复兴路戊12号恩菲科技大厦南区7层。邮编：100038。电话：(010) 63955796/97/98。电子信箱：cctvzs@263.net。

中国国际电视总公司上海分公司

1996年8月中国国际电视总公司在上海成立分公司。分公司历年来的作品有：《情深深雨濛濛》、《粉红女郎》、《说出你的爱》、《啼笑因缘》、《生死卧底》、《青春兵团》、《走过旧金山》、《哎哟　妈妈》、《无瑕人生》、《香气迷人》、《情归》。2004年，拍摄制作了《褐色美人蕉》、《一江春水向东流》、《摇摆女郎》、少儿剧《我们的眼睛》等几部较有影响力的作品。《无瑕人生》和《哎哟　妈妈》、《家里比较烦》等作品分别获得中宣部"五个一工程"奖以及其他奖项，《生死卧底》和《粉红女郎》分别被评为新闻综合频道和电视剧频道"最受观众喜爱"的电视剧。上海分公司除了对公司内部的电视剧（片）进行策创、拍摄、后期制作和发行等一系列工作外，同时还承接其他外部公司影视片、纪录片、广告片及动画片等的后期制作工作。上海分公司下设影视部、技术部、演艺经纪部、管理部和财务室等专业部门。负责人张来昀。地址：上海市华山路2088号汇银广场南楼1705-1708室。邮政编码：200038。电话：(021)54070586。传真：(021)54515898。电子信箱：cctvsh@online.sh.com。

北京中视远图科技有限公司

北京中视远图科技有限公司是2000年成立的影视高新技术国有企业。隶属于中国中央电视台。公司主要从事数字电影、高清晰电视电影、高清晰电视剧、戏曲片、专题片、广告片等节目的制作和研发、电视系统工程的设计和施工、三维动画制作及软硬件的技术开发、广播电视设备、多媒体编辑设备的维修维护；影视制作的器材租赁等业务。公司下设管理部、人事部、财务部、影视制作部、工程部、技术开发部、松下维修中心、镜头维修中心。公司总经理尚德学，副总经理刘茹。电话：(010)68513461。传真：(010)68577519。电子信箱：gl@zsyt.cn。

北京辉煌动画公司

北京辉煌动画公司成立于1989年，是中国国际电视总公司所属的专业动画企业，是具有国家广电总局批准的动画节目制作、经营许可资质的独立法人单位，具备动画节目策划、剧本、制作，拥有先进的技术、设备和制作手段，及后期配音合成的全部摄制能力。辉煌动画公司在台、总公司各级领导的关心支持下，总经理周凤英带领全体员工15年来创意并制作了几十部（集）优秀动画节目，行销十几个国家和地区，在国内外具有一定的影响。2005年，辉煌动画公司继续坚持国产原创品牌战略，完成了104集大型动画系列片《三毛》第一部《三毛流浪记》的制作，中央电视台少儿频道将在2006年春节首播。2006年底将完成该片第二部《三毛从军记》和第三部《三毛奇遇记》的制作。2005年策划并开始前期创作的动画片有《三国演义》（52集、中日合拍）、《未完文明——中国篇》（26集、中日合拍）、《足球小子》（26集、中韩合拍）等项目，宗旨是吸引外资拍摄中国原创题材，将中国原创动画品牌推向世界。2005年，动画片《三毛》开发项目取得了未开播实现签约额度2100万元（截止到2006年1月22日）的成绩。辉煌动画公司已经形成了以动画节目策划、制作为主体，以动画节目后期开发为动力的产业化发展构架。辉煌动画公司现设有策划中心、制片管理中心、节目制作中心、市场运营中心，公司员工现有75人。地址：北京市宣武区虎坊路15号（陶然北岸）。邮政编码：100052。电话：(010) 51253831。电子信箱：hhac@public3.bta.net.cn。

中视发行事业部

中国国际电视总公司节目代理部

中国国际电视总公司（CITVC）节目代理部（TVPMD）是集中央电视台及全国优秀电视节目之大

成，面对国际、国内发行的最大的电视节目专业营销实体，主要经营广播电视节目版权、音像版权权益的交易及电视节目制作和发行等项目。公司的组织结构为总经理负责制，下设营销总监，由办公室、财务部、国内（广告）销售部、国际海外销售部、音像部、交易部、节目运营版权管理部、企划部、对外合作部、技术部、物流部等11个部门组成。TVPMD拥有纪录片、动画片、综艺节目、电视剧等类型的节目贮备量达几万小时。其题材广泛，形式多样，涉及人物传记、地方文化、动物世界、人文环境、文艺体育、少儿天地、军事科技等等。TVPMD拥有遍布亚洲、大洋洲、北美洲、南美洲共44个国家和地区及中国32个省、市、自治区的电视节目、音像发行的营销网络。TVPMD以人本、情感、科学、创新的企业精神理念，广交天下朋友，遍迹五湖四海。现有员工119人，总经理马润生。公司地址：海淀区羊坊店路9号。电话：(010) 63957153。邮政编码：100038。电子邮箱：office@ctpa.com.cn。

中国广播电影电视节目交易中心

2002年5月21日，中国广播电影电视节目交易中心在北京正式挂牌成立。中国广播电影电视节目交易中心，是在国家广播电影电视总局监管下，依托中国广播电影电视集团所属媒体及影视节目制作单位，对各类节目资源进行有效整合、开发和利用。中国广播电影电视节目交易中心，将在各级领导的亲切关怀下，努力办成全国最大、最具影响力的广播影视节目交易平台。中国广播电影电视节目交易中心，是在中央电视台全额投资的原中国电视节目代理公司的基础上，经国家工商总局批准的企业法人实体。该中心作为中央电视台拥有版权节目的全球总代理和中国电视节目外销联合体的唯一版权代理，拥有电视剧、专题片、动画片和综艺节目等类型的节目贮备达数万小时；拥有遍布亚洲、大洋洲、北美洲、南美洲和非洲共44个国家和地区的国际营销网络；拥有全国32个省、市、自治区电视节目和音像发行的营销网络。中国广播电影电视节目交易中心遵循公开、公正、公平、诚信的原则，按照日常交易与展会交易相结合，固定场所交易与电子网络交易相结合，引进交易与推销交易相结合，委托交易与自主交易相结合的原则，进行多种形式、多种类别影视产品的商务营销活动。主要交易方式包括定价交易、竞价交易、代理交易和保底交易四种类型。中国广播电影电视节目交易中心的交易内容主要有电视、电影、广播和音像节目的版权等等。其题材广泛，形式多样，涉及人物传记、民俗文化、动物世界、人文环境、文艺体育、少儿天地、军事科技等等。

中视鸿运视听制作有限公司

中视鸿运视听制作有限公司由中国国际电视总公司与新加坡远东传媒集团有限公司于1993年2月17日合资成立。注册资本50万美元。其中，中国国际电视总公司出资26万美元，占52%；新加坡远东传媒集团有限公司出资24万美元，占48%。

公司以推动国内动画产业发展为己任、引进国外经典动漫形象为依托，是集版权管理、形象开发、音像和图书发行为一体的专业版权管理公司。目前已与多家国际知名公司合作，成功引进了比利时国宝形象“丁丁”、美国经典动画“忍者神龟”、芬兰的“姆明”、泰国的“邦邦”以及日本著名卡通形象“Gundam”。在产业化发展过程中，公司坚持原创与引进相结合，适时提出了“团结、学习、创新、变革、发展、服务”的公司理念，依靠雄厚的资金实力、现代化的管理手段、经验丰富的工作团队，力求建成中国最具规模、最富价值的新型国际化动漫产业集团。公司下设总经理办公室、人事行政部、财务部、版权管理部、营销部、影视制作部。总经理孟宪明。地址：北京市海淀区复兴路戊12号恩菲科技大厦1026室。邮政编码：100038。电话：(010) 51296655。

深圳中视国际电视公司

深圳中视国际电视公司成立于1993年6月，是中国国际电视总公司在深圳设立的全资企业。公司注册资本为215万元，具有独立法人，实行总经理负责制，是中国国际电视总公司在华南地区的一个窗口。公司主营音像制品购销与租赁，设计、制作国内外电视广告、代理自制广告的发布、电视节目及音像制品的版权代理、与国内外合拍电视剧节目，广播电视设备器材及其他国内商业、物资供销业，兼营兴办实业。公司设立了办公室、财务部、广告部、营销部、采购部、发展部及广州经营部。现有职工51人，其中大专以上中级职称以上人员占80%，具有雄厚的人力资源。广告代理方面，公司与香港亚视国际台合作，独家代理《中国新闻报道》栏目的电视广告发布业务。公司本着“客户第一、服务第一、质量第一”的宗旨，做到“科学策划、精确传播、竭诚服务”，积极地把自己的媒体推荐给企业，成为企业宣传自己形象的优势平台。此外，为丰富媒体资源，公司还代理了深圳电视台、南方电视台等广告时间。音像发行方面，深圳中视公司在中国国际电视总公司的大力支持下，把“弘扬健康文化为己任，缔造音像视听的正版世界”作为自己的经营宗旨，确立了在各大中城市主要社区和名牌商场开设中视音像连锁专卖店的经营路线，让正版音像走进“寻常百姓家”，把中视音像的优质服务送到千家万户，并向广大消费者郑重承诺“百分之百正版，百分之百满意”。公司于2005年6月2日与中国国际电视总公司合资注册成立了深圳市中视音像连锁有限公司。深圳市中视音像连锁有限公司具有独立法人地位，是以经营音像文化产品连锁为主要业务的有限责任公司，旨在依托总公司的集团优势，致力于在深圳及华南地区乃至全国范围内连锁经营音像文化产品，为广大消费者提供全方位、高质量的专业服务。针对深圳时尚、多元、人员流动大的特点，并结合自身的产品资源优势，深圳中视订立了“社区化”的经营路线。基于这一经营思路，公司以罗湖、福田、南山三大区为中心，在深圳市主要网络节点的大型社区内相继开设了15家连锁加盟店。“中视音像”的品牌响彻业界，得到了广大消费者的支持与信赖。总经理冯宝良。地址：深圳市深南中路2号新闻大厦1603室。电话：(0755) 82090088。传真：(0755)82091155。邮政编码：518027。公司网址：http://www.szcctv.net。

中视广告事业部

北京未来广告公司

北京未来广告公司成立于1992年，是中央电视台探索专业频道经营、面向市场多元化经营的重要平台。作为中央电视台所属唯一全资广告公司，公司独家代理经营着众多优质和最新央视媒体资源：CCTV-5体育频道、CCTV-8电视剧频道、CCTV-12社会与法频道，CCTV-1《东方时空》、《今日说法》栏目，央视国际网络CCTV.COM等。公司下设销售部、财务中心、行政中心、公关推广中心、VIP部、策划中心、媒介执行中心、媒介研究中心等部门，目前共有员工152名。依托“频道品牌化”经营战略，公司所经营的媒体历来深受客户认可，在中国电视媒体市场占据重要地位，为广大企业客户提供了品牌整合传播的新机遇。北京未来广告公司自1997年以来，连续9次被北京市工商局评为“重合同、守信用”单位。公司经营规模连续4年位居本土广告公司第1位，2005年广告经营额达到20亿元，先后获得“中国本土广告公司综合实力第一名”、“全国广告行业文明单位”、“中国一级广告企业”、“首都广告行业精神文明先进单位”等荣誉称号。“未来”作为品牌入选“北京市著名商标”，目前公司正努力朝综合服务型国际化广告公司发展。公司总经理张勇。地址：北京市复兴路乙11号梅地亚中心写字楼六层。邮政编码：100038。电话：(010) 68507145、68550550、68550551。传真：(010) 68514364。网址：www.future-ad.com。电子信箱：mail@future-ad.com。

北京视澜广告有限公司

北京视澜广告有限公司成立于1997年12月29日。主要经营项目：设计、制作、发布国内外各类广告；组织结构：中外合资（中央电视台下属未来广告公司为中方投资人，美国亚洲电视广告公司为美方投资人）；简单经营情况：代理CCTV-8《每日佳艺》栏目广告。编制人数：20人。董事长庞建，总经理张绪燕。公司地址：北京市海淀区复兴路乙11号梅地亚中心写字楼560室。电话：(010) 68509958/48。68550525/26/27/28。邮政编码：100038。公司网站：www.shilan.com.cn。

中视发展事业部

中视网络发展有限公司

中视网络发展有限公司（简称“中视网络”）成立于2000年8月，注册资本5000万元人民币，是中央电视台拥有版权的各类电视作品在全世界范围内进行的网络传播交易的总代理。根据中央领导关于“主流媒体要占据网络宣传主阵地”的指示精神，广电总局批准中央电视台开办基于IP技术模式传输，终端为电脑、电视机的“央视网络电视”，由中视网络公司负责具体运营。2005年，中视网络公司开展了央视网络电视直播业务、点播业务、互动业务、新闻合作业务，以及部分央视国际网站的运营业务，承办了“中央电视台首次原创动漫作品征集展播”活动，积极跟踪调研了手机电视、车载电视、MP4等新媒体业务，实现收入1500万元。中视网络公司拥有直播业务、点播业务、互动业务、特别节目部和广告与市场部、新业务发展部6个业务部门，技术部、采集转码中心、设计部、客户服务部4个技术服务部门以及行政、财务、战略与法律事务部3个职能部门，共112名员工。总经理郑加强。公司地址：北京市海淀区西三环中路11号中央电视台北侧。电话：(010) 68727822。邮政编码：100036。

北京央视公众资讯有限公司

央视公众资讯是由中央电视台正式授权中国国际电视总公司专门组建的从事电信增值业务的专业公司，负责运营和管理中央电视台公众资讯中心。

央视公众资讯有限公司于2002年10月8日正式成立，现已获得经营电信增值业务的资质，包括因特网信息服务经营许可和移动网增值服务经营许可，并取得了《高新技术企业资质认证》、《中华人民共和国电信与信息服务业务经营许可证》、《中华人民共和国增值电信业务经营许可证》、《经营性网站备案登记证书》、《网上传播广播电影电视类节目许可证》、《广告经营许可证》及《网络经营许可证》等多项营业资质，并被北京市工商局评为2004年度、2005年度守信企业。

央视公众资讯有限公司注重用制度和机制来规范管理，于2003年7月获得《IS09001质量管理体系认证证书》，并于2004年5月顺利通过第一次监督审核，获《保持注册证书》，2005年4月再次通过第二次监督审核。公司现有员工220人，由职能管理部门和运营管理部门两部分组成，其中：职能管理部门包括：行政部、财务部、人力资源部等；运营管理部门包括电信增值业务运营中心、技术中心和呼叫中心。电信增值业务运营中心由短信产品部、声讯产品部、WAP产品部、市场部、业务发展部和业务管理部组成；技术中心由研发部、数据管理部、系统维护部组成；呼叫中心由栏目热线部、电信增值部组成。公司总经理关磊。地址：北京市海淀区羊坊店路9号京门大厦3段8层。邮政编码：100038。总机电话：(010) 68509898。传真：(010) 88244077。网址：www.mycctv.com。

中央电视台公众资讯中心

中央电视台公众资讯中心是中央电视台对外开展观众服务的统一窗口。中央电视台公众资讯中心集呼叫中心服务、电话信息服务和移动网信息服务、互联网信息服务于一体。中央电视台公众资讯中心旨在为观众提供专业化的、长期和稳定的咨询、投诉、热线、信息查询和节目互动等相关服务。中央电视台公众资讯中心同时也是中央电视台挖掘媒体自身资源，借助现代通讯技术手段，实现节目信息资源增值的重要途径。热线电话：(010) 68579889。

中视（北京）体育推广有限公司

中视（北京）体育推广有限公司既是中央电视台体育频道的节目制作基地，也是中央电视台体育节目中心的对外经营窗口，同时还向国内外体育赛事提供多层次体育电视传媒服务。其业务范围包括各类体育节目的制作；商务赛事的电视媒体、平面媒体及网络媒体等立体式推广和招商并对总局赛事项目实施主办、承办、协办任务；国内、外赛事报道权的买卖；优秀运动员的市场运作；体育电视人的劳务输出等等。中视（北京）体育推广有限公司经营的项目包括所有竞技类、大众类体育赛事以及体育用品展会、高端体育论坛盛会、体育主题晚会的举办等等。2005年，公司成为首次在中国举办的“苏迪曼杯世界羽毛球混合团体锦标赛”官方指定商务推广公司，并且成功举办“2005体育电视国际论坛”、“国际泳联（中国）跳水系列大奖赛暨国际跳水冠军巡回赛”、“中国体育电视街舞大赛”,还将参与“2005年中国体育大奖’等诸多大型商务赛事和活动的主办、承办及推广，以及《早安中国》、《城市之间》、《健身房》栏目的制作和推广。随着中国体育电视不断的市场化、标准化、国际化，中视（北京）体育推广有限公司本着一手抓市场，一手抓节目的原则，不断组织、制作和推出更精彩的国内外赛事节目，丰富电视屏幕。公司重视复合型人才的选拔，从业人员既要懂电视制作又要懂体育，还要能够把握体育市场的变化与运营。面对2008年中国体育市场的有利时机，公司将体育电视节目与产业化完美结合，为中央电视台体育节目中心提供后备人才，使公司成为体育节目中心的人才蓄水池，成为体育频道节目制作基地，更好地为体育频道服务。地址：中国北京市复兴路戊12号恩菲科技大厦6层。电话：(008610) 63953030。邮编：100038。网址：www.cctvsp.com。邮箱：postmaster@cctvsp.com。

中视技术事业部

北京中视科华技术有限公司

北京中视科华技术有限公司是于2005年在中关村科技园区注册成立的高新技术企业，隶属于中国国际电视总公司。公司的主要经营项目为电视节目后期制作、频道栏目包装及电视节目制作。公司拥有种类齐全的高精尖专业电视节目制作设备，充足的技术制作人才，形成较强的节目后期制作实力，并可提供高品质的栏目包装服务，同时有一支专业素质高的节目制作队伍。公司向国内外客户提供电视节目制作、制片服务；承接电视高科技和电视系统工程项目的开发、咨询、协作、服务；组织国内外电视节目制作人员进行业务交流、信息交换和技能培训；代办技术引进、人员培训；进行电视专用设备的销售、租赁，以及负责以上项目的售后服务工作。公司下设行政办公室、计划财务部、项目监理部、技术制作部、栏目包装部、节目制作部，员工200余人。公司负责人郑艺。地址：北京市海淀区复兴路11号。邮政编码：100859。电话：(010) 88243623。电子信箱：zskh@vip.sina.com。

中视电视技术开发公司

中视电视技术开发公司成立于1993年，是中国国际电视总公司技术事业部下属的具有独立法人资格的企业。公司现在拥有近5000万的设备资产，经营项目主要为：舞台特种灯光、音视频设备、节目制作特种设备（如大屏幕、投影机、升降臂、等离子、广角）等设备的租赁；中央电视台13个演播室的灯光系统、大屏幕、升降臂和外出音频设备的项目代维；以及公司运营的星光（550平方米、600平方米和1 200平方米）3个演播室、工运演播室的租赁和后期编辑机房的设备租赁。公司下设财务部、业务管理部、演播室及灯光业务部、特种设备部。公司总经理邓朴琪。公司地址：海淀区复兴路戊12号恩菲科技大厦317室。邮政编码：100038。电话：(010) 63955802。传真：(010) 63955859。电子信箱：dj@js.citvc.com。

北京中视创新科技发展有限公司

北京中观创新科技发展有限公司是于1998年在北京昌平科技园区注册成立的高新企业，隶属中国国际电视总公司。公司主营电视节目传递、技术开发与服务、电视设备的租赁、销售及摄像机电池的研发和生产等业务。近年来，北京中视创新科技发展有限公司(简称中视创新公司)主要承担中央电视台广告经济信息中心20多个栏目的前后期及演播室的节目制作和技术支持，对社会提供电视设备的租赁，摄像机电池现已批量生产并推向市场。公司下设办公室、财务部、计划经营部、设备管理部、开发部、销售部。公司负责人张玉志。地址：北京市海淀区复兴路戊12号恩菲科技大厦319室。邮政编码：100038。电话：(010) 63951665。传真：(010) 63951665。电子信箱：cx@js.citvc.com。

北京中视环亚卫星传输有限公司

北京中视环亚卫星传输有限公司成立于1999年4月，隶属于中国国际电视总公司，注册资金300万元，是北京市科学技术委员会批准的高新技术企业。公司成立之初即获得了国家广电总局授权批准“开展广播电视卫星传输业务”的资格；业务的主要服务对象是境外媒体。公司既有固定的卫星传送注入点，又能承接临时转播传送业务。公司的注入点坐落于建国门外交公寓院内，为境外媒体的传送提供了便利的交通地理位置。机房内各种制式格式的传送设备齐全，洁净、宽敞而舒适。公司拥有一支高素质、高水平的技术服务队伍。公司通过优质的服务和良好的技术条件，已与境外媒体建立了友好密切的合作关系，在境外媒体当中树立了良好形象。几年来，公司还承接各类临时性传送服务业务40余次，为各境外媒体在北京及北京以外地区的报道，提供传送服务工作。2003年，公司取得了北京市广电局授权批准的《北京市卫星地面接收设施安装许可证》。之后，公司对中央电视台的上、下行天线进行了维护，并负责中央电视台新建天线的安装、调试工作。公司总经理王晖。地址：北京市海淀区复兴路12号恩菲科技大厦A座302室。邮政编码：100038。电话：(010)63936161。传真：(010)63936160。

北京荧屏技术开发公司

北京荧屏技术开发公司成立于1993年8月，1996年4月批准进入北京市高新技术产业试验区，是国内较早从事有线电视、卫星接收系统工程的专业公司，具有先进的仪器设备，执有国家一级有线电视安装许可证和卫星电视接收施工许可证。主要业务范围有：卫星电视接收技术、防雷技术、电视监控及数字、高清有线电视技术、宽带网络技术等工程施工、技术咨询、设备供应、设备安装及调试。公司是国家有线电视委员会会员单位，主要承担中央电视台有线电视数字、高清、宽带网的运营和维护，承担部分中央领导人电视信号监看的信号传送任务。公司总经理冀彤彤。公司地址：海淀区复兴路乙15号。邮政编码：100038。电话：(010) 68507251、68573153。传真：(010) 68511625。网址：www.ying-ping.com。电子信箱：ypl@ying-ping.com。

北京国视技术开发公司

北京国视技术开发公司成立于1994年2月，初始注册资本100万元，经自有资金不断积累，1999年注册资本增为300万元。1996年6月批准进入北京市高新技术产业试验区。目前拥有28位员工。主要业务为：3D项目咨询和管理——利用世界领先技术的数字平台，建立了符合我国工程规范和制图规范的数据库，实现实际尺寸三维可视数字模型。可将工业与民用建筑工程各专业内容（包括土建、通风空调系统、给排水系统、空调和采暖水系统、强弱电系统、消防系统）施工全过程模拟，达到节省投资，并可为工程招投标，预、决算提供权威性数据。致力于向业主、工程总包公司、设计单位、建设公司提供工程建设质量、进度和成本三大控制的数字化、定量的事前控制方案。提供工程建设全生命周期解决方案（涵盖项目设计、施工建设和运行维护等所有方面）。Tridium数字技术应用与推广——使用美国Tridium公司推出的Niagara软件平台，通过因特网Internet/Intranet网络实现对设备的实时监控及数字化管理，由原来的定性管理转为定量管理；从原来单纯的技术管理上升为资源管理。特别适用于楼宇自控系统、工业控制领域和能源管理市场，空调制冷工程总承包等。公司法定代理人、总经理荆京。公司地址：北京市西城区木樨地北里甲11号国宏大厦C座617。公司电话：（010）63906617、63906630。邮政编码：100038。

北京中视华业电视工程中心

北京中视华业电视工程中心（以下简称中心）是一家高科技应用企业，隶属于中国国际电视总公司。中心在有线电视宽带设计及施工、智能小区及楼宇系统、综合布线系统、数字监控和报警系统、灯光音响系统以及卫星电视系统等方面有精湛的专业技术、严格的质量管理制度、良好的资源优势以及较强的综合实力。中心秉承“敬业、求实、高效、创新”的企业精神，奉行“以人为本、树立形象、扩大影响、不断进取、回报社会”的经营理念，凭借雄厚的实力，通过现代化的运营机制、高效的管理团队和优秀的施工队伍，在同行业中有着强劲的竞争优势和发展潜力。中心目前的组织框架是：总经理下设办公室、财务部、有线网络部、技术安防部、综合部。中心现拥有高级工程师、工程师、助理工程师、各专业管理人员及其他正式聘用人员40余名，另还拥有专业的弱电工程施工队伍。公司地址：北京市海淀区花园北路14号计算机一厂综合楼二楼。公司总经理：芦燕生。邮编：100083。联系电话：（010）62371190。传真：（010）62371190。电子邮箱：hy@js.citvc.com。

北京中视联信形象设计制作有限公司

北京中视联信形象设计制作有限公司（中视制作）隶属于中国国际电视总公司，它的前身是中国国际电视总公司形象设计制作分公司，于2005年5月改制成为独立法人单位。公司建立于1998年，主要为中央电视台提供舞美场景设计、制作以及复景服务的专业化公司，迄今为止已经拥有了众多国内顶级舞美及空间设计师、一流的技术工程师和一支专业的舞台制作及搭建服务队伍。几千平米的大型流水线制作车间，近万平米的现代化仓储物流中心等基础条件，不但反应了中视制作产业化的生产规模，同时业已奠定了中视制作在中国舞美行业内的领先地位。中视制作先后成功地完成了中央电视台历年总书记新年讲话、外交部新闻发言厅、历年春节联欢晚会、“神舟”六号发射、全国第十届运动会开幕式、2008年奥运会吉祥物发布会、历年央视广告招标活动等现场舞美，空间设计及制作项目；中央电视台《非常6+1》、《梦想中国》、《星光大道》、《开心辞典》、《新视听》、《为您服务》、《对话》、《今日说法》、《大风车》等众多知名栏目的舞美设计及制作项目；CCTV模特大赛、苏迪曼杯羽毛球赛等大型活动现场空间设计及制作项目。现组织机构包括项目经理部、物资部、财务部、行政部、技术管理部、市场部和策划部6大部门，人员编制112人，台编人员1名。公司负责人张旭。公司地址：北京市丰台区小井808号。邮政编码：100073。公司电话：（010）63827627、63803085。电子邮箱：xxsj_2005@163.com。

中视旅游实业事业部

梅地亚电视中心有限公司

梅地亚电视中心有限公司（梅地亚®中心）成立于1990年9月13日，经国家工商行政管理总局批准核定经营出租客房、公寓、写字楼和会议室；经营中西餐厅、酒吧，附设商品部、收费停车场、娱乐和美容；为外国广播电视新闻的采访和电影、电视节目交流制作提供场所、设施和有关服务；酒店及物业管理等项目。梅地亚®中心原系中央电视台所属的中国国际电视总公司和日本广播协会所属的日中媒介交流中心合资兴建的企业。经中日双方友好协商，2001年10月12日国家对外贸易合作部批准了有关梅地亚®中心转让股权的事宜，2001年12月18日重新领取了新的营业执照。梅地亚®中心成为由中国国际电视总公司和中视实业事业发展有限责任公司共同持股的内资有限责任公司。公司下设电视业务部、公关销售部、餐饮部、前厅部、客房部、计划财务部、工程部、保卫部、综合管理部、总经理办公室、人事部、工会、新业务开发管理部。梅地亚电视中心有限公司经过15年的艰苦经营，不懈努力，初步实现了经营转型，由单一的酒店经营向酒店管理、物业管理、电视节目制作等多元化经营领域拓展。在2005年，公司成功委托管理了河北梅地亚酒店和黄山梅地亚酒店；取得了物业管理资质，在中央电视台空调、给排水系统维护项目招标中顺利中标；在北京市著名商业品牌评选活动中入围50强；入选2005年十大魅力饭店；荣获第十一届“首都旅游紫禁杯”最佳集体和星级饭店最佳安全服务质量奖，在北京市旅游系统内树立了独特的企业形象。现有在岗职工557人。公司董事长庞建，总经理滕云平。地址：北京市复兴路乙11号。邮政编码：100038。电话：（010）68514422。

北京荧屏汽车租赁公司

北京荧屏汽车租赁公司成立于1993年2月，隶属于中国国际电视总公司，注册资金400万元，为全民所有制单位。公司经营范围包括市内出租汽车客运、汽车租赁、销售汽车配件。公司现有职工116人，设有业务运营部、安全技术部、财务管理部、客户服务部、供应部、办公室。目前公司发展成为拥有各种进口、国产的豪华型、标准型等租赁汽车（包括奥迪、别克、帕萨特、本田、马自达、红旗、考斯特等）大小汽车500辆左右，固定资产1.1亿元；年营业额4500万元的北京市知名的汽车租赁公司。公司以规范经营，严格管理而著称，适合台内各栏目和职能部门从事新闻采访及新闻制作。公司管理规范，各种车辆证件、保险、合同齐全，长租、短租、日租均可，价位合理，并有完善的租后服务措施，本公司拥有一支专业化的技术后勤管理队伍，为客户提供全天候的车辆技术修理、保养，使租用的车辆始终保持一流的车况。公司以现代规范管理方式，化繁为简的承租手续，使客户享受到周到细致的用车服务。公司负责人刘国喜。地址：北京市海淀区复兴路11号。电话：（010）68507155、68539639。电子邮箱：qichezuli@ly.citvc.com。

中视实业发展有限责任公司

中视实业发展有限责任公司隶属中国国际电视总公司，1997年6月27日在国家工商局注册，注册资金1000万元人民币。公司主要经营范围是：电视技术咨询及设备的安装、维修、销售；广播电视通讯网络安全防范工程的设计、安装、维修；技术开发、转让和服务；汽车租赁；办公设备维修；打字、复印；物业管理；经济信息咨询等。地址：北京市海淀区羊坊店路9号。公司负责人刘国喜。电话：（010）63957035。

北京金手杖、金视缘公司

北京金手杖电视服务公司于1993年成立，是由中央电视台老干部处组建的集体企业，1998年划归总公司管理，主要负责中央电视台内各部门办公设备的维修、维护工作及录摄像设备的租赁业务，公司在编人员3人。北京金视缘纯水制造有限公司于1997年成立，是金手杖公司与中视实业公司合资成立的有限责任公司，主要负责电视台各部门、总公司下属公司、广播学院、国际台及各家属区的饮用纯净水、矿泉水的生产销售工作。公司在编人员9人。负责人张敬勇。地址：北京市海淀区复兴路11号。邮政编码：100859。电话：（010）68506382。

北京荧屏经营公司、北京中视荧屏经营中心

北京荧屏经营公司和北京中视荧屏经营中心是总公司为一体考核的两个具有独立法人资格的经营实体，现隶属于中国国际电视总公司，是集经贸营销、影像制作、信息咨询、文化传播、综合服务等于一体的综合性公司。近年来，公司在中央电视台内和周边地区设有多个商业零售服务窗口，向台内及总公司系统内提供台标礼品、用品及台标服饰。与此同时公司还积极面向社会提供广告礼品策划、设计、制作等多项服务。不断推出时尚、新颖、富有文化底蕴的各类广告礼品及宣传策划活动。公司不断完善洗衣房的服务质量，运用荣昌洗染的优质工艺及先进的管理技术为台内及总公司系统内提供全面的洗染服务。公司自2003年成立了中视图片社以来，引进先进的进口影像处理设备，调集专业工作人员向系统内部及社会各界提供专业影像处理服务。其服务项目包含：数码洗相；传统彩扩；专业放大；标准照相；数码快照；艺术照相；广告照相；照片装饰等。公司拥有强有力的工作团队，机构下设：办公室、财务部、业务部、中视图片社、洗衣房等。两公司现有员工20人，实行总经理负责制下的经理办公会制，现任总经理杨明君。地址：北京市

海淀区复兴路11号。邮编：100859。电话：(010)68506097、68507043、63941580。传真：(010)68506097。邮箱：yingpingjingying@ly.citvc.com。

中广国际旅行社有限公司

央视中广国际旅行社有限公司1996年由中国广播电影电视部、中央电视台、中央人民广播电台、中国国际广播电台、梅地亚中心、广电部行政管理局、无线电管理局联合出资，经国家工商局注册，国家旅游局批准在北京成立。作为国有股份制企业注册资本725万元人民币。公司经营范围包括：外国人、华人华侨、中国公民的出境旅游和国内旅游、专项旅游、会展、奖励旅游、商务旅行管理等旅游业务。央视中广国际旅行社有限公司,致力于开发多元化的旅游产品，以适应国内外市场各个层面的迅猛需求。目标是：全力打造与央视相匹配的服务品牌。央视中广国际旅行社有限公司将以专业、高效、满足个性化需求为服务宗旨，倾力为游客提供优质、便捷、多元化的旅游服务。负责人崔振河。办公地点：北京市海淀区羊坊店路9号。电话：(010) 63961981。

北京中广物业管理有限公司

北京中广物业管理有限公司是由中国广电总局和中央电视台共同出资组建的一家专业物业管理公司。公司于2002年8月成立，注册资金人民币300万元。2003年4月取得物业管理三级资质。公司实行董事会领导下的总经理负责制，下设综合办公室、设备维保部、安保部、保洁绿化部、财务部、经营开发部、电影博物馆项目管理部、定慧住宅项目管理部。各部门经理均由参加过建设部和北京市物业管理培训合格并有多年物业管理经验的资深管理人员担任。公司现有员工320名。公司成立伊始就及时导入了国内先进的A管理模式和国际ISO9001质量管理体系，倡导“安全无事故、服务无投诉”的服务宗旨，确定“以顾客为中心”的人性化物业管理模式，即“亲情服务，制度管理”。公司管理的中国广播电视音像资料馆物业2004年被评为全国物业管理示范大厦，2005年公司接管了中国电影博物馆物业、中央电视台定慧东里1号楼及定慧西里3号楼物业，物业管理总面积达11.9万平方米。此外，公司还管理着货运车队、中央电视台音像资料库、用户服务中心、餐饮中心等物业主营业务之外的项目。总经理白凤海。联系人王春平。地址：北京市西城区真武庙二条9号。邮政编码：100045。电话：(010) 86094020。电子信箱：zhongguangwuye@ly.citvc.com。

北京中视物业管理有限责任公司

北京中视物业管理有限责任公司系中国国际电视总公司下属的股份制公司，注册资金150万元人民币。是北京市国土资源和房屋管理局认定的物业管理资质三级企业，并通过ISO9001质量、ISO14001环境管理体系的认证。公司经营管理机构在董事会授权下，制订出一整套与国际接轨的物业管理制度及企业运行机制，使物业管理的各个方面更加系统化和规范化，并聚集了一批专业的管理人才。公司下设工程部、保卫部、保洁部、项目部、客服中心、办公室、财务部等部门。目前，公司管理的物业项目有2万多平方米的——中国国际电视总公司、中央电视台社教中心的办公大厦、2万平方米亚洲最大的专业化纸库——中国电视报社纸库、2000多平方米中央数字电视传媒有限公司办公区、4500多平方米的央视调查研究办公区等。公司培养了一支真诚、敬业、高素质的专业管理团队，能为各类物业“量身定做”管理方案，为业主提供专业的物业管理服务。公司经营范围：物业管理，房屋出租，打字，劳务服务等。并在京门大厦2段一层开设180平方米的中视TV咖啡厅，成为影视人商洽、休闲聚会的理想场所，为中央电视台、总公司的服务业务又增添了一个新亮点。公司总经理：彭莉莉。地址：北京市海淀区羊坊店路西侧临1号京门大厦一层。邮政编码：100038。电话：(010) 51862925。传真：(010) 63957045。

直管公司

中国国际电视总公司境外卫星节目代理部

中国国际电视总公司境外卫星节目代理部是经国家广播电影电视总局批准并指定的中国唯一的从事境外卫星节目代理业务的机构。负责向中国地区涉外单位销售经国家广播电影电视总局批准的境外（包括香港、澳门）卫星节目及解码器，现已代理政府指定的鑫诺卫星平台上的30多套境外加扰卫星频道，销售网络遍及全国各个省市自治区。境外卫星节目代理部负责人杜浩。地址：北京市海淀区羊坊店路9号京门大厦三段933室。通讯地址：北京市3831信箱。邮政编码：100038。联系电话：(010) 63957075。电子信箱：

xinz@citvc.com。

央视市场研究股份有限公司（央视市场研究）

央视市场研究是国家外经贸部批准设立、在国家工商管理局注册的外商投资企业。2001年12月被北京市认定为高新技术企业；2002年12月通过ISO9001-2000版国际质量标准认证。央视市场研究主要进行各种商业市场调查研究及日用商品消费者调查、报纸阅读率调查、电视收视率调查、广告知晓率调查和互联网使用率调查，数据采集和分析软件研究与销售。经过10年的发展，央视调查与研究已发展成为国内调查业中的知名品牌。2005年营业总额超过3.5亿元人民币（与所属公司CSM合并报表）。成为行业标准的项目有电视收视率、广告监测、消费者固定样组、全国读者调查和电视观众满意度调查。主要客户：宝洁、联合利华等20余家国际性企业；海尔集团、光明乳业等100余家国内企业；实力媒体、中央电视台等100余家电视媒体；Zenith，Media等所有F4广告公司；北京未来广告公司等300余家国内广告公司；光明日报、工人日报等30家平面媒体。专业研究与管理人员：340人。公司董事长/法人：赵健，中方董事：陈若愚、郭振新、虢亚冰，公司总经理：陈若愚。办公地址：中国北京西城区德外大街5号。邮政编码：100088。联系电话：(010) 62363677。传真：(010] 62363655。网站：http://www.cvsc-tns.com。控股公司：央视-索福瑞媒介研究有限公司、央视资讯科技有限公司。

央视-索福瑞媒介研究有限公司：1997年12月4日经广电总局批准，国家工商管理局注册的外商合作企业。主营业务为电视收视率调查与研究。1999年6月被北京市新技术产业开发实验区认定为高新技术企业；2000年3月，通过ISO9001-2002版国际质量标准认证。2005年营业总额超过1.8亿元人民币。公司董事长/法人：赵健，中方董事：陈若愚、郭振玺、虢亚冰，公司总经理：王兰柱，专业研究与管理人员：120人左右。

央视资讯科技有限公司：1997年5月28日设立。主营业务为媒介新技术开发及咨询。2002年10月22日被北京市新技术产业开发实验区认定为高新技术企业。公司董事长/法人：陈华峰，公司总经理：惠明，专业研究与管理人员：30人。

北京中视汇才文化发展有限公司

北京中视汇才文化发展有限公司（原北京中视劳务派遣中心有限公司）成立于2003年8月，是中国国际电视总公司为适应中国影视业发展而成立的一家新型人员派遣公司。公司内部设立办公室、财务部、业务部、培训部、形象工作室等部门，从事人员派遣、人事代理、员工培训、人力资源管理咨询、播音主持屏幕形象工作等业务。公司已经为中央电视台、中国国际电视总公司形象设计分公司、中国爱乐乐团等单位派遣员工4 300余人。同时，公司还承担了中央电视台新闻节目、英语频道和西法语频道的播音员、主持人屏幕形象设计及化妆业务。公司主要业务范围：向用人单位派遣所需的各类人员，管理劳动关系；办理派遣人员的基本社会保险、住房公积金；管理派遣人员人事档案；办理大学毕业生见习期转正定级手续；办理派遣人员就业、失业等手续；办理派遣人员职称评定申报等手续；协助用人单位调解劳动纠纷，以法律主体身份代用人单位处理劳动争议；承接各类招聘及考试，组织派遣人员入职培训；提供人力资源管理咨询服务和其他有关劳动人事服务等。公司董事长：庞建，经理：周加雪。地址：北京市海淀区羊坊店街道北蜂窝路21号金盛商务楼四层。邮编：100038。电话：办公室(010) 63972511；业务部(010) 63972510、63955045、63955046；形象工作室(010) 63972517。传真：(010) 63972509。电子信箱：huicai@fz.citvc.com。

中国广播电视国际经济技术合作总公司

中国广播电视国际经济技术合作总公司成立于1987年，是中国广播电视行业的综合型外经贸企业。公司下设：职能部门、工程技术公司、进出口贸易公司、若干子公司、仓库、国内外埠公司及境外合资公司，在册职工175人。主要经营范围包括：国内外广播电影电视行业工程及机电设备安装工程的承包；建筑工程、广电通信电子工程的设计、咨询、监理；经营进出口和代理进出口业务；承办国内外广告、各类展览和技术交流业务；仓储业务。公司拥有ISO9001-2000版国际和国内的认证证书，是我国广播电视行业具备专业施工一级承包资质的企业，并获得了建筑工程、电子通讯广电行业和电子工程系统甲级设计资质。2005年公司除在西新工程中继续扮演着重要角色外，更为广播电视节目的海外落地工作作出了应有的贡献。

法定代表人：程林总经理。地址：北京市西城区北滨河路甲2号。邮政编码：100045。联系电话：(010)63440467。公司网站：www.crtv.com.cn。电子信箱：yw@crtv.com.cn。

中央电视台威海影视城

威海影视城是中央电视台四大影视基地之一，始建于1995年12月，占地面积33万平方米，首期工程大风车景区于1997年5月31日建成开放。大风车景区占地100亩，以影视拍摄服务为主，兼具文化娱乐、观光旅游、休闲度假功能。

影视城开城以来，相继举办了一系列全国性的大型文化娱乐活动。2000年以来，成功举办六届"全国少儿艺术电视大赛"，在全国产生积极影响。少儿电视文艺栏目《金螺号》作为央视少儿频道的首批栏目于2003年12月31日与观众见面，受到广泛喜爱。

目前，威海办事处设有办公室、财务部、影视部、人事部、景区管理部、保卫部、工会7个部门，下辖威海中视经贸总公司、艺术团、幼儿园、杂志编辑部、影视之家。在职员工136人。主任孟昭元，副主任张曼君。地址：山东省威海市环翠旅游度假区威海影视城。邮编：264200。电话：(0631)5757773、5757838－2068、2011。传真：(0631)5757771。

中央电视台无锡太湖影视城

中央电视台无锡太湖影视城原属全民所有制事业单位，是广播电影电视部广发人字［1994］295号文件批准的处级机构，其前身为中央电视台无锡外景基地，于1987年落成。1996年10月，为了影视事业的更好发展，经中国证监会批准，太湖影视城作为5家发起人之一的大股东和中央电视台下属4家发起人筹建了中视传媒股份有限公司。

2004年11月26日，中央电视台台发经字［2004］175号《关于无锡太湖影视城转制工作的通知》要求，中央电视台决定无锡太湖影视城实施转制工作，由事业单位转为中央电视台全额投资的国有企业单位。转制后的单位名称：中央电视台无锡太湖影视城；上级主管部门为中央电视台；原有职能和经营范围不变，是中央电视台派驻无锡的办事机构，管理中央电视台在无锡的资产和完成中央电视台、中国国际电视总公司交办的其他任务，负责中央电视台与无锡市委、市政府、无锡市有关单位之间的联系工作。注册资金为989.6万元，是中视传媒公司的控股股东。太湖影视城现设办公室、综合业务部、经营部，有正式职工14人。其中，经营部是集生产、经营、销售、服务为一体的经济独立实体，具有全民所有制法人资格。法人代表：刘振瑞。通讯地址：江苏省无锡市蠡溪路西园里129号。邮编：214072。电话：(0510)85104714。电子邮箱：thysc815@vip.sina.com。

中央卫星电视传播中心（中广影视卫星有限责任公司）

中央卫星电视传播中心（简称卫传中心）是1995年1月19日经中央编委中编办字[1995]12号文件批准，并于1995年2月14日由广电部广发人字[1995]68号文件批复同意成立，为局级事业单位，独立核算，自负盈亏。负责采用加扰、数字压缩方式通过亚太6号卫星C波段，传输中央电视台的3、5、6、8频道等卫星电视频道节目；采用卫星与有线电视网结合的传输方式，为与中心签订合作传输中央加扰卫星电视协议的电视台、网提供高质量的加扰电视节目；负责中央电视台加扰电视节目收视用户的发展和管理工作；依照国家计委的有关文件，负责加扰卫星电视频道节目收视费的收缴和管理工作；依照有关规定对加扰频道节目信号授权管理；负责为全国与中心有合作业务的电视台（网）提供专用接收解码设备与咨询、维护、培训等技术服务；负责加解扰器的招标、谈判引进、设备订购、安装调试和开通运行工作；负责组织解码器的定点生产和专营工作；参与卫星频道节目的协调及影视节目的交流工作；负责了解观众对加扰卫星电视频道节目的意见，处理观众的来信来访，并及时向节目制作部门反映观众的要求；依法维护中央电视台及中央卫星电视传播中心的知识产权等各项权益，负责对侵权、盗版等违法侵害行为追究法律责任；负责卫星电视频道节目成本核算及经费收支和经营管理等问题；负责协调中央电视台和电影局的节目制作、经费收入、运营管理等问题；负责利用卫星和有线网络的技术优势，积极开拓新业务；负责中央电视台新闻频道的推介工作。中心主任薛大力，中心副主任魏东未。

2001年10月8日，经国家广播电影电视总局广发计字［2001］1184号文件批准，中央卫星电视传播中心与中广影视卫星有限责任公司进行资产重组，重组后的名称为"中广影视卫星有限责任公司"（简称卫星公司），卫传中心原有职责、业务及资金均由重组后的卫星公司承担。重组后的卫星公司的业务范围除包括原卫传中心的业务范围外，还包括原卫星公司的业务范围，即：从事卫星转发器租赁业务、广播电视节目传送业务、广播电视卫星直播试验平台和境外卫星电视节目监管平台运行及卫星专用接收设备的定点生产和销售等。下设办公室、财务部、网络经营部、技术部、运行部、市场部等部门。中心主任（公司董事长兼总经理）薛大力（电话：63491828），中心副主任魏东未（电话：63274318），公司副总经理管斌（电话：68529758）。北蜂窝路办公地址：北京市海淀区北蜂窝路甲26号。邮政编码：100038。总机：(010) 63448866。传真：(010) 63274355。科情大楼办公地址：北京市复兴路15号。邮政编码：100038。总机：(010) 68529745。传真：(010) 68529767。

中央数字电视传媒有限公司

中央数字电视传媒有限公司（简称中数传媒），成立于2003年10月，是由中央电视台和中国国际电视总公司共同投资组建、经国家广播电影电视总局授权的中国付费电视运营中心之一，是我国第一家覆盖全国范围、从事数字付费频道集成及代理营销业务的运营机构。中数传媒下设管理部、财务部、技术部、战略发展部、频道集成与销售部、市场推广部。董事长赵化勇，总经理沈向军。通讯地址：北京市海淀区羊坊店路9号京门大厦三段十层。邮政编码：100038。总机电话：(010) 51925188。

受中央电视台的委托，中数传媒负责管理央视风云传播有限公司和中视数字电视科技有限公司。

央视风云传播有限公司

央视风云传播有限公司（简称央视风云），成立于2004年5月，是由中央电视台和中国国际电视总公司共同投资组建、为了开办和运营数字付费电视频道而成立的频道内容生产商。截至2005年底，央视风云精心创办了12个个性鲜明、质量上乘的数字付费频道，分别是《世界地理》、《第一剧场》、《风云剧场》、《风云音乐》、《风云足球》、《高尔夫·网球》、《怀旧经典》、《央视精品》、《国防军事》、《女性时尚》和在北美长城平台上播出的《CCTV－戏曲》、《CCTV－娱乐》频道。央视风云下设总经理办公室、财务部、战略发展及市场拓展部、商务合作部、频道部、编播部、制作部。董事长沈向军，总经理王焰。通讯地址：北京市海淀区羊坊店路9号京门大厦三段十层。邮政编码：100038。总机电话：(010) 51925188。

中视数字电视科技有限公司

中视数字电视科技有限公司（简称中数指南），成立于2003年9月，由中央电视台、中国国际电视总公司和北京永新同方信息工程有限公司共同发起并投资组建。中数指南承担了国家发展和改革委员会数字电视产业化项目中的"电子节目指南（EPG）制作与播出系统开发与产业化项目"。公司的主营业务是建设中国电子节目指南中心平台，专业从事EPG产品的技术研发和推广应用、采集并制作全国各电视台电视节目的EPG，向全国数字电视网络运营商提供EPG播出系统和个性化的EPG内容，并将成为数字电视增值业务技术研发基地。中数指南下设综合部、财务部、市场部、技术部和编辑制作部。董事长沈向军，总经理曹青。通讯地址：北京市海淀区羊坊店路9号京门大厦三段九层。邮政编码：100038。联系电话：(010) 88243428。

中国爱乐乐团

中国爱乐乐团于2000年5月25日成立。

主要职能是：创作演出优秀交响乐，为听众服务；电视节目和音像作品录制；交响乐普及和推广，交响乐艺术人才培养。中国爱乐乐团下属部门有：业务部、行政办公室、财务部、人事保卫部、乐队。中国爱乐乐团团长：胡恩，艺术总监：余隆，副团长：苏峰、刘军、李南，总会计师：谷国庆。

中国爱乐乐团地址：北京市西直门外大街135号北京展览馆东大厅北外廊。邮政编码：100044。电话：(010) 88384166。传真：(010) 88384167。

电影卫星频道节目制作中心

电影频道作为中央电视台第六套节目，通过卫星压缩加扰向全国传送节目。2005年11月30日是电影频道播出十周年纪念日。在这一年，电影频道做到了全天24小时播出，每天播出10部中外影片和各类动画片、美术片、科教片、纪录片、专题片等。截至2005年底，全国可接收电影频道（CCTV－6）人口已达8.13亿。2005年是中国电影诞辰百年纪念，又值电影频道（CCTV-6）开播十周年，电影频道节目中心推出了一系列纪念活动。从年初开始，召集内地及台港澳精英，联手打造了大型多媒体音乐剧《电影之歌》。由李宗盛任音乐总监，张婉婷任导演，叶锦添任舞美设计，庾澄庆、袁泉、高虎、张彤、张靓颖等任主要演员的大型多媒体音乐剧《电影之歌》得到了业内外人士的高度赞扬，在北京保利剧院的首演取得了票房和社会效益的双丰收。7月，电影频道策划、制作并播出了32集大型专题片《中国电影100年》；10月，推出了百年电影音乐回顾专题片《百年歌咏映光华》。2005年电影频道秉承主题编播的传统和优势，陆续推出了"优秀共产党员银幕形象"系列主题影片展播、乡土喜剧系列影片展播、禁毒题材影片展播、抗战史诗系列影片展播、荧屏夏令营、"百年经典"百部影片系列展播、"年度收视王中王"系列影片展播、"影梦人生"系列主题影片展播以及徐克电影展播、冯小宁系列影片展播、赵丹系列影片展播、傅彪电影作品展播、塞夫电影作品展播、名著改编系列影片展播、奥斯卡获奖影片展播等丰富多彩的主题影展。其中，为纪念中国人民抗日战争暨世界反法西斯战争胜利60周年，在长达3个月的时间里推出的"抗战史诗系列"影片展播共播出抗战题材故事片42部、长纪录片1部，观众总人数达到8.4亿。为助阵国产影片取得更好的票房成绩，电影频道2005岁末开办了不定期特别栏目《首映》，相继推出了《如果·爱》、《无极》、《千里走单骑》等国产影片首映特别节目，全方位展示国产影片的主创阵容及其艺术价值、文化价值、商业娱乐价值，体现了国产影片与专业电影频道的强强联手。2005年1月，电影频道节目中心与中国电影导演协会联合主办了第一届中国电影导演协会年度颁奖典礼。2月，电影频道品牌栏目《流金岁月》改版为时长40分钟的大型演播室访谈节目《流金岁月——相聚》。3月，中心独家承办的《喜盈门——2005电影人大联欢》获得中国电视艺术家协会电视文艺学术奖"2005春节文艺晚会评选"二等奖。5月，中心承办了第12届北京大学生电影节闭幕式。6月，中心参与承办了"北京国际体育电影周"活动。8月，中心独家承办了中国广播影视大奖"华表奖"（第11届）颁奖典礼，这是电影频道节目中心第四次承办政府奖的颁奖典礼，取得了圆满成功。11月，中心承办的第25届中国电影金鸡奖颁奖典礼在海南三亚成功举行。

在积极搭建节目平台，促进中国电影文化对外传播方面，2005年电影频道节目中心也取得了长足的进步。2005年8月，"中国电影频道"（香港CMC）通过中卫一号卫星成功在香港落地。10月18日，电影频道节目中心在香港成功举办了"中国电影频道"（香港CMC）落地香港启播仪式。

电影频道节目中心致力于拉近中国观众与国内外电影、电影人以及电影文化之间的距离，通过第一时间转播全球电影盛事、颁奖典礼，打造"零"距离的媒体效应。2005年1月，电影频道（CCTV-6）首次转播了美国电影电视金球奖颁奖典礼（第62届）。2月，全程转播了奥斯卡颁奖典礼（第77届），报道了柏林电影节的盛况（第55届）。3月，直播了香港电影金像奖颁奖典礼（第24届）。5月，成功转播了法国戛纳电影节颁奖典礼（第58届）。7月，全程再现了2005MTV电影颁奖典礼的盛况。8月，首次全程报道了加拿大蒙特利尔电影节。9月，播出了艾美奖颁奖盛典（第57届），全面报道了威尼斯国际电影节（第62届）。上海国际电影节期间，电影频道节目中心与《时装L'OFFICIEL》杂志联手打造了"CCTV-6·第8届上海国际电影节传媒大奖"。报道上海国际电影节的600余名记者积极参与，在17部来自世界各国的参赛影片中投票评选。最终，国产影片《求求你表扬我》获得"最佳剧情奖"和"探索精神奖"，阿根廷影片《探戈》获得"最佳视听效果奖"，丹麦影片《年轻的安徒生》获得"最佳服装造型奖"。

2005年电影频道节目中心共出品电视电影121部，其中：高清电视电影106部，标清电视电影15部。电影频道节目中心出品的电视电影为中国电影"走出去"工程作出贡献。2月，在法国兰斯电视节上，电视电影《为奴隶的母亲》获得"最佳音乐奖"。11月，中国演员何琳凭借在电视电影《为奴隶的母亲》中的出色演技荣获第33届国际艾美奖"最佳女演员奖"，成为首位获此殊荣的亚洲女星，见证了中国电视电影迈出国门、走向世界的又一辉煌时刻。

2005年5月，第5届电影频道电视电影"百合奖"评选揭晓。《法官老张轶事之养老树》、《王树声征战豫西》、《我爱杰西卡》、《核电铁军》、《合同父子》等5部影片获得一等奖。《划痕的岁月》、《杨文洲》、《摊牌》、《鸿门宴》、《悬剑》等5部影片获得二等奖。《爸爸的味道》获得儿童片奖。《法官老张轶事之养老树》的编剧赵冬苓、《合同父子》的编剧邱怀阳获得优秀编剧奖。《我爱杰西卡》的导演朱枫、《法官老张轶事之养老树》的导演赵重光获得优秀导演奖。凭借在《合同父子》、《摊牌》中的出色表演，李雪健、李心敏双双获得优秀男演员奖。《法官老张轶事之养老树》的主演柏青、《我爱杰西卡》的主演郑萍获得优秀女演员奖。高峰、李威、沈丹萍三人分别获得了评委会奖。

2005年3月，电影频道节目中心成立传送部。5月30日，首次成功通过中卫－1号卫星试传由中心制作的节目，标志着电影卫星频道节目制作中心已具备播出和传送电视节目的能力。11月，辽宁电视台“新动漫频道”在中心节目播出系统正式播出，这是首个通过电影频道节目中心集成平台播出的外单位电视频道节目。随着2005年6月电影卫星频道节目制作中心节目制作与存储管理系统投入使用，中心媒体资产管理水平进一步提高。7月，中心办公机要网与国家广电总局办公网以光纤的形式连接成功，改变了过去拨号上网的连接方式，提高了公文传输的效率，加强了公文传输的安全性。自电影卫星频道节目制作中心专业网站（www.cctv6.cn）正式开通以来，始终致力于打造电影门户网站。经过不断改版，并将域名更改为www.m1905.com（m代表电影movie，1905则来源于对中国电影诞生这个特别年份的纪念），其专业特色、门户特色愈加突出。在电影频道（CCTV－6）转播国内外电影盛事、颁奖典礼的过程中，不断加强与网友的互动，成长为一个有效沟通的信息平台。

2005年度电影卫星频道节目制作中心获得的荣誉：首次获得广电总局精神文明建设最高荣誉“广电总局精神文明标兵单位”称号。获得2005年度广电总局人口与计划生育先进单位、2005年度广电总局无偿献血工作标兵单位、2005年度广电总局治安综合管理工作先进集体、2005年度广电总局消防工作先进集体、2005年度广电总局事业单位财务报表先进单位、广电总局保密工作无事故奖以及2005年度海淀区交通安全先进单位、海淀区贡献突出企业、北京市地方税务局“纳税信用A级企业”等称号。电影卫星频道节目制作中心获得2005中国品牌论坛颁发的“2005中国品牌建设最具影响力机构”称号，中心党委副书记兼广告部主任石丽萍同志荣获“2005中国品牌建设最具影响力人物”称号。

电影卫星频道节目制作中心主任、党委书记阎晓明，副主任、党委副书记贾琪，财务总监姜涛，中心党委副书记兼广告部主任石丽萍，中心主任助理兼节目部主任陆红实。中心下设12个部门。办公室主任张振山，副主任薛倩、秦焱。总编室主任亚宁，副主任韩卫民、魏晓玲。节目部副主任唐科。购销部副主任吴亚康。电视电影部主任岳扬，副主任母铁军。国际部副主任郭华、李健。技术部主任王绍清，副主任黄薇。传送部主任郭严。财务部主任金梅，副主任党海燕。华城公司总经理王泉。中心通讯地址：北京市海淀区西土城路2号。邮政编码：100088。总机：（010）82046622。传真：（010）82047963。

中视传媒股份有限公司

中视传媒股份有限公司（中视传媒－600088）成立于1997年6月，注册于上海浦东。作为中央电视台控股的一家传媒类A股上市公司，中视传媒始终坚持与时俱进，开拓创新，“影视、广告、旅游”三大主业齐头并进，公司实力与影响力与日俱增。

公司现拥有各类影视设备总资产2亿多元，其中包括引领世界先进水平的高清晰度电视前后期制作设备，是国内最早进入高清晰度电视制作和频道包装领域的公司，拥有《大校的女儿》、《绝对隐私》、《上书房》等数十部高清电视剧和纪录片，高清节目拥有量近3000小时。公司以强大的高清节目资源优势，与中央数字传媒有限公司合作运营的中国首个高清电视频道——央视高清影视频道于2005年9月1日开播。数年来，公司累计独资或合拍影视剧120余部，电视栏目10000余期，其中《布达拉宫》、《大明宫词》、《绝对隐私》等剧分别获得华表奖、金鹰奖、金鸡奖、金星奖、纽约翠贝卡奖、印度金雀奖、旧金山金片盘奖等国内外十余项大奖。同时，公司与中央电视台文艺中心合作运营了大型文艺栏目《欢乐中国行》。

公司独家代理CCTV－10科教频道全部广告及CCTV－1、CCTV－8黄金时段电视剧片尾标版广告，并以优质的服务，协助国内外众多知名企业实现品牌传播和价值提升，在业内树立了良好的信誉。

公司在无锡、广东南海拥有3000多亩影视拍摄基地，景观纵跨中国魏晋、唐宋、明清、民国等历史年代，集古今精华，年接待摄制组30余个、游客200万人次。

公司董事长高建民，总经理高小平。公司下设3个分公司（北京分公司、无锡影视基地分公司、南海分公司）、3个控股公司（上海中视国际广告有限公司、北京中视北方影像技术有限责任公司、无锡传媒文化发展有限公司）和办公室、人力资源部、计划财务部、审计部、项目拓展部、电视剧部、节目集成部、高清频道节目部、综艺节目部、市场营销部及党委、工会、团委等部门。

公司地址：北京市朝阳区西大望路1号温特莱中心B座22层。邮政编码：100026。电话：010-65999000。上海市浦东新区福山路450号新天国际大厦17层。邮政编码：200122。电话：021-68763888（总机）、68765168。网址：www.ctv-media.com.cn。

上海中视国际广告有限公司

上海中视国际广告有限公司，成立于2002年6月，注册资本2500万元。作为CCTV旗下在上海注册成立的一家综合性广告公司，公司独家代理CCTV-10科教频道全频道广告资源、CCTV-1、CCTV-8黄金时段电视剧片尾标板等优质广告资源。

面对市场经济快速发展、传媒行业不断深化改革，公司充分发挥优质资源的特点和熟悉全国各地方媒体，深谙市场发展方向的优势，继续坚持以“资源共享、市场共享、整合配置、价值链接”的经营理念，奉行“客户第一、创新服务”，为客户提供全面的市场分析和全新的购买方式，演绎优秀品牌特征，追求价值倍增的传播效果。合作伙伴包括中国移动、中国电信、步步高、中国联通、康必得、西铁城、依波表、通用汽车、波司登，白沙集团、红河实业、金六福等国内外知名企业。下设营销中心、策划中心、媒介中心、客服中心、财务中心、人力资源及行政管理中心等部门。公司总经理高小平。地址：上海市浦东新区福山路450号新天国际大夏17层C、D室。邮政编码：200122。电话/传真：(021) 58315968。网址：http：//cta.ctv-media.com.cn。北京市朝阳区西大望路1号温特莱中心B座21层。邮政编码：100026。电话：(010) 65999888（总机）。

北京中视北方影像技术有限责任公司

北京中视北方影像技术有限责任公司（即“中视北方”）成立于2000年，是由中视传媒股份有限公司与中国国际电视总公司共同组建的一家集策划、拍摄、制作、包装设计于一体的高新技术专业影视制作公司。公司拥有雄厚的技术力量和全套先进的影视制作设备，全面支持影视节目的前、后期制作。

从2000年制作了中国首部高清晰度电视剧《大宅门》后，公司连续制作了《天下粮仓》、《壮志雄心》、《神医喜来乐》、《好爹好娘》等多部高清晰度电视剧，受到国内外同行的一致好评。此外，承制的专题片《滇金丝猴》、《楠溪江》分别在第11届英国自然银幕电影节和捷克2002年EKOFILM电影节中获大奖；由公司全程跟踪制作的系列电视电影《绝对隐私》故事之《生死劫》一年内先后获得了美国纽约翠贝卡奖、旧金山金片盘奖、印度“金雀奖”、第16届亚洲和拉美地区电影节“最佳故事片奖”；另一部电视电影《我们》获中国第25届“金鸡奖”最佳电视电影片。经过几年的快速成长，公司正以先进、齐全的设备，一流的技术，完善的服务成为业内领先、声名卓著的专业公司。下设市场部（前期设备租赁）、制作一部（后期线性编辑制作）、制作二部（前期跟组编辑及后期非线编辑）、项目网络部（节目网络运营）、综合业务部（设备整租业务）、包装部（频道的整体设计、包装和制作）。公司董事长高小平，总经理谭湘江。地址：北京市朝阳区西大望路1号温特莱中心B座20层。邮政编码：100026。电话：(010) 65999666。北京市海淀区复兴路晾果厂甲7号。邮政编码：100038。电话/传真：(010) 68584603。

无锡影视基地分公司

中视传媒无锡影视基地分公司成立于2001年8月13日，主要从事唐城、三国城、水浒城三大景区的观光旅游、影视拍摄及与之相配套的餐饮、客房、商品服务等经营项目。

基地位于无锡市西南郊太湖之滨，自然风光妩媚旖旎，山清水秀。基地内拥有吴王宫、甘露寺、汉鼎、皇宫、紫石街、清明上河街、水泊梁山、御花园、沉香亭、唐宫等体现汉唐宋三代建筑风貌的大量建筑群体，还拥有“老北京四合院”、“旧上海一条街”等明清风格的建筑景观。经过多年的精心建设，基地的影视文化氛围日趋浓郁。基地拥有20多个成熟的表演节目，《三英战吕布》、《影视特技探索》、《华夏古韵》、《武功集锦》等歌舞、马战、影视特技类节目演出经久不衰。基地开展的古战船“太湖黄金水上游”活动也深受旅客喜爱。在接待游客的同时，基地还做好了《大唐歌妃》、《大宅门》（续集）、《狄仁杰》、《六指琴魔》、《笑傲江湖》、《射雕英雄传》、《凤在江湖》、《大唐情史》、《天下粮仓》、《神医》等229个摄制组的拍摄服务工作。下设市场部、企划部、演出部、经营部、景管部、办公室、财务部、安保部、影视中心等部门。分公司总经理许一鸣。地址：江苏省无锡市大浮漆塘1号。邮政编码：214081。电话：(0510) 85555527。网址：www.ctvwx.com。

南海分公司

中视传媒股份有限公司南海分公司(南海影视城)位于广东省佛山市南海区，交通便利、景色秀美、影视拍摄场景丰富，是珠三角地区旅游休闲和影视拍摄的极好去处。南海影视城由太平天国城、江南水乡、港澳区和表演区四部分组成，太平天国城包括真神圣天门、荣光大殿、藏珍阁等，它们相互映衬，雄伟壮观。古朴典雅的“江南水乡”使人心旷神怡，置身其间除了领略风景如画的水乡风貌，还可以体会淳朴的民风民俗。“香港澳门”区由反映20世纪二三十年代具有建筑特色的香港街区和体现旧时葡式风格的澳门景观组成，它们造型考究，建筑精良。此外，景区还编排了大型节目表演《靖港水战》、《三英战吕布》、《空飞杂技》以及富有异域风情的《新疆歌舞》等，深受各地游客喜爱。自1997年建成以来，南海影视城已接待各方游客数百万人，并先后成功拍摄了《太平天国》、《香港的故事》、《澳门的故事》、《少年包青天》等100多部影视作品，举办了中央电视台《城市之间》、《99元宵晚会》、《同一首歌——走进南海》以及《宋祖英演唱会》等大型节目和活动。下设办公室、财务部、市场部、景区管理部、演出部、物业管理部等部门。分公司总经理周翔。地址：广东佛山南海区松岗。邮政编码：528234。电话：(0757) 85232105。传真：(0757) 85233238。网址：nhbase.ctv-media.com.cn。

（以上有关机构的资料由各部门提供）

PINDAO LANMU JIEMU

频道·栏目·节目

频道·栏目·节目

一、2005年中央电视台频道设置

CCTV-1 综合频道

中央电视台综合频道于1958年9月2日正式播出，通过亚太1A、鑫诺1号卫星覆盖全国，是中国中央电视台开办最早、影响力最大的综合频道。为强化“综合·精品”的频道定位特点，综合频道于2005年9月2日进行了改版。改版后的综合频道早间时段以新闻资讯为主，在傍晚打造新闻板块，并优化晚间精品栏目安排，周一至周日晚间22：39安排《大家》、《幸运52》、《曲苑杂坛》、《同一首歌》等7个精品栏目的首播，并在2005年推出了《任长霞》、《八路军》、《汉武大帝》、《大宋提刑官》、《亮剑》、《京华烟云》等一大批弘扬民族历史文化、紧扣时代脉搏的精品电视剧，科学的节目编排使频道定位更加清晰，旗舰地位更加稳固。

CCTV-2 经济频道

中央电视台经济频道是以经济资讯为核心内容，具有专业特色的服务频道。通过亚太1A、鑫诺1号卫星覆盖全国，每天平均播出节目21小时左右。

经济频道覆盖率和入户率仅次于中央一套，被电视观众评价为最有活力的电视频道之一，最具品牌特征的电视专业频道之一。2005年，经济频道强化经济定位、打造个性品牌、创新节目编排，在导向、效益、影响力等方面，都取得了较大成绩，《超市大赢家》、《今晚》、《交换空间》等新推栏目收视表现强劲，《全民节约 共同行动》、《中国经济大讲堂》等特别节目提升了频道主流影响，《小丫跑两会》、《马斌读两会》、《总编说两会》等个性化品牌、《梦想中国》、《青春中国》、《3·15晚会》等老品牌提升了频道的品牌价值，频道的整体效益比去年有了明显提升。

CCTV-3 综艺频道

中央电视台综艺频道是以播出音乐及歌舞节目为主的专业频道，于1995年11月30日正式播出，通过亚太1A卫星覆盖全国，每天播出19小时左右。

综艺频道以创作精品栏目，繁荣电视文艺为宗旨，加强节目的服务性、娱乐性、民族性、参与性、艺术性和群众性，融综艺、音乐、资讯服务、文学、歌舞等各类文艺性节目为一体。2005年，综艺频道按照艺术规律大胆创新，打造频道品牌。《艺术人生》、《星光大道》、《激情广场》、《挑战主持人》、《快乐驿站》等栏目不断调整、大胆创新，提升节目品格、重视节目收视，使栏目充满活力和竞争力。

CCTV-4 中文国际频道

中央电视台中文国际频道开播于1992年10月1日，是中央电视台唯一面向全球播出的中文频道。中文国际频道的目标观众是全球华人，特别是居住在海外的华人、华侨以及港、澳、台同胞。

2005年，中文国际频道秉持“第一时间、第一现场”的新闻制作理念，对印度洋海啸救援行动，连战、宋楚瑜、郁慕明访问大陆，“神舟六号”从升空到返回的全过程进行了全程跟踪报道，同时推出了大型系列节目《直播新疆》、特别报道《西藏走过40年》、文献片《不能忘却的历史——纪念台湾光复60周年》等优秀节目。

2006年，中文国际频道将推出全新改版，力求实现新的战略目标，构建全球华人共享的平台，为传播中国文化、联络海内外华人情感作出更多贡献。

CCTV-5 体育频道

中央电视台体育频道是国内创办最早、规模最大、拥有世界众多顶级赛事国内独家报道权的专业体育频道，于1995年1月1日正式开播，通过亚太1A卫星覆盖全国，每天平均播出16小时以上。

中央电视台体育频道自2005年9月5日起全面改版，实现全天24小时播出。新改版的体育频道突出赛事、加强新闻、改进编排，在原有的早中晚三档体育新闻栏目《早安中国》、《体坛快讯》和《体育世界》基础上，新增两个半小时左右的新闻栏目，分别在早上7点和晚间24点播出。另外，体育频道将增加体育赛事的转播和国际顶级赛事的重播，形成赛事转播和新闻报道两条主线的风格。

体育频道将放眼北京2008年奥运会，打造中国电视体育报道的航母，让中国的电视观众在中央电视台的体育频道看到世界最顶级的体育赛事，最权威、快速、全面的体育新闻，最有深度的体育报道，共同分享体育文化的快乐。

CCTV-6 电影频道

中央电视台电影频道是以宣传电影、培养电影观众、传播影视文化为宗旨的专业频道，于1996年1月1日正式开播，通过亚太1A卫星覆盖全国，每天平均播出近17小时。

电影频道每天播出8部风格迥异的中外电影和大量生动活泼、寓教于乐的国内外优秀故事片、纪录片、科教片、动画片、戏曲片和部分电视剧。

2005年，电影频道逐步推进CHC《家庭影院》频道和面向北美地区观众的《中国电影》频道，通过NOW宽频电视网播出《中国电影》频道（香港），并承办了“华表奖”、“金鸡百花电影节”等国内重大影视活动的颁奖典礼，并全程转播了“奥斯卡”、“戛纳”、香港电影“金像奖”等国际影坛盛事。为了庆祝中国电影百年华诞，电影频道经过两年多的精心策划和筹备，隆重推出大型多媒体音乐剧《电影之歌》，获得了业界的高度赞誉。

CCTV-7 少儿·军事·农业频道

中央电视台少儿·军事·农业频道是以播出少儿、军事、农业节目为主的专业频道，于1995年11月30日开播，通过亚太1A卫星覆盖全国。每天平均播出近17个小时。

少儿节目在上午、下午、晚上都有相对集中的播出时间，播出栏目中有大型教育性、杂志性栏目，有专门播放动画片、儿童剧的栏目，有面向学龄前儿童、小学生的栏目，也有面向初中、高中学生的栏目。军事节目每周播出23小时，主要发布权威军事新闻、展示中国军队风采、传播国防科技知识、追踪世界军事风云、反映军队生活。农业节目面向中国广大农民生产生活，主要为广大农民提供农业信息，传播农业科技知识，反映农民朋友丰富多彩的生活，是面向农民、贴近农民、深受农民欢迎的栏目。

CCTV-8 电视剧频道

中央电视台电视剧频道是以优秀电视剧为主要播出内容的专业频道，于1999年5月3日开播，通过亚太1A卫星覆盖全国，平均每天播出17小时。

电视剧频道紧扣时代脉搏、弘扬社会正气、高唱时代主旋律，播出了大量集聚思想性、艺术性、观赏性的优秀电视剧。电视剧频道2005年实现全面改版，突出电视剧特色，清理频道，减少庞杂，实现24小时打通播出，白天连播数集，晚上黄金时间突出多样化和娱乐性，精选精品剧目3集连播，非黄金时段满足观众收视需求，按照电视剧类型或导演、演员的作品进行系列编播，收视效果良好。

CCTV-9 英语国际频道

英语国际频道是国内目前唯一全英语24小时播出的国际新闻频道，于2000年9月25日开播。频道创办以来，始终致力于为全球观众提供迅速、客观、权威的新闻报道。频道以新闻和新闻性节目为主，以专题、文化和文艺类节目为补充。英语国际频道的播出信号实现了全球覆盖，其节目可以通过卫星通达世界的每一个角落，海外用户数量高达4350万户。

CCTV-10 科学·教育频道

中央电视台科学·教育频道是响应国家“科教兴国”方略、以提高国民素质为宗旨、以教科文题材为内容的专业电视频道。自2001年7月开播以来，频道始终坚持“教育品格、科学品质、文化品位”的定位方向，经过几年改进、提高、推广，树立了“服务社会、服务大众”的理念，正在走向以“专业频道品牌化建设”为核心的发展之路，已经成为中央电视台一个特色鲜明的专业频道。

2005年12月26日，科教频道推出新版，突出“服务社会、服务受众”理念，坚持“教育品格、科学品质、文化品位”的定位方向，调整原有布局，精简栏目数量，加大了对频道的整体设计力度，提升了频道的整体竞争力。

CCTV-11 戏曲频道

中央电视台戏曲频道是以弘扬和发展我国优秀戏曲艺术，满足戏迷审美要求为宗旨的专业频道，于2001年7月9日开播。

戏曲频道充分体现了中华民族优秀传统文化的博大精深，内容以欣赏类节目为主，汇集全国各地戏曲种类200多个，同时加强知识性、趣味性、参与性、服务性、强化戏曲艺术与中华民族深厚文化底蕴的渊源关系，并完整播出全国各地戏曲的优秀传统戏和新编现代戏。

2005年，戏曲频道对有关栏目进行微调，取得了良好的社会效益。

CCTV-12 社会与法频道

社会与法频道以宣传“依法治国”、“以德治国”的治国方略，宣传建设“和谐社会”的目标，传播法律精神、普及法律知识、提高国民法律素质为宗旨，体现“公民、公正、公益”的核心理念和诉求。

社会与法频道以稳定社会发展、化解社会矛盾、构建和谐社会为己任，适应党和国家建设与发展的需要、适应公民社会生活的需要。频道努力做到贴近实际、贴近生活，努力做到好看、有用。依托中央电视台长期积累的传播资源，以社会、道德、法律等为主要内容，以新闻、专题、访谈、现场直播、电视剧等多样的节目形态树立频道生动活跃的形象，保持频道引人入胜的魅力。

2005年，社会与法频道策划组织了“关注未来行动”，使之成为跨频道、多栏目、具有后续性的大型媒体行动，在全国范围内塑造了社会与法频道良好的社会形象。

CCTV-新闻频道

中央电视台新闻频道于2003年5月1日起试播，7月1日起正式播出。通过亚太1A卫星C波段12B转发器覆盖全国。

新闻频道全天24小时播出，全天24档整点新闻。整点新闻突出时效性和信息量，以最快的速度向观众提供第一手的国内国际新闻资讯，实现滚动、递进、更新式报道。整点新闻后，分别安排了财经、体育、文化、国际四大类分类新闻。

新闻频道的专题节目包括新闻背景、新闻评论、新闻调查、舆论监督、民意调查、法律等各种节目形态，是对整点新闻和分类新闻的补充和深化。

2005年，新闻频道大力实施有效传播策略，充分开掘品牌栏目、品牌主持人的品牌效应，抬升频道收视，扩大频道的影响力，各新闻栏目创新性地推出一些系列重大制作，特别节目努力拓展新的直播空间，频道还重点打造大型品牌活动，全年累计收视份额比上年提升了38个百分点。同时，新闻频道积极优化频道节目结构，以“定位更准、栏目更精、影响更大、创收更多”作为频道品牌化改革的目标，积极提升新闻频道的公信力、影响力和竞争力。

CCTV-少儿频道

中央电视台少儿频道于2003年12月28日开播，每天播出18小时。

少儿频道以“尊重、支持、引导、快乐”为核心理念，以“健康、有趣、益智、教育”为总体基调，尊重少年儿童权益，支持少年儿童发掘自身潜能，引导少年儿童健康成长，让每个孩子都有最佳的人生开端，都有欢乐无限的生活空间。

2005年，少儿频道注重频道和节目编排，按收视群细分播出时段，实行分众播出；动画片整点播出主打国产动画；频道编排分为日常版和周末版；频道包装体现少年儿童特点和时代特征。

CCTV-音乐频道

音乐频道于2004年3月29日开播，每天播出18小时，每6小时为一单元，首播一次、重播二次。音乐频道目前是国内电视频道中唯一一个全天候播出中外古典音乐和各民族传统音乐的专业性严肃音乐频道。

音乐频道以播出中外古典音乐和世界各民族音乐为主要内容，大力弘扬中国民族音乐。在节目的安排上，既有欣赏性节目又有普及性节目，既有观众参与的互动节目又有音乐资讯类节目。

2005年，音乐频道强化专业精品意识，探索频道品牌化新模式，以精品为目标，以音乐会实况为主要内容，兼容西方古典音乐、中国传统音乐以及歌剧、歌曲等范畴，进一步加强节目包装、策划。同时，突出频道定位特点，发挥节目资源、创作资源上的优势。

CCTV－西法语频道

西法语频道于2004年10月1日正式开播，这是中文国际频道和英文国际频道之后开办的第三个国际频道，标志着中国电视对外宣传又跃上了一个新台阶。

西法语频道是一个24小时播出的新闻综合频道，以中国视角客观、公正地报道发生在中国和世界各地的新闻，以外国人感兴趣的内容展示现代中国，让西班牙语和法语国家的人民通过这一窗口了解中国，认识世界。

在节目编排方面，频道采用西班牙语和法语交替播出方式，每8小时为一播出区间，其中，西班牙语和法语节目各占4小时。各时段内，新闻实行滚动播出，专题节目首播一次，重播两次。频道采用数字压缩技术进行播出，传输信号覆盖全球。

法语节目以新闻节目为主导，以文化和娱乐节目为骨干，及时、客观地报道中国和国际新闻事件，阐述中国政府对国际重大事件的原则立场，介绍中国悠久的历史、灿烂的文化和秀美的风光，展示中国的社会、政治和经济发展成就。

西语节目为世界各地各国西班牙语观众提供丰富多彩的电视节目。各档新闻节目将向西语观众及时传播发生在中国、亚洲和世界的重大新闻；访谈、专题和文艺节目透析中国政治、经济、历史、文化、民俗等各个社会层面；教学节目向观众传授中国优美的语言和闻名于世的中国菜肴，从中了解中国的灿烂文化。

(总编室供稿)

2005年10月29日至11月6日，第四届东亚运动会在澳门举行。图为主持人朱虹在前方报道中心演播室。

二、2005年中央电视台各栏目目录

常规频道

总编室

《中国人口》
《专题片》（总）
《收视指南》
《请您欣赏》

新闻节目中心

《天气预报》
《时政专题》
《共同关注》
《新闻联播》
《晚间新闻》
《整点新闻》（15分钟）
《世界报道》
《新闻早8点》
《媒体广场》
《整点新闻》（10分钟）
《午夜新闻》
《今天》
《本周》
《整点新闻》（30分钟）
《世界周刊》
《国际时讯》
《纪实十分》（新闻）
《东方时空》
《焦点访谈》
《新闻调查》
《实话实说》
《小崔说事》
《纪事》
《国际观察》
《社会记录》
《面对面》
《新闻会客厅》
《央视论坛》
《中国周刊》
《军事天地》
《人民子弟兵》
《军事科技》
《中国武警》
《国防时空》
《祝你成才》
《军事报道》
《军营文化》
《新闻30分》
《每周质量报告》
《法治在线》
《新闻社区》
《约会新7天》
《频道包装》
《滚动字幕新闻》
《天气·资讯》
《宣传片》

海外节目中心

《整点新闻》
《新闻60分》
《华人世界》
《中国新闻》
《环球360》
《今日关注》
《名将之约》
《讲述》（海外版）
《走遍中国》
《艺术人生》（海外版）
《为您服务》（海外版）
《快乐驿站》（海外版）
《音画时尚》（海外版）
《演艺竞技场》（海外版）
《中华医药》
《动画城》（四套）
《新视听》（海外版）
《东方时尚》
《探索·发现》（海外版）

《生活》（海外版）
《中国文艺》
《学汉语》
《同乐五洲》
《欢聚一堂》
《体育在线》
《神州戏坛》
《中华情》
《台商故事》
《天涯共此时》
《国宝档案》
《台湾万象》
《海峡两岸》
《互动星期天》
《缘分》
《今日亚洲》
《今日世界》
《外国人看中国》（英）
《高科观察》
《一周回顾》
《文化报道》
《自然与科学》
《财经报道》
《中华美食》
《今日话题》
《纪录片》（英）
《教汉语》
《驾车游》（英）
《荧屏导视》
《人物聚焦》
《新闻一小时》
《旅游指南》
《闽南话时间》
《两岸万事通》
《体育报道》（英）
《环球瞭望》
《中国各地》（英）
《体育新闻周末版》
《新探索》
《中华艺苑》（英）
《今日中国》
《华夏文明》
《综合新闻》
《收视指南》
《栏目宣传》
《文化新闻》（西）
《综合新闻》（西）
《纪录片》（西）
《旅游指南》（西）
《文艺舞台》（法）
《交际汉语》（西）
《这就是中国》（西）
《综合与财经新闻》（法）
《电视剧》（法）
《财经新闻》（西）
《体育新闻》（西）
《外国人看中国》（西）
《中华艺苑》（西）
《综合新闻》（法）
《荧屏导视》（西法）
《文化新闻》（法）
《对话》（西）
《纪录片》（法）
《前进中的中国》（法）
《学做中国菜》（西）

社教节目中心

《频道包装》（12套）
《纪实十分》（社教）
《道德观察》
《半边天》
《健康之路周刊》
《当代工人》
《中华民族》
《健康之路》
《讲述》
《公益行动》
《心理访谈》
《收视指南》（社教）
《欣赏》
《见证》
《人物》
《子午书简》
《第10放映室》
《探索·发现》
《绿色空间》
《科技博览》
《科技之光》

《走近科学》
《科学世界》
《状元 360》
《夕阳红》
《天天饮食》
《家庭》
《希望－英语杂志》
《百家讲坛》
《人与社会》
《法律讲堂》
《今日说法》
《西部教育》
《道德观察》（日播版）
《忏悔录》
《庭审现场》
《大家看法》
《第一线》
《中国法治报道》
《导视》（12 套）
《天网》
《法治视界》
《经济与法回放》
《方圆剧场》
《天地剧场》

文艺节目中心

《剧场》
《曲苑杂坛》
《轻松十分》
《欢声笑语》
《舞蹈世界》
《欢乐中国行》
《梦想剧场》
《快乐驿站》
《神州大舞台》
《演艺竞技场》
《真情无限》
《综艺快报》
《音画时尚》
《艺苑风景线》
《南腔北调》
《民歌·中国》
《音乐告诉你》
《电视剧》
《黄金强档》
《魅力 100 分》
《快乐剧场》
《影视同期声》
《少儿剧苑》
《影视金曲》
《大剧场》
《飞天回眸》
《都市剧场》
《影视俱乐部》
《影视剧场》
《人与自然》
《周日影院》
《外国文艺》
《世界各地》
《国际艺苑》
《动物世界》
《正大综艺》
《联合对抗》
《海外剧场》
《世界影视博览》
《佳艺影院》
《佳艺剧场》
《环球影院》
《音乐·故事》
《经典》
《同一首歌》
《艺术人生》
《电视诗歌散文》
《想挑战吗》
《挑战主持人》
《中国音乐电视》
《新视听》
《激情广场》
《星光大道》
《文化访谈录》
《跟我学》
《九州大戏台》
《CCTV 空中剧院》
《过把瘾》
《戏曲采风》
《梨园擂台》
《地方戏之窗》
《名段欣赏》

《戏苑百家》
《点播时间》
《每日歌曲》
《星光舞台》
《音乐人生》
《影视留声机》
《走进歌剧》
《CCTV 音乐厅》
《风华国乐》（周末版）
《风华国乐》
《魅力 12》
《与您相约》
《节目预告》（文艺）
《幕后》
《插花》
《包装》
《节目预告》（电视剧）
《节目预告》（戏曲）
《节目预告》（音乐）

广告经济信息中心

《开心辞典》
《幸运 52》
《欢乐家庭》
《财富故事会》
《非常 6+1》
《生活》
《中国财经报道》
《金土地》
《找工作》
《经济信息联播》
《绝对挑战》
《经济半小时》
《赢在中国》
《经济与法》
《中国证券》
《生活周末版——交换空间》
《第一时间》
《艺术品投资——鉴宝》
《生活周末版——电视烹饪大赛》
《为您服务》
《红河地球故事》
《对话》
《今晚》
《全球资讯榜》
《超市大赢家》
《艺术品投资》
《广告》
《二套导视》

体育节目中心

《体育欣赏》
《体育专题》
《早安中国》
《体坛快讯》
《体育新闻》
《精彩 F1》
《体育世界》
《体育人间》
《午夜体育报道》
《赛车时代》
《北京 2008》
《体育晨报》
《体育报道》
《顶级赛事》
《实况录像》
《全明星猜想》
《体育商城》
《运动空间》
《篮球公园》
《棋牌乐》
《现场直播》（体育）
《健身房》
《NBA 赛场》
《直播周末》
《天下足球》
《足球之夜》
《实况足球》
《巅峰时刻》
《节目预告》（体育）

青少节目中心

《影像地带》
《童心回放》
《少年体校》
《节目早知道》
《新闻袋袋裤》
《公德行动》

《动感特区》
《名师名校》
《成长在线》
《动漫世界》
《智慧树》
《银河剧场》
《中国动画》
《周末音乐快递》
《音乐快递》
《频道编辑包装》（青少）
《金螺号》
《神奇之窗》
《快乐体验》
《动画乐翻天》
《文学宝库》
《动画短片》
《英雄出少年》
《三星智力快车》
《LG 移动电话金苹果》
《选择》
《东方儿童》
《异想天开》
《第二起跑线》
《大风车》
《芝麻开门》
《周末七巧板》
《同一片蓝天》
《银河剧场周末版》
《七巧板》
《动画城》

中国农业电影电视中心

《农广天地》
《基层瞭望》
《聚焦三农》
《乡村大世界》
《每日农经》
《生活 567》
《广告》（农业）
《致富经》
《法制编辑部》
《科技苑》
《搜寻天下》
《乡约》

电影频道节目中心

《中国电影报道周末版》
《戏曲片》
《故事片》
《佳片有约》
《中国电影报道》
《美术片》
《世界电影之旅》
《少儿影院》
《专题片》
《动作 90 分》
《广告》（电影）
《导视》
《全民演艺吧》
《今日影视》
《欣赏》（电影）
《电影人物》
《情感剧场》
《光影周刊》
《银色经典》
《流金岁月》
《探索影厅》
《影人 1+1》
《周日点播》
《形象片》
《国产片》
《电影音乐》
《音乐之声》
《世界电影之旅之资讯快车》
《科教片》
《节目预告》（电影）
《光影中转站》
《译制片》
《世界纪录片长廊》
《纪录片》（电影）

中央新闻纪录电影制片厂

《重访》

北京科学教育电影制片厂

《大家》
《百科探秘》

付费频道

电影频道节目中心

《故事片》（付费）
《译制片》（付费）
《专题片》（付费）
《家庭影院频道包装》
《戏曲片》（付费）
《专题片》（北美）
《故事片》（北美）
《戏曲片》（北美）

体育编辑部

《高尔夫时间》
《网球时间》
《欧陆烽火》
《足球之美》
《足球亚洲》
《足球华彩》
《绝妙好球》
《欧战快报》
《德甲珍藏》
《意甲珍藏》
《关于足球》
《世界杯殿堂》
《国际足球赛场》
《足球实况》
《第一运动》
《足球记忆》
《英超十年》
《天天足球》
《经典无限》

中央数字电视传媒有限公司

《高尔夫·网球频道包装》
《风云足球频道包装》
《风云现场》
《榜上风云》
《流水 MV》
《乐色撩人》
《欧美现场周末版》
《欧美现场》
《风云音乐频道包装》
《乐乐欲视》
《音乐纪录》
《第一剧场频道包装》
《热门影院》
《精彩集粹》
《风云剧场频道包装》
《风云剧场》
《世界地理 30′》
《经典纪录》
《世界地理 50′》
《探索》
《世界地球频道包装》
《免费试看》
《我喜欢我推荐》
《数字先锋》
《数字飚榜》
《电视指南》
《黄金直播》
《电视指南频道包装》
《精选黄金档》
《整点冲击播》
《收视风云》
《行游天下》
《赛场》
《欢乐时光》
《CCTV－娱乐频道包装》
《CCTV－戏曲频道包装》
《央视文化精品频道包装》
《魅力精品榜》
《怀旧经典频道包装》
《记忆》
《星光依旧》
《世纪回眸》
《百年经典》
《经典重温》
《星光再现》
《一曲难忘》
《曾经感动》
《纪录片》（高清）
《电视剧》（高清）
《旅游》
《体育》
《时尚》
《电影》（高清）
《包装》（高清）
《音乐》

三、2005年中央电视台新增及改版栏目选介

《媒体广场》

《媒体广场》是新闻节目中心编辑部主办的早间读报栏目，宗旨是“读大报，说大事，传播权威资讯”。栏目以摘播当天出版的国内主流报刊为主，“采集内外媒体，解读天下报章”，目前已经得到国内上百家主流报刊的资源支持。

2005年12月19日，该栏目引进多媒体高速浏览系统（QUICKMEDIA），对传统的播报方式和表现手段进行全面改革。新版《媒体广场》主要设置“传媒要览”、“传媒聚焦”、“传媒话题”、“传媒瞬间”、“传媒快报”等板块，既关注各大报刊发表的重要新闻、评论，也关注主流都市媒体报道的社会话题，国内有重要影响的产业类报刊也在栏目中得到体现，观众足不出户即可以在第一时间了解当天国内报刊的主要内容。

此外，栏目还引进新华社、路透社、法新社等通讯社丰富的新闻图片资源，满足了观众了解国际社会、时事、环境、人文等方面精彩影像的需要。新版《媒体广场》在追求报纸有效信息传播的同时，更加注重报纸精美版面的全面展示，主持人利用触摸屏幕对报纸版面进行拖动、放大、勾画、并配合对报纸内容的介绍和点评，大大提升了党报及国内主流大报在央视屏幕的传播效果。

《媒体广场》是每日早晨直播的新闻专题类栏目，新闻频道播出时间是6：30～6：52，时长22分钟；综合频道播出时间是7：15～7：53，时长38分钟。每天播出总时长达到59分钟，介绍报纸版面通常可达60块，摘播报纸信息约70条，文字量近万字。

电子信箱：meitiguangchang@cctv.com，传版网址：ftp.pub.cctv.com。

联系电话：68508705、68509298、68509332。

《晚间新闻》

根据李长春同志的批示，2005年3月1日，新闻节目中心对《晚间新闻》节目进行了全面改版。这次改版的目标是把《晚间新闻》锻造成一档重点突出、特色鲜明、风格清新、注重实效，具有贴近性、可视性和权威性的新闻栏目，使《晚间新闻》成为一套继《新闻联播》、《焦点访谈》之后的又一名牌栏目。

新版《晚间新闻》由国内、国际、体育三部分组成。播出时间从每晚22：35分调整到22：00，节目时长从25分钟增加到30分钟，并在新闻频道23：00安排了重播。

全新改版之后，《晚间新闻》的节目定位是：汇集全天国内、国际、体育新闻精华，及时生动报道党和国家领导人重要活动和国家重大方针政策。宗旨是体现政治性、权威性、导向性。节目风格是庄重、大气、准确、生动、清新、鲜明。

新版《晚间新闻》由康辉、海霞、杨晨三位观众认可度高的主持人担任主播。主持人的语言表达追求快节奏、风格化，稿件写作配合主持人的表达，以短句为主，使报道更清晰、更准确。

本栏目分别在新闻频道和综合频道播出。

《体育在线》

《体育在线》栏目开办于2002年9月，是中央电视台中文国际频道的唯一一档体育综合节目，也是海外华人华侨观众了解中国体育发展状况、欣赏国内精彩体育赛事的唯一窗口。三年来，《体育在线》栏目已经成为海外华人密不可分的朋友。根据海内外观众不同的需求，2005年上半年《体育在线》在内容编排方面作了重大调整。每周二播出的内容是对上周中国体

坛发生的重要事件进行梳理。将上周国内重要的体坛动态加以点评并及时地传达给海内外的受众。周三播出的内容是国内的赛事精选，将中国近期举行的精彩赛事进行重新编辑，以赛事赏析的形式对经典赛事进行回顾。周四播出的内容是中国体坛人物。主要是讲述中国体育界的优秀运动员取得辉煌成绩背后的感人故事。这样的播出时段和独特的内容安排，充分地满足了海内外不同观众的需求，在海外《体育在线》已经成为家喻户晓的体育类品牌栏目。

本栏目时长：30分钟，中文国际频道（CCTV-4）每周二、三、四播出，首播6：30，重播14：30、22：20。

栏目网址：www.cctv.com/program/sportsonline/，栏目邮箱：tyzx@cctv.com。栏目电话：88243056。

《学汉语》

近年来，随着汉语热在世界范围内持续升温，越来越多的国家都陆续开设了汉语教学课程。目前，世界上已有100多个国家的2300多所大学开设了汉语课程，学生已达到3000多万。

《快乐中国——学汉语》是中央电视台中文国际频道开办的唯一一档向全球播出的汉语教学栏目。2005年该栏目全面改版，通过双语教学的方式，全方位展示汉语言文化的魅力，将汉语学习融入到中国传统文化情愫之中。

到目前为止，节目已经保质保量地播出了高清节目543期，节目储备44期，剧本储备40期。2005年圆满完成收视率目标，并在CCTV-4的38个栏目中排名第五。2006年的拍摄规划已全部安排完毕。栏目组的各项工作正在按计划、有条不紊地向前推进。

节目时长：10分钟，由国际频道（CCTV-4）播出，播出日期：周一至周六。首播10：45，重播：16：15、1：45。

《同乐五洲》

《同乐五洲》栏目是中央电视台唯一一档由在华的外国人参加的文化娱乐栏目。改版前的节目内容主要以展示外国人学汉语和学习中国文化才艺为主。2005年新版的栏目在此基础上全面升级，成为一档趣味性谈话栏目。在这档栏目中，外国嘉宾与中方嘉宾共同就社会热点话题以及中外文化现象进行坦诚的交流、讨论，其多元的思维、不同文化的碰撞，使节目风趣幽默、妙趣横生。沙龙式的氛围设计、开放式的话题结构，形成了国际频道鲜明的栏目特色。“以情趣引领话题，以心得感悟人生，以个案见证时代，以交流分享文化”的栏目内容和形态，力求达到让中国了解世界，让世界了解中国的目的。

节目时长：50分钟，播出：隔周日5：05，重播13：05、19：10。

http://www.cctv.com/program/tlwz。

《欢聚一堂》

《欢聚一堂》是中文国际频道一档集观赏性、娱乐性、趣味性和知识性为一体的综合节目。栏目创建10年来获得多次中国电视文艺“星光奖”优秀栏目奖，在中文国际频道收视排行一直名列前茅。2005年该栏目重新改版，重组主打目标，形式和风格上都进行了改变，当年收到良好效果。栏目制片人申整齐同志荣获“中国十佳制片人”称号。该栏目推出的“相聚巴塞罗那”、“烟花三月下扬州——第二十一届中国戏剧梅花奖颁奖典礼”、“相聚张家港——长江文化周开幕式晚会”及“魅力绍兴——大世界基尼斯颁证晚会”等大型节目，在海内外观众中赢得一致好评并产生强烈反响。

节目时长：50分钟，由中文国际频道CCTV-4播出，播出日期：隔周日5：05，重播：13：05、19：10。

http://www.cctv.com/program/hjyt。

“开学啦”特别节目主持人文静、嘉宾康健、地方新闻部副主任杨华和部分节目主创人员在演播室合影。

《中国文艺》

《中国文艺》开播于1996年5月1日，是中央电视台中文国际频道的一档综合性文艺专题栏目。节目内容弘扬中华民族传统文化，传播五千年古老文明，关注中国与世界重大的文艺活动，用精彩的电视文艺作品为海内外华人观众打开一扇精神视窗。

《中国文艺》栏目2005年进行了改版，其基本形式是主持人串场或演播室访谈，将大量节目素材结构整合，精心拍摄，编辑完成。在国内的电视栏目中，文艺类节目不少，但文艺专题类节目却不多见。《中国文艺》确立独特的视角点，逐步形成了自己既有欣赏性，又不失故事性、文学性的栏目风格，在文艺类节目中独树一帜。

“乐之韵，舞之风，纵览华夏，风情千万种；东方神韵的世界，尽在《中国文艺》。”为使中国电视文艺多元化发展，为将东方文化源源不断地奉献给海内外的华人，为倾注全力打造出一个给予观众丰富情感的电视艺术平台，《中国文艺》始终不渝地坚持和努力着。

栏目时长：20分钟。中文国际频道（CCTV-4）周一至周五播出，首播：6：10，重播14：10、22：00。

http：/www.cctv.com/program/zgwy。

《神州戏坛》

《神州戏坛》栏目创办十年来，不断地调整和探索节目内容和表现形式，力图做到节目与戏曲同类节目区别开，在乡土、乡音、乡情上打动海内外的观众，办出海外栏目的特色。

2005年，《神州戏坛》隆重推出百集戏曲人物专题《粉墨春秋》，首批推出了15期人物，以他们的艺术人生为主线，介绍了于魁智、张火丁、史敏等为代表的当今新一代风华正茂、中流砥柱的京剧界重量级人物。第二批推出了许多戏曲界的前辈和地方戏的代表人物。《粉墨春秋》播出后，受到广电总局领导和业内人士的认可和赞扬，同时也引起了海内外众多观众的关注和喜爱。

栏目时长：30分钟，中文国际频道（CCTV-4）每周一播出，首播：6：30，重播：14：30、22：00。

http：//www.cctv.com/program/szxt。

《中华情》

中央电视台中文国际频道的“中华情”——全球华语经典原创歌曲演唱会是由国务院台湾事务办公室、中国文化部、中国文联、国家广播电影电视总局联合发起，中央电视台、台湾中天电视台、香港亚洲电视台、澳门电视台等强势媒体通力合作，面向全球华语观众隆重推出的集原创、经典为一体、规模宏大的华语歌会。

该栏目成功举办了“风采中国·魅力广州”2005年中央电视台元旦双语晚会，以及“江城月·中华情”2005年中央电视台中秋晚会。《中华情》一直以经典华语音乐为载体，以凝聚华人情感、呼唤统一为宗旨，致力于全世界华人搭建一个情感沟通和交流的平台，实践“鲜、亮、新”的外宣方针。

2005年12月16日总导演郭霁红通过公开竞聘，成为《中华情》栏目独立制片人。

栏目时长120分钟。中文国际频道（CCTV-4）周日剧场播出。

《中华医药》

《中华医药》栏目是中国电视媒体中唯一一档向海内外传播中国传统医药文化的电视栏目。

栏目以“关注生命健康，服务全球华人”为宗旨，为海内外观众提供权威的健康医药咨询，致力于传播中国传统医药文化的独特魅力，在全面反映中华传统医学博大精深的同时，也关注当代中华医学对世界的贡献。

栏目于2005年重新改版，将节目分为《健康故事》、《仲景养生坊》、《洪涛信箱》3个板块。其中《健康故事》通过讲述中国医术救治疑难病人，或中国人与顽症作斗争的感人故事，展示中华医学的博大精深和与时俱进，体现中国人民的顽强精神；《仲景养生坊》结合时令节气，向观众推荐各种食疗药膳、推拿按摩、太极八卦等简便易行的自我保健方法，凸现中华养生文化中预防疾病、保持健康、延年益寿的健康生活理念；《洪涛信箱》立足于海内外观众的“健康点播”，由主持人根据观众健康需求剖析不正确的医疗方式和医疗误区，给予权威、个性化的咨询服务。

播出时间：周日16：45、22：50，播出频道：中文国际频道（CCTV-4）。

网址：www.cctv.com。

《交换空间》

《交换空间》于2005年4月3日正式推出，栏目宗旨是：倡导自主动手、环保家装，推崇轻装修、重装饰的装修原则，促进人与人的交流和理解，核心内容是在保障观赏性的同时，提供装修知识、家装创意和家装常识。《交换空间》是一档贴近普通电视观众，以倡导自主动手、节俭装修为理念的服务类节目，所有将要家装的、正在家装的、已经家装的，热爱生活、热爱家庭的人群都是栏目收视对象。在每期节目中，两个家庭将分别提供自己房屋中的某一房间，在装修团队的帮助下，互换空间进行装修。在这场装修挑战中，每个家庭只有48小时和8000元的有限预算，如何在规定时间、有限预算内完成装修任务成为节目最大看点。

栏目时长：60分钟，播出频道：经济频道，播出时间：每周日晚17：30首播，每周日7：00～8：00、周一1：20～2：20、周四10：48～11：48重播，栏目网址：www.cctv.com。

电子信箱：kongjian@cctv.com，联系电话：(010) 68500234。

《超市大赢家》

《超市大赢家》是经济频道一档在超市实景拍摄，通过紧张刺激的竞技游戏，轻松传达服务信息的大型消费竞技节目，也是一档贴近群众，贴近生活的服务益智节目，2005年4月2日开播。《超市大赢家》旨在倡导健康生活，引领理性消费，充分展现普通百姓生活中的购物技巧和智慧，释放普通百姓的购物激情，展示不同职业、不同文化、不同地域劳动者家庭的消费技巧和消费观念。节目采用紧张刺激的淘汰赛制，“眼疾手快”、“感官总动员”、“心有灵犀”、“争分夺秒”等环节环环相扣，既表现了搭档之间的团结合作精神，又表现出参赛队员在购物方面的聪明智慧。最终胜出者将成为“超市大赢家”，获得一份超值惊喜大奖。

栏目时长：70分钟，播出频道：经济频道，首播时间：周六19：50，重播时间：周日16：15、周一1：00、周五10：48、周六13：35（首播一次，重播四次）。

栏目网址：www.cctv.com。电子信箱：market-star@cctv.com、market-star@vip.sohu.com、market-star@vip.sina.com。联系电话：(010)68550752、(010) 68550753。

《财富故事会》

《财富故事会》是一档紧扣经济频道特色而打造的午间日播栏目，于2005年7月18日正式开播。栏目的宗旨是与观众共同分享不一般的财富经历和经验，感受财富背后的人生故事。节目的核心内容是主打由财富人物、财富事件中因财富聚散而引发的各类中外传奇故事，关注主人公追逐财富梦想过程中的命运转折和心灵体验，传达健康的财富观。它以故事为主要表现形式，使观众在午间通过听故事达到轻松、休闲的收视效果。栏目的选题宗旨是人物不论大小，财富不论多少，只求故事最好。栏目定位语：“说财富故事，品人生百味。”

栏目时长：30分钟，播出频道：经济频道，播出时间：周一至周五12：40首播，周一至周五23：23重播。

栏目网址：www.cctv.com，电子信箱：cf1062@vip.sohu.com，联系电话：(010) 68550635。

《今晚》

《今晚》栏目是经济频道2005年3月28日开播的一档轻资讯幽默脱口秀栏目。栏目本着“看人间趣事，添生活智慧，笑对生活，从《今晚》开始”的宗旨，以幽默的方式对资讯进行重新结构和独特解读，连同主持人高博与嘉宾笑谈与现代人生活密切相关的话题，使观众在愉悦心情的同时，获得一定数量和质量的资讯。节目由资讯和访谈两大部分构成。资讯部分——精选当天或近期与百姓生活有关的资讯，并对此进行幽默延伸和喜剧加工。访谈部分——邀请具有一定新闻性的社会各界名人进入演播室，笑谈与现代人生活相关联的话题。

栏目时长：30分钟，播出频道：经济频道，播出时间：周一至周四22：25首播，次日凌晨1：00、下午16：15重播，周五23：35首播。

栏目网址：www.cctv.com，电子信箱：jinwan@cctv.com，联系电话：(010)68500416、(010)68500479。

《天涯共此时》

《天涯共此时》从过去注重报道海峡两岸民众亲情交流的故事，整体改变为关注两岸共同共有的社会话题和民生民计的内容；同时，从延续多年的每期多板块杂志的节目构成，改变为每期一个主题延贯始终。

整体改版后的栏目还推出了新颖的节目形式：通过北京——台北两方主持人和嘉宾主持参与制作成连续直播的效果，以增强整期节目的节奏感和真实性。寓服务于娱乐游戏之中，通过两岸主持人、嘉宾和观众的参与互动，展示各自生活状况，让每期节目现场和每次播出，成为两岸百姓互动了解和交流的窗口。

《天涯共此时》还在台湾中天电视台播出50分钟

版，由栏目组提供。

每期节目时长45分钟，每周一期，每周六在第四套节目16：45、22：50播出。

《互动星期天》

2005年5月中央电视台国际频道《互动星期天》节目全新改版，以最酷最炫的形式亮相荧屏。节目以竞争旅行伙伴为节目主线，以赢取旅行机票为最终目标，以现场两岸青年之间的互动谈话为主要形态，充满浓郁综艺色彩又充满了鲜活时尚元素。

节目紧扣在中国方兴未艾的旅游热潮，以两岸青年男女竞争旅行伙伴为设计理念，借力于单身男女交友旅行，以电视媒介综艺娱乐的表现手法，为广泛存在的青年男女提供一次通过旅游面对面交往的机会，借以展示当前社会青年男女们的交友观、人生观和价值观，尤其是彰显海峡两岸有关文化传承、生活方式、思想观念等方面的相同和差别，在悬念迭起、满怀期待、紧张而又愉快的气氛中实现年轻人的理解和沟通，从互相的了解中推及最深度的接触与沟通，促进一段旅行的完成。

节目环节简单明了，层次分明，主角通过三次选择确定最终旅行伙伴；节目流程环环相扣，逐一递进，趣味横生；节目结局悬念丛生、跌宕起伏；观众参与方式独特，他们的选择与主角的选择直接决定最后结局。节目主旨有益、有趣、有序。

时长：50分钟，播出频道：CCTV-4（中文国际频道），播出日期：每周日，播出次数：两次，播出时间：首播：14：05～14：55，重播22：00～22：50。

网址：www.cctv.com，电子邮箱：HDXQT@126.COM，电话：(010) 68512252、68515353、88244115。

《两岸万事通》

《两岸万事通》为包括港澳台同胞在内的海内外观众服务，内容涉及投资理财、求学就业、旅游观光、健康美食、法律求助等。

2005年重新改版后推出下列节目：

(1) 常规节目：分为投资理财、求学就业、健康美食、生活服务等板块。

(2) 特别节目：

百集系列节目——《服务台胞东南行》为在大陆投资生活的台胞提供服务，真实记录台胞在大陆投资、定居、求学、就业、就医等领域的感人故事，为台胞的创业和生活提供帮助。

百集系列节目——《台胞法律服务百问》以情景剧的形式，再现台胞在大陆投资、生活中所遇到的典型案例，邀请法律专家进行点评，帮助台胞了解大陆各项政策法规，依法维护自身权益。

百集系列节目——《吃出健康来》介绍百姓餐桌上常见食品，邀请权威专家学者，解读百姓餐桌上的饮食科学，细数家常便饭中的通俗道理。

节目时长：15分钟，播出频道：中文国际频道，播出时间：7：40、17：45、23：30（周一至周五）。

电子信箱：lawst@mail.cctv.com。联系电话：(010) 88244116、88243731。

《闽南话时间》

《闽南话时间》是国际频道开播的方言栏目，是一档新闻杂志型栏目，该栏目2005年进行全面改版，改版后《闽南话时间》以乡音沟通乡情。栏目分为4个板块：第一是《关注台湾》，主要回顾本周国内及台湾发生的重要新闻事件；第二是《本周话题》，简要点评一星期以来台湾发生的事件；第三是《聚集热点》，主要报道近期两岸在时政方面所发生的各种事件、热点新闻的深度报道及两岸专家对事件的评述；第四是《海峡看点》，主要介绍台湾地区在社会、经济、文化方面的新闻事件及事件的深入调查。时长30分钟。播出时间：每周六10：15首播，每周日1：15重播。

电子信箱：mshsj@mail.cctv.com，栏目网址：www.CCTV.com。

《驾车游 Getaway》

《驾车游》是英语频道改版后新增的一个栏目，首播时间为2005年9月28日。该栏目是一档具有大都市鲜明个性的双语旅游休闲栏目。英文名称为《Getaway》寓意："出发"。节目的主要内容为自驾车旅游，边行、边看、边体验。节目强调内容的真实、动感及时尚。景点风光、风土人情、趣闻轶事串联起了无尽的视觉享受，而行车路线指南、户外旅行知识、餐宿娱购提示等增强了节目的知识性和实用性。

本节目的外籍主持嘉宾同时也是一位旅行者。他青春时尚、充满活力，对世界充满了探知的好奇心和热情。旅行中他将以自己独到的视觉角度为观众介绍景色和个性化的旅游体验。栏目宗旨：表现"自助驾车游"这种在中国新兴的时尚生活方式和旅游形式。

时长：30分钟，频道：CCTV-9，日期：每周三、六，次数：每天3次，时间：5：30,13：30,21：30。

网址：http://www.dragontv.cn，电邮：11@dragontv.com。电话：(010) 62565899-6752。

《新闻一小时（News Hour）》

《新闻一小时》是英语频道改版后新增的一档综合新闻节目，首播时间为2005年9月26日。这个栏目密切关注国内和国际主要新闻事件，也注意选用财经、文化、体育等方面的新闻，保证对各类最新消息的全面覆盖。它努力做到“重点突出”，每天选取一个新闻事件，把最新动态、综述分析、背景介绍、专家点评等组合在一起，加强对重要事件的深入解读。它的目标是为观众提供一个多角度、多层面的信息来源和思考空间。

栏目时长:60分钟，每日一期在CCTV-9播出，播出时间：12：00。

电子信箱：newshour2005@yahoo.com.cn，电话：68507207。

《新探索（New Frontiers）》

《新探索》是英语频道改版后新增的一个栏目，首播时间为2005年9月26日。这个栏目的选题注重突出探索的精神，采用主持人演播室出像穿插在节目中的方式。节目探究人类自身的历史和探索世界的神秘：发现蕴含着重大历史或自然意义的地方，揭示人类与自然的丰富遗产，深化对人类生存状态的理解。

栏目时长30分钟，每周一期，每周六在CCTV-9播出。播出时间：9：30、15：30、3：30（次日）。

电子信箱：nature&science@mail.cctv.com，电话：86-10-88243048。

《高科观察（TechMAX）》

《高科观察》是英语频道改版后新增的一个栏目，首播时间为2005年9月26日。都市生活日新月异，人们日常生活中的科技含量也越来越多，改变和影响着人们的衣食住行。《高科观察》就是要带观众发现那些在悄悄改变生活的高科技及其应用的产品。《高科观察》用时尚的包装，把与日常生活和消费有关的科学技术，以及新科技、高科技在日常生活中的应用和影响，用生动、易懂、有趣味的方式介绍给观众。

栏目时长30分钟，每周一期，周六在CCTV-9播出。

播出时间：9：30、15：30、3：30（次日），

电子信箱：nature&science@mail.cctv.com，电话：(010) 88244100。

《100年中国电影榜》

2005年是中国电影走过的第一百年，光影悄然记录了岁月的脚步，岁月也在光影的辉映下荏苒变迁。为了纪念中国电影百年，也为了以原创方式集中推介中央数字电视平台上的精彩节目，从2005年11月开始，中央数字电视传媒有限公司下属《电视指南》频道联合搜狐网和中国电视网，重点推出了《数字飙榜》栏目特别节目——《100年中国电影榜》，集中推介了中央数字电视《央视精品》频道的“红色经典演唱会”、“电影传奇”、“中国电影100年”、“中国动画精品版”以及《怀旧经典》频道的“露天电影院”、“经典重温”、“曾经感动”、“岁月如歌”，同时，该特别节目也对《家庭影院》频道进行了重点推介。

特别节目《100年中国电影榜》共播出10集，包括：100年中国电影十大黄金男演员、100年中国电影十大女星、100年最具价值的十大导演（内地篇、港台篇）、100年流传最广的十首电影歌曲、100年中国电影十大原声音乐、影响中国电影进程的10部影片（内地篇、香港篇）、100年中国电影十大感动瞬间等。

该特别节目巧妙利用《数字飙榜》栏目的排行榜特征，以原创视角、独特新颖的观点解读了中国电影100年来波澜壮阔的发展进程，为数字付费频道的推介作了有益尝试，有效提升了观众对中央数字电视各个付费频道的关注和兴趣，节目播出后，反响强烈，观众普遍认为该节目观点新颖、视野开阔、解读方式耐人寻味。各个网站争相转载了该系列节目的脚本，每集的转载量都超过了两千多篇次，扩大了《电视指南》频道以及中央数字付费电视在公众中的知名度。

该节目在中央数字电视传媒《电视指南》频道中播出。

《走遍中国》

《走遍中国》是中央电视台中文国际频道一档大型的纪录片栏目。它以探索的目光和亲历的脚步，走遍中国的山山水水、城镇乡村；它以古今为坐标，情感为取向，寻找华夏大地上的传奇人物和动人故事；它

以纪录片的表现形式和故事化的叙述方式，揭秘历史事件，记录现实生活，进述人物命运，探究热门现象。以点带面，生动而深入地反映中国的历史和现实的发展变化。

2005年栏目进行重新改版整合，向社会推介的主题词为：

《走遍中国》——每天一个传奇故事！

栏目宗旨：传播历史悠久的中华文明，展示今日中国的发展变化。

栏目定位：人文故事类纪录片栏目。

栏目形态：以情节化、细节化为突出特征，以系列化、主题化为基本操作方式的叙事性纪录片。

节目特点：选题具体、视角独特、现实切入、进行时态、悬念递进、故事跌宕、背景清晰、信息关联、注重情感、平实叙述。

栏目内容：以题材划分，可分为现实故事、历史故事、人物故事、文化故事、社会故事、地缘故事、自然故事、族群故事等等。以操作划分，又可分为常态节目、主题系列和特别节目。

社会互动：由节目主题派生出思考性的题目，定期以节目或网络、平面媒体的形式与观众讨论，形成一种与观众重智性的深度交流。适时适当参与和组织社会主题活动，在活动中制作相应节目，在更大的范围内与受众互动。

规范制作：选题策划制度化，前期拍摄规范化，后期编辑格式化，叙述方式故事化，栏目包装时尚化，节目质量标准化。

评价体系：领导审片与收视率相结合。

播出频道：中文国际频道（CCTV-4），播出时间：首播：每日20：00；重播：次日2：30、10：30。

2005年7月24日，第七届CCTV-MTV音乐盛典在北京工人体育馆举办，图为主持人在主持节目。

《海峡两岸》

《海峡两岸》是中央电视台唯一的涉台时事新闻评论栏目，也是对台宣传的重点栏目，该栏目的前身是1996年1月30日创办的《海峡两岸关系论坛》节目，1998年5月改名为《海峡两岸》。从2003年5月8日开始，《海峡两岸》由每周播出5次改为每天播出，2005年底由每次20分钟增加到每次30分钟。连续几次改版使“跟踪海峡热点、反映两岸民意”的节目宗旨得到了强化。为了增加节目的信息量和新闻性，《海峡两岸》分为两个板块：第一部分是“热点扫描”，主要报道当日和近期两岸热点新闻；第二部分是“热点透视”，对当日或近期涉台热点事件作深度报道或邀请两岸专家对时事进行分析和评论，并对两岸各个层面的交流交往进行跟踪报道。2005年下半年开办周末特别节目《对话赵少康》，由岛内名嘴赵少康先生点评一周事实，受到观众欢迎。

节目时长30分钟，播出频道：CCTV-4，每日20:30首播，次日5:15～5:45、13:00～13:30重播。

网址：http//www.cctv.com/program/hxla/home/index.shtml，电子信箱：hxla@cctv.com。

法语《综合新闻》

法语《综合新闻》（直播）节目于2004年10月1日开播。它拥有中国最权威的新闻资源，内容覆盖全球各地，重点聚集中国大事。每天6次于整点滚动播出，时时补充更新。

2005年改版后的法语《综合新闻》面向世界各地所有的法语观众，用中国视角客观、公正、及时、准确地报道发生在中国和世界各地的新闻事件和重大活动；在第一时间报道中国国家领导人的重要活动，阐述中国政府对国际重大事件的原则立场；用独特的视角全方位跟踪、解析全球大事，适时对热点问题展开点评及综述。

法语《综合新闻》报道中外各类时政、经济、文化及社会生活要闻；展示中国悠久的历史，灿烂的文化和秀美的风光，彰显中国的社会、政治、经济和科学技术的发展成就；以外国观众喜闻乐见的形式展现一个传统与现代相结合的中国，一个开放的中国，一个满怀豪情期待奥运的中国，一个渴望了解世界的中国，一个令世界充满兴趣的中国。

对重大事件进行直播，已成为法语新闻的一大特色。从国家领导人的重要活动、两岸关系的历史性事件，到“神舟六号”的太空之旅和一年一度的春节联欢晚会，充分运用直播的时效性和现场感，使全球的法语观众与我们共同分享庄严、凯旋、辉煌和欢乐的每一刻。

此外，法语《综合新闻》已具备一定的外出采访报道能力，自采新闻报道在《综合新闻》中的分量正逐渐增加。法语《综合新闻》自播出后受到海外法语观众的好评。

节目时长：30分钟，播出频道：西法语频道，播出时间：15：00。

网址：Fr.cctv.com，电子信箱：frncais@cctv.com。

《体育晨报》

《体育晨报》是2005年9月5日体育频道改版后新增新闻类栏目，主要内容为前一天晚上刚刚结束的国内外体育赛事消息，在每天早晨的第一时间播报体育赛事消息，栏目设有赛事消息、媒体评论、收视指南和体育天气等板块，栏目宗旨在于增强服务性，风格力求轻松随意、快节奏、大信息量，同时，主持人与观众有良好的对话互动。

节目时长25分钟，每天7：00～7：25在体育频道以直播的方式首播，在8：00重播一次。

电话：(010) 68509880、68508783。

付费电视——风云足球频道

风云足球频道是中国诞生的首个专业足球频道，2004年元旦正式开始商业播出，风云足球频道的宣传口号是：精彩生活，足球相伴，目前每天播出时间超过20个小时，

2005年，风云足球频道独家全程直播了南美解放者杯的赛事，而在5、6月份进行的世界青年足球锦标赛和联合会杯的比赛中，风云足球和体育频道分别转播了多场精彩赛事，形成了风云足球2005年的“夏季攻势”。

风云足球2005年的节目囊括德甲、西甲、法甲、意甲等欧洲联赛、阿根廷足球甲级联赛、巴西联赛以及南美解放者杯、亚洲冠军联赛的赛事直播和录像播出，每周拥有13场以上的新鲜赛事资源，同时还有以上赛事集锦的完整播出。外购的专题类节目包括第一运动、亚洲足球集锦、日本J联赛集锦、德甲前瞻；自制的节目有：绝妙好球、足球华彩、英超十年、德甲珍藏、意甲珍藏、世界杯殿堂等等。

风云足球的编排理念是将赛事与专题进行有机编排，突出球迷关心的热点赛事，兼顾球迷喜爱的经典赛事回顾，将足球的精彩最大化。根据足球赛事的特点，风云足球频道除了在周六、日安排了大量的赛事直播之外，还在最短的时间内进行赛事的录像重播，形成了每周一15：00开始至次日凌晨2：00安排周末赛事的高密度重播、周二黄金时间安排欧洲联赛集锦的连续播出、周三周四播出南美解放者杯集锦、阿根廷足球甲级联赛集锦以及其他自制节目的节目编排特点。

付费电视——高尔夫·网球频道

《高尔夫·网球》频道是一个面向城市高端用户的专业化付费电视频道，频道以高水平的高尔夫、网球赛事为主要播出内容。频道的前身为《城市体育》频道，为了更加准确地满足细分市场的观众需求，2004年雅典奥运会结束后，频道正式改版为《高尔夫·网球》频道。

在经过了2004年的调整期后，《高尔夫·网球》频道2005年进入了稳步发展的阶段，在继续保持频道的专业化特色的基础上，2005年，频道特别注重了增加直播节目量并且提高录像节目的时效性。

2005赛季《高尔夫·网球》频道直播了法国网球公开赛、美国网球公开赛、中国网球公开赛、ATP大量系列赛、WTA巡回赛、戴维斯杯等一系列网球顶级赛事。在高尔夫球方面，频道直播了近十站欧洲巡回赛的重点赛事，还重点转播了在中国进行的悉尼·获加精英赛、宝马亚洲公开赛以及汇丰银行冠军赛等。目前《高尔夫·网球》频道已经成为全国范围内高尔夫、网球赛事资源最为丰富的专业体育频道。

付费电视——高尔夫网球频道2005年全年总计直播800小时，录像首播900小时，5月2日至6月5日还创造了连续直播35天的频道纪录。

国际版《城市之间》

国际版《城市之间》是体育频道与法国、俄罗斯、乌克兰合作录制的一档大型趣味竞技栏目。来自中、法、俄、乌4个国家的40个城市捉对厮杀，在各种妙趣横生的游戏中斗智斗勇，在新鲜刺激的竞技中找到忘我的乐趣，既紧张激烈又处处洋溢着欢乐友谊的氛围。节目在法国录制，由4个国家的主持人一同主持，

充满着浓郁的异国情调和狂热的欢乐气息，以及不同国家、不同地区的城市之间真诚的交流。作为一档在法国长盛不衰达三十多年的游戏娱乐节目，国际版《城市之间》有着令人着魔的生命力。

国际版《城市之间》在体育频道从7月15日到10月7日连续13周播出，时间是每周五19：55至21：25，时长90分钟，每周播出1次，共计13次。平均收视率在0.96%，最高收视率为1.45%。

《午夜体育报道》

《午夜体育报道》是2005年9月5日体育频道改版后新增的栏目，该节目是对全天体育赛事的总结，侧重评论，侧重从另外的角度看体育新闻。主持人播报方式也有较大改变，更像娓娓道来说故事，在平和的气氛下陪伴观众入睡。

该栏目由于播出时间在午夜，因此，可以从容地对一天的国内外体育赛事新闻和体育化的社会新闻进行整合，此外，也给主持人相对宽松的表现空间，凸显主持人的个人风格。

与《体育新闻》相比，《午夜体育报道》旨在某一个有关注度的新闻上下工夫，吸引观众对一些体育赛事或者事件产生兴趣，并且利用后期编辑，扩大该类事件的外延。

栏目时长35分钟，为日播节目，节目结尾是当日体育彩票开奖的报道，播出时间是23：30～24：05。

电话：(010) 68509880、68508783。

《讲述》

定位和宗旨：改版后的《讲述》栏目以道德的感召力、人性的震撼力、故事的张力、悬念的魅力作为赢得观众的核心要素，每天讲述一个真实生动、曲折传奇、充满悬念、给人启迪的人生故事。2005年12月26日，第十套科学教育频道全面改版，《讲述》也随之改版，仍然是一周7期的日播节目，节目形态则由以演播室为主的谈话类形态，改版为全程外拍的口述体纪录片形态，节目时长由每期20分钟增至23分钟。改版后的《讲述》和《周末讲述》融为一体，不再有《周末讲述》。

栏目时长：23分钟，播出时间：每天21：00十套首播，10：35、17：20十套重播，1：54一套重播。

网址：www.cctv.com，电子信箱：cctvwdl@sina.com。

《公益行动》

《公益行动》栏目开播于2001年11月21日。栏目宗旨是：传播现代公益理念，对公益事业进行宣传、推动和监督。重点宣传社会主义精神文明中提倡的无私奉献精神，人与人之间的互助友爱以及追求公平、公正和权利平等的现代公益理念。向社会传递公益信息，协助公益组织，推动在向社会提供公共物品方面应有更好的服务，更高的效率。揭露批判损害社会公众利益的不道德行为，培养公民意识，提倡社会主义精神新风尚。同时弘扬中华民族传统美德，加强社会各阶层之间的理解交流与合作，营造团结友爱、和谐相处的人际关系，维护社会稳定，促进构建社会主义和谐社会。节目形态以记录为主。口号是“直击公益现场，感受爱心行动”。

2005年12月26日科教频道进行了一次深层次的改版。

节目时长：27分钟，播出时间：每周日13：30首播，周日19：06、次周日06：10重播。

网址：www.cctv.com，电子信箱：gongyixingdong@sohu.com，联系电话：010-58891276。

《健康之路》

《健康之路》栏目是一档健康服务类直播节目，以权威专家在演播室宣传常见病、多发病的防治为主要内容。

2005年，《健康之路》栏目进行了多次改版尝试，将保健、养生纳入选题范围，直播节目中穿插小片成为新的节目样式。在保证直播节目为主导的前提下，着力打造周末版节目。栏目首先走入社区、走进观众家，推出了健康竞赛类的“健康星”节目。“十一”长假，推出了精心策划制作的特别节目《健康之路·亲密爱人》，一炮打响并创造了收视纪录。后经研讨论证，把这一节目形式固定下来，从12月开始于每周六在栏目内播出，成为《健康之路》周末版节目。

“亲密爱人”节目在坚持《健康之路》以知识和服务为宗旨的前提下，内容上提供心理健康和情感健康，崇尚两性和谐。形态上则拓展了《健康之路》的直播样式，综合运用多种电视元素，成为有广泛受众并有效拉动栏目收视的周末版节目，也为央视增添了稀缺的情感类节目的新样本。

栏目时长：50分钟，播出频道：CCTV-2，播出时间：每周二至周六9：58首播，次日6：00重播；CCTV-10，每周一至周五15：15重播。

网址：www.cctv.com，电子信箱：jkz1215@sohu.com和qinmiairencctv@sina.com。

《子午书简》

栏目定位和特点：《子午书简》栏目撷取古今中外优秀诗文，朗诵其精美段章，并介绍与之相关的历史、文化及人物背景。以言述其情，以志传其声。以充实精神、沟通情感、净化心灵、陶冶情操、传递健康情绪，建立积极人生为宗旨。

栏目内容：《子午书简》栏目以演播室诵读形式为主体，邀请著名播音员、主持人及影视戏曲界明星，再配以精美的图片、音乐以及文字背景资料，给观众以较高层次的精神启迪和享受。今后的节目将增加文化播报板块，对新近发生的文化现象予以推介，将大大增加节目信息含量，使节目更有趣味性和知识性。

科教频道改版后首播时间是2005年12月26日。

播出时长：10分钟，播出频道：CCTV-10，播出时间：首播：11：45（每日），重播：0：15（次日）6：00（次日）。

网址：www.cctv.com，电子信箱：cctvzwsj@126.com，联系电话：（010）68509292。

《见证·影像志》

《见证·影像志》栏目宗旨："真实就是力量"，栏目追求当代中国现实社会的一种深度写真，通过纪录片特有的独特观察和体验，真正描摹出中国改革时代的历史画卷，努力通过电视纪录片的方式，客观、平实、深入地为转型期的中国留下珍贵的影像纪录。

科教频道改版后，《见证·影像志》的播出时间：

CCTV-1 周一至周日，首播13：17，重播17：25；CCTV-10，周一至周五 14：00。

栏目网址：央视国际网站，国家地理频道，电子信箱：cctvdocu@yahoo.com.on。

《绿色空间》

栏目宗旨：关注生灵，保护环境，持续发展，创造和谐。

内容：尊重生命，保护自然生态是《绿色空间》栏目首选诉求目标。试图通过历史与现实中的话题，借览国内外自然生态保护过程中的经验与教训，通过筛选案例来警示观众。

表现方式：《绿色空间》栏目在关注生灵，保护环境，持续发展，创造和谐的栏目定位引导下，用敏锐的眼光捕捉自然界各种生命之间的相互关系，用清醒的头脑去判断我们身边所发生的与资源和环境相关事件。栏目以一种发掘事实真相，讲述精彩故事的方式，定制每一期节目。在表现自然界的美好画面的同时，也展示本不该出现的地球创伤的景象。

时长：18分钟，播出频道：十频道，改版日期：2005年12月26日，次数：首播一次，重播2次，时间：首播19：37；重播：次日7：25、14：30。

网址：www.cctv.com，电子信箱：cctvlskj@sina.com，电话：（010）68506431。

《人物》

《人物》栏目宗旨："以人为镜，映现世界"。

栏目为纪录片形态，以类型化策略对影响我们生活方式和思维方式的人物进行分层扫描，并以"人物"为线索构建独特的观察坐标，拼贴历史时空和当下生活交织的社会图景。凸现"榜样的力量"。下设7个子系列：[大师·人物]，[传奇·人物]，[公众·人物]，[观点·人物]，[先锋·人物]，[记忆·人物]，[事件·人物]，并针对不同的类型，以不同的表达方式和电视语言，重建经典，叙述故事，解读人物，呈现观点。

改版后《人物》栏目还推出周末版资讯类杂志节目。[封面人物]：对每周各种媒体报道的人物进行盘点，对有新闻时效性的人物作出快速反应，以口播和人物访谈为主，辅以短小的影像片段。

栏目时长：27分钟，科教频道改版后，《人物》的播出时间：CCTV-10周一至周五，首播：22：10；重播：13：30。

[封面人物] 周六，首播：22：10；周日重播：12：15；周一重播：13：30。

栏目网址：央视国际网站，电子信箱：cctvpeople@vip.sina.com。

《探索·发现》

"在未知领域努力探索，在已知领域重新发现"，是《探索·发现》的栏目宗旨和始终如一的追求。《探索·发现》栏目以纪录片的手法，讲述以中国为主的历史、地理、文化的故事，探寻自然界的神奇奥秘，挖掘历史事件背后鲜为人知的细节和人物命运，展示中华文明的博大恢弘，是“中国的地理探索，中国的历史发现，中国的文化大观”。《探索·发现》倡导“娱乐化”纪录片的理念，采用讲述精彩故事，设置引人入胜的悬念，运用生动的电视声画手段，向观众呈现出一部部既有较高文化品位、知识内涵，又有很强观赏性和娱乐性的电视节目。

《探索·发现》栏目改版后节目时长为42分钟，分别在十套、四套、一套、九套播出。周一至周日在十套“科教频道”(21：25) 首播，重播 (09：48、16：35)；在一套“综合频道”(14：42)、四套“国际频道”(7：10、16：30)、九套“英语频道”(06：30、11：30、17：30) 播出。

网址：www.cctv.com　电子信箱：tsfx@163.net，电话：68230730。

《科学世界》

《科学世界》栏目，英文名称Science World，是科教频道追踪世界科学发现现状，为观众提供国外科学资讯、科普动态的窗口，也是国际最新科技节目的展示平台。在开拓观众视野，满足观众科学知识需求和提高大众科技素养的同时，以贴近观众生活、关注大众科学话题、传播科学知识、提供最新科技动态为己任。改版之后的《科学世界》栏目从2005年12月31日开始播出，将继续以引进、编译国外优秀科普、资讯节目为主，以丰富的科学题材和科技话题为节目主要内容，汇集来自全球的优秀节目，视野开阔，制作精良。通过对引进节目的二度制作，加入主持人、嘉宾、道具、场景设计等元素，打造一个话题轻松、内涵丰富、知识性和趣味性兼收并蓄的栏目。科技界，大中高小学生，资讯服务机构和男性观众为栏目的主要收视对象。

历年来，作为科教频道的主打栏目，《科学世界》制作了“原来如此”、“斗转星移”、“科学的巨匠——牛顿”、“达尔文”、“世界自然奇观”、“动物奥运会”等产生了巨大影响的节目，在收视反映和电视创作上，都得到了肯定和赞誉。科教频道“品格”、“品质”、“品位”的三品定位，在《科学世界》栏目中得到了集中的体现。改版后，《科学世界》栏目时长为27分钟，于CCTV-10每周周六、周日18：17播出两期节目，并分别于次周周六、周日8：50重播一次。

网址：http://www.cctv.com/program/kxsj/01/index.shtml，电子信箱：scienceworld@cctv.com，电话：68500791。

《科技之光》

栏目宗旨：关注改变我们生活的科技，反映国内、国外日新月异的科学进展和成果。

2005年12月26日改版后，公众有获取最新科技进展信息的需求，筛选公众关注的、与之密切相关的科技进展和成果，将这些进展背后的科学知识通俗易懂、生动有趣地传播给大众。把科学传播与社会、时代的发展联系起来，使之具有时效感；同时把科学传播与人们生活联系起来，体现科学正在改变人类生活。涉及环境生态、医学健康、建筑家居、汽车交流、数字信息、生物技术等人们最为关注的科学领域。是一个杂志性的科普栏目。

每期30分钟，由主持人将五六个科技短片串联成一个整体，或两三个科技短片与一个科技大片串联在一起。节奏明快、信息量大。

CCTV-10 中央电视台科学教育频道，日播、首播22：40；重播次日17：47。

网址：http://www.losn.com.cn，http://bj.losn.com.cn，电话：68459045。

《走近科学》

栏目宗旨：弘扬科学精神；宣传科学思想；提供科学方法；传播科学知识。2005年12月26日改版。

内容：生活中的推理故事，热点、疑点的科学解析。

表现方式：以讲故事为叙事手法，穿插演播室内主持人讲解科学方法和科学道理并利用道具进行演示的专题片。

时长：28分钟，播出频道：首播十套，重播十套、一套、七套、九套，播出日期：周一至周日，播出次数：周一至周五5次/天，周六、周日3次/天，播出时间：首播：20：30-20：58 (十套)；重播：次日：09：00-09：28，16：15-16：43 (十套)，05：30-05：58，14：54-15：22 (一套)。

网址：http://www.cctv.com/program/zoujinkexue/01/index.shtml，电子信箱：cctv_zjkx@hotmail.com，电话：(010) 68134774。

《希望-英语杂志》

栏目名称：《希望-英语杂志》(英文名Outlook)。

1999年6月18日开播，2005年12月26日改版。

栏目宗旨：以英语爱好者为收视对象的休闲式英语语言文化教育类栏目，突出“实用性、服务性、娱乐性”，使观众在生动轻松的氛围中学习地道英语，并了解各国文化及实用知识。

栏目口号：让你的希望更美好！

Making Your Outlook Brighter!

栏目时长：27分钟。

播出频道：科教频道（CCTV-10）。

播出时间：每周一至周六。

首播：12：15 重播19：06 次日06：10。

栏目地址：北京市海淀区羊坊店路9号。

栏目电话：(010) 68506556。

栏目网址：www.cctv.com。

栏目信箱：cctv-outlook@vip.sina.com。

《家庭》

2005年12月26日改版后称为《家庭》。

栏目名称：《家庭》。

栏目形式：家庭中的故事　故事中的家庭。

栏目定位：纪录平凡岁月　感受百味人生。

栏目广告语：走进《家庭》看人生。

内容简介：以专题片的形式讲述家庭内外的大事小事，用浓浓的亲情感动人；用幸福和谐的家庭氛围感染人；用美好善良的心灵感化人；用崇高的精神感召人。

栏目时长：23分钟（日播）。

播出频道：科教频道（CCTV-10）。

播出日期：周一至周五。

播出次数：首播1次，重播2次。

播出时间：首播：18：20，重播：07：55；14：50。

网址：http://www.cctv.com。

栏目信箱：jiatingcctv@163.com。

栏目电话：(010)51915885/28。

栏目地址：北京市海淀区北蜂窝路101号。

《百家讲坛》

2005年12月26日改版后开播。

栏目宗旨：一贯坚持“让专家、学者为百姓服务”。

节目内容：《百家讲坛》栏目一贯坚持“让专家、学者为百姓服务”的栏目宗旨，栏目在专家、学者和百姓之间架起一座桥梁——“一座让专家通向老百姓的桥梁”，从而达到普及优秀中国传统文化的目的。《百家讲坛》栏目坚持“《百家讲坛》，坛坛都是好酒”的节目制作理念，不断培养专家、学者的公众意识，不断强化媒体为受众着想的服务意识。

播出频道：科教频道（cctv-10）。

节目时长：43分钟。

播出日期：周一至周六。

播出次数：首播1次，重播2次。

播出时间：首播12：45，重播23：30、次日06：40。

栏目地址：北京市海淀区北蜂窝路101号。

栏目电话：(010) 63958933/8856。

网址：www.cctv.com。

栏目信箱：bjjt@cctv.com。

《人与社会》

2005年12月26日改版后开播。

栏目定位：以大教育的视角，关注国民综合素质的提高，促进人的全面发展。

栏目口号：和谐进步　共筑文明。

内容简介：由原《当代教育》和《交流》栏目整合而成，以鲜活的人物、事件，结合各界权威人士的评点，关注当代社会人的社会责任感、文化科学素养、创新精神、公德意识、协作精神、和谐相处能力、敬业精神、心理健康等各个层面的问题。

表现方式：以“演播室＋外拍”为日常节目形态的基本形式。

时长：20分钟（日播）。

播出频道：科教频道（CCTV-10）。

播出次数：首播1次，重播2次。

播出时间：首播23：10，重播次日11：55，18：46。

栏目地址：北京市海淀区北蜂窝路101号。

栏目电话：(010) 51915866/5。

栏目信箱：cctvrysh8@sina.com。

网址：www.cctv.com。

《今日中国（China Today）》

《今日中国》是英语频道改版后新增的一个栏目。

英语频道的一个主要任务是让外国观众更加了解中国，因此节目的主旨是向观众展示一个现代的变化中的中国。更多的关注国内的热点话题和事件，关注HUMAN INTEREST。节目内容紧扣《今日中国》这一主题，以社会问题作为切入点，体现中国在不断前进的过程中产生的问题，以及人们观念的不断变化。注重时效，侧重深度。节目首播时间是每晚10：00，所以 china today是对当日发生的主要国内新闻进行梳理。但不必面面俱到，事无巨细，而应是重点突出，有所取舍。深度报道应是本栏目的特色和追求。对“今日”的理解不应局限于当天的新闻，而应是近期、近阶段的事件。

节目时长30分钟，每晚九套播出。重播2次，分别为凌晨1：00和早7：00。

邮箱：chinatoday@cctv.com，电话：(010) 68509447。

体育频道全面改版

2005年体育频道以“突出赛事、加强新闻、改进编排、提升份额”为宗旨进行了全面改版，从2005年9月5日起实现24小时播出。改版后，每天赛事播出量约为7小时，非夜间增加约4小时；增加早7点播出的《体育晨报》以及24点播出的《体育报道》两档体育新闻，每天的新闻播出量达到155分钟，播出频次增加一倍。

2005年体育频道圆满完成了第十届全国运动会、第四届东亚运动会的转播、报道以及公用信号制作任务。

此外，体育频道还制作播出了“谁将解说北京奥运”、“2012花落谁家”、“豪门周”、“吉祥北京”、“城市之间——国际版”等大型特别节目，直播录播了F1赛车、苏迪曼杯羽毛球赛、亚洲高尔夫公开赛、高尔夫大师赛、厦门马拉松赛、西亚运动会、第四十八届世界乒乓球锦标赛、中国国际女排精英赛、第十七届亚洲电视快棋赛、中国高尔夫精英挑战赛、第二届中国网球公开赛、世界女子乒乓球世界杯赛、第十三届世界拳击锦标赛等几十项大型赛事，转播量达到2793场，总计约为4035小时，其中，由中央电视台负责制作公用信号的赛事达到706场，总计1498个小时。

《状元360》

2005年12月31日开播。

栏目宗旨：进行形式新颖的职业技术教育，打造平民英雄。

节目内容：《状元360》每期节目将选择某个行业的一些有代表性的工作，精心设计成利于电视表现的竞赛环节，挑选这个行业最顶尖的几名选手来完成这些竞赛项目，让他们比拼心智、挥洒才情、显露绝技，通过比赛决出最终的“王中之王”。

表现方式：实际工作场景拍摄的紧张，激烈、精彩的竞赛过程和演播室内主持人以及嘉宾对竞赛内容的评析相结合。

时长：50分钟。

播出频道：科教频道（CCTV-10）。

播出日期：每周六。

播出次数：首播1次，重播2次。

播出时间：首播19：37，重播07：55、15：10。

网址：http://www.cctv.com。

电子信箱：cctv_zjkx@hotmail.com。

电话：(010) 68274437。

四、2005年中央电视台优秀栏目、优秀节目选介

《新闻联播》

2005年是中央电视台《新闻联播》栏目创办的第27个年头。历史的巧合使之既是中国改革开放的忠实记录者，同时也肩负着中国电视新闻改革领路者的重任。信息独占的喉舌功能与地位，加上编播人员的敬业奉献，使她的收视率、影响力继续雄踞中央电视台各栏目之首。在新一届中央领导集体的直接关怀、指导下，《新闻联播》不仅保持权威性、全面性，还在报道题材的开掘方面，紧紧围绕"贴近实际、贴近群众、贴近生活"的原则，内容更具广泛性、鲜活性、生动性。2005年的《新闻联播》呈现出四大特点：

一、加大力度严格执行中共中央《关于进一步改进会议和领导同志新闻报道的意见》的相关执行细则，使得会议报道得到最大限度的压缩，"三贴近"原则得到扎实落实。

二、全面、生动、立体地报道重大历史事件。

无论是"神舟六号"发射，还是连宋大陆行，禽流感事件……对于世界瞩目的历史事件，《新闻联播》舍得拿出篇幅作出权威、细致、丰富的报道。

三、主题报道的生动性和深刻性取得新突破。强调时效性与关注度，注重展示生动的细节，彻底改变了以往主题报道"高举高打"而生动性不足的欠缺，给观众留下深刻印象。

四、编播形式与节目编排取得新突破。三维动画、FLASH等技术手段在新闻节目中得到应用。展示生动细节的报道被置于重要位置。完全以领导人的职务大小为序的编排方法被悄悄打破。

《新闻联播》2005年8月16日赢得第十五届中国新闻局"中国新闻名专栏"荣誉。还获得2005年CCTV优秀栏目奖。

节目时长：30分钟，日播，播出频道：一套、四套、新闻频道，播出日期：每天，播出时间：首播19：00—19：30。

网址：www.cctv.com，电子信箱：68506803@sina.com。

《焦点访谈》

《焦点访谈》诞生至今已11年，成为中国家喻户晓的电视栏目，始终保持在中央电视台收视率排名前列。

《焦点访谈》是舆论监督节目，多年来为人们所关注和喜爱，选择"政府重视、群众关心、普遍存在"的选题，坚持"用事实说话"的方针，反映和推动解决了大量社会进步与发展过程中存在的问题。许多《焦点访谈》的报道成为有关方面工作的决策依据和参考。

作为一个电视栏目，《焦点访谈》曾得到共和国三任总理的题词和赠言；2004年4月8日，《焦点访谈》栏目成立10周年之际，温家宝总理写来亲笔信；4月16日，中共中央政治局常委李长春看望《焦点访谈》全体同志，对《焦点访谈》创办10周年表示衷心祝贺。

在节目管理和制作上，《焦点访谈》采用制片人制；在节目形态上，《焦点访谈》采用演播室主持和现场采访相结合的结构方式。目前有从业人员80人，分为策划组（负责节目的策划和协调）、记者一组、记者二组、记者三组，从事《焦点访谈》节目的日常采制和播出。

获奖情况：曾两次被评为"中央主要新闻单位十大名栏目"，1999年和2001年获首届和第二届中国新闻名栏目奖，1994年至今，连续获中央电视台优秀栏目一等奖。多期节目在社会上引起广泛反响，并获得每年度中国新闻奖评论类大奖。

节目时长：13分钟，播出频道：综合频道，新闻频道，播出日期：日播，播出时间：19：38。

网址：www.cctv.com，电子信箱：AB30@cctv.com。

《今日说法》

《今日说法》栏目是1999年1月2日开播的日播法制节目，每天中午12点38分在央视一套播出。该栏目以"重在普法，监督执法，促进立法"为宗旨，以为百姓办实事为己任，受到广大观众的普遍赞誉。《今日

说法》自开播以来，始终秉承平民化风格，以朴素的文化定位满足广大百姓对法律的认知，提高观众的法律意识。而节目品质也在不断摸索中变得更具人性化。栏目开播后取得了广泛的社会效益和良好的普法宣传作用，并多次获得全国法制节目各类奖项。随着栏目影响力的逐步扩大，收视率也节节攀升，最好成绩达到了央视收视率排行榜第三位。《今日说法》因其在普及法律、监督执法、推进立法等方面作出的巨大贡献而获得第三届中国新闻名专栏称号，同时，党和国家领导人也对此栏目进行了多次褒奖。中共中央政治局常委、中央宣传思想工作领导小组组长李长春曾经亲自批示："《今日说法》是'三贴近'的好典型，望继续努力。"

《今日说法》从2003年开始年年获奖，曾获得中央电视台优秀栏目一等奖；被广电总局评为"巾帼建功"先进集体，司法部授予的"全国法律援助先进集体"，获中国广播电视新闻奖"十佳栏目奖"等。

《每周质量报告》

《每周质量报告》是中央电视台唯一一档以消费者为收视人群的新闻专题栏目。栏目贯彻质疑、求证、警示的主旨，秉承客观、公正、科学的理念，追求独家内容、独特视角、独立立场的特色品质。

2005年，栏目坚持正确的舆论导向，揭露了形形色色的造假黑幕，引起了强烈反响。温家宝总理连续两次召开总理办公会研究食品安全问题，会上专门播放了《每周质量报告》的节目。

栏目反映的问题大都得到了圆满解决。各级地方政府取缔、整顿的不法企业百余个，处理人员数百人，销毁伪劣有害产品数百吨，有效地净化了市场。

2005年6月，栏目虽然因为政策性原因进行了改版，但是全年平均收视率仍达到0.4%，超过了2003年和2004年的年平均收视率。继"龙口粉丝"、"金华火腿"、"毛发水酱油"之后，《每周质量报告》播出的"假劣2B考试铅笔"、"危险的三角警告牌"、"儿童玩具"、"甲醛啤酒事件真相"和"雀巢奶粉事件"等节目，也因其视角独特、内容独家、受众关注度高等因素引发社会各界的广泛关注。

2005年栏目及栏目组记者郭爱郡荣获第十三届"保护消费者杯"，这是我国消费者权益保护领域的最高奖项。

栏目播出的《"香醋"为何这样涩》节目获得中国广播电视新闻奖专题类一等奖（2005年评选）；这是栏目连续两年获此殊荣。

此外，栏目还获得由中国国际广播影视博览会颁发的"2004年全国百佳电视栏目"荣誉称号（2005年评选）。

节目时长：25分钟，播出频道：新闻频道，播出日期：星期日，播出时间：12：30分。

网址：www.cctv.com/program/mzzlbg/01/index.shtml，电子邮箱：news315@cctv.com。

《每周质量报告》栏目主持人章伟秋正在播报节目

《第一时间》

《第一时间》是CCTV-2经济频道的早间资讯节目，主打社会经济新闻、实用信息和生活话题。每周一至周五07：00～09：00、周六至周日08：00-09：00直播，是中央电视台时间最长的新闻类栏目。

2005年，《第一时间》继续坚持"做中国最好的早间电视节目"的追求，力求为早间观众提供更加新鲜、更加丰盛的资讯早餐。从4月份开始，栏目改版后播出频次由每周5天改为每周7天。在坚持"新闻"、"读报"和"时尚"3个大板块的基础上，不断强化"互动话题"、"超短新闻"和"昨日之最"这3个有特色的小板块，并新推出了"读报留言"小板块，深受观众欢迎。

在《第一时间》成为品牌栏目的同时，《第一时间》的3名主持人马斌、欧阳夏丹和谢颖颖也成为了经济频道的品牌主持人。马斌的幽默洒脱、欧阳夏丹的清新睿智和谢颖颖的亲和亮丽，将《第一时间》民生新闻的魅力充分地发挥出来，使得《第一时间》别具一格，成为早间节目市场中引人注目的亮点。

2005年，《第一时间》在舆论导向、收视、收益和影响力等各方面得到了广泛认可。

栏目获2005年中央电视台优秀栏目一等奖、中央电视台精神文明先进集体、第二届中国最有投资价值媒体（人民网和福布斯等主办）等奖项，收视份额和广告创收比上年有了大幅度的提高。

栏目时长120分钟和60分钟，周一至周日每天120分钟，周六至周日60分钟；播出频道：经济频道（CCTV-2）；播出时间：周一至周三7：00～9：00，周六至周日8：00～9：00。

《海峡两岸》

《海峡两岸》是中央电视台唯一的涉台时事新闻评论栏目，也是对台宣传的重点栏目，该栏目的前身是1996年1月30日创办的《海峡两岸关系论坛》节目，1998年5月改名为《海峡两岸》。从2003年5月8日开始，《海峡两岸》由每周播出5次改为每天播出，这次改版使“跟踪海峡热点、反映两岸民意”的节目宗旨得到了强化，为了增加节目的信息量和新闻性，改版后的《海峡两岸》分为两个板块：第一部分是“热点扫描”，主要报道当日和近期两岸热点新闻；第二部分是“热点透视”，对当日或近期涉台热点事件作深度报道或邀请两岸专家对时事进行分析和评论，并对两岸各个层面的交流交往进行跟踪报道。

2005年，《海峡两岸》紧跟台海形势，制作了一系列优秀节目，如对台湾国民党、新民党、新党三党领导人访问大陆的系列报道，专访了国民党主席连战、亲民党主席宋楚瑜和新党主席郁慕明，还专访了包括李敖在内的十几位台湾知名人士，制作了3集文献片《不能忘却的历史——纪念台湾光复60周年》、5集系列节目《“台独”的五大危害》、5集系列节目《台岛风云录》等，开播了台湾知名人士赵少康每周的台湾时事评论节目等，这些节目都受到广大观众的欢迎。

《海峡两岸》栏目被评为中央电视台2005年度优秀栏目一等奖。栏目组评为中央电视台2005年先进集体。

节目时长30分钟，每天晚上20：30～21：00在中央电视台第四套节目中首播；第二天5：15～5：45、13：00～13：30重播。

电话：(010) 68581437，传真：(010) 68581439。

网址：http://www.cctv.com/program/hxla/home/index.shtml，电子信箱：hxla@cctv.com。

《星光大道》

《星光大道》是中央电视台于2004年10月9日推出的一档大型综艺栏目，每周六19：30在央视综艺频道首播，时长60分钟。

《星光大道》一改以往娱乐节目以明星表演为主的局面，本着“百姓舞台”的宗旨，突出大众参与性、娱乐性，力求为全国各地、各行各业的普通劳动者提供一个放声歌唱、展示自我的舞台。比赛不分年龄，不分唱法，不分职业，节目内容以唱歌为主，广泛吸纳多种表演形式。分为周赛、月赛、年赛，通过淘汰方式依次决出周冠军、月冠军、年度总冠军。

《星光大道》是一个没有门槛、没有距离、没有限制的大众栏目。在这里，普通百姓成为舞台上的主角，大家关注的焦点。来自全国各地各行各业的普通群众登上了央视舞台，各显其能，展示风采、真情互动、挑战自我。节目首次播出便创下了央视三套收视第一的好成绩，播出一年来创造了很好的收视率及社会知名度，引起了广泛的社会反响，收看人群遍及各行业和各年龄阶层。

《星光大道》获2005年度中央电视台优秀栏目一等奖。

时长60分钟，在CCTV-3播出，时间为每周六的19：30。

海军某部参赛选手参加《星光大道》演唱比赛

《中国新闻》（21：00版）

《中国新闻》（21：00版）强调对当天发生的国内外重要新闻的总汇，重点、热点新闻事件是本栏目关注的重点。《中国新闻》（21：00版）遵循“抓大放小”的原则，强化焦点新闻理念，强化时效，强化现场，强化跨媒体传播理念，强化对外特点，强调“有闻才报”的原则，是国际频道新闻节目的一面旗帜。

2005年，《中国新闻》（21:00版）推出《新疆维吾尔自治区成立50周年特别报道》、《西藏自治区成立40周年特别报道》，全面报道新疆、西藏在政治、经济、文化、社会、环保等各方面的发展变化，向国际社会展示新疆、西藏今天的面貌。

2005年10月12日至17日，《中国新闻》(21:00版) 栏目运用直播、专题、新闻等方式，全面、及时、深入、生动地对“神舟六号”从升空到返回的全过程进行了跟踪报道。整个特别报道注重从人的角度挖掘航天精神，充满了人性化色彩，取得了良好的传播效果。

此外，2005年《中国新闻》(21:00版) 还圆满完成了印度洋海啸灾区救援行动的采访报道、春节六城市直播、台商春节包机特别报道、“连宋大陆行”特别报道、台湾光复60周年系列报道、纪念抗日战争胜利60周年报道、独家报道十一世班禅的工作与生活、东非大裂谷探险科考等系列报道。

《中国新闻》(21:00版) 迅速、及时、全面、深入、客观、恰当的对外报道风格面向海内外树立了中文国际频道新闻报道的良好形象。

栏目获中央电视台2005年度优秀栏目一等奖。

长度: 30分钟，播出频道: CCTV-4，播出日期: 日播，播出时间: 21: 00～21: 30。

《大家》

《大家》是目前中央电视台容量最大的人物访谈栏目之一，栏目时长45分钟，采访的主要对象是我国科学、教育、文化、卫生等领域杰出的知识分子。栏目制片人为问题和李向东。

作为一个以传承科学与人文精神为宗旨的栏目，《大家》在介绍这些顶级人物的学术贡献及成长经历的同时，还着力铺叙他们所亲历的时代风云，以期借助他们的慧眼看世界、看历史。节目在演播室访谈中间，穿插大量珍贵的历史资料和鲜为人知的故事，力图在真实的时代背景下，展现当代知识巨擘们独特的生命历程与人格魅力；以一个个典范式的例证，反省个人与时代、科学与人文的重大主题，并在其不经意的讲述中，感受大家风范，获取强烈的精神震撼。

以“口述历史、分享光荣”为宣传语的《大家》栏目，不仅是知识精英们讲述人生经历、展示精神风范的窗口，更是他们播撒智慧的讲坛，广大观众分享光荣的殿堂。

《大家》于2003年5月在央视科教频道 (CCTV-10) 正式开播，每周播出一期。两年多来，《大家》节目以深刻的思想内涵、高雅的文化品位和精彩的节目内容，受到了社会各界及广大观众的一致好评。《大家》的影响力、号召力不断增强，节目收视率稳步提升，目前已成为央视科教频道 (CCTV-10) 备受瞩目的名牌栏目。2005年9月13日，《大家》栏目跻身央视一套播出，成为与《新闻调查》、《艺术人生》等并列的7个央视精品节目之一。

《大家》获2005年中央电视台优秀栏目一等奖和台先进集体称号。

栏目时长: 45分钟，播出频道: CCTV-1、CCTV-10，播出日期: 一套每周二 、十套每周日，播出时间: 一套22: 39 十套22: 10。

2005年8月，卫传中心副主任魏东耒（中）在福建农村调研收看加扰电视情况。

《千手观音》

中国残疾人艺术团表演的节目《千手观音》在2005年春节晚会上亮相后，享誉全国。其实，早在2004年雅典残奥会闭幕式上，这个节目就受到了观看过它的国内外观众的好评。

体育新闻部《北京2008》栏目以这两次表演为主干，加上对主创人员的采访，以及其他形象资料，推出专题片《千手观音》。节目讲述了这支舞蹈编舞者以及表演者，尤其是领舞邰丽华在创作过程中的艰辛，特别是表演者，他们都是聋哑人，表演、排练的难度就更大了。

专题片对以上内容进行了全面讲述，还有邰丽华的感情故事穿插其间……

《千手观音》获2005年度中国广播电视协会电视体育节目专题类一等奖。

节目时长35分钟，播出频道: CCTV-5，播出日期: 2005年2月22日 18:55。

网址: www.cctv.com，电子邮箱: Beijing2008@vip.sohu.net。

《半边天》

《半边天》作为国内电视界最早的、也是唯一的女性栏目，创办于1995年，至今已走过十年历程，成为被观众认可的权威的女性栏目，同时也是专家认可的国内较少的具有鲜明性别意识和正确女性立场的电视栏目。

十年来，《半边天》播出女性题材节目超过3000集，活跃于女性社会工作的各个领域，并参与现当代女性历史的研究整理工作，推出了大型文献系列片《中国女性百年史》。仅2005年，《半边天》就涉及到女性问题的所有重要领域：女性从政、脱贫、维权、再就业、健康，以及女童教育等。同时，积极组织社会活动，邀请专家对离婚后的妇女财产权问题进行研讨。

2005年恰逢联大北京世妇会召开十周年，《半边天》积极配合全国妇联开展纪念活动，制作了"三·八"晚会"我们的十年"、纪念日晚会"女性的眼睛看十年"、40集大型系列节目《十年的记忆》等，系统梳理中国女性的十年历程，在观众中引起很大反响。

《半边天》获19部委和全国妇联共同评选的首届全国维护妇女儿童权益贡献奖集体奖。

《半边天》栏目与广告客户的两度成功合作，首开中央电视台广告客户与栏目深层合作的先河。栏目也因此获得了台广告部首届金钥匙奖，是全台唯一获此殊荣的栏目。

播出频道：CCTV-1。

节目时长：30分钟，播出时间：每周一至周五16：10一套首播，周一至周五8：50十套重播。

栏目网址：www.cctv.com，电子信箱：halfsky@263.net。

《智慧树》

《智慧树》是面向2岁至6岁幼儿的教育类娱乐栏目，栏目本着寓教于乐，传播最先进教育理念为宗旨，让孩子在游戏中学习，在游戏中经历发现过程，体验科学真谛。

《智慧树》栏目根据幼儿的生理和心理特点，进行杂志型编排。

《智慧树》2005年获CCTV杯优秀栏目二等奖。

节目时长30分钟，由少儿频道播出，播出日期：每周一至周日19：30～20：00。

《智慧树》栏目是一档在少儿频道播出的学前儿童节目，图为栏目外景录制场地。

《探索·发现》

"在未知领域努力探索，在已知领域重新发现"，是《探索·发现》的栏目宗旨和始终如一的追求。《探索·发现》栏目以纪录片的手法，讲述以中国为主的历史、地理、文化的故事，探寻自然界的神奇奥秘，挖掘历史事件背后鲜为人知的细节和人物命运，展示中华文明的博大恢宏，是"中国的地理探索，中国的历史发现，中国的文化大观"。《探索·发现》倡导"娱乐化"纪录片的理念，采用讲述精彩故事，设置引人入胜的悬念，运用生动的电视声画手段，向观众呈现出一部部既有较高文化品位、知识内涵，又有很强观赏性和娱乐性的电视节目。

栏目获中央电视台优秀栏目一等奖。

节目时长42分钟，播出频道：CCTV-10、CCTV-4、CCTV-1、CCTV-9，播出日期：周一至周日，首播21：25。

《中国动画(精品版)》

《中国动画（精品版）》是播放国产精品动画片的窗口，着力打造国产动画的品牌形象。栏目把握有度，选片有准，编排有道，互动有方。尤其在栏目包装上别有新意，互动性强。比如"欢乐图画动一动"把孩子们的图画通过电脑技术处理，让其活动起来，并配以音乐，产生极大魅力，深受全国少年儿童的喜爱。栏目在少儿频道推出两年来，收视率一路攀升，稳居首位。2005年最高收视率达2.35%，广告创收亦居各栏目之首。

栏目荣获中央电视台2005年度优秀栏目一等奖。

节目时长：30分钟，由少儿频道日播，首播12：00，重播19：00，次日8：00。

《视听在线》

《视听在线》是央视国际的特色频道（栏目）。其下设的直播时刻、新闻强档、央视新闻网播、央视访谈、动感体育、音乐电视、影视剧场等栏目，为网民提供了央视新闻、文艺、生活、体育、财经、教育等节目的在线观看，网民还可以根据自己喜好选择，增强了受众的自主权，成为央视国际中人气最旺的频道（栏目）之一，在境内外有广泛影响。

《视听在线》获2005年度中国互联网站品牌栏目（频道）。

主办单位：总编室网络宣传部，播出频道：央视国际，播出日期：2004年12月。

网址：www.cctv.com/tvonline。

《体育新闻》

体育频道《体育新闻》栏目创办于1995年1月1日，节目随着体育频道的发展而发展，节目已从最早开播的15分钟发展到现在的日播50分钟。

节目定位：最及时，最全面，最权威地报道国内外体育比赛。节目在观众中深受欢迎，收视率一直稳定在体育频道的前三名，也是体育频道广告收入最多的栏目之一。

《体育新闻》栏目设有赛事消息、体育故事、体育天气等版块相互依存、相互配合，保证了体育新闻节目的可视性。

《体育新闻》对一些国内外重点热点赛事进行全方位报道，比如世乒赛、汤尤杯、奥运会等焦点赛事进行全方位的包装，除对赛事消息进行全面报道外，还针对国内体育迷对于国际赛事，如欧洲五大联赛、NBA等赛事的热情，体育新闻也在一定时间段进行全面的报道，这一点从收视表现上可以看出，能够收到良好的效果。

在《体育新闻》中还经常采取连续直播的形式，让广大体育观众在第一时间了解赛事的进行和中国选手的第一感受。

栏目获2005年度中央电视台优秀栏目一等奖、2005年度中国广播电视协会电视体育节目一等奖。

节目时长50分钟，播出频道：CCTV-5，播出时间：每天18:00。

网址：cctv.com/soprts。

《足球之夜》

《足球之夜》在2005年开始了第十年的创作，为适应新的形势，栏目调整了内容方向，改变了以追踪联赛和俱乐部为主题内容的新闻专题结构，从电视节目本身着手，作系列报道型节目、作系列片，把单一的赛事资源充分加工制作，开发出更多的节目资源。2005年年初，在成功地制作播出了6集《中国足球大事件》之后，推出了5集《中国足球路线图》，在单纯的回顾与反思以及对前景的预测当中，把人物的命运和中国足球的来路和去向进行了故事化的节目制作，取得了很好的反响。在2005年6月，中青队在荷兰世青赛上的表现令国人关注，《足球之夜》精心策划了半年之久的特别节目“六月最前线”也取得了很好的效果，其中最具可借鉴意义的是，这次行动成功地解决了大赛中前后方配合中存在的问题，为世界杯的报道提供了样本。在2005年，在“皇马”来华，中国队的报道中，《足球之夜》在现场直播、频道新闻和《足球之夜》栏目都取得节目生产上的平衡和播出上很好的效果。

《足球之夜》获2005年全国体育电视节目栏目一等奖，2005年CCTV优秀栏目二等奖。

节目时长120分钟，播出频道：CCTV-5，播出时间：每周四19:25。

《法治在线》

《法治在线》栏目注重品牌打造与不断创新，“第一现场”打造栏目核心竞争力，以纪实的手法展现极具震撼力的法治事件现场，以较强的视觉冲击力和表现力牢牢抓住观众的眼球；“第一时间报道大案要案”全面提升栏目影响力，《法治在线》2005年曾第一时间独家专题报道“华光下的黑幕”（佛山70亿特大骗贷案）、“大毒枭刘招华落网”等在全国有重大影响的法治案件，同时全面关注人大立法，多次直播了全国人大立法听证会，共同见证了《物权法草案》、《公务员法》、《治安管理处罚法》、《个税法修正案》等法律法规的论证、修订和出台，并对这些法律法规进行了深层解读。2005年推出春节特别节目《社区警务站》、两会特别节目《公安厅局长面对面》、五一特别节目《非常探案》、暑期特别节目《非常夏令营》、十一特别节目《罪案调查》，年终特别节目《2005中国法治档案》，这些节目都是《法治在线》栏目的延伸，播出后都取得了很好的社会效应。广电总局收听收看专家评议组还专门发文，高度肯定《非常探案》的创新创意。2005年11月与最高人民法院共同主办“2005中国法官十杰”评选活动，为构建和谐社会创造公平、公正的舆论氛围，年底还与铁道部公安局共同策划主办了“平安回家”系列春运公益活动，在全社会引起强烈的反响。

《法治在线》荣获中国广播影视大奖“十佳”新闻栏目奖。

节目时长：25分钟，播出频道：新闻频道，播出时间：每日17:30。

网址：www.cctv.com，电子信箱：fzzx-cctv@vip.sina.com。

华裔神探李昌钰博士（左二）参与央视《法治在线》栏目录制并与制片人、主持人合影。

《直播新疆》

《直播新疆》的报道历时33天，从8月25日开始，报道组分别在东疆、南疆的13个点和北疆的12个点进行了每天20多分钟的报道，其中，在东疆和南疆的巴里坤湖、交河故城、库尔勒、塔中、于阗、乌鲁瓦提、和田葡萄长廊、塔什库尔干、喀什、阿图什、阿克苏和克孜尔千佛洞进行了12场直播，在北疆的石河子、伊犁那拉提草原、博州赛里木湖、阿拉山口、阿勒泰市、喀纳斯、布尔津、魔鬼城、克拉玛依、塔城老风口、昌吉、乌鲁木齐进行了12场直播，平均每天驱车六七小时，行程达16000多公里，直播时间近600分钟。

《直播新疆》节目从普通新疆人的真实生活状态为切入点，对新疆的历史文化、地理环境、经济发展、民族风情进行了充分的展示和报道。内容涉及新疆草原经济、边贸口岸建设、油气开发、防沙改水、矿产、渔业、天山北坡经济带状况、新疆生产建设兵团的面貌以及旅游方面的发展情况；此外，新疆13个世居民族的风土人情、文化传统和生活习俗，天山南北优美的自然和人文景观也在节目中充分体现。

《直播新疆》成功播出后，引起了海内外观众热烈的反响，许多观众纷纷以致电、寄信、网上留言等各种形式发来观后感想，称赞节目让人们了解到一个鲜活的新疆、真实的新疆、和谐的新疆和不断发展的新疆。

节目获中央电视台2005年度优秀节目一等奖。

集数：33集，播出频道：CCTV-4，播出日期：2005年8月27日～9月30日，播出时间：12：00。

网址：www.cctv.com。电子信箱：hwxwb@sina.com。

《真情援救——印度洋地震海啸援救特别报道》

2004年底印度洋海啸发生后，中文国际频道从2005年1月3日起，推出每天70分钟的《真情援救——印度洋地震海啸援救特别报道》，国际频道对首都机场中国救援物资启运、中国红十字会总会捐助进行了直播报道，同时运用了卫星视窗连线的方式，客观报道了中国政府和人民心系灾区、无私援助的真情救援行动。作为中央电视台国际频道的唯一一位派往前方的记者，海外新闻部记者汪曙光随中国首批国际救援队到达印尼灾区班达亚齐采访后，一直身兼文字记者和画面摄像二职，共发回了六十余条新闻，报道内容囊括了最新灾情、中国救援队在灾区的救灾工作、灾区灾后重建等，使得海内外华人能够在第一时间了解到中国救援队在灾区的援救情况。

节目获中央电视台2005年度优秀节目一等奖。

集数：23集，播出频道：CCTV-4，播出日期：2005年1月3日～26日。

网址：www.cctv.com，电子信箱：hwxwb@sina.com。

中央电视台新闻中心随队记者在巴基斯坦灾区救援营地现场编发新闻。

《西藏行——西藏自治区成立40周年特别报道》

为迎接西藏自治区成立40周年，海外新闻部策划了大型系列报道《西藏行》，这是国际频道继2001年之后连续第五年推出的关于西藏的大型系列报道。与以往的西藏系列报道相比，这一系列报道除了继续坚持纪实风格外，还突出以下特点：

(1) 涉及范围更广。派出五个报道组赴西藏拉萨、那曲、昌都、林芝、山南、日喀则和阿里进行采访，在报道面上实现突破。

(2) 强调新旧对比。通过一个地区、一个村庄、一个家庭、一个人的新旧对比，反映西藏的真实变化。

(3) 注重点面结合。系列报道除了强调纪实采访风格外，还以新闻背景和新闻链接等形式，介绍涉及西藏政治、经济、民生、文化、教育、宗教等方面的整体情况，点面结合，凸显变化。

节目获中央电视台2005年度重大宣传报道活动特别奖。

长度、集数：30集，播出频道：CCTV-4，播出日期：2005年8月1日～30日，播出时间：12：00、21：00

网址：www.cctv.com，电子信箱：hwxwb@sina.com。

《连战、宋楚瑜大陆行（直播特别报道）》

2005年4月26日至5月13日，中国国民党主席连战和亲民党主席宋楚瑜先后率团访问大陆。中文国际频道(CCTV-4)自始至终进行了全程跟踪报道，海外新闻部推出了历时18天的“连战大陆行”和“宋楚瑜大陆行”特别报道，除全天新闻滚动播出跟踪事件最新进展外，还现场直播24场次，新闻、专题、直播等多种节目形态联动并进，现场报道与深度解读相得益彰。尤其是为方便观众收视，还在每天21：30～22：30推出的一个小时的《跨越海峡的握手》特别节目，获得了观众的广泛赞誉。

据央视索福瑞调查，自4月26日起至连宋报道结束，CCTV-4收视率迅速飙升，比平时高出4倍左右，4月27日《跨越海峡的握手——连战大陆行特别报道》的收视率高达2.29%，比平时飙升了4.6倍，创下CCTV-4继伊拉克战争报道以来的收视新高，因为特别报道的带动，当天四套全天收视率在全国49个卫星频道仅次于中央一、八套，排名全国第三。

节目获中央电视台2005年度重大宣传报道活动特别奖。

长度：18天，播出频道：CCTV-4，播出日期：2005年4月26日至5月13日。

网址：www.cctv.com，电子信箱：hwxwb@sina.com。

《“神舟六号”载人航天飞行（直播特别报道）》

2005年10月12日至17日，国际频道全面、及时地对“神舟六号”从升空到返回的全过程进行了跟踪报道。国际频道在6天时间中连续直播69小时。13演播室和北京航天城飞控中心演播室先后共进行访谈29场，与68人次嘉宾进行访谈。派出4组记者分赴酒泉卫星发射中心、北京航天城、西郊机场等各报道点采访、制作了总计105个专题片、背景资料片。6天的特别节目中共与5个（纽约、华盛顿、法国、俄罗斯和印度）海外分演播室连线22次。“神六”发射、返回期间共飞出相关新闻字幕300余条。4场“台北演播室”、“香港演播室”与“北京演播室”直播连线成为特别节目一大亮点，与台湾TVBS的演播室连线直播，更是中央电视台第1次在重大新闻报道中，实现与台湾电视媒体合作真正意义上的无延时直播连线。

根据央视—索福瑞媒介研究24个收视仪城市数据显示，10月17日晚间，《今日关注》（“神六”特别节目）的收视率高达1.71%，是平时这个时段收视率的3.17倍。再次显示了作为全球华人收看重大新闻事件首选平台是国际频道，以及在重大事件期间强大的节目竞争优势。这是对CCTV-4“神六”特别报道取得成功的另一种阐释。

本节目获中央电视台2005年度重大宣传报道活动特别奖。

主办单位：海外节目中心新闻部。

长度：69小时，播出频道：CCTV-4，播出日期：2005年10月12日～17日。

网址：www.cctv.com，电子信箱：hwxwb@sina.com。

《对话·“我眼中的抗日战争”（西语）》

2005年是抗日战争胜利60周年，也为了让更多的国外观众了解中国这段历史，西语《对话》栏目着重策划了该期节目。本期嘉宾是在中国已经居住40多年的秘鲁籍专家安东居奥·费尔南德斯先生。他知识渊博，对中国的抗日战争、西藏问题、台湾问题等深有研究。在节目中，他用实例揭露了日军在中国的暴行，高度赞扬了中国人民在整个反法西斯战争中所起到的巨大作用。在节目中编辑制作了4个资料片，分别从概述抗日战争、揭露日军侵华暴行、批驳战后日本态度和赞扬国际友人对中国的支持与援助等方面，对整个节目加以贯穿与配合。节目得到了观众的热烈反馈，他们认为虽然中国战场是二战的重要组成部分，但很多拉美人对它并不是很了解，看完节目他们感到很震撼！

本节目荣获中央电视台2005年度优秀节目三等奖。

主办单位：中央电视台西法语频道西语编辑部。

长度：30分钟，播出频道：西法语频道（16套），播出日期：周日，播出时间：9：30。

《“江城月·中华情”2005年中央电视台全球现场直播中秋双语晚会》

中央电视台大型直播中秋晚会是国际频道一年一度重大的节日盛典，旨在搭建世界华人情感沟通的舞台，加强全世界华人的民族向心力。全球华人共享一轮明月，共叙亲情乡情，共同感悟中华文化母体巨大的历史感召力和艺术感染力，是中秋晚会一贯的主题。

晚会在格调和节目上突出武汉的城市魅力，对民族文化进行现代化、时尚化的展现，在表现地域文化的同时，强调向世界开放与世界同步的现代化姿态，使中秋佳节不仅是中华儿女团聚的日子，而且成为中华文明融入世界各民族文化的切口。

晚会借景著名文化景观——黄鹤楼，并将主会场设置于此，分会场设在“朝天门”号长江游轮上，两大会场交相辉映，突出了名楼大江的优美意象。

本节目获中央电视台2005年度优秀节目二等奖。

主办单位：中央电视台、武汉市委宣传部。

长度：120分钟，播出频道：CCTV-4、CCTV-9、武汉电视台，播出日期：2005年9月17日，播出时间：20：00～22：00。

网址：www.cctv.com，电子信箱：hwxwb@sina.com。

《“孩子的选择”欢乐盛典》

《中国动画精品版》主持人小鹿姐姐和三维虚拟主持人跳跳龙在虚拟的卡通欢乐岛外景主持节目。

少儿频道首次举办的《“孩子的选择”欢乐盛典》在充分发挥少年儿童主观能动性、参与性的基础上，由他们自主选出心目中的榜样，充满欢乐和童趣。该节目以“橙地毯”铺就孩子们梦想的星光大道，用“绿粘液”为孩子们心中的偶像加冕。活动现场邀请了孩子们喜欢的各界名人，如“最受孩子喜爱的演员”、“孩子心中最棒的运动员”等，共同探讨儿童感兴趣的话题、为孩子们做精彩表演并与现场小观众一同互动游戏。整台节目给孩子们带来快乐和欢笑，并在潜移默化中使之感受到榜样的力量。节目播出后，社会反响热烈，受到孩子和家长的一致赞誉。

本节目获中央电视台2005年度优秀节目三等奖。

主办单位：青少节目中心。

集数：1集90分钟，播出频道：少儿频道，播出日期，2005年11月12日，播出时间：20：00。

网址：www.cctv.com，电子信箱：bbz_xc@126.com。

《金鸡报晓——2005年春节联欢晚会》

一、晚会主题：盛世大联欢。

遵照中央领导同志的指示精神并根据国家广电总局的有关指示，晚会确立了盛世大联欢的主题，各类文艺节目将艺术化地展示我们国家的盛世景观，表现中国人民幸福的现实生活，反映出乙酉鸡年的除夕之夜全国百姓携手大联欢、人民与党中央欢喜同乐的明媚喜悦情感。

二、晚会基调：热烈、祥和、七彩、温馨、青春、时尚。

三、晚会总体框架：采用篇章式结构，以中华民族的伟大复兴为底蕴，以中国在新世纪迎来盛世的社会心理为现实基础，突出盛世联欢的总体精神，让分布在各省市自治区的全国各族人民分享同一美好时光。

晚会分为4个板块，每一板块的名字均从晚会总体精神“盛世联欢”中取一个字“藏头”，分别构成晚会四个板块：

(1) 盛景争春；(2) 世间同春；(3) 联袂贺春；(4) 欢歌迎春。

四、晚会主体样式：

(1) 全国地方电视台推荐节目

本年度春晚采用了一批地方电视台推荐的节目，有的经过加工改造后作为完整的节目使用，有的作为一种艺术元素经过加工改造后被融合在新节目里。

(2) 中央电视台精心创作主打节目

春晚剧组组织全国的创作力量，潜心创作了一批主打节目。如宋祖英的《飞》，彭丽媛的《梦圆》，成龙的《壮志凌云》，赵本山和范伟的《功夫》，黄宏、巩汉林等人的《装修》，朱军、冯巩的情景相声《笑谈人生》等，贴近生活，贴近普通人，贴近百姓视点。

本届春节联欢晚会，以中国“春联文化”为底蕴，用全国各地电视台“新春使者”联手喜送春联的方式，表达新春祝福。

(3) 精心设计晚会动情点

春节晚会是热闹的新年聚会，也是中国人情感的凝聚之点。为此，晚会剧组深入生活，广泛搜集了2004年中感动中国、感动人心的事件，在此基础上设计了晚会的动情点：“通向团圆的天路——青藏铁路建设者”，用本年度中国震惊世界的重要工程项目“青藏铁路”为基础，以建设者们伟大胸怀为根基，在除夕之夜里家家团圆而他们却坚守建设工地的动情时刻，生动表述了他们的梦想。

本节目获2005年度中央电视台优秀节目一等奖。

主办单位：中央电视台。

本台晚会全长280分钟，播出频道：CCTV-1、CCTV-4、CCTV-9、CCTV西法语频道。

《梦想未来——北京亚太青少年电视节颁奖晚会》

同一颗童心，同一个梦想。由中央电视台和慕尼黑国际青少年电视节组委会联合主办、亚太广播联盟、亚太广播发展机构、联合国儿童基金会驻中国代表处、中国儿童少年基金会协办的北京亚太青少年电视节于2005年10月10日至14日在北京举行，20多个国家和地区的200多位青少年电视工作者参加了电视节闭幕式暨颁奖晚会。

北京亚太青少年电视节共收到了来自亚太地区近20个国家和地区的160多个节目，由9位世界著名的青少年电视节目专家组成了国际终评委员会。晚会嘉年华般的入场仪式，独创新颖、童趣别致的开奖方式以及小记者现场中英文采访获奖人等表现方式成为北京亚太青少年电视节颁奖晚会的精彩看点。中央电视台著名主持人鞠萍、董浩、季小军、朱华中英文双语主持，朱军、李咏、水均益、敬一丹、刘纯燕、朱迅等担任开奖嘉宾。

北京亚太青少年电视节颁奖晚会颁发了最佳儿童故事类节目奖、最佳儿童纪实类节目奖、最佳儿童综艺类节目奖、最佳节目创意奖，和为鼓励发展中国家用最低费用制作的优秀节目“春蕾奖”以及通过电视展播由观众投票产生的“最受儿童喜爱的节目”奖。

本节目获2005年中央电视台优秀节目二等奖。

主办单位：中国中央电视台，慕尼黑国际青少年电视节组委会。

长度：90分钟，播出频道：少儿频道，播出日期：2005年10月22日，播出时间：20：00。

电子信箱 dgtq803@sohu.com。

主持人董浩和王小丫、红果果、绿泡泡在一起主持节目。

《吉祥颂歌——“心连心”艺术团赴四川阿坝慰问演出》

这是中央电视台“心连心”艺术团成立9年来的第50场慰问演出，同时作为2005年度的“七一”晚会播出，恰逢中国工农红军长征70周年的纪念活动。这次慰问演出是在中宣部、广电总局和中央电视台领导提出“心连心”改版要求的第一期，在文艺节目中心的支持下，这次“心连心”以《吉祥颂歌》为题目，以民族团结、红军长征、西部开发为内容，以“深情、颂扬、鼓励、昂扬”为基调，对这次“心连心”演出进行了大胆的改革，就是对慰问演出进行“变脸”，对节目组织进行“瘦身”，演出首次选择主会场与小分队各占50%的安排，把主场演出会场首次放在海拔3100米的川主镇，将小分队演出放在羌、藏少数民族的村寨之中、老百姓的家里，同时节目编排加强电视特点和剪辑手段，节目组织上舞台减少一半，主会场人数减少到五六千人，演员减少三分之一，通过改革，这期节目收到了很好的收视效果，一套播出后，收视份额达16.9%，成为2005年全年“心连心”的收视第一位，受到中宣部和台领导的好评。文艺节目中心曾专门发大简报总结经验。

本节目获2005年度中央电视台优秀节目奖。

该节目总长92分钟，播出频道：CCTV-1、CCTV-3，播出日期：2005年7月1日（一套）、7月5日（三套），分别是20：00和20：26。

《第二届奥运征歌颁奖大型演唱会暨第三届奥林匹克文化节闭幕式》

由获奖歌曲、历届奥运优秀歌曲的演唱、文艺演出和颁奖三部分内容组成，从某种意义上说是一次注重形式的晚会。晚会充分运用音乐、舞蹈、杂技、人体行为艺术、主体舞台的光效变化做一次全景化艺术化的表演，晚会注重动与静的比较，强调视觉效果和心理感受，充分体现制作群体的智慧和想象，让观众呼吸一次视觉的新鲜空气，感觉一次中国人民走近“Beijing2008”奥林匹克的欢乐。

本节目获第三届“北京2008”奥林匹克文化节优秀组织奖。

节目总长120分钟，播出频道：CCTV-1、CCTV-3、CCTV-4、CCTV-9，播出日期：2005年7月24日20：00。

《航天精神颂——中央电视台“心连心”艺术团酒泉卫星发射基地慰问演出》

中央电视台“心连心”艺术团于2005年9月12日赴中国酒泉卫星发射中心进行了慰问演出。此次“心连心”艺术团带来了党中央的亲切关怀和亿万电视观众的热情问候，来到祖国西北大漠戈壁上，向为中国航天事业辛勤奉献的同志们表示了衷心的问候。

在大型歌舞《我们去远航》中拉开了演出的帷幕，刘秉义、李谷一、佟铁鑫、殷秀梅等老艺术家的表演令现场观众陶醉在艺术的氛围里，官兵们和着老艺术家的歌声，现场沉醉在一片欢快、融洽中；赵本山、韩红、那英、张也、满文军、陈思思、汤灿、哈辉、孙悦、柏文等表演艺术家和青年歌手又掀起了现场一个又一个高潮；李伟健、武宾表演的相声《有趣的标语》和小品《发射就在今天》展示了当代航天人的风采；最后在李谷一的《我和我的祖国》中本场“心连心”演出圆满地落下了帷幕。慰问演出的主持人由中央电视台节目主持人朱军、董卿、任鲁豫和发射中心干部李敏担任。节目中主持人还采访了首飞航天员杨利伟等多名为中国航天事业作出突出贡献的工程师及科技工作者。广大科技人员和部队官兵以及参加我国载人航天工程“神舟六号”飞行任务的科技专家和航天员代表欢聚一堂，共同观看了精彩的演出。

整台节目歌颂了广大科技人员和部队官兵特别能吃苦、特别能战斗、特别能攻关、特别能奉献的载人航天精神，向人们展示了他们所创造的中国航天史上令世人瞩目的辉煌业绩。演出结束后，全场观众起立鼓掌久久不愿离去，用热烈的掌声表达了他们激动的心情。

本节目获2005年中央电视台优秀节目奖。

节目时长：46分钟（一套）、100分钟（三套），播出时间：2005年10月8日20:46、10月10日21：30。

中央电视台“心连心”艺术团赴酒泉卫星发射中心慰问演出。

《1405——郑和下西洋》

历史档案的缺失为本片的拍摄设置了巨大的障碍，但一个伟大事件的痕迹不可能消逝无踪。本片摄制组在一年半的拍摄时间内，追随着郑和的足迹，遍访国内外专家以及与这一历史事件有关的人士，透过历史的迷雾探寻真相。这一人类文明史上空前的壮举，使得本片获得了更为广阔的表述空间。郑和的航行预告了人类大航海时代的来临，同时表明了中华文化传统对和谐文明的世界秩序的渴求。本片从宏观、全景的角度展现这一事件的全貌和伟大意义，同时深入到历史的细节中，传递着时代的信息，力图完整准确地呈现六百年前那场不朽的海上史诗。

3集版：涉沧溟，云帆高张，天下同福。

5集版：奉使西洋，涉沧溟，云帆高张，际天极地，天下同福。

本节目获2005年中央电视台优秀节目一等奖；中国纪录片学术奖；中国电视纪录片系列片十佳作品；四川国际电视节金熊猫奖；国际电视宣传与营销及电视频道设计者联合会（Promax and BDA）最佳纪录片宣传片奖；香港无线TVB台最具欣赏价值大奖。

本片时长46分钟×3集、37.5分钟×5集，播出频道：CCTV-1、CCTV-10，播出日期：2005年7月11日至30日。

《爱的谎言》

《爱的谎言》用纪实的手法记录了山东汉子田世国捐肾救母的全过程。田世国捐肾时38岁，他的母亲已经65岁，为了让母亲安心手术，田世国及其家人和医院一起瞒着田母儿子给他捐肾的事实，共同编织了一个“爱的谎言”。直至今日，田母仍生活在这个“爱的谎言”中。

本片历时三个月跟踪拍摄，专程到山东、上海、广州等地，实地采访了田世国及其家人，田母做手术的医院、医生、病友等共计20多人。节目逻辑严谨，情节波澜起伏，悬念迭生，用纪实手法展现的母子情深，尤其是捐肾救母的过程让人深深震撼。

节目播出后，引起了强烈的社会反响，栏目热线不断，很多观众感动得流着热泪打电话，一些人表示要向田世国学习，要求与国家器官移植中心联系，无偿把自己的肾捐给有需要的病人。田世国也因此入选2004年“感动中国”十大人物，成为我国新时期弘扬传统孝道的代表人物。

本节目荣获2005年中国广播影视大奖一等奖。

节目时长：30分钟，播出频道：CCTV-1，播出时间：2004年11月6日。CCTV-12播出时间：2004年12月29日。

《艾滋病警示录》

在世界防治艾滋病宣传日，本片关注艾滋病的来龙去脉；关注面对艾滋病，生命个体的矛盾与呼声；关注社会群体的困惑与歧视、国家的态度与对策、国际的氛围与舆论。

该片是感情与理性并重的纪实性专题片。内容从小处着眼，反映几个小人物的命运故事；从大处立题，有关国家民族荣辱兴衰的社会问题。努力探究鲜为人知的事件与故事，使之成为深刻挖掘与分析社会问题的力作。同时以有力的事实为依据、以直面问题的坦诚态度，树立党和政府重视艾滋病防治、勇挑重任的国际形象。

站在中国艾滋病上升期与爆发期的临界点上，该片的播出有如一声高过一声的尖利警报，唤醒众人，相互救助与扶持，脱离灾难，共谋生存。

本节目2005年8月被评为全国艾滋病防治优秀影视作品。

节目时长50分钟，播出频道：CCTV-1、CCTV-10，播出日期：2003年12月1日。

《抗战》

大型文献纪录片《抗战》12集（每集45分钟），是为纪念抗战胜利和世界反法西斯胜利60周年的一部记录抗战历程的纪录片。

该片是由中央电视台、中共黑龙江省委宣传部、哈药集团制药总厂、中视传媒股份有限公司联合推出的文献纪录片。12集分别为《不愿做奴隶的人们》、《筑起新的长城》、《共赴国难》、《持久战略》、《游击战争》、《铜墙铁壁》、《文化血脉》、《突破囚笼》、《得道多助》、《不屈的战魂》、《最后的较量》、《民族的记忆》。

《抗战》按照时间进程和内在主题逻辑精心编排，全方位、全面地、全景式地反映抗战全过程，深刻揭示历史的内涵和发展的脉络。这种历史的内涵和脉络，透彻地阐明毛泽东在《论持久战》中对抗战必胜的诸多关键因素的分析。

这部《抗战》表现的是中华民族的抗战，是中华民族的英勇史诗。

本节目获中央电视台优秀节目一等奖、2005年中国广播电视协会中国纪录片国际选片十佳纪录片奖。

节目时长：45分钟×12集，播出频道：CCTV-12、CCTV-1，播出日期：2005年8月24日和29日的20：05（每天两集）。

《2005新年音乐会》

《2005新年音乐会》于2004年12月31日晚8：00在新落成的上海东方艺术中心举行。这是中央电视台举办的第十一次新年音乐会，在总结前十年音乐会的基础上，导演组全体工作人员力争把此次新年音乐会推向一个更高的水准。

《2005年新年音乐会》由艺术总监余隆担任指挥，并邀请了钢琴家郎朗，小提琴家莎拉·张，大提琴家王健，女高音歌唱家吴碧霞，男高音歌唱家魏松联袂加盟。演出了萨拉萨蒂小提琴与乐队《卡门幻想曲》、柴可夫斯基大提琴与乐队《罗可可主题变奏曲》、著名咏叹调《奇妙的和谐》等经典曲目。特别是郎朗演奏的钢琴协奏曲《黄河》将全场的气氛推向高潮。

参与直播工作的全体人员尽最大努力将音乐会盛况真实无误地呈现给广大观众。由于是新落成的上海东方艺术中心首次投入使用，新剧场，完全不熟悉的工作环境给异地直播增加了难度。灯光、舞美、音响设计人员克服各种困难，在客观允许的情况下力求突破以往音乐厅音调的色彩，将完善的视觉艺术享受呈现给广大电视观众。节目直播结束后，反响热烈，无论是普通观众还是电视同行，都对节目给予了热情的赞扬与肯定。此次评奖上报的是音乐会成功直播后在栏目中重播的第一版。

本节目获2005年度中央电视台优秀节目奖。

节目时长：90分钟，播出频道：CCTV-1、CCTV-15，播出日期：2004年12月31日20：00。

《“山欢水笑”——中央电视台“心连心”艺术团赴辽宁省丹东市慰问暨国庆56周年联欢演出》

本次“心连心”演出安排在2005年9月30日晚作为国庆晚会播出。因此，它除了承担慰问的功能外，还肩负了国庆的宣传任务。

本次演出分“凤凰山下”、“鸭绿江畔”、“黄海之滨”三个篇章，各延伸出一个发射点；以主题内涵为结构线，通过主持人依次对“山”、“江”、“海”的介绍，将三个篇章有机地结合链接、四个散点串成一环，形成珠联璧合、聚点成面的构架格局。

本节目获2005年中央电视台优秀节目奖。

节目时长90分钟，播出频道：CCTV-1、CCTV-3，播出日期：2005年9月30日20：00。

《中华情——纪念台湾光复60周年大型文艺晚会》

《中华情——纪念台湾光复六十周年大型文艺晚会》由中共中央宣传部、中共中央统战部、中共中央台湾工作办公室、台湾民主自治同盟、中华全国台湾同胞联谊会共同主办，中央电视台承办。

晚会分为序幕“骨肉情”、第一篇章“宝岛悲情”、第二篇章“热土乡情”、第三篇章“复疆豪情”和尾声“中华情”5个部分，以歌曲、舞蹈、诗朗诵等形式，以“情”字为主旋律，讲述了从祖国宝岛台湾被日本强占的屈辱历史，到台湾人民誓死抗日保卫家园的英勇事迹，再到台湾光复、回归祖国、扬眉吐气的时刻；歌颂了台湾同胞伟大的爱国主义精神和为抗战胜利所作出的不可磨灭的贡献。

晚会在优美的台湾民歌《台湾岛，我的故乡》以及展现宝岛美丽风光和丰富物产的舞蹈中拉开序幕。

第一篇章以公车上书、台湾著名青年士绅丘逢甲的诗篇《春愁》和台湾原住民泰雅族首领莫那鲁道抗日献身的故事，讲述了甲午战争签订《马关条约》日本强占台湾后，台湾各地民众连续不断的武装抗争，以及受到日军残酷镇压的惨痛历史。

第二篇章中，舞蹈《砍甘蔗》再现了日本在台湾建立了殖民统治后，疯狂掠夺台湾资源，残酷剥削台湾人民的画面。而台湾同胞在武装斗争被血腥镇压之后改变斗争形式，在政治、经济、文化上与日本殖民当局进行了顽强抗争。从林献堂、蒋渭水、连横等仁人志士的事迹，到表现普通百姓坚持中华文化传统的情景歌舞《百家姓》，现场观众无不为之动容，并报以热烈的掌声。

第三篇章从《热血歌》、《台湾义勇队队歌》唱到《光复日》，歌颂了台湾同胞积极投身中国全面抗战，为抗日战争的全面胜利和台湾光复做出的重要贡献。

晚会在象征中华民族精神永续的仪式歌舞《祭拜黄陵》中结束。

本台晚会荣获2005年度中央电视台优秀节目奖。

晚会时长90分钟，播出频道：CCTV-1、3、4、9，播出日期：2005年10月25日20：00。

《激情广场·大家唱》

《激情广场》栏目是中央电视台综艺频道的品牌栏目，于2004年在综艺频道改版之际推出“大家唱”，其形式是日光版露天大型群众互动歌会。《激情广场》把“三贴近”——贴近实际、贴近生活、贴近群众作为自己的目标，以走亲民路线作为自己的最大特色，成为了千千万万爱唱歌的歌友的“精神家园”。

自开播以来，《激情广场》制作了一系列的专题文艺节目：“春风行动”、“绿色军营·绿长城”、“春天的颂歌”、“警民一家亲”，以及一系列特别节目：“永恒的彩霞”、“永恒的烛光”、“相聚北京——百星慈母游京城”、“建设社会主义新农村——纪念‘文化科技卫生’三下乡活动十周年”、“把祖国的荣耀写上太空——载人航天精神礼赞诗歌朗诵演唱会”等等，都在获得良好收视率的同时，产生了极佳的社会效益。

本节目荣获首都精神文明建设委员会颁发的“首都精神文明建设最佳活动奖”。

节目时长：60分钟，播出频道：CCTV-3，播出日期：每周三晚21:10首播、周四10:40重播。

“警民一家亲”2005年10月《激情广场》主持人刘璐率领小分队到江苏苏州公安战线慰问演出。

《金鸡颂春——2005年春节戏曲晚会》

2005年是鸡年，鸡年象征生机勃发、蒸蒸日上；象征着我们国家兴旺发达、繁荣昌盛。因此本届晚会的主题确立为：喜庆、祥和、繁荣、奋进。本台晚会共有33个节目，其中京剧19个，地方戏11个，其他形式的节目有3个。这台晚会的特点是：

（1）剧种精练：本届春节戏曲晚会可以说是历届戏曲晚会地方戏最少的一届，只选择了地方戏中的几个大剧种，例如评剧、豫剧、越剧、黄梅戏等。选的唱段大部分是经典剧目中的经典唱段，如《花为媒》、《花木兰》、《梁祝》、《红楼梦》等。

（2）新：突出新人新戏，选择近两年来有代表性的新创剧目，演员力求年轻化、青春靓丽，在重点节目中，力推新人表演。

本届戏曲晚会的新人有北京的康静、翟默；中国戏曲学院的贾松；上海的赵群；天津的王艳；江苏的李洁；福建的田磊以及苏昆青春版《牡丹亭》的俞玖林和沈丰英等；新戏有京剧《妈祖》、评剧《凤阳情》、黄梅戏《孔雀东南飞》等。

（3）美：本届戏曲晚会用挂红灯开场，既突出了年味又表现出了传统艺术的美。晚会的结尾部分借鉴京剧《天女散花》的形式，以轻柔舒缓的唱腔歌颂春天的到来。节目中采用电视化的手段，以祥云漫天、彩带飘舞、大地飞花的意境，来凸显戏曲界春华锦绣、一派繁荣的景象。

(4) 魅：戏曲的魅力就在于它具有很强的欣赏性，晚会在节目的选择和总体把握上强化了欣赏性，追求戏曲本体的韵味与意境。没有过多的快板和流水联唱，安排了一些脍炙人口的优美唱段，如京剧《锁麟囊》、《贵妃醉酒》、《上天台》；豫剧《花木兰》；评剧《花为媒》；越剧《梁祝》等，目的是为了让观众感受中国戏曲艺术的魅力。

本台晚会荣获2005年度中央电视台优秀节目一等奖。

晚会时长210分钟，播出频道：CCTV－3、CCTV－11，播出时间：2005年2月8日21：00。

《2005年CCTV第五届青年京剧演员电视大赛决赛》

2005年CCTV第五届青年京剧演员电视大赛是全国性专业京剧演员电视大赛，它本着弘扬民族文化，繁荣京剧艺术，推出新人，丰富荧屏节目的宗旨，从初赛、复赛一直到“十一”黄金周播出的决赛，为广大电视观众奉献了一台具有专业水准的戏曲电视节目。2005年CCTV第五届青年京剧演员电视大赛决赛对老生、小生、武生、花脸、青衣、花旦、武旦、老旦、丑等行当分别评选出金、银、铜奖，这些得奖演员可以代表全国青年京剧演员的总体水平。决赛播出时，受到广大电视观众和戏迷朋友的关注与支持。

本节目获2005年度中央电视台优秀节目奖。

节目时长：8场×160分钟，播出频道：CCTV－11，播出日期：2005年9月29日～10月7日，每晚19：55。

《梅香的承诺》

儿童电视剧《梅香的承诺》讲述了10岁女孩梅香信守承诺的故事。

梅香生活在一个古老的乡村，因为父亲赌博家里生活很拮据。一天村里来了农村公益广告摄制组，梅香跑去观看。漂亮的女演员吸引了梅香，女演员也很喜欢她，便拿出五块钱给梅香买冰棍，梅香不要。女演员只好说自己也想吃请梅香帮忙去买。能为漂亮的阿姨买冰棍，梅香当然高兴，她接过钱兴奋地向村口跑去。

半路上梅香被正在拍摄的场景吸引、驻足观看。导演发现了这个清秀的女孩，让她扮演一个角色并能挣五块钱。梅香吓坏了，拔腿就跑。当她来到冰棍摊前却发现女演员给的五块钱不见了。

怎么办？偷偷躲起来不再见女演员？不行！找家里要钱？也行不通！经过激烈的内心斗争，梅香终于鼓起勇气来到拍摄现场。梅香的演出赢得大家赞扬，梅香高兴极了，她终于通过自己的努力挣到了钱。可是当梅香拿着冰棍来找女演员时，现场却空无一人。

梅香举着冰棍在山间小路上追着远去的汽车，她要完成自己的承诺、把冰棍交给漂亮的阿姨。女演员终于发现了梅香，当她跳下车看见满头大汗的梅香和一点点化去的冰棍时，她感动极了，紧紧地抱住了梅香。

该片在2005年10月获得慕尼黑国际青少年电视节和中央电视台主办、亚广联协办的“北京亚太青少年电视节”最佳故事片奖。

该片长15分钟，播出频道：CCTV－1，播出日期：2005年12月18日17：30。

《首届全国少儿歌手电视大赛》

由中国音乐家协会、共青团中央、中央电视台联合举办的全国少儿歌手电视大赛具有参赛人数多、连续直播场次多、评委的规格高、权威性强、社会反响热烈等特点。由全国34家电视台选送的248名小歌手进京参加复赛、半决赛、总决赛。参赛选手均为3至18岁的青少年儿童，并按年龄分为A、B、C、D四个组别。大赛评委均由国内声乐界、音乐界、教育界、演艺界的知名人士担任，如阎肃、姜昆、雷蕾、吴碧霞、王宏伟等。参赛小选手不仅演唱了优美动听的歌曲，还进行了趣味音乐知识问答，丰富的比赛形式显示了选手较高的综合艺术素质，还检验了他们的临场应变能力。比赛现场还特设了评论席，由特邀嘉宾、评委和选手对大赛进行即时评论和交流。中央电视台少儿频道连续五天现场直播了半决赛和总决赛的实况。通过大赛，发掘了大批优秀的少儿歌手，还使一批优秀的儿童歌曲广为传唱，深入人心。

本节目2005年获CCTV杯优秀节目三等奖。

节目时长100分钟，播出频道：少儿频道，播出日期：2005年8月21日 20：00～21：40。

《童心里的歌——大型儿童歌曲推广演唱会》

为贯彻落实李长春同志“少儿歌曲呼唤新作”的指示精神，培养少年儿童健康的审美情趣和积极向上的生活态度，加强推广、传唱优秀儿童歌曲的力度，《童心里的歌》大型儿童歌曲推广演唱会于2005年4月28日19：30在北京奥体中心体育馆隆重举行。

此次演唱会的宗旨是丰富少年儿童文化生活、培养少年儿童健康的审美情趣和积极向上的生活态度，推广、传唱优秀新儿歌。本次“童心里的歌”演唱会不仅汇集了各个历史时期的儿童歌曲，而且把来自不同国家的优秀儿歌也囊括其中，特别是儿童喜爱的动画片、影视剧歌曲更是演唱会的一大亮点。

本次儿童歌曲推广演唱会的表演方式和定位轻松、活泼、愉快，每位演唱者出场的方式都不一样，他们带着自己的童年故事以及伴随他们成长的歌曲进入现场。在整体上强调一种联欢，在联欢中把歌曲推进，让小朋友觉得不孤单，同时也唤起家长对童年的回忆，在家长和孩子之间形成了一条情感互动的纽带。

本节目2005年获CCTV杯优秀节目三等奖。

节目时长70分钟，播出频道：CCTV-1，播出日期：2005年4月30日16：57～18：07。

《感动未来“六一”晚会》

由国务院妇女儿童工作委员会、全国妇联、共青团中央、全国少工委、中央电视台联合主办的2005年“六一”晚会适逢中共中央、国务院《关于进一步加强和改进未成年人思想道德建设》发布一周年，第五次全国少先队代表大会在人民大会堂隆重召开。该晚会以“感动未来”为主题，充分反映儿童少年思想道德建设的新气象与新面貌。晚会突破以往以少儿歌舞联欢为主的特点，用真实鲜活的六个故事作为“感动点”构架晚会主体，用精心挑选的“精彩节目”作为“快乐点”丰富晚会色彩，全力打造了一台内容有新意、结构有创意、节目有情意的“六一”晚会。

当晚，由庄严而新奇的“入队仪式”拉开晚会序幕。全国人大常委会副委员长何鲁丽、顾秀莲、乌云其木格，国务委员陈至立，全国政协副主席郝建秀、张榕明和全国妇联名誉主席彭珮云等在台长赵化勇、副总编辑李挺陪同下观看晚会，并与第五次全国少代会的390多名少年儿童代表一起共庆佳节。

晚会结束后，出席观看晚会的国家领导人以及全国妇联、团中央、教育部等有关部门负责人纷纷对晚会给予充分肯定和高度评价。认为整台晚会主题鲜明，节目精彩，为全国小朋友献上了精美的节日礼物。直播晚会的收视份额高达11.03%。收看人数仅次于当晚一套的《新闻联播》。

本节目获中央电视台2005年度优秀节目一等奖。

晚会时长100分钟，播出频道：CCTV-1、CCTV-少儿，播出日期：2005年6月1日20：00。

《芝麻开门》栏目主持人月亮姐姐、芝麻哥哥正在录制节目。

《一个狙击手的独白》

王达，成都市公安局特警大队唯一的狙击手。入警十年参战无数，在需要狙击的反劫持案件中，临危受命，无一失手。但职业道德与人性伦理并非总趋一致，为了救人而不得已开枪杀人，这种残酷，善良的王达经历着常人不曾体会也不可能体会的种种心理煎熬。这种痛苦，就像狙击手的职业法则，孤独而漫长。

对很多人来说，狙击手是个很遥远很神秘的角色，《一个狙击手的独白》通过王达自述，力图让人们走近并了解他们的训练、工作、生活，以及他们复杂的内心世界，感受他们轰轰烈烈却又默默无闻的独特人生。

正是因为狙击手“看见而不被看见、狙杀而不被狙杀”的职业特性，本片着力运用光影技巧，不让王达在《一个狙击手的独白》里出现正面图像，所有画面的设计和拍摄，都在“看得见而看不清”的原则下，坚持对真实、对美感的追求，尽量不去影响属于他自己的心理空间，更避免对他生活带来不必要的干扰。

本节目获“中国十佳纪录片长片奖”及“最佳录音”单项奖。

节目时长33分钟，播出频道：CCTV-12。

《挺进南极冰盖最高点》

2004年10月25日，承载第21次南极科学考察队的“雪龙号”从上海正式出征，揭开了第21次南极科考的帷幕。同时，《挺进南极冰盖最高点》节目组在同一天，制作了60分钟的《起航》节目，也拉开了南极报道计划的序幕。

在持续近一百多天的报道过程中，《挺进南极冰盖最高点》节目组共计完成了累计1310分钟的专题报道，突出了报道的时效性，基本上达到了当日节目、当日录制、当日播出。连续报道在社会上产生了巨大的反响，节目中所体现的南极科考队员“挺进最高点”的精神对全民起到了很大的激励和鼓舞作用。

《挺进南极冰盖最高点》的连续报道，不仅是完成了一项重大的报道任务，不仅是实现了电视史上的两个突破，不仅是尝试着一种新的形态的科学节目的制作，更是中国新闻工作者高水准职业素质的体现，更是中国共产党开拓创新、无私奉献的先进的体现，更是中华民族勇于进取、自强不息的民族精神的体现。

本栏目获2005年中央电视台优秀节目一等奖，中直机关五一劳动奖状。

节目时长：15分钟／期，共43期，播出频道：CCTV-10，播出时间：2004年12月6日至2005年1月18日每晚22：05。

《“神舟六号”遨游太空专题报道》

把握信息整合优势，全方位、多角度宣传报道“神六”飞天这一事件的整个进程，另一方面突显网络互动特色，发挥CCTV.COM的策划和引导能力，为广大网友提供一个专业化的信息整合平台和理想的沟通渠道。“神六”报道期间，CCTV.COM在Alex全球网站排名中名列第50位，创下2005年访问量最高点。此专题报道主要特点：

（一）制造多样化的网上互动模式；

（二）充分发挥网络整合优势；

（三）积极配合中央电视台宣传报道。

此节目获2005年度中央电视台网络媒体优秀作品奖。“2005年度中央电视台优秀栏目、节目评选”网络媒体优秀作品。

主办单位：总编室网络宣传部。

播出频道：央视国际新闻频道，播出日期：2005年10月13日。

网址：www.cctv.com.cn/news/special/c14684。

《2005年春节晚会专题报道》

以为春节晚会服务，为中央电视台服务的主导思想，首次将中央电视台春节三台晚会、春节特别节目、其他各类晚会、及历届春晚专题全部纳入“2005年春节晚会专题网站”，内容组织和报道形式上强化互动全过程，创办“记者问节目，网友出主意”主题在线系列活动，打造《春晚论坛》的网络品牌，在欢乐、祥和、喜庆的基调下，为全国网民营造了一个喜气洋洋的中国年。

（一）报道特色：信息总汇、版面丰富、全程互动；

（二）报道效果：权威立体生动翔实、网友满意。

此专题节目获2005年度中央电视台网络媒体优秀作品奖。

主办单位：总编室网络宣传部，播出频道：央视国际综艺频道。播出日期：2005年11月2日。

网址：www.cctv.com/spring/2005spring。

为纪念北京奥运会倒计时1000天暨2008奥运吉祥物揭晓，体育频道制作播出了3个小时的直播特别节目“吉祥北京”。图为主持人沙桐、魏晓楠在演播室现场。

《2012花落谁家》

国际奥委会于2005年7月6日至9日在新加坡召开第117次全会。会议的重点是7月6日选举产生2012年夏季奥运会的举办城市。五个申办城市包括巴黎、纽约、马德里、伦敦、莫斯科。国际奥委会继2001年莫斯科全会后再次提供投票会议全部议程的直播信号。

中央电视台体育节目中心体育新闻部《北京2008》栏目自7月6日8：00至21：30全天直播报道此次大会。

报道内容主要是以同声传译的方式，直播国际奥委会投票大会实况。在直播信号的间隙，以演播室访谈和介绍短片的方式，介绍各申办城市、国际奥委会遴选规则、北京申办奥运会历程、北京筹办2008奥运会进展情况等相关内容。除转播公用信号以外，本次节目在新加坡会场特别设置了直播注入点，由中央电视台记者在现场作直播报道和采访。此外节目中还与中央电视台驻五个城市的记者或特邀嘉宾进行了电视连线报道或电话连线报道。节目主持人在演播室随时报道最新动态，并对吕圣荣、高殿民等十余位嘉宾分时间段进行了演播室访谈。中央电视台网站为本次节目特别设置了专栏，开设了讨论区、投票区，演播室主持人随时将网络动态通报观众，演播室同声传译准备充分，英语、法语两种语言的同声传译安排得当。节目组事先制作了大量相关专题片和备播片，节目直播中还制作了动态新闻和专题。在节目直播中，安排直播了《体坛快讯》和《体育新闻》两档节目并顺利对接。本次节目还使用了硬盘延时和硬盘播出技术。节目高潮部分还使用了美联社的直播信号，极大丰富了报道内容。

此节目获2005年度中央电视台优秀节目一等奖。

节目总时长13小时，播出频道：CCTV-5，播出时间：2005年7月6日8:30～21:30。

《第十届全运会跳水、游泳项目信号制作》

第十届全运会跳水、游泳比赛于2005年9月27日至10月20日在江苏南京举行，恰逢北京2008年之前的最后一次全国运动会，各代表团均尽遣主力，奥运冠军、世界冠军云集，竞争空前激烈，高潮迭起，盛况空前。

由于中央电视台面临北京奥运会的电视信号制作任务，全运会期间又要接受BOB和TWI的慎重考察，所以参战全运会，锻炼队伍，采用新技术，整装赴会，倾其所能，亦在所不惜。

制作方案最终经组委会同意，并得到了赛事组织方面大力的配合与支持，本次信号制作最突出的特点是在新技术的运用，这在国内是首创。首先是游泳信号制作中应用的虚拟技术，导演组和技术人员充分沟通，制定了详细的实施方案，并于10月中旬两次在预赛的演练中突击试验，克服了重重困难，取得了圆满成功。此外，在跳水、游泳比赛电视信号中应用的IPDirector属于一种新的硬盘编辑系统，其及时分类、快速重放的特点给传统的制作理念带来一股清新之风。为了完美表现声音，导演组和音频技术人员反复揣摩，运筹帷幄，首次实现了水下话筒的无干扰安置，并全程监控，保证了信号声音的高质量。全运期间，正是由于央视人的勤奋和钻研，创了三项全国第一，跳水、游泳电视画面给观众带来了前所未有的视觉和听觉享受，电视信号受到广泛赞誉。

此节目获“2005年中国广播电视协会电视体育节目奖”现场直播类一等奖。

节目时长45小时，播出频道：CCTV-5，播出日期：2005年9月27 日至10月20日。

《眼镜飞人》

作为大运会中国军团收获的含金量最高的一枚金牌，对胡凯的现场采访存在着极大的偶然性。首先，大运会中国代表团事先也没有把胡凯列入夺金计划中，其次，田径项目众多，记者对大学生田径代表团的人员不是很熟悉，还有，大运会属于管理较严格的大型运动会，很难允许记者在非采访区采访选手，但是在现场，当得知胡凯夺冠后，记者一路小跑争取第一时间把话筒伸到胡凯的面前，应该说是在第一时间获取了胡凯此时的最鲜活的感言与体会。

在体育赛事采访中，第一时间获得对新闻当事人的采访是至关重要的，因为此时的任何语言对于当事人来说都是质朴而真切的，也是最动人的。

本节目获2005年度中国广播电视协会奖电视体育奖新闻类一等奖。

节目播出频道：CCTV-5，播出日期：2005年8月17日18:00。

《世界足坛50大狂人》

《世界足坛50大狂人》是《天下足球》节目组在2005年夏天制作的专题片，主创人员为朱晓雨、康冲等。《天下足球》是一档主要报道国际足球的栏目，中央电视台拥有大量的国际足球赛事资源，《天下足球》的长处在于将赛事资源按照一定的主题进行重新整合编辑，《世界足坛50大狂人》就是这一特点的很好的诠释。

《世界足坛50大狂人》这一专题片介绍了世界足球史上的50位球技高超同时个性又独特的球员，他们球场内外的很多言行举止让人觉得啼笑皆非不可思议，完全可以用“疯狂”来形容，《世界足坛50大狂人》就是把他们的这些行为通过电视专题片一一呈现给观众。专题片画面冲击力强，解说词语言风趣，包装精良，极富可视性。

本节目获中央电视台2005年度优秀节目一等奖。

节目时长55分钟，播出频道：CCTV-5，播出日期：2005年6月28日19:00。

《第七届中韩歌会》

第七届中韩歌会是继前六届中韩歌会后于2005年在深圳欢乐谷水上舞台举行的。本届中韩歌会也是中方第一次走出演播室在户外举行的中韩歌会。基于第六届在韩国的仁川万人体育馆的成功举行，对本届中韩歌会的规模和水准都有较高的要求，本届中韩歌会在时尚性和电视化方面下了较大工夫，在舞台的搭建上突出了水上舞台的多功能性，声光电和超大水幕及超大火墙的应用上在国内乃至亚洲均属首次，在视觉的效果上有着很大冲击力，在演唱阵容上聚集了中韩两国的顶尖歌手，整体编排大气时尚，震撼力强，在观众和业内人士的反响中有着较大的认同和赞誉，同时本届中韩歌会KSS播出时受到了极高的好评，被评为历届中韩歌会之最。

本节目获2005年度中央电视台优秀节目奖。

节目总长：90分钟，播出频道：CCTV-3，CCTV-1，播出日期：2005年11月28日20：35。

《社区警务站》

2005年春节期间，《法治在线》首次推出特别节目《社区警务站》，采用在演播室设立虚拟《社区警务站》的模式，由栏目主持人、著名演艺人士尹相杰、侯耀华、羽泉组合等（作为特约社区联防员）、资深民警轮流值班，每天为群众演绎、揭示、解析一类骗局，为群众防骗支招，融娱乐性、教育性和服务性于一体。

特别节目《社区警务站》以栏目曾经播出过的真实案例为基础，按照类别对案例的典型细节和情节进行重新剪辑，演播室主持人、演员、警察就这些案例及不断翻新的骗局变种进行轻松、有趣的谈话和演绎，揭示骗局，为群众防骗支招，让观众在开怀大笑的同时感受法治精神，增强自我保护的法律意识。

本节目获中央电视台社会新闻部2005年第一季度特别节目奖。

节目时长：25分钟、7集，播出频道：CCTV新闻频道，播出日期：2005年2月9日～15日 每晚17：30。

网址：www.cctv.com，电子信箱：Fzzx-cctv@vip.sina.com。

《梅韵流芳——纪念梅兰芳诞辰110周年京剧演唱会》

为纪念京剧大师梅兰芳诞辰110周年，中央电视台《空中剧院》栏目组与江苏省委宣传部联合主办了“江苏行”系列演出，首场就是直播这场规模宏大的京剧演唱会。晚会中有来自全国各地的著名京剧表演艺术家和梅派传人及再传弟子，同时还有其他行当的艺术家和著名演员，另外江苏省领导还集中了当地的优秀演员、青年新秀和来自京津沪的京剧名家同台献艺，演员阵容强大，流派纷呈，受到了在场观众和广大电视观众的热烈欢迎。

晚会以毛泽东诗词《咏梅》为序曲，第一章节是梅派经典剧目联唱，把梅先生不同时期所创作的经典剧目由老中青三代演员展现给广大观众，梅派艺术对京剧其他行当也有着重大影响，在第二章节中分别展示了旦行其他流派和老生、花脸行当的精彩选段。

梅兰芳先生之子梅葆玖与梅先生弟子、豫剧表演艺术家马金凤联合演出。

电视导演：许玉琢。

本剧获中国广播电视协会第二届电视戏曲“兰花奖”电视戏曲晚会类一等奖。

本剧时长158’20”，播出频道：CCTV-11，播出日期：2005年2月20日19：20。

《中国日记——我们的2005》

《中国日记——我们的2005》节目是年终对全年新闻事件进行回顾、梳理，对全年发生过的重大和较大的新闻事件进行比较全面的整理和展示。

节目在总体形态上采用短片加演播室的基本方式，其中在短片的编辑上采取一种类似电影平行蒙太奇的推进方式。

节目选择了8个／组典型、重大事件和与其相对应的人物。“神六”——两个航天员；“十一五”规划——BBC等国际主流媒体的关注；抗战60周年——中国和日本的两个老兵；两岸关系——连方瑀；矿难——牛津；另外还有表现和谐的新型社会、人际关系的姚晓明和捐献受益者，以及今年社会影响非常大的两个人物：傅彪和郃丽华。用以表现一年当中中国人关于成就、美好、悲伤、思考、梦想、正义、良知等等所有的情绪和心态。

《中国日记——我们的2005》获中央电视台2005年度优秀节目三等奖。

节目时长：120分钟，播出频道：综合频道，播出日期：2005.12.31，播出时间：22:50。

网址：www.cctv.com，电子信箱：zhogguozhvukan@sohu.com。

2005年10月1日，香港站记者翟颖楠在金紫荆广场进行国庆升旗报道。

京剧《廉吏于成龙》

根据王永泰长篇小说《清官于成龙》部分章节改编创作的京剧《廉吏于成龙》表现的是清代的历史故事。于成龙曾被康熙皇帝称为“天下廉吏第一”，也受到了当地老百姓的爱戴。他去世的时候，老百姓罢市为其送葬。

该剧舞台处理和导演调度灵活，两个主要人物塑造鲜活，个性鲜明，剧情矛盾冲突尖锐。

在电视手段上导演对人物形态的捕捉相当准确，镜头运用灵活，把演员表演人物内心世界的细微之处表现得传神到位，演员的特写及面部表情切换无误。

编剧：梁波、戴英禄、黎中城、王涌石，导演：谢平安，电视导演：许玉琢。

本剧获中国广播电视协会第二届电视戏曲“兰花奖”电视戏曲晚会类二等奖。

该剧时长129’34”，播出频道：CCTV-11，播出日期：2005年2月19日，播出时间：19：20。

网址：www.cctv.com，电子信箱：zhhy@126.com。

《感动中国》

《感动中国》年度人物评选是中央电视台最重要的年度节目之一，由中央电视台新闻节目中心承办，连续三届均获得了较大成功，得到中央领导、台领导的首肯，并且已经成为广大观众喜爱的品牌节目。

《感动中国》人物评选活动，继续秉承“弘扬主旋律，打造中国人的精神品牌”的宗旨，在全国范围内寻找能够打动国人心灵的人物，发掘他们的故事，传播他们的事迹。

2004年度，获得“感动中国”荣誉的人物是：空军试飞员梁万俊；运动员刘翔；出生入死的缉毒英雄明正彬；医生桂希恩；共产党员榜样牛玉儒；女神警任长霞；外交官孙必干；为母捐肾的孝子田世国；深山中的义务教师徐本禹；中国“杂交水稻之父”袁隆平；在雅典奥运会上绝地反击重新夺回冠军的中国女排。

《感动中国》不单单是一个节目，它已然成为了一个时期一个阶段一种民族精神的高度凝聚，一段难忘历史的精彩浓缩，是一个民族居安思危的忧患力量，不断进取的内在精神感动你我，感动中国。

《感动中国》获中央电视台2005年度优秀节目二等奖。

节目时长：90分钟。播出频道：综合频道，播出日期：2005年2月20日，播出时间：20：00。

网址：www.cctv.com。

《转折之战》

1945年的5月9日，纳粹德国宣布无条件投降。一场历时数年，战场波及全世界的惨烈战争——第二次世界大战宣告结束。《纪事》栏目在2005年纪念世界反法西斯胜利60周年之际制作了大型特别节目《转折之战》，32集，每集25分钟，特邀水均益主持。《转折之战》作品展示了在第二次世界大战中若干场经典的转折之战，它们或者在第二次世界大战中具有特殊的意义，或者曾经改变整个战争的格局，乃至改变整个人类历史的命运。同时在此基础上作了7集40分钟的精华版。整个创作周期只有一个月，解说词12万字。其中7集的精华版在“五一”期间新闻频道20点10分播出，最高收视率为0.83%，一举创下了新闻频道这一时段的收视新高。

本节目获中央电视台新闻中心2005年度上半年特别节目三等奖。

节目时长：25分钟1集，共32集。

播出频道：新闻频道，播出日期：2005.4.25～6.7，播出时间：22：30。

网址：www.cctv.com。

《中国人在21世纪》

《中国人在21世纪》系列节目是从2000年年底，也就是跨世纪的世纪之交的时候开始拍摄。当时选取了北京的什刹海，山西的李家山村，以及重庆的大昌古镇作为记录的重点。

北京代表一个大都市在这个世纪之初一直到未来的若干年的变化，节目选取的什刹海最有典型的老北京的风貌，在节目纪录的时候，什刹海是一个非常平静的地方，有很多老北京人在那儿很传统的生活着，而这几年什刹海已经成为非常时尚的一个休闲场所。

在重庆的大昌古镇选取的是三峡移民，在这四年多的拍摄中，节目记录了这些生活在大昌古镇的很多老百姓，他们怎么离开这个城市到新的地方去生活，而这个大昌古镇在未来的命运又是什么样的。

第三个记录地点是位于黄河岸边的李家山村。在节目四年的纪录中，这个山村的变化相对是最少的，但是在这里可以看到21世纪农民和土地的关系，以及农民即将离开脚下的土地，到城市去发展的趋势，这样的趋势本身就蕴含着深刻的变化。

《中国人在21世纪·三峡移民》荣获2002年上海国际电影节白玉兰大奖，《中国人在21世纪·什刹海》荣获2003年中国纪录片协会学术委员会纪录片类长篇大奖，最佳导演奖和最佳录音奖。《中国人在21世纪·黄河人家》荣获中国广播电视协会2005年中国十大纪录片奖并入围法国飞帕（FIPA）国际电影电视节。

长度、集数：20分钟，4集，播出频道：新闻频道，播出日期：2005.2.9～2.12，播出时间：22:30。

网址：www.cctv.com，电子信箱：tb99@vip.sina.com。

《故宫》

从故宫的建筑艺术、使用功能、馆藏文物和从皇宫到博物院的历程等方面，全面展示故宫辉煌瑰丽、神秘沧桑的宫殿建筑，丰富多彩、经历传奇的珍贵文物，讲述不为人知、真实鲜活的人物命运、历史事件和宫廷生活。触摸历史跳动的脉搏，传承源远流长的中华文明。

《故宫》获2005（第八届）四川电视节“金熊猫”奖；人文及社会类最佳长纪录片奖及“最佳摄影”奖；获2005年度中央电视台优秀节目一等奖。

本节目12集，40分钟1集，播出频道（首播）：综合频道，播出日期：2005.10.26～11.7，播出时间：20：45。

网址：www.cctv.com。

《2005亚太大学生机器人大赛》

作为亚广联成员及本项赛事的董事会成员，中国中央电视台从2002年起至2005年，已成功主办了四届国内大学生机器人大赛，2005年又成功主办了“2005年亚太大学生机器人大赛”。

中央电视台组成了以赵化勇台长为主席的大赛委员会，聘请国内、外机器人专业的著名专家学者组成评审委员会，起草并确立了本届大赛的主题——“登长城·点圣火”。2005年8月27日，在北京航空航天大学体育馆，来自亚太地区19个国家和地区的20支代表队共展智慧和技艺，勇夺桂冠。最终，日本东京大学队获得大赛的冠军，中国北京科技大学队、中国哈尔滨工程大学队分获亚军和季军。

本届赛事在全社会掀起了一股更高、更新的科技探索热潮。

大赛的口号是：让思维沸腾起来，让智慧行动起来！

本节目获中央电视台2005年优秀节目二等奖。

节目时长：30分4集，60分1集，播出频道：CCTV-1，播出日期：2月8日～11日，播出时间：11：30。

网址：www.cctv.com 科技频道，电子信箱：robocon-cctv@vip.sina.com。

《第四届亚太大学生机器人大赛》直播现场

《世界著名大学》

《世界著名大学》为中央电视台制作的大型系列片，是中央电视台的一档重点节目，由青少节目中心青年部承作，计划拍摄百集。这是国内电视媒体首次通过现代视听技术向国人集中展现世界一流名校的风采。《世界著名大学》系列片力求将故事性、文化性、特殊性和知识性统一、全面、客观的介绍名校的历史、现状和特色。节目从学校独特的文化、历史入手，彰显各学校的特点和新世纪的新发展，让广大观众从一个崭新的视角认识和了解这些大学，同时为计划出国留学的观众提供了留学信息。

本节目获2005年中央电视台优秀节目奖。

节目时长：30分钟×100集，播出频道：CCTV-1，播出日期：春节、“五一”、“十一”，播出时间：8：15。

《哪吒传奇》

讲述了一个中国古老的传说。哪吒从肉球中腾空出世，便力大无穷，女娲因此选他为人间正义与邪恶力量抗衡的正义化身。作为邪恶力量代表的石矶一心想占有哪吒身上的力量，屡遭失败后就生杀机。哪吒在女娲和伙伴们的帮助下，同石矶展开了惊心动魄的斗争，闯过道道艰险难关，并最终由一个不谙熟人世的顽童成长为一个充满童趣的小英雄。

该片共52集，每集22分钟，于2003年6月分别在央视一套、四套、七套、少儿频道播出，取得较好收视。该片2005年荣获北京亚太青少年电视节最佳故事类节目奖、首届中国国际动漫节原创动漫大赛最佳导演奖、中国动画学会2005年中国动画成就奖系列动画片金奖。

《围棋少年》

以明末为时代背景，讲述了一个不谙世事的少年，从喜爱围棋到战胜重重困难，终于成长为扶危济困、为民除害、为国争光的一代棋圣的故事。明朝末年江南沿海地区倭寇横行，围棋棋坛也面临正义的围棋精神和邪恶的围棋势力发生的冲突。主角江流儿是一个充满幻想的少年，他生活在京城，在围棋方面有着惊人的想象力，人们认为他是围棋小神童。江流儿在学棋的道路上历经磨难，在与各种棋手对弈时感受到他们强大的精神力量，从而不断地调整自己，感悟人生，最终到达了围棋的顶峰。

该片每集22分钟，前26集于2005年8月分别在一套、少儿频道播出，2005年荣获中国动画学会2005年中国动画成就奖荣誉奖。

《唐诗故事》

中国是一个诗的国度。为了更好地弘扬中华民族文化，陶冶人们思想情操，了解祖国传统文化的博大精深，该片从一千多首诗中选取了26首极具代表性和影响力的名篇佳作来进行制作。有的故事反映了田园生活的趣事，有的则让人们沿着燕子飞行的方向去辨认社会的变迁，而有的讲述诗人月夜访友未遇却偶得佳句，反复推敲的诗坛佳话。在美术风格上，采用中国传统绘画的表现手法，力求色彩古朴、淡雅、清新，画面优美、恬静、深远。还根据诗的内容、诗的意境等采用了多种不同的美术风格去表现，靠诗情画意的互动，求得内容与形式上的统一。《唐诗故事》是中央电视台第一部用国画风格来表现的动画片，其中的一集《枫桥夜泊》又是中央电视台制作的第一部水墨动画片。

该片每集8分30秒，全剧26集，于2002年5月分别在一套、四套播出。2005年荣获首届中国国际动漫节原创动漫大赛最佳系列片奖。

《宝葫芦的秘密》

讲述的是小主人公王葆星期日在湖边钓上来一个宝葫芦，里面装着一个丑陋的暗绿色、大蚕茧似的邪恶精灵。为了使自己得到更多的营养，让别人当自己的奴隶，只要是王葆脑子里想到的，邪恶精灵都想尽一切办法满足，如偷王葆爸爸的钱、图书馆的书以及抄别人的考卷。由于个人的贪欲使王葆脱离了集体，当王葆知道真相后改正了自己的错误，把所有的东西还了回去，又重新回到集体当中去，可是邪恶精灵再一次偷了回来，就连一个叫青青的盲人女孩儿的一只导盲犬也偷来了。最后，小主人公抓住了邪恶精灵的弱点，依靠自己的智慧和爱心取得了胜利。

该片2005年荣获首届中国国际动漫节原创动漫大赛最佳导演入围奖、中国广播影视大奖优秀电视动画节目奖。

《中华勤学故事》

自古以来，多少仁人志士，因为勤奋学习而成才，并留下了许多千古佳话，如"归真画虎"、"囊萤照读"、"凿壁偷光"等。根据这一个个生动有趣、真实感人、激人奋进的小故事，创作出大型电视系列动画片《中华勤学故事》。动画片选取了从中国古代到近代几千年文明历史中部分仁人志士勤奋学习的趣闻轶事，如《诸葛亮喂鸡》、《鲁班学艺》、《李白铁杵磨成针》、《王羲之吃墨》、《李晟练成神箭手》等等。每集人物、故事内容都是真实可信的，都有其确凿的历史依据，都是勤奋学习的光辉典范。作品体现凝重的历史内涵、活泼的卡通风格，幽默风趣，轻松好看，寓教于乐。是浓缩中华民族五千年文明精华，符合时代精神，充满朝气的主旋律作品。

该片52集，每集8分钟，2005年荣获中国广播影视大奖优秀电视动画节目奖。

《井底之蛙》

描述人们像青蛙一样，为了跳出束缚，做着各种的尝试，但是最终又到了另一个罐子里，人生就是这样，没有尽头，没有对错，最重要的是你不后悔。至少，草地上的脸盆比井里要更接近太阳！

该片3分10秒，2005年荣获首届中国国际动漫节原创动漫大赛最佳编剧奖。

《少年包拯巧断案》

荣获国家广电总局2005年度金帆奖视频图形制作技术质量奖二等奖。

《变迁》

在西部大开发5周年之际，中央电视台新闻频道于2005年1月10日至16日推出特别节目——7集系列报道《变迁》。

节目从能源、交通、生态、人才、东西合作、特色经济等多个方面系统、全面地展示了西部大开发五年来取得的显著成就，使人们看到了西部地区城乡面貌发生的深刻变化以及给百姓带来的实惠。同时深层次地探讨了开发五年来西部人观念的变化、精神面貌的变化以及这些变化给西部人带来的发展和新机遇。节目播出后引起强烈反响，受到各级领导和群众的广泛好评，认为节目有很大的感染力。

本节目获贵州省新闻一等奖。

每集25分钟，共7集，播出频道：新闻频道，播出日期：2005年1月10日～16日，播出时间：20:05～20:30。

《直击台风"麦莎"直播》

新闻频道中首次连续两天多角度、全程跟踪报道了台风登陆的全过程，开创了对台风登陆这种比较难以捕捉、变化不定的灾害性天气报道的先河。在整个直播报道中，涌现出一批敢于"追风"的女记者，她们在一线的报道给观众留下较深刻的印象。

本节目获中央电视台2005年度优秀节目三等奖。

节目时长180分钟，播出频道：新闻频道，播出日期：2005年8月5日9:00～11:00。

该节目由中央电视台、东方卫视、浙江台、安徽台、山东台、青岛台、大连台联合采制。

电子信箱：dfb9281tom.com。

2005年8月9日，中央电视台记者在中央电视台23楼现场报道台风"麦莎"外围云系对北京造成的影响。

《"香醋"为何这样涩》

由记者潘明采写的《每周质量报告》《"香醋"为何这样涩》播出后在社会上引起了强烈的反响。

该报告调查历时三个多月，记者三下镇江，深入现场，先后走访了镇江和其所属的丹阳、句容等市的数十家醋厂，拍摄了三十多个小时的素材，掌握了大量的第一手资料，最终揭露出了当地一些醋厂违规甚至违法生产镇江香醋的黑幕：有的醋厂用劣质大米冒充优质糯米酿造镇江香醋；有的醋厂用冰醋酸勾兑镇江香醋；甚至有个别醋厂用工业冰醋酸勾兑镇江香醋。节目播出后社会反响强烈，中国商业联合会发出紧急通知，要求全国各食品经营企业发现问题"镇江香醋"立即下架。

该报告在叙事过程中，条理清晰，细节生动，证据充分。节目开始以特殊的醋味为线索展开调查，从霉变大米到冰醋酸，再到工业冰醋酸，整个过程故事性强、层层递进，不断地抖"包袱"，揭露的问题越来越严重，使观众始终保持着收看的兴趣，最终达到高潮。调查追踪中，抓拍到的细节非常生动，从醋瓶不消毒，工人在抽烟，到网罩上粘着的苍蝇，充分发挥了电视语言的魅力，给观众留下深刻印象。调查中，对同期声的处理也相当精彩，增加了强烈的现场感，为调查提供了有利的佐证，同时也深刻反映了制假造劣者唯利是图、不择手段的心态。

《"香醋"为何这样涩》调查深入，素材充分，使后期的画面剪辑稳定流畅，声音清晰，保持了很高的专业水准。

该节目荣获2005年度中国广播电视新闻专题一等奖。

播出频道：新闻频道《每周质量报告》栏目，播出日期：2004年12月12日12：38。

《文艺舞台·模特吕燕（法）》

法语版的《人物杂志》节目的主要素材来源是十套的《人物》节目，编导在此素材基础上进行翻译、配音、字幕、剪辑等工作。本期节目介绍的人物是近年来蜚声国际的中国模特吕燕。

吕燕的"美"和她在巴黎时尚界的"一夜成名"是对中国传统审美观的颠覆。对于她到底是绝代佳人还是超级丑女，人们争论不休。编者认为这其中包含的中西方审美观念的剧烈碰撞是很耐人寻味、引人思考的，也相信本期节目能吸引外国观众的眼球。

正如主持人在节目的开始和结尾所说：吕燕是来自中国江西萤石矿上的一名普通矿工的女儿。那里满地晶莹透亮的萤石在当地人眼中是最普通的东西，却被来此拍摄节目的法国人视为紫水晶般的宝贝而珍藏。同样的，在国人眼中平凡无奇甚至有些"丑"的吕燕却在西方时尚界倍受推崇，成为"美"的经典诠释。这种矜持和冲突所展现的中西文化差异是本期节目的看点和主题。

本节目获中央电视台2005年度优秀节目三等奖。

主办单位：海外西法语频道编辑部法语组。

长度：30分，播出频道：西法语频道，播出日期：2005年10月9日，播出时间：首播13：30～14：00。

网址：fr.cctv.com，电子信箱：telefr248@cctv.com。

五、2005年中央电视台特别节目选介

《不能忘却的历史——纪念台湾光复60周年》

2005年10月25日是台湾光复60周年的纪念日，中央电视台海外节目中心对台部制作了三集文献片《不能忘却的历史——纪念台湾光复60周年》，每集50分钟，该节目回顾台湾被日本霸占的屈辱历史，揭露了日本殖民者的残酷统治，颂扬了台湾同胞反抗日本占领和统治的坚强意志。该片采访了20多位来自两岸的历史当事人、历史学家和研究台湾问题的学者，全景式展现了台湾光复的全过程和几十年来两岸关系的发展历程。

节目时长：150分钟×3集，播出频道：CCTV-1、CCTV-4，播出日期：2005年10月22、23、24日，播出时间：20：00～21：00。

网址：http://www.cctv.com/program/hxla/home/index.shtml，信箱：hxla@cctv.com。

中华情——纪念台湾光复60周年大型文艺晚会，图为主持人朱军、董卿。

《丰采中国·魅力广州——2005年中央电视台中英文双语元旦晚会》

元旦是一个无国界的全球性的节日，是人们互致祝福的时刻。本次晚会在广州举办，以“丰采中国·魅力广州”为主题，力求将广东岭南文化与广州现代魅力及辞旧迎新和新年庆典相结合，展现强盛而活力十足的中国，普天同庆的欢庆场面。本次晚会既代表中国整体，又充分展现广东特色，融合最现代、最时尚的艺术形式，突出国际化的创作理念和风格，整体风格大气、欢快、时尚、国际化，加入大量新时代年轻时尚的创作元素，充分体现“鲜、亮、新”的外宣理念和时代风貌，在表现地域和民族特征的同时，更强调中国的繁荣富强，与世界同步的现代化姿态。

晚会以“魅力广州”为主体线索。同时以海内外当红明星构成兴奋点作为节奏，以零点倒计时的万众期待为高潮，多侧面多角度展现全球华人聚焦羊城，四海一家，普天同庆，共贺新年的欢庆场面。

节目时长：130分钟，主办单位：中央电视台、广州市人民政府，播出日期：2005年2月26日，播出频道：CCTV-4，播出时间：22：00～0：10。

网址：www.chinataiwan.org/web/webportal，电子信箱：zhonghuaqingcctv@vip.sina.com。

《海峡两岸知识大赛》

《第四届海峡两岸知识大赛》经过近一年的精心准备，在中央电视台1000平方米演播室录制完成。为进一步扩大大赛在海峡两岸的影响，《第四届海峡两岸知识大赛》在规模、形式、赛题等方面都进行了大胆的改革。规模上，比赛场次由上届的7场扩大到16场，参赛队伍由上届的21支增加到40支，参赛的选手200多名。第四届大赛共有3000多道赛题。大赛内容围绕中华五千年传统文化和两岸建设成就进行，在此基础上增加了两岸交流交往的新内容；同时拓展范围，增加了民俗、生活常识等知识。

比赛形式上，在往届知识问答的基础上，增加了口才展示、才艺表演等内容。表现形式有歌舞、相声、小品、杂技、武术等，融入了更多的娱乐元素，使节目更加精彩好看。这样一来，对选手也由过去的知识考核变成了综合素质的全面考核，更加真实全面地反映当代大学生的风采。

节目时长：800分钟×16集，播出频道：四套，播出日期：12月3日～18日，播出时间：19：10～20：00。

网址：http://www.cctv.com。

领导为获得一等奖的山东大学代表队颁奖

现场直播《2005年西亚运动会》

13个海湾国家参加的第三届西亚运动会从2005年11月28日到12月10日在卡塔尔首都多哈举行。共有丹麦、韩国、澳大利亚、英国和卡塔尔当地电视台及中国中央电视台在内的六家电视机构参与了共11个项目的国际电视公用信号制作任务。由中央电视台体育节目中心、播送中心和技术制作中心共32人组成的制作队承担了足球和排球赛事的信号制作。这是中央电视台首次在国际大型运动会上承担大球项目的制作任务，也是和其他国际上一流水平的电视制作机构面对面进行的一次同场竞技。制作队全体成员按照奥运信号制作理念和标准精心制作，圆满地完成了这两个项目的制作任务，赢得了来自电视同行、组委会及卡塔尔国家领导人的高度赞赏。他们认为中央电视台提供的信号质量好，专业性和可视性强，制作队伍纪律严明，作风朴实，工作细致认真，外语交流顺畅，是一支善于合作的高水平的队伍。这是中央电视台又一次打了一个漂亮的国际电视公用信号制作攻坚战，为2006年多哈亚运会和2008年北京奥运会制作任务的圆满完成打下了坚实的基础。

播出频道：CCTV-5，播出日期：2005年11月28日至12月10日。

《陈云》

由中央电视台、中央文献研究室联合制作的文献纪录片《陈云》以陈云九十年人生历程为基本脉络，以相关历史事件的进程和几代领袖群体的活动为背景，以主人公在关键时期发挥的关键作用为叙事焦点，以朴实生动的手法真实地记述了伟大的无产阶级革命家、政治家、杰出的马克思主义者陈云同志波澜壮阔的革命生涯和在中国人民伟大历史创造活动中建立的不朽功勋。

本片共8集，每集47分钟，播出频道：CCTV-1，播出时期：2005年6月10日～17日，每晚19：54。

《可可西里大穿越》

《可可西里大穿越》节目围绕人类首次横穿可可西里无人区这个主题，贯穿着探索之旅、艰险之旅、追寻之旅三条主线。前方报道组对中科院可可西里科考队的科考活动进行连续跟踪报道，每日通过卫星回传节目，后方编辑组对回传素材进行再创作并邀请嘉宾到演播室评论。节目注重时效性、现场感和行进感。该节目是继科教频道2004年成功推出《挺进南极冰盖最高点》之后又一科学探险类特别节目。

本节目时长20分钟，共42集，播出频道：CCTV-10，播出日期：2005年9月～10月，每晚20：10。

《法治的力量2005》

《今日说法》"12·4"特别节目《法治的力量2005》于12月4日晚上顺利播出，晚会揭晓了2005年"年度十大法治人物"，通过当选人物的事迹对全年的法治大事进行一次年度的梳理和盘点。十位获奖者刑警许文有、公益律师佟丽华、湖南人大代表陈建教、检察官蒋汉生、艾滋孤儿"妈妈"张颖、农民工利益的代言人张志强、女法官金桂兰、社会问题研究学者张春良、中国法律援助基金会以及调查"六合彩"的福建3名女中学生相继上台接受了这一荣誉。现场观众也被十位人物的事迹深深打动，整台晚会充满泪水、掌声和欢笑，充分显示出观众们对获奖者的崇敬之情。

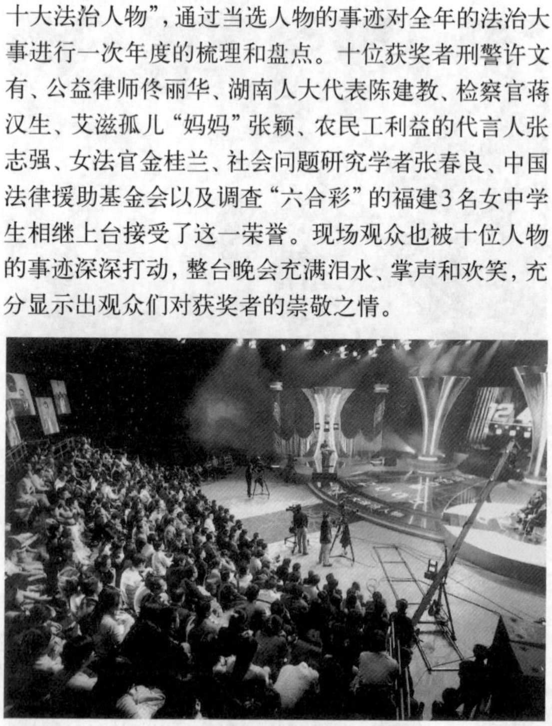

《法治的力量2005》录制现场

在“十大法治人物”评选阶段，栏目收到观众的来信1万余封，网上参加投票的网友人数达到了800万人，创下该活动举办以来的最高纪录。

该节目时长90分钟，播出频道：CCTV-1、CCTV-12，播出日期：2005年12月4日20：00。

《天山之水》

2005年10月，在新疆维吾尔自治区成立50周年到来之际，《绿色空间》栏目经过了精心策划、周密安排，从10月10日开始，在栏目中推出了9集系列节目《天山之水》。栏目以穿越历史时空的视角，将天山之水的变迁，以及与新疆本地居民千百年来和谐关系作了全面展示。节目在天人合一的意境中，展示了新疆的勃勃生机。

节目播出之后，得到了新疆有关部门的充分肯定，并在观众中引起强烈反响。系列节目《天山之水》具备以下几个特点：

（一）大策划

系列节目《天山之水》的策划重点选取历史地理学与环境地理学相关的研究文献，并以“穿越历史时空，解读当下新疆”作为节目的定位方向，通过对学者探寻历史地理变迁，观察人文地理变化的经验作生动的视听结构模式转化来完善节目的结构。在发现人与自然的千年关系，找寻到灵壤之地的神奇之处后，将《天山之水》的主题提炼或叙事内容延伸到具有厚重历史感的更高境界。

（二）大整合

在2005年8日，《绿色空间》栏目就《天山之水》的节目拍摄开始与新疆电视台进行全方位合作。双方共同组建的摄制组分为三条线分头进行拍摄，从而以更立体、更全面、更深入的方式去观察新疆、拍摄新疆的山水人文。这种平行拍摄、章回结构的节目形式，为走进新疆九个地域，最后拍摄完成的九集节目，实现既独立成篇又可浑然一体创造了条件。

（三）冲击力

《天山之水》系列节目，其影像资料极为丰富，信息量非常大，镜头画面也很具冲击力。当观众从节目中看到生活在绿洲上的人们所遇到的生存问题、心理等问题时，便会意识到珍惜生命、保护自然的价值和意义，并在心灵中产生出巨大的情感共鸣。

本节目时长：14分钟×9集，播出频道：CCTV-10，播出日期：2005年10月10日至19日，播出时间：首播19：30。

网址：www.cctv.com，电子信箱：cctvlskj@sina.com。

《百年光影》

这是唯一的一部以胶片形式完成的向中国电影诞生一百周年献礼的纪录影片。

影片以中国电影发展历程为经，以中国电影对中国社会和中国人的影响为纬，在“中国电影，电影中国”的格局里，寻求具有里程碑意义的事件和人物，并以阐幽发微的方式展开宏大历史的叙述。力求在对百年中国电影的审视中，探求中国电影由娱乐而教化，由宣传而市场，由系统而产业的内在线索，呈现中国电影的百年辉煌。

影片摒弃了全方位的罗列，以精彩的故事情节，带动历史进程的演变，遵循纪录影片真实客观的原则，本着探索历史真实的研究态度，以纪录片特有的艺术手法讲述一个关于中国电影和中国人的故事，对中国电影作一番既忠于历史又有现实启迪意义的现代展示。

本片在展示中国影片经典片段的同时，大量采用鲜为人知的纪录片资料、照片和电影收藏品，生动展现中国电影百年的发展历程。并以其生动的细节、感人的故事、尘封的历史档案，讲述中国电影一百年来的风云变幻、中国电影人的传奇人生以及中国电影银幕背后的故事。

影片由中央新闻纪录电影制片厂拍摄制作。

本片时长：90分，播出频道：CCTV-1，播出日期：2005年12月28日，播出时间：20：00。

网址：www.cndfilm.com，电子信箱：Bjb09@163.com。

《中国电影100年》

由中央新闻纪录电影制片厂拍摄的32集大型电视纪录片《中国电影100年》是国家广电总局、电影局为纪念中国电影百年华诞批准制作的一部历史资料片。这是中国人第一次用电视纪录片的形式，以宏大的气势、翔实的资料、丰富的画面和几代电影人的真情回眸，客观而真实地叙述100年来中国电影所走过的求索与创新的历程。

本片时长：45分钟×32集，播出频道：六套，播出日期：2005年9月～12月，播出时间：17：57。

网址：www.cndfilm.com，电子信箱：

Bjb09@163.com。

为纪念电影100年，新影厂召开从影50年电影工作者表彰大会。图为大会会场。

《紫禁城》

在电视上看电影胶片，在胶片中游历故宫，在故宫里感受未知。

《宫门大开》作为《紫禁城》系列片之首集，将目光更多地集中在最为人关注的文物上。逊帝溥仪、北洋政府、新中国建国之初、十年动乱、第二次世界大战，故宫文物是怎样度过了这一个又一个的历史时期？

故宫的文物又从何而来？举世闻名的象牙席来自草席堆？宋代名画《听琴图》来自赝品库？时间沧桑，历代名画已经斑驳破烂，修复时还要去掉上面的苍蝇屎？

这一次《紫禁城》系列片的改编，力求在新影20世纪80年代所拍摄《紫禁城》优美画面的基础上，深入挖掘更多鲜为人知的历史故事；力求做到听已故的故宫人讲述故宫的历史变迁，听现在的故宫人剖析历史背后的故事。

本片时长45分钟一集，共10集，播出频道：CCTV–10，播出日期：2005年4月4日至15日，播出时间：21：25。

网址：www.cndfilm.com，电子信箱：Bjbo9@163.com。

《天堑通途——亲历康藏公路》

为了纪念修筑康藏公路这一世界创举，中国交通部、中央电视台新影制作中心历时3年，联合摄制了10集大型电视片《天堑通途——亲历康藏公路》。

50年代初的中国版图上，在四川省与西藏之间隔着一个省份叫西康省，省会是雅安，它是通往世界屋脊的交通要塞。1950年，刚刚成立的新中国启动了国家一号工程：修筑康藏公路。而康藏公路的起点就是从雅安开始，止于拉萨。

这条公路的修筑，震惊中外，被誉为发生在世界屋脊上和人类公路史上的奇迹。中国人民解放军18军和新中国第一代交通人以平均每公里牺牲1至2人的巨大代价，以惊天地、泣鬼神的坚强意志，用双手劈开了横断山脉，打通了世界屋脊，越过了海拔5000米以上的大雪山14座，共跨越高原河流200多条，最终仅凭人力将公路从原西康省的省会雅安修筑到了拉萨。

本片由中央新闻纪录电影制片厂拍摄。

本片时长：30分钟×10集，播出频道：CCTV–1，播出日期：1月19日～22日，播出时间：13：30。

网址：www.cndfilm.com，电子信箱：Bjb09@163.com。

2005CCTV《梦想中国》

2005年10月1日至10日，经济频道举办的2005CCTV《梦想中国》大型电视活动在中央电视台一号演播大厅进行了连续10场扣人心弦的总决赛直播，来自全国的36组平民选手经过激烈角逐，产生了“金蝶奖”、“银蝶奖”和“媒体嘉宾印象奖”。金蝶奖获得者登上了2006年央视春节联欢晚会的舞台，得以实现自己的艺术梦想。

《梦想中国》是由经济频道《非常6+1》栏目牵头，集全频道之力打造的国内为时最长的一档展示平民艺术梦想的大型互动娱乐节目。2005《梦想中国》的口号是“激情成就梦想”。经济频道与新疆、辽宁、山东、河南、广西、江苏、四川、湖北、浙江、甘肃、广东、香港TVB等12家省级电视台组成互动联合体，在全国12个分赛区进行了为期6个月的初选复赛和分赛区决赛，10月份的总决赛达到最高潮。据统计，在10天总决赛期间，全国观众共发送短信投票2000多万条、短信留言近40万条。节目收视从10月1日起一路攀升，到10月10日，《梦想中国》在全国20个地区的平均收视率达到4.34%，收视份额达11.63%，沈阳、温州、抚顺等城市的收视率超过12%，收视份额超过34%。成都、重庆、上海、南京、深圳等重点城市的收视率也比原来同期提升3到5倍。

播出频道：CCTV–2，播出日期：2005年10月1

日～10日。

《2005年“3·15”晚会》

《2005年“3·15”晚会》的主题是“关爱互动，共享和谐”。在坚持打假维权核心功能的同时，提倡关爱互助，用现场捐助的方式为消费领域的社会困难群体提供具体的帮助；在净化消费环境、打假除劣的同时，缓解社会矛盾，并呼吁全社会共同努力，构建和谐社会。3月15日晚上10点，节目刚播完，中共中央政治局常委李长春打电话给赵化勇台长，对晚会给予了高度赞扬，认为这是“三贴近”的好节目。

晚会独家报道了“海南锦绣大地公司仙人掌诈骗事件”，事件涉及了全国除西藏之外的所有省市，受害农民达上万户，晚会现场，司法部组织中国律师协会免费为农民提供法律援助，在节目播出半年后，犯罪嫌疑人被逮捕，受害农民得到了法律的公正维权。晚会所报道的“珠海盲童事件”，通过晚会的现场捐助平台，为全国的盲童捐助300多万元，并建立了“盲童基金”，珠海盲童明明接受了北京同仁医院的免费治疗。本届晚会的收视率达到4.73%，创2000年有收视率统计数值以来历年“3·15”晚会收视率最高值。

播出频道：CCTV-2，播出日期：2005年3月15日。

2005年12月，广告经济信息中心赴北京顺义太阳村开展“阳光行动”，中心党总支专职副书记郑健（左二）、经济频道节目副总监韩青（右二）向太阳村捐款。

《第六届CCTV模特电视大赛》

2005年，第六届CCTV模特电视大赛由中央电视台联合国内11家省级电视台合力打造，由往届的9个分赛区增加到了12个，各个分赛区比赛在为期两个多月的激烈竞争中落下帷幕。

9月12日至24日，第六届CCTV模特电视大赛的11场决赛采取全程现场直播的方式，在中央电视台一号演播大厅举行。此次直播历经11天，时长近1000分钟，这也是模特大赛首次尝试如此大规模连续直播。本次大赛首次增设的男模比赛成功播出，成为节目的一大收视亮点。经过9月20、21日连续两天的比赛，来自全国各地、包括少数民族选手在内的40多名男选手，通过泳装、休闲装、汽车造型等展示，展现出当代男青年的阳刚健康之美，同时诞生了CCTV模特电视大赛的首位男模冠军。

CCTV模特电视大赛以展现青年蓬勃朝气、选拔优秀模特人才、引领最新时尚潮流为己任，经过5年经验的积累与上百场赛事的历练，已经成为目前国内规模最大、最具号召力、最有影响力的专业模特赛事之一，同时也成为中国时尚界的一个知名品牌以及中央电视台的一档名牌节目。

播出频道：CCTV-2，播出日期：2005年9月12日～24日。

《品牌中国》

为了大力宣传落实科学发展观，加大对中国自主品牌的宣传，经济频道从4月初起推出多栏目协同作战的大型系列活动《品牌中国》。

《品牌中国》由《经济信息联播》栏目推出的系列报道——《品牌中国创》打响第一炮。节目以地域特色为线索，多路记者分赴全国东、中、西部各个地区，向观众展现各地品牌成长的历程和成就，先后播出《北京：打造中国的硅谷》、《上海：品牌战略复兴上海品牌》、《广东：誓做家电品牌“老大”》等节目，涉及宝钢、上汽、海尔、TCL、联想等数十家中国品牌企业。

从4月中旬起，在《品牌中国》的总冠名下，《经济半小时》栏目推出5集专题报道——《寻找中国品牌》，讲述中国品牌走出国门的故事；《中国财经报道》栏目推出5集系列报道——《中国品牌新势力》，着重报道近年来新崛起的中国新锐品牌；《经济与法》栏目推出5集特别节目《保护知识产权，我们在行动》；《对话》播出3集关于中国品牌的特别对话。

4月底，经济频道推出6期特别节目——《我的品牌，我的中国》。前5期为大型演播室谈话节目，按年代对同仁堂、永久、春兰、波导、中兴等中国品牌的发展史作主题性梳理。活动期间，经济频道联合国家统计局开展了“我最喜爱的中国品牌”调查征集活动，并发动广大消费者通过网络和手机短信进行投票。4月30日播出“2005我最喜爱的中国品牌现场发布”特别节目，把《品牌中国》大型系列活动推向了高潮。

播出频道：CCTV-2，播出日期：2005年4月。

《构建和谐社会——与公安厅局长面对面》

2005年3月3日至14日，《法治在线》栏目独家推出“两会”特别节目《构建和谐社会——与公安厅局长面对面》，关注地方公安机关2005年的主要工作目标，听公安厅局长畅谈平安大计。《法治在线》主持人奔赴北京、上海、浙江、天津、江苏、重庆、山东、河南、广东、云南10地，独家专访了这10个省市的公安厅局长，结合典型案例，展现公安实施平安方略，全面推进各项公安工作和队伍建设，全力维护社会稳定的新举措，为“两会”的召开创造和谐的氛围。

节目时长：25分钟×10集，播出频道：新闻频道，播出日期：2005年3月3日～3月14日，播出时间：17：30。

网址：www.cctv.com，电子信箱：Fzzx-cctv@vip.sina.com。

《世界各地》组演播室录像现场工作人员合影

《罪案调查》

此特别节目对“纪实类法治节目与观众的互动”作了一个大胆的尝试，节目中通过已发生的真实案件的现场、物证，让观众跟随破案，大家一起做一回侦探，去发现犯罪现场的蛛丝马迹，辨识各种证言和谎言，揭示真相。节目共有6集：《零度燃点》、《噩梦之劫》、《冲动谋杀》、《黑暗动机》、《危险债务》、《两个受益人》。这个节目获得了国内外众多刑侦领域权威专家的支持和协助，美国最著名的刑事鉴别专家、有“华裔神探”之称的李昌钰先生不仅为节目提供了专业性指导，还亲自参加了节目前期的市场宣传活动。

节目时长：25分钟×6集，播出频道：新闻频道，播出日期：2005年10月1日～10月6日，播出时间：17：30。

网址：www.cctv.com，电子信箱：Fzzx-cctv@vip.sina.com。

《巴基斯坦地震救援系列报道》

2005年10月8日，南亚大陆发生里氏7.8级强烈地震，数万人遇难，世界震惊。应巴基斯坦政府邀请，中国国际救援队迅速成立，分先后两批共70名队员深入巴基斯坦地震灾区，展开了为期一个月的国际人道主义救援。中央电视台新闻节目中心闻讯后，立即派出两名记者随队前往巴地震灾区，对地震灾区受灾状况和中国的国际救援行动进行跟踪报道、拍摄和获得大量独家消息。

报道中，随队记者克服传输、语言和环境恶劣等诸多困难，从灾情、救援、两国友好等方面全面展示了中国国际救援队的风采，体现了中国是个负责任大国的形象，并在灾区成功采访了巴基斯坦总统穆沙拉夫，圆满完成了报道任务，受到了中国地震局和武警部队的高度评价。

节目连续播出一个月，播出频道：新闻频道，播出日期：2005年10月8日～11月17日，播出时间：各档新闻。

网址：央视国际网站。

《智慧树》春节特别节目“宝宝厨艺大赛”

《智慧树》栏目2005年春节特别节目“全国宝宝厨艺大赛”以《宝贝厨房》为演播现场，上海、沈阳、广州、重庆、北京为初赛场及半决赛场，举行淘汰制的宝宝厨艺大赛。每个城市胜出的小选手在父母的陪同下赴北京参加总决赛。整个比赛在孩子跟家长的共同参与下围绕欢乐、合作、向上的主题，增进孩子与父母间亲情跟朋友式的友谊。电视作为展示，而主持人起到一种提示作用，家长跟孩子共同参与，在这个过程中培养孩子的“认知”、“智力”、“动作协调”、“合作”能力。生动的竞赛和游戏带领孩子们去认知生活常识。通过亲手制作，孩子们积极开启他们的发散性思维。游戏中，家长与孩子增进了解，互相帮助，同时让孩子们得到肢体与智力、亲情与合作的锻炼。

节目时长：30分钟×7，播出频道：少儿频道，播出日期：2005年2月9日～15日，播出时间：19：30～20：00。

《童心里的歌》——大型儿童歌曲推广演唱会录制现场，主持人董浩和嘉宾海霞在一起。

《布达拉宫》

布达拉宫是西藏历史与文化的伟大象征。年过七旬的喇嘛强巴格桑十三岁进入布达拉宫担任喇嘛，宫中的生活使他了解了西藏的历史、文化与宗教的关系，而其六十多年的僧侣生涯也伴随着社会的巨大变迁而历经沧桑。悠远的藏民族历史、奇异的雪域风光、神秘的藏传佛教和强巴格桑个人的命运紧紧地结合在一起，构成了这部气势宏大的史诗性纪录片。该片是近年来有关西藏题材难得的佳作。

本片拍摄历时五年，在有关部门的许可下，布达拉宫第一次对摄制组全面开放。

本片是2004年在全国热映并获当年中国电影华表奖的电影纪录片《布达拉宫》的电视版。本片共5集：

第一集：红山

第二集：白宫

第三集：红宫

第四集：生死

第五集：新生

节目长度：30分钟×5集，播出频道：综合频道，播出日期：2005年9月5日～9月9日，播出时间：23：30。

网址：www.cctv.com。

《陈云与党风廉政建设》

由《纪事》栏目承做的特别节目《陈云与党风廉政建设》是为纪念陈云同志诞辰一百周年而制作。全片拍摄制作历时十个月，从多视角展示陈云的胆识智慧、党性修养和人格魅力，带观众走进一代伟人的内心世界，告诉观众一个求真务实、多谋善断、一身正气的陈云。节目采访了党和国家领导人、陈云的妻子于若木及子女、秘书和警卫以及许多纪检监察干部，讲述领袖家风，追思一代伟人的品格情操，并展示了新中国成立后关乎人心向背天下兴亡的党风党纪建设。节目播出后，受到了中纪委、中宣部领导的充分肯定。

节目长度：40分钟×4集 ，播出频道：综合频道，播出日期：2005年6月17日～6月19日，播出时间：19：56。

网址：www.cctv.com。

《创新中国》

《创新中国·创新改变生活》在新闻频道播出后，得到了业内人士和观众的普遍好评。

该系列节目是新闻节目中心新闻评论部以《央视论坛》和《新闻会客厅》两个栏目为主、集中业务骨干联手打造的大型系列节目。

该系列节目倡导了建设创新型国家，必须大力加强科技进步，依靠自主创新这一鲜明主题，不仅注重从大处着眼，选择权威人士，分析经典案例，突出解读重大国策，直面中国经济发展中影响最大的一些行业和领域在自主创新中的成就与现状，力求“立意高”。同时，注重从贴近性着手，选择了IT、汽车、服装、医药、材料、食品、航天技术和民用等七个与民生密切相关的题材，把重大主题结合普通百姓关注的话题，务求“落点低”。业内人士称，该片做到了重大主题和贴近性的很好结合。

节目巧妙地运用了表演、展示、竞猜等多种电视化元素，将相对枯燥的主题用轻松活泼的形式表达出来。加之主持人崔永元、张泉灵出色的现场控制能力、现场观众积极参与的热情以及嘉宾到位的点评，将各个主题的阐述从身边的“事”上升到国家的“理”，都为谈话现场增添了气氛。使得长达45分钟的节目深刻而不乏生动，起到了很好的传播效果。

节目时长：45分钟×7+78分钟 7+1集，播出频道：新闻频道，播出日期：2005年11月25日～12月2日，播出时间：20：15。

网址：www.cctv.com。

《小崔说事——“五一”大联欢》

一个由不同地域，不同民族，不同乐器组合的联合乐队以《咱们工人有力量》作为序曲。拉开了《小崔说事》五一特别节目的序幕。电视观众在5月1日至7日每天30分钟的节目中，看到崔永元与《实话实说》的主持人和晶以劳动竞赛的方式摆下擂台，带领各自的代表队，来自全国各地不同的劳动者以不同的表现形式展示他们的劳动技能，你有一招鲜，我有问不倒。讲述劳动的快乐，展示劳动之美，体会劳动的寂寞，感触劳动者生存境况，倾听他们困境中的乐观之声，感叹他们的劳动、他们的美丽！在欢声笑语中一起联欢庆祝劳动者的节日，用特殊的表现形式向全国的劳动者致敬。

节目时长：共7集，每集30分钟，播出频道：新闻频道，播出日期：2005年5月1日～5月7日，播出时间：12：30。

网址：www.cctv.com。

主持人鞠萍、崔永元在一起主持节目

《人物秀——“十一”特别节目》

10月1日 杨利伟，2日 田震，3日 韩乔生，4日 桑兰，5日 李琦，6日 郑渊洁，7日 宣科。

“神五”上天，杨利伟成为万人瞩目的焦点人物，阿丘羡慕不已，阿丘认定，应该有一个主持人在飞船上直播整个“神六”飞行过程，他否定了泉灵等主持人能飞“神六”，故事就这样展开。

阿丘有机会采访田震，兴奋又紧张，恶补声乐、舞台表演等等方面的知识，但心里还是没底，一筹莫展之际在梦中受到提示。正做梦时，泉灵提醒该上场了，阿丘醒来发现身旁放着梦中出现过的锦囊，携带上场。节目就这样展开了。

阿丘最近的情绪非常不好，因为他的主持风格还未成型。今天请中央电视台的体育节目主持人韩乔生老师来，希望能帮帮他。

阿丘觉得能教一个学生桑兰做主持人。谁知道教着教着反被桑兰教育了。

李琦是个喜剧演员吗？生活中和事业里都是如此吗？节目展示了李琦的另一面。

郑渊洁是个童话大王，他对儿童真的很了解吗？节目就此展开。

宣科是“狂人”，节目展示了他的“狂”之后，又请来一个比宣科年龄大，比宣科更“狂”的文怀沙先生，二人在一起，会怎么样呢？

节目时长：7集：40分钟／集，播出频道：新闻频道，播出日期：2005年10月1日～10月7日，播出时间：22：20

网址：www.cctv.com。

《一年又一年·年俗》

《一年又一年·年俗》特别直播节目关注中华民族的岁时传统，通过主持人讲解和体会各地过年民俗的方式，引导观众更多关注中华传统文明和年节的理念。

节目在播出时间里沿着两条线索发展：一是有关春节晚会动态报道的一条行动线；二是围绕年俗的一条逻辑线。其中，春节民俗文化的展示是我们节目的主线，春晚动态报道是节目的副线。整个节目在“春节”这个大文化概念下由四个板块构成，分别为：拜年、庆丰收、祈福、闹春。这四个部分既独立成章，又相互关联，从传统文化的角度共同完成对中华民族重大节日——春节的介绍。

节目时长：240分钟，播出频道：综合频道，播出日期：2005年2月8日，播出时间：16：00。

网址：www.cctv.com。

《东方时空特别节目“人物秀”》

2005年春节期间，《东方时空特别节目人物秀》以连续七期的形式在新闻频道播出，再创新闻频道自播出以来的收视高峰。

2月9日《王军霞》，10日《曾志伟》，11日《陈逸飞》，12日《蒋雯丽》，13日《吴建民》，14日《洪昭光》，15日《李阳》这些名字观众都耳熟能详，他们各自的身份和面孔也是众所周知的，但是此次的《人物秀》却给了他们不同以往的身份。从事着“知名度高、透明度低”的职业的吴建民，对美最能有话直说的“小资”代言人陈逸飞，十八般武艺样样精通的球星曾志伟，美丽的预防艾滋病宣传员蒋雯丽，十项全能型的模特王军霞，宣传健康的洪昭光大夫，教授疯狂英语的李阳，《人物秀》以多样化的表现手法，从一个又一个全新的角度去解读这七位早已为人们所熟知的新闻人物，这些已经不再陌生的面孔在节目中陌生的侧面让人惊奇和惊羡。和他们重新面对，无论是对曾经“熟悉”的七位嘉宾身份的定义，还是对“成功”、“快乐”和“人生”的理解，都会令观众对嘉宾原有的期待发生许多深刻的变化。

节目时长：7集，45分钟／集，播出频道：新闻频道，播出日期：2005年2月9日～2月15日，播出时间：21：10。

网址：www.cctv.com，电子信箱：pshow@vip.sina.com。

《岩松看台湾》

“岩松看台湾”采访报道行动在两岸引起较大反响，在“东方时空”栏目连续播出的《岩松看台湾》专题节目也成为一段时间的收视热点，节目采访内容丰富，信息量大，可视性强，增进了大陆观众对台湾的了解。受到广大观众的好评。

《岩松看台湾》从7月12日到7月21日，连续两周在东方时空播出。每期25分钟左右。节目主要分为两大部分。

（一）连战、宋楚瑜、柏杨、王永庆等十个台湾政治、经济、文化名人的采访。以面对面专访的形式，穿插人物背景资料，突出新闻性和采访深度。立体呈现新闻人物的背景、态度、观点。力求给观众留下深刻印象。

（二）台北故宫博物院、101世界第一楼、台北熊猫馆、遭遇海棠台风、台湾义工等15个话题采访。以两岸主持人现场见闻、解说为主要表现形式，突出现场感，对台湾风土人情、历史文化、社会经验进行全景式报道，突出表现两岸同宗同源的文化之根。

《岩松看台湾》最后一期《岩松看台湾之回望》为45分钟打通版，用记者日记的口吻对整个采访行程以及采访内容进行重新归纳总结。

长度：16～30分钟，播出频道：综合频道，播出日期：2005年7月12日～7月21日，播出时间：18：14。

网址：www.cctv.com。

《儿女英雄传》

新闻节目中心新闻评论部为纪念中国人民抗日战争和世界反法西斯战争伟大胜利60周年制作了这期特别节目。该片历时3年，行程数万公里，走访了近800位战争亲历者，以翔实的史料和朴素的口述再现了60多年前的那场战争中可歌可泣的英雄故事。

本片避免过去抗战文献纪录片中普遍存在的宏大叙事和政论色彩，从个体、从细节入手，从人性化的角度还原历史细节。一个个普通人的故事，一段段辛酸苦辣的生活场景，展现了普通人背后的大时代。

亲历过这场战争的人，目前仍健在者均已在耄耋之年，而且随着时间的推移，战争的印象已经逐渐模糊，战争的记忆也逐渐褪色。本片为抗战口述史保留了一份极其珍贵的档案。

本片共33集30分钟／集，播出频道：新闻频道，播出日期：2005年8月15日～9月30日，播出时间：22：40。

网址：www.cctv.com。

《“神六”·巡天》

《焦点访谈》特别节目《巡天》，是《焦点访谈》栏目为配合我国“神舟六号”飞船升空所制作的。在“神六”成功返回的当晚播出，节目分为：（一）序曲；（二）速度；（三）梦想；（四）突破；（五）凯旋；（六）尾声6大部分。

序曲：简略回顾了中国民族的飞天梦想，以及人类为飞向太空所作的不懈努力；

速度：回顾了我国载人航天事业从“神一”到“神六”跨越式发展过程；

梦想：在这个段落里，讲述了“神六”航天员费俊龙、聂海胜由普通但充满梦想的少年成长为出色的航天员的历程，这个历程是中国航天人的梦想成真的历程；

突破：“神六”在许多方面都实现了突破，从航天员迈出轨道舱，到返回舱与轨道舱的连通，到舱内除湿，到克服太空病等诸多方面，一路突破；

凯旋：这一段落记录了“神六”返回那紧张而又令人激动的时刻；

尾声：未来日记——中国人和太空的对话。

节目时长：45分钟，播出频道：综合频道，播出日期：2005年10月17日，播出时间：19：38。

网址：www.cctv.com。

《“神六”·飞天协奏曲》

《“神六”·飞天协奏曲》是“神六”发射整体宣传中的一部特殊作品，在“神六”成功返回后的第二天播出。它从崭新角度全程展示“神六”飞天的壮举，并在气象部门、副着陆场以及酒泉大漠深处的92号测控站等细节点上作了生动的记录，节目整体影像风格独特，以交响乐中协奏曲的曲式来结构全片，用序曲、第一至第三乐章和尾声的形式，配上诗化的标题，让“神六”飞天的过程充满了新奇浪漫的色彩，构思新颖巧妙，播出后影响广泛，展示了独家视角。

节目时长45分钟，播出频道：CCTV-1，播出日期：2005年10月19日18：14。

网址：www.cctv.com。

《故事会》

6集《故事会》是安排在2005年春节期间的一档演播室结合故事短片讲述6个精彩故事的节目。

《绝不放过你》——在一个平静的小山村，一个陌生人突然落水，好心的村民将其救起，并驾船送到一百公里外的小镇。这时，山上的村民发现一户人家出了人命，而那个落水人就是在这家帮忙打工的，当初救人的村民又开始了奋力追赶。

《都是动物惹的祸》——狗咬了牛，牛撞了人，一场离奇的官司，到底谁是受害者？

《真假儿子》——年少的儿子离家出走，寻找几年之后，终于找到，本以为皆大欢喜，可谁知又过了十几年，一个神秘人打来电话，说自己才是当年走失的儿子。

《贲贲快跑》——父亲发现了儿子体力惊人，于是，开始训练儿子，虽然家人反对，儿子也极不情愿，可父亲还是一意孤行。

《惊险十三天》——我国援助苏丹的两名技术工人，突然遭到当地反政府武装的绑架，一场持续十三天的全力营救就此展开。

《连子连心》——一对连体婴儿的诞生，给一个平静的家庭带来各种流言蜚语，为了做分离手术，家人求助媒体，终于找到了好心的医院。

节目时长45分钟，共6集，播出频道：CCTV新闻频道，播出日期：2005年2月9日～2月14日。

网址：www.cctv.com。

《小崔说事——春节大联欢》

《春节大联欢》是中央电视台新闻频道推出的一档春节特别节目，节目播出之后取得了良好的社会效果，有人把它称之为中央电视台新闻频道的“春节晚会”。

《春节大联欢》不同于观众常年在电视上看到的各种传统的、专业的文艺晚会，在节目中会有表演的失误甚至失败，但是正是这些让节目展现出它独特的魅力和个性，让观众在春节看电视的时候得到一种全新的感受。

从《春节大联欢》的内容来看，它是普通人的联欢，并未邀请任何演艺明星，节目最大的特点就是观众互动性，还有很多真正来自民间的演唱，这个舞台就是属于观众的。

节目时长：120分钟，播出频道：新闻频道，播出日期：2005年2月8日，播出时间：22：30。

网址：www.cctv.com。

《新闻会客厅——决策者说》

2005年3月24日，《新闻会客厅》推出周五的“决策者说”。

“决策者说”是国内唯一的一档以省部级领导干部为专访对象的大型演播室谈话节目。针对大政方针，社会热点进行谈话，现场请进相关联的基层群众、干部、专家学者与高官对话，追求“重量级、近距离、新语态”。

栏目时长：40分钟，播出频道：新闻频道，首播时间：每周五：20：20，重播时间：次日4：10　次日10：30。

电子信箱：Huiketing 0862@vip.sina.com。

《直击台风“麦莎”直播》

2005年从8月5日晚上开始，中央电视台新闻频道推出《直击台风“麦莎”直播》大型连续直播特别节目，对台风“麦莎”登陆我国进行全程跟进直播。这是中央电视台首次对台风登陆作跟进式现场直播，同时也是直播规模最大、次数最多、时间最长的一次天气事件直播节目。

台风“麦莎”登陆直播节目从8月5日台风登陆前一直持续到8月9日台风对各地影响逐渐减弱，是中国首次大规模长时间的气象直播，节目内容与人民生活直接相关，内容丰富、视觉冲击力极强，满足了观众的好奇心和知情权。在这几天的直播报道过程中，新闻频道节目收视率一路攀升，充分说明了观众对这种与自身密切相关的天气事件的关注度较高。此后，重大天气事件的直播逐渐成为新闻频道的常规直播内容，也为气象新闻报道开辟了一条新的直播道路。

本节目连续5天直播，播出频道：新闻频道，播出日期：2005年8月5日～9日9：00～11：00。根据情况还可随时开通直播信号。

网址：央视国际网站。

《全国国防教育电视演讲大赛》

2005年9月8日，由国家国防教育办公室、教育部和国家广电总局联合举办、中央电视台承办的“爱我中华 心系国防”全国国防教育电视演讲大赛决赛，在中央电视台1000平方米演播大厅举行。中共中央政治局委员、中央军委副主席、国务委员兼国防部长曹刚川发来贺信，祝大赛取得圆满成功。教育部副部长赵沁平、国家广电总局副局长胡占凡、总政治部副主任唐天标、中央电视台副总编孙冰川等领导出席演讲大赛并为获奖选手颁奖。

这次全国国防教育电视演讲大赛从2004年6月起，在全国各省、市、县进行预赛。参赛选手达13000多名，涉及23个省（区、市），共有756名选手进入省级预赛，各地从中推荐60名优秀选手于8月底在京进行了复赛。

参加决赛的10名选手，是从60名复赛选手中脱颖而出的。决赛实况已于2005年9月17日第五个全民国防教育日在中央电视台新闻频道播出后，反响强烈。

节目时长：100分，播出频道：CCTV－新闻，播出日期：2005年9月17日，播出时间：15：20。

电子信箱：aa816690@yahoo.com.cn。

《2005年世界大力士冠军赛》

《2005年世界大力士冠军赛》节目是体育频道常规栏目《全明星猜想》在国庆期间推出的特别制作。它将大力士冠军赛这项带有娱乐色彩的国际赛事进行全方位的包装，充分挖掘赛事中的文化、娱乐元素，增加比赛中的互动内容，如关于大力士的神话传说，将大力士与电影、动物、川菜有机地结合，还进行歌曲改编、制作赛事花絮MTV，使整个节目更加丰富多彩、更加符合中国观众的口味和国庆长假期间的收视氛围，在洋赛事本土化、竞技体育娱乐化方面作出了积极的尝试。

《2005年世界大力士冠军赛》从10月1日到10月7日连续7天在体育频道播出，时间是每天下午16：55至17：50，时长55分钟，每天播出1次，共计7次。2005年世界大力士冠军总决赛于10月7日19：55在五套直播，平均收视率在0.93%，最高收视率为2.03%。

网址：www.cctv.com/sports。

《黑土穴梦》

为纪念抗日战争胜利60周年，军事部制作了7集电视纪录片《黑土穴梦》，每集50分钟。该片以日本关东军在中国国境线上修筑的军事要塞及关东军参谋远藤三郎的日记为两条明暗相交的线索，全景展示那个年代的世界格局和局势中大小人物的命运，全面披露日军侵华事实如山的铁证。2005年9月18日开始在新闻频道连续播出后，受到观众好评。许多观众认为该专题片视角独特，资料翔实，内容丰富，在欣赏这部纪录片时，能从中得到极大的思想启迪和心灵震撼。

节目时长：50分钟×7集，播出频道：CCTV－新闻，播出日期：2005年9月18日，播出时间：CCTV－新闻9：10。

电子信箱：aa816690@yahoo.com.cn。

《军情连连看》

《军情连连看》是中央电视台军事部2005年在新闻频道中推出的一档长假特别节目。该节目针对寒暑假、“五一”、“十一”等长假期间青少年观众的收视需要，以新闻为出发点，创造性地综合运用电影、电视剧、纪录片、新闻素材，辅以嘉宾主持、专业的点评、讲解与新闻相关的军事知识。专业的点评、精彩的画面、丰富的视听语言、巧妙的构思是该节目的最大特点。该节目集新闻性、知识性、趣味性、观赏性于一体，是军事节目的创新。

和传统固定播出的节目不同，《军情连连看》虽然只在寒暑假、五一、十一等长假期间播出，但很快成为新闻频道的长假品牌。收视率不断创造新高。该节目在CCTV－7黄金时间播出时曾连续几周保持收视率排名的前4名。

2005年，该节目先后推出寒假系列、二战系列、暑假系列和航天系列，共46集，每集25分钟。其中寒假（10集）和暑假系列（20集）以介绍装备为主，50多部影片的资料和大量的新闻素材，从不同的角度介绍了核武器、生物武器、战斗机、航母等装备的相关知识。

节目时长：25分钟×46集，播出频道：CCTV－新闻：CCTV－7，播出日期：2005“五一”、“十一”，播出时间：CCTV－新闻 15：30；CCTV－7 20：49。

网址：http://www.cctv.com.cn/military/special/C15340/01/index.shtml，电子信箱：cctv68506124@126.com。

《震撼的地球——二战珍闻录》

为纪念世界反法西斯战争胜利60周年，中央电视台军事节目部倾心制作、隆重推出30集大型专题节目《震撼的地球——二战珍闻录》。

该系列片以全新的独特角度，翔实的资料整合、丰富的细节故事、精彩的视听语言生动地再现了人类历史上那个与邪恶战斗中英雄辈出的伟大时代。

片中有关专家讲述第二次世界大战中在那些为人所知的人性与非人性的厮杀后面，有着一些怎样的偶然事件和动人细节。在智慧与力量的一场场搏斗中、在风云际会的一个个传奇里，那些重大历史转折、经典战争战役、杰出军事人物，在今天重新解读又有怎样的深刻含义。节目以极强的可视性不仅给电视观众在历史思考里带来极大的思想启迪和审美享受，更给观众前所未有的心灵震撼。

本片特邀留英学者、二战专家、浙江大学历史系刘为博士讲述近些年来国外最新解密的二战幕后机密，带领观众破解那场大战中的众多谜案。纪录片部分从大量的素材中精选所需资料。整体结构严谨、视觉节奏流畅，选择剪裁得体，叙述语言精彩。

2005年8月15日开始连续在新闻频道播出后，受到观众的好评。

片长：30分钟×30集，播出频道：CCTV－新闻CCTV－7，播出日期：2005年8月，播出时间：CCTV－新闻 9：30；CCTV－7 20：40。

电子信箱：aa816690@yahoo.com.cn。

《为了胜利》

《为了胜利》是纪念中国人民抗日战争暨世界反法西斯战争胜利60周年制作的一部反映抗战胜利的纪录影片。

影片用全景式的描述，纪录了中国人民抗日战争的基本历程。影片以弘扬爱国主义为核心的民族精神，着力宣传中国人民抗日战争胜利的伟大历史意义，着力宣传中国抗日战争在世界反法西斯战争中的重要地位，着力宣传在中国共产党主张建立的抗日民族统一战线旗帜下全民族打败日本侵略者的历史功绩，着力宣传中国共产党在全民族抗战中的中流砥柱作用，以激励和教育观众为中华民族的伟大复兴和促进世界和平与发展贡献力量。

影片由中央新闻纪录电影制片厂制作。

本片时长：90分钟，播出频道：CCTV－1，播出日期：2005年9月3日，播出时间：20：00。

网址：www.endfilm.com，电子信箱：Bjb09@163.com。

《CCTV中国魅力名镇展示颁奖典礼》

2005年《CCTV中国魅力名镇展示颁奖典礼》是中央电视台长期规划的大型品牌“魅力中国”的单年度活动。活动以推进中国城镇化健康进程为宗旨，本次活动在全国各地乡镇中引起了强烈反响，其中十座名镇获得了“2005年度中国魅力名镇”称号。整个展示活动持续半年时间，随活动播出的电视节目在观众中获得了广泛的影响力，被媒体誉为“中国名镇的电视盛会”。由“中国魅力名镇”组委会发布的“名镇魅力标准”也引起了业界专家的关注，他们认为这项标准丰富了当前的乡镇评价体系，为媒体审视乡镇提供了范例。

2005年金秋时节，中央电视台在北京举办规模宏大的“中国魅力名镇展示颁奖典礼”为全国的电视观众展示十座“中国魅力名镇”的风采。其中有一座名镇获得“年度名镇”称号，这是本次展示活动中的最高荣誉，也是众多城市激烈角逐的目标。

节目时长：120分钟，播出频道：综合频道，播出日期：2005年11月11日，播出时间：21：30。

网址：www.cctv.com。

YANGSHI GUOJIWANGLUO

央视国际网络

央视国际网络

网站综述

作为国家重点新闻网站的央视国际网络，经过9年的发展，在重大新闻事件、央视大型活动、栏目和主持人的宣传、与电视互动、频道建设等方面已取得长足发展，在技术保障、内部管理等方面日趋科学化，发挥了党和政府对内、对外网上宣传舆论主力军的重要作用。央视国际网络电视台坚持“视听”特色的定位，充分发挥央视视频资源优势，通过提供视频直播、点播服务，为网民提供了一个生动鲜活的收视新渠道，在为党和国家的重大政治宣传服务的同时，积极引导网上舆论，不断丰富网上内容，改进网络传播方式，吸引了成千上万的网民。

（一）充分利用互联网的传播优势，突出新闻传播功能，加强网上评论引导 已实现280个电视栏目的网上播出，上网率达到70%，在网上舆论引导方面充分发挥了国家电视台新闻网站的作用。推出“网上视频看‘两会’”、“网络记者跑‘两会’”等网上特色栏目，丰富了中央电视台“两会”报道的内容和形式。在2005年4月国民党主席连战访问大陆时，央视国际网络电视台发布头条新闻《胡锦涛总书记会见连战一行》，48小时内创下近50万的访问量，是央视国际网络创建9年以来单条新闻的最高访问量。

（二）开通48个网络电视频道 其中包括英语、西班牙语、法语3个外文频道。48个网络频道共分为8大类：(1) 电视资讯服务类；(2) 新闻类；(3) 经济类；(4) 体育类；(5) 文艺类；(6) 教科文类；(7) 文化类；(8) 外语类。其中频道为：电视指南、新闻、法治、经济、证券、农业、科技、教育、留学、健康、旅游、国家地理、军事、视听在线、主持人、综艺、音乐、电影、电视剧、舞蹈、戏曲、环球、体育、广告、网评天下、电视批判、线上故事、在线主持、少儿、动画、文化、生活、汽车、台湾、中国电视在线等。

每天播出视频节目118小时，相当于236个《新闻联播》的长度，其中CCTV-新闻、CCTV-4、CCTV-9三套电视节目实现全天候网上电视节目全球直播，覆盖美国、英国、法国、德国、西班牙、加拿大、巴西、阿根廷、澳大利亚、日本、韩国、中国台湾等150多个国家和地区。CCTV-1、2、5等频道部分重点节目也实现了网上的同步视频直播，每日网上视频直播总时长达到78小时以上。央视国际还对中央电视台270多个上网电视栏目，新闻、文艺、体育、科教等各类电视节目制作网上视频点播，供网友全天候随时上网收看，每日网络视频点播时长达40个小时，每天有30万人收看央视网上视频节目。

（三）具有文字、图片、音视频、网上交流论坛等传播方式 其中，每日发布文字80万字、图片400张，相当于100张《人民日报》版面容量。是传统电视媒体与平面媒体的完美结合。央视国际网络还开办了以《网评天下论坛》主论坛为代表的50个分论坛，使网友在收看网络电视台节目的同时，即时发表看法、意见，日均发帖量超过16000条，大大增强了观众意见反馈速度和反馈量。

每天有100万人次访问，日均页面浏览量达2200万，日均点击量达到2.8亿次。据国际权威网站www.alexa.com统计，央视国际网络在全球6000万家互联网站中的综合排名113位。

（四）2005年8月8日，网络电视新闻频道和娱乐频道正式开播 新闻频道主要由《新闻网播》、《网闻帖吧》、《网评天下》、《侃侃网事》、《新闻直播》5大板块构成。

娱乐频道将开办以《娱人榜样》栏目为主打的，具有代表性的网络聊天、视频直播互动娱乐节目。通过音视频和文字、图片的互动提供一个表达创意、展示自我、参与交流的平台。主要由《娱人榜样》、《娱乐村》、《娱情解码》、《娱乐视听》、《E线直播》5大板块构成。

网站建设

2005年，网络宣传部在确保正确舆论导向的前提下，紧密围绕党和国家的工作大局，紧密配合台里主要宣传工作，及时准确地报道国内外重大新闻和突发事件，积极开展网上评论，主动引导互联网舆论。同时，充分依托和服务央视，整合利用央视资源，不断丰富网上内容，为央视电视宣传和事业发展服务。网站建设情况如下：

完成“两项硬指标”。2005年，圆满完成网站页面访问量2200万、网络经营创收1000万元“两项硬指标”。CCTV.com网站访问量达3200万，远远超过了2200万的年度指标，还比2004年的1800万增长了78%，全球排名进入百强，最高排名43位。随着访问量稳步上升，网站的影响力和品牌号召力不断扩大，先后荣获“中国最具人气电视台网站”、“广告主最喜爱的中国十大电视台网站”两项大奖和“上海电信杯我喜爱的网站”称号。网站在圆满完成重大宣传任务，做好节目宣传的同时，加强与北京未来广告公司合作，积极开展网络广告创收，不断完善网络广告业务流程规范，2005年实现网络广告经营创收1000万元，成为央视新的经济增长点。

一、圆满完成中央重点新闻宣传报道任务

1.圆满完成中央交办的重大宣传任务

采用专题、头条、图文、视频、在线访谈、论坛等多种网络传播方式，重点“两会”报道、连战访问大陆报道、胡锦涛出访活动、十届全国人大常委会第十七次会议、深入贯彻“三个代表”重要思想、保持共产党员先进性教育宣传、纪念抗日战争胜利60周年、庆祝西藏自治区成立40周年、建设和谐社会和节约型社会、落实科学发展观、批驳“中国威胁论”、国际军事演习、郑和下西洋600周年纪念、胡锦涛会见台湾新党主席郁慕明、十六届五中全会“神六”载人航天飞行、“十运会”等重大宣传报道，圆满完成中央交办的重大宣传任务。

2.认真做好网上舆情引导的调研和信息工作

认真做好网络调研分析和信息收集整理工作，不断改进和提高内参编排质量，内参《网上快讯》加强了对网友来信的整合，每周增添“一周网民来信汇编”部分，还根据央视宣传重点，有目的地查找相关来信做反馈汇总，与网友来信的紧密结合在台里收到了比较好的效果。网站上报《CCTV.com网民来信汇编》共40期，共计160万字；编辑内参《网上快讯》40期，共计40万字。重视舆情分析，向中宣部报送信息共181条，向中央政策研究室报送信息91条，向广电总局报送信息12期，总字数60万字，认真做好中央交办的网上舆情信息报送工作，各类报送信息总计300万字。其中，上报中宣部的舆情信息得到刘云山等中央领导及中宣部同志多次批示。

二、开办CCTV网络电视新闻频道和娱乐频道，圆满完成上级领导交给的任务

按照台领导的部署和要求，认真做好CCTV网络电视创办工作，2005年8月8日正式开播CCTV网络电视新闻频道和娱乐频道，在充分整合央视优势资源基础上，广泛吸纳网民参与，针对受众年轻化、时尚化、娱乐化、数字化的特点，利用文字、图片、音视频、互动论坛等网络传播方式，以轻松活泼的表现形式，打造一系列受年轻人欢迎的网络互动参与节目，为网民提供一个广阔的资讯平台和互动交流的表达空间。

2005年，CCTV网络电视新闻和娱乐两个频道共制作节目115期，网络视频新闻2300余条，直播3台晚会，日均播出原创节目80分钟，赢得众多海内外网友的关注与好评。

三、突出网站视音频传播特色，加大网络传播与电视传播互动力度

1.网络直播、网上访谈形成规模，980位嘉宾在线交流550场

有规模地开展网上互动活动，参加在线嘉宾层次高，网友参与热烈。2005年，网站已邀请980多位嘉宾做客CCTV.com，策划在线交流550场，每天播出在线视频节目140小时。

其中，网上直播了在八达岭长城举行的“从香榭丽舍大街到万里长城”活动；配合台里新闻中心评论部特别节目《岩松看台湾》网上专题报道《七月，和岩松一起畅游台湾》，对节目组重点推荐的台湾印象和台湾人物进行了跟踪互动报道。

充分发挥互联网互动特色，将大型活动现场的精彩场面和最新信息通过互联网平台，采用图文、视频形式第一时间传递给网友，增强了“新闻现场感”。尤其是9月16日开始连续6天，CCTV.com与央视联手报道《大型水下考古“碗礁一号”》，共发布新闻90条，图片112张，开设论坛与网友充分互动，反响强烈，网友浏览量19728次，跟帖近150条。

策划网上访谈系列：公民道德建设网上谈“讲文明礼仪促人际和谐”、“构建网络道德树立网络新风”、“网络十大不文明行为”网上评选投票以及“9·20公民道德宣传日”专题，中央文明办、中宣部组织开展网上谈系列活动。

2.通过CCTV.com网络平台开展“形势政策网上谈”系列在线，深入宣传国家形势政策

按中宣部宣传教育局要求，分别于5月18日、9月28日举行“劳动与就业”、“食品安全与卫生防疫”网上谈活动，及时制作专题，提前在网站零首页预告和在要闻位置进行重点推荐。同时网站论坛推出“食品安全与卫生防疫网上谈网友问题征集”话题，征集网友问题，引导网友关注并且积极参与此次网上谈活动。仅在“食品安全与卫生防疫”网上谈活动中，在线用户达8176人次，在线发表帖文50篇响应。通过互联网平台进行中央形势政策教育的形式越来越被认可，收到很好的效果，也得到中宣部领导的赞许。

3.首次实现央视驻站记者与网友跨国互动交流，开展记者与网友连线活动

台对外记者站管理处与CCTV.com新闻频道《网评天下》论坛经过沟通与协调，分别于7月5日和12日下午3时至4时，安排央视驻印度记者站记者陶冶、孔琳琳和驻俄罗斯站记者路彪，分别就“伊朗总统选举”和“胡锦涛主席出访俄罗斯”进行跨国远程连线，与网友交流，畅谈采访见闻和经历。在线活动最高访问量达1.5万人次，网友发布帖文共350多篇。网友对此类互动形式反响热烈，一致认为CCTV.com应多举办此类连线活动，让网友能更多深入地了解新闻事件的历史、政治背景与新闻背后的故事，以及社会关注的话题。

四、大力推介央视名牌节目，电视栏目上网达到280个，提升央视节目收视率和影响力

及时发布央视资讯；对于优秀的电视节目、栏目和频道，将在上网服务、在线交流、信息交流等各方面提供重点服务；利用网上《央视人物》频道，扩大宣传央视各方面的优秀人物，树立电视人的良好形象，形成有利于央视发展的良好的网上舆论环境。

目前，央视栏目在CCTV.com上网总数达280个，全台栏目上网率达到70%。

五、大力拓展网上外宣领域

（1）强化CCTV.com 《视听在线》频道建设；

（2）办好网上台湾频道，通过互联网把央视电视节目送进岛内；

（3）建好网上西班牙语频道、法语频道，标志着CCTV.com全球化传播又迈出重要的一步，对外宣传也跃上一个新的台阶。

（4）巩固提高网上英语频道，打造多语种的网上宣传格局，拓展央视利用互联网进行对外宣传的新渠道。通过中央电视台海外节目中心、央视国际网络和美国FOX Cable Network公司三方面的共同努力，网络英文频道在北美地区的推广已经纳入了FOX为中央电视台在北美地区进行推广整体项目中的一个重要组成部分。

六、建立网络宣传评估考核体系和管理标准，进一步建立健全和完善网络宣传管理规章

探索网络宣传和管理新模式，实施网络节目管理评估方案。建立了“CCTV.com评估考核体系”和管理标准。

在顺利推行节目部门评估考核方案的基础上，推进技术、经营、行政、发展规划的评估考核工作，扎实制定和完善网络宣传其他部门的评估考核方案，不断提升央视国际网络科学管理水平。

七、完成网络视频机房技术改造工程，加强网上发布和存储能力

工程改造后视频机房能接收到台里所有播出信号，网上视频直播和点播文件制作能力提高两倍，实现视频采集的自动化，节省人力，提高了工作效率。

自2005年春节起，已全面采用CDN技术传输网上内容，包括视频、图片和文字。CDN将大量的内容发布站点分别放置到全国的不同地点（包括台湾岛），缩短了到达用户的距离，克服原来一个中心发布点带来的内容传输上的弊端，有效解决各大网络之间的带宽瓶颈，提高了央视网站的访问速度和服务质量。配合CCTV网络电视新闻和娱乐两个频道的开播，网站完成多媒体互动平台系统主要功能的开发，已进入测试阶段。

八、进一步加强重大宣传技术安全保障，确保播出安全和网站办公安全

不断加强全员安全意识，确保网站系统安全、设备安全和运营安全。完善网站安全制度和突发事件应急预案，加强值班工作，岗位职责明确，责任落实到人。初步建立内部计算机的安全体系结构（防病毒系统、SUS自动补丁升级、基于WIN2K的域安全管理、IPSEC规划以及系统安全性能的优化），通过这5方面的工作，使网站的编辑使用计算机的安全性大大提高。

“五一”、“十一”节前分别进行消防安全卫生大检查并通报检查结果，提醒各部门做好安全防范工作。提前做好节日期间部领导、重要部门、岗位值班安排和离京人员统计，要求所有员工保持手机24小时开机，安排好工作和休息，确保安全。

九、网络广告经营创收1000万元

网站在圆满完成重大宣传任务，做好节目宣传的同时，加强与北京未来广告公司合作，积极开展网络广告创收，不断完善网络广告业务流程规范，2005年实现网络广告经营创收1000万元。

十、认真做好党团工作，深入开展“保持共产党员先进性教育活动”及“行风评议”工作

1.组织建设成果显著，党团工作规范化

2005年，3名预备党员转正，3名入党积极分子成为预备党员，5名企聘人员被列为党组织发展对象。党支部多次开展组织活动，网站党团员、领导干部积极带头参与公益活动，捐款捐物，增强了网络宣传部的整体凝聚力。

2.积极开展“保持共产党员先进性”教育活动

有序组织党员通过收看台内闭路电视集体学习并交流心得，制定三个阶段学习方案，结合网络宣传部事业发展，召开员工座谈会，广泛听取党内外同志对网站发展和管理的意见和建议。

通过分析评议阶段查找需进一步改进和加强的工作，主要有：为各办公室增加绿色植物，改善办公环境；开展网站文化建设，通过组织观摩中外优秀影片、组建足球队等方式丰富员工业余生活，陶冶身心；在网站公共区域展示优秀专题、稿件等评比结果及各专业频道访问量排行，对优秀编辑进行表彰和鼓励，调动大家的工作积极性。

3.深入开展“行风评议活动”

制定了《网络宣传部党支部民主评议行风承诺书》，在严格宣传纪律，坚守职业道德，规范内部管理，文明优质服务，廉洁依法行政，提高办事效率等方面做出郑重承诺。

对外宣传

一、涉及外宣工作的频道设置

2005年，央视国际网络积极拓展互联网外宣平台，增强外宣合力。2005年6月2日，开通CCTV.com西班牙频道，7月1日，开通CCTV.com法语频道，英语频道与FOX联手打造CCTV.com新版英语频道。目前，网站已经形成英语、西班牙语、法语等频道所架构的外宣平台，承担对外新闻宣传任务。

此外，每日网上同步全球直播CCTV－新闻，CCTV-4，CCTV-9等频道电视节目，目前直播和点播节目总时长达118小时。

二、传播面覆盖世界150多个国家和地区

2005年全球受众地域分布情况

地　　区	受众构成比例
中国内地	97.31%
美　　国	1.35%
中国香港	0.19%
日　　本	0.20%
加拿大	0.19%
英　　国	0.17%
韩　　国	0.13%
中国台湾	0.09%
新加坡	0.08%
德　　国	0.08%
其　　他	0.21%

三、借用外力，积极拓展互联网外宣平台，增强外宣合力

1.与FOX联手打造央视国际新版英语频道

2005年，英语频道的对外合作走出了一大步。通过和中央电视台英语频道的沟通与合作，央视国际网络与我台九套的北美地区合作伙伴FOX Cable Network公司，于4月22日进行了沟通，并确立了合作项目。这一项目的内容包括FOX公司将派遣网络技术和网页设计的专业人员来我网站一同工作，了解央视国际网络的需求和工作情况，为央视国际网络英语频道重新设计网页结构和包装。同时帮助英语频道在北美地区推广。4月份的沟通会中三方达成以下共识：央视国际网络英语频道是海外观众网友了解中国的最佳途径；央视国际网络英语频道的核心竞争力即CCTV-9各栏目内容，具有独家性；将以CCTV-9的电视栏目内容为核心，从网页结构设计的调整着手进一步加强栏目内容的整合与推介；央视国际网络英语频道受众设定为广大海外网友，包括世界各国网友及海外华人。

2005年5月，来自FOX的3位工作人员与央视国际网络英语频道开展网页结构设计项目合作。其间，网络英语频道的工作人员与其进行了充分的沟通，确保对方对网络英语频道目前的工作状况及技术需求有充分的理解。

新的设计方案融入英文网站的专业风格，在排版等各方面更贴近海外网民的习惯，方便他们的访问和使用。在内容设计和版式方面，更加突出了中国的传统文化，人文、地理和现代中国人文社会方面的内容。对于宣传中国文化的节目在首页有了更加突出的位置。这些变化和新的设计风格都有助于我们更好地向世界传播中国的声音，帮助海外网民了解中国。

2. 依托CCTV西法语频道内容资源和传播优势，创建央视国际网络西法语频道

2005年6月2日，以央视西班牙语节目为依托，央视国际网络西班牙语频道正式开播，这是央视国际网络继英语频道之后的第二个外语频道，是央视国际网络对外宣传的又一重要突破。央视国际网络西班牙语频道开设有新闻区、电视栏目区、视频区及咨询服务区。新闻区提供及时、准确、权威的新闻资讯；电视栏目区包括交际汉语、学做中国菜等板块；咨询服务区提供旅游、生活、娱乐等资讯，宣传和推介中国文化风情。

2005年7月1日，央视国际网络法语频道在精心周密的筹备后正式发布，这标志着央视国际网络全球化传播又迈出重要的一步，对外宣传也跃上一个新的台阶。央视国际网络法语频道依托CCTV法语节目，以新闻、文化、影视娱乐为主打内容，深入透析中国的政治、经济、历史、文化等各个社会层面；并提供必要的旅游、生活、娱乐等资讯；宣传介绍CCTV法语节目工作人员台前幕后工作情况，并提供天气服务、留言板、公告栏等服务信息。央视国际网络法语频道还将充分发挥央视视频资源优势，通过提供视频直播、点播服务，为CCTV法语节目扩大外宣阵地开辟一条新的网上渠道。

四、中日关系网上舆论引导

2005年4月下旬以来，网站重点围绕中日关系形势进行网上宣传报道和舆论引导。重点报道《胡锦涛晤小泉提五点主张》、《李肇星作中日关系形势报告》等。从舆论上加强引导网友认清发展中日关系的重要性，在新时期如何弘扬爱国主义精神，构建和谐社会。这一期间，网站评论员每天转发各类帖文近2000条，对网上过激的反日情绪进行了有效控制。

五、批驳“中国威胁论”网上宣传报道和舆论引导

2005年，针对西方一些国家“中国威胁论”老调重弹，央视国际网络新闻、英语、法语等频道迅速做出反映，转发分析、评论性文章，阐明中国政府的态度和立场；精心组织话题，在论坛中给予积极引导网友发表感言，批驳这一论调。今后，央视国际网络还将继续关注这一话题，跟进报道并不断加强舆论引导。

网络新闻频道在零首页头条位置发布新闻《美新版“中国军力报告”仍宣扬“中国威胁论”》，并转载专家学者剖析美国此举目的、背景、用心及批驳的相关文章，发布《美国担心惹怒中国给“中国威胁论”降温》、《散布“中国威胁论”是错误的——美专家贝德专访》、《“中国威胁论”是正常现象中国应从容对待》等100多条相关新闻，引导网上舆论。

网络英语频道及时报道了“中国政府对美国出台的关于中国军力报告进行了严正批驳”，阐明我国政府的态度；同时大量报道了中国积极参加地区事务，在朝核六方会谈中起到的积极协调作用，为东亚乃至整个世界的安全和平作出了贡献；在全球经济一体化的背景下，中国与欧盟等国际组织以及国家保持良好的经贸往来关系，而且积极参加红十字全世界范围内的扶贫救助工作。这些新闻报道树立了中国在世界上和平友好的形象，有力批驳了“中国威胁论”。

2005年8月3日，网络法语频道就日本发表的2005国防白皮书中“中国威胁论”的说法，在网络法语频道首页头条位置发布了中国外交部发言人的批驳文章《日本“中国威胁论”是毫无根据的Chine:la pseudo “menace de la Chine” exageree par le japon est sans fondement》、《外交部发言人孔泉就日本白皮书的“中国威胁论”发表讲话 Ré onse de kong Quan à la question concernant l′ approbation par le cabinet japonais du Livre blanc》。同时，网络西班牙语频道也转发了相关新闻报道。

央视国际《网评天下》论坛中就美、日借《中国军力报告》、2005年度《防卫白皮书》再次渲染“中国威胁论”，及时转发我外交部严正交涉等报道，引导网友讨论。网友反响热烈，纷纷跟帖发言或撰写评论对美、日渲染“中国威胁论”进行严词批驳。发布相关帖文近100篇，点击量近10000次。网友对美、日肆意制造和夸大“中国威胁论”表示强烈愤慨，对美、日险恶用心予以深刻揭露，对我外交部就此进行严正交涉表示强烈支持。

六、2005年中国人权建设报道

2005年，央视国际网络重点报道中国人权报告和中国人权的进展情况，如在网上及时转发国新办发表的《中国的民主政治建设》白皮书和《中国的民族区域自治》白皮书等；专题报道西藏自治区成立40周年和新疆维吾尔自治区成立50周年，大力宣传西藏自治区和新疆维吾尔自治区成立特别是改革开放以来的经济、文化、社会发展方面取得的辉煌成就，其中包括西藏自治区人权建设取得的巨大成就。

CCTV.com在2005年春节联欢晚会上进行网络直播和网友互动。

对台宣传

一、2005年，央视国际网络对台宣传掀起3次高潮

1.关注“反分裂国家法”

《反分裂国家法（草案）》的审议是2005年“两会”宣传报道的重点和热点，央视国际网络“两会”专题中专门辟出板块《聚焦反分裂国家法》，台湾频道也推出相关专题，及时报道《反分裂国家法（草案）》的审议情况，并转发各界评论，重点报道《胡锦涛就新形势下发展两岸关系提四点意见》。此外，网站的“两会论坛”栏目还开辟了“反分裂国家法”评论专栏，积极引导海内外网友发帖、评论，全面准确阐释《反分裂国家法》绝不是对台动武法，绝非针对台湾同胞，体现出中国政府和中国人民以最大的诚意、尽最大的可能争取实现和平统一，同时坚决捍卫国家主权和领土完整，把网上舆论引导到正确方向。

2.关注“连宋访问大陆”

4月底至5月初，中国国民党主席连战和亲民党主席宋楚瑜访问大陆，成为当时舆论关注的焦点。央视国际网络新闻频道、台湾频道、英语频道从对内宣传、对台宣传、对外宣传的不同角度，整合央视节目及中央其他主流媒体报道内容，分别制作专题报道。央视国际网络《网评天下》和《两岸互动》论坛以胡锦涛总书记关于“新形势下发展两岸关系的四点意见”为指导，加强网上评论引导，突出宣传我坚持“九二共识”、反对“台独”、改善和发展两岸关系的原则立场。4月29日，胡锦涛会见连战一行，央视国际网络对此次活动进行了网上视频同步直播和图文实时报道，之后发布的头条新闻《胡锦涛会见连战一行》在3小时内，点击量就超

过28万次，创下了央视国际网络单条新闻48小时内点击量的历史新高。5月12日宋楚瑜在清华大学演讲的新闻发布12小时内，访问人次突破15万次。

3.重点报道“纪念台湾光复60周年”

央视国际网络新闻、台湾、文艺频道对“纪念台湾光复60周年”活动进行了重点报道。10月22日至24日，央视国际网络隆重推荐央视特别节目《不能忘却的历史——纪念台湾光复60周年》网上视频点播；10月25日，央视国际网络制作头条报道《纪念台湾光复60周年大会举行》、《纪念台湾光复60周年 贾庆林发表重要讲话》，10月25日晚8时，央视国际网络同步直播《中华情——纪念台湾光复60周年大型文艺晚会》，并在晚会结束后制作了视频点播节目。央视国际网络英语频道及时编发整合CCTV-9有关台湾光复60周年的特别节目，如Dialogue的台湾专家座谈和Documentary的《不能忘却的纪念》系列节目制作特刊。“网评天下”论坛推出“纪念台湾光复 让历史昭示未来”、“台湾光复岂能忘记？”等话题，引导网友参与评论，网友发布《台湾光复，历史的坐标》等原创帖文，跟帖376条，在线用户达12899人次。

二、台湾频道网友反馈情况

据央视国际论坛网友的留言分析，网友访问台湾频道的主要关注点包括：关心两岸统一大业、了解大陆官方对台政策、了解台湾岛内各类信息以及大陆投资环境和咨询。

网友提出主要需求如下：

（1）希望放宽论坛审核尺度。

（2）希望提高视频点播收视质量。

（3）希望了解两岸资讯。

品牌栏目简介

CCTV.com《电视批判》理性的思考建设性的批判

《电视批判》是央视国际网络原创的名牌栏目之一，旨在网上开辟以关注中国电视发展现状，追踪中国电视发展焦点，吸引电视人、专家学者、观众共同探讨电视文化、电视现象的网上互动平台，是一个以传播先进文化、繁荣电视创作为己任，致力于创建电视文化的网上文化批判栏目。通过网友、专家、电视人“理性的思考、建设性的批判”，发现当前电视文化中的问题，探讨解决问题的策略，努力促进中国电视文化健康发展。

2005年《电视批判》栏目主要业绩：

1.策划制作11个系列主题在线，共计45期，共邀请100位专家、电视人参与探讨，紧扣电视媒体出现的热点、难点、焦点，探寻电视文化发展之路

11个系列分别是：

春晚网络大互动——网络与电视的PK；

百年电影与大众传媒；

记者的权益保障与职业操守；

韩剧为何走俏中国荧屏；

我们需要什么样的教育节目；

主持倾向低俗谁之过；

电视剧的艺术现实与理性思考；

经济节目品牌意识与发展趋势；

电视媒体中的女性视角和角色；

春节晚会：不仅仅是一道年夜饭；

我们需要什么样的综艺节目。

2.策划制作了11期“CCTV优秀栏目在线”，共邀请34位专家及栏目主创人员在线交流，解读电视个案

《舞蹈世界》：肢体语言的魅力舞台。

《道德观察》：我们需要什么样的《道德观察》？

《梦想剧场》：“五·一”七天乐——乐在哪里？

《新视听》：在音乐剧中探寻新的视听元素。

《星光大道》：打造普通人的明星舞台。

《七巧板》：在游戏中启智儿童。

《张越访谈》：倾听女性表达的窗口。

《东方儿童》：快乐成长的大本营。

《海峡两岸》：《海峡两岸》的扫描视角与透视力度。

《超市大赢家》：谁是真正的大赢家。

《梨园擂台》：我们需要什么样的《梨园擂台》。

3.独家网络图文直播6场大型学术活动，使本栏目在学术界的影响进一步扩大

（1）2005年9月12日，直播“北京大学电视研究中心成立大会”。

（2）2005年10月9日，直播“百年中国电影与大众传媒”研讨会。

（3）2005年11月8日，直播“中国记者节大型公益活动”。

（4）2005年11月19日至21日，直播“中国人民大学新闻传播学院成立50周年庆祝大会”、“中外知名新闻学院院长论坛”。

（5）2005年11月28日，直播“百年电影学术研讨会”。

（6）2005年12月15日，直播“中国百年电影学术研讨会”。

4.与栏目同仁共同策划制作《大学生谈电视·浙大篇》，是央视国际网络原创活动“大学生谈电视”第2次走出京城，使央视国际网络原创品牌活动影响进一步扩大

2005年10月22日，《电视批判》栏目走进浙江大学，与浙江大学新闻与传播学院共同举办“大学生谈电视”活动，现场学者、浙大学子、网友三方互动，吸引了近300名浙大学子现场参与，共上传文字3.05万字，同步发送现场图片60张。

CCTV.com《线上故事》讲述央视的故事 聆听网友的倾诉

《线上故事》主要由《电视·幕后》、《人物·故事》、《网友·原创》3个板块组成。定位为讲述电视和网络的故事，理念是“建设电视人和网友的网上精神家园”。

为进一步扩大栏目知名度和影响力，2005年，重点筹划并推出专题：

1.《CCTV春节节目精彩幕后》

组稿对象为《梦想剧场》春节特别节目《过年七天乐》、《艺术人生》、《开心辞典》、《欢乐英雄》春节特别节目等知名栏目，亲自采写稿件《过年七天乐 越唱越快乐——2005年“金鸡唱晓杯”CCTV电视主持人歌唱表演赛追踪报道》，受到网友好评。

2.《女性的天空——线上故事“三·八”节特别专辑》

“三·八”妇女节之际，《线上故事》成功筹划旨在让更多网友了解女电视人，了解她们工作背后的辛劳和付出、努力和追求的专题。专题的精彩看点除约请组织女记者、女主持人、女导演、女制片人等这些颇具文采的女电视人们自己提起笔来书写对生活、对电视、对节目的感悟和认识之外，还特别企划让台里的男同胞们提起笔来写写身边的女同伴。

专题不以猎奇为导向，重在正面引导，通过网络平台讴歌宣传我台电视队伍中高素质、高水平人员，收到良好的反馈效果。专题推出后应广大网友的要求，还特别约请部分作者和当事人如阿丘、张泉灵、梁红、张晓琴等进行系列在线访谈，更进一步加深了解和沟通。

3.在台里各部门的大力配合和支持下，先后推出一系列专题宣传和报道

配合中央电视台民主行风评议大型活动，特别制作了《中央电视台开展民主行风评议活动》专题；

配合中央电视台人事办推出《聚焦青海：我们的锻炼时光—— CCTV 青海锻炼基地纪行》；

配合全台先进性教育活动中“内树典型，外学英模”活动，推出了台内先进人物事迹的专题《激情·燃烧——央视青年记者先进事迹专辑》；

配合央视今年播出的重点大型节目《故宫》的制作，约请栏目组人员撰写推出专题《故宫背后的故事——大型纪录片故宫拍摄花絮》。

CCTV.com《在线主持》真情互动 沟通你我

《在线主持》栏目依托央视特有的电视人资源，延伸电视主持人概念，是CCTV.com原创的、具有电视和网络特色的交互性栏目，围绕央视名牌栏目主持人、制片人、名编辑、名记者和大型活动，利用网络、电视、网友三位一体的互动交流方式，为网友与电视节目之间架起沟通的桥梁。

《在线主持》栏目开通5年来，在线互动从最初的每周1期发展到现在的平均每天1～2期，以网络为平台，依托央视丰富的资源，发挥网络媒体互动的优势，配合央视节目宣传，及时反馈观众心声的节目定位。

2005年《在线主持》共进行在线活动近500场，有近1000位嘉宾来到CCTV.com《在线主持》与网友交流。

《网评天下》论坛 关注人 关注新闻

《网评天下》是央视国际的时事论坛，该栏目以当下国内外时事热点、新闻人物与事件、社会热门话题等为评述对象，在扩大新闻传播的同时也使参与者获得更多的有效信息，为广大网友能够更多地参评天下大事提供一个互动平台，已成为CCTV.com独特的舆论风景。

1.舆论引导

就以下国内外新闻宣传重点积极开展了网上评论及论坛舆论引导工作并卓有成效，得到了相关主管单位的肯定：2005“两会”；中共中央在全党开展保持共产党员先进性教育活动；《反分裂国家法》；纪念江泽民“对台八项主张”发表十周年；国民党主席连战、亲民党主席宋楚瑜；新党主席郁慕明先后率团访问大陆；纪念中国人民抗日战争暨世界反法西斯战争胜利60周年；“神舟六号”载人航天飞行；2005中央经济工作会议；“奥运”吉祥物；落实科学发展观；建设节药型社会；时代先锋人物；感动中国人物等。

2.在线访谈

完成30场左右在线访谈并卓有成效，得到相关主管单位的肯定。主要包括：网评天下·两会连线、形势政策教育系列网上谈（“劳动就业和社会保障”以及“食品安全和卫生防疫”）、时代先锋在线访谈（信访干部张云泉、独臂上校丁晓兵）央视驻外记者系列在线（驻泰记者张莉网谈采访感受；驻伊朗记者陶冶、孔琳琳直击伊朗总统选举；驻俄记者路彪直击胡锦涛主席出访俄罗斯）；魅力名镇系列在线（5场）；新闻频道暑期展播介绍系列在线（8场）；央视记者刘雪松、黄剑亲述广东兴宁矿难采访经历；《东方时空》记者刘年、王跃军直击四川猪链球菌事件；《儿女英雄传》编导田川、陈真与网友共忆“9·18”；玄奘之路体验之旅等。

3.互动征集

与中央电视台新闻、一套、二套、四套、九套、十套等多个频道的《新闻联播》、《焦点访谈》、《东方时空》等多个栏目合作，通过《网评天下》论坛协助栏目组征集网友评论，就节目话题开展网络、电视互动。

2005年《网评天下》发帖量近60万帖，评论员和版主发布正面引导帖文近2万帖。舆论引导、在线访谈、互动征集、网络电视等各方面工作所取得的业绩，得到中宣部、外宣办、台相关栏目组等多方面的肯定。

《我们的节日》节目中再现“社火”场面

新增和改版上网栏目

新增上网栏目

《重访》
《百科探秘》
《人与社会》
《中国法治报道》
《今晚》
《经典》
《联合对抗》
《农广天地》
《搜寻天下》
《华夏文明》
《财富故事会》
《中国证券》
《芝麻开门》
《成长在线》
《交换空间》
《城市之间》（无）
《电影传奇》
《第一线》
《法律讲堂》
《天地剧场》
《天网》
《风华国乐》
《全国电视烹饪擂台赛》
《基层瞭望》
《文化访谈录》
《新闻袋袋裤》
《超市大赢家》
《法治视界》
《心理访谈》
《环球时讯》

《大家看法》
《地方戏之窗》
《道德观察》（日播）
《七巧板》
《音乐 · 故事》
《智慧树》
《约会新 7 天》
《方圆剧场》
《旅游汉语 Travel in Chinese》（英）
《今日中国 China Today》（英）
《新闻一小时 News Hour》（英）
《中华艺苑 Ronda Artistica》（西）
《财经新闻》（西）
《这就是中国 Asies China》（西）
《对话》（西）
《体育新闻 Escenario Deportivo》（西）
《外国人看中国Redescubrimiento de China》(西）
《旅游指南 Guia Turistica》（西）
《学做中国菜》（西）
《文化新闻 Cultura Expré s》（西）
《纪录片》（西）
《综合新闻 Noticiario》（西）
《交际汉语》（西）
《综合新闻》（法）
《纪录片》（法）
《电视剧》（法）
《文艺舞台》（法）
《前进中的中国》（法）原《走遍中国》
《经济新闻》（法）
《文化新闻》（法）
《对话》（法）

改版上网栏目

《选择》
《流金岁月》
《正大综艺》
《华夏文明 Chinese Civilization》（英）
《乡村大世界》
《文化报道 Culture Express》（英）
《金土地》
《今日世界 World Insight》（英）
《电视你我他》
《外国人看中国 Rcdiscovering China》（英）
《名将之约》

（总编室、央视国际供稿）

广告经营工作

央视国际网络在2005年由未来广告公司代理网络广告业务，截至2005年12月31日，央视国际网络2005年全年网络广告经营创收超过1000万元，圆满完成网络广告创收年度指标，实现央视互联网宣传社会效益和经济效益双丰收。

2005 年按照台领导的指示，央视国际网络广告资源交由未来广告经营。央视国际网络在确保正确舆论导向的前提下，圆满完成党中央交办的宣传报道任务、积极服务中央电视台做好充分互动的同时，开展与北京未来广告公司的紧密合作，全面启动央视国际网络网络广告业务。

从宣传和经营双方面考虑，央视国际网络和未来公司明确各自分工；央视国际网络全权负责广告的发布、撤换、位置开发安排及部门内沟通协调等相关工作，未来广告公司负责广告的招商、策划、制作、审查等事宜。逐步建立了一整套行之有效的运营和沟通机制，包括广告发布单、策划单、试验单、《网络广告工作简报》等元素。一年来，这套机制发挥了使部门与部门之间信息对称、沟通及时的作用，推动了网络广告业务顺畅运行，使得网络广告工作能够在全面启动的第一年便纳入正轨，创造了令人满意的收益。

央视国际网络作为央视电视媒体在网络上的延伸，其受众和央视很多重点频道受众高度切合，这也是众多电视广告客户选择央视国际网络作为电视广告补充的一个先决条件。2005 年，央视国际网络先后推出汽车、品牌、商务、城市、购物、网络电视娱乐、新闻等众多频道，为央视国际网络的受众提供了更多的频道选择，也为广告客户提供了更加丰富的广告资源选择。

2005年是央视国际网络网络广告专业化经营的第一年，网络广告创收实现了零的突破，一举跨过千万元大关，同时为2006年网络广告业务和其他创收业务的拓展打下了良好的基础。

访问量统计

据统计，央视国际网络2005年日均访问人次为170万，与2004年的日均访问人次103万相比增长65%；2005年日均点击量为3.28亿次，与2004年日均点击量2.48亿次相比增长32%。2005年日均访问页次为3200万，与2004年日均访问页次1800万相比增长78%。

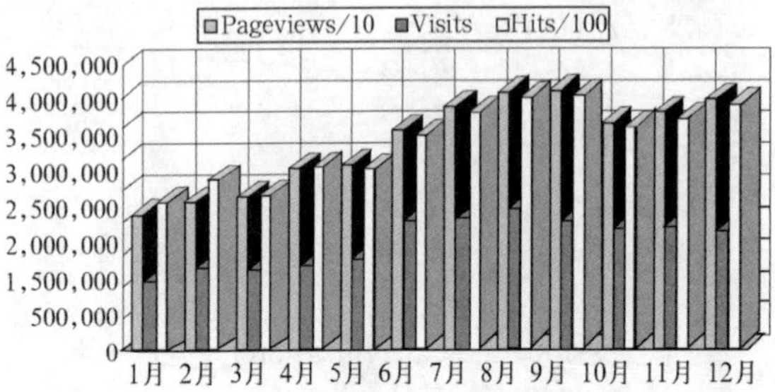

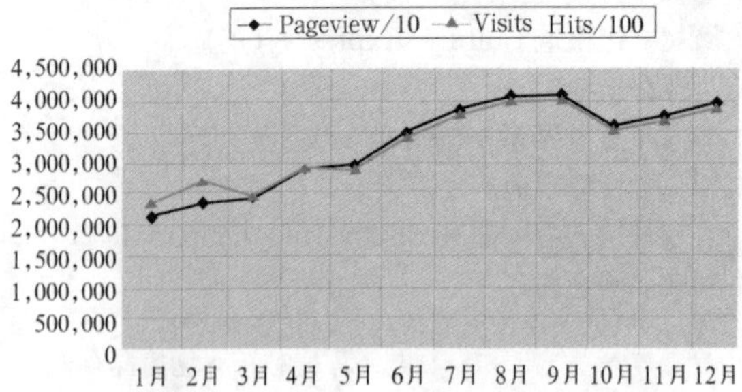

	访问页次 PageViews	访问人次 Visits	点击量 Hits
1月	21,187,665	1,080,309	231,346,666
2月	23,164,979	1,296,473	266,397,263
3月	24,006,555	1,260,948	242,843,019
4月	28,583,972	1,282,984	288,983,952
5月	29,203,654	1,436,359	285,903,769
6月	34,731,809	2,024,660	340,024,415
7月	38,420,250	2,072,134	376,134,246
8月	40,751,234	2,218,445	398,954,581
9月	41,000,000	2,040,703	401,390,000
10月	35,870,968	1,902,532	351,176,774
11月	37,466,667	1,949,977	366,798,667
12月	39,677,419	1,862,497	388,441,935
平均值	32,838,764	1,702,335	328,199,607

2004年总访问量数据：

	访问页次（PageViews）	访问人次（Visits）	点击量（Hits）
年总量	6，716，615，211	376，078，637	90，651，234，213
年日均	18，351，408	1，027，537	247，680，968

中央电视台上网栏目月均访问量排行情况：

月 份	第一名	第二名	第三名	第四名	第五名
1月	同一首歌	动画城	海外剧场	艺术人生	百家讲坛
2月	同一首歌	动画城	艺术人生	百家讲坛	动漫世界
3月	同一首歌	动画城	百家讲坛	艺术人生	致富经
4月	同一首歌	动画城	百家讲坛	艺术人生	挑战主持人
5月	同一首歌	动画城	百家讲坛	挑战主持人	艺术人生
6月	同一首歌	百家讲坛	动画城	致富经	挑战主持人
7月	同一首歌	百家讲坛	动画城	挑战主持人	致富经
8月	同一首歌	百家讲坛	动画城	致富经	新闻联播
9月	同一首歌	百家讲坛	动画城	致富经	新闻联播
10月	同一首歌	百家讲坛	新闻联播	动画城	致富经
11月	新闻联播	同一首歌	动画城	百家讲坛	电视诗歌散文
12月	新闻联播	动画城	同一首歌	百家讲坛	经济信息联播

网民来信综述与分析

多年以来，中央电视台一直重视广大电视观众的意见和建议。随着国际互联网的发展和普及，电子邮件作为一种快捷高效的现代通讯工具发挥着越来越重要的作用。通过网络途径与中央电视台进行信息沟通的电视观众、网民越来越多，互联网以及央视国际网络在电视观众、网民与中央电视台之间架起了重要的桥梁。

一、综述

2005年以来，随着央视国际网络和电子信息化建设的不断进步，越来越多的电视观众选择通过电子邮件方式与中央电视台进行沟通，电子邮件来信反馈逐渐成为中央电视台发展建设中不可或缺的重要一环，也为央视与央视国际网络建设提供了重要的信息支持。从2004年起，网民来信情况成为我台每周节目宣传例会通报内容的有机组成部分。

2005年，央视国际网络共收到网民来信119万封，经过整理与归类，从中选取有代表性、有价值信件12480封，编辑中央电视台周刊《网民来信汇编》50期，总计200万字，编辑央视国际网络内部周刊《网民来信通报》13期，总计40万字。

通过《网民来信汇编》，观众对央视的节目编排与制作、队伍建设、节目质量及后期影响、事业发展等方面的反馈得以较为全面、系统的体现。通过内刊，观众对影视文化、广告播出、央视关注面、节目制作等的建议和意见得到及时反馈。而《网民来信通报》则收编了网民对央视各栏目在央视国际网络宣传的建议、意见、需求，表达了网民对央视国际网络整体建设的评价与建议。

二、受众分析

随着国际互联网的普及，以及央视栏目的多次调整，通过电子邮件反馈信息的观众日渐增多，覆盖全国各地，虽然仍以城市和发达地区的观众为主，但关注央视并希望参与其中的农村和山区观众也日益增多，同时，来信网民也从起初的网络青年发展成由不同年龄段组成的收视群。四套、九套和西法语频道不仅受到国内观众的欢迎，更受到海外观众的关注。

通过来信可以看到，海外收视群正在逐步扩大，本年度约有3%的网民为海外居民，随着中央电视台频道的增多、海外落地面的扩大以及央视国际网络对央视宣传力度的加大，海外受众与央视的互动热情得到进一步激发。根据分析，网民来信主要发自美国、爱沙尼亚、比利时、英国、西班牙、加拿大、瑞士、意大利、俄罗斯、墨西哥、尼日利亚、法国、印度尼西亚、泰国、澳大利亚、德国、新加坡等38个国家，其中美国网民来信最多，占到海外来信总量的17%；此外，港澳台地区的网民也在其中占据了一定的比重。在这些海外观众中，六成以上为居住在海外的华人华侨，其余部分比重大小分别是海外留学生、驻外机构人员、探亲访友等临时居住人员及部分对中国文化感兴趣的外国朋友。

在数量上占据绝对优势的内地网民中，广东、北京、山东、江苏、河北、河南、浙江、四川等地的网民来信十分踊跃，而海南、西藏、宁夏、青海四地在来信中体现甚少。

三、来信分析

（一）关于中央电视台的热点问题

1.重大事件反应迅速，新闻报道深受好评

面对2005年国内外众多的突发事件，中央电视台做到了反应迅速，资料来源丰富，各栏目相互配合形成了规模效应，新闻的时效性和高效率得到了较好的发挥。

中央电视台新闻报道一直以来都受到关心时政、关心社会发展的观众的关注与支持，随着对社会现象的深入披露和报道，观众对央视的信任度越来越高，对其社会责任期望也越来越大。《新闻联播》、《焦点访谈》、《新闻调查》等栏目对“两会”、“神六”飞天、抗日战争胜利60周年、连宋来访、十六届五中全会等国内新闻和飓风“卡特里娜”肆虐美国、禽流感肆虐全球、巴黎骚乱、萨达姆世纪审判和全球遭受恐怖袭击等国际新闻事件的报道，使新闻频道随着新闻事件本身成为电视受众关注的焦点中的焦点。

值得一提的是，在连宋来访期间中央电视台突破常规节目编排，组织特别直播节目。观众普遍认为报道的及时性、丰富性、现场感都非常突出，在我国新闻报道史上具有里程碑的意义。报道中专家分析、记者连

《CCTV空中剧院》现场直播折子戏《状元媒》

线、背景资料解析等手段得到了充分运用，央视一套、四套和九套各有分工和侧重，突出了集群效应，也正是这一特殊事件的报道，显示了中央电视台报道重大事件的能力，树立起了中央电视台的新形象。对中央电视台来说，报道的成功为今后的其他报道提供了宝贵的经验；对广大观众来说，中央电视台已经成为人们认可的了解国内外重大突发事件的重要窗口。

"神舟六号"载人航天飞行的圆满成功，是中华民族的骄傲。"神舟六号"飞船载人航天飞行，是具有特殊重大意义的新闻事件，也是中央电视台2005年规模最大、最重要的报道任务之一。从10月12日飞船发射到10月17日飞船返回，6天时间里，CCTV-1和CCTV-新闻并机直播了"神舟六号"载人飞船遨游太空的全过程，第一时间向观众展示了中国航天事业发展的重大突破：CCTV-4、CCTV-9也对"神六"飞天作了全方位的直播。10月12日上午，CCTV-1、CCTV-4、CCTV-9、CCTV-新闻和CCTV-E&F全程直播了"神六"的发射，开创了中央电视台直播史上布点最广、跨度最大、使用演播室最多的全新纪录，受到世界各大媒体的广泛关注和海内外观众的积极评价。相关直播报道一直延续到10月17日的飞船返回，前后跨度5昼夜零8小时，产生巨大影响。除了各频道推出的直播特别节目外，央视国际网络也发挥网络优势，利用多媒体技术手段，整合央视资源和各大媒体消息，推出了"神舟六号载人航天飞行"专题报道（包括16个板块），通过网上视频、图片、论坛互动、专题报道等形式，快速、准确、全面地报道"神舟六号"的太空之旅。据统计，12日发射当天，网上视频直播访问量达到2010171人次（最高在线收看人数为209733人），是2005年视频直播日均访问5万人次的40倍。

网民和观众反应热烈，认为中央电视台对"神舟六号"载人飞船的报道准备充分、计划周密，不仅有很强的时效性，而且背景资料十分丰富，从发射现场、航天员资料到各个监测场都有现场直播画面，有深度和广度，较好地满足了海内外观众的收视需求。一些海外观众也发来电子邮件表示祝贺，同时感谢中央电视台的现场直播报道，使他们能及时了解这一特大喜讯。总之，大部分网民来信对中央电视台新闻报道的认可度较高，对新闻时效性和现场感比较满意，认为中央电视台已经达到了与世界媒体同步的水平。

2.互动栏目"牵动"受众

CCTV-2在央视众多频道中受到网民最多的关注，《开心辞典》、《非常6+1》、《幸运52》等栏目不但知识性强，而且通过互动平台，为观众提供了交流参与、实现自己梦想的机会，一直以来就受到各阶层观众的支持和推崇，网上互动更加剧了其火爆程度。此外，有一定品位的谈话类经济栏目，如《对话》，也受到不少观众的青睐。网民来信显示，这些品牌栏目的形成与发展，在很大程度上提升了该频道在受众心目中的地位。

但是随着整个电视业发展以及其他益智类栏目的推出，观众对此类栏目除了以前的热爱和支持外，多了一份理智和评判。他们不再仅仅想通过栏目实现自己的梦想，而是更多地对栏目也提出科学性、严谨性、公证性等要求，很多网民来信指出知识问答题目中的错误，希望今后这些栏目能够更加严谨专业，从而进一步提升栏目品质。

3.电视剧收视率屡创新高

2005年中央电视台的电视剧节目创造了很好的收视纪录，广大观众也通过网络发来大量电子邮件进行反馈。网民认为这些电视剧导向正确、格调高雅、情节感人、弘扬了时代主旋律；总体上看，这些电视剧不沉闷，娱乐而不低俗，兼顾老中青和城乡差异，能够使各年龄、各文化层次观众对中央电视台的电视剧都有所期待。

2005年，CCTV-1和CCTV-8的电视剧在收视率上屡创新高，网民来信非常踊跃，《八路军》、《京华烟云》、《大宋提刑官》、《汉武大帝》、《亮剑》、《吕梁英雄传》、《国家机密》、《上海风云》、《不能没有你》、《加油金顺》、《宝莲灯》、《太祖秘史》、《任长霞》、《茶马古道》、《小留学生》、《摇摆女郎》、《北京我的爱》等一大批优秀的电视剧受到了广泛的关注。观众在来信中对这些优秀电视剧提出了表扬，认为这些节目制作精良、内容充实、构思新颖、编排精致，在丰富了人民群众业余文化生活的同时，给人以教育和启发，做到了寓教于乐。

由于观众对电视剧的欣赏水平不断提高，对节目的评价更为客观和全面，提出了积极的意见和建议。反映比较集中的几点是：

（1）一些电视剧，尤其是历史题材的电视剧中出现一些错误令观众比较反感，一些历史题材电视剧中的史实性和常识性错误，令电视剧水平大打折扣；

（2）一些电视剧出现一些低级错误，比如一些字幕差错、一些演员将个别文字读错、念错等；

（3）演员选择不当，如与历史人物形象相去太远，或者演技较差；

（4）故事情节过于缓慢、拖沓，令观众失去收看兴趣。

4.体育频道权威丰富

CCTV−5体育频道对各种体育赛事和直播或转播以及围绕赛事和体育明星制作的各档栏目，长期以来一直吸引着一批热情而持久的“铁杆”观众，在来信中也受到较多关注。2005年央视体育频道对第十届全国运动会、上海世乒赛、苏迪曼杯、东亚运动会等重大赛事的报道取得了圆满成功，同时由于姚明加盟NBA联赛、丁俊辉获得斯诺克英国公开赛冠军、中国队包揽世界跳水锦标赛等重大消息，CCTV−5更是受到空前的关注。

第十届全国运动会举世瞩目，中央电视台对此次全国运动盛会的报道得到了观众的充分肯定。认为报道多角度、全方位，现场直播、专题节目相结合，把我国体育健儿在比赛中的精彩瞬间呈现于屏幕，使观众能够感受到现场气氛，为他们顽强拼搏的精神而感动和振奋。不少网民发来电子邮件，认为我台全运会转播工作做得好，满足了广大观众对他们喜爱赛事的收看需求。

很多观众不仅仅是关注重大体育赛事，不少非体育迷们还希望通过收看比赛增长体育知识。很多网民来信，要求体育节目能多介绍一些比赛的规则、专业术语和技术参数等，特别是对一些不太熟悉的体育项目，适当介绍比赛规则、项目历史，使普通观众也都能看懂。

5.少儿频道受到广泛关注

未成年人思想道德教育问题已经引起了社会各界重视和关注。少儿频道开播以来，未成年人道德和思想教育成为网民关注的新热点，网民对央视通过荧屏教育引导少儿寄予厚望，希望通过收看少儿节目，使少儿养成好的习惯，受到学校外好的教育。

许多来信对围绕少儿节目的制作编排提出大量宝贵意见，如：希望慎重选择动画片，剔除动画节目里的暴力等不良信息、增加红色经典剧，从而加强爱国主义教育；有的动画片中有不健康的画面和语言，不利于少儿的健康成长，希望播出一些贴近生活实际的节目，让少儿从现实中感知真理；希望连续播映时间不宜过长，应当替少儿的健康和视力着想；以少儿为本，节目编排要考虑少儿身心健康；节目制作应以知识性、教育性与科学性为中心，以开发智力、增长知识为目的，从而成为少儿的良师益友等；希望不要盲目设置互动和短信息，以及电话答题等方式与少儿互动，家长认为少儿没有经济来源，这样的沟通方式不切合实际。

6.专题节目影响巨大

与常态节目相比，由于制作更加精细、质量更高，专题节目一直以来都较常态栏目更受关注和欢迎。每年收视率最高且收视最为集中的春节、“五一”、“国庆”期间各频道特别节目《梦想中国》、《经济大典》等，都不同程度地激发了网民一次又一次的来信热潮，在来信中不但体现了网民对各特别节目的赞许和支持，而且还收集了各地网民的观感、反馈，对节目制作、编排的建议和进一步的收视需求。

尤其值得一提的是随着近年来互联网的不断普及，越来越多的人开始使用互联网作为沟通和交流的手段，中央电视台也及时认识到这一点，在2005年的许多重大活动中，都利用互联网来进行网络调查或者网络投票来获取有用的网民信息。《CCTV2005经济大典》是经济频道在统一冠名下整体组织实施的一个品牌节目群。《CCTV2005经济大典》中共有7个板块，其中5个板块都是需要观众深度参与的调查统计类节目。

电视画面转瞬即逝，而观众通过登录央视国际网络可以浏览调查、投票的详细情况，包括了解候选人背景、参与投票、查看投票结果等。网民普遍赞扬中央电视台使用网络进行网络调查的形式，尤其是央视经济类调查评奖节目很有新意。

7.更多问题受观众网民关注

关于主持人和记者：中央电视台的主持人和记者在节目的宣传传播中作用十分突出，网民给予了极大的关注，总体评价都比较好，认为主持和采访水平高，形象端庄大方，符合大台风范。但是随着人们欣赏水平的提高，观众对主持人的要求也越来越高。一些网民来信认为主持人、记者是电视台或电视节目的“门面”，应多注重对他们的培养和培训；有的主持人与节目的整体风格不协调；有些主持人的表情、神态、语调没有真正融入到节目主体当中，提问欠妥当；有的网民认为有些主持人的服装和发型与节目风格不搭配；有的网民希望在采访时，不要强人所言、逼人所言，要讲究采访艺术；有的网民希望主持人语速不要太快，尽量少用口头语，希望主持人、记者的综合素质能够进一步提高。

关于字幕和屏幕文字：据不完全统计，2005年央视国际共收到热心观众反馈的全台屏幕语言文字差错总计675个。字幕错误较为典型的是：在纪录片《故宫》"家国之间"一集中，妃子在应召宠幸时，要用被子裹着，由太监抬进去（大意），其中"被子"写成"背子"。读音错误较为典型的是：还是在纪录片《故宫》中，有一个词"巨擘"，解说者读成了"ju bi"。观众认为中央电视台代表国家媒体形象，传播范围最广、影响最大，因此对中央电视台字幕和主持人发音准确性的要求最为严格。希望中央电视台能够继续把好文字关，做全国各个电视台的表率。

节目播出后续服务：网民来信中，为索取二套、七套播出的致富信息类节目相关资料的占40%左右。另外，很多观众询问如何购买央视已播出节目的音像资料，希望央视能够重视节目播出的后续服务工作，将这些有价值的信息利用起来，建立相应的反馈机构，为广大电视观众和网民服务。

地方台不按规定转播央视节目或插播广告现象：据网民反映，一些地区在转播中央电视台节目时，以飞字幕或遮盖部分画面的方式插播大量劣质广告，有的电视台甚至将央视的部分节目或广告换成当地的广告，为了掩饰这种侵权做法，还在屏幕的左上角打上央视台标，有的国外观众反映，当地接收的央视节目中插播了当地电视台的广告。网民对这种做法十分气愤，认为这种行为严重侵害了观众和中央电视台的权益，呼吁央视或者有关部门能够予以重视并解决。

广告问题：网民认为，广告同其他电视节目一样，也是节目的重要组成部分，制作精良的广告也可能成为人们喜爱收看的一类节目。2005年网民对中央电视台播出的广告总体感觉满意，认为创意好、质量高。尤其是公益广告赢得了广大网民的喝彩，网民认为中央电视台制作播出的公益广告，弘扬了社会公德、家庭美德、社会伦理，促进了社会主义精神文明建设，体现了央视在电视传播中注重社会效益的宣传思想。但是，令人不能完全满意的是个别商业广告创意不够健康文明，有的广告创意不佳，画面缺乏美感，有失大台水准。希望广告在创意追求趣味性的同时考虑其潜在影响。

（二）关于央视国际网络

1.视音频节目受到的关注最多

随着中国互联网事业的迅猛发展，越来越多的网民登录央视国际网络。在多媒体时代，通过视频获取信息已经成为网民的一种习惯，由于央视国际网络拥有央视得天独厚的视频资源，网民往往会在看到喜爱的电视节目后的第一时间就登录央视国际网络查找相应视频。网民来信中反馈最多的也是视频问题，主要包括央视栏目上网需求和希望改进央视视频播放质量的建议。同时，增加视频内容是网站提高点击量的捷径。网民希望央视国际网络充分利用央视资源，发挥多媒体优势，建立央视电视节目网上视频库。

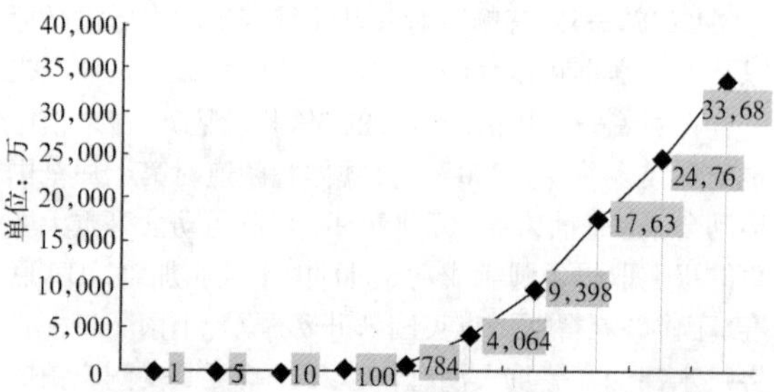

图1 央视国际网络日均点击量增长示意图

2.整合央视栏目服务观众是目前网民第一需求

作为国家重点新闻网站，央视国际网络每日及时发布最新、最权威信息，准确、严谨、及时的作风已经得到网民认可，所提供的文字、图片、视频等服务已成为网民最关注的焦点。央视国际网络既背负新闻宣传的任务，又承担央视全方位对外宣传窗口的角色，网站所提供的资讯也已成为网民了解央视的重要渠道，央视国际网络已成为网民获知信息的重要网上平台。

同时，网民对央视国际网络关注的焦点还主要集中在央视上网栏目。大多数网民眼中，央视国际网络不仅是国家重点新闻网站，更是央视节目的网络宣传板及节目查询台。近年来，央视上网栏目越来越多，网民的期望值也随之提高，希望在央视国际网络及时看到更多央视节目内容，尤其是反响较好或对观众有启发价值的电视节目。

作为央视对外宣传窗口，除新闻频道外，央视国际网络各专业频道发挥了不可替代的作用，网络宣传在网民眼中已成为央视宣传的有效补充。

3.网民的增长对网站发展提出更迫切需求

近几年央视国际网络的快速发展，得到网民的积极肯定。但同时网民的数量也处在快速增长期，且其增长速度大于央视国际网络发展和技术平台升级速度。由于同时在线动态参与人数的多少（如收看视频和在线参与答题，注册提交等）与服务器的承受压力密切相关，超负荷的在线人数对央视国际网络的技术建设提出更高要求。网民来信希望强化互联网的技术保障，以便更好地收看视频、进行网上信息注册和网上答题。目前央视国际网络的主要矛盾，是日益增长的访问需求与央视国际网络服务能力相对有限的矛盾。

四、思考与分析

1.观众收视需求多元化，欣赏水平日益提高

伴随中国经济的开放和发展，观众的欣赏水平和鉴赏水平日益提高，对媒体传播的要求和需求也越来越多。越来越多的观众通过电子邮件传递他们对中央电视台的意见和建议。网民从节目选题、表现形式、主持人和记者的着装、谈吐、字幕差错等方面评头论足，出谋划策，对中央电视台不断提出更高的要求。观众认为，中央电视台在国内外观众心中已经树立了权威的形象，无论是报道水平，还是技术水平，都做到了与国际接轨，体现了本土化与国际化相结合的精神。但正所谓“爱之越深，责之越切”，有很多网民出于对中央电视台的热爱，提出了一些改进意见，希望中央电视台的节目能够越办越好。

2.重视网民意见，加强反馈机制

近年来，随着互联网的不断发展，截至2005年底全国共有网民1.11亿人，互联网已经逐步发展成为具有一定影响力的传播媒体，通过互联网传递信息已经成为人们日常联系和沟通的主要渠道之一。2005年，网民通过电子邮件将他们的意见和建议传送到央视国际网络，又通过一定的渠道及时反馈到各栏目。

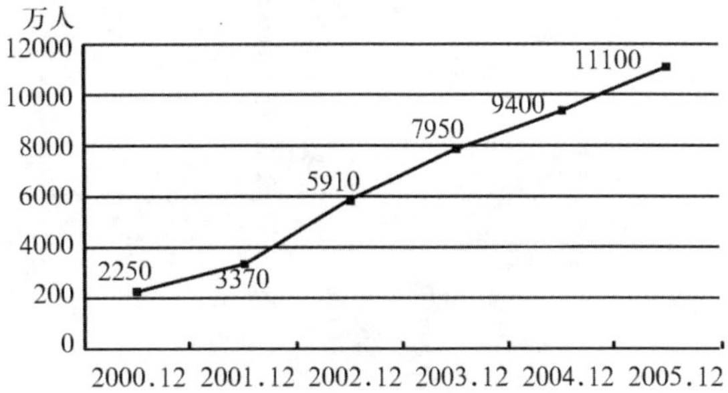

数据来源：中国互联网络信息中心（CNNIC）

图2 中国网民数量增长示意图

央视国际网络为网民反馈信息提供了畅通的渠道，每天有专人负责编辑和整理网民来信，每周将网民针对中央电视台和央视国际网络的意见、建议、需求和差错编辑成《网民来信汇编》，上报总编室。这些网民意见，大到节目导向和选题，小到节目的细节问题，都能直接传达到相关栏目、部门和个人。网民信息的及时反馈，得益于反馈机制的建立和完善，而机制的完善与中央电视台各级领导的重视分不开，和中央电视台一贯尊重网民的工作作风分不开。

3.虚心听取意见，全心全意为网民服务

随着中国互联网竞争态势越来越激烈，各种媒体对受众的争夺也越来越激烈。可以说，在未来的媒体争夺战中，谁掌握了受众谁就掌握了主动权。2005年中央电视台的节目内容更加贴近生活、贴近百姓、贴近实际，始终贯穿着为网民和观众服务的宗旨。为了更好地与网民和观众沟通，不少栏目（部门）都开通了电子邮箱，以充分听取意见，不断改进节目。在央视国际网络和网民中架起了信息沟通的桥梁，为服务好央视，为加强与网民的双向交流作出了巨大的贡献。

（总编室网络宣传部供稿）

2006

CHINA
CENTRAL TELEVISION
YEARBOOK

中国中央电视台
年鉴

CCTV

HUOJIANG BIAOZHANG

获奖·表彰

获奖·表彰

一、新闻类

第十五届（2004年度）中国新闻奖 中央电视台获奖名录

一等奖

胡锦涛在河北考察工作（消息）（新闻节目中心）

2004黄河调水调沙直播（新闻节目中心）

二等奖

爱的谎言（专题）（社教节目中心）

嘉禾拆迁系列（新闻节目中心）

三等奖

想要通知书　先拿十万来（评论）（新闻节目中心）

直击中国铁路春运（直播）（新闻节目中心）

中国新闻名牌专栏

《新闻联播》（新闻节目中心）

全国社会治安综合治理好新闻 中央电视台获奖名录

三等奖

街头又现新骗局　摆摊原为讹路人

中国残疾人事业好新闻 中央电视台获奖名录

三等奖

残奥会特别节目

优秀人口新闻奖 中央电视台获奖名录

三等奖

承诺是金

全国优秀新闻工作者 中央电视台获奖名录

张　兴（体育节目中心）

徐　俐（海外节目中心）

徐少兵（新闻节目中心）

王小节（新闻节目中心）

罗　京（新闻节目中心）

白岩松（新闻节目中心）

2004年度中国广播电视新闻奖 中央电视台获奖名录

优秀消息

公安局长任长霞（系列报道）（新闻节目中心）

关于禽流感连续报道（新闻节目中心）

中国第一个北极科考站——黄河站建成（短消息）（新闻节目中心）

刘翔夺冠　创造历史（长消息）（体育节目中心）

优秀评论

想要通知书　先拿十万来（新闻节目中心）

优秀专题

“香醋”为什么这样涩（新闻节目中心）

优秀现场直播

2004年黄河调水调沙特别报道（新闻节目中心）

敦煌再发现（新闻节目中心）

十佳新闻栏目

《法治在线》（新闻节目中心）

2004 年度中国广播电视社教节目奖中央电视台获奖名录

优秀专题

精彩中国 (特别专题)(新闻节目中心)
爱的谎言 (单本专题)(社教节目中心)

优秀纪录片

一百年的歌声 (长纪录片)(社教节目中心)

优秀科普节目

人造头骨 (北京科学教育电影制片厂)

优秀电视动画节目

中华勤学故事 (中央电视台)
宝葫芦的秘密 (中央电视台)

对外电视新闻

十一世班禅生活纪实 (新闻特写)(海外节目中心)
名将之约——刘翔 (中文专题)(体育节目中心)
“包头空难”跟踪报道 (英文新闻)(中央电视台)

第三届全国著作权好新闻中央电视台获奖名录

一等奖

一张照片两场官司 (社教节目中心)

先进单位奖

新闻节目中心记者二组 (新闻节目中心)

2004 年度“金鼎新闻奖”中央电视台获奖名录

特别奖

张耕：高检 2003 (新闻节目中心)

一等奖

司法机关超期羁押人数降至历史最低(新闻节目中心)

2004 年北京市环境保护好新闻中央电视台获奖名录

二等奖

北京夜查机动车污染　确保大气环境质量(中央电视台)

2004 年度科技好新闻中央电视台获奖名录

国家科技奖励大会系列报道 (中央电视台)

中央电视台新闻节目中心社会新闻部《每周质量报告》记者李文学荣获 2005 年中国保护消费者基金会颁发的第十四届“保护消费者杯”先进个人奖。

二、文艺类

第二十三届中国电视剧“飞天奖”中央电视台获奖名录

长篇电视剧

一等奖

无愧苍生 (文艺节目中心)
记忆的证明 (中国电视剧制作中心)

二等奖

汉武大帝 (文艺节目中心)
种啥得啥 (文艺节目中心)

三等奖

红领章 (文艺节目中心)
大姐 (文艺节目中心)
台湾首任巡抚刘铭传 (中央电视台)
女子监狱 (中国电视剧制作中心)
天·地·粮·人 (文艺节目中心)
香樟树 (文艺节目中心)

优秀中、短篇电视剧
当家人（文艺节目中心）
侦察兵的荣誉（中国电视剧制作中心）
独奏（中国电视剧制作中心）

优秀少儿电视剧
阳光雨季（文艺节目中心）
假日小楼（文艺节目中心）
我不是差等生（中国电视剧制作中心）
我们都是好朋友（文艺节目中心）

优秀戏曲电视剧
杨门女将（中国国际电视总公司）
哥哥走西口（文艺节目中心）

优秀系列电视剧
欢乐农家（中央电视台）

优秀译制片
哈姆雷特（文艺节目中心）

三、综合类

第十一届中国电影“华表奖”中央电视台获奖名录

优秀纪录片奖
小平，您好（中央新闻纪录电影制片厂）

优秀科教片奖
公证帮你办（北京科学教育电影制片厂）

第二十五届中国电影“金鸡奖”中央电视台获奖名录

优秀纪录片奖
走近毛泽东（中央新闻纪录电影制片厂）

2005年9月8日，由国家国防教育办公室、教育部和国家广电总局联合举办，中央电视台承办的“爱我国华 心系国防”全国国防教育电视演讲大赛决赛，图为获奖选手上台领奖的情景。

优秀纪录片提名奖
小平，您好（中央新闻纪录电影制片厂）

最佳电视电影片
我们（中视传媒股份有限公司）

四川国际电视节中央电视台获奖名录

“金熊猫”奖电视品牌设计和营销作品评选

最佳纪录片宣传片
1405——郑和下西洋（技术制作中心）

最佳播出品牌包装
“新闻频道”品牌包装（新闻节目中心）

“金熊猫”奖国际纪录片评选

人文及社会类最佳长纪录片
故宫（新闻节目中心）

人文及社会类最佳摄影奖
故宫（新闻节目中心）

自然环境类评委特别奖
雷鸣之夜（中央新闻纪录电影制片厂）
老三（中央新闻纪录电影制片厂）

亚洲制作奖
雷鸣之夜（中央新闻纪录电影制片厂）

最佳导演奖
雷鸣之夜（中央新闻纪录电影制片厂）

四、国际类

纽约翠贝卡电影节 中央电视台获奖名录

最佳故事片奖

系列电视《绝对隐私》——《生死劫》(中视传媒股份有限公司)

印度喀拉拉邦国际电视节 中央电视台获奖名录

最高奖项“金雀奖”

系列电视《绝对隐私》——《生死劫》(中视传媒股份有限公司)

东京国际数字电视节 中央电视台获奖名录

最佳技术奖

银饰（中视传媒股份有限公司）

五、技术类

国家广播电影电视总局 2005年度电视节目技术质量奖 中央电视台获奖名录

电视节目录制技术质量奖

新闻类一等奖

《新闻联播》

专题类二等奖

奥林匹克回到故乡——《走希腊（7)》

综合文体类一等奖

金鸡报晓——2005年春节晚会

电视剧类一等奖

《凤求凰》(第4集)(录制一部)

电视节目视频图形制作技术质量奖

片头类一等奖

音乐频道《知音》(录制二部)

短片类一等奖

《1405——郑和下西洋》宣传片（录制二部)

动画片类二等奖

《少年包拯学断案》

电视节目声音制作技术质量奖

专题纪录片类三等奖

北京2008(八分钟背后的故事)

译制片类二等奖

《尽善尽美》(上)(音频部)

综艺类二等奖

聆听经典——首届“沃尔沃卡车杯”CCTV朗诵艺术大赛颁奖晚会（音频部)

电视剧二等奖

《女子监狱》第一集

播出技术质量奖一等奖

中央电视台

综合奖

中央电视台

国家广播电影电视总局 2005年度科技创新奖 中央电视台获奖名录

科技成果应用与革新类一等奖

中央电视台大型体育赛事网络节目制播系统

工程技术类一等奖

中央电视台节目包装系统更新改造

第二届（2005 年度）王选新闻科学技术奖中央电视台获奖名录

一等奖

中央电视台广播电视音像资料馆媒体资产管理系统（技术管理办公室）

二等奖

中央电视台多通道硬盘自动播出系统（播出传送中心）

中央电视台奥运会远程节目网络制作系统（播出传送中心、技术管理办公室）

三等奖

中央电视台总控数字系统（播出传送中心）

中国电影电视技术学会电视美术、灯光设计工程奖中央电视台获奖名录

场馆类

一等奖

2005 大地飞歌（文艺节目中心戏曲音乐部）

三等奖

2006 国际频道中英文双语元旦晚会（技术制作中心）

电视栏目类

二等奖

非常 6+1（技术制作中心）

演播室类

三等奖

神舟环宇　荣耀五星（文艺节目中心文艺部）

最佳灯光奖

2005 大地飞歌（文艺节目中心戏曲音乐部）

最佳创新奖

神舟环宇　荣耀五星（文艺节目中心文艺部）

2005 年度中央电视台技术系统获电视节目录制技术质量奖名录

新闻类

一等奖

《中国新闻》(2005. 4. 20)(技术制作中心)

二等奖

《新闻联播》(2005. 6. 28)(新闻制作部)

《经济信息联播》(2005. 6. 4)(技术制作中心)

《滚动新闻》(2004. 11. 25)(新闻制作部)

《体育世界》(2005. 5. 28)(播出传送中心)

专题类

一等奖

奥林匹克回故乡——走希腊(11)(播出传送中心)

二等奖

体育人间——重返贡嘎山（播出传送中心）

旅游指南——约旦（技术制作中心）

北京 2008（八分钟背后的故事)(播出传送中心)

体育人间——完美的旅程（播出传送中心）

综合文体类

一等奖

2004 南宁国际民歌节开幕式晚会（技术制作中心）

二等奖

2005 年新年舞会（精编版)(技术制作中心)

中国国际广播影视博览会开幕式音乐会(技术制作中心)

欢乐中国行（2005–11)(技术制作中心)

CCTV 音乐会（2005–40)(技术制作中心)

电视剧类

一等奖

非法智慧(第1集)(中国电视剧制作中心技术处)

二等奖

基因之战(第15集)(中国电视剧制作中心技术处)

女子监狱(第2集)(中国电视剧制作中心技术处)

电视节目安全播出奖

播出传送中心播出部播控一科 A 班、C 班、E 班

播出传送中心播出部播控二科 A 班、B 班、E 班

播出传送中心播出部备播科B班、C班、D班、E班

新闻制作部新闻频道播出科A班、B班、C班、D班、E班
技术制作中心录制一部二科A班、B班、C班、D班、F班
技术制作中心录制一部二科一班、二班、三班、四班
技术制作中心录制一部七科A班、B班、C班、D班
技术制作中心录制一部九科A班、B班、C班、D班、E班
技术制作中心录制三部三科A班、B班、D班、E班、F班
质量管理处有线电视科A班、B班

优质技术工程奖
体育频道综合业务系统一期(十运会网络节目制播系统)(播出传送中心)
六讯道数字电视转播车（播出传送中心）
节目包装系统更新改造（技术制作中心）
新增付费频道网络制作系统（技术制作中心）
节目生产资源管理系统(一期)(技术管理办公室)

系统维护优秀奖
新闻制作通讯系统(新闻节目中心新闻制作部电讯科)
播出系统（播出传送中心播出部技术保障科）
技术制作系统(技术制作中心录制二部后期制作二科)
供电系统（技术管理办公室动力处供电科）

2005年度全国优秀新闻技术工作者
新闻制作部张宝安

2005年度全国广播电视技术维护三等奖
播出传送中心总控部房文伟

电视节目技术质量专题类节目二等奖
《旅游指南》——约旦

六、论文类

中国电影电视技术学会 2005年影视科技优秀论文奖 中央电视台获奖名录

一等奖
媒体资产管理系统的规划与实施(作者：副总工程师宋宜纯)

二等奖
中央电视台雅典奥运会远程节目网络制作系统的建设与实践(作者：播出传送中心刘万铭)
论高清演播室灯光系统工艺设计(作者：技术制作中心吴晔华)
抖动在数字录音中的用途(作者：技术管理办公室缪暑金)
浅谈电视灯光设计软件(作者：技术制作中心吴晔华)

三等奖
电脑灯的功能特性和正确使用(作者：技术制作中心王京池)
高清晰度电视的节目生产(作者：技术制作中心崔建伟)
中央电视台双转播车光纤集联系统的设计(作者:播出传送中心钟全、郁建)
CCTV数字电视付费频道播出系统设计与实施(作者：播出传送中心宋蔚)
谈高清晰度电视发展规划与推动步骤（作者：技术制作中心陈默）
非线性后期制作网的建设（作者：技术制作中心车临、冯奇）
中央电视台光纤通道网络系统工程（作者：技术管理办公室顾军、赵磊）
数字演播室系统检测与性能评估（作者：技术管理办公室蔡贺、技术制作中心秦军）
中央电视台总控数字系统(作者:播出传送中心陈力)

新闻科技论文奖中央电视台获奖名录

一等奖

统一数字声音基准电平，改善数字电视声音质量（作者：技术管理办公室缪暑金）

二等奖

多通道硬盘自动播出系统设计理念（作者：播出传送中心宋蔚、赵凯）

加快电视台数字化、网络化，提高节目资源管理水平（作者：新闻制作部张宝安）

三等奖

IPTV 网络电视（作者：总编室初征）

商业职能在广告业务中的应用（作者：广告经济信息中心李弋）

七、表彰类

中央电视台被中直机关评为2002～2005年度先进基层党组织名录

中央电视台机关党委

中央电视台被中直机关评为2002～2005年度优秀共产党员名录

文艺节目中心文艺部　王　峥
海外节目中心新闻部　汪曙光
新闻节目中心采访部　张海鹏
播出传送中心转播部　陈　明

中央电视台被中直机关评为2002～2005年度优秀党务工作者名录

新闻节目中心综合部　郭书兰

中央电视台被评为全国先进工作者名录

新闻节目中心编辑部　高丽萍

中央电视台被评为全国“五一”劳动奖章名录

新闻节目中心评论部　水均益

中央电视台被中直机关评为“五一劳动奖状”先进集体名录

社教节目中心《挺进南极冰盖最高点》报道组

中央电视台被广电总局评为2003～2004年度“巾帼建功”先进集体名录

海外节目中心《文化新闻》栏目组

中央电视台被广电总局评为2003～2004年度“巾帼建功”标兵名录

文艺节目中心主持人　周　涛
海外节目中心记者　任永蔚
播出传送中心播出部　宋　蔚
社教节目中心制作人　赵淑静

中央电视台被评为第九届“中国青年五四奖章”名录

文艺节目中心主持人　　周　涛

中央电视台被评为第二届“全国优秀青年外事工作者”名录

人事办公室　　张　欣

中央电视台被评为第十六届中国十大杰出青年提名名录

《艺术人生》制片人　　王　峥

中央电视台被评为第八届共青团精神文明建设“五个一工程”奖名录

文化作品奖（电视片）

《中国史话》、《关注未来行动》、《心灵的成长》、《开心辞典》、《道德在身边》、《给你一双翅膀》

文化作品奖（歌曲）

《卓玛》、《这片胡杨》

文化新人奖

柴静（新闻节目中心《新闻调查》记者）

2005年12月8日，鞠萍姐姐为优秀少年儿童表演节目。

中央电视台被中直机关评为青年文明号名录

社教节目中心《走近科学》栏目

中央电视台被中直机关评为2004年度优秀团支部名录

体育竞赛部团支部

中央电视台被中直机关评为2004年度优秀团干部名录

团委书记　　吴克宇

中央电视台被中直机关评为2004年度优秀团员名录

新闻节目中心记者　　王小节

中央电视台被广电总局评为2003～2004年度“五四”红旗团委名录

中央电视台团委

2005年度中央电视台获得的荣誉称号

- 中央电视台再次荣获“全国精神文明建设工作先进单位”荣誉称号。
- 中央电视台获得2003～2004年度“中直机关文明单位”荣誉称号，并连续12年获得“首都文明单位标兵”和“广电总局精神文明标兵单位”。
- 幸福工程·救助贫困母亲行动表彰大会授予中央电视台“爱心奉献奖”荣誉称号。
- 中央电视台精神文明委副主任、精神文明办公室主任田应坪同志获得了“中直机关精神文明建设先进个人”荣誉称号，受到中央直属机关精神文明建设委员会的表彰。同时，还获得“2001～2005年全国婚育新风进万家活动先进个人”荣誉称号，受到中宣部、中央文明办、人口计生委等十家部委的表彰。

- 中央电视台人事办公室田桂明同志一家获得“全国五好文明家庭”称号。
- 中央电视台新闻节目中心刘晓军、社教节目中心曹广来、播出传送中心陈策明获“中直机关文明家庭”称号。

中央电视台2002～2005年度先进党支部、优秀共产党员、优秀党务工作者、优秀党员领导干部名录

先进党支部

台办公室：
行政处党支部
总编室：
音像资料馆、节目版权管理处联合党支部
人事办公室：
干部管理处党支部
财经办公室：
财务处党支部
机关党委：
精神文明协调处党支部
新闻节目中心：
综合部党支部、新闻编辑部党支部
海外节目中心：
综合部党支部、西语党支部
社教节目中心：
科技专题部党支部
文艺节目中心：
国际部党支部
广告经济信息中心：
广告部党支部
体育节目中心：
综合编辑部党支部
青少节目中心：
综合部党支部
技术管理办公室：
工程管理处党支部
技术制作中心：
录制二部党支部
播出传送中心：
传送部党支部
离退休人员党总支：
定慧寺党支部、羊坊店党支部
中国电视剧制作中心：
涿州拍摄基地党支部、生产处党支部
中央新闻纪录电影制片厂：
党工团联合党支部、总编室第四党支部、离退休第六党支部
北京科学教育电影制片厂：
党政工党支部、总编室第四党支部、离退休第三党支部
中国国际电视总公司：
境外卫星代理部党支部、广告事业部党支部、梅地亚中心第二党支部、中视发行事业部第二党支部、节目制作部党支部、中视演艺中心联合党支部
中国爱乐乐团：
乐队党支部

优秀共产党员

台办公室：
苏晓春、王卫国、达红、刘爱福、李兴无
总编室：
陈静、刘征、张海燕、张筱曼、王华
人事办公室：
郑直、史瑞丽
财经办公室：
魏一民、景伟业、王全元
机关党委：
刘迎春
新闻节目中心：
黄美玉、傅雪松、王亚民、张萌、吴光秋、赵一民、刘东华、杨惠敏、潘林华、罗京、李长胜、郭峰、敬一丹、林宏、郑根岭、冀惠彦、赵航
海外节目中心：
王微、麻静、庞新华、王宁、蔡桂芬、汪曙光、张华杰、申翠海、韩秋红、宋嘉宁
社教节目中心：
陈力、高虹、陈晓夏、梁红、王桂华、王新建、沙宇鸿、杜守仁、王立欢
文艺节目中心：

钟勇、王彩芹、刘璐、许玉琢、王涌、陈大平
广告经济信息中心：
杨莉莎、张宇鹏、付军、方淑华、高讲文、陈建忠、张元柱
体育节目中心：
傅佳伟、杨烁、段甆、乔东光
青少节目中心：
张璞、耿少波、许蓓蓓
技术管理办公室：
吴春生、孙建武、戴芦新
技术制作中心：
管海涛、赵贵华、裴晓明、罗建勋、吴拉柱、冯庆一、荆甫礼、吴晔华
播出传送中心：
谢峻芬、张大立、李键、史伯云
监察室：
安育华
审计处：
陈元铮
中国电视报社：
赵明亮
新台址办公室：
袁旭稚
离退休人员党总支：
朱景和、周金华、刘申、张君实、范秀兰、张贾所、李金熔、孙文锁、贾世俊、宋培福、鞠素苓、刘宗仁、张百莉、李汉杰、孙柏青、邓勤
中国电视剧制作中心：
胡欣、沈好放、周磊、陈红、肖建平、王东利、经本愚、文英光
中央新闻纪录电影制片厂：
朱淑贞、宋淑华、顾泉雄、王建维、杨惠、杨龙、陈巍、张玮、王美彪、刘永恩、王洪涛、宋金桥、杨玉兴、高修海、周红、徐建春、李岩、朱抗美、陈敏
北京科学教育电影制片厂：
夏培存、张艳君、马素青、池建新、韩建华、海潮明、王爱珍、王汝芮、陈阿根、姚大禹、吴江
中国国际电视总公司：
李英涛、程平、侯京平、黄艳荣、刘长顺、韦宁、潘国华、郑艺、陈晓星、周微瑜、季美娟、张茂林、马云健、潘萍、孙海霞、程凤云、刘虹、张鲁燕、俞胜利、陈梅、王雪、梁大为
中央卫星电视传播中心：
邱元晔
中央数字电视节目有限公司：
张莹
中国爱乐乐团：
张正地

优秀党务工作者

台办公室：
肖文俊、武小川、姜萍、张永富
总编室：
许唐生、冯万友、张传玲、高峰
人事办公室：
麻宁、罗秀兰、杨一龙
财经办公室：
赵建华、陆海亮、黄伟
机关党委：
张景卫、杨杰
新闻节目中心：
郭书兰、申家宁、李惠斌、邢栋、赵浩东、武晋先、孙克文、包布和
海外节目中心：
王丹洁、王雄先、朱同合、徐兰梅、郝麟、野露露
社教节目中心：
杨菁、魏淑青、王晓斌、曹广来、孙素平、王志猛
文艺节目中心：
冯夏萍、江则理、高菊莲、张忠
广告经济信息中心：
赵赫、郑蔚、姜诗明、王少华、方铁林
体育节目中心：
孙正平、许伟、谭朝晔
青少节目中心：
郑淑贞、马敬仁、李仲
技术管理办公室：
张国琛、季小军、丁亚建
技术制作中心：
李萍、沈雁、王大纲、李树站、王鸿
播出传送中心：

丁京平、彭香联、刘捷

监察室：

范浩

中国电视报社：

吴继尧

新台址办公室：

赵宇

离退休人员党总支：

张玉山、赵淑兰、杨保亮

中国电视剧制作中心：

任力、刘玉刚、王燕铭、王建华、谭涛、韩立梅、郑燕昌

中央新闻纪录电影制片厂：

龙庆云、陈泽人、张岳林、叶福文、王宝成、张辉、杜庆恩、方堃、邹云亮、赵丽、王建生

北京科学教育电影制片厂：

张砥生、高欣月、赵文早、张庆池、赵琳琳、白杨、曹永平、蔺传新、李夏芳、孙树云

中国国际电视总公司：

李晓梅、王利荣、霍岩、李艳惠、邓朴琪、杨琟、张小民、刘建文、段春卉、张玉华、陶小清、刘首援、王国利、张曼君、杨瑞、张华、可莹

中央卫星电视传播中心：

杨晔

中国爱乐乐团：

李雀屏

优秀党员领导干部

台办公室：黎斌

总编室：刘连喜

人事办公室：高广远

财经办公室：刘贵良

新闻节目中心：张宝安

海外节目中心：刘文

社教节目中心：吴明训

文艺节目中心：秦明新

广告经济信息中心：韩建群

体育节目中心：程志明

青少节目中心：李央

技术管理办公室：缪署金

技术制作中心：王保国

播出传送中心：李跃山

中国电视剧制作中心：王东明

中央新闻纪录电影制片厂：傅红星

北京科学教育电影制片厂：翟永伦

中国国际电视总公司：张小毛

中央电视台精神文明先进集体名录

广电总局暨中央电视台精神文明先进集体

机关党委

新闻节目中心

中央电视台精神文明先进集体

台办公室保卫处警卫科

台办公室行政处行政科

总编室节目版权管理处

人事办公室干部管理处

财经办公室综合业务处业务科

机关党委党委办公室

新闻节目中心社会新闻部记者二组

新闻节目中心新闻频道编辑部

新闻节目中心地方新闻部特别报道组

海外节目中心英语频道包装组

海外节目中心联络部外联组

海外节目中心编辑部《神州戏坛》栏目组

社教节目中心《健康之路》栏目

社教节目中心《道德观察》栏目

文艺节目中心综合部

文艺节目中心国际部

广告经济信息中心综合部秘书组

广告经济信息中心《第一时间》栏目组

体育节目中心体育新闻编辑组

青少节目中心《新闻袋袋裤》

技术管理办公室质量管理处综合管理科

技术制作中心录制二部后期制作二科

技术制作中心录制三部复制科

技术制作中心制作部道具装置科

播出传送中心综合部

纪检组监察室、机关纪委

中国电视报记者组

北京中视联信形象设计制作有限公司

中央电视台威海影视城

新台址办公室前期市政处

中央电视台精神文明先进个人名录

广电总局暨中央电视台精神文明先进个人

台办公室：
唐世鼎、宋德生、张晓健

总编室：
同关村

人事办公室：
杨晓民、杜书星、田桂明

财经办公室：
李壮

机关党委：
郭秀英、田应坪、闫丽萍、闫姨娜、王继辉、郑漠、狄希兰

新闻节目中心：
郭书兰、陆晓斌、姜秋镝、赵浩东、孙克文

海外节目中心：
王丹洁、罗一平、黄卫、杨奉涛

社教节目中心：
王天华、亓克君

文艺节目中心：
郎昆、张志敏

广告经济信息中心：
尹文、陈红兵

体育节目中心：
王嘉玲

青少节目中心：
张璞

技术管理办公室：
王国庆、陈红

技术制作中心：
管海涛、鲁建军、裴久怀

播出传送中心：
彭香莲、祥祖军、陶湛

纪检组监察室、机关纪委：
黄瑞刚、范浩

审计处：
许萌

中国电视报：
吴继尧

中国国际电视总公司：
庞建

新台址建设工程办公室：
马小红

中央卫星电视传播中心：
范青

中央电视台精神文明先进个人

台办公室：
李环英、曹金梅、郭清华、刘媛媛、裴金花

总编室：
王莹、韩洁

人事办公室：
韩巍

财经办公室：
王园众

机关党委：
高甡

新闻节目中心：
王亚民、郑红平、张静、王志明、康玉斌、李浙、冯艳、马彦平

海外节目中心：
张军锋、梁南、俞江、朱同合、李金伟

社教节目中心：
耿哲、孙爽、陈铭、吴冰、李雁、陈盛

文艺节目中心：
田姗姗、林刚、王浩

广告经济信息中心：
吴胜、尹楠、马洪涛、朱秀娟、仇文艳

体育节目中心：
霍岩、李蓓红、蔡燕江

青少节目中心：
潘铁、茅伟

技术管理办公室：
齐冀

技术制作中心：
卢群、陈彤、陈海卿、陈欣、许斐、全华、孙正

播出传送中心：
冯晓明、章崴

纪检组监察室、机关纪委：
李湘如

中国电视报社：
万胜昆

中国国际电视总公司：
马润生、程春丽、张勇、王利荣、杨凌华、张曼君、沈睿、段春卉、孙蒙、庄闽琤、

杜爱娴、王蓓蓓、李树彬、王琳、刘武、
杨昊、杜倩、高淑菊、刘丽丽、高军、
杨德军、赵鸿一、王翠玲、张乌拉、彭莉莉、
刘铁男、崔丽伟、薛亚安

中央电视台治安消防综合治理先进集体名录

被广电总局评为治安综合治理先进集体

台办公室保卫处
台办公室行政接待科
新闻节目中心新闻制作部录制科
社教节目中心《平安中国宣传季》特别栏目组
文艺节目中心综合部
体育节目中心竞赛部栏目组
青少节目中心银河少年电视艺术团
中国国际电视总公司梅地亚保卫部

被广电总局评为消防先进集体

总编室音像资料馆
海外节目中心综合部
广告经济信息中心《经济与法》栏目组
技术管理办公室动力处供电科
技术制作中心制作部灯光管理科
播出传送中心播出部播控三科
中国电视报综合科
中国电视剧制作中心涿州基地保卫部

中央电视台综合治理先进集体

台办公室行政处影视之家管理科
台办公室房管处维修科
台人事办公室驻外记者站管理处
总编室网络宣传部
财经办公室财务处管理科
新闻节目中心社会新闻部工商组
新闻节目中心新闻评论部制作组
海外节目中心专题部《走遍中国》栏目组
海外节目中心对台部《国宝档案》栏目组
社教节目中心综合部管理组
社教节目中心社会专题部综合业务科
文艺节目中心国际部
广告经济信息中心《中国财经报道》栏目组
体育节目中心体育编辑部节目播报组
青少节目中心动画部卡通动画科
技术管理办公室质量管理处质量管理科
技术管理办公室信息通讯处应用技术开发科
技术制作中心录制一部后期制作一科
技术制作中心录制二部录制五科
播出传送中心转播部转播四科
播出传送中心传送部制作二科
中国电视报排版科
中国电视剧制作中心制作部五里店仓库
中国电视剧制作中心办公室动力科

中央电视台治安消防综合治理先进个人名录

被广电总局评为治安综合治理先进个人

台办公室：崔国辉、付琼
财经办公室：赵宇卓
新闻节目中心：孔征
社教节目中心：王峰
纪检组监察室、机关纪委：曾进清
中国电视剧制作中心：刘玉刚
中国国际电视总公司：刘长顺

被广电总局评为消防先进个人

台办公室：李兴无、吴军红
机关党委：韩明智
海外节目中心：刘家俊
广告经济信息中心：凌泉龙
技术制作中心：张军
播出传送中心：曾利强
新台址建设工程办公室：于建国

中央电视台综合治理先进个人

台办公室：
王玉倩、翟羽兰、达红、刘小京、胡志发、
杜劲军、姜萍、孟令朝、许长春

人事办公室：
王亚珍、王希、陈鹏

总编室：
初征、杨渝凯、朱元亮、刘建鸣

财经办公室：
王海燕、叶灵灵、李彦林、丁京

机关党委：
阎晓文

新闻节目中心：

黄美玉、陈钰洁、万源、邱桂萍、高伟、
孙克文、刘爱民、张辉、张彦平、陈海文

海外节目中心：
朱华、成蜜、张剑、郝麟、王逢治、卞金花、
冯骏、关蕾、王宁

社教节目中心：
王志猛、于海霞、杨利加、董葵、纪淑田、
李承立、姜保连

文艺节目中心：
万钢、赵宇、王兰、林刚、刘文山、刘梦逸

广告经济信息中心：
李戈、李勇、赵赫、哈文、陈红兵

体育节目中心：
冉素霞、何静、郭水玲

青少节目中心：
张艳秋、潘跃、李斌、韩明春

技术管理办公室：
缪暑金、杨宪梅、杨德新、王肖、王首家、
何新

技术制作中心：
闫芬、钱京建、毕军、李宏海、陈世民、
杨文章、化小莹、周慧敏

播出传送中心：
刘海琳、姜明、郑淑英、钟全、鲁冬军、
高忠、任玲

纪检组监察室、机关纪委：
董春虎

审计处：
宿兰妮

中国电视报：
冯文红、杨存宝

中国电视剧制作中心：
辛健、林智刚、宋一才、邱易南、谭鑫铭、
庄双勤、杨爱萍、王继英

新台址建设工程办公室：
朱春雷

中央电视台2003～2004年度“五四”红旗团组织名录

台办公室团总支
总编室团总支
新闻节目中心新闻评论部团支部
体育节目中心竞赛部团支部
技术制作中心录制三部团支部
梅地亚中心团总支

中央电视台2003～2004年度优秀团干部名录

马洪涛、王萍、李清昊、李娟、孙晓妹、应无恙、
秦宁、曹梁、程怡、翟东强、鞠伟、薛佳

中央电视台2003～2004年度优秀团员名录

王小节、王海涛、亢毅、冯庆一、付小娜、李珂、
苏晓春、吴毅、冷燕、杨莉莎、徐翔、焦小鹏

2006

CHINA CENTRAL TELEVISION YEARBOOK

中国中央电视台

年鉴

GUANZHONG DIAOCHA

观众调查

观众调查

2005 年度中央电视台收视分析报告

第一部分：收视概述

一、2005年中央电视台在全国的收视份额大幅度提升

2005 年，中央电视台平均收视份额达 34.14%，连续 5 年保持上升趋势。平均收视份额比 2004 年提升4.4个百分点。在近五年中，2005年是中央电视台收视份额提升幅度最大的一年。

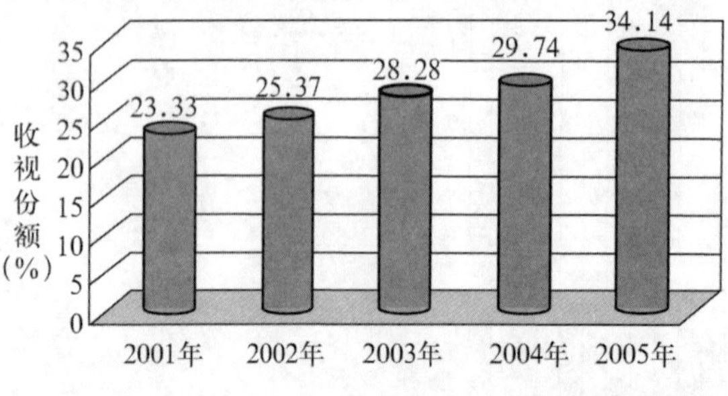

图 1—1　近五年中央电视台收视份额变化比较

二、中央电视台收视份额超过30%的天数突破 300 天

2005年，中央电视台日最高收视份额达到44.31%，日最低收视份额为25.43%，总体收视份额高于30%的天数达到了322天。而2004年、2003年、2002年、2001年，中央电视台总体收视份额超过 30% 的天数分别为153 天、128 天、40 天和 4 天。

2005年中央电视台专业频道品牌化运作卓有成效，专业频道日均观众规模及栏目收视率均有不同程度的提升。

2005 年中央电视台有 4 个频道观众日收视规模超过了 2 亿人次，即：CCTV—1、CCTV—6、CCTV—3、CCTV—8。有7个频道（CCTV—2、CCTV—4、CCTV—5、CCTV—7、CCTV—12、CCTV—新闻、CCTV—少儿）观众日收视规模超过 1 亿人次。

2005年中央电视台有28个栏目创开播以来收视新高，有 92 个常规栏目收视率达到过 1% 以上。

正是基于这种较好的市场表现，2005 年中央电视台的市场竞争力出现了明显增长。

三、中央电视台大多数频道的收视份额稳中有增

中央电视台整体竞争力的提升来自多频道竞争力的增强。相比 2004 年，2005 年中央电视台有 10 个频道收视份额提升。分别是 CCTV—1、CCTV—2、CCTV—3、CCTV—4、CCTV—7、CCTV—8、CCTV—10、CCTV—12、CCTV—新闻、CCTV—少儿。有 4 个频道收视份额下降，分别是 CCTV—5、CCTV—6、CCTV—11、CCTV—音乐。有一个频道收视份额持平：CCTV—9。

增长明显的频道依次为CCTV—少儿、CCTV—3、CCTV—8、CCTV—1、CCTV—12、CCTV—新闻、CCTV—2，其中 CCTV—少儿、CCTV—3、CCTV—8 增长幅度在 1% 左右。

2005 年，CCTV—1平均收视份额达到10.31%，为近五年收视新高。收视份额提升的原因与黄金时段电视剧可视性的增强、较为合理的长假编排和有针对性的改版等因素密不可分。

CCTV—6收视份额下降明显，大量增加的专题类

表 1—1　历年中央电视台各频道收视份额变化情况（%）

	CCTV－总体	CCTV－1	CCTV－2	CCTV－3	CCTV－4	CCTV－5	CCTV－6	CCTV－7	CCTV－8	CCTV－9	CCTV－10	CCTV－11	CCTV－12	CCTV－新闻	CCTV－少儿	CCTV－音乐
2001 年	23.33	9.28	1.71	1.13	0.53	1.61	5.15	1.01	2.85	0.01	0.03	0.04	—	—	—	
2002 年	25.37	9.17	1.56	1.53	0.54	2.32	6.00	0.95	3.29	0.03	0.20	0.28	0.10	—	—	—
2003 年	28.28	10.29	1.12	1.69	1.19	1.76	5.30	1.00	4.05	0.03	0.32	0.37	0.58	0.60	—	—
2004 年	29.74	9.58	1.27	2.17	1.07	2.65	4.81	0.81	3.72	0.02	0.47	0.56	0.66	1.25	0.70	0.02
2005 年	34.14	10.31	1.72	3.12	1.13	2.11	4.30	0.84	4.66	0.02	0.63	0.52	1.32	1.73	1.72	0.01

节目及傍晚时段的弱化，是该频道份额下降的主要原因。

由于缺乏重点赛事，CCTV－5收视份额相对上年下降明显。

四、2005 年观众人均每天收看中央电视台节目收视时间比2004年增加了7分钟

（一）2005年观众人均每天收看电视的时间比2004年增加 3 分钟

2005 年观众每天收视总时间为154 分钟，比2004年增加了 3 分钟；比 2003 年减少 2 分钟。

（二）观众投入在中央电视台的收视时间大幅增加

观众在中央电视台各频道中投入时间的变化趋势与收视份额一致。2005 年观众收看中央电视台节目的时间达到人均52分钟，比2004年增加了7分钟，观众收看中央电视台节目的时间增长明显高于总收视时间的增长。

在2005年的四个季度中，观众收看中央电视台节目的收视时间最多的是第四季度，达 56 分钟。

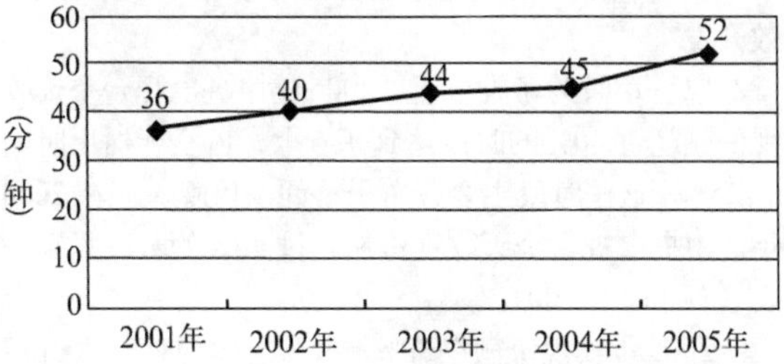

图 1—2　观众在中央电视台频道中投入时间变化示意图

（三）观众在中央电视台 10 个频道中的收视时间增加

观众投入在中央电视台的时间有 56.44% 分配在CCTV－1、CCTV－6和CCTV－8 三个频道。与 2004年相比，2005 年观众对CCTV－1、CCTV－2、CCTV－3、CCTV－4、CCTV－7、CCTV－8、CCTV－10、CCTV－12、CCTV－新闻、CCTV－少儿频道上投入的时间有所增加。观众对CCTV－5、CCTV－6、CCTV－9、CCTV－11、CCTV－音乐频道的投入时间有所减少。

2005年，观众对CCTV－8平均每天的投入时间达7分钟，比 2004 年增长了 2分钟。在中央电视台 15 套节目中提升幅度最为明显。

五、各频道对中央电视台整体收视份额的贡献情况

（一）CCTV－1 对中央电视台总体收视份额贡献率接近三分之一

CCTV－1对中央电视台总体收视份额的贡献率达到 30.21%，依然是全台的“旗舰”频道。CCTV－8 对中央电视台总体收视份额的贡献首次超过CCTV－6位居第二，占 13.65%，CCTV－6对中央电视台总体收视份额的贡献位居第三，占 12.58%。

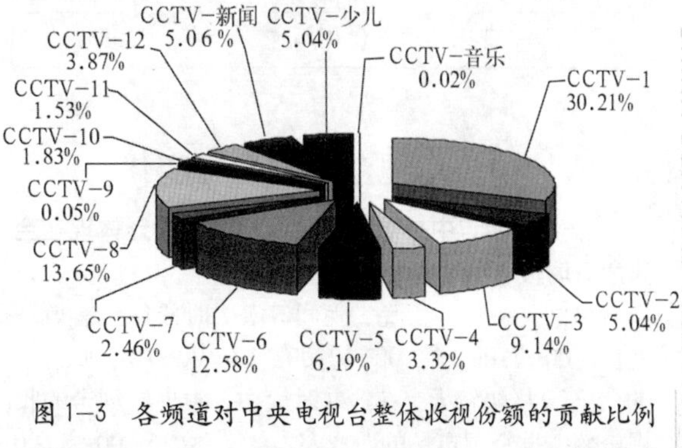

图 1—3　各频道对中央电视台整体收视份额的贡献比例

（二）六个专业频道对中央电视台总体份额的贡献率提升

各专业频道对中央电视台品牌竞争力的贡献日益

增加。近几年新推出的CCTV-10、CCTV-11、CCTV-12、CCTV-新闻、CCTV-少儿、CCTV-音乐等6个专业频道，对中央电视台收视份额的贡献力度增幅较大，2005年CCTV-10～CCTV-音乐等6个频道的贡献率达到17.35%，比2004年（12.27%）提高5.08个百分点。

尤其是CCTV-少儿频道在2005年对中央电视台收视份额的贡献率就达到了5.04%，比2004年提高2.69个百分点。

表1-2 各频道对中央电视台整体收视份额的贡献比率(%)

	2005年	2004年
CCTV-1	30.21%	32.19%
CCTV-2	5.04%	4.28%
CCTV-3	9.14%	7.31%
CCTV-4	3.32%	3.58%
CCTV-5	6.19%	8.91%
CCTV-6	12.58%	16.18%
CCTV-7	2.46%	2.71%
CCTV-8	13.65%	12.51%
CCTV-9	0.05%	0.06%
CCTV-10	1.83%	1.58%
CCTV-11	1.53%	1.89%
CCTV-12	3.87%	2.22%
CCTV-新闻	5.06%	4.19%
CCTV-少儿	5.04%	2.35%
CCTV-音乐	0.02%	0.05%

六、中央电视台时段格局变化

(一) 2005年中央电视台收视份额的提升体现在全天所有时段

早间、中午、傍晚、晚间等潜力时段得到有效开发。5:00-7:00、11:00-12:00、17：00-18：00、2：00-5：00增幅较大。在这些时段中，中央电视台的收视份额占据全国市场的四成左右，特别是5：00-7：00的收视份额达到45%，比2004年提高13个百分点。

表1-3 不同时段中央电视台收视份额变化比较(%)

时间段	2005年	2004年
02:00-03:00	37.78	29.95
03:00-04:00	41.39	31.89
04:00-05:00	45.65	28.62
05:00-06:00	41.44	22.02
06:00-07:00	47.39	35.47
07:00-08:00	45.55	40.35
08:00-09:00	36.2	33.54
09:00-10:00	34.66	31.35
10:00-11:00	33.55	29.85
11:00-12:00	38.99	33.46
12:00-13:00	39.23	34.98
13:00-14:00	32.95	28.12
14:00-15:00	32.97	28.95
15:00-16:00	32.02	27.73
16:00-17:00	35.25	31.11
17:00-18:00	41.43	35.21
18:00-19:00	33.51	30.9
19:00-20:00	35.44	31.36
20:00-21:00	33.04	27.53
21:00-22:00	31.88	26.67
22:00-23:00	25.75	23.35
23:00-24:00	30.92	28.74
24:00-01:00	35.4	34.28
01:00-02:00	37.86	36.72
全天平均	34.14	29.74

(二) 早间、上午、午后、晚间等潜力时段得到有效开发

以一小时为考查单元，2005年中央电视台全天收视份额超过40%的时段达到了6个，占全天播出时间的25%，这些时段主要分布于早间及傍晚。而在2004年，中央电视台全天收视份额超过40%的时段只有一段（7：00-8：00）。

2005年收视份额在30%～40%之间的时段达到17个，占全天播出时间的70.8%。而在2004年，中央电视台全天收视份额在30%～40%之间的时段为12个。2005年，中央电视台只有22：00～23：00的收视份额在30%以下。

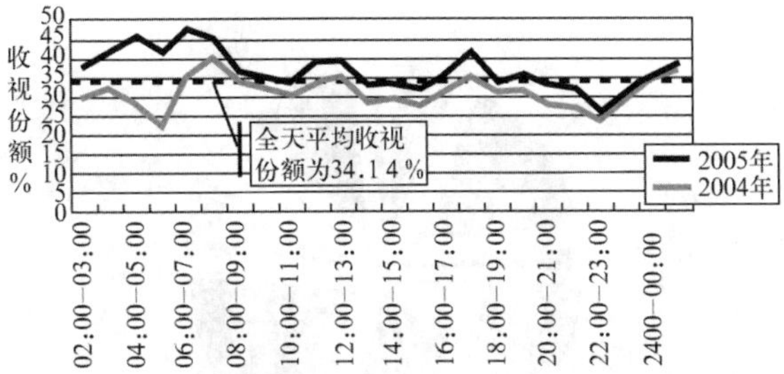

图1-4　中央电视台全天收视份额对比图

(三)各个频道的时段变化特征与整体变化有差异

(1) CCTV-1、CCTV-2、CCTV-新闻拉升早间时段收视份额

CCTV-1早间时段收视增长显著的时段是5:30～6:00。该时段自2005年9月份播出《走近科学》以来,三、四季度频道早间时段收视率明显提升。

CCTV-2、CCTV-新闻与CCTV-1共同形成中央电视台早间新闻资讯时段。CCTV-2《第一时间》轻松时尚,吸引了较多年轻观众,"马斌读报"等小板块形成了栏目的收视高峰。栏目自2005年3月底起,一周七天播出,横向打通了频道的早间时段,强化了早间资讯时段特征,栏目的收视增长在二季度起更为显著。

CCTV-新闻6:00～7:00的《整点新闻》、《媒体广场》两个栏目前后衔接,风格一致,得到更多中老年观众的青睐。

(2) 中午时段的收视份额稳中有升

在12:00～14:00虽然CCTV-1的节目依旧保持以往的强势,但在其他频道整体竞争力出现小幅下降的情况表明,增强这些重点时段其他频道的竞争力,对提高整体竞争力具有积极意义。

(3) 傍晚时段的潜力得到有效开发

傍晚时段的收视份额增幅较大。CCTV-新闻的《整点新闻》、《新闻社区》、《国际时讯》,CCTV-4的《环球时讯》和CCTV-1的《东方时空》等栏目构建傍晚时段新闻平台,对该时段的贡献力度较大。在17:00～19:00,CCTV-1、CCTV-4、CCTV-新闻三个频道的总体收视份额达13%,较2004年同期提高4个百分点。

(4) 黄金时段收视增长显现多元化

2005年CCTV-1与CCTV-8黄金时段推出了多部精品电视剧,增强了时段竞争力。

CCTV-8对中央电视台黄金时段的收视增长贡献较大。该频道自2005年5月8日改版后,黄金时段电视剧三集连播,时段收视份额大幅提升。频道19:30～21:50的收视份额逐季增长,由一季度的2.05%增至6.33%。

CCTV-2、CCTV-10、CCTV-12等专业频道黄金时段的栏目也都对中央电视台黄金时段的收视提升起到了推动作用。

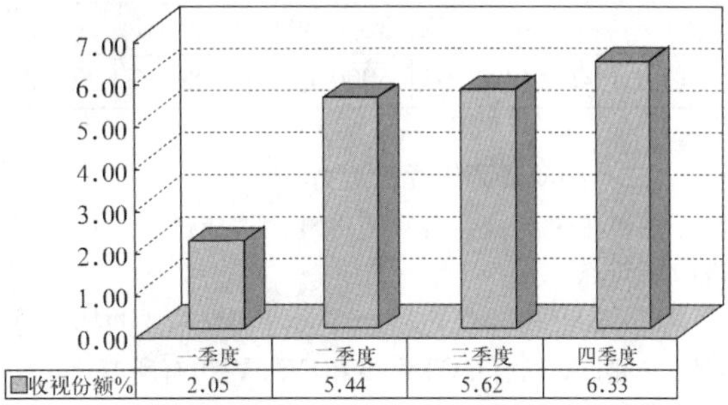

图1-5　2005年CCTV-8 19:30～21:50 收视份额

七、中央电视台在青少年观众群、女性观众群中进一步拓宽市场空间

(一)2005年中央电视台竞争力提高在各类观众群中有明显体现

从性别上看,中央电视台竞争力在男女性观众群中都有增长,在女性观众中增长幅度更大一些。

从居住地域上看,中央电视台无论在城市还是在乡镇,竞争力都在加强,在乡镇增长幅度更明显些。

从文化程度上看,未受教育观众、初中文化程度观众的增长幅度较大。

从年龄上看,中央电视台在各年龄阶段的观众群都有不同程度增长,其中在4岁至14岁、25岁至44岁、65岁以上观众群增幅较大,15岁至24岁观众增幅稍小一些。

表1-4　不同时期中央电视台在各类观众群中的收视份额比较 (%)

	2005年	2004年		2005年	2004年
男性	35.79	31.52	城市	34.73	30.86
女性	32.39	27.8	乡镇	33.94	29.39
4-14岁	27.5	23.07	自由职业	36.72	32.76
15-24岁	28.32	26	管理人员	42.43	41.02
25-34岁	33.54	28.86	专业技术	43.89	41.36
35-44岁	34.35	29.92	工人	32.94	31.62
45-54岁	37.69	34.44	学生/无业	34.84	28.97
55-64岁	39.67	36.44	其他	29.75	25.59

续表

65岁以上	42.54	37.44	300–900元	38.9	35.81
未受教育	32.28	26.08	901–1400元	41.48	37.01
小学	28.94	24.77	1401–2300元	43.03	36.9
初中	34.35	29.77	2301–3200元	29.74	22.45
高中	39.36	35.97	3201–5000元	29.67	22.3
大学以上	49.06	47.05	5000元以上	28.06	27.98

（二）频道资源的优化潜力

通过中央电视台各频道的观众构成进行分析，发现以下特点：

（1）2005年中央电视台各频道观众构成的特点与2004年相比，只有CCTV–3和CCTV–8有所变化，其他各套节目的观众构成与往年基本相似。

（2）在2005年收看CCTV–3、CCTV–8的青少年观众比率较2004年有所减少，中老年观众比率较2004年有所增加。

（3）中央电视台各套节目在观众构成上具有一定的一致性。基本上是中年及老年观众的相对比重较高，高学历观众相对比重较高。

（4）在性别构成上，CCTV–8和其他几个频道存在一定的差异化。其他频道男性观众相对构成比重较高，CCTV–8则是女性观众的相对比重较高。

综上所述，2005年中央电视台各频道在观众构成上具有较多一致性。这一特点一方面反映了中央电视台品牌在各频道得到了较好的传承，另一方面也说明，随着频道的增加，专业化实施，中央电视台频道虽然在内容上有了明显的差异化定位，但在观众的构成上却并没有明显地体现出来。这说明各频道之间还有可沟通和协调的空间，频道资源也有可优化的空间。

八、2005年中央电视台各类节目市场格局

2005年，中央电视台播出量排名前五位的依次为专题、电视剧、新闻／时事、综艺、体育类节目（如图1–6所示）。这五类节目占中央电视台节目总播出量的50.7%。电视剧的播出量达到12%，比2004年增加了3个百分点，超过了新闻／时事类节目，播出量位列第二。（注：2004年中央电视台节目播出量排名前五位的依次为专题、新闻／时事、电视剧、综艺、体育类节目）

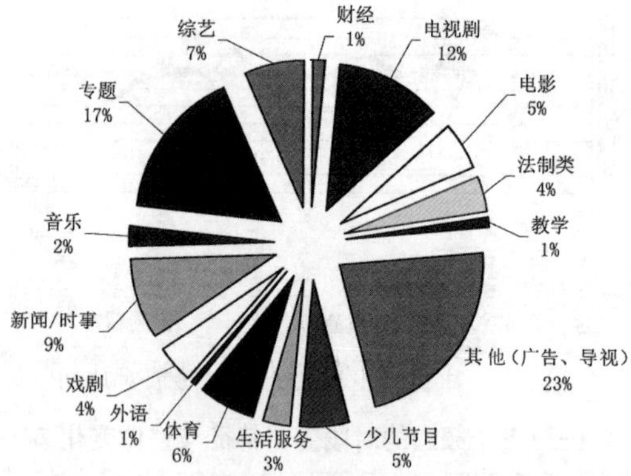

图1–6　2005年中央电视台各类别节目播出时长比例(%)

（一）电视剧、新闻／时事、电影、综艺、专题是观众收视的主要节目类型

在观众投入中央电视台节目的收视时间中，电视剧、新闻／时事、电影、综艺、专题五类节目列前五位，观众投入到这五类节目的时间占收看中央电视台节目总时间的69.20%。教学、外语、戏曲、财经等对中央电视台收视竞争力的贡献比率则相应较低。

与2004年相比，观众收看财经、电视剧、法制、教学、少儿节目、生活服务、外语、专题、综艺类节目的收视时间都有所增长，其中电视剧类增幅最为明显（如表1–5所示）。

但是，观众对电影、体育类节目的时间投入比例出现了较明显的减少。

表1–5　观众在中央电视台各类节目收视时间比例(%)

	2005年	2004年	差额
电视剧	28.14	24.58	3.56
法制类	2.87	1.65	1.22
少儿节目	5.99	4.85	1.14
综艺	10.54	9.65	0.89
专题	8.84	8.18	0.67
生活服务	2.44	2.17	0.27
外语	0.17	0.1	0.07
财经	0.79	0.78	0.01
教学	0.32	0.31	0.01
新闻／时事	11.01	11.12	–0.11
音乐	3.04	3.15	–0.11
戏曲	1.2	1.5	–0.31
其他	8.25	9.03	–0.78
电影	10.67	13.58	–2.92
体育	5.76	9.36	–3.6

（二）在全国市场中，中央电视台在大部分节目类型中竞争优势明显

在教学、少儿、体育、外语、戏曲、新闻、音乐、专题、综艺这九类节目中，中央电视台收视份额均超过了50%，教学、体育类节目的市场份额更是达到了70%以上；在少儿、外语、新闻、音乐、戏曲、专题和综艺类节目的收视份额也保持在50%−60%之间，这些类别节目明显高于2005年中央电视台总体收视份额（34.14%）。

表1−6　中央电视台在各类别节目中的市场份额

节目类别	2005年	2004年	差 额
少儿节目	62.57	45.61	16.96
综艺	55.69	49.16	6.53
电视剧	26.55	20.15	6.4
专题	52.78	48.71	4.07
财经	32.14	29.11	3.03
外语	67.54	64.72	2.82
生活服务	41.56	39.39	2.17
教学	75.21	73.93	1.28
音乐	60.47	61.02	−0.55
新闻／时事	52.14	53.26	−1.12
戏曲	50.14	54.82	−4.68
体育	75.14	80.22	−5.08
电影	47.54	55.11	−7.57

与2004年相比，2005年绝大多数节目的优势都有一定幅度提升，财经、电视剧、教学、少儿节目、生活服务、外语、专题、综艺类节目的市场份额都较2004年有所提升（见表1−6）。

在各类节目中，电视剧在全国收视市场中占有的份额达26.55%，较2004年提升了6.4个百分点，近五年来增幅最大。2005年中央电视台在剧目选择方面注重精品化、可视性，更尊重观众的收视需求，这是中央电视台电视剧份额提升的重要原因。

第二部分：2005年各季度收视特点

一、季度收视份额呈逐季提升态势

2005年四个季度中，中央电视台收视份额呈现逐季度提升的态势。收视份额最高的第四季度收视份额较第一季度提升6.21个百分点。

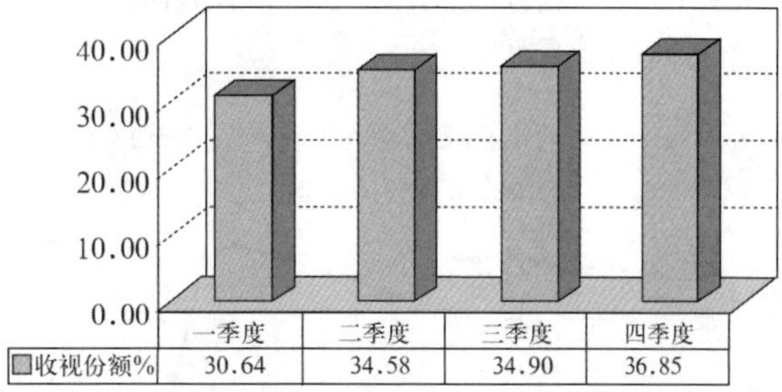

图2−1　2005年中央电视台季度收视份额情况

二、全天各时段收视份额都呈现逐季度提升

四个季度收视份额分时走势图比较见图2−2。全天各时段的收视份额都有逐季度增长的趋势。时段收视份额的走势有两个特点值得关注：首先，全天各时段收视份额都有所提升；其次，以往全天中收视份额的低谷时段13：00～17：00、黄金时段，收视份额呈现逐季提升态势，是全天中增长最明显的时段。

图2−2 2005年各季度收视份额分时走势图

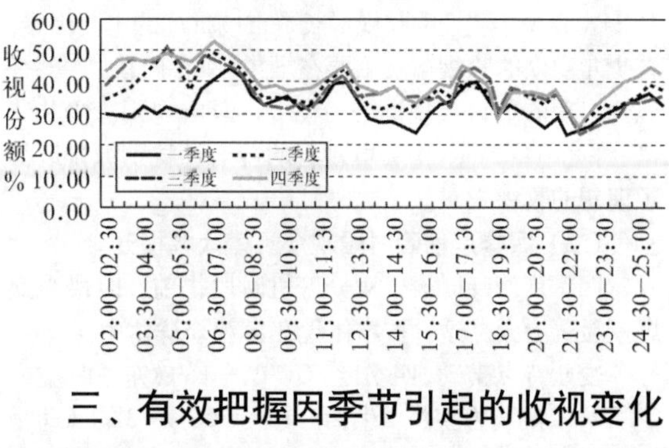

三、有效把握因季节引起的收视变化

电视观众受季节性因素影响，开机、关机的时间发生一定变化。图2−3列出了中央电视台各时段中，收视率与全国电视观众开机率的相关系数（相关系数为1时，时段收视率与开机率变化趋势完全重合。因此相关系数越接近1，表明该时段的收视率与观众开机率关系越密切）。早间时段、傍晚时段、深夜时段中，中央电视台收视率受季节性因素影响最大，而黄金时段是受季节性因素影响最小的时段。

总体而言，观众在秋冬季傍晚开机时间、晚间关机时间较早；春、夏季傍晚开机时间、晚间关机时间则相对较晚。因此一、四季度傍晚时段节目收视率会相对较高，而深夜时段节目收视率会相对较低；二、三季度傍晚时段节目收视率会有所下降，在深夜时段节目收视率则出现较高水平。

图2-3　中央电视台收视率与电视观众开机比率的相关系数（每小时）

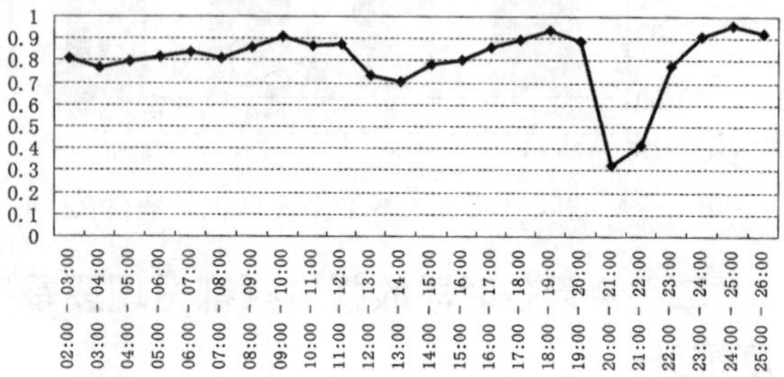

相关系数越接近1，该时段收视率受季节性因素影响越大

2005年，中央电视台在时段收视变化把控上有所进步。首先，较好应用了三个黄金周、寒假、暑假的收视环境变化特征，在各假期中收视份额都处于较高水平。其次，对收视特征变化较显著的时段，资源开发更为充分。

（一）三季度全国收视市场扩增显著

2005年三季度全国收视市场的扩增主要是在暑假，4–24岁青少年观众的收视增长是市场扩增的主要因素。青少年观众的收视增长主要在上午、下午时段。这部分观众喜爱的节目类型也较为集中，以电视剧、少儿节目、综艺节目为主。中央电视台的针对性特别编排取得了理想的收视效果。

（二）四季度傍晚时段观众规模大幅提升

四季度傍晚时段，观众开机时段提前，时段观众规模显著增大。这种扩增体现在各观众群体中。

受此特点带动，四季度，CCTV–1的《东方时空》、CCTV–2的《鉴宝》、《生活》等、CCTV–3的《动物世界》、CCTV–4的《国宝档案》、CCTV–10的《希望－英语杂志》以及CCTV–8傍晚时段电视剧、CCTV–11的戏曲影视剧等等，收视率都较9月份有所增长。只是在深夜时段和22：00档的部分栏目收视率出现小幅下滑。

（三）夏季深夜时段栏目竞争力增长

2005年6、7、8月三个月中，观众夜间开机时段推后，深夜时段观众规模大于其他月份。这三个月，中央电视台多个频道22：00的收视成绩处于全年最高水平。CCTV–1的《晚间新闻》这三个月平均收视率分别为1.5%、1.31%和1.28%，分别较年度平均收视率提升0.5、0.31和0.28个百分点左右；22：00档7档品牌栏目，全年的最高收视率也大多产生在这期间。另外CCTV–2、CCTV–7两个频道在这个时段的专题节目在夏季收视率也处于较高水平。而18：00档的大多数栏目收视率则有较大幅度下降。

四、2005年暑期长假特别编排效果突出

以往第三季度是中央电视台的收视低谷时期。2005年暑假，首次尝试了长达两个月的长时期针对性特别编排。CCTV–1、CCTV–2、CCTV–3、CCTV–5、CCTV–6、CCTV–10、CCTV–新闻、CCTV–少儿等8个频道、近50个栏目参与暑期编排。

2005年暑假，中央电视台在4–24岁青少年观众中收视份额达到28.09%，较2004年暑假增长了2.67个百分点，达到了近五年同期的最好水平。

各频道结合暑期收视市场扩增特点，针对青少年观众规模大幅提升、收视增长时段主要在白天等特性，做出具有了互补特点的编排，CCTV–1、CCTV–3、CCTV–10等频道对14岁以上的青少年观众吸引力较强，而CCTV–少儿则较好满足了14岁以下少儿观众的收视需求。

2005年暑期特别编排很好地把握了收视增长在白天时段的特征，白天时段的收视率显著高于平时，具体见图2–4。

图2–4　中央电视台三季度长假和平时收视率走势对比图

其中，CCTV–少儿作为中央电视台的一个新开频道，由于其定位准确，编排灵活，"落地"较好，创办两年来收视成绩节节攀升。2005年暑期该频道成为中央电视台暑期编排中的重要频道和收视贡献"大户"。

第三部分：中央电视台2005年度收视热点

2005年是荧屏亮点最多的一年，表3-1是部分频道2005年单天收视份额最高的日期和当天收视走高的原因。从中发现，中央电视台的收视热点可以归纳为五个方面：首先，重大新闻事件直播强化了中央电视台在观众心目中的公信力；其次，大型娱乐活动增强了中央电视台在青年观众中的影响力；第三，多种题材电视剧满足了不同层面观众的收视需求；第四，黄金周特别编排取得了近五年来的最好收视成绩；第五，专业频道品牌形象提升，进一步强化了中央电视台的竞争力。

表3-1 部分频道2005年单天最高收视份额

频道	日期	收视份额%	相关因素
CCTV-1	2005.2.8	30.02	春节联欢晚会
CCTV-2	2005.10.10	4.46	梦想中国总决赛
CCTV-3	2005.5.7	6.06	第五届CCTV小品大赛颁奖晚会
CCTV-4	2005.5.9	2.78	反法西斯60周年特别报道
CCTV-5	2005.5.6	6.56	第48届世界乒乓球锦标赛
CCTV-8	2005.10.14	10.55	电视剧《宝莲灯》
CTV-新闻	2005.10.17	5.11	神舟六号载人航天飞行特别节目
CCTV-少儿	2005.8.12	4.00	暑假

一、重大新闻事件拉动收视份额

2005年中央电视台在“纪念中国人民抗日战争暨世界反法西斯战争胜利六十周年”、“台湾连战、宋楚瑜访问大陆”、“神舟六号载人航天飞行”等多项重大新闻事件中记录了历史的一刻。

在这些重大新闻事件中，长时间直播对观众具有较强的吸引力。CCTV-新闻10月17日直播“神六”返回地面，创频道开播以来单天收视份额新高，当天频道收视份额达到5.11%；CCTV-4全天收视份额最高的一天是5月9日，为2.78%，当天频道直播了《纪念中国人民抗日战争暨世界反法西斯战争胜利六十周年特别报道》。

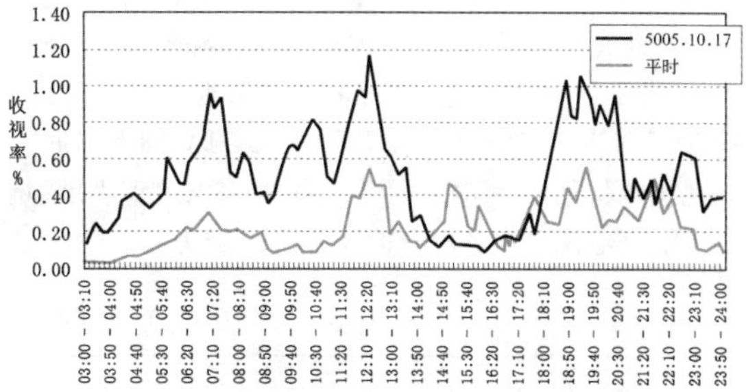

图3-1 CCTV-新闻10月17日与平时收视率分时对比走势图

以“神六”返回地面当天的直播为例，CCTV-新闻10月17日的直播自凌晨3：00开始，延续至深夜24：00。全天的分钟收视率走势与平时的对比情况见图3-1，当天频道的收视增长在全天各时段都有所体现。另外，直播过程中频道的忠实度也由平时的1.77%增至3.59%，可见重大新闻事件直播能够较好地维系观众的收视热情。

二、大型活动引发收视热潮

2005年，中央电视台大型活动引发了多次收视高潮。与以往的区别在于2005年的多档大型活动更加注重与观众的互动，并且较好的吸引了青年观众。

CCTV-2《梦想中国》（10月份）、模特大赛(9月份)、《中国经济大讲堂》、《法律援助行动》等大型系列活动在不同时期形成收视热点，拉动收视。并在与观众互动方面进行了多角度尝试，如《梦想中国》选手晋级由观众投票，《第六届模特大赛》观众用“黄格加时赛”决定选手去留等等。

CCTV-3小品大赛(5月份)、小品总动员（12月份)、《星光大道》年度总决赛（10月份），节目备受欢迎，市场冲击力较强。频道2005年日收视份额最高达到6.06%，当天（5月7日）晚间直播了《第五届CCTV小品大赛颁奖晚会》。

CCTV-5第48届世乒赛、第10届全国运动会、东亚运动会；CCTV-12《平安中国》；CCTV-新闻《创新中国》等大型系列节目，提升了频道影响力，为频道带来良好的收视效益。

三、精品电视剧百花齐放

2005年，中央电视台黄金时段播出的电视剧引起了广大观众的共鸣，取得了较为理想的收视成绩。在CCTV-1、CCTV-8黄金时段收视排行前10位的电视剧中，重大革命历史题材、现实题材、名著改编、神话剧、言情剧、古装悬疑剧等多种剧目都榜上有名。尤其是2005年下半年以来，CCTV-1、CCTV-8黄金时段电视剧题材互补，不同层面观众收视需求得到满足，增强了中央电视台在各观众群体中的凝聚力。

纪念中国人民抗日战争暨世界反法西斯战争胜利60周年大型活动期间，中央电视台播出的《八路军》、《吕梁英雄传》、《亮剑》、《代号021》、《敌后武工队》等一批重大革命历史电视剧频频掀起收视高潮。其中，CCTV-1《亮剑》平均收视率达到10.03%，为2003年以来收视成绩最好的一部电视剧，也是近三年来全国收视市场收视率最高的一部电视剧。

表3-2　2005年CCTV-1、CCTV-8黄金时段电视剧收视率前十名

频道	排名	日　期	名　称	平均收视率%	平均收视份额%
CCTV-1	1	9月13-9月28日	《亮剑》	10.03	26.82
	2	10月19日-11月20日	《京华烟云》	8.52	21.6
	3	8月9日-8月22日	《八路军》	6.5	16.66
	4	5月27日-6月30日	《大宋提刑官》	6.47	19.41
	5	8月30日-9月13日	《吕梁英雄传》	6.31	16.94
	6	4月13日-4月23日	《任长霞》	6.23	16.58
	7	11月20日-12月1日	《家风》	5.74	15.1
	8	4月23日-5月6日	《民工》	5.48	14.83
	9	7月1日-7月18日	《如此多娇》	5.14	14.49
	10	4月3日-4月13日	《圣水湖畔》	5.08	13.53
CCTV-8	1	10月4日-10月15日	《宝莲灯》	5.51	14.91
	2	6月3日-6月9日	《错爱一生》	3.98	11.4
	3	11月1日-11月7日	《代号021》	3.68	10.49
	4	5月10日-5月20日	《大宋奇案》	3.13	9.4
	5	9月4日-9月11日	《不能没有你》	3.02	8.66
	6	9月26日-10月4日	《敌后武工队》	3.01	8.22
	7	8月18日-8月28日	《上海风云》	2.85	7.62
	8	10月16日-10月22日	《我们的父亲》	2.72	7.76
	9	6月10日-6月22日	《一帘幽梦》	2.65	8.53
	10	7月6日-7月12日	《抗日名将左权》	2.36	7.08

现实题材的《任长霞》、名著改编的《京华烟云》、神话剧《宝莲灯》等以不同风格的作品交替亮相荧屏，也都创出了良好的收视成绩。CCTV-8《宝莲灯》平均收视率达到5.51%，是该频道2003年以来黄金时段收视率最高的一部电视剧。

四、黄金周特别编排继续凸显"黄金"价值

近年来，中央电视台依据电视观众收视习惯变化、季节性收视特点等客观收视环境变化，在长假特别编排方面已经累积了很多比较成功的经验。2005年，中央电视台在三个黄金周中收视份额都达到了近五年的新高。

（一）春节、寒假收视份额创近五年新高

2005年一季度的两个假期——春节、寒假，中央电视台的收视成绩显著好于平时。

春节期间（除夕到初七）收视份额处于近五年最高水平，达到了34.98%。春节晚会和各频道的假期特别编排吸引了观众。2005年寒假（除春节7天外），中

央电视台在青少年观众中的收视份额达24.29%，也是近五年来的最好成绩。寒假期间CCTV-1、CCTV-7、CCTV-少儿的收视增长幅度相对较大。

（二）"五一"期间白天时段成为收视增长主要时段

"五一"期间，在全国观众人均日收视时间与2004年同期持平的基础上（都是160分钟），中央电视台的人均日收视时间达到了60分钟，比2004年同期增加了12分钟。中央电视台15个频道收视份额达到37.44%，为近五年来"五一"期间最好成绩，这一成绩甚至超出了春节期间全台的收视份额（33.1%）。"五一"期间中央电视台的收视增长在全天各时段都有所体现，这有两方面原因：首先，"五一"假期白天时段收视增长明显；其次，在季节性因素带动下，深夜时段收视率逐渐提升。

（三）原创性娱乐品牌成为"十一"假期最大亮点

2005年"十一"期间，中央电视台收视份额达35.41%，是五年来的新高。"十一"期间的特别节目互动性明显增强，注重观众观感、尊重观众意见、加强观众参与成为"十一"期间特别节目的共同特征。

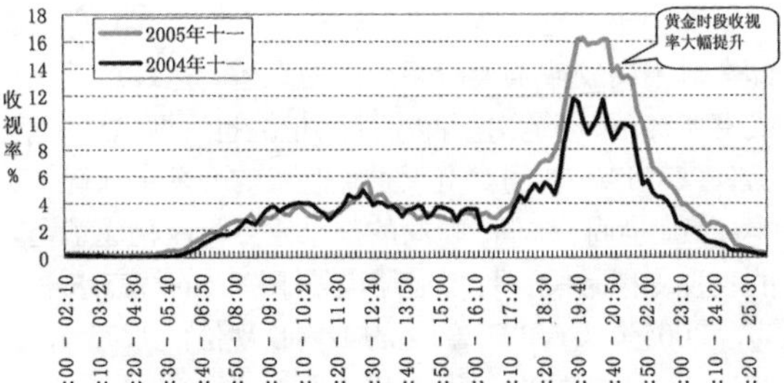

图3-2　中央电视台2005年与2004年十一收视率走势对比图

CCTV-2和CCTV-3分别在黄金时段的大型活动《梦想中国》和《星光大道年度总决赛》收视成绩较平时显著提高，两个节目的平均收视率分别达到了1.59%和2.47%。两档节目出色的收视表现对"十一"期间黄金时段收视增长起到了推动作用。10月10日《梦想中国》总决赛，当天CCTV-2收视份额达到4.46%，为频道2005年日收视份额最高值。

另外部分频道的特别节目如《购物街》、《快乐驿站》"十一特辑"、《国庆七天乐》等平均收视率都超出了1%。

CCTV-11黄金时段《第五届青年京剧演员电视大赛》平均收视率达0.35%左右，比2004年国庆期间频道同时段平均收视率提高近1倍。该项赛事为节假日中的中老年观众送上一道节日电视"大餐"，使中央电视台假日荧屏多样化的特点更为丰满。

五、频道品牌化运作初见成效

2005年，是中央电视台推行频道品牌化战略的第一年。各专业频道都适时进行了改版，明晰定位，突出精品，整合资源。其中，CCTV-2、CCTV-8、CCTV-10、CCTV-12、CCTV-新闻等频道的改版效果较为理想。

（一）社会与法频道竞争力大幅提升

CCTV-12自2004年12月28日置换为社会与法频道以来，收视份额呈持续提升的态势，见图3-2。2005年频道平均收视份额达1.32%，较2004年翻了一番。频道在全国收视市场法制类节目中所占有的收视份额也达到了43.26%，成为目前全国最具影响力法制类节目的频道。

2005年《天网》、《道德观察》、《忏悔录》、《庭审现场》等栏目的收视率多次突破1%，将频道的黄金时段收视率拉升至较高水平。

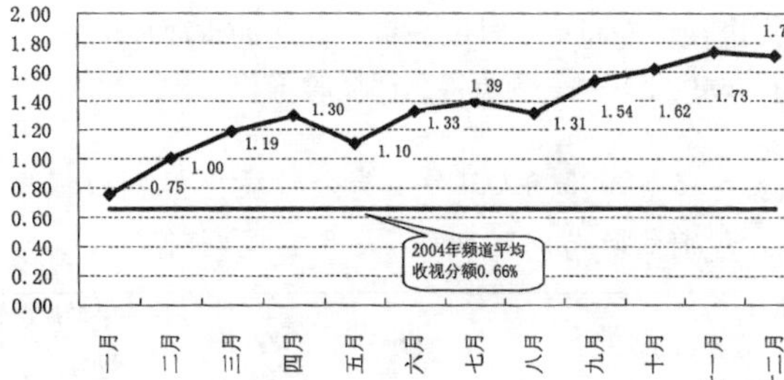

图3-3　2005年CCTV-12月平均收视份额走势图

（二）经济频道专业化定位与大众化需求并重

2005年度CCTV-2收视份额为1.72%，比2004年提升0.45个百分点，其收视增长主要得益于频道改版后对专业化定位与大众化需求的平衡，以及节目形态的创新。

3月28日CCTV-2全面改版后，《财富故事会》等一系列新栏目增大了频道信息量，《交换空间》等新栏目加强了频道与观众的互动。另外，以往的《经济与法》、《生活》、《经济半小时》等栏目在改版之际整合了节目资源，以案例说话，更贴近观众生活，信息也更为实用。改版后频道在全天多个时段的收视率都有较大幅度提升，黄金时段的收视增幅最大。

2005年，CCTV-2在全国收视市场财经类节目中的收视份额达72.73%，较2004年增长5.38个百分点。

可以说，2005年CCTV-2的改版，在保持经济频道定位的同时，增大了频道的受众面，频道的影响力随之进一步扩增。

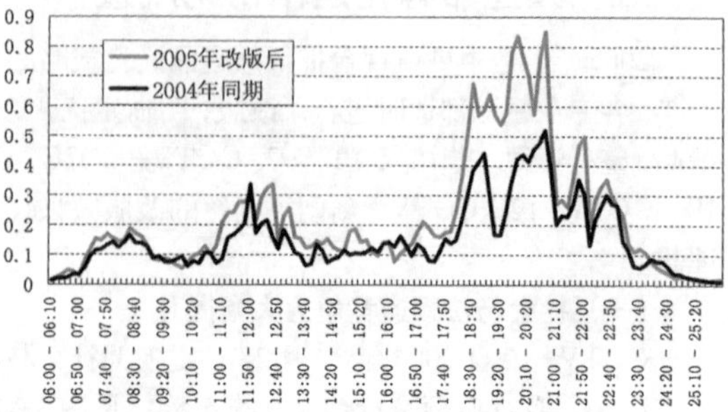

图 3-4　CCTV-2 收视率走势对比图

（三）电视剧频道资源得到进一步合理利用

5月8日CCTV-8改版后，竞争力显著提升，题材多样、黄金时段选材与CCTV-1互补、深夜时段的开发是频道收视增长的三大主要原因。

2004年度，CCTV-8与CCTV-1在黄金时段电视剧题材同质化所导致的频道资源浪费，一度成为中央电视台晚间黄金时段竞争力低迷的重要原因之一。在2005年，这一现象得到明显改善。

表 3-3　2005年CCTV-1黄金时段电视剧收视率前3名与同时期CCTV-8电视剧对应表

	排名	日　期	名 称	平均收视率%
CCTV-1	1	9.13-9.28	《亮剑》	10.03
	2	10.19-11.20	《京华烟云》	8.52
	3	8.9-8.22	《八路军》	6.5
CCTV-8	6	9.26-10.4	《敌后武工队》	3.01
	3	11.1-11.7	《代号021》	3.68
	7	8.18-8.28	《上海风云》	2.85

表3-3为2005年CCTV-1黄金时段收视率前3名的电视剧与同时期CCTV-8黄金时段电视剧对应情况。可喜的是，CCTV-1电视剧收视排行前三甲的电视剧中，同一时期CCTV-8播出的电视剧都进入了频道收视排行的前十名，CCTV-1和CCTV-8频道黄金时段资源得到了更为合理的开发。

另外，在CCTV-1有重大宣传任务时期，CCTV-8适当的电视剧选题，有利于收视率走高，对保持中央电视台黄金时段收视率具有一定推动作用。6月CCTV-1重大宣传任务期间，CCTV-8播出的两部电视剧分别在同时段收视排行中列第二、九位，为保持中央电视台黄金时段整体竞争力起到了一定贡献。

表 3-4　CCTV-1重大宣传任务时期CCTV-8对应电视剧收视及排名情况

	排名	日　期	名 称	平均收视率%
CCTV-1		6.10-17	《电视剧 陈云在临江》	3.85
			《专题片陈云》	2.27
CCTV-8		6.17-19	《专题片陈云与党风廉政建设》	1.38
	2	6.3-9	《错爱一生》	3.98
	9	6.10-22	《一帘幽梦》	2.65

（四）新闻频道注重把握新闻亮点，突出支点时段

2005年是重大新闻事件比较多的一年，CCTV-新闻在对不同领域重大新闻事件的直播、追踪报道上形式有所突破，频道对新闻事件的把握也逐渐趋于成熟。另外，CCTV-新闻对全天重点时段的开发也取得了一定成效，早间、午间、晚间的三个重点时段构成了全天的收视支撑时段，收视成绩也处于全天的较高水平。

2005年CCTV-新闻的平均收视份额1.73%，较2004年（1.25%）提升0.48个百分点。

CCTV-新闻以节目日常化、主题化和系列化为主要形式，其题材涉及范围较以往更加广泛，如重测珠峰新高度、台风“麦莎”登陆、“碗礁一号”沉船考古等等。9月18日-20日CCTV-新闻在上午、下午时段直播的《“碗礁一号”沉船考古》，三场平均收视率达0.33%，较平时同时段提升0.23个百分点。同时，汇聚地方台的优势资源实现直播常态化，如9月份推出的系列直播节目《开学啦》，即是联合多个地方电视台采取多点直播方式，对各地开学情况进行现场连线报道。

分时段看（见图3-6），日常节目在早间、午间、晚间形成对频道全天收视率的有效支撑。早间的《整点新闻》、《媒体广场》，午间的《共同关注》、《每周质量报告》、《法治在线》，傍晚的《新闻社区》，22：00档的《社会记录》等栏目，形成了频道收视增长多点化。

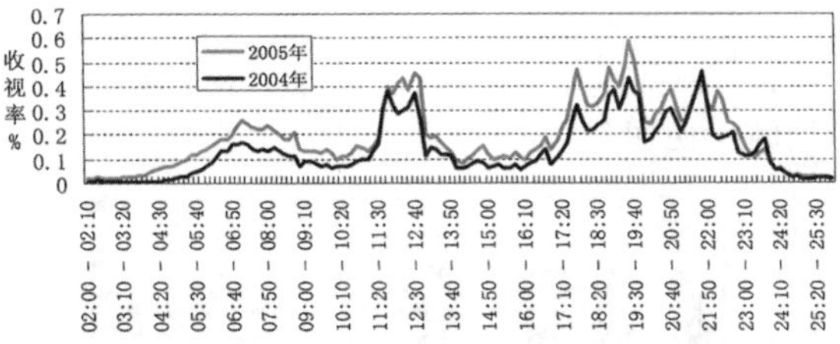

图 3-5 近两年 CCTV-新闻分钟收视率走势对比图

（五）科教频道精简栏目，重点打造精品板块

2005年12月26日，CCTV-10全面改版。此次改版，CCTV-10将在频道品牌化进程中逐渐完成由专业至品牌的过渡。

频道改版将原有的37个栏目减至23个，创新了《重访》、《人与社会》等4个栏目，同时对5个优势品牌栏目如《讲述》、《走近科学》等进行强化，对9个保留栏目进行改进，大大加快了频道的品牌化进程。

频道构建午间的“教育板块”和晚间的“精品板块”，推出两个栏目集群，形成两大板块，着力打造科教频道全天两个收视高峰时段，突出频道午间、晚间两个收视区间。每天11:45至13:30的“午间教育板块”由《子午书简》、《人与社会》、《希望－英语杂志》、《百家讲坛》组成；19:30至23:30的“晚间精品板块”由《绿色空间》、《百科探秘》、《走近科学》、《讲述》、《探索·发现》、《人物》和《大家》等栏目组成。

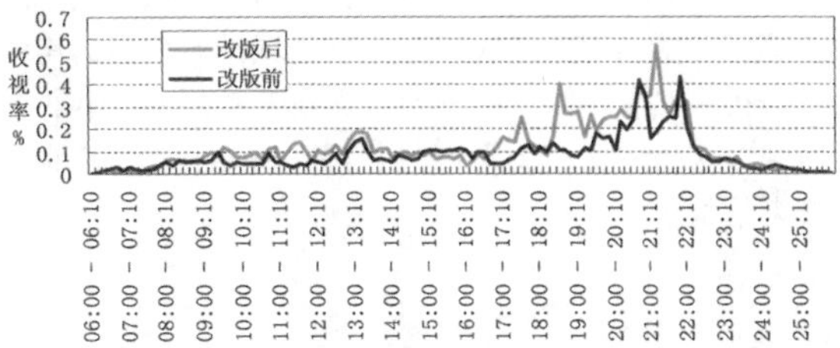

图 3-6 2005年CCTV-10改版前后分钟收视率走势对比图

从改版后的收视数据看，频道竞争力有较大幅度增长。改版后收视份额增至0.83%，较2005年年平均收视份额增长了0.2个百分点。

从分钟收视率来看，频道重点搭建的午间、晚间两大板块已经初步形成收视规模，时段收视率的提升较为显著。

（观众联系处　李宾、王京）

2005年中央电视台观众反馈信息综述

2005年，中央电视台秉承改革、创新、发展的思路，卓有成效地实施了“专业频道品牌化”战略。凭借优化的统筹编排和制作精良的节目，再次赢得观众的认可与好评。广大观众对中央电视台给予热情关注的同时，积极通过信件、电话、电子邮件等方式表达感想，为中央电视台的发展出谋划策。

一、电视服务逐步到位，热心观众积极回应

（一）信息总量稳中有升，观众更乐意使用电话、电子邮件沟通

据不完全统计，2005年中央电视台共收到观众反馈信息1426万条，居历年之首。其中，观众来信156万封、电话853万个、电子邮件417万封。电话、电子邮件的反馈量均比往年增加，来信量略有下降。（见图1）

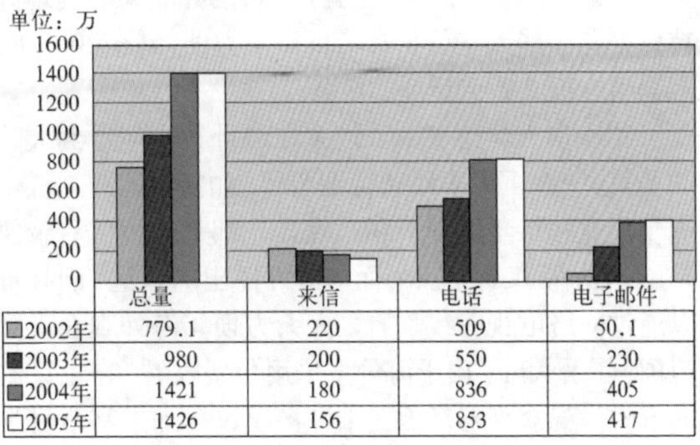

	总量	来信	电话	电子邮件
2002年	779.1	220	509	50.1
2003年	980	200	550	230
2004年	1421	180	836	405
2005年	1426	156	853	417

图1 2002年至2005年全台反馈总量及分量

不同方式反馈量的变化反映了近几年信息反馈的总体变化趋势。随着现代科技的发展和经济水平的提高，电话与互联网广为普及，越来越多的中青年观众愿意通过电话和电子邮件的方式与中电视台沟通。经由这两种方式反馈的观众意见具有时效强、观点多等特点，对及时、客观了解节目传播效果有较强

的参考意义。

观众来信量逐年减少，但来信观众遍布海内外众多地区。从2005年观众联系处收到的来信地域看，有31个省、市、自治区和港、澳、台地区及部分海外观众来信发表观感。来信量排在前三位的分别是北京市、江苏省和四川省，与2004年来信地域排名相同，其余省份排名略有变化（见图2）。宏观来看，东、中部省份观众来信较多，西部地区的西藏、青海、宁夏等地观众来信量偏少。

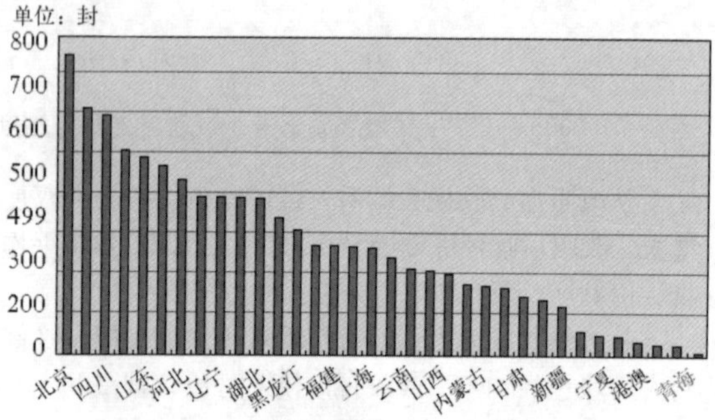

图2　2005年观联处收到来信的地域排名

（二）海外观众反馈增加，彰显央视海外影响

随着中央电视台外宣工作不断加强，海外观众能够看到更多的中央电视台节目，相应的信息反馈也有所增加。2005年，海外节目中心中文国际频道、英文国际频道和西法语频道，共收到95个国家和地区的观众反馈。统计数据显示，2003年至2005年，海外观众来信量逐年增长。长城（北美）平台的建立为北美地区特别是美国华人华侨收看节目带来方便，截至2005年，观众留言板共收到留言203条。

不少华人华侨表示，过去在海外很少能看到大陆的节目，一些重大事件和特别节目，如新中国成立五十周年庆典和每年的春节联欢晚会，都是互相传看录像带。现在，不仅有了三个面向海外播出的频道，而且可以通过网络电视在线收看，大大方便了海外观众了解祖国、了解大陆。由于海外多采用付费收看、自主订制的方式，观众来电来函提出许多建议，如丰富节目类型，多播出轻松、愉快的内容，减少新闻发布会的直播等。总之，电视节目是海外观众与祖国联系的纽带，他们渴望通过丰富多样的节目全方位地认知祖国，亲切感受祖国的发展变化。

（三）反馈内容涉及面广，观众满意度较高

2005年观众反馈内容涉及提供节目线索、咨询节目信息、反映社会问题、批评建议和评论播音员、主持人等七个方面。从涉及的内容所占比例来看，提供节目线索、咨询和肯定节目三个方面，仍占反馈总量的较大比例。（见图3）

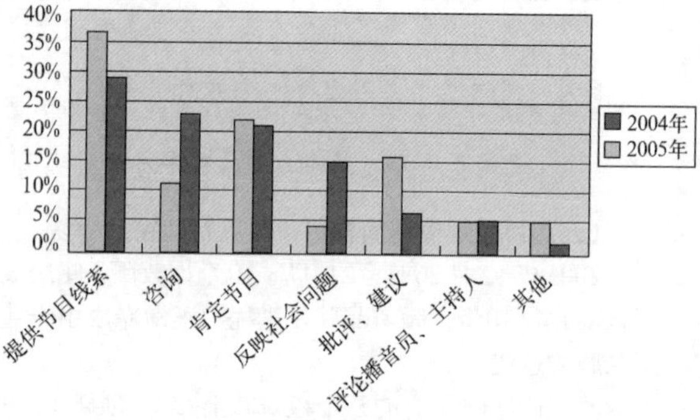

图3　观众信息分类比例

咨询节目信息的反馈比例较2004年显著增加，反映出中央电视台节目蕴含更多观众认为有价值的信息，也说明节目制作人员切实深入生活，了解观众需求并有针对性地展开了“电视服务”。因此，观众咨询的渠道是否畅通成为又一个关键。一些观众反映，个别栏目对外公布的热线电话时常无人接听或占线，而部分栏目在央视公众资讯中心设立的热线分机，则长时间没有空闲座席员提供服务。观众希望有所改进。他们认为，优秀的节目是报道实力的体现，畅通的播后服务更是整体形象的展示。

与2004年相比，观众信息中反映社会问题的更多了，观众看到了舆论监督节目的作用和影响。肯定节目的比例变化不大，批评建议的内容明显减少，表明观众对中央电视台的节目总体上比较满意。

（四）观众意见中肯，期待到位服务

观众批评建议的比例虽然有所降低，但反映较为集中的问题仍值得重视。

第一，语言文字差错增多趋势令人担忧。据不完全统计，2005年中央电视台核查出语言文字差错2600多个，其中文字差错约1480个，读音差错约1100个，比2003年、2004年都有不同程度的增长。观众认为，中央电视台是国家权威媒体，一言一行都有示范作用。希望加强管理，把语言文字差错堵在源头。

第二，短信互动亟需规范。短信参与是近几年兴起的，利用现代通讯手段与观众实现互动的方式，具有即时性强、操作简便等特点，为电视节目增添了不少亮点。2005年，中央电视台收到的互动短信超过1.7亿条，比2004年增加了1000多万条。但观众与电视节目热情互动的同时，短信服务的不规范给观众带来了一定的经济损失，也影响了电视台在观众心中的形象。

第三，节目时间变更应及时告知。遇有长假、直播和特别节目，原本相对固定的节目时间会临时变动，如果不能及时提醒观众，往往使观众白白守候以致产生埋怨。为此，观众建议，变更节目及时明示，从细节之处体现服务意识。

第四，地方台转播质量有所改善。2005年国内大部分地区按规定转播了中央第一套节目，但在个别地区，不完整转播中央第一套、替换中央电视台广告、在屏幕上叠加广告标识等现象时有发生。插播的广告制作粗糙、没有信誉保证，侵害了观众和中央电视台的权益。观众呼吁有关部门加大监察和治理力度。

二、荧屏亮点纷呈，品牌形象凸显

（一）重大事件报道树立权威

面对2005年发生的诸多重大新闻事件，中央电视台精心部署、缜密安排，各频道通力合作、密切配合，报道形式多样而主题突出，内容丰富而思想深刻，彰显了中央电视台的报道实力，坚定了在观众心目中的权威地位。

2005年“两会”报道呈现许多新气象，除常规新闻外，更好整合了专题节目，从不同视角、不同侧面介绍“两会”人物、事件，形式多样。《两会会客厅》实现12位部长级干部与百姓面对面交流；《小丫跑两会》跑得更勤，问得更细；《马斌读两会》以“说”的形式介绍，平民化的语言、权威的观点，给观众留下深刻印象；中文国际频道和英文国际频道针对海外观众关注的内容进行了及时报道。

连战、宋楚瑜率团访问大陆和“神舟六号”载人航天飞行两项重大活动的连续直播，被观众赞为“空前的报道”，认为报道时间之长、时效之快、内容之详尽都是史无前例的。纪念中国人民抗日战争暨世界反法西斯战争胜利六十周年、庆祝西藏自治区成立四十周年和庆祝新疆维吾尔自治区成立五十周年的宣传历时数月，新闻直播、专题报道、文艺演出、影视剧等多种形式相结合，形成了有深度、有力度的报道整体，在观众中引起热烈反响。观众在反馈中多次提到，通过收看这些节目受到了爱国主义教育，民族自豪感油然而生。

（二）创新发展，打造品牌

2005年各频道在“专业频道品牌化”战略思想下，锐意创新，取得不菲的成绩。纵览观众对这些变化的反映，不难发现他们对于“品牌”的认识主要包含三个方面的内容，即频道宏观印象、节目品质和从业人员素质。

（1）频道定位准确，强化专业特色

在电视频道“众分天下”的当今，相当一部分观众还是保留了自己特别钟爱的首选频道。此时，如何让观众记住成了最重要的因素。2005年，中央电视台综合频道、经济频道、英文国际频道、体育频道、电视剧频道和科教频道相继改版，根据自身定位和观众收视的习惯与喜好，整合资源，突出特色，在看似细微之处体现了服务全国观众的精神。综合频道加大电视剧的播出量，引入更多类型的优秀栏目，观众感到综合频道更加名副其实；经济频道推出系列节目，以专业视角解读经济现象，引起社会广泛关注；电视剧频道的最大变化是黄金时段电视剧连播三集，观众看得舒心、过瘾；体育频道实现24小时全天候播出，体育迷们高兴了，也肯定了中央电视台与国际接轨的时代变化。

（2）提升节目品质，夯实品牌基础

电视吸引观众的根本在于节目的魅力。中央电视台经过多年的积累，逐渐形成了特别节目与精品栏目齐头并进的发展格局，有效树立了专业频道的品牌形象，也为中央电视台整体形象的展示打下了良好的基础。

观众对中央电视台往往寄予了深厚的感情，因此只有真正体现中央电视台水准和品位的节目才能赢得喝彩。从2003年的伊拉克战争报道，到2005年连战、宋楚瑜访问大陆、“神舟六号”载人航天飞行的直播，新闻频道和中文国际频道巩固了新闻报道的权威地位。观众基本养成了有大事——看中央电视台的认知和习惯。经过几年时间打造的特别节目，如《感动中国》、《中国日记》、《3·15晚会》、《奠基中国》、《法制的力量》等，在自身形成品牌的同时，提升了所在频道的形象和影响力。

优秀的纪录片、电视剧和高水平的电视大赛也是中央电视台品位的展现。纪录片《故宫》、《陈云》、《抗战》便是观众大为赞赏的节目，让观众产生眼前一亮的感觉。2005年，众多优秀电视剧先后亮相中央电视台，受到观众好评的电视剧题材比较广泛，如抗战题材的《八路军》、《亮剑》，现实题材的《任长霞》、《圣水湖畔》、《错爱一生》，古装剧《汉武大帝》、《大宋提刑官》。观众普遍认为，弘扬社会正气、关注现实生活、表演真实生动、情节曲折起伏的电视剧富有吸引力。电视大赛中得到观众肯定较多的是第三届电视舞蹈大赛，选手出色的表现决定了大赛的影响力。

每个专业频道都有自己的主打栏目，也是观众日常收视的重点。如新闻频道的《焦点访谈》、《新闻调查》、《面对面》；综艺频道的《艺术人生》、《同一首歌》；中文国际频道的《今日关注》、《海峡两岸》；科教频道的《大家》、《百家讲坛》、《走近科学》；社会与法频道的《天网》、《第一线》、《道德观察》；少儿频道的《大风车》、《中国动画》等。观众对这些品牌栏目的选择是认可后的习惯，倘若某期节目的选题或内容不够精彩，观众同样会选择放弃。因此，只有坚持不懈的创新、努力，才能常葆栏目的精彩与魅力。

2005年，即使是观众一向不太喜欢的广告，也因为可圈可点的创意博得观众肯定。观众感到，观看优质的商业广告也是一种审美享受。而公益广告作为弘扬社会正气、强调道德修养的一面镜子，一如既往深受观众喜爱。

(3) 提高队伍素质，塑造良好形象

观众文化素质和欣赏水平提高，对中央电视台工作人员，特别是镜头前的播音员、主持人和编辑、记者整体素质的关注与日俱增。一直以来，观众肯定了中央电视台编辑记者、播音员主持人一流的业务素质和忠于操守的职业精神。在此基础上，对播音员、主持人提出了更高的要求。希望他们结合自身优势形成有特色的播报和主持风格。因为很多情况下，观众可能会忘记一个栏目的名称，但是会记住主持人的名字。此时，主持人的形象就成了栏目的“名片”。

（三）贴近百姓，关注民生

2005年，“三贴近”仍是中央电视台节目制作的宗旨之一。从节目内容看，百姓生活的喜怒哀乐构成了荧屏上的欢笑与泪水、探寻与思索。具体体现在舆论监督的范围更广、力度更大；巧妙运用小人物的故事，传递朴实的生活哲理；文艺节目突出大众同乐，寻常百姓成了舞台的主角。年终科教频道全面改版，也是着力于挖掘科学与生活的联系，展现生活中的科学原理，传播科学理念。值得一提的是，典型人物报道中普通劳动者的先进代表不断涌现，他们默默无闻、为民奉献的故事，感动、教育和鼓舞了广大电视观众。观众感到，中央电视台离普通百姓的距离更近了，不仅是观众的精神家园，更是观众依靠和信赖的“家”。

从节目形式来看，报道更有声有色，易于观众接受和理解。以2005年推出的落实科学发展观、建设节约型社会和建设创新型国家等主题宣传为例，报道长于利用实例突出主旨，生动、鲜活的例子活跃了报道形式，增强了说服力和可信度。观众通过观看这些节目，了解了全国各地、各行业的发展变化，对祖国发展更具信心。关注公德教育的宣传也引起观众强烈反响。《新闻联播》开设的《社会公德》专栏，正反面典型对比，一事一议，在社会上形成了较好的舆论氛围。

通过梳理全年的观众反馈信息，可以看出2005年中央电视台的荧屏，在观众眼中是亮点多、创新多、感动多的一年。作为国家级媒体，中央电视台发挥了弘扬优秀精神品质、正确引导社会舆论、关注民生民情等作用。而革新进取、打造品牌的发展战略也促使中央电视台向着更新、更快、更精的方向快步前进。虽然有些工作还有待完善，但是观众对中央电视台充满信心，并期待着在新的一年中央电视台能为观众带来更多、更优秀的节目。

（中央电视台观众联系处　王超）

观众联系处的工作人员正在对收视率数据进行分析和讨论，撰写分析报告。

GUIZHANG ZHIDU XUANZAI

规章制度选载

规章制度选载

中央电视台版权管理规定

为依法妥善处理本台节目制作、购买、播放、开发过程中与著作权人、表演者、嘉宾、合作方等权利人发生的版权权益关系，实现本台节目版权价值的最大化，根据《中华人民共和国著作权法》等国内法和我国已加入的“保护文学艺术作品伯尔尼公约”、“与贸易有关的知识产权协议”等国际公约之规定，结合本台实际，制定本规定。

第一章　基本原则

第一条　集中管理原则　节目版权是本台的核心资产。本台对制作、购买、播出、开发的各类节目的版权实行集中统一管理。

第二条　价值最大化原则　增强节目生产的计划性，统筹安排制作、播出与开发，促进投入产出的良性循环，妥善处理与相关权利人的权利关系，合理有序地开发节目版权，执行严格的节目制作技术标准，提高节目资料的管理水平，追求节目版权价值最大化。

第三条　版权分级管理原则　根据节目版权可使用范围的不同，本台将电视节目从版权管理角度分成三个不同的等级：

一级版权节目，有播放限制，不可作素材，不可开发；

二级版权节目，无播放限制，可作素材，但不可开发；

三级版权节目，无播放限制，可作素材，可开发。

同一级别的节目因合同约定不同，使用范围会有所不同。

第四条　依权限利用原则　库存节目资料版权的使用范围各有不同，使用库存节目资料应在版权许可的范围内严格依权限进行。

第五条　信息汇总原则　总编室汇总全台节目制作、购买、播出、开发的版权信息，建立版权信息数据库，为领导决策、节目编辑制作、节目播出安排、节目开发、业务咨询等提供信息服务，对节目使用过程中可能发生的权利冲突提出警示。

第六条　权利处理原则　以书面合同、确认书等形式处理在节目制作过程中发生的与著作权人、表演者、嘉宾等相关权利人的权利关系。

以书面合同的形式明确约定委托创作节目、合拍节目、购买节目、开发节目及衍生产品版权利用的详细内容。

第七条　使用格式文本原则　涉及版权事务时，应使用由总编室统一提供的格式文本，包括各类法律文书和含有版权信息的表单。文本每年修订一次。

第八条　制作标准化原则　与版权价值有关的节目制作技术标准包括：

（一）自制节目应保留国际声道；

（二）有开发价值的自制节目应同时制作无字幕无标识的国际版；

（三）制作保存与节目有关的文字、图片、合同、记录表单等资料；

（四）整理保存有价值的节目素材；

（五）规范节目标识和字幕表。

第九条　节目资料入出口统一原则　各类节目资料应全部进入总编室节目资料库实行统一管理。使用节目资料统一由总编室节目资料管理部门办理出库，并完整记录使用信息。

第十条　增值激励原则　鼓励全台各部门及工作人员在工作过程中为节目版权价值的提升作出努力，对在维护本台版权利益方面作出贡献的部门和个人予以表扬和奖励。

第二章　机构与职责

第十一条　总编室是本台节目版权的归口管理部门，负责依据相关法规并结合我台实际制定版权管理的具体办法，管理版权事务。下属节目版权管理处承办具体事务。

第十二条　节目中心主任负责领导本中心各部门执行本规定。综合部负责组织实施，收集、整理本中心各栏目或节目组确认书、合同、记录表等并定期向总编室提交。部门主任在负责节目审查过程中监督检查所属人员执行情况。

第十三条　制片人是版权事务处理的第一责任人，其职责为：

（一）提出本栏目或节目版权等级设定或变更的建议；

（二）代表本台与相关权利人签署合同；

（三）整理记录表、确认书、合同等文本并向中心综合部提交；

（四）按本规定第八条的要求完成节目制作并入库。

第十四条　编辑、记者、导演在制作节目过程中，应根据节目版权等级要求，完成签约、记录表单整理及提交工作。

第三章　选题立项

第十五条　节目选题立项阶段应对各类节目进行版权管理等级划分。购买节目一般为一级节目；大部分栏目和部分栏目外特别节目为二级节目；自制电视剧、动画片、纪录片、大赛、春节联欢晚会、有开发价值的重点栏目和重点特别节目为三级节目。

第十六条　现有栏目版权等级的划分，由栏目组提出等级申请并阐明理由，经所属部门、中心审批后，报总编室核定。栏目等级应相对固定，确有必要变更时，由节目部门向总编室提出申请或由总编室商节目部门后调整。

第十七条　下述新制作节目版权等级的划分，由节目部门在立项申请"节目选题计划表"中说明版权等级申请意见，选题经台编委会审批后，总编室在与节目部门协商后核定该栏目或节目的版权管理等级，提出版权处理的指导意见：

（一）新开设栏目；

（二）晚会、大赛等特别节目；

（三）与他人合作制作的节目；

（四）购买节目；

（五）体育赛事转播节目和体育节目素材。

第十八条　总编室负责审批购买节目选题，可征求相关部门意见或召开专题会议，协调多种权利项的捆绑购买，以降低成本。

第十九条　总编室负责审批合拍节目选题，从版权利益的角度，就是否合拍或独立制作进行评估和权衡。题材重大、有深远意义、版权再利用价值高的节目，一般应由我台全额投资、独立制作，享有完整版权。

第四章　节目制作

第二十条　三级节目制作时处理版权事务的基本要求是：

（一）使用他人作品时，应事先与著作权人取得联系、征得许可，并签订书面"确认书"或"作品许可合同"；

使用来源不明作品、无法与版权人联系的作品时，应经节目版权管理处同意；

（二）邀请演员、嘉宾参加节目录制时，应事先告知演员、嘉宾本节目的版权等级要求，请权利人签署三级"确认书"或三级"表演合同"；

（三）常规栏目以栏目为单位，晚会、大赛等特别节目以节目为单位，按期制作"使用作品记录表"、"演员记录表"、"嘉宾记录表"等表单；

电视剧、动画片、纪录片应以剧目为单位，填写相应的版权信息记录表；

（四）栏目外节目入库前提交合同、确认书、记录表等版权文件，固定栏目定期提交。

第二十一条　二级节目制作时处理版权事务的基本要求是：

（一）使用影视资料，改编、翻译他人作品，应事先获得许可；

使用外国作品，应经节目版权管理处同意；

使用其他他人作品时，不需事先取得著作权人许可，但应填写"使用作品记录表"；

（二）邀请演员、嘉宾参加节目录制时，应签署二级"确认书"或二级"表演合同"；

（三）常规栏目以栏目为单位，晚会、大赛等特别节目以节目为单位，按期制作"使用作品记录表"、"演员记录表"、"嘉宾记录表"等表单；

（四）栏目外特别节目入库前提交合同、确认书、记录表等版权文件，固定栏目定期提交。

第二十二条　新闻节目使用他人提供的新闻素材，

应与国内外素材提供者签订长期许可使用合同。

转播体育赛事，应与赛事组织者或其代理人签订体育赛事转播权合同。

第二十三条 电视剧、动画片、大型纪录片制作过程中，与剧本作者、音乐作者、导演、人物造型设计、主要演员等主创人员的合同，以中心名义签署，普通演职员合同可由剧组负责人代表本台签署。

本台授权各栏目制片人和晚会、大赛等特别节目的负责人，按节目版权管理等级要求，通过签订格式合同等文本处理本台与著作权人、表演者、嘉宾的权益关系。此类格式合同不需报批。

第二十四条 合拍节目合同应就版权权限划分、权限行使及收益分配方法进行具有可操作性的明确约定。

第二十五条 购买节目合同签订前应核实对方的签约资格和履约能力，实现节目版权的合法性、可使用范围的确定性、购买价格的合理性。

第二十六条 本台现场直播或录播他人组织的戏剧、歌舞、综艺晚会、讲演、辩论等活动，应与主办方签订合同，明确本台对该节目的使用范围。

第二十七条 交换节目、受赠节目，应与对方以书面形式签署授权合同，明确节目的使用范围。

第二十八条 本台自制节目应保留国际声道。有开发价值的节目应制作国际版，需要制作国际版的节目或栏目，由各节目中心或总编室指定。

第二十九条 制片人在处理版权关系时，如因权利人或合作方的特别限制，使节目的制作不能完全符合既定的版权管理等级要求时，应事先征求节目版权管理处的意见。

第三十条 节目制作过程中，因使用他人作品支付的报酬，因邀请演员、嘉宾参加节目录制而支付的报酬，是节目制作成本的组成部分，在节目经费预算中分别以稿费、演职人员劳务费项目支出。

第三十一条 节目制作过程中，制作人员应根据节目的特性制作和整理相应的剧本、脚本、台词本、串联词、解说词、对白、场记单、图片、剧照等文字和图片资料并随节目入库保存。

第三十二条 本台工作人员，包括台聘人员和企聘人员，在本台工作期间，因完成本职工作，或利用本台物质条件，或以本台工作人员名义，而形成的作品版权由本台享有，本人只享有署名权。本台与正式职工、聘用人员所签署的聘用合同书中，通过专门条款对此予以约定。

第三十三条 各栏目组、节目组、剧组邀请临时人员参与节目制作，应签署“承诺书”，约定其在参与本台节目制作期间创作的作品版权归本台所有。

第五章 节目入出库

第三十四条 节目入库时，应完整、真实填写“播出磁带入库工作单”、“磁带登记表”中的版权信息项。

节目资料管理部门应核查有关内容，未按要求办理的不得入库。

第三十五条 节目资料入库时应提交相关的文字、图片资料。有发行价值并经中心或总编室明确要求应制作国际版的节目，入库时一并提交国际版。

第三十六条 现场直播节目应保留完整录像并附场记单随节目带入库，避免节目版权价值的损失。

第三十七条 已按计划生产或已制作完成但因非节目质量原因审查时未通过的节目，应入库作为资料保存，注明停止生产或未通过审查的原因。

第三十八条 对有再利用价值的节目素材应予保存，由记者、编导整理并制作场记单，交总编室资料管理部门甄别后入库。

对新闻、纪录片及重要栏目等素材的保存，总编室可以提出指导性意见。

第三十九条 重播节目、使用库存资料编辑制作节目、开发节目，均应依版权权限进行。节目资料管理人员对于不符合版权限制的使用申请应予拒绝。

第四十条 申请使用节目资料应填写“节目资料出库单”，详细真实记录资料复制的内容、长度、用途、使用部门及人员等信息，资料管理人员核实无误后，方可办理借出、复制或下载。

第四十一条 对库存旧节目资料作销毁或消磁处理时应充分考虑资料的版权价值和史料价值，持十分谨慎的态度。资料管理部门应报总编室并商技术部门做认真鉴定后，报经台领导批准方可执行。

第六章 节目开发

第四十二条 节目开发应统筹考虑，从本台整体利益和长远利益出发，合理、合法、有序地进行，建立节目制作、播出与商业开发之间的协调机制，避免商业授权与播出发生冲突，权衡播出与开发的利弊，逐步建立产品开发档期制度，追求本台节目版权价值的最大化。

第四十三条 台属公司经授权代理开发本台节目，应在本台授权范围内进行。台属公司转委托其他公司代理开发或与他人成立合资公司合作开发，需报总编室并经台领导批准。

第四十四条 台属公司签订节目代理开发合同前应报总编室审核，确认节目版权状态，并将开发情况记录在“节目开发记录表”中。生效合同文本原件和“节目开发记录表”按月交总编室存档。

第四十五条 为中央部委、地方台、贫困地区广播电视机构、国外电视机构、驻我国使领馆提供节目资料，对外合作项目、节目交换、馈赠使用节目资料，社会团体或个人申请使用节目资料，应由本台以书面合同形式授权许可使用。

第四十六条 许可境外电视机构实时转播我台节目或录制后重新编辑播放，是一种版权利用行为，应由本台或本台授权代表与被许可方签订合同，明确使用期限和使用范围。

第四十七条 互联网站、图书出版社、报社、杂志社、图书馆、博物馆、飞机、列车、轮船、公共汽车、机场、广场、宾馆等机构、场所申请使用节目资料，企业进行工业化生产使用本台动画形象、计算机软件等版权产品，应由本台以书面合同形式许可使用。

第四十八条 未经本台书面授权，部门及个人无权以任何形式擅自许可他人使用本台节目版权。

第七章 奖惩

第四十九条 总编室可拟定版权增值激励的具体方案，报台批准后执行。

第五十条 总编室将不定期抽查各栏目、剧组执行本规定情况，发现该栏目制片人、剧组负责人未完全按本规定执行的，责令限期改正。同一栏目一季度内两次抽查不合格的，同一剧目制作周期内两次抽查不合格的，经总编室提议，由人事办公室对制片人、剧组负责人处以扣除一个季度职务津贴的经济处罚，年终干部考核不得评优。

第五十一条 有下列行为的，由纪检监察部门根据本台相关规定对相关责任人予以处罚，情节严重的，移交司法机关追究刑事责任；

（一）未经本台书面授权，擅自许可他人使用本台节目版权的；

（二）将本台节目资料复制后出售、出租、出借给他人的；

（三）未按本规定处理权利关系，导致侵犯他人权利，本台需承担责任的；

（四）无正当理由一个月内仍未办理入库手续的；

（五）将本台节目资料丢失、损毁、甚至影响播出的；

（六）其他对本台节目版权利益造成损害的行为。

第八章 附则

第五十二条 本规定自2005年12月1日起施行。

第五十三条 本规定由总编室负责解释。

中央电视台

2005年10月21日

中央电视台播音员、主持人管理办法

第一章 总 则

第一条 为确保中央电视台宣传任务的完成，维护中央电视台以及播音员、主持人的良好声誉和形象，合理配置人才资源，发挥播音员、主持人的主观能动性，促进播音、主持岗位管理的规范化和科学化，特制订本办法。

第二条 本办法适用于所有在中央电视台播音、主持岗位工作的人员。

第三条 中央电视台播音员、主持人应严格遵守国家广播电影电视总局《中国广播电视播音员、主持人职业道德准则》，树立良好形象，维护媒体公信力。

第四条 凡在中央电视台播音、主持岗位出镜人员必须持证（书）上岗。其中，正式上岗人员持《中央电视台出镜资格证书》，试用人员、实习人员持《中央电视台试用出镜通知书》，特邀人员、各类专家持《中央电视台特邀出镜通知书》。各中心（室）、部门一律不得擅自安排无证（书）人员出镜从事播音、主持工作。

第五条 台播音员、主持人上岗考核领导小组负责中央电视台播音员、主持人最终审定工作，其日常事务由人事办公室协调；台播音员、主持人业务指导委员会由中央电视台资深播音员、主持人及有关专家组成，在台播音员、主持人上岗考核领导小组的领导下，着重从业务角度对中央电视台播音员、主持人进行综合指导和考评，其日常事务由人事办公室负责。

第二章　人员选拔

第六条　经台编委会批准增设、改版的节目、栏目应在样片报送台编委会前，由中心（室）将选用的拟出镜人员相关材料报人事办公室，经综合审核通过后方可报送样片。

第七条　栏目在选用从事播音、主持工作的人员时，应根据所在频道特性确定栏目定位及所需播音、主持人员基本要求。其人选由栏目、部门、中心（室）及台播音员、主持人业务指导委员会等通过多渠道推荐或进行台内外公开选拔、竞争确定，经所在中心（室）批准，报人事办公室。

第八条　台内公开选拔主持人工作，应履行如下程序：

（一）在中心（室）内部或全台范围内公布待聘栏目及公开选拔主持人的条件和基本要求，符合条件者均可报名应聘，应聘者应不少于2人。

（二）由台播音员、主持人业务指导委员会及待聘栏目所在中心（室）、部门负责人、栏目制片人组成评审委员会，对应聘者进行资格审查及出镜业务审定。

第九条　中心（室）在台外公开选拔主持人的工作应履行如下程序：

（一）中心（室）在选拔活动前将拟刊登在报刊、网站等媒体的广告内容报台人事办公室，经批准后方可刊登。

（二）人事办公室负责审查报名人员的基本材料。

（三）人事办公室与中心（室）共同商议确定评委人选，组成评委会，对符合条件的报名参赛人员进行初步选拔，入围者进入复选阶段。

（四）中心（室）将复选人员的相关资料报人事办公室，由人事办公室组织台播音员、主持人业务指导委员会进行出镜审定。

（五）通过台播音员、主持人业务指导委员会出镜审定，并符合中央电视台播音员、主持人基本条件者由中心（室）向人事办公室征求意见后，根据频道、栏目的具体需求以及选手自身气质、条件，安排入围选手进入相应栏目见习主持。

（六）见习前，由台播音员、主持人业务指导委员会委派专家对入围人员进行相关业务培训（包括服装、化妆、语言、礼仪及职业道德、纪律等），并对入围选手进行相应的屏幕形象设计和整体包装。

（七）见习期满，由专家评委对见习选手进行综合素质测试，结合专家和观众的反馈意见，确定频道、栏目所需播音、主持人员。通过综合测试但目前无合适岗位的人员，作为中央电视台播音、主持岗位后备人员，供全台节目选用。

第十条　申请从事播音、主持岗位工作的人员须具备如下基本条件：

（一）具有一定的政治理论水平和政策水平，坚持党的新闻工作原则，在思想上、政治上同党中央保持一致，作风正派，联系群众。

（二）有强烈的事业心和责任感，在播音、主持岗位工作勤奋；有良好职业道德，遵守纪律。

（三）应具有国民教育系列本科（含本科）以上的学历；具有一定的社会科学知识、自然科学知识。

（四）嗓音、形象、气质良好，并具备较强的语言和非语言表达能力。

（五）掌握新闻专业基本知识，具备一定的采编能力；具备较为准确的理解判断能力和业务实践能力。

（六）普通话播音、主持人员，须取得经国家语委复审通过的普通话水平测试一级甲等证书；其他语言播音、主持人员（如外语等），须熟练掌握和运用该语言，并取得相关语种的资格证书。

第三章　出镜审定

第十一条　台播音员、主持人业务指导委员会每月进行一次出镜审定工作。

第十二条　出镜审批程序：

（一）由中心（室）提出申请，填写《中央电视台拟用播音、主持人员录像带报送单》，并将申请出镜人员的个人材料和录像资料报人事办公室。

（二）人事办公室对申请出镜人员进行政审。合格后，组织汇总有关人员的材料，约请台播音员、主持人业务指导委员会进行出镜初审。初审结果分“通过”、“培训”及“建议换人”三个等级。

（三）“通过”和“培训”人员为同意试用人员，其中“培训”人员应先由台播音员、主持人业务指导委员会对其进行有针对性的指导培训。同意试用的人员，发给其《中央电视台试用出镜通知书》，试用期一般为一至三个月，特殊情况可延期三个月。

“建议换人”人员为未通过人员，所在中心（室）不得选用，台属各频道一律不得擅自安排其出镜。

（四）试用期满后，人事办公室根据中心（室）上报的考核情况及台播音员、主持人业务指导委员会的复审意见进行综合审核，试用通过的，商总编室同意，报台播音员、主持人上岗考核领导小组审定批准；试用不通过的，视为“建议换人”人员。

（五）经台播音员、主持人上岗考核领导小组审定批准后的人员，还须进行岗前学习、培训，合格后方能正式出镜。

第十三条 首次在台从事播音、主持岗位工作的人员，经台播音员、主持人业务指导委员会出镜审定通过，上岗实习期为一年，实习期内出镜须注明“实习”。

第十四条 申请从事播音、主持岗位工作的人员，包括从台外借用和拟长期使用的特邀嘉宾、各类专家等人员，均应按此程序报批。

第十五条 特邀嘉宾、各类专家经台播音员、主持人业务指导委员会出镜审定通过者，人事办公室发给其《中央电视台特邀出镜通知书》。

第十六条 申请毕业实习的播音、主持专业大学生、省市台播音、主持人员因节目和栏目工作需要出镜或配音的，必须经人事办公室统一组织，约请台播音员、主持人上岗考核领导小组成员及台播音员、主持人业务指导委员会的专家联合筛选后方可出镜，并在字幕中注明“实习”。

第十七条 严格出镜报批程序。

已取得中央电视台出镜资格、担任固定栏目的播音员、主持人，如需在台内兼任其他中心（室）栏目的播音、主持工作，须经其所在部门、中心（室）批准，并报人事办公室备案。

第十八条 新增栏目和改版栏目在选用新主持人前应到人事办公室核实新主持人是否通过台内出镜审定，避免因主持人不符合台内出镜要求而影响节目播出。

第四章 资格认定

第十九条 资格认定的原则：

（一）取得出镜资格，经人事办公室综合考核通过，台播音员、主持人上岗考核领导小组批准，在播音、主持岗位从事工作的台聘用职工，可认定为中央电视台播音员、主持人；非台聘用职工但取得我台出镜资格的人员可认定为其所在栏目的播音员、主持人。

（二）连续三个月以上（含三个月）未在播音、主持岗位从事工作，而从事其他编辑、记者工作的人员，取消播音员、主持人资格，不再视为播音员、主持人（公派进修学习或出国者除外）。已取消播音员、主持人资格的，如若上岗继续从事播音、主持工作，须经再行认定。

（三）出镜采访记者、各类表演者不视为播音员、主持人。

第二十条 资格认定程序：

（一）已取得出镜资格，上岗从事播音、主持工作三至六个月的人员，由部门、中心（室）申报，经人事办公室考察合格，填写《中央电视台播音员、主持人资格认定登记表》，报台播音员、主持人上岗考核领导小组审批认定。

（二）经台播音员、主持人上岗考核领导小组认定的播音员、主持人，要按中心（室）、部门的安排出镜工作。全员考核时，将是否服从工作安排列为重要因素加以考核。

第二十一条 《中央电视台出镜资格证书》有效期限一般为一至三年。期满前三个月可申请办理核发换证手续。证书遗失者应及时申请办理补证手续。

第二十二条 申请换证时应提交如下材料：

（一）证书有效期限内播音、主持业务工作报告。

（二）所在栏目、部门、中心（室）对申请换证人员业务工作的考评鉴定。

（三）证书有效期限内接受的岗位培训合格证书。

（四）其他相关材料。

第二十三条 逾期未办理核发换证手续的，不得继续在中央电视台出镜从事播音、主持工作。

第二十四条 播音员、主持人在取得《中央电视台出镜资格证书》后，有下列情况之一的，撤销其上岗资格，收回其证书，在二年内不得申请上岗资格，不得从事播音、主持工作。

（一）受行政记过以上处分的。

（二）每半年一次的业务考核连续两次为“基本称职”或“不称职”的。

（三）工作有重大失误的。

（四）违反中央电视台有关播音员、主持人管理规定，造成严重影响的。

第二十五条 凡受到刑事处罚者，撤销其上岗资格，收回其证书。

第二十六条 播音、主持持证上岗成绩优异者，给予精神或物质奖励，记入业务档案作为相关评选的重要参考依据。

第五章 待 遇

第二十七条 取得《中央电视台出镜资格证书》的播音员、主持人根据中央电视台有关规定享受相关待遇。

第二十八条 中央电视台播音员、主持人报批服装费、化妆费待遇程序：

（一）每年六至七月可报销前半年费用，十二月至次年一月可报销全年或后半年费用。在年中不得报销全年费用。

（二）由所在栏目统计填写《中央电视台播音、主持岗位工作量统计表》，部门、中心（室）根据工作量等各方面情况每半年考核一次，考核等级为称职以上者，由人事办公室依据综合结果进行核定审批，凭发票到相关部门报销。

（三）由本人填写《中央电视台播音员、主持人服装、化妆费用审批表》，所在部门签批考核意见，经所在中心（室）认可，人事办公室核定后，凭人事办公室下发的费用报销通知单和有关发票报销。

第二十九条 取得资格的播音员、主持人可参加中央电视台优秀栏目播音员、主持人评选活动，入选者根据规定享受相应特殊津贴。

第三十条 人事办公室定期向台有关宣传媒体提供已取得我台出镜资格的播音员、主持人名单。

第三十一条 对取得资格的播音员、主持人，根据工作需要，通过多种方式安排其参加相关宣传、推介活动，推荐参加各类与主持人有关的评选活动。

第三十二条 对取得《中央电视台出镜资格证书》的播音员、主持人，台播音员、主持人屏幕形象设计工作室定期对其依照频道特色及栏目定位进行屏幕形象设计指导。播音员、主持人每三个月可申请形象设计，由专业人员对其本人进行个人专门指导。

第三十三条 对取得《中央电视台出镜资格证书》的播音员、主持人，每年采取多种形式组织在岗播音员、主持人进行相关业务培训、学习交流和研讨活动。

第三十四条 因各种原因长期（三个月以上）脱离播音、主持岗位的人员，所在部门、中心（室）应及时向人事办公室申报备案，暂停其有关待遇。隐瞒不报的，除追回有关人员已享受待遇外，还将追究所在中心（室）、部门负责人应负责任。

第三十五条 依据总编室栏目末位淘汰制，栏目被警告一次，其播音员、主持人不能参加优秀栏目播音员、主持人特殊津贴评选；年终考核为“基本称职”或参与本栏目录制期数低于其所在栏目录制总期数20%的播音员、主持人不享受次年服装、化妆费待遇。

第六章 日常管理

第三十六条 中央电视台播音员、主持人应恪守敬业奉献、诚实公正、团结协作、遵纪守法的职业道德，谦虚谨慎、追求德艺双馨。

第三十七条 中央电视台播音员、主持人应确立正确的公众人物观念，严格约束自己行为，不以个人知名度和社会影响力谋求私利，接受社会、公众和媒体较常人更为严格的监督。

第三十八条 中央电视台播音员、主持人出镜时，在着装、发型、语言以及整体风格方面应做到端庄、大方、稳重、高雅，杜绝低俗媚俗现象。

（一）规范使用国家通用语言文字，维护祖国语言和文字的纯洁，发挥示范作用。从事普通话播音、主持工作的人员，须用标准普通话进行播音、主持，不得在普通话中夹杂不必要的外文，不模仿有地域特点的发音和表达方式。

（二）不应过分突出个人风格、个人品位而标新立异、哗众取宠，不能为追求所谓的“轰动效应”而迎合低级趣味。

（三）形象设计符合中华民族文化传统，不盲目模仿境外和外国人的形象，服装不宜过分暴露，不穿戴夸张、易有争议或有明显不良含义标志图案的服装、饰品；禁止随意染发。

第三十九条 采访意外事件，应顾及受害人及亲属的感受，在提问和录音、录像时应避免对其心理造成伤害。

第四十条 尊重公民和法人的名誉权、荣誉权，尊重个人隐私权、肖像权。不揭人隐私，避免损害他人名誉的报道。

第四十一条 禁止编辑、记者等人员代替播音员、主持人出镜；确因节目、栏目工作需要出镜的记者，其普通话应达到一级乙等标准，接受专业人员的指导，并提前报人事办公室批准备案，在出镜时打“记者”字幕。

第四十二条 少儿节目主持人的服饰、发型、化妆、声音、举止要充分考虑到对未成年人的影响，展示积极健康向上的形象和精神风貌。

第四十三条 特邀嘉宾、各类专家出镜，栏目应对其进行屏幕形象指导或相应设计，避免主持人与嘉宾、专家屏幕形象差距过大。

第四十四条 栏目无合适播音、主持人选时，可由中心（室）向人事办公室提出书面申请，人事办公室依据实际情况组织选拔。

第四十五条 播音员、主持人的屏幕形象由台播音员、主持人屏幕形象设计工作室进行整体包装指导。

第四十六条 台内各部门、所属单位使用主持人形象制作台历、挂历、宣传页等宣传物品，或需要主持人参与本台节目录制以外的各项活动，应提前将拟定播音员、主持人名单报人事办公室，经审核批准方可组织进行。

第四十七条 中央电视台播音员、主持人以主持人身份接受其他媒体采访前，须经部门、中心（室）批准报人事办公室备案。同意后，方可接受采访。

第四十八条 中央电视台播音员、主持人在维护中央电视台声誉和不影响本职工作的前提下从事各种社会活动（如担任其他单位、媒体的节目、晚会等的主持、嘉宾；各种大赛活动评委；各种录音、配音及电视剧、电影等影视片的拍摄；制作广告片；形象代表等）统一由人事办公室负责管理。未经批准不得私自外出从事社会活动。

（一）播音员、主持人从事社会活动审批办理程序：

1.借用、邀请单位应出具盖有单位公章的借用函、邀请函，与播音员、主持人所在部门联系。

2.部门填写《中央电视台播音员、主持人参加社会活动审批表》报所在中心（室）批准。

3.中心（室）将《中央电视台播音员、主持人参加社会活动审批表》及借用函、邀请函原件交人事办公室审核备案。

4.人事办公室审核同意后，报主管台领导审批。

5.人事办公室通知中心（室）审核结果。

（二）中央电视台外出从事社会活动人员接受借用、邀请单位支付的劳务费，应按国家规定交纳个人所得税，并依照中央电视台相关财务规定办理。

（三）如需与借用单位签订合同，应将所签合同草本一并报人事办公室审核备案。

（四）一经批准，外出从事社会活动人员应认真完成工作任务，履行与借用单位签订的合同，不得无故延误、缺席或违约。

第四十九条 中央电视台播音员、主持人应自觉遵守有关廉政的规章制度和财经纪律，自觉接受人民群众的监督。

第五十条 播音、主持岗位人员应严格执行上述规定，如发生违规违纪行为，一经发现、查实，将视情节轻重，给予纪律处分、经济处罚，直至取消在我台的播音、主持资格，调离播音、主持岗位。

第五十一条 各部门、中心（室）应严格执行上述规定，对所属播音员、主持人严格管理，发现问题及时上报人事办公室。如发生违规违纪行为，一经有关部门发现、查实，将视情节轻重，在处理本人问题的同时，还将追究栏目、部门、中心（室）相关领导的责任，给予严肃处理。

第五十二条 本办法由人事办公室负责解释。

第五十三条 本办法自发布之日起执行。

第五十四条 我台之前所发文件规定与本办法相抵触的，以本办法为准。

第五十五条 中央电视台各相关合作单位参照执行。

中央电视台

2005年1月1日

中央电视台技术岗位能手评选暂行办法

第一条 为加强我台技术队伍建设，鼓励技术工作者钻研业务、开拓创新，在本职岗位上发奋工作，提升我台节目制作和播出的整体水平，实现我台新世纪战略发展目标，根据有关规定，结合我台实际，决定进行技术岗位能手评选，特制定本办法。

第二条 参加技术岗位能手评选应具备以下资格条件：

（一）具有大局意识、责任意识和创新意识；

（二）具有良好的职业道德和敬业精神；

（三）严格遵守台内各项规章制度，遵守技术规程，无重大事故，未出现过严重违章违纪行为；

（四）台本部副处级（不含）以下的台聘职工或企聘人员；

（五）在我台从事技术岗位工作三年以上；

（六）上一年度考核被评为优秀等次或被评为台级以上先进个人；

（七）具有大学专科以上学历，业绩特别突出的可适当放宽；

（八）具有中级以上专业技术职务任职资格；

（九）在上一年度工作中取得下列成就之一：

1.在电视行业具有领先的技术技能水平，并总结出先进的技术操作方法，为我台创造了良好经济效益；

2.在开发、应用先进技术解决电视技术实际问题方面有重大贡献，并为我台创造显著经济效益；

3.在本岗位（专业）中具备较高技艺，并在培养人才、传播技术技能方面作出突出贡献；

4.参与我台重大技术项目，在项目实施中作出突出贡献；

5.参与我台重大节目制作、播出，作出突出贡献；

6.在节目制作、播出中排除重大事故隐患；

7.在技术工作中取得优异成绩，获得国家级技术奖项或荣誉称号。

第三条 已评选为技术岗位能手的，凡参加过评审的获奖项目或其他成果在以后此项评选中不再作为评选条件。

第四条 评选程序：

（一）填写《中央电视台技术岗位能手评选申报表》；

（二）提交专业技术职务任职资格证书、获奖证书及能够证明本人业绩的其他材料；

（三）台技术委员会负责技术岗位能手的评选工作，台人事办公室负责具体组织工作。中心（室）审查同意后报台人事办公室，由台人事办公室审核、汇总后报台技术委员会；

（四）技术委员会采取无记名方式投票产生候选人，候选人必须获得参加投票委员三分之二以上的赞成票方可通过；

（五）人事办公室对技术委员会拟定的技术岗位能手名单在全台范围内进行公示，公示时间为五个工作日；

（六）公示结束后，经台分党组批准，发文确认。

第五条 技术岗位能手共设五名。评选采取个人申请和组织推荐相结合的方式。

第六条 技术岗位能手的待遇：

（一）技术岗位能手享受荣誉称号、特殊津贴、培训等方面的待遇，台相关部门还将在《中国电视报》、央视国际网站等相关载体上对获得技术岗位能手的人员进行宣传；

（二）技术岗位能手特殊津贴标准为每人每月10000元。

第七条 技术岗位能手每年评选一次，当年四月份评选上一年度技术岗位能手，评选结果公布后，获得技术岗位能手称号的人员可享受特殊津贴等待遇，有效期为十二个月。

第八条 享受本特殊津贴的人员不再享受相应的职务津贴。

第九条 评为技术岗位能手的人员，有发生下列情况之一的，除按照有关规定予以严肃处理外，还将取消技术岗位能手称号，停止相应待遇：

（一）因违法违纪，受到党纪政纪处分或触犯刑律的；

（二）因违反台规台纪，受到相应处理、处分的。

第十条 本办法由人事办公室负责解释。

第十一条 本办法自发布之日起试行。

中央电视台

2005年6月2日

中央电视台学历教育管理暂行规定

第一条 为加强我台职工培训工作，规范学历教育管理，努力培养高素质电视复合型人才，促进电视事业的快速发展，制定本规定。

第二条 人事办公室负责我台学历教育管理工作。

第三条 学历教育坚持岗位需要、学以致用的原则。

第四条 学历教育采取个人报考和单位统一选派相结合的方式。

第五条 参加学历教育的人员应是我台编制内聘用职工，且入台工作满三年以上。

第六条 申请报考的专业应与本人所从事的工作专业对口或相近。

第七条 具有明确的报考院校和专业（限报一所院校中的一个专业）。

第八条 参加学历教育以在职业余学习为主。

第九条 本人向所在部（处）提出书面申请，经部（处）领导同意后报中心（室）审核，审核通过后由本人到人事办公室领取《学历教育审批表》，按要求填写后报所在部（处）、中心（室）领导批准，附招生简章报人事办公室审批。

第十条 本人须在院校报名截止日期十日前将报名材料报人事办公室，逾期不予受理。

第十一条 未按规定办理审批手续的，我台不出具政审证明、介绍信等相关证明材料，不报销学费。

第十二条 经批准参加学习的人员，学业完成且学习档案转至我台后，本人可持毕业（学位）证书、学费发票等到人事办公室办理学历（学位）更新、学费报销等事宜。

第十三条 经批准参加学习、取得学历(学位)后，应在我台继续工作五年以上。工作不满五年调离我台的(组织调动除外)，需退还我台为其支付的学习费用，退还比例为每工作一年递减百分之二十。

第十四条 参加学历教育学费由本人先行垫付，学业结束后，方可办理报销手续。

第十五条 十年内在我台先后参加过两次以上学历教育的，只报销一次学费。

第十六条 学费报销：

1.学历教育只报销学费，其他费用（报名费、教材费、考试费、实习费及EMBA学习费用等）不予报销。

2.参加大专学历学习的，取得毕业证书后，可报销学费的百分之六十。

3.参加大学本科以上学历（包括大学本科、硕士研究生、博士研究生）学习的，仅取得毕业证书或仅取得学位证书的，可报销学费的百分之四十；同时取得毕业证书和学位证书的，可报销学费的百分之六十。

4.学历教育的学费报销基数以五万元人民币为限，不超过五万元人民币的，按上述标准执行；超过五万元人民币的，以学费五万元人民币为基数，按规定比例报销学习费用。学费报销最高不得超过三万元，超过部分不予报销。

5.学历教育的学费报销应在学历（学位）证书颁发后90日内办理报销手续，逾期不予报销。

第十七条 本规定由人事办公室负责解释。

第十八条 本规定自发布之日起执行，凡与本规定不一致的以此规定为准。

中央电视台

2005年1月17日

中央电视台优秀编辑、记者评选暂行办法

第一条 为加快实现我台新世纪人才工程的建设目标，培养、塑造一支政治可靠、业务精通的电视编辑记者队伍，鼓励优秀人才脱颖而出，根据中共中央《深化干部人事制度改革纲要》关于“逐步形成重实绩、重贡献，向优秀人才和关键岗位倾斜的分配激励机制”的精神，结合我台实际情况，决定进行优秀编辑记者评选，特制定本办法。

第二条 参加评选人员应符合以下资格条件：

(一) 具有较高的政治理论水平，能够自觉在工作中坚持正确的舆论导向，与党中央的新闻宣传路线保持一致；

(二) 遵守国家法律法规和中央电视台的各项规章制度；

(三) 模范遵守新闻工作者职业道德准则，恪守职业道德；

(四) 有较高的专业素养，在工作中锐意改革，具有较强的开拓创新精神，对本岗位业务有较强的示范带头作用；

(五) 台本部副处级（不含）以下台聘职工或企聘人员；

(六) 具有五年以上的编辑记者从业经验，在我台节目制作一线岗位从事编辑记者工作（包括驻外记者）满三年以上；

(七) 具有大学本科以上学历，中级以上专业技术职务任职资格，取得《广播电视编辑记者、播音员主持人执业资格》及所从事岗位所要求的资格证书；

(八) 上一年度考核被评为优秀等次或被评为台级以上先进个人；

(九) 在上年度业务工作中作出下列成就之一：

1.在宣传报道中独家报道重大新闻，并引起社会广泛关注；

2.获得新闻类国家级奖项；

3.在重大事件报道中作出突出贡献；

4.为我台的宣传报道工作作出突出贡献的人员，经所在中心（室）推荐，可适当放宽条件。

(十) 驻外记者在上年度工作中作出下列成就之一：

1.在国际突发事件或重大国际事件报道中作出突出贡献的；

2.在驻外期间克服艰苦条件或在艰苦地区长期工作，出色完成宣传报道任务的。

第三条 评选程序：

(一) 填写《中央电视台优秀编辑记者评选申报表》；

（二）提交专业技术职务任职资格证书、从业资格证书、获奖证书及能够证明本人业绩的其他材料；

（三）中心（室）审查同意后报人事办公室，由人事办公室审核、汇总后报台编委会；

（四）台编委会采取无记名方式投票产生候选人，候选人必须获得参加投票委员三分之二以上的赞成票方可通过；

（五）人事办公室将台编委会拟定的优秀编辑记者名单在全台范围内进行公示，公示时间为五个工作日；

（六）公示结束后，经台分党组批准，发文确认。

第四条 评选名额为十人以内，其中，甲级五人以内，乙级五人以内。评选采用组织推荐和个人申报相结合的方式进行。

第五条 优秀编辑记者的待遇

（一）优秀编辑记者享受荣誉称号、特殊津贴、培训机会等待遇，台相关部门还将在《中国电视报》、央视国际网站等相关载体上对获得优秀编辑记者称号的人员进行宣传；

（二）优秀编辑记者津贴标准为：甲级每人每月10000元，乙级每人每月8000元。

第六条 优秀编辑记者每年评选一次。评选结果公布后，获得优秀编辑记者称号的人员可享受特殊津贴等相关待遇，有效期为十二个月。

第七条 享受本特殊津贴的人员不再享受相应的职务津贴。

第八条 评为优秀编辑记者的人员，有发生下列情况之一时，除按照有关规定予以严肃处理外，还将取消优秀编辑记者称号，停止优秀编辑记者的相应待遇：

（一）因违法违纪，受到党纪政纪处分或触犯刑律的；

（二）因违反台规台纪，受到相应处分处理的。

第九条 本办法由人事办公室负责解释。

第十条 本办法自发布之日起试行。

中央电视台
2005年6月3日

中央电视台优秀管理、经营人员评选暂行办法

第一条 为进一步提升我台管理、经营水平，培养、塑造一支具备现代管理理念和职业技能的电视媒体管理、经营队伍，鼓励优秀管理、经营人员脱颖而出，根据中共中央《深化干部人事制度改革纲要》关于“逐步形成重实绩、重贡献，向优秀人才和关键岗位倾斜的分配激励机制”的精神，结合我台实际情况，决定进行优秀管理、经营人员评选，特制定本办法。

第二条 参加优秀管理、经营人员评选应符合以下资格条件：

（一）具有较高的政治素质，与党中央保持一致，正确贯彻党的路线、方针和政策，具有大局意识、责任意识、创新意识；

（二）具备良好的职业道德和敬业精神；

（三）掌握先进的管理、经营理论和技能，作出突出的管理、经营业绩和贡献；

（四）为台本部副处级（不含）以下台聘职工或企聘人员；

（五）在上年度我台重大管理、经营改革或项目中做出突出贡献；

（六）在工作中严格执行各项管理规定和程序；

（七）年度考核为称职及以上等次；

（八）具有大学专科以上学历；

（九）来台工作三年以上。

第三条 优秀管理、经营人员评选程序：

（一）填写《中央电视台优秀管理、经营人员评选申报表》；

（二）提交能够证明本人业绩的材料、学历证书、各类获奖证书和相关资质证明；

（三）经中心（室）审查同意后报人事办公室，由人事办公室审核、汇总后报台行管会、经管会；

（四）由台行管会成员和经管会成员组成优秀管理、经营人员评选委员会，评选以无记名投票方式进行，候选人必须获得参加投票委员三分之二以上的赞成票方可通过；

（五）人事办公室将评选委员会拟定的优秀管理、经营人员名单在全台范围内进行公示，公示时间为五个工作日；

（六）公示结束后，经台分党组批准，发文确认。

第四条 优秀管理、经营人员评选共设五名获奖人员。

第五条 获奖人员享受特殊津贴，特殊津贴标准为每人每月10000元。

第六条 优秀管理、经营人员每年评选一次，特殊津贴在评选结果公布后十二个月内有效。

第七条 获奖人员不再享受相应的职务津贴。

第八条 评为优秀管理、经营人员的人员，发生下列情况之一时，除按照有关规定予以严肃处理外，还将取消优秀管理、经营人员的称号，停止相应待遇：

（一）因违法违纪，受到党纪政纪处分或触犯刑律的；

（二）因违反台规台纪，受到相应处理、处分的。

第九条 本办法由人事办公室负责解释。

第十条 本办法自发布之日起试行。

中央电视台

2005年6月2日

中央电视台优秀栏目制片人评选暂行办法

第一条 根据中共中央《深化干部人事制度改革纲要》关于“逐步形成重实绩、重贡献，向优秀人才和关键岗位倾斜的分配激励机制”的精神，结合我台实际情况，决定进行优秀栏目制片人评选，特制定本办法。

第二条 参加优秀栏目制片人评选应符合以下资格条件：

（一）具有较高的政治素质，与党中央保持一致，正确贯彻党的路线、方针和政策，具有大局意识、责任意识、创新意识，能正确把握舆论导向；

（二）具备良好的职业道德和敬业精神；

（三）具备广播电视编辑、记者执业资格；

（四）为台本部副处级（不含）以下台聘职工或企聘人员；

（五）通过栏目制片人选拔程序，经台发文确认，来台工作满三年，在制片人岗位工作二年以上；

（六）年度考核为称职及以上等次；

（七）在工作中严格执行节目制作和播出程序，无安全播出事故；

（八）对所在栏目的管理严格遵守台各项管理规章制度；

（九）栏目内人员无严重违反台规台纪行为；

（十）符合下列条件之一：

1.所在栏目上年度综合收视率排名列于我台综合频道前十名或其他频道前五名，或在任期内栏目收视率持续明显提升；

2.所在栏目上年度有较大的社会影响力和知名度；

3.所在栏目被评为台年度优秀栏目。

第三条 优秀栏目制片人评选程序：

（一）人事办公室提供栏目制片人年度考核结果；

（二）总编室提供栏目年度综合收视率排名和年度优秀栏目名单；

（三）人事办公室根据栏目制片人年度考核结果和总编室提供的年度优秀栏目名单，结合优秀栏目制片人评选条件推荐候选人；

（四）由台编委会、行管会成员以及经管会部分成员组成优秀栏目制片人评选委员会，以无记名投票方式进行评选，候选人必须获得参加投票委员三分之二以上的赞成票方可通过；

（五）人事办公室将评选委员会拟定的优秀栏目制片人名单在全台范围内进行公示，公示时间为五个工作日；

（六）公示结束后，由台分党组批准，发文确认。

第四条 评选名额为十人以内，其中，甲级五人以内，乙级五人以内。

第五条 评选出的优秀栏目制片人享受特殊津贴，特殊津贴标准为：甲级每人每月10000元，乙级每人每月8000元。

第六条 优秀栏目制片人每年评选一次，特殊津贴在评选结果公布后十二个月内有效。

第七条 享受本特殊津贴的栏目制片人不再享受相应的职务津贴。

第八条 评为优秀栏目制片人的人员，有发生下列情况之一时，除按照有关规定予以严肃处理外，还将取消优秀栏目制片人称号，停止相应待遇：

（一）因违法违纪，受到党纪政纪处分或触犯刑律的；

（二）因违反台规台纪，受到相应处理、处分的。

第九条 本办法由人事办公室负责解释。

第十条 本办法自发布之日起试行。

中央电视台

2005年6月2日

中央电视台舞美制作管理规定

第一章　总则

第一条　为规范中央电视台舞台美术制作管理，保证节目制作，节约资金，提高舞台景具使用效率，特制定本规定。

第二条　电视节目舞美制作是通过美术设计和舞美加工制作满足节目对舞台机械、景具结构、美术装饰的需要。

第三条　全台舞美制作由技术制作中心统一管理。技术制作中心根据本管理规定制定管理细则实施。

第四条　本规定适用于全台各节目部门。

第二章　舞美设计和预算

第五条　节目编导根据节目内容提出设计要求，由技术制作中心安排美术师完成初步设计。初步设计包含舞台基本结构图、美术气氛图及舞美设计阐述。

第六条　舞美设计方案须符合我台演播室使用规定的各项安全要求。

第七条　中小型节目的舞美初步设计方案由节目部门领导认可签字。大型节目由节目中心和技术制作中心领导审定。重大节目的舞美初步设计必要时报主管台领导审定。然后由美术师和结构工程师完成制作施工图绘制。

第八条　制作中心根据制作施工图和《舞美制作价目表》(含材料、人工标准等)编制舞美制作预算。该预算作为节目编导申请舞美预算的依据。

第九条　舞美制作费用在节目制作经费中列支。

第十条　技术制作中心在节目舞美经费到位后方可安排舞美制作。

第三章　经费标准

第十一条　各类节目的《舞美制作经费标准》见附件。舞美预算一般不得超出《舞美制作经费标准》的额度。特殊节目须经节目部门中心领导审核，报有关部门批准。

第十二条　《舞美制作价目表》根据市场价格变动每年调整一次。

第四章　制作管理

第十三条　舞美设计方案的设计周期。八百平米以上演播室(含八百平米)的舞美设计周期不少于十五日；八百平米以下演播室的舞美设计周期不少于十日。

第十四条　舞美制作周期。从舞美设计方案和预算确认开始，到制作完成并装台使用，八百平方米以上演播室(含八百平方米)的舞美制作周期不得少于十五日；八百平方米以下演播室的舞美制作周期不得少于十日；四百平方米以下演播室（不含四百平方米）的舞美制作周期不得少于八日。

第十五条　舞美制作可以委托社会舞美制作公司完成。被委托公司必须有固定的制作场地和存景库房，配备齐全的技术人员和施工队伍。须经技术制作中心和台保卫处对其进行资质审核。

第十六条　台重大节目的舞美制作由节目负责人、技制中心、监察、审计和保卫部门人员组成审定组，根据舞美制作公司的业务能力、特长、方案和报价，通过竞争选择舞美制作公司。

第十七条　舞美制作预算小于二十万元的中小型节目，其制作公司的选择由部门审定小组根据公司能力、特长、报价、工期等综合条件确定。预算在二十万元以上的大型节目，其舞美制作公司的选择，由技术制作中心审定小组确定。

第十八条　部门审定小组由制作部主任、业务科人员，技术制作中心审定小组由中心主任、部门主任、业务科人员组成，必要时请节目编导和审计处人员参加。

第十九条　因特殊原因由节目编导直接指定某舞美制作公司进行景具设计和制作的，需由编导写出报告说明理由，经技术制作中心领导审批后，按本管理规定办理。

第五章　合同审批

第二十条　一万元以下的舞美制作（租赁）合同，由制作部业务科审批。

第二十一条　一万元以上至二十万元以下的舞美制作（租赁）合同，报技术制作中心领导审批。

第二十二条　二十万元以上的舞美制作(租赁)合同按台大额资金使用有关程序的规定审批。

第二十三条　合同价格不得超出舞美制作预算。

第六章　验收结算

第二十四条　舞美制作完成后由美术设计、业务办、导演三方组成的验收组对舞美制作质量、数量、消防和安全性按图纸进行验收。

第二十五条　舞美景具制作费用结算按台成本核算管理办法进行。

第七章　景具处理

第二十六条　节目录制完成后，由技术制作中心提出意见，对景具中有复用价值的部分办理登记入库手续；不可利用部分按节目正常消耗处理。

第二十七条　舞美设计和施工设计图纸要归档管理。其知识产权属于中央电视台。

附件一：舞美制作经费标准

<table>
<tr><th>演播室
价格标准</th><th>250m²(含以下)</th><th>400m²</th><th>600m²</th><th>800m²</th><th>1000m²</th><th>一号厅</th></tr>
<tr><td>10万元以下</td><td>新闻、新闻访谈或专题访谈类例：新闻联播、经济半小时、早安中国。</td><td></td><td></td><td></td><td></td><td></td></tr>
<tr><td>15万元以下</td><td></td><td colspan="2">带观众访谈、小型竞赛类、少儿节目一般综艺类。例：对话、实话实说、艺术人生、希望英语、大风车栏目、过把瘾。</td><td></td><td></td><td></td></tr>
<tr><td>20万元以下</td><td></td><td></td><td colspan="2">一般综艺类。中型竞赛、访谈类、戏曲类 例：动感特区、三星智力快车、全明星猜想、讲述、名将之约。</td><td></td><td></td></tr>
<tr><td>25万元以下</td><td></td><td></td><td></td><td colspan="2">大型竞赛类、大型综艺类、戏曲类 例：神州大舞台、正大综艺、朗诵大赛、少儿戏曲大赛。</td><td></td></tr>
<tr><td>35万元以下</td><td></td><td></td><td></td><td></td><td colspan="2">大型竞赛类、特别综艺类、大型戏曲类晚会 例：喜剧小品大赛、青年歌手大赛、春节戏曲晚会。</td></tr>
<tr><td colspan="7">注：
1.在一号厅举办的超大型综艺晚会和重大特别节目（例：春节晚会、3·15晚会、音乐频道开播、MTV颁奖、梦想中国等）除外。
2.一次性使用的舞美制作经费要低于栏目多次复用的经费标准。
3.高清节目舞美制作费用标准待定，暂按上述标准执行。</td></tr>
</table>

中央电视台灯光制作管理规定

第一章　总则

第一条　为规范灯光制作管理，提高资金使用效率，保证节目制作，特制定本规定。

第二条　电视节目的灯光制作包括灯光设计、灯光器材提供、灯光系统安装操作等。

第三条 灯光制作由技术制作中心归口管理，技术制作中心制作部负责组织实施。灯光制作费用在各节目编播部门的节目制作经费中列支。

第四条 本规定适用于全台各节目部门。

第二章 灯光设计

第五条 灯光设计人员以技术制作中心的节目调度单为依据，负责完成节目的灯光设计，并绘制灯光设计图纸和阐述说明。

第六条 灯光设计人员对设计方案的安全性负责。

第七条 灯光设计方案由节目部门签字认可后，由灯光设计人员填写《灯光器材申请使用表》。

第三章 经费预算

第八条 制作部业务科根据《灯光器材申请使用表》确认台内外可提供使用的灯光器材，并通知灯光库房科。

第九条 制作部业务科根据《灯光器材申请使用表》、《灯光器材收费标准》核算租赁灯光器材、人员的费用。本项经费由节目部门认可并通过填写四联单方式向技术制作中心支付。

第四章 灯光方案实施

第十条 需租用台外灯光器材和人员由技术制作中心同社会灯具制作公司签订租赁合同。

第十一条 在节目制作过程中灯光设计人员负责灯光器材到位、检查、组织安装、操作、运行等工作，业务科对此项目的合同执行情况进行监督。

第十二条 节目录制完成后，灯光设计人员负责将灯光器材归还灯光库房或租赁单位。

第五章 合同审批

第十三条 一万元以下（不含一万元）的灯光制作（租赁）合同，委托制作部业务科办理，合同一式叁份。

第十四条 一万元以上至二十万元以下（不含二十万元）的灯光制作（租赁）合同，报技术制作中心领导审批，合同一式肆份。

第十五条 二十万元以上的灯光制作（租赁）合同按台有关规定程序批办，合同一式陆份。

第十六条 合同价格不得超出预算。

第十七条 灯光设计图纸和施工设计图纸按节目归档。委托制作公司完成施工设计，图纸版权属中央电视台的，设计图纸归档管理。

中央电视台节目服装制作管理规定

第一章 总则

第一条 为规范中央电视台节目服装管理及租赁，保证节目制作，节约资金，提高节目服装使用效率，特制订本规定。

第二条 节目的服装是指电视节目演员所穿的演出服装，不含栏目主持人服装。

第三条 全台节目服装制作、租赁由技术制作中心统一管理。技术制作中心根据本管理规定制订管理细则实施。

第四条 本规定适用于全台各节目部门。

第二章 节目服装制作程序

第五条 节目演出服装由技术制作中心制作部负责管理设计制作，节目演出服装制作费、租赁费，在各节目部门的节目经费中列支。

第六条 节目部门向技术制作中心提出制作申请，报告批准后方可实施制作，节目编导根据节目内容需要提出设计要求，由制作部服化科落实服装设计师完成设计，服装图及制作图须经编导签字同意后交付业务科，由业务科、服化科、设计师共同协商，安排制作。

第七条 制作部服化科根据制作服装费用填写技术制作中心内部结算单据，并由编导签字后生效，制作部在节目服装经费到位后方可安排服装制作。

第八条 制作部业务科按程序将服装设计图纸、服装制作合同及服装制作预算逐级上报（服装制作合同的上报、批复程序与景道具制作合同的处理程序相同），待批复后将服装制作费一次性支付给服装制作厂家。由业务科与服装制作厂家签订制作合同。（服装设计图、制作图按节目归档，由业务科进行封存）

第九条 外请服装设计师设计制作节目服装应按台内相关制度及本细则执行。

第十条 服装制作周期为二十天。

第三章 节目服装的管理

第十一条 节目演出服装由技术制作中心归口管理，技术制作中心制作部负责管理，服化科具体实施管理。

第十二条 节目服装制作完成后由业务科、服装科对制作完成的服装样式、材质、工艺质量、数量共同验收，合格后方可入库。服化科库房管理人员要再次进行验收、清点，并填写入库单据，办理相关手续，登记入库后方可到财务报账。

第十三条 节目部门需使用库存服装时须填写节目流程单，库房管理员负责填写服装租用、出库单据，同时节目部门负责人、具体经手租借人和库房管理员共同签字入档。服装退还入库时须办理退还手续，由租借人和库房共同签字入档。

第十四条 为节约库房资源减少保管成本、保持库房卫生，对不易复用存放的内衣裤、鞋袜等，可作消耗处理。

第四章 外借服装租赁细则

第十五条 节目部门需外借服装可向制作部业务科申请，由服化科服装员具体办理。

第十六条 一万元以下（不含一万元）的租赁服装费（租赁合同）由制作部业务科批办。合同一式叁份。

第十七条 一万元以上至二十万元以下（不含二十万元）的租赁服装费，租赁合同，报技术制作中心领导批办，合同一式肆份。

第十八条 二十万元以上的租赁服装费，租赁合同按台有关规定程序批办，合同一式陆份。

2006

CHINA
CENTRAL TELEVISION
YEARBOOK

中国中央电视台
年　鉴

WENLUN JILAN

文论辑览

文论辑览

一、论文摘要

电视媒体信息化的发展思路

宋宜纯

一、需求、对象和目标

1. 信息化的需求

电视媒体的信息化，其实质是通过电子化和网络化提供对媒体业务和运行环境的支持，使得媒体的业务活动和管理活动能够更有效、更方便、更快捷。促使我们在电视媒体内实施信息化的因素有多个，但是最关键的驱动因素来自事业发展和新工艺、新业务的需求，同时也来自更加科学的管理要求。

（1）高效率。信息系统就是提高效率和加强管理的有力工具；（2）新业务。以手机电视、IPTV电视、移动电视、卫星直播电视等为代表的电视新业务的出现，是促使实施信息化的另一个因素；（3）管理要求。当前的电视媒体广泛地引入了新的管理理念和管理要求，对信息系统提出了更高的要求；（4）规模和范围。早期开发的信息系统大多缺少统一规划和相互连接能力，通常规模小、数据散、功能专，而新一代的信息系统将向大型、统一、通用方向发展过渡。为了建设好下一代信息系统，有必要将系统的规模和范围的要求简单概括为：a．全企业：不是将系统局限于某个业务部门，而是能够在全企业范围里实施信息共享和交换；b．全流程：实现对业务或企业事务各个环节的管理和监控。

2. 信息化的对象

（1）管理对象。信息管理系统的主要管理对象是业务数据，覆盖到全电视媒体的人、财、物、制作、播出、存储、销售、流程等。

（2）使用对象。信息化的使用者可以分为业务人员和管理人员。业务人员是各种数据的产生和使用者，例如，编辑、记者、调度人员等都是基本数据的产生者，也是这些数据的直接使用者，他们更多地参与业务数据的增加、删除、修改等操作，较少使用统计、报表等管理性数据。基础数据都是由业务人员录入或维护的。管理人员也是数据的使用者，但是通常偏向于统计、分析、汇总、报表等数据，是基础数据之上的再处理和再利用。

现有的信息系统大多是面向业务人员的，而面向管理层的支持能力非常薄弱。因此，新一代信息系统必须体现对管理层的支持，并能将先进管理理念融入企业的各个业务环节。

3. 信息化的目标

笔者认为，当前信息化的主要目标是提高运行效率和管理能力，在这个大目标下，可以将其进一步分解为加快流程、降低成本、增强监控能力、提高管理水平等具体的目标。

（1）提高工作效率。通过信息化，普遍提高运行效率，应该是我们实施信息化的一个考虑重点。

（2）提高管理能力。面向管理的能力是新一代管理信息系统的特征。信息系统对管理能力的支持体现但不局限在以下方面：

a．基础数据。基础数据是业务运行的基本数据。在手工操作方式中，过多的数据将会导致处理的复杂度和工作量过高，所以常常简化和省略了基础数据，使得管理人员无数据可用。

基础数据应当具有适当的颗粒度，太大太粗就不能细分，无法作出有效的分析，而颗粒度太小则会产生大量的数据，增加处理的工作量。

基础数据的获取和产生还应该是第一手的，即应该是由业务系统产生的，而不是人工二次输入的数据。

基础数据应该是规范化的、统一的，并且是与管理方法和管理制度相一致的，否则会造成数据的不一致性和数据交换障碍。

另外一个问题就是要组织好数据，如果数据量很大、很分散，没有统一的访问方式，必然没有简捷的方式找到所需要的数据，也就无法有效地使用这些数据，这样的系统也是形同虚设。

信息系统应该充分考虑这些问题，为用户提供简捷的操作方法和准确有效的管理数据。

b．管理数据。管理数据是面向管理层的数据，用于分析和评估业务流程或企业运行状况，是基础数据的加工产品。典型的管理数据应该能够具有成本核算能力、精确管理能力、全流程管控能力、预防预警能力和分析评估能力。

c．协同工作。信息化也更加关注上下游协同工作。在共同完成一件任务的时候，一个工作流程的上游可以给下游提供更多的提示和预告，提供更多的先期计划，使得下游环节能够更有效地调度、分配和利用资源。

d．优化业务流程。信息化更高的目标是优化业务流程。根据中央电视台在“节目生产管理系统”实施中的调研，确有许多重复繁琐且没有实际价值的业务环节，但是这涉及到现有管理体制和规定，优化业务流程就要改变管理制度，这是非常困难的，但是也是最根本的。

e．决策支持。决策支持是利用企业内部外部的数据，通过统计、分析、预测等数学工具，提供科学决策的数据根据。目前的决策支持系统还只能自动处理一些简单和规范的决策过程，还不能对企业的规划和决策提供足够的、满意的支持，所以现在还处于辅助决策支持阶段。

二、信息化的总体思路

信息化建设是企业的一件大事，需要有认真的规划和准备，特别是应该有明确的长远发展目标，即通过若干年的建设和积累，最终建设成为一个比较理想的系统。信息化的总体思路可以考虑采用“整合、重构、精简、优化”的方法和步骤，具体描述如下：

1．整合

(1) 整合的特点：a．平滑实现。整合的关键在于对现有系统不做大的调整和根本性的改变，维持现有的操作方式和工作流程，但是实现符合管理和流程要求的互连互通能力，体现流程、全局和管理的理念。维持现有系统，对用户就会影响很小，不至于因为操作习惯和重新培训等问题造成用户接受上的困难，有利于信息化的实施。互连互通是系统整合的关键，不能连通、不能交换数据，则总体目标无法实现，失去了整合的意义；b．数据整合。系统整合的关键问题是数据整合，这往往造成需要重新进行统一的数据规划，实施中有一定难度；c．集中。集中不是必须的，但是设备集中和管理集中所带来的好处是明显的，其核心优势就是能够有效地减少维护人员和维护工作量，同时，集中放置也便于提供较好的机房环境。

(2) 整合的具体措施：a．建立企业门户。门户(portal)是应用的统一入口，可以有效地降低在多个系统之间的转换和操作的复杂程度。通常企业门户可以实现：统一入口、统一认证、统一管理、统一表现形式，允许用户单点登录，并且可以提供个性化的工作环境；b．交换平台。支持各个分系统之间的数据交换，达到实际上的互连互通；c．集中。可以将设备集中放置和管理，便于维护。

(3) 典型实例：中央电视台在2003年开始建立了企业门户，并进行了网络应用系统整合。通过建立统一的企业门户，将原有的系统和新建的系统采用统一方式集成到门户中来，用户通过单点登录即可访问所需的所有应用系统，在个性化的界面中，每个用户在登录后可以看到与自己相关的信息，每个人的操作选择范围（菜单）都与其工作范围和访问权限一致。在这一项目的建设中，实现了统一门户、统一认证和统一的表现形式，全部界面都统一到门户和浏览器技术上。原有系统做了适配性调整，与门户建立了统一的连接，采用portlet提供展示。所有查询都是基于浏览器的，同时也保持了原来系统的操作方式，原系统的使用人员不需要作任何操作上的变动。

虽然整合是一个非常有效的方法，但是应该注意到，整合只是简单互连，不是从根本上解决所有问题，有些深层的问题，如流程等问题，不修改应用系统软件是无法解决的，因此整合只是一个较好的过渡方案，而不是一个最终方案。

2．重构

重构与新建还是有不同的。新建系统是一张白纸，可以有较充分的发挥空间，而重构的系统则要考虑新老系统的衔接和过渡，甚至要考虑用户原有的操作习惯。

(1) 重构的特点：a．数据的继承和过渡。在原有系统上重新开发，必须考虑原有系统中的数据应该平滑地、可靠地转移到新建系统中来；b．操作习惯。要尊重用户的操作习惯；c．技术体系。重构的系统必须满足企业的信息化规划，特别是技术上要符合总体规划的技术体系结构。

(2) 重构的具体措施：a．系统重构。侧重于系统结构，侧重于采用先进和成熟的技术构建体系结构；b．数据重构。侧重于数据的统一和优化，要满足新的管理层面的需求，还要考虑到新老数据的过渡以及过渡期间的数据一致性，所以必须对两个系统并行和切换有充分的考虑。

(3) 典型实例：中央电视台在2004年重构了办公系统和节目生产管理系统。这两个系统都是在1996年前后建设的，曾经在相当长的时间内发挥了很大作用，但是，对于日益增长的管理工作和业务工作，这些系统在功能和性能上已经不能满足当前的需求。在这两个系统重构中，都根据总体规划的要求，采用了工作流，Java、三层结构和企业门户、统一认证等技术，并且充分考虑了系统的数据继承性。

3．精简

精简的核心思想就是增大规模，减少系统

(1) 精简的特点：利于数据共享，减少维护复杂性，降低成本。

(2) 精简的具体措施：根据业务数据和系统工作范围重新调整功能分布，实现合并，减少系统。

(3) 典型实例：原来中央电视台有多个新闻文稿系统，新闻中心、海外中心等都是各自建立了系统。随着事业的发展，英语、西班牙语和法语等外语节目相继播出，需要为这些系统建立新闻文稿系统。考虑到减少系统和操作上的一致性等问题，最终没有建设西、法语文稿系统，而是在2004年，对新闻共享系统的文稿系统做了改造，实现了多文种的新闻文稿编辑功能，一举实现中、英、西、法等语种的编辑能力，不但极大地减少了系统数量，降低了运行成本，而且在操作界面上也完全一致，可以交叉访问，也减少了培训的复杂性。

4．优化

系统要优化，这不仅仅是提高性能的问题，还有结构优化和功能优化的问题，实际上，对于系统标准化、扩展性和自定义能力等方面更需要优化。

(1) 优化的特点：a．业务流程优化。通过直接减少流程中不必要或不合理的环节，可以有效地提高业务工作的运转效率；b．数据访问优化。通过优化数据库设计等具体措施，减少冗余，提高访问速度，可以在技术设备不改变的情况下，增加服务能力或提高响应速度；c．系统结构优化。系统结构优化包含两个方面的要求，一个是体系结构优化，目标是改进效率、设备利用率和安全性方面的指标；另一个是灵活性方面的优化，目标是能够快速适应新的业务要求和组织机构变动。

(2) 优化的具体措施：a．通用化。通用化是指软件可以适应更多种类型的业务或环境；b．结构优化。结构优化的目标是系统结构更趋于合理，减少系统的冗余。

5．技术选择

信息化建设离不开技术，信息技术的发展改变和推进了信息化建设的实施。作为企业信息化建设，对于技术选择的基本标准应该是：成熟、稳定、安全。

(1) 成熟：成熟的技术可以很好地规避技术风险，防止因产品缺陷或过早退出市场导致无人支持，造成系统无法运行。

(2) 稳定：所选择的技术应该是发展趋于稳定、变化较少的技术，稳定的技术可以避免系统陷入版本不兼容或无后继产品及支持的困境。

(3) 安全：a．数据安全。通常是采用数据备份的方法，将关键性的数据备份到磁带或另外的硬盘上，一旦数据丢失，可以从备份系统中恢复。大量的音视频数据文件，可以通过双重磁带备份的方法，以减少重新上载和数据化的重复劳动。对于起到关键作用的数据库内的数据，不但要通过全备份和渐进备份等方法，每天备份数据，同时必须根据应用的重要性，考虑快速回复数据库服务的能力。b．系统安全。系统安全是保证系统运行和服务正常和不间断。通常在关键性的系统中，都会配置冗余的设备，例如网络或服务器等。在正常情况下，这些措施都是非常有效的。但是，对于病毒和黑客这样的网络入侵者，需要有更加复杂的安全保证机制。当前台内的业务系统中，通常防火墙等防护设备与台外的Internet隔离，真正有能力造成高度危险的黑客的攻击行为等相对较少，日常频繁发生的安全运行问题主要是由计算机病毒造成的。通过网络安全监控、定期的病毒查杀、及时的病毒库升级和系统补丁、桌面管理以及加强规章制度等管理措施，可以有效地防范病毒的发生和传播。

(4) 当前一些值得关注的技术：a．网格计算。所谓网格计算是指由网络连接起来的多台计算机共同完成一项任务，网格计算可以有效地利用资源，分担负载，并且规避单机失效造成的问题。另外，可以用多台低成本的计算机承担一台大型高成本的计算机完成相应的任务，降低系统的购置和维护费用。b．数据库快速恢复。快速恢复是指数据库系统在设备故障之后及时恢复数据，重新运行。采用快照（snapshoot）等技术，可以将数据库在硬盘上的数据快速地制作成可恢复的备份，由于采用断点和增量备份的方式，可以迅速地从备份处开始运行。c．桌面管理。桌面管理是指利用网络，将企业内大量的桌面计算机系统采用远程管理的方法，完成监控运行、分发补丁以及安装程序等日常维护工作。d．多内核处理器。由于多内核芯片在一个芯片内集成了2个处理器内核，所以，大体上相当于2个CPU在运行，不但简单有效，而且可以降低成本。e．低成本存储。广电行业对于存储的需求远远超过通常的业务、文档等行政办公系统的数据量，也远远超过条数多，但数据少的银行保险等行业。以视频存储为例，一般的在线硬盘系统的存储量也在十几到数十TB量级，因此，降低存储成本成为首先要考虑的问题。

三、小结

现在的电视媒体都已经建有各种信息系统，但是为了提高工作效能和满足未来新业务的发展，也需要对信息化建设作出认真的考虑，“整合、重构、精简、优化”不失为扎实有效的发展思路。可以简单地将信息化建设的路线归结为：

1．做大

即做成“大系统、大覆盖、大统一”。大系统就是系统的深度和广度大，用户量大，建设一个系统就可以有效地支持多种相关业务流程；大覆盖就是打破以往按部门设计系统的框架，而是按照工作流程，实现跨部门的流程信息整合，从而有效地连续和协调上下游工作，便于实现与组织结构无关，例如从中心制向频道制的转换；大统一就是系统结构统一、数据统一、管理统一，使得连接和互操作比较简单，同时也便于维护。

2．做强

即做到“功能强、性能强、安全强”。功能强就是功能完备，操作完善，能够有效地减少人工干预，真正实现办公和业务流程的自动化；性能强就是高速、高效；安全强就是系统完全可靠，能够维持高可用度运行。

3．做少

即做成“系统数量少”。减少系统可以降低维护成本，同时也能降低互连互通的难度。

（摘自《现代电视技术》2005年第八期）

新闻工作者职业道德教育要常抓不懈

梁　萍

随着信息化时代的到来，传媒产业蓬勃兴起，从业者队伍也在快速增长。由于从业人员素质良莠不齐，致使违反职业规范的事例时有发生。因此，全国许多媒体都加强了对职工的职业道德教育，并作为对新闻工作者队伍进行管理的一项重要内容，常年坚持，常抓不懈。

媒体是传播信息、引导舆论的宣传机构。而媒体的职业道德教育就是承担了向宣传者进行宣传，给引导者以引导的政治责任。

1．职业教育是对从业者正确的引领

职业教育要达到预期的效果，就一定要从中国的国情、新闻机构的性质、实际工作需要、从业者的心理特点出发，以最新的政策信息、价值观念和实例给从业者以正确的引领和启示。

反思我们过去的职业道德教育，在内容、方法、手段等方面还存在一些缺陷，主要表现在把职业道德教育更多地理解为理论教育、课堂教育、书本教育。实际上，作为对从业人员的职业道德教育，应从实践特征出发，通过传播职业的理念，提出职业要求，告诉从业员工应该做什么，怎样做是正确的，怎样做是错误的。

2．对精神境界的全面升华

职业道德教育是思想教育的重要内容之一。思想教育如果是用概念化的语言，枯燥地讲述，那就很难奏效，还容易引发听者的逆反心理。笔者曾在职业道德教育方面作了多年的探索，发现随着时代的发展变化，教育和思想工作必须改变传统的思路，不断丰富和更新教育内容，坚持与时俱进，才能使教育产生效力。在职业道德教育过程中，笔者曾采取把讲故事与讲道理相结合，把多媒体演示与课堂教学相结合的方法，使职业道德教育从一般的说理转变为对精神境界的全面升华，收到了良好的效果。

3."预防接种" 提高免疫力

把职业道德教育前置并制度化，从而提高从业者在利益诱惑面前的抵御能力。据调查，新闻工作被很多人视为一种理想的职业，这说明新闻职业已经进入公众视野。在新生活与旧心态、现代文明与传统观念、商品大潮涌来与道德水准衰退、个人利益的现实与理想信念的虚无等交织与冲突面前，新闻工作者一定要加强责任感与使命感的教育，绝不能在利益面前迷失方向，在诱惑面前低头。

西方传播学者在研究关于信念支持的途径问题时，引用医学原理，提出"预防接种理论"，说的是大部分人持有的信念在受到攻击时经常轻易地被动摇，因为人们不习惯保卫它。他们认为，如果一个人在无菌环境里成长，突然接触到细菌，很容易被感染，而通过有计划地接触微弱状态下的细菌环境，能够刺激个体抵抗力的增强。

教育和防疫工作有类似之处，通过教育可发现隐患，及早防治。我们不能保证每一个人都有必需的抵抗力，但是通过教育可以帮助人们获得和增强抵抗力。预防接种即是一种警示教育，说的就是"前车之覆，后车之鉴"的道理。

4. 规则比觉悟更重要

职业化管理是长效的、具有约束力的、体现了"规则比觉悟更重要"的管理。职业道德教育主要是人文精神的培训，仍然离不开以机制管人管事。衡量职业教育的成效就要看员工的职业行为、职业意识、职业精神如何。但是我们目前的管理机制尚需健全。举例来说，当一个从业者有了品质瑕疵，被所在单位解除劳动合同后，其他部门再录用他时，管理系统就会发出警告。因此，职业教育只有与机制相配套，才会很好地规范员工的职业行为。

《中国广播电视编辑记者职业道德准则》、《中国广播电视播音员主持人职业道德准则》把对新闻从业人员的管理守则化了。我们还需要一种科学严谨的、配套关联的，与社会监督、个人自律等相结合的管理机制。

（接自《电视研究》2005年第四期）

求真务实，推进党建工作的规范化管理

——基层党组织先进性建设工作初探

中央电视台技术制作中心　李　萍

党的先进性建设是党的建设的灵魂和永恒课题。

加强党的先进性建设，必须通过推进党的思想建设、组织建设、廉政建设和制度建设来实现。其中制度建设更带有根本性、稳定性以至全局性的影响，起着长期的规范作用。

2005年，当我们对保持党员先进性教育活动进行全面总结时，说得最多的是"巩固教育成果，建立长效机制"，其内涵表示：一是成果，二是机制。前者是对先进性教育活动的肯定，后者是我们对台里党建工作的承诺，也是基层党组织发展建设的持续过程。作为专职的党务工作者，还不能因为"先教"活动的结束而松口气，相反，"长效"机制的运营、管理、创新及作为，给我们的压力会更大。

我记得，在一次参加广电总局机关党委召开的先进性教育座谈会上，一位干部讲道：过去党员少，可组织的战斗力、凝聚力很强，现在党员多多了，而显示的战斗力和凝聚力倒降低了。先进性教育活动确实增强了党员的党性观念，但也担心一些党员的作用还会反弹。短短几句话，给人印象深刻。我在想，一个基层总支在所属的行政单位中的地位，不是自发形成的，也不是仅靠上级的政令去确立，而是要靠它的每一个支部自身所发挥的作用。因此，坚持党员的先进性标准是基层党组织先进性建设的根本之举，是推进新时期党建工作的现实需求。我们必须要从战略和全局的高度，认真研究和解决这个新课题，在理论上不断深化认识，在实践上不断探索创新。

我身处的部门是中央电视台技术制作中心，是为中央电视台节目提供不可或缺的技术保障和技术服务的系统环节，人员多，机房多，工种复杂，节目制作量大，安全播出要求高。这样的业务状态，党组织的保障作用是非常重要的。如何围绕业务和事业发展的重心来开展总支工作，从指导思想和操作标准上不断形成党建工作的良性循环，这是检验我们党务干部的基本功、专业性和创新能力的关键。多年来的总支工作实践，特别是亲历保持党员先进性教育活动的全过程，我真切地感悟到：总支建设制度化的规范管理是建立健全"长效机制"的先决条件。这是因为，一个健全的肌体能够在健康的轨道上运行，必然产生巨大的动力；一个良性的工作机制，能够保证党的组织在规范的轨道上运行，必然会增强党组织的创造力。只有把以制度为依据的规范化管理贯穿于党的思想、组织、作风建设之中，体现在党务工作的常态过程，才能强化制度的权威性，或者讲是"固木强基"，长期受益。

基层党建工作的规范化管理涉及的内容很多；我仅从保持党员先进性教育活动的实践，谈谈个人的认识体会。

一、党务工作的组织管理

组织管理是党建整个系统工作中的核心管理，包括决策行为、计划行为、领导行为、执行行为、监督行为和反馈行为。组织管理的性质不但取决于它的组成要素，而且取决于它的结构方式。这种结构方式直接反映和表现的是组织的持久和稳定的内部关系。简言之，结构决定功能。

党务工作的组织管理也是结构管理。

先进性教育活动中的最大收获是党员增强了党性，党组织提升了基层党建工作的水平。在这方面，我们体会很深，摸索和实践了许多好的做法，组织管理的层级负责制就是其中之一。在总支委和支委会的领导下，强调和进行了组织结构分工，突出抓了第一责任人、第一督导人、第一执行人的"三位一体"领导人的管理。第一责任人是部门、支部"一把手"，行使的是"一岗双责"的重任；督导人是支部日常工作的联系人，是总支和支部间穿针引线、承上启下的"环节"管理人；执行人是党小组长，是具体实施的落实的基础，是组织结构中最需要关心指导的基层管理人。在先进性教育活动中，无论是上级的"规定动作"，还是中心总支的"自选动作"，我们就是尽量按照这个组织程序发挥作用的。坚持大部署快落实，阶段计划沟通落实，利用每周的干部例会和定期召开的联系人会，及时布置督导，力求在组织结构的管理上分工负责，使其具有针对性、覆盖性和实效性。同样，加强党组织先进性的长效机制建设，更要善于在日常组织管理方面，把这"三位一体"的管理职责形成制度，对不同层次的管理人进行有效管理。

行政管理学认为，职位是结构的基本元素，是组织体系中的联结点和支撑点，职位与职权、职责相联系，强调的是非人格化和统一的规范管理。把其概念引申至党的管理工作中，也是一种创新和能力的体现。总支和支部"一把手"，同时还受于中心和部门行政"二把手"，是最重要的"双重"身份的领导管理，其对党建工作的认识程度决定了这个单位的党建质量。因此，围绕先进性建设的总体目标，从机制制度、组织管理的关键环节入手，促使"三位一体"的管理者能够认识到位、责任到位、水平到位和精力到位。

组织管理是党务工作的先行管理，其"先行性"主要体现于领导行为，即决策、督导、推动，这是"长效"机制运行的重要的组织保障。

二、党务工作的动态管理

动态是科学发展观的属性之一，表现的是进步与创新的深刻内涵。

动态管理是党务工作的运营管理，是重要的环节管理，更是推进发展的创新管理。保持党员先进性教育活动，是近几年来党内少有的一次集中精力、具有规模的思想教育，步骤清晰，系统性强，要求全面。因此，我们在管理手段上，实施了"三点一线"、"四级贯通"的动态性管理方法。"三点一线"即：布置——督导——回馈，把支部在时间进度、阶段内容、具体做法、活动效果，都归顺于中心总支的管理视线，以掌握情况；"四级贯通"即：总支——支部——小组——党员，强调党员有责任，层层有压力，一级抓一级，使工作目标得以分解落实，在进行某些大的教育活动以及党的组织生活等，都采取了这种与之相适应的管理方式。

多年来，我们开展党务工作的行为惯性是多部署重总结，突出抓"两头"，热衷影响力，这些都是对的，是我们的传统做法，是经验之谈。但是，随着先进性教育活动由深入而转入到"长效机制"的建设上，确实需要把科学管理的手段运用在党务工作的实践中，不仅重视"抓两头"，还要完善常常被我们忽略的过程管理，也就是动态性的环节管理，这是行政管理概念的重要步骤，是执行能力的基本体现。

动态管理亦是新时期党建工作需要研究和强化的新理念以及新的管理方式，应对于以往在系统管理中的薄弱环节或缺失管理。因此，"督查"、"督导"、"监督”和“想管”、“会管”、“敢管”是各级党的干部的重要作为，决定着动态管理的力度和质量。

三、党务工作的量化管理

量化管理是目标管理的基础，而目标管理是组织实施计划和控制的有效管理方法。支部建设目标是中央电视台党委2005年已经实施的既定工作，而总支的管理目标就是依从年内的计划加以分步落实。我们在先进性教育活动的整改方案里写得很具体：年内有几次组织活动，每次活动有项目、考勤、记录；有几次干部民主生活会，几次统稿的党课教育，几次总支委会，几次廉政工作通气会，年内支部工作的“自选动作”不能少于总活动的三分之一，等等。有了这些量化积累，就有了对支部的依据管理和规范考核。实践中我们感到，量化是客观标准，只有重视量化才能讲求质量，通过绩效评估进行年末“决算”。值得一提的是，以量化管理为依据的目标管理还应遵循两个基本原则：一是注重工作成果，并作为衡量组织工作绩效的标准；二是重视人的行为，通过积极激励使其个人目标和组织目标融为一体。这是考量求质的关键。

我曾讲过，党务工作比之业务工作，确有些“虚”，是“软着陆”，指标性弱，但我们自己不能“玩虚”的，软性不是软肋。党务干部必须要有量化意识，通过建立工作目标责任制，把责任分解到支部，把方法交给支部，确实发挥支部在业务中的支撑作用，不断强化自身素质的内在动力。倘若照此去做，量的积累一定可以促使质的变化，也只有追求数量的落实才能有提高党的先进性建设的基础。由此，我还是坚持：总支工作的开展应多学习或借鉴行政制度管理的模式，该刚性的则要刚性，以至逐步达到规范化，而规范化的意识和程序就是专业化管理。

四、党务工作的评估管理

建立和实施了组织管理、动态管理和量化管理，就有了应运而生的评估管理，这是党务工作不可缺少的步骤管理。

支部对党员情况的考核、评议或评定，属于评估管理。党员先进性的标准是《党章》中明确规定的，在任何情况下都不会改变。依据这个总原则，由于本单位业务性质的不同，其对党员先进性的具体体现也会有不同的特点。因此，对党员的评估，应该更符合时代性，从工作实际出发，查看党员的本职作为、政治意识和进取精神，说到底，是对党员先进性作用的鉴定。以往，我们在支部工作中，总是希冀大的教育活动来触动党员的自我提高，片面认为有“火候”才得劲抓，习惯于日常的一般性布置或泛泛教育。这种状况，一方面是在规定学习、思想教育和开展活动上，针对性和成效性较弱，不善于主动抓一些党员中的薄弱环节，缺乏“碰硬”精神；一方面是动态性的量化管理缺失，对党员考核没有完善的评价体系，使得评估依据不足，也难为“碰硬”。所以，市场经济的客观性和基层支部在部分方面的弱化管理，是导致有些党员作用力降低的主要因素，直接影响到党组织的威信程度。这是很多支部工作的“通病”。

总支对支部工作的检查、考评，也属于评估管理。评估不应受时间所限：一次系列的教育活动，如先进性思想教育；一个阶段性，如季度、半年、年终，党员民主评议、干部考核；一些大的宣传报道，如“十六大”、“两会”、“奥运会”、“春节期间”等，党员和党组织的作用必须体现在业务工作中。评估应该坚持制度和内容的结合，计划和总结的结合，依据进程项目、业绩和效果，具有针对性和实际性，以便支部的操作和落实。我们技术制作中心党总支在实施先进性教育活动中的三个阶段时，能够按照台里的统一部署，从业务特性和教育特色出发，做到了阶段前有布置，阶段中有交流，阶段后有总结，及时召开所属支部专管的联络小组人员开会，沟通汇报，点评记录，一环扣一环，使支部能够明确进度，知己知彼，互相促进。重视评估的作用是为了对工作心中有数，不仅找出自己尚存在的问题，也能通过显现的成绩去激励党员和组织，以利今后的发展。

综上所述，基层党务工作的组织管理是保障，动态管理是手段，量化管理是依据，评估管理是目的。党员先进性长效机制的建设是党务工作的重中之重，是刚性管理，也是推进基层党建工作朝着科学化、规范化发展的创新管理。在具体运行中，我们还必须贯穿“人本”观念，用求真务实的科学态度，投入到大量的细润、生动、适时、到位的思想政治工作中，通过入情入理入心的点滴渗透，通过能解决问题就及时解决的热忱精神和实效能力，来凝聚人心、人气、人智、不断扩大党组织的公信力和影响力。倘若降低了这个基点；基层党组织的先进性建设就会大打折扣，或者真是纸上谈兵了。

我们也清醒地认识到，建立健全保持党员先进性的长效机制是一项复杂的系统工程，就党建抓党建的

"自我循环"现状，也许会有很多实际困难。但我认为，只要党务干部能够恪守这份责任去肩负使命，能够按照台里不同时期的部署，围绕中心业务工作的重心，以支部工作为基础，认真推进总支工作的规范化管理，基层党组织的先进性建设就一定会有起色有发展。正如胡锦涛同志强调指出的：坚持党要管党、从严治党方针，建立新形势下广大党员长期受教育、永葆先进性的长效工作机制，进一步把党的先进性建设推向前进。

（摘自《电视研究》）

我国少儿电视发展现状和趋势

余培侠

电视作为现代社会最主要的传媒之一，对人类的生活产生深刻的影响，尤其对当今的少年儿童极富"魔力"。从我国第一个仅有十几分钟的少儿节目《两只笨狗熊》播出，到今天全国有十几个专门少儿频道，并有几百个电视频道播出少儿节目，少儿电视经历了三次历史性的发展。

一、我国少儿电视的三次历史性发展机遇

第一次发展机遇——20世纪80年代初，在中共中央书记处发出"全党全社会都来关心少年儿童健康成长"的号召下，少儿电视蓬勃兴起，它结束了我国少儿电视20多年来时有时无、零星播放、徘徊不前的局面，使少儿节目开始进入有自己"固定栏目、固定播出时间、固定专业队伍"的稳定发展阶段。

第二次发展机遇——90年代初，在全国人大、全国政协"两会"代表要求广播影视部门"为少年儿童提供更多更好的精神食粮"的提案推动下，全国各省市电视台从80年代的30多个栏目增加到90年代的近200个栏目。中央电视台还于1995年11月开通了第七套卫星电视少儿节目，这标志着我国少儿电视进入从无线到有线、从分散播出到规模播出的发展新阶段。

第三次发展机遇——21世纪初（2004年），中共中央、国务院颁布《关于进一步加强和改进未成年人思想道德建设的若干意见》，对新世纪、新阶段进一步加速少儿电视发展提出了明确要求和重要部署："中央电视台要进一步办好少儿频道，各地要切实抓好中央电视台少儿频道的落地覆盖工作，省（区、市）和副省级城市电视台要创造条件逐步开设少儿频道。"这使我国少儿频道异军突起，飞速发展为频道专业化阶段。

二、我国少儿电视的发展现状

2003年12月28日，第一个面向全国少年儿童的专业频道——中央电视台少儿频道的开播，标志着中国少儿电视已从栏目发展走向频道发展，揭开了中国少儿电视频道发展的序幕。目前，我国少儿电视频道发展现状如下：

1．少儿节目在少儿频道的播出已超过播出总量的1/3。截至2004年年底，全国已有30家省级电视台、258家地市级电视台开办了少儿栏目。同时，包括中央电视台少儿频道在内，全国共开办了15个少儿频道及3个动画频道。据央视-索福瑞媒介研究数据表明少儿频道播出的少儿节目占全部少儿节目播出总量的40%以上，少儿节目的频道专业化程度正在迅速提高。

2．少儿频道是最受欢迎的电视频道之一。

3．动画片是当今儿童最喜爱的节目，其中影视剧又是儿童收视最多的节目。

4．4～14岁儿童是少儿频道的核心收视群体。

5．当前发展中值得思考的几个问题：(1) 儿童节目数量增多，但真正受儿童欢迎的甚少。(2) 儿童节目潜在市场大，但经营开发少。首先，少儿节目市场需求明显大于市场投放量。其次，我国少儿电视尚未形成产业市场开发的良性循环。(3) 从业人员条件高，但高素质人才少。(4) 政策要求高，但有效措施少。

三、我国少儿电视的发展趋势

当今我国儿童电视传媒的发展，主要呈现以下几个趋向：

1．传播态势全球化。我国少儿电视全球化突出表现在两个方面：首先，表现在"引进来"与"走出去"交互转化的过程之中。上世纪80年代我国实行对外开

放之初，更多的是"引进来"。"走出去"合作合拍较少，只有一部儿童电视片《大鸟在中国》是跟美国"芝麻街"合作的。到了90年代中后期，在"引进来"的同时，更多的是着眼于"走出去"。一是"走出去"与国际儿童强势媒体合作，二是让国产动画片走进国际市场。其次，表现在少儿电视与网络一体化的整合之中。2000年"六一"儿童节央视制作的12小时特别节目，通过央视国际网站全程直播取得成功。而现在，我们又在央视国际网站开通网上少儿频道。少儿电视传媒和网络传媒的一体化整合，借助网络多种传播功能的综合性优势，不仅使得传播容量无限扩大、时效性大大增强，更重要的是通过网络传播的信息遍及全球，大大加速了少儿电视的全球化进程。

2．收视群体分众化。中央电视台少儿频道的"分众制作与播出"十分突出。其中，分众制作体现在栏目的目标受众定位上，分众播出则体现在播出时间段的对应安排上。央视少儿频道受众目标定为0～18岁，具体细分为6岁以下的学龄前儿童；6～12岁的小学生；12～18岁的中学生以及这些受众对象的家长。此外，按照不同收视群的实际细分成7个播出时段，即早间时段、上午时段、午间时段、下午时段、傍晚时段、黄金时段以及晚间时段。其中上、下午时段以学龄前儿童节目为主；早间、午间、傍晚、黄金时段以小学生和中学生节目为主；晚间时段则以青年与家教节目为主。目前，包括中央电视台少儿频道在内，全国已开办了18个少儿、动画频道，2005年陆续增加到近50个。因此，少儿节目频道化、收视群体分众化的趋势将越发明显。

3．节目内容前瞻化。在21世纪，新信息的广泛传播与新知识的迅速膨胀，使得现代儿童电视要以前瞻的眼光去把握未来的发展趋向，以超前的意识去适应儿童未来生存与发展的需求。一是要注重0～3岁幼儿电视节目的开发。二是要注重对未来生存环境和高科技的探求。

4．制播方式互动化。一是节目形式上的互动。如何让更多的儿童参与电视，如何创意更符合儿童心理特点的参与互动形式，这已逐渐成为提高节目受欢迎度的重要手段。二是传播模式上的互动。随着少儿电视与网络技术的融合，"双向交互式"的传播模式在真正意义上得以实现。

5．少儿电视规范化。1999年，广电总局下发了《关于加强和改进动画片制作生产与管理的若干意见》和《关于进一步加强广播电视少儿节目管理的通知》。2004年，广电总局又不失时机地制定了一系列针对儿童电视节目的行政规章和规范性文件。仅2004年一年，广电总局就制定、发布了相关规定约14项，是前五年的总和。同时，中国广播电视协会青少年儿童节目委员会还主持起草了《从事未成年人电视宣传工作行业自律公约》，这将为未成年人电视工作从业者提供一部"行为准则"。

6．国产动画产业化。2004年12月6日，国家广电总局批准建立9个国家动画生产基地和4个国家动画教学研究基地。动画生产基地和动画教学研究基地的建立极大地推动了我国动画产业的发展。国产动画产业已呈现出前所未有的良好发展态势——开办了3个上星动画频道，使动画片播出平台逐步扩大；加大了国产动画片生产规模。目前，动画产业作为少儿电视的龙头产业，已经呈现出良好的发展势头，它必将带动整个少儿电视产业的蓬勃发展。

（摘自《电视研究》2005年第二期）

《智慧树》栏目是一档在少儿频道播出的学前儿童节目，图片内容为该栏目的录制现场。

将主题报道的报道主体对准“人”

——“落实科学发展观”大型主题报道的创新实践

王晓真

自2005年3月起，中央电视台根据中宣部的统一部署，推出了“落实科学发展观”大型系列主题报道。主题宣传报道因在数量、题材、角度选取等方面具备一定的优势而有着较强的震撼力和影响力，但主题报道往往又容易因题材和角度要求的规定性、一致性出现单一化、概念化的倾向，因此不断发展报道理念，创新报道样式，对树立主题报道新形象至关重要。

鉴于此，中央电视台《新闻联播》在2005年三轮的“落实科学发展观”系列主题报道中，就突出改进主题报道思路，提升主题报道层次，讲求主题报道效果进行了电视化手段的新尝试。突破口就选择在将主体对准人上面，形成了“角度围绕人的变化，镜头追踪人的活动，语言反映人的性格，结构围绕人的命运”来展开的报道基本原则和制作规范。实践证明，报道抓住而且抓准了人，是使主题性新闻好看起来的关键，也是主题性报道能有所突破的前提条件。

一、对将“人”作为报道主体的再认识

我们在日常所看到的大量的文章或新闻报道中并不缺少“人”，但又往往记不住什么人，进而也就自然对整篇文稿或新闻报道印象不深。笔者以为，症结就出在所写或所报道的人物不够具体、不够典型，所反映的事件也没有紧紧地围绕典型人物展开，最后变成了一群人和一堆事。所以，如何让“人”真正成为报道的主体需要有一个再认识的过程。

1．科学发展观的要义就是以人为本，实现人的全面发展

发展的目的是为了不断满足人民日益增长的物质和文化的需要；同时，实现全面协调可持续的发展又要依靠人来完成。人，自然而且必然要成为这一主题报道的主体，这是这一主题报道的性质所决定的。

2．科学发展观既是战略思想又是指导原则

报道“落实科学发展观”既要体现人们对其深刻思想内涵的认知，又要反映切实可行的实践成果和经验。既有理论层面又有操作层面，归根到底还是要通过人这一载体来体现。

3．科学发展观作为系统的战略思想，从学习理论和原则到结合实际，化为实践中的自觉行动是一个过程

真实地反映这一过程就要真实地表现人们在发展理念上、决策思路上和行为方式上的转变。变化了的人和人推动社会发展、变化应该成为我们报道的着力点。

4．科学发展观的提出，源于中央对我国经济社会发展阶段的准确分析及对不断变化的世界形势的冷静判断

在现实生活中，有很多生动的国内外科学发展的范例，以及违背规律盲目发展的教训。经验也好教训也罢，都需要直接面对各种各样的人才更可信。

二、如何将镜头更好地对准“人”

电视是一种复合艺术，它的表现手段是优于其他平面媒体的。如何充分运用丰富的电视表现手段为主题报道服务，是“落实科学发展观”系列报道的突破点，这也正是这个系列主题报道区别于以往报道的关键之处。

1．报道的叙事结构要有利于突出“人”

在“落实科学发展观”系列报道中，我们对人的报道采取两类基本的处理方式，即整个内容以某个人或某两个人的故事为主展开。另外，让“人”在主题报道中起到承上启下穿针引线的作用。

2．文字表述符合人物特征，杜绝空话套话

人物具体，事件典型，解说词写得生活化、通俗化、口语化，更容易打动人。

3．画面对采访对象的着意关注

强调人物的细部特征，采用必要的长镜头，多选取有寓意、信息量大的画面，“言之有物”是我们对参加主题报道的摄像师提出的要求。让镜头说话，让镜头运动起来，是电视新闻中亟待加强的内容，而随意堆加画面，千篇一律的构图都是主题报道所明确禁止的。

4．一定的特技效果设计有助于强化人物的特征

在连续三轮的“落实科学发展观”主题报道中，我们不断地在节目中设计了不同的版式，其中比较突出的是为表现人物设置的特技隔断（百姓）“心语”、（领导）“直言”、（记者）“感述”和反映人的思路发生转变的板块“新视角”等。同时为凸显人物间的矛盾关系，还采取了双画面等专题形式，这些手段的使用在《新闻联播》中还属少见。

5. 标题的个性化、新闻化有助于体现人物的生动性和增强主题报道的亲和力

如《淮河一家人》、《走出棚户区的日子》、《罗秀梅复学记》、《姚师傅和他的小火车》等报道，角度平实，开门见山，简洁明快，比冗长而乏味的套路式标题更具有生命力。

三、结语

在持续了近一年的采访报道中，我们的几十位记者对研究问题，特别是研究丰富电视表现手段，以更好地表现真实的生活、真实的人，产生了浓厚的兴趣，也增加了不少过去没有过的压力。对“三贴近”和“三深入”的要求在实践中有了更真切的感悟。

创作思路的调整创新，给记者树立更高的发展目标，增添了自信和动力。毋庸置疑，“落实科学发展观”大型系列主题报道在充分运用电视表现手段，积极改进报道思路等方面所作的努力已经取得令人满意的成果。

（摘自《电视研究》2005年第十二期）

频道制节目管理流程研究

——CCTV-2为例

王进　龚冰　段晓超

中国电视业正在转向以资源重组、内部结构调整为主的规模化竞争时期。央视经济频道在全国电视经济频道中的领先地位、领先优势正在减弱。地方电视台经济频道一方面力图突破现有覆盖范围，谋求节目信号全国覆盖，另一方面节目视角不囿于地方，转向努力把握全国经济市场变化。由此可见央视经济频道正处于一个不断发展变化的媒介环境之中，面临越来越有力的挑战。

2004年，央视经济频道肩负起频道制改革的试点工作。为此，经济频道成立了专门的调研组，对国内优秀企业“流程再造”的先进管理经验进行了实地考察。就有关“频道制”问题与国内外同行进行了深入讨论，还分别对国内有影响的广电集团和电视台进行实地调研，了解各频道的改革进展情况。在此基础上，经过认真研讨，形成了央视经济频道改革的初步设想：以信息管理为枢纽，实施频道节目管理流程再造，构筑一个扁平、简约的，市场导向的频道化节目管理模式。改变过去“把关”式的管理体系，通过信息在频道内的高速流动，确保“前策划”与“全程评估”落实到节目信息收集处理、生产播出、效果评估的全过程；以“选题链”方式实现信息高效管理、资源合理调配、节目最优编排，建立“数据链”式的节目标准化评估体系。围绕这一设想，我们在频道节目管理流程方面进行了四项改革和研究工作：

一、推进信息化生产、扁平化管理改革

1.信息化生产

频道制改革是对频道竞争优势进行整合，对频道内节目流程管理架构进行再造。我们提出“信息化生产、扁平化管理”作为频道内节目流程再造的方向。

经济频道新节目管理流程强调拆除各部门间的信息壁垒，摒弃信息“共享”，树立信息“共有”观念，使信息能够在频道内高速流动，从而实现资源效益的最大化。“共享”意味着承认栏目各自拥有信息资源的合理性；“共有”则从根本上解决了信息资源占有与利用的冲突问题，反映了信息化生产高效、高速的显著特征。信息流不是单纯的节目资讯信息流动，而是决策信息、生产信息、评估信息三方面的交互流动，融会贯通，促进形成节目生产管理的全新方法。

2.扁平化管理

管理层级的扁平化是现代企业管理变革的基本经验。传统管理模式强调各部门具有的特定职能，扁平化

管理强调各部门的工作衔接。频道与栏目（节目）两级管理制，有别于传统的上下级行政管理，表现出很强的整体性与互补性。

要打造一个简约、高效的经济频道，必须大力推进"信息化生产，扁平化管理"改革。信息化是生产方式，扁平化管理是实现生产信息化的组织保证。

二、实现三种流动

1.信息流

在经济频道，信息的流动占据重要地位，主导着生产流与节目流。信息的纵向与横向流动是有差异的。纵向流动是从早晨第一档节目开始向晚间最后一档节目的流动，主要功能是满足当日频道播出信息所需，包括正在发生事情的最新进展信息、市场异动的分析、生产进度信息、分阶段节目质量信息等。而在频道内不同的栏目中，这些信息又以不同的方式进行着个性化加工和梯次开发，从而使频道在一天的播出时间中，实现对重要信息的等级规模覆盖与多样化、个性化的开发利用。这种纵向信息流的管理，是变职能管理为功能管理的创新。

横向流动是指信息从周一向周五的流动，满足频道中远期发展的需求，主要体现在"前策划"工作中。"前策划"在频道定位下运作，包括重点节目的中远期规划、品牌战略、传播策略、公共关系策略、文化战略等，体现频道智慧的整体水平。

2.节目流

当天节目流指频道节目从早间开始向晚间的流动。尽管频道内栏目个性不同、信息处理方式有别，但各栏目要共同完成频道的任务，完成对重要信息的规模覆盖，达到理想的传播效果。

在当周节目流中，通过"前策划"等管理手段，抓住报道热点，有意识地营造符合频道定位的收视重点。通过对频道节目的中远期规模与实施，凸显频道特色，扩大收视份额，提高竞争实力。目前，对当周节目流的控制还是频道的弱项。由于不能及时全面地掌握各种信息，在"前策划"工作中，基本还停留在对"两会"、重点节假日的传统策划上，缺乏把"前策划"作为一个常态的重要节目管理手段进行制度化、具体化。

3.生产流

生产流是以人力资源为主的生产要素集中调配，是信息流与节目流的组织保障。在以信息为枢纽的新型节目管理流程中，信息与人、财、物等各种要素的有机结合，形成了一个最优配置的"生产轮"，符合经济频道的经营运作思路。

三、梳理四种关系

1.专门与综合的关系

经济频道的定位是"大众、综合、实用"。将标志性栏目与丰厚的资源相结合，彰显频道的"专业"特色；以兼容性和丰富性构筑频道的"大众"收视基础。

2.频道与栏目的关系

频道依靠栏目获得新的增长点，栏目依靠频道打造广阔的发展平台。

3.共性与个性的关系

频道内各栏目对重要信息形成了规模覆盖，最终凸显频道的个性化特征。

4.近期目标与远期目标的关系

强调近期与远期发展目标的协调，就是要充分进行"前策划"，制订周密而系统的频道发展战略，包括节目编排战略、频道传播战略、跨媒体跨行业发展战略、创新机制战略等。

四、采取五项措施

1.加强频道质量控制体系建设

频道通过实行以"定战略、定任务、定标准、定岗、定编、定投入产出"六项内容为考核标准的目标管理责任制，从组织制度、专业范围，把频道的任务分解落实到栏目。以"选题链"方式实现信息的高效管理、资源合理调配、节目最优编排；建立"数据链"式的节目质量控制体系和预警机制。

2.搭建经济频道全天候信息平台

全天候信息平台是信息流的汇聚地、节目流的枢纽、生产流的调控中心。在频道的统一定位下，信息平台对信息作出不同判断，决定信息的纵向或横向流向，对当天节目及当周节目编排作出计划，使信息能够形成规模覆盖、科学分布，并通过节目个性显出信息的差异化与梯度开发。

3.建构经济频道标志性栏目

扩大资讯类节目，使其成为全天经济信息的汇集高峰，使观众在不长时间内总揽全球信息；打造一档经济评论类节目，加大信息的深度开掘，体现经济频道的信息处理能力。

4.打造经济频道白天黄金时段

辩证地看待经济频道的黄金时间，白天同样有可能成为频道的"第二黄金时间段"。通过建立强大的经济信息采集平台，充分掌握各种专业市场信息，强调“市场的异动就是资讯、及时的解读就是服务”的传播理念，与世界著名主流财经媒体开展广泛的合作，为频道拓展新的收视份额增长空间，大力提升频道核心竞争力。

5.开发周末节目空间

在周末时间，在资讯与娱乐、经济与娱乐、服务与娱乐的交叉点上开发新节目。

在我国，对频道制改革的研究与探索还在初始阶段，还要在实践中不断丰富与完善。频道制是一种全新的电视经营机制和管理理念，是以合理的框架统一节目运作、统一节目资源、统管频道运营的电视产业管理模式。它涉及对电视频道的管理框架、节目流程、编排方式、运行机制与营销模式等全面的重构，目标是提高管理的有效性，提升资源利用的合理性，从而提升频道的竞争力。

在试点工作中，我们把对信息流的控制及处置方式作为频道制改革发展的起点，强调频道管理者将频道内的所有资源转化为信息资源，包括设计合理的质量控制流程、明确的审批权限及控制标准等，从而保证了各种信息在频道内高速、高效地流动，并得到科学、规范、及时的处置，以此完成管理方式的转变。

（摘自《电视研究》2005 年第四期）

关于建立电视制片人栏目管理体系的探讨

韩 青

一、建立明确的目标管理体系

实行制片人制对推进广电事业改革，提高节目质量起了重要作用。但目前制片人对栏目的管理存在两种值得关注的现象：一是单纯应付日常播出，完成领导交付的任务，栏目发展与否与我无关；二是只重眼前利益，没有长远的发展计划，什么收视率高就做什么，“东一榔头西一棒子”，使观众甚至本栏目的记者都摸不透栏目的性质是什么，形不成收视定势，也不可能造就观众的期待感。以上两种现象不改变，就不可能办出优秀的品牌栏目。因此有必要建立明确的目标管理体系。

首先，一个成功的栏目应根据其定位制定一个明确的发展远景。栏目的发展远景还应得到全体员工的认可并能够激发所属员工内心的积极性，鼓舞其全心全意地投入和奉献。

其次，还应建立明确的、具体的、具有可操作性的阶段性目标管理体系，这是栏目健康持久发展的前提。目标管理一般由四部分组成：具体目标、参与决策、明确的时间规定、绩效反馈。

目标管理中的“目标”应该是对期望结果的简要概括，如栏目收视率、收视份额达到多少，广告收入达到多少等。

目标的确立不应是制片人或上级单方面制定下达，而应用参与决策的方式由上下级共同确定。参与决策的方式可以最大程度地调动员工的心理认知度，加强员工的自主性和忠诚度，提高员工的满意度和积极性。每一个目标都要有一个具体的时间规定，必须在规定的时间段内完成。一般栏目考核时间为一季度或半年，新建栏目考虑其成长期一般为一年。目标管理的最后一部分是绩效反馈，它是目标管理得以实施的重要保证条件。它通过给目标实施者持续的客观的信息反馈，如每周详细的收视报告、收视分析、专家评析、管理者评价等等，使其充分了解自己的工作情况，不断地修正和控制自己的行为，朝既定目标前进。

目标管理体系的四个部分需要根据栏目的性质用科学合理的流程串联起来，使之规范化、日常化。

只有将阶段性目标管理与长远的发展远景相结合，才能使栏目实现有计划的发展，才能充分调动全体员工的主观能动性。

二、建立科学的决策体系

制片人作为栏目的管理者，其决策能力直接关系到栏目的未来发展，因此建立一个相对科学合理的决策系统至关重要。决策过程一般包括以下几方面：(1) 鉴别问题和定义问题；(2) 分析问题；(3) 拟定可供选择的方案；(4) 评价备选方案；(5) 选择最佳方案；(6) 执行方案；(7) 检查方案的有效性。

鉴别问题对于解决问题至关重要，决策者必须能够区分现象和本质。在定义问题时，决策者应该清楚：我是否有权自行做这件事情？我具备所需的专业知识吗？我是否有时间？假如我不做这件事，结果会怎样？调查进行到何种程度？解决问题将会产生哪些益处？这些益处的重要程度如何？通过定义问题可以确定一系列目标。在明确定义问题之后，决策者就要对问题进行系统的分析。明确了问题所在，接下来就要寻找解决问题的方案，所收集的信息可以提供一些解决方案，决策者还应更多地寻找方案，可供选择的方案越多，解决问题的办法就会越完善。寻求解决问题方案的过程是一个具有创造性的过程，在这一阶段，决策者必须开拓思维，充分发挥想象力。也可以采用多种方法，如“头脑风暴法”、“德尔菲法”。备选方案拟订出来后，须进行评析。设想备选方案如果实施了，将会怎样。必须对每一个备选方案所希望的结果和不希望的结果出现的可能性进行检验。在选择最优方案时还要考虑可利用的资源、实施的时机，最好能够有实验的机会。选择最佳方案，必须进行实施。一个优秀的决策者必须具备做出决策又能化决策为有效行动的能力。决策者最后的职责是定期检验计划的执行情况，并将实际情况与计划结果相对比，必须根据已建立的目标来衡量效果。这种检验的结果也有利于提高决策者的水平。

建立决策体系可以保证决策的科学性、完整性、系统性。避免拍脑门儿决策，造成资源浪费。

三、建立科学、公正、公平的绩效评估体系

绩效评估体系要达到的目的一般有以下几项：(1) 提高员工现有的工作业绩；(2) 激发员工进行自我发展的兴趣，以期获得更大的个人成就；(3) 提供一种有效工具，将员工的工作成绩与其工资水平进行对比，以达到正确管理工资的目的；(4) 为将来的提升提供充足、优秀的后备人才，并有助于人才的挑选；(5) 为员工提供机会，使他们能够表达对工作或事务的感受；(6) 培育良好的人际关系；(7) 使每一位员工都明白自己的处境和位置。

从以上的目的可以看出绩效评估体系不是一个简单的工作好与坏、奖与罚的评判，它是和战略目标紧密配合的全方位评价体系，是完成目标任务的有力保障。

绩效评估的主要内容包括测量（测量准则和测量方法）、评价（评价标准和评价的资料来源）、反馈（反馈的形式和方法）、信息（过去的表现与现实的差距、需改善的地方）。

测量内容是绩效评估的基础性内容，直接影响到员工对工作的看法，代表企业对员工工作的期望。所设定的测量内容和权重一定要和栏目对不同工种员工的期望相一致，和栏目的价值观相吻合，才能引导员工自觉向此方向发展。

测量的方式可以借鉴成功企业的经验。评估者可以是上级、同级、协作部门的合作者、下属等。评出的结果可以和被评估者的自我评估进行对比，从而真实全面地发展、发掘其优点、潜能及与栏目要求之间的差距，增加了评估的准确性。评估的过程和结果一定要公正、公平，必须赋予员工平等的机会。

在考评中进行信息反馈是非常重要的，它不仅用于指导员工的行为朝着预定目标前进，又用于激励他们努力保持高水平的工作。信息反馈使被考评者了解自己所处的位置以及在下一个考评阶段对他的期望，帮助他们认识到长处和不足，同时还有利于正确和谐地建立栏目人际关系和沟通机制。

绩效评估体系的建立不仅有利于制定合理的工资奖励标准，产生良好的激励效果，还可以发现高素质员工的潜力，加以引导和培养，为栏目储备人才，同时也确保不合适的人员不会得到提升。它可以避免过多人为因素的干扰，避免领导者个人好恶产生的偏差，从而建立一个健康的工作环境，使员工可以全心全意地向栏目的指定目标前进。

目标管理体系、决策体系、绩效评估体系是栏目管理中三个主要方面，它可以加强栏目管理的制度化，避免一些人为因素带来的干扰和偏差。除此之外，电视是一个需要不断创新的行业，因此无论是制片人自身还是其所管理的队伍都应具备较强的学习能力，能够不断地吸纳新的东西并善于总结自身的经验和教训，才能避免闭门造车、故步自封。

（摘自《电视研究》2005 年第三期）

心态与技巧

崔永元

媒体技术的发展、信息革命的浪潮和全球化的理念给中国广播电视主持界带来巨大的冲击，面对全球的剧烈变化和中国的迅速发展，主持人应如何保持一个平和的心态，如何用心与观众交流，如何用技巧来充实和完善节目的创作？笔者认为，所有主持人和出镜记者可以共享一个好的心态。平衡心态要从做人开始，要在日常生活中去积累。镜头前和镜头中都要是一个真实的人。健康心态的形成是一个漫长的过程，而技巧的运用确实能在一定程度上弥补心态的不足。

一、主持人是“最后一棒”

“主持人”这一概念的界定困扰了中国广播电视主持界很多年。在英文中，主持人通常被称为“Anchor”。《朗文当代英语词典》把“Anchor”解释为三重意思：其一，为“锚”；其二，常用于美语中，特指在电视媒体上读新闻和介绍新闻报道的人，等同于“Newsreader”；其三，被解释为赖以依赖的人或事物。

事实上，无论是把主持人比喻成“锚”，还是把主持人形容为“最后一棒”，它都是强调主持人对于节目的重要性。无论是前期策划，还是后期编导，包括现场的实施，最终都要在主持人或出镜记者这个环节上体现。因此，不可否认，主持人是电视节目生产流程中的“最后一棒”。所以，在一些发达国家，有些主持人的年薪甚至可以超过制片人，这在很大程度上体现出主持人对于整个团队和栏目的重要性。

二、主持人的心态

1. 主持人要学会用心交流

心态对于主持人来说是共通的，但是提问技巧因人而异。当一名主持人能体会到用心交流这层含义的时候，在采访和提问的时候是没有压力的，会很从容。但是，用心交流难也就难在这里，即你要平衡这个心态，就要从做人开始。

2. 主持人需要去除心理杂念

许多主持人在日常生活中，与人对话和交流是没有问题的，而且每个人都有每个人的特点，每个人也有每个人的优势，但是一到镜头前就会变形，判若两人。

其实每位主持人和记者都会有这样的压力，当别人夸奖你，认为哪个是你的优势，是你的特长，需要你去发挥的时候，恰恰就会变成你进步的阻碍。可能你越强调它，内心的恐惧感也就越强。镜头和电视采访很容易让人产生心理障碍。我认为首先要把压力和杂念放下，这是最重要的。每位主持人都有各自的问题或毛病，这些都能被意识到，但是很难克服，关键的问题就在于心理障碍。

3. 主持人采访时要端正心态

有主持人提出采访时要“平视”，我非常反对这种提法，因为我认为这种“平视”是做不到的。理论上讲这个“平视”是不存在的，不存在就不要去主动地追求这种“平视”。其实最难做到平视的是两类人，一类是官员、艺术家、大腕；一类就是普通老百姓。端正心态是一个观念问题，不能因为有了“平视”，就让自己的工作状态变形。

三、采访前要做充分的准备

“案头工作”对于任何一位主持人或出镜记者都是必不可少的。事实上每位主持人或记者每次采访之前都在做案头工作，但可能多半做得不得要领。那么主持人的“案头工作”到底需要了解什么呢？我们可以探讨。常规的情况就是需要了解受访者的背景，包括他的生活背景、学术背景和知识背景。除了这些之外，我们做《实话实说》的时候，给策划人员提出一些更高的要求。比如说，要熟悉受访者的讲话方式，因为每个人都有每个人不同的表述方式；要熟悉他的个人品味，或者爱好，这个通过他本人很难了解。我们就要求策划人员和被采访人身边的人接触，比如他的妻子、孩子和同事。跟这些人接触，他们都会回馈一些有关被采访人生活中更真实的信息，这都属于案头工作。

我跟郑也夫讨论过一个问题，即“一对一”的采访和“一对众”的采访，哪个更难？我很认同郑也夫的观点，他说实际上各有各的难处，他认为“一对一”的采访要有深度，“一对众”的采访要有控制能力，是两个层面的要求。所以，出镜记者也好，主持人也好，心态大家可以共享，但是技巧不一定适合每个人。

四、主持人应掌握的技巧

1．采访前的试探要拿捏好分寸

好的主持人和记者必须善于掌握并调节采访对象的心理。最初与采访对象接触和交流的时候，完全是一个互相摸底的过程，他要看看你的水平怎么样，你要看看他好不好沟通。在采访官员、学者、艺术家的时候，这个试探是非常重要的。受访者想知道采访者对他了解多少，有没有读过他的书，是不是看过他的画，怎么评价他的书法等。所以采访前一定要做认真、准确的案头工作，需要获得大量关于被采访人的信息。这个试探是特别微妙的，没有把握的时候不要轻易表述自己的看法或观点。在正式采访开始之前，其他工作人员调试机器、话筒的时候，采访者可以用旁敲侧击的办法，再收集一点信息。试探的过程非常重要，但是不要轻易地去冒险，以免因为很小的事情影响采访。

2．与采访对象交流时要讲究方法

采访的时候也需要技巧。采访对象一般分为两类：一类是对电视媒体陌生的人。这些人从来没有或者很少接受过采访。他们对摄像机、演播室是陌生的。另一类是对电视非常熟悉和了解的人，或者可以称他们为“电视常客”，比如说一些官员、名人、新闻人物，他们天天面对媒体。这两类人一定要区别对待。

3．要学会倾听

记得有一些关于采访的名言，比如说好的采访只提一个问题。开始我不理解这是什么意思，后来我明白了。其实好的记者准备的提问只有一个，其他的问题都是从对方的谈话中发现、获得的。因此，一位优秀记者的职业能力不是“说”而是“听”。如果他能听懂对方说什么，你肯定就会有无穷无尽的问题。

这里的“倾听”不是技巧问题。是真正意义上的听，是用心在听。正因如此，他在打动你的时候，你才会落泪；他说得有意思的时候，你才会哈哈大笑、忘掉自己。采访者只有在全身心地倾听的时候，才会有自我真实、真诚的内心感觉，才会认为自己做的一切都是合理的。

采访过程中，在没有听清或听懂的时候，可以实话实说：“对不起，请你再说一遍，我没听懂。请你说得通俗一点，干脆举个例子得了。”在和被采访者交流的时候，采访者一定要用心倾听，用心感受，尽可能地还原谈话的自然状态。

4．消除电视技术对受访人的影响

电视技术对采访对象的影响非常大，而这一点却常常被采访者忽略。如摄像机、监视器、反光板，甚至电池等，这些东西对受访者影响特别大，因为这些对于他们来说都是陌生的。受访者很可能由此变得紧张、不自然。心理学研究表明，愉快、松弛的环境，有利于采访对象保持稳定的情绪和清晰准确的语言表达。

在一对一的采访中，电视技术对受访对象的影响非常大。所以，应该把技术因素对受访者造成的影响降到最低，让他漠视摄像机、反光板和灯光这些东西的存在。甚至当受访者主动问这件事的时候，你都要把它尽量地淡化。

主持人在正式采访之前，应把音调、语气、音量都调整到最佳的状态，这些工作可以在和受访人聊天的时候进行。

另外，有人提出摄像的时候没有时间限制，我认为这也存在问题，如果电视节目的片比超过1∶3，肯定不好看。节目播出35分钟，如果录制两个半小时，那效果肯定是差的，怎么剪也不行。因为它的气息、节奏，怎么调都不对，就是拼凑出来的。实际经验告诉我们，片比不能超过1∶3，因为剪的时候，它的痕迹会非常明显。当然，这里说的是谈话节目。

5．要使节目人性化

在新闻采访中，平衡新闻事件和新闻人物并不是一件容易的事情，这个度很难把握。

做新闻事件的节目，在媒体曝光不十分充分的情况下，可以就事论事。但是，如果事情基本上都清楚了，就不妨退出来，重新审视这件事情。

节目要人性化，主持人和出镜记者也要人性化。要做到这一点，平时就要这样做人，只有平时做到了，才可能在摄像机前做到人性化。

采访的心态可以共享，但采访技巧是没有定法、因人而异的。好的心态对于主持人和出镜记者是至关重要的。笔者介绍的这些采访技巧不一定对谁都适用。事实上，如果主持人有很强的亲和力，嘉宾有很强的谈话欲望，那么主持人甚至不用提出什么问题，不需要使用任何技巧，就能获得理想的谈话效果。主持人的工作就是要营造一个好的谈话氛围，谈话的真正魅力就在于发自内心的“实话实说”。

（摘自《电视研究》2005年第十一期）

试论优质电视剧的有效传播

张子扬

一、电视剧产业的发展现状

国家广电总局在《电视剧产业“十一五”规划纲要》中指出:“目前我国电视剧年产量在12000集左右,电视剧的创作生产数量以每年平均12%的比率递增。”据不完全统计,以每集制作费35万元计算,全年总投入资金42亿元左右。

随着中国的入世和改革开放的逐步深入,国际文化交往不断扩大,影视文化产品在对外交往中的作用也日益增强。电视剧产业要进一步满足人民群众日益增长的精神文化需求,就需要不断提高其制作品质,优化市场环境,规范市场行为,增强国际竞争力。在促进各国文化平等交流的基础上,有效抵御西方腐朽文化的入侵。

从这个意义上讲,目前电视剧产业发展的规模还远没有达到要求,因此,在未来的发展中要形成规模和完整的产业链,发挥其龙头作用并带动整个广电产业的发展和改革就非常重要。

二、后戏剧现象——电视剧时代的到来

毋庸讳言,中国是电视剧的生产大国和消费大国,自上世纪80年代起,中国电视观众的精神生活已进入了“电视剧时代”。

在远古时代,人类最初的精神活动就是以原始歌舞和戏剧开始的。随着社会的变迁、历史的进步,艺术开始分支为各个门类,这其中最具有精神、文化综合性的、最有普遍传播价值的就是戏剧艺术。中国是以戏剧作为“高台教化”来为社会政治服务、为时代民众服务的,自然也娱乐身心,同时,它还是凝聚民族文化心理的一个重要载体。

随着工业化革命的到来,电影技术的出现使得像美国这样一个年轻的国家把电影院变成了剧场,电影的取材、时间长度、仪式化程度成为戏剧形态的一种延展。应该说,美国电影在技术的影响下变成了美国主体的戏剧。而已有一百年历史的中国电影,因为各种原因,只是做出了技术性的完成和一种艺术领域里的实践,远没有像美国电影那样成为大众的第一娱乐,更没有形成一个巨大的产业。相比之下,中国的电视剧虽然起步较晚,但因技术的普及与受众物质精神需求的提升,飞速地取代了市场化尚不成熟的电影业,成为大众娱乐的主导产业。

上世纪末,由于电视剧的生产数量与观众对电视剧需求量的增加,中央电视台率先开辟了电视剧频道,日播量(含重播)达到近12个小时。频道专业化的趋势使生产者的积极性受到了很大的刺激与鼓励,电视剧的生产量开始提高。社会的开放也使得观众对电视剧内容的需求趋于多元化的态势。

由于中国特殊的经济结构和社会群体构成,使得中国的观众一直徘徊在剧场和电影院之外。电视剧的出现,使广大观众有了一个与“戏剧文化”对话的平台。尽管电视技术最初的功能仅仅是用来转播舞台戏剧和戏曲的演出实况,但是,随着电视技术的发展和电视工作者创作实践的增多,随着对境外电视剧成功经验的学习与借鉴,电视剧逐步衍变成为一种长度自由、可分多集、播出连续、直接进入家庭的新的戏剧形式。

从艺术形态上看,电视剧、电影故事片都是戏剧的延伸,但是电影还残留了剧场的“聚会”和“仪式”的痕迹,而电视剧已经超越了这一切,变成了受众在家中即可直接去面对的戏剧,这不仅消除了空间和时间上的障碍,也消除了国界和语言的障碍,完全满足了人们对于戏剧世界的精神依伴。电视剧时代标志着“后戏剧”时代的到来。这种“后戏剧”现象也标志着我们民族的精神生活进入了一个以电子媒介为载体的崭新时代。

三、优质电视剧——构建民族文化形象的精神画廊

优质电视剧是民族精神气质的标识与走向。作为电视剧艺术的创作者,其塑造的人物,可以丰富民族精神的文化长廊;作为电视剧的受众群,人们会在电视剧中,寻找到自己的精神家园。如此,一部优质电视剧

应该具备如下几大特征：要有先进文化思想的关照，具有本土文化的原创性，代表着本民族、本地域的文化精神，具有不可替代的表现魅力，也就是作品本身应具备强大的文化竞争力。同样，它更不能离开戏剧文化的各个基本元素——人物形象、人物性格、人物语言、人物命运。

电视剧的受众层面涵盖了社会上不同年龄、不同民族、不同职业的各类人等。多元的要求、分类的收视是正常的，但是在主流媒体中的优质电视剧里面，则更应该具有我们优秀的民族精神，有非常先进的思想理念，同时又体现着符合艺术规律的创作人员的美学追求。这样的作品才能够给人以启迪、让人去思考，也才能得到审美上的快感。由于传播的普遍性带来了很好的市场效益，它甚至可以作为一种跨民族、跨地区、跨国家间文化交流的产品——让别的民族和国家的观众能够了解与进入我们民族文化的精神画廊——这也就是我们所定义的优质的电视剧。

四、健康的产业化运作——优质电视剧生产的保障

产业化方向是电视剧市场化的一个必由之路。优质的电视剧一定是具备文化属性、政治属性的，而在市场经济的今天，它更具备商品的属性。所以，产业化的运作是对优质电视剧创作和生产的一个良好保障，换言之，健康的产业化链条是优质电视剧生产的重要保障。对于有形产品来说，从原材料的采购、生产加工、完成、销售，这是一个完整的循环。透视到电视剧生产中，就是从选择题材、拍摄制作到质量的把关、电视台的播出，这个完整的链条循环，是电视剧产业化发展的流程。

改善投资环境，大力吸引民营资本进入电视剧行业，加快制定和完善有利于电视剧生产的管理政策和产业政策，是对电视剧健康运作的补充。

五、有效传播——优质电视剧与文化版图的拓展

何谓有效播出？作为电视剧生产、完成后的播出，文化份额与市场份额占有的最大空间，便为有效播出的实质。其内涵可分为如下两个层次：一是国内的有效播出，二是国际的有效传播。通俗地讲，再好的产品不完成播出环节，甚或卖不到海外市场，本土的文化版图自然就在精神与现实的世界里缩小了。换言之，本国的电视剧在本国受众甚少，外来的电视剧产品自然会占有更大的份额。可见，有效传播是优质电视剧文化与市场份额双重占有的重要保障。

“文化传播”的本质是什么？就是生活方式的传播。生活方式最有效的传播，就是通过优质电视剧直接展示人们日常生活亦即精神生活中的喜怒哀乐，即价值取向。这其中还有故事情节、人物形象和人物命运，没有这些就谈不上所谓的“文化传播”和“交流”。优质电视剧是“文化版图”最有效的具体形态，亦是文化传播的具体形象。不同题材的电视剧生产，体现了本土文化的多元共存。如此，优质的电视剧必须代表本土的一元的文化，而传播广泛则要进行交换才能变成多元的共存。

六、培育优质电视剧发展壮大的几项建议

电视机从单一的科技产品成为今天家家必备的文化生活消耗品，既是国内、国际文化市场的需求，更是文化版图拓展的一种必然。因此，优质电视剧必须进一步的发展和壮大。

基于如上思考，推进优质电视剧的生产与传播，似应对以下几点给予关注：

（1）科学立项制度，增加政府投资；

（2）加大激励机制，推动对外传播；

（3）建立分级、分时段规则，使准入播出制度化；

（4）增设驻外影视官员，具体协调“走出去”工程；

（5）开设“引进剧”频道，促进对等文化交流；

（6）整合国际电视节资源，鼓励参评、参展；

（7）提供健康、良性的艺术批评，有效保障消费者的利益。

中国电视剧经历了三十余年从单一部门的创作生产形态，发展成为现在已进入产业化方向的规模与趋势。其影响与作用，在整个民族的精神生活和国民经济中都占据着不可或缺的重要位置。

优质电视剧的生产、传播与满足广大消费者的需求，是一个长期的事业。

（摘自《中国电视》2005年第十一期）

中国电视传播新格局与管理创新

张海潮

在数字化、产业化发展的大背景下，中国电视进入新的历史阶段——无论是在传播格局、频道管理方式还是盈利模式等方面，都正在或将要发生革命性的变化。中国电视改革的重点是由中心制向频道制转变；由专业频道向专业频道品牌化发展；由相对单一的内容传播形态向多媒体传播格局发展；由以广告收入为主向多元产业盈利模式发展；由粗放管理向精确科学的管理方式发展。通过一系列的改革举措，进一步扩大我国电视的影响力，扩大盈利能力和产业规模。

一、中国电视传播新格局

1. 综合频道特色化

在受众开始分散，大批专业频道逐步涌现的今天，传统的综合频道照样有其足够的生存空间。虽然面临有线电视、直播卫星电视的激烈竞争，但近年的一项统计显示，在世界电视100强中，前10位依然是以综合频道为主体的电视机构。

综合频道特色化是目前国内电视台综合频道的一个主要发展方向，其实质是一种市场定位策略。

2. 专业频道分众化、小众化

一般来说，频道专业化发展的第一步是进行类别上的划分，即按不同的节目内容分成电影、音乐、体育、科技等频道。由于处在专业频道发展的初级阶段，因此，目前我国的电视专业频道绝大多数仅是用合并同类项的方法把相同类型的节目放到一起播放。这种专业化的实质是“产品专业化”，用市场学的眼光看，它还是在同时向不同消费者销售同一种产品。随着竞争的加剧和市场进一步的成熟，必然会进一步“窄化”频道内容，集中满足特定消费群的需求。

系列化专业频道是我国专业频道发展的第二阶段，如体育类频道可以发展成专门的篮球频道、田径频道、围棋频道、高尔夫频道等。这些“小众”的专业频道的生存主要靠收视费，也就是说“小众”的专业频道主要是付费电视频道。

3. 网络电视“自选”收视

数字技术、宽带网络的发展与普及，使观众与电视节目提供者之间的互动与自选定购成为可能，观众可以非常方便地选择自己感兴趣的节目和看电视的时间。

在今后的中国电视市场中，综合频道、专业付费频道、观众对节目的自选与定购形态会同时并行，都有各自的生存空间，而不是谁取代谁的问题。这里最大的关注点是哪一类型的传播形态会成为市场主流，而其他类型频道如何在新的市场环境中调整好自己的定位，获得良好的生存空间。

4. 盈利模式多元化

中国电视正在和将要发生的一系列深刻革命的主要动因之一，就是要寻找和发展新的盈利空间。在经过了一系列的努力之后，我们可以非常清晰地看到，随着开路电视、付费电视、网络电视、直播卫星电视、手机电视等多元传播格局的逐步形成与完善，单一的盈利模式和有限的经济增长空间会大为改变，形成以广告、收视费、订制费为主的多元盈利模式。

5. 传播渠道极大丰富

在模拟技术时代，中国电视业的内容传输通道主要是有线和无线，而且频道资源稀缺。进入数字技术时代，电视内容传输渠道是多元化的，频道资源是极其丰富的。

在数字电视时代，中国电视传播格局会重新划分，传统的传播形态和新型传播形态会长期共存，分工合作，各展所长，共同来切分市场蛋糕。在这里笔者要说明的是，根据我国的国情，付费电视很难一下子成为市场的绝对主流。因为我们的免费收看、内容丰富的开路频道实在太多了，观众长期享受“免费的午餐”已经形成了习惯；同时电视业也不会在短期内大规模改变现有的频道格局和主要盈利模式，这样做风险太大，我们千万不能简单地照搬国外的方式。

二、中国电视管理体制创新

作为受众内容识别和从事经营活动的基本单位，频道管理水平的高低，事关媒介生存。

1. 频道群管理

在多频道时代，为实现资源的最优化配置，达到传播效果的最大化，各级电视台必须加强对频道群的综合管理，形成科学合理的管理结构。这里所说的频道群不仅包括模拟电视频道，还包括收费电视、网络电视和手机电视频道等。

频道制是以频道为核心的现代电视媒体管理模式，有利于提高管理效率，有利于频道的广告经营和产业开发。频道制使频道成为节目的运营中心和经营中心。在管理方面，由于频道制组织框架是扁平化的，频道总监直接面对制片人，减少了中间环节，提高了管理效率。在经营方面，频道制强化了经营功能，全面负责频道的广告经营和产业链开发。在组织结构方面，增加了频道经营机构。

频道制代表频道管理发展方向。电视台实行频道制管理，频道成为宣传中心和经营中心，因此应有与之相配套的政策、机制保障。

总之，频道制的全面推行对促进我国电视业的进一步发展，影响力是很大的。

2．制片人管理

制片人管理改革的方向是建立一套适合各电视台实际的有效管理制度，实现对制片人的科学规范管理。以中央电视台为例，为了加强对制片人的管理，制定了《制片人管理暂行条例》和被称为“阳光政策”的栏目管理公开制度。同时还制定了《节目综合评价体系》，实行栏目的末位淘汰制度。此外还对栏目进行定岗、定编，实行制片人竞争上岗。通过这些有效的措施，使制片人制的人事、财务管理透明化，进一步完善制片人的绩效考核与激励机制，初步建立起一套“择优选拔，科学操作，完善监管，有效激励”的系统化管理制度。

3．建立成本管理体系

成本核算是成本管理的前提和基础。各级电视台在实行成本核算过程中，可以先从强化成本意识，从实行内部成本核算做起，改变铺张浪费的状态。

对电视媒体实行成本核算，要充分考虑到电视节目成本构成复杂，动态变化大，核算难度高，真实成本并不一定是合理成本等因素。要表现出知识智慧含量的差异，还应将知识因素纳入成本构成之中，按社会平均必要劳动时间来衡量节目的成本。此外，成本控制要和产出挂钩。要以市场的眼光来衡量、确定各类节目的成本标准，然后采取科学的项目管理方式，引入竞争机制，在确保节目质量不受影响的前提下最大限度地降低成本，提高效率。

成本核算仅仅是成本管理的第一步。完善的成本管理体系是一项系统工程，涉及到成本预测、成本计划、成本核算、成本控制、成本分析考核等诸多层面。成本核算仅仅是成本管理体系形成的初始阶段，尚未达到管理与控制的高度，因此内部成本核算必须向纵深发展。

4．重塑人事管理体系

随着中国电视业的发展，对人才的争夺将日益成为焦点。如果说在上一轮的发展中，电视业以吸纳优秀节目采编人才为主的话，那么在接下来的市场化、产业化进程中，电视业将会大力吸纳各类经营管理人才。

在传媒业大变革的时代，既要考虑现实的因素，又要考虑发展的需求，多种用工制度的并行是现实的选择。

要在电视媒体内部逐步完善竞争上岗，绩效挂钩，优胜劣汰机制是改革的大方向。随着频道制的实施和媒介产业经营的发展，在人事制度上要形成与之相配套的用人机制。在把握总量，加强宏观调控的基础上，应该给频道总监以及相关产业部门有限度的人事权，这样才能既保障电视台的宏观调控，又使用人部门有一定的灵活性和积极性。

（摘自《电视研究》2005年第六期）

制播怎样“分离”

黎斌　赵丽芳　何杰

在我国广播电视界，自下而上的制播探索一直没有停止过。但由于制播体制改革是体制层面的改革，涉及到法律法规建设、人事、财务改革，以及广告经营等宏观、中观、微观方方面面的变革，因此，这项改革步履维艰，困难重重。

电视产品自身的特殊性决定了制播体制改革的复杂性和艰巨性。所以，在具体实施策略上要采取重点突破、整体推进、分步实施、积极稳妥的策略。

CHINA CENTRAL TELEVISION YEARBOOK

模拟市场，相对分离

2000年对英、德、法三国的电视制播体制进行考察时发现，他们的制播分离有两个层次：第一个层次是把一些节目委托给社会上的独立制作公司或者直接购买节目，第二个层次是在台内部把节目制作与播出机构相对分立，在成本核算的基础上模拟市场运作。前者称为外部市场，后者称为内部市场。内部市场与外部市场可以同时并存，相互促进。如英国BBC在1996年的大改革中，将广播电视节目的播出与制作分离，创立一个内部市场：制作中心制作节目，广播中心负责委托制作、安排和播送节目，重新组合后的节目制作中心为BBC的所有频道提供节目，BBC的所有频道按照内部交易规则向制作中心"购买"节目，广播中心的节目委托可以在内外制作机构中进行选择，从而在内外同时引入竞争。

英国许多成功的独立制片人都是从BBC离职的资深电视人，当BBC第4频道开播后，他们敏锐地觉察到电视台对节目的需求蕴藏着巨大的成功机会，于是离开BBC成立专门的独立制片公司，既为BBC制作节目，也为第4频道制作节目。后来与第4频道相似的完全靠独立制片公司提供节目的第5频道（C5）的出现，又促使了一批电视人离开BBC，去成立独立制片公司。英国BBC不仅扶持独立制片人，而且在1996年在内部引入竞争，培育节目制作实体。英国政府关于所有电视台外购节目不能低于25%的法律规定，更是推波助澜，催生了英国节目制作市场的空前繁荣。

英国的独立制片人大多是从BBC中离职的资深节目制片人，他们的离开是否会影响到BBC的节目质量呢？BBC的措施是，采取"停薪留职"的办法鼓励制作人出去创业（停薪留职政策直到2001年才终止），并提供优惠条件，将BBC的一些非重要性栏目交由他们制作，合作期限一般为4～6年。等于是将一批制作人置于一种压力和动力更大的市场机制下去生产节目，不仅使BBC的节目质量未受影响，而且还从发育起来的制作市场中受益。

英国的做法很值得国内电视台借鉴。首先可在台内将制作与播出相对分开，实行企业化管理，培育台内制作实体，设立2～3个节目制作中心（公司），模拟市场运行；其次，着力培养外部独立制作公司。一方面可像英国那样，规定某频道或某类栏目的外购节目比例（比如10%～20%），并向社会公布，调动社会力量投资节目，或者拿出一个商业频道或公共频道，给社会制作单位提供播出平台，这样将极大地吸纳社会资本的涌入，并催生节目制作市场的发育。

栏目是电视节目生产的基本组织单元，制片人是栏目生产第一线的管理者，在栏目的运作中处于中心地位。可以探索从栏目制片人管理入手，在内部引入竞争机制，实行"准独立制片人制"，建立内部模拟市场。

目前电视台内部的制片人基本上是在传统体制背景下产生的"依附型制片人制"，即制片人职务依靠行政任命、节目经费依靠计划拨款、具有相对的用人自主权。在这种情况下，制片人制的功能未能真正体现出来，要么是制片人权、责不到位，要么是制片人权、责不对等。真正意义上的"独立制片人"则是自筹经费，自主用人，自负盈亏，按市场机制运作。"准独立制片人制"就是从现行"依附型制片人"过渡到更靠近独立制片人方向的一种中间状态，是迈向完全市场机制的前奏和准备状态。与此相对应的经费管理可从计划拨款转为竞标承包，从节目管理自制自审转向节目评估收购，实行模拟市场的管理方法。

公司运作

在模拟市场、相对分离的基础上，可将节目制作部门从事业管理体制中剥离出来，建立独立的节目制作法人实体，实行所有权和经营权的分离，探索企业化的经营管理方式。例如，湖南电视台对电视生产管理机构进行了调整，将节目生产分为两大块：新闻节目及非营利性节目的生产都划归新闻中心；节目中心和华夏影视制作中心分别负责走向市场的综艺节目和电视剧的生产，并从台里脱钩，制作的节目既满足台里播出的需要，又面向全国电视市场。

在成立制作公司之初，电视台可给予一定扶持政策：如分流去公司的人员3年内享受台内的基本工资和福利待遇，3年后从事业编制中划出。社会新招聘人员则完全按市场规则管理；电视台与公司签订2～3年的协议，在此期间将电视制作业务的70%～80%交由公司制作，同时规定公司要达到相应的节目质量标准；开辟部分非黄金时段栏目让社会制作公司参与竞争，以培育市场和促进台节目制作公司的竞争能力和经营能力，并推动台节目制作公司的平均制作成本向社会平均成本转化；在2～3年后条件进一步成熟时，取消保护政策，引入社会资本，在电视台控股的前提下成立股份公司，电视台只享有所有权和收益权，将节目制作公司推向市场，和社会制作公司一样平等地全方位地展开竞争，从而实现制播体制改革的全面到位。

（摘自《中国广播影视》2005年十月下半月）

网络媒体发展道路之思考

刘连喜

一、CCTV.com的初步实践

1. 基本定位

电视台是一个媒体，电视台所创办的网站是具有电视特色的网络媒体，它所从事的主要是电视节目尤其是电视新闻节目的网络化传播。CCTV.com于1996年12月由中央电视台创办并启动运营，是党和政府的喉舌。对内向全国人民传达党和政府的声音，同时反映人民群众的呼声；对外则代表国家和民族，向全世界传播中国的政治、经济、文化和历史等信息，同时反映国际上对中国的现状及历史的信息回馈。CCTV.com作为CCTV的一部分，是电视媒体在互联网上的一种拓展和延伸，二者之间构成互动、互补的关系。

2. 发展战略

根据CCTV这一国家媒体的定位，CCTV.com制定了相应的发展战略，就是“建一流网站、创国际品牌”，并且推出了“四个新”规划，即CCTV.com是CCTV网上传播的新阵地、CCTV名牌栏目推荐的新通道、CCTV国内外优秀影视节目和广告购销的新平台、CCTV新的经济增长点。CCTV.com紧密依托CCTV这一母体，采取服务与整合、发展与创新和全球化传播的“三步走”步骤，大力实施频道专业化、专业频道系列化、系列频道国际化的“三化”策略，在CCTV的信息高速公路建设方面取得了初步而又可喜的成绩。

3. 内容建设

CCTV.com已经初步完成了对电视资源的整合，照搬照抄电视的时代已经过去了，现在正走入创新的阶段。新闻、电视指南、体育、娱乐是CCTV.com内容建设的四大支柱。CCTV.com开办有39个专业频道和英文版，创建了《网评天下》、《电视批判》、《在线主持》和《线上故事》等一大批原创名牌栏目，点击率不断攀升，影响力不断增强。

4. 文化管理

CCTV.com的目标是建设具有电视特色的第四媒体。CCTV.com建立策划会制度，鼓励员工学习深造，为员工提供个性化的发展空间，形成日益紧密的有效率的团队，携手创建传播当代先进文化的新媒体。

通过这一系列的实践，CCTV.com打造品牌，提升核心竞争力，凸显特色，沿着CCTV.com发展的战略目标和方向不断推进。网络已成为电视台立体传播格局的有机组成部分，是立体化传播的重要环节。

二、网络媒体发展的道路

1. 社会化之路

促进政治文明建设、确保社会良性运转和推动文化价值的提升，是网络媒体的神圣职责。如今，网络媒体已经进入一个高速发展期。网络传播冲破了疆域的、文化的界限，正在以自身的特性改变着传统的传播方式并将引发一场媒体的革命性变革，对包括电视媒体在内的传统媒体形成强烈的冲击和影响，还将随着时间的推移而日益显现。换句话说，网络媒体的发展道路，首先是一条社会化之路。

2. 专业化之路

明天的网络媒体应该是这样的媒体：有特色的、专业性很强的、颇具权威性的、有丰富思想文化内涵的、不为金钱社会所俘虏的、勇于并善于自律的负责任的媒体。它们是与时代同行、与社会同行，同人类需要和发展的价值取向相符合的媒体，人类社会须臾不可或缺的媒体。一言以蔽之，网络媒体的发展道路，也是一条专业化之路。

3. 民族化之路

面对中国加入世贸组织等现实，网络媒体工作者应该意识到，中国不仅仅是一个文化消费市场，更应该是民族优秀文化的生产基地和文化产品的输出国。尽管这是个长远而艰难的进程，但网络媒体工作者若无视这个现实的话，将会在网络媒体领域失去文化“话语权”，进而导致民族“文化版图”的失落。由此看出，网络媒体的发展道路，还是一条民族化之路。

4. 自律化之路

网络媒体必须肩负起文化传承的责任，而不应以“大众文化”传媒为借口谋私利。在传播面前人人平等。网络媒体工作者必须恪守一定的道德准则，所以强调这一点，缘于网络媒体日益重要的地位。若没有理想的导引和道德的自律，对人类的为祸之烈是可以预料的。网络媒体的发展道路，更是一条自律化之路。

5. 产业发展之路

网络媒体具有政治属性也有经济属性，既需要实现社会效益，也需要实现经济效益。网络媒体如果不坚持政治属性就会迷失方向；如果不坚持经济属性就无法实现可持续发展。当社会效益和经济效益冲突时，社会效益优先。从这种意义上说，网络媒体的发展道路，也是一条产业发展之路。

6. 品牌化之路

CCTV的发展历程表明，只有先树立起强大的品牌和影响力，经济效益才能得到持续发展。在中央电视台近半个世纪的发展过程中，人们在见证其频道的建设、传播形态的突破、队伍的壮大、品质的提升和影响力的增长的同时，也见证了其广告收入的逐年大幅增长。这些成就的取得都是以中央电视台节目数量、品质的提高为基础的。这启示我们，网络媒体的发展道路，应当是一条品牌化之路。

(摘自《电视研究》2005年第三期)

关于增强舆论引导有效性的思考

李冰心

一、什么是新闻舆论引导的有效性

新闻舆论引导的有效性，就是指新闻传播在社会实践中所产生的影响与作用的程度，也就是新闻这种特殊的精神产品发挥的社会效益。新闻舆论是否实现了有效引导，不能以新闻机构和传播主体的主观意愿来决定，而要看新闻舆论在实践中所产生的影响与作用。

人民群众是社会实践和历史活动的主体。如果我们的新闻报道能坚持党性，把握大局，密切联系群众，倾听群众的呼声与要求，正确地反映他们关切的热点问题，对他们迫切希望了解的信息能及时提供，对他们希望回答的问题能作出有说服力的解释，那么，新闻舆论引导就会取得巨大的效应。相反，如果我们每天播发那么多新闻，引不起受众的兴趣，受众不想听、不想看，有的甚至产生逆反心理，那就谈不上发挥正确舆论引导作用。因此，增强新闻舆论引导的有效性就必须研究受众的心理需求和心理状态，注重对社会心态与舆情的调查研究。尤其是在改革开放的新形势下，受众获取信息的渠道增多，视野更加开阔，他们对新闻与信息的选择增强，不再是单纯接受“灌输”的对象。广播电视等新闻媒介要学会如何在对外开放的条件下进行新闻舆论的有效引导。

二、增强舆论引导有效性的途径和方法

1. 增强舆论引导的有效性必须注重报道内容同受众的贴近性

新闻工作，一头连着党和政府，一头连着老百姓，是党和政府联系群众的桥梁和纽带。新闻媒体一方面要“上情下达”，另一方面要“下情上达”，而且要把两者有机地结合起来。近几年，包括广播电视在内的新闻战线发生的一个可喜变化，就是不回避群众关心的热点问题，把中央关注的焦点、社会经济生活中的难点，同群众关注的热点结合起来，作为新闻报道的兴奋点与着力点。许多记者抓住市场经济和改革开放中出现的重大问题，从群众关注的视角切入，“沉”到第一线，深入调查，缜密思考，深挖新闻主题，出现了一批既体现中央精神，又贴近群众实际的精品力作，从而赢得了大批受众，大大增强了舆论引导的有效性。

2. 增强舆论引导的有效性必须在新闻传播活动中遵循新闻规律

新闻报道的基本规律和特征，就是用真实、客观、新鲜、有价值的事实来说话，通过对事实的报道和评价来体现传播主体的价值取向。因此，新闻报道一定要实事求是，要讲真话，报实情，反映事物的本来面貌。新闻舆论引导要尊重新闻规律，必须处理好两个关系：一是正确处理导向的主观意识与新闻事实客观性的关系。我们强调新闻要保持正确的舆论导向，这无疑是正确的、必要的，但是这种导向必须建立在讲事实、讲真话的基础上，只有尊重客观事实，如实反映实际情况，才能保持正确的导向。二是正确处理宣传价值与新闻价值的关系。从一定意义上说，新闻舆论导向要取得实效，新闻事实要具备双重价值，既具备宣传价值，又具备新闻价值。新闻价值与宣传价值都要以赋予新闻事实并通过事实的传播来实现。

3．增强舆论引导的有效性必须讲究宣传策略，提高引导艺术

坚持正确的舆论引导与讲究引导艺术水平，两者是相辅相成的，不可分割的，前者是新闻宣传的基本前提，而提高引导艺术水平，使新闻舆论引导具有感召力、吸引力，使受众爱听爱看，入耳入脑，则是正确舆论导向得以实现的必要条件。要在市场经济条件下实现新闻舆论的有效引导，就应该变封闭式的宣传方式为开放式的宣传方式，变训导式的宣传方式为诱导式的宣传方式，变灌输式的宣传方式为启发式的宣传方式。通过改革宣传方式，提高引导艺术，使新闻媒体在舆论引导上做到“三得”：一是舆论引导要“得力”，就是突出宣传邓小平理论、“三个代表”重要思想与党的基本路线，及时地、有说服力地回答群众所关心的问题。涉及原则性的问题，要旗帜鲜明，在引导舆论上主动、有力，成为党和人民手中得力的舆论工具。二是舆论引导要“得当”，就是舆论引导要掌握火候、把握时机、讲究分寸。三是舆论引导要“得法”，就是要正确把握报道规模、报道数量与频率，保持新闻宣传报道的连续性和稳定性，把握好报道的“度”，有的该强化，有的则该弱化；有的点到为止，不必追求“轰动效应”；有的含而不露，不必和盘托出。总之，通过提高引导艺术，增强报道的吸引力和可听性、可视性，使报道取得最佳的社会效果。

4．增强舆论引导的有效性必须增强新闻报道的前瞻性、先导性

新闻媒体要努力提高新闻时效，增强新闻报道的预见性，站在改革开放的最前沿，及时引导舆论，赢得引导舆论的主动权。从受众的心理角度来说，“第一印象”是十分重要的。因此，无论是对内宣传还是对外宣传，都应先发制人。如果舆论引导滞后，有些问题被海外舆论搞得沸沸扬扬，而我们则反应迟缓，在报道上总是“慢三拍”，就要丧失时机、陷入被动。新闻媒体应当主动地引发舆论，抓住尚处于萌芽状态，但体现时代精神及发展趋势的事物及时加以报道，形成正确的舆论。

三、增强舆论引导有效性应注意的问题

一是正确处理公众舆论与新闻舆论的关系

公众舆论，一般表现为民心、民意，是公众对社会生活和社会事件的一些认识和意见，是群众心态和情绪的晴雨表。真实地反映舆情，正确地表达公众舆论，这是实现有效舆论引导的前提。当然，公众舆论是大众对社会问题的一种口头反映，是社会意识形态的雏形，它带有公开性、广泛性、可塑性、差异性等特征。它既是真实的，又是模糊的；既是生动的，又是粗糙的；既是流变的，又是相对稳定的，有时还带有某种偏激与盲目。因此，新闻舆论与公众舆论存在质的差异。新闻舆论是一种比较成熟、稳固、明晰的意识形态，它是公众舆论经理性升华后的集纳。所以，新闻媒介一方面要体察群众的情绪，有选择地传播公众中正确的舆论，另一方面又不能机械地照搬、复制公众舆论。要站在党性和党的政策的立场上，对公众舆论进行“导航”，用党的路线、方针、政策引领群众的思想和行为，实现新闻舆论的正确、有效引导。

二是充分发挥新闻工作者的主观能动性

在舆论引导上，新闻机构要坚持高标准、严要求，不能仅仅满足于不出问题，不帮倒忙，不给实际工作添乱。舆论引导有不同的要求和做法：满足于“不犯忌”，但播发的报道与言论平平淡淡，无关痛痒，这是一种引导；敢于提出问题，切中时弊，因而能震撼人心，也是一种引导。满足于“居高临下”的指导，但与群众的思想、生活不贴近，是一种引导；摸准群众的思想脉搏，对群众所关切的问题作出有说服力的解答，因而使群众感到“解渴”，这也是一种引导。报道上“东一榔头，西一棒槌”，零打碎敲，形不成气候，是一种引导；抓住重大问题进行多侧面“包抄”，搞得有声有色，形成宣传规模，也是一种引导。这些不同的要求和做法，在舆论引导上所取得的社会效果是迥然不同的，这在很大程度上取决于新闻界自身主观能动性发挥的程度，而这种能动性来源于高度的政治责任感与历史责任感。江泽民同志曾要求宣传部门把最好的作品奉献给人民，用最好的作品去“武装人”，“引导人”，“塑造人”，“鼓舞人”，这是对新闻宣传工作提出的高标准，这就要求我们坚持以邓小平理论、“三个代表”重要思想指导新闻实践，以奋发进取、敢于创新的精神做好新时期新闻舆论的引导工作。

（摘自《电视研究》2005年第五期）

中国体育电视精确新闻报道研究

戴 进 黄奇玮

精确新闻报道在我国体育传媒中的运用现状

1. 精确新闻的概念及其在平面媒体中的运用

精确新闻这一概念是20世纪七八十年代在平面媒体的实践中产生的，初始定义是指记者运用民间调查、内容分析、观察实验等社会科学研究方法来采集和报道新闻。在这一概念产生之后，电视媒体进入到一个快速发展阶段，其中精确新闻报道的运用也逐渐增强，并形成了自己的特点，使得精确新闻的内涵和外延有所扩大。综合分析在平面媒体和电视媒体当中精确新闻报道的特点与规律，笔者认为可以把精确新闻概括为新闻工作者运用民意调查、内容分析、观察实验等社会科学研究方法来采集新闻，或者通过数理统计分析等定量研究方法来发现新闻、加工新闻的一种报道方式。

目前，我国已有几十家报刊在自己的专版或专刊中进行精确新闻报道，并已经形成了平面媒体亲自采写精确新闻、媒体委托专业机构调查、采用调查结果编发新闻等较为成熟的运作方式。平面媒体在体育报道中也充分运用了精确新闻的报道方式，并取得了较好的效果。目前，精确新闻报道已经成为平面媒体不可或缺的体育报道方式。

2. 电视媒体中精确新闻报道的运用现状

尽管理论研究特别欠缺，但是精确新闻报道在电视媒体中的实际运用已经开始进入发展阶段，其中在财经节目当中运用得最早，也最为广泛和成型。在体育节目当中精确新闻报道也有一定的发展。在体育赛事转播当中进行技术统计以加强报道的专业性，已经被我国的电视机构逐渐采用。

精确新闻报道在体育电视节目中的优势

1. 以精确新闻报道中数据元素的客观公正性提升体育电视节目的专业化水平和权威性

体育运动的精髓是公平竞争，反映体育运动的技术统计等数据具有客观、公正的特点；电视报道要求真实再现典型的客观事实，其本源也是客观、公正，所以在这方面两者具有相通之处。体育比赛是一个双方竞争的过程，希望直观准确地反映这个过程就离不开数据的使用，比如比分、射门次数、投篮命中率等等。作为新闻事实组成部分的数据最能体现体育电视新闻客观、公正的要求，与声音播报相比具有更强的可信度，同时让受众可以从不同方位、不同角度去全面了解比赛。精确新闻报道是体育电视加强专业化报道、提升节目影响力的最佳传播手段之一。

2. 精确新闻报道的数据化字幕或现场解说可以强化细节、增强感染力

画面、声音和字幕是电视节目的组成要素。多以字幕形式出现的数据虽在一般情况下处于相对次要的位置，但有时也能起到画龙点睛的作用。体育电视节目中精确新闻的数据化字幕与现场感强的画面相结合，不仅可以把抽象、动态的画面具体化、简洁化，还可以强化细节，增强感染力。数据化精确新闻的现场解说可以延展电视信号的内涵与外延，增强比赛的新鲜感，同时能够最大限度地展现体育本身的知识性和趣味性。

3. 精确新闻报道的图表化形式可以丰富画面，增强信息含量，加快新闻节目的节奏

体育新闻报道的对象是与体育相关的事实，其中精确新闻报道所涉及的技术统计等数据本身就是新闻事实的组成部分。表现这部分新闻事实时如果只是单纯采用口头播报等方式，则信息就会转瞬即逝，用文字表述也难免显得累赘；而采用图表形式，则简练、生动、醒目、系统性强，并且可以缩短受众的收看时间。这类图表在画面上短暂的停顿，往往还能给受众以视觉上的冲击力，使得画面动静相宜。

4. 精确新闻的广延性和准确性可以拓展体育电视节目资源、开发体育电视娱乐化功能

体育精确新闻之所以具有广延性，首先因为体育运动的广延性。体育运动可以吸引不同文化程度、不同肤色、不同国家的人来关注，其中比赛中的比分和技术统计数据更容易突破国界限制，所以数据比语言更具有优势。同时数据本身也具有广延性和准确性，这一特点可以帮助观众更加深刻地了解体育项目；数据资料的积累和追踪也将形成一种节目资源，可以保留并随时取用。

精确新闻报道可以全面了解和呈现运动员在比赛中积极或消极的表现并形成量化内容，在形成最终节目样态过程中可以充分利用制作手段，强化、放大趣味点，使其中的娱乐化功能进一步得到凸显。

目前中国体育电视节目中精确新闻报道存在的问题

1．作为精确新闻基础的技术统计和数据收集工作不够严谨、专业和系统

目前中国体育电视媒体的技术统计和数据收集工作还处于无序状态——技术统计基本只涉及现场直播的体育比赛，获得的统计结果只能反映很有限的局部；技术统计人员专业知识有限、技术统计结果误差过大、缺乏权威性；已获得的技术统计数据丢失情况严重、不能形成积累。

2．精确新闻报道在操作时对数据缺少应有的加工，“科技附加值”开发不够

目前我国的电视媒体操作精确新闻报道还处于自发使用的阶段——从呈现的节目样态来看，大多数情况下只是在转播比赛过程中辅助性使用数据播报，很少以专题节目的形式出现，使技术统计资料和收集的数据失去了二次开发的机会；在对数据资料的处理上，目前电视媒体多将数据资料通过字幕等简单形式原生态地呈现给观众，缺少对数据的分析、提炼，观众也不能通过数据对比赛获得更深的理解。这种操作形式很难充分挖掘精确新闻的“可以揭示新闻事实产生原因”等重要功能，也就难以体现精确新闻本身的“科技附加值”，最后导致电视节目的专业化无法得到加强。

3．精确新闻报道中数据元素的表现形式尚嫌单调，不能提升节目的可看性和娱乐性

目前我国体育电视媒体对精确新闻核心元素——数据的包装研究不够，使得精确新闻报道的表现形式过于单调，给受众的感觉似乎是体育电视节目中的精确新闻报道就是双方技术指标的罗列、数字的堆砌，表现形式就是字幕、题板和口头播报。

4．理论研究薄弱难以为中国体育电视中精确新闻报道提供有力的理论支持

电视媒体引入精确新闻概念的时间较晚，操作此类新闻报道难度较大，获得的传播效果也非常有限，因此国内外对电视媒体中精确新闻的理论研究非常薄弱。国内近两年在传播学、新闻学的学术刊物上几乎没有任何关于“电视精确新闻”的研究文章，即便是最新出版的《精确新闻学》一书也极少涉及电视媒体，由此可见，理论研究的滞后制约了体育电视节目中精确新闻报道的前进步伐。

加强体育电视精确新闻报道的对策

1．加强精确新闻报道的技术统计和数据收集

首先，应当形成专门从事技术统计和数据收集的工作人员队伍，随着体育运动的推广和社会分工的细化，这项工作可以由专门的机构来完成，这种合作在平面媒体已经成为惯例。其次，资料和数据的分析、研究工作更为重要，将成为精确新闻“精确”与专业的基础与保证。这就要求工作人员必须具有一定的专业知识、数据分析能力以及电视节目的策划能力，从而保证体育电视节目中精确新闻报道不仅准确、权威，而且最终形成的节目形态不至于显得过于深奥和枯燥，丧失可看性。

2．有针对性地加强前期采访和拍摄，丰富精确新闻报道的节目资源

电视媒体在进行体育精确新闻报道时，应当打破比赛转播节目的局限。通过精心设计有针对性地增强前期采访和拍摄，一方面可以贴近体育迷和观众、体育明星，使报道形式多样化成为可能；另一方面可以获得转播画面之外的素材，既便于后期剪辑，又能够主动捕捉趣味点，为精确新闻报道拓展空间。

3．加强节目策划与后期制作，在专题节目中充分发挥精确新闻报道的优势

专题节目是对体育比赛的二次开发，它具有内容和时间可控、制作手法自由、表达方式多样等特点，更便于发挥精确新闻报道的优势，因此运作好专题节目将成为做好精确新闻报道的关键。过程与结果的不确定性是体育比赛的魅力所在，但也为体育电视中精确新闻报道增加了难度，这就要求在专题节目运作之前的策划应当全面、缜密并应具有前瞻性和可操作性，它将对接下来的前期采访和后期编辑起到统筹和指导作用。

4．与相关大型活动相互衔接，提升精确新闻报道的知名度和影响力

对传播内容采用两种以上的方式进行传播，会取得更有效的传播效果——这一原理在体育电视传媒的实践中也得到了充分检验。

精确新闻报道目前在中国体育电视媒体中的运用已进入发展阶段，这种报道方式丰富了节目内容，增强了体育电视节目的权威性和可信度，使节目的专业化水平和影响力得到提升。当前中国体育电视精确新闻报道应当系统改进和加强技术统计、数据收集处理、前期采访和拍摄等工作，更注重在专题节目中的策划与制作，并与相关大型活动形成互动，同时加强电视媒体的精确新闻理论研究，从而全面提升中国体育电视精确新闻报道的发展空间。

（摘自《电视研究》2005年第五期）

论儿童电视节目中的偶像现象

王 琰

儿童电视节目中的偶像有两类：一是电视节目主持人，二是节目中创造的艺术形象。他们都是儿童心目中的偶像。

一、主持人偶像

电视媒体强大的传播效果可以制作出许多明星，其中包括电视节目主持人。电视需要通过节目主持人的吸引力和亲和力来实现与观众的交流。对于坐在家中看电视的小观众而言，不是“电视台”、“电视机”或“电视节目”而是电视节目中的偶像主持人在与之交流。

作为儿童节目的主持人，作为赢得孩子信赖和喜爱的偶像主持人，既有为节目增色又有带动节目收视率的作用。除了要求具备一般节目主持人必备的基本素质外，还要具备适合儿童心理需求的特殊素质。

1．具备儿童观念，尊重儿童人格和情感

儿童节目中的偶像主持人首先应具备儿童观念，尊重儿童的独立人格，也包括尊重他们情感、体察和思考问题的方法。儿童节目主持人面对最需要社会关爱的儿童群体，最需要儿童观念并能落实到实践之中，这关乎主持人的素质和节目的成败。

2．具备童心最重要

儿童节目主持人没有年龄界限，偶像也没有年龄界限。儿童节目主持人并不一定非要年轻人或者是青少年来承担，一颗年轻的童心远比一张年轻的脸庞重要许多。

3．不必苛求完美无缺

想到要做孩子的偶像，很多主持人都极力要保持自己的完美形象。然而一旦“完美”就会给孩子造成一种不可及的距离感，会感到不够真实和亲切。在推崇个性化主持风格的今天，对孩子的吸引力在很大程度上来自于主持人的人格魅力，来自于与孩子没有心理距离。

4．潜移默化的作用

儿童从电视偶像身上学习，是一种潜隐的、无意的、经常的、并非预期的学习，这个过程不是以一个学生的心态去接受的。因此只有在没有压力、没有功利性的时候，效果才可能是长期而深刻的，甚至会超过学习及家庭的影响力。“说教”承担着一种明显的道德教化功能，其效果远不及偶像的潜移默化的作用。

5．需要风趣幽默的特质

儿童节目主持人承担着连接节目和受众的纽带作用，需要更多地了解孩子们的趣味及幽默方式。作为偶像主持人更要与孩子多交流多沟通，走进他们的童心世界，表现出对孩子更多的耐心和宽容。这样孩子才能把主持人真正当成朋友。

为了让孩子有更多机会学习参与，有学者主张让儿童自己来担当主持人工作。这样做固然有好的一面，但同时也存在一些无法解决的实际问题。孩子本身的学习压力和学习任务就很重，时间和精力终究有限；同时，处于发育阶段的儿童成长较快，对于一个比较固定的栏目来说，每一个儿童主持人的主持时间都显得很短，未曾经过长期的锤炼和不断进步，自然无法成为一个成熟的偶像。

二、虚构的艺术偶像

1．警惕“角色病毒”

近年来，有学者提出了一个新的概念——角色病毒。心理学的解释是青少年由于长时间沉迷于某个电视片或电脑游戏所塑造的角色中，导致心理偏差和精神异常，把现实中的自我“投影”进虚幻中的角色，幻想成为这个人。“角色病毒”的可怕在于它对儿童是一种精神伤害，扭曲儿童的心理，导致精神障碍，从而影响其思想的正常发展和身心的健康发育。

“角色病毒”之所以有机可乘，与电视的影响力和儿童自身的发展特点是紧密相关的。目前，世界范围内出现了一种儿童收视趣味的成人化倾向，这与他们“中毒”存在着必然联系。既然儿童离不开电视、离不开偶像，儿童电视领域的编导就更有责任塑造一些孩子们喜闻乐见的健康偶像来引领他们的成长，尽可能地把他们拉回到有益身心健康的儿童电视节目中来。

2. 让虚拟形象成为偶像

虚拟的艺术形象主要出现在针对6岁以下幼儿制作的节目中。这一年龄段的孩子对于绒毛玩具有特殊的眷恋。儿童心理学家皮亚杰认为，这些孩子身上普遍存在一种“泛灵”心理，即把所有的事物都视为有生命和有意向性的东西。因此，对学前儿童节目来说，也可以让这些虚拟的形象成为儿童的偶像。

中国儿童节目缺乏这类成功的偶像的范例，原因在于我们没有科学理性的设计和论证，缺乏严谨充分的调研，从制作方面也显得粗制滥造，而且缺乏对已树立的偶像的宣传和保护。

三、提高偶像的内在素质

不论是儿童电视节目中的主持人偶像，还是虚拟的偶像和动画类偶像，对于中国儿童电视来讲都需要有一个长足的进步和改善。目前，由以前注重主持人的外在形象要求已转向注重主持人的内在素质要求。儿童节目呼唤专业化的节目偶像主持人，这也是在激烈的电视竞争中创造品牌的需要。提高主持人的内在素质，打造偶像，才能使儿童电视节目上一个新台阶。

（摘自《电视研究》2005年第七期）

如何形成网上正面宣传舆论

肖频频　王正民

现实社会对互联网存在“美化”和“妖魔化”两种倾向，一种倾向认为网络为人们提供了自由表达的空间，是中国民主的助推器；另一种倾向认为网络热衷于展示社会黑暗面，不利于社会稳定。对此，党的十六届四中全会专门指出：“高度重视互联网等新型传媒对社会舆论的影响，形成网上正面舆论的强势”。这是针对新型传媒传播特点，探索新形势下舆论工作规律的重大战略部署。

一、网络舆情的特点

要管理网络舆情，必须正视网络舆情的特点。网络舆情发展到现阶段，作为媒体舆情的一种，有着其独特的、不可替代的特点。

首先，它具有海量的特点，兼具有多种媒体形式的信息，是一个集大成的信息源。网络媒体在舆情传播中的作用链条通常是，网络报料并讨论——传统媒体跟进互动——辅以社会精英上书——高层关注回应。这些过程都能在网络上得以体现，并不断引领关注热潮。

其次，它在一定程度上缺乏媒体“把关人”的角色。在网络上，任何一个人都能不经过审核直接发布信息，许多在正常渠道不能发送的信息就是这样经由网络进入公众的视线，网络的平易为舆情的丰富提供了最大的可能性。

再次，网络舆情还具有无限次即时快速传播的可能性。相比较传统媒体的若干次传播的有限性，网络舆情具有无限次传播的潜能。网络的这种特性使它可以轻易穿越封锁，令监管部门束手无策。

网络媒体的特点还在于它多元化的互动传播。在互联网上，舆情呈现出多元化的倾向，并在多元化的基础上实现自由的互动交流。网民们在网上或隐匿身份、或现身说法，纵谈国事、嬉笑怒骂、交流思想、关注民生，多元化的交流为民众提供了宣泄的空间，也为搜集真实舆情提供了素材。

二、为何要把握网络舆情

在传统的民意疏散渠道中，人们或与政府采取面对面，或是利用其他媒体作为媒介的方式来交流。虽然有时网民的观点针锋相对，但由于对阵的各方都存在虚拟空间里，并不会产生真实的损失，通过平等的互动交流，能更客观地看待分析问题，形成良性互动，从而有利于寻求解决问题的最佳方案。随着“真理越辩越明”，网络互动的效果彰而自显。

只有把握了网络上的诸多舆情，管理者才能立足于宏观，对利益各方的博弈有清醒的认识，才能在短时间内对现象进行迅速的判断，利于灵活应对，为公权机关驾驭网络舆论奠定认识基础。

在当前社会，网络在某种程度上充当了在正常渠道得不到宣泄的民意出口，因此，更要注意把握这类网络舆情，注意引导，以免民间情绪得不到宣泄而造成失控局面。如果不及时把握住网络舆情的发展，任其无序蔓延，舆情一旦被别有用心的人或是敌对势力利用，后果可能不堪设想。

网络舆情作为资讯时代的舆情通达渠道，它弥补了以往民意疏散渠道的不足，更强调了“人本”的概念。它虽然挑战了现行民主，但也给现阶段的社会民主生活提出了新的设想和出口。

在某种意义上可以说，网络舆情的这种作用已经得到官方和民间非正式的认可。因此，笔者认识，还互联网以负责任媒体的真正面目，让互联网成为老百姓与公权机关的真诚纽带，甚至，顺应潮流的呼吁让网络成为中国新时代民主的发端，应当从把握网络舆情开始。

三、如何把握网络舆情

那么，该如何把握网络舆情呢？学者及有识之士认为应效“大禹治水”的经验，宜疏不宜堵。古人治水的经验给我们一个启示，那就是对待网络舆情，必须采取主动地“疏”，不是被动地“堵”的态度。实行长时间的监控并在必要时间采取封网的形式，就类似于鲧的“堵水”。“水”（舆论）是客观存在的，并不能被“堵”所湮灭。因此结局也是一样的，鲧（公权机关）疲于奔命，但网络舆情却依然不在受控之中。采取主动出击的方式，才能真正把握网络舆情。主动在这里分为两个方面：一为主动了解舆情，掌握相应的舆情规律；二为主动应对舆情，主动提出问题或是在遇到突发情况的时候积极应对。相比较个体的网民来讲，公权机关拥有更多的言论资源，因此更能吸引眼球，化解危机。

当突发事件发生时，如果处置不当，容易造成非理性的情绪蔓延，酿成悲剧。因而，研究舆情规律，真正实现疏导为主，以理服人的策略，公权机关建立自己的舆情疏导队伍，用高质量的论辩能力来引导网上舆论，是一条必然的途径。

网络舆情的引导应该包括两个方面，一为平常时期代表人民利益的自查自纠，自查自纠利于唤起民众的认同感，改善党群关系；二为非常时期的及时应对，因为非常时期人们更需要权威部门的信息，如果权威部门放弃发布信息，那么造成的局面就会非常危险，至少会引起相当程度的混乱。“非典”时期人们抢购醋、抗生素以及生活用品的例子就很能说明这个问题。

四、将新闻发言人上网

眼下，政府部门正在逐步建立新闻发言人制度，这是促进沟通、改善党群关系的好办法。但网络新闻发言人的匮乏也是网络舆情经常失控的原因所在。或者说，尽管有时候网络上有些正面的声音，但由于代表这种立场的声音过于弱小，不够雄辩，反而更容易激起反面的情绪。

因此，创建一支强有力的，包括政府和媒体的网上新闻发言人队伍，是把握网络舆情的关键所在。

如“宝马撞人案”所引发的比较激愤的社会情绪就是一个很好的例证。面对社会符号对比比较明显的危机事件，政府的“失声”为非理性情绪的滋生提供机会。因此，公权机关更应及时将新闻发言人队伍搬到网上，在危机时刻，学会通过新闻传播，进行危机公关扭转被动，避免一些媒体非正常的炒作，从而掌握舆情的发展。

网络出现以前，中国的舆论更多地呈现出一边倒的态势，缺乏互动。互联网的出现不仅把互动引入人与人之间的交流，还促成了高层与民众的互动。

高层对网络舆情作出的主动表态不仅为如何把握民间舆情、主动形成正面舆论的强势提供了新的思路，而且对网络舆情工作作了非常重要的启示。因为，只有在更大程度上掌握互联网舆情，才能更好地构建舆论氛围。也只有在好的舆论氛围下，公权机关才能更有作为，才能真正做到“权为民所用、情为民所系、利为民所谋”。

（摘自《网络传播》2005年一月号）

二、论点摘编

共通意义空间在电视传播中的作用

邢立双

一般来说，共通的意义空间有两层含义，一是对传播中所使用的语言、文字等符号含义的共通理解；二是大体一致或接近的生活经验和文化背景。由于社会生活的多样性，每个社会成员的意义空间是不可能完全相同的，但意义的交换或互动只能通过传受双方共通的部分来进行。传受双方拥有共通的意义空间对增强电视的传播效果起着非常重要的作用。

扩大共通意义空间的作用

1．扩大共通意义空间，有助于提高收视率

收视率反映的是收看某一电视节目的观众的多寡。受众的接受习惯会受到很多社会因素的制约，在众多的社会因素中，如果电视媒体的传播者与电视观众有更大的共通空间，诸如节目所用的语言、文字符号观众能够理解，节目传达的信息符合观众的文化层次、生活经验及受教育的水平，节目的编排方式符合观众的收视习惯，节目内容能满足观众的需求，节目的制作符合受众兴趣，节目所报道的事件能够牵动观众的情感等等，节目自然会吸引众多的观众。

2．扩大共通意义空间，有助于增强传播效果

收视率反映的只是观看节目观众的数量，除此之外，还必须考察一下电视节目播出后的传播效果。不管传播者主观意图如何，电视节目播出后总会对观众产生各种各样的影响。如果电视工作者与观众有着更大的共通意义空间，观众收看节目后一定会加强他们对所报道内容的认知，潜移默化地引导他们形成一定的社会价值观。毕竟，电视传媒是以传递信息、报道事实为己任的，他们报道什么，不报道什么，从什么角度去报道，这些对观众的认知及社会价值观的形成都会产生巨大影响。

扩大传受双方共通意义空间的方式、方法

1．栏目定位要清晰

要想扩大与观众共通意义空间，栏目的定位一定要清晰，即电视工作者所办的电视栏目是给哪些人群看的，是全体受众，还是小众或分众？

2．加强受众市场的研究

西方学者沃格尔（Vogel）建议大众传播学使用受众分割来研究受众市场。即把受众分六种小群体：第一种是积极反对者，这些人认为话题是很重要的，但不同意你的观点。第二种是积极支持者，这些人同意你的观点。第三种是不感兴趣的反对者，是那些对题目很少兴趣也不同意你的立场的人。第四种是不感兴趣的支持者，是那些在意见市场中缺乏足够兴趣，但赞同你的消息的人。第五种是潜在的意见转向者，他们对题目有高度的兴趣但没有坚定的观点。第六种是未被卷入者，是那些既没坚定的观点也没兴趣的人。很显然，第二种是传受双方共通意义空间最大的观众群体；第一、四、五种共通空间相对较小，但有潜在的意义空间，要靠提高节目的质量来把他们争取过来；第三、六种的空间最小。有了上述对受众的细致分层，我们在做电视节目时，就能做到有的放矢。不同的观众群体与电视传播者有不同的意义空间，应该实施不同的传播策略。

另外，要加强传受双方共通意义的空间，还要注重观众的反馈和双向交流。

（摘自《电视研究》2005 年第三期）

互动引发电视传播变革

郑 蔚

一、互动——电视屏幕内的新亮点

现在的电视屏幕上，不同类型的节目都在绞尽脑汁，以期用最方便实现的互动方式和互动手段制造收视亮点。如果作个归纳，“互动”包含了两层意思：一、互动的外延，即各种互动的外在模式，包括有奖收视、短信参与、热线电话等等；二、互动的内涵，即支撑互动这种新兴电视传播要素的内在概念，包括“以受众需求为基点的互动”这一思想，在信息加工、节目编排、节目传播等过程中的渗透和运用。

1．互动的方式

从我国电视媒体已经展开的互动实践看，大致有节目中互动、角色间互动和媒体内互动三种形式：

节目中的互动。视频网络、热线电话、手机短信，这些互动手段在电视屏幕上已经被广泛使用。观众不是被动地看电视，而是主动地参与到电视节目中。

角色间的互动。挪威奥斯洛大学媒体和传播学院的特里恩－席沃森教授说过：电视越来越倾向于参与之事，而不仅仅是观看之物了。争夺眼球是各大媒体争夺受众、争夺市场最形象的说法。受众是媒体发展之本，研究受众和他们的需求对于电视媒体同样重要。让受众参与信息传播，实现受传者和传播者平等的交流，进行角色互动，对电视传播来说，是一次跨越式的进步。

媒体间的互动。不同属性媒体间的互动可以更加有效地增加媒体的信息流量。

2．互动成为节目元素意味着电视技术的发展对电视制作发生越来越大的影响

互动是依赖现代科技实现即时信息交流的传播活动。在人们惊诧和陶醉在交互电视的神奇之中时，许多电视节目早已在尝试利用视讯电话、有线电话、卫星连线、互联网络等技术手段实现远距离以至跨国境的双向参与、相互交流。

从DV的普及和视频网络的应用也能看出电视技术的发展对电视互动产生的重大影响：DV的普及。自从DV机等家庭录像设备出现，越来越多的非专业人士加入了原先只有专业人员才能进入的影像制作领域；视频网络的应用：它随着视频技术的采用，同步的画面传播在电视传播中起到越来越重要的作用。

3．互动成为节目的收视高点表明中国电视观众的参与积极性不断增强

观众主体意识的增强，使得他们对电视传播的期待趋向多样化、复杂化。现代传播者也越来越关注观众的积极、主动的收视与其期待是否存在差距。因为只有观众自觉地、主动地接受、电视节目的意义和价值才能更好的实现。而就电视文化的社会审美取向来说，也呈现出“由一元向多元、由单纯教化模式向自主选择的消费模式、由社会活动空间向私人娱乐空间的转换”。在这种文化背景下，观众通过媒体来反映自己的思想也显得十分自然。观众与媒体互动关系的产生，首先就产自于观众与媒体之间的平等关系。而这种平等，是直到电视互动时代才出现的。

二、互动——电视节目在屏幕外的延伸

1．互动使电视方寸间的空间得以延展

无论什么样的电视节目，电视屏幕中展现的空间毕竟有限。当互动的方式被采用时，这种空间感被无限地延伸到了屏幕之外。

2．互动成为节目的推广手段

互动使传者和受者之间的界限被淡化，体现了个体的话语权。当观众的个体话语权被尊重时，他们更容易获得满足感，产生同电视节目的共鸣。一个让观众有被尊重感的节目更能得到观众的认同感和忠诚。并且会在人群中产生连锁反应，吸引更多人进入节目的“磁场”，扩大节目影响。

不同属性媒体间的互动也可以产生复合效应，更加有效地在不同人群中推广节目。

（摘自《中国广播电视学刊》2005年第一期）

论媒体广告经营的评估

佘贤君

一、评估媒体广告经营的重要性

1.广告收入是媒体的主要收入，科学评估媒体广告经营有利于调动广告经营部门的积极性，充分发挥广告经营的潜力

不管是传统的电视、报纸、广播、杂志媒体，还是新兴的网络媒体，目前的盈利模式都以广告收入为支撑，而且这种局面不会在短期内改变。因此，广告经营部门是媒体实现经济效益的核心部门。在社会主义市场经济有序发展的今天，如何科学评估媒体广告经营部门的工作，关系到媒体的生存与发展，是每个媒体都需要十分重视的工作。

2.科学评估媒体广告经营，是促进媒体内部协调发展，促进编辑部门、节目部门与广告经营部门良性互动的重要工作

广告必须以媒体内容为载体，只有媒体的内容好了，受众多了，广告才好经营。因此，媒体的节目部门、编辑部门更是媒体的主体，更需要充分重视。媒体如果不能客观评估广告经营部门的工作，过分夸大广告经营部门的作用，可能会影响对编辑部门、节目部门的合理评价，不利于编辑部门、节目部门与广告经营部门良性互动，不利于媒体的内部协调发展。

3.科学评估媒体的广告经营对于促进广告行业发展具有重要意义

2005年，是中国加入世界贸易组织，承诺广告行业全面放开的第一年，随着外资的全面进入，国际合作的进一步加强，中国的广告业将会以更快的速度发展。发展总是机遇与挑战并存，在我国广告行业的全面开放的起点，作为广告业主体的媒体广告经营更需要规范地发展。因此，科学评估媒体广告经营，不仅对媒体具有重要意义，而且对于广告行业的发展也具有重要意义。

二、评估媒体广告经营的难点

评估的难点主要体现在以下两个方面：

1.媒体的广告价值难以量化

过去，媒体广告的评估主要以受众的数量和构成为标准。近年来，媒体的品牌价值、媒体的影响力对于广告价值的影响越来越大，出现一些受众不多，但广告价值很高的媒体，使得媒体的广告价值更加难以评价，媒体广告究竟值多少钱，究竟有多大的广告潜力，是大家都搞不明白的问题。

另外，与媒体内容紧密结合的特殊形式广告、植入式广告的价值更难以量化。

2.广告经营部门的经营成本难以计算

经营需要成本，在广告推广活动、经营活动中要花费资金，甚至要花费媒体的资源，例如：让节目部门、编辑部门配合进行宣传报道，占用媒体资源进行宣传、推广等等。花费的这些成本应该怎样计算？花费多少才算合理？怎样考虑投入产出比？这些问题目前还难以解答。

三、如何评估媒体的广告经营

如上所述，评估媒体的广告经营是一个高难度的课题，短时间内难以有科学、系统的评估方案，但我们不应该放慢媒体广告经营评估的脚步。

1.要有系统的观点，把广告经营的评估放在整个媒体评估中来考虑

媒体内容是广告的基础，只有节目部门、编辑部门的工作做好了，受众的数量和质量提高了，媒体在受众中的影响力提高了，媒体的广告价值才能提高，广告经营才好做，才可能取得好的经营业绩。反过来，广告业绩好，有了充足的经费支持，节目部门、编辑部门才能做出更好的媒体内容，进一步提高媒体的影响力。

既然媒体内容是广告的基础，广告收入的增长、广告收入份额的扩大，离不开媒体受众数量的增长、媒体内容份额（如：收视率份额、阅读率份额等）的扩大，那么广告经营取得的业绩，多大程度上是因为广告经营部门自身努力取得的？多大程度上是因为媒体内容质量提高取得的？该归功于广告经营部门，还是归功于节目部门、编辑部门？要有客观、合理的划分。只有这样才能在促进广告经营工作的同时，充分调动编辑部门、节目部门的积极性。

要特别注意的是，在系统考虑媒体广告经营评估的时候，不能把媒体的节目部门、编辑部门和广告经营部门当成是“绑在一根绳上的蚂蚱”，不能让节目部门、编辑部门过分卷入广告经营。要保持节目部门和编辑部门的独立性，只有这样才能保证媒体的品质，长远促进广告经营。

2.上级评估与内部评估相结合，既要建立上级对广告经营部门进行评估的体系，也要建立广告经营部门内部的绩效评估体系

媒体的领导层对广告经营部门进行评估，是为了调动广告经营部门的整体积极性，而建立广告经营部门内部的绩效评估体系，才可以调动每个人的积极性，把激励机制落到实处。

因此，要把上级评估与内部评估结合起来，既要建立上级对广告经营部门进行评估的激励体系，也要建立广告经营部门内部的绩效评估体系。

媒体广告经营的评估是一个动态过程，媒体的格局变了，广告经营的环境变了，都可能影响媒体广告经营的评估体系，我们需要在实践中逐渐完善这一评估体系。

（摘自《电视研究》2005 年第六期）

暑期编排增效

申积军

早在2001年，中央电视台就率先实行长假节目的特殊编排制度，并于当年“五一”在CCTV-1实施。随着收视市场竞争日益激烈，节目内容、节目编排竞争的战火也从每年的几次长假蔓延到寒暑假。把长假编排的经验推广到寒暑假，是适应市场细分的必然。

暑期编排策略

节目内容设置强调兼容性。编排的原则紧紧围绕青少年观众的收视需求，同时兼顾成年人。

打造暑期节目新卖点。各频道的主打节目，无论是编辑性节目还是重播节目，均采取统一冠名的方式，以新颖的主题和规模优势吸引学生观众群。不能统一冠名的则采用“特别节目、精编节目”的主体框架，尽量使频道的节目结构简洁、清晰，便于记忆。

保持电视剧的品位。2005年暑期，CCTV－1推出了“四大古典名著”系列，并在黄金时段播出多部主旋律电视剧和大型专题片；CCTV新闻频道推出二战纪录片系列；CCTV-10推出“教科文行动2005”系列；CCTV少儿频道播出列入中宣部推荐的百部爱国主义优秀剧中的作品。

统筹编排，发挥频道特色。今年的暑期编排基本涵盖了所有的节目形态，而且统筹安排，避免了内容的交叉重叠。

收视分析

1. 电视剧对收视的贡献最大；

2.编辑性节目收视较好；

3.大板块、横向大贯通式编排效果明显；

4.品牌栏目对频道收视贡献明显；

5.动画片吸引低龄儿童的效果显著。

经验及启示

总编室宏观调控作用尤为重要。在时段的设置上，同类节目错位安排，方便观众的选择。

事先充分的受众分析使暑期编排有的放矢。暑期之前，对受众情况作出了缜密的分析和研究。

规模效应作用明显。以往，一些频道自发地安排过一些针对青少年特点的节目，但规模较小、节目的投放量不大、类型单一，所以暑期收视效果不太理想。而今年的暑期编排，各频道通力合作，步调一致，通过跨频道、多手段的宣传推介，形成了强有力的竞争力，使暑期收视效果提升非常明显。

如今的市场竞争，团队的优势日益凸显。此次编排的成功，见证了电视台内部频道合作的力量，产生了“1＋1＞2”的效果。同时，暑期统一编排为中央电视台创建了又一个新的发展竞争平台。

结合收视需求的变化及时调整节目。由于暑期的主要观众群构成发生变化，原有的栏目表已经不能适应暑期观众的收视规律，为此中央电视台各频道主动调整节目结构，把时段让位于暑期特别节目或者合并栏目，形成合力。

中央电视台2005年的暑期编排，获得了社会效益和经济利益的双丰收。期间，北京电视台、湖南卫视、东方卫视、重庆卫视等频道也纷纷出场，各显神通，拉动了暑期收视效应，这种对市场的敏锐捕捉，表明各电视媒体正逐渐改变“自娱自乐”的态度，开始有意识、有组织地向受众提供及时的服务。尽管也许是迫于巨大的竞争压力不得不进行的“自我救赎”，客观上却推动了各电视媒体主动整合资源，探索频道化管理运作的进程。

（摘自《中国广播影视》2005年10月下半月）

点穴频道制

赵丽芳　赵　鹏

以频道为平台进行制播体制改革有两种模式可以选择。一种模式是在现有体制框架内的频道制模式，一种是将电视频道分为公益性频道和经营性频道。

频道制改革的实质是借鉴事业部型组织，以频道为单位，进行行政、人事、财务、经营等资源的合理配置和授权，做到“集权有道、分权有序、授权有章、用权有度”，建立适应电视宣传与产业发展要求的新型电视媒体组织体系。

专业化频道是根据不同的传播功能进行设计的。不同的传播功能要求有不同的管理方式和评价机制。频道制为分类管理提供了基础。

问题初现

不完整的频道总监职权　在人事、财务权高度集中的事业体制内拓展生存之路的频道总监只能拥有不完整的总监职权：频道人事权由台内集中管理，而不是宏观调控，频道没有自行对外招聘的权限；财务方面，在现行的部门预算制下，即使频道年度成本控制有力，节余资金也必须上缴，不能用于本频道奖励或拓展本频道自身业务。

缺乏频道自我营销机制

目前来看，在频道制建设中缺少完整的自我营销机制。一是缺乏各自频道的专业的推广人员；二是缺乏各自频道的自我营销长期计划。

挑战与对策

频道在合并及专业化以后将面临着与系统内部其他频道在资金、节目、广告资源分配等不同层面的竞争。那么，如何避免出现“台中台”，以及由此引发的恶性竞争，和频道预算监管乏力导致的成本失控及其在频道利益最大化的动机驱使下频道各自为政、无序竞争加剧等问题？

以频道差异化定位促进频道间良性竞争　对各专业频道的定位作总体策划，明确其受众及内容定位，使广告商自然分流，选择各自最佳的销售时段和销售目标人群。

推进适合频道制的人事、财务管理体制　频道制管理打破了行政管理模式，强化了频道总监的权力与责任，由微观管理变为宏观调控，由旧式的集权统管变为适度放权。人事、财务管理体制都要做相应的调整。

频道自管与台长分管的关系　频道制与全台管理的统分如何适度？扩充专业频道的管理权、经营权，不意味着对台管理职能的削弱和简单的分散，要以“统分适度”为原则，以资源整合效益最大化为目标，在进行频道制建设的同时，加强台宏观资源调控与监管能力。

建立频道自我营销与立体营销策略　应组建频道各自的公共关系部门，招聘专业公关人员制定频道多层次的长期的自我营销战略，从而改变目前频道市场推介忽隐忽现的现状。目前来看，频道经营还主要是频道广告的推广，但其发展的方向一定是实施频道立体营销策略：包括频道衍生产品的开发、频道与产业联动等。

（摘自《中国广播影视》2005年10月下半月）

电视采访怎样营造对话语境

陈志峰

随着媒介理论的不断发展，新闻实践的不断积累，人们的电视观念也发生了很大的变化。这种变化体现在新闻采访当中，开始从以传者为中心向以受者为中心转移，强调人文关怀精神，强化平等意识，注重与被采访对象之间建立平等关系，形成“对话”语境，从而进入更加和谐的交流状态，使被采访者能够从容地面对镜头，提供尽可能多的有效信息，更充分地发挥电视媒体中人际传播的优势。

在采访进入一种对话情境后，可以通过电视纪实语言的魅力展现许多真实和丰富的事件细节。那么，在采访实践中，记者或主持人应该怎样去营造这种氛围，建立起这种语境呢？笔者认为，可以从以下几方面努力：

第一，采访者要摆正自己的位置，认清自己的角色定位。特别是在一些调查性或舆论监督性的深度报道类节目中，采访者往往就是一个普通的调查者，一方面，他以记者的身份出现，在事发现场展开调查，采访多方人士，了解事件的来龙去脉，揭露事实的真相。他没有任何特权，要本着实事求是的客观态度去了解事实，同时还要时时刻刻想着群众利益，从群众利益出发，这样才能在采访中建立双方的平等关系，营造“对话”氛围。

第二，为了取得被采访对象的信任，采访者应该事先与其进行一定程度的沟通，即平常所说的“预热”过程。这种“预热”或者发生在拍摄采访前采访者向被采访对象说明拍摄意图和内容，与之进行简单的沟通，或者发生在采访前期双方简单的交流、各自熟悉对方的过程。所不同的是，前者属于采访前的准备，而后者本身属于采访内容的一部分。而后一种“预热”往往是营造“对话”语境的前奏，是交流双方的谈话氛围从“采访”语境向“对话”语境转变的关键环节。

第三，采访者要具备倾听意识和平等意识，保持一颗平常心。一方面，记者要善于倾听，给采访对象充分的表达机会，在谈话中往往只是承担“抛球者”和倾听者角色，具体的内容则由采访对象述说。另一方面，由于我们面对的采访对象来自各行各业和各个阶层，职位有高有低，所以在采访过程中有些采访者不能很好地掌握自己与采访对象的关系，面对一些高级官员或专业领域的专家时容易盲目崇拜权威，而在面对一些民众时又容易摆出一副居高临下的态度，这两种做法都阻碍了谈话双方建立一种应有的平等关系，在采访的过程中不利于平等“对话”语境和氛围的形成。

第四，在可能的情况下，采访者应尽量采用多种采访方式，营造一种轻松氛围。如介入采访对象的生活、工作场景，以很轻松的方式进行采访，使采访对象尽量在熟悉和放松的环境中接受采访，消除对采访的恐惧心理。当然，要达到这种效果，在拍摄上可能需要事先的设计，这种设计是为了能在采访者和采访对象之间建立起更加和谐的关系，并不会妨碍采访本身的真实性，最终形成双方的“对话”语境，从中获得更多第一手的信息。

（摘自《电视研究》2005年第十期）

关于驻外报道工作的几点思考

侯 佳

作为中央电视台的驻外记者，其基本职责和任务就是要作为中国人的一双眼睛，敏锐地观察世界，深刻地了解世界，客观真实地报道世界，及时、有效、深入地报道发生于驻在国的有关新闻。而要做到这一点，必须高度重视把握“大体”、“根本”。在这里，“大体”、“根本”可以理解为正确的立场、观点、方法，观察了解问题的角度、视点、思维认识框架、参照系等等。

时刻装着国家利益

国家电视台驻外记者报道什么，如何报道？这就首先遇到了视角、标准、新闻价值取向和立场观点方法等问题。

作为中国媒体的驻外记者，要用中国人的眼光看世界，心中时刻装着国家利益，把国家利益作为新闻选题取舍的根本标准，以求把国际新闻和资讯传递给国人，同时把中国的立场、新闻事实陈述和价值判断展现给国际社会。

牢牢把握两个大局

把握好世界和中国这两个大局，驻外记者的报道就可以高屋建瓴、事半功倍；否则，将是一片茫然或无的放矢。

就世界大格局、大潮流来说，我认为当前至少应把握住以下几个重要趋势：

一是世界多极化的曲折、但又稳步发展的趋势；二是经济全球化疾速扩展、不断深化的趋势；三是高新科技迅猛发展的趋势。

对驻外记者来说，把握世界大局主要是为了解决国际新闻怎么报道的问题，而把握国内大局则主要是为了解决报道什么的问题。它是驻外记者维护国家利益的必备条件，驻外记者应是身在海外，心系国内。

笔者认为，能够为国家发展战略起到配合服务作用，事关世界战略格局、国际形势、中外经济、政治、文化往来关系的重大事件、国外市场经济规范、运作经验，经济、政治、文化建设改革经验以及社会管理经验等，都应成为驻外记者报道的关注点。

广开信道

驻外记者在一个语言、文化、经济、政治、社会环境完全陌生的条件下进行新闻报道工作时，就会想到国内那种体制和环境的诸多便利。在国外，一切都必须从头做起，其重要一环就是广开信息渠道，否则将为无米之炊。

驻在国主流媒体应是驻外记者首先关注的。利用当地媒体，特别是当地有影响的报纸、电视是扩大信息来源，发现驻在国重大新闻事件较为迅捷的途径。驻在国政府和中国驻外使领馆是驻外记者应当密切联系的机构。这些机构往往掌握驻在国大量有关宏观政策走向、经济发展趋势、双边及驻在国与世界各国关系的信息，是国际新闻报道的主要信息来源。当地的记者俱乐部以及当地对外关系研究机构也是重要的信息来源。

（摘自《中国广播电视学刊》2005年第九期）

电视直播的局限性与生存环境

张利箭　孙薇

一

1、直播是时效性最强的传播方式，它改变了人们传统的新闻时效观

过去新闻的时效观是今日新闻今日报，而直播使新闻的时效观变为现场新闻现在报。直播真正做到了新闻事件的零时差报道，因而时效性最强。

2、直播增强了报道的真实感

虽然直播过程中也会有镜头的切换和选择，但因为直播中时空状态是相对完整的，事件的发生与观众的接受同步，从而让观众感觉到报道内容是更真实的。

3、直播状态下观众有极强的参与感

直播带给观众的现场感和期待感是其他传播手段望尘莫及的。直播就像观众的第三只眼睛，让观众实时地看到了一个更为丰富、更为精彩的外部世界。

二

直播是最能体现电视技巧的一种传播方式，但传播方式不等于传播效果，并非所有的题材都适合直播，也并非所有的直播都比录播的传播效果好。直播手段也是有其局限性的。

首先，直播在抢得快速时效的同时难掩其在信息可控性上的先天不足。

直播是对新闻事件的同步记录传播，传播过程中突发性、偶发性的事件随时都会出现，这就增大了信息控制的难度，于是直播中“出错”的机率就很高。

其次，直播不见得是信息量最大的传播形式。

直播是对新闻事件过程的记录，在相对原生态的过程展示中难免会有信息重复状态的存在，一些无效冗长的信息也会产生，因此，单位时间内传播的信息量会低于经过剪辑的录播。

再次，直播的即时传播会影响报道的准确性和深度。

直播使得记者在抢得先机的同时无法迅速收集资料、深入了解事件的背景，从而影响到对新闻事件本质的准确判断。这样的直播报道会流于新闻事件的表象而未挖掘到新闻事件的深层价值，自然影响报道的深度。

三

究竟哪些内容是适合使用直播手段进行传播的呢？

1、直播的内容应具有动态发展的事件性，过程性、现场感要强。

2、充满悬念性的、具有强烈的不可预知性事件是最适合使用直播手段进行传播的。

3、具有不可重复性的重大事件即时效性强的重大事件是适合进行直播的。直播使这种不可重复变成瞬间永恒。

（摘自《中国电视》2005年第十二期）

试论政府在电视剧产业发展中的角色和作用

任达清

一、文化产业部门更需要学习驾驭市场经济的能力

毋庸讳言，在驾驭市场经济的能力方面，文化部门相对于其他产业部门更弱一些。文化及其产品过去一直是作为意识形态来管理的，从十五大开始“文化产业”才被正式提出。与第一、第二及大部分第三产业相比，文化产业中市场化程度高，发展良好的产品几乎没有几个，电视剧算是其中的佼佼者。

如同其他许多行业一样，民营经济是电视剧行业的主力军和活力所在。

但是，与电视剧行业中蓬勃发展的民营经济相比，我们的电视剧管理在某些方面还不尽如人意。

首先，电视剧制作企业准入门槛设置过高，一些有实力的民营公司不能顺利地创作和生产电视剧。

其次，政府在电视剧管理上存在盲区。国家及地方行政管理部门与大多数民营公司几乎处于一种隔绝状态，没有信息沟通的渠道，上情不能下达，下情也不能上达。上情不能下达的结果就是民营公司在题材立项、内容把握、创作方向、艺术处理等方面非常盲目。每当有新的法规文件出台时，民营影视公司都要四处托关系打听。而下情不能上达的结果则是管理机关在出台某些政策或行政命令时，由于缺乏对市场的真实情况的了解，则有可能会出台一些脱离实际的政策，甚至对行业的发展造成负面影响。

事实上，面对电视剧这样一个市场化程度较高的行业，政府更多运用的是行政管理手段，而很少运用经济手段调节电视剧发展。在运用行政命令和经济手段管理电视剧行业发展方面存在着一手硬一手软的现象，这实际上也正是文化部门驾驭市场经济能力不足的表现。

二、充分认识产业政策在促进文化产业发展中的作用

由于计划经济体制下形成的管理方式的影响，许多政府部门还是依靠行政命令或法规在管理文化产业，因而在管理文化产业时，要么缺乏引导，滞后于实践，造成文化产业的盲目发展；要么在治理文化产业中出现的问题时对产业发展造成伤害。

任何产业的发展都离不开产业政策的支持，这是已经被国内外诸多的产业实践所证明了的。

这些年在电视剧的管理上，运用行政法规管理电视剧时虽然也有促进产业发展的，但却是“无心栽柳柳成荫”，如2000年总局发出的关于在黄金时段禁止播出引进剧的通知。该通知本意是限制引进剧的播出，由于节目缺乏，国产剧一下成了抢手货，在客观上促进了国产电视剧的发展。

对于文化管理部门来说，必须充分认识产业政策在促进产业发展中的重要作用，然后才能制定切实可

行的产业政策，加快和促进产业的发展。

三、研究文化产业发展规律，制定电视剧产业的发展政策

就目前电视剧发展的基本情况来看，电视剧产业政策主要围绕两个方面来制定，一个是解决企业的资金来源问题，另一个是解决企业的发展壮大问题。而这两项都离不开产业政策。

首先，在电视剧产业中引进资本运作，解决制作企业资金的来源问题。没有资本的进入，任何产业都不可能做强做大。

其次，完善电视剧产业政策，促进电视剧制作企业迅速发展。电视剧作为产业，不仅没有资本运作，也没有其他产业所享有的优惠政策，这也是限制电视剧企业做强做大的另一个原因。

再次，为电视剧制作企业创造一个良好的市场环境。目前，对于制作企业来说，影响其发展的最大的因素是电视剧市场主体地位的不平等，导致电视剧在交易中没有一个公平的竞争环境。对于大多数制作企业来说，其创作、生产、发行、播出四个环节中，前二个是完全市场化的，不论是对个人还是对企业，双方都是平等的，自由竞争的，但是在后两个环节当中则虽然也是市场化的，但却不是自由竞争的，而是不平等的。原因就是在播出环节存在着电视台的垄断。正因为如此，才会出现电视剧交易中的限价、压价和拖欠款现象，也才会有一些腐败案的发生。

此外，政府在电视剧产业发展中能够发挥作用的地方还有很多，比如是否可以考虑建立电视剧产业发展基金，对政府需要宣传和倡导的题材及在国外播放取得积极效果的电视剧给予扶持和奖励；是否可以像其他产业一样或者像经济开发区那样，对电视剧制作企业在税收方面提供优惠政策等等。

（摘自《广播电影电视决策参考》2005年第三期）

韩剧的产业化特点及其启示

张　忠

韩国电视剧的产业化特点

1．政府主导型的产业管理模式

韩国实行的是公共广播体制，政府认为“电波属于公共财产，不能一味用于商业利益”，韩国广播协会控制着各电视台的发展。为更好地控制各电视台的广告收入，韩国政府还专门成立了韩国广播电视广告公司（Korea Broadcasting Advertising Corporation，简称Kobaco）控制广告费率及广告政策，将盈利性广告业务从电视台的主干业务中剥离出来，实行广告业务的垄断经营，集中调控，并预留公益基金。

1997年亚洲金融风暴后，韩国政府将文化当成重要产业由政府主导并全力支持。

2．以播出平台为中心的产业结构模式

韩国电视剧的制作播放业基本上由韩国广播公司（KBS）、文化广播公司（MBC）、汉城广播公司（SBS）、教育放送（EBS）四家无线电视台来操作，它们几乎联合垄断了电视收视市场和广告市场，制播合一，并且各自垂直整合节目制作、流通和播出环节，各台之间很少进行横向的节目交流。

最近几年，韩国电视剧的制作开始逐渐实行制播分离。但大多数电视剧仍由电视台独立制作播出，一部分由电视台分别设立资金，委托专门的制作公司来完成制作。涉及到电视剧制作权问题的时候，一般由制作单位和播出单位，各以一半的分成来控制电视剧的制作权。即使电视剧是由外包制作单位制作的，制作当中的80%的制作费用也由电视台承担，电视台仍享有控制权。

电视台在电视节目内容上具有优越的领先地位，可以以稳定的财政进行多种多样的创意性实践，可以实现大规模制作、基础设施的投资以及资深作家和专业人员、导演的培养和投资。

3．面向观众市场的类型化模式

在韩国，追求时尚的年轻女性观众是电视剧的核心观众群，包括男性在内的中老年电视观众也与日俱增，成为主要观众群。由此，韩国电视剧形成了历史剧、偶像剧、家庭剧三种类型，其中历史剧大约占15%，偶像剧大约占25%～30%，其他50%左右是家庭剧。

4．流水线运作的专业化生产模式

韩国电视剧在运作上与美国电视剧生产和运作模式相似，采取了工业化流水线运作的专业生产模式。韩剧标准流水线有如下工序：主笔作者设计情节——提纲作者编写提纲——对话作者撰写对白——总编剧汇成脚本——制作人和导演前期筹备——前期拍摄——后期制作——发行播出。

在韩国广播委员会（KBC）对各广播公司35%制作业务外包的要求下，韩剧有一部分由各电视台的外包制作单位制作。

5．精美制作背后的商业化操作模式

韩剧在制作上精心考究历史，创意期间就将民风民情、特殊人文背景融入剧情，精心设计人物形象、音乐、服装服饰、场景，经由电视剧的推广与包装，音乐在播出后成为流行经典，拍摄基地成了旅游热地，和主人公有关的服装服饰成为人们争相模仿的对象，在电视剧精美的制作背后是精心的商业操作。

韩剧对国产电视剧产业化的启示

1．借助政策东风，促进产业发展

作为文化产业的一个重要组成部分，我国的电视剧产业一直得到党和政府的支持和扶持，特别是党的十六大提出建设文化产业的战略目标后，为电视剧产业的发展提供了前所未有的机遇。

2．整合产业资源，形成品牌效应

电视剧是高投入、高风险、高产出的产业，中国的电视剧产业如果有一批资金实力强大、市场运作能力强的制作机构，对相应资源进行大力整合，提高产业的集中度、规模化，将会形成强有力的品牌效应，提高中国电视剧在国际上的竞争力。

3．密切制播关系，建立共赢市场

电视剧的制作方、播出方分别作为供给方和需求方在电视剧产业链条上互为市场，信息的及时交流和沟通不仅必要而且必需。如果双方在电视剧的策划、投资、制作中保持不间断的联络和沟通，以必要的程序提供相互保障，减少生产和制作的盲目性，杜绝无效率竞争，肯定会有效地提高电视剧的艺术水准和制作质量，实现多方的共赢，那么，我们期待中的健康、繁荣的电视剧市场将会成为现实。

（摘自《当代电视》2005年第十期）

浅谈电视青少节目之策划

曹国红

众所周知“关注未成年人健康成长”是全社会的重要任务，关注“青少年教育”已成为中华民族的共识，纳入国家的大政方针。由此可见，电视青少节目不仅有广袤的市场，深厚的群众基础，更有着坚强的政治背景。那么，怎样才能办好电视青少节目呢？

一、“策划”是关键

从节目的制作实践来看，青少节目之策划就是节目主题在传播过程中按照一定的目的和守则，对宣传客体的报道思想、报道的程序、节目的制作手段、制作的角度及时地作出全面、细致、周密、合理的计划和安排，最大限度地反映出电视青少节目的社会价值，揭示其思想内涵和特征，推出广大青少年电视观众所喜爱的精品之作。与此同时，还要在具有含金量的信息或线索中搜寻，策划出有分量的重点节目和报道。

青少节目的策划作为一种设计、一种决策和组织手段，其宗旨贯穿于整个青少节目的全部制作过程之中，大到栏目的风格定位、宗旨确立，小到单个节目的创作思想、节目构成思路、摄制人员制作节目手段、版面或节目的设置等等。由此可见，青少节目的策划实际上就是一种以科学性、真实性、寓教于乐性为基点的综合整体的思维模式的体现。

二、青少节目的策划基点

其一，以人为本，崇尚科学，寓教于乐，以弘扬科学的节目为中心，以质朴人物、事物的题材为载体，以灵活多样、丰富多彩的表现形式、手法为重点。

其二，策划者必须具有创新的精神和超前的意识。针对青少节目而言，我们一要立足于朴素的大众科学，传扬质朴的教育理念；二要勇于站在电视节目改革的前沿，搏击教育的新思维，锐意进取，与潮流共舞，同时还要以敏锐的观察力与识别力，敢于接触并抓住社会的新触角，引领青少年电视观众感受时代的最新气息。

其三，严密的组织，科学的管理是成功策划的根本保证。

三、青少节目策划的三个层次

目前有关专家指出：电视节目的策划不外乎宏观、中观、微观三个层次。宏观策划即对青少节目（栏目）发展的策划，整体定位的策划，队伍建设、节目组内部管理的策划等。所以说宏观策划是青少节目制作之本，也是在栏目相当长的一个阶段内不可动摇的节目制作基础和宗旨。

中观策划则要求在市场调查的基础上进行缜密研究，在保持相对稳定的前提下根据市场（电视观众）的需要作适时调整和重置。

微观策划即对青少节目策划的具体的谋划、组织和安排，主要是指日常青少节目制作的策划，是一项常规性、基础性的策划。当然宏观策划、中观策划的实施都要通过微观策划才能得以实现。

（摘自《电视研究》2005年第三期）

网络媒体的核心竞争力

曹云霞

依托新闻

新闻登载权是一种媒体身份与地位的标志。网络新闻是一个网站影响力和社会认可的标志，这种认可不仅有来自政府、网民的认可，还有媒体同行的认可，是媒体地位与资格的认可，而这种认可对于中国的受众或消费者来说至关重要，其社会价值和由此将带来的商业价值无法估量。

网络所提供的新闻资讯是以互动为基础的，通过互动人们可以获取信息，交流信息，参与公共政策。

传播新闻是传统媒体网站最重要的职责。2000年5月，《国际互联网新闻宣传事业发展纲要（2000-2002年）》正式形成并下发，这一文件提出了互联网新闻宣传事业发展目标和发展战略，并确定了首批重点新闻宣传网站。大力加强互联网媒体建设，加强网上新闻宣传正式明确为主流媒体网站的主要任务。

网络新闻传播是培养用户市场的重要手段之一。免费网络内容与免费邮箱培养了中国的网民规模，培养了他们的网络概念，接受了互联网这个新兴事物，为后来层出不穷的商业模式与新技术的出台与实施奠定了基础。

随着新闻网络化，电子媒体拷贝粘贴的优势激发了网络社区的活力。人们的交流需要不仅仅局限于简单地情感交流，更长久的交流需求出自于对身边发生的事情，对社会问题，对国家政策，对国际格局，对人类进步的关怀。实践证明，内容建设，特别是新闻整合与互动而培育的用户规模，是让门户网站走出泡沫的基础。

突出特色

特色首先来自于网络媒体所拥有的资源。中国的网络媒体中很大一个群体是依托传统媒体而创建的网站，初衷是建设成为宣传母体的一个新平台，从诞生起就深深地刻上了母体的烙印。传统媒体的品牌优势和资源特色构筑了每个网站的特色与发展重点。

特色形成于建网时的战略设计。中国门户网站的创业者与风险投资商们揣着各自梦想与商业模式，经过残酷的竞争和角逐后，死伤无数。幸存下来的网站的特色在商业化的路途中有的坚持初衷，有的已经在盈利的压力下改弦易辙。喧嚣过后，投资者也更加理性务实了，明白只有提供给用户更有特色的、高质量的产品和服务，才能创造真正的价值，并获取利润。门户网站们也在更加成熟和宽容的互联网环境中，努力重塑特色。

特色是用户决定忠诚度的核心要素。最早互联网的免费战略主要是基于对网络广告盈利能力的盲目自信而制定。要吸引网络广告，首先必须有一定的网民规模与访问数量，其次需要有忠诚的消费者，如何培育其忠诚，能做的就是提供特色的、高质量的、满足他们需要的内容与信息服务。有了规模和忠诚的受众后，其他商业模式的推行就变得简单多了。

如何保持核心竞争力

新闻成本统筹规划，提升新闻价值。新闻传播是网络媒体的首要任务。如何以最小的成本做出最大的价值是当下网络媒体，尤其是主流新闻网站必须关注与重视的问题。

品牌定位与推广，坚持特色。特色需要设计，也需要推广。国家重点新闻网站的特色在政府的统筹规划下，已日益突出。

建立配套的商业模式，促进良性循环。商业网站的商业模式已经比较成熟，需要的是有序的竞争环境和抢占商机的眼光与能力。

加强版权保护，避免恶意竞争。在特色经营的成熟发展时期，除了相关部门立法进行规范管理外，各网络媒体的工作重心和主力队伍应为对自身特色的深度挖掘与推广。这也是互联网内容发展的一个轮回：简单信息服务——海量信息轰炸——针对性地分类传播。

（摘自《网络传播》2005年第六期）

三、文章要目

1.电视管理

电视台人事管理的困境与对策（吴丰军 王甫《当代电视》2005.2）

多家合作开发项目中的管理问题（李弋《现代电视技术》2005.4）

默认程序——一种加强管理、提高效率的有效手段（杨健《现代电视技术》2005.4）

关于中央电视台信息化建设的几点思考（杨锦《现代电视技术》2005.4）

坚持制度创新 推行编外人员劳务派遣制度（杨晓民《电视研究》2005.5）

管理与艺术——电视剧制片人、导演的位置与责任（刘立京《当代电视》2005.6）

央视新闻频道形象的规范化管理（陈存瑞《电视研究》2005.8）

实施人才战略 促进央视发展（张长明《中国广播电视学刊》2005.10）

对电视制片人制的另类思考（杨金月 唐锡光《电视研究》2005.10）

2.电视新闻

抓住复合新闻 打造战略报道——让重要新闻“重要”起来（杨波《电视研究》2005.1）

关于培养电视新闻主播人才的思考（卢静 任悦 董丽萍 李恩泉《电视研究》2005.2）

典型人物报道的电视媒介优势与宣传艺术——电视新闻系列节目《牛玉儒》评析（赵仙泉《电视研究》2005.2）

我们为什么会感动——《感动中国》评选中的思考（孙金岭 边巍《电视研究》2005.4）

营造叙事的意蕴空间——《新闻调查·河流与村庄》创作手记（张龙《电视研究》2005.4）

CNN国际频道新闻节目浅析（李宇《电视研究》2005.4）

全线作战重点突破变中求胜彰显个性——谈央视新闻中心2005年“两会”报道（冯旭宏《电视研究》2005.5）

提高质量 突出特色 控制规模——CCTV-4 2005年“两会”报道解析（范昀 战丽萍《电视研究》2005.5）

让主流新闻实现有效传播——CCTV-2 2005年“两

会”报道五大创新（刘保平 徐立军《电视研究》2005.5）

《“两会”客厅》报道新思路（成微《电视研究》2005.5）

说给孩子们听——谈少儿新闻节目的表现形式（巴丹《电视研究》2005.6）

全面 权威 现代——央视国际频道“连、宋大陆行”特别报道评析（杜志红 范昀《电视研究》2005.7）

资讯整合的范本——解析《跨越海峡的握手——宋楚瑜大陆行特别报道》（马勇 杨奉涛 薛巧祯《电视研究》2005.7）

电视新闻直播：从事件到核心竞争力——以CCTV-4“连宋大陆行”特别报道为例（张国涛 范昀 杨奉涛《中国广播电视学刊》2005.7）

乘一总万 举要治繁——驻外报道要及时、有效、深入（侯佳《当代电视》2005.9）

寻求差异 突出对外 贴近受众——谈央视“神六”对外报道中的差异化策略（王跃华 战丽萍 张立勇《电视研究》2005.12）

3.国际交流

西欧三国电视机构考察报告（赵鹏《电视研究》2005.1）

北欧拍摄随想（但京《现代电视技术》2005.1）

国际交流中的儿童电视节目（李蕾《电视研究》2005.2）

NAB2005的热点技术（王榕《传播与制作》2005.6）

从NAB2005看高清节目制作设备的发展（陈默《世界广播电视》2005.6）

TV5法国国际频道节目策略（宋嘉宁 张志岭《电视研究》2005.7）

备受多族群欢迎的澳大利亚SBS电视台（钱娱《电视研究》2005.8）

英国文化研究：传播学受众研究的新启示（张书翰《电视研究》2005.10）

澳大利亚广播公司运作模式的思考（徐艳秋《电视研究》2005.12）

日本电视的数字化生存——浅析日本数字付费电视的发展、沿革（梁自强《中国数字电视》2005.17）

4.电视专题

“心连心”节目的电视化处理（齐宪役《中国电视》2005.1）

浅议历史文献纪录片的表现手法（程佳宏《电视研究》2005.2）

嘉宾在节目中的功能和话语空间——《精彩中国》的启示（韩卫《电视研究》2005.2）

CCTV服装设计暨模特大赛后期制作经验谈（刘晓江《现代电视技术》2005.2）

艺术与技术的完美结晶——专题电视片《美济礁》获奖经验谈（钱京建 昌力《现代电视技术》2005.2）

谈《午间乐园——2004年春节联欢晚会》的技术运作（赵贵华 沈鸿礼《现代电视技术》2005.2）

试析《法治进行时》的节目形态（黄海星《中国广播电视学刊》2005.2）

提供心灵服务 关注人生幸福——央视《心理访谈》栏目的创作理念（吴国平《当代电视》2005.2）

斯里兰卡海啸灾区采访手记（曹一兵 陈晨《电视研究》2005.3）

谈《CEPA实施一周年》的报道模式（张利中《电视研究》2005.3）

变“反应快”为“反映快”——从印度洋海啸救援报道看中央电视台境外记者站的发展（王玉国《电视研究》2005.3）

宽容与沟通——电视台与DV人的对话（冷冶夫《当代电视》2005.3）

从《非常6+1》看真人秀节目本土化改造（李刚 于隽《电视研究》2005.4）

传播早间体育节目的新理念——《早安中国》的启示（黄木《中国电视》2005.4）

追求更高的节目质量打造技术精品——连续5年获电视节目技术质量“金帆奖”综合奖随感（王翠霞《现代电视技术》2005.5）

快乐成长 感动未来——谈央视2005年六一儿童节主题晚会的总体架构（邬纯芳《电视研究》2005.6）

动画系列片《小虎还乡》美术创作谈（耿琳《电视研究》2005.6）

十二集文献纪录片《毛泽东》音乐音响设计创作谈（包布和《现代电视技术》2005.6）

《东方时空》的成功尝试（刘琳《电视研究》2005.7）

《绿色空间》的环境文化魅力（王桂华 刘树勋《电视

研究》2005.7)
动态传播在科学探险类节目中的应用(陈晓夏《电视研究》2005.7)
2004年雅典残奥会电视转播概览(于志 陈江疆《现代电视技术》2005.7)
雅典奥运会音频通话及节目声返送应用回顾(刘一兵《现代电视技术》2005.7)
险处不需看——"珠峰测高"登顶直播音频、通话系统研究(孔征《现代电视技术》2005.7)
创办"历史与文物频道"的呼唤与构想(伊尔·赵荣璋《当代电视》2005.7)
一次艰难的拍摄——《全国中小学生机器人世界杯robocup》摄制札记(宋红《当代电视》2005.7)
央视"新闻联播"片头音乐 十七秒的音乐 十七年的播放(包布和《中国电视》2005.8)
从《军情连连看》看军事节目的创新(伍辉《电视研究》2005.8)
高端题材大众化传播的新尝试——央视大型直播节目《诺奖群英会》的策划与创意(李勇 熊波《电视研究》2005.8)
结构与叙述的力量——纪录片《丧钟为谁而鸣》创作手记(邓建永《电视研究》2005.9)
浸染着血性与理性的《对日诉讼》(何保胜《电视研究》2005.9)
《人间体育》栏目剧初探(张虹《电视研究》2005.9)
一线记者的定位与功能——谈第21次南极科考活动一线记者报道(李亚玮《电视研究》2005.9)
第21次南极科考特别报道电视表现手段探讨(王彩平 张丽英《电视研究》2005.9)
展现女性魅力 共创和谐社会——《温暖中国·2004女性记录》节目分析(刘建鸣《电视研究》2005.10)
《讲述》的品牌模式探索(梁红《电视研究》2005.10)
专业化轨迹和品牌化探索——对央视电视剧频道改版的思考(张忠《电视研究》2005.10)
电视产业的游戏之"痒"(谢远东《电视研究》2005.10)
国家级·国际性·产业化——2005中国国际广播影视博览会综述(唐世鼎 陈礼东《中国广播电视学刊》2005.10)
隔岸观花——小议中国音乐电视创作误区(施罡《中国电视》2005.10)
体育纪实的新视角——试析《中国奥运冠军特辑》的创作特色(余步《电视研究》2005.11)
央视英语频道新闻节目获CNN年度奖解析(韩斌《电视研究》2005.11)
见证历史 我们在现场(任永蔚《电视研究》2005.12)
浅析2005《世界大力士冠军赛》转播的成功要素(王茜《电视研究》2005.12)
两岸媒体联手举办《海峡两岸知识大赛》对电视入岛宣传的启示(王静芳《中国广播电视学刊》2005.12)
从《新视听》改版谈音乐类节目走向(张小弛《当代电视》2005.12)
数字图书馆将使广播电视信息资料工作产生新的飞跃(刘汝琛《情报资料工作》2005年刊)
新形势下的图书馆采访工作(刘汝琛《第一届全国图书采访工作研讨会论文集》)

5.电视文艺

历史只有首先被写出来才能被阅读——评电视剧《沧海百年》(于振铎《中国电视》2005.1)
忠于原著 形神兼备——黄梅戏音乐电视剧《祝福》的改编与再创作(周里欣《当代电视》2005.1)
塑造人物是电视剧的生命——浅谈电视剧《无愧苍生》的审美价值(王岩《中国电视》2005.2)
解析红色经典(何延锋《中国电视》2005.3)
树立国际品格 展示中国风采——由"风采中国·魅力广州"新年双语晚会谈对外文艺晚会的创作理念(郭霁红《电视研究》2005.3)
源于生活 还于生活(崔志刚《当代电视》2005.3)
细节构筑整体——历史文献纪录片《百年小平》创作谈(潘洪莲《当代电视》2005.3)
表演与生活(周丽华《当代电视》2005.4)
电视剧《任长霞》导演阐述(沈好放《当代电视》2005.5)
服装色彩设计刍议(段瑞菁《当代电视》2005.5)
纪录片美学初探(韩君倩《世界电影》2005.6)
谈谈影视配音(崔志刚《当代电视》2005.6)
任凭长风舞彩霞——21集电视剧《任长霞》感怀(李志勇《电视研究》2005.7)
浓缩写意的电视小品——《不能没有你》、《高效率的爱》观感(秦新民《电视研究》2005.7)
媒体文化诉求的实现——兼谈陕西卫视大型直播节目《风追司马》的创作(汪平《电视研究》2005.7)
电视剧中的人物服装造型(段瑞菁《当代电视》

2005.7)

新农村 新人生——看长篇电视连续剧《圣水湖畔》(张忠《中国电视》2005.8)

再现历史 求真出新——关于《敌后武装队》(新版)再创作的启示(肖航《当代电视》2005.8)

多元化的和谐社会——解读电视剧《任长霞》的现实社会内涵(李治安《当代电视》2005.8)

展现荡气回肠的历史画卷 铸造不屈不挠民族精神——电视剧《八路军》审片会议纪要(张志敏《电视研究》2005.9)

生命的艺术与艺术的生命——生命是艺术创作的永恒主题(王炜琨《当代电视》2005.9)

浅析英式情景喜剧的成功之道(刘艳臣《当代电视》2005.9)

"吆喝"的学问——谈电视剧《任长霞》的宣传(周里欣《当代电视》2005.9)

是英雄就悲壮——观电视剧《吕梁英雄传》感言(张大勤《电视研究》2005.10)

深入 真实 客观 自然《西藏行》创作手记(申杨 刘娟 章林《电视研究》2005.11)

美,从"土"中来——看电视剧《吕梁英雄传》有感(王雨萌《当代电视》2005.11)

影响:100年中国电影(王一岩《大众电影》2005.22)

6.电视研讨

隐性采访是非谈(屠志娟《电视研究》2005.1)

浅谈电视有声语言(潘虹旭《中国广播电视学刊》2005.1)

从创作和制作的角度看电视节目分类(金越《中国电视》2005.1)

从历史到未来——全球"一体化"背景下的世界传媒发展(李骏 王悦 刘楠《电视研究》2005.2)

少儿频道:发展提速、瓶颈犹存(高贵武 毋德贤《中国广播电视学刊》2005.2)

卡通与未成年人教育(邬纯芳《电视研究》2005.3)

中国电视理论研究及电视学术期刊的发展(张青叶 罗石曼《电视研究》2005.4)

春华秋实20年——《电视研究》创刊20周年研讨会综述(汪平《电视研究》2005.4)

浅谈有线电视网络数字化发展(赵建华《电视研究》2005.5)

数字电视媒体的属性研究(李劲松《电视研究》2005.5)

值得重视的细节(包布和《现代电视技术》2005.5)

数字卫星,承载央视付费电视的未来?(李建《现代电视技术》2005.5)

承载先进文化 构建和谐社会——浅议娱乐主流意识(王炜琨《当代电视》2005.5)

浅析央视少儿频道的"主题化"编排(许蓓蓓《电视研究》2005.6)

小中见大 浅中见深——析幼儿电视节目创作者的深度意识(王英《中国广播电视学刊》2005.6)

防微杜渐 趋利避害——电视应为未成年人成长营造绿色文化空间(邬纯芳《中国电视》2005.6)

电视科普片与故事片之借鉴(王建平 周勇胜《当代电视》2005.6)

浅谈电视剧制片人(周里欣《当代电视》2005.6)

儿童音乐电视的创新与探索(李众《当代电视》2005.6)

论少儿电视片的结构(陶雨平《当代电视》2005.6)

频道品牌化的长假节目编排策略分析(周冠宇 赵凤琴 赵曙光《电视研究》2005.7)

关于电视频道主题音乐和栏目片头音乐(包布和《现代电视技术》2005.7)

从给电视节目布光说起(罗京生《现代电视技术》2005.7)

浅谈少儿电视科学节目(倪娜《中国电视》2005.7)

历史剧的热闹与尴尬(董红言《中国电视》2005.7)

数字时代电视声音制作系统探讨(刘中胜《现代电视技术》2005.8)

"韩剧热"原因探析(赵春梅 郑美连《中国电视》2005. 8)

"改编型"影视剧的批评标准质疑(房莉《中国电视》2005.8)

浅谈电视纪录片的故事化倾向(杨贻军《中国电视》2005.8)

电视频道主题音乐和栏目片头音乐探析(包布和《中国电视》2005.8)

突发事件与媒体未来格局(董葵《科学新闻》2005.8)

围绕精品战略 整合研发资源——在中广协会电视学研委会第四届全国代表大会暨2005年年会上的讲话(罗琴《电视研究》2005.9)

重大事件报道中的栏目角色——以《海峡两岸》"连宋访问大陆"报道为例(张国涛 萧思航《电视研究》

2005.9）

试论战略管理思想在我国传媒产业嬗变时期的运用（柳成伟《电视研究》2005.9）

浅谈城市电视台的定位与发展方向（吴毅《电视研究》2005.10）

话语权的另一半——调查性报道中的平衡原则（柴静《电视研究》2005.10）

浅谈少儿频道的经营策略（刘艳臣《中国电视》2005.10）

电视人札记：从节目到产品（金越《中国电视》2005.10）

传承与创新：中国和欧洲艺术动画片的比较分析（路琳《中国广播电视学刊》2005.10）

未成年人电视法制节目初探（吕莹 刘斌《电视研究》2005.11）

浅谈国产动画片中的戏曲元素（刘彦婷《中国电视》2005.11）

手绘动画VS数字动画（孙艳《中国电视》2005.11）

聊聊主持人的电视化语言（高博《电视研究》2005.12）

电视纪录片栏目化流变（田军 张岭《中国广播电视学刊》2005.12）

思考中国电视纪录片（杨贻军《当代电视》2005.12）

7.电视技术

雅典奥运会IBC电视技术设施和信号传输系统浏览（杨小勇 陈力《现代电视技术》2005.1）

浅议未来电视节目技术制作方式（袁旭稚《现代电视技术》2005.1）

新闻直播演播室音频系统的特点（孔征《现代电视技术》2005.2）

电视工艺系统设计随感（杨健《现代电视技术》2005.2）

科学规范的技术维护工作为安全播出保驾护航（陈策明 赵凯《现代电视技术》2005.2）

异构非线性后期制作网络测试的研究（车临《现代电视技术》2005.2）

中文EPG节目分类建议和实施方案（戴维《现代电视技术》2005.2）

电视灯光设备安全操作刍议（王京池《世界专业音响与灯光》2005. 2）

漫谈雅典奥运会高清电视的制作和技术（陈力 杨小勇《现代电视技术》2005.3）

中小演播室布光方法探析（楚锡岭《现代电视技术》2005.3）

数字音频AES/EBU通道状态介绍（甄占京《现代电视技术》2005.3）

CATV网络面向数化发展的探讨（赵建华《现代电视技术》2005.3）

新闻频道视频服务器播出和信息网络设计（陈虹《现代电视技术》2005.3）

网络化制作——成本生产的唯一出路（孔征 王燕菊《现代电视技术》2005.3）

关于非线机房网络化建设的几点思考（颜枫 冷红 陈欣《现代电视技术》2005.4）

电脑音乐与MIDI技术（包布和《现代电视技术》2005.4）

电脑灯为春节联欢晚会添光彩（王京池《世界专业音响与灯光》2005.4）

中央电视台高清晰度电视的进展（陈默《现代电视技术》2005.5）

高清之路 技术先行——从2005年高清论坛看高清电视发展（王珮《现代电视技术》2005.5）

虚拟演播室技术在新闻直播节目中的应用（蔡莉莉《现代电视技术》2005.5）

基于新技术设计的中央电视台经济频道节目制作业务系统（车临《现代电视技术》2005.5）

从NAB2005看高清节目制作设备的发展（陈默《世界广播电视》2005.6）

提升新闻制播水平的系统改造方案（李彦青《现代电视技术》2005.6）

视频制作系统体系结构介绍（郑海峰《现代电视技术》2005.6）

电视制作中灯光系统的管理（王宏磊《现代电视技术》2005.6）

钱塘江潮长距离直播技术方案——对三种特殊直播方式的解析（一）（何昊 李强《现代电视技术》2005.7）

高清/标清可切换演播室设计思路（车临《现代电视技术》2005.7）

ENG电视新闻采访录音设备的近况及发展趋势（朱军《现代电视技术》2005.7）

数字电视信号的编码与传输（关杨《现代电视技术》2005.7）

谈新闻节目的音乐音响创作（包布和《电视研究》

2005.7)

跨海直播——对三种特殊直播方式的解析之二（张兵 何昊 李强《现代电视技术》2005.8）

关于系统设计与设备选型的思考（宋庆峰 路啸《现代电视技术》2005.8）

虚拟存储技术在非线性制播网中的应用（李宏海《现代电视技术》2005.8）

5.1声道监听环境和记录（甄占京《现代电视技术》2005.8）

群组动画解析及实例应用（李萌《现代电视技术》2005.8）

中央电视台新闻频道节目包装系统的设计思路（苑文《现代电视技术》2005.8）

浅谈现代项目管理组织形式在广播电视技术项目中的应用（蔡贺《现代电视技术》2005.8）

新闻频道播控松下机械手系统使用经验谈（陈虹《现代电视技术》2005.8）

多通道自动播出系统设计理念（宋蔚 赵凯《传播与制作》2005.8）

水下直播——对三种特殊直播方式的解析之三（张兵 何昊 李强《现代电视技术》2005.9）

变焦镜头的调节与维护（陶湛《现代电视技术》2005.9）

从活动图像记录媒介的创新看电视设备的发展（闫芬《现代电视技术》2005.9）

现代的网络广播——广播在现代网络的应用（赵翔宇 王詰《现代电视技术》2005.9）

基于计算机网络技术的实时远程采访系统（王谦 扎景海《现代电视技术》2005.9）

渲染神兵RenderMan——RenderMan渲染特性初探（蔡维《现代电视技术》2005.9）

码率变换和统计复用技术在前端压缩系统中的应用（房文伟 陈力《现代电视技术》2005.10）

吹光纤布线技术及其应用（马小红 王涛《现代电视技术》2005.10）

运动控制系统简析（张霆 李扬《现代电视技术》2005.10）

高清与标清的融合（管国燕《现代电视技术》2005.10）

中央电视台节目生产播出管理体系（王榕《传播与制作》2005.10）

BIRTV2005灯光技术新感受（王京池《世界专业音响与灯光》2005.10）

交互电视的中间件系统分析（蓝涛《现代电视技术》2005.11）

电视制作中灯光系统常见故障分析（王宏磊《现代电视技术》2005.11）

Cin图像处理格式及其工作原理研究（刘强《现代电视技术》2005.11）

虚拟演播室技术在大型体育赛事转播中的应用（王大纲《现代电视技术》2005.12）

虚拟演播室技术的发展及应用（金丽《现代电视技术》2005.12）

COFDM革新电子新闻采访（王忆强《现代电视技术》2005.12）

变革时期的高清制作（李宏海《现代电视技术》2005.12）

RAT使用情况与使用方法（王子建《现代电视技术》2005.12）

北京航天城电视转播音频系统浅析（马欣《电视研究》2005.12）

电视画面的效果与灯光（罗京生《世界专业音响与灯光》2005.12）

基于半导体存储介质及网络化制、播、存体系的新闻制作、播出系统设计（崔红旌《电视研究·新闻业务专刊》）

新闻频道播出监测系统的设计及相应规程的制定（崔红旌《电视研究·新闻业务专刊》）

高清数字电视演播室音频制作探究（吴丽艳 逯瀚《电视研究·新闻业务专刊》）

电视新闻节目制作与播出（吴丽艳《电视研究·新闻业务专刊》）

DEKO系统在新闻美工制播系统的解决方案（李彦青《电视技术论坛》）

8.电视经营

论媒介产品和媒介的广告产品（何海明《电视研究》2005.1）

电视剧购销风云变（任达清《中国广播影视》2005.2）

电视剧营销的困境与趋势（沈华《视听界》2005.4）

电视剧的市场营销（董红言《中国广播电视学刊》2005.5）

公益广告的市场化运作（佘贤君《中国广播影视》2005.5下）

电视产业的游戏之“痒”（谢远东《现代电视技术》2005.7）
切除资本“梗阻”（陆地 赵丽芳《中国广播影视》2005.10下）
生产市场“双低”待突破（赵丽芳《中国广播影视》2005.10下）
激活流通市场（陆地 赵丽芳《中国广播影视》2005.10下）
重组播出市场（赵丽芳 黎斌《中国广播影视》2005.10下）
制播比例设计（赵丽芳《中国广播影视》2005.10下）
制播合一，一种“花钱机制”（唐世鼎 黎斌《中国广播影视》2005.10下）
电视广告媒体组合的探索（钱娱《电视研究》2005.12）

9.其他

电视音乐音响编辑职业谈（包布和《西部广播电视学刊》2005.2）
广电业发展的重要机遇期（杨波《中国广播电视学刊》2005.2）
阳光和细雨（敖一丹《电视研究》2005.4）
以板块式节目制作胜出（洪眉《电视研究》2005.4）
优中取精 扬帆远航（李立胜《现代电视技术》2005.4）
央视国际：凸显视听特色（张小宁《网络传播》2005.4）
两张珍贵的DVD（曲乐《高保真音响》2005.4）
电视节目中的“随意秀”（宋红《电视研究》2005.5）
读余贤君的《电视广告营销》有感（尹学东《电视研究》2005.5）
一个声音的传奇——阿宝（曲乐《高保真音响》2005.5）
为未来构建绿色空间（余培侠《电视研究》2005.6）
浅析电视节目资料收集工作（童瑛《电视研究》2005.6）
换个角度看世界——浅谈电视专题片和电视直播节目的航拍（何昊《电视研究》2005.6）
电视屏幕后面的“星空大战”（王桂华《新闻记者》2005.7）
解读外国科教片摄影构图的绘画性（田喆《电视研究》2005.8）
着力再现朴素平和领袖形象——《陈云》总编导亓克君谈创作感悟（伊尔·赵荣璋《电视研究》2005.8）
电视与网络受众的全面互动（刘连喜《网络传播》2005.8）
书写一部真实而鲜活的历史——大型系列纪录片《儿女英雄传》总编导陈真、田川访谈录（郭涛《电视研究》2005.9）
UTI——中国数字电视“机卡分离”的战略选择（刘丁超《广播电视信息》2005.9）
春节联欢晚会总导演招标随想（金秋《电视研究》2005.10）
一套唱片——让您自己品味贝多芬（曲乐《高保真音响》2005.10）
CCTV.com网络电视的实践与发展（刘连喜《电视研究》2005.11）
电视灯光创作艺术谈（罗京生《现代电视技术》2005.11）
中国电视走向世界的华彩乐章——中央电视台对外宣传“三大战役”纪实（赵宇辉《当代电视》2005.11）
最动人的旋律——EMI新唱片《Requiem》（曲乐《高保真音响》2005.11）
经典重现——米克洛斯·罗萨电影音乐（曲乐《高保真音响》2005.11）
中央电视台2005年暑期节目编排策略与收视效果分析（申积军《电视研究》2005.11）
央视科教频道暑期节目主题化编排评析（张广义 洪丽娟《电视研究》2005.11）
引领幼儿早期阅读的新尝试——《婴幼儿电视有声图书》节目浅谈（倪娜《电视研究》2005.12）

←电视剧《任长霞》获中央电视台优秀节目一等奖。

↓电视剧《无愧苍生》获第二十五届“飞天奖”一等奖。

↑电视剧《记忆的证明》获第二十五届“飞天奖”一等奖。

→电视剧《女子监狱》获第二十五届“飞天奖”三等奖、第九届“金剑奖”二等奖、中央电视台优秀节目二等奖。

→电视剧《汉武大帝》获第二十五届“飞天奖”二等奖。

↑电视剧《荣誉》获第八届“金盾影视奖”三等奖。

↓《侦察兵的荣誉》获第二十五届“飞天奖”优秀中篇电视剧奖。

←《代号021》获中央电视台优秀节目三等奖。

↑《吕梁英雄传》获中央电视台优秀节目二等奖。

↑《我不是差等生》获第二十五届"飞天奖"优秀少儿电视剧奖。

←《小留学生》获中央电视台优秀节目三等奖。

→《生命的颜色》获全国艾滋病防治优秀影视作品奖。

↓《校园三结义》获第二十五届"飞天奖"三等奖。

2005年度中央电视台十佳播音员主持人

鞠　萍

周　涛

孙正平

李瑞英

白岩松

撒贝宁

杨　锐

崔永元

李　咏

水均益

YANGSHIYANFA

央视研发

央视研发

坚持正确导向 整合研发资源 实现电视事业腾飞

中广协会电视学研委会会长 中央电视台台长 赵化勇

当前，我国电视业的改革正在逐步走向深入，我们面临的电视产业经营、频道制管理改革、节目形态创新等各项战略任务，都急需正确的理论指导和有力的智力支持。电视研发工作，承担着提供理论指导和推动实践的任务，对整个电视行业的改革和发展起着举足轻重的作用，是提高电视事业竞争力的重要保障。

一、全国电视研发工作成绩喜人

近几年来，全国电视系统对电视研发工作普遍比较重视，广大电视研发机构和人员站在改革的前沿阵地上，承担着引领改革的重任，各项工作取得了一定的成绩，为电视业的发展作出了突出的贡献。

1．重视程度提高，研发地位不断上升

面对日趋激烈的国际传媒竞争和国内电视业不断深化改革的形势，各级电视机构都十分重视电视研发工作。据调查统计，目前全国(不包括我国港、澳、台地区)已有80%的省市级以上电视台设立了研发部门，其中的70%是在近六年相继设立的；75%的研发部门直属台领导，台党组织和主要领导直接抓研发工作。有些电视台，如上海、重庆、辽宁、陕西、江苏、湖南等已将研究部门改称为“发展研究部”、“规划发展部”、“研究发展中心”、“发展战略研究部”，这不仅仅是名称的改变，更是地位和职能定位的改变。一些电视台总编室所属的研究部门也适时顺应形势的变化，直接或间接地参与了本台的战略规划、项目论证、节目评估、收视调查等工作，成为融课题研究与项目运作于一体的复合型机构。

2．围绕中心工作，研发课题成绩斐然

近年来，各研发部门围绕本单位的中心工作，紧紧抓住关于改革发展的战略问题，深入开展课题研究，取得了明显成绩。如中央电视台研究处在2004年完成了18项重点课题研究，其中《开办音乐频道的可行性分析及效果评估》、《境外电视台音乐频道个案分析》受到中共中央政治局常委李长春和广电总局领导的肯定和赞许。上海文广集团发展研究部自2001年10月成立以来，负责制定了《上海文广集团五年发展规划》、《“十一五”规划》等重大规划方案，推出了《白玉兰报告》系列品牌报告。陕西电视台研究发展部自2001年7月成立之初起就把节目评估列入议事日程，作为其主攻课题之一。他们研究建立的节目评估体系得到了该台各频道总监、各栏目制片人的认可，不仅公平、合理、易操作，而且还激发了节目制作人的创新意识。

3．办好理论刊物，研发平台作用凸显

近年来，电视理论刊物在不断地创立和发展。到目前为止，我国所有省级电视台研发部门都有自己的期刊或内部专刊。这些刊物特色鲜明、形式活泼、内容丰富，是研发部门不可缺少的调研平台和理论阵地，也是电视台领导的重要“信息库”和决策参考源。这些期刊在全国各电视台之间相互交流，在相关高等院校、科研机构及一些群众中广为流传，产生了重要影响，发挥了重要作用。如中央电视台主办的《电视研究》，广东、广西、海南、广州、深圳电视台联合主办的《南方电视学刊》，不仅在电视界和读者心目中树立了品牌形象，而且为电视业的改革发展作出了积极的贡献。不仅如此，当前许多研发部门在办好刊物的同时正在努力构建新的平台。如利用电视手段，创办网页、课题演示会等，介绍业界动态信息、交流理论研究成果，在帮助领导决策、推进电视改革发展中发挥更大的作用。

4．加强沟通交流，研发活动广泛多样

近年来，中广协会电视学研委会和各电视台研发部门充分利用各自特有的资源优势，发挥桥梁、纽带作用，加强相互之间、与相关院校和科研机构甚至国际相关媒体之间的沟通交流，使研究活动形式更为多样，效果更为明显。据统计，2004年全国内地30个电视台研发部门组织的各种类型的研讨会、境外学术交流活动共80多次。一些电视台研发部门还努力加强与国外媒体的沟通交流，取人所长、为我所用。如中央电视台在2004年12月举办了“CCTV—TBS媒体发展战略研讨会”，围绕数字战略、节目战略、经营战略三个主题进行研讨，增进了央视与TBS电视台的相互了解。另外，中央电视台还积极开展了与日本NHK、电通公司及美国北卡罗莱纳州州立大学、BBC广播公司等机构的学术交流活动。

5．注重人才建设，研发队伍不断壮大

据不完全统计，目前全国内地设立研究机构的30个电视台共有研发人员400人，其中本科学历以上的296人，占总数的74%；硕士、博士68人，占17%。具有副高职称、正高职称的105人，占26%。电视研发系统一支素质高、作风正、能力强的研发队伍已初步形成，并不断发展壮大。

近年来，各研发机构注重选聘一些受过高等教育又在实践中卓有成就的人才从事研发工作。在重视选拔人才的同时，各研发机构还重视对人才的培养，积极利用培训、讲座、研讨、沙龙、考察等形式，不断提升研发人员的专业水平和综合素质。

6．紧密联系电视实际，研发成果显著

经过广大研发人员的共同努力，近年来电视研发工作取得了丰硕成果。据不完全统计，2004年，全国内地设立研发机构的30家电视台进行重要课题研究共200多项、出版理论专著20部、专刊近400期、编辑台史8部、组织评奖70多次、监看节目500多次、评估节目300多次、策划节目200多次。

由于各部门的研发工作深深扎根于本单位的土壤之中，紧密联系本单位的实际情况，重点进行决策性、应用性研究，因而研究成果一经形成，就能很快转化为生产力，产生了巨大的社会效益和经济效益。中央电视台研究处课题组配合总编室节目编排与管理改革，开展了《CCTV—1非黄金时段节目编排研究》、《中央电视台频道标识研究》、《中央电视台长假节目编排策略研究》等14个课题的研究论证。这些研究成果被领导层认可，并在实践中产生了重大作用。经专家评估，运用这些成果可为央视产生几亿元人民币的经济效益。

二、新形势下的电视研发工作任重道远

在当今国际国内传播媒体激烈竞争的态势下，中国电视研发工作面临着新的抉择，研发部门不仅要担当“先头部队”，而且要进一步当好管理层的“参谋部”、“智囊团”，继续发挥好决策与参谋的作用。

随着电视事业的发展，电视研发工作也在不断发展。研发工作应该成为广电事业的核心部分，研发部门则应该成为电视媒体的核心部门。

1．明确指导思想，提高舆论引导水平，促进和谐社会建设

构建社会主义和谐社会，是我们党从全面建设小康社会、开创中国特色社会主义事业新局面的全局出发提出的重大任务，也是我们党在新形势下的一项系统工程。电视媒体作为重要的舆论宣传工具，必须牢牢把握正确的舆论导向。电视研发工作是一项探索性工作，明确指导思想尤为重要。当前，应当紧密结合社会发展的时代背景，认真贯彻落实“三贴近”原则，坚持科学发展观，按照构建社会主义和谐社会的新要求，创新工作思路，改进工作方法，不断提高舆论引导水平，增强促进社会主义和谐社会建设的能力。

2．立足中国电视改革前沿，加强研发工作的针对性、实用性

理论研究只有同社会发展的要求、丰富多彩的生活和人民群众的实践结合起来，才能具有强大的生命力和影响力，才能实现自身的社会价值。随着研发部门地位和作用的提升，研发部门应改变以往纯学术研究的理念，立足中国电视改革的前沿，加强电视研发工作的针对性、实用性。应当将理论研究工作的着力点放到研究解决电视业改革发展中的重大问题上，放到研究解决群众对观看电视的紧迫需求问题上，放到研究解决未来电视发展前景的热点问题上，不断增强理论工作的创造力、说服力和感召力。

不仅如此，电视研发工作还应当成为电视媒体的“导航器”和“预警雷达”，应该站在媒体全局和全行业的层面上认识危机、评估风险，并提出相应的对策。在实际工作中，既不能忽视电视基础理论研究和宏观政策研究，也要立足电视事业发展的具体实践，注重业内调研与评估，强化数据和实证材料的量化分析，以市场动态为参考，在加强信息搜集的基础上实现研发工作的前瞻性与指导性，使领导的决策建立在科学务实的基础上，使研发成果真正起到为领导决策、为电视业改

革发展服务的作用。

3．坚持开拓创新，提高研发工作的前瞻性、创新性

与时俱进、开拓创新是我们推进研发工作上新台阶的力量源泉。随着电视产业的迅猛发展，更多的新栏目和新频道将不断涌现，也将有更多的新问题不断出现。当前，我国电视业的改革发展面临着许多前所未有的新情况、新问题，坚持开拓创新既是大势所趋，也是当务之急。我们要进一步解放思想、更新观念，创新理论研究的内容、形式和方法，使研发工作向更高的层次、更高的水平发展。电视台的研发部门应当充当事业发展的哨兵，应当走在实践的前面，至少与实践同步，解决实践当中面临的问题，应当加强研究成果的前瞻性、可操作性和指导性，多进行一些紧密和市场联系、决策参考含金量高的应用性理论研究，多出一些对实践"解渴"、"管用"的研究成果。

4．充分利用电视学研委会的平台，加强沟通交流，共谋电视事业发展大计

电视学研委会作为全国性的行业组织，具有机构多、分布广、从事研发人员多、参加社会活动广泛等特点。我们要充分发挥中介组织的优势，整合资源，凝聚智慧，大胆创新，锐意进取，共同谋划中国电视事业的发展大计。

不仅应当加强研委会与各地研究机构及各地研究机构自身之间的沟通，而且还要加强与文化部门、科研机构、高等院校及有关专家、学者之间的沟通，进行广泛的交流与合作，相互借鉴在节目研发和战略发展方面的经验，分享研发工作的成果，一起探讨整合业内研发资源的有效方式，探索建立信息和资源共享的长效机制，使机构、人员之间增强凝聚力、向心力，使电视研发工作实现跨越式发展，有力地推进电视业的改革发展。

（本文是作者为中广协会电视学研委会第四届全国代表大会暨2005年年会撰写的文章。摘自《电视研究》2005年第九期）

研发先行：中国电视业发展的呼唤

中广协会电视学研委会副会长　中央电视台副总编辑　程　宏

本世纪前十年将是中国电视业谋求更大发展的重要时期，我们将遇到许多前所未有的新情况、新问题，既有机遇，也有挑战。电视研发人员只有积极探索、锐意进取，推进电视研发工作的开展，才能适应时代发展的需要。

一、清醒认识我们面临的机遇和挑战

1．国际传媒的激烈竞争

当前世界电视传媒行业正朝着"传播立体化、服务专业化、经营集团化、覆盖全球化"的方向迅猛发展。国际传媒已经开始介入中国电视节目的生产，这已是不争的事实。

目前，在中国大陆落地的境外媒体和频道已经超过30个，它们都是国际知名的媒体，如新闻集团、时代华纳和迪斯尼等公司。它们的节目以及比较成熟的产业经营模式等都在影响着中国电视业的发展。对此，我们必须清醒地认识到，近来年虽然中国电视传媒事业比以前有了长足的发展，也取得了一些喜人的成果，但是严峻的外部环境形势使我们不得不居安思危。

2．新型技术对电视的影响

在高新技术迅速发展的形势下，数字电视已成为电视发展的必然趋势。网络电视、移动电视、手机电视等新型电视的高速发展，与传统电视行业争夺业务、争夺终端、争夺用户，使得国内市场竞争更趋白热化。

近几年数字技术的发展给电视业带来了自诞生以来最大的一次技术变革。电视数字化是国家现代化和社会信息化的重要标志之一。虽然在2004年中国数字电视用户只有120万左右，但数字电视用户的增长前景看好。因为在国家广电总局的规划中，2008年将全面推广地面数字电视，2015年将停止模拟电视播出，实现数字电视和卫星无线电视的全国覆盖。

在网络电视方面，2005年4月底广电总局正式宣布把第一张IPTV营运牌照发给了上海文广新闻传媒集团。随着网通、中国电信等公司进入网络电视行业，市场竞争逐渐激烈起来。

在开展数字卫星直播业务方面，中国第一代广播电视直播卫星系统——“中星9号”预计将在2007年7月前后发射，届时将能够提供150至200套标准清晰度和高清晰度电视节目。

数字电视及新型电视对传统电视构成了一定威胁，最主要的表现是分流了观众，影响了商业广告效益。随着数字电视和新型电视的进一步发展，同时必然冲击着、影响着传统电视的发展与走向。

3．电视受众的迫切需求

党的十六届四中全会提出，要建设社会主义的和谐社会。和谐社会与先进文化之间有着密不可分的关系。通过发展社会主义先进文化，可以不断为建设和谐社会提供强大的精神支撑，而和谐社会建设又为精神文明建设创造有利的社会条件。随着人们生活水平的提高，大众对精神文化生活的需求日益迫切。而对电视工作者来说，就应该以传播先进文化为己任，在工作中凸显“以人为本”。

目前，我国人口已达到13亿，收视人口在12亿左右，电视人口的综合覆盖率是94%。有这样大的受众群体，电视人应该生产出更多、更好的节目来满足他们的需求。据2004年调查数据显示，我国电视频道总量是2094个，节目全年播出总量为1004万小时。但是2003年人均收视时间减少了8分钟，而且千台一面的格局还在一定程度上存在着，因此，如何从中国的国情出发，满足人民群众日益增长的对精神文化生活的需求，是摆在我们电视研发工作者面前的重要任务。

4．电视产业发展的呼唤

目前，全球约有14亿台电视机，而我国就占了4亿台，而且有12亿左右的电视受众群，这本身就是一个庞大的市场。在我国，电视是党和人民的喉舌，是重要的思想文化阵地，具有意识形态的特殊性；同时，电视又是文化产业，具有产业属性，必须遵循产业发展规律和市场经济要求。

前不久，中共中央政治局常委李长春同志在谈到文化体制改革试点工作时精辟地指出：“只有把文化产品变成商品，变为广大群众的消费品，才能最大限度地实现文化的宣传教育功能，才能强化它的意识形态属性，达到以优秀作品鼓舞人的目的。”

对中国电视业来说，传统的体制成了制约产业发展的瓶颈。如何超越自我，打破旧的观念，体制改革是我们面临的最大挑战。而处在电视产业经营链上最前端的就是我们的电视研发机构。电视研发工作，是创造电视效益、提高电视管理水平和竞争力的重要保障。在电视产业发展的新形势下，加强和改革电视研发工作显得尤为迫切。电视业的改革要深入，电视研发工作必须超前，而目前与整个电视业的蓬勃发展相比，电视研发工作则还相对滞后。因此，深入开展电视研发工作，指导电视业的改革发展，应该成为中国电视界的共识。

二、直面挑战，为实践一线服务

在市场经济条件下，企业中的研发部门占有重要地位。同样，对中国电视产业发展来说，“研发”如同电脑的芯片，引领着电视事业持续、快速和健康发展。在新形势下，电视人应该积极探索电视研发工作的转型，为电视实践一线服务。

首先，电视研发工作要从学术性的研究转到应用性的研究。“研发先行”应该成为中国电视业界的一个共识。

这样的想法，并不是否认电视研究的学术性，否认电视研究的学术价值，而是对电视研究存在的问题进行考虑。因为研发工作是中国电视发展的导向标，能解决一系列在现实中遇到的问题，而且通过“研发先行”，可以创造良好的经济效益。2003年，中央电视台研究处课题组完成了节目编排与管理改革方面的14个课题研究。这些研究成果的实施直接为央视带来约几亿元人民币的经济效益。2004年，央视研究处课题组的视野已经扩展到全台，直接参与台内各项管理机制与事业的改革，启动了《央视品牌建设现状与问题分析》和《央视制片人管理优化方案》等10个课题的研究。这些课题对央视的发展作出了很大贡献。

其次，中国电视业“研发先行”在体现实用性的同时，还要体现前瞻性，而这是电视发展的特性决定的。

电视是现代科技的产物，现代科技的每一次进步都给电视带来巨大而深刻的影响。从黑白电视、彩色电视到数字电视，电视随着技术的进步，其形态、功能、效果都发生了翻天覆地的变化。技术革命带动宣传革命、产业革命，同时也带动管理革命。

技术的进步，一方面给电视业的大发展带来了动力，另一方面也给传统意义上的电视带来了挑战。比如数字电视、网络电视和直播卫星的升空，都对传统电视的发展提出了新课题。

对这些新鲜课题，中国电视研发部门研究得还不够。如果说这些研发课题是宏观层面的问题，那么，正是它们影响了中国电视未来发展的走向，也是决定中国传统电视生死存亡的课题。对前沿课题的研究，看起来对各电视台现在的发展影响不大，但是有道是“风物长宜放眼量”，谁能先人一步，谁就能占得先机。

三、群策群力，推进电视研发工作

以前，研发部门主要是“接”课题，形势发展到现在，中国电视的发展不断呼唤“研发先行”，从而为电视业的发展导航。正是在这一意义上，电视研发工作是中国电视发展的重要组成部分。当前，对电视研发工作来说，有几项工作是需要加强的。

一是要大兴调研之风。没有调查就没有发言权。只有通过对电视实践的深入调研，才知道目前中国电视界最需要解决的问题是什么，从而使研发工作做到有的放矢；在实际操作中，电视媒体之间可以实行互动，从而学习先进，进而改进工作。

二是要整合资源，共同发展。一方面，对电视学研委会来说，当前一个重要的任务是整合全国的电视研发力量，实现资源共享，并联合进行大型课题的研发工作。我们应该看到，电视媒体之间的合作还有很大的空间，而通过资源共享，可以让研发成果发挥更大的作用。目前应着力攻关的课题主要有以下几个：一是面对新型媒体的挑战，电视媒体应该如何应对；二是面对国际传媒的渗透，我们的电视媒体如何发展自己做强做大，为中国电视“走出去”而努力。

另一方面，电视学研委会要积极应对电视发展中那些共同面临的困惑，比如在宏观层面上，中国电视的体制改革，机制改革；在中观层面上，频道经营管理等的创新；在微观层面上，如何建立科学量化的节目综合评价体系，维护品牌效应，开发新的节目形态等等。这些课题由于有普遍意义，显然可以由大家合作共同来完成。

在加强台与台之间交流合作方面，一是可以通过研委会的网站，促进各会员台的资源共享，二是研委会可以推动异地考察和研发人员的互动。对电视学研委会自身来说，要加强不同部门以及不同委员会之间的沟通与交流，进一步密切与中广协会之间的联络与合作，从而更好地推进研发工作的深入发展。

三是要壮大科研力量。如果说电视研发工作是中国电视产业发展的龙头，那么，科研力量就是电视发展的保障。当中国电视发展到产业经营阶段后，人才便成为最大的瓶颈。研发工作是智力密集型工作，最需要各类专业人才。这就要求各电视台处理好本台人才与外部人才的关系。培育电视台内部人才是一条路，敞开大门邀请专家当参谋也是一条路，而这两条路并不是平行线，而是相交线。正是有了良好的人才结构，有前沿的知识储备，才为研发工作的开展打下了良好的基础。

四是要促进研发成果的深度转化。研发成果一定要应用于实践，只有这样，研发成果才有可能最大程度地转化为生产力。研发成果的深度转化还要求我们逐步探索如何将研发工作进行产业运作。电视学研委会计划对各成员单位有价值的研发成果，进行全国巡回演示。对适宜出版的选题项目，可以公开出版发行，以提升研发机构的品牌形象。

中国电视产业发展正面临历史上最好的机遇期。2004年中国广播电视的“产业发展年”已经为我们标定事业发展的最好原则；年初，国家广电总局发布了《关于促进广播影视产业发展的意见》，其中特别提到要深化体制机制改革，培育发展市场主体，同时要积极走出去参与国际竞争，做强、做大一批有影响有实力的对外产业品牌；紧接着，广电总局又发布了《关于推进广播电视有线数字付费频道运营产业化的意见》。由此可见，国家主管部门对中国电视发展的关切。在这样的政策鼓励下，中国电视的产业经营正在高速地发展，电视研发工作只有积极介入、努力促进中国电视产业的发展，才无愧于时代对我们的呼唤。

（本文是作者在中广协会电视学研委会第四届全国代表大会暨2005年年会上的讲话。摘自《电视研究》2005年第九期）

围绕精品战略　整合研发资源

中广协会电视学研委会理事长 中央电视台总编室副主任　罗琴

当前，中国电视业正处于风云激荡的变革时期，而处在前沿的电视研发部门和研发人员，承担着引领电视业改革发展的历史重任。如何做好新形势下的电视研发工作，我结合中央电视台的实践，简要地谈两点认识。

第一，围绕精品战略的开展，加快电视理论研究工作的转型

电视理论研究要紧紧围绕精品战略的实施，向更加实用更加高效的方向转变。面临电视事业的飞速发

展，进一步探索电视节目的本质和特征变化，研究不同类型节目的发展趋势和空间，以及如何面对激烈的市场竞争，作出我们的应对和选择，是摆在电视理论工作者面前的一个重大课题。实践证明，电视理论研究工作的重点要向研发方向转型，研发工作要增强针对性、有效性和实用性，帮助我们大到一个台、小到一个频道和栏目在节目制作和播出流程上更科学合理地配置资源，以栏目和节目的不断创新，来不断提升电视的影响力和号召力。同时，我们也应重视节目形态的研究，更进一步面向市场和观众的需求，不断地学习和借鉴国外优秀媒体的经验和做法，不断推进节目形态的创新，结合我国的国情，积极实现外来节目的本土化，不断研发出观众喜闻乐见的新节目。

第二，整合全行业的研发资源，形成研发合力

以精品战略打造核心竞争力成为立台之本，已经在我们业内形成了共识。目前，各个台正在以创新的思维引领和加快品牌化的建设。在这一进程中，电视研发工作起着重要的作用。实施精品战略必须研发先行，但是仅仅靠一个台、一个团队的研发力量是不够的。这是一个合作共赢的时代。因此，中央电视台真诚地希望能够通过研委会的工作，加强与兄弟电视台的交流与合作，增进与老朋友们的友谊与信任，结识更多的电视研发新秀，共同探讨如何加强全国电视研发部门之间的合作共享，整合业内资源，形成电视研发的合力；如何更新电视研发的理念，增强研发工作的针对性、有效性和实用性；如何把研究成果尽快转化为生产力等一系列问题，从而切切实实地解决电视事业发展中的一些重大现实问题，为整个电视事业的发展贡献自己的力量。只有这样，我们才能够不辜负广大电视观众的期望，顺应时代的要求，奉献更多的电视精品，增强媒体竞争实力，应对国际传媒的挑战。

(本文是作者在中广协会电视学研委会第四届全国代表大会暨2005年年会上的讲话。摘自《电视研究》2005年第九期)

特色频道：省级卫视细化定位的必由之路

中央电视台研究处处长　王　甫

十年前，第一批省级电视台上星之后，中央电视台的节目覆盖全国的一统天下被打破。不久，中央电视台提出了“节日精品化、栏目个性化、频道专业化”的发展思路，不仅使央视的电视节目、栏目和频道有了准确的定位基点，也迅速成为全国各省市加快电视产业改革共同的努力方向。经过十余年的发展，央视、省级卫视和地市台已在收视份额中成三足鼎立之势。但是我们也看到，伴随着央视专业频道和地市台专业频道的繁荣与发展，31家带有不同特色的省级综合频道，虽然通过卫星覆盖全国，但节目、栏目、频道同质同构积弊多年，无法根本改变，造成了巨大的资源浪费和观众流失，已引起业界的极大关注。

专业频道为何可望不可即

2002年1月28日，全国省级卫视中第一家专业频道——旅游卫视开播，为省级卫视走出同质化怪圈打开了突破口。2003年9月，上海卫视更名为东方卫视，把都市形象作为频道定位，使人们看到了在不改变综合频道基本架构的前提下，走差异化道路，走新颖化道路，定位细化为省级卫视带来的崭新天地。

应该说，全国各卫视频道对专业化发展之路，一直进行着不懈的努力和探索。不断求新求异求变，强化和彰显个性：山东卫视突出“情义”特色；湖北卫视突出“公益”特色；浙江卫视突出“财富”特色；湖南卫视突出“快乐”特色；安徽卫视突出“电视剧大卖场”特色；江苏卫视突出“快感”特色……。但是，日益鲜明浓郁的人文特色并没有改变省级卫视综合频道的基本定位，不论是从节目题材、内容和主题上讲，还是从观众分类和归属上讲，在全国大多数地区，省级卫视办成专业频道仍然步履维艰，困难主要源于三个方面。

地域行政管理与信号全国覆盖的矛盾。全国各省级卫视以及它们的主管部门省台(总台、集团)，基本上都在省政府主管部门和省委主管部门的直接领导下，作为当地政府和党组织的喉舌，要及时传达政令、沟通

信息、提供资讯、引导舆论。搭建当地的资讯平台和文化平台，确保完成不同时期的重点工作，及时向当地观众，同时也兼顾向全国观众及世界观众宣传本省的政治、经济、文化的重大事件和社会发展动态，是省级卫视的基本任务。这一点不可能有任何削弱和迟疑。

地域人文特色与大众收视规律的矛盾。我国幅员广大，人口众多，历史悠久。不同的生活习惯与文化传统，造成了各地区文化消费习惯的极大不同。而电视作为影响广泛的大众传媒，以迅速直观、声形兼备的特点培养了观众中多种多样的收视规律，要把地域环境造成的认同感、归属感与全国多样的收视环境和收视规律结合为有机整体，在某些专业化栏目中已属不易，在整个频道几十个专业栏目中实现这种结合与默契难度更大。

地域生产消费需求与经济一体化的矛盾。长期的封建割据、自给自足的小生产和指令性的计划经济体制，造成了各地生产与消费的闭塞。随着改革开放的深入，生产的原材料及销售市场都向全国及海外迅速扩大。作为行业主要经济支柱的电视广告，它所推介的商品和服务也日益走向全国，走向世界。世界知名品牌、国内知名品牌在全国市场份额不断集中与扩大，走出区域经济樊篱，面向国内外大市场的广告投放，必然要求最广泛的信号覆盖和最大值的收视份额。与综合频道相比，专业频道不可避免带来收视人群的细分化、对象化，显然无法满足广告市场剧烈扩张的要求。

综上所述，地域行政管理与信号全国覆盖的不匹配，反映出体制上的矛盾。地域文化消费习惯与大众收视规律的不适应，反映出受众群体上的矛盾。地域生产消费需求与经济一体化的不协调，反映出广告投放与回报的矛盾。三对矛盾既是对立的，也是统一的，是事物发展相辅相成的两个方面。如果我们把它们分为横轴与纵轴的话，那么就在两者彼此消长的相互作用下，形成了省级卫视频道专业化程度缓慢上升的曲线。而这条上升曲线一个新的增长点凸现于省级卫视频道特色化。

有两个引人注目的事件可以证明这个新起点已经出现。2005年9月8日，广西电视台在北京举办“中国省级卫视特色频道建设专题讨论会”。广西电视台台长黄著诚介绍了把广西卫视办成女性特色频道的成就与经验，他提出要进一步突出秀丽、柔美风格，办出女性特色。

2005年9月12日，四川广电集团举办“四川卫视故事频道定位与节目改版专题研讨会”。四川电视台台长陈华表示，四川卫视频道将倾力打造中国最好的故事频道，以“故事特色”全方位参与卫视竞争。

不管是“女性特色频道”也好，还是“故事特色频道”也好，“特色频道”这一概念的引入与确定，是对省级卫视频道差异化、新颖化、个性化改革进程的准确标注。与我们习惯所称的“专业频道”相比，特色频道具有两个突出的转变。

专业频道向特色频道的两个转变

与中央电视台专业频道相比，省级卫视要避开在频道内容整体上的专一性，不可能再开办“科教频道”、“戏曲频道”、“音乐频道”等以某一社会题材或艺术品类为主的专业频道。追求频道整体题材的统一性，正在转向集中在黄金时段主打栏目上，对题材体裁、风格样式、品牌标识的全面纯化。万树丛中一点红，惹人春色不需多。集中人力物力财力办好一两个品牌栏目，以此赢得全国稳定的收视份额和观众群体。一芽知春，一叶知秋，一步走好，全盘皆活。特色频道的竞争力首先就来自于特色栏目的个性与品位。如广西卫视女性特色频道的主打栏目《唱山歌》、《寻找金花》、《中国模特之星大赛》，都是女性主题鲜明，欣赏性、知识性、趣味性很强的优秀品牌。

由于在黄金时段的主打栏目特色浓郁，饱和度高，品牌不是一种结构符号，而是化为一种成分符号融入频道其他时段之中。正如钱钟书先生所说：“理之于诗，如盐溶于水，有味无痕”。

与各省级卫视频道相比，省级卫视特色频道要从形象推介、频道包装、CI设计、主持风格等外在形式，向叙事方式、镜头结构、情感表现、资讯含量等内在素质全面进行精准定位，使形式与内容都具有显而易见、不容置换的个性。在构建专业频道时，我们早已习惯“内容决定形式”的思维方法，正在转变为在打磨特色频道中的“形式引领内容”的操作手段。内容决定形式无疑是符合辩证唯物主义法则的，在此基础上，在省级卫视主要内容基本稳定的前提下，释放改变形式为表现内容带来巨大活力，已成为建设特色频道的当务之急。如四川卫视故事特色频道，把电视剧、新闻和专题片三种主要节目类型都进行了“故事化”处理：电视剧表现虚拟故事，新闻表现正在发生的故事，专题片表现真实的故事。各个栏目都在充分利用电视手段，讲述生动、真实、感人的电视故事，力求成为电视界的“故事大王”。

纵观全国三十几个省级卫视，不管从题材内容上划分，还是从观众群体上划分，真正成为专业频道的仅是凤毛麟角。由于我们上面分析过的三大矛盾仍然存在，大多数省级卫视在短期内成为专业频道的可能性不大。但是，如果我们以个性浓缩和纯化为切入点，转变思维定式，更新创作理念，认真学习广西、四川等地的经验，把题材更新和观众重组等硬性的、物理式组合，改变为统一制作理念和集中收视兴趣等软性的、化学式融合，特色频道将给我们带来“柳暗花明又一村”。各具特色、各具个性、各具魅力的省级卫视，与央视和地市电视频道相互配合，将给全国电视观众带来更加丰富更加生动的视听感受。

特色频道的两个支点

为了顺利推进省级卫视向特色频道转型，当然需要主管部门在政策方面给予支持，同时，作为各省电视台(总台、集团)也必须做好必要的准备工作。

第一，要根据特色频道定位，主动征得中央一级国家主管部门、群众团体、学术科研机构的支持与合作。各地的省级卫视由于种种条件所限，对全国的宏观管理、政策调整、行业动态都掌握得不多。地域局限性与信号全国覆盖的矛盾时时会为频道定位带来负面影响，处理不好，长期摆脱不掉在全国平台上播出地方节目的尴尬局面。因此，在当地党政部门的直接领导下，省级卫视频道要与有丰富管理经验、有广泛群众基础和有深厚科技积累的国家级单位密切合作，使他们的政策优势、学术优势、文化优势与省级电视台的传播优势结合起来，实现优势互补，达到双赢或多赢的结果，确保舆论导向、文化导向、行业政策导向不出偏差。比如，女性特色频道，当然要有全国妇联等单位的指导；旅游特色频道，也离不开国家旅游局等部门的大力支持。

第二，要根据特色频道定位，寻找相关产品的著名厂家投放广告。也可以用排行榜的形式，集中某一品类的品牌商品，以广大消费者熟知的名牌企业、名牌产品烘托频道特色，并争取到较高、较稳定的广告回报。

据不完全统计，全国各直辖市、省会城市和计划单列市的每个卫星频道落地费用已超过200万元，一个省级卫视频道仅在省会重点城市落地的全年费用也在3000万元以上。2005年全国省级卫视入网落地费已接近10亿元。面对日益增长的落地费压力，特色频道细化定位可以迅速带来观众细化定位和广告收入细化定位。以广西卫视频道为例，2004年初，提出“中国第一女性卫星频道”的概念，一年后，收视份额增长5%，女性观众比例由48%增长到53%，随即吸引了女性化妆品厂家的关注，广西卫视2004年广告收入增长30.8%。

在我国重点城市中，大多数家庭平均可收到四十余个电视频道。在这四十余个频道中，上有中央电视台实力雄厚的十几个专业频道，下有各地市五花八门的专业频道，目前正在努力拼抢市场份额的付费电视和网络电视，也以专业频道为主要竞争武器一争高下。从目前的条件看，全国省级卫视短期内办成专业频道，既无可能也无必要。但是，如果各省市自治区因地制宜，充分发挥自身资源优势，突出品牌栏目，纯化人文特色，办好一批有个性、有品位的卫视特色频道是完全可行的。以此不仅可以更好地满足观众不断增长的精神文化需求，而且也必将有力地促进电视产业的发展和传媒经济的繁荣。

(摘自《新闻战线》2005年第十一期)

春华秋实20年
——《电视研究》创刊20周年研讨会综述

中央电视台总编室　汪　平

2005年3月30日，中央电视台主办的《电视研究》创刊20周年。为此，编辑部诚邀业内专家学者、期刊界、新闻界代表和本台有关领导同庆共贺，进行理论研讨，广纳贤言，共谋发展。

谆谆期许

中央电视台台长、《电视研究》主编赵化勇特此撰文，深切寄语《电视研究》：“纪念创刊20周年，不仅是一次活动，更是《电视研究》谋求发展的新起点、新契机。在当今竞争日趋激烈的氛围里，《电视研究》要把握住发展的机遇，变竞争压力为发展动力，和全国的兄弟期刊一道，为蓬勃发展的中国电视事业献计献策，树碑立传。”

中央电视台副台长胡恩在研讨会上发表了讲话。他说：“20年来《电视研究》汇聚了无数优秀电视人日益创新、坚持改革的真知灼见，记录了电视事业发展壮大的辉煌历史；20年来《电视研究》不断地进行电视理论的创新，在众多的广播电视刊物中脱颖而出，已经成为广大电视工作者和读者的良师益友，在众多传媒专业刊物中以理论性和指导性强，编排好，印刷精美而独树一帜。”他要求《电视研究》“要保持冷静、客观、清醒的头脑，要充分地认识到，与高知名度、高学术性、高经济效益、高发行量的期刊相比，《电视研究》还存在着很大的差距”。他希望《电视研究》“要以海纳百川、不拘一格、日益创新、坚持改革的心态投入到期刊编辑工作中，不仅要创新编辑理念、编辑方式，还要创新经常意识、经营策略，以高质量、高品位的期刊品牌去赢得读者、打开市场，争取社会效益和经济效益的双赢”。

中国广播电视协会副会长、《中国广播电视学刊》主编张振华在研讨会上首先向《电视研究》表示祝贺，并赞扬她对电视事业所作出的贡献。他指出，当前的电视理论研究存着两个薄弱环节，一个属于内容方面的，即决策研究的缺失，表现在决策理论的研究往往不是为了破解实际矛盾，而是为了诠释行政意志；另一个薄弱环节在研究方法上，表现在很多的理论研究文章，大量使用了文件式的语言、政策性的语言、报告似的语言、宣言似的语言，缺乏思辩性，缺乏独立的、负责任的理性思考。广播电视理论研究既要强调理论联系实际，又要追求理论的前瞻性，多一些牵引性。他希望《电视研究》能够加强对广播电视改革发展决策理论的研究并有所创新。

中国电视艺术家协会秘书长王锋也表达了对《电视研究》20岁生日的祝贺，对默默奉献、甘坐冷板凳的电视理论工作者的敬意。理论刊物是读者的精神家园，读者对电视理论研究充满期待。他希望《电视研究》办成“五台山”，即传播新知识、新见解、新理念的讲台；交流改革发展信息的平台；理论列车和实践列车相互转换的站台；展示理论和实践才干的擂台；加强沟通、密切合作的舞台。

中央电视台原副台长、《电视研究》第一任主编洪民生一方面对《电视研究》所取得的成绩叫好，另一方面也提出了在实践中电视理论研究应该关注的问题。如电视新闻的制作观念更新、历史题材电视剧与历史的关系，主持人的定位和作用、电视栏目和节目的频繁改版等问题。

中央电视台原副总编章壮沂说，《电视研究》越办越好，这是大家公认的事实，尤其是近几年定位很准，品位较高，内容丰富，包装精良，读了以后很有收获。他希望《电视研究》更贴近电视一线，对鲜活的经验应加大研究的力度，应把全国电视实践中出现的好典型好经验上升到理性思考的层面来审视。电视事业发展很快，新思想、新事物、新探索很多，需要理论工作者大胆面对，积极探讨。

中央电视台总编室研究处处长、《电视研究》副主编王甫在研讨会上向大家介绍了刊物创办20年来的发展历史和现状，介绍了编辑部严格的编辑、管理制度，介绍了历届主编、副主编、编辑为刊物发展所作的不懈努力和编辑队伍具有的敬业精神、团队精神。他表示，《电视研究》编辑部的全体人员将继续努力，在电视研究者和电视实践者之间搭建起一座桥梁，更准确、更完整地记录电视事业的发展轨迹，服务于电视事业的发展，以回报读者、作者多年来对《电视研究》的关心和厚爱。

切切企盼

出席研讨会的专家学者、期刊界代表畅所欲言，诚恳地表达了他们对电视理论研究及刊物的切切企盼。

新华社新闻研究所所长、《中国记者》总编辑陆小华在发言中强调，应该给那些虽身处于充满荣誉和利益的电视光环下，却少有掌声、鲜花的赞许而仍能孜孜于电视事业的办刊人以足够的褒奖。随之而来的问题是新闻学术期刊是什么？陆小华认为，它不仅仅是学者发表论文，刊登电视从业人员的实际经验及理性分析文章的园地，更应该是一个信息源、一个思想库。面对一个变化了的现实世界，理论研究者、电视实践者及新闻专业期刊都面临着比以往更严峻的要求。我们现在应当做什么？他认为：一是应当从自勉开始创新，要激励自己每天往前走。为什么其他领域的人们能发现新技术，创造新的传播形态？那是他们的思维方式跟上了。二是必须从改变自己开始发展。三是从合作开始竞争。如果看到各种各样的资讯机构、研究机构正在崛起，不断地在研究传媒领域，我们就会发现最重要的竞争是对外的竞争。新闻专业期刊和学者应该想到的是合作，共同开拓研究的新领域。四是研究在经济全球化的背景下，信息的全球流动及其影响。还有，电视媒介对人的影响，对人的塑造，传媒的运作方式带来的新变化以及如何运用媒介力量影响人的问题等都是值得研究的。作为媒介，应当不断地包容和认知，唯其如此才能够不断地认识、把握变化着的现实，为理论研究作出更多的贡献。

《南方电视学刊》副总编朱剑飞对电视理论期刊的战略定位和历史使命发表了看法。他认为，战略决定成败，电视理论研究刊物应始终把观念先行、引领时代作为办刊的定位，将促进和推动改革与发展作为使命，因此观念竞争是电视学术期刊应长期坚持的战略。作为电视理论刊物，在中国电视业改革发展的关键时期应起到观念启蒙和观念引导的作用，既要甘于寂寞又要舍得付出。

江苏广播电视总台《视听界》主编王晓明将发言主题提炼为八个关键词，即敬重、祝贺、学习、建议。他赞扬了《电视研究》默默耕耘的奉献精神，祝贺这本刊物伴随着中国电视发展的进程不断取得更大的成绩，建议《电视研究》再大胆些、厚重些，扛起全国电视研究的领军大旗。

北京大学彭吉象教授提出，作为中央电视台主办的理论刊物，《电视研究》要更多地关注电视业发展的新动向、出现的新问题。在保持和发扬自己独具特色品格的同时，希望再下大力气组织重点选题，有针对性地进行专题讨论，发表不同意见，形成热点；依托广大电视一线从业人员的丰富经验，团结各方面的研究力量，为电视理论研究很好地服务于电视实践作出贡献。

中国社会科学院新闻与传播研究所研究员时统宇、清华大学教授陆地、北京大学教授俞虹等就《电视研究》加强选题策划、栏目定位、编排节奏、编辑视点等方面提出了建议。《电视研究》依托中央电视台这个中国最大、最好的电视媒体，应该成为全国电视人相互沟通、相互学习、相互交流的平台和窗口。应该挖掘那些鲜活的电视实践资源，发现在电视工作一线的思想家、理论家，贴近电视实践和电视人，将刊物办得更丰富、更厚重、更精彩。

20年只是一个站点，电视理论研究的思想之旅还要继续创新和发展。面对压力，我们当奋起；面对差距，我们当直追。营造电视人心有所依、思有所启的精神家园，做电视事业的观察者、记录者、思考者和推动者永远是《电视研究》肩负的光荣使命和历史责任。

（摘自《电视研究》2005年第四期）

总编室召开处以上干部会议，总结2005年工作，部署2006年工作。

2005年总编室研究处研发工作概述

2005年，总编室研究处进一步明确为领导决策服务、为管理改革服务、为节目创新服务的基本定位，优化内部结构，紧密围绕全台发展战略的变化调整课题研究的主攻方向，改变纯学术课题研究的思路，针对中央电视台各中心、频道、栏目、节目在新体制下所面临的问题进行应对性研究，充分发挥课题研究成果应用于中央电视台电视改革实践的针对性和服务性功能。2005年研究处配合总编室规范节目和栏目管理的工作要求，围绕提高节目质量、配合宣传管理、改革产业经营等主题完成了一系列重要课题，为中央电视台电视改革实践提供了可操作性的电视市场化运作的新思路。2005年总编室研究处共进行了《中央电视台大型现场直播工作手册》、《中央电视台网络资源整合方案》等12项研究课题，具体情况如下：

为贯彻广电总局发出的《关于切实做好广播电视直播报道管理的通知》中对做好广播电视现场直播报道管理工作提出的明确要求，为中央电视台大型现场直播工作制定统一的工作标准和操作规程，研究处自2005年10月开始编制《中央电视台大型现场直播工作手册》。在编制过程中，研究处从全台各个部门收集大型现场直播的方案、操作流程、规章制度、运作备忘录等相关资料60多份，采访台内各中心导演、技术部门负责人员30多人，召集多次台内外专家研讨会并进行了多次修改，于2005年12月28日形成领导送审稿。该手册解决了宣传管理中的具体问题，具有很强的实用性和可操作性。

在中央领导的指示精神指导和国家广电总局的具体领导下，近年来中央电视台加大了对互联网业务的投入力度，在网络节目宣传、网络视频、网络广告、短信增值业务上取得了一定成效。中央电视台拥有总编室网络宣传部、中视网络发展有限公司、央视公众资讯有限公司、中视传媒股份有限公司、中央数字电视传媒有限公司和中国有线网络发展公司等六家拥有网络平台资源的机构，均以中央电视台母体强大的内容资源为依托，利用各自优势，对现有节目资源进行开发利用，并对中央电视台品牌形象进行网络传播。由于这些机构处在运营初期，缺乏统一的管理和规划，网站之间出现了业务交叉和重叠现象。研究处针对中央电视台网络资源现状，对台内外网站的运营模式进行了充分翔实的调研，并撰写了《关于中央电视台网络视频资源管理状况的报告》。在台领导提出的网络资源整合原则的基础上，负责该项目的课题小组成员就资源整合涉及到的具体问题与台内外专家和领导进行多次研讨，完成了《中央电视台网络资源整合工作报告》，为全台网络资源整合工作的具体操作提供了科学完备的方案，具有很强的理论意义和实践价值。该报告上报台分党组讨论后得到了台领导的充分好评。根据报告建议，分党组明确了在2006年3月31日前完成央视国际和中视网络两家机构的合并工作，实现中央电视台网络资源整合第一阶段的目标。

为保持CCTV一1的旗舰地位，突出假日节目的特色与品牌，使其在全国电视台假日时段的收视竞争中取得优势，总编室研究处协同节目处、观联处、规划处等部门对CCTV-1长假节目编排进行了深入调研。该项研究分为基础研究、策略研究、效果回馈三个部分，针对目前CCTV—1长假节目编排中存在的节目匮乏、供求渠道不畅、竞争无序等问题提出了六点建议，并于2005年“五一”期间正式实施，取得了良好的收视效果。全台15个频道统一协调编排，总体收视份额达到37.44%，比上一年同期提升了7.74个百分点，超出春节4.31个百分点，观众人均收看中央电视台节目的时间达到了1个小时，比上一年同期增加了12分钟。该课题在提升收视率、收视份额和强化频道品牌方面发挥了重要作用，为CCTV一1在“频道制改革”背景下的发展积累了宝贵的经验。

为强化中央电视台总编室的宏观调控职能，使节目例会真正发挥协调和通达舆情的作用，研究处在2005年适应新形势下总编室工作的新要求，通过内容创新进一步对中央电视台节目例会进行完善。截至2005年12月31日共完成45期《中央电视台节目例会》文稿的撰写和PPT制作，累计处理原始文件180多万字，形成文件累计字数32万字左右，PPT1500多页。创新后的中央电视台节目例会，强化了对各频道的收视分析，加大了“观众反映”板块的容量，并主动配合总编室对全台节目进行协调管理，最大限度地实现了各频道的协调与配合，充分贯彻了全台各频道、栏目“一盘棋”的管理精神，为各频道领导和节目负责人相互沟通，及时了解上级部门指示和观众反映提供了桥梁。

为了改善中央电视台现有信息发布体系整体规划不足等缺陷，系统地宣传本台节目，更好地维护中央电视台品牌形象，研究处完成了《关于建立中央电视台新闻发言人制度的方案及实施细则》课题。通过对实行新闻发言人制度的国家部委、企事业单位进行专项调研，基本摸清了目前我国新闻发言人制度的举办形式和运作模式，对广电总局建立的新闻发言人制度进行了研究，对国际上新闻发言人制度的一些操作办法进行了分析，在此基础上撰写了《中央电视台新闻发言人制度实施方案和细则》，具有很强的可操作性和应用价值。

为落实国家广电总局、国务院纠风办发出的关于2005年开展全国广播电视系统民主评议行风活动的实施意见，中央电视台于7月中旬展开了民主评议行风工作，其中一项重要举措即召开三次座谈会，分别向国家各部委领导、兄弟媒体、热心观众代表介绍中央电视台基本现状和行风建设情况。研究处承担了撰写台领导讲话稿和制作PPT的工作，项目组成员克服时间紧任务重的困难，充分发挥团队协作精神，优质高效地完成了任务。在《中央电视台基本情况及行风建设情况介绍》的PPT文稿中，内容丰富、图文并茂，大量音频、视频资料和FLASH图片的插入，生动直观地展示了本台行风建设活动取得的成果，得到了台领导和与会人员的高度赞扬。

2005年，研究处还对广电总局领导针对《少儿频道建设发展的研究报告》的批示作出了及时回应，承担了关于中央电视台少儿频道情况说明的任务，并提出《进一步提升中央电视台少儿频道质量、扩大落地的建议》。在《中央电视台频道预算分配标准》等研究项目上也取得了阶段性成果。

2005年5月18日，研究处主办“挺进南极冰盖最高点——科学探险类节目创新论坛”，邀请业界权威专家喻国明、尹鸿，《挺进南极冰盖最高点》特别节目报道组主创人员陈晓夏、李亚玮等就科学探险类节目的策划、素材增值、前后方配合、一线记者的定位与功能及科学探险类节目的运行机制等问题进行了研讨，《人民日报》、《中国电视报》、央视国际等媒体对此次论坛给予了报道。在对论坛主要内容进行归纳、提炼的基础上，对此次南极科考报道的运作模式进行了定性与定量分析，形成了调研报告。报告中指出了历次极地科考报道的成果与资源缺乏科学整合、前期策划缺乏主动性、前方记者缺乏安全意识等问题，并对科学探险类节目提出了增强前期策划主动性、进一步明确前方记者的作用与定位、形成报道流程标准手册等几方面的建议。

2005年恰逢《半边天》栏目创办十周年，也是第四届妇女大会在京召开十周年。总编室研究处与社教节目中心社会专题部，本着开拓、创新、务实的宗旨，于2005年11月25日合作组织了一个女性节目品牌论坛，探讨女性节目的发展问题。论坛邀请新闻节目中心新闻评论部、中国传媒大学、清华大学和中国人民大学等业内人士和专家学者作了主题演讲，并组织与会人员观摩三期境外女性节目。此次论坛总结了《半边天》十年来的发展历程，提出了一个老牌的女性电视节目在发展中的几点困惑，并就如何维护与发展处在品牌成熟期的《半边天》栏目，女性节目的未来走向，如何解决精品节目与收视率之间的矛盾，女性节目如何在媒体联动中寻求突破，如何实现女性节目的跨媒体运营等问题展开了广泛的讨论和总结。会议以新颖的组织方式、有深度的议题、最新的境外女性节目信息赢得了与会者的一致好评。

（总编室研究处供稿）

《中央电视台大型现场直播工作手册》（简介）

为贯彻广电总局《关于切实做好广播电视现场直播报道管理的通知》的精神，遵照总编室领导的指示，研究处研发一组自2005年10月开始编制《中央电视台大型现场直播工作手册》，从各类直播活动中梳理经验，寻找规律，归纳出普遍适用的直播流程，供各部门参照执行。该手册以直播流程为纵轴，以每个阶段应完成的工作为横轴，按照直播涉及的环节、工种进行了细致的条目划分；提出了大型现场直播应遵循的原则；规定了直播的选题阶段、策划阶段、直播阶段、收尾阶段应完成的工作及各部门的配合须知；概述了节目、技术、行政部门主要岗位的职责要求。同时还提供大型现场直播流程图、直播部门关系图以及直播工作所需的一揽子制表清单。另外，研发一组在2005年9月召开了该课题项目负责人招标暨开题论证会，这是中央电视台首次进行科研项目负责人公开招标。该课题荣获研究处2005年下半年重点项目金奖。

（总编室研究处供稿）

《中央电视台网络资源整合工作报告》（简介）

《中央电视台网络资源整合工作报告》是2005年中央电视台台级重点研究项目。

互联网的高速发展和巨大影响力引起了中央领导的高度重视，仅2005年1月至10月期间，中央领导关于互联网的批示多达340多次。为了贯彻落实中央领导关于国家主流媒体要占领网络、手机等新的舆论宣传阵地的重要指示精神，中央电视台于2005年11月成立了网络资源整合领导小组和实施工作小组，全面推进网络资源的整合工作。按照网络资源整合工作的总体部署，课题组开展了对全台网络资源现状的专项研究和网络资源整合方案的撰写工作。

通过对国家重点新闻网站和一些商业网站的深入调研，《中央电视台网络资源整合工作报告》设计出整合网络资源的三种运营模式，并提出了中央电视台网络资源整合的近期、中期和远期目标。根据网络资源整合的近期目标要求，总编室网络宣传部负责运营的央视国际网站和中视网络发展有限公司负责运营的央视网络于2006年初开始全面合并。

（总编室研究处供稿）

《关于调整CCTV-1长假节目编排的几点建议》(概要)

CCTV-1是中央电视台的旗舰频道和生命线。吸纳和整合全台优秀节目资源，面向市场优化节目编排，提升CCTV-1长假收视份额，是带动全台平均收视目标实现的关键。为此，总编室研究处研发一组与节目处、观联处、规划处紧密合作，对CCTV-1长假节目编排进行了深入调研，提出了《关于调整CCTV-1长假节目编排的几点建议》。该建议吸收近几年CCTV-1长假编排取得的经验，针对存在的问题，诸如长假节目资源匮乏、供求渠道不畅、各频道长假节目竞争无序等等，提出了CCTV-1建立长假节目编排保障机制的六点建议：长假节目特别编排应突出主题化、品牌化；采用招标方式引入长期特别节目；拓宽境外节目引进渠道；适度享有优秀电视剧的购买权与资金保障；完善长假节目宣传推广机制；实行全台统一协调，长假错位编排，形成“频道集群”优势等。另外，建议还编制了2005年CCTV-1“五一”长假节目编排表。该课题荣获研究处2005年第二季度重点项目金奖。

(总编室研究处供稿)

中央电视台事业发展年度分析报告（概要）

该报告对中央电视台2004年事业发展状况进行了全面盘点和系统分析，是继2002年开始以来的第三次年度报告。

该报告立足全台整体，放眼整个行业，分析问题，探讨对策，在总结经验的基础上，加强案例分析，做好一年一度的“年度盘点”工作，为台年度工作会议提供决策参考，受到广泛关注和好评。

《报告》内容包括三大部分，目录如下。

第一部分　年度综述

1. 年度扫描
2. 数字电视
3. 受众影响
4. 态度调查

第二部分　年度专题

1. 整体收视竞争力分析
2. 体育电视发展分析
3. 磁带回收与媒体资产管理分析
4. 广告经营策略分析
5. 技术服务创新分析

第三部分　年度展望：坚持科学发展观，推动中央电视台事业全面发展

1. 坚持科学发展观是时代的要求
2. 科学发展观指导下的发展战略
3. 在具体工作中实践可持续发展战略

(台办公室事业发展调研处供稿)

制播体制改革与电视业发展问题研究（概要）

《制播体制改革与电视业发展问题研究》是国家社科基金项目，于2005年结项。此课题从理论高度上对制播体制改革的必要性进行了分析，并用大量第一手的调研信息和案例对制播分离的模式以及配套建设、风险规避等方面予以了探讨，其中切合中国电视实际所提出的一些对策建议尤其具有现实的决策参考价值。

在2005年9月9日召开的“制播课题”结项总结会上，业内专家学者对该课题给予了高度评价，中国广播电视协会副会长刘习良认为该课题采用多学科、多角度的论证方式，突破了单纯“就电视而谈电视”的研究套路；全国社科规划办公室认为，该课题是目前针对这一问题研究中最为系统和理性的成果。

(台办公室事业发展调研处供稿)

国际电视前沿跟踪比较分析报告（概要）

赵化勇台长曾经指出："电视事业发展很快，要加强调查研究工作，与国外同行进行比较分析，以求知己知彼，明确方向，推动改革。"作为国家电视大台，中央电视台充分重视研究国际电视业的发展趋势，2004年启动了大型研究课题"国际电视前沿跟踪对比研究"，推出了一系列研究成果，受到各级领导好评。

2005年，该课题在总结2004年研究经验的基础上，推出了包括《中外网络电视发展与应对策略研究》、《中外高清电视的发展和策略研究》、《国外电视台的品牌化策略及对我台的启示》三部系列深度研究报告。提出了包括"网络时代，渠道为王"、"明确品牌理念，统一全台步调；开展VI建设，强化视觉冲击"、在高清电视发展上"专注内容提供商及集成商角色"等一系列积极的建设性建议，为台领导和各级相关部门提供了有益的决策参考。

（台办公室事业发展调研处供稿）

上星频道增多对中央电视台影响的调研分析（概要）

2004年8月，广电总局新批准了5家上星频道：南方电视台粤语频道、深圳电视台和北京、上海、湖南3家动画频道。同年12月，"深圳卫视"正式开播，成为全国第一家上星的副省级电视台综合频道。此举在业内激起层层涟漪，广州、厦门、大连、青岛等15个副省级城市电视台也提出上星请求。面对上星频道的不断增多，将会对中央电视台的经营和发展带来怎样的影响，台办公室事业发展调研处对此进行了调研和分析。

本文就频道竞争加剧和地方电视台的选择、央视应该引起重视的五个问题、上星频道增多给央视带来的机遇等三个方面进行了系统的分析。

（台办公室事业发展调研处供稿）

关于央视入选2005年世界品牌500强情况的调研报告（概要）

由世界品牌实验室编制的2005年度《世界品牌500强》排行榜揭晓，央视排名第341位，事业发展调研处对评选情况和品牌评估方法进行了调查，并通过访谈世界品牌实验室专家，收集到以下几个方面的观点和问题：

一、进入世界品牌500强，央视实至名归；品牌实验室的评选标准主要看品牌对收益的贡献程度，着重考虑一个品牌为它的所有者带来多少收益；

二、品牌决定利润；

三、中央电视台的品牌是中国国家品牌的一部分；

四、全球化进程中，品牌影响力正超越国家，目前中央电视台的品牌影响力在中国以外地区较弱，建议中央电视台要加快对全球的传播，扩大其在全世界的品牌影响；

五、中央电视台品牌价值有待深入发掘；

六、关于评选本身，其科学性和准确性有必要进一步研究和证实。

（台办公室事业发展调研处供稿）

国内外"品牌频道"的运营战略分析（概要）

根据中央电视台2005年工作的总体部署，"频道制管理和专业频道品牌化建设"将成为新一轮改革的重点，频道制改革的目标将由初级阶段的"频道专业化"深化到"专业频道品牌化"的更高发展阶段，对各频道下达了收视份额指标，为“专业频道品牌化”发展提出了明确的考核标准。

如何将已基本完成频道内容细分定位的系列化专业频道进行品牌化建设？如何使频道品牌持续保持品牌价值？国内外品牌频道的管理经验为我们提供了一定的借鉴经验。事业发展调研处精心选择了南京广电集团“文体频道”、上海文广的“第一财经频道”、美国国家地理频道、美国娱乐与体育频道ESPN，采掘诸频道树立和拓展品牌价值的经验，以取他人之长，补己所缺。

本文内容包括：

一、南京广电集团文体频道：我做卖场你来租，大家一起做品牌；

二、上海文广“第一财经频道”：以“有限公司”经营频道品牌；

三、美国国家地理频道：品牌常胜的生命力——内容“引诱”观众、观众引来广告商；

四、美国娱乐与体育频道ESPN：品牌经营的秘诀——媒体品牌与体育产业的美满联姻；

五、总结：品牌频道建设的一般经验。

第一阶段：内容专业频道化；

第二阶段：内容专业细分化、市场全国（或国际）化；

第三阶段：频道已有垄断性内容资源，形成频道品牌；

第四阶段：品牌资源经营系列化。

（台办公室事业发展调研处供稿）

中国有线的战略选择与全台经营战略的调整（概要）

2005年7月20日，广电总局宣布，将成立刚刚半年的中国有线电视网络公司（以下简称“中国有线”）和广电总局广播影视网络中心划归中央电视台管理，并同时宣布了相关的人事任免。此事引起了媒体的极大关注，并引发了业界诸多猜测，为此，事业发展调研处进行了全面的调研和深入分析，在搜集媒体的相关评论，走访中国有线的有关领导和部分业内专家后，提出以下主要观点：

一、中国有线突破困境的战略对策

1．强化中国有线“国家信息化的基础设施”的定位；

2．积极争取政府的财政、行政和政策支持。

二、全台经营战略的丰富与调整

1．推行“内容为王”与“渠道为后”的发展战略；

2．纵向一体化搭建电视产业价值链；

3．借助渠道实现对受众的全面、无缝覆盖。

（台办公室事业发展调研处供稿）

对非法接收境外卫星电视的调研（概要）

近几年，非法接入境外直播卫星电视在全国各地城市有蔓延的趋势，社会上一些不法小广告及网站伪造央视新闻“宣称私人卫星接收解禁”，并广为散播，非法使用卫星电视接收设施的用户范围逐步扩大，一些恐怖、色情、反华、“台独”内容充斥其中，对此我们展开了深入的调研。

本文从非法接入境外直播卫星电视在各地蔓延现象说起，剖析了直播卫星难以查禁的原因，指出它严重影响我国民族电视产业发展，威胁付费电视业的增长，干扰了正确舆论导向，并建议文化和新闻管理部门对此应高度重视。

（台办公室事业发展调研处供稿）

关于加强信息沟通建设学习型电视台的建议（概要）

近年来，中国电视产业高速发展，各电视媒介机构的组织规模在不断扩大。如何有效进行组织内传播，通过内部知识、信息的共享，提升员工的业务素质，强化组织成员间的互动，增强组织的凝聚力正逐渐成为电视媒介管理者面临的重要课题。

上海文广传媒集团创建“三项学习教育活动”专题网站，贵州电视台打造内部学习网站，在这方面进行了有益的尝试和探索，对中央电视台具有一定的借鉴意义，事业发展调研处对此做了专门调研，并提出以下三个方面的建议。

一、内部沟通平台可以更完善；

二、内部的信息有必要更加充分地共享；

三、内部的交流学习还有待加强。

（台办公室事业发展调研处供稿）

中广协会电视学研委会召开第四届全国代表大会

2005年6月23日至24日，中国广播电视协会电视学研委会第四届全国代表大会在甘肃省酒泉市召开。来自中广协会、中央电视台、全国各省市电视台、有关高等院校、科研机构的领导以及研发部门的负责人共计100多名代表出席会议。

会议总结了第三届理事会的工作，讨论了第四届理事会的规划，修改通过了研委会章程，选举产生了新一届研委会领导机构。赵化勇当选为第四届理事会会长，胡恩当选为常务副会长，程宏、赵立凡、苏峰等当选为副会长，罗琴当选为理事长，王甫当选为常务副理事长及秘书长。中广协会副会长刘习良、中央电视台副总编辑程宏、原副总编辑赵立凡、总编室副主任罗琴、中广协会学术部主任赵德全等领导在讲话中，对新一届研委会的工作提出了指导性的意见，为电视学研委会今后的发展指明了方向。

会议同时举办了研发高峰论坛。北京电视台总编辑张晓爱、贵州电视台台长李新民、南京广播电视集团董事长马和欣等12位代表围绕电视研发对电视事业的引领作用以及当前电视业面临的焦点、热点问题进行了有价值的探讨。

中广协会电视学研委会第四届全国代表大会是21世纪的第一次换届会议，也是迄今为止规模最大的一次盛会，40多位台级领导亲自参会，充分体现了全国电视系统管理决策层对研发工作的高度重视。中央电视台总编室研究处为筹备大会经过两个多月的紧张工作，保证了这次会议的圆满成功。

（总编室研究处供稿）

中广协会电视文艺研委会西安会议纪要

一、中国广播电视协会电视文艺研究委员会于2005年8月15日至18日在陕西省西安市召开了第二届电视戏曲“兰花杯”优秀节目表彰暨创作研讨会和中国广播电视协会电视文艺研究委员会第二届会员代表大会。中广协会副会长刘习良、郭宝新以及王鸣铎、单亦励等协会领导出席了会议。中共陕西省委常委、省委宣传部部长马中平，陕西省广播电视局和陕西电视台的领导王晋、李选政、骞国政、王广群、王渭林等光临大会并致辞。电视文艺研究委员会会长、中央电视台副台长胡恩对大会致以祝贺。

二、中广协会副会长、第二届“兰花杯”电视戏曲节目评选委员会主任刘习良，通报了第二届电视戏曲“兰花杯”优秀节目评选活动的情况，并作了《守住这块绿色的文化家园》的主题发言。参加本次评选活动的电视戏曲节目共计有46个电视台和单位选送的112个节目，涵盖了54个剧种，比第一届增加了24个剧种。会议向获奖节目的单位和个人代表颁发了奖杯和荣誉证书。陕西电视台录制播出了第二届“兰花杯”优秀电视戏曲节目展示《秦之声》特别节目。会上中国传媒大学周华斌教授对获奖节目进行了点评，中国京剧院原院长苏移作了《关于戏曲与电视联姻》的主题发言，对中国戏曲与电视联姻之路给予了充分肯定。会上十余位获奖节目的主创人员也畅谈了自己的创作体会。

三、电视文艺研究委员会常务副会长兼秘书长曾文济在会上作了《第一届理事会工作报告》。第一届理事会工作以组织建设、学术研究、节目评估、咨询服务等四个方面为重点开展工作，并取得显著成绩。第一届理事会先后举办了以下活动：1．五届百家电视台电视文艺节目展播活动。2．两届“兰花杯”优秀电视戏曲节目评选暨研讨活动。3．组织录制播出了三届《春约梨园》春节电视戏曲晚会。4．组织部分电视台进行了14次电视文艺异地采风活动。5．召开了五届电视音乐资料交流研讨会。6．召开了中国文化名城创作研讨会。7．召开了电视文艺创作研讨会。8．微型电视文学征集等30多项学会活动并编辑出版了《中国电视歌曲500首》、《中国音乐电视》、《中国电视散文精品集》及《感受电视戏曲》等书籍。文研会通过这些活动，团结汇聚了我国电视文艺及社会文艺界的专家、学者，使研委会更具广泛的代表性，使研委会活动更加丰富多彩。这些活动得到了广大会员的支持，受到广大会员的欢迎。

四、通联部王鸣铎主任代表中广协会宣读了对电视文艺研究委员会第二届理事会领导班子推荐人选名单的批复，并在大会上通过。会后由文研会上报中国广播电视协会正式批准。

五、潘宝瑞副会长在会上作了修改电视文艺研究委员会章程的说明。修改重点是增强行业自律，规范行业行为，维护行业权益，以适应“学会”改为“协会”后工作的需要。与此相关对电视文研会的名称、定位、宗旨、任务等也作了相应的修改和表述。代表大会通过修改后的章程。

六、电视文艺研究委员会常务副会长王录在会上介绍了第二届理事会的工作计划并作了说明。新一届理事会将本着灵活、多样、务实的精神，组织会员开展丰富多彩的活动。活动实行大中小相结合，活动范围以区域性、中小活动为主，活动内容以专题性为主，并积极开展个性化服务。新一届理事会将注重加强与会员的双向沟通，建设畅通的信息交流平台；重视开展以节目形态、节目品牌、节目营销为主要内容的电视文艺理论方面的研究。

七、会议对第一届理事会的工作给予了充分的肯定，对洪民生、宋培福、奚明钰三位老领导在研究会工作期间的巨大热情和辛勤的工作精神表示衷心的感谢和由衷的敬意。新一届理事会希望继续得到老领导的支持和帮助。

八、中国广播电视协会郭宝新副会长在第二届会员代表大会讲话时指出，本次会员代表大会不是一次普通的年会，而是一次重要的换届会议。他对新一届领导班子的工作提出三点希望：1．要拓展办会思路。2．增强服务意识和服务能力。3．加强学会的自身建设。

新一届理事会将在中国广播电视协会和胡恩会长的领导下，团结广大会员，努力把电视文艺研究委员会办成会员之家。驻会人员将热情工作，积极进取，为电视文艺研究委员会作出贡献。新一届理事会真诚希望能得到广大会员的大力支持和热情帮助，为办好电视文艺研究委员会而共同努力。

中广协会电视文艺研委会简介

中国广播电视协会电视文艺研究委员会（简称中广协会电视文艺研委会）是中国广播电视协会在原电视音乐研究会的基础上于2000年组建的一个常设的组织机构，它在中国广播电视协会有关管理条例规定的范围内开展活动。

电视文艺研委会的基本任务是：积极开展电视文艺的学术研究，履行行业协会职能，促进具有中国特色社会主义电视文艺学科的建设与发展；接受中广协会的委托，组织电视文艺节目的评奖、展示、交流活动，促进多出精品、多出人才；协助中广协会和有关单位开展从业人员的业务培训、业务咨询活动；积极开展与其他专业委员会和有关单位的业务交流与合作；在中广协会授权范围内开展与海外电视文艺工作者及学术团体的业务交流与合作。

电视文艺研委会拥有百余家单位会员，凝聚了众多电视文艺工作者、社会文艺界的专家学者、知名人士、表演艺术家，在专业学术上具有较高的权威性。

电视文艺研究委员会先后举办了六次电视音乐资料交流会及首届电视音乐音响节目评选活动，连续举办了五届百家电视台电视文艺节目展评活动，两届电视戏曲“兰花杯”节目展活动。编辑出版了《中国电视歌曲500首》(一、二集)、《中国电视音乐文集》、《中国电视散文精品选》、《感受电视戏曲》等书籍。电视文艺研究委员会为繁荣我国电视文艺作出了自己的贡献。

DIANSHI SHU BAO KAN JI YINXIANG CHUBANWU

电视书、报、刊及音像出版物

电视书、报、刊及音像出版物

一、中央电视台2005年编辑出版新书选介

《制播体制改革与电视业发展问题研究》

主编：赵化勇，副主编：李晓明。中国传媒大学出版社2005年9月出版。25万字，照片1幅，附录：国外电视业制播模式。

此书是中央电视台事业发展调研处2000年申报的国家社科基金项目，2005年8月结项后由中国传媒大学出版社出版。制播体制改革是我国电视业发展过程中面临的重要问题。本课题站在产业发展的高度，紧密联系实际，考察了国内外具有典型意义的个案及制播的主要模式，深入分析了制播体制改革的现实动因，对制播体制改革中涉及到的宏观体制、中观组织和微观产品进行了全面的分析，可以说是对国内电视制播体制改革进行全面梳理和分析的第一部专题研究报告。其中切合中国电视实际所提出的一些对策建议尤其具有比较现实的决策参考价值。

《中国电视台管理创新报告》

主编：唐世鼎，执行副主编：黎斌、肖文俊。中国传媒大学出版社2005年8月出版。25万字，照片1幅。

附录有：中央电视台管理创新调查问卷分析报告；2004我国广播电视年度发展报告；2004媒介单位广告营业额前100名排序。

在2004年全国省暨计划单列市电视台办公室主任会议上，与会代表一致同意推出由中央电视台倡议的《中国电视台管理创新报告》。为了“交流各台管理改革经验，展示各台经营创新成果”，中央电视台事业发展调研处在完成对重庆、贵州、四川、福建、宁波、厦门等地方电视台的实地调研以及25家电视台上报稿件编辑的基础上，编辑推出此书。

本书提炼了我国25家各级电视台在体制改革、机制创新、战略转型、管理革新、经营突破以及品牌管理、人事管理、财务管理等方面的改革经验，对新思维、新举措、新成果进行全方位的总结和归纳，总结经验，剖析问题，以增进横向交流，促进共同发展。

《中国电视新思考—全国电视台台长访谈录》

主编：唐世鼎，执行副主编：黎斌、肖文俊。中国传媒大学出版社2005年8月出版。27万字，照片1幅。

为了交流全国各省市电视台管理改革经验，展示各台经营创新成果，事业发展调研处策划编辑推出此书。本书收录了中央、省级、计划单列市25家电视机构、共32位当今中国电视传媒领军人物的专题访谈。在访谈过程中，这些领导人在从各自角度对全球及中国电视传媒的现状与问题进行深入思考、勾勒未来发展的战略蓝图的同时，也展示了电视业高层人物的不同风采。本书为第一本收录全国电视机构领导者访谈的书籍。

《世界传媒院校》

主编：唐世鼎、黎斌，副主编：王宇平、龚江辉、刘笑盈。中国传媒大学出版社2005年8月出版。20万字，照片1幅。

此书介绍了涵盖北美洲、欧洲、亚洲、大洋洲、非洲等五大洲的63所知名传媒院校或专业。内容包括学校概况、地理位置、传媒院系介绍、专业及课程设置、师资力量、联络方式及奖学金等学校资源情况。为有志

于出国留学的传媒学子及传媒从业人士提供相关参考。

《世界电视节目荟萃》

主编：唐世鼎、黎斌，副主编：王宇平、龚江辉、刘笑盈。中国传媒大学出版社2005年8月出版。20万字，照片1幅，附录有部分节目制作机构介绍。

此书将目前常见的电视节目分为12类，即新闻节目、娱乐节目、电视剧、电影电视、生活服务类节目、体育类节目、儿童节目、游戏类节目、谈话类节目及真人秀；共介绍了800多个电视节目。除电视节目外，本书还在附录中简要介绍了世界上知名的节目制作机构。

《世界电视台与传媒机构》

主编：唐世鼎、黎斌，副主编：王宇平、龚江辉、刘笑盈。中国传媒大学出版社2005年8月出版。20万字，照片1幅。

此书介绍了分布在北美洲、欧洲、亚洲、大洋洲、非洲共计61家世界知名的电视台及传媒机构。内容包括该电视台或传媒机构的概况、主要频道及节目介绍、经营与管理、知名主持人等。通过该书可以了解目前世界各大电视台及传媒机构的概貌。

《中国电视广告经营模式创新研究》

主编：唐世鼎，副主编：郭振玺。中国传媒大学出版社2005年8月出版。15万字，照片1幅。

此书是中央电视台事业发展调研处2004年完成的《关于“中央电视台广告经营体制创新”的调研报告》的衍生产品。事业发展调研处在实地调研的基础上，对中国电视业现行的广告经营模式进行了研究，对14家电视媒体进行了案例分析，并与5家平面媒体及美国、英国、日本、韩国电视业的广告经营管理情况进行了比较分析，形成了以实证分析为特征的广告经营模式研究报告。本书还附录《中华人民共和国广告法》（1994）等5个材料。

《岩松看台湾》

编著者：白岩松、刘爱民、王立明。九州出版社2005年9月出版，15万字，照片150幅，附节目DVD光碟。

“岩松看台湾”采访报道行动在两岸引起较大反响，在《东方时空》栏目连续播出的《岩松看台湾》专题节目也成为一段时间的收视热点，各界反映节目采访内容丰富，信息量大，可视性强，增进了大陆观众对台湾的了解。为了最大限度发挥节目影响力，形成再传播，编著者依托播出节目内容，联合九州出版社编辑出版了此书。

此书主要内容分为三个部分。

一、连战、宋楚瑜、柏杨、王永庆等10个台湾政治、经济、文化名人的采访。在已播出节目内容的基础上，增加了播出节目中因为时长原因删减掉的一些内容。

二、台北故宫博物院、101世界第一楼、台北熊猫馆、遭遇海棠台风等15个话题采访。对播出节目重新编排整理，增加了一些背景信息，形成适合文字阅读的风格。

三、记者采访手记。包括记者在台湾采访期间写的“采访日记”，以及对10个人物采访后记，和对某些话题的采访札记。

四、节目DVD光碟。《岩松看台湾》最后一期节目是《东方时空》打通版，对整个采访行动进行了总结回顾。作者将此节目制作了DVD，作为书的一部分。强化了影像表达特点，成为本书富有特色、不可或缺的一部分。

《新闻背后》

主编：梁建增、孙克文，执行主编：孙金岭。人民文学出版社2005年9月出版，24 万字。

本书讲述的是发生在屏幕之外却与新闻节目、与节目编导、与观众有着密切联系的东西，比如政论背后的争论、新闻背后的新闻……所谓荧屏内外皆故事，本书记录下了记者们在采访求证过程中的波折境遇以及节目制作过程中的苦苦思索，是他们对社会，对生活、对职业的观察、思考、感悟、体验、焦虑、困惑乃至调侃，笔下纸端，流淌出的可能只是絮絮心语，力透纸背的，则是新闻工作者坚毅的社会责任感。

同时这本书里反映着新闻评论部的成长、变化，注释着、解读着我们的事业、我们社会方方面面的成长，是我们对一段心路的回望，也是对未来道路的前瞻。

《中国焦点问题调查》

主编：张洁，副主编：吴征。长江文艺出版社2005年10月出版，30万字，照片60幅。

本书以《新闻调查》栏目2002年下半年至2003年

全年播出节目为内容，站在探寻事实真相的高度，对当今中国社会的焦点问题进行深度报道，在广大的电视观众当中引起了一定的反响。从《揭密"东突"恐怖势力》到《党章的历程》，从《"3·22"矿难调查》到《北京："非典"阻击战》，从《阿文的噩梦》到《走私内幕》《派出所里的坠楼事件》等等，读者可以从该书涉及到的60多期节目中，把握到中国改革开放的历史进程中这一段咚咚作响的脉搏，珍藏起这一段值得人们反复回味的宝贵记忆。该书的编著者在千方百计地考虑到读者的阅读习惯的同时，紧紧抓住节目编导的思想脉络，力图延伸并且努力扩大因时长而未能纳入节目的相关内容，把节目探寻事实真相的宗旨，进行了再度创作和挖掘，耐人寻味。

《倾听神舟》

主编：梁建增、王志，副主编：耿志民、欧阳询。新华出版社2005年10月出版，15万字，照片153幅。

2005年10月12日，"神六"载人飞船成功发射，这是继"神五"载人航天飞行成功后的又一重大成就。

《面对面》栏目对"神六"报道进行了充分的准备，并在"神六"大型直播报道和其他时间内播出五期专访节目，依次为"神六"航天员费俊龙、聂海胜；航天员刘伯明、景海鹏；航天员翟志刚、吴杰；"神五"航天员杨利伟和"神六"航天员系统负责人陈善广、吴川生，这些报道都引起了公众的关注。

2003年，《面对面》对"神五"的报道同样取得良好的宣传效果，其中包括《戚发轫：解读神舟》、《吴川生：航天员故事》、《翟志刚、聂海胜：等待飞翔》、《杨利伟：飞天圆梦》。

《倾听神舟》将《面对面》栏目对"神五"、"神六"的报道整合在一起，以节目播出文本和编导手记作为主要内容，并搭配播出节目的工作照和相关新闻图片，以航天精神来鼓舞全国的读者。

《抗战》

编著者：中央电视台文献纪录片《抗战》组，青岛出版社2005年8月出版。30万字，照片847幅。

为纪念中国人民抗日战争暨世界反法西斯战争胜利60周年，中央电视台拍摄了大型文献纪录片《抗战》。并出版了同名书册《抗战》。

该书按照纪录片的（每集）排序进行12个章节的编排。

《抗战》一书选择了"通史"的视角、情节化的叙事手段，靠事件的悬念、史实中的疑点和看待史实的不同视点，带动本书的叙述逻辑，彰显该书留存于世的历史文化价值和艺术价值。力求具有科学性、客观性和前瞻性。用创新思路、创新精神对《抗战》进行全新的解读和编排。全面反映那一时期与军事并重的政治、经济、文化、外交等重要内容，有机地将抗战时期各方面的情况巧妙地结合。该书的出版融进民族集体记忆的史册，促进历史断层的弥合。并向全世界昭告：在新的世界格局中我们永远是自强不息、奋发有为的民族。

《死亡战俘营》

主编：王新建，副主编：盛振华。安徽教育出版社2005年9月出版。14.8万字，照片100幅。

本书根据中央电视台《探索·发现》栏目的一系列二战纪录片编成，内容包括《死亡战俘营》、《叛国者——汪伪政权秘史》、《掠食者——日本移民东北揭秘》、《花园口事件》、《鏖战大西洋——中国海军赴英参战纪实》几部分。本书以洗练感人的文字再现了第二次世界大战那段难忘的历史，书中配有大量历史图片资料，极具震撼力。此外，对许多焦点事件和历史人物进行解密性梳理也是这套丛书的特色之一。

《滇缅大反攻》

主编：王新建，副主编：盛振华。安徽教育出版社2005年9月出版。14.8万字，照片100幅。

本书根据中央电视台《探索·发现》栏目的一系列二战纪录片编成，内容包括《中国战场抗日运输大通道揭秘》、《铁与血——山西牺盟会暨新军记录》、《勇者无敌铁道游击队传奇》、《忻口战役》、《打捞"阿波丸"》几部分。本书以洗练感人的文字再现了第二次世界大战那段难忘的历史，书中配有大量历史图片资料，极具震撼力。此外，对许多焦点事件和历史人物进行解密性梳理也是这套丛书的特色之一。

《一个时代的侧影：中国1931～1945》

主编：陈晓卿，副主编：李继锋、朱乐贤。广西师范大学出版社2005年8月出版。24万字，照片232幅。

2005年8月15日是中国抗日战争胜利60周年。关于抗战的记忆已经很多，但我们的民族，我们百姓在那一段血与火的历史中究竟过着怎样的生活，那一幕幕真实的场景却鲜有人提及，这不能不说是一种缺憾。本书关注的是老百姓的生活史，从社会学和民间史的角度，全面、真实地记录了中国抗日战争这个特殊时代的社会图景，展示了一个民族在特殊年代中爆发的惊人力量。

《大家》丛书

主编：薛继军，副主编：问题。商务印书馆2005年1月出版。50万字并有多幅照片。

《大家》系列丛书由商务印书馆正式出版发行。目前已出版4册，每册包括8位大家，总共32位，是从中央电视台《大家》栏目采访过的近百位大家中精选出来的，物理学家丁肇中、外科专家裘法祖、数学家陈省身、画家启功等人的名字赫然在列。

《大家》丛书虽来源于人物访谈节目，但它绝不是电视节目的原样照搬，而是在节目内容基础上，对节目内外资讯所进行的全面重构、深化和完善。这套丛书与电视节目的区别，就是最大限度地吸收了节目之外的访谈内容，从而为读者提供了更多、更有价值的“大家”之言。另外为方便阅读，特别是让中小学生也能读懂，这套丛书特别提供了“零起点”的注释与说明文字，极大扩充了知识信息含量。

《大家》丛书丰富精美的图片、别具匠心的版面、庄重典雅的外观、极具质感的纸张，而使其成为难得一遇的精品图书。

《中国史话》丛书

编著者：社教节目中心综合部，上海科学技术文献出版社2005年1月出版。140万字，照片150幅。

《中国史话》丛书改编自同名的科教频道大型历史题材系列片。

《中国史话》上溯五千年以前的中华文明初始，下至风云变幻的20世纪初期民族危亡、奋发自强的“五四”运动，按照编年史的时间顺序，围绕大的历史现象和事件，以丰富的资料，翔实的细节展示，浩浩荡荡地为观众特别是广大青少年提供一套生动的普及性的历史知识丛书。

全书分为五册，分别名为“风华绝代的隋唐气象”，“一枝独秀的两宋云烟”，“尘封千载的西夏往事”，“领略缤纷瑰宝的大唐繁华”，“探寻黄沙深处的王朝踪影”。

《今日说法》（精华本）

主编：王新中、何淑文。中国人民公安大学出版社2005年出版。32万字，照片63幅。

《今日说法》和公安大学出版社共同出版了《今日说法》精华本。书中收集了2005年播出的80个悬念丛生、意义深刻的优秀节目。这80篇根据节目改编的案例故事内容更丰富，版面更紧凑，可读性更强。同时，随着故事的发展还适当插入了主持人对专家的法律访谈，分析解答案例中的出现的各种法律问题。

《今日说法》丛书

主编：王新中、何淑文。中国人民公安大学出版社2005年出版。20万字，照片700幅。

《今日说法》栏目从2005年每月播出的节目中精心挑选出9～10篇精彩案例，编辑出版了5本《今日说法》丛书（每两个月出版一本）。这5本书包括惊心动魄的案例故事、权威深刻的专家点评、读者关心的法律问题、专业律师的答疑解惑以及一张张生动真实的照片，阐释出“重在普法、依法治国”的理念。同时，为了使内容更加丰富，每本书还刊登了《今日说法》记者亲自撰写的“记者手记”和“幕后故事”，记载了记者们在采访中的难忘经历和瞬间感悟。

《33天环游地球》

编著者：张树、李莺，主编：王桂华，副主编：陶涛。上海科学技术文献出版社2005年10月出版。19.7万字，照片500幅。

本书紧紧扣住“环境生态”这个主题，以独特的视角，精美的图片用33天的时间带领读者去领略世界各地的环境生态状况。北至北极，南抵南极，东至日本东京，西到美国、加拿大，本书都提供了详细的描写；关注的内容包括地理交通、资源开发、城市环境与人的关系、原住民族的生存、动物植物的保护等诸多方面。立体的展现了那里的一幅幅最环保的、最具有人文气息的画面，使读者足不出户就能够领略到优美的异域风光，遍览世界各地人文景观。

通过阅读该书，能够给广大读者尤其是青少年学生一个放眼全球的机会，使读者在人与自然的和谐中开阔视野，于地球万物相安的理念内涵中受到环境文化的陶冶，让别的国家和地区的先进经验以及面临的选择和困境给大家以启发和警示，在美的享受与期待中，对自然充满关爱与呵护。

《托起明天的太阳》

主编：孙雷、李海彬，副主编：赵友三、程志伟、岳金波。北京师范大学出版社2005年3月出版。44.8万字。

该书作为大型政论片《托起明天的太阳》的补充，集中了许多来自中央各部委和地方各部门的优秀资料和典型案例，从不同的角度阐述了加强和改进未成年人思想道德建设，是一项顺应时代潮流，代表人民利益，利在当代，惠及长远的民心工程；从家庭、学校、社区等不同的领域科学地分析了在我国未成年人思想道德建设中所存在的问题；同时从不同的方面反映了一年多以来全国各地所取得的成绩。全书共四册，分为普及读本、小学读本、初中读本、高中读本。

《快乐中国——学汉语》（温州篇、四川篇）

编著者：《快乐中国——学汉语》节目组。北京语言大学出版社2005年8月出版。20万字，照片180幅，附录有重点句索引。

中央电视台国际频道《快乐中国—学汉语》栏目，通过与中国各地城市以及风景名胜点的合作，把饱览名山大川、感受中国历史文化与学习汉语结合起来，把掌握语言技能与知识性、趣味性和欣赏性融为一体，办成了独特的寓教于乐的电视教学节目。自2004年6月播出以来，引起了海内外观众的热烈反响。因此，中央电视台委托北京语言大学出版社，分卷陆续出版《快乐中国——学汉语》图书和光盘，让更多的外国朋友可以通过欣赏中国风光学习汉语。

《影像史记》

编著者：肖同庆。南方日报出版社2005年6月出版。36万字，照片158幅。

影像史学的诞生不仅是媒介的革命，而且涉及到历史学的观念、逻辑、框架、叙述和语言的一系列变革。在某种意义上，影像史学的研究足以对“历史是什么”构成质疑。在影像面前，黑格尔的逻辑苍白枯燥，法国年鉴派的数字冰冷无比。当历史学真正引进注视、观察、倾听、体验的时候，才能真正得出足以发人深省的历史感悟，这正是《影像史记》所介绍的主要内容。

《品牌实效传播——中国特色市场中的传播制胜之道》

主编：郭振玺。中国传媒大学出版社2005年6月出版，约15万字。

本书由中央电视台广告部联合众多业内专家、同仁，从中国特色市场出发，立足于中国品牌快速成长的战略高度，总结近年来中央电视台客户品牌传播的成功经验，提出“品牌实效传播理论”。“品牌实效传播理论”的核心基点在于媒介是企业的战略资源。对于企业而言，营销是企业经营战略的核心，广告是营销的重点，媒介策略是广告的关键。媒介在企业的整体战略中占有重要地位，是企业的战略资源。理论框架由九个层次构成，分别是：1.新目标受众理论——目标受众理论在中国需要重新定义；2.品牌沟通——要把货铺到消费者心里；3.数据管理——完全相信数据与完全不相信数据危害一样大；4.事件行销传播——抓住机会比事后的数据分析重要千万倍；5.传播创新——策略创新比被动式购买更有效；6.传播绩效——三分之二张船票永远到不了目的地；7.传播聚集——集中投放广告才能抢占制高点；8.影响力营销——广告传播要关注媒体的影响力和传播力；9.结盟强势媒体——投标就像攀珠峰。不唯书本、不唯理论、不唯数据，都来自于实战，同时对实效传播理论加以系统整合、总结和升华，组成一个完整的理论体系，见解独到、分析精辟、语言生动，配合大量的案例，有助于企业理解和重视媒体对品牌传播的重要作用，有助于推动从财富中国到品牌中国的进程。

《影响力营销》

主编：郭振玺、丁俊杰。中国传媒大学出版社2005年6月出版，约25万字。

《影响力营销》是目前我国较为完整的关于媒体“影响力营销”的系统论著。它从学理的角度系统阐述了“影响力营销”的概念、发展历程和理论脉络，在归纳总结电视媒体价值的基础上，创新性地提出了媒体“影响力”评估体系，并通过一系列经典的成功案例，生动演绎了影响力营销的实际效果，从实用的角度为媒体如何进行影响力营销提供了实战方法，为企业如何利用媒体影响力进行品牌塑造与传播指点迷津。本书汇聚了以中国传媒大学为代表的理论派与中央电视台为代表的实践派，强强联合，代表了“影响力营销”最前沿的研究成果，面世以来在业界和在企业界引起强烈反响。

《荧翰凝香》——中国中央电视台书画藏品精选

主编：赵化勇，副主编：赵立凡、唐世鼎。中国中央电视台书画院编印。

在传播和弘扬中华文化的过程中，中央电视台幸识诸多海内外书画名家，承蒙惠赐墨宝，深感珍贵友情之无价，华夏文化之渊源！这本画册假此一席，特选刘海粟、李可染、关山月、胡絜青、沙孟海、启功、欧阳中石等当代有影响的数百位名家惠赠的书画大作，展示中国书画艺术的魅力，弘扬中华传统文化。

中国中央电视台2005年书画展作品集

主编：赵化勇，副主编：赵立凡、唐世鼎。中国中央电视台书画院编印。

2005年10月，中央电视台书画院成功举办了第十次书画展，展出国内232位著名书画家的优秀作品，并将这些作品经过精心编辑汇集成册。这些书画作品的作者中，既有享誉当今书苑画坛的名家，也有崭露头角的新秀；既有长期生活工作在北京的艺术家，也有全国各个省市的领军艺术家。

画册中收录的作品或恢宏雄浑，蕴海纳百川之气象，或冷岸高峻，有壁立千仞之刚劲；也有工笔巧墨，纤细柔风，表现了艺术家的各自风格。

《爱情的条件》

编译者：朱星辰。电视剧文学书。内蒙古文化出版社2005年6月出版。15万字，照片30幅。

在韩国首都，姜、罗、卢三家两代人之间上演了一系列酸甜苦辣的感情纠葛。

已结婚生子的姜金波习惯了做家庭主妇的生活，有一天通过短信，发现律师丈夫正翰有了外遇，在丈夫遮掩、躲避的同时，金波也秘密对丈夫展开了暗地调查，当得知丈夫和下属白珍珠在一起，并且一直在欺骗自己的时候，她痛苦万分。

姜银波因与盛基同居怀有身孕，初恋情人允泽服役归来，她的心中又荡起了阵阵涟漪。在银波和盛基的婚礼上，新郎盛基却选择了逃避。在银波明白了自己的身世之后，她决定离家出走。允泽与罗家女儿艾莉偶然相遇，在艾莉的策划下，他俩走到了一起。历经磨难的银波决心放弃与允泽的往昔感情，重新开始自己的生活。

《美味中国》

主编：梁晓涛、韩建群等，副主编：韩青等。中国轻工业出版社2005年8月出版，5.7万字，照片120幅。

中央电视台经济频道春节特别节目《美味中国》，被誉为第一个“中国电视烹饪名牌节目”。本书就是这次节目的文字版。主要介绍了《美味中国》中专业组的比赛过程，不仅炫出厨艺高手的专业竞技，而且还力争实现传统美食文化与电视化表现形式的完美结合。

《草间集》

作者：陈志昂。中国广播电视出版社 2005年7月出版，20万字。

作者从1940年开始写诗，1996年之后出版诗选《竖琴》和叙事诗集《春雷》。作者将这两本集子合在一起，又加进一些其他作品，合为《草间集》，共收录作者诗作200多首。

技术制作中心录制二部制作的大型历史纪录片《1045——郑和下西洋》宣传片，在2005四川电视节上荣获最佳纪录片宣传片奖。

二、中央电视台2005年音像出版物选介

《邓小平与中国科技》（上、下集）

中央新影音像出版社制作并于2005年1月出版。时长90分钟，DVD，1盘，2集。

一代伟人邓小平，是改革开放的总设计师，也是二十多年来中国科技事业当之无愧的领航人。本片（上、下集）结合当代中国科学欣欣向荣的发展状况，缅怀小平同志致力于中国科技事业的丰功伟绩。本片选取新颖的叙述视角，通过对鲜为人知的人物故事和历史细节的挖掘，客观呈现小平同志切实推动科技事业发展的历史事实；透过小平同志一生中与科技结下的不解情缘，揭示了这位一生追求祖国富强、人民幸福的老人致力于科技强国的非凡气魄和长远目光。

本片分上、下两集。上集《科学的春天》以1977年科学教育工作座谈会、1978年全国科学大会为中心，结合小平同志与著名科学家黄昆、陈景润以及留学归国科技工作者李武强之间鲜为人知的交往故事，讲述邓小平第三次复出后，以科教领域作为拨乱反正的突破口，掀起“尊重知识、尊重人才”浪潮，唤醒中国科学事业的春天。

下集《发展高科技，实现产业化》围绕“863计划”、正负电子对撞机、载人航天等重大高科技工程，见证小平同志对中国高科技事业的大力支持，并揭示“科技是第一生产力”这一重大理论命题诞生的历史背景和现实意义。结合“科教兴国”战略的实施，表现小平同志一生致力于民族富强、人民幸福的高尚情操。

《陈云》

中共中央文献研究室、中央电视台制作，中国国际电视总公司2005年8月出版。时长400分钟，DVD，4盘，8集。

本片讲述了一个朴实的故事，记录了一段真实的历史，主人公是我们党和国家久经考验的卓越领导人——陈云。

本片以陈云九十年人生历程为基本脉络，以相关历史事件的进程和几代领袖群体的活动为背景，以主人公在关键时期发挥的关键作用为叙事焦点，运用各种电视艺术手段和历史文献资料营造一种氛围，引导广大观众同我们一起重温和回味离我们远去的岁月，携手走近这样一位可亲、可信、可敬的伟人，追寻他的足迹，缅怀他的业绩，感受他的魅力，领悟他的精神，学习他的为人。

《模范法官——宋鱼水》

中央新影音像出版社制作并于2005年2月出版。时长50分钟，DVD，1盘，1集。

宋鱼水，北京市海淀区人民法院知识产权庭庭长。她曾获得“全国模范法官”、“中国法官十杰”、全国“五一”劳动奖章等诸多荣誉。她在民事审判这个平凡的岗位上恪尽职责、无私奉献，作出了不凡的成绩。她把党的宗旨、法律的尊严、社会和谐时刻铭记于心。她无比热爱自己的工作，清正廉洁、尽职尽责；她公正执法，心系百姓，情系社会；她注重修养，不断学习，开拓进取。她为广大党员干部树立了一个可信、可亲、可敬、可学的榜样。宋鱼水的事迹给予我们启示：只要立足岗位，勤奋工作、勤奋学习，以人民的利益为最高标准，无私奉献，共产党员就能永葆先进性。

保持共产党员先进性教育最新专题报告

中央新影音像出版社制作并于2005年3月出版。时长360分钟，VCD，8盘。

为配合当前全党开展保持共产党员先进性教育活动，根据党章对党员的要求，按照《中共中央关于在全党开展以实践“三个代表”重要思想为主要内容的保持共产党员先进性教育活动的意见》的精神，配合广大党员干部学习胡锦涛同志在新时期保持共产党员先进性专题报告会上的重要讲话精神，特请中央党校等单位的专家学者作专题学习辅导报告。主要内容：

一、学习胡锦涛同志在新时期保持共产党员先进性专题报告会上的重要讲话；

二、如何认识开展保持共产党员先进性教育活动的重大意义；

三、坚定理想信念是共产党员保持先进性的精神支柱；

四、始终坚持党的宗旨是共产党员保持先进性的本质要求；

五、严格遵守和自觉维护党的纪律是共产党员保持先进性的基本要求；

六、继承和发扬党的优良作风是共产党员保持先进性的重要保证；

七、充分发挥先锋模范作用是共产党员保持先进性的集中体现。

《入党培训新教材》

中央新影音像出版社制作并于2005年5月出版。时长240分钟，VCD,4 盘。

《入党培训新教材》从2001年出版后，受到各党组织和要求入党同志的好评，为了进一步满足各党组织和要求入党同志的要求，本教材按照党章的内容，分四个专题，以电视专题的形式，以画面配音、配音乐，形成《入党培训新教材》的第二代产品，与书《入党培训新教材》(中国言实出版社)相配套。主要内容：1.自从有了中国共产党；2.旗子立起来，才有所指望；3.就是因为我们有理想有信念；4.早日站在党旗下。

《感动中国》(2004年度)

中央电视台新闻评论部制作，中国国际电视总公司2005年3月出版。时长130分钟，DVD，1盘，1集。

《感动中国》年度人物评选是中央电视台最重要的年度节目之一，由中央电视台新闻中心承办，连续三届均获得了较大成功，得到中央领导、台领导的肯定，并且已经成为广大观众喜爱的品牌节目。

2004年度《感动中国》人物评选活动，继续秉承“弘扬主旋律，打造中国人的精神品牌”的宗旨，在全国范围内寻找能够打动国人心灵的人物，发掘他们的故事，传播他们的事迹。

2004年度，获得“感动中国”荣誉的人物是：空军试飞员梁万俊；运动员刘翔；出生入死的缉毒英雄明正彬；医生桂希恩；共产党员榜样牛玉儒；公安局长任长霞；外交官孙必干；为母捐肾的孝子田世国；深山中的义务教师徐本禹；中国“杂交水稻之父”袁隆平；在雅典奥运会上绝地反击重新夺回冠军的中国女排。

《感动中国》不单单是一个节目，它已然成为了一个时期一个阶段一种民族精神的高度凝聚，一段难忘历史的精神浓缩，是一个民族居安思危的忧患力量，不断进取的内在精神感动你我，感动中国。

《抗战》

中央电视台社教节目中心制作，中央电视台中视传媒2005年8月出版。时长540分钟，DVD，6 盘，12 集。

大型文献纪录片《抗战》节目是为纪念抗日战争胜利暨世界反法西斯胜利60周年的一部记录抗战14年的历程的纪录片。

12集分别是：1.不愿做奴隶的人们；2.筑起新的长城；3.共赴国难；4.持久战略；5.游击战争；6.铜墙铁壁；7.文化血脉；8.突破囚笼；9.得道多助；10.不屈的战魂；11.最后的较量；12.民族的记忆。

《抗战》按照时间进程和内在的主题逻辑，精心编排的全景式、全方位、全面地反映了14年抗战的全过程，深刻地揭示了历史的内涵和脉络，就是毛泽东在《论持久战》中透彻的阐明抗战必胜的许多关键因素，如抗日民族统一战线等。

《抗战》是中华民族的抗战，是中华民族的英勇史诗。

《一个时代的侧影——中国1931～1945》

中央电视台社教节目中心文化专题部制作，中国国际电视总公司2005年8月出版。时长900分钟，DVD，6盘，30集。

2005年8月15日是中国人民抗日战争胜利60周年。关于抗战的记忆已经很多，但现在的纪录片以及各种文本记忆大多集中在宏大叙事、重大事件、精英人物和悲情诉说。

此片首次采用编年体的叙述方式，从社会学和民间史的角度，全面、真实地记录了中国抗日战争这个特殊时代的社会图景，展示了一个民族在特殊年代中爆发的惊人力量。

观众不仅可以从此片中看到大量当年的历史新闻镜头以及从未面世的新闻图片和影像资料，解读历史事件和人物，还可以看到当年老百姓的衣食住行和婚丧嫁娶，听到当年的流行音乐和不同阶层的人物留下的声音，能感受到社会的风尚的点滴变化，能透过风起云涌的历史大背景了解大人物和老百姓在各自人生舞台上的命运沉浮。更重要的是，能体会到中华民族在六十年前的那段岁月中经历的飘摇沉浮和对民族自由尊严的无限追求。

《寻找铁骑兵》

中央电视台《中华民族》栏目组制作，中国国际电视总公司2005年9月出版。时长180分钟，DVD，2盘，6集。

为纪念中国抗日战争胜利暨世界反法西斯战争胜利60周年，《中华民族》栏目组制作了《寻找铁骑兵》6集系列节目，每集30分钟。记录了摄制组一行驾车从北京出发，寻访抗日战争和解放战争时期驰骋在辽阔内蒙古草原上的我军骑兵部队的过程。

这些部队以蒙古族官兵为骨干，蒙古族勇猛顽强的性格让这支部队虎虎生威。在中国共产党的领导下，他们成为大草原上令敌人闻风丧胆的英雄的铁骑兵。摄制组走访了内蒙古呼和浩特市以及另外10多个旗(县)，行程6000余公里。片中采访了40多位老战士，这些当年风华正茂的铁骑兵们，如今已经白发苍苍。但是每当他们谈起那段峥嵘岁月，谈起他们的战友，谈起他们的战马，都立刻神采奕奕，滔滔不绝。他们身上的热血依然沸腾，他们永远年轻。

《中国母亲》

中央电视台法制专题部《道德观察》栏目组制作，中国国际电视总公司2005年12月出版。时长160分钟，DVD，2盘，8集。

为了纪念中国人民抗日战争暨世界反法西斯战争胜利60周年，《道德观察》栏目特别策划制作了系列节目《中国母亲》。这套节目讲述了一幕人类战争史上绝无仅有的悲情往事，一场跨越国界的旷世情怀。

1945年日本投降以后，中国东北大地上遗留了数千名日本遗孤，这些孩子有的是从集体自杀的日本人尸体里爬出来的，有的父母双双病死，他们被命运抛弃在死亡边缘。这时候善良的中国人向他们伸出了仁慈的双手，把他们收养到自己的家里。正是那些平凡的中国母亲给予了这些日本孩子超越仇恨的亲情和关爱，而这份亲情和关爱也深深地植入了这些孩子们的心灵深处。

这段往事是中日两国人民内心深处永远的伤痛。我们由衷希望中日两国世代友好，但是我们不会忘记那场战争给两国人民造成的巨大伤害。

《1405——郑和下西洋》

中央电视台社教节目中心文化专题部制作，中国国际电视总公司2005年9月出版。时长188分钟，DVD，2盘，5集。

本片是郑和下西洋600周年纪念活动筹备领导小组、中央电视台、江苏广播电视总台联合摄制的一部大型电视纪录片。它所面对的是600年前一项伟大的事业——郑和下西洋。本片分为《奉使西洋》、《涉沧溟》、《云帆高张》、《际天极地》、《天下同福》5集。

历史档案的缺失为本片的拍摄设置了巨大的障碍，但一个伟大事件的痕迹不可能消逝无踪。本片摄制组在一年半的拍摄时间内，追随着郑和的足迹，遍访国内外专家以及与这一历史事件有关的人士，透过历史的迷雾探寻真相。这一人类文明史上空前的壮举，使得本片获得了更为广阔的表述空间。郑和的航行预告了人类大航海时代的来临，同时表明了中华文化传统对和谐文明的世界秩序的渴求。本片从宏观、全景的角度展现这一事件的全貌和伟大意义，同时深入到历史的细节中，传递着时代的信息，力图完整准确地呈现600年前那场不朽的海上史诗。

《不能忘却的历史——纪念台湾光复60周年》

海外节目中心对台部《海峡两岸》栏目组制作，中国国际电视总公司2005年10月出版。时长150分钟，DVD，1盘，3集。

2005年10月25日是台湾光复60周年的纪念日，中央电视台海外节目中心对台部制作了3集文献片《不能忘却的历史——纪念台湾光复60周年》，每集50分钟，该节目回顾台湾被日本霸占的屈辱历史，揭露了日本殖民者的残酷统治，颂扬了台湾同胞反抗日本占领和统治的坚强意志。该片采访了20多位来自两岸的历史当事人、历史学家和研究台湾问题的学者，全景式展现了台湾光复的全过程和几十年来两岸关系的发展历程。

第一集　天地悲歌

早在16世纪，日本就开始把魔爪伸向台湾。1874年“牡丹社事件”后，清政府加强台湾的建设。1894年，中日甲午战争爆发，清政府战败，清政府与日本签署了丧权辱国的《马关条约》，台湾沦为日本殖民地达50年之久。从1895年日军登陆到1915年，台湾同胞对日本的侵略和殖民统治进行了坚决顽强的抵抗，作出了重大的牺牲。

第二集　百折不挠

在日本对台湾进行的50年的殖民统治中，日本在台湾进行了疯狂的经济掠夺和文化侵略。台湾同胞利用政治和文化的手段，对日本的殖民统治进行斗争。1930年，台湾爆发了武装反抗日本殖民者的"雾社起义"。有5万多台湾同胞还回到大陆参加了全国抗战，为最后战胜日本作出了贡献。

第三集　共同家园

1943年中、美、英三国发表了《开罗宣言》。1945年中、美、英三国发表《波茨坦公告》，这些国际文件成为台湾回归祖国的国际法依据。1945年8月15日，日本无条件投降。10月25日，在台北中山堂举行了受降仪式，台湾重回祖国。但一批右翼分子，鼓吹"台湾独立"，遭到了海峡两岸的共同声讨。而美国为了冷战的需要，抛出了"台湾地位未定论"，上世纪70年代后，随着中日、中美建交，这一论调彻底破产。建立包括大陆和台湾在内的共同家园，成为两岸广大民众的愿望。

《中国禁毒行动》

《天网》节目组制作，中国国际电视总公司2005年8月出版。时长200分钟，DVD，2盘，5集。

该片是中央电视台为迎接第十八个国际禁毒日、配合我国政府开展的禁毒和防治艾滋病的人民战争而特别筹划制作的。节目通过大量翔实丰富的资料，全景式地展示了中国禁毒工作的历史和现状，又通过众多生动的现场拍摄和采访，细致地表现了禁毒一线工作人员的真实情怀。同时，对我国目前毒品形势的深刻分析、对戒毒人员的调查采访、对毒品犯罪分子的纪实追踪也始终贯穿全片。该片播出后，受到了观众和专业人员的广泛赞誉，被誉为近几年来反映我国禁毒工作的一部不可多得的优秀作品。

《灵与肉》

《天网》节目组制作，中国国际电视总公司2005年9月出版。时长240分钟，DVD，2盘，6集。

本片主要记录了贵州省贵阳市公安局刑事侦察支队办理的相关案件及对当事人及受害者、违法者心灵的显露与剖析，办案刑警个体内心世界的窥探和解读，《天网》站在一个观察者的角度上，通过现实社会中灵与肉之间产生的碰撞、阵痛，挖掘当今社会中躁动的人为意识，诠释刑事案件过程中令人深虑的社会问题，寻找平衡灵与肉之间冲突的答案。

《中原打黑第一案》

中央电视台《第一线》栏目组制作，中国国际电视总公司2005年8月出版。时长140分钟，DVD，1盘，7集。

2005年4月25日，河南省建国以来最大的涉黑犯罪团伙二审宣判：67名被告同时受审；177名法警严阵以待；76名律师激烈抗辩；9名公诉人沉着应对；庭审15天，数十名被告当庭集体翻供，控辩双方交锋咄咄，最终9名主犯被押赴刑场执行枪决。

《第一线》记者在一审审判期间即介入该案，并在二审宣判的前一天赶赴河南，用镜头真实记录了该团伙覆灭的全过程。作为唯一获准独家现场报道该案的中央级媒体，本次采访得到了河南省委政法委的全力支持。该案二审终审定案后，《第一线》用最快的速度制作了纪实系列片，全面报道了河南省政法领域公安、检察院、法院各执法部门为侦破、审理该案所付出的艰辛和生动真实的执法风采。

该选题是《第一线》特别策划的，首次通过对一个大案的完整故事叙述，展现了一方政法领域群体的执法形象。节目播出后不仅得到了当地宣传部门和地方政府的首肯，全国电视观众也反响强烈。

《罪与罚》

中央电视台社教节目中心、中央新闻纪录电影制片厂制作，中国国际电视总公司2005年10月出版。时长200分钟，DVD，2盘，5集。

日本战争罪犯曾在中国的土地上犯下了滔天罪行，但我国政府却宽恕了他们并把他们送到战犯管理所进行改造，多年以后这一千多个战犯低头了，为什么？他们是怎样转变的？这不仅仅是日本人，更是中国人应该认真审视和思考的。本片通过大量从未公开的珍贵影像资料和对几十位中日当事人的采访，与观众一起重温半个世纪之前那段鲜为人知的历史。

《战场上的生存》

北京科学教育电影制片厂制作，北京科影音像出版社2005年6月出版。时长175分钟，DVD，2盘，7集。

"兵马未动，粮草先行"。这句流传几千年的中国古训，一直是人们对军事后勤最浅显而又最直接的认识。经历了无数战争洗礼的军事后勤，伴随着战争形态的巨变，也由最初的"粮草"阶段，进入到了一个全新的、让人眼花缭乱的现代化阶段。《战场上的生存》通过讲述军队后勤的历史，展示中国军队后勤的发展和变化。本集包括：《后勤的后面》、《死亡三厘米》、《非常载荷》、《军服的故事》、《战地厨房》、《流动的营盘》、《说盔》。

《沙场点兵》

北京军区、中央电视台制作，中国国际电视总公司2005年12月出版。时长1500分钟，DVD，10盘，32集。

该剧以我军积极推进中国特色军事变革，做好军事斗争准备为主题，以华北某部队贴近实战，实行基地化训练改革为背景，以红蓝军实战对抗演习，从有预案的摆练，到不设预案背靠背的对抗，再到远程立体跟踪打击等四次较大规模的演习为线索，深层次触及了部队抓训练与保安全、个人荣誉与国家利益、"练为看"还是"练为战"之间的矛盾和问题。

猛虎旅旅长康凯、野狼团团长庞承功，年轻有为、学识渊博，富有献身国防的抱负，敢于除陈革弊；训练基地司令员陆元衡，力排"花架子"，坚持从实战出发演练摔打部队；军区副司令员楚淮海，纵览全局，坚定支持部队改革。该剧多层次、多视角地展示了我军各级将领紧迫的忧患意识和远大的强军之志，回答了中国军人是否有能力打赢未来高科技条件下的局部战争这一当前广大人民群众共同关注的焦点问题。

《走遍中国》系列

中央电视台《走遍中国》栏目组制作，北京科影音像出版社2005年7月出版。时长3000分钟，DVD，40盘，140集。

中央电视台《走遍中国》是以弘扬中华民族优秀文化，展示现代中国改革发展为宗旨的大型电视文化栏目。《走遍中国》系列现已出版5集40盘，选取中国武汉、襄樊、永州、赣州、石家庄、张家口、长春、白山、镇江、盐城、常熟、南通、济南、南阳、徐州、广州、莆田、大理、文山等20个城市中最具特色的历史传承、风土民情、杰出人物、自然景观、最新考古发现引发重新审视的历史文化之谜，探寻其独具魅力的个性特征，用跨越时空的方式讲述历史记忆、名人掌故、民俗民风；用人文发现的视角表现风情风物和自然山水的魅力和文化内涵；用引人入胜的故事体现人们的生活状态和精神风貌，全面、综合、深入、立体、全景式地体现出一个城市的地域性格。《走遍中国》以鲜明的地域特色、丰富的文化内涵、独特的人文视角，为海内外观众开启一扇直观了解中国传统文化和现代文明的窗口。

《大家》系列

北京科学教育电影制片厂制作，北京科影音像出版社2005年8月出版。时长4200分钟，VCD，84盘，84集。

《大家》系列介绍了在我国科学、教育、文化艺术、医学、建筑等11个领域作出杰出贡献的"大家"。《大家》以传承人文精神为宗旨，在介绍大师们学术贡献及成长过程的同时，还着力铺叙他们所亲历的时代风云，并借助大师的慧眼看世界、看历史。在浓厚的时代背景下，真实地记录了当代知识巨子独特的生命历程与探索精神，展现他们高山仰止的大家风范，彰显强烈的爱国热情、高尚的人格魅力与执著的科学精神，对未成年人具有极强的影响力与感召力。

《高考加油站》

中央电视台《人与社会》栏目组制作，中国国际电视总公司2005年4月出版。VCD，6盘，12集。

《高考加油站》光盘，由12位不同科目的资深教师，深入浅出地讲解高考备战攻略。对已经考上北大、清华的10多位往届高考高分获得者进行了专访，节目中他们回顾了在高三最后冲刺阶段的经历，介绍了实用的学习方法。为了使节目更加全面、客观、权威，记者还采访了多年参加阅卷的老师和高考专家，请他们对考生的学习方法进行分析和评点。

《托起明天的太阳》

中宣部、中央文明办、中央电视台、广西电视台联合制作，中国国际电视总公司2005年7月出版。时长180分钟，DVD，3盘，9集。

该片共分为9集，从不同的角度阐述了加强和改进未成年人思想道德建设是一项顺应时代潮流，代表人民利益，利在当代，惠及长远的民心工程；该片从家庭、学校、社区等不同的领域科学地分析了我国未成年人思想道德建设中所存在的问题；同时该片从不同的方面反映了一年多以来全国各地所取得的成绩。

第一集、国家的未来，神圣的使命；第二集、人生的起点，家庭的责任；第三集、教书育人，育人为本；第四集、社区关怀，大有可为；第五集、知行统一，重在实践；第六集、实施净化工程，优化成长环境；第七集、以文化人，陶冶情操；第八集；阵地建设，服务孩子；第九集、少年有志，国家有望。

《儿童猜唱歌曲》

中央新影音像出版社制作并于2005年7月出版。时长60分钟，VCD，1盘。

以十二属相为依托，并扩展到其他各种动物，共30首，每首歌曲还配以动画来进一步解析作品所要表达的思想内容。30首全新创作的儿童猜唱歌曲，集教育性、观赏性、娱乐性为一体，内容丰富、形象生动。

《少年自护训练营》

中央电视台《今日说法》栏目组制作，中国国际电视总公司2005年7月出版。时长210分钟，DVD，2盘，7集。

《今日说法》举办的“少年自护训练营”活动以重塑灾害理念，掌握自护技能为主题，以“未成年人自救自护拓展训练营”为节目载体，在4天的时间里，让12个参加游戏拓展训练活动的孩子，在实际的体验、竞争中学习自我保护的技能，掌握相关的法律知识和法律理念，最终达到远离危险、远离灾难的目的。

该节目形式新颖、情节生动、引人入胜，能够充分调动孩子们的兴趣，使他们在实践中学会如何自我保护，同时也能给孩子的家长以提醒，给教育工作者以启迪。

《新教育风暴》

中央电视台《人与社会》栏目组制作， 中国国际电视总公司2005年10月出版。VCD，15盘，30集。

《新教育风暴》光盘，是根据著名作家王宏甲的长篇报告文学《中国新教育风暴》改编。什么是新教育？新教育与传统教育有什么区别？为什么新教育的来临是一场风暴？系列片《新教育风暴》用电视与报告文学结合的方式，用生动的事例和精彩的叙述，带领观众一起去思考和探寻问题的答案。

《第四届海峡两岸知识大赛》

海外节目中心对台部制作，中国国际电视总公司2005年12月出版。时长800分钟，DVD，4盘，16集。

《第四届海峡两岸知识大赛》是海外节目中心的重点节目，本届大赛在规模、形式、赛题等方面都进行了大胆的改革。规模上，比赛场次由上届的7场扩大到16场，参赛队伍由上届的21支增加到40支，参赛的选手200多名。第四届大赛共有3000多道赛题。大赛内容围绕中华五千年传统文化和两岸建设成就进行，在此基础上增加了两岸交流交往的新内容；同时拓展范围，增加了民俗、生活常识等知识。

比赛形式上，在往届知识问答的基础上，增加了口才展示、才艺表演等内容。表现形式有歌舞、相声、小品、杂技、武术等，融入了更多的娱乐元素，使节目更加精彩好看。这样一来，对选手也由过去的知识考核变成了综合素质的全面考核，更加真实全面地反映当代大学生的风采。

《祖先的生活》

北京科学教育电影制片厂制作，北京科影音像出版社2005年6月出版。时长150分钟，DVD，2盘，6集。

这是史前的人类获得食物的故事。在人类的童年，每一个男人都是猎人。而大多数石器也都与打猎有关。那么，手无寸铁的史前人是怎么打猎的呢？四五十万年前，史前人巧妙地把两个石球捆扎在一起，去攻击棍棒所不能及的猎物。三万年前，人们制造出了弓箭。有了弓箭，史前人能够捕获更多的猎物。而驯化动物的历史就开始了。在一万年前，史前人类就学会种地了。在北方，人们从狗尾巴草驯化出了粟，也就是我们常说的小米。而在南方，水稻被广泛栽培。而在多次偶然的失误中，酒产生了。

《自然启示录》

北京科学教育电影制片厂制作，北京科影音像出版社2005年6月出版。时长150分钟，DVD，2盘，6集。

《自然启示录》共6集，包括：《给我一双翅膀》、《给建筑以生命》、《蝗虫暗语》、《丝的诱惑》、《捕捉瞬间信息》、《聪明的机器人》。分别讲述了人类从动物、植物中发生的种种现象得到启发，经过长期的探索试验，发明了飞机，架起了桥梁，织出了丝绸，造出了机器人。

《解秘中国》

中国国际电视总公司制作并于2005年出版。时长2331分钟，DVD、VCD，18盘，59集。

《走近科学》定位于讲述新闻热点背后的科学问题；科学发展中的重要问题；社会生活中焦点、热点、疑点、难点及新现象的科学解释；科学事件的真实记录。引发观众对科学的兴趣，引导观众走近科学。

每一期的节目都有一个固定的主题，或是深入地考证并科学地解释一个自然现象；或是对日常生活中很正常的细节进行科学的分析，以朴实、贴近生活的语言和画面，向观众描述科学现象，传递科学精神。

《解秘中国》选取了《走近科学》栏目播出的部分节目，探索中国失落的文明，揭秘历史未解的谜团。

《中国UFO悬案调查》

中国国际电视总公司制作并于2005年出版。时长275分钟，DVD，4盘，11集。

不明飞行物是一直困扰人类的神奇现象，地球之外到底有没有其他星际文明？有没有可能存在外星人？他们也像人类一样在急切地寻找自己的伙伴吗？至今仍在民间流传的发生在我国的三大神秘UFO事件是不是证明外星人已经来到了我们身边？这三大悬案说的是什么事，它与UFO是什么关系？为什么事隔多年人们对它们还是关注如初？这一切吸引着我们去寻找一种答案。《走近科学》通过“中国UFO悬案调查”系列节目，试图帮助观众更多地了解“地外文明”。

《新搜神记之钟馗传奇》

中央电视台《探索·发现》栏目组制作，中国国际电视总公司2005年2月出版。时长120分钟，DVD，1盘，2集。

钟馗，在中国古代民间诸神中知名度极高。古代笔记小说、戏剧中，钟馗频频出场；文人画、宗教绘画，年画中常常出现他的身影。这位相貌奇丑，总与恶鬼相伴为伍的神，在古代民间世俗生活中不可或缺。直到今天，钟馗打鬼的经典形象仍是深入人心。但钟馗有着怎样的身世来历，如何被塑造成为神？对此，人们知之甚少。本片就是讲述钟馗的传奇故事。

《新搜神记之福禄寿三星高照》

中央电视台《探索·发现》栏目组制作，中国国际电视总公司2005年2月出版。时长180分钟，DVD，1盘，3集。

福禄寿三星，是中国古代诸神中最具世俗品格的吉祥神仙组合。慈眉善目的福星，英俊潇洒的禄星，和蔼可亲的寿星——每逢年节喜庆场合，他们频频出现。但是在他们演化诞生之初，却并非是今天一团和气、平易近人的形象。福禄寿三星，最初起源于星辰自然崇拜。古人按照自己的意愿，赋予他们非凡的神性和独特的人格魅力。由于他们所具有的影响力，封建政府曾借助用于实施王道教化；道教和民间宗教也曾对他们大加推崇，以招徕信众，扩大声势。虽然他们后来失去了高高在上的神威，却也因此获得自由，走入寻常巷陌，千家万户，成为古代民间世俗生活理想的真实写照。

《五千年以前的文明红山社会探秘》

中央电视台《探索·发现》栏目组制作，中国国际电视总公司2005年2月出版。时长240分钟，DVD，1盘，6集。

比起河姆渡文明和大汶口文明，红山文明并不太为人所知，但是红山文化的发现价值却非常重大，因为自现代考古学建立以来，能够证明文明存在的地下证据只能将中国文明史上溯到四千年前，而红山文明的发现证实，中国确实拥有五千年的文明史。

五千年以前，红山人为什么能够跨进文明的门槛？他们为什么要建造积石冢、女神庙和大型祭坛？对龙的虔诚崇拜寄托着红山人怎样的希望？精美的红山玉器背后隐藏着什么秘密？六集纪录片《五千年以前的文明》将带领观众走进遥远的红山社会，探讨五千年前文明的产生之谜。

《世界遗产——中国档案》

中央电视台《探索·发现》栏目组制作。中国国际电视总公司2005年3月出版。时长840分钟，DVD，1盘，28集。

大型纪录片《世界遗产之中国档案》，以中国28处世界遗产地单独制作，每处遗产地为一集，将中国的28处世界遗产一一介绍给观众。

这部纪录片的创作者，力求让历史文化的纵深感和生动有趣的故事细节水乳交融，尽可能深入挖掘遗产背后的文化底蕴，解读历史传承的源流变迁，以开阔的全景视野和宏大的叙述方式，为观众展示出一幅气象万千的中国自然与历史长卷。

《东陵遗恨》

中央电视台《探索·发现》栏目组制作。中国国际电视总公司2005年3月出版。时长180分钟，DVD，1盘，3集。

1928年7月，我国现存规模最大、体系最完整的清代皇陵东陵被掘地三尺，慈禧陵和乾隆陵地宫遭到洗劫，慈禧和乾隆被开棺曝尸，价值超过五千万两白银的殉葬珍品被盗走，这就是民国历史上震惊中外的东陵盗宝案。

据史料记载，盗墓者用了七天七夜的时间盗掘了东陵的这两座地宫。历代皇陵修建得固若金汤，传说神秘的地宫布满机关暗器。盗墓者是如何进入地宫的呢？他们遭遇到了什么？在那七天七夜里，历史到底是怎样的情形？

一份神秘的笔记，披露了慈禧地宫中惊人的宝藏，其中就有民间广为流传的夜明珠、玉石西瓜、九龙宝剑、翡翠白菜等稀世珍宝。然而，清宫档案中却没有留下这些珍宝的记载。1928年震惊中外的东陵大案究竟被盗走了哪些珍宝？它们究竟流失去了哪里？有消息传出发现一部分东陵被盗珍宝的埋藏地，它们是真是假？这些就是《东陵遗恨》所讲述的内容。

《秘境追踪II》

中央电视台《探索·发现》栏目组制作，中国国际电视总公司2005年3月出版。时长840分钟，DVD，1盘，14集。

神秘，神奇，疑云重重，不可思议的自然现象探密，揭秘，去伪存真，解读求知的进取精神、霸王龙、亚特兰蒂斯、雪人、克隆、时间机器、第三类接触……当你看到这些词，会联想到什么？——神秘！在所有这些神秘的词语背后，都隐藏着众多的传说、猜测、推理、甚至谎言，而对这些神秘的境域，世界科学家、特别是中国科学家有着怎样的认识、研究和探索？又有哪些最新成果已经或即将公之于世？还有哪些新生的神秘境域是人们所不熟悉的，又会快速膨胀起人们强烈的探奇欲望？

《闯入无人区》

中央电视台《探索·发现》栏目组制作，中国国际电视总公司2005年4月出版。时长180分钟，DVD，1盘，3集。

在新疆塔克拉玛干沙漠的东南角，有一座神秘的古代遗址，散落的陶器碎片在地面上平铺了数十公里。如果这里曾经是一座古代城市的话，它的规模将超过楼兰古城十几倍。在古代西域，是否曾经存在过这样一座巨型城市呢？距离遗址十几公里的地方，考古人员还发现了奇特的古墓葬群，出土了大量保存完整的干尸。他们距今已有3000年以上的历史，属欧罗巴人种，他们的身世至今仍是不解之谜。一处绵延12公里的岩画群隐藏在常人无法到达的昆仑山深处，虽然它们的历史已达万年以上，但画面仍然栩栩如生。是什么力量促使古人类冒着生命危险在悬崖绝壁上创作了这些作品呢？《探索·发现》摄制组在翻越了天山，穿过了风沙弥漫的塔克拉玛干沙漠后，被一系列的新奇发现所困扰，他们能够顺利解开所有的谜团吗？

《中国石窟》

中央新影音像出版社制作并于2005年4月出版。时长200分钟，DVD，2盘，5集。

佛教，产生于古老的印度，公元一世纪左右传入中国。作为佛教艺术的直接体现的石窟，在与黄河文化的一路融合之中，在历尽千年的风霜雨雪之后，逐渐演变成具有中华民族特征的独特艺术样式。

敦煌——丝绸之路上的明珠，荟萃了一千多年前古代佛教艺术的精华，是西方人眼中的“中国的卢浮宫”。

麦积山石窟——是中国保存泥塑最多的佛教艺术宝库，被誉为“东方塑像馆”。

云冈石窟——早期的昙曜五窟，作为云冈洞窟的重要代表，揭示出雕刻在崖壁上的宫廷政治内幕。

龙门石窟——北魏皇室继云冈之后开凿的又一大型石窟。其造像规模之大、数目之多，居中国石窟之冠。

大足石刻——一反五代、宋朝石窟发展衰落之势，将中国的石窟艺术延续了四百余年。生动世俗化的形象展示了中国人的世俗生活。

这些精美的佛龛后面究竟掩藏了什么样的历史，神秘莫测的表情下面暗含着何种心境，纵然昔日光辉不能再现在今人面前，这些千古传承下来的永恒的微笑，却依然能穿越时空，穿透心灵。

《临城劫车案》

中央电视台《探索·发现》栏目组制作，中国国际电视总公司2005年4月出版。时长120分钟，DVD，1盘，2集。

民国初期，发生在山东临城的一起火车抢劫案，让世人震惊！因为劫案中被劫持的旅客人数众多，甚至还包括了大量的外国人！这使得临城劫车案在当年不但受到了北洋政府最高当局的重视，而且还引起了国际社会的强烈关注。这件差点儿造成国际纠纷的劫车案，被人们称为“民国第一大案”。那么，整个事件的来龙去脉到底如何，劫匪们的动机又是什么呢？《临城劫车案》做了回答。

《踏浪远望》

中央电视台《探索·发现》栏目组制作，中国国际电视总公司2005年5月出版。时长100分钟，DVD，1盘，2集。

2003年9月，举世瞩目的“神舟五号”飞船发射在即。当与飞船发射相关的各大系统正在紧张准备状态中时，中国南方某地，有四艘船分别驶向世界各大海域——印度洋、太平洋、大西洋、日本海。它们跟“神舟五号”的发射有什么关系呢。

这是一套独立的海上测控系统，飞船从中国本土飞入太空之后，在短暂的时间内将与地面失去联系，这时就只有依靠分布在世界各地的海上船只的测控，才能让地面时刻了解飞船的情况。这四艘船分别被命名为远望一号、远望二号、远望三号和远望四号。《探索发现》的记者跟随远望二号船记录了这一历史的时刻。在执行任务的途中，我们将看到这个隐秘的系统是如何运作了二十多年；在“神舟五号”发射的那一瞬间，我们将通过从未被外界了解的角度重温那历史性的时刻。

《海上旧梦》

中央电视台《探索·发现》栏目组制作，中国国际电视总公司2005年5月出版。时长100分钟，DVD，1盘，2集。

素有“中华商业第一街”之誉的南京路，东起外滩，穿越26条马路，横贯上海市区中心，西至静安寺与延安西路交汇，全长5.5公里。

20世纪初期，随着“永安”、“先施”、“新新”、“大新”四大著名环球百货商店的兴起，各行各业的商人择此风水宝地开设了数以百计的大店、名店。20年代以后南京路更是“十里洋场，灯红酒绿”，成为上海最繁荣的商业街。

《古城开埠》

中央电视台《探索·发现》栏目组制作，中国国际电视总公司2005年5月出版。时长150分钟，DVD，1盘，3集。

1840年爆发的鸦片战争，让清政府在帝国主义列强的军事、政治高压下，被迫割地赔款，开放沿海城市为通商口岸。面对船坚炮利和西方文明，清政府内部逐渐形成了一个标榜自强求富、兴办洋务事业的封建官僚集团，并引发了晚清政府开始推行以改革吏治、兴办西学、自开商埠为主要内容的新政。在此形势下，时任山东巡抚周馥和直隶总督袁世凯顺应历史潮流的发展，奏请清政府自开商埠。三集电视系列片《古城开埠》讲述的是，在全国省会城市中第一个自开商埠的济南，在开放后所发生的一系列历史性变化和民族工商业发展的进程与故事。

《紫禁城》

中央电视台《探索·发现》栏目组制作，中国国际电视总公司2005年8月出版。时长500分钟，DVD，10集。

20年前，中国首次进行了历时6年之久的故宫电影拍摄，故宫首次甚至是唯一的一次将《清明上河图》等宫藏珍品，呈现在电影镜头前。

20年后，中央电视台首次公开这些尘封的电影胶片，故宫的原貌是什么？故宫里没有展出的珍品是什么？故宫里的绝世珍品从何而来？

聆听已故的故宫人和清宫太监讲述故宫的历史，聆听现在的故宫人剖析历史背后的历史。

《国宝档案》

中央电视台《探索·发现》栏目组制作，中国国际电视总公司2005年9月出版。时长960分钟，VCD、DVC，8盘，96集。

《国宝档案》通过一个个具体的国宝文物，向海内外观众展现中华五千年悠久历史和辉煌文明，从讲述国宝文物鲜为人知、引人入胜的故事入手，将博大精深的中华传统文化形象具体、生动鲜明地表述出来；通过它们背后的传奇经历和曲折故事，讲述其不朽的价值与魅力；在了解丰富的历史知识、文物知识和收藏知识的同时，真切感受中华传统文化的博大精深。

该栏目的节目内容主要立足于整个中华民族，既包括祖国大陆的，也包括台湾、香港、澳门以及海外的。主要是凝聚着中华民族智慧和传统文化的历代传世文物。这些文物既有受到政府保护收藏在大陆各个博物馆中的，也有藏宝于民被国人精心呵护的；既有因历史原因东渡海峡存于宝岛台湾的，也有历尽磨难流失海外漂泊他乡的……

该栏目的表现方式是通过介绍国宝文物的艺术价值、文物价值和历史价值的同时，突出节目的故事性，让观众在一个个引人入胜、生动感人的故事中，伴随着国宝的命运真切体会中华文明的灿烂辉煌，也感受中华民族的沧桑；在介绍国宝、寻找国宝的过程中，让观众一睹国宝的风采，了解它们的价值，增长国宝的知识。

《故宫》

中央电视台和故宫博物院联合摄制，分为国际版和国内版。中国国际电视总公司2005年10月和11月分别出版。时长480分钟，DVD，6盘，12集。

12集大型纪录片《故宫》（国际版）从故宫的建筑艺术、使用功能、馆藏文物和从皇宫到博物院的历程等方面，全面展示故宫辉煌瑰丽、神秘沧桑的宫殿建筑，丰富多彩、经历传奇的珍贵文物，讲述不为人知、真实鲜活的人物命运、历史事件和宫廷生活。触摸历史跳动的脉搏，传承源远流长的中华文明。12集《故宫》片名：

第一集：肇建紫禁城
第二集：盛世的屋脊
第三集：礼仪天下
第四集：指点江山
第五集：家国之间
第六集：故宫藏瓷
第七集：故宫书画
第八集：故宫藏玉
第九集：宫廷西洋风
第十集：从皇宫到博物院
第十一集：国宝大流迁
第十二集：永远的故宫

《未亡的恐龙》

中央电视台《探索·发现》栏目组制作，中国国际电视总公司2005年10月出版。时长250分钟，DVD，1盘，5集。

中华鸟龙与中华龙鸟之争，令美国《国家地理》大为尴尬的“古盗鸟化石”事件，身为主要当事者的中国科学院古脊椎与古人类研究所的徐星博士开始述说最为详尽的事实真相。节目中那些恐龙化石中蕴含的历史更是故事的主角，扑朔迷离的大绝灭事件，鸟类最初是树上起飞还是从地面起飞、鸟类的羽毛在何时产生，所有的这一切都是解不完的谜题。在探索这些谜题的过程中，我们豁然开朗，恐龙并没有绝灭，我们身处的仍是一个恐龙遍布的世界。

《斯诺》

中央电视台《探索·发现》栏目组制作，中国国际电视总公司2005年11月出版。时长250分钟，DVD，1盘，1集。

埃德加·斯诺是20世纪著名的美国记者和作家，中国人民的老朋友，他于1905年7月19日出生于美国密苏里州堪萨斯市。为纪念埃德加·斯诺的一百周年诞辰，《探索·发现》摄制组专程赴美国。在东西海岸和中部的密苏里州，摄制组拍摄到了大量有关斯诺的历史文物，并采访了多位他生前的好友，包括现已百岁高龄的斯诺中学同学怀特博士。之后，摄制组又赴北京、上海、陕西等地采访拍摄。斯诺的终生好友、原国务院副总理黄华接受了摄制组的独家采访，讲述了自1935年“一二·九”运动他与斯诺相识到1972年斯诺在瑞士病危时他代表中国政府亲赴斯诺家中看望的动人情景。

纪录片《斯诺》共5集，讲述了埃德加·斯诺从出生到逝世的67年生命历程。斯诺继承了密苏里人“眼见为实”的传统，并把它应用于对中国的采访报道中。他在1928年至1941年常驻中国13年，这期间他对中国全面的报道，特别是1936年他在赴陕北对共产党和红军采访4个月的基础上写成的《红星照耀中国》，已成为新闻学的典范之作。新中国成立后，他作为唯一能直接采访中国领导人的西方记者，不仅向全世界客观真实地介绍了新中国，而且为中美关系的解冻作出了特殊的贡献。

《三坊七巷》

中央电视台《探索·发现》栏目组制作，中国国际电视总公司2005年11月出版。时长300分钟，DVD，1盘，6集。

在福州城市的中心，有一个44万平方米的区域，它是中国现存唯一的一处坊巷格局——中间一条繁华商业街，向西伸出三条坊；由北而南，衣锦坊，文儒坊，光禄坊；向东再展开七条巷：杨桥巷，郎官巷，塔巷，黄巷，安民巷，宫巷，吉庇巷——人们叫它三坊七巷。

这里产生了一个最令人称叹的现象——这个方圆不大的区域里，竟然与沈葆桢、严复、陈宝琛、甘国宝、戚继光、林旭、林觉民、林徽因、谢冰心、庐隐、郁达夫、梁章钜、陈衍、林纾、林白水、陈寿祺、黄巢等近百个历史风云人物相关联。

什么力量让三坊七巷如此这般“人杰地灵”？

这些历史风云人物有着怎样的人生传奇？他们和三坊七巷有着什么样的联系？他们曾经生活的三坊七巷的老宅现在如何？他们的后人现在哪里？过着怎样的生活？要知道这些就请看《三坊七巷》。

《科学与中国》

中央电视台《探索·发现》栏目组制作，中国国际电视总公司2005年12月出版。时长160分钟，DVD，1盘，2集。

中华民族悠久的历史和灿烂的文明对人类文明作出了伟大的贡献，中华民族有悠久的历史和灿烂的文明，在数千年的发展历程中，曾经创造了许许多多辉煌的科学技术成就。中国的丝织、瓷器、漆器驰名世界；钢铁制品的产量和质量一直遥遥领先；纸、印刷术、指南针、火药四大发明是中国对人类的重大贡献；中国的天、算、农、医四大科技领域也独树一帜。在十多个世纪的长时期里，历经汉、唐、宋、元等朝代，始终居于世界领先地位，对人类文明作出了伟大的贡献。这就是《科学与中国》的主要内容。

恩格斯说，科学是一种在历史上起推动作用的、革命的力量。我们今天的科学技术，正是由过去的科学技术发展而来的。科教兴国，建设和完善国家创新体制，是我们在新世纪全面建设小康社会，迎接中华民族复兴的伟大战略。

《铜人谜踪》

中央电视台《探索·发现》栏目组制作，中国国际电视总公司2005年12月出版。时长120分钟，DVD，1盘，3集。

北宋的国宝——天圣针灸铜人。

宋天圣针灸铜人集中国古代针灸医学之大成，是北宋年间针灸医学的瑰宝。

天圣针灸铜人不仅在当时用于针灸医学知识的普及，而且在针灸医学实践上走在了世界的前列，后人又将其称为“铜神”。

自天圣针灸铜人铸成后，便震惊世人。

近千年来，天圣针灸铜人历经战乱，几经沉浮，一次次失而复得，得而复失，给后人留下了一段又一段的传奇。那么，天圣针灸铜人今天究竟藏身何处？它是否有机会重现于世呢？这就是《铜人谜踪》所讲的内容。

《味蕾的故乡》

中央电视台社教节目中心文化专题部制作，中国国际电视总公司2005年12月出版。时长140分钟，DVD，1盘，10集。

饮食男女，人生概莫能外。一个对吃倾注如此多热情的国家自然有着丰富的饮食文化。中国饮食的魅力得益于复杂多样的地理环境，饮食文化具有明显的地域性差别，一个地方饮食文化的产生与当地的物产、气候、历史文化、宗教等因素都密切相关。饮食文化的区域差异导致了中国人餐桌上的肴馔丰富多彩，不断交融的历史文化使中国饮食文化追求自然、社会、人际以及个体生活和谐与均衡。

10集系列片《味蕾的故乡》从多种角度，展现了我国复杂多变的地理气候特征，和由此产生的饮食文化习俗，以及饮食习惯给人们带来的不同性格和习性。

《百年光影》

中央新影音像出版社制作，并于2005年12月出版。时长95分钟，DVD，1盘。

本片是为纪念中国电影诞辰一百周年而特别制作的大型文献纪录片。

以95分钟的篇幅，精选中国电影百年来数百部影片精华，通过对影片精彩片断的回顾，对明星风采的展示，对荧屏内外创作故事的揭示，展现真正的中国电影百年历程，是一次全方位的中国电影史的回顾。

《慧眼识宝》

北京科学教育电影制片厂制作，北京科影音像出版社2005年6月出版。时长175分钟，DVD，2盘，7集。

古玩，是一种高深莫测的艺术品，是一个充满诱惑的收藏品，也是一个能让仿制者获取高额利润的工具。

央视《走近科学》之系列节目《慧眼识宝》给观众一双知识的眼睛，传承历史，识别真伪，避免上当受骗。本盘7集包括：《赌翠》、《青铜器诞生记》、《淘陶》、《鉴墨》、《方寸乾坤》、《前世今生老家具》、《孔方传奇》。

《千年书法》

中央电视台《探索·发现》栏目组制作，中国国际电视总公司2005年8月出版。时长300分钟，DVD，4盘，7集。

中国书法在世界上是独一无二的，在黑与白、点和线的千变万化中完成人的精神创造和情感宣泄，它所表现的精神内涵是与中华传统文化一脉相承的。《千年书法》通过从晋到清这段跨度为1500年时间中，每个朝代引领书风的书法大家的介绍，揭示了书法这一中国独有的艺术形式和文化瑰宝在历史长河中的发展历程。《千年书法》对我们耳熟能详的如王羲之、颜真卿、苏轼、赵孟頫、董其昌、刘墉等书法大师的介绍，使我们看到了一个个个性鲜明的人物形象和他们各自不同的人生道路。《千年书法》除了介绍他们在书法艺术方面的精湛造诣外，把更多的关注投向了人物的生活道路和心理历程，对他们所处的时代背景和生活环境进行了探索和挖掘。那些名垂千古并被神化的书法大师重新回归为有血有肉的活生生的人。

《千年书法》拍摄历时两年，片中大量精美绝伦的国宝级名家墨迹的展现也是过去少有的。片中学者的访谈，许多观点独辟蹊径、见解独到。观后使人赏心悦目，是一种高雅的精神享受，使观众特别是青少年观众，在增长对书法艺术发展历史理解的同时，得到中华民族灿烂文化的熏陶。

《翰墨春秋》

中央电视台社教节目中心综合部制作，中国国际电视总公司　2005年12月出版。时长168分钟，DVD，1盘，21集。

中国书法艺术历史悠久，源远流长。自殷商开始，它经历了秦汉的开拓，魏晋的升华，隋唐的繁荣，宋元的丰润，明清的积淀与变革，跨越了漫漫的历史长河，形成了自己独特鲜明的艺术个性。中国书法无疑是一个巨大的文化宝库，一座辉煌的艺术殿堂。

《翰墨春秋》作为第二届全国电视书法展播的组成部分，共21集，力求是一次对“千古绝墨，万世书事”的虔敬珍藏，一次对“书林胜迹、名碑名帖”跨越时空的寻访……

整个节目分篆书、隶书、楷书、草书、行书、刻字等六个篇章，以各种书体的起源和发展为主线，简要介绍中国书法产生、演变、发展的过程。

《刘心武揭秘“红楼梦”之秦可卿身世之谜》

中央电视台《百家讲坛》栏目组制作，中国国际电视总公司2005年6月出版，时长600分钟，DVD，6盘，13集。

秦可卿，《红楼梦》里一位最神秘的女性。

她是养生堂里抱来的野婴，却成了堂堂宁国府三代单传的孙儿媳妇，曹雪芹为什么如此安排？她出身在宦囊羞涩的小官僚家庭，却举止优雅，行事平和，处处显出皇家的典范，这究竟是为什么？她第五回出场，第十三回就一命呜呼，曹雪芹为什么会让身为金陵十二钗的她如此早夭？她死后，宁国府大力操办葬礼，几近奢华与浪费，宁国府如此大兴土木又是为了什么？《红楼梦》里留下的这些让人捉摸不透的信息究竟说明了什么？谁会是秦可卿的原型人物呢？她与康熙、雍正、乾隆三朝的时局变换又有什么关系？著名作家刘心武，十多年来致力于对秦可卿原型的研究，通过对康雍乾三朝抽丝剥笋的层层探佚，终于揭开了秦可卿的真实身份，有关秦可卿的所有疑问都被一一化解。

《刘心武揭秘“红楼梦”之贾元春与妙玉》

中央电视台《百家讲坛》栏目组制作，中国国际电视总公司2005年10月出版。时长500分钟，DVD，5盘，10集。

贾元春，《红楼梦》里一位特殊而神秘的女性。她虽然只正式出场一次，却成为牵动贾府命运至关重要的关键人物。她虽然贵为皇妃，却最终难逃悲惨死去的命运。有关《红楼梦》的四条最难破解的不解之谜，有两条与她直接相关。为什么在贾元春的身上有那么多的谜团？曹雪芹究竟要通过贾元春传达什么样的信息？妙玉，《红楼梦》里一个绝对另类的女性，金陵十二钗中一个具有分水岭作用的人物。她是正册十二钗中唯一一位和四大家庭没有血缘与婚姻关系的外人，而且又是一位出家的尼姑，这么一位女性为什么会被曹雪芹列到金陵十二钗正册的名单中？是人数不够还是非要如此呢？而妙玉和宝玉之间到底有没有爱情？她的身世与结局究竟如何？著名作家刘心武，十多年来致力于对红楼梦人物原型的研究，全新解读《红楼梦》中的两个关键人物——贾元春与妙玉，破解了关于这两位人物身上鲜为人知的众多秘密。

《中国名寨》

中央电视台《中华民族》栏目组制作　中国国际电视总公司2005年6月出版。时长930分钟，DVD，8盘，31集。

中国南方少数民族村寨以鲜明的特色较完整地保存着中国南方各少数民族赖以生存的一切，应该说，村寨与社会生活特征有着最本质的联系，也成为民族文化得以保存的沃土。

21世纪中国少数民族的传统文化、生存状态，传统观念与现代社会发展的冲突在每一个寨子里都是一个缩影。寨子的自然景色清新美丽，但在这美丽之后更为动人的还是人性之美。时代与传统在这里是和谐交融？抑或是冲突？

《中华民族》栏目自2004年起在南方少数民族地区展开了对村寨文化的调研和影像记录，摄制组深入到少数民族地区的大山深处，以平实的纪录片方式捡拾少数民族生活中尚存的珍贵文化，记录历史和现实生活状况，倾力推出了这个系列节目。

《发现小河古墓》

中央电视台《中华民族》栏目组制作，中国国际电视总公司2005年10月出版。时长60分钟，DVD，1盘，2集。

2004年10月，新疆考古所第一次对小河墓地进行大规模的考古发掘行动。

由于七十多年来始终没有找到小河人的生活遗迹，成为近百年的一个悬念困扰着考古工作者。在罗布泊千百年的变迁中，小河人的历史档案已被无情的沙漠掩埋，留给我们的是小河墓地里戴着尖顶毡帽，插着鸟的羽毛，周身释放着浪漫气息的沉睡者。

纪录片《发现小河古墓》以历史上几次寻找小河墓地为线索，以新疆考古研究所对小河考古挖掘为现实过程，构成节目探寻历史和真实发现的情节内容。

《三江源》（国际版）

中央电视台社教节目中心社会专题部制作，中国国际电视总公司2005年12月出版。时长360分钟，DVD，4盘，8集。

沿长江、黄河逆流而上，就来到了青藏高原的腹地，这里是雪山与草原相映、曲流与湖泊相通的青海省南部高原。正是在这冰川之下、草甸之中，孕育了分别贯穿中国南北大地的长江与黄河，也是在这个地方，孕育了一条贯穿东南亚五个国家的国际河流澜沧江、湄公河，所以这里就有了“三江源”的称谓。三江源区域总面积31.8万平方公里，平均海拔在4500米以上，不仅是这三大江河的发源地，而且是它们极为重要的发育和成长地，所包括的三大河流长度分别为：黄河接近2000公里，长江1200公里，澜沧江将近450公里。

三江源地区特定的地域形成了其高峻、苍凉和神秘的特点，而且物种多样，文化独特。该纪录片全方位、深层次地再现了三江源——生命之源、文化之源、民族之魂的历史和现代风骨。

为纪念中国抗战胜利60周年，中国电视剧制作中心与中共吕梁市委、吕梁市人民政府、山西广播电视总台联合录制了22集电视连续剧《吕梁英雄传》。

三、中央电视台2005年报刊简介

类别	名　称	主管单位	主办单位	公开／内刊
报纸	中国电视报	中央电视台	中国电视报社	公开
期刊	电视研究	国家广播电影电视总局	中央电视台	公开
期刊	现代电视技术	国家广播电影电视总局	中央电视台	公开
期刊	走近科学	中央电视台	社教节目中心	公开
期刊	新视听	中央电视台	文艺节目中心	公开
简报	中央电视台简报	中央电视台	台办公室	内刊
专刊	调研信息	中央电视台	台办公室	内刊
日刊	工作日报	中央电视台	台办公室	内刊
简报	党内通讯	中央电视台	党委办公室	内刊
报纸	电视生活报	中央电视台	党委办公室	内刊
专刊	全国收视调查报告	中央电视台	总编室观众联系处	内刊
专刊	观众反映及分析	中央电视台	总编室观众联系处	内刊
期刊	国内外电视动态	中央电视台	总编室研究处	内刊
期刊	央视资讯	中央电视台	总编室研究处	内刊
资料	广告资料	中央电视台	广告经济信息中心广告部	内刊
简报	国际日报·中国电视	中央电视台	海外节目中心	内刊
简报	科技信息报	中央电视台	技术管理办公室	内刊
简报	科影通讯	中央电视台	北京科学教育电影制片厂	内刊
简报	中国国际电视总公司工作简报	中央电视台	中国国际电视总公司	内刊
简报	梅地亚报	中央电视台	梅地亚中心	内刊

新增刊物

《CCTV事业发展季报》（内部·季刊）

2004年6月创刊，由台办公室主办。

该报的主要作用是为台管理层提供全台季度工作的整体概况，加强信息沟通，研究管理问题，提高决策水平。《季报》以季度为周期，力求以数据为依据，以行业为背景，简洁分析台内管理现状，客观评价全台发展状况。《季报》内容分为五个部分：

季度业绩：集中展现每个季度台内宣传、经营、管理、技术等各方面业务亮点；

市场分析：监测市场调查数据，反映全台在播出、收视、经营市场上的外在表现；

管理分析：分析投入产出、人均节目制作能力等指标，提供决策参考依据；

品牌监测分析：以季度为周期，监测权威媒体对央视相关报道的内容并进行分析；（此部分内容自2005年第一季度开始）

行业动态分析：关注政策、市场、竞争动态对央视的影响，及时分析产业环境变化。

《电视观察》（内部·周刊）

2005年1月创刊，由台办公室主办。

办刊宗旨：跟踪监测电视发展最新动态，聚集分析市场竞争热点问题，聚集电视行业，强化“观察”特色，在精选对本台改革发展有参考价值的重要动态信息的同时，主要在“分析”上下工夫，使“动态信息”与“前瞻分析密切结合，以期启迪思路、更新理念、改进工作，成为各级领导了解国内外电视业发展动态的最快捷、最高效、最简明的资讯平台。

2006

CHINA
CENTRAL TELEVISION
YEARBOOK

中国中央电视台
年　鉴

XINJISHU SHEBEI

新技术设备

新技术设备

中央电视台节目生产管理系统

节目生产管理系统是在“强化品牌意识、强化计划意识、强化规范意识、强化成本意识、强化质量意识”的方针指导下，借鉴专业的企业生产管理理论、概念和管理方法，在中央电视台统一门户、统一认证、统一数据管理的信息平台上，建立的一套涵盖节目生产管理全过程，并能够适应中央电视台业务发展和组织机构变化的计算机管理系统。该系统不但能够对节目、技术及人财物等各类资源进行规划和协同，而且支持对节目生产过程的全面追踪和监控，为科学化、精确化的管理奠定了基础。该系统具有以下特点：

◆实现了以节目为核心的全流程管理

节目生产管理系统面向全台各级节目生产管理部门，管理内容覆盖了节目生产管理活动的整个生命周期，包括：节目规划、节目制作、节目审查（内容、技术）、节目编排、节目备播（磁带入库）、节目播出、节目播后管理七个阶段。系统实现了全台节目生产各环节的信息共享，同时，将节目生产与财务、人事、物资、技术资源等信息紧密结合在一起，实现了节目人财物信息的一键查询。本台各级节目部门的领导可以根据自己的管理范围对节目生产进度、经费使用状况和技术资源使用情况进行全流程监控。

◆全面加强了节目生产的计划能力

节目生产管理系统提高了节目选题和栏目、频道的长期、中期以及短期规划能力；播出节目的长期、中期、短期编辑能力也得到了全面加强，提供了全台多频道统一编排的技术手段；可以及时反馈节目成本核算数据，使节目预算审批和规划更具科学性，加强了节目部门的经费计划和成本核算能力；强化了节目制作中人力资源的管理能力；有关领导及时掌握全台技术资源的使用状态及设备的需求计划成为现实，便于进行宏观调配，提高了生产效率和技术资源的利用率。

◆为实现成本管理、成本控制提供了手段

节目生产管理系统针对不同类型的栏目、节目提供了建立不同经费模板和技术手段，并通过经费模板上经费项目与费用指标相结合的方式，在实际生产中对节目费用发生额进行约束或报警，从而实现了成本控制；同时，系统本身能够实时获得与节目相关的人员分配、预算和费用数据、技术资源分配和使用时间等各类准确信息，为节目生产成本的准确化管理打下了基础。

◆提供了丰富的决策分析数据

由于系统采用了整体数据管理的方式，可以方便地、实时地提供各种基础数据和分析结果，通过专业分析工具，及时分析出多种节目综合评价指标，例如：频道、栏目的收视率分析、观众满意度、观众特征、行业动态分析、错别字统计等；系统还可以随时采集每个节目使用技术设备的时间和费用，及时核算出各种经济指标，例如：单位时间节目的制作成本、单位时间节目的资源消耗、资源占用率、片长与运作效率、机房利用率等。

◆协同工作、提高效率

节目生产管理系统与人事、财务、物资等系统进行了数据的有效贯通，通过节目生产管理系统的实施，将增强节目生产与财务管理、人事管理、物资管理的协同工作能力，实现全台一盘棋的工作模式。加强了节目生产上下游各环节的协同工作能力，节目部门和技术部门可以根据工作流程并行处理业务，及时沟通信息，根据各自分工步调一致地完成所负责的任务，从而提高了跨部门大型节目制作的工作效率。

◆技术资源精细化管理

节目生产管理系统提供的技术资源管理功能方便快捷、实时准确，节目部门根据计划可以估算出设备的使用费用，技术部门根据计划可以及时掌握各个时期对各类设备的需求情况；同时，编导在预约申请设备时可以及时了解到设备的占用情况，技术部门的人员可以随时看到调度完成的各种计划，以便合理安排工作时间；管理人员则可以实时查询设备的使用情况以及预算经费的使用信息和余额。

2003年，技术系统把建立中央电视台节目生产管理系统作为工程项目列入规划。2004年9月20日，开始这套中央电视台节目生产管理系统设计开发工作。2005年2月10日，完成系统原形设计，并进行了测试。2005年4月18日，节目生产管理系统首先在总编室各个管理工作岗位开始试运行。2005年8月15日，节目生产管理系统主流程开始在全台各个节目部门和技术部门进入试运行阶段。2005年12月12日，节目生产管理系统正式投入运行。

（信息通信处　徐　进）

中央电视台行政办公系统

中央电视台新的行政办公系统2004年6月18日正式上线运行，2006年1月20日一期优化完成，使用部门包含了中央电视台所有的中心和直属处。一期工程包括公文系统、信息简报系统以及车辆管理系统、值班管理、调研信息管理、会议室预定、办公用品预定、照片管理和章函管理等辅助系统。

一、公文系统由三个部分组成，台发文、台内发文和收文。其功能有：

- 网上起草各类公文，包括收文、台发文、台内发文。
- 实现收文、发文等文种的分类。
- 由外单位转来统一称为收文，文号统一。
- 由部门起草，需要各级领导审批的文件，统一称为发文。文号遵循一定的规范。
- 由部门起草，需要各级领导审批，比较正式的公文，通常牵涉到台外的兄弟单位，称为台发文，文号由台办室统一规范。
- 台办室秘书、各中心秘书可以直接在网上修改公文文头、信息、正文。
- 公文系统要提供一周办理公文列表，可打印。
- 督办与催办结合。在公文办理中，只有台办室秘书可起草督办公文，办理时限和办理人由台办室秘书指定，对已督办的公文，要进行状态标识，离办理时限还有二个工作日时，系统要自动催办办理人，并在办理人待办事宜内进行提醒。
- 台办室秘书可以统计一段时间内收发文的数量。
- 多纬度按条件查询。
- 该系统规定了公文流程和公文编辑界面。

二、信息简报系统由三部分组成，信息发送，组稿审核以及发布。其功能有：

- 网上起草信息简报。
- 网上编辑、审批简报。
- 编辑部人员可以维护稿件类型和刊物分类。
- 编辑部可以方便地把原始稿件形成新的信息刊物。
- 可定制的流程处理。
- 可将信息简报归档，也可发布数据到其他系统，例如：通知公告。
- 可以统计一段时间内，某人、某部门的信息数和量（字数），根据每50元/千字的标准计算出奖金额，可以采用柱状图形式绘制出人、部门的信息数和量的排名。
- 可扩充的系统结构。

三、中央电视台新行政办公系统主要技术特点：

- 使用统一的中央数据库。
- 使用全浏览器用户界面。
- 主要服务接口和工具采用PORTLET形式。
- 使用统一的门户服务器作为统一入口。
- 采用统一的身份验证和授权。
- 系统基于工作流引擎，系统兼容流程变化。

系统的硬件运行环境为两台SUN280，使用盘阵存储公文的数据文件以及一台四层交换机。

两台SUN280服务器和一个磁盘阵列建立了服务器集群，两台服务器同时为访问的用户提供服务，使用四层交换机进行分配，实现负载均衡和失败转移。同时，使用前端的防火墙对整个系统提供安全保障，在保证工作人员在台外办公时正常使用该系统的同时，隔离来自因特网的其他恶意的攻击。

系统软件环境为操作系统Solaris 8;websphere应用服务器；数据库为Oracle 9i RAC。

数据库使用统一的中央数据库，由于中央数据库采用Oracle 9i RAC的集群，使整个数据库系统实现了高可用性和高性能。

（信息通信处　徐 进）

中央电视台经济频道制作业务系统

2003年底，中央电视台与松下公司、大洋公司联合签署了联合开发基于P2半导体存储技术和经济频道节目制作与管理系统合作框架协议。本项目是为了建设一个全新的节目制作业务系统，探索在新技术、新思路支持下的节目制作流程和业务组织管理模式。

该系统为经济频道提供一个频道内统一的数字网络化的业务运行平台，从基于磁带和线性编辑走向基于文件的非线性编辑，使节目的制作摆脱因依赖传统磁介质带来的各种束缚。整合并数据化频道内各种资源，提高整体工作效率。通过规范节目制作过程，减少节目制作过程所消耗的时间，降低节目制作成本，提高节目制作效率。全新的网络化制作模式将给节目的制作流程带来革命性的变化。

新系统中ENG采用P2摄像机，P2卡取代传统磁带作为记录介质，在节目拍摄的同时就产生低码流素材，收集元数据，记者拍摄过程中能够使用语音进行场记说明。记者可以使用基于便携式电脑的移动非编工作站进行现场编辑工作，并通过网络回传，从而增强节目的时效性。

演播室的节目采用录像工作站直接把节目录制到GPFS存储系统中。在录制过程中，节目的后期制作工作就可以异地同步进行，同传统的节目需要录制完成后才能进行后期制作的方式相比，网络数字化的节目录制为记者编导提供了更大的快捷和便利。

在后期制作环节，P2卡内节目素材以文件方式快速上载，记者编导能在桌面编辑工作站发挥自己的创意，独立去完成节目的编辑工作，最后在精编工作站上进行节目包装合成，下载节目播出带。2005年，当本台SATA缓存系统上线运行后，在本系统中完成的节目将以文件方式传送播出线，实现无磁带硬盘播出。

节目播出后，节目成片和5倍于节目时长的原素材在经过媒体资源编目整理之后，最终将存储在音像资料馆，为大家提供资源共享服务。

借助网络的优势，新系统对所有设备的状态进行监控、汇总和分析数据，实现灵活多样的全自动的业务数据统计分析功能，以及针对媒体资源管理和再利用的先进工艺流程，有助于技术部门改进管理手段，提高管理效率。同时也增强了编播部门对节目制作进度的把握能力。

2005年11月20日，“中央电视台经济频道制作业务系统”正式上线运行。《今晚》、《艺术品投资》、《交换空间》、《经济与法》、《财富故事会》、《找工作》、《对话》、《生活》和《经济半小时》已经开始新系统的全流程网络化制作。目前“中央电视台经济频道制作业务系统”具有为系统提供500多小时的节目素材的存储和每周1260分钟的节目制作生产能力。

（技术制作中心录制一部提供）

中央电视台新闻节目包装系统

新闻频道正式开播以来，后期节目包装不仅在数量上发生了巨大变化，同时在包装质量和形态上也发生了巨大的改变，建立一个具有实时制作播出功能、面向整个新闻频道的包装系统的需求越来越迫切。

新闻制作部在进行了近一年的设备考察和研究后，经台技术办公会审定，确定了新的新闻节目包装系统的设计定位，就是要在现有的新闻共享网络系统的基础上，通过模板化的制作形式，结合MOS等接口协议，提高制作播出自动化程度，并通过网络的形式将包装系统推到播出线上，从而建立一个现代化、网络化、自动化的、专业化的、实时的、制播一体的数字包装系统，进一步完善现有的节目生产系统。新系统建立后，可以将原来的静态包装模式改为动态包装模式，全面大幅度提升节目的生产时效，构建合理的生产制作工艺流程，与国际水平接轨。

新闻节目的包装业务是根据整个频道的节目需求及新闻节目与播出的关系确定的，划分为在线包装、近线包装和离线包装三个部分，最需要体现新闻时效的主要是在线包装和近线包装，也是日常节目制作相对集中的地方，因此，提高在线和近线包装的节目生产能力就成为了新的节目包装系统建设工程的重点，力争从各个方面来提升整个系统的时效性，当然，系统的安全性和可靠性也是不可忽视的问题。

整个新闻节目包装系统分为三个部分：非编制作合成系统、图文合成制作播出系统、素材加工系统。

非编制作合成系统：设备选用的是苹果基于G5的Final cut pro和Shake，主要完成图像短片的制作合成，并与Photoshop、Illstrator、Motion等通用平面设计软件相结合，完成包装元素的加工。系统包含上下载工作站2台、编辑工作站4台、特效合成工作站4台、平面图形设计工作站4台。系统中还选用了集中存储，方便数据的管理。另外，集中渲染也是苹果最大的优势，可以支持Shake、Maya的复杂特效合成及复杂动画的后台渲染，大大提高了工作效率。

图文合成制作播出系统有两个最大的特点，一个是采用模板化的制作形式，目的是解决包装风格的统一及文件格式兼容问题，减少重复制作，提高制作效率。另一个就是实现了在线播出的自动化，将Vizrt图文制作播出合成系统与新闻共享的文稿系统通过MOS协议连接起来，实现了播出任务单的自动化制作及播出串联单数据的实时更新，简化了在线播出的工作程序，提高了播出的应变能力，播出的安全性和可靠性也大大提高。另外，Vizrt系统还能够实现外来信息的实时更新，为今后发展Infor TV提供了拓展的空间。

为了提高时效，缩短包装时间，还有最重要的一点就是要逐步建立完善包装素材库，实现包装素材的资源共享，提高系统的应急应变能力。除了苹果的图形工作站外，还有2套PC的图形工作站，方便与外界包装素材的交流。在系统中还有2套宽泰的Paintbox系统，用于弥补二维平面动画设计能力的不足，由于新的Paintbox系统是基于Windows系统开发的，因此易于实现网络连接和数据共享。

三大系统通过NAS网络连接，统一存储、统一管理，节目的成品和素材还可以通过新闻共享的节目包装管理系统浏览、查询和上下载，实现了系统设计的预期目标。

（新闻制作部　苑　文）

全国十运会网络制播系统的播出子系统

中央电视台在“十运会”的电视转播中使用了网络化制播系统，该系统搭建于前方报道中心（IBC），在“十运会”转播期间，完成了信号收录、节目制作及播出等任务。这是中央电视台首次大规模将非线性编辑和硬盘播出技术用于大型运动会转播。此系统以媒体资产管理系统和SAN存储系统为核心，涵盖收录、场记、上载、精编、粗编、配音、节目生成、节目播出和归档等业务子系统。其播出子系统介绍如下：

播出系统拓扑结构

播出系统采用光纤＋千兆以太网的双网结构，光纤网用来传视音频信息，千兆以太网用来传数据信息。此系统包括2台播出媒体网关（MSV），2台播控工作站，1台播出调整工作站，1台管理服务器，1台边录边播工作站，以及KVM、监视器、显示器等设备组成。

播出系统各部分设备功能

（1）播出媒体网关（MSV）：本地磁盘容量为272G，采用RAID5阵列，播出安全可靠性高，经光纤网和千兆以太网连接在核心存储。播出媒体网关执行素材迁移任务，用于由网络迁移为本地节目的存储，受播控工作站控制，进行节目播出，可在系统设置菜单中对应用程序参数、板卡参数设置、IP设置、控制模式、允许本地、SNMP设置等参数进行设置调整。

（2）播控工作站：经千兆以太网连接到核心LAN交换机。在播控工作站中可控制串联单，对串联单中的节目进行播放、浏览、编辑入出点、同步、刷新等操作。每台播控工作站触发1台与之相对应的播出媒体网关

(MSV)，对节目进行播出。一台播出媒体网关和播控工作站与另外一台播出媒体网关和播控工作站互为备份，两路同时播出。由于设置为命令网络有效，一切操作都在主播控制机上进行，备播控制机接受网络命令，会同步地进行同样的操作。

(3) 播出调整工作站：经千兆以太网连接到核心LAN交换机。在播出新闻类节目时，与播控工作站的操作配合使用。在播出调整工作站中，可随时调整正在播出串联单中节目的顺序，保存后可实时刷新播控工作站中串联单的内容。播出调整工作站界面中显示的信息有：播出方式、标题、时长、尾句、记者、稿件来源、标准时间、倒计时、总时长、时间差等。其中时间差显示的是倒计时与未播时长的差值，此值若为正数则表示剩余节目的时长超过了规定节目的时长，应该相应地剪去多余的节目时长，反之，此值若为负数则表示剩余节目的时长少于规定节目的时长，应该相应地增加节目。

(4)管理服务器：已安装接口服务(InterfaceServer)和任务分发（TaskServer）程序。所有打包合成后的节目及串联单保存后的数据经过接口服务进入演播室，这些信息在接口服务软件界面中都会有所显示。进来的节目经过任务分发后，进行素材迁移，使节目由网络变为本地，并进行播出，每条在播出媒体网关中进行迁移的节目信息都会显示在任务分发软件界面中。

(5) 边录边播工作站：装有边录边播软件，可在收录的同时，延时20～30分钟后播出。此方式可用于一场比赛还没有结束，另一场比赛已经开始，可先将后开始的比赛收录到媒体网关中，在适当的时候延时播出。

应急方案

(1) 两路播出互为备份。通常情况，用播出媒体网关（主）播出。在播控工作站播出界面中，将主播控工作站设置为“主机播出，网络命令有效”，备播控工作站为“备机播出，网络命令无效”。通常操作都在主机上进行，备机会接受网络命令，与主机进行同步操作。

一旦播出媒体网关（主）或播控工作站（主）的软件部分出问题，切换台立即切播出媒体网关（备）进行播出，并在播控工作站（备）的播出界面中接管主机，使播控工作站备机变为主机，继续播出；此时调整出问题的播出媒体网关（主）或播控工作站（主），正常后，先按同步钮进行同步操作（备机要求同步），再接管备机工作，使原来的主播控工作站为主机，切换台切回播出媒体网关（主）进行播出。

(2) 硬件部分冷备份。当播出媒体网关（主或备）的硬件部分出问题时，把事先准备好的冷备份（即一台装有播出软件及精编软件的播出工作站）接上，代替有问题的播出媒体网关进行播出，当然要首先在播出工作站上进行更改主机名、IP等系统参数设置的操作。播出工作站可正常工作后，便可以播出后来传过来的网络节目（若有此前还没有播完的节目，须在精编工作站上把节目重新提交合成），经素材迁移后，可播本地节目。

同样，当播控工作站（主或备）的硬件部分出问题时，可用准备好的任意一台装有播控软件的工作站（或笔记本电脑）代替。

(3) 管理服务器的备份。通常情况下，管理服务器上的接口服务（Interface）打开，组件客户端1（播控工作站（主））通过组件服务端1（管理服务器）访问播出系统数据库（Oracle），播控工作站（备）通过组件服务端2（播控工作站（备））访问播出系统数据库（Oracle）。当组件服务端1（管理服务器）出问题时，将组件服务端2（播控工作站（备））上的接口服务（Interface）打开，通过更改设置将组件客户端1（播控工作站（主））挂接在组件服务端2（播控工作站（备））的下面，从而使组件客户端1、2（播控工作站主、备）都通过组件服务端2访问Oracle数据库。

四种播出方式

系统支持打包合成后的节目本地播出、打包合成后的节目网络播出、时间线播出、边收录边播出四种播出方式。

(1) 本地节目播出方式

打包合成后的节目进行迁移，由盘塔（Z盘）迁到播出媒体网关（J盘），成为本地节目后再播出。

(2) 网络节目播出方式

对于打包合成后，来不及迁移到播出媒体网关进行本地存储的节目，可以从播出数据库（Oracle）中读取数据，调用网络存储（盘塔）中生成完毕的节目，直接播出。

(3) 时间线播出方式

对于来不及生成和迁移的节目，可以在装有精编软件的播出工作站（冷备份）的时间线上直接播出节目（直接读取中央存储）。

(4) 边录边播播出方式

由于使用FC+千兆以太网混合结构模式，系统可以将收录媒体网关收录到的素材，直接以本地或网络的播出方式进行播出，但在边录制边播出的同时，系统要求至少保证有20～30分钟的延时时间。

播出中关键信息流程

（1）管理服务器上的接口服务（InterfaceServer）打开，播控（主）通过组件服务端1访问播出数据库Oracle，播控（备）通过组件服务端2访问播出数据库Oracle，分别读取Oracle中的数据后，进行节目播出。

（2）组件客户端包括播控（主、备）、接口服务（InterfaceServer）、任务分发（TaskServer）、收录剪切。组件客户端通过组件服务器com+中的bochu组件来访问播出数据库Oracle，接口通过sobey db manage组件来访问外面主数据库DB2。

（3）素材迁移的信息流程是：节目素材信息由接口服务进来，将信息写入Oracle数据库。任务分发（TaskServer）由Oracle数据库中读取数据，将命令分发给播出媒体网关（MSV）上装载的素材迁移软件，使播出媒体网关（主、备）同时接受命令进行素材迁移（由盘塔上Z盘迁到J盘），成为本地节目，等待播出。播出媒体网关上迁移任务进行的进度及完成与否的状态，会同时显示在任务分发（TaskServer）的界面上。

（4）上载节目及素材信息、媒资信息、精编或粗编工作站节目合成信息、（新闻节目的）串联单调整工作站信息的信息流程；这些信息由主数据库（DB2）过来，通过接口服务（InterfaceServer），写入播出系统的Oracle数据库。由于赛事播出方式不用提前建文稿和串联单，而是在赛事播出界面中，即时创建串联单并保存、提取，所以赛事的串联单信息只保存在Oracle数据库中，不用通过接口与外面联系。演播室的Oracle数据库中既有新闻播出的信息，也有赛事播出的信息。任务分发（TaskServer）从Oracle数据库中读取数据信息，将任务分发给两个播控，进行节目播出。

（5）在新闻播出界面和赛事播出界面中都有关键帧图片的显示，新闻播出界面有4幅关键帧图片，赛事播出界面有1幅关键帧图片，关键帧图片保存在播控（备）的（L：）盘上，主备各机器上都映射有L盘。在素材迁移完成后，进行关键帧提取的工作。

（6）从oracle数据库中读取数据，调用播出媒体网关本地盘中的素材进行节目播出，是播出本地节目，有关键帧图片显示；从Oracle数据库中读取数据，调用盘塔中的素材进行节目播出，是播出网络节目，没有关键帧图片显示。无论是新闻播出方式、赛事播出方式还是边录边播的播出形式，都既可以本地方式播出，又可以网络方式播出，但本地播出方式的安全性较高些。

新闻播出形式

针对新闻类节目条数较多、较碎、时间较短的特点，新闻类节目的制作程序是：先由责编在文稿系统中建串联单，把本档新闻中的节目任务在串联单中分发给每位编辑，编辑们再根据串联单中自己的任务建文稿、编节目，并将节目提交送审、打包合成后送入演播室。在新闻播出系统的界面中可调出已做好的串联单、并播出串联单中的节目。要对串联单中的节目顺序或设置有无导语等操作，可在串联单调整工作站上进行，保存后可实时刷新。每条节目只准许被排在串联单中播出一次。有节目预览并进行打点编辑的功能。

赛事播出形式

此方式适合长时间体育完整节目的播出。其特点是：不需提前做串联单，可在左上方的窗口中查询到需要的或常用的节目，拖拽到左下方的窗口中进行初步筛选，再拖拽到右下方的窗口中按播出串联单的顺序排好；也可在播出过程中，在最短的时间内，将刚刚收录并在精编工作站上做好的节目，在赛事播出界面的左上方中查询到后，直接拖拽到右下方的串联单窗口中播出，节省了时间，其随意性和实效性满足了赛事播出的要求。有节目预览并进行打点编辑的功能。与新闻播出形式不同的是，查询到的节目可多次重复地被拖到串联单中播出（此功能对广告、片花等节目非常适用）。

边录边播出形式

收录的节目按每30分钟切完打包，传送到演播室。这时可在边录边播界面右上方的上载／收录任务中查询到将要播出的节目，选用任务，并且再把每条传送过来的任务切成3～10分钟一段进行播出（再次剪切的时间长度可在界面系统设置中设定，通常设为5分钟一段，这样可被30分钟整除）。此播出方式使用的是新闻播出界面。原理上讲，只要收录的节目进入演播室，便可以网络方式播出，但为播出安全起见，当有4条任务迁移到本地节目后，便可开始播出。这样在边录边播的过程中，会不断有收录的新节目进行素材迁移，由网络节目变为本地节目进行播出，从而确保了边收录边播出的安全性。

总体运行效果

在“十运会”期间，IBC前方每天的播出时间为8：00至24：00，除演播室评论、赛事现场直播外，其中部分赛事延时30分钟播出，部分赛事录像重放，部分访谈节目录像，片花、广告、宣传片、精彩回放以及4档新闻，都是用网络制播系统进行播出的。每天节目总量占用本地磁盘不到50G。定时对不用的节目进行删除，以保证每天本地磁盘都有足够的空间容量。

该播出子系统在“十运会”期间运行情况稳定，经受住了转播大型赛事的考验，直播中没有用到冷备份的播出工作站及其他软硬件的备份，4种播出方式中除没有用到用于应急播出的时间线播出方式外，其他三种播出方式的运行都很稳定。

中央电视台网络制播系统及其播出子系统，在“十运会”转播中的应用是非常成功的，采用了大量最新技术手段，实现了大型体育赛事转播的创新，为未来2008年北京奥运会转播和新台址的建设，提供了非常有益的范例。

（播送中心传送部　潘伟丽）

中央电视台高清后期网络制作系统

中央电视台2005年建成的高清后期网络制作系统，遵循了降低成本、优化流程、提高效益的原则，结合原有设备生产能力和最新高清技术的成果，对应不同类型节目的制作需求，形成了高清节目完整的后期制作工艺和规模化的生产模式。系统为数字化视音频节目制作、包装、合成系统，实现了视音频节目资料和网络化共享。网络系统方案遵循实用性、安全性和先进性的原则，满足了现有业务的需求，同时也具有足够的前瞻性，以保证随着电视节目的飞速发展，视频指标不断提升而不断增长的对视音频处理能力、存储能力、网络带宽和服务方式的改进的需求。

在新建的高清晰度非线编辑系统中，节目制作以网络模式运行管理。根据实际需要，采用集中上下载的形式，以保证制作线的高效产出。系统中配置脱编的环节，以减小在线存储压力。系统可以从演播室直接录入节目，也可通过热插拔转播车上的移动硬盘，通过归档工作站、NAS服务器，向非线性网络系统导入将要进行后期制作的文件。系统中配备中文字幕以及转码设置，完成高清标清节目叠加字幕并生成字幕工程文件和16:9下变换的标清播出版，同时完成对播出版进行低码流的转换，支持对节目进行远程审看；建立离线备份迁移系统，完成对素材的复用以及对成片文件版的备份，为向无磁带记录模式过渡发展预留了空间。

系统包括15个站点的非线性编辑网络系统（其中上载工作站2台、下载工作站1台、高清压缩编辑工作站10台以及高清无压缩编辑工作站2台）；5套脱编系统；2套HDCAM自编系统；2套高码流分体摄录系统；2套高码流自编系统和2套HDV系统。非线编辑部分设计生产能力为每天100分钟的压缩高清节目，20分钟的无压缩高清节目，达到每天2小时的节目制作能力。

高清编辑工作站

系统采用的非编工作站为美国苹果电脑公司Power Mac G5。G5是世界上第一个采用64位PowerPC处理器的个人电脑，运行基于Unix操作内核的Mac OS X 10.4Tiger。非线性编辑软件为苹果公司Final cut pro 5高清／标清编辑系统、Soundtrack Pro后期音频处理系统、LiveType标题制作系统、Motion运动图形处理系统、Shake高端合成系统等，具备提供全面的视频及音频处理能力。

系统网络架构以共享存储卷为核心，组成了一个包括上载、编辑、输出、备份迁移的环路。上载工作站将采集的视频素材直接写入素材上载区；演播室收录服务器和转播车通过以太网访问挂接在Xsan生产卷上的NAS文件服务器，将素材导入素材上载区。编辑工作站读取素材上载区的公共素材，在用户文件区进行视频编辑制作。完成的故事版提交到工程文件区，打包生成的最终结果保存到成片文件区。编辑完成的故事版回放，被转码服务器采集并压缩为MPEG 4格式，传送到NAS服务器上供审片使用。

系统配备两台MDC Xsan的管理服务器、Xserve RAID硬盘存储阵列和Power Mac G5工作站通过Qlogic 2 Gb存储光纤交换机相连接，组成一个SAN的存储网络。通过在服务器上安装Xsan软件后，服务器可对整个SAN进行管理，在G5工作站上安装Xsan客户端实现客户端对SAN网络的访问，Xsan软件允许多个工作站同时对SAN存储空间进行读写，实现存储空间的高速共享访问。使用1台LDAP服务器，进行用户账号管理和访问系统资源权限的分配。1台NAS服务器用于视频数据的传输，1台安装了JDSM的PC作为数据迁移服务器与迁移管理服务器、数据库Web服务器、编目查询器、存储带库组成数据迁移及磁带库系统，迁移系统按照既定的策略完成SAN卷中的素材到带库的迁移。

数据迁移服务器设定周期性的备份用户文件区和工程文件区数据。素材区的数据遵循管理要求在生产卷与带库之间迁移，为整个非编网络提供可靠的数据保护与灾难恢复能力。备份区使用PSync数据同步软件，实时同步用户文件区和工程文件区数据，因为工程文件和用户文件通常比较小，通过Xsan存储网络可以快速完成变动数据的备份。在磁带库的离线备份系统之外又提供了一层快捷方便的数据保护机制，使整个系统更加可靠与安全。

（技术制作中心录制二部提供）

10讯道高清电视转播车

根据中央电视台技术发展规划，为迎接即将到来的高清晰度电视时代，面向即将开播的中央电视台高清频道及2008年北京奥运会高清晰度电视制作的需求，从2005年初就开始了10讯道高清晰度转播车的设计工作。

由于建造工作还在进行中，预计2006年9月交付使用，只能就设计方案和原则作一介绍。该系统的设计原则是：要符合目前高清晰度电视技术发展现状和本台各节目部门对外场转播制作的需求。由于外出转播制作有其特殊性，因此，必须兼顾到其技术和工作的特点，即安全性、实用性、经济性、适从性、可维护性、前瞻性。

该转播车具备高清晰度电视的直播和录制能力，能够承揽台内大型活动的转播制作，如：大型综艺活动、中型体育赛事等。并满足节目部门在2008年北京奥运会上承揽小球赛事的需求。

新系统在整体设计上优先考虑高清晰度节目的制作需要，创造16∶9的制作环境，只在系统出口采用制式下变换的方式，使系统也具备标准清晰度节目的制播能力。

车体结构

车体采用拖挂车车体类型，箱式车体结构。考虑到工位和制作区的需求，采用单面箱体扩展方式。车体接口与本台转播部现有牵引车匹配。

主要外形尺寸及性能要求如下：总车长≤16m；车厢长≤12m，高 度≤4m，宽度≤2.5m，侧拉扩展宽度≥1.2m。

为降低空调系统整体瘫痪的可能，降低空调启动负荷，空调系统采用了多机分区式制冷，便于各工作区温度独立调整。对散热较为集中的机柜采用强制制冷方案。优化风道设计，各工作区冷风互补。

具备完整的交流和直流供电系统。交流部分符合中国工业三相供电标准。供电部分主输入具体低压/过压、低流/过流以及错误相位偏移跳闸保护功能，具备可调电平功能，设置漏电告警装置。

车厢部分设有一个独立大功率直流电源系统。该系统能够为车体提供应急照明、电缆盘收放、侧拉箱收启、防雨棚收启、无线通话等，提供相应时间的直流供电。

工作区

根据大型节目制作需求，工作区划分为：导演制作区、制作区（慢动作/编辑制作）、视频技术区及音频制作区。

工位

导演制作区工位12个。主要制作人员（主导演、视频切换、节目总监等）的工位在后排。目的是通过与监视墙的进深增加主导演的视角，达到“掌控”所有讯道的目的。把只涉及到局部周边制作的制作人员（字幕操作及微型机的操作等）设在前排。通过后排加高的方式，达到前后区无视线遮拦的效果。导演制作区各工作人员在不同的工位上“同享”一面监视墙。

制作区（慢动作／编辑）工位6个。

视频技术区工位4个。

音频制作区工位3个。

视频系统及主要设备

视频切换台——高清晰度数字视频切换台，三级ME，4路DSK。每级DSK都要求单独的CLEAN输出：通过视频切换台主面板进行节目主制作，通过独立的卫星面板对大屏幕以及在精品节目录制时的副切换。

视频矩阵——通过视频矩阵加强系统对视频信号源输入、输出、监视和记录的调控能力，使视频系统能够适从各类节目的制作形态，提高转播制作的灵活性。在系统设计时利用HD信源设备均有SDI出口的特征，为了俭省资金，制作流程中的内外监视设备仍采用SDI格式。

监视墙——采用8块43英寸等离子监视器拼合成主监视墙。为了提高导演制作区的讯道和输入输出的监看效果，突出高清晰度制作的图像特点，使用具备矩阵功能的多头输出分格器驱动监视墙并对全部监视源进行动态管理。录像及慢动作操作工位均采用多联液晶监视器。各工位的监视源选择，根据其工位视频制作的需求通过矩阵选择视／音源。视频技术区的信号监测是转播制作质量保障的“大本营”。在技术总控的位置设置20英寸以上的高清晰度标准技术监视器(CRT)。可通过该监视器选看所有视频制作源的输入及输出的信号。各调整工位可采用17英寸液晶监视器四分格监视，检测该工位的调控信号源。每个工位配有一个14英寸高清晰度CRT监视器，其选切由各摄像机控制单元（OCP）的光圈调控器（JOINSTIK）决定，作为该工位各讯道的最终技术质量的对比及监看。为音频制作提供一块43英寸等离子监视器用与主监视墙同源的视频分格器驱动，可显示包括PGM在内的所有信号源。

摄像机——采用EFP2/3″ 3CCD高清晰度数字摄像机9台。复合光缆传输，两路以上返送信号（HD/SDI可选），具备两路独立通话，配备加长电缆，大、小寻像器，大镜头附加器，B4镜头接口。

高速摄像机——采用EFP2/3″ 3CCD高清晰度三倍高速数字摄像机1台。也可作常规讯道使用。

特殊摄像机——为转播制作中特殊角度和位置的拍摄，配置两台高清晰度微型摄像机。为扩展微型摄像机的用途，开发了一套使用光纤传输技术，将摄像机的信号传输、镜头调控与摄像机架设云台控制成为一体，以减少架设布线的难度和故障率。

TALLY系统——整车视频制作应支持红/绿两路TALLY显示。对参与节目切换和周边制作的信号源，提供相应的TALLY显示，无论该信号源于视频切换台还是视频矩阵。红路TALLY用于主节目制作时有关讯道的提示；绿路TALLY用于现场大屏幕切换和慢动作制作时有关讯道提示。当系统进入应急切换时，应保证红路TALLY的提示。另外TALLY系统还须为扩充设备和特种设备提供带隔离的TALLY驱动。TALLY显示区域包括：导演监视墙、技监监视、摄像机、录像机或硬盘机等。在应急状况下，通过倒换开关，TALLY显示可分别受控于视频切换台和视频矩阵。

外来信号输入——为外系统标清制式信号源的介入或高清晰度外来信号参与制作，在视频制作系统中配备了上变换器及高清晰度帧同步器。

录像机——本系统配置了3台高清录像机满足节目的PGM录制，节目部门的单挂或副切的录制需求，采用多通道、低压缩的硬盘录制方式。

硬盘录像机——由于体育部门在转播赛事上要求参与转播制作的多数摄像机讯道都具备慢动作的重放的能力，按照10个标准讯道+2个微型讯道的配制，配备了高速高清晰度硬盘1台；标准高清晰度硬盘1台。

字幕机——为高清晰度制作配备HD字幕机2台。

同步系统——采用具有测试信号输出的主备同步机，并带有自动倒换器。采用三电平和两种同步方式。

应急系统——根据台应急系统的规定，对视／音频系统进行应急系统设计。视频主传输通道为视频切换台输出；视频备传输通道为视频矩阵选切的PGM输出。为遇视频切换台出现故障时，通过选切视频矩阵，选择视频输入源。同时将TALLY系统改为矩阵控制。故障解除后再切入PGM即视频切换台的输出。无论高清晰度和标准清晰度格式都有主备信号输出。

内部通话系统——整体系统的内部通话系统应适应大型节目的转播制作要求。采用矩阵的方式，将摄像机机位、视／音频制作工位、技术调整工位、节目／技术总监工位、现场导演、现场调音、舞台监督、远程调度等，通过有线、无线有机地结合，实现有效的通话。为实现不同层次的通话需求，通过矩阵点的设置决定通话点的常通和选通，并可实现通话音量和比例的调整。

（播送中心转播部　赵伟）

2005年央视国际互联网几项新技术应用

2005年，央视国际积极应用多种互联网新兴技术，不断丰富内容传输形式和手段，利用网络的共享资源实现互联网信息的快速传播，取得了良好效果。

CDN技术应用：2005年央视国际全面采用分布式CDN技术传输网上内容，包括：视频、图片和文字。CDN技术将内容发布节点放置到全国乃至全世界的不同地点，缩短了到达用户的距离，提高了央视国际的访问速度和视频收看的效果。

对等网络（P2P）技术应用：P2P技术的应用能有效解决互联网视频传输问题，其将视频服务器的负载分散到所有参与收听收看的用户，克服了一个中心发布点带来的弊端，有助于实现超大规模用户环境下的高质量音视频传输。央视国际应用清华大学研制开发的GridMedia系统，开展了网上视频直播业务，并推出基于P2P技术的BT视频下载服务，进一步丰富央视国际视频传输和网民接收手段。

聚合新闻（RSS）服务：RSS聚合新闻服务是互联网上新兴的新闻阅读模式。网民能根据自己的喜好，通过RSS个性化定制新闻。RSS系统将自动更新客户端内容，实现新闻内容的“自然落地”。央视国际RSS服务平台提供了央视新闻、电视节目时间表以及央视栏目内容等。

总之，新一轮互联网技术浪潮已经到来，互联网技术应用和信息传播将更加趋于多样化和个性化。央视国际紧跟新技术发展，加强发布和覆盖能力，不断丰富内容传输形式和手段，为网民提供更优质的服务。

（总编室网络宣传部提供）

第八演播室数字音频系统

第八演播室主要负责中央电视台高清和标清电视节目的直播和录像制作任务，在安全、稳定的基础上，选用了目前国际上技术较为领先及成熟的设备，实现了以下主要功能：

（1）播出及现场扩声使用两张数字调音台：在演播室设计之初确立了全新的演播室音频制作方式。由于使用两张数字调音台，真正实现了所有音频信号的全数字处理，改变了以往的制作方式。

（2）两张调音台使用同一厂家的系列产品：播出调音台选用Euphonix的S5，扩声调音台同样是Euphonix，型号是Max Air。二者相同的系统结构，确保了两张调音台具有良好的兼容性，又因为两张调音台主要核心部件及接口设备的通用性，给今后的维护工作带来方便。

（3）完全独立的两级调音工作方式：两张调音台分别选配使用完全独立的话音及线路放大器，实现对播出及现场扩声信号完全独立的分别调整，以保证播出和现场扩声均可获得最佳的声音质量。

（4）兼具处理来自一号厅的信号控制功能：在系统中使用Hirosys 16PMS-WC实现一号厅信号的切换，使控制室播出调音台可以完全处理来自一号厅的72路音频信号，成为一号厅的又一个控制室。

第八演播室音频控制室

（5）播出系统与扩声系统具备主要信号相互备份及切换的功能：在系统中使用Vistek1600系列机箱及板卡，将音频主备切换、数字音分、模拟音分、D/A转换、音频对位延时等主要功能通过一个机箱全部实现，同时全部实现双电源热备份，大大简化系统设备，为安全播出提供又一有力保障。其中使用两块V1693卡（兼容数字AES/EBU和模拟线路），用于演播室数字播出信号及扩声模拟音频输出信号主备切换，解决了以往主备倒换需要跳线的危险及麻烦，同时选用的遥控功能，允许不开机箱使用遥控面板实现切换功能，还降低了错误概率，实现了扩声信号与播出信号之间快速且真正无缝切换功能。

(6) 完全实现符合本台新的立体声／国际声标准制作：从制作环节到输出环节均按照本台新的立体声／国际声标准施工建设，即使单声道制作也可以实现录机的四个声道分别记录不同信号，为立体声制作的推广及后期编辑的便捷提供最大可能。

(7) 不依赖视频BB信号的独立的音频同步系统：为播出系统与扩声系统分别选用两套独立的 Nvision 数字同步发生器及分配输出，且配备热备份双电源。同步系统的稳定，给演播室数字音频系统带来更加安全的保障。

(8) 切换台信号控制调音台通道开关和推子的推拉：为某些特殊节目实现更为便捷制作手段。

(9) 播出调音台模块化：仅一条网线即可实现随时取出播出调音台其中某一模块到现场进行调整设置，为播出信号调整提供更加现实的便捷方式。

(10) 扩声音箱延用原有的 Apogee AE 系列。

（技术制作中心音频部　赫大原　沈 齐）

高清中央存储盘塔

CHANYE JINGYING

产业经营

产业经营

中央电视台2005年广告经营情况综述

2005年，在中央电视台“频道品牌化”战略的指导下，广告部调整广告经营策略，由“影响力营销”到“品牌营销”，紧紧依托中央电视台品牌和节目资源，在营销理念、营销体系、经营机制上不断创新，并进一步规范管理，优化工作流程，克服了种种不利形势和广告经营的困难，保持了中央电视台广告收入的持续增长，为全年广告创收任务的完成和2006年广告招标的成功打下了坚实的基础。

一、销售成绩

2005年全年广告创收实现86.1886亿元，在上年奥运会因素的高基数上增长6.1886亿元；

2006年黄金资源广告招标58.69亿元，在上年52.48亿元的高基数上增长6.21亿元。

二、广告营销创新举措

1．创新广告经营理念

从“影响力营销”升级到“品牌营销”，提出“相信品牌的力量”，依托中央电视台“频道品牌化”战略成果，凸显中央电视台品牌力和综合影响力。

2005年，中央电视台发展战略升级，从“三化”战略到“频道品牌化”战略，广告经营策略相应升级，从“影响力营销”到“品牌营销”，充分依托中央电视台的品牌资源和品牌影响力，努力探索媒体品牌与客户品牌沟通共赢的机制，与客户建立深入的战略合作伙伴关系。通过“影响力营销”高峰论坛和系列培训班，以及业内的广泛宣传，“影响力”成为企业和业界选择和评价电视媒体的主要标准之一。提出“相信品牌的力量”，实行品牌化营销得到了客户和业界的广泛认可与肯定。

2．创新广告营销体系

坚持“以客户为中心”、“以节目为根本”，建立更加面向市场的现代营销体系，为客户提供实实在在的回报。

（1）根据市场需求研发广告新产品，丰富广告产品线，满足不同客户需求。

与客户深入互动，根据不同类型的客户特点以及客户的个性化需求，进行广告产品形式的策划与设计，丰富广告产品线，更好地满足客户的需求，提升广告传播的效果。依托“神六”飞天、连宋大陆行等重大新闻事件和CCTV模特大赛、“梦想中国”等各专业频道的特别活动、特别节目，创新了一系列特殊广告项目，取得了市场效益和社会效益双丰收。

（2）盘点全台所有频道的广告资源，梳理各频道价格，建立更加科学、合理的频道广告价格体系，逐步优化中央电视台频道广告创收结构。

2005年，广告部启动了对全台所有频道的广告资源盘点和价格体系梳理的系统性研究工作。首先，研究成果纳入招标体系，为标的物设计、标底价制定及套售资源测算提供重要依据；其次，通过优化套售资源，使得招标段获得更高的性价比，保持并凸显招标产品的价格优势；第二，将科学定价的思路、策略和方法应用到所有频道广告资源的开发与经营当中，在一套综合频道稳定增长的同时，挖掘各专业频道的创收潜力。2005年10月、11月，2006年1月，陆续对几个专业频道实行了价格调整，反应良好。

（3）构建健全的广告经营营销网络，扶植和培养广告营销的渠道——广告代理公司，在严格渠道管理的同时，保障广告代理公司的利益。

进一步加强对广告代理公司的规范管理，分频道制定创收指标和计划。尝试更多更灵活的代理合作方式。2005年2月，对英语、少儿、音乐、戏曲四个专业频道尝试实行了全频道广告资源经营权招标的方式。与有诚信、有实力的品牌代理公司开展更深入、更多样的沟通与合作，健全完善了广告营销网络。

（4）创新客户开发、推广活动的形式和内容，贴近市场，务求实效，进一步优化客户结构。

2005年的客户沟通、推广活动主要有几个创新特点：

一是推广活动主题化，以“影响力营销”、“品牌中国”、“相信品牌的力量”等为主题，提高了推广活动的综合影响。先后召开了4场“影响力营销”论坛和培训，10多场“品牌中国”系列推广活动，9场“亿元企业晋级论坛”以及15场“相信品牌的力量”为主题的招标推广会。

二是开展高端营销，走进企业与客户高层一对一交流。组织了“战略合作伙伴行”客户沟通系列活动，先后与30多家重点客户高层深入沟通，影响其媒介投放策略。

三是借助第三方力量推广，取得更好的推广效果。借助地方政府、行业协会、高等院校、广告公司等力量，成功参与了“中部崛起”论坛，组织羽绒服、建材家居、白酒、金融、内衣等行业论坛。

四是首次开展境外推广，扩大推广范围。先后成功地在台湾、澳门地区召开推广会。

创新性的客户开发工作，为2006年度黄金资源广告招标打下了坚实的客户基础，是招标成功的最关键因素，也是顺利完成2005年全年创收任务的关键因素。

（5）创新宣传工作，加强与台里节目部门、管理部门的互动、合作，加强与各媒体网络的合作，宣传中央台的整体实力和形象，为广告经营营造了融洽的舆论氛围。

①《同赢》改版

自8月开始，《同赢》改版为半月刊，增加与客户沟通的频次。在内容方面，增加中央电视台的节目信息与央视广告部的经营动态，使读者对中央电视台的整体实力、频道资源、节目动态、广告政策、广告项目能有更翔实的了解，同时加大与客户互动的内容板块。

② 招标前后，在台办室事业发展调研处、广经中心的协助下，与多家主流权威报刊合作，发表多篇专题文章，宣传中央电视台的整体实力和“品牌化”改革。

③ 举办网上直播活动，及时传递广告经营信息，增强影响力。

3．创新广告经营机制

（1）加强与台内相关部门合作，建立台内广告经营系统和节目制作系统的互动、合作和激励机制，依托品牌频道、品牌栏目、品牌活动，增强专业频道的广告创收能力。

①成立“媒体资源创新”小组，依托中央电视台节目资源，在保持综合频道稳定增长的同时，着力开发专业频道的创收潜力。

② 3月9日，组织中央电视台8个栏目组与11家企业召开了互动会；3月19日，召开“媒介资源创新互动研讨会”，16位台有关节目部门负责人、13位栏目制片人，以及有关专家、兄弟电视台、广告客户等150余名代表参会，共同探讨广告经营与电视节目如何更好的互动；4月6日、4月14日，召开广告信息沟通会，邀请节目部门与广告代理公司沟通节目资源信息。

③ 5月19日，联合《艺术人生》、《非常6+1》、《绝对挑战》、《挑战主持人》等品牌栏目，与宝洁公司召开媒介资源创新“头脑风暴会”。

④ 2006年招标宣传读本中，专访总编室主任和七大节目中心主任，讲述各大节目中心、各频道的“品牌化”改革成效，并在媒体网络上宣传，得到了客户的高度认同。

⑤ 12月23日～26日，在海南三亚举办了“2006年中央电视台重点节目资源及广告信息发布会”暨“2005年中央电视台广告客户联谊会”，邀请了台内各节目中心和职能部门的代表参加，与客户进行面对面的交流、互动，取得了良好的效果。

（2）持续进行2006年一套及专业频道开发与销售策略研究。

专门成立频道开发研究小组，经过两个多月的深入讨论和不断修改，初步形成了对一套综合频道和各个专业频道的开发与销售策略方案，针对不同频道的特点和实际情况，制定了切实可行的、创新的开发与销售策略。目前，各频道业务主管根据各自频道的开发与销售方案，与节目部门和广告代理公司进行深入的沟通，推进各个频道2006年的策划与销售，并在推进的过程中不断修改和完善开发策略与销售方案。

三、完善管理流程

1．贯彻中央电视台“管理执行年”精神，广告部通过ISO9001质量管理认证，并获得国际认证联盟（IQNet）“卓越管理组织”证书

借助国际通用的ISO9001质量管理认证，在整理、总结、升华近四年广告经营成功经验的基础上，进一步完善了规章制度，严格了行为规范要求，优化了工作流程，并固化为规范化、流程化、行为化的成果，更加有效地提高了广告经营的专业化水平和媒体广告营销能力。

6月18日，获得了中国质量认证中心的认证，作为全国第一家申请ISO9001质量管理认证的电视媒体广告经营部门，广告部建立的质量管理体系，为电视媒体广告经营行业确立了规范和标准。11月16日，又获得国际认证联盟（IQNet）颁发的“卓越管理组织”证书，表明广告部质量管理体系运行取得了成效，管理水平已与国际化标准接轨。

2．贯彻执行行风民主评议活动，加强广告审查与管理工作，建立内外部的定期学习交流会与临时沟通会相结合、长效机制与整改措施相配套的机制

自7月中旬民主评议行风活动开展以来，在中央电视台机关党委和广经中心党总支的领导下，广告部深入学习、贯彻活动精神，围绕广告审查与安全播出、客户服务等工作重点，全面深入地开展了民主评议行风活动，进一步完善了管理流程与内外部沟通机制，形成了自查、自纠、自我完善的良好风气，树立本台广告经营专业、开放、真诚为观众与客户服务的形象。

（1）健全、完善广告审查与播出管理机制，制定了适合中央电视台实际的《中央电视台广告审查管理办法》和广告片三级审查制度等广告审查管理规定和措施，建立长效机制与整改措施相配套的机制以及行政整改意见的快速反馈机制，业务流程改进和技术系统改选双管齐下，将行风民主评议落到实处。

（2）加大内外部沟通力度，建立定期沟通与临时会议相结合的机制。广告审查小组定期与台机关党委、监察室、行评办等相关部门沟通，同时加强与国家工商总局、北京市工商局等广告管理机关的沟通，设专人实时收集广告监测信息，及时把握和处理广告审查中可能出现的各种问题。此外，增强与节目部门的沟通，在确保安全播出的基础上不断整合、优化广告资源。

（3）加强内部学习，广告审查人员定期召开学习交流会，开展“向同行学习”等系列培训活动，提高全体员工的服务意识和专业水准。

3．定期召开业务流程协调会，严格广告版本签订、报播、审查等程序规定，理顺业务流程，解决多项业务流程问题，提高组织管理效率

4．正式启动广告部业务分析与营销决策系统（BI系统）的设计与开发

筹划近两年的广告营销系统工程，经过4个月的设计、开发与调试，于10月全部竣工，投入试运行。该系统采用先进的“数据仓库”技术和统计分析工具，整合内外部数据资源，结合中央电视台广告经营现有及未来业务发展的需求，设计多维分析模型，为资源配置、价格制定、客户服务、市场营销等工作提供支撑，为中央电视台未来的广告经营决策与分析提供现代化信息服务，有助于提升中央电视台广告经营的运作水平和竞争能力。这也是国内媒体中第一家独立设计完成的广告营销系统，在行业内没有经验可循，是我们的创新之举。

四、加强团队建设，打造品牌团队

“务实、创新、和谐”既是我们的经营思路，也是我们的团队文化。

1．加强内部管理，进一步建立顺畅、高效的内部管理制度

严格考勤和请销假制度，引入绩效考核机制，树立广告部的良好纪律规范和工作风气。加强广告部的考勤管理制度和绩效考核制度的建设与执行，加快推进业务流程管理和组织架构的研究，建构更加科学、有效的管理体制，并建立人员进入和流出的科学机制。

2．引入并不断完善绩效考核机制，促进广告收入持续稳定增长

按照“任务分解，压力传递，量化考核”的思路，逐步推进量化考核机制的建立。针对2006年招标，将整个招标工作分解为235项任务，分组、分项监督考核，并按不同行业，对今年参加招标的客户数量、中标客户数量及数额、明年的执行额等数据指标进行考核；9月份开始，广告部还尝试将月度创收指标分解到相关销售科组，进行量化考核，为今后全面实行绩效考核打下基础，以适应中央电视台对经营单位开始量化考核的要求。

3．举办系列培训活动，树立良好的学习风气，提高员工的专业水平和综合素质

继续组织“向同行学习”的系列培训活动，先后邀请央视索福瑞公司总经理王兰柱、福建电视台广告部主任吴志明、《北京晚报》广告处处长倪宝忠、实力媒体万国视讯内容总监颜淑珍女士、湖南卫视广告部主任樊旭文、上海文广集团原广告中心主任梅利君、北大光华管理学院营销系副主任江明华等为广告员工作专题培训。

4．加强党支部、团支部建设，丰富员工的精神文化生活

（1）召开广告部团支部书记公开竞选大会，通过民主自荐、公开竞选的方式，选举出新任团支部书记和团支委。团支部竞选活动获得了中央电视台团委2005年度最佳主题日活动的表彰。

（2）多次组织形式丰富的内部联谊活动，丰富了员工的精神文化生活。

五、深化广告营销的几点经验

中央电视台2005年工作会议提出的“频道品牌化”战略，以及由节目中心制向频道制的转变，和即将实施的广告创收与节目部门挂钩的激励机制等一系列新举措，不仅为广告经营工作提出了新要求，也为广告经营工作提供了新机遇。广告经营开始战略转变，由过度依靠综合频道广告创收，转为在综合频道收入稳定增长的同时，挖掘专业频道创收潜力。为做好这一工作，媒介资源创新、广告经营部门与节目部门更好的互动，成为广告经营的重点和关键。

1．依托中央电视台“频道品牌化”战略，配合中央电视台的整体发展和实力的提升

广告经营工作将不仅仅局限于广告项目的推介，而是突出中央电视台的整体实力和品牌价值。把握四个营销原则：诚信营销、专业营销、智慧营销、创新营销。

2．“推、拉”结合的销售策略

对招标段实行“推、拉”结合的销售策略效果很好，进一步运用到其他广告资源的销售。二者有机结合，保持中央电视台广告资源紧俏的局面，有利于稳定和提高招标段执行率，促进销售，为广告营销营造良好的氛围。

3．加大重点项目营销力度

对电视剧、特别活动等重点销售项目，固化经验，形成前期策划、宣传推广、后期总结的制度，加大策划力度，采取多种创新的方式进行推广和销售，包括新闻发布会、宣传片和精彩片花滚动播出、主创人员专访、MTV、平面媒体宣传炒作等等，营造收视期待和资源紧俏的局面，有利于推动销售。

4．“预售”模式的探索

招标实质上也是一种“预售”。2006年招标结束后，针对未中标客户、中标不充分客户和其他潜力客户的情况，对2006年的部分正常广告时段和特殊项目资源进行了预售，销售情况不错。对电视剧也尝试推广全年长单、半年长单或季度长单的销售方式，对一些特殊项目也尝试“预售”的模式。“预售”模式将来年的广告资源提前销售，为来年的广告销售争取到更多的时间和空间，能够有效地减轻广告销售的压力。

5．专业频道开发

针对各个专业频道的特点和实际情况，对各个专业频道提出相应的开发策略和销售政策，频道业务主管树立“频道广告总监”的角色意识，加大对各个专业频道的开发与创新，提高专业频道的广告收入，使中央电视台的广告收入结构趋于合理。

6．创新与客户沟通的方式

更多地采取互动的方式，更多地采取客户联谊等互动方式，与客户在非常轻松、融洽的氛围内进行沟通，是很大的创新，取得了实效。今后将进一步探索更多的与客户互动的沟通方式，例如主题沙龙、俱乐部等等。

（广告经济信息中心供稿）

中央电视台2006年黄金段位广告招标工作综述

2005年11月18日，在我国媒体广告经营竞争形势激烈、收视分流、客户变化、政策限制等因素构成的严峻形势下，中央电视台2006年黄金段位广告招标再创新高，突破55亿元大关，达到58.69亿元，取得了广告经营的又一丰硕成果。

一、招标的基本情况

2006年黄金资源广告招标会圆满成功，中标总额58.69亿元，在上年52.68亿元的高基数上，净增6.21亿元。

1．宝塔型的客户结构

赵化勇台长在招标结束后的第一次台例会上提出：“今年招标，形成了‘宝塔型’的客户结构，形势可喜，良好的客户梯队，是广告收入的基础。”本年度的报名企业数量增加了25%以上，中标企业数量增加了近50%。从招标额来看，过亿的企业有18家，5000万到1亿之间的企业有24家，1000万到5000万之间的有50家，形成了“宝塔型”的客户结构。这对下年的招标执行情况和广告创收打下了非常好的基础。

2．含金量高的客户分布

中标客户含金量更高，分布更广泛、更合理，体现了赵化勇台长“抓大不放小”的思想。

(1) 传统重点行业稳中有升。食品饮料依然是第一大户，中标总额达到14.1185亿元。其中，乳业的增长幅度接近100%。医药保健企业在招标中表现非常踊跃，行业中标总额比去年增长55%。日化行业的中标额再创新高，达到9.5891亿，宝洁继续蝉联中标额的第一位。其他传统行业如家电等均在这次招标中取得了不俗的成绩。

(2) 新兴行业百花齐放，提高人民健康水平与生活品质的行业表现踊跃。金融保险、家具建材、教育电子、黄酒等新兴行业中标数额突出，还有报纸、面粉、陶瓷、网站等新行业首次现身招标。来自山西的英语学习报《英语周报》成为招标历史上第一份中标的媒体。

(3) 北京、上海、广东等地中标额持续上扬，中西部中标企业大大增多。北京地区中标额达到14.81亿元，排名第一。上海地区的中标额为8.3114亿元，比上年增长了68.06%。广东地区中标额10.8829亿元，比上年提升了1个多亿。浙江地区的中标数额也较高，达到5.8026亿元。除了传统强势地区外，内蒙古、河南、河北、湖南、贵州、山西、陕西、吉林、海南、云南、天津、山东、江西、湖北等全国各省市均有企业中标。

(4)国有企业和国际品牌中标额再次大幅增长。随着改革的推进，国企的市场意识也不断增强，日益加大品牌传播力度。国有企业的中标总额为12.1173亿元，比上年增长44%。国际品牌中标客户在行业分布上更广泛，除了宝洁、联合利华、高露洁等传统的日化企业，食品、医药、汽车等行业均有国际品牌中标，中标总额达到8.5535亿元，比上年增长1个多亿。

(5) 黄金资源受欢迎，企业投标更务实。新增的黄金资源包括《2006年世界杯赛事直播》独家特约播出、《2006年世界杯射手榜》独家冠名、《2006年我最喜爱的春节晚会节目评选活动》独家冠名和《第十二届全国青年歌手电视大奖赛》独家冠名，4个标的物总中标额达2.0423亿元。企业也越来越理性与务实。比如A特段这个项目，今年从14条缩减为12条，广告的含金量更高，企业的投标力度就相应加大；而5秒标板和去年的价值水平基本相当，广告价格也就基本稳定持平。另外，随着2008年奥运会的来临，奥运会合作伙伴和赞助商如中国石化、中国石油、中国移动、中国人寿、海尔、伊利等，在这次的招标活动当中表现得尤为突出。

3．悄然变化的客户心态

随着节目品质的提升，招标工作的不断推进，随着我们与客户更坦诚、更务实、更真诚的沟通，我们还可以看到，客户的心态悄然发生了变化，从观望到期望到希望，希望看到中央电视台的变化和举措，希望与中央电视台更多地合作。

4．越来越旺的人气指数

北京会、广州会的人气已经非常旺，上海会达到高潮，西安会有一千多人到场，并且首次走出境外，在澳门举办推广会。这种人气旺盛不仅仅是指人数多，而且现场气氛非常好，到场人员都非常专心地聆听，会议前后的沟通非常有效。

5．客观肯定的业界声音

今年的舆论环境很好，外界报道的口径比较一致，很少有负面的报道。从台内的自我评价到各界的整体评价，都反映今年的招标结果比较合理，与中国经济发展、中国企业品牌意识觉醒的大背景相吻合。

二、招标成功的主要原因和主要营销举措

1．58.69亿元，折射出中国经济的活力

中国经济持续稳定的增长，给企业创造了健康的发展环境。十六届五中全会，描绘了未来五年发展的美好蓝图，北京奥运脚步的临近，进一步激活了经济的活力，2006年是“十一五”开局之年，广大企业也对未来充满了信心。

2．58.69亿元，反映了中央电视台“品牌化”战略发展成果

中央电视台开始实施“频道品牌化”发展战略，不到一年时间，各频道收视份额、节目品质大幅提升，品牌力和综合影响力进一步凸显。对重大新闻事件的直播、报道，充分彰显了中央电视台的综合实力和影响力，例如，“两会”报道、连宋大陆行、纪念抗战胜利60周年庆典、直播西藏、直播新疆、“神舟六号”发射、十运会、东亚运动会等等，直播是最能体现电视媒体实力的。这些成果，集中体现在收视份额增长的优美曲线上，也体现在招标额不断上升的优美曲线上。

卖广告，就是卖节目，就是卖中央电视台的品牌，我们要加大与节目部门的互动、捆绑、沟通、合作，互相支持、配合，才能很好地完成创收任务。

3．58.69亿元，依靠了台领导、中心领导的正确决策、精心部署

这次招标，中央电视台领导高度重视，先后十几次听取招标工作汇报，中心领导听取的汇报次数更多，并且保持着随时的沟通。每个环节、每个方案，每走一步，都有台领导直接的指示，凝聚着台领导的心血和智慧。赵化勇台长多次作出指示，例如，要坚定信心，战术上要高度重视，“抓招标与抓执行并举、抓一套销售与抓专业频道销售并举、抓老客户和抓新客户并举、抓广告提价和抓广告时间减少并举”，广告部内部要搞责任制，把任务分解到人等等。罗明副台长指示，要树立坚强的信念，贯彻务实的理念，要体现专业精神，招标推广和宣传要彰显中央电视台的节目实力，始终贯彻与时俱进等。11月18日凌晨一点多，罗明副台长还在现场部署工作。袁正明副总编辑指示，招标要“一盘棋”，实行责任制，注重实效性。郭振玺主任指出，要忙而不乱，要抓住重点，始终坚持以客户为核心等等。

4．58.69亿元，凝聚着全台的心血和汗水

招标是一个大的系统工程，需要方方面面的支持。机关党委、各中心纷纷打电话表示支持，出人出力。梅地亚中心积极配合，考虑得非常细致。推介会动用了中央电视台很多优秀的主持人，非常敬业。台工会、精神文明办、技术部门、上海拍卖行等等相关部门，都给予了很大的支持。

5．58.69亿元，浓缩了广告经济信息中心、广告部全体的智慧和辛劳

(1) 标书方案：大胆创新，概念延展。传统项目锦上添花，达到了增值的效果；四大新增项目受到欢迎，为未来广告经营创造了非常好的模式。

(2) 招标推广：主题鲜明，形式创新。围绕“相信品牌的力量”，从宣传资料到推广活动，产生很大的冲击力。“统一”润滑油的案例，贯穿始终的运作，增强了招标段价值的说服力，体现了策划水平和专业水准。区域沟通会上对话环节的导入，既沟通了感情，又对实际投放产生了拉动。客户服务人员与会务人员相对分离的策略非常成功，客户服务人员投入全部精力与客户进行沟通，抓住了重点，收到了实效。

(3) 客户沟通：一对一、点对点、人盯人。招标前20天，每天对客户沟通情况进行梳理、汇总，前三四天，客户摸底非常清晰。进入“11·18”，我们胸中有数、心中有底。

(4) 技术系统：万无一失、滴水不漏。技术系统准备充分、反复演练，对可能发生的特殊情况，制定了多项应急预案。

(5) 招标宣传：全台统一部署，舆论先导，占据主动，内容创新。台办公室和广告经济信息中心围绕招标组织了主流媒体的宣传报道。我们采取了先入为主、先占据主动的策略，先把正面的声音通过各种渠道发布。将新闻发布会提前到招标当晚，策略研究组紧密配合，将统计结果和分析报告及时提供给媒体，有效地掌握了舆论主导权。

招标宣传与节目部门紧密结合，《招标读本》中增加了七大节目中心主任对2006年节目的展望，客户的反响很好。

(6) 绩效考核：量化管理，机制创新。

我们首次采取绩效考核方法，起到了非常好的促进作用。根据行业划分对客户沟通和中标情况进行考核，虽然给客户服务人员带来了压力，但是能够激励他们把压力转化为动力，把客户的情况摸准。

(7) 策略研究：资源盘点，价格梳理。从7月份开始，我们开展了全台广告资源盘点和广告价格体系梳理的研究，招标的标书方案是建立在这两个研究方案的基础上进行提炼和设计的。这两项研究不仅对招标，也对未来的广告经营具有很重要的意义。

(8) 现场气氛：掌握有度，秩序井然。在广经中心的精心安排下，招标现场对度的把握很好，既体现了对客户的尊重，又对招标起到了推波助澜的作用。

(9) 常规工作：平衡有序，保障有力。常规工作做得非常到位，使前方的人员能够腾出更多精力放在招标上。常规工作涉及到多个科组，特别是招标段小组。常规销售和日常工作的平稳开展，保证了今年招标的成功。

(10) 后续工作：及时跟进，扩大战果。“11·18”虽然结束了，但2006年招标还没有结束，我们及时做了大量的后续工作，抓住未中标客户、中标不充分客户和其他的中等客户，进行针对性的后续销售，此时若不抓住，客户的预算就会流向其他媒体。

三、招标工作给了我们很多启示

1．进一步坚定了我们的信心

首先是给予客户的信心，客户投放CCTV的信心更足了；

其次是给予全台的信心，对全台的振奋和鼓舞很大，节目部门、职能部门会给予广告部很大的支持，为下年的广告创收工作创造更好的内部环境；

此外是给予自己的信心，信心是来源，虽然这次的招标形势非常严峻，只要中央电视台的节目品质不断提升，收视份额不断提升，广告经营策略得当，招标和广告创收一定能成功。

2．进一步坚定了我们的工作方法

方法是关键。必须认真细致，分工协作，把握节奏，提高效率，进一步加大整合力度，发挥团队的力量，将每项工作、每个环节都落到实处。

3．进一步坚定了我们的工作思路

思路是方向。我们将继续贯彻赵化勇台长“抓大不放小”的思想，这次招标客户数量的上升，行业分布的广泛，就是最好的体现。今后，我们将通过更加务实的操作，建立更好的客户梯队。同时，也进一步坚定“务实、创新、和谐”的工作思路，每个环节的成功，都离不开这个思路。

（广告经济信息中心供稿）

中国国际电视总公司2005年经营情况综述

2005年是中国国际电视总公司加速发展、再获丰收的一年。经营业绩持续快速增长，圆满完成中央电视台下达的2005年各项经营指标。全年实现营业收入25.61亿元，完成年度计划的102%，比去年同期增长11%；实现利润总额5.17亿元，完成年度计划的106%，比去年同期增长20%；实现纯利润3.14亿元，完成年度计划的105%，比去年同期增长20%；上交台广告费15.06亿元，超额0.66亿元，完成年度计划的105%，比去年同期增长10%，为全台经营创收作出积极贡献。

影视制作注重精品，品牌打造成效显著

影视制作是总公司的传统优势业务。2005年坚持走精品化道路，“中视影视”品牌打造成效显著。全年生产电视剧41部1076集，占全国总产量的10%以上，制作了《这里的黎明静悄悄》、《大宋提刑官》、《一帘幽梦》、《宝莲灯》等多部影视精品。《大宋提刑官》创央视一套上半年收视第一；《宝莲灯》创央视八套全年收视第一。《台湾首任巡抚刘铭传》、《杨门女将》、《欢乐农家》获25届电视剧“飞天奖”。在非电视剧类节目制作上2005年总公司也实现新突破。3部合拍纪录片《新丝绸之路》、《张骞通西域》和《徐悲鸿》获各方好评；104集大型动画片《三毛》第一部现已制作完成播出，相关产品开发也收到较好经济效益，签约额度近2000万元。知名品牌《同一首歌》成功举办了赴加拿大、美国演出，在海外产生了巨大影响。

广告经营优势继续巩固提升

广告经营是总公司的支柱产业。2005年在市场竞争加剧、没有重大体育赛事的情况下，与中央电视台节目部门密切配合，紧密围绕“频道专业化，专业频道品牌化”，积极探索、深挖资源。2005年中视广告事业部（含总公司广告部、未来广告公司、北京视澜广告）实现经营收入5.116亿元，完成计划指标的114%，实现纯利润2.3197亿元，完成计划指标的116%，超额完成各项经济指标。首次销售央视国际网站广告，即实现广告收入1000万元，充分展示了公司的广告经营优势。未来广告公司2005年被评为“中国最具影响力的本土广告公司”及“中国本土广告公司综合实力第一名”。

音像发行积极拓展海外主流市场

2005年在节目发行面临片源优势丧失、港台东南亚市场萎缩等严峻形势下，中视发行事业部积极加强渠道建设，实施“危机管理”，在挖掘热点题材、拓展海外市场上下工夫，并实现历史性突破。成功发行《八路军》、《抗战八年》等优秀剧目；将《大汉风》、《1405——郑和下西洋》成功发行到欧美主流市场，《记忆的证明》发行到韩国和日本；与美国国家地理频道合作全球发行纪录片《故宫》成绩显著，取得较好的经济效益。

技术服务能力不断提升

2005年，中视技术事业部积极发挥企业机制优势，大力提升技术含量，不断提高对中央电视台的服务水平，并积极拓展台外市场，优化经营格局。全年实现营业收入1.7873亿元，完成计划的112%；实现纯利润1501万元，完成计划的106%，超额完成9%净资产收益率的指标。所属中视联信形象设计制作有限公司成功竞标并出色完成“十运会”舞美工程；中视技术公司获得全球最大灯具生产商丹麦马田公司授权；中电高科与中央电视台有关部门合作建成全国规模最大的多媒体网络系统工作站。

旅游实业业务积极输出品牌

2005年，中视旅游实业事业部所属梅地亚中心凭借自身品牌和管理优势，积极拓展酒店管理和高档物业管理业务，成功受托管理黄山梅地亚酒店、河北梅地亚酒店两家四星级酒店，并成功竞标中央电视台部分物业服务业务；中广物业成功竞标中国电影博物馆物业管理，说明总公司物业管理已具备相当的市场竞争力。

市场调查业务取得重大进展

央视—索福瑞（CSM）成功竞标香港地区未来五年电视媒体收视率调查业务，2006年开始正式提供数据服务，签约额达4800万港币。2005年，央视市场研究、央视－索福瑞媒介、央视资讯科技三家公司全面完成各项经营指标，共实现税前营业收入3.6268亿元，税后利润7244万元，按总公司股权比例（51%）实现税后利润2572万。

长城平台订户突破3万户

长城平台是总公司代理集成大陆和香港十多个频道在内的电视频道包。2005年12月初，北美平台订户数就已突破3万户，为确保3年5万户目标的实现奠定了坚实基础。全年实现分成收入近2000万元。年初开办的长城亚洲平台在台湾岛内用户已近1万户。目前，配合广电总局和中央电视台工作部署，长城平台正由美国向加拿大、欧洲、非洲和中南美洲积极扩展。

网络电视积极推进

2005年，央视网络电视的直播平台共有频道16个，全部在国内落地覆盖，其中有8个频道在境外落地覆盖；点播平台共有19个频道，全部在国内落地覆盖。直播平台覆盖的宽带用户数总计1.1亿户，其中国内用户6000万户，全球海外用户5000万户，已发展注册用户217万户。点播平台覆盖的国内宽带用户6000万户，已发展注册用户100万户。全年营业收入近1500万元。

成功承办广博会

2005年，总公司成功承办广博会的第三届中国国际影视节目展和第14届北京国际广播影视技术设备展，取得社会经济效益双丰收。节目展面积达2.2万平方米，位居亚洲第一；参展商600多家；参展电视剧439部12430集，电影78部，纪录片／专题、栏目610部，动画片156部7561集，交易金额（含意向交易金额）达7.67亿元人民币。设备展展出面积4.5万平方米，参展商412家，5万多人前来参观，意向交易金额10亿元。节目展和技术设备已成为亚洲规模较大的专业展。

（中国国际电视总公司供稿）

中央卫星电视传播中心2005年经营工作情况

2005年，中央卫星电视传播中心紧紧围绕CCTV－3、5、6、8套付费电视市场经营，抓市场管理、抓队伍建设，在事业发展上取得了新的进展。

2005年卫传中心实现了两大突破：签约用户突破3000万户，为3145万户。收视费收入突破5亿元，为5.44亿元。

2005年卫星公司实现主营业收入1.48亿元，比上年度增长19.16%，实现纯利润2400万元，向国家上缴各项税金990万元。

现将2005年的经营工作综述如下：

1．多年的市场培育得到回报

中央卫星电视传播中心成立初期，采取了让利地方，中央与地方共赢的方针，使地方有线台得到了利益，培育了三、五、六、八套节目用户市场。经过多年的发展，地方各有线台有了一定的资金积累，从而促进了三、五、六、八套节目的有效覆盖。实践证明，这一方针是行之有效的。2001～2004年卫传中心每年的收视费收入均以3000万元递增，尤其是2005年收视费增长了7000万元。近两年，中心逐步调整与地方的利益，提高收费用户的签约比例，预计将用几年的时间，使中央与地方的利润逐步达到一个双方均可接受的平衡点。

2．加强管理，严格执行合同

中央卫星电视传播中心在全国2/3的省份设立了代理单位，为加强全国各地方代理的管理工作，促进中央电视台加扰电视节目的收视用户增长，完成2005年收视费收缴任务，召开了全国代理工作会议，向全国代理传达了台领导关于实现收视费收缴要有较大增长的要求，取得了各代理单位的理解和支持。在代理会上，座谈研究了市场开发工作中出现的新情况、新问题；总结了过去工作的经验和不足；对代理提出了新的要求；进一步明确了工作重点和工作目标。

为保证5亿元收视费收缴任务的完成，中心严格执行合同，对超范围传输信号，不按期交费的用户，我们果断采取关停信号等有效手段进行管理。

卫传中心经营CCTV－3、5、26、8收费业务，从1996年开始收费，截至2005年，十年累计创收40.68亿元，其中收视费收入37.78亿元，十年累计上交电视台及电影频道30.4亿元，十年人均创收1.2亿元。

3．卫星公司2005年的主要业务

（1）卫星转发器租赁业务。按照广电总局的要求向全国37家省级广电系统用户提供传输卫星广播电视节目所需的卫星转发器租赁服务。截至2005年底卫星公司承租着“亚洲3S”、“亚太Ⅵ号”、“亚太ⅡR”和“鑫诺1号”4颗卫星上约700MHz带宽容量用于传输广播电视节目。

(2) 卫星平台节目传输业务。目前卫星公司利用自身建设的平台负责传输31套境外卫星电视节目并对其进行加密和监控，传输20套（包括10套中央电视台节目）“村村通”广播电视节目及相关接收设备的销售业务。

4．目标和困难

中央卫星电视传播中心将在未来五六年内使签约用户达到4000万户，收视费突破6亿元。要实现以上目标，我们还面临许多困难。目前，全国有线电视用户约为1亿个（实际收费用户为五六千万），经过近两年提高与地方的签约用户数，已使地方实际用户数和向中心的交费用户数达到一个平衡点，中心每增加一户，就是从地方手中拿钱，地方的发展也需要资金，因此增户的难度越来越大，市场的发展空间越来越小，趋于饱和。下一步的发展目标是在农村，但农村用户收费低，网络建设投入大，所以带来的经济效益不高。

2006年我们要围绕主要业务工作，进一步加大管理力度，提高管理水平，认真总结十年来的经验与不足，努力完成好台领导交给我们的任务，把我们的事业发展推向新的更高的阶段，为中央电视台产业化发展作出我们应有的贡献。

（中央卫星电视传播中心供稿）

2005年中央电视台付费电视经营情况综述

2005年，中央电视台付费电视经营态势良好，中央数字平台产品在全国市场继续深入推广，社会效益和经济利益达到预期目标。中央数字电视传媒有限公司在中央电视台的正确领导和大力支持下，坚持“精确经营、精办频道、精细服务；创新理念、创意内容、创造市场”的基本原则，继往开来，努力经营，在市场网络的建设、分销体制的开发、终端客户的服务以及更多优质数字付费频道的集成等方面取得了显著成绩。

一、营业收入大幅增长，用户覆盖范围持续扩张

2005年，中数传媒全年收视费收入超过3500万元，累计签约用户155万，签约网络公司130家，双CA签约73家。签约网络覆盖全国大部分省、直辖市和自治区，全国20%的网络公司开始销售中央电视台的付费电视节目，中央数字电视平台的频道在地市级数字电视市场的普及率达到40%～50%。央视《高清影视》频道销售全面启动，与松下、日立、海信签订捆绑合作销售合同，整体捆绑合作销售模式初见成效，并实现高清信号在上海、深圳、杭州、广州、大连等全国58个城市的落地。

二、频道集成能力增强，集成频道数量快速增加

2005年，中央数字电视平台共集成32个全国范围播出的数字付费电视频道，通过亚洲4号卫星传输到我国各有线电视网络前端，然后再通过这些有线电视网络公司传输到户。这32个频道包括央视《高清影视》频道、《电视指南》频道和央视风云自主集成的12个频道，分别为《第一剧场》、《风云剧场》、《风云音乐》、《风云足球》、《怀旧经典》、《世界地理》、《央视精品》、《高尔夫·网球》、《女性时尚》、《国防军事》以及在北美长城平台播出的《CCTV—戏曲》和《CCTV—娱乐》频道。另有18个地方频道，分别为《家庭影院》、《靓妆》、《留学世界》、《汽摩》、《天元围棋》、《游戏竞技》、《孕育指南》、《高尔夫》、《彩民在线》、《东方物流》、《老年福》、《梨园》、《青年学苑》、《视觉生活》、《中华美食》、《欧洲足球》、《英语辅导》、《早期教育》。中央数字电视平台成为全国频道集成数量最多、规模最大、合作伙伴最多的数字付费电视集成平台。

三、市场职能逐渐完善，用户市场开拓效果显著

2005年，中数传媒坚持以市场为导向，建立健全了各项市场职能，推进了中央数字平台产品的市场开拓。

1．完善分析和调研职能

2005年，中数传媒在地方市场进行了4次调研，以

较低的成本，比较准确地了解到现有频道的市场满意度，并为建立付费电视的评价体系打下了基础。

2．建立科学的定价打包体系和产品管理流程

2005年，中数传媒设置了基本产品包，积极推进单频道销售策略，降低了消费者尝试数字电视的“门槛”，提高了中央电视台产品价格上的优势和市场占有率。

3．强化宣传推广，与地网公司联动的规模宣传初步形成

2005年，中数传媒采用多种传播途径进行宣传，印制平面宣传册近十种，同时整合利用各地网络公司的媒介资源，使全国的推广工作与本公司协调统一。

4．积极参与行业展会和行业研讨会，突出中数主导形象

2005年，中数传媒积极参与了CCBN、BIRTV、ICTC等广电行业内重大展会，并组织和参与了全国性的网络公司交流会和论坛，使中数的营销模式和创新思想得到各网络公司的广泛认同、配合与执行。

5．紧扣市场时机，关注促销工作的实效性

2005年，中数传媒在全国举行了近80次促销推广活动，其中全国性的活动21次。从2005年8月份起，《高清影视》频道的销售成为公司业务的重点。根据高清业务的发展需要，促销人员参加全国各地各种展会20多次，有力地推动了高清项目及其他业务的开展。

6．大力培育市场渠道，把“培训”力变为竞争力

2005年中数传媒为地方网络公司量身定造了10余种培训方案，完成了对139家地方网络公司的20多次培训，为提高地网公司对中数公司的形象认同、理念贯彻及产品认知度，有效帮助各地进行本土化营销起到重要作用，在一定程度上解决了地网执行力不高、市场化程度低的问题。

7．重视服务营销，逐步建立客服体系

2005年，中数传媒设立网络客户服务中心，积极与各地网络公司广泛沟通，与地方网络公司客服部门初步建立起了一个有效地沟通渠道，全面高效地为客户提供服务。

四、落实中央电视台数字电视发展战略，创新营销模式

2005年，中数传媒全面落实中央电视台数字电视发展战略，综合目标市场、节目质量、产品定价等因素，制定了相应的面向代理商与用户直销的销售政策。采用买断式滚动发展策略和双CA过渡期解决方案。快速灵活地解决了市场进入门槛较高的问题。

中数传媒坚持中央电视台整体利益最大化的原则，在确保收益的基础上，关注未来业务趋势，建立项目研发机制，创新思维，尝试资本运营，探索增值业务新途径，积极开展数字电视全业务。在探索直播卫星地面运营方案、NVOD项目研发、筹办体彩、福彩频道等方面取得了可喜的成绩。

2005年，中央数字电视平台实力壮大，发展活力增强，市场占有率在全国处于绝对优势地位。但是市场开发依然处于初级阶段，加之面临严峻的上下游市场压力以及来自竞争对手的挑战，将需进一步完善经营机制，全面加强管理，降低成本和费用，提高经济效益，增强中央电视台付费电视的市场竞争力。

（中央数字电视传媒有限公司供稿）

中视传媒股份有限公司产业经营及高清影视概述

一、中国数字电视的发展前景

数字电视并不像人们想象的那么神秘。通俗地说，它是一种新型的电视信号传输方式，拥有其他增值服务。比起传统的模拟电视来讲，数字电视有着无可比拟的优势：更高清晰度的图像质量；海量化的信息；消费者拥有更多的选择以及消费者与电视台之间进行的互动。

如今，数字化是一场全世界范围的新技术革命，是广播电视发展的必然趋势。在发达国家和地区，数字电视目前已进入大规模商业应用阶段，而在我国才刚刚开始。

根据广电总局的规划，中国有线电视数字化将分四阶段、从东到西三个区域进行。第一阶段大致到2005年底，直辖市、东部地区级以上城市、中部省会城市和

地区级城市，以及西部省会城市向数字化过渡；第二阶段到2008年，地市级城市和西部少数城市普及数字化；第三阶段到2010年，数字化扩展到东部县以上和中部大部分县以上的城市；第四阶段到2015年，西部地区基本实现数字化并力争完成数字化的整体过渡，模拟信号结束播出。

二、平板电视市场需求开始爆发性增长

中国电视市场正在进行着一场重大变革，电视平板化、数字化的发展趋势不可阻挡。在2015年之前，我国现有的3.7亿台模拟电视机都将升级。现在市场上的大屏幕平板电视销售量急剧增加，2005年城市平板电视市场需求规模达到185万台，占城市彩电市场整体需求的12%，比2004年增长185%。大屏幕平板电视成为城市消费者追求高品质生活的直观体现。

据国美电器（截至2005年8月）统计结果显示，国内城市彩电市场仍然保持了旺盛的需求，预计购买彩电的消费者家庭比重为16%，其中平板电视的预计购买需求占45.4%，2006年购买比重为47.2%。

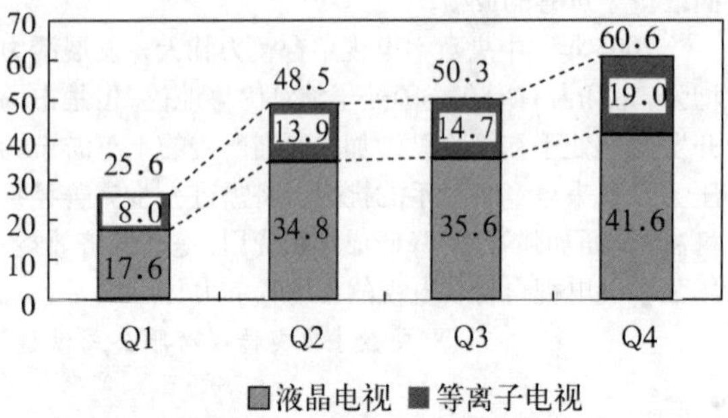

图1　2005年平板电视市场需求规模

数据来源：国务院发展研究中心市场经济研究所　国美电器有限公司

图2　2005上半年液晶电视产量变化

	1~2月	1~3月	1~4月	1~5月	1~6月
本月累计（万台）	26.3	44	62.4	89	113.1
去年同期（万台）	5.3	12.7	16.4	21.3	26.4
同比增长（%）	399.2	246.8	280.5	317.8	328.4

数据来源：信息产业部　中国电子商务部

图3　2005上半年等离子电视产量变化

	1~2月	1~3月	1~4月	1~5月	1~6月
本月累计（万台）	5.7	7.5	21	27.7	37.2
去年同期（万台）	1.7	2.9	5	7	8.4
同比增长（%）	237.3	163.6	320.2	295	342.9

数据来源：信息产业部　中国电子商务部

2005年1～6月份，我国市场上20英寸液晶电视销量占整体液晶电视市场的29%，32英寸产品销售比重在2004年6月只占5%左右，到2005年则高达25%，小尺寸产品已在逐步萎缩中；32至37英寸以至更大尺寸正快速成长为市场主流。等离子电视方面，42英寸仍然处于霸主地位，占据着94%的销量，但其中的93%还是42英寸SD（标清分辨率852*480），HD（分辨率1024*768以上）部分比重太小，主要是价格差距以及国内高清信号源较少等因素所致。

三、顺应市场需求，高清影视频道应运而生

随着中国经济的快速发展，人们对于文化精神生活的要求越来越高，数字电视的发展将使广大中国消费者“一步到位”，享受与发达国家同样质量和水平的传媒服务。

从数字电视业务本质上要满足人们对高清音、视频娱乐的需求角度来看，数字高清化电视应该是未来数字电视的长期发展的必然方向之一。在全球范围内，高清电视（HDTV）产业与市场正在快速成长，作为数字电视业务领域的重要发展方向之一，HDTV一直受到全球各国的关注。

中央电视台于2005年9月1日面向全国试播出了全球第一家中文高清频道，每天15小时播出。2006年1月1日央视高清影视频道正式播出，每日7时至次日1时，18个小时连续播出。

高清影视频道的开播，使消费者体会到高清平板电视的诸多优点。画质大幅度提高，画面像素数是普通标清电视的6倍以上，画幅比例为16∶9，使用高清电视机收看画面不再像收看标清节目时有“压扁”感；环绕立体声；清晰度、层次感均有质的飞跃。

央视高清影视频道节目从拍摄到后期制作，再到上星传输、落地接收均保证“真正高清品质”，节目内容

主要以影视剧为主，同时涵盖音乐、时尚、体育和纪录片等多种节目形式。中央电视台所拥有的高清节目质量和数量在国内独占鳌头。高清节目储备达2600小时，每年新增800小时；中央电视台收视率前列的栏目将进行高清化改造，在高清频道与中央电视台标清频道同步播出；众多著名体育赛事独家转播权，2006年世界杯将在高清频道直播；从海外引进优秀的高清节目独家播出。

高清影视频道由中央电视台控股上市公司中视传媒股份有限公司和中央电视台直属公司中央数字电视有限公司共同运营。中视传媒负责频道内容提供、频道集成和编播，中央数字电视传媒有限公司负责技术保障、地网接入、市场开拓和销售。

四、中国电视事业的新里程碑

数字电视的发展意味着中国消费者们的生活水平发生了质的飞跃。根据广电总局的规划，2008年正式开办数字化电视节目，2015年取消模拟电视节目的播出，中国电视事业将进入新一次的发展浪潮。

第一次浪潮：80年代中期，1983年到1988年期间，中国电视事业规模空前扩大，电视宣传面貌发生很大的变化，形成了目前中央、省、市、县四级办电视的体制格局。

第二次浪潮：90年代前期，1992年到1995年期间，中国电视事业的发展出现了四大特点：一是电视机构猛增超过4000家，电视的人口覆盖率达89.98%；二是大量系列台和专业台开办，特别是以经济台为特色的系列台和专业台；三是有线电视被正式确立了主流传媒的地位，获得了极大的发展；四是电视行业进行内部的经营改革探索，同时利用媒体的优势进行产业经营的探索。

从2002年起，中国的电视进入了改革发展的第三次浪潮。数字化、网络化技术推动建立新的传播格局；壮大产业经营实力成为应对竞争的发展目标；实行行业体制重组，构建电视事业的全新体系。

央视高清影视频道的播出，对推动中国数字化的进程助一臂之力，将逐步建立起中国电视事业的新里程碑。

五、高清影视频道的诞生对整个电视产业链的深远影响

2015年之前，我国现有的3.7亿台模拟电视机都将升级，数百家电视台的设备也要更新。由此可见，我国的数字电视产业前景巨大，产业链上的各个环节都“有利可图”。而“十一五”将是我国数字电视整体平移的准备期，是广播电视系统从模拟向数字化过渡的重要阶段。

2005年全球高清电视用户数量达到1450万，高清电视产业市场规模达到421亿美元，高清用户数量及其收入在数字电视用户量及收入中所占的份额呈现逐年增长的势头。在中国，高清电视的概念伴随着数字电视而生，一直在跟随世界潮流而动。

2001～2005年间，中国HDTV产业主要是处于市场的孕育期。尽管用户市场仍未规模化启动，但是到2005年中国HDTV产业市场总体规模已经达到了194.1亿元人民币。预计未来的2006～2010年期间，中国HDTV产业市场规模依然保持快速增长，而高速增长的同时，产业结构也将逐年趋于均衡化。

六、总结

中国人具有对于时尚消费的理念，尽管数字电视（DTV）与之相关的业务与服务还远未推广开来，但实际上高清电视机却先一步进入寻常百姓家。数字高清电视机正在进入到更为快速的消费增长期。

相信顺应市场需求和数字电视发展方向而建立的央视高清影视频道，将在平板电视市场需求增长爆发期中逐步建立起中国电视事业的新里程碑，从而对整个电视产业链产生深远影响！

（中视传媒股份有限公司供稿）

2005年7月22日，中央电视台2005年经营工作会议召开，全面提出了全台经营工作的基本方针、战略思想、主要任务和总体要求。

2006

CHINA
CENTRAL TELEVISION
YEARBOOK

中国中央电视台
年 鉴

TONGGANGAO JI TAIWAN JIAOLIU YU HEZUO

同港、澳及台湾交流与合作

同港、澳及台湾交流与合作

2005年中央电视台同港、澳及台湾交流与合作纪事

1月27日 赵化勇台长会见了香港城市大学校长张信刚一行。会见中，赵台长表示，中央电视台在世界各地的记者站还不够，应该还要有所增加，这样才能适应和满足国家快速发展的需要。

3月17日 李晓明副台长会见了香港无线电视广播国际有限公司(TVBI)副董事总经理程帧祥一行。会见中，客人表示，中央电视台的节目比过去有较大进步，制作节目的能力很强，水平很高，例如一些纪录片、文艺片等虽然收视率不是很高，但它所发挥的作用和影响力是相当大的。

4月7日 孙冰川副总编会见了台湾律师代表团许文彬一行。会见中，双方一致认为两岸需要加强沟通，台湾大多数人对大陆不太了解，两岸人民需要加强往来，和平发展对两岸都有利。

4月8日 孙冰川副总编会见了澳门体育记者协会代表团一行。会见中，双方就第四届东亚运动会转播、报道的筹备策划工作进行了探讨。

5月17日 赵化勇台长、张长明副台长会见了台湾东森媒体集团总裁王令麟一行。会见中，客人对连宋访大陆，特别是在清华、北大演讲时的实况转播评价很高，东森集团总裁表示：要知天下事，必看CCTV新闻频道。

7月26日 程宏副总编会见了台湾人间卫视电视台台长一行。会见中，程副总编对中央电视台第四套中文国际频道中个别栏目的改版情况向客人进行了详细介绍。

9月8日 何宗就副台长会见了台湾“2005两岸科技交流访问团”一行。会见中，何宗就副台长表示，两岸同胞都是炎黄子孙，希望我们共同为两岸的经济、科技、特别是为和平统一作出应有的贡献。

11月25日 赵化勇台长、张长明副台长会见了台湾中天电视台总经理王克捷一行。会见中，赵台长向客人介绍了《第四届海峡两岸知识大赛》的概况以及本届大赛的特点，本届大赛在保持以往原有风格的基础上，又增加了才艺表演等全新的内容。

(外事处供稿)

中央电视台圆满完成连战大陆行报道

2005年4月29日，中央电视台以直播、新闻、专题联动推进的方式，成功报道了中共中央总书记胡锦涛会见中国国民党主席连战这一重大新闻事件，生动准确地记录了时隔60年两党最高领导人实现会见的历史时刻，并就本次会谈对两岸关系产生的积极影响进行了深入报道。

为保证这一重大直播任务的顺利完成，4月29日凌晨，新闻节目中心会同播送中心，组织报道组进行了多次实地演练，对报道细节的表现做了精心设计。从连战步入人民大会堂北大厅开始，直播镜头的调配和衔接，突出画面丰富的内涵；现场同期声的选择和音效，丰富了节目的感染力。在本次直播中，创下了本台电视新闻直播史上的新高。

直播中，本台记者作为唯一在会见现场作直播报道的电视记者，在胡锦涛会见连战前后，通过现场实地报道以及独家背景资讯提供，拓展了这次历史性会晤的信息量，以生动的语言和新闻视角，突出了报道的可视性。节目邀请全国台湾问题研究会副会长许世铨、中国社科院台湾研究所副所长周志怀作为演播室嘉宾，以生动权威的评析与记者现场报道互动，使整个节目既有现场感，又有厚度，配合本台驻美国和欧洲等国记者站连线报道，从国际舆论的密切关注，更凸显了这一重大新闻事件的历史意义。应观众要求，新闻频道辟出专门时段，对会谈实况进行了三次重播。

当晚，《新闻联播》以长达29分11秒的超大篇幅对《胡锦涛会见中国国民党大陆访问团》、《胡锦涛与连战在北京举行正式会谈》、《中国共产党总书记胡锦涛与中国国民党主席连战会谈新闻公报》以及《中国国民党主席连战今天在北京大学演讲》进行了重点报道。

《焦点访谈》播出了《跨越六十年的握手》。节目一改常规的节目形态，在片头中选取胡锦涛和连战会谈中的精彩段落，以互相呼应的方式，显现了中国共产党在和平的环境下，发展两岸关系的积极愿望。在常规的演播室之外，《焦点访谈》又专门在央视国际网站开设了分演播室，通过对网络等传播渠道信息的关注，对这次历史性会见在大陆与台湾民众中间所产生的积极影响进行了重点反映。

《东方时空》继2005年台商春节包机之后，再度与台湾东森电视台联手，播出了《国共握手：为了两岸人民的福祉》。节目中，本台主持人白岩松与台湾东森电视台主播卢秀芳，通过对在北京以及东森电视台在台北的前方记者实时采访，围绕这一历史性会晤，从会谈内容到会谈的外延影响，进行了分析报道。

新闻频道《新闻会客厅》邀请台湾记者及在京的台湾学生，制作播出了《台湾民众看国共握手》，通过台湾民众对新闻事件不同视角的关注，对这次会晤给予了积极评价。

新闻频道《央视论坛》邀请有关专家围绕连战此行关于两岸关系的精彩言论，制作播出了《国家统一是主张》。节目从连战讲话所透出的文化底蕴、历史责任，以“乡情、亲情、感动、感染”对连战大陆行进行了评述。

当天上午，新闻频道还对连战在北大的演讲进行了直播。直播中，新闻频道以连战夜游秦淮河、参观故宫、做客老舍茶馆等新闻事件作铺垫，以文化渊源和血缘亲情为主线，用“中国味道”一词对连战一行的行程作了生动的介绍。节目中，演播室与前方记者保持实时连线，准确发现传递现场信息，辅助嘉宾点评，提高了节目的生动性和可视性。在对连战演讲直播中，现场镜头衔接流畅、捕捉及时，记录了演讲现场精彩热烈的氛围。演讲活动结束后，新闻频道迅速抓住演讲中精彩之处，围绕连战就两岸关系发展所提出的观点，以及连战用“历史潮流和民意推动”对自己此行初衷所作的概述，配合前方记者对现场鼓掌人群的观察，以访问团成员的现场采访，进行了生动点评。

胡锦涛会见连战及连战北大演讲直播报道播出后，上海、河北、福建等地观众在对比多家媒体的报道后评价“央视生动的现场记录，充分体现了电视新闻报道的优势，围绕新闻事件，多层次、立体化的报道攻势，展示了央视对重大新闻事件的驾驭实力”。台湾东森电视台称“通过本次合作，进一步感觉到与大陆电视主流媒体合作的重要性和持续合作的必要性”。

此前，新闻频道以新闻、专题、直播等多种节目形态联动并进的方式，以连战率中国国民党大陆和平之旅访问团行程进行了全程关注。

新闻频道在各档整点新闻内，开设了专门的板块，对访问团启程经香港飞抵南京，以及拜谒中山陵等活动进行了实时报道，穿插配合专家点评解读，有效丰富了节目的内涵。报道中，新闻频道围绕连战一行的活动，在访问的四个城市中，提前展开了大量采访，围绕事件制作了一系列新闻背景，并配合摘发人民日报、新华社，以及台湾等媒体对连战此行的相关报道，突出了各界对国共两党历史性会晤的期待，扩大了新闻事件的外延范围，形成了广泛的呼应。节目中，新闻频道各路记者还对连战即将访问的北京、西安、上海等地及有关方面所做的准备工作进行了充分报道，从细节安排上显现了大陆对连战一行访问活动的高度重视。此外，《焦点访谈》播出的《连战开始大陆之行》、《新闻会客厅》特别采制的《台湾记者眼中的连战》，《央视论坛》推出的《春风做伴好还乡》，从立体的视角对连战此行在两岸关系发展中所产生的积极影响，进行了分析报道。

配合这次新闻事件，新闻频道在新闻节目内配合播报了“江苏成为台商的投资热土”、“一季度海峡两岸贸易和投资大幅增长”等动态积极消息，以事实表明了“发展两岸交流与经贸合作符合两岸同胞共同利益”的报道思想。为了做好“胡锦涛会见连战”以及“连战在北大进行演讲”等重大报道，新闻节目中心重点加强了前后期的报道力量，并对报道方案进一步实行了优化。

新闻报道播出后，引发广泛关注。收视数据显示，4月24～30日新闻频道收视份额达到2.74%，比上周的1.722%上升了59.12%，比新闻频道历史最高水平1.878%高出45.90%。连战访问大陆期间，国内各大网站纷纷转引新闻频道实时报道的画面和文字，有效扩大了传播的覆盖面。应中国国民党访问团要求，新闻节目中心专门将连战一行在大陆期间的活动报道制作成光碟，由国台办转赠给访问团成员。据台湾当地媒体报道，在连战一行返回台湾后，中国国民党中常会在5月4日专门组织观看了相关资料，对连战率团访问大陆所取得的成果，以及访问团一行在大陆受到的热情欢迎给予高度评价，并深受感染。

（新闻节目中心　冯旭宏）

央视新闻报道动态跟进宋楚瑜大陆行

2005年5月12日，中央电视台新闻频道、综合频道对中共中央总书记胡锦涛会见亲民党主席宋楚瑜一行进行了全程直播，再次详尽记录了两岸政党领导人历史性会面的重要时刻，并对以“六项共识”为内容的两党会谈公报进行深入解读，显现了中国共产党推动两岸政党交流，为两岸同胞谋福祉的决心和诚意。

5月13日14：00，新闻频道、综合频道在会见开始前一小时同步推出“胡锦涛会见宋楚瑜”直播特别节目。节目中，主持人白岩松与台湾问题研究会副会长许世铨、中国社会科学院台湾研究所副所长周志怀等嘉宾，在对宋楚瑜所率亲民党大陆访问团八天行程作简要回顾后，围绕胡锦涛总书记会见国民党主席连战时所提出的“四点主张”，对中国共产党“以最大的诚意，尽最大努力”发展两岸关系，及两岸政党交流开辟新的沟通渠道等话题展开分析和探讨，并联动驻台湾、香港、澳门以及驻美国、欧洲等地记者，报道了海内外舆论对两岸政党交流所给予的积极评价。节目同时穿插台湾最新民意调查结果，以事实表明了台湾民众对两岸关系实现良性互动的支持与期盼，进一步凸显了会见的重大意义和深远影响。在对胡锦涛总书记会见宋楚瑜一行直播中，现场镜头衔接流畅、画面生动传神、声音清晰感人，每一幅画面的精确捕捉，都透射出了胡锦涛总书记的亲和力和会见现场的热烈气氛，极大地丰富了报道的感染力。会见前后，新闻节目中心派驻现场的前方记者张泉灵，根据现场观察以及对台湾媒体同行的采访，以富有新意的细节感受，丰富了报道的信息量。

当晚，《新闻联播》以28分58秒的超大篇幅，对《胡锦涛会见亲民党大陆访问团》、《胡锦涛和宋楚瑜在北京举行正式会谈》、《中国共产党总书记胡锦涛与亲民党主席宋楚瑜会谈公报》进行了报道；《东方时空》继连战之后再度联手台湾东森电视台推出了《两岸对话　共创未来》。围绕胡宋会谈这一历史事件，两岸主持人连线北京及台湾两地记者，就两岸各界的积极反应展开报道。据介绍，在国亲两党访问期间，《东方时空》与台湾东森电视台之间合作推出的一系列节目，在台湾当地引发广泛关注，双方收视均一路走高；《新闻会客厅》邀请台湾东森、中天电视台两位新闻主管，以台湾新闻人和“胡宋会谈”事件亲历者的双重视角，对两岸开展政党交流在台湾岛内引发的“大陆热”和新闻大战作了介绍；《央视论坛》以“一个中国贯始终”为题，对国亲两党先后来大陆开展的“和平之旅”、“搭桥之旅”进行了总结回顾。

5月12日，央视国际网站引用新闻频道视频直播信号，利用文字、图片、视频等多种方式，实时报道了会见的全过程。据统计，仅仅1个小时内，网站的访问量就突破3万人次。不少网民纷纷通过“网评天下”论坛发表帖文和言论，对连宋先后访问所取得的丰硕成果给予高度评价。

5月13日7：00，新闻频道推出直播特别节目，对宋楚瑜结束大陆访问活动离京返台进行了现场直播。节目中，主持人白岩松会同北京联合大学台湾研究院院长徐博东，对胡锦涛与宋楚瑜会谈公报内容逐条进行了分析解读，并结合亲民党大陆访问团成员的亲历感受、台湾民意调查反馈、欧美等国家和地区的积极评价，充分表现了大陆争取和平解决台湾问题的善意和努力。配合公报解读，新闻频道在第一时间对中台办主任陈云林当天宣布的“大陆有关方面将进一步为台湾居民入出境提供便利”、“在大陆高等院校就读的台湾学生按大陆学生标准同等收费”、“逐步放宽台湾同胞在大陆就业的条件”等大陆对台新政策进行了报道。直播节目以一首台湾歌后演唱的MTV《心底的中国》作为收尾，再次凸显两岸同胞“同根、同族、同脉”的血缘亲情。

此前，新闻节目中心采取实时报道的方式，对亲民党主席宋楚瑜一行在大陆期间的访问活动实施动态跟进，将信息的广角传播与深度解析相结合，形成了立体化的传播效果。5月11日上午，新闻频道推出特别节目，对宋楚瑜在清华大学演讲进行了全程直播。节目中，主持人白岩松会同中国台湾问题研究会负责人，联动前方记者现场报道，以清华大学的历史介绍及两岸清华情结作为铺垫，配合连战与宋楚瑜大陆行的回乡感言，对中国共产党为改善两岸关系所释放出的善意和诚意进行了深入分析。演讲结束后，演播室针对宋楚瑜演讲中所提出的“台独是条走不通的死路”、“‘九二共识’应成为台法制基础”等观点展开点评，并辅助前方记者对清华学生的现场采访，丰富了报道的内涵。之前，新闻频道已对宋楚瑜在西安、南京、上海、长沙等地的活动进行了6场直播报道，并在以《新闻联播》为主的各档新闻节目内发稿70多条。动态消息之外，《焦点访谈》、《东方时空》、《央视论坛》等专题节目还对宋楚瑜大陆行在台湾岛内所产生的积极影响进行了重点关注。

报道中，新闻节目中心借鉴报道连战的成功经验，广泛吸纳各种电视表现元素，结合宋楚瑜行程动态，依据事件主题先后制作了音乐片《故乡行》和MTV《龙的传人》，配合特别节目推出后，赢得各方广泛好评。观众评价认为，央视关于连宋访问大陆的新闻报道，以“血缘同根”的情感为主线，视角开阔、信息丰富，体现了央视对新闻事件的准确把握及驾驭能力。

（新闻节目中心　冯旭宏）

2006

CHINA
CENTRAL TELEVISION
YEARBOOK

中国中央电视台
年鉴

DUIWAI JIAOLIU YU HEZUO

对外交流与合作

对外交流与合作

中央电视台2005年外宣工作综述

2005年，中央电视台严格执行了党中央的对外宣传政策，坚持了正确的舆论导向，圆满完成了一系列重大活动的对外宣传报道任务。新闻直播屡创佳绩，尤其是对连宋大陆行、直播新疆、西藏行、纪念抗日战争胜利60周年和“神六”发射的报道工作，创造了频道收视新高。对台宣传和涉台宣传收到了良好效果，纪念台湾光复60周年文献片《不能忘却的历史——纪念台湾光复60周年》受到好评。《澜沧江—湄公河》、《再说长江》大型系列片工程取得实质性进展。专题、文艺、服务类节目，精品比例上升。英文国际频道完成改版工作，中文国际频道改版工作也扎实推进。西法语频道继续完善管理，提高了节目质量。

一、重大活动和重要事件的特别报道再创佳绩

如果说中、英文国际频道2003年由于在报道伊拉克战争中的出色表现而名声大振，使这两个频道在国内外树立了品牌、扩大了影响，我们自认为那次只是展示了我们利用他人素材进行编译、加工、包装，并组织评论、分析、综述的水平和能力。而在“直播新疆”、“西藏走过40年”、“神舟六号”发射、“连宋郁大陆行”、“印度洋海啸救援”、“春节两岸直航”等一系列特别报道中，却都有我们自己的记者在新闻现场的出色表现，体现了国际频道从前期采访报道到后期编排、播出各个领域和各个工种的能力和水平的提高。

“神六”全程直播报道引起广泛关注

2005年10月12日～17日，中、英文、西法语频道运用直播、专题、新闻等方式，全面、及时、深入、生动地对“神舟六号”从升空到返回的全过程进行了跟踪报道。特别是中文国际频道坚持“第一时间、第一现场”的新闻制作理念，在6天时间中连续直播69小时。13演播室和北京航天城飞控中心演播室先后共进行访谈29场，与68人次嘉宾进行访谈，其中包括7大系统的总指挥和总设计师。派出4组记者分赴酒泉卫星发射中心、北京航天城、西郊机场等各报道点采访，并采制了大量有价值的独家报道。6天的特别节目中共与5个（纽约、华盛顿、法国、俄罗斯和印度）海外分演播室连线22次。“神六”发射返回期间共播出相关新闻字幕300多条。4场“台北演播室”、“香港演播室”与“北京演播室”直播连线成为特别节目一大亮点。与台湾TVBS的演播室连线直播，更是中央电视台第一次在重大新闻报道中，与台湾电视媒体合作实现真正意义上无延时直播连线。

英语频道除及时抢发最新消息、在第一时间切出直播信号外，还制作了大量的背景报道，减少特别技术细节的科普片。同时着重关注世界各国，尤其是中国的邻国的反应，通过连线采访、图像新闻、国际传送等及时报道各国反映。记者从酒泉发射中心、北京航天城、国新办发回的单边连线达17次之多，策划制作了6个“神六”专题。CNN及美国哥伦比亚（CBS）电视台等境外媒体多次使用了9套的“神六”发射及返回的信号。

胜利完成“直播新疆”大型系列节目

2005年是新疆自治区成立50周年，海外节目中心联合新疆电视台策划制作了大型系列节目《直播新疆》。从8月25日开始至9月27日，《直播新疆》特别报道历时33天，报道组分别在东疆、南疆的13个点和北疆的12个点进行了每天20多分钟的报道，其中共在新疆各地进行24场直播，平均每天驱车六七小时，行程达1.6万多公里，直播时间近600分钟。节目从普通新疆人的真实生活状态中，对新疆的历史文化、地理环境、经济发展、民族风情进行了充分的展示和报道。中宣部领导在一次会议上表扬《直播新疆》节目“动手早，节目生动”。中央电视台副台长张长明同志在中央电视台《工作日报》第166期《中文国际频道〈直

播新疆〉系列节目获得广泛好评》一文上特别批示："《直播新疆》系列节目在外宣上是个突破，体现了真实、自然、生动、亲切的特色，体现了外宣'三贴近'的原则。"

圆满完成西藏40周年大庆报道

为庆祝西藏自治区成立40周年，中文国际频道推出了30集特别报道"西藏走过40年"。记者奔赴西藏7个地市进行实地采访，其中最远一路赴阿里报道记者在平均海拔5000米以上的高原进行2000公里，途中遭遇了众多艰难险阻。8月1日到8月30日，《中国新闻》中共播出《西藏行》专题片30集，报道主题从各个方面反映了西藏40年来的变化。

英语频道《文化新闻》播出有关西藏文化的7集系列报道，《外国人看中国》、《旅行家》、《今日话题》分别制作了相关节目。并及时编译新闻频道、四套的动态新闻和相关专题。

加强涉台报道，连宋大陆行特别报道创收视新高

4月底至7月中旬，国民党主席连战、亲民党主席宋楚瑜和新党主席郁慕明先后率团访问大陆，中央电视台的中、英、西法语三个频道进行了全程跟踪报道。其中，中文国际频道在前后总共历时26天的连、宋、郁大陆行的特别报道中，共进行了28次现场直播，把新闻、专题、现场直播等多种报道方式结合起来，联动并进、相得益彰，并在每天的21：30～22：30推出一小时的"跨越海峡的握手"特别访谈节目，通过卫星连线，让两岸嘉宾畅谈两岸关系，受到海内外观众的欢迎和好评。

《海峡两岸》栏目组充分发挥与台湾电视媒体和知名人士有密切合作关系的优势，提前策划，周密部署，独家专访了连战和宋楚瑜，采访国民党中央副主席江丙坤，国民党发言人、秘书长张荣恭等。该栏目组还利用熟悉台湾岛内各方面情况的优势，及时制作了分别介绍三个政党和党魁的背景、海峡两岸关系大事记的专题片。针对李登辉的所谓"时机不对，地点不对，要谈必须到美国去谈，必须请日本参加"等谬论，邀请两岸权威人士访谈，用大量事实揭露了李登辉丑恶的卖国嘴脸。

据央视－索福瑞调查，自4月26日起至报道结束，CCTV-4收视率迅速飙升，比平时高出4倍左右，4月27日"跨越海峡的握手"特别报道的收视率高达2.29%，创下CCTV-4继伊拉克战争报道以来的收视新高。

印度洋海啸援救报道突出真情，突出中国人道主义精神

年初，印度洋海啸援救行动开始后，中文国际频道在各档60分钟新闻栏目中，推出了"真情援救"专题特别报道。除及时传递各种救援信息外，还突出展示了中国全面、积极地参与救援活动的情况。特别值得一提的是，在此次报道中，海外新闻部的汪曙光同志在条件极为艰苦的印尼重灾区连续工作了28天。他冒着传染重病的危险，克服了无数的艰难困苦，一个人身兼两职，既当记者，又当摄像，不仅拍摄了大量第一手海啸灾区新闻素材，还每天为国际频道多档新闻栏目做大量的直播连线报道。他的事迹在部门内和台内传开后，使很多人深受感动，成为先进性教育活动中的典型教材。

二、两个大型系列片重点工程进展顺利

2005年新年伊始，中央电视台领导要求将大型电视系列片《澜沧江—湄公河》的多国合作拍摄设想变为现实，切实推进该系列片的合拍工作。海外专题部《澜沧江—湄公河》摄制组在外事处的配合下，经过周密的策划和筹备，经与大湄公河次区域五国电视台的沟通和协调，于5月10日～15日在北京召开了大型电视系列片《澜沧江—湄公河》六国电视台合作会议，柬埔寨、老挝、缅甸、泰国、越南五国国家电视台的副台长来到北京，就合作摄制《澜沧江—湄公河》系列片的合作意向、合作原则、拍摄范围以及合作中的一些具体问题，与中央电视台进行了深入的探讨，并于5月11日在钓鱼台签署了合作意向书。《澜沧江—湄公河》共20集，每集50分钟。拍摄内容包括澜沧江湄公河流域的地理、自然资源、经济、文化、宗教、人民生活和社会现状等方面。7月初，摄制组配合在昆明举行的大湄公河次区域经济合作第二次领导人会议，进行一系列的推广活动，并在昆明市建立拍摄基地。同时，召集六国编导和制片人在昆明研究初步选题和拍摄计划。12月12日，在昆明拍摄基地举行了开机仪式，正式启动为期两年的摄制工作。

海外节目中心的另一重点工程《再说长江》电视系列片完成外景拍摄工作。2005年，《再说长江》剧组进入长江下游，对江苏、上海、浙江、安徽等省展开近60天的拍摄。并进入了姜根迪如冰川，完成了长江源头的第二次拍摄工作，获得了珍贵的长江源头冬季素材。为了使《再说长江》富有故事和情节，摄制组还努力挖掘20年前拍摄的《话说长江》系列节目的潜在价值，从5月份开始推出了"再说长江真情寻找"活

动，通过电视和平面媒体广告，寻找当年在《话说长江》中出现过的人物。2005年底，《再说长江》摄制组完成全部前期拍摄工作，进行后期编辑和包装。

三、中、英文国际频道改版工作稳步推进

根据中央电视台领导提出的创立"品牌"电视频道的要求，海外节目中心对中、英文国际频道分别进行一次全面改版。

英语频道的改版于9月26日零时推出，也正逢英语频道开播5周年的纪念日。根据中央电视台领导"加大新闻宣传力度，强化时效性"的指示，英语频道将原来24小时之内以4×6小时的播出方式改为3×8小时。为此，英语频道根据海外观众的实际要求及中央电视台的节目源情况在改版之际又增加了6个新栏目，其中包括两个新闻栏目和4个专题栏目。新闻栏目是《新闻一小时》、《今日中国》，专题栏目是《新探索》、《驾车游》、《美食》、《高科观察》。除增加新栏目外，改版工作还包括原新闻演播室的背景全部更新。更新后的演播室背景及灯光设计更为符合新闻类节目的需求，主持人出镜效果明显好于旧演播室，受到专业人士的好评。

为扩大英语频道的影响力，海外节目中心策划了五周年开播庆典及推介酒会。酒会邀请国际主要媒体及在华的英语国家使馆官员出席并以宣传片的形式回顾了英语频道5年来的成长历程。国家广电总局领导、中央电视台领导、海外节目中心领导在酒会上分别致词。美国、欧盟等国家的驻华使节也发表了热情洋溢的讲话，高度赞扬英语频道的成功开播及日益扩大的国际影响力。

中文国际频道为即将要推出的全新改版做了大量的准备工作。强调提高频道的整体竞争力和影响力，统一设计、确定频道栏目的设置和编排，规定栏目的定位、形式和分工，统筹考虑频道的包装、宣传、色调和字幕，加强统一性。特别邀请专业人士分析本频道和其他频道收视率情况，找出自身存在的问题以及如何拉升收视率的方法。下达了明确的收视率指标到各栏目，使每个栏目的工作人员的努力方向更清晰，目标更明确。

四、筹办四场大型晚会和两场赛事

为了推进两岸演艺人士的交流、交往和合作，弘扬中华文化，营造中华情结，推动两岸中国人乃至全球华人对中华文化的向往，在元旦和中秋节举办"中华情"直播晚会；11月下旬在阿根廷举办"手拉手"文艺演出，在南美洲宣传推广西法语频道。

2005年，海外节目中心与相关单位合作成功举办了两场赛事。中文国际频道和台湾中天电视台合办第四届"海峡两岸知识大赛"。英文频道与外研社合作举办的第四届全国英语演讲大赛。

五、西法语频道继续完善管理，提高节目质量

西法语频道自2004年10月1日正式开播以来，一直坚持以我为主，以正面为主和以事实为主的报道原则，发挥着对外宣传中国良好形象和及时阐述中国政府对国际事务的原则立场的作用。该频道以编译四套、九套和新闻频道的节目为主，基本做到了国内国际大事不漏。2005年，西法语频道编辑部在确保宣传导向正确和安全播出的前提下，高度重视对现有西、法语人员进行电视专业的培训，注重提高队伍素质、完善队伍建设，规范节目的制作和播出流程。

西法语频道正式开播后，受到西语、法语国家媒体和观众的关注，但该频道目前在海外落地的国家还不多，还需在频道推广和落地方面下工夫。为了弥补落地不足，西法语编辑部和台总编室网络部共同努力，使西、法语节目分别进入中央电视台网站并适时更新播出。

六、长城亚洲平台正式开播，海外落地项目不断增多

2005年，中央电视台加大"走出去"工程电视节目海外落地推广工作力度，CCTV-4、CCTV-9以及长城平台的落地覆盖及扩大用户都取得新的进展。截至9月底，已落实的新增落地项目就达33项，这些项目包括：长城亚洲平台开播、CCTV-9在菲律宾通过有线网落地、CCTV-9在新西兰、以色列通过直播平台落地、CCTV-4在马来西亚通过MITV宽带网落地、CCTV-4和CCTV-9在泰国通过有线网落地等。这些新增落地项目涉及的用户超过200万户。CCTV-E&F的落地工作也在积极推动之中，上半年已与喀麦隆两家公司签约，待我方履行协议为其援建转播设备后，对方将完整转播CCTV-E&F和CCTV-9两个频道；同时，我们已申请CCTV-E&F在欧盟国家落地的许可，

为下一步CCTV-E&F在欧洲落地铺平了道路。

此外，还有几个正在洽谈之中的落地项目，目前虽尚未签约，但对方已先开始试播我频道，包括：CCTV-9在波兰进入直播平台、CCTV-E&F在中部非洲进入直播平台等项目。

截至到2005年12月，CCTV-4完整频道在世界各国家和地区落地的项目已有52项。整套节目已在北美、欧洲、亚洲、非洲、大洋洲和中南美洲的100多个国家和地区实现了落地，其中进入当地有线或直播卫星系统播出的有31个国家和地区。由于CCTV-4在大多数国家和地区是不加密免费向用户提供的，所以实际用户数字很难准确统计。据估算，目前CCTV-4对中国内地以外华语观众的覆盖户数超过1500万。

CCTV-9完整频道落地的签约合作项目共有80项，规模和影响比较大的有北美长城平台及与美国时代华纳、新闻集团、英国天空卫视、法国TPS、南非MIH集团、香港有线电视、挪威电信、埃及卫星公司、印度SITI有线、俄罗斯NTV+、菲律宾Cable BOSS等合作的重点项目。通过这些项目，CCTV-9已在美国、英国、法国、俄罗斯、印度、菲律宾、北欧、新西兰及部分南太平洋岛国、非洲、中东和香港、澳门等40个国家和地区实现了落地入户，用户数字达到4000万左右。在CCTV-9完整频道落地项目中，有6个项目涉及频道在酒店落地，分别在6个国家和地区进入约200家酒店播出。

CCTV-E&F西法语频道虽然刚刚开办不久，落地工作也已逐步展开。目前已有5个落地项目，CCTV-西法语节目在美国、古巴、智利、马达加斯加和毛里求斯实现完整频道落地。

除上述完整频道的落地项目外，CCTV三个国际频道都有一些节目（主要是新闻节目）进入当地电视频道播出的项目。目前这类项目共有69项，涉及36个国家和地区。这些项目虽然不是完整频道播出，但由于节目直接进入了当地电视媒体，其作用和效果也是十分突出的。

此外，在遇有CCTV-4、CCTV-9对我国内一些重大活动进行直播报道时，转播或选用我节目信号的境外媒体可达200家左右。

（海外节目中心供稿）

2005年中央电视台领导出访的国家和地区

姓　名	团　　队	日　期	国家（地区）
赵化勇	中央电视台代表团	9.12～9.25	奥地利、斯洛伐克、俄罗斯
张长明	随王太华局长出访	8.4～8.17	新西兰、瓦努阿图、韩国、澳大利亚
胡　恩	出席CNN25周年庆典	5.31～6.12	美国
	随田进副局长出访	11.27～12.10	埃及、意大利、奥地利
何宗就	考察东亚运动会场馆	1.24～1.26	澳门（地区）
	随田进副局长出访	3.14～3.28	斐济、萨摩亚、汤加、澳大利亚
	技术考察	10.19～10.29	挪威、德国
李晓明	参加北美电视节	1.22～1.31	美国
孙玉胜	中国传媒论坛	6.15～6.19	英国
	考察东亚运动会场馆	8.29～9.2	澳门（地区）
高　峰	随雷元亮副局长出访	7.12～7.24	蒙古、朝鲜、俄罗斯
丁文华	技术考察	10.8～10.21	以色列、南非、香港（地区）
张华山	录制《空中剧院》	9.12～9.16	香港（地区）
程　宏	与正大集团签约	5.31～6.7	泰国
	录制“手拉手”晚会	11.18～11.29	阿根廷
袁正明	随中宣部出访	7.6～7.12	日本
李　挺	亚洲大专辩论会	9.2～9.5	新加坡
	考察东亚运动会场馆	9.11～9.16	澳门（地区）
	报道东亚运动会	10.28～11.6	澳门（地区）
张海鸽	考察记者站	12.6～12.21	印度、德国、法国

中央电视台对外交流与合作纪事

1月7日 张长明副台长会见了泰国中文电视筹备委员会主任李桂雄先生一行。会见中，外方表示，2005年是中泰建交30周年，该台中文电视频道将作为庆祝活动之一，此次合作的目的在于扩大中国文化在泰国的影响，加强中泰两国人民的相互理解和友谊。

1月12日 赵化勇台长与葡萄牙电视台（RTP）台长马尔科斯博士在人民大会堂签署了中央电视台与葡萄牙电视台合作协议，中、葡两国元首出席了签字仪式。

1月27日 赵化勇台长会见了美国国家地理频道（国际）首席执行官兼福克斯国际频道的首席运营官大卫·哈斯灵登先生（David Haslingden）等一行。会见中，赵台长表示，中央电视台非常重视付费电视的发展，希望双方的合作是双向的，国家地理频道可以选择中国优秀的节目在其频道上播出，让世界了解中国。

2月21日 李晓明副台长会见了德国嘉特纳公司亚洲运营总监纽根·舒斯特先生（Juergen Schuster）等一行。会见中，李晓明副台长表示，感谢嘉特纳公司对中央电视台工程的关注，希望嘉特纳公司多与中央电视台新台址办公室保持接触和交流，多为新台大楼建设项目提供咨询。

2月22日 赵化勇台长会见了亚太广播发展机构（AIBD）主任贾瓦德·孟塔基先生等一行。会见中，贾瓦德先生表示希望中央电视台能选派英文流利的业务专家到AIBD主持，一方面可以改善培训的效果，另一方面也可以加强亚太地区媒体的联合。

2月23日 赵化勇台长会见了美国电视广播博物馆(MTR)馆长斯图尔特等一行。会见中，赵台长表示中央电视台会积极为MTR提供有关反映中国发展和电视发展史的电视资料，同时也希望MTR能与中央电视台分享其珍藏的珍贵视听资料，使双方的合作和交流真正达到双向，互惠互利。

3月3日 赵化勇台长会见了日本关西电视台台长马迪男一行。会见中，赵台长表示，中央电视台与包括日本在内的世界各大电视机构保持着良好的合作关系，同时希望海外电视媒体与中央电视台一同搞好“北京奥运会和上海世博会”的宣传报道工作，更全面地宣传开放的中国。

3月3日 赵化勇台长会见了美国国际“艾美奖”电视节主席布鲁斯·派斯纳先生等一行，会见中，赵台长表示，中央电视台在了解清楚国际“艾美奖”电视节的有关情况后会积极考虑参加的可能性，希望双方今后加强交流与沟通。

3月4日 李晓明副台长会见了美国维纳维申(Venevision)公司最高负责人刘易斯·瓦拉努挨瓦先生一行。会见中，李晓明副台长表示，双方的合作可以从中央电视台西法语频道的推介开始，它将大大促进拉美人民对中国的了解，同时也希望维纳维申公司能够提供优秀的节目，让更多中国观众了解拉美地区。

3月15日 张长明副台长会见了悉尼大学亚太研究中心主任史蒂芬·费女士。会见中，张长明副台长表示，双方可以从培训方面着手开展合作，如派遣中央电视台员工赴悉尼大学接受培训或邀请悉尼大学专家来中央电视台授课。

3月15日 赵化勇台长会见了美国国家地理投资公司总裁蒂姆·凯利先生等一行。会见中，赵台长表示，中央电视台非常重视与外国合作伙伴的合作关系，双方在合拍此类节目方面大有潜力。

3月17日 李晓明副台长会见了英国嘉诚集团董事总经理、国际资本市场主管劳伦斯·霍灵沃斯先生、亚太区企业融资总裁徐嘉文先生一行。会见中，李晓明副台长表示，中央电视台作为中国唯一的中央级电视媒体，在同境外机构或公司的合作、资本市场化管理等方面都要符合国家的政策和环境。

3月17日 赵化勇台长与阿塞拜疆国家电视广播公司总裁尼扎米·胡季耶先生分别代表双方在钓鱼台国宾馆签署了中国中央电视台与阿塞拜疆国家电视广播公司之间的合作协议。

3月18日 赵化勇台长会见并宴请了南非MIH集团创始人库斯·贝克先生等一行。会见中，关于外方提出中央电视台节目应加强本地化的建议，赵台长强调落地事宜要分两步逐渐展开，首先要保证信号顺利落地，再进一步执行节目本地化运作。

3月30日 赵化勇台长会见了新西兰驻华大使馆新任大使包逸之先生一行。会见中，赵台长提出三点建议：一是欢迎新西兰电视台同中央电视台签署合作协议；二是加强双方进行新闻、专题片和电视剧等节目的交换；三是在两国首脑互访时双方在对等的原则上播放对方国家的专题节目或举办电视周。

4月5日 罗明副台长会见了泰国民联厅厅长杜萨迪一行。会谈中，客人着重了解了中央电视台新开办的几个频道，以及在付费频道、交互电视和高清频道等领域的试播和运营情况。

4月6日 孙冰川副总编会见了秘鲁驻华大使陈路先生一行，会见中，大使对中央电视台近年业务发展的成果表示赞赏。他此行目的是希望邀请中央电视台赴秘鲁进行拍摄，并在6月初秘鲁总统访华期间在中国进行播出。

4月13日 孙冰川副总编会见了非洲国家新闻记者研修班代表团一行，会见中，孙冰川副总编向客人介绍了中央电视台的基本情况以及四、九套节目，特别是西法语频道在非洲的落地情况。

4月15日 何宗就副台长会见了爱迪德技术有限公司首席技术官安德鲁·怀斯先生一行。会见中，怀斯先生详细介绍和演示了爱迪德公司为韩国电信的卫星数字多媒体广播(DMB)服务提供的面向移动应用的限访系统(CAS)。

4月18日 赵化勇台长会见了马来西亚环宇电视网总裁马歇尔先生一行。会见中，总裁先生通报了CCTV一4、CCTV一9在其网络中的播出情况、该公司在文莱、印尼等国的业务扩展计划，并提出希望CCTV一4在其网络中扩展为全频道转播。

4月21日 孙冰川副总编会见了韩国言论财团代表团一行，会见中，孙冰川副总编向客人介绍了中央电视台的总体情况。他表示，近十年来中央电视台发展迅速，目前正致力于成为世界级的大型媒体。

4月21日 孙冰川副总编会见了埃塞俄比亚新闻代表团一行。会见中，孙冰川副总编向客人介绍了中央电视台与非洲国家电视台的合作近况，特别提及西法语频道在非洲的落地。

4月22日 赵化勇台长会见了美国福克斯有线电视网常务副总裁林赛·嘉德先生一行。会见中，赵台长表示，CCTV-9在美国落地以后，福克斯有线电视网给予了很大的帮助，这次又提出了可行性很高的宝贵建议，让中央电视台切实地感觉到双方的友好商业合作伙伴关系。

4月22日 张长明副台长会见了由查尔斯·威廉·俄根总裁先生率领的美国艾科斯塔公司代表团一行。会见中,张长明副台长表示对长城(北美)平台在短短半年时间取得了华语电视在美国市场历史上的最大发展感到高兴，同时也对双方的合作充满信心。

4月25日 何宗就副台长会见了芬兰跨媒体代表团一行。会见中，何副台长就中央电视台的发展历史、频道规划、人员设施及新台址工程等方面向客人作了详细的介绍。

4月30日 程宏副总编接受了美国《新闻周刊》驻北京分社社长刘美远女士的采访。采访问题主要围绕当今全国各个电视台竞争日益激烈的环境，中央电视台是否还占有垄断地位。程宏副总编表示，中央电视台节目始终保持在一流水平上，收视率稳中有增。因此在中国各级电视台当中，仍然保持领先地位。

5月13日 赵化勇台长会见了卡塔尔半岛卫星电视台台长瓦达·坎法尔一行。会见中，赵化勇台长表示对半岛电视台筹备做“中国电视周”一事表示支持，并提出中央电视台可以提供节目给卡方备选，同时表示中央电视台也会举办“卡塔尔电视周”，播放一些阿拉伯国家的节目。

5月16日 孙玉胜副台长会见了印度NDTV总裁普拉萨市诺埃·罗伊先生。会见中，客人提出希望在华开办一个24小时的英语教学频道与使用数字技术和中国电视机构联合制作节目。

5月16日 赵化勇台长会见了美国时代华纳董事长兼首席执行官里查德·帕森斯先生一行。会见中，双方回顾了过去的友好合作，双方表示希望进一步扩大合作范围，例如可以考虑合拍一些节目等。

5月17日 李晓明副台长会见了通用电气公司旗下的美国全国广播公司奥林匹克业务副总裁司马禄先生一行。会见中，司马禄先生表示愿意在力所能及的各个领域协助中央电视台2008年奥运会的转播工作，以及新台址基础设施建设。

5月19日 孙玉胜副台长会见了文莱广播电视台台长伊斯迈尔先生一行。会见中，孙玉胜副台长表示，近几年中央电视台各项事业有着突飞猛进的发展，尤其是在境外落地的三个国际频道，发展迅速，影响也很广泛。

5月20日 赵化勇台长、张长明副台长会见了泰国副总理颂奇先生，会见中，赵台长表示，中泰两国不仅高层往来频繁，民间关系也很紧密。电视作为最方便快捷的媒体，是促进两国人民相互了解的重要手段。双方签署了中央电视台与泰国大众传媒公司的合作协议。

5月20日 孙冰川副总编会见了圣卢西亚总理新闻秘书厄尔布斯基先生一行。会见中，孙冰川副总编表示，圣中友好协会对两国人民的相互了解起到了推动作用，希望双方继续加强合作，进一步加深两国人民之间的友谊。

5月23日 张长明副台长会见了泰国科技部长兼泰中友好协会会长功塔帕兰诗先生。并签署了中国国际电视总公司同泰国中文电视公司的合作协议。该合作协议将提供中央电视台四、九套节目作为泰方公司的主要节目源，支持对方开办“中文电视台”。

5月25日 张长明副台长和胡恩副台长会见了美国星光映佳集团董事长谢成刚先生等一行。会见中，两位副台长回顾了中央电视台与映佳公司近9年的合作，表示映佳公司过去与中央电视台签署的合作协议中合作模式已不适应当前形势的发展，希望双方可探讨新的合作模式和条件。

5月26日 赵化勇台长会见了马其顿新闻署署长米塔诺斯基先生一行。会见中，赵台长表示希望能通过两国电视台的合作，为加强两国人民的了解以及促进两国友谊发挥作用。并签署了中央电视台与马其顿国家广播电视台在电视领域的合作协议。

5月27日 张长明副台长会见了德国巴伐利亚广播电视台副台长墨塞教授一行。并代表中央电视台续签了中央电视台与德国巴伐利亚广播电视台合作协议。

6月7日 李晓明副台长会见了艾杰比尼尔森市场研究有限公司(AGBNMR)全球总裁阿尔伯特·克鲁西先生一行。会见中，李晓明副台长表示，对目前由央视市场调研股份公司为中央电视台提供的市场调研很满意。中央电视台对于市场研究的优劣有自己的评判标准。

6月8日 孙冰川副总编会见了路透集团全球媒体业务总裁克里斯·阿赫恩先生一行。会见中，孙冰川副总编表示希望借助路透集团这样的世界级媒体力量，把中国的信息更广泛更深入地传播到西方国家，改善东西方在信息相互传播中的不平衡现象。

6月9日 孙玉胜副台长会见了美国国家广播公司(NBC)奥林匹克执行副总裁加利·曾科尔一行。会见中，孙玉胜副台长表示，中央电视台十分重视2008年奥运会的转播工作。NBC拥有9年奥运会转播经验，中央电视台应学习和借鉴这些经验。

6月14日 罗明副台长会见了联合国艾滋病规划署执行主任、联合国副秘书长皮奥特博士一行。会见中，双方就媒体如何在艾滋病防治工作中发挥更大的作用进行了交流。

6月15日 张长明副台长会见了美国全国广播环球公司全球网络集团总裁映帕特里克·维恩先生一行。会见中，张长明副台长应客人要求介绍了中央电视台与外国公司合作的经验与合作模式等。

6月16日 李晓明副台长会见了德国嘉纳公司监视会主席福尔茨·嘉特纳先生一行。会见中，李晓明副台长与嘉特纳先生就新台址建设招标和新台址玻璃幕墙的使用寿命等技术问题进行了探讨。

6月16日 胡恩副台长会见了法国WM公司总经理摩尔罗一行。会见中，胡恩副台长表示希望双方在今后寻求更多的合作机会，以促进中法两国的文化交流。

6月20日 赵化勇台长会见了柬埔寨国王西哈莫尼陛下。会见中，赵台长表示，柬埔寨无论是过去、现在、将来都是中国最可信赖的朋友。西哈莫尼陛下也感谢我国对柬国的援助和支持。

6月24日 张长明副台长会见了美国Comcast有线电视公司国际频道副总裁大卫·杰森先生一行。会见中，张长明副台长表示双方可以中央电视台付费电视高尔夫频道与Comcast旗下的高尔夫频道的合作为切入点，运用商业性的合作模式，逐步开展具体的合作项目。

6月28日 程宏副总编会见了美国联邦通信委员会国际事务局局长阿贝尔森先生一行。会见中，程副总编表示，中央电视台作为开展实现电视媒体数字化这一事业的领头人，一定会积极推动和促进其发展。

7月4日 赵化勇台长会见了日本索尼公司执行副总裁大木充等一行。会见中，赵台长表示，中央电视台的发展离不开技术的支持和保障，中央电视台与拥有先进技术力量的各厂家存在着一种相互发展的合作关系。期待着各有关厂家在性能、价格和售后服务三方面，拿出更令人满意的方案。

7月5日 罗明副台长会见了塞拉利昂新闻广播部部长涩菩提莫斯·凯凯率领的代表团一行。会见中，凯凯部长表示，希望建立与中方的合作，接收CCTV-9全部或部分节目，同时希望我方提供少儿节目和拷贝供其播出。

7月7日 赵化勇台长会见了德国贝塔斯曼传媒集团董事长兼首席执行官嘎恩特·蒂伦先生等一行8人。会见中，赵台长表示，希望能推进双方合作进程。另外，双方还可以探讨在节目制作、图书出版、电视购物、旅游节目等方面寻找合作机会。

7月12日 张华山副总编会见了桑给巴尔首席部长兼办公室国务部长阿里·珠玛·萨姆胡纳一行。会见中，张副总编表示，中桑双方的合作存在很大空间和可能性，CCTV-9在桑的落地、双方节目交换以及合拍等问题都可以进一步探讨，通过协议形式达成。

7月25日 何宗就副台长会见了法国驻华使馆经济处公使衔参赞泰思达先生一行。会见中，何副台长表示，虽然目前中央电视台只有一个试播中的高清频道，但在2008年北京奥运会和新台址工程的合力推动下，中央电视台已经全面启动了高清电视的发展工程。

8月3日 张长明副台长会见了肯尼亚广播公司总裁瓦奇拉·瓦鲁鲁。张副台长表示，中国近10年来发展迅速，在世界上影响也与日俱增。双方的合作方式可以以交换节目的方式进行，也可以以互派摄影队的方式进行。

8月4日 何宗就副台长会见了德国巴伐利亚州电影电视基金会驻中国代表马平作先生(MartinBrandes)等一行。会见中，何副台长表示，中央电视台非常愿意与世界各地的电视机构和基金会建立友好合作关系，感谢基金会邀请中央电视台出席相关国际会议。

8月9日 胡恩副台长会见了德国电视二台(ZDF)文艺部主任曼夫雷德·特伯纳先生等一行。会见中，胡副台长表示，中央电视台与德国电视二台有着多年的友好合作关系，双方签有合作协议，且一直保持着高层互访以及在节目方面的合作关系。

8月10日 赵化勇台长会见了马来西亚新闻部长达图·巴杜卡·阿都·卡迪先生一行。会见中，赵台长表示，目前我们可以计划拍摄一部关于介绍马来西亚历史、文化、社会、人民以及当地华人的纪录片。另外，我方还可以考虑授权马方的公共频道使用中央电视台四、九套的节目信号，使马来西亚人民更了解中国。

8月15日 孙玉胜副台长会见了喀麦隆电视台台长瓦莫勒盖一行。会见中，孙副台长表示，中国近十年间发展迅速，我们很愿意加强两台间的交流，可以考虑授权给喀电视台使用中央电视台四、九套节目以及西法语频道的节目，以便丰富其电视资源。

8月19日 赵化勇台长、何宗就副台长会见了日本松下电器公司中村邦夫总经理一行。会见中，赵台长表示，在中央电视台全面数字化、部分高清化的进展中，松下的技术设备发挥了重要的作用，体现了中央电视台与各厂家的合作精神。

9月1日 孙冰川副总编会见了来华访问的坦桑尼亚总理府国务部长穆哈默德·塞伊夫·卡提布一行。会见中，孙副总编表示，中国同坦桑尼亚有着长期的友好关系，在新闻广播等方面的合作近几年也有所增加。希望加强双方进一步的交流合作，使得两国人民加深了解，共同进步。

9月2日 孙玉胜副台长会见了法国欧洲通信卫星公司(EuTELsAT)首席代表纽吉奥·甘地先生一行。会见中，孙玉胜副台长表示，北京奥运会的报道和播送工作已经成为中央电视台在未来三年的头等大事。我们非常愿意同有经验的商业伙伴合作完成这一重大使命。

9月2日 罗明副台长会见了巴基斯坦新闻广播部长塔西尔克海利一行。会见中，罗明副台长表示，中巴的友好关系由来已久，中央电视台同巴基斯坦电视台也一直保持着友好的关系，今后希望能进一步深化两台之间的合作，增加节目交换。

9月8日 胡恩副台长会见了德国DG公司总裁迈克尔一郎一行。会见中，胡恩副台长表示，双方可以在古典、爵士音乐等方面进行合作，发挥各自优势，把世界优秀的古典音乐介绍给中国观众，同时也把中国古典音乐艺术推向世界。

9月19日 程宏副总编会见了美国"中国之星媒体集团"总裁黛薇一行。会见中，程副总编表示，双方合作潜力很大，但需量力而行。同时感谢黛薇女士为中央电视台国际频道在芝加哥地区落地所做的卓有成效的工作。

9月20日 孙玉胜副台长会见了美国全国广播环球公司(NBCUniversal)奥林匹克业务执行副主席曾科尔先生一行。会见中，孙副台长表示，非常希望向拥有多年奥运会报道和播出经验的美国全国广播环球公司学习。以此为契机，打开合作之门。

9月21日 何宗就副台长会见了美国泰克科技公司副总裁阿力舍先生一行。会见中，何副台长表示，中央电视台对泰克公司的产品质量和售后服务都比较满意，因此也希望泰克公司继续关注中央电视台的新台址建设，争取延续双方的友好合作关系。

9月22日 孙玉胜副台长会见了美国高尔夫频道副总裁贝克尔先生一行。会见中，孙副台长表示，随着我国社会整体生活水平的提高，正有越来越多的中产阶级关注或参与到高尔夫球运动中来，高尔夫频道是一个很好的合作伙伴。

9月23日 何宗就副台长会见了美国卫讯公司(ViaSat)董事长兼首席执行官丹克伯格先生一行。会见中，何副台长表示，目前中央电视台高清频道已经正式开播，下一步的重要任务是在一两年内将直播卫星、移动电视这两项新业务开展起来，因此美国卫讯公司是很好的合作对象。

9月27日 李晓明副台长会见了香港怡和集团主席凯瑟克先生一行。会见中，李晓明副台长表示，中央电视台很看重怡和集团下属的文华东方酒店集团的品牌和实力，希望能在双方的共同努力下，树立北京第一座也是唯一的一座中央电视台文华东方酒店。

9月28日 李晓明副台长会见了艾杰比尼尔森市场研究有限公司(AGBNMR)全球总裁阿尔伯特·克鲁西博士等一行。会见中，李晓明副台长表示，收视调查是一项复杂的工程。中央电视台对于市场研究的优劣有自己的评判标准。

9月29日 张长明副台长会见了泰国中文电视台筹备组负责人黄懿光先生一行。会见中，张长明副台长表示，中央电视台将会对泰中文电视台的下一步筹备工作提供必要的帮助。

10月9日 胡恩副台长会见了乌克兰国家广播电视公司副总裁帕夫罗先生。乌克兰国家广播电视公司与中央电视台关系友好。会见中，帕夫罗先生表示希望明年在中国拍摄一部反映中国奥运会准备情况的纪录片，介绍给乌克兰以及欧洲的电视观众。

10月14日 胡恩副台长会见了美国沃斯曼媒体集团主席凯西·沃斯曼先生一行。会见中，沃斯曼向中央电视台体育频道推荐了该公司拥有的极限运动的节目内容，希望能在中央电视台体育节目以及一些体育项目中探讨合作的可能性。

10月18日 何宗就副台长会见了英国吉佳威夫(GIGAWAVE)销售经理约翰·卢尔夫一行。会见中，何副台长表示该公司多年来在数字微波技术方面对中央电视台的大力支持。

10月19日 张长明副台长会见了蒙古第一频道董事会主席阿里云巴特先生一行。会见中，阿里云巴特先生表示，蒙、英合办的“第一频道”将开播，届时希望张副台长前往乌兰巴托参加庆祝仪式并进行考察，以增进两台之间的相互了解。

10月19日 胡恩副台长会见了美国创新艺人经纪公司(CAA)总裁洛维特一行。会见中，总裁希望通过此次访问，与中央电视台建立良好的合作关系，创造合作机会，该公司已把中国市场作为公司发展的重点并在北京开办办事机构。

10月19日 张长明副台长会见南非总统府部长伊·索普·帕哈德一行。会见中，帕哈德表示，希望了解中国广电事业的发展状况，特别是在公共电视领域，希望学习和借鉴中央电视台的成功发展经验，尤其是改革开放以后社会主义市场经济发展阶段的建设经验。

10月20日 张长明副台长会见了多米尼克电视台代表团。会见中，张长明副台长表示，建议由多政府主管部门以及私营电视台联合组成小组前来中央电视台英语频道进行实习培训，希望促进两国电视台间的节目交换。

10月21日 张长明副台长会见了泰国泰爱泰党执委、内阁部长素拉南·威差栖瓦先生一行。会见中，素拉南部长介绍了泰国第11频道——泰国政府电视台开办的一个全中文频道的计划，双方还表示将寻找共同感兴趣的主题，共同制作并参与国际竞争。

10月25日 赵化勇台长会见了美国国际电视艺术与科学院主席、行政总裁布鲁斯·派斯纳先生一行。会见中，赵台长表示，近年来我们一直关注国际“艾美奖”，并保持了良好的关系。世界各国需要了解中国，同时，中国也需要了解世界，加入该机构对双方都十分重要。

10月26日 张长明副台长会见了斯洛文尼亚新任驻华大使马里安·森森博士一行。会见中，大使对中央电视台英语国际频道的播出给予了高度评价，认为这对世界了解中国提供了一个重要窗口。同时，他希望借斯电视代表团访华之机加强两国在电视领域的交流与合作。

10月27日 赵化勇台长会见了牙买加驻华大使维纳·麦克库克先生一行。会见中，赵台长表示，中、牙两国自1972年建交后关系发展顺利，两国之间的经济合作势头良好。为更加增进两国人民之间的相互了解，媒体更应该承担起促进两国文化交流的重大任务。

10月27日 赵化勇台长会见了法国国立视听研究院(INA)奥格院长、美国哥伦比亚广播公司信息资源执行总监皮尔洛先生、荷兰视听资料馆主席休斯等一行。会见中，奥格先生祝贺中央电视台成为国际电视资料馆联合会的一员，并希望中央电视台在电视资料数字化进程以及建立资料保持全球标准等方面发挥重要的作用。

11月1日 丁文华总工程师会见了美国哈里斯公司广播通讯部总裁杰里米·温辛格一行。会见中，丁总工程师表示希望外方有机会来台介绍公司新产品及服务，以促进相互了解、加强合作。双方还就2008年奥运会转播、新台址建设等方面探讨了技术合作的可能性。

11月10日 何宗就副台长会见了法国泰雷兹广播与多媒体公司新任首席执行官拉卡尔德先生一行。会见中，何副台长对该公司的技术及市场运作成功经验给予了充分的肯定，并向客人介绍了中央电视台今后五年技术发展的基本规划。

11月15日 孙玉胜副台长会见了英国HIT娱乐公司总裁布鲁斯·斯坦伯格先生以及美国RC2公司的总裁罗定国先生等一行。会见中，斯坦伯格先生表示，HIT娱乐非常愿意与中央电视台建立长期的合作关系，共同推出双方都满意的儿童节目并开发产品市场。

11月21日 何宗就副台长会见德国巴伐利亚州电影电视基金会主席克劳斯·萨佛博士等一行。会见中，何副台长表示，中央电视台目前正在试播高清频道，非常愿意与世界各地的电视机构和基金会建立友好合作关系。同时希望中央电视台在转播2006年德国世界杯足球赛时能够得到德方的支持与帮助。

11月22日 孙玉胜副台长会见了英国威斯敏斯特大学传媒学学院院长菲尔德曼女士。会见中，菲尔德曼女士表示，我国开设传媒相关专业的院校数量激增，对于传媒专业的学生毕业后能否在社会上找到合适的职位进行了交流与探讨。

12月2日 张长明副台长会见了摩尔多瓦广电公司总裁特列什库·伊利耶先生一行。会见中，伊利耶先生表示，中摩两国素来关系友好，如果双方能够在今后签署合作协议，深入进行节目交流，将会大大推动两国人民之间的了解和友谊。

12月5日 张长明副台长会见了澳大利亚华科公司交流总监华特·思考德先生一行。会见中，华特总监表示，华科公司与澳大利亚政府以及当地的主流电视媒体有着多年良好的合作关系，可以协助中央电视台为2008年奥运会培训人员，交流经验等。

12月7日 程宏副总编会见了英国载闻公司全球首席执行官苏明德先生一行。会见中，双方就美国映佳国际与中央电视台合作的《每日佳艺》在CCTV-8套的收视情况以及CCTV-9在欧洲的落地情况进行了交流，并就双方新的合作途径进行了探讨。

12月23日 张长明副台长会见了泰国大众传媒机构总裁拉瓦特·占查莱姆先生率领的代表团一行。会见中，张长明副台长表示，近些年来中泰两国电视媒体的合作不断增加，特别是在节目交换、人员交流和技术合作等方面。希望我们双方的合作进一步加强，造福两国人民。

（外事处供稿）

2005年中央电视台与国外广播电视机构签署的协议

1. 2005年1月12日，中央电视台与葡萄牙电视台签署合作协议。

2. 2005年3月17日，中央电视台与阿塞拜疆国家广播公司签署合作协议。

3. 2005年5月13日，中央电视台与卡塔尔半岛卫星电视台签署合作协议。

4. 2005年5月20日，中央电视台与泰国大众传媒公司签署合作协议。

5. 2005年5月26日，中央电视台与马其顿国家广播电视公司签署电视合作协议。

6. 2005年5月27日，中央电视台与德国巴伐利亚广播电视台签署合作协议。

7. 2005年11月1日，中央电视台与斯洛伐克广播电视台签署合作备忘录。

（外事处提供）

2005 年中央电视台接待的国外摄影队

序号	机构名称	拍摄内容	拍摄时间	拍摄地点	人数	天数
1	新加坡 360 制片公司	中华美食	2005.1.5～2005.2.4	北京、广东、上海、浙江、重庆、山西、安徽	5	30
2	东京电视台	东南新貌	2005.3.19～2005.3.24	上海、江苏省	5	4
3	英国卫报制片公司	BBC 地平线	2005.3.20～2005.4.8	北京	2	20
4	荷兰 IKE 制片公司	华侨生活	2005.3.24～2005.4.5	浙江省、上海	2	15
5	荷兰 EMF 制片公司	日进一金	2005.4.6～2005.4.18	江苏省、上海	4	11
6	奥地利国家电视台	经济发展和旅游文化	2005.4.11～2005.4.25	北京、上海、江苏、浙江	5	15
7	奥地利 ORF 电视台	中国经济发展	2005.4.～13～2005.4.25	北京、上海，江苏	4	12
8	日本富士电视台	长城	2005.4.20～2005.4.30	北京、河北	5	10
9	土耳其国家电视台	中国少数民族	2005.5.1～2005.5.26	北京、新疆	2	25
10	土耳其国家电视台	少数民族生活	2005.5.9～2005.5.19	北京、新疆	2	10
11	奥地利 ORF 电视台	华侨生活	2005.5.12～2005.5.22	浙江	2	10
12	英国卫报制片公司	BBC 地平线	2005.6.3～2005.6.10	北京	2	7
13	英国 ITV 电视台	英企新闻	2005.6.13～2005.6.24	河北、上海、湖北	1	10
14	汤加广播电视委员会		2005.9.15～2005.9.22	北京、呼和浩特、包头	1	7
15	摩尔多瓦新闻代表团	介绍改革开放的中国	2005.10.31～2005.11.14	北京、上海、杭州	5	15
16	希腊电视台	中希友好关系交流	2005.11.16～2005.11.25	北京、上海	3	20

（外事处提供）

中国国际电视总公司2005年接待境外摄制组名单

序号	机构名称	拍摄内容	拍摄时间	拍摄地点	人数	天数	内容介绍
1	新加坡360制片公司	中华美食	2005/1/5～2/4	北京、广东、上海、浙江、重庆、山西、安徽	5	30	拍摄中国特色美食
2	东京电视台	东南新貌	2005/3/19～24	上海、江苏省	5	4	拍摄江苏省周庄美丽的风光
3	英国卫报制片公司	BBC地平线	2005/3/20～4/8	北京	2	20	BBC电视台固定栏目。拍摄一名英国患者在北京朝阳医院刘红云教授处的治疗过程
4	荷兰IKE制片公司	华侨生活	2005/3/24～4/5	浙江省、上海	2	15	目前归国华侨在家乡的生活状况
5	荷兰EMF制片公司	日进一金	2005/4/6～18	江苏省、上海	4	11	跟随一名在上海打工的女孩，拍摄她的日常工作生活情况。同时拍摄她返回陕西老家的情形
6	日本富士电视台	长城	2005/4/20～4/30	北京、河北	5	10	《世界绝对美景》系列片的一集
7	奥地利ORF电视台	华侨生活	2005/5/12～22	浙江	2	10	目前归国华侨在家乡的生活状况
8	英国卫报制片公司	BBC地平线	2005/6/3～6/10	北京	2	7	BBC电视台固定栏目。拍摄英国患者第二次在北京朝阳医院的治疗过程
9	英国ITV电视台	英企新闻	2005/6/13～6/24	河北、上海、湖北	1	10	拍摄英资企业在华的发展情况
10	新加坡新视角公司	公共设施的完善	2005/7/13～7/19	北京	2	9	拍摄北京为迎接2008年奥运会对公共设施进行的有效改善
11	亚洲国家地理频道	郑和下西洋	2005/7/12～8/1	福建、北京、江苏、浙江、云南、江西	6	21	为国家地理频道制作的同名纪录片拍摄部分再现内容
12	日本富士电视台	蹦极	2005/8/7～8/14	北京			来华拍摄《世界蹦极大赛2005》中的一集
13	美国PBS电视台	未来中国	2005/8/26～9/13	北京、上海、山东、广东	4	17	拍摄海外学子归国后的工作生活状况
14	韩国KBS电视台	侨资企业	2005/9/5～9/14	福建、广东	3	4	拍摄98届华商大会在厦门举办时的盛况，了解侨资企业在华的经营情况
15	美国国家地理	郑和下西洋	2005/8/24～9/4	江苏	5	6	为国家地理频道制作的同名纪录片拍摄部分再现内容

序号	机构名称	拍摄内容	拍摄时间	拍摄地点	人数	天数	内容介绍
16	英国BLACEWAY制片公司	20世纪历史	2005/9/22～9/30	上海、北京		4	以哈佛大学Niall Ferguson教授讲述的方式，介绍20世纪中国在历史舞台扮演的重要角色
17	英国ITN电视台	浙江新闻	2005/8/28～9/2	浙江	2	3	拍摄中国纺织出口企业如何应对中欧的贸易摩擦
18	新加坡电视台	左邻右舍，我最酷	2005/9/10～9/23	北京	1	1	拍摄北京当今最时尚的各项娱乐活动
19	比利时KANAKNA制片公司	北京特快	2005/10/7～10/13	北京、山西、河北	15	6	拍摄比利时的选手，根据地图指示前往中国的名胜古迹，完成规定的智力竞赛项目
20	新加坡Bang制片公司	郑和	2005/9/14～9/30	北京、江苏、福建、云南	3	3	为同名纪录片拍摄部分再现内容
21	新加坡Bang制片公司	亚洲之谜	2005/9/19～10/1	浙江、吉林、云南	1	2	前往云南拍摄中医药种植基地、浙江省钱塘潮观景
22	新加坡Bang制片司	陈凯歌	2005/10/21～10/29	北京	2	8	在陈凯歌的最新作品《无极》放映的同时，跟踪拍摄陈凯歌的日常工作生活。向观众介绍这个知名导演的所见、所闻、所感，从而进一步加深对中国电影人的了解
23	比利时KANAKNA制片公司	特快	2005/10/21～11/9	云南、西藏	47	15	拍摄比利时的选手，根据地图指示前往中国的名胜古迹，完成规定的智力竞赛项目
24	国家地理频道	大桥	2005/11/21～12/1	上海、江苏省		4	该片着重关注目前世界上最大的大桥施工中采用的最先进的技术、机械以及工程策划理念
25	英国BBC电视台	武术	2005/12/1～12/8	河南、河北、北京、上海		4	该片通过拍摄中华武术胜地、采访老中医、拍摄药膳等，进一步探寻强身健体之道
26	美国厉害频道	源自何方	2005/12/1～12/23	北京、云南、山东、浙江、上海、四川	5	23	拍摄与人类信息相关的各种发明创造。介绍中国的古代文化和科学技术
27	美国story house制片公司	秦始皇	2005/10/24～11/17	河南	6	24	为同名纪录片拍摄部分再现内容
28	德国ZDF电视台	秦始皇	2005/10/9～10/28	陕西	3	19	
29	德国ZDF电视台	昭陵	2005/12/3～12/20	陕西	3	17	拍摄中德技术合作项目在昭陵的实施过程

序号	机构名称	拍摄内容	拍摄时间	拍摄地点	人数	天数	内容介绍
30	日本TBS电视台	世界航线	2005/1/5～1/19	北京	3	4	本节目通过主持人乘坐世界各国的客机，向日本观众介绍所到国家的主要城市
31	日本关西电视台	2005大阪马拉松特别节目	2005/1/23～1/26	北京	6	3	“大阪国际女子马拉松赛”是日本选拔奥运会选手的赛事之一。本节目拍摄正在建设中的北京马拉松沿线的街景
32	日本NHK电视台	地球街角 中国产韩式泡菜	2005/1/22～1/25	山东	3	3	本节目通过跟踪采访拍摄中国制作泡菜的有关企业，向日本观众介绍中国外来加工业的发展现状和中国产韩式“泡菜”的一系列生产加工过程
33	日本朝日电视台	傍晚新闻	2005/3/11～3/13	北京	3	2	2006年2月将在意大利举办冬季奥运会，追踪报道日本选手西谷岳文参加今年在北京举办的短道速滑世界锦标赛的情况
34	日本TBS电视台	浏览中国	2005/3/26～3/30	北京	3	4	本节目在展现新北京风貌的同时，向日本电视观众介绍北京悠久的历史文化以及北京市民多彩的生活
35	日本TBS电视台	我的中国日	2005/6/18～6/21	辽宁	5	3	大连作为港口城市获得了巨大的发展，街道布局被称为东方的欧洲。此片将向日本观众介绍大连美丽的街道风景、支撑大连的文化产业、以及大连人们的生活
36	日本NHK电视台	周日体育	2005/6/23～7/3	河南省、辽宁省	2	13	日本最有人气的乒乓球选手福原爱，将代表辽宁队参加6月开始的中国超级联赛。本片拍摄福原爱在中国训练、比赛及生活情况
37	日本TBS电视台	中日友好桥梁	2005/7/19～7/23	北京	3	4	1986年12月实现了北京－东京的通航。现在中国与日本之间的全日空固定航班达91班，国际线占43%，为中日双方的文化交流作出了贡献。2005年4月，广州－东京的新航线也开通了，为纪念并再现中日通航的这段历史，特制作此纪录片

序号	机构名称	拍摄内容	拍摄时间	拍摄地点	人数	天数	内容介绍
38	日本NHK电视台	21世纪日本自画像	2005/7/25～27	北京	1	2	以历史问题为中心，日中关系存在着诸多问题。本节目分别在中国、韩国，采访普通市民对日中关系的看法，倾听外交专家对日中关系的展望，以及应如何努力建立日中良好关系的意见
39	日本朝日电视台	思考宪法9条	2005/8/8～13	北京	3	5	由田原总一郎先生主持的节目，主要话题为探讨日本战后60年的发展历程，并思考日本未来的发展道路
40	日本TVMANUNION公司	决战中国舞台	2005/9/16～21	北京、上海	2	5	在中国出生，半生与中国音乐界结下了深厚友谊的日本指挥家小泽征尔，今秋将与中国年轻音乐家们共同合作。本节目通过中日合作方式用高清摄像机拍摄记录并播出意大利歌剧《赛尔维亚理发师》公演的全过程
41	日本NHK电视台	女子花样滑冰出征都灵冬奥会	2005/11/2～6	北京	2	4	通过拍摄参加在北京举办的“中国杯赛”优秀滑冰选手们的训练、比赛情况，来展望都灵冬奥会的前景
42	日本石川电视台	中国劳工与日本战后赔偿	2005/11/2～12	北京、天津、河南	2	10	太平洋战争末期，日本在中国强征劳工4万余人，其中7000余人由于恶劣的工作环境在劳动中死亡，仅石川县七尾市就有强征劳工400人，其中15人死亡，日本政府至今没有作出相应的赔偿和道歉。本节目通过中国受害者的证言及日本支援者的活动，来寻求如何进一步改善中日两国的关系
43	日本TBS电视台	我的中国日	2005/12/4～7	辽宁	5	3	“我的中国日”节目是以每月访问一座中国都市，来介绍如今中国的发展现状，此期将拍摄沈阳
44	日本TBS电视台	浏览中国特集	2005/12/17～24	北京	8	7	通过日本歌手及演员访问北京，并与中国影视明星、著名导演进行交流，探讨两国影视界的现状及今后的发展方向。本节目将采访北京市民，特别是年轻人，以便了解他们对亚洲音乐和影视的感受

R E N W U

人物

人物

2005年中央电视台任命的处级以上干部名录

姓名	职务	职务级别
高峰	副台长	司局级
孙玉胜	副台长	司局级
袁正明	台副总编辑	司局级
程宏	台副总编辑	司局级
李挺	台副总编辑	司局级
许二春	台副总会计师	副司局级
赵刚	财经办公室主任	副司局级
徐威	新台址建设工程办公室主任	副司局级
苏峰	总编室主任	副司局级
梁晓涛	新闻节目中心主任	副司局级
张宁	社教节目中心主任	副司局级
郭振玺	广告经济信息中心主任	副司局级
江和平	体育节目中心主任	副司局级
汪文斌	台办公室副主任	副司局级
彭健明	人事办公室副主任	副司局级
黄伟	财经办公室副主任	县处级
王世荣	新台址建设工程办公室副主任	县处级
季小军	新台址建设工程办公室副主任	县处级
王国佑	新址办综合业务处处长	县处级
曹建新	新址办前期市政处处长	县处级
贺萍	新址办合同造价处处长	县处级
张小群	新址办财务资产管理处处长	县处级
杨健	新址办技术处处长	县处级
肖文俊	总编室宣传规划处处长	县处级
崔屹平	音像资料馆主任	县处级
赵树清	海外节目中心海外编辑部主任	县处级
江则理	文艺节目中心综合部主任	县处级
郑健	广告经济信息中心专职副书记	县处级
夏洪波	广告经济信息中心广告部主任	县处级
陈超英	广告经济信息中心图文电视部主任	县处级
张兴	体育节目中心副主任	县处级
杨斌	体育节目中心副主任	县处级
徐进	技管办信息通信处处长	县处级
高东生	技管办动力处处长	县处级
王保国	技术制作中心制作部主任	县处级

（人事办公室提供）

2004年中央电视台获准享受政府特殊津贴人员名录

程 宏 袁正明

2004年中央电视台聘任正高级专业技术职务人员名录

聘任下列18名同志为高级编辑：

张令振　虢亚冰　陈　征　杜宝风　孙　杰
张文华　刘　文　景春寒　梁玉珍　刘民朝
应　红　朱　彤　江则理　齐宪役　骆幼伟
辛少英　罗　闪　陈永庆

聘任下列3名同志为高级记者：

汪保国　李　风　伊慧民

聘任下列1名同志为播音指导：

蔡　猛

聘任下列2名同志为提高工资待遇的高级工程师：

梅剑平　崔建伟

聘任下列1名同志为一级文学编辑：

杨晓民

2004年中央电视台聘任副高级专业技术职务人员名录

聘任下列27名同志为主任编辑：

王萍萍　梁万龙　祖菊红　刘自力　张利生
于殿云　王齐放　刘少博　洪宝华　蔡潜厚
谢兰兰　徐小燕　赵伯平　牛海峰　张国飞
李亚军　赵春梅　于晶波　王志军　朱　梅
杨　泽　李　强　程万新　张　伟　阎建光
褚朔纯　索晋陕

聘任下列3名同志为主任记者：

赵一民　邢　栋　王　志

聘任下列2名同志为主任播音员：

杨　晨

聘任下列9名同志为高级工程师：

聂九龙　孙　宏　王　琼　秦　军　陶　铮
陈江疆　孟克福　丁京平　张　圆

聘任下列1名同志为高级制片经济师：

林　威

聘任下列3名同志为高级会计师：

高运景　殷鸿杰　胡竞霜

聘任下列1名同志为副译审：

张　钊

聘任下列2名同志为副研究馆员：

王晓珏　杨垣平

聘任下列2名同志为二级导演：

葛延平　来栋敏

聘任下列1名同志为主任技师：

罗京生

聘任下列2名同志为二级录音师：

王爱萍　武建伟

2005年中央电视台竞聘上岗栏目制片人名录

栏　目	制片人
《天下足球》(体育)	陈文江
《新闻袋袋裤》(青少)	洪　宇
《法律讲堂》(社教)	聂丛丛
《第一线》(社教)	肖同庆
《媒体广场》(新闻)	王志明
《国宝档案》(海外)	李晓平

续表

栏　目	制片人
《华夏掠影》(海外)	田　军
《中国法治报道》(社教)	王　平
《大家看法》(社教)	王冬伶
《绝对挑战》(广经)	詹　未
《地球故事》(广经)	张晓阳
《综艺快报》(文艺)	张　谦

续表

栏 目	制片人
《快乐驿站》（文艺）	林 远
《演艺竞技场》（文艺）	李 言
《欢乐中国行》（文艺）	孙 滨
《音乐告诉你》（文艺）	张晓宁
《三星智力快车》（青少）	李媛媛
《选择》（青少）	周翼虎
《每周音乐快递》（青少）	李 仲
《第二起跑线》（青少）	尹永斌
《今日说法》（社教）	何淑文
《道德观察》（社教）	倪 俊
《名将之约》（海外）	徐 江
《东方时尚》（海外）	索 链
《法治视界》（社教）	牟彦彦
《忏悔录》（社教）	吴海天
《艺术人生》（文艺）	王 峥
《想挑战吗》（文艺）	杨东升
《电视诗歌散文》（文艺）	高立民
《非常 6+1》（广经）	哈 文
《星光大道》（文艺）	葛延平
《挑战主持人》（文艺）	王 玉
《新视听》（文艺）	刘 真
《中国音乐电视》（文艺）	施 翌
《法治在线》（新闻）	陈 杰 武 伟
《共同关注》（新闻）	姜秋镝 宋建春
《中华医药》（海外）	赵洪涛
《海峡两岸》（海外）	王文昌 高 辉
《音画时尚》（文艺）	王冼平
《民歌中国》（文艺）	吴 楠
《梦想剧场》（文艺）	毕福剑
《七巧板》（青少）	贺 斌
《银河剧场周末版》（青少）	徐 红
《幸运 52》（广经）	田立武
《为您服务》（广经）	张 越
《中国财经报道》（广经）	姜诗明
《天涯共此时》（海外）	汪 驄
《台湾百科》（海外）	李彤云
《心理访谈》（社教）	周 凌
《北京 2008》（体育）	卢 伟
《赛车时代》（体育）	郑梦晖
《超市大赢家》（广经）	骆幼伟

续表

栏 目	制片人
《财富故事会》（广经）	陈红兵
《今晚》（广经）	龚 冰
《中国证券》（广经）	吴小杰
《面对面》（新闻）	王 志
《社会记录》（新闻）	李 伦
《互动星期天》（海外）	程欣欣
《两岸万事通》（海外）	王静芳
《庭审现场》（社教）	庞 克
《探索·发现》（社教）	王新建 盛振华
《本周》（新闻）	王 阳
《国际时讯》（新闻）	尹春生
《世界周刊》（新闻）	杨慧敏
《每周质量报告》（新闻）	吴光秋
《智慧树》（青少）	倪 娜 刘纯燕
《金苹果》（青少）	刘少安
《童心回放》（青少）	李艾东
《芝麻开门》（青少）	宗 英
《艺术品投资》（广经）	左如旗
《交换空间》（广经）	张铁忠
《电视烹饪大赛》（广经）	丁怀东
《体育在线》（海外）	王 峰
《新闻调查》（新闻）	张 洁
《纪事》（新闻）	刘鸿雁
《曲苑杂坛》（文艺）	汪文华
《神州大舞台》（文艺）	黎 红
《舞蹈世界》（文艺）	徐 媛
《梨园擂台》（文艺）	滕海涛
《戏苑百家》（文艺）	白燕升
《戏曲采风》（文艺）	王 晔
《点播时间》（文艺）	周 颖
《CCTV 空中剧院》（文艺）	曹 毅
《九州大戏台》（文艺）	范梅强
《过把瘾》（文艺）	陈树英
《音乐人生》（文艺）	别航程
《激情广场》（文艺）	刘 璐
《棋牌乐》（体育）	汪 洋
《实况足球》（体育）	张 智
《巅峰时刻》（体育）	朱文韬
《地方戏之窗》（文艺）	陈荣霞
《同乐五洲》（海外）	申整齐
《中华情》（海外）	郭霁虹

（人事办公室提供）

2005年中央电视台所属单位聘任正高级专业技术职务人员名录

中央新闻纪录电影制片厂
高级记者：韩君倩
北京科学教育电影制片厂
一级美术师：武　珉
中国爱乐乐团
一级演奏员：李鹏贵　唐　兵　刘海涛

2005年中央电视台所属单位聘任副高级专业技术职务人员名录

中央新闻纪录电影制片厂
主任记者：郝亚非　赵布虹
主任编辑：刘　静
高级工程师：洪小雷
主任灯光技师：楚锡岭
北京科学教育电影制片厂
二级美术师：李凤英　孙　艳　何　嵘
二级导演：金　帆　孟兰云　何　昊
二级摄像师：张学国
二级录音师：徐晓鸣
主任技师：李丹林
中国爱乐乐团
二级演奏员：李　沛　陈　怡　贾　梅
王　琨　何　伟　翟　峰

2005年中央电视台驻外记者名录

泰国记者站：　张　莉　王玉国
日本记者站：　孙　岩　李卫兵
印度记者站：　陶　冶　孔琳琳
比利时记者站：　王银桩　杨　真
英国记者站：　陈永庆　孔淑明
法国记者站：　李　宾　林　文
俄罗斯记者站：　路　彪　丁　勇
澳大利亚记者站：汪飞舟　侯　佳
美国记者站：　高　军　徐　健　牛海峰
联合国记者站：　李　楠　屈小平
德国记者站：　季　芸　黄　成
埃及记者站：　梁玉珍　李仲扬

2005年中央电视台驻港、澳、台记者名录

香港记者站：　马赤后　侯福梅　张福田
常　江　张利中　孟　克
翟颖楠　黄建国　曾　晋
澳门记者站：　冯雪松　门继光
台湾驻点：　每月轮换

人 物 志

崔建伟（1962—）北京市人。中共党员。中央电视台技术制作中心录制二部副主任，教授级高级工程师。大学本科学历。先后任中央电视台录制部录制三科副科长、科长，录制部副主任，2004年任现职。1989年被中央电视台团委评为先进青年，1990年参与拍摄并制作的专题片《中国民间舞蹈——秧歌》被评为第八届俄罗斯民间创作《彩虹》国际组委会主奖电视观众奖。曾担任中央电视台2003电视节目包装改造、2004新建高端非线性编辑网络系统、2004新建付费频道制作与包装网络系统和2005高、标清兼容非线性后期制作网络系统的总设计。其中2003电视节目包装改造项目获广电总局科技进步工程类一等奖。撰写专业论文有《NHK与HDTV》等。是中国电影电视技术学会图像专业委员会副主任。

梁玉珍（1953—）女。河北省人。中共党员。高级编辑。中央电视台驻中东记者站站长、首席记者。1977年2月毕业于北京第二外国语学院阿拉伯语专业，分配到中央电视台。1982年至1984年在苏丹喀土穆大学文学院进修两年。曾参与世界妇女大会、香港回归、飞越黄河、三峡截流、邓小平去世、党的十五大召开等许多重大现场直播节目的播出和节目编排工作，曾获得国务院嘉奖。作品专题片《追寻唐风》获国家级对外宣传优秀作品一等奖。《海湾空难》、《盘点中东》、《阿拉法特葬礼》等节目获国家级好新闻一等奖。曾获广电部精神文明标兵、广电总局精神文明先进个人、台优秀驻外记者、优秀党员、先进工作者、感动CCTV风云人物等多种荣誉称号。

汪保国（1952—）安徽省人。中共党员。中央电视台新闻节目中心时政新闻部三组副组长。高级记者。1975年毕业于上海外国语学院英语系本科。同年被分配到北京电视台（现中央电视台）。曾担任新闻部文教组及采访部政文组组长。曾参加审判“四人帮”的报道工作并获中宣部嘉奖。1985年和1989年先后两次赴南极进行电视报道工作，并荣立二等功和三等功各一次。1994年受命赴比利时筹建中央电视台在欧洲的第一个记者站，并担任该站首任站长。作品《中国南极长城站建成》荣获全国第七届电视好新闻一等奖，《邓小平和十四大代表》获中国新闻奖一等奖，《政通人和》获全国短新闻一等奖，《锲而不舍　绿我中华》获中国电视消息类一等奖。是中国国际公关协会理事，世界人民友好促进协会副秘书长。

李　风（1966—）北京市人。中共党员。中央电视台社会新闻部副主任。高级记者。1989年7月毕业于中国人民大学新闻学院广播电视新闻专业，法学学士。电视新闻硕士研究生结业。1989年8月进入中央电视台，先后担任过新闻中心采访部记者、采访部科技组副组长、《新闻30分》栏目制片人、中央电视台澳门记者站首席记者等。作为主创人员之一参加了香港回归、澳门回归、黄河小浪底截流合龙等大型直播特别节目。先后参与创办《新闻30分》、《每周质量报告》等栏目。多次获得中国电视新闻特别奖、一等奖等国家级新闻奖。是中国电视艺术家协会会员，中国环境新闻工作者协会理事。

伊慧民（1955—）北京市人。中共党员。中央电视台中文国际频道《走遍中国》制片人。高级记者。大学本科学历。1984年进中央电视台工作。作品纪录片《来自大漠的报告》获“中国彩虹”二等奖，21集系列片《辉煌的“八五”》获“中国彩虹”特等奖，12集系列片《三峡备忘录》获“中国彩虹”二等奖。著有《三峡备忘录》、《黄河的警示》、《国际化进程中的中国航空》等专著。是中国电视艺术家协会纪录片学术委员会理事。

刘民朝（1955—）河北省人。中共党员，高级编辑。中央电视台科技专题部主任。1983年毕业于中国人民大学二分校，获文学学士，留校任教，在职攻读文艺学研究生，任讲师、系副主任。1989年调入中央电视台，先后任纪录片室副主任，科教部副主任。主创的《兄弟情》等纪录片获中国新闻奖或广播电视新闻奖。参与组织创办了《百家讲坛》、《科学世界》、《天工开物》、《新世纪科技论坛》，负责管理《科技博览》、《走近科学》、《今日气象》、《科技之光》、《状元360》等栏目，参与策划指挥了《挺进南极冰盖最高点》、《可可西里大穿越》等大型科学探险报道活动。论文有《科技节目要做实、做新、做活》、《中国电视文化发展战略》、《中国电视科技节目的理论研究与创新》等。是中国科技新闻学会常务理事、中国发明协会理事。

梅剑平（1967—）湖北省人。中央电视台技术管理办公室工程管理处副处长。教授级高级工程师。工学博士后。1998年进入中央电视台，先后在技术管理办公室技术业务处、工程管理处工作，2005年起任现职。先后参加了“CBTV卫星直播试验系统”、“加扰卫星频道CA系统改型”和“中央节目平台系统”等重点工程项目；并参与了广电总局GY/Z 174—2001“数字电视广播业务信息规范”、“数字电视广播电子节目指南信息规范”、“数字电视数据广播标准”和“数字电视广播中间件－系统”四项行业标准的研究起草工作。曾获“全国广播电影电视系统标准化工作先进工作者”和“全国优秀新闻技术工作者”称号。获国家广电总局科技创新奖一等奖、二等奖。

罗　闪（1963—）广东省人。中共党员。北京师范大学毕业，教育学学士。青少节目中心少儿部《大风车》综合组科组长。高级编辑。中国电视艺术家协会会员。1987年任中央电视台少儿部编辑，1997年任《大风车》编辑策划组科组长。先后担任总导演或导演的重要节目有：2001年8小时六一儿童节特别制作《快乐起飞》；2002年12小时六一儿童节特别制作《我们的世纪》；2002年《同一首歌》六一晚会；2004年六一儿童节特别制作《六一宣传周》。担任主编的《大风车》，2000年获全国“金童奖”优秀栏目奖；2000年和2001年，连续两年获中央电视台优秀栏目一等奖。著作有《时尚拼贴——解析中国电视栏目》。论文有《孩子想什么　我们做什么》等。

齐宪役（1956—）天津市人。中共党员。文艺节目中心文艺部副主任。高级编辑。1983年毕业于北京广播学院电视系电视导演专业（大学本科）。1987年从山东电视台调入中央电视台文艺部。1998年至2001年，作为援藏干部到西藏电视台挂职担任副台长。曾多次担任中央电视台“综艺大观”、“全国青年歌手电视大奖赛”、“春节歌舞晚会”等名牌栏目、重大节目的编导；作为“心连心”系列活动的创始人之一，曾先后几十次参加了“心连心”节目的导演及组织工作；所制作的节目曾先后获“骏马奖”一等奖、“星光奖”二、三等奖。1996年曾被授予全国“三下乡”活动先进个人的光荣称号。是中国电视艺术家协会会员，中国摄影家协会会员。

陈　征（1953—）女。山东省人。中共党员。高级编辑。大学本科学历。1983年进中央电视台，先后任人事处干事、新闻采访部记者、新闻联播组副组长、新闻编辑部地方组组长、新闻编辑部副主任、新闻节目中心社会新闻部记者一组副制片人等。曾参与策划采访重大典型报道和大型新闻报道，如《祖国一日》、《全国一盘棋》、《党委书记访谈录》、《五年辉煌》、《工人阶级的楷模——许振超》等。先后获全国五四新闻奖一等奖1次，二等奖1次；全国教育新闻奖一等奖5次，二等奖4次，三等奖10次；全国卫生新闻奖一等奖1次；全国文化新闻奖一等奖2次；全国少数民族新闻奖一等奖2次，二等奖3次。

张令振（1964—）河南省人。中共党员。高级编辑。在职博士研究生。中国传媒大学兼职教授。在总编室研究处从事业务和学术的研究工作。先后参与的工作有：中央电视台全国电视观众调查网的组建；央视调查咨询中心的组建和对外合资；CCTV-1、CCTV-2、CCTV-7等频道的改版；香港、澳门回归以及建党70周年等重大宣传活动的节目协调；新台址工程项目发展方案起草；制播分离课题的研究；干部人事制度改革中岗位管理与频道制改革；网络资源整合实施等。

应　红（1955—）女。上海市人。中共党员。高级编辑。毕业于北京广播学院。中央电视台《夕阳红》栏目主编。主创节目所获得的奖项有：系列片《饭店文明服务》获中央电视台专栏二等奖；儿童知识系列片《小灵通》获中央电视台专题二等奖；系列片《摄影艺术讲座》获全国优秀电视专题节目讲座一等奖；大型系列片《智慧之光——中学生首届头脑运动会》获全国优秀电视社教节目类一等奖。编剧并执导《幸福的彩霞——卫生与健康特别节目》获全国第二届“白鹤杯”特别奖；组织策划并任制片人的微型短剧《邻里之间》、《老干探》、《老牛外传》获星光奖三等奖。著书《走进梦想》。

刘　文（1966—）安徽省人。中共党员。高级编辑。海外节目中心专题部副主任。1988年毕业于北京广播学院电视系电视摄影专业，同年留校任教。1991年调入中央电视台海外节目中心，历任《中国报道》编导、摄影，《中华医药》制片人，大型电视纪录片《再说长江》总制片人兼总编导，曾参与组织创办《中华医药》、《走遍中国》栏目。参与主创的作品所获奖项有：电视纪录片《远在北京的家》获中国四川国际电视节最佳纪录片奖，电影纪录片《往事歌谣》获中国电影"金鸡奖"最佳纪录片奖、大型纪录片《香港沧桑》获中宣部"五个一工程"奖等。论文《论电视纪录片的"视点"》获第六届全国广播电视学术论文评选二等奖。专著《电视摄影创作》。1999年荣获"国家广电总局第三届十杰青年提名奖"，2000年荣获"国家广电总局优秀党员"称号，多次荣获中央电视台先进个人称号。

骆幼伟（1957—）女。北京市人。中共党员。高级编辑。1983年大学本科毕业分配到中央电视台。先后在文艺部和广经中心工作，历任《经济半小时》、《生活》、《超市大赢家》栏目制片人，多台大型文艺晚会及经济专题系列节目策划、总编导，参与主创的栏目节目曾多次获得各类奖项。其中获"中国新闻奖"一等奖或"中国广播电视新闻奖"一等奖的有《经济半小时》、《反盗猎并非最后行动》、《家用电冰箱消费实证》、《收获——中国农村小康纪实》、《警钟再次敲响》、《生活在北回归线》等；获"星光奖"的有《电影世界》；获全国电视专题节目一等奖的有《泥土之歌》等；获奖学术论文有《电视节目整合传播的精准和有效》、《以新闻方式提供服务》、《精心打造"生活"魅力》、《"隐性采访"扬起生活利剑》等。曾先后被评为台级先进工作者、优秀共产党员。

陈永庆（1965—）湖北省人。中共党员。中央电视台社教节目中心文化专题部副主任，中央电视台驻英国首席记者。高级编辑。武汉大学新闻系本科毕业，中国农业大学农经系研究生班结业。历任《焦点访谈》记者，《商务电视》主编，《中国财经报道》执行制片人，《艺术品投资》栏目首任制片人，《西部新闻》和《新闻夜话》总制片人，西部频道编辑部副主任，西部频道新闻总监。获奖近六十次，其中主要作品有《我看林业这十年》、《三峡九问》、《秦岭探访》等。个人专著有《新闻智慧》、《绿羽声痕》、《电视谈话节目研究》、《我最喜爱的西部名城》。是南开大学兼职教授。

张文华（1967—）江西省人。中共党员。高级编辑。硕士学历。中央电视台新闻节目中心新闻频道编辑部负责人。1993年入中央电视台。作为主创人员之一，参与了三峡大江截流、香港回归、中共十六大召开、澳门回归、每年全国"两会"、上海APEC会议、"神舟六号"载人航天等重大事件的直播策划和演播室播出工作。并先后参与了《晚间新闻》改版、滚动新闻策划和新闻频道的创办。多次获直播类节目的全国新闻奖。

孙　杰（1964—）天津市人。中共党员。高级编辑。1986年复旦大学新闻系毕业后在新华通讯社工作。1994年进中央电视台。新闻节目中心新闻评论部制片人。策划、组织过《相逢2000年》、《一年又一年》等大型直播节目和《焦点的报告》、《亲历》、《秩序·命脉》等特别节目。电视作品《成功的"软着陆"》、《中国入世特别报道》和论文《舆论监督的策略》获中国新闻奖一、二等奖。曾先后赴美国东西方中心、夏威夷大学和香港大学做访问学者。

朱　彤（1959—）浙江省人。中共党员。中央电视台编委会委员、文艺节目中心主任。高级编辑。俄罗斯国立戏剧学院导演学博士。先后任四川省川剧院演员、中央戏剧学院表演系讲师、中央电视台《综艺大观》导演、《文化视点》制片人、影视部副主任、台办室副主任兼秘书处处长。执导、创作、监制的大型文艺节目、栏目以及影视剧多次获"星光奖"、"五个一工程"奖、"飞天奖"、"金鹰奖"、"金星奖"等。是中国文学艺术界联合会全国委员会委员，电视艺委会表导演协会副秘书长，电视艺术家协会文艺委员会副会长，中国音乐家协会电视音乐协会副秘书长，中国对外友好协会会员，中华全国海外留学人员协会副主席，中韩友好协会常务理事，中国广播电视协会电视文艺研究委员会第二届理事会副会长等。

高广远（1951—）安徽省人。中央电视台人事办公室离退休人员管理处处长。1970年12月参军，历任战士、班长、排长、连长、参谋、营长、副团长。服役期间，曾七次荣立三等功，一次荣立二等功。1995年8月转业至中央电视台，先后在梅地亚中心、行政处工作。1998年7月调人事办公室离退休人员管理处任副处长。2003年7月任现职。1999年被广播电影电视部评为精神文明先进个人；2000～2003年两次被国家广电总局评为离退休工作先进工作者；2002～2005年被中央电视台评为优秀党员领导干部。

杜宝风（1958—）北京市人。中共党员。新闻编辑部副主任。高级编辑。硕士研究生。1983年分配到中央电视台工作，1991年任新闻编辑部副主任，1996年在中宣部挂职。曾先后参与了首都国庆50周年大型庆祝活动方案的策划、中国记者林工程的组织、全国百名记者西部行大型采访活动的组织、21届世界大学生运动会新闻中心的组建和运作等，是国家重大研究课题《中国新闻工作者职业道德建设》广播电视分课题组负责人和大型图集《毛泽东与新闻工作》副主编。曾获中央电视台争光奖，并被评为广电部优秀共产党员、全国广播电影电视系统先进个人。

崔屹平（1954—）山东省人。中共党员。高级编辑。广西大学中文系新闻专业毕业。中央电视台音像资料馆主任，党支部书记。1977年2月参加工作。1980年5月进台，先后任总编室宣传规划组组长，总编室副主任，中国电视报社副社长、副主编，中国国际电视总公司总经理助理、党总支副书记，中视传媒股份有限公司副董事长兼总经理、党委副书记、书记。2002年调任中央电视台音像资料馆负责人。2005年任现职。作为主创人员之一，参加大型电视纪录片《望长城》、《广东行》、《毛泽东》等节目的创作，分别荣获中国电视奖社教节目一等奖、三等奖、"五个一工程"奖等多个奖项。参加筹建和领导无锡中视影视基地股份有限公司，成功上市，并获国家AAAA级旅游区称号。台级先进职工，优秀党务工作者，优秀党员领导干部。

王 焰（1963— ）河南省人。中共党员。高级编辑。1985年毕业于北京广播学院，获文学学士学位，1990年于北京广播学院获电视业务硕士学位。中欧工商管理学院EMBA，中央数字电视传媒有限公司副总经理，央视风云传播有限公司总经理。历任中央电视台广告经济信息中心经济频道节目副总监，信息部副主任、主任，经济频道栏目制片人、系列节目总导演。参与组织创办了《金土地》、《鉴宝》、《艺术品投资》、《前沿》、《经济与法》、《中国证券》、《互联时代》、《清风车影》、《中国房产报道》等栏目，参与策划服装设计暨模特大赛，经济频道的设计和改版，"两会"报道和"3·15"晚会等。又参与创办了《风云音乐》、《世界地理》、《第一剧场》、《风云足球》、《风云剧场》、《怀旧经典》、《军事频道》、《高尔夫·网球》等数字付费频道。

王保国（1951— ）江苏省人。中共党员。中央电视台技术制作中心制作部主任。高级工程师。1980年12月清华大学无线电系图像信息技术专业毕业。曾在海军东海舰队舟山基地、福建基地快艇支队服役。1972年1月在部队入党并获得嘉奖。1984年4月调入中央电视台技术部。长期从事电视节目制作、视频设备维护和技术管理工作。历任录制部采编科副科长、科长，采录部副主任，制作部副主任等职务。2005年任现职。多次参加重大节目宣传报道技术管理工作：时政新闻、北京亚运会、世界妇女大会、香港回归、国庆宣传报道、全国运动会、春节联欢晚会、西藏自治区成立纪念活动等。被评为中央电视台2002～2005年度优秀党员领导干部。是中国照明学会常务理事兼舞台电影电视照明专业委员会主任，中国广播电视学会电视美术委员会副会长。

辛少英（1960— ）女。中共党员。北京市人。高级编辑。1983年毕业于北京外国语大学法语专业。中央电视台体育竞赛部《全明星猜想》、《城市之间》栏目制片人。中央电视台2005年度十大巾帼建功标兵之一。80年代投身于电视制作，参与创办的电视栏目有《正大综艺》、《环球》、《维也纳新年音乐会》、《悉尼猜想》、《球迷世界杯》、《雅典猜想》、《城市之间》、《全明星猜想》等。主编了大型纪录片《人民必胜——第二次世界大战欧洲战场纪实》和《亚洲太平洋战场纪实》。著有《在记忆与制作中穿行》。主持或参与的栏目节目先后获得的奖项有：中国电视"星光奖"一等奖一次，三等奖三次，中国广播学会全国优秀电视体育节目栏目类一等奖一次、二等奖二次、三等奖一次。1998年度和2002年度中央电视台先进个人，2002年度广电总局先进个人。2000年《对新思路的追求与把握即是一种引人入胜的猜想》获第七届广播电视学术论文三等奖。

曾晓凌（1949— ）女。江西省人。中国电视剧制作中心一级文学编辑。1980年毕业于北京电影学院文学系编剧进修班。同年底调入中央电视台文艺部戏剧组，参加中国第一部电视连续剧《敌营十八年》的制作。1983年调入中国电视剧制作中心。曾先后担任《大地的深情》、《赤橙黄绿青蓝紫》、《红叶，在山那边》、《纽带》、《大角逐序曲》编剧，担任《太平天国》、《兵谣》、《孙中山》、《澳门的故事》、《江山》、《女子监狱》、《东方朔》、《西热图的传说》等近500部(集)电视剧的责任编辑。作品曾获国家级"五个一工程"奖，全国电视剧"飞天奖"，中国电视"金鹰奖"，及少数民族"骏马奖"，并获巴基斯坦总统勋章。系中国电影艺术家协会会员和中国电视艺术家协会会员。

王 宁（1956— ）女。北京市人。中国电视剧制作中心一级文学编辑。1983年毕业于北京师范大学分校中文系，留校任教。1990年调入中国电视剧制作中心。曾担任《小楼风景》、《苍天在上》、《李克农》、《笑傲江湖》、《记忆的证明》等近500部（集）电视剧的责任编辑。作品曾多次获国家级电视剧“飞天奖”、“五个一工程”奖，曾获得巾帼建功标兵、先进工作者等荣誉称号。系中国电视艺术家协会会员。

陈育新（1964— ）浙江省人。中国电视剧制作中心一级文学编辑。1992年毕业于北京电影学院，获文学硕士学位。当年进入广播电影电视部中国电视艺术委员会研究部工作。1997年9月调入中国电视剧制作中心文学部工作至今。参与编剧的电视剧《为了聚会的告别》、《凤凰琴》、《刀锋》、《希望的天空》获得过中国电视剧“飞天奖”二、三等奖，编辑的电影剧本《这是我的生活》获首届夏衍电影文学奖三等奖。导演的电视剧《阿明的故事》获“飞天奖”二等奖，《枫桥故事》获“飞天奖”三等奖。同时还是电视剧《笑傲江湖》、《征服》、《铁面无私》的编剧，电视剧《如影随形》、《铁面无私》、《正德演义》的导演。专著有《作为文化的影像》（与人合著）、《大学影视》（执笔之一）。

沈向军（1964— ）内蒙古人。中共党员。中国国际电视总公司常务副总经理、中央数字电视传媒有限公司总经理、中国有线电视网络有限公司总经理。1985年毕业于北京广播学院。曾历任北京广播学院院刊编辑部责任编辑，原广电部办公厅音像管理处主任科员、副处长、原广电部社会管理司音像管理处副处长、处长，香港艺广国际公司总经理，广电总局社会管理司副司长，中广影视传输网络有限公司总经理。

荀　鹏（1956— ）四川省人。中共党员。中国电视剧制作中心副主任。毕业于解放军南京政治学院历史系，政治学学士。下过乡，当过兵，立过功，做过记者。长期任职于国家广播电影电视总局人事教育司，从事国家广播电影电视人才研究，专业技术职务评聘和电视剧制作人资格管理工作。历任广播电影电视部人事司专业干部处副处长，国家广播电影电视总局人事教育司专业干部处处长，中国广播电影电视集团人事部副主任。

陈超英（1963— ）北京市人。中共党员。广告经济信息中心图文电视部主任。1984年毕业于北京气象专科学校。历任国防科工委第二十八试验训练基地司令部气象室预报员，国防科工委第三十三试验训练基地干部大队教员，广播电影电视部人事司办公室科员、副主任科员、主任科员，中央电视台广告部业务员、业务科长、副主任。2005年7月任现职。长期从事中央电视台的广告业务，连续12年参与组织策划中央电视台黄金段位招标工作。

蔡　猛（1958年— ）河南省人。中共党员。体育中心竞赛部播音组副组长。播音指导。曾任河北电视台文体部副主任。1994年调入中央电视台，先后多次担任乒乓球、羽毛球、赛车和赛马等各种国际大赛的解说，以及亚特兰大、悉尼、雅典奥运会的多项体育赛事的解说。在国内各种体育赛事担任解说达200多场次。主要论著《乒乓球文化、技术与传播》（与王大中合著），论文主要有《技术性解说、评论在体育电视转播中的地位》、《乒乓球解说评论初探》。先后获得河北省体育主持一等奖，亚运会体育解说报道特别奖，全国体育专题一等奖，第四十三届世乒赛报道优秀奖，第四十七届世乒赛新闻报道一等奖，2000年奥运会报道优秀奖。是中国乒协新闻委员会副主任，中国马术协会新闻委员会主任，全国电视体育播音员主持人研究会秘书长。

傅红星（1963— ）上海市人。中共党员。主任记者。中央新闻纪录电影制片厂副厂长。1985年毕业于上海复旦大学中文系，同年入中央新闻纪录电影制片厂任编导。历任中央新闻纪录电影制片厂策划部主任、编辑部副主任、副总编辑，中共新疆喀什地委宣传部副部长，喀什日报社党委书记、总编辑。参与创作的影视作品《周恩来外交风云》获“金鸡奖”最佳纪录片奖、“华表奖”优秀纪录片奖；《共和国主席刘少奇》获“金鸡奖”最佳纪录片奖、“华表奖”优秀纪录片奖；《雪域明珠》获“骏马奖”优秀纪录片奖；电视纪录片《边关》获“金盾奖”金奖等。1998年获中国电影“华表奖”评委会奖。1999年获国家广电总局“全国广播电影电视系统劳动模范”称号。

吴　阳（1965— ）辽宁省沈阳市人。中国爱乐乐团乐队首席之一。沈阳音乐学院附中毕业。沈阳音乐学院本科毕业。公派留学朝鲜平壤音乐大学。留学毕业归国后，分配到中国广播交响乐团。不久，担任了乐队首席。多年来，为电台、电视台、唱片社录制了大量的音像节目和电影电视剧配乐，其中许多作品担任独奏。2000年，中国爱乐乐团成立，担任乐队的首席之一，参加了乐团的首演音乐会以及一系列演出活动。1992年被广播电影电视部评聘为一级演奏员。2005年12月，获准享受政府特殊津贴。

T O N G J I

统　计

统　计

一、中央电视台队伍构成概况

2005年中央电视台各系统在职人员人数统计

名　称	人 数	占全台总人数的百分比
行政系统	445	17.03%
采编播系统	1467	56.14%
技术系统	596	22.81%
经营系统	105	4.02%
合　计	2613	100%

注：以上为台聘人员。另有企聘派遣入台人员4262人。　（人事办提供）

2005年中央电视台在职人员各类专业技术职务统计

级别	专业技术职务	人数
高级	高级编辑	120
	高级记者	30
	播音指导	9
	教授级高工	20
	译审	3
	研究馆员	1
	一级导演	1
	一级录音师	1
	一级文学编辑	1
	合计	186
副高级	主任编辑	306
	主任记者	53
	主任播音员	25
	高级工程师	195
	高级会计师	16
	高级经济师	12
	高级审计师	1
	高级统计师	1
	副译审	20

续表

级别	专业技术职务	人数
副高级	副研究馆员	12
	二级编剧	1
	二级导演	8
	二级录音师	12
	二级美术师	1
	二级摄影师	1
	主任技师	6
	副主任医师	1
	合计	671
中级	编辑	425
	记者	47
	一级播音员	52
	工程师	245
	会计师	20
	经济师	16
	审计师	1
	统计师	1
	翻译	20
	馆员	17

续表

级别	专业技术职务	人数
中级	三级导演	2
	三级灯光师	4
	三级录音师	24
	三级美术师	32
	三级摄影师	8
	技师	34
	主管护师	1
	主管药师	1
	主治医师	2
	合计	952
初级	助理编辑	152
	助理记者	17
	二级播音员	18
	助理工程师	88

续表

级别	专业技术职务	人数
初级	助理会计师	18
	助理经济师	14
	助理翻译	10
	助理馆员	5
	四级导演	1
	录音员（助理）	5
	美术员（助理）	5
	摄像员（助理）	1
	舞台技术员（助理）	2
	技术员（助理）	6
	药师	1
	合计	343
总计		2152

（培训职称处提供）

2005年中国电视剧制作中心在职人员各类专业技术职务统计

级别	专业技术职务	人数
高级	高级编辑	1
	一级编剧	1
	一级文学编辑	12
	一级音乐编辑	2
	一级导演	7
	一级演员	4
	一级摄影师	1
	一级美术设计师	2
	合计	30
副高级	二级文学编辑	11
	二级导演	10
	二级剪辑师	1
	二级演员	8
	二级摄影师	3
	二级美术设计师	2
	二级录音师	5
	高级经济师	4
	高级工程师	17
	高级会计师	2
	主任灯光技师	4
	主任服装技师	2

续表

级别	专业技术职务	人数
副高级	主任化妆技师	2
	主任播音员	1
	合计	72
中级	三级文学编辑	4
	三级导演	13
	三级剪辑师	1
	三级场记	4
	三级演员	6
	三级摄影师	7
	三级美术设计师	7
	三级录音师	4
	灯光技师	9
	服装技师	4
	化妆技师	5
	经济师	5
	工程师	21
	会计师	9
	合计	99
初级	各类初级专业技术职务	41
总计		242

（中国电视剧制作中心提供）

2005 年中央新闻纪录电影制片厂在职人员各类专业技术职务统计

续表

级别	专业技术职务	人数
高级	高级记者	2
	一级美术师	1
	播音指导	1
	合计	4
副高级	主任记者	30
	副译审	2
	二级录音师	4
	二级剪接师	4
	二级特技摄影师	1
	二级美术设计师	2
	高级工程师	4
	高级政工师	2
	主任技师	3
	副主任医师	2
	高级经济、会计师	2
	副研究馆员	2
	合计	58

级别	专业技术职务	人数
中级	记者	98
	工程师	6
	经济师	2
	会计师	3
	政工师	7
	三级特技摄影师	3
	三级美术设计师	2
	化妆技师	1
	三级录音师	3
	三级剪接师	1
	主管护师	1
	技师	9
	馆员	3
	合计	139
初级	各类初级专业技术职务	65
总计		266

（中央新闻纪录电影制片厂提供）

2005 年北京科学教育电影制片厂在职人员各类专业技术职务统计

续表

级别	专业技术职务	人数
正高级	一级导演	4
	一级摄影师	2
	合计	6
副高级	二级导演	26
	二级摄影师	15
	二级美术师	6
	二级录音师	2
	高级工程师	2
	高级经济师	4
	高级政工师	7
	高级会计师	1
	主任技师	6
	合计	69
中级	三级导演	63
	三级摄影师	33
	三级美术师	34

级别	专业技术职务	人数
中级	三级录音师	3
	三级音乐编辑	2
	三级剪辑师	2
	一级播音员	1
	主治医师	1
	工程师	7
	经济师	4
	会计师	5
	政工师	5
	化妆师	1
	技师	17
	馆员	4
	合计	182
初级	各类初级专业技术职务	87
总计		344

（北京科学教育电影制片厂提供）

2005年中央卫星电视传播中心在职人员各类专业技术职务统计

级别	专业技术职务	人数
副高级	高级工程师	2
	高级会计师	1
	高级经济师	1
	主任编辑	2
中级	工程师	8
	会计师	4
	经济师	5
	编辑	1
	助理研究员	1
初级	各类初级专业技术职务	4
总计		29

（中央卫星电视传播中心提供）

2005年中央数字电视传媒有限公司在职人员各类人员专业技术职务统计

级别	专业技术职务	人数
高级	教授级高工	2
	高级编辑	1
副高	高级经济师	1
中级	会计师	9
	工程师	7
	主任编辑	5
	主任记者	2
	一级播音员	1
	讲师	3
初级	各类初级专业技术职务	33
总计		64

（中央数字电视传媒有限公司提供）

2005年中国国际电视总公司在职人员各类专业技术职务统计

级别	专业技术职务	人数
高级	高级编辑	4
	教授级高工	1
	一级导演	1
	译审	1
副高级	二级编剧	1
	二级文学编辑	1
	副译审	2
	高级工程师	8
	高级会计师	1
	高级经济师	2
	高级审计师	1
	高级政工师	1
	高级中餐烹调师	1
	主任编辑	9
	主任记者	2
中级	编辑	4
	工程师	6
	技师	2
	经济师	4
	制片经济师	1
	中级美术师	1
	中级面点师	1
	主治医师	1
初级	各类初级专业技术职务	20
总计		76

（中国国际电视总公司提供）

2005年中国爱乐乐团在职人员各类专业技术职务统计

级别	专业技术职务	人数
高级	一级演奏员	31
副高级	二级演奏员	24
	高级会计师	1
中级	三级演奏员	18
	舞台技师	1
	会计师	1
	经济师	1
初级	各类初级专业技术职务	9
总计		86

（中国爱乐乐团提供）

二、中央电视台事业发展概况

2005年中央电视台开路电视各类节目播出量及比例

单位/小时：分

类　别	播出量	占台比例
新闻资讯	37585：03	30.15%
专题服务	39047：04	31.32%
综艺益智	20018：20	16.06%
影视剧	22383：04	17.95%
广告类	5630：34	4.52%
合　计	124664：05	100.00%

（宣传规划处提供）

2005年中央电视台付费电视各类节目播出量统计

单位/小时：分

类　别	播出量
新闻资讯	29471：02
专题服务	13422：53
综艺益智	19528：38
影视剧	35582：35
合　计	98005：08

（注：含北美3个频道、不含高清频道的试播）

（宣传规划处提供）

2005年中央电视台开路电视各套节目播出量统计

单位/小时：分

套	频道名称	播出长度
第1套	综合频道	8760：00
第2套	经济频道	7760：11
第3套	综艺频道	7186：04
第4套	国际频道	8760：00
第5套	体育频道	8132：58
第6套	电影频道	7726：05
第7套	少儿军事农业	7046：18
第8套	电视剧频道	8207：20
第9套	英语国际频道	8760：00
第10套	科教频道	7280：23
第11套	戏曲频道	6776：34
第12套	社会与法频道	7319：00
第13套	新闻频道	8759：55
第14套	少儿频道	6841：03
第15套	音乐频道	6588：14
第16套	西法语频道	8760：00
合　计		124664：05

（宣传规划处提供）

2005年中央电视台付费电视各套节目播出量统计

单位/小时：分

套　别	频道名称	播出量
80频道	高尔夫·网球	6528：17
81频道	风云足球	7238：41
82频道	风云音乐	6942：43
83频道	第一剧场	6677：20
84频道	家庭影院	8760：00
85频道	风云剧场	7208：58
86频道	世界地理	6875：03
87频道	电视指南	8760：00
88频道	CCTV－娱乐	8760：00
89频道	CCTV－戏曲	8760：00
90频道	央视文化精品	6400：16
91频道	CCTV－电影频道	8760：00
92频道	怀旧经典	6333：50
合　计		98005：08

（宣传规划处提供）

中央电视台1996年～2005年电视节目播出时间比较

序号	年	播出时间（小时）	平均每天播出（小时）
1	1996	51624	141
2	1997	54660	150
3	1998	60045	165
4	1999	60545	166
5	2000	62010	170
6	2001	73519	201
7	2002	86586	237
8	2003	95471	262
9	2004	119652	327
10	2005	124664	341

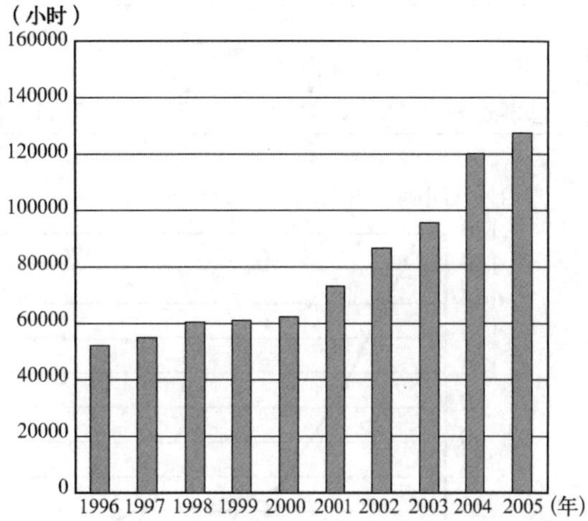

（播出传送中心提供）

2000年～2005年中央电视台技术制作中心制作节目工作量对照表

（单位：小时）

时长　年份 项目	2000年	2001年	2002年	2003年	2004年	2005年
直播	1769	4531.5	5143	10193	21470	25932.5
录像	26976	25274	27669	23369	33649.5	31841
排练	5880	5591.5	5744	5864.5	7953	6039.5
搭景布光	7464	6971.5	6670	7106	9990.5	7375
ENG采录	232204	332825.5	432790	408916	585494	550750.5
电　编	154690	163577	230803	250504.6	330055.5	323032.5
多媒体		53894	104847	148852.5	239173	279259.5
自编	199117	305607	460461	409835.1	623786.5	701039
电影	55	23.5	14	28	30.5	5.5
带转	3216	2993	8067	6166	8028.5	7630
录音	2907	3710	3507	2374	1532	1829
音响	48295	47310	55334	78082.9	79220.5	89072.5
译配	23888	24761	34867	40419.2	86422	96888
灯光	35394	39660.5	42976	38977.9	63341	104313.5
合计	741855	1016730	1418892	1430689	2090147	2225008
三维动画（秒）	6095″	6619″	5800″	6575″	9877″	7430.8″

年　份	2000年	2001年	2002年	2003年	2004年	2005年
入库量（小时／天）	19	36.5	51.7	56.3	88.1	96.1
增长率%		92.1	41.6	8.9	56.5	9.1

注：2004年工作量、入库量含录制三部。

（技术制作中心提供）

中央电视台 1996 年～2005 年播出事故率比较

（单位：秒／百小时）

序号	1	2	3	4	5	6	7	8	9	10
年	1996	1997	1998	1999	2000	2001	2002	2003	2004	2005
总事故率	172	92	31.6	22.17	19.08	5.09	8.75	3.86	2.52	1.49

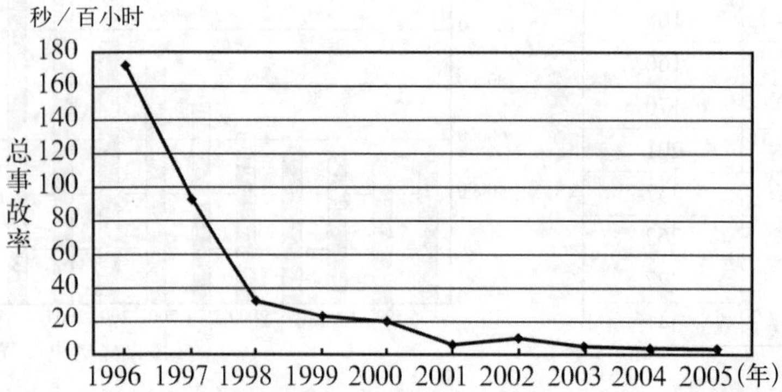

2005 年总事故率：

1.49 秒／百小时

安全播出率：

＞99.999%

注：

安全播出率与事故率换算：

99%=1 小时／百小时

99.9%=6 分钟／百小时

99.99%=36 秒／百小时

99.999%=3.6 秒／百小时

（播出传送中心提供）

2005 年中央电视台各频道节目最高收视率排名

CCTV－1（综合频道）

排名	节目名称	日期	开始时间（时：分）	结束时间（时：分）	收视率（%）	收视份额（%）
1	2005 春节联欢晚会	2005－2－8	20：00	25：00	37.58	69.53
2	新闻联播	2005－2－8	19：00	19：35	15.66	43.90
3	特别节目 2005 年元宵晚会	2005－2－23	20：00	21：32	13.50	29.06
4	电视剧 京华烟云(41)	2005－11－18	20：51	21：37	12.92	31.68
5	电视剧 亮剑（21）	2005－9－26	20:51	21:37	11.58	30.65
6	电视剧 大宋提刑官（51）	2005－6－30	20:49	21:35	10.14	27.37
7	特别节目 一年又一年	2005－2－8	19:35	19:47	9.20	20.42
8	电视剧 吕梁英雄传（17）	2005－9－10	20:50	21:36	8.50	21.36
9	电视剧 任长霞（18）	2005－4－22	20:50	21:36	7.97	20.20
10	电视剧 八路军（25）	2005－8－22	20:51	21:37	7.72	18.74
11	特别节目 第六届 CCTV 模特大赛（11）	2005－9－24	20:00	21:40	7.62	19.34
12	电视剧 如此多娇（28）	2005－7－17	20:49	21:35	7.17	18.76
13	电视剧 民工（19）	2005－5－5	20:48	21:32	6.91	16.67
14	电视剧 汉武大帝（56）	2005－1－29	20:51	21:37	6.90	17.43
15	电视剧 圣水湖畔（17）	2005－4－11	20:49	21:35	6.88	18.72
16	电视剧 家风（16）	2005－11－28	19:57	20:43	6.70	15.88
17	电视剧 茶马古道（23）	2005－7－29	20:50	21:36	6.63	16.09
18	“心连心”赴辽宁丹东慰问演出	2005－9－30	19:58	20:44	6.52	15.37

续表

排名	节目名称	日期	开始时间（时：分）	结束时间（时：分）	收视率（%）	收视份额（%）
19	电视剧 这里的黎明静悄悄(19)	2005-5-15	20:48	21:34	6.50	17.20
20	焦点访谈	2005-11-18	19:39	19:53	6.36	14.63
21	特别节目 2005 中秋晚会	2005-9-19	20:00	21:32	6.25	17.35
22	电视剧 我心飞翔(18)	2005-2-6	20:47	21:33	5.84	13.43
23	电视剧 格达活佛(14)	2005-12-10	20:49	21:35	5.67	13.50
24	特别节目 春绿大地情满怀	2005-2-7	19:59	21:33	5.64	12.39
25	特别节目 欢喜平安年	2005-2-10	20:01	21:34	4.94	12.11
26	特别节目 2005 年正月正晚会	2005-2-11	20:50	21:37	4.79	12.70
27	第十届全国运动会开幕式	2005-10-12	20:00	22:00	4.59	12.36
28	特别节目 放歌西藏	2005-9-1	20:02	21:34	4.44	12.68
29	电视剧 小留学生(20)	2005-12-23	20:51	21:36	4.35	10.47
30	故事片 刀剑笑	2005-1-1	21:32	22:54	4.34	17.41

CCTV-2（经济频道）

排名	节目名称	日期	开始时间（时：分）	结束时间（时：分）	收视率（%）	收视份额（%）
1	特别节目 梦想中国（2005-10）	2005-10-10	19：30	22：00	2.43	6.59
2	艺术品投资—鉴宝（2005-52）	2005-12-24	18：00	19：00	1.80	6.45
3	特别节目 超市大赢家（7）	2005-2-15	19:30	20:55	1.79	4.12
4	幸运 52（2005-29）	2005-7-16	22:05	23:15	1.51	8.28
5	非常 6+1（2005-21）	2005-5-22	19:30	21:00	1.50	4.60
6	生活	2005-12-27	19:35	20:25	1.46	3.57
7	特别节目 第六届 CCTV 模特大赛（6）	2005-9-17	19:30	21:00	1.46	3.98
8	特别节目 购物街（7）	2005-10-7	18:10	19:30	1.41	5.61
9	特别节目 共度好时光（13）	2005-2-8	19:30	20:17	1.30	2.67
10	欢乐家庭（2005-147）	2005-12-14	18:00	18:45	1.27	5.01
11	经济半小时	2005-6-12	21:30	22:00	1.26	4.07
12	经济与法（2005-156）	2005-8-23	20:25	20:55	1.26	3.01
13	特别节目 美味中国	2005-1-28	19:25	20:55	1.18	2.85
14	开心辞典（2005-6）	2005-2-11	21:50	23:05	1.03	4.07
15	特别节目 全民节约 共同行动（2）	2005-8-15	19:40	20:55	1.02	2.93
16	绝对挑战（2005-48）	2005-11-27	18:30	19:30	0.86	2.74
17	特别节目 中国市场服装流行趋势发布	2005-12-31	18:50	19:50	0.84	2.27
18	欢乐英雄	2005-2-14	20:35	21:50	0.73	1.75
19	经济信息联播	2005-3-27	21:00	21:30	0.67	1.89
20	全球资讯榜	2005-8-31	12：00	12：40	0.64	4.78

CCTV—3（综艺频道）

排名	节目名称	日期	开始时间（时：分）	结束时间（时：分）	收视率（%）	收视份额（%）
1	中国人爱心行动	2005-1-7	20:28	20:55	4.02	9.19
2	同一首歌（2005-9）	2005-3-11	19:30	21:10	3.56	8.55
3	特别节目 中国小品总动员（4）	2005-12-31	19:30	21:30	3.54	8.13
4	星光大道 年度总决赛（7）	2005-10-7	19:30	21:38	3.52	9.07
5	特别节目 欢乐今宵（5）	2005-2-13	19:30	21:00	3.24	7.25
6	演艺竞技场（2005-44）	2005-12-7	19:30	20:30	3.03	7.75
7	曲苑杂坛	2005-2-24	21:05	22:05	2.99	7.72
8	音画时尚（2005-29）	2005-8-25	19:30	20:30	2.76	8.19
9	直播 第五届CCTV小品大赛颁奖晚会	2005-5-7	19:30	21:35	2.63	7.18
10	新视听（2005-29）	2005-8-9	21:10	22:10	2.49	7.04
11	国际艺苑（2005-54）	2005-8-22	19:30	20:30	2.40	6.84
12	欢乐中国行（2005-26）	2005-8-21	19:30	20:30	2.11	6.01
13	特别节目 中国相声群英会	2005-12-26	19:30	21:30	2.01	4.98
14	梦想剧场	2005-1-1	17:55	18:25	1.88	7.57
15	想挑战吗	2005-2-13	21:05	22:05	1.87	4.73
16	与您相约（2005-44）	2005-12-3	21:40	22:20	1.84	6.99
17	特别节目2005动感夏日炫丽组合演唱会	2005-7-27	19:29	21:09	1.82	5.49
18	快乐驿站（2005-6）	2005-1-7	20:55	21:05	1.78	4.25
19	艺术人生（2005-3）	2005-1-21	21:15	22:05	1.75	4.97
20	神州大舞台（2005-46）	2005-12-13	19：30	20：30	1.65	4.07

CCTV—4（中文国际频道）

排名	节目名称	日期	开始时间（时：分）	结束时间（时：分）	收视率（%）	收视份额（%）
1	今日关注（直播）	2005-5-9	21：30	22：30	1.05	4.49
2	海峡两岸（2005-346）	2005-12-12	20:40	21:00	0.95	2.36
3	特别节目“发现”号返航	2005-8-9	19:00	21:21	0.92	2.81
4	中国新闻（直播）	2005-5-2	12:00	13:00	0.92	6.80
5	直播“神六”发射	2005-10-16	20:00	21:00	0.91	2.37
6	走遍中国（2005-32）	2005-2-1	20:10	20:40	0.91	2.00
7	欢聚一堂（2005-4）	2005-2-13	19:10	20:00	0.89	2.30
8	中华情·青春旋律	2005-12-4	15:15	16:45	0.80	5.88
9	华夏掠影（2005-113）	2005-5-12	18:30	18:45	0.71	5.03
10	环球时讯（直播）	2005-5-12	18:00	18:30	0.71	6.13
11	国宝档案（2005-215）	2005-10-14	18:50	19:00	0.71	2.43
12	特别节目 宋楚瑜大陆行	2005-5-7	9:00	10:27	0.67	6.32

续表

排名	节目名称	日　期	开始时间（时：分）	结束时间（时：分）	收视率（%）	收视份额（%）
13	探索·发现（2005-33）	2005-2-16	16:30	17:00	0.65	3.77
14	特别节目 2005 魅力广州	2005-2-4	22:00	23:30	0.65	3.08
15	中国文艺（2005-169）	2005-8-25	22:00	22:20	0.65	2.57
16	简明新闻（直播）	2005-12-15	20:00	20:10	0.62	1.50
17	夕阳红	2005-2-11	17:15	17:45	0.60	3.26
18	台湾百科（2005-113）	2005-5-12	18:45	18.50	0.59	3.76
19	体育在线（2005-155）	2005-12-28	22:20	22:50	0.58	3.40
20	神州戏坛（2005-50）	2005-12-12	22:20	22:50	0.57	3.74

CCTV—5（体育频道）

排名	节目名称	日　期	开始时间（时：分）	结束时间（时：分）	收视率（%）	收视份额（%）
1	直播周末	2005-10-1	19:29	19:30	3.06	8.79
2	第四十八届世界乒乓球锦标赛	2005-5-5	21:00	22:00	2.92	7.90
3	全国第十届运动会报道	2005-10-20	21:37	21:40	2.81	9.81
4	2005 年中国国际女排精英赛	2005-5-28	19:59	22:09	2.65	7.12
5	NBA 季后赛与世乒赛双视窗	2005-5-6	11:44	13:34	2.21	15.57
6	第四届东亚运动会女子跳水比赛	2005-10-31	18:55	20:01	2.16	6.17
7	2005 皇马中国行皇马北京现代对抗赛	2005-7-23	19:43	21:56	2.05	6.17
8	2005 年苏迪曼杯羽毛球混合团体赛	2005-5-15	18:54	23:01	2.03	7.13
9	2005 年世界大力士冠军赛	2005-10-6	18:55	19:55	2.03	5.81
10	全国十运会游泳比赛	2005-10-20	19:30	20:24	2.03	5.17
11	全国十运会男子篮球比赛	2005-10-22	20:42	21:28	1.91	4.98
12	2005 年世界斯诺克台球中国公开赛	2005-4-3	19:00	21:40	1.91	5.78
13	05/06 赛季 NBA 赛场	2005-12-4	9:33	11:45	1.88	13.25
14	2005 洲际篮球冠军杯赛	2005-7-29	19:25	21:25	1.84	5.32
15	全国十运会女子蹦床比赛	2005-10-20	19:08	19:27	1.78	5.16
16	2005 年世界女排大奖赛	2005-6-26	19:31	21:01	1.77	6.13
17	第四届东亚运动会男子举重比赛	2005-11-2	19:23	19:57	1.76	4.93
18	全国十运会晚间新闻	2005-10-23	17:55	18:17	1.59	9.17
19	特别节目 城市之间	2005-9-2	19:55	21:25	1.45	3.66
20	第十三届亚洲女子排球锦标赛	2005-9-7	19:30	21:14	1.44	4.13

CCTV—6（电影频道）

排名	节 目 名 称	日 期	开始时间（时：分）	结束时间（时：分）	收视率（%）	收视份额（%）
1	电影 举起手来	2005–9–3	19:47	21:23	8.97	22.48
2	电影 十面埋伏	2005–2–9	19:52	21:55	5.24	12.41
3	电影 平原枪声	2005–8–28	19:45	21:40	5.10	13.53
4	电影 狂龙逞英豪	2005–3–26	19:45	21:21	4.99	12.21
5	电影 千机变 2- 花都大战	2005–10–22	19:45	21:39	4.98	12.56
6	电影 通天长老	2005–2–26	19:45	21:23	4.71	10.42
7	电影 险恶江湖逍遥剑	2005–10–29	19:44	21:27	4.22	10.93
8	电影 绝境逢生	2005–12–10	19:45	21.34	4.20	9.67
9	电影 冲出亚马逊	2005–3–5	19:45	21:23	4.11	9.88
10	电影 四大天王	2005–3–17	19:45	21:14	4.08	9.90
11	电影 少年陈真	2005–11–9	19:45	21:19	4.06	10.26
12	电影 三毛从军记	2005–4–1	19:45	21:22	3.99	9.97
13	电影 龙凤娇	2005–6–11	19:45	21:22	3.98	11.75
14	电影 决战天门	2005–3–22	19:45	21:18	3.89	10.10
15	电影 龙在少林	2005–11–25	19:45	21:17	3.75	8.69
16	电影 少年黄飞鸿	2005–12–3	19:45	21:23	3.66	8.73
17	电影 十面埋伏	2005–5–7	19:45	21:49	3.66	9.81
18	电影 绝密行动	2005–1–23	19:45	21:23	3.65	8.92
19	电影 侠女十三妹	2005–6–25	19:45	21:35	3.64	10.43
20	电影 京城劫盗	2005–1–22	19:45	21:29	3.63	8.64

CCTV—7（少儿·军事·农业频道）

排名	节 目 名 称	日 期	开始时间（时：分）	结束时间（时：分）	收视率（%）	收视份额（%）
1	乡村大世界（2005–55）	2005–12–31	18:05	19:30	1.38	4.47
2	每日农经（20050612）	2005–6–12	21:19	21:49	1.19	3.49
3	人与自然（2004–37）	2005–1–16	20:45	21:15	1.06	2.75
4	法制编辑部（2005–22）	2005–6–12	21:52	22:37	1.02	4.44
5	科技苑（2005–356）	2005–12–25	18:30	19:00	0.99	3.29
6	绿色空间（2005–64）	2005–7–14	21:03	21:17	0.97	2.58
7	乡约（2005–20）	2005–5–14	21:52	22:37	0.95	3.92
8	生活 567（2005–249）	2005–12–14	18:05	18:30	0.91	3.80
9	致富经（2005–150）	2005–8–2	22:07	22:37	0.91	4.10
10	科学世界（2005–25）	2005–6–11	20:49	21:17	0.88	2.21
11	特别节目 教科文行动	2005–12–5	20:47	21:17	0.84	2.28

续表

排名	节目名称	日 期	开始时间(时：分)	结束时间(时：分)	收视率(%)	收视份额(%)
12	聚集“三农”(2005-152)	2005-8-3	21:52	22:07	0.82	2.80
13	动画片 米菲和她的朋友们（16）	2005-9-13	20:18	20:47	0.75	1.93
14	走近科学（2005-199）	2005-12-4	20:49	21:17	0.74	1.95
15	见证·发现之旅（2005-4）	2005-5-23	20:47	21:17	0.71	1.95
16	七巧板（2005-22）	2005-2-2	9:50	10:00	0.69	5.10
17	人民子弟兵	2005-9-17	20:47	21:17	0.68	1.67
18	农广天地（2005-502）	2005-12-2	19:00	19:30	0.67	1.81
19	中国动画（2005-200）	2005-9-5	20:00	20:15	0.64	1.88
20	大风车（2005-35）	2005-2-6	15:00	15:40	0.62	4.34

CCTV—8（电视剧频道）

排名	节目名称	日 期	开始时间(时：分)	结束时间(时：分)	收视率(%)	收视份额(%)
1	电视剧 宝莲灯(33)	2008-10-15	20:21	21:03	9.10	21.73
2	电视剧 错爱一生(20)	2005-6-9	21:09	21:54	6.66	18.09
3	电视剧 大宋奇案(30)	2005-5-20	20:19	20:58	5.96	15.06
4	电视剧 敌后武工队(26)	2005-10-4	20:18	21:01	5.13	12.84
5	电视剧 代号 021(17)	2005-11-6	20:21	21:03	5.09	13.53
6	电视剧 不能没有你(22)	2005-9-10	21:07	21:55	4.93	13.71
7	电视剧 抗日名将左权(18)	2005-7-11	21:04	21:49	4.29	11.69
8	电视剧 上海风云(22)	2005-8-25	21:07	21:51	4.14	11.06
9	电视剧 我们的父亲(19)	2005-10-22	20:19	21:02	3.99	9.57
10	电视剧 一帘幽梦(27)	2005-6-18	21:06	21:51	3.69	11.19
11	电视剧 国家机密(17)	2005-8-1	21:05	21:51	3.68	9.98
12	电视剧 香樟树(32)	2005-1-10	17:57	18:44	3.66	15.00
13	电视剧 中国刑警	2005-1-16	17:57	18:44	3.51	15.20
14	电视剧 金茂祥(39)	2005-9-24	20:20	21:03	3.47	8.34
15	电视剧 尊严(21)	2005-12-5	20:19	21:01	3.32	8.46
16	电视剧 任长霞(21)	2005-5-27	20:16	21:01	3.14	8.14
17	电视剧 不要问我从哪里来(13)	2005-12-30	21:13	21:59	3.11	8.62
18	电视剧 张治中(4)	2005-7-13	21:05	21:51	3.09	8.52
19	电视剧 滴血玫瑰(6)	2005-5-29	20:17	20:59	3.05	8.23
20	电视剧 案发现场(29)	2005-2-5	17:56	18:42	2.96	12.19

CCTV—10（科教频道）

排名	节目名称	日期	开始时间（时：分）	结束时间（时：分）	收视率（%）	收视份额（%）
1	走近科学（2005-335）	2005-12-21	20:30	20:58	1.15	2.93
2	讲述（2005-285）	2005-11-25	21:47	22:07	1.11	4.18
3	周末讲述（2005-40）	2005-11-27	21:47	22:22	0.88	4.07
4	科技博览（2005-168）	2005-12-11	19:15	19:25	0.84	2.16
5	探索·发现（2005-21）	2005-1-31	21:00	21:40	0.84	2.15
6	特别节目 状元360	2005-10-4	19:30	20:20	0.73	1.85
7	历程（周末版）（2005-36）	2005-11-6	21:00	21:40	0.72	2.36
8	百家讲坛（2005-134）	2005-7-16	12:45	13:28	0.69	4.54
9	第十放映室（2005-41）	2005-12-4	14:40	16:10	0.69	5.51
10	人与社会（2005-5）	2005-12-31	18:46	19:06	0.67	2.09
11	科学世界（2005-85）	2005-12-31	18:17	18:44	0.65	2.35
12	特别节目 教科文行动之科学发现篇	2005-8-15	19:35	20:05	0.60	2.00
13	危机大营救（2005-3）	2005-7-20	22:05	22:35	0.53	2.15
14	百科探秘（2005-5）	2005-12-30	19:59	20:26	0.48	1.09
15	道德观察（2005-15）	2005-4-17	20:00	20:30	0.41	1.09
16	地图上的故事	2005-2-24	18:05	18:10	0.40	2.21
17	当代教育（2005-96）	2005-5-5	12:15	12:43	0.38	2.65
18	人物（2005-163）	2005-10-2	22:50	23:20	0.36	2.98
19	科普系列 天工开物（2004-94）	2005-2-24	17:50	18:05	0.36	2.11
20	家庭节目展播（9）	2005-12-15	20:03	20:25	0.36	0.86

CCTV—11（戏曲频道）

排名	节目名称	日期	开始时间（时：分）	结束时间（时：分）	收视率（%）	收视份额（%）
1	九州大戏台	2005-10-12	20:55	21:45	0.65	1.86
2	影视剧场 契丹英后（3）	2005-3-12	17:10	17:57	0.56	3.56
3	名段欣赏（2005-361）	2005-12-27	18:48	19:15	0.50	1.53
4	戏曲采风（2005-112）	2005-9-26	19:23	19:50	0.50	1.44
5	第五届京剧电视大赛	2005-10-7	19:35	22:20	0.49	1.37
6	中国京剧音配像精萃	2005-1-4	20:35	22:33	0.48	1.66
7	点播时间（2005-44）	2005-11-9	20:00	20:45	0.43	1.04
8	梨园擂台（2005-37）	2005-9-16	20:00	21:15	0.42	1.07
9	CCTV空中剧院（2003-48）	2005-12-19	20:00	22:39	0.42	1.27
10	过把瘾（2005-1）	2005-1-4	19:45	20:35	0.40	1.01

CCTV—12（社会与法频道）

排名	节 目 名 称	日 期	开始时间（时：分）	结束时间（时：分）	收视率（%）	收视份额（%）
1	天网(2005−174)	2005−9−28	20:45	21:25	1.23	3.36
2	庭审现场(2005−46)	2005−12−17	20:45	21:25	1.13	2.64
3	忏悔录(2005−36)	2005−9−18	20:45	21:25	1.10	2.99
4	道德观察(日播版)(2005−304)	2005−11−14	18:30	18:50	1.09	3.88
5	第一线(2005−282)	2005−10−23	20:20	20:40	0.99	2.59
6	“12·4”法律保护你（7）	2005−12−4	19:30	19:45	0.95	2.23
7	大家看法（2005−333）	2005−11−29	20:00	20:18	0.95	2.40
8	中国法治报道（2005−321）	2005−11−25	19:30	20:00	0.87	2.16
9	心理访谈（2005−353）	2005−12−20	21:05	21:25	0.69	1.88
10	法治视界（2005−285）	2005−10−19	18:05	18:25	0.66	3.40
11	法治在线	2005−9−11	13:35	14:00	0.53	4.47
12	法律讲堂（2005−339）	2005−12−5	18:55	19:25	0.52	1.40
13	今日说法（2005−349）	2005−12−26	9:25	9:45	0.45	6.92
14	法治的力量 2005	2005−12−4	20:30	22:00	0.38	1.10
15	经济与法回放（2005−311）	2005−12−10	17:30	18:00	0.37	1.96
16	特别节目 托起明天的太阳	2005−8−8	21:05	21:25	0.31	0.77
17	社会与法频道特辑（5）	2005−2−12	20:15	20:55	0.30	0.68
18	特别节目 平安之路	2005−6−8	21:30	22:20	0.27	0.87
19	特别节目 忠诚颂	2005−9−4	20:20	21:50	0.19	0.52
20	十大人民警察先进事迹报告	2005−4−28	20:00	21:00	0.12	0.34

CCTV—新闻频道

排名	节 目 名 称	日 期	开始时间（时：分）	结束时间（时：分）	收视率（%）	收视份额（%）
1	直播“神舟六号”载人航天飞行	2005−10−16	21:00	22:00	1.36	4.59
2	天气·资讯	2005−12−6	18:55	18:59	1.34	4.09
3	新闻会客厅	2005−8−8	20:30	21:00	1.23	3.11
4	社会记录	2005−8−22	22:05	22:25	1.17	4.70
5	共同关注	2005−6−6	12:30	12:50	1.15	8.72
6	特别报道 连战大陆行	2005−5−3	11:30	13:20	1.13	8.97
7	新闻社区	2005−11−14	18:30	18:55	1.10	3.86
8	中国周刊	2005−4−30	22:15	23:00	1.02	5.04
9	法治在线	2005−1−4	17:30	17:55	1.02	6.88
10	小崔说事	2005−3−12	21:30	21:55	1.02	2.99
11	东方时空	2005−2−10	21:10	21:55	1.01	2.72

续表

排名	节目名称	日期	开始时间（时：分）	结束时间（时：分）	收视率（%）	收视份额（%）
12	实话实说（首播）	2005-11-20	18:14	18:59	1.01	3.60
13	直播“发现号”重返太空	2005-7-26	22:00	23:00	0.95	4.26
14	特别节目 审判萨达姆	2005-11-28	17:40	18:25	0.95	4.48
15	整点新闻	2005-11-4	18:00	18:10	0.92	5.26
16	国际观察（直播）	2005-11-23	21:30	21:55	0.92	3.31
17	每周质量报告	2005-6-5	12:30	12:55	0.88	5.70
18	一年又一年	2005-2-8	19:35	20:00	0.86	1.83
19	国际时讯	2005-12-7	18:10	18:30	0.82	3.79
20	特别节目 转折之战	2005-5-4	20:10	20:50	0.80	2.03

CCTV—少儿频道

排名	节目名称	日期	开始时间（时：分）	结束时间（时：分）	收视率（%）	收视份额（%）
1	银河剧场（29）	2005-8-12	20:30	22:04	2.38	6.91
2	中国动画精品版（2005-363）	2005-12-29	19:00	19:29	2.35	6.28
3	动画狂欢曲（2005-45）	2005-2-14	19:00	19:30	1.75	5.11
4	动漫世界（2005-45）	2005-12-24	20:00	20:29	1.60	3.76
5	智慧树（2005-341）	2005-12-9	19:30	19:59	1.48	3.50
6	上学路上	2005-8-10	20:00	21:25	1.26	3.24
7	首届全国少儿歌手大赛	2005-8-18	20:30	21:59	1.19	2.94
8	大风车暑期特别节目（24）	2005-8-4	13:40	14:49	1.08	7.57
9	动画片 铁臂阿童木（26）	2005-8-5	18:30	18:54	0.91	6.04
10	节目早知道	2005-8-6	18:55	19:00	0.84	5.18
11	人偶剧 泡泡宝宝（1）	2005-7-11	16:25	16:44	0.83	8.57
12	特别节目 孩子的选择	2005-12-4	17:00	18:30	0.83	3.82
13	2005年六一儿童节晚会	2005-6-1	20:00	21:32	0.79	2.30
14	特别节目 动画电影展映周（5）	2005-8-26	14:50	16:19	0.73	7.70
15	新闻袋袋裤（2005-238）	2005-12-24	18:15	18:30	0.72	2.78
16	异想天开（2005-53）	2005-2-24	20:30	20:55	0.71	1.53
17	金苹果（2005-26）	2005-7-30	21:20	22:05	0.70	2.07
18	周末音乐快递（2005-3）	2005-1-15	17:30	18:00	0.64	3.68
19	快乐体验（2005-172）	2005-12-15	21:00	21:29	0.64	1.74
20	大型儿童歌曲推广演唱会	2005-5-1	20:00	22:00	0.60	1.66

注：相同栏目或连续节目收视情况，各表只取收视率最高的一次。

（观众联系处　李宾、王京）

2005年中央电视台新闻节目大型直播活动统计

日 期	内 容	新闻频道播出时段	时 长（分钟）
1月25日	2005年春运直播	9:00～11:12	132′
1月29日	春节两岸包机直航直播	6:20～12:00	340′
2月6日	直击春运特别节目	三场次	190′
3月24日	日本爱知世界博览会	13:00～14:50	110′
3月28日	2004年度国家科技奖励特别报道	10:30～12:00	90′
4月2日	大洋科学考察	10:50～12:00	70′
4月23日	博鳌亚洲论坛2005年开幕式	8:15～9:15	60′
4月26日～4月30日	连战大陆行	十场次	995′
5月5日～5月13日	宋楚瑜大陆行	十场次	804′
5月9日	特别报道：俄罗斯卫国战争胜利60周年庆典	13:00～16:00	180′
5月22日	2005年重测珠峰特别节目	8:30～13:00	270′
7月7日	东海搜救演练	10:00～11:55	115′
7月26日～8月7日	第四轮北京六方会谈	七场次	345′
8月6日～9日	直击台风“麦莎”	三场次	230′
9月1日	西藏自治区成立40周年庆祝大会	9:00～12:30	210′
9月1日	特别节目：直播台风“泰利”登陆	三场次	130′
9月1日～9日	“开学了”特别节目	九场次	560′
9月3日	中国人民抗日战争胜利60周年纪念大会	8:30～11:48	198′
9月16日～20日	“碗礁”水下沉船考古直播	五场次	485′
9月24日	“丽塔”飓风直播	两场次	90′
9月28日	祭奠孔子大典	7:00～10:27	207′
10月1日	新疆维吾尔自治区成立50周年	10:00～13:40	220′
10月12日～17日	“神舟六号”载人航天飞行直播报道	21场次	4450′
11月11日～12日	奥运吉祥物揭晓直播	两场次	197′
11月26日	庆祝“神舟六号”载人航天飞行圆满成功大会直播	9:30～11:10	100′
12月21日	关注威海、烟台大雪直播	新闻30分栏目	98′
12月31日	迎接2006年钟声	23:30～24:30	60′

2005年中央电视台新闻节目中心推出直播节目计234场，总时长302小时39分钟。

（新闻节目中心提供）

2005 年中央电视台大型文艺晚会播出统计

(一) 文艺节目中心戏曲·音乐部制作部分

播出日期	晚会名称	地点	撰稿人	策划人	导演	主持人
1月1日	2005 年新年京剧晚会	中南海怀仁堂	邹忆青 吕慧军 吕育忠	刘中军 宋关林 陆　翱 张关正 孙桂元 尹晓东 马仲鸿	李纯博 王　晔	周　涛 叶少兰 刘长瑜 瞿弦和
2月8日	2005 年春节联欢晚会 ——金鸡报晓	中央电视台 一号演播厅	冯双白	朱　彤	郎昆(总导演) 陈维亚 杨东升 崔亚楠 廖　芸 陈荣霞 等	朱　军 周　涛 董　卿 李　咏
2月8日	2005 年春节戏曲晚会	中央电视台 800 平方米演播室	张永和	谢桂昌 张永和 李浩天 周保平 李文才 和宝堂	谢桂昌(总导演) 陈树英 王　敏 赵永红 李　燕 等	白燕升 管　彤 董　艺
2月10日	《欢乐平安年》—— 2005 公安部春节晚会	奥体中心	陆　亮	孙永波 朱　彤 李景峰 苏　峰 施建中 杨　斌 孙　浩 周保平 王坚平 李小平 等	刘　真 李　琦 等	朱　军 周　涛 濮存昕 吴　越
4月27日	《霞映长天》—— 诗歌朗诵音乐会	中山公园音乐堂	艾明波 康　铭	朱　彤 郎　昆 孙永波 孙　洁	刘　璐 张淑芬 谢冬娜 池　深	刘　璐 张　政
7月1日	《吉祥颂歌》——中央电视台“心连心”艺术团 6 月 23 日赴四川阿坝慰问演出	四川阿坝	任卫新	朱　彤 郎　昆 金　越	王炳森	朱　军 管　彤 杨　柳 刘小娜

续表

播出日期	晚 会 名 称	地 点	撰稿人	策划人	导 演	主持人
7月13日	《奥林匹克颂》大型盛会	北京太庙	任卫新	朱 彤 郎 昆 施 翌 文 子 关丽峡 陈仁泰	施 翌	管 彤 张 政 陈 铎 宋春丽 桑 兰 凯 丽 等
7月22日	《2005・毕业歌》	中国剧院	任卫新	朱 彤 张仁里 徐小帆 黄定山 任卫新	刘 真	朱 军 董 卿
7月24日	第二届“北京2008”奥运歌曲征集获奖作品颁奖晚会	奥林匹克体育馆	关正文	蔡赴朝 蒋效愚 朱 彤 王 宁 郝 远 张 明	崔亚楠	朱 军 周 涛 刘建宏 徐春妮
7月25日	2005动感夏日・炫丽组合演唱会	广州体育馆	苏 蕾	汪 洋 吕卫青 郑 琦	葛延枰 (总导演) 吕卫青 郭 艳 汪 洋	毕福剑 赵 荣
7月25日	2005动感夏日・校园红歌会	北大百年讲堂	陈 首	郎 昆	夏 雨	刘芳菲 张泽群
7月26日	2005动感夏日・中国民歌演唱会	天下第一城	王晓岭	朱 彤	夏 岛 芙 英	董 卿 林 海
7月26日	北京2005校园原创歌曲征集活动推广演唱会	人民大学	科尔沁夫	陆 莹 王文光	夏 雨	刘芳菲 齐 麟 刘 菁
7月28日	第七届CCTV——MTV音乐盛典颁奖晚会	北京工人体育馆	科尔沁夫		刘 真	任鲁豫 董 卿 爱 戴 陈正飞
9月1日	《放歌西藏》——庆祝西藏自治区成立40周年大型电视文艺晚会	拉萨人民艺术宫	任卫新	赵化勇 吴英杰 朱 彤 金书波 格桑朗杰	王炳森	朱 军 管 彤 让莫晋扎 朗杰央宗

续表

播出日期	晚会名称	地点	撰稿人	策划人	导演	主持人
9月3日	走向辉煌	拉萨	王晓霞	金星华 贝宇杰 兰智奇 丁　伟 江泰祥	钱向东	张　政 刘　艳
9月3日	大型民族交响音乐会《和平颂》	人民大会堂	朱　敏	南京市文化局 南京民乐团	夏　雨	
9月12日	航天精神颂——中央电视台“心连心”艺术团酒泉卫星发射基地慰问演出	酒泉卫星发射基地	胡迎节	朱　彤 贺天成 秦新民 彦宏建	杨东升	朱　军 董　卿 任鲁豫 杨　敏
9月19日	《天涯共此时》——2005中秋晚会	北京中山公园中山音乐堂	任卫新	朱　彤 陈建平 徐小帆 任卫新 朱　海 刘雪梅 金兆钧 周保平 王　晶 董一伟	刘　真	朱　军 董　卿 蓝沁湄 胡蓓蔚 刘中志
9月23日	《2005香江明月夜》——中秋大型文艺晚会	香港会展中心	彭　崖	曾庆怀	别航程	刘芳菲 邓梓峰
9月30日	《山欢水笑》——中央电视台“心连心”艺术团赴辽宁省丹东市慰问暨国庆56周年联欢演出	丹东—鸭绿江畔(主会场) 大梨树村(小分队) 海　港(小分队) 部　队(小分队)	秦新民	关正文 秦新民 等	崔亚楠	朱　军 杨　柳 赵保乐 鞠　萍 董　卿
10月10日	《小时候》——中国青少年社会教育“银杏奖”颁奖典礼	天下第一城	任卫新	谷丽萍 朱　彤 操学城 杨　进 蒋月娥	夏石生 王芙英	张　政 刘芳菲
10月24日	《大地飞歌2005》——中国——东盟博览会暨南宁国际民歌艺术节开幕式晚会	广西南宁	冯双白	郎　昆 孙建军 罗　伟 徐小帆 韩　伟	罗　伟	刘芳菲 张　政
10月25日	《中华情》——庆祝台湾光复60周年大型文艺晚会	一号演播厅	任卫新 王晓岭	王在希 张铭清 李维一 朱　彤	夏石生 王芙英	朱　军 董　卿

续表

播出日期	晚会名称	地点	撰稿人	策划人	导演	主持人
				杨毅 刘晓辉		
10月29日	《狮城掠影》——记新加坡华乐团（新加坡华乐团慈善筹款音乐会）	新加坡华乐团音乐厅		夏雨	夏雨	
11月28日	第七届中韩歌会	深圳欢乐谷	肖芳	朱彤 任克雷 栾倩 刘冠华	杨东升	任鲁豫 梁璐 申荣一 金璟兰
12月1日	《中国的温暖》——第18届世界艾滋病日大型公益演出	人民大会堂	赵大民	秦新民	郎昆	董卿 张泽群
12月5日	《与爱同行》——首届中华慈善大会大型专题文艺晚会	中国剧院	朱海 张南	文艺 关丽峡	施翌	管彤 张政
12月5日	《志愿者之歌》——献给中国青年志愿者大型专题文艺晚会	总政歌剧院	王荣起	王雪峰 金东 郭平 侯宝森 王汉中 刘京山	钱向东	董卿 管彤 张泽群 鲁健
12月31日	2006年新年音乐会	广东东莞		江则理	刘万捷	

（文艺节目中心戏曲·音乐部提供）

（二）文艺节目中心文艺部制作部分

播出日期	晚会名称	地点	导演	主持人
1月22日	全国青少年网络短信大赛颁奖晚会	600平方米演播厅	周涛	周涛、朱军
1月24日	2005年维也纳新春音乐会	维也纳金色大厅	屠茵	
1月25日	2005年《百花迎春》文联晚会	奥体	王洗平	周涛、朱军
2月7日	《春绿大地情满怀》——2005年军民迎新春文艺晚会	中国剧院	白志群	于子菲、于爽、刘小娜
2月8日	2005年春节歌舞晚会	中国戏剧学院	吴楠	文清、朱军
2月9日	2005年中央军委慰问驻京部队老干部迎新春文艺晚会	总后礼堂	白志群	林达信、王红、王静
2月9日	2005年文化部晚会	东方歌舞团	李松海	姜昆、单连方
2月11日	2005年正月正晚会	深圳	汪文华	汪文华
4月28日	中央电视台“心连心”艺术团4月18日赴广西河池慰问演出	广西河池	王宪生	张政、文清、张泽群、董卿
5月1日	2005年小品大赛	1000平方米演播厅	刘铁民	赵屹鸥、朱迅
5月7日	2005小品大赛颁奖晚会	1000平方米演播厅	刘铁民	赵屹鸥、朱迅

续表

播出日期	晚会名称	地点	导演	主持人
5月10日	《草原晨曲》——中国内蒙古第二届国际草原文化节开幕式	内蒙	王洗平	朱军、周英琦
5月30日	共创辉煌	京西宾馆	屠　茵	
6月6日	特别节目《平安中国》	北京	胡　淼	朱军、董卿、周涛
6月9日	《清廉天下　共筑和谐》——首届反腐倡廉公益广告大赛颁奖晚会	北京	周晓冬	朱军、董卿
6月15日	第三届CCTV电视舞蹈大赛	第九演播室	白志群	朱军、董卿
6月30日	《星海之声》——纪念冼星海诞辰100周年音乐会	广州	吕　媛	
8月1日	《神圣的使命》——建军78周年歌咏大会	奥体中心	吴　楠	
8月3日	7月25日中央电视台“心连心”艺术团赴山西长治慰问演出	山西长治	陈雨露	
8月5日	全国第一届大学生艺术展演颁奖晚会	人民大会堂	柳　刚	
8月8日	深圳华侨城成立20周年庆典晚会	深圳华侨城	陈雨露	王刚、李霞
8月15日	《爱我中华》——抗战歌曲歌咏大会	北京首钢体育馆	王宪生	朱军、董卿
8月21日	“心连心”艺术团赴山西长治的慰问演出	山西长治	陈雨露	朱军、董卿
9月2日	《为了正义与和平》——纪念中国人民抗日战争胜利暨世界反法西斯战争胜利60周年文艺晚会	人民大会堂	白志群	
9月14日	《血与火的记忆》——纪念中国人民抗战胜利60周年经典作品演诵会	北展	吕　媛	张泽群等
9月26日	《将军没有远行》——纪念杨业功英雄事迹文艺晚会	军事科学院礼堂	吕　媛	张泽群
9月30日	第二十五届“飞天奖”颁奖晚会《欢乐中国行》特别节目	1号厅	孙　滨	朱军、董卿
10月2日	我们从这里起航 第十七届大连国际服装节开幕式晚会	大连体育馆	屠　茵	李军等
10月8日	庆祝西藏自治区成立40周年晚会	中国剧院	吴　楠	
10月26日	中央代表团艺术团赴新疆慰问演出	新疆	屠　茵	
10月26日	第十届全运会 开幕式 闭幕式	南京	柳　刚	
10月26日	澳门“东亚运动会开幕式、闭幕式”现场直播	澳门	周晓冬	
10月27日	10月20日中央电视台“心连心”赴江西赣州慰问演出	江西赣州	胡　淼	朱军、董卿

续表

播出日期	晚会名称	地点	导演	主持人
11月14日	《为时代放歌》——2005年中国记者节全国先进新闻工作者联欢晚会	北京	屠　茵	朱军、董卿
11月20日	第四届“四进社区”文艺展演	江苏省扬州	刘　军	董卿、张泽群
12月12日	母亲水窖——巨星慈善大汇演	工体	廖　筠	曾宝仪、朱迅等
11月26日	北京2008年奥运会吉祥物发布暨倒计时1000天活动	工体	孙　滨	朱军、董卿
11月28日	《生命之歌》——全国安全歌曲大赛颁奖晚会	北京21世纪剧院	刘　军	杨柳等
12月9日	《唱响正气歌》——全国新创廉政歌曲文艺晚会	1号厅	李　言	朱军、董卿
12月23日	第三届中国煤矿艺术节闭幕式文艺晚会	中国剧院	刘铁民	董卿、朱迅
12月24日	2005年元旦相声群英会	北京、南京	汪文华	汪文华、马季、姜昆
12月26日	2005年元旦小品大赛	演播室	王　晓	周涛、杨少华等
12月26日	《共建和谐》——纪念会计法施行20周年文艺晚会	北京	林　远	朱军、董卿
12月28日	第三届全国家庭文化艺术节晚会	1000平方米演播室	刘铁民	赵屹鸥、朱迅

（文艺节目中心文艺部提供）

2005年中国电视剧制作中心剧目央视首播统计表

电视剧目	播出日期	长度(集)	导演	制片人	频道	播出时间	最高收视率	平均收视率
生命的颜色	1.21–2.4	28	曹保平	曹保平 高德库 付永康	8	黄金强档19：45	1.08	0.58
祝福	1.31–2.3	4	周天虹	周天虹	11	九州大戏台11:10	0.11	0.08
独奏	2.8	2	谢晓嵋	谢晓嵋	8	黄金强档19:45	0.76	0.70
基因之战	2.15–25	21	刘立京	刘立京	1	星夜剧场23:02	0.82	0.52
马大帅Ⅱ	3.18–31	28	赵本山	赵本山	8	黄金强档19:45	1.95	1.50
任长霞	4.13–23	21	沈好放	沈好放	1	黄金强档19:55	7.97	6.24
民工	4.24–5.6	20	康红雷	张纪中	1	黄金强档19:55	6.9	5.48
张治中	7.12–15	8	沈好放		8	黄金强档19:30	3.09	2.15
吕梁英雄传	8.30–9.13	22	何　群	张纪中	1	黄金强档19:55	8.5	6.31
代号021	11.1–7	20	包福明	宋铁发	8	黄金强档19:30	5.086	3.68
摇摆女郎	12.5–19	42	杨文军	庄立奇	8	黄金强档19:30	2.49	1.78
小留学生	12.14–23	20	潘小扬	潘小扬	1	黄金强档19:55	4.58	3.58
智慧风暴	12.23–30	20	王冀邢	韩素真	1	精选剧场10:16	1.19	0.86

注：2005年首播共计13部256集

（中国电视剧制作中心提供）

2006

CHINA
CENTRAL TELEVISION
YEARBOOK

中国中央电视台
年　鉴

D A S H I J I

大事记

大事记

2005年中央电视台大事记

一 月

1月1日 国务院总理温家宝前往陕西省铜川，视察慰问一个月前刚刚发生严重矿难的陈家山煤矿。中央电视台报道组拍摄了总长180分钟的新闻素材，捕捉到了大量感人至深的画面细节。新闻播出后，受到观众一致好评。

1月2日 中共中央政治局常委李长春在2004年第49期《中央电视台简报——中央电视台少儿频道开播一周年成绩斐然》上批示：中央电视台少儿频道开播时间不长，就受到了全国几亿少年儿童的欢迎，得到社会的高度评价，为少年儿童开辟了广阔的绿色文化空间，对中央电视台及少儿频道的同志们表示衷心感谢。望你们继续努力开拓，努力贴近少年儿童的实际，融思想性、指导性、知识性、趣味性、观赏性、娱乐性为一体，紧紧依靠全社会各方面的力量，把少儿频道办成促进少年儿童德智体美全面发展的第二课堂，成为广大少年儿童的良师益友，深受家长、教育工作者欢迎的文化精品。

1月3日 国务院副总理吴仪专门致词经济频道推出的《2004创新设计之夜》特别节目，对节目给予充分肯定。致词中说，"《2004创新设计之夜》展示了国内外在产品创新方面的发展态势及其对经济的推动作用，这是一件非常有意义的事情。我希望，通过这个节目能够唤起我国企业和社会更加关注产品的创新设计，关注科技创新，关注自主知识产权在经济发展中的作用，不断提高我国企业的自主创新能力。"

1月12日 赵化勇台长与葡萄牙电视台（RTP）台长马尔科斯博士在人民大会堂签署了中央电视台与葡萄牙电视台合作协议。1月13日，赵化勇台长与马尔科斯博士就如何实施合作协议及推进双方的合作交换了意见。

1月22日至2月4日 国家副主席曾庆红出访墨西哥、秘鲁、委内瑞拉、特立尼达和多巴哥、牙买加五国，并在牙买加出席中国－加勒比经贸合作论坛首届部长级会议开幕式。中央电视台随访组高质量完成了宣传报道任务，曾庆红副主席亲自对新闻媒体同志的辛勤劳动表示感谢。外交部新闻司也对中央电视台记者的辛勤劳动给予了表扬。

1月24日 中央电视台成立中央电视台保持共产党员先进性教育活动领导小组。组长赵化勇，副组长张长明（常务）、罗明、胡恩、何宗就、李晓明、张海鸽。领导小组下设办公室和督导组。

1月28日 中共中央政治局常委、国务院总理温家宝在国务院召开的征求教科文卫代表对《政府工作报告》意见座谈会上对《焦点访谈》作出重要指示。温家宝同志对与会中央电视台代表说，《焦点访谈》开播十周年时，我给你们写的信是深思熟虑的，谈的就是责任。我现在再送你们四句话：深入实际，把握焦点，实事求是，敢于负责。温家宝同志明确指示，你们要研究什么是焦点问题、热点问题。当前的禁赌就是一个热点，你们可以披露一些个案。另外，要重视群众的呼声，群众给《焦点访谈》的信可以转给信访。温家宝同志表示，自己经常看《焦点访谈》提供的内参。并向《焦点访谈》的同志们问好。

1月28日 中共中央政治局委员、中央书记处书记、中央宣传部部长刘云山在与赵化勇台长通话中强调，对敏感事件的报道要高度重视，一定要把握好口径。刘云山同志希望中央电视台《晚间新闻》办成名牌栏目，无论是节目主持人风格，还是节目内容都要有自己的鲜明特色。

1月29日 中共中央政治局常委李长春在《中央电视台简报》第3期《两岸媒体联手举办“海峡两岸知识大赛”引起轰动效应》的信息上批示：双方媒体节目合作是个好办法，要创新途径、形式和内容，把两岸交流的气氛搞旺。根据李长春同志的批示精神，赵化勇台长1月30日批示要求专题研究如何进一步创新途径、形式和内容。

1月29日 中共中央政治局委员、中央书记处书记、中央宣传部部长刘云山在与赵化勇台长通话中，称赞1月28日播出的《焦点访谈·艳舞跳进了烈士陵园》节目做得很好。刘云山同志说，临近春节，希望《焦点访谈》加强宣传移风易俗、破除封建迷信，制作以“扫黄打非”和“打击赌博违法犯罪活动”为内容的几期节目，进一步促进树新风活动的广泛开展。刘云山同志还要求中央电视台推出反映经济发展、“三农”问题、土地问题、环境保护、拖欠农民工工资、“扫黄打非”等一系列形势教育节目。

二 月

2月1日 长城（亚洲）卫星电视平台在亚洲地区正式开播。长城（亚洲）卫星电视平台由中央电视台牵头联合8家地方台组成，包括中央电视台第四套中文国际频道、第九套英文国际频道、戏曲频道以及北京电视台、上海东方电视台、广东南方电视台、江苏电视台国际频道、福建东南电视台国际频道、湖南电视台、深圳电视台、厦门电视台海峡卫视等11个电视频道，包含中文普通话、粤语、闽南语以及英语等丰富节目。

2月5日 国家广电总局局长王太华在赵化勇台长的陪同下，参加了新闻中心党总支举行的保持共产党员先进性主题座谈会。王太华同志充分肯定了中央电视台特别是新闻中心学习教育活动所取得的初步成效。赵化勇台长指出，中央电视台的共产党员，一是要增强判断力，二是要增强执行力，三是要增强责任感。

2月5日 西法语频道圆满完成曾庆红副主席出访拉美五国宣传报道任务，共报道相关新闻26条，滚动播出58次，累计播出1小时25分15秒。

2月6日 中共中央政治局常委、中央宣传思想工作领导小组组长李长春，中共中央政治局委员、书记处书记、中宣部部长刘云山，国务委员陈至立到中央电视台看望正在进行紧张排练的2005年春节联欢晚会演职人员，并代表党中央向大家致以亲切的节日问候和新春祝福。并与春节联欢晚会的演职人员合影留念。李长春同志认为晚会很好、很紧凑、很流畅，充分体现了“三贴近”，是一台政治性、艺术性、观赏性很强并有机统一的晚会。赵化勇台长简要汇报了2005年春节联欢晚会有关情况。表示中央电视台有信心把2005年春节联欢晚会办成一台体现“大”、“联”、“欢”精神的精品晚会。

2月8日 中央电视台顺利播出2005年春节联欢晚会。2005年春节联欢晚会按照中央领导“大”、“联”、“欢”的指示，以“盛世大联欢”为主题，努力体现“三贴近”，各类节目精彩纷呈，营造了欢乐、祥和的喜庆氛围，受到亿万电视观众热烈欢迎。全国有465个频道转播了中央电视台2005年春节联欢晚会，当晚总收视率高达95.4%。央视国际网站页面点击量达2.8亿，页面访问量为1823万。西法语频道也并机直播了2005年春节联欢晚会。

2月9日 中共中央政治局委员、中央书记处书记、中宣部部长刘云山打电话给赵化勇台长，转达中共中央政治局常委李长春对2005年春节联欢晚会的肯定意见。李长春同志认为，今年春节联欢晚会整体效果不错，具有新意，思想性和艺术性很强，充分体现了“三贴近”。并向同志们问好。刘云山同志说，今年春节联欢晚会热烈、喜庆、欢乐、祥和，充分体现了“盛世大联欢”。整台晚会有新意、有特点、有突破，可以说是主题突出、特色鲜明、精心编排、创意新颖，在除夕之夜为亿万电视观众奉献了一道精美大餐。今年春节联欢晚会在过去多年的基础上有了较大突破，中央电视台为此投入很大、付出很多，向同志们表示祝贺和感谢。希望中央电视台认真总结经验，为进一步提高春节联欢晚会水平打下坚实的基础。

2月17日 “感动中国·2004年度人物评选”揭晓，奥运冠军刘翔、杂交水稻之父袁隆平、人民公仆牛玉儒等当选，中国女排获选“感动团体”。节目在一套和新闻频道播出后观众反响热烈，观众纷纷来信来电表示节目制作精良，是一部弘扬民族精神、唱响时代主旋律的经典之作。

2月18日 中共中央政治局常委、中央宣传思想工作领导小组组长李长春在中央政策研究室《简报》第65期《少儿歌曲呼唤新作》一文上批示：中央电视台少儿频道要在推广儿童歌曲上发挥示范带动作用，如推出每周一歌。以“市场”推动“创作”。2月23日、

24日，广电总局局长王太华、中央电视台台长赵化勇也分别就此批示，要求尽快落实。

2月18日 中共中央政治局委员、中宣部部长刘云山在中宣部《新闻阅评》第90期《央视社会与法频道开局良好、初显特色、平稳运行》一文上作出重要批示：社会与法频道开局良好，已经得到观众认可和关注，要围绕弘扬社会主义和谐社会这一课题多做文章，要发挥“专门”频道的优势和特点，在“深”和“专”上下功夫，要坚持“三贴近”原则，为广大人民群众所欢迎。

2月20日 中共中央政治局委员、书记处书记、中宣部部长刘云山同志在《中央电视台2005年工作会议报告》上作出重要批示：2004年，中央电视台坚持以“三个代表”重要思想为统领，牢牢把握正确舆论导向，各项工作整体推进，新闻报道、事业发展、队伍建设等方面都取得了新成效、新进展，为全局工作做出积极的贡献。请化勇同志转达我对电视台全体同志的敬意与感谢。新的一年，要按照中央的要求，坚持“三贴近”原则，总结经验，查找不足，要把握导向，改进宣传，深化改革，加强管理，保持良好的工作态势，进一步开创新局面。

2月22日 国务院副总理吴仪对《焦点访谈》播出的“无证行医如何进社区”报道作出批示：媒体的监督发挥了很好作用，也推动了我们的工作。请转达对《焦点访谈》同志们的感谢。

2月23日 中共中央总书记、国家主席胡锦涛亲切接见了中央电视台2005年春节联欢晚会剧组主创人员。他指出，今年的春节联欢晚会办得很好，为全国人民办了件大好事，调动全国的力量共同办，很好。导演组很辛苦，向大家表示问候。春节联欢晚会年年办，难度很大，但亿万观众已经离不开春节联欢晚会了。今年搞成这个水平很不容易，上了一个大台阶。向导演组表示祝贺！

2月24日 中共中央政治局委员、全国人大常委会副委员长王兆国，全国人大常委会副委员长盛华仁等分别对新闻频道推出的大型直播特别节目“直通地方两会”作出指示。王兆国同志评价：“直通地方两会”是个富有创新精神的节目，它对于宣传我国的人民代表大会制度有着非常重要的促进作用。盛华仁同志评价：这个报道非常及时、非常贴近群众生活，可以说是宣传今年十届全国人大三次会议的先声之作，为宣传好这次会议创造了良好的舆论氛围。

2月24日至26日 中央电视台2005年工作会议在外研社国际会议中心召开。赵化勇台长传达了胡锦涛、刘云山同志对2005年春节联欢晚会和中央电视台2004年工作成绩的充分肯定，并作了题为《认清形势 统一思想 重点突破 全面发展》的主题报告，总结全台2004年的工作重点和取得的成绩。他指出，台分党组将2005年确定为中央电视台“管理执行年”，并全面实施“频道品牌化”战略，全年力争实现“六个一”，即：贯穿一条电视宣传主线，建立一套科学管理新体系，加快一轮深化改革新进程，实现一系列事业发展新目标，形成一个产业经营新格局，锻造一支党和人民信赖的电视队伍。

2月25日 中共中央政治局常委、中央宣传思想工作领导小组组长李长春对中央电视台2004年工作作出重要批示：过去的一年，中央电视台围绕中心，服务大局，坚持正确舆论导向，坚持“三贴近”原则，在新闻宣传和事业发展上取得了可喜成绩，电视宣传的影响力、感染力，针对性、实效性明显增强。党中央和广大人民群众对中央电视台的工作是满意的。希望在新的一年里继续巩固成果，奋力开拓，取得更大的成绩！请转达对全台同志们的感谢和问候。

2月25日 中共中央政治局常委、中央宣传思想工作领导小组组长李长春在第10期《中央电视台简报——“感动中国”成功打造中国的“精神品牌”》上批示：1.这篇简报写得很好。建议改写成文艺评论在人民日报文艺版发表，在中央电视台播出，以继续扩大“感动中国”的影响。2.“感动中国”、“经典中国”、“永远的丰碑”办得都很有特色，深受干部群众喜爱。望不断总结，坚持“三贴近”，推出更多更好的名牌栏目，打造更多的中国的“精神品牌”。

2月25日至26日 广电总局召开2005年团的工作会议，中央电视台团委以第一名成绩当选广电总局“五四”红旗团委。人事办张欣当选第二届“中国优秀青年外事工作者”，新闻中心刘东华荣获第三届“全国保护母亲河奖”。

2月26日 新闻中心军事部副主任冀惠彦、记者梁鑫等一行4人组成的报道组赴非洲采访中国驻利比里亚和刚果（金）两国的维和部队，拍摄系列报道“走进非洲看维和”。这是中国电视记者第一次赴利比里亚采访，也是对中国驻非洲维和部队进行的规模最大的一次全景式报道。

2月28日 中央电视台召开2004年度总结表彰大会。赵化勇台长强调，要增强喉舌意识，确保导向正确；增强改革创新意识，加快事业发展；增强管理意识，强化执行力；增强机遇意识，保持领先优势；增强学习意识，提高自身本领；增强廉政意识，抓好队伍建设。会议表彰了46个先进集体，105名先进个人，88个优秀栏目、优秀节目评奖获奖作品，55个技术系统奖以及50个优质管理服务奖。

2月28日 中央电视台召开2005年“两会”宣传报道动员大会。赵化勇台长传达了李长春同志和中宣部领导对“两会”报道的指示精神。他指出，各部门要实行“一把手”总负责，抽调具有“两会”报道丰富经验的精兵强将全力以赴、全神贯注投入报道；严格遵守宣传纪律和组织纪律；要确保导向、确保安全。副台长罗明、何宗就围绕“两会”期间报道重点和技术保障提出了具体要求。

“两会”摄影师在一楼拍摄

三 月

3月1日 全新改版后的《晚间新闻》以崭新的面貌与观众见面，这是中央电视台2005年改进新闻报道的一项重要举措。改版后的《晚间新闻》采取新闻主播的方式，由国内、国际、体育三个板块组成，新闻性强、信息量大、内容丰富。

3月3日 中央电视台召开2005年中央电视台廉政工作会议。国家广电总局党组成员、中纪委驻广电总局纪检组组长王莉莉对中央电视台2004年宣传工作和纪检监察工作取得的成绩给予了充分肯定，赵化勇台长对中央电视台党风廉政建设和反腐败工作提出了具体要求。

3月3日 赵化勇台长会见了美国国际“艾美奖”电视节主席布鲁斯·派斯纳先生等一行4人。赵化勇台长感谢派斯纳先生邀请中央电视台参加“艾美奖”，希望双方今后加强交流与沟通。

3月3日至13日 第十届全国人民代表大会第三次会议和中国人民政治协商会议第十届委员会第三次会议分别在京召开。中央电视台成功直播了人大会议的开、闭幕式，温家宝总理、李肇星外长答中外记者问等四场重要活动。此次“两会”报道，中央电视台向国际和国内电视新闻媒体提供了高质量的直播公用信号，约90个国家和地区的300多家电视机构转播或部分使用了中央电视台节目信号。

3月8日 中国国际电视总公司与美国国家地理频道关于大型系列纪录片《故宫》海外推广合作签约仪式在京举行。根据这项协议，美国国家地理频道将协助中央电视台制作《故宫》国际版特辑（2集×60分钟）并代理《故宫》国际版的海外发行。

3月9日 全国人大常委会副秘书长李连宁对中央电视台《新闻联播》3月8日播出的“全国人大代表分组审议《反分裂国家法（草案）》”的报道，给予高度评价。他说：“本次报道中，中央电视台反应能力、落实能力非常强，新闻处理也非常好，委员长看了很满意。特此表示感谢。”

3月10日 中共中央政治局常委、中央宣传思想工作领导小组组长李长春在《关于中央电视台少儿频道推广儿童歌曲、加强互动的报告》上批示：很好。3月11日，中宣部副部长、广电总局局长王太华批示：这是一件关系少年儿童健康成长的大事。要从国家的兴旺发达，民族的伟大复兴的高度来认识，以增强做好这件事的主动性、自觉性。所提方案很好，贵在坚持，重在提高。赵化勇台长作出批示：请台领导阅。青少中心负责认真实施，办好少儿频道。

3月11日 中共中央政治局常委李长春在中宣部《新闻阅评》第125期《许多媒体发表文章、言论，高度评价“永远的丰碑”重大意义及良好反响》一文上批示：云山并太华同志：总结经验，发扬光大。3月15日，广电总局副局长胡占凡批示：继续提高水平，做成品牌。

3月15日 中共中央政治局委员、中央书记处书记、中央组织部部长、中央先进性教育活动领导小组组长贺国强在中央先进性教育活动办公室编发的《保持共产党员先进性教育活动简报》第96期《领导重视措施有力 中央电视台扎实推进先进性教育活动》上，对中央电视台保持共产党员先进性教育活动给予肯定，他说，中央电视台在先进性教育活动中从两个方面下工夫，取得了良好效果。一方面，按照中央的要求，认真做好有关宣传报道工作，起到了正确导向、凝聚人心、鼓舞士气的作用；另一方面，又以先进典型为榜样，扎实开展自身的先进性教育活动，真正做到了“双促进”。

3月15日 主题为“关爱互助、共建和谐”的“3·15晚会”在中央电视台成功举办。今年“3·15晚会”“3·15”贡献奖的评选首次采用观众投票推选的方式。晚会播出期间，现场设立的12315热线收到观众打来的投诉举报电话3000多个。央视国际网站对“3·15晚会”进行现场图文直播，直播上传图片40多张，直播论坛受到广大网友积极关注，同时在线人数最高达到2万余人。

3月15日 中共中央政治局常委李长春给赵化勇台长打电话，对中央电视台“3·15晚会”给予充分肯定。他说，今年的“3·15晚会”，节目很好，很感人，是一台体现“三贴近”的好节目，相信会有很多人收看。希望中央电视台再接再厉，多播出这样的好节目。

3月27日 中共中央政治局委员、中央书记处书记、中宣部部长刘云山在给赵化勇台长的电话中，对3月26日播出的《焦点访谈·风景区里现“仙姑”》节目给予肯定，认为要多制作此类节目，揭露封建迷信、一些网吧传播色情、部分商家缺乏诚信和赌博等现象，促进公众素质提高，为青少年成长营造绿色空间，为构建和谐社会营造良好氛围。刘云山同志还就加强和改进舆论监督报道提出意见。

3月28日至4月1日 由国民党副主席江丙坤率领的大陆参访团访问大陆。海外中心充分利用自身优势，及时、全面、适度地报道了其在大陆的所有重要活动。西法语频道依托第四、九套节目的信息资源，也对此次活动进行了及时、适度报道。对江丙坤的独家专访，新华社、人民日报等多家媒体进行了转载，引起海内外各界强烈反响。

3月31日 中共中央政治局委员、国务院副总理曾培炎会见了南极内陆冰盖科学考察队员与主管单位领导。台分党组副书记、副台长张长明与作为本次科考队员的科技专题部记者陈晓夏、李亚玮参与会见。曾培炎副总理表示，他本人正是通过中央电视台的报道及时了解到冰盖考察队在前方的情况。张长明副台长向曾培炎副总理汇报了中央电视台已经在广电总局、中央电视台内部开展关于南极科考队先进事迹报告活动，得到曾培炎副总理的肯定。

3月 在2004年度国家广播电影电视总局电视节目技术质量奖——金帆奖评奖中，中央电视台再次获得“电视节目技术质量奖综合奖”，实现五连冠。在“中国视协电视文艺委员会电视文艺学术奖2005年春节文艺晚会评选颁奖暨研讨会”上，中央电视台“金鸡报晓——2005年春节联欢晚会”荣获电视文艺学术奖春节文艺晚会特别奖。

四 月

4月4日 中共中央政治局常委、全国政协主席贾庆林在天津视察工作时，对中央电视台充分报道胡锦涛主席在参加政协委员座谈会上关于改善两岸关系的四点意见、全国人大通过《反分裂国家法》以及中国国民党参访团到大陆访问给予充分肯定。贾庆林主席说：希望中央电视台在今后一段时间里，要根据党中央对台工作的一系列部署，认真研究对台宣传报道工作，大力宣传党中央、国务院为改善两岸关系，为了台湾人民的福祉，实实在在地为台湾老百姓所做的实事，化解岛内群众的疑虑。中央电视台要走在前头，多做工作，多报道。

4月5日至12日 国务院总理温家宝对巴基斯坦、孟加拉国、斯里兰卡、印度进行正式访问，并出席在伊斯兰堡举行的第四次亚洲合作对话外长会议开幕式。中央电视台派出的9人报道组全程报道，共传回新闻36条，总时长46分钟，电话连线报道5次，圆满完成报道任务。

4月18日 由世界品牌实验室（World Brand Lab）独家编制的2005年度“世界品牌500强”排行榜揭晓。中央电视台依靠不断的努力和创新排名第341位，这是中央电视台作为中国本土品牌首次入选世界品牌500强。

4月22日 赵化勇台长会见了美国福克斯有线电视网常务副总裁林赛·嘉德（Lindsay Gardner）先生一行5人。赵化勇台长说，自中央电视台第九套节目在美国落地以来，福克斯有线电视网给予了很大帮助，中央电视台非常愿意派员工赴美接受培训，更欢迎福克斯有线电视网派专家来中央电视台为员工授课。

4月23日 新闻中心第一时间报道了胡锦涛主席会见日本首相小泉纯一郎及改善中日关系五点主张。《晚间新闻》以电话报道的方式在第一时间发布了会见的消息及双方会晤的主要内容；并在23：00《晚间新闻》以直播形式充分报道这一重大新闻。在第二天的《新闻联播》及新闻频道各档整点新闻中重播。

4月26日 中共中央直属机关举行“中共中央直属机关五一劳动奖状获得单位和五一劳动奖章获得者表彰大会”，中央电视台社教中心科技专题部“挺进南极冰盖最高点”节目组荣获中共中央直属机关“五一劳动奖状”。新闻中心高丽萍同志获“全国先进工作者”称号。

4月28日 CCTV“中国品牌高峰论坛”在京举行。罗明副台长主持本次论坛。厉以宁、艾丰、张瑞敏、马蔚华等百余位国内著名经济学家、企业家参加了论坛。14位与会嘉宾围绕“全球化背景下中国品牌的提升及媒体的角色和功能”发表了精彩演讲。

4月29日 中央电视台以直播、新闻、专题联动推进的方式，成功报道了胡锦涛总书记会见中国国民党主席连战这一重大新闻事件，生动准确记录了时隔60年两党最高领导人会见的历史性时刻，并就本次会谈对两岸关系产生的积极影响进行了深入报道。当晚，《新闻联播》以长达29分11秒的超大篇幅对“胡锦涛会见中国国民党大陆访问团”、“胡锦涛与连战在北京举行正式会谈”等进行重点报道；《焦点访谈》、《东方时空》、《新闻会客厅》、《央视论坛》等制作播出了相关节目。中文国际频道《中国新闻》、英语频道、西法语频道也进行了新闻播出。央视网站对连战访问大陆的情况以头条新闻、视频直播、图文报道等多种形式进行了重点宣传。此次直播报道中，中央电视台为台湾中视、东森电视台、TVBS、中天、日本NHK、NTV、朝日、路透社、美联社、香港有线、TVE、半岛、俄罗斯ORT等16家传媒机构传送87节。全世界共有90个国家和地区的319家电视机构，全部或部分转播了中央电视台播出的有关连战大陆行相关行程的直播节目。

4月 中共中央政治局常委、中央宣传思想工作领导小组组长李长春对中央电视台近期宣传报道工作给予肯定。李长春同志指出，近期，中央电视台关于科学发展观、加强和改进大学生思想政治工作及涉日等敏感问题的宣传有内容、有深度、很好看，希望中央电视台今后按照“三贴近”原则，继续努力作好宣传报道工作。李长春同志对中央电视台先进典型报道表示满意，认为这些先进人物对国家和人民作出了贡献，社会需要这样的先进人物。李长春同志还称赞了中央电视台近期播出的电视剧《圣水湖畔》和《任长霞》，认为将任长霞这位先进人物塑造得鲜活、真实，很不容易。

大型历史纪录片《1405——郑和下西洋》宣传片在2005四川电视品牌设计和营销作品评选中获最佳纪录片宣传片奖。

五 月

5月1日至7日 新闻中心以《新闻联播》为主的各档新闻节目，在关注连战、宋楚瑜大陆访问活动，以及珠峰科考、第48届世乒赛等重要动态新闻事件的同时，围绕“五一国际劳动节”和“五四青年节”，在栏目内开设一系列符合节日特征的新闻专栏。

5月4日 中共中央政治局常委李长春在中央电视台呈报的《关于积极宣传报道民族自主创新品牌的情况报告》上批示：1. 宣传“品牌中国”生动活泼，很有气势。2. 可在深度上再下工夫，认真学习锦涛同志、家宝同志有关讲话，把提高自主创新能力作为贯彻科学发展观重要的组成部分，引导各界从战略高度认识这个问题。

5月7日 新闻频道“世界反法西斯战争胜利60周年”宣传报道已全面启动。5月7日至9日每晚21：30《国际观察》推出90分钟特别节目《胜利的怀念》。此前，新闻频道推出的大型纪录片《转折之战》已受到广泛关注。与专题节目同步，在《新闻早8点》、《新闻30分》、《今天》栏目中，分别开设了“二战回眸”、“二战随想”、“二战启示录”专栏。

5月8日至10日 新闻中心与播送中心联合作战，圆满完成了胡锦涛主席出席“俄罗斯纪念卫国战争胜利60周年庆典”报道任务。5月9日，新闻频道对“俄罗斯纪念卫国战争胜利60周年庆典”进行了历时3小时的现场直播。

5月10日至15日 赵化勇台长、张长明副台长会见了参加大型电视系列片《澜沧江—湄公河》六国电视台合作会议的柬埔寨国家电视台、老挝国家电视台、缅甸广播电视台、泰国第九电视台、越南电视台代表， 并就合作方式、选题范围、拍摄内容等展开讨论并达成协议。

5月13日 赵化勇台长会见了卡塔尔半岛卫星

电视台台长瓦达·坎法尔一行，并对半岛电视台筹备“中国电视周”表示支持。会见后，双方签署了合作协议，内容涉及新闻交换、节目交流、人员互访、技术支持等。

5月16日至18日　中央电视台综合频道、新闻频道、中文国际频道、西法语频道等圆满完成2005年北京《财富》全球论坛报道。5月16日晚，中央电视台成功直播了开幕式盛况及胡锦涛主席的重要演讲，并为全球多家电视媒体提供了高质量的公用信号。曾培炎副总理办公室、国务院新闻办等有关方面对中央电视台报道给予充分肯定。

5月18日　中共中央政治局常委、中央纪委书记吴官正接受了中央电视台《生死存亡的关键——陈云与党风廉政建设》摄制组专访。采访后，吴官正同志与带队前往的中央电视台分党组成员、纪检组组长张海鸽亲切交谈，充分肯定了中央电视台工作。吴官正同志说：我代表中央纪委、监察部的同志感谢中央电视台一直以来对我们工作的关心和支持。我是中央电视台的忠实观众，中央电视台这几年办得很好，而且现在越办越好。我经常看一套、三套、四套、五套等几个频道的节目，办得很好，具有真实性、时效性、趣味性和知识性。主持人的形象很重要，中央电视台的主持人都很棒，非常感谢中央电视台这些主持人的工作。

5月22日　中央电视台成功报道2005珠峰登高测顶。推出时长四个半小时的特别节目“2005重测珠峰”，对中国珠峰测量队登顶测高进行全程直播，翔实记录了珠峰测量史上的这一壮举。以电视直播方式对珠峰测高的每个环节作详尽展示，这在世界上尚属首次。

5月23日　中国国际电视总公司与泰国中文电视公司举行合作协议签署仪式。副台长张长明，泰国科技部长兼泰中友好协会会长功·塔帕兰诗先生出席签署仪式。协议规定，中央电视台将就泰国开办“中文电视台”提供支持，第四、九套节目将作为泰方公司的主要节目源。泰国“中文电视台”计划于7月1日中泰建交30周年之际开播，用加叠泰文字幕的形式播出中文节目。

5月25日　中共中央政治局委员、书记处书记、国务委员兼公安部部长周永康在中南海亲切接见了电视剧《任长霞》剧组主创人员，对《任长霞》给予高度评价。电视剧《任长霞》艺术地再现了任长霞的先进事迹，深刻地揭示了任长霞精神的本质，社会效果非常好。

六 月

6月1日　由国务院妇女儿童工作委员会、全国妇联、共青团中央、全国少工委与中央电视台联合主办的“感动未来·‘六一’晚会”取得圆满成功。全国人大常委会副委员长何鲁丽、顾秀莲、乌云其木格，国务委员陈至立，全国政协副主席郝建秀、张榕明和全国妇联名誉主席彭珮云等在台长赵化勇、副总编辑李挺陪同下观看晚会，与第五次全国少代会的390多名少年儿童代表一起共庆佳节。

6月1日至6日　中共中央政治局常委李长春，中共中央政治局委员、书记处书记、中宣部部长刘云山分别就中央电视台推出的四川省木里藏族自治县邮递员王顺友事迹报道给予高度评价。李长春同志指出：近日，中央电视台播出的关于四川省邮政系统全国劳模、乡村邮递员王顺友的报道很好，事迹十分感人，起到了良好的作用，产生了强烈的社会反响。刘云山同志认为，近期中央电视台《时代先锋》系列报道的先进典型很感人，希望中央电视台再接再厉，继续将典型报道做深做好。

6月8日　由新闻中心评论部制作的4集大型文献片《陈云与党风廉政建设》顺利通过中纪委、中央文献研究室和中央电视台领导的审看。中纪委副书记刘峰岩，中央文献研究室主任滕文生、副主任杨胜群，中纪委驻广电总局纪检组组长王莉莉，中央电视台台长赵化勇，总局总编室主任、重大题材审看小组组长金德龙，台分党组纪检组组长张海鸽等出席审片会。

6月15日　张长明副台长会见了美国全国广播环球公司全球网络集团总裁映帕特里克·维恩先生等一行4人。双方一致同意在节目购销、数字付费平台、奥运会报道、人员培训等方面探讨合作的可能性。

6月16日　中央电视台与十运会组委会正式签约，成为组委会战略合作伙伴。根据该合作方案，中央电视台将与十运会组委会在电视宣传报道、赛事电视转播、电视广告、赛场场内广告牌以及地方电视版权资源等领域进行全面合作。

6月16日　“永远的丰碑·抗日英雄谱”开篇节目“狼牙山五壮士”在《新闻联播》播出后，中宣部领导专门致电新闻中心对节目提出表扬，认为节目开篇有力，非常打动人，为“永远的丰碑·抗日英雄谱”的顺利播出开了好头。

6月20日　全国人大常委会副委员长盛华仁、全国人大环资委副主任叶如棠在“中华环保世纪行”赴太湖、黄河流域采访汇报会上对中央电视台在本次集中报道活动中发挥的突出作用给予充分肯定。盛华仁副委员长说，“中华环保世纪行”报道中记者发现反映的问题，对补充、修改、完善执法检查报告起到了积极作用。特别是中央电视台新闻中反映的“漕河桥”为对付检查水质几次变化的案例，以及渭河流域一些小造纸厂联合造假搞规模达标的事实，很有代表性。叶如棠副主任评价说，中央电视台在本次报道中表现尤为突出，制作播出的20多条深度报道，无论是规模还是影响力都比往年明显加强。

6月21日 中共中央政治局常委、国家副主席曾庆红在内蒙古自治区领导干部座谈会上，肯定了《焦点访谈》节目“一家人和一万亩沙地”的宣传效果。曾庆红同志强调，搞好生态环境保护和建设，做好宣传群众的工作很重要，动员全社会力量积极参与更重要。

6月30日至7月7日 国家主席胡锦涛应邀对俄罗斯、哈萨克斯坦进行国事访问，出席上海合作组织阿斯塔纳峰会和在英国鹰谷举行的“八国集团与五个发展中国家领导人对话会”。此间，中央电视台随行报道组在驻俄罗斯记者站、驻英国记者站的配合下，在以《新闻联播》为主的新闻节目中发回报道50多篇，圆满完成报道任务。

音频部配合《再说长江》摄制组人员赴四川等地进行纪录片立体声现场采集。

七 月

7月1日 台长赵化勇、副台长孙玉胜、副总编辑李挺听取了体育中心关于2008年北京奥运报道人才选拔和培养方案的专题汇报。赵化勇台长对奥运报道筹备工作提出四点要求并强调，要利用奥运报道的机遇，将体育推广公司做实做大，使体育报道真正走向市场。

7月1日 中央电视台在1000平米演播室召开“七一”表彰暨“重测珠峰”报道组事迹报告会。共有33个党支部、170名共产党员、115名党务工作者和18名党员领导干部受到表彰。170名新党员在现场举行了入党宣誓仪式。

7月6日 中央电视台体育频道从早上8点开始推出时长近13小时的特别节目“花落谁家”，全程直播了国际奥委会第117次全会选举2012年奥运会主办城市的过程。新闻频道在黄金时段推出“2012年申奥大战谜底揭晓”特别节目。西法语频道西语新闻对国际奥委会第117次全会进行了报道。

7月8日 广电总局副局长胡占凡在121期《工作日报》刊发的《〈新闻联播〉突出报道各地建设节约型社会新经验》一文上批示：很好。请中央电视台继续做好。一套、二套、新闻频道都要注意做好。罗明副台长批示要求新闻中心、广告经济信息中心传达胡占凡同志的批示，精心策划好节约型社会的宣传。要有电视特色，有好角度，有声势。公益广告也要跟上。

7月8日 中央电视台第一套节目播出了由新闻评论部《东方时空》栏目制作的特别节目“曾荫权·特首之路”。曾庆红同志对节目给予充分肯定，认为节目很好，把握政策很准确，对“曾荫权·特首之路”节目摄制人员表示亲切问候和感谢。

7月12日 王太华同志主持召开广电总局党组会议，听取了中央电视台关于2005年广博会筹备情况汇报。会议明确，广博会每年一届，今后由总局主办、中央电视台承办，固定标识。会议还就本届广博会邀请党和国家领导人出席“飞天奖”和“华表奖”颁奖晚会、广博会统一标识和广博会宣传统筹工作等事项作出决定，并审议通过了本届广博会组委会成员名单和重点工作责任部门、责任人。

7月12日 《新闻联播》以11分50秒的篇幅头条播出了胡锦涛总书记会见郁慕明率领的新党大陆访问团的新闻。新闻播出后得到中共中央办公厅副主任令计划等领导的高度肯定。

7月13日　中央电视台召开民主评议行风活动动员大会。中央纪委驻广电总局纪检组组长、广电总局民主评议行风工作领导小组常务副组长王莉莉，台分党组书记、台民主评议行风工作领导小组组长赵化勇，以及台领导、各中心领导、部门一把手及部分编辑记者、播音员、主持人、管理人员参加会议。

7月13日　广电总局副局长胡占凡在总局《收听收看日报》第134期上批示：中央电视台纪念郑和下西洋报道搞得好，有声势，手法多样，制作讲究、精心，感谢大家。

7月13日至15日　中央电视台2005年年中工作会议举行。全体台领导及各中心（室）、台属各单位的负责人、党总支专职副书记共98位代表与会。此次会议由台内各中心（室）、台属各单位负责人向台分党组汇报上半年主要工作和下半年工作安排。赵化勇台长在会上作了题为《信任 理解 支持 奋进》的讲话。赵化勇台长在会上就落实这次会议精神、做好下半年工作提出八个字的要求：信任、理解、支持、奋进。

7月15日　近日，中共中央政治局委员、中宣部部长刘云山致电赵化勇台长，他说，《新闻联播》中播出的“节约，在你我身边”中介绍的节约的办法很好，节目做得好，配合性报道也好。有知识，很实用。刘云山在收看《艺术人生》介绍歌手丛飞的事迹后认为，主持人朱军的采访很成功。同时表示，近几天来，中央电视台的《艺术人生》、《文化访谈录》、《经济半小时》等好几个栏目都对丛飞的事迹进行了报道，报道得很好。形式也好，主持人、编导、记者的采访精神也令人感动，值得表扬。刘云山同志要求中央电视台组织这样的主持人、编辑、记者座谈，并制作节目反映他们的事迹。

7月19日　日前，广电总局副局长胡占凡在总局《每周网上广电动态》第16期《更加贴近普通群众　心连心艺术团受表扬》一文上批示：“心连心这个做法很好。请胡恩阅。”胡恩副台长批示：“请华山、朱彤同志阅，要继续推进心连心的创新。”文艺中心根据中宣部、广电总局要求和赵化勇台长“不等不靠，边走边唱”的“心连心”改革部署，对“七一”赴四川阿坝演出进行创新。7月1日播出的“吉祥颂歌”节目收视率达到4.97%，创“心连心”节目收视率新高。

7月19日　刘云山同志在中宣部新闻局《新闻工作专报》第50期——《中央媒体继续推进“落实科学发展观”主题宣传 集中报道东北建设节约型社会和发展循环经济经验》一文上作出重要批示：中央电视台在新闻联播中介绍节约资源的知识类节目很好，知识性、实用性、针对性很强，中央领导给予充分肯定，其它媒体也可编播类似节目。

2005CCTV杯全国英语演讲比赛评论员现场点评

7月22日　中央电视台2005年经营工作会议举行。全体台领导及各中心（室）、台广告经营部门、台属各经营单位负责人共71位代表与会。赵化勇台长作了题为《整合资源　拓展市场　塑造品牌　进一步提升经营工作水平》的报告，李晓明副台长作了题为《规范绩效考评 加强宏观管理　促进电视产业健康发展》的报告，刘国良总会计师作了题为《中央电视台2004年经营状况分析》的报告。

7月26日　赵化勇台长听取了文艺中心“雪域欢歌——西藏自治区成立四十周年大型电视文艺晚会”剧组的工作汇报。赵化勇同志充分肯定了戏曲·音乐部前一段的筹备工作和“喜庆、深情、朴素、庄重”的节目基调，对中央电视台赴西藏报道自治区成立40周年大庆活动考察组的工作成效表示满意。张长明同志提出了具体工作要求。

八 月

8月1日　《新闻联播》在《实践“三个代表”重要思想　保持共产党员先进性》专栏中，积极传播外出务工党员党建工作新经验、新举措，以贴近性的表现方式，优化传播效果，得到中央先进性教育活动领导小组副组长、中组部副部长欧阳淞高度评价，认为中央电视台报道“行动快、质量好，在社会上引起了好的反响”。

8月3日　全国人大常委会副委员长热地在2005年珠峰登山科考测量活动表彰大会上，高度赞扬中央电视台重测珠峰报道。他说，中央电视台克服重重困难，对整个活动进行了全程报道，将成功登顶测高向全世界进行了现场直播，影响重大，效果好。热地同志表示，非常感谢中央电视台长期以来对西藏的宣传报道，感谢中央电视台对西藏电视事业的支持。

8月5日 赵化勇台长、罗明副台长、孙冰川副总编辑出席了新闻中心召开的上半年工作总结暨下半年工作规划大会。中心各部400余名业务骨干参加会议。赵化勇台长对新闻中心上半年工作成绩给予充分肯定，并对新闻中心全体员工付出的努力表示感谢。罗明副台长以“眼力”、“品牌”、“创新”、“机制”、“力量”等关键词的解读，对新闻中心下半年工作提出了具体希望和要求。

8月7日 中央电视台圆满完成第四轮“六方会谈”报道任务。新闻频道“六方会谈特别节目”，对中方代表团在北京举行的记者招待会进行直播报道。西法语频道西语新闻也及时报道了第四轮“六方会谈”。

8月8日 中共中央政治局常委李长春对中央电视台《共同关注》栏目播出的“一句36年的诺言”节目给予赞扬，认为节目很好，令人感动，值得鼓励。这期节目歌颂了中华民族的传统美德，弘扬了中华民族的真善美，充分体现了“三贴近”。现实生活中真善美是主流，人们也需要更多的真善美，希望电视台多发掘这类好的例子。

8月8日 CCTV网络电视新闻频道、娱乐频道正式开播，并在梅地亚中心举行开播仪式。广电总局副局长田进和赵化勇台长为网络电视频道点击开播。赵台长介绍了CCTV网络电视新闻频道、娱乐频道的定位与特色，并通报了中央电视台发展央视国际网站、央视网络电视媒体业务取得的具体成效。人民网总裁何家正代表中央重点新闻网站对CCTV网络电视新闻频道、娱乐频道的开播致祝词。

8月12日 中共中央政治局常委李长春在中央电视台第27期简报《中央电视台〈东方时空〉“岩松看台湾”节目在两岸广受好评》上批示：继续推动两岸媒体合作，不断创新对台宣传的新形式、新途径。

8月14日 中共中央政治局常委李长春，中共中央政治局委员、书记处书记、中宣部部长刘云山出席由中国文联、中央电视台联合主办的“爱我中华——抗战歌曲大联唱”活动，并对该活动给予高度评价。李长春同志认为，在短时间内组织了这样高水平的群众文艺演出活动，很不错。演出令人振奋，鼓舞人心，是一场很好的爱国主义教育，希望中央电视台安排好播出，加大宣传力度。

8月14日 中共中央政治局委员、国务院副总理曾培炎出席中央电视台在人民大会堂举办的“全民节约 共同行动”电视直播活动，并对中央电视台有关建设节约型社会的报道给予充分肯定。曾培炎同志指出，中央电视台一段时间以来，关于建设节约型社会的宣传形式多样，力度很大，影响广泛，发挥了很好的作用。“全民节约 共同行动”活动很有意义，要作好后续宣传报道，为促进节约型社会的建设作出更大贡献。

8月14日 中共中央政治局委员、新疆维吾尔自治区党委书记王乐泉接受中央电视台新闻中心“新疆五十年大庆报道组”的专访，王乐泉同志对中央电视台关于新疆维吾尔自治区成立五十周年宣传报道工作表示满意，对中央电视台精心策划、周密部署表示感谢，并当即指示新疆各地州要对中央电视台记者采访工作给予密切配合和支持。

8月14日 经济频道特别节目“我们的选择——全民节约 共同行动”播出后，得到全国人大、全国妇联有关领导同志的高度赞扬。全国人大常委会副委员长许嘉璐委托工作人员打来电话，认为节目在宣传全民节约的节目中独树一帜，耐人寻味，真正体现了“全民”和“共同行动”的主题。全国人大常委会副委员长热地来电称赞节目能够唤起全国观众珍惜水、爱护水的意识，参与到节约用水的共同行动中来。

8月15日 中共中央政治局委员、书记处书记、中宣部部长刘云山在《广电总局关于落实云山同志指示精神　研究落实〈艺术人生〉、〈同一首歌〉栏目整改措施的情况报告》上作出批示：《艺术人生》已经成为央视的名牌栏目，用高标准来要求主要是改进提高越办越好的问题。作为创新节目样式的《同一首歌》在较短的时间内产生了很大的影响，也要很好总结经验，不断改进。

8月16日 中央政治局候补委员、中央书记处书记、中央办公厅主任王刚致电赵化勇台长，称赞中央电视台纪念抗日战争胜利60周年宣传报道。庄重、热烈、厚重，弘扬了主旋律，整个宣传体现了中国共产党是全民族团结抗战的中流砥柱，体现了中国抗日战争在世界反法西斯战争中的历史地位和重要作用。

8月23日 中央电视台第一套高清付费节目高清演艺场频道开始上星试播。目前，该频道信号已送往地球站上星，系统运行稳定。节目将通过亚洲4号卫星覆盖全国。

8月23日至28日　2005中国国际广播影视博览会在京成功举行。广电总局党组成员、中央电视台领导以及广电总局、海关总署、新闻出版总署、北京奥组委、各省市广电厅（局）、集团、总台相关领导和出席本届广博会的中外嘉宾400多人出席了开幕酒会。广博会期间陆续召开了中国国际影视节目展、国际广播电影电视设备展览会、BIRTV2005主题报告会、中国广播影视人才论坛、体育电视国际论坛及第25届电视剧“飞天奖”颁奖晚会。25日晚，中共中央政治局常委李长春同志还前往参观了正在北京展览馆举办的2005中国国际广播影视博览会影视节目展专场，听取了王太华、赵化勇同志关于2005广博会和影视节目展相关情况介绍，并表示了赞许，提出了要求。

8月24日　为纪念中国人民抗日战争暨世界反法西斯战争胜利60周年，由社教中心承制的12集大型文献纪录片《抗战》经过历时三年的创作和总局重大题材领导小组的严格审查，已全部制作完成，今日19:55在中央电视台第一套黄金时间与全国广大观众见面。

8月25日至9月27日　中央电视台中文国际频道和新疆电视台联合策划了大型系列报道“直播新疆”。这是中央电视台首次利用卫星转播车，对新疆进行的一次距离最长、时间最长、移动性最强的直播节目。

8月27日　由亚广联主办、中央电视台承办的“第四届亚太大学生机器人大赛”圆满落下帷幕。本届大赛吸引了来自19个国家和地区的20支代表队参赛。日本东京大学、北京科技大学分获冠、亚军。CCTV－1、CCTV－4和CCTV－少儿频道，并机对此次大赛进行了现场直播。

8月28日　由中央电视台和西藏自治区共同主办的“放歌西藏——庆祝西藏自治区成立40周年大型电视文艺晚会”成功举行。全国人大常委会副委员长、中央代表团副团长热地在演出结束后表达了热情的称赞之意。

8月30日　中央军委副主席郭伯雄、曹刚川、徐才厚审看由中央电视台配合中俄联合军演导演部制作的军演汇报片。郭伯雄同志传达了胡锦涛主席对中俄军演新闻宣传的表扬。中央军委领导称赞联合军演的新闻宣传非常出色，认为中央媒体的主流声音对树立我国在世界的形象起到了至关重要的作用，宣传很有气势、有震撼力。

纪念中国人民抗日战争暨世界反法西斯战争胜利60周年大会会场。

九　月

9月1日　新闻频道对西藏自治区成立40周年庆祝大会进行了全程直播。中宣部副部长、中央代表团成员李东生，对中央电视台直播报道给予充分肯定，并向中央电视台参与报道人员表示慰问。

9月1日　中国第一个数字高清频道——中央电视台《高清影视》频道在杭州和青岛正式试验播出。总公司总经理李建对高清频道落地等相关事宜作了部署，要求确保高清频道安全播出，确保节目质量、技术质量和运营服务质量。

9月2日至4日　中央电视台新闻节目中心、海外节目中心及播送中心协力合作，以新闻、专题、直播等多种节目形态并进的报道攻势，圆满完成了“首都各界向人民英雄纪念碑敬献花篮”等五场中国人民抗日战争暨世界反法西斯战争胜利60周年重要纪念活动的宣传报道任务，赢得中央领导高度评价。截至9月3日12时，共有91个国家和地区的315家电视机构转播或部分使用了中央电视台有关“纪念中国人民抗日战争暨世界反法西斯战争胜利60周年纪念大会”及“向人民英雄纪念碑敬献花篮”的现场直播节目信号。

9月3日　《新闻联播》播出“首都隆重举办大型文艺晚会‘为了正义与和平’”，中共中央办公厅和中宣部领导对此给予了高度评价。9月4日，中宣部常务副部长吉炳轩致电罗明副台长，对该新闻节目再次提出表扬。各方评价认为，该报道不仅展现了晚会的恢宏气势，而且充分体现了党和国家领导人对抗战老战士的敬重与关怀。

9月5日 中共中央政治局常委李长春在《中央电视台简报》第36期《中央电视台成功报道纪念抗战胜利60周年大会等重大活动》一文上作出批示，高度评价中央电视台对抗战胜利60周年纪念活动的报道，并希望不断总结经验，再接再厉，进一步提高引导水平。

9月6日 中央电视台《高端访问》节目对英国首相布莱尔进行专访。采访前，赵化勇台长、罗明副台长与英国首相布莱尔礼节性会面。赵化勇台长欢迎布莱尔首相来中央电视台做客并接受有关栏目采访，并向布莱尔首相赠送了新台址模型，简要介绍了中央电视台有关情况。布莱尔首相感谢中央电视台为此次采访所作的精心安排，他对中央电视台的发展表示出极大兴趣，同时期待再次到中央电视台做客。

9月7日 为庆祝西藏自治区成立40周年，由中共中央统战部、中共中央对外宣传办公室、中国文学艺术联合会和西藏自治区人民政府联合主办，中央电视台文艺部承办的大型音乐舞蹈史诗《走进西藏》在中国剧院成功举行。中央电视台进行了全程录制。中共中央政治局常委李长春在《中央电视台简报》第37期《中央电视台圆满完成庆祝西藏自治区成立40周年报道任务》情况简报上批示：报道生动、有力、真实、感人，体现了“三贴近”。

9月8日至18日 国家主席胡锦涛应邀对加拿大、墨西哥进行国事访问，并出席在纽约举行的联合国成立60周年首脑会议。中央电视台随行报道组高度重视、精心组织，及时、准确、生动地向《新闻联播》发稿58篇，时长92分钟；做电话连线报道28条。

9月14日 2005中国国际广播影视博览会总结会在京召开。2005广博会组委会常务副主席、国家广播电影电视总局副局长张海涛代表广电总局党组和王太华同志向2005广博会的组织者和工作人员表示感谢并对办好今后的广博会提出了要求。张长明副台长谈了举办2005广博会的三点体会并提出2006广博会设想。会议还播放了由台办公室和海外中心专门制作全面反映2005广博会盛况的专题片《广播影视风云际会2005》。

9月14日至16日 新闻频道在以《新闻联播》为主的各档新闻节目中，对胡锦涛主席出席联合国成立60周年首脑会议进行重点跟进报道，播出相关消息40余条次。

9月21日 北京奥林匹克转播有限公司（BOB）和中央电视台等8家中国广播电视机构在北京签署合作备忘录。其中中央电视台承制2008年奥运会共7个项目的电视国际信号。中央电视台副台长孙玉胜代表8家中国广播电视机构表示，将以高质量的转播让BOB和全球的观众满意。

9月22日 中共中央政治局常委李长春在《中央电视台简报》第40期《中央电视台“心连心”艺术团赴酒泉慰问演出圆满成功》上批示：以最短的时间达到了最佳效果，说明“心连心”艺术团也是特别能吃苦、特别能战斗、特别能攻关、特别能奉献的队伍。

9月23日 《焦点访谈·医院门口的“牛皮癣”》反映一些大医院门口普遍存在的被人称作“牛皮癣”的“号贩子”、“医托”现象。播出当晚，中共中央政治局常委、国务院总理温家宝亲自给卫生部副部长蒋作君打电话，要求卫生部会同有关部门切实解决好节目反映的“号贩子”、“医托”问题。

9月27日 中共中央政治局委员、新疆维吾尔自治区党委书记王乐泉对中央电视台中文国际频道和新疆电视台联合策划的大型系列报道“直播新疆”给予充分肯定，认为“直播新疆”是中央电视台带给我们的一个具有巨大影响力的优秀节目，应该把全部直播内容刻为光碟作为新疆维吾尔自治区50年大庆的永久纪念珍藏。

9月28日 2006年春节联欢晚会剧组召开成立会议。国庆期间，春节联欢晚会剧组召开了12次各种不同形式的工作会、策划会、座谈会，对2005年春晚经验与教训、地方台主持人进京、2006年春晚整体结构和样式创新，以及各类节目的总体思考等相关课题进行研讨。

9月29日 赵化勇台长召集台分党组扩大会议，传达“中央两台”行风评议大会精神，通报全台民主评议行风活动进展情况，研究分析社会各界和行风评议代表提出的意见和建议。

9月30日 中央重大理论文献专题片审看小组和国台办领导审看了中央电视台制作的纪念台湾光复历史文献片《不能忘却的历史》，并对该片给予高度评价。领导和专家们认为，该片符合中央领导关于宣传纪念台湾光复的指示精神，从题材到立意都很优秀，节目内容丰富、信息量大、史实准确、可视性和说服力强，使人深受教育，填补了纪念台湾抗战历史文献片的空白，将成为纪念抗战胜利60周年的收官力作。

2005年10月香港站记者常江在"神六"直播中

十 月

10月1日 中央电视台新闻频道、中文国际频道、西法语频道对新疆维吾尔自治区成立50周年庆典活动进行了全程直播报道。中宣部副部长李东生，国家广电总局副局长胡占凡，现场看望慰问了直播报道工作人员，并转达了中央代表团团长罗干同志对中央电视台新闻报道工作的充分肯定。新疆广电局局长伊力汗·奥斯曼、新疆电视台台长施生田称赞说，通过与中央电视台大规模、深层次的实战合作，有效提升了新疆电视新闻报道整体水平，充分体现了"合作、同赢"的积极意义。

10月9日至13日 由中央电视台和慕尼黑国际青少年电视节组委会联合主办，亚太广播联盟、亚太广播发展机构、联合国儿童基金会驻中国代表处、中国儿童少年基金会协办的北京亚太青少年电视节在京举行。本届电视节设置了观摩与评奖、主题论坛等系列活动，评出最佳儿童故事类、纪实类、综艺类节目奖和最佳节目创意奖、最受儿童喜爱节目奖和春蕾奖等奖项。

10月10日 英国《金融时报》日前刊载一份根据读者调查评选出的中国十大世界级品牌榜单，其中，中央电视台名列第七，是唯一入选的电视媒体。

10月11日 中央电视台圆满完成十六届五中全会报道任务。配合全会召开，新闻中心在以《新闻联播》为主的各档新闻及专题节目中，推出一系列配合报道，为五中全会成功召开营造了积极的舆论环境。

10月12日 上午9时整，举世瞩目的"神舟六号"载人飞船在酒泉卫星发射基地成功发射升空，中央电视台综合频道、新闻频道、中文国际频道、英语国际频道、西法语频道直播了这一激动人心的历史时刻，本次报道在5个国家和国内十几个省、市、自治区设置了23个报道点、7个演播室，引用直播信号达19路。其中，新闻中心设在"远望"二号、三号远洋航天测量船上的独家报道点，首次实现了从南太平洋、南大西洋作现场报道。新闻中心当天推出的长近17个小时的直播特别节目，完整记录了"神六"从发射升空至变轨、"穿舱"的全程。央视国际开通了"网友提问"、"寄语神六"等互动平台。中央电视台相关报道引起国际社会高度关注，共有91个国家和地区的315家电视机构转播或部分使用了中央电视台节目信号。

10月12日 第十届全国运动会在江苏南京隆重开幕，中央电视台综合频道、中文国际频道、体育频道、英语国际频道对开幕式进行了现场直播。体育频道的直播窗口"期待全运"从18时整正式打开，通过演播室、专题片、单边注入点与公用信号结合的方式，以两个小时的解读、背景片和包装为开幕式预热，多达4个单边注入点的现场报道和全流程网络制播系统的运用，在中央电视台体育报道史上尚属首次。报道结束后，江苏省委书记李源潮、省长梁保华均对中央电视台直播报道表示满意，并对中央电视台给予的大力支持表示感谢。

10月12日至17日 央视网络电视（www.icctv.cn）对"神舟六号"载人航天飞行向全球进行了全程网络直播，在海内外引起强烈反响。同时，央视网络电视还精心安排了9个专题节目解读中国航天史，并开通网络电视聊天室，吸引大量观众在线收看互动。

10月13日 中共中央政治局常委李长春在《中央电视台简报》第46期《中央电视台成功直播报道"神舟六号"飞船发射》上批示："神六"直播非常成功，反响热烈。望不断总结经验，搞好重大活动的报道。中共中央政治局委员、中央军委副主席曹刚川称赞报道"画面捕捉精彩，内容把握到位，提升了民族精神，鼓舞了国人士气"。

10月17日 今日凌晨3：00中央电视台综合频道、新闻频道、中文国际频道、英语国际频道、西法语频道在第一时间报道了"神六"返回的最新动态，各界群众纷纷评价中央电视台"神六"新闻报道"振奋民族精神，大长国人志气"。10月12日至17日，在"神舟六号"载人航天飞行的115小时32分钟内，新闻频道推出的直播报道总长达到了74小时10分钟，播出的相关新闻和专题超过11个小时，创造了中央电视台同一事件报道规模最大、直播时间最长的纪录。

10月20日 中共中央政治局委员、中央书记处书记、中宣部部长刘云山在中央电视台《工作日报》第198期《胡占凡同志称赞中央电视台“中国经济大讲堂”、“梦想中国”节目》一文上批示：“经济大讲堂”社会反映很好。要很好总结经验，办好这类节目，使之成为正确解读中央方针政策，为群众解疑释惑的渠道。

10月21日 台编委会审议通过了《中央电视台版权管理规定》，将于近日下发全台试行。版权管理规定的实施将对中央电视台管理规范化产生积极作用。

10月24日 中央电视台和故宫博物院联合举行大型纪录片《故宫》开播新闻发布会。《故宫》一片由中央电视台新闻评论部承制，两年来共拍摄节目素材近4万分钟，并历经了150多个工作日的后期创作，最终完成了12集精华版的制作。

10月25日 中文国际频道在《中国新闻》栏目中推出台湾光复60周年特别节目。除在各重点档新闻中播出首都各界纪念台湾光复60周年大会外，还在台北设立分演播室，与台湾TVBS电视台共同报道两岸有关纪念活动。此外，中央电视台驻台湾记者独家专访了中国国民党荣誉主席连战。

10月25日 由中宣部、统战部、中共中央台湾工作办公室、台湾民主自治同盟和中华全国台湾同胞联谊会共同举办、中央电视台承办的“中华情——纪念台湾光复60周年”大型文艺晚会，通过中央电视台综合频道、综艺频道及中、英文国际频道同时向全球直播。全国人大常委会副委员长、民建中央主席成思危，全国政协副主席、中共中央统战部部长刘延东，国务委员唐家璇，以及有关部门负责人，和应邀前来的台港澳同胞、海外华侨华人代表600多人出席观看了演出。

10月29日 中央电视台体育频道和文艺频道并机全程直播第四届东亚运动会澳门开幕式，综合频道、新闻频道和国际频道以新闻形式进行了报道，央视国际也在网上视频直播了开幕式。副台长孙玉胜、副总编辑李挺指导转播工作。东亚运动会组委会主席萧威利高度评价中央电视台的转播水平，对直播报道表示满意。

10月30日 中央电视台2005年度重大项目“魅力中国·魅力名镇”展示活动颁奖庆典节目录制完成。本届推委会委员、著名作家冯骥才，国家发改委小城镇改革发展中心主任李铁对于“魅力名镇”给予高度评价。

12集大型纪录片《故宫》开机仪式

十一月

11月2日 国务院纠风办、广电总局行评办领导到中央电视台检查民主评议行风整改阶段工作情况。国务院纠风办地方组组长李仲华高度评价了中央电视台的行风评议工作成效，认为中央电视台各级领导干部对行评活动给予了高度重视，采取了很多得力措施，整改措施到位，取得了明显成效。

11月4日 中直机关文明委召开中直机关“全国文明单位”、“全国精神文明建设工作先进单位”先进事迹座谈会。中直机关工委副书记、中直机关文明委主任赵凯，台分党组纪检组组长、机关党委书记、台精神文明委主任张海鸽等领导出席会议。赵凯同志对中央电视台再次获得“全国精神文明建设工作先进单位”荣誉称号表示祝贺，对中央电视台在精神文明建设工作上取得的成绩和经验给予高度评价。

11月6日 为期9天的东亚运动会落下帷幕，标志中央电视台转播报道工作圆满结束。从10月26日起，中央电视台综合频道、体育频道、中文国际频道、英语国际频道和新闻频道等对澳门东亚运动会进行了及时、全面、充分的报道。

11月8日至19日 中央电视台圆满完成胡锦涛主席出访英国、德国、西班牙、韩国，并出席APEC第十三次领导人非正式会议报道任务。中办及有关部门领导评价“画面捕捉鲜活生动、编辑精美流畅，充分展示了本次出访所取得的一系列外交成果”。

11月9日 全国人大副委员长、中科院院长路甬祥对中央电视台大型科考特别报道《可可西里大穿越》给予高度评价并欣然题词：“向可可西里科学考察胜利回来的科学家、新闻工作者致敬致贺！科学需要探索精神，需要不畏艰险的攀登精神，才有可能到达光辉的高峰。愿与同志们共勉，永远求索，永远登攀。”

11月11日 全国人大常委会副委员长热地致函中宣部副部长、广电总局局长王太华，中央电视台台长赵化勇，称赞《东方时空》栏目播出的“‘老英雄’告别新课本”。李长春、刘云山、陈至立同志就这个节目所反映的问题作出重要批示，教育部根据批示精神进行了专门整改。

11月11日 中央电视台对北京奥运会吉祥物揭晓仪式进行现场直播。直播特别节目时长80分钟，以吉祥物揭晓现场和天安门广场1000天倒计时活动为两大基点，配合成都、西宁、青岛等地庆祝活动直播点的现场实况，充分展现了人们对北京奥运会的期盼之情。

11月15日 中央电视台《高清影视》频道在大连广电中心举行隆重的开播仪式。《高清影视》频道于今年9月在杭州试播，目前已在深圳、无锡、广州、上海等地正式开播。据规划，年底中央电视台高清频道将在全国50个网络落地并继续探索高清频道的合理运营模式。

11月16日 中国质量认证中心主办的“认证与经济发展论坛”在人民大会堂召开。中央电视台广告部获得国际认证联盟颁发的“卓越管理组织”证书。

11月22日至27日 由中央电视台与台湾中天电视台联合举办的“第四届海峡两岸知识大赛”圆满落幕，共有来自海峡两岸、美国、韩国等国家和地区的40支队伍参赛。本届大赛在台北设立分赛场，共15场比赛。

11月23日 为确保网络资源整合工作的顺利开展，中央电视台正式成立“中央电视台网络资源整合领导小组”。组长胡恩，副组长李建、丁文华、程宏（常务）。

11月24日 中共中央组织部副部长、中央先进性教育活动领导小组副组长欧阳淞就中央电视台《永远的丰碑》播出300期专门作出批示表示祝贺，并向节目制作人员表示感谢和问候。以缅怀先贤、不忘历史为宗旨，热情颂扬我党建党以来优秀代表、革命英烈和劳动模范事迹的大型系列文献短片《永远的丰碑》，在中央电视台《新闻联播》、《新闻30分》等栏目中播出以来，引起广泛关注。

11月26日 中央电视台第一、四、九套节目和新闻频道对在人民大会堂举行的“神六”载人航天飞行表彰大会进行了全程直播。中共中央政治局候补委员、书记处书记、中央办公厅主任王刚，中央办公厅副主任令计划在现场审看了中央电视台的电视直播方案，检查了拍摄效果，表示十分满意，称赞电视台的同志为成功直播作出了贡献。

11月26日 第八届四川电视节“金熊猫”奖国际纪录片评选及颁奖典礼在成都举行，中央电视台选送的12集大型纪录片《故宫》获得人文及社会类最佳长篇纪录片、最佳摄影两项大奖。

11月28日 中共中央政治局常委、中央纪委书记吴官正，中共中央书记处书记、中央纪委副书记何勇，出席了由中央纪委、监察部与中央电视台联合举办的“唱响正气歌——全国新创廉政歌曲文艺晚会”。吴官正同志一再称赞，晚会很好，对加强反腐倡廉宣传教育、促进党风廉政建设起到很好的导向作用。

译制部二对一合成机房

十二月

12月1日 “感动中国·2005年度人物”评选活动正式启动，各项前期准备工作已全面展开。本次“感动中国”评选活动口号是“总有一种力量，让我们的心灵震撼”。

12月1日 为贯彻宣传“十一五”规划提出的增强自主创新能力的精神，配合中央经济工作会议的召开，经济频道自今日起在《经济信息联播》栏目推出大型系列报道“品牌中国”，对在自主创新中取得优异成果的科研机构和企业进行报道。系列报道将从今年12月持续到明年3月。

12月6日至20日 台分党组成员、纪检组组长张海鸽率代表团考察中央电视台驻德国、比利时、法国、印度及香港记者站。张海鸽同志代表台分党组对驻外记者致以亲切问候，并听取了各站记者的工作汇报。此次考察为记者站进一步开展工作奠定了良好的基础。

12月9日　“央视高清合作伙伴签约仪式暨新闻发布会”在梅地亚中心举行。赵化勇台长出席并授权海信集团使用“央视高清合作伙伴”图文标志。根据安排，《高清影视》频道将于2006年1月1日正式开播。中视传媒已经准备了近2000小时的高清节目内容。

12月12日　中共中央政治局常委、中央纪委书记吴官正在《中国纪检监察报》第一版《唱响正气歌　高扬主旋律——全国新创廉政歌曲文艺晚会的播出在全社会引起强烈反响》报道上作出重要批示：今年的宣教工作有开创性，承传统，扬正气，赞清廉，斥腐恶。发动群众，依靠群众，动员群众，积极参与反腐倡廉。这对做好纪检监察工作十分重要。我们要十分感谢中央电视台、广播台的领导和同志们的大力支持，感谢两位主持人以他们的才华和正气所做的解说，也要感谢所有参与的单位和同志们的重视和支持。

12月13日　中央电视台节目资料数据下载演示汇报会暨节目资料数据下载点开通仪式举行。赵化勇台长出席仪式，并启动了台内第一单节目数据的下载按钮，这是中央电视台媒体资产管理数字化应用的开端，标志着中央电视台媒体资产管理水平迈上新台阶。

12月16日　中共中央政治局常委李长春在中央电视台《关于“大型制作〈创新中国〉实践主题宣传贴近性”的报告》上批示：《创新中国》是围绕中心、服务大局的佳作。

12月16日　中共中央政治局常委李长春在中央电视台《关于四集专题片〈张骞通西域〉制作情况的汇报》上批示：1、此项工作很有意义，组织得很好，可喜可贺。2、鉴于此片政治性很强，建议播出前，再请外交部、外宣办等部门再把把关。

12月18日　中央重大题材领导小组审看了新影厂制作的系列片《共和国图像日志》，并给予高度评价。广电总局、中国文联、《求是》杂志社、《人民日报》文艺部，以及新影厂有关部门负责同志参加审看。

12月20日　央视网络电视（www.icctv.cn）直播平台改版已于近日结束，海外用户目前可以流畅地收看新版节目。央视网络电视直播平台自7月份开通以来一直受到海内外多方关注。此次改版广泛采纳用户意见。新版界面更加美观、操作更加人性化，突出用户个性化需求，对后台管理做出升级，大大提高了节目管理效率。

12月21日　由中央政法委、中央综治办、中央电视台联合举办的“平安中国·平安的家”主题晚会在中央电视台录制。周永康同志对晚会给予充分肯定，认为“‘社会与法’频道办得很好，很重要，为平安创建、构建社会主义和谐社会起到了推动作用。希望中央政法委、中央综治办和中央电视台共同策划更多主题活动，做一些重头文章，将‘社会与法’频道办得更加红火，为平安创建、构建社会主义和谐社会起到更大作用”。

12月21日　中共中央政治局常委、国务院总理温家宝，中共中央政治局常委、国家副主席曾庆红，中共中央政治局常委李长春，中共中央政治局委员、中宣部部长刘云山在参观建设节约型社会展览会中央电视台展区时对中央电视台工作作出重要指示。温家宝同志说，通过宣传让节约深入人心，这样才能建设节约型社会。“全民节约　共同行动”提得很好，人人有责。曾庆红同志称赞，全国几亿观众在收看中央电视台的节目，由你们宣传节约效果会更好。通过你们宣传国家政策和措施，宣传新的观念和想法，可以起到重要的引导作用。通过一个小展台可以拓展成更大的宣传“展台”。谢谢你们的工作。李长春同志指出，可以在《新闻联播》中开设一个常设专栏，叫《节约型社会》，在最近一段时间，要配合这次展览的成果开设专栏。可通过《焦点访谈》做几期深入细致的专题节目，邀请专家点评，充分发挥“围绕中心，服务大局”的作用。刘云山同志说，最近中央电视台的节目做得不错。

12月22日　中央电视台正式成立了2006年春节联欢晚会领导小组及办公室。赵化勇台长任春节晚会领导小组组长，胡恩副台长任领导小组常务副组长。台办公室主任唐世鼎任春节晚会办公室主任。

12月26日　全新改版的科教频道亮相荧屏。此次改版是科教频道开播四年多以来的首次改版，新版的科教频道围绕“频道品牌化”发展战略，秉承“服务社会、服务大众”的宗旨和“教育品格、科学品质、文化品位”的定位，调整原有布局，精简栏目数量，加大频道整体设计，在内容形态、编排手段和包装推广等方面进行了一系列调整、改进和提高。

12月27日　中共中央政治局候补委员、中央书记处书记、中央办公厅主任王刚对中央电视台工作给予充分肯定。王刚同志指出，中央电视台的新闻、专题和文艺类等节目办得好，尤其是新闻节目越办越好。王刚同志希望中央电视台进一步加强成就报道、经验报道和典型报道，切实发挥好引领正面舆论的作用。

12月28日 广电总局副局长胡占凡在第46期《收听收看》——《〈故宫〉：文献纪录片精品之作》一文上批示：这是一次成功尝试，央视更多做一些这类经典大片，扩大影响力。

12月28日 广电总局副局长胡占凡在总局《值班日报》第244期上作出批示："'平安中国·平安的家'晚会创意、组织都很好，平安是构建和谐社会的题中之义，请电视台总结成功经验，争取把'平安中国'做成品牌。"

12月28日 中共中央政治局委员、中央书记处书记、中宣部部长刘云山在《新闻阅评》第642期刊载的《文献电视短片〈永远的丰碑〉广受赞誉》一文上批示：东生、化勇同志：《永远的丰碑》是新形势下进行党史革命史宣传教育的一个创造，确有很多经验可以总结。请转达对编创摄制人员的敬意和感谢。明年要精心策划好以反映革命历史事件为主的《红色记忆》，在纪念建党85周年和长征70周年前推出，以进行爱党、爱国、爱社会主义宣传教育。

12月31日 《新闻联播》以7分19秒的篇幅，播出了胡锦涛主席发表的题为《携手建设持久和平、共同繁荣的和谐世界》的2006年新年贺词。至此，中央电视台圆满完成胡锦涛主席新年讲话录制工作。中共中央办公厅领导对本次录制工作给予高度评价。

12月 在我国首次开展的"中国互联网站品牌栏目（频道）推荐"活动中，央视国际的《视听在线》频道被评为"2005年中国互联网站品牌频道"。公众推荐和专家评议认为，《视听在线》已成为央视国际中人气最旺的频道之一，在境内外有广泛影响。

12月 2005年中央电视台19套常规频道全年总播出时间15.26万小时，总事故率1.49秒／百小时；付费频道总播出时间7.76万小时，总事故率0秒／百小时；通信、动力系统等继续保持安全运行无事故，是自1995年以来中央电视台安全播出取得的最好成绩。

"江城月·中华情"2005年中央电视台中秋晚会，武汉黄鹤楼舞美全景图。

F U L U

附　录

附　录

2005年中央电视台广告价目表

CCTV-1 (综合频道) 广告价目

（单位：人民币/元）

广告时段名称	播出时间	广　告　价　格					
		5秒	10秒	15秒	20秒	25秒	30秒
精选剧场贴片一	09：25	17,000	26,000	32,000	44,000	51,000	58,000
精选剧场集间	10：03	15,000	22,000	28,000	38,000	45,000	50,000
精选剧场贴片二	10：07	17,000	26,000	32,000	44,000	51,000	58,000
新闻30分前	11：55	24,000	36,000	45,000	61,000	72,000	81,000
今日说法后	12：58	24,000	36,000	45,000	61,000	72,000	81,000
情感剧场贴片一	13：03	17,000	26,000	32,000	44,000	51,000	58,000
情感剧场集间	13：51	15,000	22,000	28,000	38,000	45,000	50,000
情感剧场贴片二	13：55	17,000	26,000	32,000	44,000	51,000	58,000
榜上有名	18：07	26,000	39,000	49,000	67,000	78,000	88,000
电视剧贴片一	19：54	59,000	88,000	110,000	150,000	176,000	198,000
名不虚传(电视剧集间)	20：42	50,000	74,000	93,000	127,000	149,000	167,000
电视剧贴片二	20：49	59,000	88,000	110,000	150,000	176,000	198,000
电视剧后	21：36	43,000	65,000	81,000	110,000	130,000	146,000
精彩十分前	21：43	43,000	65,000	81,000	110,000	130,000	146,000
名牌时间	21：56	37,000	55,000	69,000	94,000	110,000	124,000
晚间新闻报道后	22：30	34,000	51,000	64,000	87,000	102,000	115,000
精品栏目首播前	22：36	34,000	51,000	64,000	87,000	102,000	115,000
精品栏目中(周一、二)	22：39	38,000	58,000	72,000	98,000	115,000	130,000
精品栏目中(周三、四)		39,000	59,000	74,000	101,000	118,000	133,000
精品栏目中(周五～日)		41,000	61,000	76,000	103,000	122,000	137,000
星夜剧场贴片一	23：28	31,000	46,000	58,000	79,000	93,000	104,000
星夜剧场集间	00：19	21,000	32,000	40,000	54,000	64,000	72,000
星夜剧场贴片二	00：24	21,000	32,000	40,000	54,000	64,000	72,000
见证前	01：15	16,000	24,000	30,000	41,000	48,000	54,000
讲述前	01：49	11,000	16,000	20,000	27,000	32,000	36,000

CCTV-新闻频道广告价目

时段广告价格

（单位：人民币／元）

广告时段名称	播出时间	广告价格					
		5秒	10秒	15秒	20秒	25秒	30秒
（1）国际时讯后	18：30前	8，600	13，000	16，000	22，000	26，000	29，000
（2）新闻社区后	18：55前	9，500	14，000	18，000	24，000	29，000	32，000
（3）新闻会客厅前	20：30前	14，000	22，000	27，000	37，000	44，000	49，000
（4）国际观察后	22：00前	14，000	21，000	26，000	35，000	41，000	46，000
（5）社会记录后	22：25前	14，000	21，000	26，000	35，000	41，000	46，000
（6）央视论坛后	23：00前	11，000	17，000	21，000	29，000	33，000	37，000
（7）午夜新闻后	0：28	7，700	12，000	14，000	20，000	23，000	26，000

白天栏目价格

栏目名称	播出时间	广告价格					
		5秒	10秒	15秒	20秒	25秒	30秒
《共同关注》	首播：周一至周六12：30 重播：次日02：10、8：30	11，000	17，000	21，000	29，000	34，000	38，000
《每日质量报告》	首播：周日12：30 重播：当日21：35；次日08：30	17，000	25，000	31，000	42，000	50，000	56，000
《法治在线》	首播：周一至周六17：30 重播：周一至周六11：30； 周一至周五23：30	14，000	22，000	27，000	37，000	44，000	49，000

平日晚间栏目价格

栏目名称	播出时间	广告价格					
		5秒	10秒	15秒	20秒	25秒	30秒
《国际时讯》	首播：周一至周六18：10 重播：次日1：35	9，000	14，000	17，000	23，000	27，000	30，000
《今天》	首播：周一至周五20：00	15，000	23，000	28，000	38，000	45，000	51，000
《新闻会客厅》	首播：周一至周五20：30 重播：次日04：10、10：30	15，000	23，000	28，000	38，000	45，000	51，000
《国际观察》	首播：周一至周五21：30 重播：次日01：10、09：30	15，000	23，000	28，000	38，000	45，000	51，000
《社会记录》	首播：周一至周六22：05 重播：次日04：40、16：30	14，000	21，000	26，000	35，000	41，000	46，000
《央视论坛》	首播：周一至周五22：35 重播：次日02：30、15：30	13，000	19，000	23，000	32，000	37，000	42，000

周末晚间栏目价格

续表

栏目名称	播出时间	广告价格					
		5秒	10秒	15秒	20秒	25秒	30秒
《面对面》	首播：周六、日20：30 重播：次日04：10、10：20	17，000	25，000	31，000	42，000	50，000	56，000
《小崔说事》	首播：周六21：30 重播：次日02：30、09：30、18：30	17，000	25，000	31，000	42，000	50，000	56，000
《中国周刊》	首播：周六22：15 重播：次日16：10	15，000	23，000	28，000	38，000	45，000	51，000
《世界周刊》	首播：周日22：15 重播：次日01：10	15，000	23，000	28，000	38，000	45，000	51，000
《纪事》	首播：周日23：10 重播：次日05：47、11：10	11，000	16，000	20，000	27，000	32，000	36，000

CCTV-2（经济频道）广告价目

（单位：人民币／元）

时段名称	播出时间	广告价格					
		5秒	10秒	15秒	20秒	25秒	30秒
A	周一至周五20：55	11，700	17，600	21，700	29，500	35，500	39，000
B	周一至周四22：02	11，500	17，500	21，500	29，000	35，000	38，000
C	周一至周四22：55 周五、日0：05 周六0：15	9，000	13，600	17，000	23，000	27，000	30，000
D	周一至周四23：50 周五、日0：40 周六0：50	6，400	9，600	12，000	17，000	20，000	22，000
周末精品节目前	周五至周日22：02	18，000	27，000	34，000	46，000	54，000	61，000

CCTV-3（综艺频道）广告价目

（单位：人民币／元）

广告时段名称	播出时间	广告价格					
		5秒	10秒	15秒	20秒	25秒	30秒
时段1	07：40	8,300	12,500	16,000	21,000	25,000	28,000
时段2	08：15	8,300	12,500	16,000	21,000	25,000	28,000
时段3	09：00	7,500	11,200	14,000	19,000	23,000	25,000
时段4	10：35	7,500	11,200	14,000	19,000	23,000	25,000
时段5	11：40(周一至五)	9,500	14,200	18,000	24,000	28,000	32,000
时段7	12：25	9,500	14,200	18,000	24,000	28,000	32,000
时段8	12：40	9,500	14,200	18,000	24,000	28,000	32,000

续表

广告时	播出时间	广告价格					
		5秒	10秒	15秒	20秒	25秒	30秒
时段9	13：45	7,500	11,200	14,000	19,000	23,000	25,000
时段10	15：00	7,500	11,200	14,000	19,000	23,000	25,000
时段11	16：35	7,500	11,200	14,000	19,000	23,000	25,000
时段12	17：50(周日16：40)	8,900	13,400	17,000	23,000	27,000	30,000
时段13	18：25	8,900	13,400	17,000	23,000	27,000	30,000
时段14	19：00(周一至周六)	10,700	16,000	20,000	27,000	32,000	36,000
时段16	20：30(周一至周四)	13,300	20,000	25,000	34,000	40,000	45,000
时段16	20：30(周六、周日)	19,000	28,500	36,000	48,000	57,000	64,000
时段17	21：05	13,300	20,000	25,000	34,000	40,000	45,000
时段18	22：10	11,700	17,600	22,000	30,000	35,000	40,000
时段21	23：55	7,500	11,200	14,000	19,000	23,000	25,000

CCTV-4（中文国际频道）广告价目

（单位：人民币／元）

播出时间	广告价格			
	5秒	10秒	15秒	30秒
周一至周日 5：00	3,800	5,800	7,200	13,000
周一至周日 5：55	3,800	5,800	7,200	13,000
周一至周日 7：55	5,000	7,600	9,400	17,000
周一至周六10：55 周日9：45	5,000	7,600	9,400	17,000
周一至周日 13：00	7,700	11,600	14,400	26,000
周一至周日 13：55	6,200	9,300	11,700	21,000
周一至周六 16：10	5,000	7,600	9,400	17,000
周一至周日 17：10	5,000	7,600	9,400	17,000
周一至周日 23：55	5,000	7,600	9,400	17,000
周一至周六1：55 周日0：55	3,800	5,800	7,200	13,000
周一至周日 3：00	3,800	5,800	7,200	13,000
周一至周日 3：55	3,800	5,800	7,200	13,000

CCTV-5（体育频道）广告价目

（单位：人民币／万元）

<table>
<tr><th rowspan="2">栏 目</th><th rowspan="2">播 出 时 间</th><th colspan="4">广 告 价 格</th></tr>
<tr><th>5秒</th><th colspan="2">15秒</th><th>30秒</th></tr>
<tr><td>《天下足球》</td><td>周一19：30–21：35</td><td>3.5</td><td colspan="2">6.6</td><td>11.8</td></tr>
<tr><td>《NBA赛场》</td><td>周五19：55–21：25</td><td>3.5</td><td colspan="2">6.6</td><td>11.8</td></tr>
<tr><td>《足球之夜》</td><td>周四20：00–21：25</td><td>3.5</td><td colspan="2">6.6</td><td>11.8</td></tr>
<tr><td>《全明星猜想》</td><td>周二19：30–20：25</td><td>2.6</td><td colspan="2">5</td><td>9</td></tr>
<tr><td>《体坛快讯》</td><td>每天12：00–12：15</td><td>1.32</td><td colspan="2">2.5</td><td>4.5</td></tr>
<tr><td>《体育新闻》</td><td>每天18：00–18：50 周二18：00–18：30</td><td>2.06</td><td colspan="2">3.8</td><td>6.85</td></tr>
<tr><td>《体育世界》</td><td>每天21：30–22：00</td><td>2.06</td><td colspan="2">3.8</td><td>6.85</td></tr>
<tr><td>《体育人间》</td><td>周一至周五22：05–22：35</td><td>1.86</td><td colspan="2">3.5</td><td>6.3</td></tr>
<tr><td>《顶级赛事》</td><td>周一至周五22：40–节目结束</td><td>1.7</td><td colspan="2">3.2</td><td>5.76</td></tr>
<tr><td>《健身房》</td><td>首播：每天6：00–6：55</td><td>1.06</td><td colspan="2">2</td><td>3.6</td></tr>
<tr><td>《棋牌乐》</td><td>周一至周五12：55–13：25</td><td>1.18</td><td colspan="2">2.2</td><td>3.96</td></tr>
<tr><td>《足球彩经》</td><td>每周六12：20–12：55</td><td>1.86</td><td colspan="2">3.5</td><td>6.3</td></tr>
<tr><td>NBA常规赛</td><td>每周二、三、六、日08：00–14：00</td><td>2.2</td><td colspan="2">4</td><td>7.2</td></tr>
<tr><td>CBA</td><td>每周三、周日19：25–21：25</td><td>2.46</td><td colspan="2">4.6</td><td>8.28</td></tr>
<tr><td>世界拳王争霸赛</td><td>每周日09：00–14：00</td><td>2.9</td><td colspan="2">5.5</td><td>10</td></tr>
<tr><td>意甲联赛</td><td>每周日约21：50–24：00</td><td>3.2</td><td colspan="2">6</td><td>10.8</td></tr>
<tr><td>德甲联赛</td><td>每周六、周日约22：00–24：00</td><td>2.9</td><td colspan="2">5.5</td><td>10</td></tr>
<tr><td>西甲联赛</td><td>每周六、周日约22：00–24：00</td><td>2.1</td><td colspan="2">4</td><td>7.2</td></tr>
<tr><td rowspan="2">《赛车时代》</td><td rowspan="2">周二20：30–21：25</td><td>5秒</td><td>30秒</td><td>45秒</td><td>60秒</td></tr>
<tr><td>6.8</td><td>13</td><td>20</td><td>25</td></tr>
</table>

CCTV-6（电影频道）广告价目

（单位：人民币/元）

时 段	广 告 价 格							
	5秒	10秒	15秒	20秒	25秒	30秒	45秒	60秒
A1 约18：10(故事片后)	4,800	8,720	11,800	16,190	19,100	21,080	30,910	38,570
A2 约18：50(栏目前)	4,880	8,870	12,000	16,460	19,420	21,430	31,430	39,220
A3 约19：20(故事片前)	8,780	15,970	21,600	29,630	34,950	38,580	56,580	70,600
A4 约20：15(故事片间)	11,420	20,770	28,100	38,540	45,470	50,200	73,600	91,850
B1 约21：10(故事片前)	11,420	20,770	28,100	38,540	45,470	50,200	73,600	91,850
B2 约22：10(故事片间)	9,590	17,450	23,600	32,370	38,200	42,150	61,820	77,140
C1 约23：10(故事片前)	5,610	10,200	13,800	18,930	22,330	24,650	36,150	45,110
C2 约00：05(故事片间)	3,200	5,810	7,860	10,780	12,720	14,040	20,600	25,690
C3 约01：05(故事片前)	1,610	2,930	3,960	5,460	6,408	7,070	10,370	12,940
D1 约02：00(故事片间)	1,180	2,150	2,900	3,980	4,690	5,180	7,600	9,480
D2 约02：50(故事片后)	878	1,600	2,160	2,960	3,500	3,860	5,660	7,060
白天06：00-07：00	1,600	2,450	3,260	4,130	5,220	6,300	9,000	11,520
白天07：00-08：20	2,990	4,810	6,050	8,850	10,710	12,100	17,300	22,100
08：20-18：00 (故事片或短片前后)	3,940	6,160	8,210	11,260	13,290	14,660	21,510	26,830
08：20-18：00 (故事片间)	4,430	7,130	8,960	13,120	15,880	17,920	25,600	32,750
白天套播(每日12次)	15,900	25,870	31,800	41,390	49,050	58,210	85,480	116,420
晚间套播(每日8次)	31,150	50,460	62,300	84,480	101,690	117,120	178,180	234,240
黄金套播(每日10次)	30,350	48,970	60,700	82,260	99,060	114,120	174,890	228,240
新导视套播(每日6次)	12,550	20,540	25,100	34,350	41,070	47,100	68,840	94,200

CCTV-7（少儿·军事·农业频道）广告价目

（单位：人民币／元）

序号	广告名称	广告价格				
		播出时间	5秒	10秒	15秒	30秒
1	广告A	6：55	1,500	2,200	2,800	5,000
2	少儿1	9：00	1,800	2,700	3,300	6,000
3	少儿2	9：17	1,800	2,700	3,300	6,000
4	少儿3	9：49	1,800	2,700	3,300	6,000
5	广告C	10：30	2,200	3,300	4,200	7,500
6	长秒广告1	10：34	2,200	3,300	4,200	7,500
7	少儿4	15：26	1,800	2,700	3,300	6,000
8	少儿5	16：13	1,800	2,700	3,300	6,000
9	少儿6	20：15	5,300	8,000	10,000	18,000
10	广告F	21：47	4,200	6,200	7,800	14,000
11	广告G	22：37	2,700	4,000	5,000	9,000
12	广告H	23：12	2,200	3,300	4,200	7,500
13	长秒广告2	0：53	1,500	2,200	2,800	5,000
14	广告I	1：05	1,500	2,200	2,800	5,000

CCTV-8（电视剧频道）广告价目

（单位：人民币／元）

广告位置		节目播出时间	广告价格		
			5秒	15秒	30秒
贴片、集间及中插广告	【黄金强档】贴片一	每日约19：45	25,600	48,000	86,400
	【黄金强档】贴片二	每日约20：40	25,600	48,000	86,400
	【黄金强档】集间	每日约20：35	25,600	48,000	86,400
	【黄金强档】中插	每日约21：05	38,500	72,000	130,000
	【青春剧苑】贴片一	每日约17：00	10,000	18,000	32,400
	【青春剧苑】贴片二	每日约17：55	10,000	18,000	32,400
	【青春剧苑】集间	每日约17：50	10,000	18,000	32,400
	【海外剧场】贴片一	周一至周六约22：55	10,000	18,000	32,400
	【海外剧场】贴片二	周一至周六约23：50	10,000	18,000	32,400
	【海外剧场】集间	周一至周六约23：45	10,000	18,000	32,400

CCTV-9（英语频道）广告价目

（单位:人民币／千元）

	栏目名称（中/英文名称）	播出时间（北京时间）	节目时长（分钟）	4周 5秒	4周 10秒	4周 15秒	4周 30秒	12周 5秒	12周 10秒	12周 15秒	12周 30秒
新闻套装	《综合新闻》CCTV NEWS	每天9次 00:00/03:00/05:00/09:00/10:00/15:00/16:00/17:00/23:00	15/30	346	530	666	1156	1020	1580	1980	3450
	《新闻一小时》NEWS HOUR	每天1次 12:00	60	38	60	76	129	110	170	220	380
	《今日中国》CHINA TODAY	周一至六每天3次 01:00/07:00/22:00	30	98	156	190	330	290	450	560	980
	《今日亚洲》ASIA TODAY	每天2次 04:00/20:00	30	78	120	150	260	220	350	440	760
	《今日世界》WORLD INSIGHT	周日3次 05:30/13:30/21:30	30	18	26	36	56	49	70	90	160
	《环球瞭望》WORLD WIDE WATCH	每天2次 08:00/19:00	30	78	120	150	260	220	350	440	760
	《体育新闻》SPORTS SCENE	每天4次 05:15/10:15/16:15/23:15(周六、日 05:00/10:00/16:00/23:00)	15/30	156	238	298	518	450	700	880	1530
	《一周回顾》CHINA THIS WEEK	周日3次 01:00/07:00/22:00	30	18	26	36	56	49	70	90	160
财经套装	《财经中国》BIZ CHINA	每天6次 02:00/06:00/11:00/14:00/18:00/21:00	30	228	358	448	770	680	1050	1320	2300
文化套装	《文化快讯》CULTURE EXPRESS	每天4次02:30/08:30/14:30/20:30	30	156	238	298	518	450	700	880	1530
	《外国人看中国》REDISCOVERING CHINA	周一/周四每天3次 05:30/13:30/21:30	30	36	56	66	110	90	150	180	320
	《学汉语》LEARNING CHINESE	周一至六每天3次 03:15/09:15/15:15	15	98	156	190	330	290	450	560	980
	《中国各地》AROUND CHINA	每天3次 04:30/11:30/18:30	30	116	178	226	386	340	520	660	1150
	《旅游指南》TRAVELOGUE	周二/周五每天3次 05:30/13:30/21:30	30	36	56	66	110	90	150	180	320
	《驾车游》GETAWAY	周三/周六每天3次 05:30/13:30/21:30	30	36	56	66	110	90	150	180	320
	《自然与科学》NATURE & SCIENCE	周一至五每天3次 03:30/09:30/15:30	25	86	128	158	278	240	370	470	820

续表

	栏目名称（中/英文名称）	播出时间（北京时间）	节目时长（分钟）	4周				12周			
				5秒	10秒	15秒	30秒	5秒	10秒	15秒	30秒
文化套装	《新探索》NEW FRONTIERS	周一至五每天4次 01:30/10:30/16:30/22:30	30	110	168	210	380	320	500	620	1090
	《华夏文明》CIVILIZATION	周一至五每天3次 03:55/09:55/15:55	5	86	128	158	278	240	370	470	820
	《今日话题》DIALOGUE	每天4次 00:30/07:30/13:00/19:30	30	156	238	298	518	450	700	880	1530
	《人物聚焦》UP-CLOSE	周日4次 03:15/09:15/15:15/23:15	45	26	36	46	76	65	100	120	220
	《纪录片》DOCUMENTARY	每天3次 06:30/17:30/23:30(周日晚无23:30)	30	116	178	226	386	340	520	660	1150

CCTV-10（科教频道）广告价目

（一）栏目广告

（单位：人民币／元）

广告时间	广告段位	广告价格		
		5秒	15秒	30秒
12:14-12:15	《希望—英语杂志》前	2,700	5,000	9,000
12:43-12:45	《百家讲坛》前	2,700	5,000	9,000
19:28-19:30	《绿色空间》前	4,800	9,000	16,200
19:44-19:45	《历程》前	4,800	9,000	16,200
19:59-20:00	《历程》后	4,800	9,000	16,200
20:58-21:00	《探索 · 发现》前	5,066	9,500	17,100
22:00-22:05	《讲述》后	5,066	9,500	17,100
22:48-22:50	《人物》前	4,700	8,800	15,840
12:15-12:43	《希望—英语杂志》中	3,520	6,600	11,880
12:45-13:28	《百家讲坛》中	3,520	6,600	11,880
20:30-20:58	《走近科学》中	6,720	12,600	22,680
21:00-21:4 0	《探索 · 发现》中	6,720	12,600	22,680
21:00-21:43	《大家(周六)》中	6,800	12,800	23,040
21:40-22:05	《讲述》中	6,720	12,600	22,680
22:50-23:20/23:33	《人物》中	5,760	10,800	19,440

（二）时段广告

（单位：人民币／元）

时段	时 间	(分钟)	价 格								
			5秒	10秒	15秒	20秒	25秒	30秒	60秒	120秒	180秒
1	6：24–6：25(周一至周六)	1	2,133	3,200	4,000	5,440	6,400	7,200	12,960	23,328	38,880
2	6：53–6：55	2	2,133	3,200	4,000	5,440	6,400	7,200	12,960	23,328	38,880
3	7：38–7：40	2	2,133	3,200	4,000	5,440	6,400	7,200	12,960	23,328	38,880
4	9：33–9：35	2	2,133	3,200	4,000	5,440	6,400	7,200	12,960	23,328	38,880
5	9：49–9：50(周一至周五)	1	2,133	3,200	4,000	5,440	6,400	7,200	12,960	23,328	38,880
	9：57–10：00(周日)	3	2,133	3,200	4,000	5,440	6,400	7,200	12,960	23,328	38,880
	10：15–10：20(周六)	5	2,133	3,200	4,000	5,440	6,400	7,200	12,960	23,328	38,880
6	11：12–11：15(周六)	3	2,133	3,200	4,000	5,440	6,400	7,200	12,960	23,328	38,880
7	11：15–11：20(周六)	5	2,133	3,200	4,000	5,440	6,400	7,200	12,960	23,328	38,880
8	11：08–11：10(周日)	2	2,133	3,200	4,000	5,440	6,400	7,200	12,960	23,328	38,880
9	11：45–11：50	5	2,133	3,200	4,000	5,440	6,400	7,200	12,960	23,328	38,880
10	12：14–12：15(周一至周六)	1	2,700	4,000	5,000	6,800	8,000	9,000	16,200	29,160	48,600
	12：25–12：30(周日)	5	2,700	4,000	5,000	6,800	8,000	9,000	16,200	29,160	48,600
11	12：40–12：45(周一至周六)	5	2,700	4,000	5,000	6,800	8,000	9,000	16,200	29,160	48,600
12	13：10–13：15(周日)	5	2,700	4,000	5,000	6,800	8,000	9,000	16,200	29,160	48,600
	13：25–13：30(周一至周六)	5	2,700	4,000	5,000	6,800	8,000	9,000	16,200	29,160	48,600
13	13：35–14：00(周一至周六)	5	2,700	4,000	5,000	6,800	8,000	9,000	16,200	29,160	48,600
14	14：25–14：30(周六、日)	5	2,133	3,200	4,000	5,440	6,400	7,200	12,960	23,328	38,880
15	16：38–16：40(周一至周五)	2	2,133	3,200	4,000	5,440	6,400	7,200	12,960	23,328	38,880
	16：35–16：40(周六、日)	5	2,133	3,200	4,000	5,440	6,400	7,200	12,960	23,328	38,880
16	17：04–17：05(周一至周六)	1	2,133	3,200	4,000	5,440	6,400	7,200	12,960	23,328	38,880
	17：04–17：06(周日)	2	2,133	3,200	4,000	5,440	6,400	7,200	12,960	23,328	38,880
17	17：45–17：05(周一至周六)	5	3,627	5,440	6,800	9,248	10,880	12,240	22,032	39,658	66,096
18	17：52–17：55(周六)	3	3,627	5,440	6,800	9,248	10,880	12,240	22,032	39,658	66,096
	17：55–18：00(周日)	5	3,627	5,440	6,800	9,248	10,880	12,240	22,032	39,658	66,096
19	18：35–18：40	5	3,627	5,440	6,800	9,248	10,880	12,240	22,032	39,658	66,096
20	19：22–19：25(周日)	3	4,800	7,200	9,000	12,240	14,400	16,200	29,160	52,488	87,480
21	19：25–19：30	5	4,800	7,200	9,000	12,240	14,400	16,200	29,160	52,488	87,480
22	19：44–19：45	1	4,800	7,200	9,000	12,240	14,400	16,200	29,160	52,488	87,480
23	19：59–20：00(周一至周五)	1	4,800	7,200	9,000	12,240	14,400	16,200	29,160	52,488	87,480
24	20：25–20：30(周六、日)	5	5,066	7,600	9,500	12,920	15,200	17,100	30,780	55,404	92,340
25	20：55–21：00	5	5,066	7,600	9,500	12,920	15,200	17,100	30,780	55,404	92,340
26	21：47–21：20(周日)	3	5,066	7,600	9,500	12,920	15,200	17,100	30,780	55,404	92,340
	22：00–22：05(周一至周六)	5	5,066	7,600	9,500	12,920	15,200	17,100	30,780	55,404	92,340
27	22：25–22：30(周日)	5	4,700	7,040	8,800	11,968	14,080	15,840	28,512	51,322	85,536
	22：45–22：50(周一至周六)	5	4,700	7,040	8,800	11,968	14,080	15,840	28,512	51,322	85,536
28	23：30–23：35(周六)	5	3,627	5,440	6,800	9,248	10,880	12,240	22,032	39,658	66,096
	23：32–23：35(周日)	3	3,627	5,440	6,800	9,248	10,880	12,240	22,032	39,658	66,096
29	1：36	1	3,627	5,440	6,800	9,248	10,880	12,240	22,032	39,658	66,096

（三）套装广告

- 白天套装

时　段	广 告 段 位	周频次
06:53-06:55	《希望—英语杂志》后	7次
07:38-07:40	《见证》前	7次
09:33-09:35	《走近科学》后	7次
11:48-11:50	《子午书简》前	7次
12:43-12:45	《百家讲坛》(首)前(周日12:28-12:30)	7次
13:28-13:30	《人物》前(周日13:13-13:15)	7次
14:28-14:30	《公益行动》后(周六、周日)	2次
17:03-17:05	《讲述》前(周六、日 16:38-16:40)	7次

投放周期	总频次	5秒	15秒	30秒
1周	51次	45,013	84,400	151,920
月(4周)	204次	131,439	246,448	443,606
季度(13周)	663次	368,659	691,236	1,244,225

- 晚间套装

组合A			组合B		
时　段	广告段位	频次	时段	广告段位	频次
18:38-18:40	《今日气象》前	7次	18:38-18:40	《今日气象》前	7次
19:28-19:30	《希望—英语杂志》后	7次	19:28-19:30	《希望—英语杂志》后	7次
20:58-21:00	《探索发现》前	7次	20:58-21:00	《探索 · 发现》前	7次
22:00-22:05	《讲述》后	7次	22:00-22:05	《讲述》后	7次
22:48-22:50	《人物》前 (周日23:13-23:15)	7次	22:48-22:50	《人物》前 (周日23:13-23:15)	7次
01:36左右	《科技之光》后	7次	22:50-23:20/23:33	《人物》中	7次

项　目	投放周期	总频次	5秒	15秒	30秒
组合A	1周	42次	75,264	141,120	254,016
	月(4周)	126次	210,739	395,136	711,245
	季度(13周)	546次	587,059	1,100,736	1,981,325
组合B	1周	42次	81,237	152,320	274,176
	月(4周)	126次	227,465	426,496	767,693
	季度(13周)	546次	633,651	1,181,096	2,138,573

- **栏目套装**

栏目首播时间	广告段位	周频次
12:15—12:43	《希望—英语杂志》中	6次
12:45—13:28	《百家讲坛》中	6次
19:44—19:45	《历程》前	7次
20:30—20:58	《走近科学》中	7次
21:00—21:40	《探索·发现》中	6次
21:40—22:05	《讲述》中	7次
22:50—23:20/23:33	《人物》中	6次

投放周期	总频次	5秒	15秒	30秒
1周	45次	122,400	229,500	413,100
月(4周)	180次	342,720	642,600	1,156,680
季度(13周)	585次	954,720	1,790,100	3,222,180

CCTV-11（戏曲频道）广告价目

(单位:人民币/元)

播出时间	5秒	15秒	30秒
19:00前	2,000	3,500	6,300
19:00后	2,800	5,000	9,000

CCTV-12（社会与法频道）广告价目

(单位:人民币/元)

栏目名称	栏目播出时间	广告价格		
		5秒	15秒	30秒
方圆剧场贴片一	15：50	3,000	5,500	9,900
方圆剧场贴片二/集间	16：40	3,500	6,500	12,000
法律讲堂	17：30	3,500	6,500	12,000
法治视界	18：05	4,300	8,000	14,000
道德观察	18：30	4,300	8,000	14,000
中国法治报道	19：30	6,300	11,800	21,000
大家看法	20：05	6,300	11,800	21,000
第一线	20：30	6,300	11,800	21,000
天网	20：55(周一至周五)	6,300	11,800	21,000
天地剧场贴片一	21：40	6,300	11,800	21,000
天地剧场贴片二/集间	22：30	4,300	8,000	14,000
心理访谈	23：20	4,300	8,000	14,000
忏悔录	周六20：55	6,300	11,800	21,000
庭审现场	周日20：55	6,300	11,800	21,000

2005年中央电视台栏目播出时间表

CCTV—1(综合频道)栏目播出时间表

2005年9月12日起执行

时间 \ 星期	星期一	星期二	星期三	星期四	星期五	星期六	星期日
05：55	台标·国歌·收视指南						
06：00	新闻						
06：30	广告·欣赏						
06：33	法治在线						
06：58	一套导视						
07：00	整点新闻						
07：15	媒体广场						
07：52	天气·资讯						
07：57	一套导视						
08：00	新闻早8点						
08：30	广告						
08：35	焦点访谈（重）						
08：48	导视						
08：50	夕阳红						
09：20	导视·广告						
09：25	精选剧场（电视剧3集）（广告）						精选剧场（2集）
11：55	导视·广告						
12：00	新闻30分						
12：30	导视·广告						
12：38	今日说法						
12：58	导视·广告						
13：03	情感剧场（电视剧2集）（集间导视·广告）						
14：48	导视·广告						
14：54	走近科学					道德观察	14:50周日影院
15：22	导视						

续表

<table>
<tr><th>时间＼星期</th><th>星期一</th><th>星期二</th><th>星期三</th><th>星期四</th><th>星期五</th><th>星期六</th><th>星期日</th></tr>
<tr><td>15：24</td><td>中华民族</td><td>当代工人</td><td>健康之路周刊</td><td>人与自然</td><td>军事天地</td><td>中国人口</td><td rowspan="7">16：20 导视 · 广告
16：27 正大综艺</td></tr>
<tr><td>15：54</td><td colspan="5">导视 · 广告</td><td rowspan="6">15:44 三星智力快车
16：34 导视 · 广告
16：40 专题片
17：25 广告</td></tr>
<tr><td>16：00</td><td colspan="5">天天饮食</td></tr>
<tr><td>16：10</td><td colspan="5">半边天</td></tr>
<tr><td>16：40</td><td colspan="5">科技博览</td></tr>
<tr><td>16：50</td><td colspan="5">导视 · 广告</td></tr>
<tr><td>16：57</td><td colspan="5">动画城</td></tr>
<tr><td>17：27</td><td colspan="7">大风车</td></tr>
<tr><td>18：07</td><td colspan="7">导视 · 广告</td></tr>
<tr><td>18：13</td><td colspan="7">东方时空</td></tr>
<tr><td>18：58</td><td colspan="7">导视 · 广告</td></tr>
<tr><td>19：00</td><td colspan="7">新闻联播（包括广告、天气预报）</td></tr>
<tr><td>19：38</td><td colspan="7">焦点访谈</td></tr>
<tr><td>19：51</td><td colspan="7">广告 · 导视</td></tr>
<tr><td>19：55</td><td colspan="7">电视剧（2 集）</td></tr>
<tr><td>21：33</td><td colspan="7">导视 · 广告</td></tr>
<tr><td>21：40</td><td colspan="4">纪实十分</td><td colspan="3">轻松十分</td></tr>
<tr><td>21：50</td><td colspan="7">导视 · 广告</td></tr>
<tr><td>22：00</td><td colspan="7">晚间新闻</td></tr>
<tr><td>22：30</td><td colspan="7">导视 · 广告</td></tr>
<tr><td>22：39</td><td>新闻调查</td><td>大家</td><td>艺术人生</td><td>幸运 52</td><td>曲苑杂坛</td><td>同一首歌</td><td>开心辞典</td></tr>
<tr><td>23：24</td><td colspan="7">导视 · 广告</td></tr>
<tr><td>23：32</td><td colspan="7">星夜剧场（电视剧 2 集）</td></tr>
<tr><td>01：15</td><td colspan="7">导视 · 广告</td></tr>
<tr><td>01：20</td><td colspan="7">见证</td></tr>
<tr><td>01：50</td><td colspan="7">广告</td></tr>
<tr><td>01：54</td><td colspan="7">讲述</td></tr>
<tr><td>02：14</td><td colspan="7">探索 · 发现</td></tr>
<tr><td>02：44</td><td>点播时间</td><td colspan="6">重播节目</td></tr>
<tr><td>03：29</td><td colspan="7">重播节目</td></tr>
<tr><td>05：55</td><td colspan="7">接第二天节目</td></tr>
</table>

CCTV—新闻频道栏目播出时间表

星期一		星期二		星期三		星期四		星期五		星期六		星期日	
06：00	整点新闻	06：00	整点新闻	06：00	整点新闻	06：00	整点新闻	06：00	整点新闻	06：00	整点新闻	06：00	整点新闻
06：30	媒体广场	06：30	媒体广场	06：30	媒体广场	06：30	媒体广场	06：30	媒体广场	06：30	媒体广场	06：30	媒体广场
06：52	天气·资讯	06：52	天气·资讯	06：52	天气·资讯	06：52	天气·资讯	06：52	天气·资讯	06：52	天气·资讯	06：52	天气·资讯
06：57	频道包装	06：57	频道包装	06：57	频道包装	06：57	频道包装	06：57	频道包装	06：57	频道包装	06：57	频道包装
07：00	整点新闻	07：00	整点新闻	07：00	整点新闻	07：00	整点新闻	07：00	整点新闻	07：00	整点新闻	07：00	整点新闻
07：15	东方时空（重）	07：15	东方时空(重)	07：15	东方时空(重)	07：15	东方时空(重)	07：15	东方时空(重)	07：15	东方时空(重)	07：15	东方时空(重)
08：00	新闻早8点	08：00	新闻早8点	08：00	新闻早8点	08：00	新闻早8点	08：00	新闻早8点	08：00	新闻早8点	08：00	新闻早8点
08：30	每周质量报告（重）	08：30	共同关注(重)	08：30	共同关注(重)	08：30	共同关注(重)	08：30	共同关注(重)	08：30	共同关注(重)	08：30	共同关注(重)
08：50	频道包装、天气·资讯	08：50	频道包装、天气·资讯	08：50	频道包装、天气·资讯	08：50	频道包装、天气·资讯	08：50	频道包装、天气·资讯	08：50	约会新7天	08：50	约会新7天
09：00	整点新闻	09：00	整点新闻	09：00	整点新闻	09：00	整点新闻	09：00	整点新闻	09：00	整点新闻	09：00	整点新闻
09：30	小崔说事(重)	09：30	国际观察(重)	09：30	国际观察(重)	09：30	国际观察(重)	09：30	国际观察(重)	09：30	国际观察(重)	09：30	本周
09：55	频道包装、天气·资讯	09：55	频道包装、天气·资讯	09：55	频道包装、天气·资讯	09：55	频道包装、天气·资讯	09：55	频道包装、天气·资讯	09：55	频道包装、天气·资讯	09：55	频道包装、天气·资讯
10：00	整点新闻	10：00	整点新闻	10：00	整点新闻	10：00	整点新闻	10：00	整点新闻	10：00	整点新闻	10：00	整点新闻
10：20	面对面（重）	10：30	新闻会客厅（重）	10：30	新闻会客厅（重）	10：30	新闻会客厅（重）	10：30	新闻会客厅（重）	10：30	新闻会客厅：决策者说（重）	10：20	面对面(重)
11：00	整点新闻	11：00	整点新闻	11：00	整点新闻	11：00	整点新闻	11：00	整点新闻	11：00	整点新闻	11：00	整点新闻
11：30	法治在线	11：30	法治在线	11：30	法治在线	11：30	法治在线	11：30	法治在线	11：30	法治在线	11：10	纪事(重)
11：55	频道包装、天气·资讯	11：55	频道包装、天气·资讯	11：55	频道包装、天气·资讯	11：55	频道包装、天气·资讯	11：55	频道包装、天气·资讯	11：55	频道包装、天气·资讯	11：55	频道包装、天气·资讯
12：00	新闻30分	12：00	新闻30分	12：00	新闻30分	12：00	新闻30分	12：00	新闻30分	12：00	新闻30分	12：00	新闻30分
12：30	共同关注	12：30	共同关注	12：30	共同关注	12：30	共同关注	12：30	共同关注	12：30	共同关注	12：30	每周质量报告
12：50	频道包装、天气·资讯	12：50	频道包装、天气·资讯	12：50	频道包装、天气·资讯	12：50	频道包装	12：50	频道包装、天气·资讯	12：50	约会新7天	12：55	天气·资讯
13：00	整点新闻	13：00	整点新闻	13：00	整点新闻	13：00	整点新闻	13：00	整点新闻	13：00	整点新闻	13：00	整点新闻
13：30	体育报道（直播）	13：30	体育报道（直播）	13：30	体育报道（直播）	13：30	体育报道（直播）	13：30	体育报道（直播）	13：30	体育报道（直播）	13：30	体育报道（直播）
13：52	频道包装	13：52	频道包装	13：52	频道包装	13：52	频道包装	13：52	频道包装	13：52	频道包装	13：52	频道包装

续表

星期一		星期二		星期三		星期四		星期五		星期六		星期日	
13：55	天气·资讯	13：55	天气·资讯	13：55	天气·资讯	13：55	天气·资讯	13：55	天气·资讯	13：55	天气·资讯	13：55	天气·资讯
14：00	整点新闻	14：00	整点新闻	14：00	整点新闻	14：00	整点新闻	14：00	整点新闻	14：00	整点新闻	14：00	整点新闻
14：10	中国周刊(重)	14：10	中国周刊(重)	14：10	面对面(重)	14：10	面对面(重)	14：10	纪事(重)	14：10	新闻调查(重)	14：10	实话实说(重)
				14：50	天气·资讯	14：50	天气·资讯						
14：55	频道包装	14：55	频道包装	14：55	频道包装	14：55	频道包装	14：55	频道包装	14：55	频道包装	14：55	频道包装
15：00	整点新闻	15：00	整点新闻	15：00	整点新闻	15：00	整点新闻	15：00	整点新闻	15：00	整点新闻	15：00	整点新闻
15：30	本周(重)	15：30	央视论坛(重)	15：30	央视论坛(重)	15：30	央视论坛(重)	15：30	央视论坛(重)	15：30	央视论坛(重)	15：30	法治在线(重)
15：55	频道包装、天气·资讯	15：55	频道包装、天气·资讯	15：55	频道包装、天气·资讯	15：55	频道包装、天气·资讯	15：55	频道包装、天气·资讯	15：55	频道包装、天气·资讯	15：55	频道包装、天气·资讯
16：00	整点新闻	16：00	整点新闻	16：00	整点新闻	16：00	整点新闻	16：00	整点新闻	16：00	整点新闻	16：00	整点新闻
16：10	世界周刊(重)	16：30	社会记录(重)	16：30	社会记录(重)	16：30	社会记录(重)	16：30	社会记录(重)	16：30	社会记录(重)		
		16：50	频道包装	16：50	频道包装	16：50	频道包装	16：50	频道包装	16：50	约会新7天	16：10	中国周刊(重)
16：55	天气·资讯	16：55	天气·资讯	16：55	天气·资讯	16：55	天气·资讯	16：55	天气·资讯			16：55	天气·资讯
17：00	整点新闻	17：00	整点新闻	17：00	整点新闻	17：00	整点新闻	17：00	整点新闻	17：00	整点新闻	17：00	整点新闻
17：30	法治在线(重)	17：30	法治在线(重)	17：30	法治在线(重)	17：30	法治在线(重)	17：30	法治在线(重)	17：30	法治在线(重)	17：30	本周(重)
17：55	频道包装、天气·资讯	17：55	频道包装、天气·资讯	17：55	频道包装、天气·资讯	17：55	频道包装、天气·资讯	17：55	频道包装、天气·资讯	17：55	频道包装、天气·资讯	17：55	频道包装、天气·资讯
18：00	整点新闻	18：00	整点新闻	18：00	整点新闻	18：00	整点新闻	18：00	整点新闻	18：00	整点新闻	18：00	整点新闻
18：10	国际时讯	18：10	国际时讯	18：10	国际时讯	18：10	国际时讯	18：10	国际时讯	18：10	国际时讯	18：10	国际时讯
18：30	新闻社区	18：30	新闻社区	18：30	新闻社区	18：30	新闻社区	18：30	新闻社区	18：30	新闻社区	18：30	小崔说事(重)
18：55	天气·资讯、报时	18：55	天气·资讯、报时	18：55	天气·资讯、报时	18：55	天气·资讯、报时	18：55	天气·资讯、报时	18：55	天气·资讯、报时	18：55	天气·资讯、报时
19：00	新闻联播、天气预报	19：00	新闻联播、天气预报	19：00	新闻联播、天气预报	19：00	新闻联播、天气预报	19：00	新闻联播、天气预报	19：00	新闻联播、天气预报	19：00	新闻联播、天气预报
19：35	焦点访谈	19：35	焦点访谈	19：35	焦点访谈	19：35	焦点访谈	19：35	焦点访谈	19：35	焦点访谈	19：35	焦点访谈
19：50	频道包装	19：50	频道包装	19：50	频道包装	19：50	频道包装	19：50	频道包装	19：50	频道包装	19：50	频道包装
19：55	天气·资讯	19：55	天气·资讯	19：55	天气·资讯	19：55	天气·资讯	19：55	天气·资讯	19：55	天气·资讯	19：55	天气·资讯
20：00	今天	20：00	今天	20：00	今天	20：00	今天	20：00	今天	20：00	今天	20：00	今天
20：30	新闻会客厅	20：30	新闻会客厅	20：30	新闻会客厅	20：30	新闻会客厅	20：30	新闻会客厅：决策者说	20：10	面对面	20：10	面对面
										20：50	约会新7天	20：50	约会新7天

续表

星期一		星期二		星期三		星期四		星期五		星期六		星期日	
21：00	新闻联播（直播）	21：00	新闻联播（直播）	21：00	新闻联播（直播）	21：00	新闻联播（直播）	21：00	新闻联播（直播）	21：00	新闻联播（直播）	21：00	新闻联播（直播）
21：30	国际观察（直播）	21：30	国际观察（直播）	21：30	国际观察（直播）	21：30	国际观察（直播）	21：30	国际观察（直播）	21：30	小崔说事（首播）	21：30	每周质量报告（重播）
21：55	频道包装	21：55	频道包装	21：55	频道包装	21：55	频道包装	21：55	频道包装	21：55	频道包装	21：55	频道包装
22：00	整点新闻	22：00	整点新闻	22：00	整点新闻	22：00	整点新闻	22：00	整点新闻	22：00	整点新闻	22：00	整点新闻
22：05	社会记录	22：05	社会记录	22：05	社会记录	22：05	社会记录	22：05	社会记录	22：05	约会新7天	22：05	约会新7天
22：25	频道包装	22：25	频道包装	22：25	频道包装	22：25	频道包装	22：25	频道包装				
22：30	天气·资讯	22：30	天气·资讯	22：30	天气·资讯	22：30	天气·资讯	22：30	天气·资讯	22：15	中国周刊(首播)	22：15	世界周刊(首播)
22：35	央视论坛	22：35	央视论坛	22：35	央视论坛	22：35	央视论坛	22：35	央视论坛				
23：00	晚间新闻（重）	23：00	晚间新闻（重）	23：00	晚间新闻（重）	23：00	晚间新闻（重）	23：00	晚间新闻（重）	23：00	晚间新闻（重） 天气·资讯	23：00	晚间新闻(重播) 天气·资讯
23：30	法治在线（重）	23：30	法治在线（重）	23：30	法治在线（重）	23：30	法治在线（重）	23：30	法治在线（重）				
23：55	天气·资讯	23：55	天气·资讯	23：55	天气·资讯	23：55	天气·资讯	23：55	天气·资讯	23：15	纪事	23：15	新闻调查
00：00	午夜新闻	00：00	午夜新闻	00：00	午夜新闻	00：00	午夜新闻	00：00	午夜新闻	00：00	午夜新闻	00：00	午夜新闻
00：30	体育报道	00：30	体育报道	00：30	体育报道	00：30	体育报道	00：30	体育报道	00：30	体育报道	00：30	体育报道
00：52	频道包装	00：52	频道包装 天气·资讯	00：52	频道包装 天气·资讯	00：52	频道包装 天气·资讯	00：52	频道包装 天气·资讯	00：52	频道包装 天气·资讯	00：52	频道包装 天气·资讯
01：00	整点新闻	01：00	整点新闻	01：00	整点新闻	01：00	整点新闻	01：00	整点新闻	01：00	整点新闻	01：00	整点新闻
01：10	国际观察（重）	01：10	国际观察（重）	01：10	国际观察（重）	01：10	国际观察（重）	01：10	国际观察（重）	01：10	中国周刊（重）	01：10	中国周刊(重播)
01：35	国际时讯（重）	01：35	国际时讯（重）	01：35	国际时讯（重）	01：35	国际时讯（重）	01：35	国际时讯（重）				
01：55	天气·资讯	01：55	天气·资讯	01：55	天气·资讯	01：55	天气·资讯	01：55	天气·资讯	01：55	天气·资讯	01：55	天气·资讯
02：00	整点新闻	02：00	整点新闻	02：00	整点新闻	02：00	整点新闻	02：00	整点新闻	02：00	整点新闻	02：00	整点新闻
02：10	共同关注（重）	02：10	共同关注（重）	02：10	共同关注（重）	02：10	共同关注（重）	02：10	共同关注（重）	02：10	共同关注（重）	02：10	本周（重播）
02：30	央视论坛（重）	02：30	央视论坛（重）	02：30	央视论坛（重）	02：30	央视论坛（重）	02：30	央视论坛（重）	02：30	小崔说事（重）	02：35	每周质量报告(重)
02：55	频道包装	02：55	频道包装	02：55	频道包装	02：55	频道包装	02：55	频道包装	02：55	频道包装	02：55	频道包装
03：00	整点新闻	03：00	整点新闻	03：00	整点新闻	03：00	整点新闻	03：00	整点新闻	03：00	整点新闻	03：00	整点新闻
03：10	东方时空（重）	03：10	东方时空（重）	03：10	东方时空（重）	03：10	东方时空（重）	03：10	东方时空（重）	03：10	东方时空（重）	03：10	东方时空(重播)
03：55	天气·资讯(重)	03：55	天气·资讯(重)	03：55	天气·资讯(重)	03：55	天气·资讯(重)	03：55	天气·资讯(重)	03：55	天气·资讯(重)	03：55	天气·资讯(重)
04：00	整点新闻	04：00	整点新闻	04：00	整点新闻	04：00	整点新闻	04：00	整点新闻	04：00	整点新闻	04：00	整点新闻
04：10	新闻会客厅（重）	04：10	新闻会客厅（重）	04：10	新闻会客厅（重）	04：10	新闻会客厅（重）	04：10	新闻会客厅：决策者说(重)	04：10	面对面(重)	04：10	面对面(重)

续表

星期一		星期二		星期三		星期四		星期五		星期六		星期日	
04：40	社会记录(重)	04：40	社会记录(重)	04：40	社会记录(重)	04：40	社会记录(重)	04：50	频道包装 天气·资讯	04：50	频道包装 天气·资讯	04：50	频道包装 天气·资讯
05：00	整点新闻	05：00	整点新闻	05：00	整点新闻	05：00	整点新闻	05：00	整点新闻	05：00	整点新闻	05：00	整点新闻
05：10	法治在线(重)	05：10	法治在线(重)	05：10	法治在线(重)	05：10	法治在线(重)	05：10	法治在线(重)	05：10	纪事(重)	05：10	新闻调查(重)
05：35	焦点访谈(重)	05：35	焦点访谈(重)	05：35	焦点访谈(重)	05：35	焦点访谈(重)	05：35	焦点访谈(重)				
05：47	频道包装	05：47	频道包装	05：47	频道包装	05：47	频道包装	05：47	频道包装				
05：50	天气·资讯(重)	05：50	天气·资讯(重)	05：50	天气·资讯(重)	05：50	天气·资讯(重)	05：50	天气·资讯(重)				
05：55	频道包装	05：55	频道包装	05：55	频道包装	05：55	频道包装	05：55	频道包装	05：55	天气·资讯(重)	05：55	天气·资讯(重)

CCTV—2（经济生活频道）栏目播出时间表

星期一		星期二		星期三		星期四		星期五		星期六		星期日	
05：50	台标　国歌 二套导视	05：50	台标　国歌 二套导视	05：50	台标　国歌 二套导视	05：50	台标　国歌 二套导视	05：50	台标　国歌 二套导视	05：50	台标　国歌 二套导视	05：50	台标　国歌 二套导视
06：00	生活周末版之 电视烹饪大赛(重)	16：00	劳动就业之 激情创业(重)	06：00	健康之路（重）	06：00	健康之路（重）	06：00	健康之路（重）	06：00	健康之路（重）	06：00	健康之路（重）
06：50	广告、 收视指南	06：50	广告、 收视指南	06：50	广告、 收视指南	06：50	广告、 收视指南	06：50	广告、 收视指南	06：50	广告、 收视指南	06：50	广告、 收视指南
06：55	二套导视	06：55	二套导视	06：55	二套导视	06：55	二套导视 （上午版）	06：55	二套导视 （上午版）	06：55	二套导视	06：55	二套导视
07：00	第一时间（首）	07：00	第一时间（首）	07：00	第一时间（首）	07：00	第一时间（首）	07：00	第一时间（首）	07：00	对话（重）	07：00	生活周末版之 交换空间（重）
										08：00	第一时间	08：00	第一时间
09：00	中国证券 （上午版）	09：00	中国证券 （上午版）	09：00	中国证券 （上午版）	09：00	中国证券 （上午版）	09：00	中国证券 （上午版）	09：00	金土地（重）	09：00	劳动就业之 激情创业（重）
09：38	中国财经报道 （重）	09：38	中国财经报道 （重）	09：38	中国财经报道 （重）	09：38	中国财经报道 （重）	09：38	中国财经报道 （重）	09：50	广告、 收视指南、广告	09：50	广告、 收视指南、广告
09：58	艺术品投资(重)	09：58	健康之路（首）	09：58	健康之路（首）	09：58	健康之路（首）	09：58	健康之路（首）	09：58	健康之路（首）	09：58	生活周末版之 电视烹饪大赛(重)
10：18	非常6+1（重）												
11：48	天天饮食	10：48	绝对挑战（重）	10：48	鉴宝（重）	10：48	生活周末版之 交换空间（重）	10：48	超市大赢家(重)	10：48	开心辞典（重）	10：48	幸运52（重）

续表

星期一		星期二		星期三		星期四		星期五		星期六		星期日	
11：58	二套导视	11：58	二套导视	11：58	二套导视	11：58	二套导视	11：58	二套导视	11：58	二套导视	11：58	二套导视
12：00	全球资讯榜（首）	12：00	全球资讯榜（首）	12：00	全球资讯榜（首）	12：00	全球资讯榜（首）	12：00	全球资讯榜（首）	12：00	全球资讯榜（首）	12：00	全球资讯榜（首）
12：40	财富故事会（首）	12：40	财富故事会（首）	12：40	财富故事会（首）	12：40	财富故事会（首）	12：40	财富故事会（首）	12：40	劳动就业之激情创业(首）	12：40	金土地(首）
13：10	导视	13：10	导视	13：10	导视	13：10	导视	13：10	导视				
13：15	劳动就业（首）	13：15	劳动就业（首）	13：15	劳动就业（首）	13：15	劳动就业（首）	13：15	劳动就业（首）				
13：45	导视	13：45	导视	13：45	导视	13：45	导视	13：45	导视	13：45	导视	13：45	导视
13：50	为您服务（重）	13：50	为您服务（重）	13：50	为您服务（重）	13：50	为您服务（重）	13：50	为您服务（重）	13：35	超市大赢家（重）	13：35	鉴宝（重）
14：40	导视	14：40	导视	14：40	导视	14：40	导视	14：40	导视	14：40	导视	14：40	导视
14：45	生活（重）	14：45	生活（重）	14：45	生活（重）	14：45	生活（重）	14：45	生活（重）			14：40	对话（重）
15：35	导视	15：35	导视	15：35	导视	15：35	导视	15：35	导视	14：50	绝对挑战（重）		
15：40	经济与法（重）	15：40	经济与法（重）	15：40	经济与法（重）	15：40	经济与法（重）	15：40	经济与法（重）			15：40	导视
16：10	导视	16：10	导视	16：10	导视	16：10	导视	16：10	导视	15：50	导视	15：45	经济半小时(重)
16：15	今晚（重）	16：15	今晚（重）	16：15	今晚（重）	16：15	今晚（重）	16：15	今晚（重）	15：55	经济半小时(重)	16：15	超市大赢家(重)
16：45	导视	16：45	导视	16：45	导视	16：45	导视	16：45	导视	16：25	非常6+1（重）		
16：50	经济半小时(重)	16：50	经济半小时(重)	16：50	经济半小时(重)	16：50	经济半小时(重)	16：50	经济半小时(重)			17：25	二套导视
17：20	中国证券（下午版）	17：20	中国证券（下午版）	17：20	中国证券（下午版）	17：20	中国证券（下午版）	17：20	中国证券（下午版）	17：55	二套导视	17：30	生活周末版之交换空间（首）
18：00	欢乐家庭（首）	18：00	欢乐家庭（首）	18：00	欢乐家庭（首）	18：00	欢乐家庭（首）	18：00	欢乐家庭（首）	18：00	鉴宝（首）		
18：45	为您服务（首）	18：45	为您服务（首）	18：45	为您服务（首）	18：45	为您服务（首）	18：45	为您服务（首）	19：00	生活周末版之电视烹饪大赛(首)	18：30	绝对挑战（首）
19：35	生活（首）	19：35	生活（首）	19：35	生活（首）	19：35	生活（首）	19：35	生活（首）				
20：25	经济与法（首）	20：25	经济与法（首）	20：25	经济与法（首）	20：25	经济与法（首）	20：25	经济与法（首）	19：50	超市大赢家(首)	19：30	非常6+1（首）
20：55	广告	20：55	广告	20：55	广告	20：55	广告	20：55	广告				
20：58	二套导视	20：58	二套导视	20：58	二套导视	20：58	二套导视	20：58	二套导视				
21：00	经济信息联播（首）	21：00	经济信息联播（首）	21：00	经济信息联播（首）	21：00	经济信息联播（首）	21：00	经济信息联播（首）	21：00	经济信息联播（首）	21：00	经济信息联播（首）
21：30	经济半小时（首）	21：30	经济半小时（首）	21：30	经济半小时（首）	21：30	经济半小时（首）	21：30	经济半小时（首）	21：30	经济半小时（首）	21：30	经济半小时（首）
22：00	二套导视	22：00	二套导视	22：00	二套导视	22：00	二套导视	22：00	二套导视	22：00	二套导视	22：00	二套导视

续表

星期一		星期二		星期三		星期四		星期五		星期六		星期日	
22：02	广告	22：02	广告	22：02	广告	22：02	广告	22：02	广告	22：02	广告	22：02	广告
22：05	中国财经报道（首）	22：05	中国财经报道（首）	22：05	中国财经报道（首）	22：05	中国财经报道（首）						
22：25	今晚（首）	22：25	今晚（首）	22：25	今晚（首）	22：25	今晚（首）	22：05	开心辞典（首）	22：05	幸运 52（首）	22：05	对话（首）
22：55	广告	22：55	广告	22：55	广告	22：55	广告						
22：58	二套导视	22：58	二套导视	22：58	二套导视	22：58	二套导视	23：15	中国财经报道（首）	23：15	绝对挑战（重）	23：05	鉴宝（重）
23：00	艺术品投资（首）	23：00	艺术品投资（首）	23：00	艺术品投资（首）	23：00	艺术品投资（首）	23：35	今晚（首）				
23：20	地球故事（首）	23：20	地球故事（首）	23：20	地球故事（首）	23：20	地球故事（首）	00：05	广告、导视	00：15	广告	00：05	广告
23：50	广告	23：50	广告	23：50	广告	23：50	广告	00：10	地球故事（首）	00：18	二套导视	00：08	二套导视
23：54	收视指南	23：54	收视指南	23：54	收视指南	23：54	收视指南	00：40	广告	00：20	经济信息联播（重）	00：10	经济信息联播（重）
23：57	二套导视	23：57	二套导视	23：57	二套导视	23：57	二套导视	00：44	收视指南	00：50	经济半小时（重）	00：40	经济半小时（重）
00：00	经济信息联播（重）	00：00	经济信息联播（重）	00：00	经济信息联播（重）	00：00	经济信息联播（重）	00：47	二套导视	01：20	广告	01：10	广告
00：30	经济半小时（重）	00：30	经济半小时（重）	00：30	经济半小时（重）	00：30	经济半小时（重）	00：50	经济信息联播（重）	01：24	收视指南	01：14	收视指南
01：00	今晚（重）	01：00	今晚（重）	01：00	今晚（重）	01：00	今晚（重）	01：20	经济半小时(重)	01：27	二套导视	01：17	二套导视
01：30	超市大赢家（重）	01：30	开心辞典（重）	01：30	幸运 52（重）	01：30	非常 6+1（重）	01：50	今晚（重）	01：30	生活周末版之电视烹饪大赛(重)	01：20	生活周末版之交换空间（重）
02：40	地球故事（重）	02：40	地球故事（重）	02：40	地球故事（重）	03：00	地球故事（重）	02：20	地球故事（重）	02：20	开心辞典（重）	02：20	幸运 52（重）
03：10	结束	03：10	结束	03：10	结束	03：30	结束	02：50	结束	03：30	结束	03：30	结束

CCTV—3（综艺频道）栏目播出时间表

星期一		星期二		星期三		星期四		星期五		星期六		星期日	
06：00	中国音乐电视	06：00	中国音乐电视	06：00	中国音乐电视	06：00	中国音乐电视	06：00	中国音乐电视	06：00	中国音乐电视	06：00	中国音乐电视
06：40	快乐驿站	06：40	快乐驿站	06：40	快乐驿站	06：40	快乐驿站	06：40	快乐驿站	06：40	快乐驿站	06：40	快乐驿站
06：50	联合对抗	06：50	综艺快报	06：50	综艺快报	06：50	综艺快报	06：50	综艺快报	06：50	综艺快报	06：50	综艺快报
		07：20	动物世界	07：20	动物世界	07：20	动物世界	07：20	动物世界	07：20	动物世界	07：20	世界各地
07：40	广告包装	07：40	广告包装	07：40	广告包装	07：40	广告包装	07：40	广告包装	07：40	广告包装	07：40	广告包装
07：45	演艺竞技场	07：45	曲苑杂坛精编版	07：45	文化访谈录	07：45	梦想剧场	07：45	艺苑风景线	07：45	电视诗歌散文	07：45	舞蹈世界
08：15	广告包装	08：15	广告包装	08：15	广告包装	08：15	广告包装	08：15	广告包装	08：15	广告包装	08：15	广告包装
08：20	中国音乐电视	08：20	中国音乐电视	08：20	中国音乐电视	08：20	中国音乐电视	08：20	中国音乐电视	08：20	中国音乐电视	08：20	中国音乐电视
09：00	广告包装	09：00	广告包装	09：00	广告包装	09：00	广告包装	09：00	广告包装	09：00	广告包装	09：00	广告包装
09：05	剧场	09：05	剧场	09：05	剧场	09：05	剧场	09：05	剧场	09：05	同一首歌	09：05	艺苑风景线
												09：35	与您相约
												10：15	舞蹈世界
10：35	广告包装	10：35	广告包装	10：35	广告包装	10：35	广告包装	10：35	广告包装	10：45	广告包装	10：45	广告包装
10：40	中国音乐电视精编版	10：40	国际艺苑	10：40	新视听	10：40	激情广场	10：40	挑战主持人	10：50	欢乐中国行	10：50	星光大道
11：40	广告包装	11：40	广告包装	11：40	广告包装	11：40	广告包装	11：40	广告包装				
11：45	每日一歌	11：45	每日一歌	11：45	每日一歌	11：45	每日一歌	11：45	每日一歌				
11：50	广告	11：50	广告	11：50	广告	11：50	广告	11：50	广告	11：50	广告	11：50	广告
11：55	真情无限	11：55	梦想剧场	11：55	曲苑杂坛精编版	11：55	演艺竞技场	11：55	演艺竞技场	11：55	舞蹈世界	11：55	电视诗歌散文
12：25	广告包装	12：25	广告包装	12：25	广告包装	12：25	广告包装	12：25	广告包装	12：25	广告包装	12：25	广告包装
12：30	快乐驿站	12：30	快乐驿站	12：30	快乐驿站	12：30	快乐驿站	12：30	快乐驿站	12：30	快乐驿站	12：30	快乐驿站
12：40	广告包装	12：40	广告包装	12：40	广告包装	12：40	广告包装	12：40	广告包装	12：40	广告包装	12：40	广告包装
12：45	联合对抗	12：45	曲苑杂坛系列	12：45	曲苑杂坛系列	12：45	曲苑杂坛系列	12：45	曲苑杂坛系列	12：45	曲苑杂坛系列	12：45	艺术人生
13：35	快乐驿站	13：35	快乐驿站	13：35	快乐驿站	13：35	快乐驿站	13：35	快乐驿站	13：35	快乐驿站	13：35	快乐驿站
13：45	广告包装	13：45	广告包装	13：45	广告包装	13：45	广告包装	13：45	广告包装	13：45	广告包装	13：45	广告包装
13：50	电视诗歌散文	13：50	综艺快报	13：50	综艺快报	13：50	综艺快报	13：50	综艺快报	13：50	演艺竞技场	13：50	文化访谈录
14：20	中国音乐电视	14：20	中国音乐电视	14：20	中国音乐电视	14：20	中国音乐电视	14：20	中国音乐电视	14：50	快乐驿站	14：20	想挑战吗
15：00	广告包装	15：00	广告包装	15：00	广告包装	15：00	广告包装	15：00	广告包装	15：00	广告包装	15：20	广告包装

续表

星期一		星期二		星期三		星期四		星期五		星期六		星期日	
15：05	剧场	15：05	剧场	15：05	剧场	15：05	剧场	15：05	剧场	15：05	魅力12	15：25	神州大舞台
										16：05	电视诗歌散文		
16：35	快乐驿站	16：35	快乐驿站	16：35	快乐驿站	16：35	快乐驿站	16：35	快乐驿站	16：35	快乐驿站	16：35	快乐驿站
16：40	广告包装	16：40	广告包装	16：40	广告包装	16：40	广告包装	16：40	广告包装	16：40	广告包装	16：40	广告包装
16：50	幕后	16：50	幕后	16：50	幕后	16：50	幕后	16：50	幕后	16：50	幕后	16：45	同一首歌
17：10	中国音乐电视	17：10	中国音乐电视	17：10	中国音乐电视	17：10	中国音乐电视	17：10	中国音乐电视	17：10	中国音乐电视		
17：50	广告包装	17：50	广告包装	17：50	广告包装	17：50	广告包装	17：50	广告包装	17：50	广告包装		
17：55	梦想剧场	17：55	演艺竞技场	17：55	演艺竞技场	17：55	曲苑杂坛精编版	17：55	真情无限	17：55	艺苑风景线		
18：25	广告包装	18：25	广告包装	18：25	广告包装	18：25	广告包装	18：25	广告包装	18：25	广告包装	18：25	广告包装
18：30	综艺快报	18：30	综艺快报	18：30	综艺快报	18：30	综艺快报	18：30	综艺快报	18：30	综艺快报	18：30	联合对抗
19：00	广告包装	19：00	广告包装	19：00	广告包装	19：00	广告包装	19：00	广告包装	19：00	广告包装		
19：05	动物世界	19：05	动物世界	19：05	动物世界	19：05	动物世界	19：05	动物世界	19：05	世界各地	19：20	每日一歌
19：25	广告包装	19：25	广告包装	19：25	广告包装	19：25	广告包装	19：25	广告包装	19：25	广告包装	19：25	广告包装
19：30	国际艺苑	19：30	神州大舞台	19：30	演艺竞技场	19：30	音画时尚	19：30	同一首歌	19：30	星光大道	19：30	欢乐中国行
20：30	广告包装	20：30	广告包装	20：30	广告包装	20：30	广告包装			20：30	广告包装	20：30	广告包装
20：35	剧场	20：35	梦想剧场	20：35	曲苑杂坛精编版	20：35	文化访谈录			20：35	正大综艺	20：35	想挑战吗
		21：05	广告包装	21：05	广告包装	21：05	广告包装	21：10	广告包装	21：35	广告包装	21：35	广告包装
		21：10	新视听	21：10	激情广场	21：10	挑战主持人	21：15	艺术人生	21：40	与您相约	21：40	真情无限
22：05	广告包装	22：05	广告包装	22：05	广告包装	22：05	广告包装	22：05	广告包装	22：20	广告包装	22：10	广告包装
22：15	快乐驿站	22：15	快乐驿站	22：15	快乐驿站	22：15	快乐驿站	22：10	快乐驿站	22：25	快乐驿站	22：15	快乐驿站
22：25	广告包装	22：25	广告包装	22：25	广告包装	22：25	广告包装	22：20	广告包装	22：35	广告包装	22：25	广告包装
22：30	星光大道	22：30	想挑战吗	22：30	魅力12	22：30	中国音乐电视精编版	22：25	演艺竞技场	22：40	欢乐中国行	22：30	音画时尚
23：30	广告	23：30	广告	23：30	广告	23：30	广告	22：55	广告	23：40	广告	23：30	广告
23：35	幕后	23：35	幕后	23：35	幕后	23：35	幕后	23：00	幕后	23：45	幕后	23：35	中国音乐电视精编版
23：55	广告包装	23：55	广告包装	23：55	广告包装	23：55	广告包装	23：20	广告包装	24：05	广告包装		
24：00	中国音乐电视	24：00	中国音乐电视	24：00	中国音乐电视	24：00	中国音乐电视	23：25	中国音乐电视	24：10	中国音乐电视		
24：40	广告	24：40	广告	24：40	广告	24：40	广告	24：05	广告	24：50	广告	24：35	广告
24：45	综艺快报	24：45	综艺快报	24：45	综艺快报	24：45	综艺快报	24：10	综艺快报	24：55	综艺快报	24：40	联合对抗
25：15	节目预告结束	25：15	节目预告结束	25：15	节目预告结束	25：15	节目预告结束	24：40	节目预告结束	25：25	节目预告结束	25：30	节目预告结束

CCTV—4（中文国际频道）栏目播出时间表

星期一		星期二		星期三		星期四		星期五		星期六		星期日	
04：00	中国新闻	04：00	中国新闻	04：00	中国新闻	04：00	中国新闻	04：00	中国新闻	04：00	中国新闻	04：00	中国新闻
05：00	导视、宣传、广告	05：00	导视、宣传、广告	05：00	导视、宣传、广告	05：00	导视、宣传、广告	05：00	导视、宣传、广告	05：00	导视、宣传、广告	05：00	导视、宣传、广告
05：05	电视剧 1	05：05	电视剧 1	05：05	电视剧 1	05：05	电视剧 1	05：05	电视剧 1	05：05	电视剧 1	05：05	欢聚一堂／同乐五洲
05：55	导视、宣传、广告	05：55	导视、宣传、广告	05：55	导视、宣传、广告	05：55	导视、宣传、广告	05：55	导视、宣传、广告	05：55	导视、宣传、广告	05：55	导视、宣传、广告
06：00	简明新闻	06：00	简明新闻	06：00	简明新闻	06：00	简明新闻	06：00	简明新闻	06：00	简明新闻	06：00	简明新闻
06：10	中国文艺	06：10	中国文艺	06：10	中国文艺	06：10	中国文艺	06：10	中国文艺	06：10	让世界了解你	06：10	互动星期天
06：30	神州戏坛	06：30	体育在线	06：30	体育在线	06：30	体育在线	06：30	名将之约				
07：00	简明新闻	07：00	简明新闻	07：00	简明新闻	07：00	简明新闻	07：00	简明新闻	07：00	简明新闻	07：00	简明新闻
07：10	探索·发现	07：10	探索·发现	07：10	探索·发现	07：10	探索·发现	07：10	探索·发现	07：10	天涯共此时	07：10	中华医药
07：40	两岸万事通	07：40	两岸万事通	07：40	两岸万事通	07：40	两岸万事通	07：40	两岸万事通				
07：55	导视、宣传、广告	07：55	导视、宣传、广告	07：55	导视、宣传、广告	07：55	导视、宣传、广告	07：55	导视、宣传、广告	07：55	导视、宣传、广告	07：55	导视、宣传、广告
08：00	新闻 60 分	08：00	新闻 60 分	08：00	新闻 60 分	08：00	新闻 60 分	08：00	新闻 60 分	08：00	新闻 60 分	08：00	新闻 60 分
09：00	电视剧 2	09：00	电视剧 2	09：00	电视剧 2	09：00	电视剧 2	09：00	电视剧 2	09：00	电视剧 2	09：00	实话实说
												09：45	导视、宣传、广告
09：50	华夏文明	09：50	华夏文明	09：50	华夏文明	09：50	华夏文明	09：50	华夏文明	09：50	华夏文明	09：50	华夏文明
09：55	科技博览	09：55	科技博览	09：55	科技博览	09：55	科技博览	09：55	科技博览	09：55	科技博览	09：55	科技博览
10：00	简明新闻	10：00	简明新闻	10：00	简明新闻	10：00	简明新闻	10：00	简明新闻	10：00	简明新闻	10：00	简明新闻
10：15	动画城	10：15	动画城	10：15	动画城	10：15	动画城	10：15	动画城	10：15	闽南话时间	10：15	艺术人生
10：45	学汉语	10：45	学汉语	10：45	学汉语	10：45	学汉语	10：45	学汉语	10：45	学汉语		
10：55	导视、宣传、广告	10：55	导视、宣传、广告	10：55	导视、宣传、广告	10：55	导视、宣传、广告	10：55	导视、宣传、广告	10：55	导视、宣传、广告		
11：00	简明新闻	11：00	简明新闻	11：00	简明新闻	11：00	简明新闻	11：00	简明新闻	11：00	简明新闻	11：00	简明新闻
11：10	走遍中国	11：10	走遍中国	11：10	走遍中国	11：10	走遍中国	11：10	走遍中国	11：10	走遍中国	11：10	走遍中国
11：40	海峡两岸	11：40	海峡两岸	11：40	海峡两岸	11：40	海峡两岸	11：40	海峡两岸	11：40	海峡两岸	11：40	海峡两岸
12：00	中国新闻	12：00	中国新闻	12：00	中国新闻	12：00	中国新闻	12：00	中国新闻	12：00	中国新闻	12：00	中国新闻

续表

星期一		星期二		星期三		星期四		星期五		星期六		星期日	
13：00	导视、宣传、广告	13：00	导视、宣传、广告	13：00	导视、宣传、广告	13：00	导视、宣传、广告	13：00	导视、宣传、广告	13：00	导视、宣传、广告	13：00	导视、宣传、广告
13：05	电视剧 1	13：05	电视剧 1	13：05	电视剧 1	13：05	电视剧 1	13：05	电视剧 1	13：05	电视剧 1	13：05	欢聚一堂／同乐五洲
13：55	导视、宣传、广告	13：55	导视、宣传、广告	13：55	导视、宣传、广告	13：55	导视、宣传、广告	13：55	导视、宣传、广告	13：55	导视、宣传、广告	13：55	导视、宣传、广告
14：00	简明新闻	14：00	简明新闻	14：00	简明新闻	14：00	简明新闻	14：00	简明新闻	14：00	简明新闻	14：00	简明新闻
14：10	中国文艺	14：10	中国文艺	14：10	中国文艺	14：10	中国文艺	14：10	中国文艺	14：10	让世界了解你	14：10	互动星期天
14：30	神州戏坛	14：30	体育在线	14：30	体育在线	14：30	体育在线	14：30	名将之约				
15：00	简明新闻	15：00	简明新闻	15：00	简明新闻	15：00	简明新闻	15：00	简明新闻	15：00	简明新闻	15：00	简明新闻
15：15	东方时空	15：15	东方时空	15：15	东方时空	15：15	东方时空	15：15	东方时空	15：15	东方时空	15：15	周日剧场
16：00	简明新闻	16：00	简明新闻	16：00	简明新闻	16：00	简明新闻	16：00	简明新闻	16：00	简明新闻		
16：10	导视、宣传、广告	16：10	导视、宣传、广告	16：10	导视、宣传、广告	16：10	导视、宣传、广告	16：10	导视、宣传、广告	16：10	导视、宣传、广告		
16：15	学汉语	16：15	学汉语	16：15	学汉语	16：15	学汉语	16：15	学汉语	16：15	学汉语		
16：25	华夏文明	16：25	华夏文明	16：25	华夏文明	16：25	华夏文明	16：25	华夏文明	16：25	华夏文明		
16：30	探索 · 发现	16：30	探索 · 发现	16：30	探索 · 发现	16：30	探索 · 发现	16：30	探索 · 发现	16：30	闽南话时间		
17：00	简明新闻	17：00	简明新闻	17：00	简明新闻	17：00	简明新闻	17：00	简明新闻	17：00	简明新闻	17：00	简明新闻
17：10	导视、宣传、广告	17：10	导视、宣传、广告	17：10	导视、宣传、广告	17：10	导视、宣传、广告	17：10	导视、宣传、广告	17：10	导视、宣传、广告	17：10	导视、宣传、广告
17：15	夕阳红	17：15	夕阳红	17：15	夕阳红	17：15	夕阳红	17：15	夕阳红	17：15	天涯共此时	17：15	中华医药
17：45	两岸万事通	17：45	两岸万事通	17：45	两岸万事通	17：45	两岸万事通	17：45	两岸万事通				
18：00	环球时讯	18：00	环球时讯	18：00	环球时讯	18：00	环球时讯	18：00	环球时讯	18：00	环球时讯	18：00	环球时讯
18：30	华夏掠影	18：30	华夏掠影	18：30	华夏掠影	18：30	华夏掠影	18：30	华夏掠影	18：30	华夏掠影	18：30	变化中的中国
18：45	台湾百科	18：45	台湾百科	18：45	台湾百科	18：45	台湾百科	18：45	台湾百科	18：45	东方时尚	18：45	东方时尚
18：50	国宝档案	18：50	国宝档案	18：50	国宝档案	18：50	国宝档案	18：50	国宝档案				
19：00	简明新闻	19：00	简明新闻	19：00	简明新闻	19：00	简明新闻	19：00	简明新闻	19：00	简明新闻	19：00	简明新闻
19：10	电视剧	19：10	电视剧	19：10	电视剧	19：10	电视剧	19：10	电视剧	19：10	电视剧	19：10	欢聚一堂同乐五洲
20：00	简明新闻	20：00	简明新闻	20：00	简明新闻	20：00	简明新闻	20：00	简明新闻	20：00	简明新闻	20：00	简明新闻

续表

星期一		星期二		星期三		星期四		星期五		星期六		星期日	
20：10	走遍中国	20：10	走遍中国	20：10	走遍中国	20：10	走遍中国	20：10	走遍中国	20：10	走遍中国	20：10	走遍中国
20：40	海峡两岸	20：40	海峡两岸	20：40	海峡两岸	20：40	海峡两岸	20：40	海峡两岸	20：40	海峡两岸	20：40	海峡两岸
21：00	中国新闻（含中国报道）	21：00	中国新闻（含中国报道）	21：00	中国新闻（含中国报道）	21：00	中国新闻（含中国报道）	21：00	中国新闻（含中国报道）	21：00	中国新闻（含中国报道）	21：00	中国新闻（含中国报道）
22：00	中国文艺	22：00	中国文艺	22：00	中国文艺	22：00	中国文艺	22：00	中国文艺	22：00	让世界了解你	22：00	互动星期天
22：20	神州戏坛	22：20	体育在线	22：20	体育在线	22：20	体育在线	22：20	名将之约				
22：50	台湾百科	22：50	台湾百科	22：50	台湾百科	22：50	台湾百科	22：50	台湾百科	22：50	台湾百科	22：50	台湾百科
22：55	华夏文明	22：55	华夏文明	22：55	华夏文明	22：55	华夏文明	22：55	华夏文明	22：55	华夏文明	22：55	华夏文明
23：00	中国新闻	23：00	中国新闻	23：00	中国新闻	23：00	中国新闻	23：00	中国新闻	23：00	天涯共此时	23：00	中华医药
23：30	两岸万事通	23：30	两岸万事通	23：30	两岸万事通	23：30	两岸万事通	23：30	两岸万事通				
23：45	国宝档案	23：45	国宝档案	23：45	国宝档案	23：45	国宝档案	23：45	国宝档案				
23：55	导视、宣传、广告	23：55	导视、宣传、广告	23：55	导视、宣传、广告	23：55	导视、宣传、广告	23：55	导视、宣传、广告	23：55	导视、宣传、广告	23：55	导视、宣传、广告
00：00	简明新闻	00：00	简明新闻	00：00	简明新闻	00：00	简明新闻	00：00	简明新闻	00：00	简明新闻	00：00	简明新闻
00：10	电视剧	00：10	电视剧	00：10	电视剧	00：10	电视剧	00：10	电视剧	00：10	电视剧	00：10	艺术人生
												00：55	导视、宣传、广告
01：00	简明新闻	01：00	简明新闻	01：00	简明新闻	01：00	简明新闻	01：00	简明新闻	01：00	简明新闻	01：00	简明新闻
01：15	动画城	01：15	动画城	01：15	动画城	01：15	动画城	01：15	动画城	01：15	闽南话时间	01：15	实话实说
01：45	学汉语	01：45	学汉语	01：45	学汉语	01：45	学汉语	01：45	学汉语	01：45	学汉语		
01：55	导视、宣传、广告	01：55	导视、宣传、广告	01：55	导视、宣传、广告	01：55	导视、宣传、广告	01：55	导视、宣传、广告	01：55	导视、宣传、广告		
02：00	新闻联播	02：00	新闻联播	02：00	新闻联播	02：00	新闻联播	02：00	新闻联播	02：00	新闻联播	02：00	新闻联播
02：30	华夏掠影	02：30	华夏掠影	02：30	华夏掠影	02：30	华夏掠影	02：30	华夏掠影	02：30	华夏掠影	02：30	变化中的中国
02：45	台湾百科	02：45	台湾百科	02：45	台湾百科	02：45	台湾百科	02：45	台湾百科	02：45	东方时尚	02：45	东方时尚
02：50	国宝档案	02：50	国宝档案	02：50	国宝档案	02：50	国宝档案	02：50	国宝档案				
03：00	导视、宣传、广告	03：00	导视、宣传、广告	03：00	导视、宣传、广告	03：00	导视、宣传、广告	03：00	导视、宣传、广告	03：00	导视、宣传、广告	03：00	导视、宣传、广告
03：05	走遍中国	03：05	走遍中国	03：05	走遍中国	03：05	走遍中国	03：05	走遍中国	03：05	走遍中国	03：05	走遍中国
03：35	海峡两岸	03：35	海峡两岸	03：35	海峡两岸	03：35	海峡两岸	03：35	海峡两岸	03：35	海峡两岸	03：35	海峡两岸
03：55	导视、宣传、广告	03：55	导视、宣传、广告	03：55	导视、宣传、广告	03：55	导视、宣传、广告	03：55	导视、宣传、广告	03：55	导视、宣传、广告	03：55	导视、宣传、广告

CCTV—5（体育频道）栏目播出时间表

星期一		星期二		星期三		星期四		星期五		星期六		星期日	
05：55	国歌·预告	05：55	国歌·预告	05：55	国歌·预告	05：55	国歌·预告	05：55	国歌·预告	05：55	国歌·预告	05：55	国歌·预告
06：00	健身房（闻鸡起舞）	06：00	健身房（闻鸡起舞）	06：00	健身房（闻鸡起舞）	06：00	健身房（闻鸡起舞）	06：00	健身房（闻鸡起舞）	06：00	健身房（闻鸡起舞）	06：00	健身房（闻鸡起舞）
06：55	广告＋包装	06：55	广告＋包装	06：55	广告＋包装	06：55	广告＋包装	06：55	广告＋包装	06：55	广告＋包装	06：55	广告＋包装
07：00	早安中国（首）	07：00	早安中国（首）	07：00	早安中国（首）	07：00	早安中国（首）	07：00	早安中国（首）	07：00	体育英语	07：00	体育英语
07：55	广告＋包装	07：55	广告＋包装	07：55	广告＋包装	07：55	广告＋包装	07：55	广告＋包装	07：25	广告＋包装	07：25	广告＋包装
08：00	健身房（青春时光）	08：00	健身房（青春时光）	08：00	健身房（青春时光）	08：00	健身房（青春时光）	08：00	健身房（青春时光）	07：30	早安中国（周末版）	07：30	早安中国（周末版）
08：55	广告＋包装	08：55	广告＋包装	08：55	广告＋包装	08：55	广告＋包装	08：55	广告＋包装	08：55	广告＋包装	08：55	广告＋包装
09：00	早安中国（重）	09：00	早安中国（重）	09：00	早安中国（重）	09：00	早安中国（重）	09：00	早安中国（重）	09：00	全明星猜想(重)	09：00	直播周末
09：55	广告＋包装	09：55	广告＋包装	09：55	广告＋包装	09：55	广告＋包装	09：55	广告＋包装	09：55	广告＋包装	09：55	广告＋包装
10：00	实况录像	10：00	天下足球（重）	10：00	实况录像	10：00	赛车时代	10：00	足球之夜（重）	10：00	直播周末	10：00	直播周末
						10：55	广告＋包装			10：05	NBA 直播		
						11：00	体育教学					10：05	拳击直播 ……
						11：25	广告＋包装						
11：30	体育商城					11：30	体育商城	11：30	体育商城				
11：55	广告＋包装	11：55	广告＋包装	11：55	广告＋包装	11：55	广告＋包装	11：55	广告＋包装				
12：00	体坛快讯	12：00	体坛快讯	12：00	体坛快讯	12：00	体坛快讯	12：00	体坛快讯				
12：15	广告＋包装	12：15	广告＋包装	12：15	广告＋包装	12：15	广告＋包装	12：15	广告＋包装				
12：20	体育人间（重）	12：20	体育人间（重）	12：20	体育人间（重）	12：20	体育人间（重）	12：20	体育人间（重）				
12：55	棋牌乐	12：55	棋牌乐	12：55	棋牌乐	12：55	棋牌乐	12：55	棋牌乐	12：30	足球彩经		
13：25	广告＋包装	13：25	广告＋包装	13：25	广告＋包装	13：25	广告＋包装	13：25	广告＋包装	13：00	广告＋包装	13：00	广告＋包装
13：30	体育商城	13：30	体育商城	13：30	体育商城	13：30	实况录像	13：30	实况录像	13：05	视赛事安排	13：05	视赛事安排
13：55	全明星猜想(重)	13：55	赛车时代（重）	13：55	北京2008（重）								
15：00	体育报道	15：00	体育报道	15：00	体育报道	15：00	体育报道	15：00	体育报道	14：25	广告＋包装		
15：22	广告＋包装	15：22	广告＋包装	15：22	广告＋包装	15：22	广告＋包装	15：22	广告＋包装	14：30	视赛事安排		
15：30	实况录像或现场直播	15：30	实况录像或现场直播	15：30	实况录像或现场直播	15：30	实况录像或现场直播	15：30	实况录像或现场直播				
17：00	体育教学	17：00	体育商城	17：00	体育教学	17：00	体育商城	17：00	体育教学				
17：25	广告＋包装	17：25	广告＋包装	17：25	广告＋包装	17：25	广告＋包装	17：25	广告＋包装				
17：30	体育商城	17：30	体育英语	17：30	体育商城	17：30	体育英语	17：30	体育商城				

续表

星期一		星期二		星期三		星期四		星期五		星期六		星期日	
17：55	广告＋包装	17：55	广告＋包装	17：55	广告＋包装	17：55	广告＋包装	17：55	广告＋包装	17：55	广告＋包装	17：55	广告＋包装
18：00	体育新闻	18：00	体育新闻	18：00	体育新闻	18：00	体育新闻	18：00	体育新闻	18：00	体育新闻	18：00	体育新闻
18：50	广告＋包装	18：55	北京2008	18：50	广告＋包装	18：50	广告＋包装	18：50	广告＋包装	18：50	广告＋包装	18：50	广告＋包装
18：55	巅峰时刻	19：50	广告＋包装	18：55	巅峰时刻	18：55	全明星猜想	18：55	赛车时代	18：55	巅峰时刻	18：55	巅峰时刻
19：25	广告＋包装	19：55	实况录像（拳击直播）	19：25	广告＋包装	19：50	广告＋包装	19：50	广告＋包装	19：25	广告＋包装	19：25	广告＋包装
19：30	天下足球			19：30	现场直播	19：55	足球之夜	19：55	NBA赛场	19：30	现场直播	19：30	现场直播
21：25	广告＋包装	21：25	广告＋包装	21：25	广告＋包装	21：25	广告＋包装	21：25	广告＋包装	21：25	广告＋包装	21：25	广告＋包装
21：30	体育世界	21：30	体育世界	21：30	体育世界	21：30	体育世界	21：30	体育世界	21：30	体育世界	21：30	体育世界
22：00	广告＋包装	22：00	广告＋包装	22：00	广告＋包装	22：00	广告＋包装	22：00	广告＋包装	22：00	视赛季而定	22：00	视赛季而定
22：05	体育人间	22：05	体育人间	22：05	体育人间	22：05	体育人间	22：05	体育人间				
22：35	广告＋包装	22：35	广告＋包装	22：35	广告＋包装	22：35	广告＋包装	22：35	广告＋包装				
22：40	顶级赛事	22：40	顶级赛事	22：40	顶级赛事	22：40	顶级赛事	22：40	顶级赛事				
01：40	棋牌乐	01：40	棋牌乐	01：40	棋牌乐	01：40	棋牌乐	01：40	棋牌乐				
02：10	结束	02：10	结束	02：10	结束	02：10	结束	02：10	结束	02：10	结束	02：10	结束

CCTV—6（电影频道）栏目播出时间表

星期一		星期二		星期三		星期四		星期五		星期六		星期日	
05：57	国歌·预告、广告	05：57	国歌·预告、广告	05：57	国歌·预告、广告	05：57	国歌·预告、广告	05：57	国歌·预告、广告	05：57	国歌·预告、广告	05：57	国歌·预告、广告
06：05	纪录、专题	06：05	纪录、专题	06：05	纪录、专题	06：05	纪录、专题	06：05	纪录、专题	06：05	纪录、专题	06：05	纪录、专题
06：20	广告	06：20	广告	06：20	广告	06：20	广告	06：20	广告	06：20	广告	06：20	广告
06：25	故事片	06：25	故事片	06：25	故事片	06：25	故事片	06：25	故事片	06：25	故事片	06：25	故事片
08：10	导视	08：10	导视	08：10	导视	08：10	导视	08：10	导视	08：10	导视	08：10	导视
08：16	广告	08：16	广告	08：16	广告	08：16	广告	08：16	广告	08：16	广告	08：16	广告
08：21	探索影厅（重）	08：21	故事片	08：21	故事片	08：21	故事片	08：21	故事片	08：21	故事片	08：21	故事片
		10：00	导视	10：00	导视	10：00	导视			10：00	导视		
10：20	导视	10：06	今日影视（重）	10：06	电影人物（重）	10：06	音乐之声（重）	10：20	导视	10：06	下周电影	10：20	导视

续表

星期一		星期二		星期三		星期四		星期五		星期六		星期日	
10：25	广告	10：25	广告	10：25	广告	10：25	广告	10：25	广告	10：25	广告	10：25	广告
10：30	故事片	10：30	故事片	10：30	故事片	10：30	故事片	10：30	故事片	10：30	周末影院（重）	10：30	佳片有约（重）
12：00	导视	12：00	导视	12：00	导视	12：00	导视	12：00	导视	12：00	导视	12：00	导视
12：06	广告	12：06	广告	12：06	广告	12：06	广告	12：06	广告	12：06	广告	12：06	广告
12：11	中国电影报道（重）	12：11	世界电影之旅（重）	12：11	中国电影报道（重）	12：11	中国电影报道（重）	12：11	中国电影报道（重）	12：11	中国电影报道（重）	12：11	音乐之声（重）
12：26	广告	12：26	广告	12：26	广告	12：26	广告	12：26	广告	12：26	广告		
12：31	导视	12：31	导视	12：31	导视	12：31	导视	12：31	导视	12：31	导视	12：31	导视
12：37	广告	12：37	广告	12：37	广告	12：37	广告	12：37	广告	12：37	广告	12：37	广告
12：52	译制片（重）	12：52	欧陆影坛（重）	12：52	原声影院（重）	12：52	情感剧场（重）	12：52	东方院线（重）	12：52	喜剧天地（重）	12：52	译制片
				14：25	导视			14：25	导视				
14：40	导视	14：40	导视	14：30	音乐之声（首）	14：40	导视	14：30	今日影视	14：40	导视	14：40	导视
14：45	广告	14：45	广告	14：45	广告	14：45	广告	14：45	广告	14：45	广告	14：45	广告
14：50	周日点播（重）	14：50	故事片＋流金岁月	14：50	故事片	14：50	故事片	14：50	故事片	14：50	故事片	14：50	青少年影院
16：30	导视	16：30	导视	16：30	导视	16：30	导视	16：30	导视	16：30	导视	16：30	导视
16：36	广告	16：36	广告	16：36	广告	16：36	广告	16：36	广告	16：36	广告	16：36	广告
16：41	故事片	16：41	故事片	16：41	故事片	16：41	故事片	16：41	故事片	16：41	故事片	16：41	故事片
18：15	导视	18：15	导视	18：15	导视	18：15	导视	18：15	导视	18：15	导视	18：15	导视
18：21	欣赏、广告	18：21	欣赏、广告	18：21	欣赏、广告	18：21	欣赏、广告	18：21	欣赏、广告	18：21	欣赏、广告	18：21	欣赏、广告
18：30	世界纪录 电影长廊	18：30	世界纪录 电影长廊	18：30	世界纪录 电影长廊	18：30	世界纪录 电影长廊	18：30	世界纪录 电影长廊	18：30	世界纪录 电影长廊	18：30	世界电影之旅（重） 下周电影（重）
19：00	导视、广告	19：00	导视、广告	19：00	导视、广告	19：00	导视、广告	19：00	导视、广告	19：00	导视、广告	19：00	导视、广告
19：11	美术片	19：11	美术片	19：11	美术片	19：11	美术片	19：11	美术片	19：11	美术片	19：11	美术片
19：29	广告	19：29	广告	19：29	广告	19：29	广告	19：29	广告	19：29	广告	19：29	广告
19：32	导视	19：32	导视	19：32	导视	19：32	导视	19：32	导视	19：32	导视	19：32	导视
19：38	广告	19：38	广告	19：38	广告	19：38	广告	19：38	广告	19：38	广告	19：38	广告
19：45	故事片	19：45	故事片	19：45	故事片	19：45	故事片	19：45	周末影院	19：45	动作 90 分	19：45	周日点播
21：23	广告 预告	21：23	广告 预告	21：23	广告 预告	21：23	广告 预告	21：23	广告 预告	21：23	广告 预告	21：23	广告 预告
21：30	流金岁月	21：30	中国电影报道	21：30	中国电影报道	21：30	中国电影报道	21：30	中国电影报道	21：30	欣赏	21：30	中国电影报道、世界电影之旅

续表

星期一		星期二		星期三		星期四		星期五		星期六		星期日	
21：45	广告	21：45	广告	21：45	广告	21：45	广告	21：45	广告	21：45	广告	21：45	广告
21：50	译制片	21：50	译制片	21：50	情感剧场	21：50	译制片	21：50	译制片	21：50	佳片有约（译）	21：50	译制片
23：20	导视	23：20	导视	23：20	导视	23：20	导视	23：20	导视	23：20	导视　预告	23：20	导视
23：25	广告	23：25	广告	23：25	广告	23：25	广告	23：25	广告	23：25	广告	23：25	广告
23：30	故事片	23：30	故事片	23：30	故事片	23：30	故事片	23：30	银色经典	23：30	故事片	23：30	探索影厅
01：10	广告	01：10	广告	01：10	广告	01：10	广告	01：10	广告	01：10	广告	01：10	广告
01：15	电影歌曲	01：15	电影歌曲	01：15	电影歌曲	01：15	电影歌曲	01：15	电影歌曲	01：00	电影歌曲	01：15	电影歌曲
01：20	结束	01：20	结束	01：20	结束	01：20	结束	01：20	结束	01：20	结束	01：20	结束

CCTV—7（少儿·军事·农业频道）栏目播出时间表

星期一		星期二		星期三		星期四		星期五		星期六		星期日	
05：55	台标·国歌 收视指南	05：55	台标·国歌 收视指南	05：55	台标·国歌 收视指南	05：55	台标·国歌 收视指南	05：55	台标·国歌 收视指南	05：55	台标·国歌 收视指南	05：55	台标·国歌 收视指南
06：00	每日农经（重）	06：00	每日农经（重）	06：00	每日农经（重）	06：00	每日农经（重）	06：00	每日农经（重）	06：00	每日农经（重）	06：00	每日农经（重）
06：30	基层瞭望（重）	06：30	生活 567（重）	06：30	生活 567（重）	06：30	生活 567（重）	06：30	生活 567（重）	06：30	生活 567（重）	06：30	生活 567（重）
06：55	广告	06：55	广告	06：55	广告	06：55	广告	06：55	广告	06：55	广告	06：55	广告
07：00	国防时空（重）	07：00	国防时空（重）	07：00	国防时空（重）	07：00	国防时空（重）	07：00	国防时空（重）	07：00	国防时空（重）	07：00	国防时空（重）
07：30	劳动就业（重）	07：30	金土地（重）	07：30	专题节目	07：30	专题节目	07：30	专题节目	07：30	军事报道（重）	07：30	第二起跑线（重）
				7：50	劳动就业（重）	07：50	劳动就业（重）	07：50	劳动就业（重）	08：00	劳动就业（重）		
08：20	芝麻开门（重）	08：20	芝麻开门（重）	08：20	芝麻开门（重）	08：20	芝麻开门（重）	08：20	芝麻开门（重）			08：19	芝麻开门（重）
08：30	动画城（重）	08：30	动画城（重）	08：30	动画城（重）	08：30	动画城（重）	08：30	动画城（重）	08：30	动画城（重）	08：29	周末七巧板（重）
08：59	广告	08：59	广告	08：59	广告	08：59	广告	08：59	广告	08：59	广告	08：59	广告
09：02	中国动画（重）	09：02	中国动画（重）	09：02	中国动画（重）	09：02	中国动画（重）	09：02	中国动画（重）	09：02	中国动画（重）	09：02	中国动画（重）
09：17	广告	09：17	广告	09：17	广告	09：17	广告	09：17	广告	09：17	广告	09：17	广告
09：19	智慧树（重）	09：19	智慧树（重）	09：19	智慧树（重）	09：19	智慧树（重）	09：19	智慧树（重）	09：19	智慧树（重）	09：19	智慧树（重）
09：48	广告	09：48	广告	09：48	广告	09：48	广告	09：48	广告	09：48	广告	09：48	广告
09：50	七巧板（重）	09：50	七巧板（重）	09：50	七巧板（重）	09：50	七巧板（重）	09：50	七巧板（重）	09：50	七巧板（重）	09：50	七巧板（重）
10：00	军事报道（重）	10：00	军事报道（重）	10：00	军事报道（重）	10：00	军事报道（重）	10：00	军事报道（重）	10：00	军事天地（重）	10：00	军事报道（重）

续表

星期一		星期二		星期三		星期四		星期五		星期六		星期日	
10：30	广告	10：30	广告	10：30	广告	10：30	广告	10：30	广告	10：30	广告	10：30	广告
10：33	收视指南	10：33	收视指南	10：33	收视指南	10：33	收视指南	10：33	收视指南	10：33	收视指南	10：33	收视指南
10：34	广告	10：34	广告	10：34	广告	10：34	广告	10：34	广告	10：34	广告	10：34	广告
10：40	中国武警（重）	10：40	祝你成才（重）	10：40	祝你成才（重）	10：40	军营文化（重）	10：40	中国武警（重）	10：40	中国武警（首）	10：40	军营文化（首）
11：30	专题片节目	11：30	专题片节目	11：30	专题片节目	11：30	专题片节目	11：30	专题片节目	11：30	人民子弟兵(首)	11：30	电视你我他(重)
										12：00	三星智力快车(重)	12：00	选择（重）
12：30	致富经（重）	12：30	致富经（重）	12：30	致富经（重）	12：30	致富经（重）	12：30	致富经（重）	12：50	七巧板（重）	12：49	七巧板（重）
13：00	科技苑（重）	13：00	科技苑（重）	13：00	科技苑（重）	13：00	科技苑（重）	13：00	科技苑（重）	13：00	科技苑（重）	12：59	科技苑（重）
13：30	法制编辑部(重)	13：30	聚焦三农（重）	13：30	聚焦三农（重）	13：30	聚焦三农（重）	13：30	聚焦三农（重）	13：30	聚焦三农（重）	13：29	乡约（重）
		13：45	搜寻天下（重）	13：45	搜寻天下（重）	13：45	搜寻天下（重）	13：45	搜寻天下（重）	13：45	搜寻天下（重）		
14：15	广告（农业）	14：15	广告（农业）	14：15	广告（农业）	14：15	广告（农业）	14：15	广告（农业）	14：15	广告（农业）	14：14	广告（农业）
14：16	每日农经（重）	14：16	每日农经（重）	14：16	每日农经（重）	14：16	每日农经（重）	14：16	每日农经（重）	14：16	每日农经（重）	14：15	每日农经（重）
14：46	农广天地（首）	14：46	农广天地（首）	14：46	农广天地（首）	14：46	农广天地（首）	14：46	农广天地（首）	14：46	芝麻开门（重）	14：45	芝麻开门（重）
15：16	芝麻开门（重）	15：16	芝麻开门（重）	15：16	芝麻开门（重）	15：16	芝麻开门（重）	15：16	芝麻开门（重）	14：56	第二起跑线(重)	14：55	大风车（重）
15：26	广告	15：26	广告	15：26	广告	15：26	广告	15：26	广告	15：45	广告	15：34	广告
												15：37	同一片蓝天(重)
15：29	中国动画（重）	15：29	中国动画（重）	15：29	中国动画（重）	15：29	同一片蓝天（重）	15：28	LG 移动电话金苹果（重）	15：48	大风车（重）	16：21	广告
15：44	智慧树（重）	15：44	智慧树（重）	15：44	智慧树（重）					16：27	广告	16：26	音乐快递（重）
16：13	广告	16：13	广告	16：13	广告	16：13	广告	16：13	广告	16：31	周末七巧板(重)	16：31	周末音乐快递（重）
16：16	大风车（重）	16：16	大风车（重）	16：16	大风车（重）	16：16	大风车（重）	16：16	大风车（重）	17：00	收视指南	17：00	收视指南
16：55	七巧板（重）	16：55	七巧板（重）	16：55	七巧板（重）	16：55	七巧板（重）	16：55	七巧板（重）	17：02	请您欣赏	17：02	请您欣赏
17：05	国防时空（重）	17：05	国防时空（重）	17：05	国防时空（重）	17：05	国防时空（重）	17：05	国防时空（重）				
17：35	军事科技（首）	17：35	文体视窗（首）	17：35	军事科技（重）	17：35	军事科技（首）	17：35	文体视窗（重）	17：05	祝你成才（首）	17：05	军营文化（重）
17：55	天气预报	17：55	天气预报	17：55	天气预报	17：55	天气预报	17：55	天气预报	17：55	天气预报	17：55	天气预报
18：00	广告（农业）	18：00	广告（农业）	18：00	广告（农业）	18：00	广告（农业）	18：00	广告（农业）	18：00	广告（农业）	18：00	广告（农业）
18：05	生活 567（首）	18：05	生活 567（首）	18：05	生活 567（首）	18：05	生活 567（首）	18：05	生活 567（首）	18：05	乡村大世界(首)	18：05	基层瞭望（首）
18：30	科技苑（首）	18：30	科技苑（首）	18：30	科技苑（首）	18：30	科技苑（首）	18：30	科技苑（首）			18：30	科技苑（首）
19：00	农广天地（首）	19：00	农广天地（首）	19：00	农广天地（首）	19：00	农广天地（首）	19：00	农广天地（首）			19：00	农广天地（首）
19：30	军事报道（首）	19：30	军事报道（首）	19：30	军事报道（首）	19：30	军事报道（首）	19：30	军事报道（首）	19：30	军事报道（首）	19：30	军事报道（首）

续表

星期一		星期二		星期三		星期四		星期五		星期六		星期日	
20：00	中国动画（重）	20：00	中国动画（重）	20：00	中国动画（重）	20：00	中国动画（重）	20：00	中国动画（重）	20：00	中国动画（重）	20：00	中国动画（重）
20：15	广告	20：15	广告	20：15	广告	20：15	广告	20：15	广告	20：15	广告	20：15	广告
20：18	东方儿童（重）	20：18	东方儿童（重）	20：18	东方儿童（重）	20：18	东方儿童（重）	20：18	东方儿童（重）	20：18	东方儿童（重）	20：18	东方儿童（重）
20：47	收视指南	20：47	收视指南	20：47	收视指南	20：47	收视指南	20：47	收视指南	20：47	收视指南	20：47	收视指南
20：49	专题节目	20：49	专题节目	20：49	专题节目	20：49	专题节目	20：49	专题节目	20：49	专题节目	20：49	专题节目
21：17	广告（农业）	21：17	广告（农业）	21：17	广告（农业）	21：17	广告（农业）	21：17	广告（农业）	21：17	广告（农业）	21：17	广告（农业）
21：19	每日农经（首）	21：19	每日农经（首）	21：19	每日农经（首）	21：19	每日农经（首）	21：19	每日农经（首）	21：19	每日农经（首）	21：19	每日农经（首）
21：49	广告	21：49	广告	21：49	广告	21：49	广告	21：49	广告	21：49	广告	21：49	广告
21：52	聚焦三农（首）	21：52	聚焦三农（首）	21：52	聚焦三农（首）	21：52	聚焦三农（首）	21：52	聚焦三农（首）	21：52	乡约（首）	21：52	法制编辑部(首)
22：07	致富经（首）	22：07	致富经（首）	22：07	致富经（首）	22：07	致富经（首）	22：07	致富经（首）				
22：37	广告	22：37	广告	22：37	广告	22：37	广告	22：37	广告	22：37	广告	22：37	广告
22：40	广告（农业）	22：40	广告（农业）	22：40	广告（农业）	22：40	广告（农业）	22：40	广告（农业）	22：40	广告（农业）	22：40	广告（农业）
22：42	国防时空（首）	22：42	国防时空（首）	22：42	国防时空（首）	22：42	国防时空（首）	22：42	国防时空（首）	22：42	国防时空（首）	22：42	国防时空（首）
23：12	广告	23：12	广告	23：12	广告	23：12	广告	23：12	广告	23：12	广告	23：12	广告
23：15	搜寻天下（首）	23：15	搜寻天下（首）	23：15	搜寻天下（首）	23：15	搜寻天下（首）	23：15	搜寻天下（首）	23：15	搜寻天下（首）	23：15	广告（农业）
23：45	广告（农业）	23：45	广告（农业）	23：45	广告（农业）	23：45	广告（农业）	23：45	广告（农业）	23：45	广告（农业）	23：20	乡村大世界（重）
23：50	科技苑（重）	23：50	农广天地（重）	23：50	农广天地（重）	23：50	农广天地（重）	23：50	农广天地（重）	23：50	农广天地（重）		
00：20	广告（农业）	00：20	广告（农业）	00：20	广告（农业）	00：20	广告（农业）	00：20	广告（农业）	00：20	广告（农业）		
00：23	农广天地（重）	00：23	农广天地（重）	00：23	农广天地（重）	00：23	农广天地（重）	00：23	农广天地（重）	00：23	农广天地（重）	00：45	广告（农业）
00：53	广告	00：53	广告	00：53	广告	00：53	广告	00：53	广告	00：53	广告	00：48	广告
01：03	收视指南	01：03	收视指南	01：03	收视指南	01：03	收视指南	01：03	收视指南	01：03	收视指南	00：58	收视指南
01：05	广告	01：05	广告	01：05	广告	01：05	广告	01：05	广告	01：05	广告	01：00	广告
01：08	收视指南 结束	01：08	收视指南 结束	01：08	收视指南 结束	01：08	收视指南 结束	01：08	西部教育（首）	01：08	西部教育（重）	01：03	收视指南 结束
								01：58	收视指南 结束	01：58	收视指南 结束		

CCTV—8（电视剧频道）栏目播出时间表

星期一		星期二		星期三		星期四		星期五		星期六		星期日	
05：57	台标·国歌、预告	05：57	台标·国歌、预告	05：57	台标·国歌、预告	05：57	台标·国歌、预告	05：57	台标·国歌、预告	05：57	台标·国歌、预告	05：57	台标·国歌、预告
06：00	佳艺影院	06：00	佳艺剧场	06：00	佳艺剧场	06：00	佳艺剧场	06：00	佳艺剧场	06：00	佳艺剧场	06：00	佳艺剧场
		06：50	世界影视博览	06：50	世界影视博览	06：50	世界影视博览	06：50	世界影视博览	06：50	世界影视博览	06：50	世界影视博览
		07：05	包装+广告	07：05	包装+广告	07：05	包装+广告	07：05	包装+广告	07：05	包装+广告	07：05	包装+广告
		07：10	影视俱乐部	07：10	影视同期声	07：10	影视同期声	07：10	影视同期声	07：10	影视同期声	07：10	影视同期声
		07：30	影视金曲	07：30	影视金曲	07：30	影视金曲	07：30	影视金曲	07：30	影视金曲	07：30	影视金曲
07：40	广告	07：40	时段广告	07：40	时段广告	07：40	时段广告	07：40	时段广告	07：40	时段广告	07：40	时段广告
07：44	包装	07：44	包装	07：44	包装	07：44	包装	07：44	包装	07：44	包装	07：44	包装
07：46	大剧场	07：46	大剧场	07：46	大剧场	07：46	大剧场	07：46	大剧场	07：46	大剧场	07：46	大剧场
08：37	包装+广告	08：37	包装+广告	08：37	包装+广告	08：37	包装+广告	08：37	包装+广告	08：37	包装+广告	08：37	包装+广告
08：44	大剧场	08：44	大剧场	08：44	大剧场	08：44	大剧场	08：44	大剧场	08：44	大剧场	08：44	大剧场
09：35	包装+广告	09：35	包装+广告	09：35	包装+广告	09：35	包装+广告	09：35	包装+广告	09：35	包装+广告	09：35	包装+广告
09：41	大剧场	09：41	大剧场	09：41	大剧场	09：41	大剧场	09：41	大剧场	09：41	大剧场	09：41	大剧场
10：32	包装+广告	10：32	包装+广告	10：32	包装+广告	10：32	包装+广告	10：32	包装+广告	10：32	包装+广告	10：32	包装+广告
10：39	大剧场	10：39	大剧场	10：39	大剧场	10：39	大剧场	10：39	大剧场	10：39	大剧场	10：39	大剧场
11：31	包装+广告	11：31	包装+广告	11：31	包装+广告	11：31	包装+广告	11：31	包装+广告	11：31	包装+广告	11：31	包装+广告
11：38	快乐剧场+集间广告	11：38	快乐剧场+集间广告	11：38	快乐剧场+集间广告	11：38	快乐剧场+集间广告	11：38	快乐剧场+集间广告	11：38	快乐剧场+集间广告	11：38	快乐剧场+集间广告
12：44	包装+广告	12：44	包装+广告	12：44	包装+广告	12：44	包装+广告	12：44	包装+广告	12：44	包装+广告	12：44	包装+广告
12：51	魅力100分+集间广告	12：51	魅力100分+集间广告	12：51	魅力100分+集间广告	12：51	魅力100分+集间广告	12：51	魅力100分+集间广告	12：51	魅力100分+集间广告	12：51	魅力100分+集间广告
14：41	影视金曲	14：41	影视金曲	14：41	影视金曲	14：41	影视金曲	14：41	影视金曲	14：41	影视金曲	14：41	影视金曲
14：51	包装	14：51	包装	14：51	包装	14：51	包装	14：51	包装	14：51	包装	14：51	包装
14：53	广告	14：53	广告	14：53	广告	14：53	广告	14：53	广告	14：53	广告	14：53	广告
14：57	环球影院	14：57	环球影院	14：57	环球影院	14：57	环球影院	14：57	环球影院	14：57	环球影院	14：57	环球影院
16：37	包装	16：37	包装	16：37	包装	16：37	包装	16：37	包装	16：37	包装	16：37	包装
16：39	广告	16：39	广告	16：39	广告	16：39	广告	16：39	广告	16：39	广告	16：39	广告

续表

星期一		星期二		星期三		星期四		星期五		星期六		星期日	
16：43	青春剧苑＋集间广告	16：43	青春剧苑＋集间广告	16：43	青春剧苑＋集间广告	16：43	青春剧苑＋集间广告	16：43	青春剧苑＋集间广告	16：43	青春剧苑＋集间广告	16：43	青春剧苑＋集间广告
18：32	包装	18：32	包装	18：32	包装	18：32	包装	18：32	包装	18：32	包装	18：32	包装
18：35	广告	18：35	广告	18：35	广告	18：35	广告	18：35	广告	18：35	广告	18：35	广告
18：39	影视同期声	18：39	影视同期声	18：39	影视同期声	18：39	影视同期声	18：39	影视同期声	18：39	影视同期声	18：39	影视同期声
18：59	包装	18：59	包装	18：59	包装	18：59	包装	18：59	包装	18：59	包装	19：09	包装
19：01	广告	19：01	广告	19：01	广告	19：01	广告	19：01	广告	19：01	广告	19：11	广告
19：04	世界影视博览	19：04	世界影视博览	19：04	世界影视博览	19：04	世界影视博览	19：04	世界影视博览	19：04	世界影视博览	19：14	影视金曲
19：19	广告	19：19	广告	19：19	广告	19：19	广告	19：19	广告	19：19	广告	19：19	广告
19：24	包装	19：24	包装	19：24	包装	19：24	包装	19：24	包装	19：24	包装	19：24	包装
19：27	黄金时段广告	19：27	黄金时段广告	19：27	黄金时段广告	19：27	黄金时段广告	19：27	黄金时段广告	19：27	黄金时段广告	19：27	黄金时段广告
19：30	黄金强档＋集间广告	19：30	黄金强档＋集间广告	19：30	黄金强档＋集间广告	19：30	黄金强档＋集间广告	19：30	黄金强档＋集间广告	19：30	黄金强档＋集间广告	19：30	黄金强档＋集间广告
21：53	时段广告	21：53	时段广告	21：53	时段广告	21：53	时段广告	21：53	时段广告	21：53	时段广告	21：53	时段广告
22：00	佳艺剧场	22：00	佳艺剧场	22：00	佳艺剧场	22：00	佳艺剧场	22：00	佳艺剧场	22：00	佳艺剧场	22：00	佳艺剧场
22：50	包装	22：50	包装	22：50	包装	22：50	包装	22：50	包装	22：50	包装	23：40	包装
22：52	广告	22：52	广告	22：52	广告	22：52	广告	22：52	广告	22：52	广告	23：42	广告
22：56	海外剧场＋集间广告	22：56	海外剧场＋集间广告	22：56	海外剧场＋集间广告	22：56	海外剧场＋集间广告	22：56	海外剧场＋集间广告	22：56	海外剧场＋集间广告	23：50	影视俱乐部
												00：20	影视同期声
00：40	包装	00：40	包装	00：40	包装	00：40	包装	00：40	包装	00：40	包装	00：40	包装
00：42	广告	00：42	广告	00：42	广告	00：42	广告	00：42	广告	00：42	广告	00：42	广告
00：46	都市剧场＋集间广告	00：46	都市剧场＋集间广告	00：46	都市剧场＋集间广告	00：46	都市剧场＋集间广告	00：46	都市剧场＋集间广告	00：46	都市剧场＋集间广告	00：46	都市剧场＋集间广告
05：35	影视同期声	05：35	影视同期声	05：35	影视同期声	05：35	影视同期声	05：35	影视同期声	05：35	影视同期声	05：35	影视同期声
05：57	台标·国歌	05：57	台标·国歌	05：57	台标·国歌	05：57	台标·国歌	05：57	台标·国歌	05：57	台标·国歌	05：57	台标·国歌

CCTV－9（英语频道）栏目播出时间表

星期一		星期二		星期三		星期四		星期五		星期六		星期日	
04：00	综合新闻＋荧屏导视	04：00	综合新闻＋荧屏导视	04：00	综合新闻＋荧屏导视	04：00	综合新闻＋荧屏导视	04：00	综合新闻＋荧屏导视	04：00	综合新闻＋荧屏导视	04：00	综合新闻＋荧屏导视
04：30	纪录片	04：30	纪录片	04：30	纪录片	04：30	纪录片	04：30	纪录片	04：30	纪录片	04：30	纪录片
05：00	综合要闻	05：00	综合要闻	05：00	综合要闻	05：00	综合要闻	05：00	综合要闻	05：00	综合要闻		
05：15	体育新闻	05：15	体育新闻	05：15	体育新闻	05：15	体育新闻	05：15	体育新闻	05：15	体育新闻	05：00	体育新闻周末版
05：30	自然与科学	05：30	自然与科学	05：30	自然与科学	05：30	自然与科学	05：30	自然与科学	05：30	中华艺苑	05：30	中华艺苑
05：55	中华文明	05：55	中华文明	05：55	中华文明	05：55	中华文明	05：55	中华文明				
06：00	综合要闻、财经新闻	06：00	综合要闻、财经新闻	06：00	综合要闻、财经新闻	06：00	综合要闻、财经新闻	06：00	综合要闻、财经新闻	06：00	综合要闻、财经新闻	06：00	综合要闻、财经新闻
06：30	中国各地	06：30	中国各地	06：30	中国各地	06：30	中国各地	06：30	中国各地	06：30	今日世界	06：30	一周回顾
07：00	综合要闻、今日亚洲	07：00	综合要闻、今日亚洲	07：00	综合要闻、今日亚洲	07：00	综合要闻、今日亚洲	07：00	综合要闻、今日亚洲	07：00	综合要闻、今日亚洲	07：00	综合要闻、今日亚洲
07：30	今日话题	07：30	今日话题	07：30	今日话题	07：30	今日话题	07：30	今日话题	07：30	今日话题	07：30	今日话题
08：00	环球瞭望＋荧屏导视	08：00	环球瞭望＋荧屏导视	08：00	环球瞭望＋荧屏导视	08：00	环球瞭望＋荧屏导视	08：00	环球瞭望＋荧屏导视	08：00	环球瞭望＋荧屏导视	08：00	环球瞭望＋荧屏导视
08：30	文化特快	08：30	文化特快	08：30	文化特快	08：30	文化特快	08：30	文化特快	08：30	文化特快	08：30	文化特快
09：00	综合要闻	09：00	综合要闻	09：00	综合要闻	09：00	综合要闻	09：00	综合要闻	09：00	综合要闻	09：00	综合要闻
09：15	学汉语	09：15	学汉语	09：15	学汉语	09：15	学汉语	09：15	学汉语	09：15	学汉语	09：15	人物聚焦
09：30	外国人看中国	09：30	旅游指南	09：30	外国人看中国	09：30	旅游指南	09：30	外国人看中国	09：30	旅游指南		
10：00	综合要闻	10：00	综合要闻	10：00	综合要闻	10：00	综合要闻	10：00	综合要闻	10：00	综合要闻	10：00	体育新闻周末版
10：15	体育新闻	10：15	体育新闻	10：15	体育新闻	10：15	体育新闻	10：15	体育新闻	10：15	体育新闻		
10：30	纪录片	10：30	纪录片	10：30	纪录片	10：30	纪录片	10：30	纪录片	10：30	纪录片	10：30	纪录片
11：00	综合要闻、财经新闻	11：00	综合要闻、财经新闻	11：00	综合要闻、财经新闻	11：00	综合要闻、财经新闻	11：00	综合要闻、财经新闻	11：00	综合要闻、财经新闻	11：00	综合要闻、财经新闻
11：30	自然与科学	11：30	自然与科学	11：30	自然与科学	11：30	自然与科学	11：30	自然与科学	11：30	中华艺苑	11：30	中华艺苑
11：55	中华文明	11：55	中华文明	11：55	中华文明	11：55	中华文明	11：55	中华文明				
12：00	综合新闻＋荧屏导视	12：00	综合新闻＋荧屏导视	12：00	综合新闻＋荧屏导视	12：00	综合新闻＋荧屏导视	12：00	综合新闻＋荧屏导视	12：00	综合新闻＋荧屏导视	12：00	综合新闻＋荧屏导视

续表

星期一		星期二		星期三		星期四		星期五		星期六		星期日	
12：30	中国各地	12：30	中国各地	12：30	中国各地	12：30	中国各地	12：30	中国各地	12：30	今日世界	12：30	一周回顾
13：00	综合新闻＋荧屏导视	13：00	综合新闻＋荧屏导视	13：00	综合新闻＋荧屏导视	13：00	综合新闻＋荧屏导视	13：00	综合新闻＋荧屏导视	13：00	综合新闻＋荧屏导视	13：00	综合新闻＋荧屏导视
13：30	今日话题	13：30	今日话题	13：30	今日话题	13：30	今日话题	13：30	今日话题	13：30	今日话题	13：30	今日话题
14：00	综合要闻、财经新闻	14：00	综合要闻、财经新闻	14：00	综合要闻、财经新闻	14：00	综合要闻、财经新闻	14：00	综合要闻、财经新闻	14：00	综合要闻、财经新闻	14：00	综合要闻、财经新闻
14：30	文化特快	14：30	文化特快	14：30	文化特快	14：30	文化特快	14：30	文化特快	14：30	文化特快	14：30	文化特快
15：00	综合要闻	15：00	综合要闻	15：00	综合要闻	15：00	综合要闻	15：00	综合要闻	15：00	综合要闻	15：00	综合要闻
15：15	学汉语	15：15	学汉语	15：15	学汉语	15：15	学汉语	15：15	学汉语	15：15	学汉语	15：15	人物聚焦
15：30	外国人看中国	15：30	旅游指南	15：30	外国人看中国	15：30	旅游指南	15：30	外国人看中国	15：30	旅游指南		
16：00	综合要闻	16：00	综合要闻	16：00	综合要闻	16：00	综合要闻	16：00	综合要闻	16：00	综合要闻	16：00	体育新闻周末版
16：15	体育新闻	16：15	体育新闻	16：15	体育新闻	16：15	体育新闻	16：15	体育新闻	16：15	体育新闻		
16：30	纪录片	16：30	纪录片	16：30	纪录片	16：30	纪录片	16：30	纪录片	16：30	纪录片	16：30	纪录片
17：00	综合新闻＋荧屏导视	17：00	综合新闻＋荧屏导视	17：00	综合新闻＋荧屏导视	17：00	综合新闻＋荧屏导视	17：00	综合新闻＋荧屏导视	17：00	综合新闻＋荧屏导视	17：00	综合新闻＋荧屏导视
17：30	自然与科学	17：30	自然与科学	17：30	自然与科学	17：30	自然与科学	17：30	自然与科学	17：30	中华艺苑	17：30	中华艺苑
17：55	中华文明	17：55	中华文明	17：55	中华文明	17：55	中华文明	17：55	中华文明				
18：00	综合要闻、财经新闻	18：00	综合要闻、财经新闻	18：00	综合要闻、财经新闻	18：00	综合要闻、财经新闻	18：00	综合要闻、财经新闻	18：00	综合要闻、财经新闻	18：00	综合要闻、财经新闻
18：30	中国各地	18：30	中国各地	18：30	中国各地	18：30	中国各地	18：30	中国各地	18：30	今日世界	18：30	一周回顾
19：00	环球瞭望＋荧屏导视	19：00	环球瞭望＋荧屏导视	19：00	环球瞭望＋荧屏导视	19：00	环球瞭望＋荧屏导视	19：00	环球瞭望＋荧屏导视	19：00	环球瞭望＋荧屏导视	19：00	环球瞭望＋荧屏导视
19：30	今日话题	19：30	今日话题	19：30	今日话题	19：30	今日话题	19：30	今日话题	19：30	今日话题	19：30	今日话题
20：00	综合要闻、今日亚洲	20：00	综合要闻、今日亚洲	20：00	综合要闻、今日亚洲	20：00	综合要闻、今日亚洲	20：00	综合要闻、今日亚洲	20：00	综合要闻、今日亚洲	20：00	综合要闻、今日亚洲
20：30	文化特快	20：30	文化特快	20：30	文化特快	20：30	文化特快	20：30	文化特快	20：30	文化特快	20：30	文化特快
21：00	综合新闻＋荧屏导视	21：00	综合新闻＋荧屏导视	21：00	综合新闻＋荧屏导视	21：00	综合新闻＋荧屏导视	21：00	综合新闻＋荧屏导视	21：00	综合新闻＋荧屏导视	21：00	综合新闻＋荧屏导视
21：30	外国人看中国	21：30	旅游指南	21：30	外国人看中国	21：30	旅游指南	21：30	外国人看中国	21：30	旅游指南	21：15	人物聚焦
22：00	综合要闻、财经新闻	22：00	综合要闻、财经新闻	22：00	综合要闻、财经新闻	22：00	综合要闻、财经新闻	22：00	综合要闻、财经新闻	22：00	综合要闻、财经新闻	22：00	综合要闻、财经新闻

续表

星期一		星期二		星期三		星期四		星期五		星期六		星期日	
22：30	纪录片	22：30	纪录片	22：30	纪录片	22：30	纪录片	22：30	纪录片	22：30	纪录片	22：30	纪录片
23：00	综合要闻	23：00	综合要闻	23：00	综合要闻	23：00	综合要闻	23：00	综合要闻	23：00	综合要闻	23：00	体育新闻周末版
23：15	体育新闻	23：15	体育新闻	23：15	体育新闻	23：15	体育新闻	23：15	体育新闻	23：15	体育新闻		
23：30	自然与科学	23：30	自然与科学	23：30	自然与科学	23：30	自然与科学	23：30	自然与科学	23：30	中华艺苑	23：30	中华艺苑
23：55	中华文明	23：55	中华文明	23：55	中华文明	23：55	中华文明	23：55	中华文明				
00：00	综合新闻＋荧屏导视	00：00	综合新闻＋荧屏导视	00：00	综合新闻＋荧屏导视	00：00	综合新闻＋荧屏导视	00：00	综合新闻＋荧屏导视	00：00	综合新闻＋荧屏导视	00：00	综合新闻＋荧屏导视
00：30	中国各地	00：30	中国各地	00：30	中国各地	00：30	中国各地	00：30	中国各地	00：30	今日世界	00：30	一周回顾
01：00	综合要闻、财经新闻	01：00	综合要闻、财经新闻	01：00	综合要闻、财经新闻	01：00	综合要闻、财经新闻	01：00	综合要闻、财经新闻	01：00	综合要闻、财经新闻	01：00	综合要闻、财经新闻
01：30	今日话题	01：30	今日话题	01：30	今日话题	01：30	今日话题	01：30	今日话题	01：30	今日话题	01：30	今日话题
02：00	综合要闻、今日亚洲	02：00	综合要闻、今日亚洲	02：00	综合要闻、今日亚洲	02：00	综合要闻、今日亚洲	02：00	综合要闻、今日亚洲	02：00	综合要闻、今日亚洲	02：00	综合要闻、今日亚洲
02：30	文化特快	02：30	文化特快	02：30	文化特快	02：30	文化特快	02：30	文化特快	02：30	文化特快	02：30	文化特快
03：00	综合要闻	03：00	综合要闻	03：00	综合要闻	03：00	综合要闻	03：00	综合要闻	03：00	综合要闻	03：00	综合要闻
03：15	学汉语	03：15	学汉语	03：15	学汉语	03：15	学汉语	03：15	学汉语	03：15	学汉语	03：15	人物聚焦
03：30	外国人看中国	03：30	旅游指南	03：30	外国人看中国	03：30	旅游指南	03：30	外国人看中国	03：30	旅游指南		

CCTV—10（科教频道）栏目播出时间表

星期一		星期二		星期三		星期四		星期五		星期六		星期日	
05：55	开始曲	05：55	开始曲	05：55	开始曲	05：55	开始曲	05：55	开始曲	05：55	开始曲	05：55	开始曲
06：00	子午书简	06：00	子午书简	06：00	子午书简	06：00	子午书简	06：00	子午书简	06：00	子午书简	06：00	子午书简
06：10	绿色空间	06：10	绿色空间	06：10	绿色空间	06：10	绿色空间	06：10	绿色空间	06：10	绿色空间	06：10	绿色空间(周末)
06：24	收视指南	06：24	收视指南	06：24	收视指南	06：24	收视指南	06：24	收视指南	06：24	收视指南	06：38	收视指南
06：25	希望—英语杂志	06：25	希望—英语杂志	06：25	希望—英语杂志	06：25	希望—英语杂志	06：25	希望—英语杂志	06：25	希望—英语杂志	06：40	专题节目
06：53	收视指南	06：53	收视指南	06：53	收视指南	06：53	收视指南	06：53	收视指南	06：53	收视指南		
06：55	科技之光	06：55	科技之光	06：55	科技之光	06：55	科技之光	06：55	科技之光	06：55	科技之光	06：55	科技之光
07：38	收视指南	07：38	收视指南	07：38	收视指南	07：38	收视指南	07：38	收视指南	07：38	收视指南	07：38	收视指南
07：40	见证	07：40	见证	07：40	见证	07：40	见证	07：40	见证	07：40	教科文90′(85′)	07：40	教科文90′(85′)

续表

星期一		星期二		星期三		星期四		星期五		星期六		星期日	
08：10	家庭	08：05	家庭	08：05	家庭	08：05	家庭	08：05	家庭				
08：35	半边天	08：32	半边天	08：32	半边天	08：32	半边天	08：32	半边天				
09：05	走近科学	09：05	走近科学	09：05	走近科学	09：05	走近科学	09：05	走近科学	09：05	走近科学	09：05	走近科学
09：33	收视指南	09：33	收视指南	09：33	收视指南	09：33	收视指南	09：33	收视指南	09：33	收视指南	09：33	收视指南
09：35	历程	09：35	历程	09：35	历程	09：35	历程	09：35	历程	09：35	历程（周末）	09：35	10视之窗
09：49	收视指南	09：49	收视指南	09：49	收视指南	09：49	收视指南	09：49	收视指南	09：18	收视指南	10：00	纪录片之窗
												10：15	收视指南
09：50	探索·发现	09：50	探索·发现	09：50	探索·发现	09：50	探索·发现	09：50	探索·发现	10：20	专题节目	10：20	专题节目
10：30	讲述	10：30	讲述	10：30	讲述	10：30	讲述	10：30	讲述	10：30	讲述	10：30	周末讲述
10：50	人物	10：50	人物	10：50	人物	10：50	人物	10：50	人物	10：50	10视之窗	11：08	收视指南
										11：15	收视指南	11：10	交流
11：20	当代教育	11：20	当代教育	11：20	当代教育	11：20	当代教育	11：20	当代教育	11：20	当代教育		
11：48	收视指南	11：48	收视指南	11：48	收视指南	11：48	收视指南	11：48	收视指南	11：48	收视指南	11：48	收视指南
11：50	子午书简	11：50	子午书简	11：50	子午书简	11：50	子午书简	11：50	子午书简	11：50	子午书简	11：50	子午书简
12：00	绿色空间	12：00	绿色空间	12：00	绿色空间	12：00	绿色空间	12：00	绿色空间	12：00	绿色空间	12：00	绿色空间(周末)
12：14	收视指南	12：14	收视指南	12：14	收视指南	12：14	收视指南	12：14	收视指南	12：14	收视指南	12：28	收视指南
12：15	希望—英语杂志	12：15	希望—英语杂志	12：15	希望—英语杂志	12：15	希望—英语杂志	12：15	希望—英语杂志	12：15	希望—英语杂志	12：30	大家
12：43	收视指南	12：43	收视指南	12：43	收视指南	12：43	收视指南	12：43	收视指南	12：43	收视指南		
12：45	百家讲坛	12：45	百家讲坛	12：45	百家讲坛	12：45	百家讲坛	12：45	百家讲坛	12：45	百家讲坛		
13：28	收视指南	13：28	收视指南	13：28	收视指南	13：28	收视指南	13：28	收视指南	13：28	收视指南	13：13	收视指南
13：30	科学世界	13：30	人物	13：30	人物	13：30	人物	13：30	人物	13：30	人物	13：15	人物（周末）
13：58	收视指南											13：58	收视指南
14：00	见证	14：00	见证	14：00	见证	14：00	见证	14：00	见证	14：00	公益行动	14：00	公益行动
										14：28	收视指南	14：28	收视指南
14：30	科技博览	14：30	科技博览	14：30	科技博览	14：30	科技博览	14：30	科技博览	14：30	科技博览	14：30	科技博览
14：40	探索·发现	14：40	探索·发现	14：40	探索·发现	14：40	探索·发现	14：40	探索·发现	14：40	第10放映室	14：40	第10放映室
15：20	异想天开	15：20	异想天开	15：20	异想天开	15：20	异想天开	15：20	异想天开				
15：44	收视指南	15：44	收视指南	15：44	收视指南	15：44	收视指南	15：44	收视指南				
15：45	健康之路	15：45	健康之路	15：45	健康之路	15：45	健康之路	15：45	健康之路	16：10	科学世界	16：10	科学世界
16：35	走近科学	16：35	走近科学	16：35	走近科学	16：35	走近科学	16：35	走近科学	16：38	收视指南	16：38	收视指南
17：03	收视指南	17：03	收视指南	17：03	收视指南	17：03	收视指南	17：03	收视指南	16：40	危机大营救	16：40	选择

续表

星期一		星期二		星期三		星期四		星期五		星期六		星期日	
17：05	讲述	17：05	讲述	17：05	讲述	17：05	讲述	17：05	讲述	17：30	收视指南	17：29	收视指南
17：25	家庭	17：25	家庭	17：25	家庭	17：25	家庭	17：25	家庭	17：31	异想天开	17：31	异想天开
17：50	科教片之窗	17：50	科普系列	17：50	科普系列	17：50	科普系列	17：50	科普系列			17：55	收视指南
18：05	地图上的故事	18：05	地图上的故事	18：05	地图上的故事	18：05	地图上的故事	18：05	地图上的故事	17：55	纪录片之窗	18：00	交流
18：10	当代教育	18：10	当代教育	18：10	当代教育	18：10	当代教育	18：10	当代教育	18：10	当代教育		
18：38	收视指南	18：38	收视指南	18：38	收视指南	18：38	收视指南	18：38	收视指南	18：38	收视指南	18：38	收视指南
18：40	今日气象	18：40	今日气象	18：40	今日气象	18：40	今日气象	18：40	今日气象	18：40	今日气象	18：40	今日气象
19：00	希望—英语杂志	19：00	希望—英语杂志	19：00	希望—英语杂志	19：00	希望—英语杂志	19：00	希望—英语杂志	19：00	希望—英语杂志	19：00	收视指南
19：28	收视指南	19：28	收视指南	19：28	收视指南	19：28	收视指南	19：28	收视指南	19：28	收视指南	19：05	10视之窗
19：30	绿色空间	19：30	绿色空间	19：30	绿色空间	19：30	绿色空间	19：30	绿色空间	19：30	绿色空间	19：30	绿色空间(周末)
19：44	收视指南	19：44	收视指南	19：44	收视指南	19：44	收视指南	19：44	收视指南	19：44	收视指南		
19：45	历程	19：45	历程	19：45	历程	19：45	历程	19：45	历程	19：45	历程（周末）		
19：59	收视指南	19：59	收视指南	19：59	收视指南	19：59	收视指南	19：59	收视指南			19：58	收视指南
20：00	见证	20：00	见证	20：00	见证	20：00	见证	20：00	见证	20：28	收视指南	20：00	道德观察
20：30	走近科学	20：30	走近科学	20：30	走近科学	20：30	走近科学	20：30	走近科学	20：30	走近科学	20：30	走近科学
20：58	收视指南	20：58	收视指南	20：58	收视指南	20：58	收视指南	20：58	收视指南	20：58	收视指南	20：58	收视指南
21：00	探索·发现	21：00	探索·发现	21：00	探索·发现	21：00	探索·发现	21：00	探索·发现	21：00	大家	21：00	危机大营救
21：40	讲述	21：40	讲述	21：40	讲述	21：40	讲述	21：40	讲述	21：43	收视指南		
22：00	收视指南	22：00	收视指南	22：00	收视指南	22：00	收视指南	22：00	收视指南	21：45	讲述	21：50	周末讲述
22：05	科技之光	22：05	科技之光	22：05	科技之光	22：05	科技之光	22：05	科技之光	22：05	科技之光	22：28	收视指南
22：48	收视指南	22：48	收视指南	22：48	收视指南	22：48	收视指南	22：48	收视指南	22：48	收视指南	22：30	科技之光
22：50	人物	22：50	人物	22：50	人物	22：50	人物	22：50	人物	22：50	人物（周末）	21：13	收视指南
23：20	科教片之窗	23：20	科普系列	23：20	科普系列	23：20	科普系列	23：20	科普系列	23：33	收视指南		
23：35	地图上的故事	23：35	地图上的故事	23：35	地图上的故事	23：35	地图上的故事	23：35	地图上的故事	23：35	子午书简	23：15	专题节目
23：40	子午书简	23：40	子午书简	23：40	子午书简	23：40	子午书简	23：40	子午书简			23：35	子午书简
23：50	今日气象	23：50	今日气象	23：50	今日气象	23：50	今日气象	23：50	今日气象	23：45	今日气象	23：45	今日气象
00：10	百家讲坛	00：10	百家讲坛	00：10	百家讲坛	00：10	百家讲坛	00：10	百家讲坛	00：05	百家讲坛	00：05	大家
00：53	科技之光	00：53	科技之光	00：53	科技之光	00：53	科技之光	00：53	科技之光	00：48	科学世界	00：48	科学世界
										01：16	科技之光	01：16	科技之光
01：36	节目结束	01：36	节目结束	01：36	节目结束	01：36	节目结束	01：36	节目结束	01：59	节目结束	01：59	节目结束

CCTV—11（戏曲频道）栏目播出时间表

星期一		星期二		星期三		星期四		星期五		星期六		星期日	
05：57	台标、国歌	05：57	台标、国歌	05：57	台标、国歌	05：57	台标、国歌	05：57	台标、国歌	05：57	台标、国歌	05：57	台标、国歌
05：58	节目预告	05：58	节目预告	05：58	节目预告	05：58	节目预告	05：58	节目预告	05：58	节目预告	05：58	节目预告
06：00	广告	06：00	广告	06：00	广告	06：00	广告	06：00	广告	06：00	广告	06：00	广告
06：05	九州大戏台（影视剧版）	06：05	九州大戏台（影视剧版）	06：05	九州大戏台（影视剧版）	06：05	九州大戏台（影视剧版）	06：05	九州大戏台（影视剧版）	06：05	九州大戏台（影视剧版）	06：05	九州大戏台（影视剧版）
06：55	广告	06：55	广告	06：55	广告	06：55	广告	06：55	广告	06：55	广告	06：55	广告
07：00	跟我学	07：00	跟我学	07：00	跟我学	07：00	跟我学	07：00	跟我学	07：00	跟我学	07：00	跟我学
07：30	广告	07：30	广告	07：30	广告	07：30	广告	07：30	广告	07：30	广告	07：30	广告
07：35	名段欣赏	07：35	名段欣赏	07：35	名段欣赏	07：35	名段欣赏	07：35	名段欣赏	07：35	名段欣赏		
08：05	广告	08：05	广告	08：05	广告	08：05	广告	08：05	广告	08：05	广告		
07：35	名段欣赏	07：35	名段欣赏	07：35	名段欣赏	07：35	名段欣赏	07：35	名段欣赏	07：35	名段欣赏	07：35	名段欣赏
08：05	广告	08：05	广告	08：05	广告	08：05	广告	08：05	广告	08：05	广告	08：05	广告
08：10	戏曲采风	08：10	戏曲采风	08：10	戏曲采风	08：10	戏曲采风	08：10	戏曲采风	08：10	戏曲采风	08：10	戏曲采风
08：40	广告	08：40	广告	08：40	广告	08：40	广告	08：40	广告	08：40	广告	08：40	广告
08：45	九州大戏台（地方戏版）	08：45	九州大戏台（京剧版）	08：45	九州大戏台（地方戏版）	08：45	九州大戏台（京剧版）	08：45	九州大戏台（地方戏版）	08：35	九州大戏台（京剧版）	08：35	九州大戏台（地方戏版）
11：05	广告			11：25	广告	11：25	广告	11：05	广告	11：05	广告		
11：10	过把瘾			11：30	戏苑百家	11：10	点播时间	11：10	南腔北调	10：40	梨园播台		
12：00	广告、包装	12：00	广告、包装	12：00	广告、包装	12：00	广告、包装	12：00	广告、包装	12：00	广告、包装	12：00	广告、包装
12：05	跟我学	12：05	跟我学	12：05	跟我学	12：05	跟我学	12：05	跟我学	12：05	跟我学	12：05	跟我学
12：35	广告	12：35	广告	12：35	广告	12：35	广告	12：35	广告	12：35	广告	12：35	广告
12：40	名段欣赏	12：40	名段欣赏	12：40	名段欣赏	12：40	名段欣赏	12：40	名段欣赏	12：40	名段欣赏	12：40	名段欣赏
13：10	广告	13：10	广告	13：10	广告	13：10	广告	13：10	广告	13：10	广告	13：10	广告
13：15	戏曲采风	13：15	戏曲采风	13：15	戏曲采风	13：15	戏曲采风	13：15	戏曲采风	13：15	戏曲采风	13：15	戏曲采风
13：45	广告	13：45	广告	13：45	广告	13：45	广告	13：45	广告	13：45	广告	13：45	广告
13：50	过把瘾			13：50	戏苑百家	13：50	点播时间	13：50	南腔北调	13：50	梨园播台		
14：40	广告	13：50	CCTV 空中剧院	14：20	广告	14：40	广告	14：40	广告	15：10	广告	13：50	CCTV 空中剧院
14：45	九州大戏台（影视剧版）			14：25	九州大戏台（音配像版）	14：45	九州大戏台（京剧版）	14：45	九州大戏台（地方戏版）	15：15	九州大戏台（京剧版）		

续表

星期一		星期二		星期三		星期四		星期五		星期六		星期日	
17：05	广告、包装	17：05	广告、包装	17：05	广告、包装	17：05	广告、包装	17：05	广告、包装	17：05	广告、包装	17：05	广告、包装
17：15	九州大戏台（影视剧版）	17：15	九州大戏台（影视剧版）	17：15	九州大戏台（影视剧版）	17：15	九州大戏台（影视剧版）	17：15	九州大戏台（影视剧版）	17：15	九州大戏台（影视剧版）	17：15	九州大戏台（影视剧版）
18：05	广告	18：05	广告	18：05	广告	18：05	广告	18：05	广告	18：05	广告	18：05	广告
18：10	跟我学	18：10	跟我学	18：10	跟我学	18：10	跟我学	18：10	跟我学	18：10	跟我学	18：10	跟我学
18：40	广告、包装	18：40	广告、包装	18：40	广告、包装	18：40	广告、包装	18：40	广告、包装	18：40	广告、包装	18：40	广告、包装
18：45	名段欣赏	18：45	名段欣赏	18：45	名段欣赏	18：45	名段欣赏	18：45	名段欣赏	18：45	名段欣赏	18：45	名段欣赏
19：15	广告、包装	19：15	广告、包装	19：15	广告、包装	19：15	广告、包装	19：15	广告、包装	19：15	广告、包装	19：15	广告、包装
19：20	戏曲采风	19：20	戏曲采风	19：20	戏曲采风	19：20	戏曲采风	19：20	戏曲采风	19：20	CCTV空中剧院	19：20	戏曲采风
19：50	广告	19：50	广告	19：50	广告	19：50	广告	19：50	广告			19：50	广告
19：55	CCTV空中剧院	19：55	戏苑百家	19：55	点播时间	19：55	南腔北调	19：55	梨园擂台			19：55	过把瘾
		20：25	广告	20：45	广告	20：45	广告	21：15	广告			20：25	广告
		20：30	九州大戏台（音配像版）	20：50	九州大戏台（地方戏版）	21：00	九州大戏台（京剧版）	21：20	九州大戏台（地方戏版）			20：50	九州大戏台（影视剧版）
23：40	广告	23：40	广告	23：40	广告	23：40	广告	23：40	广告	23：40	广告	23：40	广告
23：50	九州大戏台（影视剧版）	23：50	九州大戏台（影视剧版）	23：50	九州大戏台（影视剧版）	23：50	九州大戏台（影视剧版）	23：50	九州大戏台（影视剧版）	23：50	九州大戏台（影视剧版）	23：50	九州大戏台（影视剧版）
24：40	节目预告、结束	24：40	节目预告、结束	24：40	节目预告、结束	24：40	节目预告、结束	24：40	节目预告、结束	24：40	节目预告、结束	24：40	节目预告、结束

CCTV—12（社会与法频道）栏目播出时间表

星期一		星期二		星期三		星期四		星期五		星期六		星期日	
5：55	晨曲·导视	5：55	晨曲·导视	5：55	晨曲·导视	5：55	晨曲·导视	5：55	晨曲·导视	5：55	晨曲·导视	5：55	晨曲·导视
6：00	天地剧场	6：00	天地剧场	6：00	天地剧场	6：00	天地剧场	6：00	天地剧场	6：00	天地剧场	6：00	天地剧场
6：49	导视	6：49	导视	6：49	导视	6：49	导视	6：49	导视	6：49	导视	6：49	导视
6：51	天地剧场	6：51	天地剧场	6：51	天地剧场	6：51	天地剧场	6：51	天地剧场	6：51	天地剧场	6：51	天地剧场
7：40	导视	7：40	导视	7：40	导视	7：40	导视	7：40	导视	7：40	导视	7：40	导视
7：45	中国法治报道	7：45	中国法治报道	7：45	中国法治报道	7：45	中国法治报道	7：45	中国法治报道	7：45	中国法治报道	7：45	中国法治报道
8：15	大家看法	8：15	大家看法	8：15	大家看法	8：15	大家看法	8：15	大家看法	8：15	大家看法	8：15	大家看法

续表

星期一		星期二		星期三		星期四		星期五		星期六		星期日	
8：33	导视	8：33	导视	8：33	导视	8：33	导视	8：33	导视	8：33	导视	8：33	导视
8：35	道德观察	8：35	道德观察	8：35	道德观察	8：35	道德观察	8：35	道德观察	8：35	道德观察	8：35	道德观察
8：55	导视	8：55	导视	8：55	导视	8：55	导视	8：55	导视	8：55	导视	8：55	导视
9：00	第一线	9：00	第一线	9：00	第一线	9：00	第一线	9：00	第一线	9：00	第一线	9：00	第一线
9：20	导视	9：20	导视	9：20	导视	9：20	导视	9：20	导视	9：20	导视	9：20	导视
9：25	今日说法	9：25	今日说法	9：25	今日说法	9：25	今日说法	9：25	今日说法	9：25	今日说法	9：25	今日说法
9：45	导视	9：45	导视	9：45	导视	9：45	导视	9：45	导视	9：45	导视	9：45	导视
9：50	法律讲堂	9：50	法律讲堂	9：50	法律讲堂	9：50	法律讲堂	9：50	法律讲堂	9：50	法律讲堂	9：50	法律讲堂
10：20	导视	10：20	导视	10：20	导视	10：20	导视	10：20	导视	10：20	导视	10：20	导视
10：25	法治视界	10：25	法治视界	10：25	法治视界	10：25	法治视界	10：25	法治视界	10：25	法治视界	10：25	法治视界
10：45	导视	10：45	导视	10：45	导视	10：45	导视	10：45	导视	10：45	导视	10：45	导视
10：50	忏悔录	10：50	天网	10：50	天网	10：50	天网	10：50	天网	10：50	天网	10：50	庭审现场
11：30	导视	11：30	导视	11：30	导视	11：30	导视	11：30	导视	11：30	导视	11：30	导视
11：35	心理访谈	11：35	心理访谈	11：35	心理访谈	11：35	心理访谈	11：35	心理访谈	11：35	心理访谈	11：35	心理访谈
11：55	导视	11：55	导视	11：55	导视	11：55	导视	11：55	导视	11：55	导视	11：55	导视
12：00	中国法治报道	12：00	中国法治报道	12：00	中国法治报道	12：00	中国法治报道	12：00	中国法治报道	12：00	中国法治报道	12：00	中国法治报道
12：30	大家看法	12：30	大家看法	12：30	大家看法	12：30	大家看法	12：30	大家看法	12：30	大家看法	12：30	大家看法
12：48	导视	12：48	导视	12：48	导视	12：48	导视	12：48	导视	12：48	导视	12：48	导视
12：50	道德观察	12：50	道德观察	12：50	道德观察	12：50	道德观察	12：50	道德观察	12：50	道德观察	12：50	道德观察
13：10	第一线	13：10	第一线	13：10	第一线	13：10	第一线	13：10	第一线	13：10	第一线	13：10	第一线
13：30	导视	13：30	导视	13：30	导视	13：30	导视	13：30	导视	13：30	导视	13：30	导视
13：35	法治在线	13：35	法治在线	13：35	法治在线	13：35	法治在线	13：35	法治在线	13：35	法治在线	13：35	法治在线
14：00	导视	14：00	导视	14：00	导视	14：00	导视	14：00	导视	14：00	导视	14：00	导视
14：05	法律讲堂	14：05	法律讲堂	14：05	法律讲堂	14：05	法律讲堂	14：05	法律讲堂	14：05	法律讲堂	14：05	法律讲堂
14：35	导视	14：35	导视	14：35	导视	14：35	导视	14：35	导视	14：35	导视	14：35	导视
14：40	忏悔录	14：40	天网	14：40	天网	14：40	天网	14：40	天网	14：40	天网	14：40	庭审现场
15：20	导视	15：20	导视	15：20	导视	15：20	导视	15：20	导视	15：20	导视	15：20	导视
15：25	心理访谈	15：25	心理访谈	15：25	心理访谈	15：25	心理访谈	15：25	心理访谈	15：25	心理访谈	15：25	心理访谈
15：45	导视	15：45	导视	15：45	导视	15：45	导视	15：45	导视	15：45	导视	15：45	导视

续表

星期一		星期二		星期三		星期四		星期五		星期六		星期日	
15：50	方圆剧场	15：50	方圆剧场	15：50	方圆剧场	15：50	方圆剧场	15：50	方圆剧场	15：50	方圆剧场	15：50	方圆剧场
16：39	导视	16：39	导视	16：39	导视	16：39	导视	16：39	导视	16：39	导视	16：39	导视
16：41	方圆剧场	16：41	方圆剧场	16：41	方圆剧场	16：41	方圆剧场	16：41	方圆剧场	16：41	方圆剧场	16：41	方圆剧场
17：30	导视	17：30	导视	17：30	导视	17：30	导视	17：30	导视	17：30	导视	17：30	导视
17：35	经济与法回放	17：35	经济与法回放	17：35	经济与法回放	17：35	经济与法回放	17：35	经济与法回放	17：35	经济与法回放	17：35	经济与法回放
18：00	导视	18：00	导视	18：00	导视	18：00	导视	18：00	导视	18：00	导视	18：00	导视
18：05	法治视界	18：05	法治视界	18：05	法治视界	18：05	法治视界	18：05	法治视界	18：05	法治视界	18：05	法治视界
18：25	导视	18：25	导视	18：25	导视	18：25	导视	18：25	导视	18：25	导视	18：25	导视
18：30	道德观察	18：30	道德观察	18：30	道德观察	18：30	道德观察	18：30	道德观察	18：30	道德观察	18：30	道德观察
18：50	导视	18：50	导视	18：50	导视	18：50	导视	18：50	导视	18：50	导视	18：50	导视
18：55	法律讲堂	18：55	法律讲堂	18：55	法律讲堂	18：55	法律讲堂	18：55	法律讲堂	18：55	法律讲堂	18：55	法律讲堂
19：25	导视	19：25	导视	19：25	导视	19：25	导视	19：25	导视	19：25	导视	19：25	导视
19：30	中国法治报道	19：30	中国法治报道	19：30	中国法治报道	19：30	中国法治报道	19：30	中国法治报道	19：30	中国法治报道	19：30	中国法治报道
20：00	大家看法	20：00	大家看法	20：00	大家看法	20：00	大家看法	20：00	大家看法	20：00	大家看法	20：00	大家看法
20：18	导视	20：18	导视	20：18	导视	20：18	导视	20：18	导视	20：18	导视	20：18	导视
20：20	第一线	20：20	第一线	20：20	第一线	20：20	第一线	20：20	第一线	20：20	第一线	20：20	第一线
20：40	导视	20：40	导视	20：40	导视	20：40	导视	20：40	导视	20：40	导视	20：40	导视
20：45	天网	20：45	天网	20：45	天网	20：45	天网	20：45	天网	20：45	庭审现场	20：45	忏悔录
21：25	导视	21：25	导视	21：25	导视	21：25	导视	21：25	导视	21：25	导视	21：25	导视
21：30	天地剧场	21：30	天地剧场	21：30	天地剧场	21：30	天地剧场	21：30	天地剧场	21：30	天地剧场	21：30	天地剧场
22：19	导视	22：19	导视	22：19	导视	22：19	导视	22：19	导视	22：19	导视	22：19	导视
22：21	天地剧场	22：21	天地剧场	22：21	天地剧场	22：21	天地剧场	22：21	天地剧场	22：21	天地剧场	22：21	天地剧场
23：10	心理访谈	23：10	心理访谈	23：10	心理访谈	23：10	心理访谈	23：10	心理访谈	23：10	心理访谈	23：10	心理访谈
23：30	方圆剧场	23：30	方圆剧场	23：30	方圆剧场	23：30	方圆剧场	23：30	方圆剧场	23：30	方圆剧场	23：30	方圆剧场
00：19	导视	00：19	导视	00：19	导视	00：19	导视	00：19	导视	00：19	导视	00：19	导视
00：21	方圆剧场	00：21	方圆剧场	00：21	方圆剧场	00：21	方圆剧场	00：21	方圆剧场	00：21	方圆剧场	00：21	方圆剧场
01：10	中国法治报道	01：10	中国法治报道	01：10	中国法治报道	01：10	中国法治报道	01：10	中国法治报道	01：10	中国法治报道	01：10	中国法治报道
01：40	大家看法	01：40	大家看法	01：40	大家看法	01：40	大家看法	01：40	大家看法	01：40	大家看法	01：40	大家看法
01：58	结束	01：58	结束	01：58	结束	01：58	结束	01：58	结束	01：58	结束	01：58	结束

CCTV — 少儿频道栏目播出时间表

星期一		星期二		星期三		星期四		星期五		星期六		星期日	
05：55	台标 · 预告	05：55	台标 · 预告	05：55	台标 · 预告	05：55	台标 · 预告	05：55	台标 · 预告	05：55	台标 · 预告	05：55	台标 · 预告
06：00	动画城	06：00	动画城	06：00	动画城	06：00	动画城	06：00	动画城	06：00	动画城	06：00	周末七巧板
06：30	七巧板	06：30	七巧板	06：30	七巧板	06：30	七巧板	06：30	七巧板	06：30	银河剧场（首）	06：30	节目早知道（周末版）
06：40	芝麻开门	06：40	芝麻开门	06：40	芝麻开门	06：40	芝麻开门	06：40	芝麻开门	06：40	银河剧场（首）		
06：50	大风车	06：50	大风车	06：50	大风车	06：50	大风车	06：50	大风车	06：50	大风车	06：50	大风车
07：30	神奇之窗	07：30	神奇之窗	07：30	快乐体验	07：30	快乐体验	07：30	快乐体验	07：30	公德行动	07：30	周末音乐快递
08：00	中国动画（精品版）	08：00	中国动画（精品版）	08：00	中国动画（精品版）	08：00	中国动画（精品版）	08：00	中国动画（精品版）	08：00	中国动画（精品版）	08：00	中国动画（精品版）
08：30	智慧树	08：30	智慧树	08：30	智慧树	08：30	智慧树	08：30	智慧树	08：30	智慧树	08：30	智慧树
09：00	动漫世界	09：00	动漫世界	09：00	动漫世界	09：00	动漫世界	09：00	动漫世界	09：00	动漫世界	09：00	动漫世界
09：30	东方儿童	09：30	东方儿童	09：30	东方儿童	09：30	东方儿童	09：30	东方儿童	09：30	东方儿童	09：30	东方儿童
10：00	动画城	10：00	动画城	10：00	动画城	10：00	动画城	10：00	动画城	10：00	动画城	10：00	周末七巧板（首）
10：30	智慧树	10：30	智慧树	10：30	智慧树	10：30	智慧树	10：30	智慧树	10：30	智慧树	10：30	智慧树
11：00	中国动画	11：00	中国动画	11：00	中国动画	11：00	中国动画	11：00	中国动画	11：00	中国动画	11：00	金螺号
11：15	七巧板（首）	11：15	七巧板（首）	11：15	七巧板（首）	11：15	七巧板（首）	11：15	七巧板（首）	11：15	银河剧场（首）	11：15	同一片蓝天（首）
11：25	音乐快递（首）	11：25	音乐快递（首）	11：25	音乐快递（首）	11：25	音乐快递（首）	11：25	音乐快递（首）	11：25	音乐快递（首）		
11：30	成长在线	11：30	成长在线	11：30	成长在线	11：30	成长在线	11：30	成长在线	11：30	影像地带		
12：00	中国动画（精品版）（首）	12：00	中国动画（精品版）（首）	12：00	中国动画（精品版）（首）	12：00	中国动画（精品版）（首）	12：00	中国动画（精品版）（首）	12：00	中国动画（精品版）（首）	12：00	中国动画（精品版）（首）
12：30	新闻袋袋裤(首)	12：30	新闻袋袋裤(首)	12：30	新闻袋袋裤(首)	12：30	新闻袋袋裤(首)	12：30	新闻袋袋裤(首)	12：30	新闻袋袋裤(首)	12：30	新闻袋袋裤(首)
12：45	异想天开	12：45	异想天开	12：45	异想天开	12：45	异想天开	12：45	异想天开	12：45	异想天开	12：45	异想天开
13：10	节目早知道	13：10	节目早知道	13：10	节目早知道	13：10	节目早知道	13：10	节目早知道	13：10	节目早知道	13：10	周末音乐快递
13：15	芝麻开门（首）	13：15	芝麻开门（首）	13：15	芝麻开门（首）	13：15	芝麻开门（首）	13：15	芝麻开门（首）	13：15	节目早知道（周末版）（首）		
13：25	神奇之窗	13：25	神奇之窗	13：25	快乐体验	13：25	快乐体验	13：25	快乐体验	13：35	第二起跑线(首)		
13：55	金苹果	13：55	同一片蓝天	13：55	动感特区	13：55	三星智力快车	13：55	少年体校	14：25	音乐快递	13：40	银河剧场（周末版）（首）
14：40	节目早知道	14：40	节目早知道							14：30	名师名校（首）		
14：45	成长在线	14：45	成长在线	14：45	成长在线	14：45	成长在线	14：45	成长在线				

续表

星期一		星期二		星期三		星期四		星期五		星期六		星期日	
15：15	音乐快递	15：15	音乐快递	15：15	音乐快递	15：15	音乐快递	15：15	音乐快递	15：15	音乐快递		
15：20	东方儿童	15：20	东方儿童	15：20	东方儿童	15：20	东方儿童	15：20	东方儿童	15：20	东方儿童	15：20	东方儿童
15：50	大风车	15：50	大风车	15：50	大风车	15：50	大风车	15：50	大风车	15：50	大风车	15：50	大风车
16：30	异想天开	16：30	异想天开	16：30	异想天开	16：30	异想天开	16：30	异想天开	16：30	异想天开	16：30	异想天开
16：55	节目早知道	16：55	节目早知道	16：55	节目早知道	16：55	节目早知道	16：55	节目早知道	16：55	节目早知道	16：55	节目早知道
17：00	动漫世界	17：00	动漫世界	17：00	动漫世界	17：00	动漫世界	17：00	动漫世界	17：00	动漫世界	17：00	动漫世界
17：30	公德行动	17：30	影像地带	17：30	金螺号（首）	17：30	金螺号（重）	17：30	周末七巧板	17：30	周末音乐快递（首）	17：30	名师名校
				17：45	银河剧场（首）	17：45	银河剧场（首）						
				17：55	节目早知道	17：55	节目早知道						
18：00	中国动画（首）	18：00	中国动画（首）	18：00	中国动画（首）	18：00	中国动画（首）	18：00	中国动画（首）	18：00	中国动画（首）		
18：15	新闻袋袋裤	18：15	新闻袋袋裤	18：15	新闻袋袋裤	18：15	新闻袋袋裤	18：15	新闻袋袋裤	18：15	新闻袋袋裤	18：15	新闻袋袋裤
18：30	东方儿童（首）	18：30	东方儿童（首）	18：30	东方儿童（首）	18：30	东方儿童（首）	18：30	东方儿童（首）	18：30	东方儿童（首）	18：30	东方儿童（首）
19：00	中国动画（精品版）	19：00	中国动画（精品版）	19：00	中国动画（精品版）	19：00	中国动画（精品版）	19：00	中国动画（精品版）	19：00	中国动画（精品版）	19：00	中国动画（精品版）
19：30	智慧树（首）	19：30	智慧树（首）	19：30	智慧树（首）	19：30	智慧树（首）	19：30	智慧树（首）	19：30	智慧树（首）	19：30	智慧树（首）
20：00	动漫世界（首）	20：00	动漫世界（首）	20：00	动漫世界（首）	20：00	动漫世界（首）	20：00	动漫世界（首）	20：00	动漫世界（首）	20：00	动漫世界（首）
20：30	异想天开（首）	20：30	异想天开（首）	20：30	异想天开（首）	20：30	异想天开（首）	20：30	异想天开（首）	20：30	异想天开（首）	20：30	异想天开（首）
20：55	节目早知道	20：55	节目早知道	20：55	节目早知道	20：55	节目早知道	20：55	节目早知道	20：55	节目早知道	20：55	节目早知道
21：00	神奇之窗（首）	21：00	神奇之窗（首）	21：00	快乐体验（首）	21：00	快乐体验（首）	21：00	快乐体验（首）	21：00	公德行动（首）	21：00	影像地带（首）
21：30	成长在线（首）	21：30	成长在线（首）	21：30	成长在线（首）	21：30	成长在线（首）	21：30	成长在线（首）	21：30	动感特区（首）	21：30	少年体校（首）
22：00	选择（首）	22：00	金苹果	22：00	少年体校	22：00	第二起跑线	22：00	名师名校			22：20	三星智力快车
22：50	童心回放	22：45	节目早知道	22：50	童心回放	22：50	选择	22：45	节目早知道	22：20	童心回放（首）	23：10	选择
		22：50	动感特区			23：40	神奇之窗	22：50	银河剧场（周末版）				
		23：40	神奇之窗										
00：40	结束	00：10	结束	00：40	结束	00：10	结束	00：30	结束	00：10	结束	00：00	结束

CCTV—音乐频道栏目播出时间表

星期一		星期二		星期三		星期四		星期五		星期六		星期日	
05：57	台标·国歌	05：57	台标·国歌	05：57	台标·国歌	05：57	台标·国歌	05：57	台标·国歌	05：57	台标·国歌	05：57	台标·国歌
05：58	节目预告	05：58	节目预告	05：58	节目预告	05：58	节目预告	05：58	节目预告	05：58	节目预告	05：58	节目预告
06：00	CCTV音乐厅	06：00	CCTV音乐厅	06：00	CCTV音乐厅	06：00	CCTV音乐厅	06：00	CCTV音乐厅	06：00	CCTV音乐厅	06：00	CCTV音乐厅
07：36	包装、广告	07：36	包装、广告	07：36	包装、广告	07：36	包装、广告	07：36	包装、广告	07：36	包装、广告	07：36	包装、广告
07：40	星光舞台	07：40	经典	07：40	经典	07：40	经典	07：40	经典	07：40	经典	07：40	经典
		08：46	广告	08：46	广告	08：46	广告	08：46	广告	08：46	广告	08：46	广告
		08：48	民歌·中国	08：48	民歌·中国	08：48	民歌·中国	08：48	民歌·中国	08：48	民歌·中国	08：48	民歌·中国
09：16	包装、广告	09：20	包装、广告	09：20	包装、广告	09：20	包装、广告	09：20	包装、广告	09：20	包装、广告	09：20	包装、广告
09：23	音乐人生	09：23	风华国乐	09：23	风华国乐	09：23	风华国乐	09：23	风华国乐	09：23	风华国乐	09：23	风华国乐(周末版)
		09：55	广告	09：55	广告	09：55	广告	09：55	广告	09：55	广告		
		09：57	音乐·故事	09：57	音乐·故事	09：57	音乐·故事	09：57	音乐·故事	09：57	音乐·故事	09：57	
10：19	广告	10：19	广告	10：19	广告	10：19	广告	10：19	广告	10：19	广告	10：19	广告
10：21	CCTV音乐厅	10：21	CCTV音乐厅	10：21	CCTV音乐厅	10：21	CCTV音乐厅	10：21	CCTV音乐厅	10：21	CCTV音乐厅	10：21	CCTV音乐厅
11：57	包装	11：57	包装	11：57	包装	11：57	包装	11：57	包装	11：57	包装	11：57	包装
11：58	广告	11：58	广告	11：58	广告	11：58	广告	11：58	广告	11：58	广告	11：58	广告
12：00	走进歌剧	12：00	音乐告诉你	12：00	音乐告诉你	12：00	音乐告诉你	12：00	音乐告诉你	12：00	音乐告诉你	12：00	音乐告诉你
12：32	包装	12：32	包装	12：32	包装	12：32	包装	12：32	包装	12：32	包装	12：32	包装
12：35	广告	12：35	广告	12：35	广告	12：35	广告	12：35	广告	12：35	广告	12：35	广告
12：40	影视留声机	12：40	影视留声机	12：40	影视留声机	12：40	影视留声机	12：40	影视留声机	12：40	影视留声机	12：40	影视留声机
12：50	包装	12：50	包装	12：50	包装	12：50	包装	12：50	包装	12：50	包装	12：50	包装
12：52	广告	12：52	广告	12：52	广告	12：52	广告	12：52	广告	12：52	广告	12：52	广告
12：55	星光舞台	12：55	经典	12：55	经典	12：55	经典	12：55	经典	12：55	经典	12：55	经典
		14：01	包装	14：01	包装	14：01	包装	14：01	包装	14：01	包装	14：01	包装
		14：03	广告	14：03	广告	14：03	广告	14：03	广告	14：03	广告	14：03	广告
		14：05	民歌·中国	14：05	民歌·中国	14：05	民歌·中国	14：05	民歌·中国	14：05	民歌·中国	14：05	民歌·中国
14：31	包装、广告	14：37	包装	14：37	包装	14：37	包装	14：37	包装	14：37	包装	14：37	包装
14：40	影视留声机	14：40	影视留声机	14：40	影视留声机	14：40	影视留声机	14：40	影视留声机	14：40	影视留声机	14：40	影视留声机
14：50	包装	15：17	包装	15：17	包装	15：17	包装	15：17	包装	15：17	包装	15：17	包装
14：51	广告	14：51	广告	14：51	广告	14：51	广告	14：51	广告	14：51	广告	14：51	广告

续表

星期一		星期二		星期三		星期四		星期五		星期六		星期日	
14：55	音乐人生	14：55	风华国乐	14：55	风华国乐	14：55	风华国乐	14：55	风华国乐	14：55	风华国乐	14：55	风华国乐周末版
		15：27	广告	15：27	广告	15：27	广告	15：27	广告	15：27	广告		
		15：30	音乐·故事	15：30	音乐·故事	15：30	音乐·故事	15：30	音乐·故事	15：30	音乐·故事		
15：51	包装、广告	15：52	包装、广告	15：52	包装、广告	15：52	包装、广告	15：52	包装、广告	15：52	包装、广告	15：52	包装、广告
15：57	每日歌曲	15：55	每日歌曲	15：55	每日歌曲	15：55	每日歌曲	15：55	每日歌曲	15：55	每日歌曲	15：55	每日歌曲
16：02	包装、广告	16：00	包装、广告	16：00	包装、广告	16：00	包装、广告	16：00	包装、广告	16：00	包装、广告	16：00	包装、广告
16：10	风华国乐周末版	16：05	经典	16：05	经典	16：05	经典	16：05	经典	16：05	经典	16：05	经典
17：06	包装、广告	17：11	包装、广告	17：11	包装、广告	17：11	包装、广告	17：11	包装、广告	17：11	包装、广告	17：11	包装、广告
17：12	每日歌曲	17：15	每日歌曲	17：15	每日歌曲	17：15	每日歌曲	17：15	每日歌曲	17：15	每日歌曲	17：15	每日歌曲
17：17	包装、广告	17：20	包装、广告	17：20	包装、广告	17：20	包装、广告	17：20	包装、广告	17：20	包装、广告	17：20	包装、广告
17：25	影视留声机	17：25	影视留声机	17：25	影视留声机	17：25	影视留声机	17：25	影视留声机	17：25	影视留声机	17：25	影视留声机
17：35	包装、广告	17：35	包装、广告	17：35	包装、广告	17：35	包装、广告	17：35	包装、广告	17：35	包装、广告	17：35	包装、广告
17：40	每日歌曲	17：40	每日歌曲	17：40	每日歌曲	17：40	每日歌曲	17：40	每日歌曲	17：40	每日歌曲	17：40	每日歌曲
17：45	广告	17：45	广告	17：45	广告	17：45	广告	17：45	广告	17：45	广告	17：45	广告
17：50	音乐·故事	17：50	音乐·故事	17：50	音乐·故事	17：50	音乐·故事	17：50	音乐·故事	17：50	风华国乐周末版（首）	17：50	音乐·故事
18：12	广告	18：12	广告	18：12	广告	18：12	广告	18：12	广告			18：12	广告
18：15	风华国乐（首）	18：15	风华国乐（首）	18：15	风华国乐（首）	18：15	风华国乐（首）	18：15	风华国乐（首）			18：15	走进歌剧（首）
18：47	广告	18：47	广告	18：47	广告	18：47	广告	18：47	广告	18：47	广告	18：47	广告
18：50	每日歌曲	18：50	每日歌曲	18：50	每日歌曲	18：50	每日歌曲	18：50	每日歌曲	18：50	每日歌曲	18：50	每日歌曲
18：55	包装	18：55	包装	18：55	包装	18：55	包装	18：55	包装	18：55	包装	18：55	包装
19：00	音乐告诉你（首）	19：00	音乐告诉你（首）	19：00	音乐告诉你（首）	19：00	音乐告诉你（首）	19：00	音乐告诉你（首）	19：00	音乐告诉你（首）	19：00	星光舞台（首）
19：32	广告	19：32	广告	19：32	广告	19：32	广告	19：32	广告	19：32	广告		
19：34	民歌·中国（首）	19：34	民歌·中国（首）	19：34	民歌·中国（首）	19：34	民歌·中国（首）	19：34	民歌·中国（首）	19：34	民歌·中国（首）		
20：06	包装	20：06	包装	20：06	包装	20：06	包装	20：06	包装	20：06	包装		
20：08	广告	20：08	广告	20：08	广告	20：08	广告	20：08	广告	20：08	广告		
20：10	经典（首）	20：10	经典（首）	20：10	经典（首）	20：10	经典（首）	20：10	经典（首）	20：10	经典（首）	20：36	包装、广告
21：16	广告	21：16	广告	21：16	广告	21：16	广告	21：16	广告	21：16	广告	20：42	音乐人生
21：18	音乐·故事	21：18	音乐·故事	21：18	音乐·故事	21：18	音乐·故事	21：18	音乐·故事	21：18	每日歌曲		
										21：23	包装		
										21：26	广告		

续表

星期一		星期二		星期三		星期四		星期五		星期六		星期日	
21：40	包装、广告	21：40	包装	21：40	包装	21：40	包装	21：40	包装	21：30	影视留声机(首)	21：38	包装
21：45	影视留声机	21：45	影视留声机	21：45	影视留声机	21：45	影视留声机	21：45	影视留声机	21：42	广告	21：45	影视留声机
										21：47	每日歌曲		
21：55	包装	21：55	包装	21：55	包装	21：55	包装	21：55	包装	21：52	包装	21：55	包装
21：56	广告	21：56	广告	21：56	广告	21：56	广告	21：56	广告	21：55	广告	21：56	广告
22：00	CCTV 音乐厅（首）	22：00	CCTV 音乐厅（首）	22：00	CCTV 音乐厅（首）	22：00	CCTV 音乐厅（首）	22：00	CCTV 音乐厅（首）	22：00	CCTV 音乐厅（首）	22：00	CCTV 音乐厅（首）
23：36	包装	23：36	包装	23：36	包装	23：36	包装	23：36	包装	23：36	包装	23：36	包装
23：28	广告	23：28	广告	23：28	广告	23：28	广告	23：28	广告	23：28	广告	23：28	广告
23：40	每日歌曲	23：40	每日歌曲	23：40	每日歌曲	23：40	每日歌曲	23：40	每日歌曲	23：40	每日歌曲	23：40	每日歌曲
23：45	节目预告	23：45	节目预告	23：45	节目预告	23：45	节目预告	23：45	节目预告	23：45	节目预告	23：45	节目预告
23：47	结束	23：47	结束	23：47	结束	23：47	结束	23：47	结束	23：47	结束	23：47	结束

CCTV—西法语频道栏目播出时间表

北京时间	语　种	星期一	星期二	星期三	星期四	星期五	星期六	星期日
08：00	西语	综合新闻、荧屏导视	综合新闻、荧屏导视	综合新闻、荧屏导视	综合新闻、荧屏导视	综合新闻、荧屏导视	综合新闻、荧屏导视	综合新闻、荧屏导视
08：30		这就是中国	这就是中国	这就是中国	这就是中国	这就是中国	这就是中国	这就是中国
09：00		文化新闻	文化新闻	文化新闻	文化新闻	文化新闻	文化新闻	文化新闻
09：15		交际汉语	交际汉语	交际汉语	交际汉语	交际汉语	交际汉语	交际汉语
09：30		外国人看中国	旅游指南	外国人看中国	旅游指南	外国人看中国	旅游指南	对话
10：00		体育新闻	体育新闻	体育新闻	体育新闻	体育新闻	体育新闻	体育新闻
10：15		学做中国菜	学做中国菜	学做中国菜	学做中国菜	学做中国菜	学做中国菜	学做中国菜
10：30		中华艺苑	中华艺苑	中华艺苑	中华艺苑	中华艺苑	中华艺苑	中华艺苑
11：00		财经新闻	财经新闻	财经新闻	财经新闻	财经新闻	财经新闻	财经新闻
11：30		纪录片	纪录片	纪录片	纪录片	纪录片	纪录片	纪录片
12：00	法语	综合新闻	综合新闻	综合新闻	综合新闻	综合新闻	综合新闻	综合新闻
12：30		前进中的中国	前进中的中国	前进中的中国	前进中的中国	前进中的中国	前进中的中国	前进中的中国
13：00		综合与财经新闻	综合与财经新闻	综合与财经新闻	综合与财经新闻	综合与财经新闻	综合与财经新闻	综合与财经新闻

续表

北京时间	语　种	星期一	星期二	星期三	星期四	星期五	星期六	星期日
13：30		文艺舞台	文艺舞台	文艺舞台	文艺舞台	文艺舞台	文艺舞台	文艺舞台
14：00	法	文化新闻	文化新闻	文化新闻	文化新闻	文化新闻	文化新闻	文化新闻
14：10		电视剧	电视剧	电视剧	电视剧	电视剧	电视剧	电视剧
15：00	语	综合新闻	综合新闻	综合新闻	综合新闻	综合新闻	综合新闻	综合新闻
15：30		纪录片	纪录片	纪录片	纪录片	纪录片	纪录片	纪录片
16：00		综合新闻、荧屏导视	综合新闻、荧屏导视	综合新闻、荧屏导视	综合新闻、荧屏导视	综合新闻、荧屏导视	综合新闻、荧屏导视	综合新闻、荧屏导视
16：30		这就是中国	这就是中国	这就是中国	这就是中国	这就是中国	这就是中国	这就是中国
17：00		文化新闻	文化新闻	文化新闻	文化新闻	文化新闻	文化新闻	文化新闻
17：15	西	交际汉语	交际汉语	交际汉语	交际汉语	交际汉语	交际汉语	交际汉语
17：30		外国人看中国	旅游指南	外国人看中国	旅游指南	外国人看中国	旅游指南	对话
18：00		体育新闻	体育新闻	体育新闻	体育新闻	体育新闻	体育新闻	体育新闻
18：15	语	学做中国菜	学做中国菜	学做中国菜	学做中国菜	学做中国菜	学做中国菜	学做中国菜
18：30		中华艺苑	中华艺苑	中华艺苑	中华艺苑	中华艺苑	中华艺苑	中华艺苑
19：00		财经新闻	财经新闻	财经新闻	财经新闻	财经新闻	财经新闻	财经新闻
19：30		纪录片	纪录片	纪录片	纪录片	纪录片	纪录片	纪录片
20：00		综合新闻	综合新闻	综合新闻	综合新闻	综合新闻	综合新闻	综合新闻
20：30		前进中的中国	前进中的中国	前进中的中国	前进中的中国	前进中的中国	前进中的中国	前进中的中国
21：00	法	综合与财经新闻	综合与财经新闻	综合与财经新闻	综合与财经新闻	综合与财经新闻	综合与财经新闻	综合与财经新闻
21：30		文艺舞台	文艺舞台	文艺舞台	文艺舞台	文艺舞台	文艺舞台	文艺舞台
22：00		文化新闻	文化新闻	文化新闻	文化新闻	文化新闻	文化新闻	文化新闻
22：10	语	电视剧	电视剧	电视剧	电视剧	电视剧	电视剧	电视剧
23：00		综合新闻	综合新闻	综合新闻	综合新闻	综合新闻	综合新闻	综合新闻
23：30		纪录片	纪录片	纪录片	纪录片	纪录片	纪录片	纪录片
00：00		综合新闻	综合新闻	综合新闻	综合新闻	综合新闻	综合新闻	综合新闻
00：30		这就是中国	这就是中国	这就是中国	这就是中国	这就是中国	这就是中国	这就是中国
01：00	西	文化新闻	文化新闻	文化新闻	文化新闻	文化新闻	文化新闻	文化新闻
01：15		交际汉语	交际汉语	交际汉语	交际汉语	交际汉语	交际汉语	交际汉语
01：30	语	外国人看中国	旅游指南	外国人看中国	旅游指南	外国人看中国	旅游指南	对话
02：00		体育新闻	体育新闻	体育新闻	体育新闻	体育新闻	体育新闻	体育新闻
02：15		学做中国菜	学做中国菜	学做中国菜	学做中国菜	学做中国菜	学做中国菜	学做中国菜

续表

北京时间	语种	星期一	星期二	星期三	星期四	星期五	星期六	星期日
02：30	西语	中华艺苑	中华艺苑	中华艺苑	中华艺苑	中华艺苑	中华艺苑	中华艺苑
03：00		财经新闻	财经新闻	财经新闻	财经新闻	财经新闻	财经新闻	财经新闻
03：30		纪录片	纪录片	纪录片	纪录片	纪录片	纪录片	纪录片
04：00	法语	综合新闻	综合新闻	综合新闻	综合新闻	综合新闻	综合新闻	综合新闻
04：30		前进中的中国	前进中的中国	前进中的中国	前进中的中国	前进中的中国	前进中的中国	前进中的中国
05：00		综合与财经新闻	综合与财经新闻	综合与财经新闻	综合与财经新闻	综合与财经新闻	综合与财经新闻	综合与财经新闻
05：30		文艺舞台	文艺舞台	文艺舞台	文艺舞台	文艺舞台	文艺舞台	文艺舞台
06：00		文化新闻	文化新闻	文化新闻	文化新闻	文化新闻	文化新闻	文化新闻
06：10		电视剧	电视剧	电视剧	电视剧	电视剧	电视剧	电视剧
07：00		综合新闻	综合新闻	综合新闻	综合新闻	综合新闻	综合新闻	综合新闻
07：30		纪录片	纪录片	纪录片	纪录片	纪录片	纪录片	纪录片

中央电视台付费电视节目预告（电视指南）2005年播出时间表

预告播出时间								预告形式
08：00	11：00	14：00	17：00	20：00	23：00	02：00	05：00	整点冲击播
08：10	11：10	14：10	17：10	20：10	23：10	02：10	05：10	频道包装
08：15	11：15	14：15	17：15	20：15	23：15	02：15	05：15	精选黄金档
08：50	11：50	14：50	17：50	20：50	23：50	02：50	05：50	频道包装
08：55	11：55	14：55	17：55	20：55	23：55	02：55	05：55	MV 飘飘
09：00	12：00	15：00	18：00	21：00	00：00	03：00	06：00	整点冲击播
09：10	12：10	15：10	18：10	21：10	00：10	03：10	06：10	频道包装
09：15	12：15	15：15	18：15	21：15	00：15	03：15	06：15	数字飚榜
09：45	12：45	15：45	18：45	21：45	00：45	03：45	06：45	免费试看
10：00	13：00	16：00	19：00	22：00	01：00	04：00	07：00	整点冲击播
10：10	13：10	16：10	19：10	22：10	01：10	04：10	07：10	频道包装
10：15	13：15	16：15	19：15	22：15	01：15	04：15	07：15	我喜欢我推荐
10：45	13：45	16：45	19：45	22：45	01：45	04：45	07：45	免费试看
10：55	13：55	16：55	19：55	22：55	01：55	04：55	07：55	频道包装

《中国中央电视台年鉴(2006)》特约编辑名单

台办公室	苏晓春
	程庆生(图片)
总编室	李　珂　张筱曼
人事办公室	邵云翔
财经办公室	何其江
机关党委	宿晓光
新闻节目中心	冯旭宏
海外节目中心	阮晓梅
社教节目中心	王玉清
文艺节目中心	江则理
广告经济信息中心	覃大庆
体育节目中心	冉素霞
青少节目中心	常　清
技术管理办公室	田敬改
技术制作中心	俞　勤
播出传送中心	谢和平
监察室	曾进清
审计处	许　萌
中国电视报社	郭卫翔
新台址办公室	马小红
中国电视剧制作中心	任　力
中央新闻纪录电影制片厂	李书珍　伍　伟
北京科学教育电影制片厂	余为民
中国国际电视总公司	王　森
电影卫星频道节目制作中心	韩卫民
中央卫星电视传播中心	薛大力
中央数字电视传媒有限公司	孙　慧
中国爱乐乐团	杨小平
网络宣传部	王秀云
时政新闻部	王连生
中视传媒股份有限公司	黄建平

《中国中央电视台年鉴(2006)》资料员名单

台办公室	
秘书处	苏晓春
保卫处	姜　萍
外事处	韩亚男
法规处	达　红
行政处	宋丽云
房管处	杜劲军
事业发展调研处	傅　琼
总编室	贺淑霞
宣传规划处	张　磊
节目播出管理处	曹　倩
节目资料管理处	童　瑛
节目版权管理处	程　伟
观众联系处	虢亚冰
研究处	韩玉勤
网络宣传处	王梦华、王煜娈
音像资料馆	张　梅
人事办公室	
干部管理处	许新颖
劳动工资处	陈　鹏
培训职称处	王亚珍
离退休人员管理处	曹　武
驻外记者站管理处	王　萍
财经办公室	江幸梅
综合业务处	范丽娟
计划统计处	张惠玲
财务处	赵宇卓
财产物资处	何　昕
基建处	丁　京
机关党委	阎晓文
党委办公室	刘迎春
工会联合会	南　敏
精神文明协调处	狄希兰

新闻节目中心	
综合部	徐　瑛
时政新闻部	黄美玉
新闻采访部	陈剑祥
社会新闻部	周军英
地方新闻部	郭晓燕
新闻编辑部	刘焕玲
新闻评论部	刘小燕
新闻频道编辑部	吴海涛
军事节目部	孙　华
新闻制作部	王燕菊
海外节目中心	
综合部	宋　丹
英语频道编辑部	胡　怡
西法语频道编辑部	郝　麟
海外新闻部	端目礼昕
海外专题部	卞金花
海外编辑部	蔡桂芬
海外联络部	邓　颖
对台编辑部	徐兰梅
社教节目中心	侯　洁
综合部	赵京津
教育专题部	杨利加
科技专题部	董　葵
文化专题部	纪淑田
社会专题部	范　华
频道编辑部	于海霞
法制专题部	李承立
文艺节目中心	
综合部	田珊珊
文艺部	冯夏萍
国际部	杨　蔚
影视部	张　忠
戏曲·音乐部	王　兰
广告经济信息中心	
综合部	覃大庆
广告部	吴　胜
图文电视部	高红雨
体育节目中心	
综合部	慈勤萍
体育新闻部	陆　维
体育竞赛部	胡振英
体育编辑部	马　宁
青少节目中心	
综合部	阎建光
青年部	张艳秋
少儿部	温京丽
动画部	唐伟莉
技术管理办公室	王　丹
技术业务处	陈　红
质量管理处	张建华
工程管理处	王　肖
信息通信处	居　茵
动力处	刘燕梅
技术制作中心	赵　娜
综合部	赵琛琛
录制一部	张瑞红
录制二部	罗新艳
录制三部	鲁建军
制作部	刘淑英
音频部	王　鸿
播出传送中心	
综合部	程　昕
播出部	季奕军
转播部	翟素琴
传送部	宋智军
总控部	周联群
台直属部门	
监察室	李湘如
审计处	段　炼
中国电视报社	汪慧君
新台址办公室	马小红
台所属单位	
中国电视剧制作中心	宋　萍
中央新闻纪录电影制片厂	王君芳
北京科学教育电影制片厂	景　虹
中国国际电视总公司	王　森
电影卫星频道节目制作中心	朱敬阳
中央卫星电视传播中心	李　乔
中央数字电视传媒有限公司	孙　慧
中国爱乐乐团	杨小平
中视传媒股份有限公司	黄建平

SUO YIN

索 引

索 引

汉语拼音索引

G

H

J

K

L

S

T

W

X

Y

数字索引

英文字母索引